OPER

OPER

Eine illustrierte Darstellung
der Oper
von 1597 bis zur Gegenwart

Drei Lilien Verlag

Vorwort

Die Geschichte der Oper beginnt im Jahre 1597 mit der Aufführung von *Dafne* des Italieners Jacopo Peri. Wo anders als in Italien hätte die Oper auch entstanden sein können: die Oper, die gestikulierende, sich aufspielende, zu Tode betrübte, lachende, weinende, in den siebten Himmel fahrende, träumende, nachdenkliche, in Schönheit sterbende? . . .

Langsam: Das gebräuchliche Wort «Oper» ist abgeleitet aus dem lateinischen Opus bzw. dem italienischen Opera und bedeutet schlicht und einfach «Werk». Das klingt ernüchternd, entspricht aber einer generellen, um nicht zu sagen, gewissenhaften Kunstauffassung. Ein Werk, ein künstlerisches zudem, ein aus Intuition, Können und Wirken entstandenes Gebilde – ganz gleich auf welchem Gebiet auch immer – stellt ein in sich abgeschlossenes Ganzes dar, eben ein «Werk», in unserem Falle eine «Oper». Die Oper war, ähnlich wie das Ballett, nicht auf einmal da. Während sich das letztere – auch hier ist Italien das Ursprungsland – aus dem höfischen Gesellschaftstanz entwickelte – liegen die Wurzeln der Oper in den sogenannten «Intermedien», musikalisch-unterhaltenden Zwischenspielen bei Schauspielaufführungen. Die Uranfänge dürften im Sprechgesang des Chores der griechischen Tragödie zu finden sein. Möglicherweise gibt es auch da schon nicht mehr überprüfbare Vorläufer. Schließlich war immer alles im Fluß und ist es auch heute noch.

Nicht uninteressant ist, daß die Oper von Anfang an ihre Freunde und Feinde hatte. Die einen bejahen sie hingebungsvoll als Ausdruck höchstmöglicher Kunstfertigkeit, die anderen lehnten sie als übertrieben und wirklichkeitsfremd ab. Daran hat sich bis heute noch nicht viel geändert.

Die erste uns bekannte, vollkommene Oper ist die bereits erwähnte *Dafne*, deren Libretto aus der griechischen Mythologie stammt.

Die Libretti wurden auch weiterhin bis zur Barockzeit der Antike entnommen. Erst mit Mozart und Beethoven wurden neue Themen und Gefühle verarbeitet.

Das neunzehnte Jahrhundert mit seinen Opernreformen und vielen Stilrichtungen schuf jene Meisterwerke in der Operngeschichte, die heute noch den Hauptteil des Repertoires der Opernhäuser der Welt bestreiten.

In unserer Zeit versucht man die alte Oper, «Opas Oper», wie man sie vermeintlich geistreich zu titulieren versucht, durch Verfremdungen, das heißt: regietechnische Übersetzungen, in ihre Entstehungszeit oder in die Gegenwart zu verlegen und aus dem angeblich elitären Publikumskreis zu lösen (zum Beispiel *Aida* in Frankfurt, *Don Giovanni* in Kassel). Es ist dies ein Versuch, der im wahrsten Sinne des Wortes «zwangsläufig» mißlingen muß, weil er schon vom Ansatz her stilbrüchig ist und jener unfreiwilligen Komik, dem Schritt vom Erhabenen zum Lächerlichen, dem die Oper von Anfang an ausgesetzt war, Vorschub leistet. Die gegenwärtigen Verfremdungsregisseure erweisen dem Werk einen Bärendienst. Publikumsmißtrauen und nicht Erfolg ist die Folge. Hinzu kommt, daß sie junge Menschen, die etwa einen *Don Giovanni* (immerhin von Mozart) als Superman erleben, in einen historischen Irrgarten führen.

Dennoch: Die Oper als Kunstgattung hat auch in der Gegenwart nichts an Zugkraft eingebüßt. Insbesondere als Festspielereignis mit gesellschaftlichem Drum und Dran (Bayreuth, Salzburg, Verona) hat sie sich über die Zeit hinweg als lebensfähig erwiesen. In der Hauptsache, das sei bedauernd zugegeben, mit Repertoirestücken. Wie die in jüngster Zeit entstandenen Opern ankommen werden, bleibt abzuwarten. Komponisten wie Strawinsky, Hindemith, Bartók, Egk und Orff sind Klassiker im weiteren Sinne geworden. Gegenwärtig ist ein gewisser Trend zu Opern mit psychologisch durchleuchteter Tragik festzustellen. Hier gehören die Werke von Volker David Kirchner zum Besten, was in der Gegenwart hervorgebracht wurde.

Die Herausgeber dieses Bandes waren sich bewußt, daß sie keine lückenlose, umfassende Darstellung der ungeheuer umfangreichen Opernliteratur vorlegen können. Es war jedoch ihr Bestreben, die wesentlichen Elemente der etwa achthundert Werke aufzuführen, die aufgrund ihrer geschichtlichen Bedeutung, ihrer Beliebtheit beim Publikum oder ihres künstlerischen Wertes Höhepunkt in der Geschichte der Oper sind. Sollten uns Unterlassungen (was nicht zu vermeiden war) und Ungenauigkeiten unterlaufen sein, bitten wir unsere Leser um Entschuldigung.

Dennoch hoffen wir, dem Opernliebhaber ein wertvolles Buch zum besseren Verständnis der altvertrauten Repertoire-Stücke in die Hand gegeben zu haben und ihm darüber hinaus die Bekanntschaft mit vielen zu Unrecht vergessenen Werken der Operngeschichte zu vermitteln.

Kolorierte Zeichnung von Bernardo Buontalenti zu einem Intermedium von «La Pellegrina», das 1589 in Florenz aufgeführt wurde. Die Intermedien, szenisch-musikalische Zwischenspiele, die zwischen den einzelnen Akten der eigentlich Theateraufführung gegeben wurden, gelten als unmittelbare Vorläufer der Oper.

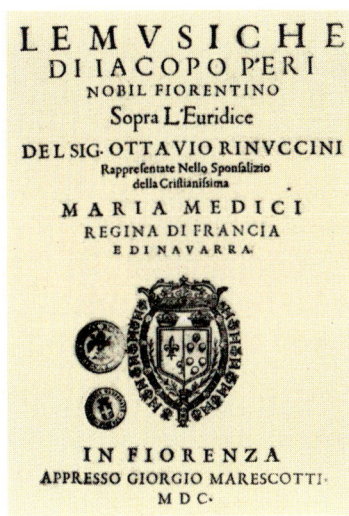  

DAFNE (Daphne)

«Favola drammatica» (Dramatisches Märchen) in einem Prolog und sechs Szenen von Jacopo Peri (1561–1633). Libretto von Ottavio Rinuccini (1562–1621). Uraufführung: Florenz, Palast des Jacopo Corsi, im Karneval 1597. Wahrscheinlich 1594–1595 komponiert.

HANDLUNG. Dem Ovids *Metamorphosen* entnommenen Märchen wurde ein Prolog vorangestellt, in dem der römische Dichter die Zuschauer willkommen heißt. Zu Beginn der Aufführung führt der Chor den Gott Apollon ein, der als stolzer Bezwinger der Pythonschlange seine Ablehnung der Künste Amors äußert. Doch schon bald rächt sich der Liebesgott. Einen Hirsch jagend erscheint die schöne Nymphe Daphne. Die Schönheit des Mädchens schlägt Apollon in ihren Bann. Die Nymphe flieht vor dem sie verfolgenden Gott. Amor besingt, vom Chor begleitet, seinen Sieg. Ein Bote kommt hinzu und berichtet, Daphne habe – schon fast von Apollon erreicht – die Hilfe der Götter angerufen und sei von diesen in einen Lorbeerbaum verwandelt worden. Von nun an ist dies Apollons heiliger Baum und sein Laub krönt Dichter und Könige. Mit einem Loblied auf die Liebe beschließt der Chor, jedem Liebenden das Glück der Gegenliebe wünschend, das Märchen.

● Die zu diesem kurzen Werk komponierte Musik ging fast vollständig verloren, und die wenigen erhalten gebliebenen Fragmente reichen zu einer kritisch-ästhetischen Würdigung nicht aus. Dennoch erlauben das Studium des uns Überkommenen und die Lektüre der literarischen Vorlage die Feststellung, daß wir mit der *Dafne* an einer echten Wende in der Musik- und Theatergeschichte stehen. In diesem Werk finden die Theorien der Literaten und Musiker der sich zunächst im Hause Giovanni Bardis und später in dem des Jacopo Corsi versammelnden *Florentiner Camerata* des späten sechzehnten Jahrhunderts ihre praktische Verwirklichung. Im Widerspruch zum Zeitgeschmack und in offener Polemik zur Polyphonie vertraten die Musiker und Literaten der *Florentiner Camerata* das neue Ideal der Monodie und gedachten mit Hilfe des von ihnen als *parlar cantando* bezeichneten musikalischen Rezitativs den Geist der antiken griechischen Tragödie wiederzuerwecken. Auf die Überzeugung, die griechische Tragödie sei gesungen worden und den Wunsch, das Drama durch die Musik wiederzugeben und zwar insbesondere durch eine spezifisch musikalische Intonation des Wortes, geht die Geburt der Oper zurück, deren erstes Beispiel nach Meinung zahlreicher Musikwissenschaftler Peris *Dafne* ist. An der Komposition der Musik waren wohl auch Giulio Caccini und Jacopo Corsi selbst, der das Werk «in Szene setzte», beteiligt. Die uns überkommenen musikalischen Fragmente der *Dafne* weisen strophische Textur auf, insofern als ein- und dieselbe Melodie über alle Stanzen einer Strophe wiederholt wird. Rinuccinis Drama wurde auch von Marco da Gagliano (1608) vertont und am Hof zu Mantua aufgeführt. Von Martin Opitz ins Deutsche übertragen, wurde es Grundlage der ersten, von Heinrich Schütz 1627 komponierten Oper Deutschlands.   RM

1597

L'AMPHIPARNASO o LI DISPERATI CONTENTI
(Der Amphiparnass oder Die verzweifelten Zufriedenen)

«Commedia armonica» (Harmonische Komödie) für Chor zu vier und fünf Stimmen von Orazio Vecchi (1550–1605). Text wahrscheinlich vom Komponisten. Uraufführung: Venedig, 1597.

HANDLUNG. Aneinandergereiht laufen lose zusammenhängende Szenen dem Geist der Commedia dell'arte entsprechend ab. Zunächst wird der alte Pantalone von der Schönheit der Kurtisane Hortensia, die seinem Werben jedoch nicht nachgibt, überwältigt. Im zweiten Bild wird die durch Schwierigkeiten bedrängte Liebe Lelios zu Nisa dargestellt. Im dritten erbittet Graziano von Pantalone die Hand seiner Tochter. Nach längerem rituellem Hin und Her um Mitgift und künftige Ehepflichten wird sie ihm gewährt. Im folgenden Bild sehen wir Lucios Eifersucht auf Isabella, die – um ihn als ihren Verehrer auf die Folter zu spannen – vorgibt, für die Aufmerksamkeiten des Capitan Cardon nicht unempfänglich zu sein. Fast ginge das Spiel böse aus, doch nach einer überraschenden Wende kommt es glücklich zur Hochzeit. Im letzten, sich von den übrigen deutlich abhebenden Bild wird die Arbeitsweise der jüdischen Pfandleiher und ihre Funktion in der Haushaltung des sechzehnten Jahrhunderts dargestellt.

● *L'Amphiparnaso* gilt als eines der Meisterwerke der Polyphonie und wird von manchem fälschlich als eine der ersten Opern betrachtet. Das Werk besteht aus Canzonetten, Balletten, Madrigalen, Dialogen. Die Typen der Commedia dell'arte bedienen sich des Dialekts, die übrigen Personen eines besonders gebildeten und geschliffenen Italienisch. Es wird als sicher angenommen, daß diese «Comedia armonica» 1594, also drei Jahre früher komponiert und wohl auch konzertant in Modena in der *Sala Spelta* aufgeführt wurde. EP

Graziano und Pantalone. Illustration zur dritten Szene des ersten Aktes aus der venezianischen Ausgabe von Orazio Vecchis «L'Amphiparnaso» (1597).

ALTERSTORHEIT
(La pazzia senile)

«Commedia musicale oder dramma madrigalesco» (Musikalische Komödie oder Madrigaldrama) von Adriano Banchieri (1568–1634). Text vom Komponisten (in Versen). Erstausgabe: Venedig 1598.

HANDLUNG. Die Handlung spielt zu einer nicht näher bestimmten Zeit in Rovigo. Der alte Kaufmann Pantalone ist hoffnungslos in Lauretta verliebt, während seine eigene Tochter, die junge Doralice, den sie glühend verehrenden Fulvio liebt. Pantalone ist mit dieser Liebe keineswegs einverstanden und läßt durch Burattino den alten Doktor Graziano herbeiholen, dem er die Hand seiner Tochter anträgt. Die beiden Alten setzen sich sogleich zusammen und hecken einen Plan aus, um ihre Absichten zu verwirklichen, müssen sich aber am Ende geschlagen geben, während Doralice endlich Fulvio heiraten kann.

● Die Komödie steht trotz ihrer den klassischen melodramatischen Formen nahen Aspekte als eine Mischform zwischen der eigentlichen Oper und einer Sammlung von Kantaten und Madrigalen und wurde häufig als eine der Vorformen des komischen Melodrams zitiert; Banchieri wandte auch tatsächlich als einer der ersten Musik auf komische Handlungssituationen an. Der vollständige Titel der Komposition lautet *La pazzia senile – Ragionamenti vaghi et dilettevoli, a tre voci, di Adriano Banchieri, bolognese,* der Text ist in recht bescheidenen Versen geschrieben und gleitet des öfteren ins Triviale ab. Die als *ragionamenti* bezeichneten Dialoge der Personen wechseln mit den *intermedi*, den Zwischenspielen der Kaminfeger und Solfataren ab. Der Oper vorangestellt ist ein vom *Humor Bizzarro*, dem bizarren Humor rezitierter Prolog, sie schließt mit einem *Ballett der Dorfmädchen*. Zur Aufführung auf der Bühne ist die Komposition im Grunde nicht geeignet, da die Partien der einzelnen Personen mehrstimmig im Madrigalstil geschrieben sind.
Die Personen sind im allgemeinen Masken der Commedia dell'arte, im Doktor Graziano wird bereits die spätere, für Bologna typische Maske des *Dottor Balanzone* erkennbar.
Die Komödie wurde vermutlich durch Schauspieler-Mimen auf der Bühne dargestellt, während ein unsichtbarer Chor den gesungenen Teil übernahm. Nach der Erstausgabe von 1598 erschienen sechs weitere in den ersten Jahren des siebzehnten Jahrhunderts, vor kurzem kamen Text und Musik in einer kritischen Ausgabe heraus. GP

EURIDICE (Eurydike)

«Favola drammatica» (Dramatisches Märchen) in einem Prolog und sechs Szenen von Jacopo Peri (1561–1633). Text von Ottavio Rinuccini (1562–1621). Uraufführung: Florenz, Palazzo Pitti, 6. Oktober 1600, während der Feierlichkeiten zur Vermählung Maria de'Medicis mit Heinrich IV. von Frankreich.

HANDLUNG. Polizianos «Orfeo» folgend, wird nur im Finale der tragische Ausgang in einen glücklichen gewendet. Auf einen Prolog, in dem die «Tragödie» das Sujet der Oper ankündigt und die königlichen Zuschauer begrüßt, stimmt ein Chor von Hirten und Nymphen einen Jubelgesang zum Hochzeitstag Orpheus' und Eurydikes an, Eurydike selbst fällt in diesen ein und lädt zu einem Freudentanz ein. Orpheus preist sein Glück und bittet die Götter, es ihm zu erhalten. Arketreus und Tirsis entbieten den Vermählten ihre Glückwünsche. Eurydike hat sich entfernt; Daphne bringt

Jacopo Peri als «Orpheus» in der Uraufführung der Oper «Euridice».

die traurige Botschaft, daß sie dem Biß einer giftigen Schlange zum Opfer gefallen ist. Orpheus und die Hirten brechen in heftiges Wehklagen aus. In der folgenden Szene berichtet Arketreus dem Chor von Orpheus' Verzweiflung und wie dieser in seinem Schmerz sich das Leben nehmen wolle. Doch aus der Höhe ist Venus erschienen: sie richtet ihn auf, ermutigt ihn, in den Hades hinabzusteigen und Pluto um die Zurückgabe der Geliebten zu bitten. In der Unterwelt erregt Orpheus durch seinen schmerzerfüllten Gesang Plutos und Proserpinas Mitleid und Eurydike wird ihm bedingungslos zurückgegeben. Ein Chor der Schatten begleitet die Rückkehr der Liebenden an das Licht der Sonne. Auf der Erde harren die Nymphen und Hirten ängstlich ihrer Ankunft. Der Hirte Amintas bringt die frohe Kunde: Orpheus ist auf dem Wege zurück. Die Liebenden erscheinen und ihr neu errungenes Glück wird mit Tänzen und Chören gefeiert.

● Nachdem die Musik zur ebenfalls von Peri komponierten und drei Jahre zuvor aufgeführten *Dafne* verlorenging, ist seine *Euridice* die erste, vollständig auf uns gekommene Oper, die es uns ermöglicht, eine Vorstellung von der Konzeption dieser neuen Theatergattung zu gewinnen, wie sie von der *Florentiner Camerata* im späten sechzehnten Jahrhundert entworfen wurde. Auf die siebenhundertneunzig Verse des durchaus literarisches Gewicht und dramatische Wirksamkeit aufweisenden knappen Librettos von Rinuccini komponierte Jacopo Peri eine streng monodische Linie, die sich jeder polyphonen Komplikation enthält, «um den Worten rechtes Gehör zu geben», sich jedoch dem Ausdruck der Gefühle und Empfindungen der Personen geschmeidig anpaßt. Diese Art griechischen Gesangs, an den die Literaten und Musiker der *Florentiner Camerata* mit ihrem *recitar cantando* anknüpfen wollten, hindert Peri nicht daran, lyrische Passagen einzufügen, in denen sich Verzierungen und virtuose Stimmführung finden. So erwachsen aus dem Gewebe des Rezitativs Blüten reinster Poesie. Obwohl die Melodie noch nicht als «Arie» bezeichnet werden kann, erlangt sie bereits besondere Schönheit der Linie, und die genaue Entsprechung von Musik und Wort vermittelt den Eindruck unbestreitbarer Wahrheit. Wie Massimo Mila schreibt, fragt man sich, ob an dieser Oper eher «die Unbefangenheit naiver und rudimentaler Ursprünglichkeit oder die bis ins letzte verfeinerte Kultur» zu bewundern sei. Nach dem damaligen Brauch, der sich noch länger erhalten sollte, ist in der Partitur allein der Vokalpart genau und vollständig notiert, während kein Hinweis auf die Instrumentalbesetzung enthalten ist, bis auf den sogenannten *basso continuo*. Immerhin wissen wir, daß bei der Uraufführung das Orchester sich aus einem Cembalo, einem Chitarrone, einer großen Lyra und einer Laute zusammensetzte, die hinter der Bühne spielten. Jacopo Peri, den man seiner roten Haare wegen *lo Zazzerino* nannte, und der nicht nur eine schöne Stimme hatte, sondern auch ein virtuoser Orgel- und Cembalospieler war, sang in dieser Aufführung selbst den Orpheus. RM

EURIDICE (Eurydike)

«Favola drammatica» (Dramatisches Märchen) in sechs Szenen von Giulio Caccini (1505–1618), genannt Romano. Libretto von Ottavio Rinuccini (1562–1621). Uraufführung: Florenz, Antonio de'Medici-Saal im Palazzo Pitti, 5. Dezember 1602. Komponiert 1600.

● Die Oper wurde nach dem Libretto Ottavio Rinuccinis komponiert, das schon Jacopo Peri vertont hatte (Handlung siehe *Euridice* von Jacopo Peri Seite 8). Einige Arien aus Caccinis Oper wurden in die Uraufführung von Peris *Euridice*, die 1600 in Florenz stattfand, übernommen.
Caccini gelang es, Peri, wenn schon nicht bei der Aufführung, so doch bei der Veröffentlichung seiner Fassung zuvorzukommen, die 1601 vor der seines Rivalen erfolgte. Die Oper wurde unter folgendem Titel veröffentlicht: *L'Euridice in musica in stile rappresentativo* von Giulio Caccini, genannt Romano. Nachdem Peris *Dafne* (1594) verlorenging, stellen die beiden Fassungen der *Euridice* praktisch die ältesten uns bekannten Vorformen der Oper dar.
Auch Caccini gehörte der *Florentiner Camerata* an und war von den beiden rivalisierenden Musikern der Komponist der leichteren melodischen Erfindung, dessen Arbeiten gefälliger erscheinen. Peri galt für technisch gewandter und als ein genauerer Interpret der neuen musikalischen Richtung. MS

ORFEO (Orpheus)

«Favola in musica» in einem Prolog und drei Akten von Claudio Monteverdi (1567–1643). Libretto von Alessandro Striggio (ca. 1573–1630). Uraufführung: Mantua, Herzoglicher Palast, in den Gemächern Margherita Gonzagas, «Madama di Ferrara» und Witwe Alfonsos II. d'Este, 24. Februar 1607.

PERSONEN. Die «Musik», Prolog (Mezzosopran), Orpheus (Tenor), Eurydike (Sopran), Silvia, Botin (Sopran), die Hoffnung (Mezzosopran), Charon (Baß), Proserpina (Alt), Pluto (Baß), Apollon (Tenor), die Nymphe Echo (Sopran), ein Hirt (Tenor). Nymphen, Hirten, Unterweltsgeister, Bacchanten, Orgiasten.

1607

HANDLUNG. Prolog. Die «Musik» begrüßt die Zuschauer, kündigt das Sujet des Dramas an und rühmt die wundersame Wirkung der Tonkunst auf die Gemüter.

Erster Akt, erstes Bild. Zu seiten eines kleinen Tempels, von Wald und Wiesen umgeben, erzählt ein Hirt von Orpheus' Glück und seiner Liebe zu Eurydike und lädt seine Gefährten und die Nymphen ein, an der Freude der Vermählten teilzunehmen. Auch Orpheus besingt seine Glückseligkeit und Eurydike antwortet ihm. Schließlich ziehen alle zum Tempel, um den Göttern zu danken. Zweites Bild. An den Ort seiner Jugend zurückgekehrt, besingt Orpheus bewegt die Geschichte seiner Liebe, als die Botin Silvia erscheint. Sie kündet Unheil: Eurydike ist am Biß einer giftigen Schlange gestorben, während sie Blumen für den Brautkranz pflückte. Vom Unglück wie betäubt, scheint Orpheus Mitleid und Klagen der Hirten nicht wahrzunehmen. Doch plötzlich verkündet er seinen Entschluß: er wird in die Unterwelt hinabsteigen, um mit Eurydike zurückzukehren.

Zweiter Akt, zweites Bild. In der Unterwelt. Als einzige Waffe seine Leier tragend, kommt Orpheus an das Ufer des Styx, jenes Flusses, der das Reich der Lebenden von dem der Toten trennt. Bis hierhin begleitet ihn die Hoffnung, die ihn jedoch nun seinem verzweifelten Unterfangen allein überlassen muß, da sie das Schattenreich nicht betreten kann. Charon, der Fährmann, der die Seelen über den traurigen Fluß bringt, wird zwar von Orpheus' klagendem, süßem Gesang besänftigt, verweigert ihm aber die Überfahrt. Durch Eingreifen der Götter wird der Wächter der Unterwelt in Schlaf versenkt, und Orpheus kann ungehindert ins Schattenreich eindringen. Zweites Bild. Die Gemahlin des Herrschers über den Hades, Proserpina, bittet Pluto, Eurydike dem unglücklichen Sänger zurückzugeben. Pluto willigt unter der Bedingung ein, daß Orpheus die Geliebte fortführe, sich jedoch niemals umwende, um sie anzublicken, bevor sie nicht die Erde wieder erreicht haben. Voll überströmender Freude macht Orpheus sich auf den Weg. Doch er kann seine Ungeduld nicht zügeln. Plötzlicher Lärm läßt ihn fürchten, Pluto wolle ihn hintergehen, er wendet sich, dem Pakt zuwiderhandelnd, um. So muß nun Eurydike auf immer unter den Toten weilen, umsonst immer wieder vom Geliebten beschworen.

Dritter Akt. In den Wäldern Thrakiens beweint Orpheus die verlorene Geliebte, während ein Echo seinen Klagen antwortet. Da steigt der göttliche Vater des Sängers, Apollon, vom Olymp herunter und bietet ihm die Unsterblichkeit. Gemeinsam steigen sie in himmlische Höhen, in denen Orpheus das unvergängliche Bild Eurydikes stets erblicken kann.

Saal im herzoglichen Palast in Mantua, in dem wahrscheinlich die Uraufführung von Monteverdis «Orfeo» stattfand.

● Nachdem er in Florenz der Aufführung von Peris *Euridice* beigewohnt hatte, beauftragte der Herzog von Mantua, Vincenzo Gonzaga, Monteverdi mit der Vertonung der Orpheuslegende, jenem Mythos der Antike, den bereits ein Jahrhundert zuvor Poliziano wieder aufgegriffen und neu gestaltet hatte. Alessandro Striggio, Sohn des berühmten Madrigalisten, schrieb dem Komponisten ein an intensiv-dramatischen Situationen reiches, hervorragendes Libretto. Vielleicht wäre der von der *Florentiner Camerata* erfundene *stile recitativo* wieder erloschen oder reine Theorie geblieben, hätte ihn die Kunst Monteverdis nicht von allem Artifiziellem, das ihm anhaften mochte, befreit und ihn zur Würde des *stile drammatico* erhoben. Auf Striggios Libretto komponierte Monteverdi eine Musik, deren dramatische Spannung, genaueste Entsprechung von Ausdruck und menschlichen Leidenschaften, wie weitgespannter Bogen der Form sie so vollkommen erscheinen lassen, daß das Werk zu einem unausweichlichen Bezugspunkt des gesamten Operntheaters in den folgenden Jahrhunderten wurde.

In der Geschichte des Melodrams ist *Orfeo* ein legendärer Meilenstein. Die Partitur enthält in sich geschlossene und genau ausgeführte Vokalpartien. Der instrumentale Teil dagegen ist im allgemeinen, dem Brauch dieses Jahrhunderts entsprechend, als bezifferter Baß, der der Improvisation recht freie Hand läßt, aufgenommen. Das Werk entwickelt sich in rezitativen, ariosen und strophischen Monodien, fünfstimmigen a cappella-Chören oder auch solchen mit Instrumentalbegleitung. Die Stimmen der Instrumentalstücke sind nur in den Sinfonien, den Ritornellen und den Variationen der Szene Charon-Orpheus voll ausgeführt in der Partitur eingetragen. Die instrumentale Besetzung der einzelnen Partien wird manchmal nur in Fußnoten angedeutet (zum Beispiel: «Dieses Ritornell wird von einem Cembalo, zwei Chitarronen und zwei kleinen Violinen *alla francese* gespielt»). Im Gegensatz zu den Mitgliedern der *Florentiner Camerata,* die das Instrumentarium auf ein Minimum beschränkten, um den gesungenen Text nicht zu übertönen, verwendet Monteverdi ein Orchester, das sich durch eine große Zahl von Instrumenten und Klangfarben auszeichnet und dessen Besetzung auf der ersten Partiturseite aufgeführt ist. Vorgesehen sind: zwei Cembalos, zwei Kontrabaßviolen, zehn *Viole da braccio,* eine Doppelharfe, zwei kleine Violinen *alla francese,* zwei Chitarronen, zwei Flötenwerke *(organi di legno),* drei Baßgamben, vier Posaunen, ein Regal, zwei Zinken, eine Superoktavflöte, ein Clarino (Trompete), drei Sorduntrompeten. Von den Sängern der Uraufführung wissen wir, daß die Hauptrolle des Orpheus von einem talentierten Schüler Caccinis, Giovanni Gualberto Magli, gesungen wurde. Die Oper hatte sofort großen Erfolg und wurde rasch in allen größeren Orten Oberitaliens nachgespielt. 1609 erschien die Partitur.

Das Werk wurde auch in zahlreichen modernen Ausgaben veröffentlicht. Unter diesen nennen wir die von G.F. Malipiero, V. D'Indy (1904), C. Orff (1923), O. Respighi (1935), P. Hindemith (1954), B. Maderna (1967) herausgegebenen.

RM

ARIANNA (Ariadne)

«Tragedia in forma rappresentativa» von Claudio Monteverdi (1567–1643). Text von Ottavio Rinuccini (1562–1621). Uraufführung: Mantua, Hoftheater, 28. Mai 1608, während der Festlichkeiten zur Hochzeit des Fürsten Francesco Gonzaga mit Margherita von Savoyen. In den Hauptrollen: Virginia Ramponi Andreini (Ariadne), Settimia Caccini (Venus), Antonio Brandi, genannt «Il Brandino», Sante Orlandi, Francesco Rosi und seine Schülerin Sabina, Madama Europa, Don Bassano Casola da Lodi, Francesco Campagnolo, von «klein auf» Schüler Monteverdis.

HANDLUNG. Die Aufführung findet vor einem feststehenden Hintergrund, einem «hohen Felsen in den Wellen» ab, der die Insel Naxos darstellt. Venus verkündet, Ariadne werde von Theseus verlassen und fleht den Liebesgott Amor um Schutz für die Unglückliche an. Theseus ist auch tatsächlich dabei, nach Athen zurückzukehren und flieht auf Veranlassung seines Rats, sie allein und in Tränen auf der einsamen Insel zurücklassend. An dieser Stelle erklingt die berühmte *Klage*. In den folgenden Chören wird erzählt, Bacchus werde von Liebe zu Ariadne erfaßt und steige herab, sie zu trösten. Venus erscheint zur Hochzeitsfeier, Ariadne wird zur Göttin erhoben, und Freude verdrängt die Trauer um Theseus' Verlust. In diesem kargen Handlungsgerüst, das an Geschehen und Vorfällen arm ist und sich streng an die Norm der Einheit von Zeit und Ort hält, haben die Chöre die Aufgabe, das Geschehen zu kommentieren, Gefühle und Leidenschaften, Zweifel und Zerrissenheit auszudrücken. Eine Gruppe von zwölf Tänzern, «Bacchus begleitende Soldaten», beschließen endlich die Aufführung mit «Kapriolentänzen» und unterstreichen so das glückliche Ende.

• Im Dezember 1607 hatten die Vorbereitungen zur Aufführung begonnen, im März darauf starb die junge Caterina Martinelli, genannt *La Romanina*, die die Hauptrolle hatte singen sollen, an den Pocken. Nach mühseligem Suchen und Proben mit berühmten Gesangskünstlerinnen fiel die Wahl auf die Schauspielerin Virginia Ramponi Andreini, genannt *La Florinda*, die so hervorragend sang, daß sie alle in sie gesetzten Erwartungen übertraf. Das Werk hatte ganz außergewöhnlichen Erfolg: sechstausend Zuschauer (nach Follino, dem offiziellen Festchronisten), viertausend nach späteren Schätzungen, applaudierten und waren in dem eigens errichteten, heute vollständig zerstörten Theater von seiner Ausdruckskraft erschüttert.

Die in wenigstens drei Exemplaren vorliegende Partitur des Werks ging verloren, mit Ausnahme eines Teils der sechsten Szene, der *Klage der Ariadne*, im Dialog mit Dorilla und dem Chor, der berühmten Arie *Lasciatemi morir*, in der Ariadne ihr grausames Schicksal beklagt, und die von Monteverdi in seinem sechsten *Madrigalbuch* veröffentlicht wurde. Dieses «dank seines ergreifend lebensechten Tons zu Herzen gehende» (M. Mila) Fragment, das von Monteverdi selbst zum «wesentlichsten Teil» erklärt wurde, lebt aus einer außerordentlichen, beschwörenden Kraft des Gefühls und wurde für Monteverdis Zeitgenossen zum stilistischen Exempel des Ausdrucks von Schmerz und hoffnungsloser Leidenschaft durch die Musik. Höchstwahrscheinlich schlugen sich hier Schmerz und Trauer des Komponisten um seine kurz zuvor gestorbene geliebte Claudia nieder: zum ersten Mal in der Geschichte der Musik äußerte sich ein persönliches, subjektives Gefühl in der musikalischen Erfindung. Monteverdi komponierte zwei weitere Fassungen dieses vollkommenen Beispiels des *stile rappresentativo*: das bereits genannte Madrigal und eine Monodie auf einen lateinischen Text religiösen Inhalts mit dem Titel *Pianto della Madonna sopra il Lamento di Arianna*. Die Oper wurde in Venedig zur Eröffnung des Theaters *San Moisè* 1640, als Monteverdi das Amt des *Maestro di musica* der Republik Venedig innehatte, gegeben.

SC

IL BALLO DELLE INGRATE
(Tanz der Spröden)

Musik von Claudio Monteverdi (1567–1643). Text von Ottavio Rinuccini (1562–1621). Uraufführung: Mantua, Teatro della Commedia, 4. Juni 1608, während der Festlichkeiten zur Hochzeit des Fürsten Francesco Gonzaga mit Margherita von Savoyen.

PERSONEN. Amor, Venus, Pluto, vier Schatten aus der Unterwelt, tanzende Seelen von acht Spröden.

HANDLUNG. Die Bühne zeigt den Eingang zu einer finsteren Höhle, aus deren Schlund Flammen schlagen und Feuerschein zuckt. Das Werk beginnt mit dem Auftritt von Amor und Venus, die aus der Unterwelt die Seelen jener spröden Damen hervortreten lassen, die, als sie noch lebten, die Liebe zurückwiesen, damit sie allen übrigen Frauen warnendes Beispiel seien, auf daß diese ihren Liebhabern sich freundlich und entgegenkommend zeigen. Von den Schatten der Unterwelt begleitet erscheinen die spröden Schönen und führen einen ergreifend traurigen Tanz auf, in dem sich «durch Gebärden größter Schmerz ausdrückt und die Schritte vom Klang zahlreicher Instrumente, die eine melancholische, klagende Tanzmusik spielen, begleitet werden».

Es folgt Plutos Monolog (*Tornate al negro chiostro, anime sventurate* (Kehrt zurück in den schwarzen Schlund, unglückliche Seelen), und während die Seelen davonschreiten, bleibt

Ein in Bologna von Francesco Rivarola, genannt «Il Chendra», errichtetes Theater für eine «Turnier-Oper».
Miniatur aus «Insignia». Bologna, Staatsarchiv.

1624

eine von ihnen zurück und singt tiefbewegt ihre Klage um den Verlust von Leben und Liebe, *Ahi troppo, ahi troppo è duro* (Ach zu schwer, zu schwer ist's).

● Die dramatische Handlung ist karg, und die Darstellung ihrer Entwicklung, die psychologischen Eindrücke und eine gewisse Charakterzeichnung sind Chören und Dialogen, doch vor allem der Begleitmusik übertragen, die stets genau Text und Handlung entspricht. Der Stil dieses *Ballo* entspricht dem der *ballets de cour,* der Hofballette, die Monteverdi während seines Aufenthalts in Flandern 1590 kennengelernt hatte. Bei der Uraufführung trat die doppelte Zahl der vorgesehenen Tänzer auf, unter ihnen befanden sich der Herzog und sich verheiratende Fürst selbst, neben weiteren sechs Herren und Damen der Hofgesellschaft Mantuas – begleitet wurden sie von einer «großen Zahl von Musikern auf unterschiedlichen Saiten- und Blasinstrumenten», wo Monteverdi «fünf Viole da braccio, ein Cembalo und ein Chitarrone» vorgeschrieben hatte. Das Werk wurde 1628 auch in Wien aufgeführt und – vermutlich umgearbeitet – 1638 mit dem Titel *Ballo delle ingrate in genere rappresentativo* in das achte Buch der *Madrigali guerreschi et amorosi,* das in Venedig erschien, aufgenommen. Der Chronist berichtet von der Uraufführung, daß am Ende des Werkes die Zuschauer von so tiefer Rührung ergriffen waren, daß man eine festliche Szene mit heitere Lieder und Madrigale singenden Nymphen und Hirten folgen lassen mußte, um der allgemeinen traurigen Stimmung Abhilfe zu schaffen. SC

COMBATTIMENTO DI TANCREDI E CLORINDA
(Der Kampf Tankreds und Clorindas)

«Madrigale in forma rappresentativa» von Claudio Monteverdi (1567–1643). Text nach dem zwölften Gesang aus Torquato Tassos (1544–1595) «Das befreite Jerusalem». Uraufführung: Venedig, im Hause des Grafen Girolamo Mocenigo in San Staë, Karneval 1624.

HANDLUNG. Thema des zwölften Gesangs ist der Tod der mohammedanischen Heldin Clorinda. Der christliche Ritter Tankred begegnet der von ihm insgeheim geliebten Clorinda, erkennt sie in ihrer schwarzen, rostbedeckten Rüstung jedoch nicht und fordert sie zum Zweikampf. Die tödliche Begegnung nimmt ihren Anfang: Clorinda wird verwundet und bittet um die Taufe. Tankred eilt, das Taufwasser aus einem nahen Bach herbeizuholen, öffnet das Visier des Unbekannten und Clorindas Antlitz blickt ihm «im Augenblick des heiteren Todes» entgegen. Diesen beiden Personen fügt Monteverdi eine dritte, den Erzähler, also Tasso selbst hinzu, durch den Verlauf der Handlung und Kommentar außerordentlich gerafft vorgetragen werden.

● Dieses *Combattimento* wurde unter die *Madrigali guerreschi et amorosi* des achten Buchs (1638) aufgenommen. Über seinen unbestrittenen, zweifellos dem der literarischen Vorlage gleichkommenden poetischen Wert hinaus, hat dieses Werk auch für die Entwicklung der kompositorischen Technik Bedeutung. In ihm vollzieht sich die monodische Dramatisierung des Melodrams: zum ersten Mal wird der *stile concitato* eingeführt, der bereits von Platon theoretisch antizipiert, jedoch noch niemals in die musikalische Praxis eingegangen war. Im Vorwort zum Madrigalbuch erläutert Monteverdi das Problem auch theoretisch und erklärt, er habe sich mit ihm auseinandersetzen müssen, da er «zwei widerstreitende Leidenschaften in Gesang umzusetzen hatte, und zwar den Krieg und die Liebe». Um diese dramatische Spannung zwischen kämpferischem und liebendem Empfindens entsprechend wiederzugeben, führt Monteverdi auch das Streichertremolo ein. Der Gesang entwickelt sich in konzentrierter Eindringlichkeit, die Musik ist in realistischer und psychologischer Entsprechung streng textgebunden, und Monteverdis ganzes Genie erstrahlt angesichts dieses Dramas des Menschen von Liebe und Tod, wie schon in der *Arianna,* im *Orfeo* und in anderen Werken dieses großen Künstlers. Die Besetzung sah vier Violen, einen Kontrabaß, ein Cembalo vor. SC

DAFNE (Daphne)

Pastorale Tragikomödie in einem Prolog und fünf Akten von Heinrich Schütz (1585–1672). Libretto von Martin Opitz (1597–1639). Uraufführung: Schloß Torgau, 13. April 1627.

● Der Text ist eine freie Nachdichtung der von Jacopo Peri (zur Handlung siehe *Dafne* von Jacopo Peri, Seite 7) vertonten *Dafne* Ottavio Rinuccinis. Zur Vermählung des Landgrafen Georg zu Hessen-Darmstadt und der Herzogin Sophie Eleonore zu Sachsen komponiert und aufgeführt, wurde das Libretto entsprechend umgeschrieben, damit die fürstlichen Brautleute sich in Anspielungen und Personen wiedererkennen konnten. Es war der erste Versuch, das florentinische Melodram nach Deutschland zu verpflanzen. Der Text war das Werk des größten deutschen Dichters jener Zeit, Martin

Titelblatt der Oper «Dafne» von Heinrich Schütz (1627). Dresden, Sächsische Landesbibliothek.

Opitz, der als profunder Kenner der italienischen und französischen Metrik die deutsche Sprache diesem Modell anpaßte. Die Partitur von Heinrich Schütz ging verloren und wurde bis heute nicht wieder aufgefunden. RB

DIE HOCHZEIT DES PELEUS UND DER THETIS
(Le nozze di Peleo e Teti)

Oper in drei Akten von Francesco Cavalli (mit bürgerlichem Namen Pier Francesco Caletti-Bruni, 1602–1676). Libretto von Orazio Persiani. Uraufführung: Venedig, Teatro Tron in San Cassiano, Karneval 1639.

HANDLUNG. Jupiter will die Nymphe Thetis mit Peleus vermählen, doch Juno verfolgt sie voller Eifersucht und Enfer hetzt die Zwietracht gegen die Liebenden, als deren Bezwinger Amor auftritt.

• Es ist zeitlich gesehen Cavallis erste Oper und gleichzeitig die älteste venezianische, deren Musik erhalten ist. Besonders bedeutsam sind in diesem Werk die Chöre. MS

DIDO (Didone)

Oper in einem Prolog und drei Akten von Francesco Cavalli (mit bürgerlichem Namen Pier Francesco Caletti-Bruni, 1602–1676). Libretto von Gian Francesco Busenello (1598–1659). Uraufführung: Venedig, Teatro Tron di San Cassiano, Karneval 1641.

HANDLUNG. Der Prolog schildert den Fall der Stadt Troja und schreibt ihn Junos Rache zu, die durch Paris' Urteil erzürnt wurde. Im übrigen läuft die Handlung im Rahmen der klassischen Vorlage ab, mit Ausnahme des ungewöhnlichen Finales. Als Dido, von Äneas verlassen, sich den Tod geben will, wird sie durch den maurischen König Jarba, den sie stets zurückgewiesen hat, hieran gehindert. Jarba gelingt es, Dido zu trösten, und die Oper schließt mit einem Liebesduett des neuen Paares.

• Nach *Die Hochzeit des Peleus und der Thetis* ist dies Cavallis zweite Oper, mit der er endgültig als Opernkomponist anerkannt wird. Mit diesem gelungensten Drama Busenellos lag Cavalli gleichzeitig sein bestes Opernlibretto zur Vertonung vor, während ihm sonst häufig der Vorwurf gemacht wird, er habe nicht genügend auf die Qualität seiner Texte geachtet und sie stets ohne Einspruch zu erheben, übernommen. Mit diesem Werk setzt sich auch eine bestimmte Stilrichtung der venezianischen Oper durch, die des sogenannten *melodramma decorativo*. Dieser Typus wird in den folgenden Jahrzehnten immer beliebter und ist durch eine Fülle von Personen und Verwicklungen sowie Einschübe von Szenen und Episoden, den umfassenden Anteil der Chöre und reich ausgestattete Inszenierungen gekennzeichnet. Cavallis *Dido* wurde 1952 während des XVI. *Maggio musicale* in Florenz ausgegraben und wieder aufgeführt. MS

DIE HEIMKEHR DES ODYSSEUS
(Il ritorno di Ulisse in Patria)

Melodram in drei Akten von Claudio Monteverdi (1567–1643). Libretto von Giacomo Badoaro (1602–1654), nach dem letzten Gesang der Odyssee. Uraufführung: Venedig, Teatro di San Cassiano, 1641.

HANDLUNG. Auf die *sinfonia* des Anfangs folgt der Prolog. Im ersten Akt erklingt die Klage *Di misera regina* – die nicht weniger gefühlsintensiv als die berühmteren «Klagen» Ariadnes und des Orpheus ist – in der Penelope (Alt) ihre Einsamkeit, das Warten auf den Gatten, die dahinschwindende Hoffnung auf seine Rückkehr, das immer forderndere Drängen der Proker beweint. Noch weiß Penelope nicht, daß mit Hilfe Minervas (Sopran) Odysseus (Tenor) in Ithaka gelandet ist und sich im Bettlergewand zu dem als einzigem ihm treu gebliebenen Hirten Eumaios (Tenor) begeben hat. Der Bettler erzählt Eumaios Odysseus' Rückkehr stehe bevor und dieser bringt die Nachricht in den Königspalast. Erregt fordern die Proker, Penelope solle endlich einen der ihren erwählen, und die Königin verspricht demjenigen ihre Hand und des Odysseus Thron, dem es gelänge, dessen Bogen zu spannen. In einem Madrigal *Lieta soave gioia* geben die Proker ihrer Freude Ausdruck. Inzwischen entdeckt Odysseus sich auf wundersame Weise – dem Zeitgeschmack entsprechend mit Hilfe von technischen Kunstgriffen und Bühnenmaschinerien – seinem Sohn Telemachos (Tenor); dann begibt er sich in den Palast, und wo die Proker versagten, gelingt es ihm, den Bogen zu spannen. Schließlich das Blutbad. Im dritten Akt tritt Iros, eine lächerliche Figur und «tölpischer Parasit» auf, ein weiteres Zugeständnis an den Zeitgeschmack, dem Monteverdi immerhin gewisse, im Libretto nicht vorgesehene pathetische Züge einräumt. Von hier an nähert sich das Werk rasch seinem unausweichlich glücklichen Ende; wir sehen Penelopes und Euryklea (Mezzosopran) Ungläubigkeit, den Rat der Götter und die durch Neptun Odysseus gewährte Verzeihung; die Gewißheit, daß auch tatsächlich der Herr Ithakas vor uns stehe, gibt der letzte jubelnde Zwiegesang: *Sospirato mio sole / Rinnovata mia luce*.

• Die anonyme Handschrift der Partitur wurde 1881 von A.W. Ambros in der Wiener Nationalbibliothek aufgefunden. Dieses Manuskript enthält deutliche Abweichungen von Badoaros Libretto, die zu langen Erörterungen und Zweifeln führten, die jedoch durch Stilvergleiche und die Kenntnis der zahlreichen Eingriffe und Veränderungen, wie sie Monteverdi an den von ihm vertonten Texten vornahm, zerstreut wurden. Diese erste Oper Monteverdis, die uns aus der Zeit nach seiner Tätigkeit als Kapellmeister an der Markuskirche in Venedig überkommen ist, trägt deutliche Zeichen der strukturellen Neuerungen und der äußeren Bedingungen, unter denen sich während dieses Zeitraums die Opernmusik fortentwickelt hatte, als da waren: Öffnung von Theatern für das zahlende Publikum, Veränderungen des Geschmacks und der Aufführungspraxis. Das Libretto war nur mittelmäßig, doch Monteverdis Kunst gelingt es, Gefühlen und Charakterzeichnung der Personen durch seine unerschöpfliche, stets wandelbare musikalische Erfindung Leben zu geben. SC

DIE KRÖNUNG DER POPPEA
(L'Incorozione di Poppea)

Oper in einem Prolog und drei Akten von Claudio Monteverdi (1567–1643). Libretto von Gian Francesco Busenello (1598–1659). Uraufführung: Venedig, Teatro di San Giovanni e Paolo, wahrscheinlich am St. Stephansabend 1642, anschließend während des gesamten Karnevals im folgenden Jahr.

1642

Bühnenbild zu «Die Hochzeit des Peleus und der Thetis» von Francesco Cavalli. Paris, Bibliothèque de l'Opéra.

PERSONEN. Poppea (Sopran), Nero (Tenor), Oktavia (Sopran), Ottone (Bariton), Seneca (Baß), Drusilla (Sopran), Arnalta (Alt), die Amme (Alt), Lucano (Tenor), Fortuna (Sopran), die Tugend (Sopran), Amor (Sopran), Liberto (Tenor), Diener (Tenor), Ehrendame (Sopran), zwei Soldaten (Tenor und Bariton), Merkur (Tenor), Pallas (Sopran), Venus (Sopran). Konsuln, Tribune, Liktoren.

HANDLUNG. Die Handlung entwickelt sich in einer durch die Leidenschaften der einzelnen Personen bestimmten Szenenfolge. Im Prolog treten Tugend, Fortuna und Amor auf und verkünden die Macht des Eros, der Menschen und Geschichte sich beugen müssen. Erster Akt. Unter Poppeas Fenstern besingt Ottone verzweifelt die Untreue der Frauen; er wird Neros Leibwache gewahr und begreift, mit wem sie ihn hintergeht. Kurz darauf verabschiedet sich Nero mit einer leidenschaftlichen Umarmung von Poppea, die allein mit Arnalta zurückbleibt und ihr anvertraut, sie hoffe, auf den Thron zu gelangen. Arnalta warnt sie vor Neros Gattin Oktavia, die die Untreue ihres Gatten entdeckt habe. Im Palast beklagt Oktavia ihr trauriges Los als verlassene Gattin, und vergeblich sucht Seneca ihr das würdige Ertragen des Unglücks schmackhaft zu machen. Nero entdeckt ihm seine Absicht, Oktavia zu verstoßen und sich mit Poppea zu vermählen, und auch die Ermahnungen seines Lehrmeisters können ihn von seinem Vorsatz nicht abbringen. Nero begibt sich zu Poppea und kündigt an, er werde sie zur Kaiserin machen. Poppea sieht in Seneca das letzte Hindernis vor der Verwirklichung ihres kaiserlichen Ehrgeizes und äußert den Verdacht, Seneca beeinflusse den Kaiser. Erzürnt beschließt Nero des Philosophen Tod. Zweiter Akt. Würdevoll und gelassen empfängt Seneca den Befehl, sich zu töten. Diese feierliche Szene steht in vollem Gegensatz zum folgenden Intermezzo, in dem ein Diener von einer Kurtisane im Küssen unterrichtet wird, und der nun anschließenden Szene, in der Nero, die Nachricht vom Tode Senecas ungerührt vernehmend, sich mit Lucano in Lobgesängen auf Poppea ergeht. Von dieser abgewiesen, findet Ottone keinen Frieden, und Oktavia nutzt dies aus, um ihn zum Mord an der Geliebten anzustiften. Drusilla hingegen ist in Ottone verliebt und rät ihm zur Vorsicht. Sie leiht ihm ihre Gewänder, in denen er leichter in Poppeas Wohnung gelangen könne. Poppea schläft im Garten in der Obhut Arnaltas und Amors, der zu ihrem Schutz vom Olymp herabgestiegen ist. Das Attentat schlägt fehl, und Ottone wird für Drusilla gehalten. Dritter Akt. Drusilla wird vor Nero gebracht, der sie zum Tode verurteilt. Doch Ottone erklärt, er allein sei schuldig, worauf beider Strafe die Verbannung aus Rom ist. Nero verstößt nun Oktavia und verbannt auch sie aus Rom. Sie besingt ihren Schmerz über den Verlust der Heimat und der Freunde, während Nero und Poppea von Volk und Senat umjubelt, ihre Liebe und Freude in einem wunderbaren Duett besingend, in den Palast einziehen. Das Werk schließt mit der Krönung Poppeas, der aus himmlischen Höhen auch Venus, Amor und sein Amorettenchor auf der nach dem triumphierenden Geschmack des Barock in zwei räumlich-perspektivische Ebenen geteilten Bühne beiwohnen.

● Die *Krönung der Poppea* liegt in zwei handschriftlichen Fassungen vor, zwischen denen erhebliche Unterschiede bestehen, und die sich in der Bibliothek des Konservatoriums *S. Pietro a Majella* in Neapel befinden. Die neapolitanische Handschrift dürfte die ältere, Monteverdi näherstehende sein, während es sich bei dem venezianischen Manuskript wohl um eine vereinfachte, gekürzte Fassung von der Hand Francesco Cavallis (1602–1676) handelt. Auch das Libretto liegt in zwei handschriftlichen und einer von Busenello selbst 1656 herausgegebenen gedruckten Fassung vor, in der einige Teile, darunter das Liebesduett aus dem Finale, fehlen. *Poppea* ist die letzte Oper des schon fünfundsiebzigjährigen Monteverdi, in deren durch geneigtes Verstehen gemildertem, schmerzlichem Realismus die Krise des Renaissancemenschen, für die seine Musik unvergleichliche Höhepunkte setzte, dargestellt wird. Das Sujet des Librettos geht auf Tacitus zurück, aus dessen Werk das Barock seine ethische und politische Rechtfertigung ableitete. Allerdings erlebt dieser Tacitus den Forderungen des Theaters entsprechend phantastische und mythologische Kontaminationen und wird gemäß den Auffassuungen der Zeit durch die Linse einer freien, utilitaristischen Kultur gesehen, wie sie sich aus dem niederdrückenden Moralismus der letzten Jahrzehnte des sechzehnten Jahrhunderts zu entwickeln begann. Zwei Leitmotive führen die Personen: zwei Leidenschaften sind es, Politik und Liebe, und es triumphieren eben jene Personen, Nero und Poppea, die sie verkörpern, während Seneca, ethisches Emblem der Oper, Oktavia, die betrogene Königin, und Ottone, der traditionelle Liebhaber, Geschlagene sind und fast nur noch für eine stärkere Kontrastwirkung zu sorgen haben. Es ist das erste Libretto mit historischem Vorwurf und entsprechend stellt die Oper einen Archetypus dar. Doch der historische Vorwurf erscheint «wie durch ein Prisma gefiltert, das jede noch so verborgene Bedeutung, jede ideologische und ethische Implikation und schließlich die verschiedenen Gemütsverfassungen, Kräfte, Beispiele, die von den einzelnen Personen menschlich verkörpert werden, in ihrer Brechung wiedergibt und herausstellt» (G. Gallico). Diese Oper, ein echtes Meisterwerk und Zeugnis der außergewöhnlichen Schöpferkraft des Komponisten, als er sich bereits dem Gedenken an vergangenen Ruhm hinzugeben schien, wurde 1646 in Venedig und 1651 in Neapel, durch die Compagnie der *Febi harmonici* wiederaufgeführt; sie geriet dann in Vergessenheit und gehört erst heute wieder zum internationalen Repertoire.

SC

EGISTO (Aeghist)

Oper in drei Akten von Francesco Cavalli (mit bürgerlichem Namen Pier Francesco Caletti-Bruni, 1602–1676). Libretto von

Giovanni Faustini (1619–1651). Uraufführung: Venedig, Teatro Tron in S. Cassiano, Herbst 1643.

● Die Handlung geht auf den antiken Mythos zurück. Es ist Cavallis siebente Oper, jedoch die erste, ausschließlich für Solisten komponierte, entsprechend einer der neuen Richtungen der venezianischen Oper, nach der man auf Chöre immer öfter verzichtete. Die häufig zu vernehmende Behauptung, die Uraufführung habe 1642 am Wiener Hoftheater stattgefunden, entspricht nicht der historischen Wahrheit. MS

XERXES (Xerse)

Oper in drei Akten von Francesco Cavalli (mit bürgerlichem Namen Pier Francesco Caletti-Bruni, 1602–1676). Libretto von Niccolò Minato (?–1698?). Uraufführung: Florenz, «Accademia degli Infuocati», via del Cocomero, 1647.

HANDLUNG. In dieser phantastischen Oper geht es um die Vermählung zweier historischer Gestalten: des Xerxes, durch seine Mutter Neffe des großen Cyrus und Erbe der persischen Krone und Amastres, Tochter Ottanes, eines Würdenträgers Persiens, der Darius auf seinen Eroberungszügen begleitet hatte. Um Ottane für seine Dienste zu entlohnen, so wird angenommen, habe Darius ihn mit dem Reich Sufien belehnt. Die Mauren, wird weiterhin angenommen, hätten die Hauptstadt des kleinen Reiches angegriffen, da Ottane seine Tochter Amastre ihrem König nicht zur Frau gegeben hatte. Ottane erbittet die Hilfe Xerxes', der mit einem Heer erscheint. Xerxes schlägt die Mauren und verliebt sich in die ihm ebenfalls zugeneigte Amastre. Weitere heldische Unterfangen schließen sich an, unter anderem Xerxes' Zug nach Europa, die berühmte Überquerung des Hellespont mittels einer Brücke aus nebeneinanderliegenden Booten. Im Finale kommt es endlich zur Vermählung der Liebenden.

● Zur Vermählung Ludwigs XIV. mit der Infantin Maria Teresa sollte Cavalli die Oper *Der verliebte Herkules* (siehe Seite 16) aufführen. Da jedoch der Bau des hierfür geeigneten Theaters *(Le Théâtre des machines)* sich verzögerte und auch die Krankheit des Kardinals Mazarin hinzukam, griff man auf eine Aufführung des *Xerxes* zurück. Hierfür setzte sich vor allem der Sopranist A. Melani ein, der bereits 1647 in Florenz den Xerxes gesungen hatte. So kam es zu dieser Aufführung der Oper während der Hochzeitsfeierlichkeiten am 22. November 1660 im Kariatydensaal des Louvre. Sie sollte die erste und letzte bleiben. 1694 vertonte Bononcini das gleiche Libretto leicht abgeändert und zu einem noch späteren Zeitpunkt, 1738, wurde es Vorlage für Händels *Xerxes*. MS

ORFEO (Orpheus)

Oper von Luigi Rossi (1598–1653). Libretto von Francesco Buti. Uraufführung: Paris, Palais Royal, 2. März 1647.

HANDLUNG. Am Vorabend der Hochzeit mit Orpheus begibt sich Eurydike zu einem Wahrsager, dessen düstere Voraussagen sie ängstigen. Aristaios, Sohn des Bacchus, ist in Eurydike verliebt und bittet Venus, die Hochzeit zu verhindern und ihm so zu Hilfe zu kommen. Die von Haß auf Orpheus erfüllte Göttin entspricht seinem Wunsch: Eurydike stirbt. Nun greift Juno ein: sie fordert den Dichter auf, in die Unterwelt hinabzusteigen und die Geliebte zurückzuholen. Um sein Vorhaben zu unterstützen, erweckt sie in Proserpina Zorn und Eifersucht. Diese wünscht Eurydikes Entfernung

Aufriß der Bühne des Théâtre des machines (Maschinentheater) in den Pariser Tuilerien mit dem Bühnenbild der Architekten Gaspare und Carlo Vigarani zu «Der verliebte Herkules» von Francesco Cavalli.

aus den Augen Plutos und des ganzen Hades. Von Orpheus' Klage gerührt, werden die beiden Liebenden auf die Erde zurückgesandt. Doch durch diese Rückkehr unter die Lebenden verstoßen sie gegen das Gesetz der Unterwelt: Eurydike muß deshalb ins Reich der Schatten zurückkehren. In seiner Verzweiflung über ihren Tod, an dem er sich schuldig fühlt, von seinem Gewissen verfolgt, wird Aristaios wahnsinnig und tötet sich. Von Venus angetrieben, rächen ihn Bacchus und die Bacchantinnen, die Orpheus zerreißen. Die Oper schließt mit der Verherrlichung von Liebe und Treue.

● Die Aufführung des *Orfeo* am französischen Königshof geht auf Kardinal Mazarin zurück, der durch Vermittlung des Sekretärs E. Benedetti die Sänger aus Rom und Florenz kommen ließ. Auch der Tod der Ehefrau des Komponisten, der, durch die Proben zur Aufführung in Paris zurückgehalten, nicht nach Rom hatte eilen können, um ihr beizustehen, konnte die Wünsche des mächtigen Ministers nicht hindern. Tatsächlich ist dies eine lebendige, von Leidenschaft erfüllte Partitur, in der die eher statische literarische Vorlage überwunden wird. Es treten auch komische Personen auf, so daß ein mehr dem venezianischen oder neapolitanischen Geschmack entsprechendes Ganzes entstand, das vielleicht eher einem lärmenden Publikum als einer intellektuellen Aristokratie entsprechen mochte. RB

JASON (Giasone)

Oper in drei Akten von Francesco Cavalli (mit bürgerlichem Namen Pier Francesco Caletti-Bruni, 1602–1676). Libretto von Giacinto Andrea Cicognini (1606–1660). Uraufführung: Venedig, Teatro Tron di S. Cassiano, Winter 1649.

HANDLUNG. Sie folgt der antiken Argonautensage und dreht sich insbesondere um die Liebe zwischen Jason und Medea. Der Text ist literarisch nicht sehr bedeutend, entspricht jedoch dem melodramatischen Geschmack des siebzehnten Jahrhunderts. Die Oper enthält viele überflüssige, unsinnige Episoden und Geistreicheleien, die häufig nicht sehr geschmackvoll sind. Das Finale bringt den sehr fröhlichen, mit dem traditionellen Ausgang der Legende ganz und gar nicht übereinstimmenden Schluß: Jason heiratet Hypsipyle, Königin von Lemnos, und besänftigt so den Zorn des Göttervaters Zeus, während Medea, Königin von Kolchis, zu einem früheren Liebhaber, den sie verlassen und verachtet hatte und der sie nun vom Tode errettet, zurückkehrt.

● *Jason* wurde Francesco Cavallis bekannteste und am häufigsten aufgeführte Oper, die über zwanzig Jahre in den Theatern ganz Europas gegeben wurde. Bereits in den ersten beiden Jahren wurde das Libretto zweimal gedruckt, weitere Drucklegungen folgten 1654, 1664 und 1666. 1666 wurde die Oper umgeschrieben, A. Stradella fügte einen Prolog und drei Arien hinzu. In dieser neuen Form wurde sie am *Teatro Tron di S. Cassiano* in Venedig aufgeführt und zog dann von neuem durch viele Länder. *Jason* gehört jener Richtung der venezianischen Oper an, in der immer wieder Arien, Duette und kurze instrumentale Intermezzi in den Fluß des *recitativo espressivo* eingefügt sind. MS

IPERMESTRA (Hypermestra)

«Festa teatrale» (Theaterfest) von Francesco Cavalli (mit bürgerlichem Namen Pier Francesco Caletti-Bruni, 1624–1776). Libretto von Giovanni Andrea Moniglia (1624–1700). Uraufführung: Florenz, «Teatro degli Immobili in via della Pergola», 18. Juni 1658.

Zerstörung und Brand von Argos. Szene aus dem zweiten Akt der Oper «Ipermestra» von Francesco Cavalli. Stich von Ferdinando Tacca. München, Theatermuseum.

● Eine mit prächtigen Details ausgestattete Prunkoper. Sie wurde von Kardinal Giovanni de'Medici zur Feier der Geburt eines Sohnes des Königs Philipp IV. von Spanien in Auftrag gegeben und hatte großen Erfolg.

DER VERLIEBTE HERKULES (Ercole amante)

Oper in fünf Akten von Francesco Cavalli (mit bürgerlichem Namen Pier Francesco Caletti-Bruni 1602–1676). Libretto von dem Abt Francesco Buti. Uraufführung: Paris, Théâtre des Tuileries, 7. Februar 1662. König Ludwig XIV. trat selbst im Strahlengewand der Sonne auf.

HANDLUNG. Der von Camille Lilius aus diesem Anlaß hinzugefügte allegorische Prolog war eine *Hommage* für die fünfzehn bedeutendsten Königsfamilien des Abendlandes, unter denen selbstverständlich die französische einen besonderen Platz einnahm. Sie wurden von Diana auf einem Wagen am Bühnenhimmel vorgestellt und von einigen Damen des Hofes, dem König und der Königin verkörpert. Diana befiehlt Herkules, seine Mühen fortzusetzen und verspricht ihm die Schönheit zur Gattin. Die Handlung läuft unter Einsatz zahlreicher aus Himmelshöhen auf- und niedersteigender Maschinen ab; erzählt werden die Liebesverwicklungen zwischen Herkules und Jole, Junos Intrigen und die Liebe des Hyllos, Sohn des Herkules, zu Jole. Am Ende erhält Herkules die Schönheit zur Gattin, und Hyllos vermählt sich mit Jole. Der vierte Akt spielt auf hoher See. Die Aufführung dauerte sechs Stunden.

● Cavalli hatte sich auf Einladung des Kardinals Mazarin, der ihm hierfür eine überwältigende Entlohnung hatte bieten müssen, nach Paris begeben. Er sollte eine Oper schreiben, die während der Festlichkeiten zur Vermählung Ludwigs XIV. mit der Infantin Maria Teresa (1660) aufgeführt werden und das *Théâtre des machines* in den Tuilerien einweihen sollte. Dieses Maschinentheater war von dem Architekten

Caspare Vigarani für die Aufführung italienischer Opern entworfen worden. Der Bau des Theaters verzögerte sich jedoch, zudem erkrankte der Kardinal, so daß die Oper zunächst zurückgestellt wurde. Zu den Hochzeitsfeierlichkeiten griff man auf Cavallis *Xerxes* (siehe Seite 15) zurück, ein Werk, das der Komponist bereits 1647 in Florenz uraufgeführt hatte. *Der verliebte Herkules* kam erst zwei Jahre später, als Mazarin bereits tot war, heraus. Die Partitur konnte der Oper nicht den erhofften Erfolg bescheren, und das Libretto wurde nicht allen verständlich, da man es nicht ins Französische übersetzt hatte. Großen Beifall fanden dagegen die von Lully hinzugefügten Ballette und die von Vigarani geschaffene Ausstattung. Die Gründe für diesen halben Mißerfolg sind im wesentlichen in einer von den übrigen französischen Komponisten mehr oder weniger geschürten Feindseligkeit gegenüber der italienischen Oper und dem noch immer brennenden Haß auf den Kardinal Mazarin zu suchen. Im Mai des gleichen Jahres kehrte Cavalli verbittert nach Venedig zurück. Zu einer weiteren Aufführung des *Verliebten Herkules* kam es nicht mehr. MS

ACHILLEUS AUF SKYROS
(Achille in Sciro)

Oper in drei Akten von Giovanni Legrenzi (1626–1690). Libretto von I. Bentivoglio. Uraufführung: Ferrara, Theater des Grafen Bonacossi da Santo Stefano, 1663.

HANDLUNG. Thetis, Mutter des Achilleus, will ihren Sohn vor dem ihm vorausgesagten verhängnisvollen Geschick bewahren und vertraut ihn Cheiron an, damit dieser ihn auf der Insel Skyros verberge und ihn für ein Mädchen mit Namen Pyrrha ausgebe. König Lykomedes' Tochter Deidamia weiß wohl von dieser Verkleidung des Jünglings, kennt jedoch seine Herkunft nicht, und verliebt sich in ihn. Sie wird von Achilleus wiedergeliebt. Lykomedes hat seine Tochter Theagenes versprochen. Von Deidamias Kühle befremdet, wendet dieser sich Pyrrha zu. Nun langt Odysseus auf der Insel an. Er gibt vor, Hilfe und Unterstützung für den Krieg gegen Troja zu suchen, strebt jedoch in Wirklichkeit danach, Achilleus zu entlarven, denn er weiß, daß ohne ihn die Griechen diesen Krieg nicht gewinnen können. Auf jede erdenkliche Weise versucht er, Achilleus dazu zu bringen, daß er sich verrate, und dieser zuckt auch beim Anblick einer herrlichen Rüstung zusammen, kann sich aber noch einmal beherrschen. Lykomedes verspricht Unterstützung, und Achilleus versucht, Deidamia zur Hochzeit mit Theagenes zu bewegen, da er ahnt, daß er sich seinem Los nicht entziehen kann. Nearchos vertraut er sich an: nicht länger kann er den Schein aufrecht erhalten. Während des Banketts zur bevorstehenden Hochzeitsfeier von Deidamia und Theagenes bricht ein von Odysseus heimlich geschürter Tumult unter den Soldaten aus. Achilleus kann nun nicht länger widerstehen, er legt die Rüstung an und zeigt sich in seiner wahren Gestalt. Er beschließt, mit Odysseus von hinnen zu ziehen. Deidamia verläßt Theagenes und folgt mit ihres Vaters Einverständnis dem jungen Helden.

● Legrenzis Oper stellt das letzte, erhabenste Kapitel der venezianischen Oper gegen Ende des siebzehnten Jahrhunderts dar. Auch hier handelt es sich um eine historische Prunk- und Mythenoper, doch wird die Verbindung zum täglichen Leben durch den lebhaften Humor gewahrt, in dem das schwierige Spiel der Kontraste zwischen heroischen und komischen Personen sich verstrickt und wieder entflicht. MSM

DER GOLDENE APFEL (Il Pomo d'oro)

«Festa teatrale» (Theaterfest) in fünf Akten und siebenundsechzig Szenen von Marc'Antonio Cesti (Fra Antonio d'Arezzo, mit

Bühnenbild von Ludovico Burnacini zu «Der goldene Apfel» von Marc'Antonio Cesti. Dresden, Kupferstichkabinett.

bürgerlichem Namen Pietro Cesti, wobei Marc aus dem Titel des Marchese abgeleitet ist, 1623–1669). Libretto von Francesco Sbarra (1611–1668). Uraufführung: Wien, Hoftheater, 13. November 1666 (?).

HANDLUNG. Es geht um den Mythos des von Paris zu verleihenden Apfels der Zwietracht. Am Ende nimmt Jupiter den Apfel aus Paris' Händen entgegen und bietet ihn der Kaiserin.

● Typisches Beispiel einer sogenannten *festa teatrale*, komponiert für einen Hof und geladene Gäste. Dieses Werk entstand für den Wiener Hof, wie behauptet wird, zur Hochzeit des Kaisers Leopold I. mit der spanischen Infantin Margherita Teresa, Tochter Philipps IV. Das Datum der Uraufführung steht nicht genau fest. Die Vermählung fand am 12. Dezember 1666 statt. Bekannt ist, daß die Oper am Wiener Hof am Geburtstag der Kaiserin noch einmal aufgeführt wurde. Cesti war zu dieser Zeit von den Weihen suspendiert und zum Hofkapellmeister am Wiener Hof ernannt worden. *Der goldene Apfel* ist die prunkvollste und komplizierteste Oper, die je auf die Bühne kam. Allein die Kosten der Inszenierung beliefen sich auf hunderttausend Taler. An nichts sollte gespart werden, weder an den aufwendigen Kostümen, noch an der Zahl der Komparsen oder der Zahl und Perfektion der Maschinen, den Tänzen, den Schaukämpfen. Alles wirkt überreich, blendend, und auch die Musik entspricht den barocken Bühnenbildern L. Burnacinis. Zur eigentlichen Oper kamen die Ballette des Wieners *Schmeltzer* hinzu. Der Text zeigt sich sprachlich als höfisch-konventionell und enthält in der Hauptsache mythologische Allegorien, nur in den komischen Szenen wird er volkstümlich. Im Prolog stellt ein achtstimmiger Chor vom Kaiser beherrschten Länder vor. *Der goldene Apfel* wurde nie wieder auf die Bühne gebracht. In einer kürzlich erschienenen kritischen Ausgabe der Oper fehlt der verlorengegangene fünfte Akt. Während der Hochzeitsfeierlichkeiten in Wien wurde auch eine zweite Oper Cestis, *Le disgrazie d'amore* (Liebesunglück) aufgeführt. Sie enthielt einen von Kaiser Leopold persönlich komponierten Prolog. MS

SEMIRAMIS (Semiramide)

Oper in drei Akten von Marc'Antonio Cesti (Fra Antonio d'Arezzo mit bürgerlichem Namen Pietro Cesti; wobei Marc aus dem Titel des Marchese abgeleitet ist, 1623–1669). Libretto von Giovanna Andrea Moniglia (1624–1700). Uraufführung: Wien, Hoftheater, 9. Juni 1667.

HANDLUNG. Sie geht auf die mythische Figur der ebenso furchterregenden wie schönen Königin von Babylon zurück, der Wunder- und Schreckenstaten zugeschrieben werden.

● Cesti stand im Dienst des erzherzoglichen Hofes in Innsbruck und schrieb an dieser Oper für die Vermählung des Erzherzogs Sigismund Franz als dieser 1665 unerwartet starb. Die ganze Kapelle kam von Innsbruck an den kaiserlichen Hof in Wien, wo *Semiramis* inszeniert werden konnte. Mit dem Titel *La schiava fortunata* (Die glückliche Sklavin) oder *Le risembianze di Semiramide e Nino* wurde die Oper in überarbeiteter Form auch in Italien aufgeführt. MS

DIE FESTE AMORS UND BACCHUS'
(Les Fêtes de l'Amour et de Bacchus)

Pastoraloper in einem Prolog und drei Akten von Jean Baptiste Lully (1632–1687). Libretto von Philippe Quinault (1635–1688) unter Mitarbeit von Molière und I. de Benserade. Uraufführung: Paris, Académie Royale de Musique, 15. November 1672.

● Der typische feierliche Ton und die mythologische Inszenierung des Werks wurden teilweise der familiären Sprache des zeitgenössischen Publikums, dem die Bräuche des Olymp nicht recht geläufig waren, geopfert. In dieser ersten Pastoraloper Lullys zeigt sich deutlich ihre Herkunft von den *ballets de cour*, wie sie von der Kritik vielleicht allzu oft betont wird, teils übertrieben nachdrücklich, um hier die historischen Vorläufer der Oper Lullys aufzuspüren. *Die Feste Amors und Bacchus'* wurden zwischen 1672 und 1678 sechs Mal aufgeführt. MSM

CADMUS UND HERMIONE

Oper in fünf Akten und einem Prolog von Jean Baptiste Lully (1632–1687). Libretto von Philippe Quinault (1635–1688). Uraufführung: Paris, Académie Royale de Musique, 27. April 1673.

HANDLUNG. Cadmus liebt Hermione, Tochter des Mars, die jedoch bereits dem fürchterlichen Riesen Draco versprochen ist. Cadmus tötet den Drachen des Riesen, schwebt jedoch im nachfolgenden Zweikampf mit Draco in Lebensgefahr. Glücklicherweise wird dieser von Pallas in eine Statue verwandelt, bevor er Cadmus töten kann. Als er sich endlich mit der Geliebten vereinigen will, wird Hermione von Juno entführt. Doch am Ende wird die Treue der Liebenden belohnt: unter dem jubelnden Beifall aller Götter des Olymp feiern sie Hochzeit.

● Die Oper erlebte einen überwältigenden Erfolg. Ludwig XIV. wohnte höchstpersönlich der Aufführung bei und «verließ (wie der zeitgenössische Chronist berichtet) das Theater aufs Höchste zufrieden mit diesem superben Schauspiel». MSM

ALKESTIS
(Alceste, ou Le Triomphe d'Alcine)

Oper in einem Prolog und fünf Akten von Jean Baptiste Lully (1632–1687). Libretto von Philippe Quinault (1635–1688). Uraufführung: Paris, Théâtre de Palais Royal, 19. Januar 1674.

Eine Aufführung von Jean Baptiste Lullys «Alkestis» in Versailles.

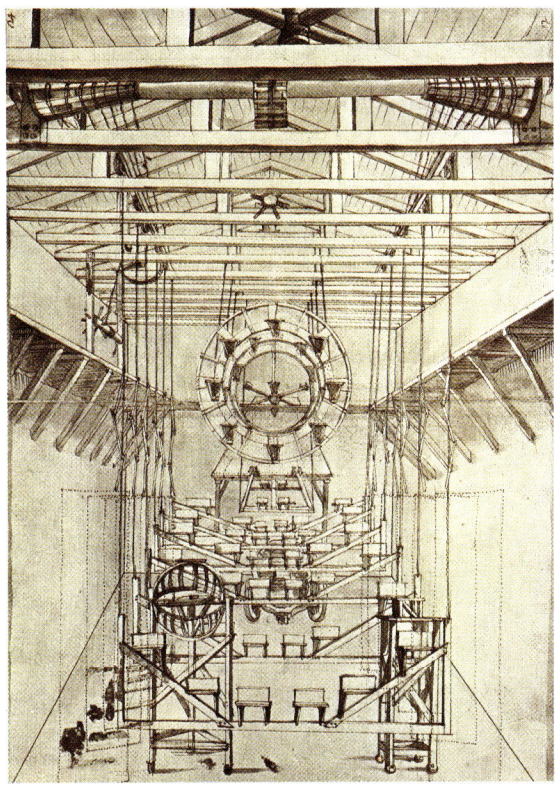 

Eine Szene mit Hilfe von Maschinen bewegter Wolken aus Giovanni Legrenzis «Germanicus am Rhein».

HANDLUNG. Alkestis, um deren Hand König Lykomedes sich bewirbt, liebt Admetos und bereitet sich auf die Hochzeit mit ihm vor; doch auch Herkules liebt die junge Frau. Während eines Festes entführt Lykomedes Alkestis und bringt sie auf die Insel Skyros. Herkules und Admetos verfolgen Lykomedes; während Herkules Alkestis befreien kann, wird Admetos im Kampf schwer verwundet. Apollon verkündet, er werde Admetos am Leben erhalten, wenn an seiner Stelle ein anderer bereit ist zu sterben. Auf diese Nachricht hin nimmt Alkestis sich das Leben, um das des Geliebten zu retten. Nun bekennt Herkules seine Liebe und verspricht Admetos in den Hades hinabzusteigen und Alkestis zurückzuholen, unter der Bedingung, daß dieser sie ihm überlasse. Er besteigt Charons Nachen und überquert den Styx, fesselt Kerberos und erscheint während eines Festes in der Unterwelt vor Pluto. Schließlich findet er Alkestis, nimmt sie bei der Hand und führt sie ans Licht des Tages zurück. So herzzerreißend ist die Begegnung mit Admetos, daß Herkules von ihrem Schmerz gerührt, beschließt, auf Alkestis zu verzichten. In die Oper wurde auch eine weitere Episode aufgenommen, die sozusagen eine Ebene tiefer spielende Geschichte Cephises und ihrer Bewerber. Sie bot den Anlaß, kleine, beim Publikum sehr beliebte «Canzonen» aufzunehmen.

● Die Oper kam bei Publikum und Kritik sehr gut an. Madame de Sévigné schrieb, nachdem sie eine Aufführung gesehen hatte: «Donnerstag genoß ich die Alkestis, die von wunderbarer Schönheit ist; sie enthält einige musikalische Passagen, die mich zu Tränen rührten». Ludwig XIV. sah die Oper zum ersten Mal am 14. April 1674 im Palais Royal. Anschließend wurde sie auch in Versailles, Fontainebleau und Saint-Germain aufgeführt. Lullys in *Alkestis* erreichte Orchestrierungstechnik erschien den ausländischen Zeitgenossen als die interessanteste Neuerung dieser seiner Oper. Durch seine Instrumentierung vermischte Lully die Klangschattierungen des Orchesters mit dem Timbre der Stimmen, beschwor die Atmosphäre des Wunderbaren und kündete die Oper selbst in einem grandios aufgebauten Vorspiel an.

MSM

KIRKE (Circé)

Oper von Marc-Antoine Charpentier (1636–1704). Libretto von Thomas Corneille (1625–1709). Uraufführung: Paris, 1675.

● Diese auf die antike Legende der Zauberin Kirke, die die Gefährten des Odysseus in Schweine verwandelte, zurückgehende Oper, wurde bei ihrer Uraufführung mit Hilfe eines großen szenischen Apparates inszeniert. MS

DIE TEILUNG DER WELT
(La divisione del mondo)

Oper von Giovanni Legrenzi (1626–1690). Libretto von Giulio Cesare Corradi (Siebzehntes Jahrhundert). Uraufführung: Venedig, Teatro San Salvatore, 4. Februar 1675.

● Eine der bedeutendsten Opern dieses genialen Meisters des venezianischen Barocks. Dem Brauch der Zeit entsprechend, trugen hier wie in allen übrigen Melodramen des Komponisten die von Bühnenbildnern und Ingenieuren erfundenen prächtigen Bühnenbilder und staunenerregenden Bühnenmaschinerien nicht wenig zum Erfolg der Aufführung bei. Deutlich wird der Geschmack dieses barocken

Jahrhunderts aus der dem Werk vorangestellten Bühnenanweisung: «Sobald der Blitz aufflammt, hebt sich der Vorhang und das von Wolken verhüllte Proszenium wird sichtbar. Hin und her bewegen sich diese Wolken und bilden schließlich in der Mitte einen gekrönten Löwen. Dann weichen sie nach und nach auseinander, und man erblickt die ebenfalls von Wolken erfüllte Bühne, in deren Mitte Jupiter auf einem Adler zu sehen ist. Er ist umgeben von Neptun und Pluto sowie zahlreichen anderen Göttern, die in den Lüften schweben zur Verteidigung des Himmels gegen die Titanen, die bereits niedergeschmettert auf den Höhen des Olymp liegen.» RM

GERMANICUS AM RHEIN (Germanico sul Reno)

Oper von Giovanni Legrenzi (1626–1690). Libretto von Giulio Cesare Corradi (Siebzehntes Jahrhundert). Uraufführung: Venedig, Teatro San Salvatore, 27. Januar 1676.

HANDLUNG. Diese Oper geht auf die Taten des Julius Caesar Germanicus, leiblicher Sohn des Drusus und Adoptivsohn des Tiberius zurück. Nachdem er an den Rhein geeilt ist, um einen Aufstand niederzuschlagen, dringt er weiter nach Germanien vor und schlägt, die Niederlage des Varus wettmachend, Arminius.

DER VORMUND (Il trespolo tutore)

Komische Oper in drei Akten von Alessandro Stradella (1644–1682). Libretto von G.C. Villifranchi. Uraufführung: Rom, Teatro in Borgo, Karneval 1676.

● Diese Opfer, deren Aufführung ein Werk des Fürsten Colonna war, dreht sich um die ins Lächerliche gezogene Figur eines Vormunds und vermittelt uns ein lebhaftes Bild der Sitten und Bräuche der Zeit. RB

PSYCHE (Psyché)

Oper in einem Prolog und fünf Akten von Jean Baptiste Lully (1632–1687). Libretto von Thomas Corneille (1625–1709) und B. de Fontenelle. Uraufführung: Paris, Académie Royale de Musique, 19. April 1678.

● Vorlage der Oper ist der Mythos der von Eros geliebten wunderschönen Psyche. Sie wurde in Paris zweimal aufgeführt, am 8. Juni 1703 und am 22. Juni 1713. MSM

DIE MACHT VÄTERLICHER LIEBE (La forza di amor paterno)

Oper in drei Akten von Alessandro Stradella (1644–1682). Libretto von R. Brignole Sale. Uraufführung: Genua, Teatro Falcone, Karneval 1678.

HANDLUNG. Nach dem Tod seiner ersten Gemahlin, die ihm den Sohn Antioco gebar, beschließt König Seleuco, nun schon im reiferen Alter, sich wieder zu vermählen. Doch die ihm versprochene Prinzessin Stratonica wird von seinem Sohn geliebt. So überwältigend ist die Leidenschaft des jungen Mannes, daß er erkrankt. Er findet, von seinen Gefühlen übermannt, auch des Nachts keine Ruhe, seiner Seele Frieden ist dahin. Endlich erahnt der Vater die Liebe seines

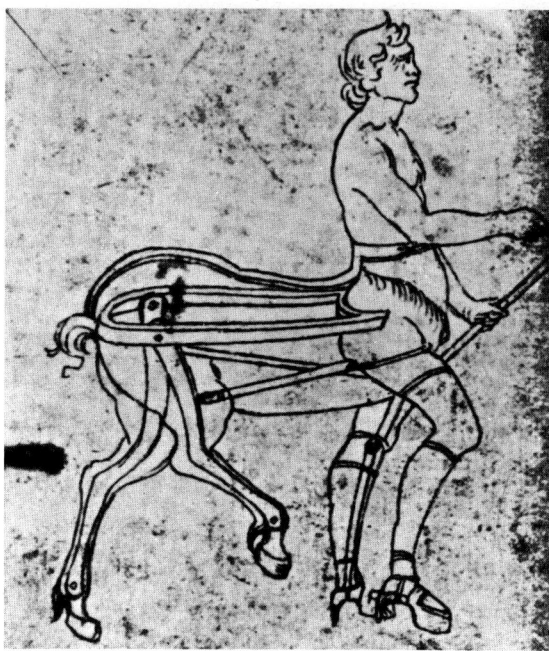

Vorlage Francesco di Giorgios für einen Kentauren.

Sohnes, der sich ihm gegenüber zu keiner Andeutung hat hinreißen lassen, zu Stratonica. Er wäre bereit, auf die Verwirklichung seiner Absichten um des Glücks des Sohnes willen zu verzichten, doch trotz aller Seelenqualen, entdeckt dieser treu seiner Sohnespflicht dem Vater auch auf dessen Fragen hin keineswegs seine wahren Empfindungen. Stratonica fühlt eine immer stärker werdende Neigung zu Antioco, unterdrückt jedoch ihre Gedanken und Wünsche, die sie als unzulässig und unrein verurteilt und wählt den dornigen Pfad der Erfüllung des gegebenen Versprechens, statt sich ihrer Liebesleidenschaft hinzugeben: doch als die Vermählung gefeiert werden soll, gelingt es Antioco, vom Schmerz des drohenden Verlustes überwältigt, nicht mehr zu lügen. Der König stellt seine eigenen Gefühle hintan und überläßt ihm die Hand der Geliebten.

● Die Oper ist ein recht interessantes Werk des Übergangs vom alten zum neuen musikalischen Stil. In *Die Macht väterlicher Liebe* gelingt es Stradella in erneuerndem Geist über die frühere Konzeption des Melodrams in geschlossenen Stücken hinauszugehen und zu einer auch die Rezitative einschließenden lyrischen Kontinuität zu gelangen. Seine Rezitative werden nun melodisch angelegt und rücken so dank Ausdruckskraft und musikalischer Vielfalt näher an die Arien heran. Dies macht das Werk, trotz des noch recht unausgeprägten Instrumentalparts zu einem Vorläufer der großartigen Bühnenwerke des achtzehnten Jahrhunderts. RB

AKIS UND GALATEA (Acis et Galatée)

Oper in zwei Akten von Marc-Antoine Charpentier (1636–1704). Uraufführung: Paris, Théâtre Comédie Française, 1678.

HANDLUNG. Sie geht auf den Mythos des in die schöne Nymphe Galatea verliebten Kyklopen Polyphem zurück. Bekanntlich wurde er von dieser, die ihm den Hirten Akis vorzieht, abgewiesen und verlacht. MS

DER RAUB DER SABINERINNEN
(Il ratto delle sabine)

Oper in drei Akten von Pietro Simeone Agostini (?–1680). Libretto von Francesco Bussani (ca. 1640 bis nach 1680). Uraufführung: Venedig, San Giovanni Crisostomo, Karneval 1680.

HANDLUNG. Sie geht auf die bekannte Legende aus der Frühzeit Roms zurück. Die Bedeutung des Werkes liegt im entschiedenen Einsatz der Massen auf der Bühne. Die Musik hebt diese Besonderheit des Librettos nachdrücklich hervor.

PROSERPINA (Proserpine)

Oper in einem Prolog und fünf Akten von Jean Baptiste Lully (1632–1687). Libretto von Philippe Quinault (1635–1688). Uraufführung: Saint-Germain en Laye, 3. Februar 1680.

HANDLUNG. Im Prolog besingt der Dichter die Vorzüge des Friedens. Die Bühne stellt die Höhle der Zwietracht dar: in Ketten werden in ihr Frieden, Überfluß, Spiel und Freuden sichtbar. Vom Gefolge der Helden begleitet tritt der Sieg auf, löst die Ketten der Gefangenen und legt an ihrer Stelle die Zwietracht samt ihren Anhängern in Bande. Nun beginnt das eigentliche Drama: Proserpina wird von Pluto aus der Obhut ihrer Mutter Ceres entführt. Inmitten aller Götter des Olymp fällt Jupiter, um sowohl Ceres als auch Pluto zu beschwichtigen, den Spruch, Proserpina habe sechs Monate des Jahres in der Unterwelt und die übrigen sechs auf der Erde zu verbringen.

● In *Proserpina* führt Lully zum ersten Mal das *recitativo accompagnato*, das begleitende Rezitativ ein. Das sinfonische Element ist nun auch nicht mehr allein auf die *entrées* der Tänze oder die Szenenwechsel beschränkt, sondern wird geschickt mit dem Handlungsgeschehen verwoben. MSM

PHAETHON (Phaéton)

Oper in einem Prolog und fünf Akten von Jean Baptiste Lully (1632–1687). Libretto von Philippe Quinault (1635–1688). Uraufführung: Versailles, Théâtre de la Cour, 6. Januar 1683.

HANDLUNG. Sie geht auf Ovids Metamorphosen zurück, in denen erzählt wird, wie es dem Sohn Apollons, der seine göttliche Abkunft, die von Epaphos in Zweifel gezogen wird, beweisen will, gelingt, von seinem Vater die Erlaubnis zu erlangen, für einen einzigen Tag den Sonnenwagen zu lenken. Da er jedoch nicht imstande ist, die durchgehenden Pferde des Wagens zu zähmen, brechen Feuer und Unglücksfälle über Himmel und Erde herein, bis er schließlich durch den Blitzstrahl des Zeus getötet wird.

● Diese Handlung bot willkommene Gelegenheit zu großartigen Bühneneffekten, die die Oper berühmt machten. Zu sehen waren: der Tempel der Göttin Isis, der Palast des Sonnengottes, Fahrt und endlicher Sturz Phaetons, die Verwandlungen des Proteus in einen Löwen, einen Baum, ein Meeresungeheuer, eine Quelle, in flammendes Feuer; all dies hinterließ beim Publikum einen so gewaltigen Eindruck, daß dieses Werk als die «Volksoper» bezeichnet wurde. MSM

AMADIS VON GAULA (Amadis de Gaule)

Oper in einem Prolog und fünf Akten von Jean Baptiste Lully (1632–1687). Libretto von Philippe Quinault (1635–1688), nach einem der berühmtesten Ritterromane des Spaniers Garcia Rodriguez de Montalvo. Uraufführung: Paris, Académie Royale de Musique, 18. Januar 1684.

HANDLUNG. Amadis, natürlicher Sohn Perions und Elisenas, wird in einem Nachen auf den Wellen ausgesetzt. Als einziges Erkennungszeichen trägt er einen Ring und einen Degen. Von Gandales aufgenommen, wächst er in dessen Hause wie ein eigener Sohn auf. König Langrines bringt ihn an seinen Hof, wo er der Prinzessin Oriana, Tochter Lisuartes, des Königs der Bretagne, begegnet. Die beiden jungen Leute verlieben sich ineinander und schwören sich ewige Treue. Oriana tritt für ihn ein, und Amadis wird zum Ritter geschlagen. Ihr Bild im Herzen tragend, vollbringt er in ihrem Namen all seine ritterlichen Taten. Er besiegt den Riesen Abies, einen Gegner König Perions, an dessen Hof er mit großen Ehren empfangen wird, wie es einem Ritter seines Ranges zukommt. Dank des Ringes, den er stets trägt, wird er auch von seinen Eltern erkannt. Doch sein Weg ist noch nicht zu Ende, und seine Abenteuer sind noch nicht überstanden. Durch Zauber wird er im Schloß Arcalaus' zurückgehalten und von dort eines Tages durch seine geheimnisvolle Beschützerin Urganda befreit. Ohne daß er weiß, daß es sich um seinen Bruder handelt, kämpft er eines Tages mit Galaor,

 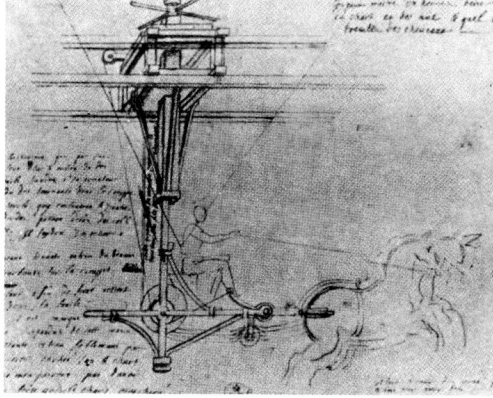

Eine Szene aus Jean Baptiste Lullys 1683 in Paris aufgeführten Oper «Phaeton». Rechts eine Zeichnung der Bühnenmaschine für den Sonnenwagen, der in der gleichen Oper verwandt wurde.

doch dieser Zweikampf endet damit, daß die Brüder beschließen, von nun an gemeinsame zukünftige Abenteuer zu bestehen. Nach vielen Heldentaten gelingt es ihnen, König Lisuarte und seine Tochter Oriana aus der Gewalt Arcalaus' zu befreien, der sie in seinem Zauberschloß gefangenhielt. Nun wird Amadis noch einmal mit einem Zauberbann belegt, aus dem ihn Oriana, die seine Geliebte wird, erlöst. Der Held zieht weiter in das Reich Sobradisa, wo er von Königin Briolanja feierlich aufgenommen wird, doch seine Gedanken weilen stets allein bei Oriana, und er begibt sich wieder auf die Reise, um ihr nahe zu sein. Auf seiner Fahrt erscheint plötzlich ein Schloß vor ihm, in dem viele edle Ritter gefangengehalten werden; nach Überwindung zahlreicher Prüfungen gibt Amadis ihnen die Freiheit zurück. Inzwischen erreicht ihn ein Brief Orianas, in dem sie ihm den Abschied gibt. Sie fürchtet, Amadis sei in Königin Briolanja verliebt. Verzweifelt zieht Amadis sich nach Pena Pobre zurück, wo er den Namen «Beltenebròs» erhält. Doch noch immer finden seine phantastischen Abenteuer kein Ende: wieder eilt er Oriana und Lisuarte zu Hilfe. Bald wird der Held zur beherrschenden Gestalt der Weltbühne, und wir erleben seine siegreichen Taten nicht nur im Vaterland, sondern auch in Deutschland, Böhmen, Italien und Griechenland. Endlich befreit Amadis Oriana aus der Gefangenschaft, in der sie der Kaiser des Westens gehalten hat und verbindet glücklich sein Leben mit dem ihren.

● Diese Oper sollte ursprünglich in Versailles aufgeführt werden (das Libretto ging auf eine Anregung des Königs Ludwig XIV. selbst zurück), doch da die Königin starb, wurde nun Paris gewählt. Hier hatte das Werk ungeheuren Erfolg, so daß ein Jahr später, am 5. März 1685, eine zweite Aufführung in Versailles folgte, die zu einem der ganz großen Triumphe Lullys wurde.
AB

ROLAND

Oper in fünf Akten und einem Prolog von Jean Baptiste Lully (1632–1687). Libretto von Philippe Quinault (1635–1688). Uraufführung: Versailles, Théâtre de la Cour (in Gegenwart des Königs Ludwig XIV.), 8. Januar 1685.

HANDLUNG. Im Prolog tauschen Angelica, Königin von Cathay, und Medoro, Offizier eines afrikanischen Königs, Liebesbeteuerungen aus. Im ersten Akt läßt Roland, Neffe Karls des Großen und berühmtester seiner Paladine, Angelica zum Zeichen seiner Liebe ein wertvolles Armband überreichen. Im zweiten Akt stellt die Bühne die verzauberte Liebesquelle in einem Hain dar: Roland nähert sich ihr, um Angelica zu sehen, doch diese nimmt einen Ring in den Mund, durch dessen magische Kraft sie unsichtbar wird. Roland gibt sich enttäuscht und trostlos seinem ganzen Schmerz hin. Auch Medoro tritt auf; er wagt nicht mehr zu hoffen, daß die Königin Herz und Hand von ihm annehmen werde, und da er seine Verzweiflung nicht länger ertragen kann, greift er zum Schwert, um Hand an sich zu legen. Glücklicherweise erscheint in eben diesem Augenblick Angelica und hindert Medoro an solch unseligem Tun. Sie trachtet nun allein danach, den von ihr geliebten Mann vor Rolands rasender Wut zu schützen. Dieser gibt sich den schönsten Hoffnungen hin und begreift Angelicas wahre Gefühle nicht. Der dritte Akt steht ganz im Zeichen des Chors, der Angelica und Medoro einlädt, sich den Freuden des Lebens und der Liebe hinzugeben. Er äußert die Hoffnung, Medoro möge bald König werden und jene glücklich machen, die seine Gesetze befolgen. Im vierten Akt erleben wir Rolands Verzweiflung: statt Angelica zu begegnen, muß er an einem Baum die Worte lesen, mit denen sie ihrer Liebe zu Medoro Ausdruck gibt. Einige Hirten, an die er sich wendet, um Gewißheit über seine Zweifel zu erlangen, zeigen ihm das Armband, das ihnen die Königin zum Dank für ihre Sorge um die beiden Liebenden geschenkt hat. Roland erkennt das von ihm Angelica zum Geschenk gemachte Kleinod wieder und verfällt in wütende Raserei. Der fünfte Akt zeigt den schlafenden Roland. Er träumt von alten Helden, die ihn auffordern, seine Liebesleiden zu vergessen und des Ruhms zu gedenken, der ihn erwarte, sobald er sein Vaterland befreie. Roland erwacht und macht sich auf den Weg, entschlossen, dem Rat dieser ihm vorangegangenen Helden zu folgen.

● Diese sehr erfolgreiche Oper erreicht in gewissen Augenblicken ein sehr hohes künstlerisches Niveau: in Rolands Anrufung der Nacht, dem Chor der Hirten, der Szene der Raserei Rolands. Auf der Bühne sind meistens Angelica und Medoro zu sehen, während die Rolle des Roland nicht sehr umfangreich ist. Zwischen 1685 und 1743 fanden sechs Aufführungen des Roland statt.
MSM

ARIANNA (Ariadne)

Oper in drei Akten von Bernardo Pasquini (1637–1710). Libretto eines unbekannten Verfassers. Uraufführung: Rom, Teatro di Palazzo Colonna, 1685.

HANDLUNG. Sie geht auf die antike Sage von Ariadne und Theseus zurück.

Zerstörung von Armidas Palast, aus Jean Baptiste Lullys «Armida». Zeichnung von Jean Bérain, 1686. Paris, Bibliotèque de l'Opéra.

Das von den Vestalinnen gehütete ewige Feuer. Von Antonio Draghi in einer Aufführung in Wien. München, Theatermuseum.

AKIS UND GALATEA (Acis et Galatée)

Heroische Pastoraloper in einem Prolog und drei Akten von Jean Baptiste Lully (1632–1687). Libretto von J. G. Campistron. Offizielle Uraufführung: Paris, Académie Royale de Musique, 17. September 1686 (die Oper war jedoch bereits am 6. September des gleichen Jahres in Schloß Anet in Anwesenheit des Dauphins aufgeführt worden).

HANDLUNG. Es geht um die Liebe des Kyklopen Polyphem zu der schönen Galatea, die ihm jedoch den Hirten Akis vorzieht. Er wird von dem eifersüchtigen Riesen mit einem großen Felsen erschlagen und schließlich in einen Fluß verwandelt.

● Der große Erfolg der Oper trug zum weiteren glücklichen Verlauf der Karriere Lullys bei. MSM

ARMIDA (Armide)

Oper in fünf Akten und einem Prolog von Jean Baptiste Lully (1633–1687). Libretto von Philippe Quinault (1635–1688). Uraufführung: Paris, Académie Royale de Musique, 15. Februar 1686. Ausführende: Rochois, Moreau, Desmatins, Du Mesny, Dun, Frère.

HANDLUNG. Im Prolog rühmen Ruhm und Weisheit Rinaldos Tugenden und behaupten, trotz aller Versuchungen lasse er sich nicht vom Pfad der Ehre abbringen. Zu Beginn der eigentlichen Handlung zeigt sich Armida, der es gelungen ist, alle Kreuzritter zu verführen, in ihrem Stolz verletzt, da allein Rinaldo ihrem Zauber nicht verfällt. Mit Hilfe ihres Onkels Hidraot, König von Damaskus, und einer Schar von Nymphen, Hirten und Hirtinnen, die nichts anderes als Höllengeister sind, gelingt es Armida jedoch, den Helden zu entführen und auf eine verzauberte Insel zu bringen. Durch Zauberkunst sorgt Hidraot dafür, daß Rinaldo sich in Armida verliebt, doch die Zauberin schwankt zwischen Liebe und Haß, da Zauberkunst und nicht ihre Schönheit den Helden bezwungen hat. Doch die Liebe obsiegt und Armida hält Rinaldo auf der Insel zurück. Der Ritter gibt sich, nicht seiner Pflicht als Kreuzfahrer eingedenk, einem Leben der Vergnügungen hin. Zwei Freunde Rinaldos haben sich auf die Suche nach ihm begeben: Armidas Zauberkunst stellt ihnen immer neue Hindernisse in den Weg, doch als es ihnen endlich gelingt, mit dem Ritter zusammenzutreffen, machen sie ihm schlagartig deutlich, welchen Täuschungen er zum Opfer gefallen ist. Der Held schämt sich seiner Schwäche und beschließt, sofort aufzubrechen. Verzweifelt fleht Armida ihn an zu bleiben, doch Rinaldo folgt entschlossen seinen Freunden. Nun beschwört die Zauberin die Götter der Unterwelt, und diese lassen die verzauberte Insel im Meer versinken.

● *Armida* ist Lullys vorletzte Oper, in der sich außerordentliche künstlerische Höhepunkte finden lassen. Es sei nur an den Schlaf Rinaldos erinnert, der uns die Größe dieses Komponisten deutlich vor Augen führt. MSM

DIDO UND AENEAS

Oper in drei Akten von Henry Purcell (1659–1695). Libretto von Nahum Tate nach dem fünften Buch der Aeneis. Uraufführung: London, Josias Priests Mädchenpensionat, Chelsea, Oktober und Dezember 1689. Ausführende: die Zöglinge des Priestschen Mädchenpensionats, mit Ausnahme der Rollen des Aeneas und des Chors, die von den Berufsmusikern Westminsters gesungen wurden.

PERSONEN. Dido, Königin von Karthago (Mezzosopran), Belinda (Sopran), eine Frau (Mezzosopran), Zauberin (Sopran), erste Hexe (Mezzosopran), zweite Hexe (Mezzosopran), Aeneas, trojanischer Prinz (Tenor), Seemann (Tenor). Höflinge und Volk, Soldaten, Seeleute, Hexen.

HANDLUNG. Erster Akt. Im Königspalast zu Karthago. Belinda fordert ihre Schwester Dido auf, heitere Ruhe zu bewahren, doch umsonst, da das Herz der Königin von Liebe zu dem fremden Gast erfüllt ist, der tapfer wie sein Vater Anchises und schön wie seine Mutter Venus ist. Belinda versichert Dido, Aeneas, ihr Gast, erwidere ihre Liebe, der Chor fordert die Königin auf, sich ihm zu vermählen. Aeneas tritt mit seinem Gefolge auf, gesteht der Königin seine Liebe und bittet sie, ihn aufzunehmen, obwohl sie ihn drängt, seine Gefühle für sie zu vergessen und seinem Schicksal folgend seine Reise fortzusetzen. Belinda beschwört Amor, diesen Bund zu schließen, und der Akt endet mit einem Chor und einem majestätischen Tanz. Zweiter Akt, erste Szene. Die Höhle der Hexen. Eine Zauberin ruft die Hexen herbei und enthüllt ihnen ihren Plan, Aeneas von Dido zu trennen und die Stadt Karthago zu verderben. Um dies zu erreichen, wird sie Aeneas ihren Elfen in der Gestalt Merkurs mit einer falschen Botschaft Jupiters senden: Aeneas solle Karthago und Dido verlassen, um seinem Schicksal als Eroberer zu folgen. Zweite Szene. Ein Hain in der Nähe der Stadt. Während Aeneas, Dido und Belinda mit ihrem Gefolge auf der Jagd sind, werden sie von einem Gewitter überrascht, das die Zauberin entfesselt hat, damit die Königin in den Palast zurückkehre. Belinda bittet die Hofgesellschaft, rasch nach Hause zu eilen, und der Chor wiederholt diese Aufforderung. Alle verlassen den Hain. Auch Aeneas schickt sich an, ihnen zu folgen, als der als Merkur verkleidete Elf vor ihm erscheint und ihm befiehlt, die Stadt noch in dieser Nacht zu verlassen. Entsetzt führt Aeneas sich vor Augen, welche Opfer er bringen muß, um diesem Befehl zu gehorchen, so daß er vielleicht eher den Tod vorziehen würde, und flucht den Göttern, die ihm kummervolle Nächte auferlegen, bevor noch eine einzige Nacht der Freude vergangen ist. Dritter Akt. Am Ufer. Die rauhen Seeleute der Flotte Aeneas' haben den Befehl erhalten, sich für die Abreise bereitzuhalten und treffen erfreut Vorbereitungen für das Auslaufen der Schiffe. Nach einem Tanz äußern die Zauberin und die Hexen ihre Freude über Didos kommendes Elend und ihre Hoffnung auf die Zerstörung der Schiffe des Aeneas. Der Augenblick des Abschiednehmens kommt. Dido vertraut Belinda ihren verzweifelten Schmerz über den endgültigen Verlust des Geliebten an. Von Didos Klagen gepeinigt, ist Aeneas für einen Augenblick versucht, nicht abzureisen und eher den Gesetzen der Liebe als den Befehlen Jupiters zu gehorchen, doch überwindet er sich schließlich und klagt sich selbst der Schwäche an. Gebrochenen Herzens erklärt die Königin, ihr Schicksal tragen zu wollen und fordert ihn stolz und hoheitsvoll zur Abreise auf. Mit ernsten Klängen besingt der Chor die seltsamen Gegensätze menschlicher Leidenschaften, die es edlen Seelen unmöglich machen, bequemen Kompromissen nachzugeben. Dido bleibt allein mit Belinda zurück. Verlassen singt sie ihren Sterbegesang: noch immer von Liebe zu Aeneas erfüllt bittet sie darum, daß ihre Fehler Aeneas nicht zu Leid und Schmerz gereichen mögen. Die Oper endet in tragischer endgültiger Ruhe mit einem Chor, in dem Amor aufgefordert wird, die unglückliche tote Königin mit Rosenblättern zu bedecken.

● *Dido und Aeneas* ist Purcells einzige italienische Oper im eigentlichen Wortsinn. Doch hat auch sie ihre Besonderheit und ein besonderes Schicksal. Zu Lebzeiten Purcells erlebte sie keine weitere Aufführung. Erst 1700 und 1704 wurde sie als *masque* am Little Lincoln's Field Theatre in Schauspielaufführungen eingeschoben. Nach seltenen, dem Original nicht entsprechenden Versuchen wurde die Oper erst am 10. Juli 1878 wieder von der Royal Academy of Music in London aufgeführt. Außergewöhnlich waren auch die Umstände ihres Entstehens: das Libretto wurde von Tate nach einem bereits vorliegenden Text so umgeschrieben, daß es für ein Mädchenpensionat geeignet erschien. Das bedeutete geringe szenische Anforderungen und eine Dauer von knapp einer Stunde, ganz im Gegensatz zur herrschenden Praxis des siebzehnten Jahrhunderts. *Dido und Aeneas,* die Purcell im Alter von dreißig Jahren schrieb, ist gewiß, wie von manchen behauptet wird, ein Meisterwerk, dem allerdings einige Fehler anhaften. Die so eng gezogenen Grenzen der szenischen Handlung hätten auch erfahreneren Komponisten Schwierigkeiten bereitet. Episoden und Bewegungen folgen häufig fast überstürzt aufeinander, ohne jene Ruhepausen, die in einer Oper möglich sind. Etwas verschwommen bleibt die Figur des Aeneas, dessen Gefühle, außer in den Rezitativen, blaß bleiben. Dido dagegen erscheint psychologisch voll durchdacht: besonders ausdrucksvoll sind die beiden Arien zu Beginn des ersten Akts, wenn sie die Bühne betritt und im dritten Akt, in der Sterbeszene. Sozusagen auf halbem Wege zwischen den englischen *masques* und den italienischen Opern stehend, deren Einfluß unleugbar ist, auch wenn wir nicht wissen, welche italienischen Opern Purcell kannte, eröffnete *Dido* neue Möglichkeiten. Ihre Bedeutung beruht insbesondere auf der Meisterschaft, mit der der Komponist, vor allen anderen, den komplexen Anforderungen einer *opera seria* gerecht wird und die durch das Sujet gegebenen Grenzen überwindet, die die Oper nach Dauer und szenischer Handlung auf ein den Rahmen eines Opernaktes nicht überschreitendes Bild begrenzten.   RB

DIE PROPHETIN oder DIE GESCHICHTE DIOKLETIANS (The Prophetess or The History of Dioclesian)

Oper mit Dialog von Henry Purcell (1659–1695). Libretto von T. Betterton nach Werken Beaumonts und Fletchers. Uraufführung: London, Dorset Gardens Theatre, Juni 1691.

HANDLUNG. Die Prophetin Delphia sagt dem Soldaten Diokletian seine Zukunft als römischer Kaiser nach der Hinrichtung Apers, des Mörders des früheren Kaisers, voraus. Doch viele Hindernisse liegen vor der Verwirklichung dieses Loses. Diokletian liebt Delphias Nichte Drusilla nicht mehr, da er nun in die auch von Maximilianus, Neffe des künftigen Kaisers, geliebte Aurelia verliebt ist. Aurelia will dem angehören, der Aper tötet. Inzwischen bricht der Krieg mit den Persern aus: Diokletian triumphiert dank Delphias, die sich zunächst auf die Seite des Feindes gestellt hatte, dann aber Diokletian verzeiht, daß er ihre Nichte verlassen hat und ihm zu Hilfe eilt. Der Sieger zeigt sich großherzig: dem Perserkönig gibt er sein Land zurück und überläßt Maximilianus das Reich. Der undankbare junge Neffe versucht, ihn zu ermorden, doch Delphia wacht über ihn und wendet durch ihr Eingreifen den Anschlag ab. Zur Freude aller veranstaltet die Prophetin nun ein überwältigendes ländliches Fest, an dem alle miteinander teilnehmen: Götter, Göttinnen, Nymphen, Helden, Faune, Grazien usw.

● In dieser Oper kommt der Musik vorrangige Bedeutung zu, doch die Darsteller der Hauptrollen singen nicht. Dies ist ein charakteristischer Zug der zur Purcells Zeit beliebten *masques,* der sich wahrscheinlich damit erklären läßt, daß es vor allem in London an guten Sängern fehlte. Im Gegensatz zu den Konventionen der Zeit kommt dem Werk die Frische und Neuheit von Purcells Pastoralstil zugute. RB

KÖNIG ARTHUR
oder DER ENGLISCHE ADEL
(King Arthur, or The British Worthy)

Oper mit Dialog von Henry Purcell (1659–1695). Libretto von John Dryden (1631–1700). Uraufführung: London, Dorset Gardens Theatre, Mai oder Juni 1691.

HANDLUNG. Arthur, König der Bretonen, und Oswald, sächsischer König von Kent, streben beide danach, sich mit der Tochter des Herzogs von Cornwall, Emmelina, zu vermählen. Oswald entführt Emmelina und überhäuft sie vergeblich mit Geschenken. Arthur, der den Lockungen zweier Sirenen widerstanden hat, überwindet die ihm im Wege stehenden Zaubereien. Am Sankt Georgstag findet die Entscheidungsschlacht zwischen den beiden Rivalen statt: der Zauberer Osmond und ein Erdgeist streiten für Oswald, Merlin und ein Luftgeist kämpfen an der Seite Arthurs und seiner Bretonen. Der letzte Akt zeigt das Aufeinandertreffen der feindlichen Heere: Arthur trägt einen Zweikampf mit Oswald aus, entwaffnet ihn und schenkt ihm das Leben. Emmelina verbindet sich mit dem Sieger, und nachdem er Arthur zum «Ersten unter den Helden der Christenheit» ausgerufen hat, läßt Merlin durch Zauberkraft die britischen Inseln aus dem Meer emportauchen. Den Schluß bilden Lobgesänge auf den Heiligen Georg und ein allgemeiner Tanz.

● Mit Ausnahme von *Dido und Aeneas* ist dies die einzige Oper Purcells, deren Originallibretto uns überkommen ist. Sein Verfasser Dryden hatte im Grunde kein Opernlibretto, sondern ein Drama, das Bühnenmusik enthielt, geschrieben, wie es dem damaligen englischen Modell entsprach. Die Partitur wurde erst nach dem Tod des Komponisten gedruckt und ist nur teilweise erhalten. Dennoch läßt sich feststellen, daß in Chören, Tänzen, zahlreichen Arien die Musik in diesem patriotischen Schauspiel eine wichtige Rolle einnimmt. Sie ist oft verführerisch, erfordert jedoch beim Hörer eine gewisse Theatererfahrung. RB

DIE FEENKÖNIGIN (The Fairy Queen)

Oper mit Dialog von Henry Purcell (1659–1695). Libretto von Elkanah Settle nach William Shakespeares «Sommernachtstraum». Uraufführung: London, Dorset Gardens Theatre, April 1692.

Dies ist Purcells längste Oper. Sie besteht im wesentlichen aus einer Folge von gesungenen Arien und Tänzen. *Die Feenkönigin* ist eine Suite von *masques,* die in so losem Zusammenhang mit einer dramatischen Bühnenhandlung stehen, daß man kaum verstehen könnte, daß es sich um eine Adaptierung von Shakespeares Sommernachtstraum handelt, wenn sich nicht dessen Kraft und Geist in der herrlichen Partitur aufspüren ließen. Die Leidenschaft für großartige Inszenierungen brachte die Librettisten dazu, in den Originaltext eine Unmenge ihm völlig fremder Figuren einzuführen wie Götter und Göttinnen, Geister, Nymphen, Hirten, Affen, chinesische Tänzer, die vier Jahreszeiten etc. Die Oper wird auf diese Weise zu einer echten Revue, einer Galerie seltsamer Figuren, in der Shakespeares Episoden nur Mosaiksteine in einem größeren, prächtigen Fresko sind. Der Librettist steht nicht mit Sicherheit fest: im allgemeinen nimmt man an, es sei Elkanah Settle gewesen. Die Oper wurde am Dorset Gardens Theatre mit allem Prunk gegeben; an nichts wurde gespart, weder an Kostümen, noch an der Inszenierung, oder den Bühnendekorationen. Die Oper hatte großen Erfolg, doch die Partitur ging verloren. Wiedergefunden wurde sie erst nach über hundert Jahren und obwohl sie nicht ganz autograph ist, dürfte kein Zweifel daran bestehen, daß sie die der Uraufführung gewesen ist. RB

MEDEA (Médée)

Oper in einem Prolog und fünf Akten von Marc-Antoine Charpentier (1636–1704). Libretto von Thomas Corneille (1625–1709). Uraufführung: Paris, Académie Royale de Musique, 4. Dezember 1693. Ausführende: Marthe Le Rochois (Medea), Moreau (Krösus), Dun (Kreon), Dumesny (Jason).

HANDLUNG. Sie geht auf den Mythos der Zauberin zurück, die nachdem sie Jason geholfen hat, das Goldene Vließ zu gewinnen, mit ihm flieht. Als der Held sie verläßt, rächt sie sich, indem sie ihre beiden Kinder tötet und seine neue Gattin vergiftet. MS

DER STURM
(The Tempest or The Enchanted Island)

Oper mit Dialog von Henry Purcell (1659–1695). Libretto von Thomas Shadwell (1640–1692), nach dem gleichnamigen Drama von Shakespeare. Uraufführung: London, Drury Lane Theatre, 1695.

DIE INDIANERKÖNIGIN
(The Indian Queen)

Oper mit Dialog von Henry Purcell (1659–1695). Libretto von J. Dryden und R. Howard. Uraufführung: London, Drury Lane Theatre, 1695.

HANDLUNG. In der Schlacht nimmt der junge peruanische General Montezuma den mexikanischen Fürsten Acacis gefangen: das Oberhaupt der Inkas fordert den Sieger auf, einen Wunsch zum Lohn zu äußern. Montezuma erbittet die Hand seiner Tochter Horatia, doch wird dieser Wunsch als zu hochgegriffen abgeschlagen, und Montezuma muß fliehen und bei den mexikanischen Feinden Zuflucht suchen. Später werden Horatia und ihr Vater Gefangene der Mexikaner. Inzwischen verliebt sich die mexikanische Königin Zempoalla in Montezuma und der von ihr befragte Zauberer Ismerone sieht kein glückliches Ende dieser ihrer Leidenschaft. Endlich kommt es zur Lösung: in dem Augenblick als das Oberhaupt der Inkas, seine Tochter Horatia und Montezuma den Göttern in einem Blutopfer dargebracht werden sollen, tötet sich Acacis, der Horatia liebt. Auch Zempoalla nimmt sich das Leben, als entdeckt wird, daß Montezuma rechtmäßiger König der Mexikaner ist und vom Volk als solcher anerkannt wird: auf diese Weise kann der Häuptling der Inkas der Vermählung seiner Tochter Horatia mit dem neuen mexikanischen König Montezuma zustimmen.

● Die Musik hat in diesem Werk nicht den gleichen Vorrang wie in anderen Opern Purcells (zum Beispiel *König Arthur*

Condottierikostüm zu einem heroischen Melodram der ersten Hälfte des achtzehnten Jahrhunderts.

Kostüm der Jagdgöttin Diana. Ein Jean Bérain zugeschriebenes Aquarell. Paris, Bibliothèque de l'Opéra.

oder *Die Feenkönigin*), zeigt aber einen hohen Grad der Vollkommenheit. Wie im gleichzeitig entstandenen *Sturm* erweist sich Purcell hier als vollendeter Meister in der Beherrschung all seiner kompositorischen Mittel. Die Musik zu *Die Indianerkönigin* hatte solchen Erfolg, daß sofort – ohne daß Purcell von ihr gewußt oder sie gar ermächtigt hätte – eine gedruckte Ausgabe erschien. In seinem Vorwort wendet sich der Verleger mit einer Rechtfertigung seines Vorgehens an den Komponisten.   RB

DAS GALANTE EUROPA
(L'Europe Galante)

Ballettoper in einem Prolog und vier Akten von André Campra (1660–1744). Libretto von A. Houdar de la Motte (1672–1731). Uraufführung: Paris, Académie Royale de Musique, 24. Oktober 1697.

HANDLUNG. Leitmotiv der einzelnen Szenen ist die Geschichte des Franzosen Silvandre, der Doris verläßt, um sich Céphise zu widmen. Im Lauf der Oper, die man als ethnographisch bezeichnen könnte, wird der amouröse Nationalcharakter verschiedener Völker wie der Franzosen, Spanier, Italiener und Türken untersucht. Die Franzosen werden als unbeständig, indiskret beschrieben, sie lassen sich auch gern den Hof machen; die Spanier werden als treu und romantisch dargestellt, die Italiener sind eifersüchtig, spitzfindig und leidenschaftlich. Zum Schluß werden der Stolz der Männer und die Leidenschaftlichkeit der Frauen unter den Türken im Vergleich vorgeführt.

● Das Werk ist das erste Beispiel der Ballettoper, einer der beliebtesten Bühnengattungen im Frankreich des achtzehnten Jahrhunderts. Sie setzt sich aus Akten oder *entrées* zusammen, die vom eigentlichen Bühnengeschehen her nur in losem Zusammenhang stehen, aber doch durch einen gemeinsamen Handlungsfaden miteinander verbunden sind. Jede *entrée* ist eine kleine Oper für sich, deren Sujet häufig reiner Vorwand für die Entwicklung von Musik und Tanz ist. *Das galante Europa* ist die erste Oper Campras, der Kapellmeister an Notre-Dame war und sich aufgrund seines Priesterstandes unter dem Namen seines Bruders verbergen mußte. Der Komponist erlangte bald große Anerkennung und mußte seine Stelle an Notre-Dame wegen der Unvereinbarkeit des «Göttlichen und des Profanen» aufgeben. *Das galante Europa* besteht aus einem Prolog «Les Forges de l'Amour» und vier *entrées:* Frankreich, Spanien, Italien und die Türkei.   MS

DER KARNEVAL VON VENEDIG
(Le Carnaval de Venise)

Ballettoper in einem Prolog und drei Akten von André Campra (1660–1744). Libretto von J.F. Regnard (1655–1709). Uraufführung: Paris, Académie Royale de Musique, 28. Februar 1699.

HANDLUNG. Die Handlung spielt in Venedig zur Karnevalszeit. Isabella und Leonora lieben beide den französischen Kavalier Leandro. Aufgefordert zu wählen, zieht er Isabella vor. Nun sinnt Leonora gemeinsam mit Rodolfo, einem in Isabella verliebten venezianischen Adligen auf Rache. Sie versuchen, den französischen Kavalier, auf den beide eifersüchtig sind, umbringen zu lassen. Doch der gedungene Mörder verfehlt sein Opfer, und Leandro entkommt. Das Werk endet mit der Aufführung einer Oper in der Oper. Es handelt sich um einen Einakter in italienischer Sprache mit dem Titel *Orfeo all'inferno* (Orpheus in der Unterwelt).

ARMINIUS (Arminio)

Oper in drei Akten von Alessandro Scarlatti (1660–1725). Libretto von Antonio Salvi (erste Häfte des achtzehnten Jahrhunderts). Uraufführung: Pratolino, Villa Medici, September 1703.

HANDLUNG. Der germanische Fürst Arminius ist Gefangener des römischen Heerführers Varus. Gemeinsam mit seiner Gattin Thusnelda gelingt ihm die Flucht, doch deren Vater Segestes, der zum Feind übergelaufen ist, nimmt sie von neuem gefangen. Varus, der Thusnelda liebt und hofft, sich mit ihr zu vermählen, ist hocherfreut über die erneute Übergabe des Fürsten an ihn. Thusneldas grausamer Vater verurteilt Arminius zum Tode und versucht, seinem Sohn Sigismund die Liebe zur Schwester des geschlagenen Fürsten zu untersagen. Politisches Zweckdenken und die inständigen Bitten seiner Tochter lassen Segestes an dem bereits gefällten Urteil zweifeln, doch von den Römern wird er sogleich beruhigt und bedroht. Arminius vertraut Varus, dessen Gefühle er kennt, Thusnelda in deren Gegenwart für die Zeit nach seiner Hinrichtung an, doch Thusnelda erklärt, sie wolle lieber mit ihm in den Tod gehen. Im Augenblick der Hinrichtung befiehlt Varus, der Thusneldas ewigen Haß fürchtet, ihren Aufschub. Sigismund, der Arminius auf Befehl seines Vaters töten soll, befreit ihn statt dessen. Und als Sieger kehrt der Germanenfürst zurück, nachdem Varus tot ist und Segestes seinen eigenen Sohn Sigismund und Ramises grausam vom Leben zum Tode bringen lassen will. Großherzig schenkt Arminius ihm das Leben und gibt seine eigene Schwester Sigismund zur Gemahlin, so daß die beiden Familien miteinander verbunden werden.

Aquarell Filippo Juvaras zu «Junius Brutus» von Alessandro Scarlatti. Wien, Nationalbibliothek.

Dieses Libretto Salvis wurde mit kleinen Veränderungen auch von Händel (1737) und Hasse (1730) vertont. Alessandro Scarlattis Partitur zählt nicht zu seinen besten, doch enthält sie bereits lyrische Akzente und rhythmische Besonderheiten, die auf spätere glücklichere Werke des Komponisten hinweisen. Der Text zur Oper geht auf Tacitus zurück und behandelt die historische Gestalt des Germanenfürsten, der die römischen Legionen schlug und zur Ursache von Varus', ihres Heerführers, Tod wurde.   MSM

MITHRIDATES EUPATOR
(Il Mitridate Eupatore)

Tragödie in drei Akten von Alessandro Scarlatti (1660–1725). Libretto von Girolamo Frigimelica Roberti. Uraufführung: Venedig, Teatro San Giovanni Crisostomo, Karneval 1707.

PERSONEN. Laodice (Sopran), Stratonica (Mezzosopran), Issicratea (Mezzosopran), Eupator (Tenor), Farnace (Bariton), Pelopida (Tenor), Nykodemes (Tenor). Minister, Offiziere, Priester, Volk, Tänzer und Tänzerinnen.

HANDLUNG. Die Handlung spielt im Jahre 150 v. Chr. in der Stadt Sinope. Erster Akt. Mithridates Evergetes ist von seiner Gattin Stratonica und ihrem Vetter und Geliebten Farnace ermordet worden. Ihre Kinder Laodice und Mithridates Eupator sind vom Hof entfernt worden. Laodice ist mit dem Hirten Nykodemes verheiratet worden, Nykodemes fand bei König Ptolemäus in Ägypten Zuflucht. Nachdem viele Jahre vergangen sind, schließen Pontos und Ägypten ein Bündnis. Laodice, die auf Rache für ihren Vater sinnt, wird an den Hof zurückgerufen, hat dort eine heftige Auseinandersetzung mit ihrer Mutter Stratonica und wird von Farnace verwarnt. Als ägyptische Gesandte verkleidet treffen Eupator und seine Männerkleidung tragende Gemahlin Issicratea ein. Die Mutter fragt den jungen Mann nach ihrem Sohn, während Farnace seinen Kopf fordert. Laodice, die sich für eine Magd ausgibt, verspricht Hilfe, falls der vorgebliche Gesandte Leben und Thron des Bruders, den sie in der Ferne glaubt, rette. Zweiter Akt. Im Vorhof des Tempels. Von Pelopida, Farnaces Minister, und Farnace selbst aufgestachelt, fordert das Volk lautstark Mithridates' Kopf. Von dämonischer Raserei erfaßt, zeigt sich Stratonica dem Volk, um es zu noch größerer Wut aufzureizen. Eupator erklärt, er werde diesem allgemeinen Wunsch folgen und verspricht, mit dem Kopf des rechtmäßigen Thronerben zurückzukehren. Dritter Akt. In der Einsamkeit. Nykodemes bringt Laodice die Nachricht von der Entscheidung des ägyptischen Botschafters. Die junge Frau fordert ihn auf, bewaffnete Männer für den Augenblick der Rache zusamenzurufen. Mit der Urne, die angeblich seinen Kopf enthält, kommt Eupator zurück. Voller Freude erkennen sich die Geschwister. Farnace trifft ein, empfängt die Urne und versucht, den falschen Gesandten zu töten, der jedoch schneller ist und ihn mit seinem Schwert durchbohrt. Issicratea fällt Stratonica in den Arm, die sich auf ihren Sohn stürzt, und tötet sie. Nun sind alle Usurpatoren tot. Mithridates Eupator wird unter dem Jubel der Menge von der Schwester zum König gekrönt. Er ruft Issicratea, die die Männerkleidung abwirft, zur Königin aus. Mithridates Evergetes ist gerächt, und das Land hat wieder Frieden gefunden.

● *Mithridates Eupator*, gewiß eine der bedeutendsten Opern Alessandro Scarlattis, wurde von Giuseppe Piccioli (1905–1961) wieder aufgefunden und bearbeitet. Das Original bestand aus fünf Akten mit fünfmaligem Szenenwechsel. Piccioli mußte Kürzungen vornehmen, da einige Teile der Partitur fehlen. Durch die Bearbeitung wurde Scarlattis Stil nicht verändert, sondern im ganzen Handlungsverlauf erhalten. Als *Mithridates Eupator* 1707 in Venedig aufgeführt wurde, gefiel die Oper keineswegs: ein harter Schlag für den Komponisten, der, bereits fast fünfzigjährig, sich aufgrund seiner großen Familie in wirtschaftlichen Nöten sah. *Der Triumph der Freiheit (Il trionfi della libertà)*, die nächste Oper Scarlattis, die etwas später zur Uraufführung kam, hatte – nach den wenigen überkommenen Teilen zu urteilen – längst nicht die gleiche musikalische Bedeutung, wurde jedoch begeistert aufgenommen, da sie dem Publikumsgeschmack entgegenkam. Aller Wahrscheinlichkeit nach wollte Scarlatti in *Mithridates Eupator* das volle Maß seiner Kunst zeigen, und seine tiefgründige Musik war schwierig zu hören und zu verstehen. Als Musiker wurde er Zeit seines Lebens hoch geschätzt, aber niemals wirklich geliebt: vielleicht ist auch deshalb ein großer Teil seines Werkes verloren, das, obwohl sein Name bekannt ist, weitgehend unbekannt blieb.   RB

RINALDO

Oper in drei Akten von Georg Friedrich Händel (1685–1759). Libretto von G. Rossi, nach einem Entwurf Adam Hills, der seinerseits auf die berühmte Episode aus Torquato Tassos «Das befreite Jerusalem» zurückgriff. Uraufführung: London, Queen's Theatre, 24. Februar 1711.

HANDLUNG. Die Handlung spielt zur Zeit der Kreuzfahrten. Der Held ist ein tapferer junger Tempelritter, Rinaldo, der Almirena, die Tochter des Anführers der Christen auf ihrem Zug ins Heilige Land, Gottfried von Bouillon, liebt. Die Zauberin Armida schlägt Rinaldo, der sich in sie verliebt, dank ihrer magischen Künste in Bann. Von heftiger Eifersucht erfaßt, rächt sich die Zauberin an der unschuldigen Almirena, die nun als ihre Gefangene verhext in ihrem Zaubergarten lebt. Der Heidenkönig Argante verliebt sich in die junge Almirena, wodurch die Geschehnisse noch verwickelter werden, da er der Geliebte der eifersüchtigen Armida ist. Zum Glück gelingt es Rinaldo, den Zauberbann abzuschütteln, so daß er Almirena zu Hilfe eilen und sie retten kann. Armida und Argante werden von dem jungen Ritter gefangengenommen, und das Drama schließt mit einem glücklichen Ausgang: der Bekehrung des Heidenkönigs und der Zauberin zum Christentum.

● Die Komposition dieser Oper fällt in die Zeit von Händels erstem Londoner Aufenthalt. Zu ihrer Niederschrift benötigte der Meister ganze vierzehn Tage. Die Oper wurde an fünfzehn aufeinanderfolgenden Tagen gegeben: dies war zu Beginn des achtzehnten Jahrhunderts als ein außergewöhnlicher Erfolg anzusehen. Besondere Sorgfalt hatte man am Queen's Theatre der prächtigen Ausstattung gewidmet. Für Armidas Zaubergarten wurden sogar echte lebende Vögel auf die Bühne gebracht, womit man weit über das heute Übliche hinausging.   LB

IL PASTOR FIDO
(Der treue Hirte)

Oper in drei Akten von Georg Friedrich Händel (1685–1759). Libretto von Giacomo Rossi, nach Battista Guarinis gleichnamiger Dichtung. Uraufführung: London, Queen's Theatre, 22. November 1712.

HANDLUNG. In Arkadien, Haine und Brunnen. Mirtillo gesteht der Natur seine Liebe zu der Nymphe Amarilli. Auch diese spricht davon, daß sie den Hirten liebe, obwohl sie von Diana Silvio versprochen wurde. Doch dem Geliebten gegenüber zeigt Amarilli sich kalt und ablehnend. Verzweifelt vertraut Mirtillo sich Eurilla an, die ihn heimlich liebt, und ihm nun das trügerische Versprechen gibt, sie wolle bei Amarilli für ihn sprechen. Dann ist die Reihe an Silvio, der Diana anruft, da er sich der Göttin der Jagd weihen will und gewiß ist, niemals den tückischen Anschlägen des Liebesgottes zu erliegen. Dorinda, die sich ihm in glühender Leidenschaft nähert, weist er zurück. Es folgt eine Reihe von Szenen, in denen es Eurilla, die dem schlafenden Mirtillo einen Blütenkranz um den Arm schlingt, gelingt, Hoffnung in ihm zu erwecken, ebenso wie die Eifersucht Amarillis hervorzurufen. Dann folgt erneut die Verweigerung Silvios angesichts der Liebesqualen leidenden Dorinda. Doch am Ende ändert auch er seine Haltung und schwört ihr ewige Liebe. Auch Mirtillo und Amarilli werden in Liebe vereint: Terrenio, Dianas Hohepriester, feiert die Doppelhochzeit, nachdem er die Nymphe aus der von Eurilla bereiteten tödlichen Falle gerettet hat.

● Die Oper wurde nacheinander in drei Fassungen gegeben: die zweite wurde im Mai 1734 aufgeführt und enthielt eine Reihe von Änderungen; in der Inszenierung der dritten Fassung, die im November des gleichen Jahres auf die Bühne kam, war ein Ballett mit Gesang an Stelle eines Prologs aufgenommen worden. Das Libretto ist literarisch zweifellos von minderem Wert als die Vorlage, Guarinis Dichtung, doch wurde dies durch Händels Musik ausgeglichen, die das Ganze zu einem bedeutsamen Werk des Opherntheaters werden ließ. LB

IPHIGENIE AUF AULIS
(Ifigenia in Aulide)

Drama in drei Akten von Domenico Scarlatti (1685–1757). Libretto von Carlo Sigismondo Capeci, nach der gleichnamigen Tragödie des Euripides. Uraufführung: Rom, Palazzo Zuccari, 11. Januar 1713.

HANDLUNG. In Griechenland, bevor Agamemnon und sein Heer in den zehnjährigen trojanischen Krieg ziehen. Artemis, so erfährt der griechische Befehlshaber von dem Seher Kalchas, ist über ihn erzürnt und fordert die Opferung seiner Tochter Iphigenie. Wird ihr dieses Menschenopfer nicht gebracht, so wird die Göttin die griechischen Schiffe am Auslaufen hindern. Damit ist das Drama im wesentlichen umrissen: Agamemnon schwankt zwischen seiner Liebe als Vater, vor der entsetzlichen Forderung der Gottheit zurückschreckend, und seiner Pflicht als oberster Befehlshaber des Griechenheeres, die es ihm dagegen auferlegt, seine tiefinnersten Gefühle zum Schweigen zu bringen. Iphigenie erscheint vertrauensvoll, da sie glaubt, sie solle mit Achilleus verheiratet werden, und ohne ihr erwartetes trauriges Los zu erahnen. Schon ist alles bereit, als die entsetzliche Wahrheit offenbar wird: Achilleus und Agamemnons Gattin und Iphigenies Mutter Klytämnestra empören sich, doch die Griechen, denen die Abreise am Herzen liegt, fordern die Opferung der Königstochter. Und schon ist Kalchas bereit, das Opfer zu vollziehen, als die nun endlich besänftigte Göttin eingreift und das Drama gütlich beschließt.

● Diese von zahlreichen Komponisten vertonte Oper fand in Gluck ihren genialsten Darsteller der Tragödie. Domenico Scarlattis Partitur ging in allen ihren Teilen verloren, auch verfügen wir über keine zeitgenössischen Berichte. Nach *Thetis auf Skyros (Tetide in Sciro)*, einer anderen, überlieferten Oper des Komponisten zu urteilen, scheint jedoch der Beitrag des großen Clavicembalisten zur Entwicklung des Melodrams nicht von großer Bedeutung gewesen zu sein. RB

TIGRANE
(Il Tigrane ovvero L'egual impegno d'amore e die fede)

Oper in drei Akten von Alessandro Scarlatti (1660–1725). Libretto von Domenico Lalli (1679–1741). Uraufführung: Neapel, Teatro San Bartolomeo, 16. Februar 1715.

HANDLUNG. Zwischen Tigrane, König von Armenien und Mithridates, König von Pontos, besteht seit langer Zeit große, andauernde Feindschaft. Doch der armenische König ist hoffnungslos in Kleopatra, die wunderschöne Tochter des königlichen Gegners verliebt. Deshalb begibt er sich unter falschem Namen an den Hof des Königs von Pontos und bietet dem ahnungslosen Mithridates seine Dienste an. Dank seiner Tapferkeit im Kriege wird er oberster Befehlshaber des Heeres und erobert in kürzester Zeit große Gebiete: in seine Hand fallen Bithynien und Kappadokien. Um die Verwicklungen zu mehren, wird die Figur des Oron, der ebenfalls in Kleopatra verliebt ist, in die Oper aufgenommen. Seine Schwester Apamia hingegen liebt Tigrane und wird ihrerseits von Mithridates, dessen Gattin gestorben und der mithin frei ist, geliebt. Doch die Tochter des Königs von Pontos und der tapfere armenische Herrscher haben sich heimlich bereits ihre Gefühle füreinander gestanden, und am Ende triumphiert ihre Liebe über alle Feindseligkeiten und Intrigen.

● Die Handlung der Oper geht auf eine wahre geschichtliche Begebenheit zurück, wie sie im achtunddreißigsten Buch der Werke Junians Justinus' (zweites Jahrhundert n. Chr.) in den *Philippinischen Geschichten des Pompeius Trogus* enthalten ist. In Wirklichkeit war Mithridates ein geschworener Feind Roms, das er vierzig Jahre mit wechselndem Glück bekämpfte. Er verbündete sich mit Tigrane und gab ihm seine Tochter Kleopatra zur Gattin. Dies ist eine der gelungensten Opern Scarlattis, in ihrer originellen, im Hervorheben dramatischer Augenblicke konzentrierten Rhythmik, mit ihren recht entwickelten und im Vergleich zu den früher von diesem Komponisten benutzten Techniken, kühnen Melodien. RB

HAMLET (Amleto)

Drama in drei Akten von Domenico Scarlatti (1685–1757). Libretto von Apostolo Zeno und Pietro Pariati. Uraufführung: Rom, Teatro Capranica, Karneval 1715.

● Das Libretto zu dieser Oper geht auf Quellen zurück, deren sich vermutlich auch Shakespeare für sein unsterbliches Werk bediente. Aus der Partitur ist allein eine Arie überliefert, die sich jetzt in der Konservatoriumsbibliothek in Bologna befindet. Eine kritische Wertung des Werkes ist daher außerordentlich schwer zu bewerkstelligen. Allerdings kann wohl angenommen werden, daß es sich von den konventionellen Formen der Zeit nicht allzuweit entfernt. RB

1715

Bühnenbild von Giuseppe Galli Bibiena zu «Angelica, Bezwingerin Alcinas» von J. J. Fux. «Ein Felsen, der sich spaltet, wodurch ein großes Ungeheuer sichtbar wird, das danach verschwindet und sich in mehrere Schiffe teilt.» Wien, Österreichische Nationalbibliothek.

AMADIS VON GALLIEN
(Amadigi di Gaula)

Oper in drei Akten von Georg Friedrich Händel (1685–1759). Libretto von J. Heidegger. Uraufführung: London, King's Theatre, 25. Mai 1715.

● Auf den berühmten spanischen Ritterroman zurückgreifend, ist dies eine der ersten Opern, die Händel für den englischen Hof schrieb. LB

ANGELICA, BEZWINGERIN ALCINAS
(Angelica, vincitrice di Alcina)

Oper in drei Akten von Johann Joseph Fux (1660–1741). Libretto von Pietro Pariati (1665–1733). Uraufführung: auf dem Teich der kaiserlichen Villa «La Favorita» in Wien, 1716.

● Das auf eine Episode aus Ludovicos Ariosts *Rasendem Roland (L'Orlando furioso)* zurückgehende Libretto wurde von dem Hofdichter Pietro Pariati, Metastasios Amtsvorgänger am kaiserlichen Hof in Wien, verfaßt. Johann Joseph Fux schrieb die Musik zu dieser Oper in seiner Eigenschaft als Hofkomponist. In seinem musiktheatralischen Schaffen, das achtzehn Opern umfaßt, setzte er die Tradition der Wiener Oper im italienischen Stil fort.

DER TRIUMPH DER EHRE
(Il trionfo dell'onore)

Komische Oper in drei Akten von Alessandro Scarlatti (1660–1725). Libretto von F. A. Tullio. Uraufführung: Neapel, Teatro dei Fiorentini, 26. November 1718.

HANDLUNG. Riccardo, ein junger Mann von losen Sitten und sein Gefährte, Kapitän Rodimarte Bombarda, begeben sich zum Onkel des jungen Mannes, dem Kaufmann Flaminio Castravacca. Leonora hat sich in Riccardo verliebt, hat durch ihn ihre Ehre verloren und sieht sich nun allein und verlassen. In Tränen wird sie auf offener Straße ohnmächtig. Cornelia, eine reiche alte Landbesitzerin, deren zukünftiger Bräutigam Flaminio ist, und ihre Dienerin Rosina eilen ihr zu Hilfe. Dieser macht der alte Kaufmann heftig den Hof. Leonora kommt im Hause Cornelias wieder zu sich und erkennt dort Doralice, deren Liebe zum Bruder der Unglücklichen, Erminio, von diesem erwidert wurde. Doch jetzt liebt auch sie Riccardo. Dieser bittet seinen alten Onkel, der dieses Ansinnen zunächst weise ablehnt, um Geld. Inzwischen macht der treue Rodimarte Rosina den Hof. Schließlich trifft auch Erminio ein, der so vom Verrat der Geliebten erfährt. Und am Ende erscheint auch Flaminio. Nach einer Reihe verwickelter Begebenheiten, während eines Streites zwischen dem Kaufmann und Cornelia, stürmen Riccardo und Erminio, sich duellierend, auf die Bühne. Erminio verletzt seinen Rivalen. Das bringt den jungen Hitzkopf zur Ernüchterung. Er bereut und erbittet Vergebung. Alle schließen Frieden miteinander, und die Vernunft obsiegt. Riccardo heiratet Leonora, Flaminio Cornelia, und so gewährt auch Doralice ihre Hand Erminio und Rosina die ihre Rodimarte.

● Die Oper ist ein kleines Meisterwerk der Komik. Sie hat ihren Don Giovanni und ihren Leporello in Riccardo und dem angeberischen Kapitän, doch gewiß ein glücklicheres Ende als Mozarts Oper. *Der Triumph der Ehre (Il trionfo dell'onore)* spielt stets in einer humorvollen Atmosphäre und auch die weiblichen Personen sind weniger verstört und schlauer als die im Werk des großen Salzburgers. RB

THEOPHANES (Teofane)

Oper in drei Akten von Antonio Lotti (1667–1740). Libretto von S. B. Pallavicini (1672–1742). Uraufführung: Dresden, Hoftheater, 1719.

● Der Text, in dem es um die Gestalt des byzantinischen Mönchs und Geschichtsschreibers geht, der um die Wende des achten zum neunten Jahrhundert lebte, den Bilderkult vertrat und dafür von den Bilderstürmern verfolgt wurde, war ein Werk des Stefano Benedetto Pallavicino, Hofdichter in Dresden und wurde von Antonio Lotti während seines Aufenthaltes in dieser Stadt, in die er als Haupt einer italienischen Opernkompagnie gekommen war, auf Einladung des Kurfürsten Friedrich August vertont. Während seines Verweilens in der Hauptstadt Sachsens (1717–1719) schrieb der Komponist drei Opern, von denen uns zwei handschriftlich überliefert sind. Als treuer Anhänger der Regeln der venezianischen Schule und nicht unempfänglich für Alessandro Scarlattis neapolitanische Einflüsse, war Lotti ein gebildeter, eher konservativer Musiker. Bei der Rückkehr nach Venedig gab Antonio Lotti das Komponieren für das Theater auf und widmete sich fortan vorwiegend der Kirchenmusik.

RHADAMISTHOS (Radamisto)

Oper in drei Akten von Georg Friedrich Händel (1685–1759). Libretto von Nicolò Haym (ca. 1679–1729) nach einem Werk Domenico Lallis. Uraufführung: London, King's Theatre, 27. April 1720.

HANDLUNG. Pharasmenes, König von Thrakien, hat seinen Sohn Rhadamisthos mit Prinzessin Zenobia und seine Tochter Polyxena mit Thiridates, König von Armenien, verheiratet. Dieser, bis zum Wahnsinn in Zenobia verliebt, will sie um jeden Preis erobern und erklärt Pharasmenes den Krieg. Nachdem die Hauptstadt in die Hand des Feindes gefallen ist, fliehen Rhadamisthos und Zenobia durch einen unterirdischen Gang bis ans Ufer eines Flusses: um dem Feind nicht lebend in die Hände zu fallen, wirft sich die Prinzessin, gefolgt von ihrem Gatten, der gemeinsam mit ihr sterben will, in das Wasser. Doch Thiridates' Soldaten retten sie: während Zenobia dem armenischen König zugeführt wird, findet Rhadamisthos in dem gegnerischen Befehlshaber unverhofft einen Verbündeten. Als Sklave verkleidet gelangt er an den Hof, wo er sich nur seiner Gattin zu erkennen gibt. Er versucht, Thiridates zu töten, wird jedoch entdeckt, und für die beiden in Ketten gelegten Liebenden scheint es nun keine Hoffnung mehr zu geben. Gerettet werden sie durch einen von Tigrane geschickt geschürten Aufstand im Lager des armenischen Königs: Thiridates ist jetzt seinerseits Gefangener. Er findet bei seiner Gattin Polyxena, Schwester Rhadamistos' Zuflucht, der sich dem besiegten König gegenüber großherzig erweist und auf jede Rache verzichtet. Die Oper schließt in Frieden und Eintracht, unter allgemeinem Jubel.

● *Rhadamistos* ist eine jener Opern Händels, in denen das dramatische Talent des Komponisten besonders deutlich wird. Die szenischen Verwicklungen und überraschenden Vorfälle auf der Bühne, wie sie das geschickte Libretto Hayms

Typisches Beispiel eines barocken Bühnenbildes, das einen großen Saal darstellt. Entwurf von Ferdinando Bibiena. Sammlung Cesarini Sforza.

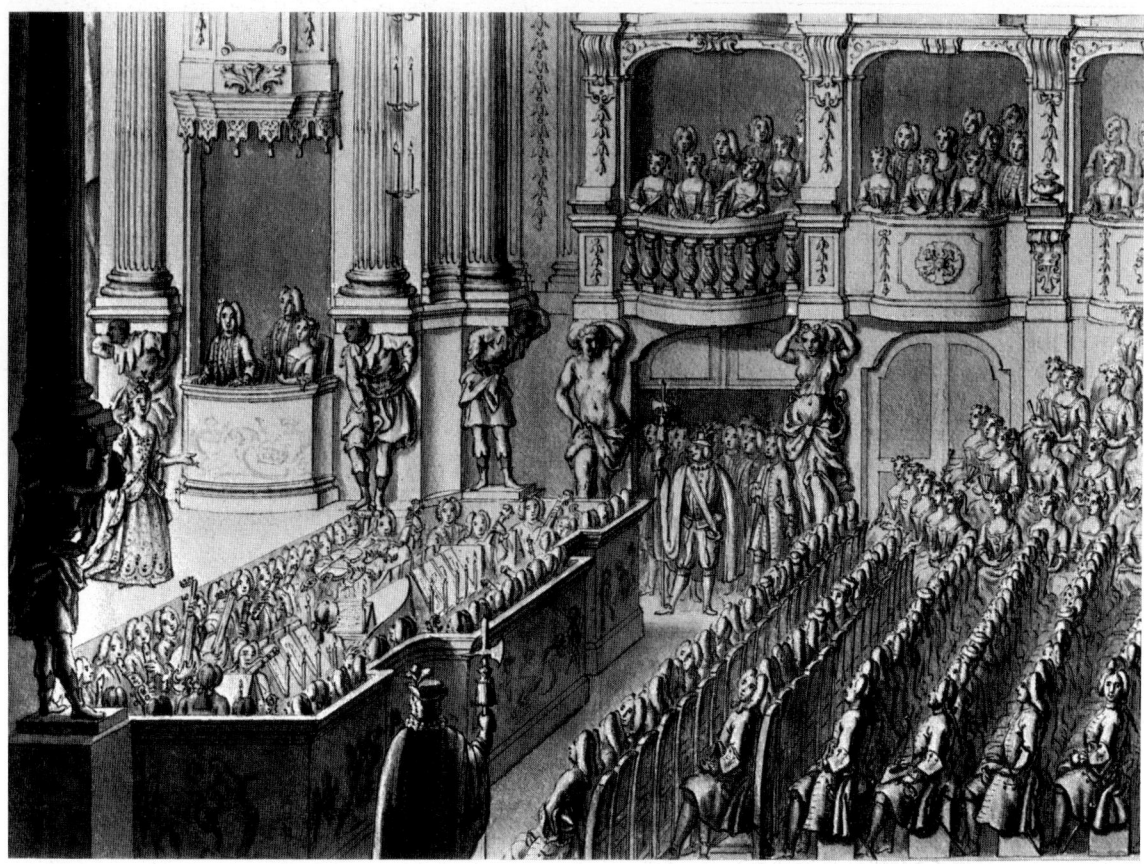

Aufführung von Antonio Lottis «Theophanes» zur Vermählung des Fürsten Friedrich August II. am 13. September 1719.

gut abgewogen enthält, liefern Händel den Anlaß dafür, jedem Sänger Arien unterschiedlicher Gefühlslage zu schreiben: vom Tragischen zum Heiteren, vom Melancholischen zum stürmisch Drängenden, und so die Aufmerksamkeit des Publikums stets wach zu halten. LB

GRISELDA (La Griselda)

Oper in drei Akten von Alessandro Scarlatti (1660–1725). Libretto von Apostolo Zeno (1668–1750). Uraufführung: Rom, Januar 1721.

● Diese solide geschriebene Oper geht auf die Erzählung vom Edlen Gualtiero zurück, der sich in das Landmädchen Griselda verliebt und es den härtesten Prüfungen unterwirft, um sich seiner Liebe zu vergewissern.

JULIUS CAESAR IN ÄGYPTEN
(Giulio Cesare in Egitto)

Drama in drei Akten von Georg Friedrich Händel (1685–1759). Libretto von Nicolò Haym (1679–1729), der das gleichnamige Libretto von G.F. Bussani ins Englische übersetzte und abänderte. Uraufführung: London, King's Theatre, 20. Februar 1724. Ausführende: G. Berenstadt, F. Cuzzoni, G.M. Boschi.

PERSONEN. Julius Cäsar (Baß), Cornelia (Mezzosopran), Sextus Pompeius (Kontraltus), Ptolemäus (Baß), Kleopatra (Sopran), Achillas (Bariton).

HANDLUNG. Erster Akt. An den Ufern des Nils in Ägypten. Pompeius, der in der Schlacht von Pharsalos vernichtend geschlagen worden ist, bittet beim König von Ägypten um Asyl. Seine Gattin Cornelia und sein Sohn Sextus bitten den Sieger Caesar um Frieden. Doch gerade trifft Achillas, Feldherr des ägyptischen Königs Ptolemäus ein, der dem Sieger das Haupt des Pompeius bringt. Entsetzt und empört befiehlt Caesar der sterblichen Hülle des so grausam erschlagenen Gegners Heldenehren zu erweisen. Während Caesar sich Cornelia und ihrem Sohn gnädig zeigt, verliebt Achillas sich in die Witwe, und Sextus schwört, seinen Vater zu rächen. Inzwischen sucht Kleopatra die Hilfe des Siegers, um sich die Nachfolge auf dem Thron zu sichern: ihr Bruder Ptolemäus kommt mit Achillas überein, daß dieser Caesar töte und dafür die Hand Cornelias erhalte. Während eines Festes fordert Sextus Ptolemäus heraus, wird jedoch festgenommen, während seine Mutter in den Harem des ägyptischen Königs gebracht wird. Zweiter Akt. Terrasse im Palast Kleopatras. Caesar erfährt, daß eine Verschwörung gegen ihn im Gange ist. Während er noch mit Kleopatra spricht, stürzen die gedungenen Mörder des Ptolemäus herein, und er ist gezwungen, sich ins Meer zu stürzen, um sich vor ihnen zu retten. Achillas bringt dem König die Nachricht vom Tode des römischen Generals, doch nun verweigert Ptolemäus, der sich in der Zwischenzeit selbst in Cornelia verliebt hat, ihm deren Hand. Dritter Akt. Alexandrien, Ebene am Ufer des Meeres. Die Schlacht zwischen Ägyptern und Römern tobt. Die Römer sehen sich ohne ihren Feldherrn und flüchten. Als Caesar, der sich schwimmend gerettet hat, auf dem Schlachtfeld eintrifft, findet er sein Heer in voller Auflösung. Im geheimen belauscht er ein Gespräch zwischen Sextus und dem tödlich verwundeten Achillas, der eingesteht, er sei vom König zur Ermordung des Pompeius veranlaßt worden und dem jungen Sextus ein goldenes Siegel anvertraut, mit dem er eine Hundertschaft seiner Soldaten, die bereit sind, Ptolemäus zu töten, hinter sich vereinen kann. Caesar läßt sich Ring und Siegel geben und führt persönlich die Revolte an: im Zelt des Bruders empfängt Kleopatra jubelnd den Geliebten. Caesar gewinnt die entscheidende Schlacht, Sextus tötet Ptolemäus und rächt so seinen Vater. Unter dem Jubel von Volk und Soldaten wird Kleopatra zur Königin gekrönt, und die beiden Liebenden tauschen Treue- und Liebesschwüre aus.

Kernszene der Oper «Theophanes» von Antonio Lotti nach einem Libretto Stefano Benedetto Pallavicinis.

● Die Ende 1723 begonnene Oper wurde am 20. Februar 1724 uraufgeführt und im folgenden Jahr wieder aufgenommen. Die Handlung ist so verschlungen, so reich an Episoden und überraschenden Geschehnissen, daß in England der Brauch aufkam, während der Vorstellungen das Licht im Theater brennen zu lassen oder auch Kerzen an das Publikum zu verteilen, damit es den Ablauf der Ereignisse im Libretto mitverfolgen konnte. Haym, Sohn in Rom ansässiger deutscher Eltern, unterstützte die Einführung der italienischen Oper in England. Obwohl er Bussanis Text bei der Übersetzung änderte und vereinfachte, zeigt die Oper doch deutlich den Geist der Zeit so teuren melodramatischen Stil mit ihren Verwicklungen von Liebe und Politik, Eifersucht und Heldentum, Rache und Ruhmsucht. Entsprechend dem von Händel angestrebten und vertretenen italienischen Stil ist die Musik in Rezitative und Arien unterteilt, die im *Julius Caesar in Ägypten* harmonisch miteinander abwechseln und der Handlung große dramatische Kraft verleihen. Insbesondere sind die Arien kunstvoll gearbeitet und gehen weit über das konventionell Statische der Zeit hinaus, so daß die Oper eine sehr beachtliche szenische und stilistische Einheitlichkeit erlangt.
LB

SEMIRAMIS, KÖNIGIN VON ASSYRIEN
(Semiramide, regina d'Assiria)

Oper in drei Akten von Nicola Porpora (1686–1766). Libretto von F. Silvani. Uraufführung: Neapel, Teatro San Bartolomeo, Frühjahr 1724.

DIE ERKANNTE SEMIRAMIS
(Semiramide riconosciuta)

Oper in drei Akten von Nicola Porpora (1686–1766). Libretto von Pietro Metastasio. Uraufführung: Venedig, Teatro Grimani di San Giovanni Crisostomo, 26. Dezember 1729.

TAMERLAN (Tamerlano)

Oper in drei Akten von Georg Friedrich Händel (1685–1759). Libretto von A. Piovene (bearbeitet von Nicolò Haym). Uraufführung: London, King's Theatre, 31. Oktober 1724.

HANDLUNG. Tamerkan, Herrscher der Tartaren, verliebt sich in Asteria, Tochter des türkischen Kaisers Bajazetes, nachdem er diesen besiegt und zu seinem Gefangenen gemacht hat. Doch Asteria liebt den Tamerlan verbündeten griechischen Prinzen Andronicus und wird von diesem wiedergeliebt. Widerstreitende Gefühle beherrschen Andronicus: die Liebe zu Asteria und seine Ergebenheit gegenüber Tamerlan. Ahnungslos vertraut ihm dieser seine Pläne an, bei deren Ausführung er ihm behilflich sein soll: er selbst will Asteria heiraten und Andronicus Irene zur Gattin geben, die der Tartarenfürst zunächst zu seiner Verlobten gemacht hatte. Um das Leben der Geliebten zu retten, versucht der Prinz sie und ihren Vater zu überzeugen, doch vergebens. Die Verwicklungen nehmen zu, stürmische Begegnungen führen die Personen der Handlung zusammen und auseinander: schließlich deckt Asteria auf, die der Hochzeit mit Tamerlan zugestimmt hatte, sie habe dies nur getan, um ihn beseitigen zu können. Während sie mit ihrem Vater ins Gefängnis geworfen wird, erfährt der Tartar, daß sie Andronicus in Liebe verbunden sind. Erzürnt versucht er, sie zu demütigen, doch dank Irenes Eingreifen entkommt sie einem weiteren Versuch, sie zu töten. Endlich verspricht er sich Irene und erlaubt schließlich Asteria und Andronicus großmütig sich miteinander zu vermählen.

● Die Oper hatte großen Erfolg und trug dazu bei, Händels Ruhm zu festigen, der in London durch die Erfolge seines Rivalen Bononcini verdunkelt wurde. Beachtlich ist im *Tamerlan* der Einfluß der italienischen Oper und insbesondere der Scarlattis: die dramatische Vertiefung ist darüber hinaus so gewaltig, daß eine neuartige Musik entsteht, die gewissermaßen Glucks Reform, wenigstens in einzelnen Zügen, vorwegnimmt.
LB

ARIANNA (Ariadne)

Musikalisches Drama von Benedetto Marcello (1686–1739). Libretto von Vincenzo Cassani. Komponiert 1727. Uraufführung: Venedig, Teatro Verde, 11. Juli 1954.

HANDLUNG. Die Handlung spielt auf der Insel Naxos. Theseus, der mit den Töchtern des Minos, Phaedra und Ariadne hierhergekommen ist, nutzt den Schlaf der letzteren, um sie zu verlassen, die zwischen Schwesternliebe und Liebe zum Helden schwankende Phaedra auf sein Schiff mit sich fortziehend. Bacchus erscheint mit einem Gefolge von Satyrn, Bassariden und Faunen. Ihre Hymnen wecken Ariadne, die sich verlassen sieht, in Wehklagen ausbricht und

1728

Theaterzettel zu «Die Bettleroper». Zeichnung von William Hogarth. Stich von J. Sympson Jun.

versucht, sich ins Meer zu stürzen. Bacchus, der in sie verliebt ist, aber von ihr nicht erkannt wird, versucht sie zu trösten und entfesselt auf ihren Wunsch einen heftigen Sturm, der das Schiff der Flüchtenden an das Gestade der Insel zurückführt. In ihrer Eifersucht auf die Schwester fürchtet Phaedra nun, Theseus könne seine Liebe zu Ariadne wieder entdecken, während Bacchus bezweifelt, daß der Held die Kraft habe, dem Flehen des Mädchens zu widerstehen. Theseus allerdings verspricht dem Gott, sich nicht anfechten zu lassen und vergewissert auch Phaedra seiner Liebe: und unerhört verhallt auch tatsächlich das Klagen Ariadnes. Mehr denn je von Liebe erfüllt, erklärt sich Bacchus ihr, und der Chor fleht um Barmherzigkeit für den «Gott, der bittet» (*il Nume che prega*). Ariadne fühlt sich zu Bacchus hingezogen und durch seine Gefühle bewegt, doch noch immer ist sie mißtrauisch und glaubt nicht, daß er der sei, für den er sich ausgibt. Nun führt der Gott ihr die wundersamsten Dinge vor und das Drama wird seinem glücklichen Ende zugeführt: Ariadne erwidert die Liebe des Gottes, während Theseus und Phaedra glücklich nach Athen zurückkehren.

● Diese Oper von Benedetto Marcello wurde 1885 von dem Musikwissenschaftler Chilesotti aufgefunden und veröffentlicht. Ihr Schöpfer hatte sie als ein *intreccio scenico-musicale* (Verflechtung von Spiel und Musik) bezeichnet: sie stellt seinen einzigen Versuch auf dem Gebiet des Melodrams dar und wurde vermutlich 1727 im *Casino dei Nobili Accademici* in Venedig, im Jahr der Komposition selbst, uraufgeführt. Das in dichterischer Hinsicht bescheidene Libretto bietet dem Komponisten immerhin Gelegenheit zu meisterlichen Vokalstücken und wirkungsvollem Ausdruck, wobei einige Elemente sich durchaus im gewohnten Rahmen des venezianischen Melodrams bewegen, während die dreiteilige Anfangssinfonia und der in die Handlung einbezogene Chor neu und interessant sind.   AB

DIE BETTLEROPER (The Beggar's Opera)

Oper in drei Akten mit Musik, zusammengestellt und komponiert von John Christopher Pepusch (1667-1752). Text von John Gay (1685-1732). Uraufführung: London, Lincoln's Inn Fields, 29. Januar 1728.

HANDLUNG. In der Introduktion stellt der Bettler, in dem der Autor der Oper vermutet wird, die Komödie vor, in der Schauspieler, Diebe, Hehler, Advokaten, leichte Mädchen, Gefängnisaufseher sich streiten und schlagen, um möglichst alle um ihr Geld zu bringen. Der Räuber Macheath hat Polly, die Tochter des Hehlers Peachum geheiratet. Als dieser hiervon erfährt, fürchtet er, dieser Schwiegersohn, der zuviel über ihn weiß, könne ihm übelwollen. Er beschließt, ihn anzuzeigen und verhaften zu lassen. Macheath ist ein rechter Liebling der Frauen. Lucy, die Tochter des Gefängnisaufsehers, ist eine seiner früheren Geliebten und, da er ihr die Ehe verspricht, hilft sie ihm nun zu fliehen. Doch die Anzeigen anderer, von Peachum bezahlter Frauen, lassen ihn wieder im Gefängnis enden. Zur Betrübnis all seiner Freundinnen und Bewunderinnen soll er hingerichtet werden. Jetzt schreitet der Bettler ein, der ihn auf Wunsch des Autors für einen freien Mann erklärt. Das Ganze findet seinen Abschluß mit einem großen Ballett, während der Bettler erklärt, «nichts ist in dieser Art Drama je so absurd» und «wäre die Komödie so geblieben, wie ich sie zuerst erdacht, so hätte sie auch eine hervorragende Moral enthalten. Sie hätte gezeigt, daß die Armen lasterhaft sind wie die Reichen, doch auch, daß allein die ersteren für ihre Schuld zahlen müssen».

● *Die Bettleroper* eröffnet die lange Reihe der *ballad-operas* und wird stets deren berühmteste bleiben. Ein solches Werk ist eine Mischform aus gesprochenem Prosatext, rezitierten Versen und Musik. Die Bettleroper erlebte bei der Uraufführung einen wahren Triumph und wurde an zweiundsechzig Abenden *en suite* gespielt. Dieser Erfolg hielt in den angelsächsischen Ländern lange Zeit an und 1866, als Sims Reeves den Macheath spielte und sang, war das Werk immer noch sehr beliebt. Es ist eine geistreiche Satire auf den zeitgenössischen Theatergeschmack, aber auch auf politische Sitten: in Peachum wird der damalige Premierminister Walpole persifliert, und die Figur des Gefängnisaufsehers Lockit zielt auf einen anderen zeitgenössischen Politiker, Lord Townshend. Natürlich haben solche Anspielungen im Lauf der Jahrhunderte viel von ihrem beißenden Spott verloren. Gay hatte sich eine von Gaunern für Gauner gegebene Komödie vorgestellt, die das Gefallen eines Impresarios finden konnte, so daß er sie auf die Bühne brachte. Die Personen werden mit Hilfe von Bühnenbildern und Kostümen, wie sie im Melodram üblich waren, herausstaffiert, doch die Welt der Diebe, Huren, Verbrecher wurde unverändert beibehalten, ebenso wie die rohen Episoden und die teils lose, teils vulgäre Sprache. Am Lyric Theatre in Hammersmith kam am 5. Juni 1920 eine Fassung der *Bettleroper* von Frederick Austin heraus, die in eintausendvierhundertdreiundsechzig aufeinanderfolgenden Vorstellungen gegeben wurde: ein Rekord der Verweildauer einer Oper auf dem Spielplan. Am 22. Mai 1944 kam sie in einer Bearbeitung von E. J. Dent (1876-1957) in Birmingham in einem Zirkuszelt, da die Stadt praktisch in Trümmern lag, heraus. Auch eine Adaptierung durch Arthur Bliss für eine Film mit Laurence Olivier ist zu nennen (1953). Eine weitere Bearbeitung nahm Benjamin Britten vor, er entfernte sich allerdings so weit vom Original, daß im Grunde eine neue Oper entstand (Cambridge, Arts Theatre, 1948). Bertolt Brechts *Dreigroschenoper* verleugnet ihre, allerdings ferne, Abstammung von der *Beggar's Opera* keineswegs. Deren Originalmusik besteht aus neunundsechzig Stücken, die Pepusch fast ausschließlich nach volkstümlichen Liedern und Arien der Zeit bearbeitete und zusammenstellte: achtundzwanzig englischen, fünfzehn irischen, fünf schottischen, drei französischen, die übrigen achtzehn Stücke stam-

Die Sänger Senesino, Puzzoni und Berenstadt in Händels «Flavius» am Italian Opera House in London. Cambridge, Sammlung H.R. Beard.

men von verschiedenen Autoren. Pepusch stand außerhalb des großen Erfolges der Oper, sein Name wurde nicht in der Erstausgabe in den ersten Kritiken genannt, er stand nicht in der Erstausgabe und in einer zweiten wird er nur als Komponist der Ouvertüre erwähnt. Es ist daher ziemlich schwierig, festzustellen, inwieweit er tatsächlich an der Oper beteiligt war: vielleicht hatte er sich darauf beschränkt, den Baß zu schreiben und – auf zweifellos sehr geschickte Weise – die den volkstümlichen Liedern entnommene Motive zu variieren. MS

ARTAXERXES (Artaserse)

Oper in drei Akten von Johann Adolph Hasse (1699–1783). Libretto von Pietro Metastasio (1698–1782). Uraufführung: Venedig, Teatro San Giovanni Crisostomo, Februar 1730.

PERSONEN. Ataxerxes, Prinz, später König von Persien, Mandane, Schwester Ataxerxes', Artaban, Vorsteher der königlichen Garde, Arbaces, Sohn des Artaban, Semira, Schwester des Arbaces, Megabis, persischer General.

HANDLUNG. Erster Akt. Artabans Sohn Arbaces ist verbannt worden, da er es gewagt hat, die Königstochter Mandane zu lieben. Nun kehrt er heimlich zurück, um sie sehen zu können. Inzwischen hat sein Vater König Xerxes getötet, um einen möglichen Aufstieg des Sohnes zum Thron zu begünstigen; doch von Furcht erfaßt, gibt Artaban seinem Sohn das noch bluttriefende Schwert und hilft ihm zu flüchten. Nach Entdeckung des Mordes lenkt der wahre Königsmörder den Verdacht Artaxerxes' auf dessen Bruder Darius, den Artaban, den Wünschen des Fürsten zuvorkommend, umgehend töten läßt. Doch Arbaces wird mit dem ihn anklagenden Schwert entdeckt: da er der Bruder Semiras ist, die der neue König über alles liebt, fällt diesem seine Verurteilung schwer. Zweiter Akt. Artaban ist beauftragt worden, über den Mordverdächtigen zu urteilen; um ihn nicht zu verraten, erklärt dieser sich unschuldig, weigert sich jedoch, seine Kenntnis des Vorgefallenen zu enthüllen. Trotz widerstreitender Gefühle fordert Mandane, die Arbaces liebt, Gerechtigkeit; Semira hingegen zeigt Mitleid. Artaban versucht den Sohn zur Flucht zu bewegen, doch dieser weigert sich. Dritter Akt. Es kommt zum Urteil des feigen, undurchschaubaren Vaters über den unschuldigen Sohn Arbaces, anschließend versucht Artaban eine Erhebung anzuzetteln und seinen Sohn zum König ausrufen zu lassen, doch dieser erweist sich gegen sein eigenes Interesse als königstreu. Artaxerxes ist bewegt und schenkt ihm die Freiheit. Zum Zeichen seiner Gnade bietet er ihm seinen eigenen Pokal mit einem Trunk dar. Artaban hat diesen vergiftet, wird auf diese Weise entdeckt und bekennt den von ihm begangenen Königsmord. Wieder rettet Arbaces das Leben des Herrschers, auf den der Verräter sich stürzt, indem er droht, er werde den Giftbecher leeren, wenn die Waffen nicht niedergelegt werden. Dann

Streit und Polemik zwischen Maskerade und Oper in Burlington Gate. Satirischer Druck von William Hogarth. Stich von I. Cook.

bietet er großherzig sein Leben gegen das seines Vaters. Schließlich wird Artaban dank der Bitten seines Sohnes nur ins Exil geschickt. Artaxerxes vermählt sich mit Semira und gewährt dem Helden die Hand seiner Schwester Mandane.

● Das perfekt aufgebaute und mit einer ganzen Reihe von Überraschungscoups ausgestattete Drama enthält zahlreiche gegensätzliche Szenen. Diese dramaturgischen Eigenschaften verschafften ihm die uneingeschränkte Gunst der Komponisten der Zeit: es wurde Vorlage für sage und schreibe einhundertsieben Partituren, Zeugnisse seines unglaublichen Erfolges. Eine der gelungensten war die Hasses, *il caro sassone* (Der liebe Sachse), wie er in Italien genannt wurde. Von der neapolitanischen Schule und hier insbesondere von Porpora und dem großen Alessandro Scarlatti ausgehend, wußte der deutsche Komponist in dieser Oper sowohl das dramatische Geschehen wiederzugeben und die verschiedenen Handlungsmomente durch den geschickten Wechsel von zumeist Seccorezitativen und Arien hervorzuheben, als auch der Musikalität des Textes selbst in seiner ihm genau entsprechenden Partitur gerecht zu werden. In manchen Augenblicken gelingt es ihm sogar, die stärkste Festlegung durch das Libretto zu überschreiten, d.h. das allzu statische Verhalten der Personen zu durchbrechen. Dies gilt zuvörderst für den Helden der Geschichte, den edlen, unanfechtbaren Arbaces, einen im Grunde recht traditionellen Typus im Melodram Metastasios, doch auch für den mehrdeutigen Artaban, der im Widerstreit der Eigen- und der Sohnesliebe mit seinem grenzenlosen Ehrgeiz und als eher anfechtbare Vaterfigur die eigentliche Antriebskraft des Dramas ist. Auch wenn heute gewisse umständliche Züge uns die Oper zeitweilig schwerfällig und langatmig erscheinen lassen mögen, können wir nicht umhin, in ihr jene vollkommene, in der Musikgeschichte so seltene, gelungene Durchdringung und Vereinigung von Text und Musik zu bewundern. LB

ARMINIUS (Arminio)

Oper in drei Akten von Johann Adolph Hasse (1699–1783). Libretto von A. Salvi (bearbeitet). Uraufführung: Mailand, Teatro Ducale, 28. August 1730.

● Dieses Libretto war bereits von Alessandro Scarlatti vertont worden (sie Handlung unter *Arminius* auf Seite 27). *Arminius* ist eine der besten Opern Hasses. Während seiner ausgedehnten Aufenthalte in verschiedenen Städten Italiens, hatte dieser Gelegenheit, die damals neuesten Vokal- und Instrumentaltechniken gründlich kennenzulernen und insbesondere Alessandro Scarlatti zu begegnen, dessen Schüler er wurde und dem er stets treu blieb. Unter seinem Einfluß entwickelte und verfeinerte er seinen eigenen Stil.
In dieser Oper werden im Vergleich zur bis dahin eher traditionell statischen Behandlung von Gefühlen und Gegensätzen zwischen den Personen der Handlung, neue Akzente in der dramatischen Entwicklung gesetzt. Die Musik entspricht nun viel enger dem Aufruhr der Leidenschaften dank der aufmerksamer angelegten zahlreichen Rezitative. Im übrigen erreicht der Komponist in diesem Werk ein vollkommenes Gleichgewicht, das sich auch in seinen späteren Opern der Reifezeit kaum je wieder einstellen will. All dies gleicht einige Mängel der Partitur aus: ein schwacher Punkt ist der übermäßige Eklektizismus – eine Schranke, die Hasse kaum je zu überwinden vermag –, der Einheitlichkeit und Geschlossenheit der Partitur zu zerstören droht. LB

CATON IN UTICA (Catone in Utica)

Drama in drei Akten von Johann Adolph Hasse (1699–1783). Libretto von Pietro Metastasio (1698–1782). Uraufführung: Turin, Teatro Regio, 26. Dezember 1731.

HANDLUNG. Marzia, Tochter Catons, liebt Caesar und wird ihrerseits von Arbaces, Prinz von Numidien und Verbündeter ihres Vaters geliebt. Fulvius, ein Anhänger der Partei Caesars, liebt Emilia, Witwe des Pompejus und Tochter Scipios. Um ihrer Liebe zu Caesar willen lehnt Marcia Arbaces Hand ab. Caton befindet sich im Gespräch mit dem römischen General, der die Stadt Utica belagert: auf seine Friedensvorschläge hin, antwortet er ihm, Rom solle von seiner Tyrannenherrschaft frei werden. Marcia versucht, ihren Vater zugunsten Caesars zu überreden, Emilia versucht Fulvius an sich zu ziehen, damit er Caesar töte. Doch Caton weist seine Tochter von sich, als er von ihrer Liebe zum Tyrannen Roms erfährt. Emilia riskiert alles, um Caesar zu beseitigen: es gelingt ihr, sich mit gezogenem Schwert auf ihn zu stürzen, doch Fulvius kommt hinzu, ihn zu retten. Die Soldaten Roms haben inzwischen den Widerstand Uticas gebrochen, und Caton stirbt im Angesicht des siegreichen Feldherrn. Doch Caesar lehnt jede Ehrenbezeugung für seinen Triumph ab, da er ihn um einen ihm unerträglichen Preis errungen hat: mit Caton stirbt ein ihm unversöhnlicher Gegner, doch auch der letzte wahre, ihrer alten Tugenden würdige Bürger der Stadt Rom.

● In seinem beständigen Schwanken zwischen dem Epischen und dem Sentimentalen liegt die eigentliche Schwäche des Librettos. Dennoch hatte es bei jeder Vertonung, dank der deutlichen Verherrlichung der Freiheit, großen Erfolg. Hasses Musik, die Metastasio und dem Geist seines Melodrams so nahesteht, verlieh den feierlichen Zügen des Werkes und seinen gefühlsmäßigen Verstrickungen eine gewisse musikalische Würde. LB

SALLUSTIA

Oper in drei Akten von Giovanni Battista Pergolesi (1710–1736). Libretto von S. Morelli. Uraufführung: Neapel, Teatro San Bartolomeo, Dezember 1731.

HANDLUNG. Sallustia, Gattin des Alexander Severus, wird von ihrer neidischen Schwiegermutter Julia verleumdet, die ihren Sohn veranlassen will, sie zu verstoßen. Sallustias Vater Hadrian trachtet Julia vergebens nach dem Leben und wird für dieses Verbrechen zum Kampf mit den wilden Tieren verurteilt. Es gelingt ihm, den ihn angreifenden Leoparden zu töten und mit dem Leben davonzukommen. Julia vergibt ihm und stimmt einer erneuten Vereinigung der Gatten zu.

● *Sallustia* war das erste Werk, das Pergolesi auf die Opernbühne brachte, ohne daß ihm großer Erfolg beschieden gewesen wäre. MSM

DIE TREUE NYMPHE (La fida ninfa)

Oper in drei Akten von Antonio Vivaldi (1675–1740). Libretto von Scipione Maffei (1675–1755). Uraufführung: Verona, zur Eröffnung des Teatro Filarmonico, 6. Januar 1732. Sänger: Giovanna Gasperini (Lycoris), Gerolamo Madonia (Elpina), Francesco Venturini (Oralto), Giuseppe Valentini (Morasto),

1732

Eine Opernaufführung 1722 im königlichen Palast in Turin. Zeichnung von Filippo Juvara. Stich von Antione Aveline. Dresden, Kupferstichkabinett.

Stefano Pasi (Osmino), Ottavio Sinalco (Narete). Bühnenbilder von Francesco Bibiena, Tänze von Andrea Cattani.

PERSONEN. Oralto (Baß), Morasto (Kastrat-Sopran), Narete (Tenor), Lycoris (Sopran), Elpina (Alt), Tirsis (Kastrat-Alt), Juno (Alt), Eolo (Baß).

HANDLUNG. Erster Akt. Oralto von Naxos hat zwei Mädchen, Lycoris und Elpina sowie ihren Vater, den Hirten Narete von Skyros geraubt. Lycoris war dem jungen Hirten Osmino versprochen, der ebenfalls durch thrakische Soldaten geraubt wurde. Oralto hat einen Statthalter, Morasto, von dem niemand weiß, daß er Osmino ist. Der Jüngling bricht in Tränen aus, als er erfährt, daß seine Landsleute zu Sklaven gemacht wurden. Bei Oralto lebt auch Morastos Bruder Tirsis (dem seine Eltern zur Erinnerung an ihren geraubten Sohn den Beinamen Osmino gegeben haben). Tirsis verliebt sich in Lycoris, umwirbt jedoch, um sie auf sich aufmerksam und eifersüchtig zu machen, ihre Schwester Elpina. Lycoris gefällt auch dem Entführer Oralto, der seine rechte Hand Morasto beauftragt, sie ihm geneigt zu stimmen. Inzwischen macht der alte Narete eine seltsame Entdeckung: auf allen Bäumen, die das Lager umstehen, findet er die verschlungenen Namen Skyros, Osmino und Lycoris von Messers Schneide eingekerbt.
Zweiter Akt. Lycoris glaubt, in Tirsis den ihr versprochenen Geliebten zu erkennen. Narete versucht, sich mit Oralto auf die Zahlung eines hohen Lösegeldes zu einigen, damit sie zu dritt in die Heimat zurückkehren können. Oralto sucht Zeit zu gewinnen. Doch da Lycoris ihn zurückweist, gerät er in Zorn und überlegt ernsthaft, ob er sie nicht alle als Sklaven an den Sultan verkaufen soll. Inzwischen beginnt auch Morasto, Lycoris zu umwerben. Ihm wird klar, wie die Dinge in Wirklichkeit aussehen, doch gibt er sein Wissen nicht preis, sondern wartet den geeigneten Augenblick ab, um die Wahrheit zu enthüllen. Auch Tirsis macht seine Gefühle gegen-

über Lycoris nun deutlicher kund. Dies erfüllt Elpina mit großem Schmerz, und sie klagt ihn an, er habe ihre Gutgläubigkeit mißbraucht. Narete, der Oraltos Absichten begriffen hat, begibt sich zu Morasto und beschwört ihn, sie zu retten. Morasto gibt ihm sein Wort hierauf. Dritter Akt. Oralto läßt jede Zurückhaltung fahren: er tritt Lycoris gegenüber und kündigt ohne Umschweife an, falls sie sich ihm nicht ergebe, werde er sie mit ihrer Schwester und ihrem Vater als Sklaven verkaufen. Lycoris droht ihren Selbstmord an und flieht, um sich zu verbergen. Während ihrer Flucht stolpert sie, stürzt, und ihr Schleier fällt in einen Bach. Narete hebt ihn auf und bringt ihn, Trauer heuchelnd, zu Oralto, um diesem, den nassen Schleier als Beweis, mitzuteilen, daß Lycoris sich ertränkt hat. Oralto muß sich für einige Tage von Naxos entfernen und übergibt Morasto die Befehlsgewalt über die Insel. Erst jetzt entdeckt der Jüngling die Wahrheit: er, nicht Tirsis, ist der echte Osmino. Die ihm stets treu gebliebene Lycoris erneuert nun ihre Liebesschwüre. Glücklich schiffen sich alle ein, um nach Skyros zurückzukehren, doch ein heftiges Gewitter bricht aus. Zum Glück verwendet sich Juno, bewegt von der traurigen Geschichte und der treuen Liebe der so lange vom Schicksal geprüften jungen Leute, beim Gott der Winde für sie. Aeolus bläst nun über die hohen Wellen und läßt das Meer glatt und ruhig werden.

● Zunächst war der Auftrag, die Musik zu *Die treue Nymphe* zu schreiben, an den Bologneser Komponisten Giuseppe Maria Orlandini, Kapellmeister des Großherzogs in Florenz (und seit 1732 an *Santa Maria del Fiore*) gegangen. Es ist nicht bekannt, weshalb ihn dann schließlich der venezianische «prete rosso», der rote Priester erhielt, dem die Komposition der Oper 1729 übertragen wurde. Er schloß die Partitur im folgenden Jahr ab, ohne daß es gleich darauf zu einer Aufführung der Oper gekommen wäre. Die zeitgenössischen Chroniken enthalten die Gründe für diese Verzögerung: vor den Grenzen der Republik Venedig lagerte ein starkes deut-

Das Turiner Teatro Regio während der Aufführung der Oper «L'Arsace» von Francesco Feo, 1741.

sches Heer und zahlreiche Offiziere hätten zu einer solchen Uraufführung um die Erlaubnis, Verona betreten zu dürfen, gebeten. Man hätte ihnen diese wohl auch kaum verweigern können, doch hätten die deutschen Offiziere bei dieser Gelegenheit leicht feststellen können, wie gering die Stärke der Truppen war, die Venedig zu diesem Zeitpunkt auf dem Festland stehen hatte. Und allein wegen einer Oper konnte man gewiß nicht das ganze Heer dorthin schicken...

Vivaldi mußte also warten, hatte aber dann die Genugtuung, daß mit der *Treuen Nymphe* das neue Theater Veronas eröffnet wurde. Maffei selbst trat als Impresario auf und gab für die Ausstattung der Oper zwanzigtausend Dukaten aus, eine für die damalige Zeit wirklich ungewöhnliche Summe. In seinem Libretto hielt er sich an die klassischen Vorlagen der *Aminta* und des *Pastor fido* und ließ Arien mit Seccorezitativen abwechseln. Vivaldi schrieb eine Musik, die aufs Überwältigendste den Worten und Gefühlen entsprach. Für jede Gattung (gesprochenen Text, pathetische Empfindungen, virtuosen Ausdruck etc.) gab er den einzelnen Hauptpersonen einen spezifischen Part, so daß sie sich in voller Wirkung entfalten konnten.

Dieses Mal wollte der «rote Priester» alle bisher gezogenenen Grenzen mit diesen sehr wirkungsvollen, aber auch ungeheuer schwierigen Rollen überschreiten. Deshalb wollte er auch die Ausführenden selbst wählen (Frauen, Männer und Kastraten). Auch der orchestrale Teil ist von sehr hohem Wert: noch heute werden die Sinfonia im dritten Akt (der «Sturm auf dem Meere») und das Zwischenspiel oft als einzelne, sehr wirkungsvolle Stücke und Beispiele der hohen Kunst Vivaldis gespielt.

EP

DEMETRIUS (Demetrio)

Drama in drei Akten von Johann Adolph Hasse (1699–1783). Libretto von Pietro Metastasio (1698–1782). Uraufführung: Venedig, Teatro San Crisostomo, Januar 1732.

HANDLUNG. Der syrische König Demetrius Sotere ist von dem Ursurpator Alexander Bala aus seinem Königreich vertrieben worden und stirbt im Exil auf Kreta. Bevor er flieht, vertraut er jedoch seinen kleinen Sohn Demetrius dem treuen Phönicius an, damit dieser ihn großziehe und vorbereite, Rache zu nehmen. Das Kind wächst, ohne von seiner königlichen Abkunft zu wissen, unter dem Namen Alkestis heran. Alexander schätzt den Jüngling um seines Mutes willen und seine Tochter Cleonice liebt ihn. Inzwischen verbreitet Phö-

Theaterzettel zur Pariser Aufführung 1752 von Pergolesis «Die Dienerin als Herrin».

nicius die Nachricht, Demetrius sei noch am Leben. Die Kreter erheben sich, und Alexander wird bei dem Versuch die Revolte niederzuschlagen getötet. Auch Alkestis wird in den Kampf mit den Kretern verwickelt, jede Nachricht über ihn bleibt aus. Cleonice ist nun Thronerbin und soll sich einen Gatten wählen. Sie zögert, um Alkestis' Rückkehr abzuwarten. Nach einer langen Zeit des Verschollenseins kommt er zurück, als die Königin ihn schon tot glaubt und bereits einen anderen Prätendenten wählen will. Nun entdeckt Phönicius die wahre Identität des Jünglings und Alkestis, der als Demetrius anerkannt wird, vermählt sich mit Cleonice und besteigt den väterlichen Thron, der ihm auf so ungerechte Weise entrissen worden war.

● Metastasios Textvorlage wurde von mehr als einem Komponisten vertont; deren erster war Caldara, der seine Oper in Wien auf die Bühne brachte, ein Jahr vor der Uraufführung des Hasseschen Werkes. Allerdings paßt sich die Partitur des letzteren besser den Merkmalen dieses brillant und dramaturgisch gut aufgebauten Librettos an, dem jedoch psychologischer Tiefgang nicht nachgesagt werden kann. Hasse gelingt es, alle Gelegenheiten dieser für das achtzehnte Jahrhundert typischen Verwicklungshandlung mit ihren Überraschungseffekten und starken Kontrasten der zwischen Pflicht und Neigung stehenden Personen im Melodram des italienischen Dichters voll auszuschöpfen.

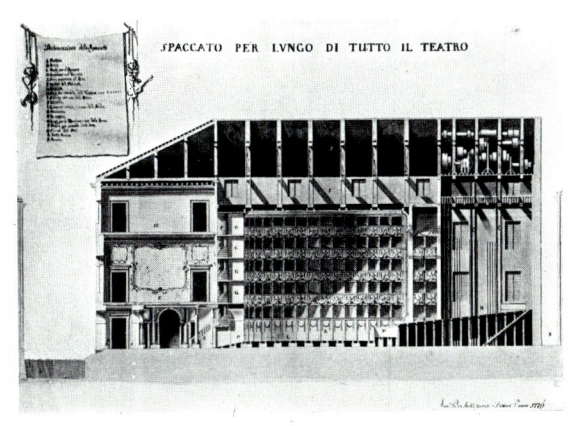

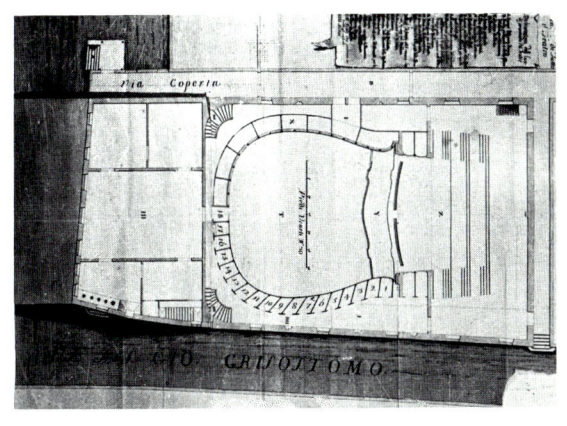

LB

Aufriß und Grundriß des Theaters S. Giovanni Crisostomo in Venedig. Zeichnung von F. Pedro.

1732

AETIUS (Ezio)
Oper in drei Akten von Georg Friedrich Händel (1685–1759). Libretto von Pietro Metastasio (1698–1782). Uraufführung: London, King's Theatre, 15. Januar 1732.

HANDLUNG. In Rom wird der Triumph des Aetius, Bezwinger Attilas, gefeiert. Kaiser Valentinian III. empfängt den Feldherrn mit allen Ehren. Maximus, ein falscher Freund des Aetius, macht ihn glauben, seine eigene Tochter Fulvia, die dem Feldherrn versprochen ist, werde vom Kaiser begehrt. Die Geschichte verwickelt sich: Aetius weist die Schwester des Kaisers, Honoria, ab und fordert die Hand Fulvias. Die Schuld an einem von Maximus gegen Valentinian betriebenen Anschlag, aus dem dieser unverletzt hervorgeht, wird dem Feldherrn zugeschrieben, der schließlich von seinem Freund Varus verhaftet wird. Der Gefangene hat eine stürmische Unterredung mit dem Kaiser, und sein Schicksal ist besiegelt. Honoria wird nun Attila, Fulvia Valentinian vermählt werden. Aetius wird zum Tode verurteilt, doch als Varus gesandt wird, ihn zu töten, bringt dieser es nicht über sich, eine so große Ungerechtigkeit zu begehen. Inzwischen kommen alle Intrigen des Maximus ans Licht. Der Kaiser, der den Feldherrn schon tot glaubt, ist verzweifelt. Die Oper hat einen glücklichen Ausgang: Fulvia und Aetius können mit Valentinians Zustimmung einander ehelichen. Der großherzige Feldherr bittet um Gnade, die schließlich auch gewährt wird, für den perfiden Maximus wie für den treuen Varus, der dem Befehl seines Kaisers nicht gehorcht hatte.

● Dies ist ein typisches Melodram Metastasios: die verwickelte Handlung und die zahlreichen Überraschungseffekte lassen es heute allzu umständlich erscheinen. Händels Musik allerdings macht die übertrieben steifen Gefühle und Situationen wett und läßt sogar gewisse zarte, lyrische Augenblicke entstehen.
LB

DIE HEIRATSLUSTIGEN VON NEAPEL
(Lo frate 'nnamorato)
Oper in drei Akten von Giovanni Battista Pergolesi (1710–1736). Libretto von Gennaro Antonio Federico (? bis ca. 1745). Uraufführung: Neapel, Teatro dei Fiorentini, 30. September 1732. Ausführende: G. D'Ambrosio, Giambattista Ciriaci, Girolamo Piano, Marianna Ferrante, Maria Negri, Teresa Passaglione.

PERSONEN. Marcaniello, der alte Vater Lucrezias und Don Pietros (Baß), Lucrezia (Alt), Don Pietro (Baß), Ascanio, im Hause Marcaniellos aufgewachsener Jüngling (Tenor), Carlo, Onkel Nenas und Ninas (Tenor), Nena (Sopran), Nina (Mezzosopran), Vannella, Carlos Dienerin (Sopran), Cardella, Marcaniellos Dienerin (Sopran).

HANDLUNG. Erster Akt. Die Geschichte spielt in Capodimonte im Jahre 1730. Carlo und der alte Marcaniello haben Heiratspläne geschmiedet: Marcaniellos Sohn Don Pietro soll Carlos Nichte Nena heiraten. Vannella und Cardella klatschen über ihre Herrschaften. Als Don Pietro hinzukommt, fordert er Vannella auf, Nena und Lucrezia herbeizurufen. Die letztere ist Don Pietros Schwester und mit Carlo verlobt. Die Mädchen weigern sich jedoch zu erscheinen. Als Nina und Nena zu einem Spaziergang ausgehen, begegnen sie dem Onkel, der ihnen Vorwürfe macht, weil sie ihn nicht mit dem ihm geschuldeten Respekt behandeln und ihnen sagt, ihre Verlobten seien eingetroffen, und die Hochzeit solle alsbald stattfinden. Die Mädchen sind über diese Ankündigung nicht sehr erfreut: Nenas Zukünftiger ist zwar jung, aber dumm und eitel, während Nina noch größeres Pech hat, ihr ist Marcaniello selbst bestimmt. Zudem hegen beide heimlich eine gewisse Neigung für Ascanio, einen in Marcaniellos Hause aufgewachsenen Jüngling. Auch Lucrezia hat eine Schwäche für Ascanio und beschwert sich bei ihrem Vater, sie wolle Carlo nicht heiraten. Als auf Marcaniellos Rat hin Ascanio versucht, Lucrezia zur Heirat mit Carlo zu überreden, bekennt diese ihm offen ihre Liebe. Nun sieht Ascanio sich im Wirrwarr der Gefühle verstrickt: an seinem Wohltäter will er keinen Verrat üben und zudem bedrängen ihn seine Empfindungen für Nena und Nina. Don Pietro kommt zurück, um Nena zu holen. Er trifft Vanella und macht ihr zum Spaß den Hof, dies wird ihm von Marcaniello vorgeworfen, während Nena dies zum Anlaß nimmt, Zweifel an den ernsthaften Absichten ihres zukünftigen Gatten zu äußern. Nina übersieht geflissentlich Marcaniello und gibt vor, von dem hübschen Don Pietro beeindruckt zu sein. Zweiter Akt. Alle Heiratspläne zerrinnen so zu nichts. Don Pietro erzählt Ascanio, Nena habe sich in ihrer Eifersucht auf Vanella ganz toll gebärdet, und auch das Verhalten Ninas lasse ihn annehmen, sie sei in ihn verliebt. Nena kommt hinzu: sie nimmt Ascanio beiseite und gesteht ihm, sie liebe ihn; sie befragt ihn auch zu seinen Gefühlen, da sie fürchtet, ihre Schwester Nina habe es ihm angetan. Ascanios Verwirrung wächst. Nena erklärt Don Pietro, sie werde ihn niemals heiraten. Immerhin sind die beiden Schwestern nun erleichtert, denn sie haben offen ihre Bewerber abgelehnt, doch sind sie Ascanios wegen eifersüchtig aufeinander. Dieser, in die Enge getrieben, hat erklärt, er möge beide. Diese von Lucrezia zufällig mitangehörte Erklärung ruft ihre Empörung hervor. Carlo kommt im gleichen Augenblick vorbei, in dem Lucrezia zornig das Fenster laut zuschlägt. Von diesem rohen Gebaren seiner zukünftigen Gattin beeindruckt, erklärt er Marcaniello, er wolle die Verlobung lösen, sollte Lucrezia nicht bessere Manieren lernen. Dritter Akt. Nena und Nina schmachten immer noch für Ascanio. Verzweifelt gesteht auch Lucrezia ihrem Vater, sie liebe Ascanio. Zunächst bedroht Marcaniello den Jüngling, der so viel Verwirrung stiftet, mit dem Tode, doch dann gewinnt das Mitleid die Oberhand. Am Fenster machen sich nun Nena und Nina über ihre Zukünftigen lustig, so daß Don Pietro, der entschlossen ist, Ascanio aus dem Weg zu räumen, ihn mit gezogenem Degen verfolgt und verwundet, zum Glück allerdings nur leicht am Arm. Carlo eilt Ascanio zu Hilfe und entdeckt an seinem Arm ein Zeichen, das dem ähnelt, das sein im Alter von vier Jahren ihm geraubter kleiner Neffe trug. Ascanio ist also Nenas und Ninas Bruder und damit endlich frei . . . Lucrezia zu ehelichen.

● Dies ist Pergolesis zweite Oper, die er im Alter von nur zweiundzwanzig Jahren schrieb. Die Oper, in der volkstümliche Personen, die jedoch keine Typen sind und eher der Komödie als der Farce entstammen, hatte großen Erfolg. Sie hat zweifellos Augenblicke faszinierender, mitreißender Natürlichkeit und gefällt durch ihre bezaubernde Frische des Ausdrucks.
MSM

DIE DIENERIN ALS HERRIN
(La serva padrona)
Intermezzo in zwei Akten von Giovan Battista Pergolesi (1710–1736). Libretto von Gennaro Antonio Federico (? bis ca. 1745). Uraufführung als Intermezzo der Opera seria «Il prigionier

superbo (Der stolze Gefangene), ebenfalls von Pergolesi: Neapel, Teatro San Bartolomeo, 28. August 1733. Ausführende: Gioacchino Corrado und Laura Monti.

PERSONEN. Serpina (Sopran), Uberto (Baß), Vespone, Ubertos Diener (Pantomime).

HANDLUNG. Uberto ist ein alter Junggeselle, in dessen Haus die Dienerin Serpina nach Lust und Laune herrscht. Da er ihres ungebührlichen Betragens überdrüssig ist, kündigt Uberto an, er wolle eine Frau nehmen und beauftragt seinen Diener Vespone, ihm eine, wenn auch häßliche, so doch gehorsame Frau zu suchen. Serpina, die durchaus weiß, daß der ewig unzufriedene Alte im Grunde eine Schwäche für sie hat, ist entschlossen, Ubertos Frau zu werden. Sie tut sich mit Vespone zusammen und verkündet, sie werde ihrerseits einen gewissen Capitano Tempesta heiraten. Ihre Beschreibung dieses fürchterlichen, erfundenen Tempesta fällt so gräßlich aus, daß der über Serpinas Zukunft recht beunruhigte alte Uberto den Capitano kennenlernen will. Serpina stellt ihm den verkleideten Vespone vor. Dann nimmt sie den Alten beiseite und berichtet ihm, der zukünftige Gatte habe ihr unter fürchterlichen Drohungen erklärt, er werde sie nur unter der Bedingung heiraten, daß ihr alter Herr ihr eine große Summe Geldes als Mitgift schenke. Auf Serpinas Mitgift werde er nur dann verzichten und auch zu keinen weiteren Taten schreiten, wenn Uberto selbst seine Dienerin eheliche. Erleichtert akzeptiert Uberto diese zweite Lösung und Serpina, die sich nichts Besseres wünschen kann, wird von der Dienerin endlich zur Herrin.

● Den Beginn der komischen Oper setzt man im allgemeinen mit der *Dienerin als Herrin* gleich, die in der zweiten Hälfte des achtzehnten Jahrhunderts sich immer kräftiger fortentwickelt und ihren Höhepunkt mit Rossini erlangte. In diesem Werk erfand Pergolesi gleich dutzendweise schlaue, sarkastische und repräsentative Motive und gab seinen Figuren musikalische Umrisse. Aus rezitierten und gesungenen Teilen (Arien und Duetten) bestehend, wurde *Die Dienerin als Herrin* eine Art polemisches Manifest als sie 1752 durch die Bambinitruppe nach Paris kam und dieses Ereignis die berühmte «querelle des bouffons», den Streit der Theaterleute, heraufbeschwor, an dessen heftigen Streitgesprächen sich die Anhänger der französischen Musik (nämlich der Lullys und Rameaus) und jene der italienischen beteiligten. Zu diesen letzteren zählte J. J. Rousseau, der die Sache der italienischen Musik vertrat, sowohl anhand seiner Ausführungen in seinem *Lettre sur la musique française* (Brief zur französischen Musik) von 1753 als auch durch die eigenhändige Komposition der kleinen Oper *De Devin du Village* (Der Dorfwahrsager), die nach dem Vorbild von Pergolesis *La serva padrona* entstand und 1752 in Fontainebleau uraufgeführt wurde.

MSM

HIPPOLYTH UND ARICIA
(Hippolythe et Aricie)

Lyrische Tragödie in einem Prolog und fünf Akten von Jean Philippe Rameau (1683–1764). Libretto von Simon Joseph Pellegrin (1661/3–1745). Uraufführung: Paris, Opéra, 1. Oktober 1733.

HANDLUNG. Im Prolog streiten Diana und Amor im Beisein des schlichtenden Jupiters um die Herzen der Waldesbewohner. Hippolyth gesteht Aricia, die von der eifersüchtigen Phaedra dem Kult Dianas geweiht werden soll, seine Liebe. Hiermit beschwören die jungen Leute den Zorn Phaedras, Gattin des Theseus, herauf, die selbst in ihren Stiefsohn Hippolyth verliebt ist. Theseus ist in die Unterwelt hinabgestiegen und dank der Hilfe seines Vaters Neptun gelingt es ihm, wieder auf die Erde zurückzukehren, doch wird er von allen totgeglaubt und Phaedra, die annimmt, sie sei Witwe, erklärt dem sie zurückweisenden Hippolyth ihre Liebe. Unter dem Jubel des Volkes erscheint Theseus. Er hält Hippolyth für schuldig und bittet Neptun, ihn sterben zu lassen. Zu Ehren Dianas werden Spiele gefeiert, während ein gräßliches Ungeheuer aus dem Meer auftaucht. Hippolyth stellt sich ihm zum Kampf und verschwindet mit ihm in Flammen und Dämpfen. Verzweifelt gibt Phaedra sich den Tod. Doch Diana rettet Hippolyth und die Zephire bringen ihn zu seiner geliebten Aricia. Unter allgemeinem Jubel vermählen sich die Liebenden.

● Mit der Aufführung von *Hippolyth und Aricia* gab der bereits fünfzigjährige Rameau 1733 sein Operndebüt. Die Aufnahme in Paris war geteilt: Rameaus «gelehrte» Musik hatte tatsächlich den Sängern ernsthafte Schwierigkeiten gemacht, so daß der Komponist – nach einigen Proben – bereits daran dachte, das Ganze aufzugeben. Dennoch kam es schließlich zur Aufführung, unter anderem dank der Unterstützung durch Pellegrin (Librettist der Oper) und die Wertschätzung des Finanziers Le Riche de la Pouplinière für ihren Schöpfer.

RB

DIE OLYMPIADE (L'Olimpiade)

Oper in drei Akten von Antonio Vivaldi (1675–1749). Nach dem gleichnamigen Melodram von Pietro Metastasio (1698–1782). Uraufführung: Venedig, Teatro Sant'Angelo, Karneval 1734.

HANDLUNG. Bei den olympischen Spielen wird dem Sieger die wunderschöne Aristea, Tochter des Königs von Sikyon, Klythenes, als Gattin versprochen. Doch Aristea liebt bereits Megakles. Licidas würde den begehrten Preis gern erringen, da er jedoch weiß, daß er bei den Wettspielen nicht siegen kann, bittet er Megakles an seiner Stelle für ihn zu kämpfen. Ahnungslos trägt Megakles, der gerade in diesem Augenblick aus Kreta zurückkommt, sich zur Teilnahme an den Spielen unter Licidas' Namen ein, um dem Freund gefällig zu sein. Erst jetzt erfährt er, welcher Preis ausgesetzt wurde. Dennoch kämpft er für den Freund und verzichtet aus Loyalität auf das Mädchen. Aristea ist über Megakles Verhalten, der sie zu bewegen sucht, Licidas als Gatten anzunehmen, verzweifelt. Megakles verabschiedet sich von ihr, mit der Absicht, sich das Leben zu nehmen. Inzwischen ist aus Kreta Argaene eingetroffen, der Licidas Liebe geschworen hatte. Als sie von dem Vorgefallenen erfährt, begreift sie, daß er stets auf Verrat gesonnen hatte und berichtet nun, um sich zu rächen, dem König Klysthenes von dem während der Spiele eingetretenen Personentausch. Der König verurteilt Licidas zum Exil. In seinem Zorn versucht dieser den Herrscher zu töten und wird daraufhin zum Tode verurteilt. Im Augenblick der Vollstreckung bittet Argaene im Brautgewand, an seiner Stelle sterben zu dürfen. Zum Zeichen ihrer Verbindung zeigt sie dem König einen Anhänger, den Licidas ihr gegeben hatte. Klysthenes erkennt in ihm ein Amulett, das sein Sohn um den Hals trug, als er den Wellen des Meeres preisgegeben wurde, da das Orakel geweissagt hatte, er werde nach dem Leben seines Vaters trachten. Die Oper schließt mit der Doppelhochzeit von Megakles und Aristea und Licidas und Argaene.

1734

● Mit dieser Oper wollte Vivaldi den neapolitanischen Metastasianern entgegentreten, die ihn polemisch angegriffen hatten und in Venedig im Theater zu San Giovanni Crisostomo Erfolge auf Erfolge feierten. Der Komponist behauptet, zwar müsse man den Forderungen der Gesangsvirtuosen und des Publikums Rechnung tragen, doch zerstörten die Neapolitaner die Geschichte und die Personen Metastasios. Besonders aufgebracht ist der «rote Priester» über Antonio Caldara, dessen *Olympiade* am 28. März 1733 in Wien aufgeführt worden war. 1739 erarbeitet Vivaldi eine neue Fassung seiner *Olympiade* für das Theater der *Accademia dei Rozzi* in Siena, in die er einige Arien aus seiner 1726 entstandenen Oper *Dorilla in Tempe* übernimmt. EP

LIVIETTA UND TRACOLLO

Komische Oper von Giovanni Battista Pergolesi (1710–1736). Libretto von Tommaso Mariani. Das zweiteilige Werk wurde als Intermezzo zu Pergolesis Melodram «Hadrian in Syrien» gegeben. Uraufführung: Neapel, Teatro San Bartolomeo, 25. Oktober 1734.

HANDLUNG. Tracollo, ein Landfahrer und Dieb, der sich «Baldracca» nennen läßt, wandert als schwangere Frau verkleidet durch das Dorf und begeht allerlei Diebereien. Sein treuer Kumpan bei all diesen Unternehmungen ist Faccenda. Livietta hat sich vorgenommen, die beiden Halunken zu fangen und legt sich in Männerkleidern auf die Lauer. Sie wird von der als Bäuerin verkleideten Fulvia begleitet. Während die beiden Frauen sich schlafend stellen, erscheint Tracollo, der an Fulvias Hals eine Kette entdeckt und versucht, sie ihr zu stehlen. Doch Livietta demaskiert ihn. Nun folgt ein langer Wortwechsel von Drohungen und Bitten zwischen den beiden Hauptpersonen. Tracollo ist zu allem bereit, um der Verhaftung zu entgehen und erklärt sogar, er sei in Livietta verliebt und entschlossen, sie zu ehelichen. Doch sie läßt sich durch seine Beteuerungen nicht beeindrucken. Im zweiten Intermezzo spielt Tracollo, der jetzt im Gewand eines Sterndeuters auftritt, um Liviettas Herz zu rühren, den Wahnsinnigen. Livietta selbst stellt sich tot. Von seinem Schmerz ist sie schließlich so gerührt, daß sie ihm seine ehrlichen Absichten glaubt und ihm ihre Hand gewährt, nicht ohne ihm das Versprechen abgenommen zu haben, daß er sein unstetes Leben aufgeben werde.

● Diese beiden Intermezzi sind ebenso wie Pergolesis *Die Dienerin als Herrin* musikgeschichtlich von großer Bedeutung, da sie den Anstoß zur Tradition der italienischen komischen Oper im achtzehnten und neunzehnten Jahrhundert gaben. Sie enthalten zahlreiche Arien, deren Melodien fröhlich und heiter sind, wie die Anfangsarie zur Verkleidungsszene Liviettas. Komische und überraschende Effekte finden sich auch im Part Tracollos. MSM

Aufführung des Theaterfestes «La contesa de'numi» (Streit der Gottheiten) von Leonardo da Vinci (1690–1732), Libretto von Pietro Metastasio, das zur Feier der Geburt des Dauphins komponiert und am 27. November 1729 im Palast des Kardinals Melchior de Polignac in Rom aufgeführt wurde. Gemälde von Giovanni Paolo Panini im Louvre in Paris.

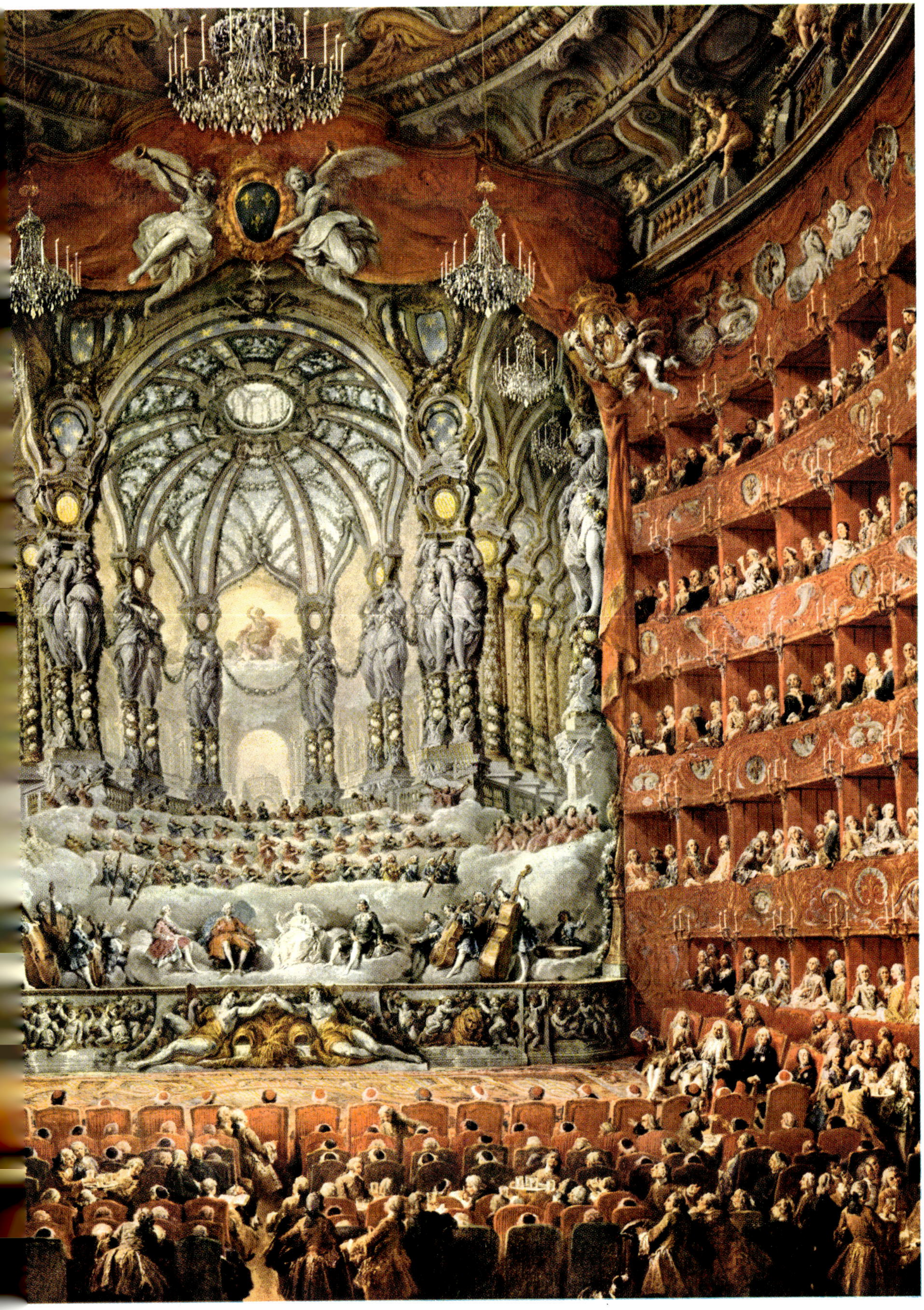

HADRIAN IN SYRIEN (Adriano in Siria)

Oper in drei Akten von Giovanni Battista Pergolesi (1710–1736). Libretto von Pietro Metastasio (1698–1782). Uraufführung: Neapel, Teatro San Bartolomeo, 25. Oktober 1734.

● In dieser zum Geburtstag der Königin von Spanien der Öffentlichkeit vorgestellten Oper erweitert Pergolesi den instrumentalen Anteil der Intermezzi, obwohl er sich noch schematisch an den Aufbau der «Seccorezitativ-Arie» hielt.
MSM

POLYPHEMOS (Polifemo)

Oper in drei Akten von Nicola Porpora (1686–1768). Libretto von Paolo Antonio Rolli (1687–1765). Uraufführung: London, King's Theatre, 1. Januar 1735.

OLYMPIADE (Olimpiade)

Oper in drei Akten von Giovanni Battista Pergolesi (1710–1736). Text von Pietro Metastasio (1698–1782). Uraufführung: Rom, Teatro Tordinona, 8. Januar 1735.

● Über diese Oper liegen widersprüchliche zeitgenössische Berichte, unter anderem von A. M. Grétry und Charles De Brosses vor. Auch nach Pergolesis Tod wurde sie in Venedig dank Faustina Bordoni-Hasses Darstellungskunst begeistert aufgenommen (1738). Metastasios Libretto wurde auch von anderen Komponisten vertont, zu ihnen zählen Caldare und Vivaldi (Handlung siehe unter *Die Olympiade* von Antonio Vivaldi (Seite 41).
MSM

TAMERLAN (Tamerlano)

Oper in drei Akten von Antonio Vivaldi (1675–1740). Libretto vermutlich von Agostino Piovene. Uraufführung: Verona, Teatro Filarmonico, Karneval 1735.

HANDLUNG. Tamerlan gilt als der neue Dschingis Khan. Um die Gestalt des großen türkischen Herrschers ranken sich Legenden, wie die des Rings, in dessen Besitz er gewesen sein soll und der die Farbe wechselte, sobald im Beisein dessen, der ihn trug, eine Unwahrheit laut wurde. Tamerlan beginnt als Räuber und nimmt schließlich, nach einer langen Reihe überwältigender Siege den Kaiser Bajazet gefangen, den er gemeinsam mit der Kaiserin foltern läßt. Um sich diesen Mißhandlungen zu entziehen, nimmt Bajazet sich das Leben, indem er immer wieder heftig mit dem Kopf gegen die Eisenstäbe seines Kerkers stößt.

● Über Vivaldis verlorengegangene Partitur ist recht wenig bekannt. Gewiß ist nur, daß die Oper zu Beginn eine *sinfonia* enthielt sowie einen Schlußchor, dessen Musik wiederentdeckt wurde. Als Vivaldi diese Oper komponierte, war er mit einem jährlichen Gehalt von hundert Dukaten von der *Pietà* in Venedig wieder eingestellt worden, wobei sein Vertrag die Klausel enthielt, daß er sein Amt ausüben werde, «ohne einen Gedanken daran, abzureisen, wie er dies in den vergangenen Jahren zu tun pflegte». Das Thema dieser Oper war damals recht beliebt: Händels *Tamerlan* war 1724 in London aufgeführt worden, 1730 wurde eine gleichnamige Oper Porporas in Dresden gegeben. Wie es scheint, hat Vivaldi auch eine zweite Fassung mit dem Titel *Bajazet* herausgebracht. Jedenfalls hielten sich der venezianische Komponist und sein Librettist wohl vor allem an die Textfassung des 1412 gestorbenen kastilianischen Botschafters Ruiz Gonzales de Clavijo, während sie wohl die Bearbeitung Christopher Marlowes, der zwischen 1578 und 1590 zwei Fassungen des *Tamerlan* anonym veröffentlicht hatte, nicht mitberücksichtigten. Auch in Italien waren zwei Bühnenstücke dieses Titels aufgeführt worden: eines von Giacomelli, das andere von einem gewissen Sassone.
EP

ACHILLEUS UND DEIDAMIA (Achille e deidamia)

Oper in einem Prolog und fünf Akten von André Campra (1660–1744). Libretto von Antoine Danchet (1671–1748). Uraufführung: Paris, Académie Royale de Musique, 24. Februar 1735.

● Komponist wie Librettist waren schon recht betagt, als sie dieses Werk in Angriff nahmen. Die Oper geht auf den Mythos des Achilleus zurück, während der Prolog ein Fest zu Ehren Philippe Quinaults und Jean Baptiste Lullys ist, die als erste aus Achilleus eine Opernfigur machten. Das Werk war nicht erfolgreich.
MS

DEMOPHOON (Demofoonte)

Oper in drei Akten von Leonardo Leo (1694–1744). Libretto von Pietro Metastasio (1698–1782). Uraufführung: Neapel, Teatro San Bartolomeo, 25. Dezember 1735.

HANDLUNG. Demophoon, König des Chersonesos von Thrakien, muß jedes Jahr eine Jungfrau aus seinem Volk opfern und befragt Apollons Orakel, wann dieser blutige Tribut ein Ende finden werde. Die Antwort des Orakels lautet: «Wenn der unschuldige Usurpator eines Reichs sich selbst erkennen wird». Die Oper bringt in ihrem Verlauf des Rätsels Lösung. Demophoon hat seine Töchter in die Ferne bringen lassen, damit sie nicht durch das Los für das Opfer bestimmt werden können und sein Minister Matusios beabsichtigt, auf die gleiche Weise mit seiner Tochter Dircaea zu verfahren. Der erzürnte König bestimmt das junge Mädchen für das Opfer, ohne das Los zuzulassen. Ihm ist verborgen geblieben, daß Dircaea sich heimlich mit seinem Sohn und Thronerben Timantes vermählt hat. Der König hat Timantes Creusa zur Gemahlin bestimmt; diese wiederum wird von Cherintos, dem Zweitgeborenen Demophoons geliebt. Timantes weist Creusa zurück, gekränkt will diese, nun auch Cherintos ablehnend, von dannen ziehen. Inzwischen entdeckt Demophoon, daß Timantes Dircaea geehelicht hat und verurteilt zunächst beide zum Tode, vergibt ihnen jedoch schließlich. Matusios erfährt nun aus einer Niederschrift seiner verstorbenen Gemahlin, daß Dircaea nicht seine Tochter, sondern die des Königs ist, mithin gleichzeitig Timantes Gattin und Schwester wäre. Glücklicherweise enthüllt diesem wiederum ein von seiner Mutter hinterlassenes Schriftstück, daß er nicht des Königs, sondern Matusios' Sohn ist. So verschwinden alle Hindernisse, die sich ihrer Liebe in den Weg gestellt haben; allerdings ist er nun nicht mehr Thronerbe. So verwirklicht sich die Prophezeiung des Orakels: der unschuldige Usurpator ist sich seiner unfreiwilligen Schuld bewußt geworden. Damit findet das Opfer der unschuldigen Jungfrauen ein Ende und Demophoon kann seinen einzigen Erben Cherintos mit Creusa vermählen.

● Dies war der größte Publikumserfolg einer *operia seria* Leos. Das Libretto sollte auch von anderen Komponisten vertont werden.
MSM

1736

ACHILLEUS AUF SKYROS
(Achille in Sciro)

Oper in drei Akten von Antonio Caldara (1670–1736). Libretto von Pietro Metastasio (1698–1782). Uraufführung: Wien, Hoftheater, 13. Februar 1736.

HANDLUNG. Achilleus' Mutter Thetis versucht ihren Sohn vor dem ihn im trojanischen Krieg erwartenden Schicksal zu bewahren und bittet Chiron, ihn auf der Insel Skyros in Mädchenkleidern unter dem Namen Pyrrha zu beherbergen. Während seines Aufenthalts auf der Insel entsteht eine zärtliche Neigung zwischen Achilleus (Pyrrha) und Deidamia. Achilleus ist ständig in Gefahr, sich durch seinen entschiedenen, leidenschaftlichen Charakter zu verraten; Lykomedes verspricht Theagenes, ihm Deidamia zur Gattin zu geben. Theagenes allerdings bewundert das so entschieden auftretende Mädchen Pyrrha und wird in dieser Neigung durch Deidamias kühle Ablehnung bestärkt. Inzwischen trifft Odysseus ein: er soll bei König Lykomedes um Unterstützung für die Griechen im trojanischen Krieg bitten. In Wirklichkeit sucht der schlaue Held nach Achilleus, ohne den die Griechen den Sieg nicht erringen können, und versucht mit allen Mitteln Achilleus zu bewegen, sich zu entdecken – zunächst vergeblich. Achilleus versucht Deidamia zur Ehe mit Theagenes zu überreden und erklärt Nearchos, er könne nicht länger in Mädchenkleidern als Pyrrha leben. Allein es gelingt ihm nicht, sich aus der Verstrickung von Scham, Ehrgeiz und Liebe zu lösen. Ein großes Bankett wird zur Feier der baldigen Vermählung Deidamias mit Theagenes und der bevorstehenden Abreise des Odysseus, dem Lykomedes die erbetene Hilfe gewährt hat, gegeben. Odysseus macht einen letzten Versuch, Achilleus unter den Frauen zu entdecken. Er läßt es zu einem Streit zwischen den Soldaten kommen, nun kann Achilleus nicht mehr zurückstehen, er greift zu den Waffen und verrät sich so. Gemeinsam mit Odysseus wird er die Insel verlassen. Während Deidamia Theagenes ein letztes Mal zurückweist, verkündet der König, er werde Deidamia mit Achilleus vermählen. Das Werk endet mit dem Auftritt der allegorischen Gestalten des Ruhms, der Liebe und der Zeit, die die Tugenden der Gatten besingen.

● Die gefeierten Gatten waren in Wirklichkeit die Erzherzogin Maria Theresa und der Herzog von Lothringen, Franz. Die Oper wurde anläßlich ihrer Vermählung 1736 komponiert und aufgeführt. MS

DAS GALANTE INDIEN
(Les Indes galantes)

Ballettoper in einem Prolog und drei «entrées» von Jean Philippe Rameau (1683–1764). Libretto von Louis Fuzelier (1672–1752). Uraufführung: Paris, Opéra, 23. August 1735 (Erstaufführung mit vier «entrées»: Paris, Opéra, 10. März 1736).

HANDLUNG. Prolog. Die Jugend aus vier verbündeten Nationen (Frankreich, Spanien, Italien und Polen) wird von Bellona in den Krieg gezogen und verläßt Hebe und Amor. Aus Enttäuschung darüber, daß sie in Europa verlassen wurden, ziehen die Liebesgötter in ferne Länder. Erste *entrée*: «Der großmütige Türke». Osman, türkischer Pascha im indischen Meer, liebt seine provencalische Sklavin Emilia, die ihrem Verlobten Valère, einem Marineoffizier, entrissen wurde. Durch einen Sturm an die Gestade der Insel verschlagen, wird auch Valère zum Sklaven des Paschas. Doch dieser, dem der Offizier einst das Leben rettete, erweist sich als dankbar und gibt den Liebenden unter Verzicht auf Emilia die Freiheit. Zweite *entrée*: «Die peruanischen Inkas». In einer öden Gebirgsgegend in Peru, im Hintergrund ein Vulkan. Der spanische Offizier Don Carlos liebt die ihm ebenfalls zugeneigte junge peruanische Prinzessin Phani. Der eifersüchtige Inka Huascas verursacht während eines Festes künstlich einen Ausbruch des Vulkans, bei dem er selbst umkommt, während es dem hinzueilenden Don Carlos gelingt, seine geliebte Phani zu befreien und zu retten. Dritte *entrée*: «Die Blumen. Persisches Fest». Am Tag des Blumenfestes trifft der persische Prinz und König von Indien, Tacmas, als Kaufmann verkleidet in den Gärten seines Günstlings Ali ein. Er liebt Alís Sklavin Zaire; Fatima, Sklavin des Königs, liebt dagegen dessen Günstling. Sie erscheint im Gewand eines polnischen Sklaven und wird von Tacmas, der sie für einen Feind hält, angegriffen. Schließlich löst sich die Verwicklung: Tacmas und Alí tauschen ihre Sklavinnen und gemeinsam wohnt man dem Fest bei. Vierte und neue *entrée*: «Die Wilden». Wald im Amerika, in der Nähe der französischen und spanischen Kolonien. Die geschlagenen Indianer bereiten sich unter Führung Adarios darauf vor, mit den europäischen Eroberern Frieden zu schließen. Zwei Offiziere, der Franzose Damon und der Spanier Don Alvar, streiten um die Hand Zimas, die weder den einen noch den anderen erhören mag, sondern sich Adario zum Gatten wählt. Don Alvars Zorn über diese Schmach wird von Damon auf philosophische Weise abgekühlt. Schließlich wird das Friedensfest mit dem «Tanz der großen Friedenspfeife» gefeiert.

● *Das galante Indien* zählt zweifellos zu Rameaus Meisterwerken. Das Libretto enthält zwar reichlich Banales, doch muß auch anerkannt werden, daß es abwechslungsreicher Situationen und effektvoller Szenen nicht ermangelt. Obwohl die Oper den Untertitel «heroisches Ballett» trägt, findet wir in ihr, abgesehen von den Allegorien des Prologs, weder Mythologisches noch Übernatürliches. Wahrscheinlich reizte Rameau gerade die Unterschiedlichkeit der vom Librettisten erfundenen Szenen, denen der Prolog mit seinem, gut zum Ganzen passenden, phantasievollen Einfall vorangestellt war, zur Komposition der Oper. Mit unglaublicher Gewandtheit paßt sich die Musik den vielfältigen Szenen und Situationen an, ja es gelingt ihr sogar, in einem solchen, gewiß nicht sehr dramatischen oder tiefschürfenden Werk, die einzelnen Charaktere durch Hervorhebung von Unterschieden und Gegensätzen der Personen zu zeichnen. Der Erfolg der Oper war zunächst nicht eindeutig. Das Publikum beklagte sich über den Text. Eine *entrée*, «Die Blumen», wurde einen Monat später völlig umgearbeitet. Im folgenden Jahr wurde die Oper erneut aufgeführt, nun mit der vierten *entrée* „Die Wilden", wobei diese Hinzufügung sich als glücklicher Einfall erwies. Von diesem Tag an war der Erfolg des *Galanten Indien* gesichert; Zeugnis hierfür ist nicht nur die Beeinflussung des Publikumsgeschmacks, sondern auch die der zeitgenössischen Künstler: tatsächlich wurden sehr bald in ganz Europa zahlreiche Parodien und Nachahmungen vieler Arien aus diesem epochemachenden Werk in Umlauf gebracht. RB

ARMINIUS (Arminio)

Oper in drei Akten von Georg Friedrich Händel (1685–1759). Libretto von A. Salvi (verändert). Uraufführung: London, Covent Garden Theatre, 12. Januar 1737.

1737

Innenansicht des ersten Covent Garden Theatres in London. London, Victoria and Albert Museum.

● Das Libretto war bereits von A. Scarlatti (siehe Handlung unter *Arminius* von Alessandro Scarlatti, Seite 36) vertont worden. Auch andere Komponisten versuchten sich an ihm. Diese Oper Händels zählt zu seinen weniger gelungenen Werken und ist eine jener sieben von ihm für Covent Garden in London komponierten. LB

CATON IN UTICA
(Catone in Utica)

Oper von Antonio Vivaldi (1675–1740). Melodram von Pietro Metastasio (1698–1782). Uraufführung: Verona, Teatro Filarmonico, Frühjahr 1737, im Beisein Karl Albrechts, Kurfürst von Bayern. Dirigent: Antonio Vivaldi.

● Metastasios *Caton* war neun Jahre vor dieser Aufführung schon von Leonardo Vinci vertont und mit großem Beifall bedacht worden. 1731 hatte dieses Libretto auch J. A. Hasse als Vorlage gedient (Handlung siehe *Caton in Utica* von Johann Adolph Hasse, Seite 36). Während der Vorbereitungen zur Aufführung beschäftigten den venezianischen Priester viele andere Probleme: er hatte sich verpflichtet, 1738 zur Hundertjahrfeier des dortigen Theaters nach Amsterdam zu reisen. Dies bedeutete eine große Arbeitslast, da er in der niederländischen Stadt sage und schreibe neun Sinfonien verschiedener Komponisten und ein eigenes *Concerto grosso* dirigieren sollte. Vielleicht fiel aus diesen Gründen die Arbeit an dieser Oper *Caton in Utica* etwas weniger gründlich aus; sie wird auch nicht zu seinen besten Werken gezählt. EP

CASTOR UND POLLUX

Lyrische Tragödie in einem Prolog und fünf Akten von Jean Philippe Rameau (1683–1764). Libretto von Pierre Joseph Bernard (1710–1775). Uraufführung: Paris, Opéra, 24. Oktober 1737.

PERSONEN. Minerva (Sopran), Amor (Tenor), Venus (Sopran), Phoebe (Sopran).

HANDLUNG. Prolog. Eingestürzte Säulenhallen, beschädigte Statuen, zerstörte Pavillons. Minerva und Amor flehen Venus an, sie möge den Kriegsgott in Ketten legen. Venus erscheint auf einer Wolke, zu ihren Füßen ist der gefesselte Mars zu sehen: die Welt erstrahlt schöner und alle freuen sich des wiedergefundenen Friedens. Erster Akt. Begräbnisstätte des Königs von Sparta. Eifrige Vorbereitungen für das Begräbnis Castors. Telarae beweint den Verlust des Geliebten, doch Phoebe spricht ihr Trost zu: dank seiner Unsterblichkeit werde Pollux gewiß den Tod Castors rächen. Doch dies genügt der Unglücklichen nicht: allein bleibt sie zurück und bittet ihren Vater, den Sonnengott, Castors Schicksal teilen zu dürfen. Triumphierend erscheint Pollux und verkündet, er habe Castors Tod gerächt. Dann gesteht er Telarae seine Liebe. Sie bittet ihn, in die Unterwelt hinabzusteigen und Castor ins Leben zurückzubringen. Im Widerstreit der Gefühle siegt schließlich die Liebe zum Bruder, Pollux beschließt, seine Liebe zu Telarae zu opfern. Zweiter Akt. Vorhof des Jupitertempels. Der Hohepriester kündigt die Ankunft Jupiters an. An ihn wendet sich Pollux, daß er dem Bruder das Leben wiedergebe, doch nicht einmal der Herr

Vermutlich Porträt der Sängerin Teresa Lanti. Ölgemälde aus der Bologneser Schule, achtzehntes Jahrhundert. Mailand, Theatermuseum der Scala.

über die Götter kann gegen die Gesetze der Unterwelt verstoßen. Nur unter einer Bedingung kann Castor ans Licht des Tages zurückkehren: wenn Pollux seine Stelle im Reich der Nacht einnehme. Dritter Akt. Eingang zur Unterwelt. Phoebe bemüht sich auf jede Weise, Pollux vom Abstieg in die Unterwelt abzuhalten. Schließlich erfährt sie von seiner Liebe zu Telarae und beschwört nun verzweifelt die Dämonen, ihm den Zutritt zum Schattenreich zu verwehren. Vierter Akt. Eleusische Felder. Gruppen glücklicher Schatten kommen und gehen. Pollux sucht jenen des Bruder. Schließlich begegnen sie sich und ein großherziger Streit hebt an: Castor weigert sich, das Leben des Bruders gegen das seine zu tauschen. Doch Pollux gesteht ihm, er liebe Telarae, doch diese warte schmerzerfüllt auf seine, des Bruders Rückkehr. Um ihretwillen nimmt Castor das ihm gebotene Leben an, doch nur für einen einzigen Tag. Fünfter Akt. In der Nähe der Stadt Sparta. Phoebe sieht Merkur, der Castor ins Leben zurückbringt. Eifersüchtig auf die Liebe, die ihn mit Telarae verbindet und ihr Schmerz bereitet, fordert sie Rache von Jupiter. Auch die Begegnung der Liebenden verläuft dramatisch, da Castor verkündet, er sei nur für einen Tag zurückgekehrt. Jetzt erscheint Jupiter, der seinen Sohn Pollux schon aus dem Schattenreich befreit hat und nun Castor von seinem Versprechen entbindet. In Bewunderung der Liebe und Tugend der beiden Brüder, gibt er ihnen einen Platz unter den unsterblichen Sternbildern.

● Dies ist Rameaus dritte Oper. Nach dem Erfolg der beiden vorangegangenen *(Hippolyth und Aricia* und *Das galante Indien)* standen ihm die Theater offen. Auch *Castor und Pollux* wurde ein Erfolg, belegbar anhand der zweihundertvierundfünfzig Aufführungen zwischen 1737 und 1785, eine doch sehr beachtliche Zahl von Vorstellungen für die damalige Zeit. Ihre Fortüne verdankt diese Oper zum Teil dem Libretto: es ist in einem gefälligen, wenn auch etwas dünnblütigen Stil geschrieben und die Handlung ist um eine, in gedrängten Szenen leidenschaftliche Anteilnahme hervorrufende, Verwicklung gebaut. Besonders glücklich ist der Einfall, Pollux Telarae mit der gleichen Liebe wie den Bruder lieben zu lassen, so daß diesen ins Leben zurückzubringen bedeutet, für immer auf seine Liebe zu verzichten. Bei einer Wiederaufführung der Oper 1754 wurde sie von Rameau vollständig überarbeitet, so daß sie musikalisch dichter und insgesamt gestraffter erschien. *Castor und Pollux* gilt als Rameaus musikdramatisches Meisterwerk. RB

DIE OLYMPIADE (L'Olimpiade)
Oper in drei Akten von Leonardo Leo (1694–1744). Libretto von Pietro Metastasio (1698–1782). Uraufführung: Neapel, Teatro San Carlo, 19. November 1737.

● *Die Olympiade,* die in Neapel zur Eröffnung des Theaters San Carlo gegeben wurde, zählt mit *Demophoon* zu Leonardo Leos berühmtesten Opern. Der gleiche Vorwurf wurde nach Metastasios Libretto auch von Antonio Vivaldi (Handlung siehe *Die Olympiade* von Antonio Vivaldi, Seite 41) und G. B. Pergolesi vertont.

ALEXANDER IN INDIEN
(Alessandro nelle Indie)
Oper in drei Akten von Baldassarre Galuppi, der «Il Buranello» genannt wurde (1706–1785). Libretto von Pietro Metastasio (1698–1782). Uraufführung: Mantua, Erzherzogliches Theater, Karneval 1738.

● Metastasios 1727 geschriebenes Drama hatte bei der musikalischen Welt solchen Erfolg, daß es von etwa fünfzig Komponisten vertont wurde. Es wurde eines der am häufigsten gespielten Bühnenwerke des achtzehnten Jahrhunderts. Galuppi schrieb etwa hundert Opern; diese ist seine fünfzehnte und brachte ihm den ersten großen Erfolg (Handlung siehe unter der gleichnamigen Oper von C.W. Gluck, Seite 52). MS

XERXES
Oper in zwei Akten von Georg Friedrich Händel (1685–1759). Libretto von Niccolò Minato (teilweise abgeändert). Uraufführung: London, Haymarket Theatre, 15. April 1738. Solisten: G. Maiorano, genannt Caffarelli, L. Du Parc genannt La Francesina, Merighi, A. Montagnana.

PERSONEN. Xerxes, König von Persien, Arsamenes, sein Bruder, Romilda, Tochter Ariodates, Amastris, Elviro.

HANDLUNG. Erster Akt. Romildas Gesang hörend, verliebt Xerxes sich in sie und vergißt völlig seine Verlobte Amastris. Doch Romilda liebt Arsamenes, den Bruder des persischen Königs und weist entschieden die ständigen Anträge des Xerxes ab. Ihretwegen will dieser seinem Bruder gegenübertreten, und beschließt endlich, sich des Rivalen zu entledigen, indem er ihn ins Exil schickt. Amastris erfährt von seinem Treuebruch und ruft verzweifelt den Tod herbei, der sie allein von ihren Qualen erlösen könne. Zu immer größerer Verwirrung erscheint Romildas Schwester Atalanta, die ebenfalls in Arsamenes verliebt ist. Atalantas Plan ist einfach: indem sie der Hochzeit Xerxes' mit ihrer Schwester Vorschub leistet, kann sie endlich selbst Arsamenes heiraten. Sie fängt einen Brief ab, den dieser durch seinen Diener Elviro übersendet und macht den König glauben, sie selbst sei dessen Empfängerin. Dann bittet sie ihn, ihre Hochzeit mit Arsamenes zu beschleunigen. Xerxes bedient sich des Briefes, um Romilda von der vermeintlichen Untreue ihres Geliebten zu überzeugen. Zweiter Akt. Der Betrug wird aufgedeckt. Arsamenes und Romilda schwören sich ewige Treue. Doch Xerxes gibt sich nicht geschlagen und versucht auf jede Weise, Romilda umzustimmen. Schließlich schlägt sie ihm einen Kompromiß vor: sie wolle ihn ehelichen, sobald der König die Zustimmung ihres Vaters Aridoates erhalten habe. Xerxes spricht mit ihm, doch Ariodates entnimmt seiner mehrdeutigen Rede, daß er Romilda Arsamenes zu geben hat. Als der König bemerkt, welches Mißverständnis sich eingeschlichen hat, sind die beiden Liebenden schon verheiratet. Trotz seines Zürnens ob dieser Niederlage, muß Xerxes sich fügen: reumütig kehrt er zu der ihn treu erwartenden Amastris zurück. Atalanta hingegen hält Ausschau nach einem neuen Liebhaber, um sich über die erlittene Enttäuschung zu trösten.

● Obwohl *Xerxes* nicht die Größe anderer Werke Händels erreicht, ist sie doch als die wichtigste Oper der dritten Periode des «großen Sachsen» zu betrachten, aus einer Zeit körperlicher und künstlerischer Unbill, die der Komponist schließlich zu überwinden wußte. Der Uraufführung ging eine konzertante Aufführung am 28. März 1738 voran. Händel übernahm das 1654 von Minato für F. Cavalli geschriebene Libretto fast vollständig und nahm nur kleine Änderungen vor. Besonders bekannt und gelungen ist der Anfang

Auf Piranesis «Carceri» zurückgehender Bühnenbildentwurf von P. Macchi zur Oper «Dardanus» von Jean Philippe Rameau. Paris, Bibliothèque de l'Opéra.

des ersten Akts; das von *Xerxes* gesungene Largo *Ombra mai fu* wurde in der ganzen Welt bekannt und blieb volkstümlich auch während der langen Zeit, in der die Oper von der Bühne verschwand und völlig in Vergessenheit geriet. Um *Xerxes* wieder auf dem Theater zu sehen, mußte das Jahr 1924 heraufziehen, in dem es dank Ascar Hagens zu einer Inszenierung am Italienischen Theater in Göttingen kommt. Außer der bereits genannten Arie schätzen wir heute viele andere ihrer Nummern und ganz allgemein Händels sehr persönliche Handschrift in diesem Werk. Der Vorwurf ließe wohl an ein eher episches Drama denken oder jedenfalls an die feierliche Darstellung der Leidenschaften so hochstehender Personen – ganz dem Brauch der Zeit entsprechend, während Händels Behandlung des Themas völlig frei ist, vor allem dem Gefühlvollen Raum gibt und insbesondere durch die Figur des Dieners Elviro einen buffonesken Zug einführt. LB

DARDANUS

Lyrische Tragödie in einem Prolog und fünf Akten von Jean Philippe Rameau (1683–1764). Libretto von Charles Antoine le Clerq de la Bruyère (1715–1754). Uraufführung: Paris, Opéra, 19. November 1739.

HANDLUNG. Im Prolog vertreibt Amor die Eifersucht, die die Freuden belästigt und stört; ohne sie schlafen sie allerdings ein und Venus muß sie zurückrufen, um ihr Erwachen zu bewerkstelligen. Iphisis, Tochter des Königs von Phrygien, Teucros, liebt wider ihren Willen Dardanus, den Feind ihres Vaterlandes. Teucros hat sie dem Prinzen Antenor bestimmt. In ihrer Not beschließt Iphisis, den Zauberer Ismenor zu befragen. Dardanus, der sie ebenfalls liebt, erhält von Ismenor einen Zauberstab, der ihm das Aussehen des Zauberers verleiht. So nimmt er Iphisis' Bekenntnis entgegen, erfährt, daß sie ihn liebt und entdeckt sich ihr voller Freude; verwirrt flüchtet Iphisis. Dardanus wird von seinen Feinden gefangen genommen, doch Jupiter läßt ein Ungeheuer aus der See auftauchen, das das ganze Land in Schrecken versetzt. Antenor zieht aus, es zu bekämpfen. Dardanus, der von Venus befreit wurde, rettet ihm das Leben; da er ihn nicht erkennt, schwört er ihm ewigen Dank und gibt ihm zum Unterpfand sein Schwert. Neptuns Orakel erklärte inzwischen, Iphisis' Hand werde dem Bezwinger des Meeresungeheuers gewährt werden. Angesichts des Königs Teucros und des ganzen jubelnden Volkes wird Dardanus dank seiner Tat erkannt und treu seinem Schwur verzichtet Antenor auf seine Liebe.

• Diese immer wieder bearbeitete Oper Rameaus, die in einer zweiten Fassung 1744 aufgeführt wurde und ihre endgültige Gestalt erst 1760 erhielt, wurde hier in der Originalversion dargestellt. Der Verlust phantastischer und wunderbarer Elemente (wie der Episode des Meeresungeheuers) und anmutsvoller Melodien, wie sie noch in der Originalfassung enthalten waren, wird durch die starke Dramatik der Muik in der endgültigen Form ausgeglichen. RB

AETIUS (Ezio)

Melodram in drei Akten von Niccolò Jommelli (1714–1774). Libretto von Pietro Metastasio (1698–1782). Uraufführung: Bologna, Teatro Malvezzi, 29. April 1741.

• Handlung siehe *Aetius* von Georg Friedrich Händel auf Seite 40.

ARTAXERXES (Artaserse)

Musikalisches Drama in drei Akten von Christoph Willibald Gluck (1714–1787). Libretto von Pietro Metastasio (1698–1782). Uraufführung: Mailand, Herzogliches Theater, 26. Dezember 1741.

• Nach dem bereits von J. A. Hasse vertonten Libretto (Handlung siehe unter *Artaxerxes* von J. A. Hasse, Seite 35), schrieb Gluck in Mailand seine erste Oper. In die Hauptstadt der Lombardei war Gluck vier Jahre zuvor im Gefolge des Fürsten Melzi gelangt, um hier unter der Anleitung G. B. Sammartinis ernsthafte Musikstudien zu treben. Dank geschickt gepflogener Freundschaften gelang es Gluck, am Mailänder Theater zu debütieren. LB

DIE ERKANNTE SEMIRAMIS (Semiramide riconosciuta)

Melodram in drei Akten von Niccolò Jommelli (1714–1774). Libretto von Pietro Metastasio (1698–1782). Uraufführung: Turin, Teatro Regio, 26. Dezember 1741.

1741

HANDLUNG. Die Königin von Babylon, Semiramis, wohnt in Männertracht als ihr eigener Sohn Nino, den sie nach weibischen, verweichlichten Bräuchen aufgezogen hat, verkleidet der Vorstellung der Bewerber um die Hand der Prinzessin Tamiris, Tochter des Königs der Bakter, eines ihrer Vasallen, bei. Tamiris soll zwischen Scitalce, Prinz von Indien, Mirteus, Prinz von Ägypten und Bruder der Königin Semiramis (der ihr jedoch unbekannt ist) und Ircanus, dem Skythenprinzen, wählen. Tamiris bevorzugt Scitalce, in ihm erkennt Semiramis ihren früheren Geliebten Idrenus, der sie zunächst entführt hatte und dann – nachdem sein in sie verliebter Vertrauter Sibaris sie verleumdete – versuchte, sie zu töten, indem er sie in den Nil stürzte, aus dessen Wassern sie sich allerdings retten konnte. Auch Sibaris ist wieder zugegen und versucht, als er Semiramis erkennt, neue Ränke, um die Bewerber aus dem Spiel zu schlagen und selbst die Königin zu heiraten. Nach einer langen Reihe von Wirrungen entdeckt sich Semiramis dem Volk, rechtfertigt ihre Täuschung, führt gegenüber dem verweichlichten Charakter des Sohnes ihre eigenen Verdienste an und wird in ihrer Rolle als Königin bestätigt. Scitalce erlangt von Semiramis Vergebung und ihre Hand, während Tamiris sich Mirteus vermählt. Die Oper schließt mit einer Apotheose des Olymps, auf dem Jupiter von allen Göttern umgeben zu sehen ist; auf einem von Pfauen gezogenen Wagen fährt Iris herab und verkündet einen Lobgesang zu Ehren Ferdinands von Spanien.

● Das Besondere dieses, das übliche Handlungsgerüst aus Intrige und Lösung zeigenden Melodrams liegt in der überaus prunkvollen Inszenierung. Metastasios Libretto war bereits 1729 mit der Musik Leonardo Vincis in Rom aufgeführt worden und wurde auch später mehrfach von anderen Komponisten vertont. N. Jommelli schrieb auch eine *Semiramide in bernesco,* die 1762 in Stuttgart gegeben wurde.
AB

DEMETRIUS
(Demetrio (o Cleonice))

Oper in drei Akten von Christoph Willibald Gluck (1714–1787). Libretto von Pietro Metastasio (1698–1782). Uraufführung: Venedig, Teatro di San Samuele, 2. Mai 1742.

● Wie viele Werke Metastasios, wurde auch *Demetrius* von einer ganzen Reihe von Komponisten vertont, unter ihnen A. Caldara, J. A. Hasse, N. Jommelli, N. Piccinni. Metastasios Dichtung, die hier besonders glücklich und glänzend wirkt, vereint sich mit einer Dramaturgie, die das Werk für die Vertonung wie geschaffen erscheinen lassen. Gluck stellt in ihm seine Musik gewandt in den Dienst der poetischen Harmonie des Textes. (Zur Handlung siehe die Angaben unter *Demetrius* von J. A. Hasse, Seite 39.) LB

DEMOPHOON (Demofoonte)

Oper in drei Akten von Christoph Willibald Gluck (1714–1787). Libretto von Pietro Metastasio (1698–1782). Uraufführung: Mailand, Teatro Regio Ducale, 26. Dezember 1742.

● Gleich anderen Dramen Metastasios wurde auch dieses, in dem der Intrige das Hauptinteresse gilt, von zahlreichen Komponisten, unter ihnen A. Caldara, L. Leo (zur Handlung siehe unter *Demophoon* von L. Leo, Seite 44), J. A. Hasse, N. Jommelli, N. Piccinni und G. Paisiello vertont. Diese dritte, noch im italienischen Stil geschriebene Oper Glucks hatte bei der Uraufführung großen Erfolg und machte den Namen dieses deutschen Komponisten schon vor seiner musikalischen Reform berühmt. LB

DEMOPHOON (Demofoonte)

Melodram in drei Akten von Niccolò Jommelli (1714–1774). Libretto von Pietro Metastasio (1698–1782). Uraufführung: Padua, Teatro Obizzi, Juni 1743.

● Diese Oper Jommellis, die nicht zu seinen besten Werken zählt, wurde auch in zwei weiteren Fassungen aufgeführt: 1764 in Stuttgart und am 4. November 1770 am Teatro San Carlo in Neapel mit recht mäßigem Erfolg. (Handlung siehe unter der gleichnamigen Oper von Leonardo Leo auf Seite 44). AB

ANTIGONOS (Antigono)

Oper in drei Akten von Johann Adolph Hasse (1699–1783). Libretto von Pietro Metastasio (1698–1782). Uraufführung: Schloß Hubertusburg bei Leipzig, 10. Oktober 1743.

PERSONEN. Antigonos, König von Makedonien, Berenike, Prinzessin von Ägypten, Demetrios, Sohn des Antigonos, Alexander, König von Epiräus, Ismene, Tochter des Antigonos, Clearchos, Hauptmann im Heer Alexanders.

Englische Karikatur eines eine heroische Arie singenden Kastraten. Von Rowlandson.

Szene aus Jean Philippe Rameaus 1745 in Versailles aufgeführter Oper «Die Prinzessin von Navarra». Zeichnung von C. N. Cochin Sohn. Paris, Musée de l'Opéra.

HANDLUNG. Erster Akt. Thessalonika, makedonische Stadt am Meer. Antigonos erlangt von Berenike ihr Versprechen, ihn zu ehelichen, doch sein Sohn Demetrios und Berenike werden von uneingestandener gegenseitiger Leidenschaft erfaßt. Demetrios wird von seinem mißtrauischen Vater in die Verbannung geschickt. Inzwischen zieht Alexander, den Berenike abgewiesen hatte, rachedürstend von Epiräus gegen den makedonischen König in den Krieg. Während im Königspalast Ismene der ägyptischen Prinzessin ihre Liebe zu ihrem Feind Alexander gesteht, findet die Schlacht zwischen den beiden Königen statt: Demetrios, der dem Befehl des Vaters zuwiderhandelnd erscheint, um Berenike in Sicherheit zu bringen, bringt die Nachricht von Antigonos' Niederlage. Nun trifft auch dieser ein und verbannt, von eifersüchtigem Verdacht geplagt, den Sohn von neuem. Doch der Sieger dringt immer weiter vor: Berenike wird nun als Gefangene vor ihn gebracht und weist ihn von neuem ab; auch Antigonos und Ismene werden zu Gefangenen gemacht. Frei bleibt allein Demetrios, dank Clearchos, der ihm in wahrer Freundschaft verbunden ist. Zweiter Akt. Der junge Demetrius tritt vor Alexander und fordert das Leben des Vaters, im Tausch gegen das seine. Seine Worte sind von so edler Erhabenheit, daß Alexander ihm verspricht, auf seine Eroberungen verzichten zu wollen, wenn es ihm gelänge, Berenike zur Hochzeit mit ihm zu überreden. In einer stürmischen Unterredung, in der die gegenseitige Neigung der Liebenden zutage tritt, überzeugt Demetrios aus Liebe zu seinem Vater, wenn auch blutenden Herzens, Berenike. Verstört macht Antigonos seinem Sohn heftige Vorwürfe wegen seines Vorgehens, als die Nachricht eintrifft, daß sein Heer, das sich wieder gesammelt hat, den Feind vernichtend geschlagen habe. Dennoch wird der makedonische König als Geisel von Alexander zurückgehalten. Dritter Akt. Antigonos weigert sich, Berenike seinem Rivalen zu überlassen und wird in eine Zelle eingeschlossen, die nur auf den Befehl desjenigen geöffnet werden kann, der den Ring Alexanders überbringt. Mit Hilfe dieses Ringes, den Alexander gezwungen wird Demetrios zu übergeben, gelingt es diesem seinen Vater zu befreien. Dann enteilt er, sich den Tod zu geben, um nicht Rivale seines Vaters sein zu müssen. Antigonos kommt zum Königspalast und gewährt großzügig Ismene Alexander zur Gattin. Von Demetrios' Sohnesliebe und Tugend gerührt und nachdem dieser auf wundersame Weise von Clearchos vor dem Selbstmord bewahrt wurde, verzichtet er zu seinen Gunsten auf Berenike, so daß Frieden und Heiterkeit endlich wieder am Hof einziehen.

● *Antigonos* ist vielleicht das Werk, indem sich die vollkommene geistige Übereinstimmung zwischen Hasse und Metastasio am deutlichsten zeigt. Der deutsche Komponist war Schüler Porporas und Alessandro Scarlattis und kannte die italienische Musik sehr eingehend. Der «caro sassone» (der liebe Sachse), wie er in Italien im Zeichen seiner tiefen Verbundenheit mit diesem Lande genannt wurde, entsprach der empfindsamen Psychologie der Personen Metastasios durchaus in seiner eher traditionsgebundenen Musik, die fast ausschließlich dem *Belcanto* huldigt und kaum je eigentlich dramatische Ziele verfolgte. Seine manchmal fast zu konventionellen Seccorezitative haben das Verdienst, die Musikalität der dichterischen Vorlage absolut zu verdeutlichen. Die Arien dieser Oper sind von großem Atem getragen, stets anmutsvoll und elegant in der Form. Heute mag die überaus umständliche Handlung Mißfallen erregen, ebenso wie der Umstand, daß zugunsten der entsprechenden Darstellung der dramatischen Verwicklung in der Musik nur wenig Raum für die Vertiefung der Charakter gegeben ist. Die immer eingeschränktere Aufnahme der Opern Hasses ab dem neunzehnten Jahrhundert ist einer radikalen Änderung des herrschenden Geschmacks zuzuschreiben, dem seiner Zeitgenossen entsprach seine musikalische Poetik jedenfalls vollkommen. LB

DER ERKANNTE CYRUS
(Ciro riconosciuto)

Melodram in drei Akten von Niccolò Jommelli (1714–1774). Libretto von Pietro Metastasio (1698–1782). Uraufführung: Ferrara, Teatro Bonaccossi, 1744.

HANDLUNG. Astiage, König der Meder, hat nach einer prophetischen Vision, die ihn fürchten läßt, er könne des Throns verlustig gehen, Cambise, den Gatten seiner Tochter Mandane, verbannt und ihren Sohn Cyrus seinem Minister Arpagus übergeben, damit er ihn töte. Arpagus hat jedoch Mitleid mit dem Kind und übergibt es dem Hirten Mithridates, der es wie seinen eigenen Sohn unter dem Namen Alkeus aufzieht. Die eigentliche Handlung der Oper spielt fünfzehn Jahre nach diesen Ereignissen, als – nachdem die Nachricht sich verbreitet hat, daß Cyrus wiedergefunden sei – ein falscher Prätendent unter seinem Namen auftritt. Nachdem Astiage von Arpagus das Bekenntnis erlangt hat, daß er seinem Befehl zuwidergehandelt hat, läßt er dessen Sohn töten. Um sich zu rächen, wiegelt der Minister die Großen des Reichs zum Aufruhr auf und ruft Cambise aus der Verbannung zurück. Astiage gibt vor, er wolle den Neffen wiedersehen, da er ihn beseitigen will. Nach verwickelten Ereignissen wird der falsche Cyrus schließlich getötet, während der wahre zum König ausgerufen wird und Astiage vor Cambise, der ihn töten will, rettet. AB

SOPHONISBE (La Sofonisba (oppure Siface)

Oper in drei Akten von Christoph Willibald Gluck (1714–1787). Libretto von Francesco Silvani (1660 bis ?), einige Teile aus Werken Metastasios (1698–1782). Uraufführung: Mailand, Herzogliches Theater, 13. Januar 1744.

● Der Vorwurf geht auf die Figur der karthagischen Heldin, Gemahlin des Königs Syphax zurück, die sich vergiftete, um nicht als Gefangene nach Rom geführt zu werden. LB

ALEXANDER IN INDIEN
(Alessandro nelle Indie)

Oper in drei Akten von Christoph Willibald Gluck (1714–1787). Libretto von Pietro Metastasio (1698–1782). Uraufführung: Turin, Teatro Regio, 26. Dezember 1744.

HANDLUNG. In dieser Oper geht es um die Geschichte des indischen Königs Porus, der von Alexander dem Großen mehrfach geschlagen und zum Gefangenen gemacht, schließlich von dem Herrscher Makedoniens seine Freiheit und sein Reich zurückerhält. Die Handlung, die mit der Darstellung der zweiten Niederlage König Porus' beginnt, ist mit den Geschehnissen um Cleophidis verflochten, einer Königin in einem anderen indischen Reich und Geliebte des Porus; ihr gelingt es, Alexanders Gunst zu erlangen und so ihren Thron zu erhalten. Dank Alexanders Großherzigkeit werden Cleophidis und Porus am Ende wieder vereint. Alexander wendet sich am Ende mit folgenden Worten an Porus: «... *Chi seppe / serbar l'animo egregio in mezzo a tante / ingiurie del destin, degno è del trono. / E regni, e sposa, e libertà ti dono*». (Wer den Adel der Seele in den Stürmen des Schicksals bewahrte, der ist wahrhaft des Thrones würdig. Reiche, Gattin und Freiheit gewähre ich dir.)

● Metastasios 1727 geschriebenes Werk *Alexander in Indien* erfuhr zahlreiche Vertonungen und Aufführungen und wurde zu einem der erfolgreichsten Melodramen des achtzehnten Jahrhunderts. Etwa fünfzig Partituren wurden unter anderem von N. Porpora, J. A. Hasse, B. Galuppi, N. Jommelli, N. Piccinni, D. Cimarosa und L. Cherubini nach diesem Libretto komponiert. Glucks Oper, die in seine Frühzeit fällt, zählt nicht zu seinen Hauptwerken. Dennoch enthält sie einige für Glucks Entwicklung interessante Elemente, nicht zuletzt die Änderungen, die er an Metastasios Vorlage vornahm, um die Fäden der verwickelten Handlung zu entwirren und die Figur des Porus deutlicher zu umreißen. LB

HERAKLES (Hercules)

Musikalisches Drama in drei Akten von Georg Friedrich Händel (1685–1759). Libretto von Thomas Broughton, nach Sophokles und Ovid. Uraufführung: London, King's Theatre, 5. Januar 1745.

HANDLUNG. Deianeira, Königin von Thrakien, ist in Ungewißheit über das Schicksal ihres Gatten Herakles. Seltsame Ahnungen ihres Sohnes Hyllus während eines Opfers lassen düstere Gedanken in ihr aufsteigen. Er muß ihr versprechen, daß er auf der Suche nach seinem Vater die Welt durchstreifen werde. Doch schon erscheint Lichas und kündigt die Rückkehr des Helden mit den Gefangenen Ekaliens darunter der Prinzessin Jole, an. Die Freude über Herakles' Heimkehr wird durch Deianeiras ungerechte und unberechtigte Eifersucht auf die schöne Gefangene getrübt. Obwohl beide ihre Unschuld beteuern, will Deianeira ihre Zuflucht zum Hemd des Nexus nehmen: der Kentaur hatte ihr einst gesagt, Herakles würde in alter Liebe zu ihr entbrennen, wenn er dieses Hemd anlege. Während der Held unter Qualen durch das giftgetränkte Hemd stirbt, verflucht Deianeira, wahnsinnig vor Schmerz und Zorn über die Täuschung, der sie zum Opfer gefallen ist, Jole, die ohne es zu wollen, Ursache so großen Unglücks geworden ist. Doch die aufgewühlten Gemüter werden durch den Priester des Zeus beruhigt: Herakles wird in den Olymp erhoben, so lautet der Wille des Gottes und Jole soll sich Hyllus vermählen. Der Chor fällt in den Jubel der Liebenden ein und besingt die Größe des toten Helden.

● Broughtons Libretto geht auf die *Trachiniae* des Sophokles und das neunte Buch der *Metamorphosen* Ovids zurück. Eher denn eine Oper ist Herakles ein Oratorium, und zwar das einzige klassischen Inhalts, das Händel schrieb. Allerdings wird das Werk auch szenisch aufgeführt. Die Partitur ist auch heute noch interessant und enthält dramatische Höhepunkte und eindringliche Emotionen. *Herakles* zählte zu den Werken, die zur Zweihundertjahrfeier der Geburt des Komponisten aufgeführt wurden. LB

DIE PRINZESSIN VON NAVARRA
(La Princesse de Navarre)

Ballettkomödie in drei Akten von Jean Philippe Rameau (1683–1764). Libretto von François-Marie Arouet (Voltaire) (1694–1778). Uraufführung: Versailles, Théâtre de la Grande Ecurie, 23. Februar 1745.

HANDLUNG. Constanze, Prinzessin von Navarra, Gefangene des grausamen Königs von Kastilien, Don Pedro, kann fliehen und findet Aufnahme am Hof des Barons Don Morillo. Hier wird sie von einer Zuneigung zu einem jungen Mann namens Alamir erfaßt. Dieser ist kein anderer als Gaston de la Foix, ein Erbfeind der Familie der Prinzessin. Ohne sich zu entdecken, wird Alamir von heftiger Liebe zu ihr erfaßt und weist deshalb die ihn liebende Tochter des Barons, Sanchette ab. Während eines Festes erscheinen Abgesandte des Königs und fordern die Herausgabe Konstanzes. Er erklärt sich zu ihrer Verteidigung bereit und erfährt so ihren wahren Namen. In der Schlacht wird Don Pedro dank des entscheidenden Eingreifens Alamirs von den Franzosen geschlagen. Constanze entdeckt ihre Liebe zu ihm, ist jedoch beunruhigt, da auch Sanchette ihn liebt und sie außerdem glaubt, er sei ihr nicht ebenbürtig von Geburt und Stand. Doch Alamir kehrt als Sieger zurück, gibt sich zu erkennen und durch die Heirat der beiden wird die Feindschaft zwischen den Familien begraben.

● Die Oper wurde zur Hochzeit des Dauphins Ludwig mit Maria Teresa von Spanien gegeben. Richelieu wollte mit diesem Werk nicht nur die beiden Künstler Rameau und Voltaire miteinander verbinden, sondern ebenso die dramatischen Künste aus Komödie, Oper und Tragödie. Das Werk ist vorwiegend literarischer Natur; die von der Handlung praktisch unabhängige Musik tritt vor allem in einigen Intermezzi in ihrer vollen Bedeutung hervor. RB

PLATHEA (Platée)

Ballettkomödie in einem Prolog und drei Akten von Jean Philippe Rameau (1683–1764). Libretto von J. Autreau (1696–1745) und A.J. Le Valois d' Orville. Uraufführung: Versailles, 31. März 1745.

HANDLUNG. Prolog. Geburt der Komödie. In einem Weinberg in Griechenland. Von Satyrn und Mänaden inspiriert will Thespis, dem Thalia, Momos und Amor zur Seite stehen, ein Schauspiel schaffen, in dem die Fehler der Menschen dadurch gebessert werden sollen, daß das lächerliche Betragen der Götter vorgeführt wird. Die Handlung kreist um einen Einfall Jupiters, mit dessen Hilfe er die Eifersucht Junos heilte. Die Komödie. In einer ländlichen Gegend, ein schilfbestandener Teich. Um Juno zu verwirren, gibt Jupiter mit Hilfe des Königs Kytheron und Merkurs vor, er sei in Plathea, die eitle törichte Najade des Teichs verliebt. Dann erscheint er ihr und macht ihr zärtliche Liebesanträge. Zornig wohnt Juno in ihrem Versteck der bräutlichen Werbung Jupiters um Plathea bei. Während des komischen Festes schließen sich Satyrn, Mänaden und Landleute dem Zug an, der durch einen von zwei Fröschen gezogenen Wagen angeführt wird, auf dem Plathea unter einem Schleier verborgen thront. Als Jupiter gerade seinen Vermählungsschwur ablegen will, tritt Juno wütend auf, stürzt auf Plathea zu, reißt den Schleier fort und . . . bricht in Lachen aus. Versöhnt kehren Jupiter und Juno auf den Olymp zurück, während Plathea von allen verlacht in ihrem Teich verschwindet.

● *Plathea* stellt das einzige Werk dieser Art im achtzehnten Jahrhundert dar, sowohl was den Text als auch was die Musik betrifft. Das von dem genialen Autreau verfaßte Libretto wurde so umgeschrieben, daß das Werk zu einem echten «Buffoballett» wurde. In ihm setzte Rameau die vokalen und instrumentalen Möglichkeiten einer echten Oper, wie schon in dem kurz zuvor entstandenen *Dardanus*, ein. Zu Recht wird er als der Erfinder dieser Gattung in Frankreich bezeichnet. RB

DIE VERLASSENE DIDO
(Didone abbandonata)

Melodram in drei Akten von Niccolò Jommelli (1714–1774). Libretto von Pietro Metastasio (1698–1782). Uraufführung: Rom, Teatro di Torre Argentina, 28. Januar 1746.

PERSONEN. Dido, Königin von Karthago, Aeneas, Jarba, König der Mauren, unter dem Namen Arbax, Selene, Schwester Didos, Araspes, Vertrauter Jarbas, Osmida, Vertrauter Didos.

HANDLUNG. Erster Akt. Audienzsaal am Königshof in Karthago. Aeneas enthüllt Selene, die ihn heimlich liebt, und Osmida, daß er, vom Schatten seines Vaters getrieben, trotz seiner Liebe und Dankbarkeit beschlossen hat, Dido zu verlassen: er wage es nicht, ihr diese Absicht persönlich kundzutun. Unter dem Namen seines Ministers Arbax trifft Jarba, der König der Mauren, am Hof ein. Er erinnert die Königin daran, daß sie Jarba unter dem Vorwand abgewiesen habe, sie wolle dem Gedächtnis ihres Gemahls treu bleiben, während sie sich nun doch auf die Hochzeit mit Aeneas vorbereite. Im Namen seines Königs bietet er im Tausch gegen Didos Hand und das Leben des Aeneas Frieden an. Empört lehnt Dido ab, und Jarba sinnt nun im Verein mit Osmida, den es insgeheim nach dem Thron gelüstet, auf Rache. Der König befiehlt seinem Minister Araspes, Aeneas zu töten, doch sein Minister weigert sich, gleichzeitig seine Treue beschwörend. Als er später auf Aeneas trifft, versucht Jarba ihn heimtückisch zu verletzen, er wird jedoch von Araspes zurückgehalten, der, als man ihn mit dem Dolch in Händen überrascht, auf Befehl Didos verhaftet wird. Aeneas bleibt mit Dido allein zurück und gesteht ihr, er wolle abreisen. Auf die Vorwürfe der Königin, die ihn der Undankbarkeit bezichtigt, wird er in seinem Vorsatz wankend. Zweiter Akt. Im Königspalast. Araspes ist freigelassen worden und erklärt Selene seine Liebe, doch sie verheimlicht ihm nicht, daß sie in einen anderen verliebt sei. Aeneas, der großherzig bei Dido um Gnade für den verhafteten, inzwischen jedoch von Osmida befreiten Jarba gebeten hatte, wird der Untreue beschuldigt. Zwischen Araspes und Aeneas wird ein Zweikampf nur durch das Dazwischentreten Selenes verhindert. Die Königin läßt Aeneas rufen und nimmt vorgeblich die Anträge Jarbas an, als wolle sie ihm ihre Hand gewähren. Angesichts der Reaktion Aeneas' nimmt sie jedoch ihr Versprechen sofort zurück und gesteht

Aufführung einer als «Intermezzo» bezeichneten kurzen komischen Oper, die im allgemeinen mit nur zwei Sängern zwischen den Akten einer «opera seria» gegeben wurde. Gemälde der venezianischen Schule, achtzehntes Jahrhundert. Mailand, Museum der Scala.

Jarba diese Täuschung. Er erklärt, Rache nehmen zu wollen. Dritter Akt. Hafen am Meer. Von den Seinen bedrängt, macht Aeneas sich zur Abreise bereit, als Jarba mit einem Gefolge von Mauren eintrifft: der König fordert ihn zum Zweikampf heraus. Es kommt zu Handgreiflichkeiten zwischen Trojanern und Mauren. Jarba unterliegt, doch Aeneas schenkt ihm das Leben. Selene unternimmt einen letzten Versuch, ihn zurückzuhalten und erklärt ihm ihre Liebe, doch der Held ist taub für jede Worte des Gefühls und denkt allein an künftigen Ruhm. Die Katastrophe bricht herein: Araspes bringt die Kunde vom Brand der durch Jarba in Flammen gesetzten Stadt, während Aeneas sich bereits weit auf dem Meer befindet. Auch der Königspalast brennt, doch noch immer weist Dido das Angebot des Königs ab und stürzt sich, als sie den Verrat Osmidas und von der heimlichen Liebe ihrer Schwester zu Aeneas erfährt, ihr Schicksal beklagend, verzweifelt in die rauchenden Trümmer. Das Drama endet mit der Erscheinung des Meeresgottes Neptun.

● Metastasios Libretto wurde von Jommelli dreimal vertont. Die erste Partitur zeichnet sich durch die intensive Dramatik des begleiteten Rezitativs in der Selbstmordszene des Schlusses aus. Die zweite Fassung wurde im Dezember 1749 am Hoftheater in Wien uraufgeführt. In einem Brief lobt Metastasio die Aufführung, die «voller Anmut, Neuheiten, Harmonie und vor allem Ausdruck» gewesen sei. Die dritte Version stammt aus der Zeit in Stuttgart, wo sie zum ersten Mal im Februar 1763 gegeben wurde; allerdings ist nur die unvollständige Partitur für Cembalo erhalten geblieben, der wir jedoch entnehmen können, daß die Oper in ihrem kontrapunktischen und harmonischen Reichtum von der deutschen Schule beeinflußt war. Die Begegnung Jommellis mit Metastasio war entscheidend für sein künftiges Wirken als Opernkomponist. Er sah den Dichter als seinen eigentlichen Lehrmeister an.

AB

DEMOPHOON (Demofoonte)

Melodram in drei Akten von Johann Adolph Hasse (1699–1783). Libretto von Pietro Metastasio (1698–1782). Uraufführung: Dresden, Hoftheater, 9. Februar 1748.

● (Zur Handlung siehe Leonardo Leos gleichnamige Oper auf Seite 44). In dieser Oper wechseln plötzliche Anklagen und Akte des Vergebens, ständige Überraschungen und Wendungen dank der überreichlich eingesetzten Theatercouptechnik in rascher Folge ab und lassen der Viertiefung

Aufführung einer «opera seria», Gemälde der venezianischen Schule, achtzehntes Jahrhundert. Mailand, Museum der Scala.

der Personen kaum Raum. Eigentliche Hauptperson ist der verwickelte Handlungsmechanismus. Dies entspricht durchaus Hasses musikalischer Veranlagung. Seine Partitur ist nicht eigentlich dramatisch, obwohl sie dem, wie im achtzehnten Jahrhundert üblich, sehr theatralischen Text des Librettos voll gerecht wird. LB

DIE ERKANNTE SEMIRAMIS
(Semiramide riconosciuta)

Oper in drei Akten von Christoph Willibald Gluck (1714–1787). Libretto von Pietro Metastasio (1698–1782). Uraufführung: Wien, Burgtheater, 14. Mai 1748.

● Die Oper wurde zum Geburtstag der Kaiserin Maria Theresia komponiert. Anstelle weniger Hinweise auf die mythische Königin wird eine verschlungene, dramatische Familiengeschichte vorgeführt. (Handlung siehe unter Jommellis gleichnamiger Oper auf Seite 49). LB

ARTAXERXES (Artaserse)

Melodram in drei Akten von Niccolò Jommelli (1714–1774). Libretto von Pietro Metastasio (1698–1782). Uraufführung: Rom, Teatro di Torre Argentina, 4. Februar 1749.

● Metastasios Libretto wurde immer wieder vertont, so auch von J. A. Hasse (Handlung siehe unter *Artaxerxes* von J. A. Hasse auf Seite 35), Gluck und J. C. Bach. AB

ACHILLEUS AUF SKYROS
(Achille in Sciro)

Melodram in drei Akten von Niccolò Jommelli (1714–1774). Libretto von Pietro Metastasio (1698–1782). Uraufführung: Wien, Burgtheater, 30. August 1749.

● In dieses in Wien komponierte Melodram, in dem entsprechende musikalische Einflüsse sich bemerkbar machen, nahm Jommelli Instrumentalstücke und eine Anfangssinfonie auf. Arien mit Imitationseffekten, von einzigartiger Reinheit der Melodien und ausgedehnte Vokalisen kontrastieren mit der dramatischen Intensität der in all ihren Ausdrucksmöglichkeiten ausgeschöpften Rezitative. (Zur Handlung siehe unter der gleichnamigen Oper von A. Caldara auf Seite 45). AB

ATTILIUS REGULUS
(Attilio Regolo)

Drama in drei Akten von Johann Adolph Hasse (1699–1783). Libretto von Pietro Metastasio (1698–1782). Uraufführung: Dresden, Hoftheater, 12. Januar 1750.

PERSONEN. Attilius Regulus, Attilia, seine Tochter, Publius, sein Sohn, Manlius, Konsul, Barce, eine edle Afrikanerin, Sklavin des Publius, Licinius, Volkstribun, Liebhaber Attilias, Hamilcar, Gesandter Karthagos und Liebhaber Barces.

HANDLUNG. Erster Akt. Im Palast des Konsuls Manlius. Ganz Rom fürchtet um das Los des Attilius Regulus, der bereits seit fünf Jahren Gefangener der Karthager ist. Attilia begibt sich, begleitet von Licinius, zum Konsul, um Klage über das Schicksal ihres Vaters zu führen, der in den Händen des Feindes gelassen wird. Während sie von Verzweiflung über die Antwort Manlius erfaßt wird, kündigt Barce ihr die bevorstehende Ankunft des Karthager Botschafters Hamilcar und des Attilius Regulus selbst an. Publius und seine Schwester schöpfen neue Hoffnung. Im Tempel Bellonas tritt der endlich ins Vaterland zurückgekehrte Held, nachdem er den Karthagern feierlich geschworen hat, weiterhin ihr Gefangener zu sein, sollte ihr Friedensangebot von Rom nicht angenommen werden, vor den Senat, um die Botschaft Karthagos zu überbringen und rät zu aller Erstaunen, die Vorschläge des Feindes abzulehnen. Zweiter Akt. Palast in Rom. Attilius Regulus muß allen übrigen Personen der Handlung gegenübertreten, die versuchen, ihn von seinem heroischen Entschluß abzubringen. Publius versucht als erster, ihn davon zu überzeugen, nicht nach Karthago zurückzukehren. Es folgen der Konsul Manlius und Licinius. Doch der Held ist nur umso entschlossener. Zuletzt tritt er seiner Tochter gegenüber, deren Liebe und Schmerz ihn tief aufwühlen. Doch sein Gemüt bleibt ruhig und seine Entschlossenheit beständig, so daß schließlich alle in ihm den wahren Römer bewundern, der angesichts der Pflicht seine Gefühle schweigen heißt. Barce und Hamilcar hingegen fällt es schwer, an ein so übermächtiges Heldentum zu glauben, sie stehen verwundert vor einer solchen, ihnen unbegreiflichen Charakterfestigkeit. Dritter Akt. Während Attilius Regulus zur Abreise bereit, Manlius Sohn und Tochter anvertraut, tritt Publius auf und berichtet, das Volk habe sich erhoben und wende sich gegen die Abreise des Helden. Diesem schlägt sogar Hamilcar die Flucht vor, der römische Senat entbindet ihn von dem feierlich geleisteten Eid. Allein Manlius und die Kinder des Helden sind, wenn auch blutenden Herzens, stolz auf einen solchen Bürger und Vater und versuchen, die erregte Menge zu beruhigen, die sich auf Straßen und Plätze ergießt, um Attilius Regulus an der Ausführung seines Entschlusses zu hindern. Doch dieser wendet sich an das versammelte Volk und beschwört die Vorbilder des antiken Rom herauf: vorzuziehen ist ein ruhmreicher Tod einem durch Schande befleckten Leben. Das Werk endet mit einem Chor, in dem die Tugenden des Helden besungen werden, während dieser das nach Karthago auslaufende Schiff besteigt.

● Pietro Metastasio schrieb *Attilius Regulus* in Wien im Auftrag der Kaiserin Elisabeth zum Geburtstag des Kaisers Karl VI. im Jahre 1740, doch kam es wegen dessen plötzlichem Tode nicht zur Aufführung. Genau zehn Jahre später, 1750, wurde die Oper zum ersten Mal gespielt, und zwar auf Wunsch August III., Königs von Polen, in Dresden. Obwohl der epische Geist des Dramas der gewohnten Gemütslage des Dichters fernzustehen scheint, gelingt es Metastasio, die Figur des Helden kraftvoll zu gestalten und in den Dialogen ihre Entschlossenheit den Argumenten der übrigen Personen der Handlung gegenüberzustellen. In der Begegnung mit der Tochter werden das aufgewühlte Gemüt und die Seelenqual des Attilius in dichterisch gelungener, keineswegs schablonenhafter Form dargestellt. Hasses Musik entspricht voll und ganz dem so dramatischen Libretto, sie ist in ihrer mitreißenden Kraft wie in ihrer lyrischen Erhabenheit überzeugend. Nur selten gleitet Hasses Partitur ins Konventionelle und in die leere Rhetorik ab. Obwohl es auch von vielen anderen Komponisten vertont wurde, fand Metastasios Drama in Hasse seinen treuesten und aufmerksamsten Interpreten. LB

AETIUS (Ezio)

Musikalisches Drama in drei Akten von Christoph Willibald Gluck (1714–1787). Libretto von Pietro Metastasio (1698–1782. Uraufführung: Prag, Karneval 1750.

● Wie viele andere Dramen Metastasios wurde auch dieses immer wieder neu vertont. Es besteht aus einer recht verwickelten Handlung, in der, besonders im letzten Akt, überraschende Wendungen rasch aufeinanderfolgen, dennoch läßt sich eine gewisse Umständlichkeit des Handlungsablaufs nicht leugnen. Die Aufforderung, für das neue Theater in Prag, das von dem italienischen Impresario Locatelli geleitet wurde, ein Werk zu schreiben, führte Gluck und seine Gattin, die wohlhabende Witwe Marianne Pergin, von Wien in die Hauptstadt Böhmens. Hier wurde die Oper während des Karnevals gegeben. Um einen bühnen- und musikgerechteren Text zu erhalten, bearbeitete Gluck Metastasios Libretto, indem er einige Streichungen und Kürzungen auch der Reime vornahm, sowie die Personen, insbesondere den Valentinianus und den Aetius stärker typisierte. Im Dezember 1763 führte Gluck am Burgtheater in Wien eine zweite, nach den neuen Vorstellungen seiner kurz vorher erarbeiteten Reform gestaltete Fassung der Oper auf. (Zur Handlung siehe unter der gleichnamigen Oper von G. F. Händel auf Seite 40).

LB

HYPSIPYLE (Issipile)

Oper in drei Akten von Christoph Willibald Gluck (1714–1787). Libretto von Pietro Metastasio (1698–1782). Uraufführung: Wien, Neues Theater, Karneval 1752.

● Dieses, auch von anderen Komponisten vertonte Libretto Metastasios erzählt die Geschichte der Hypsipyle, Tochter des Königs von Lemnos und Verlobte Jasons. LB

DER DORFWAHRSAGER
(Le Devin du Village)

Musikalisches Intermezzo in einem Akt von Jean Jacques Rousseau (1712–1778) auf ein eigenes Libretto. Uraufführung: Fontainebleau, Hoftheater, 18. Oktober 1752.

HANDLUNG. Colette klagt weinend, sie sei von Colin verlassen worden. In ihrem Schmerz verflucht sie die Tage des Glücks. Im Dorf befindet sich ein Wahrsager: zu ihm will sie gehen, um zu erfahren, ob es ihr gelingen wird, den Geliebten zurückzuholen. Zögernd übergibt sie dem Wahrsager etwas Geld und fragt, ob sie etwas Hoffnung hegen dürfe. Er enthüllt ihr, Colin habe sie wegen einer anderen Frau verlassen, doch liebe er sie noch immer: er selbst werde ihn zu ihren Füßen zurückbringen. Schließlich gibt er ihr noch den Rat, vorzugeben, sie sei nicht mehr in den Jüngling verliebt. Als Colin zu Colette zurückkehren will, sagt ihm der Wahrsager auch tatsächlich, es sei zu spät, Colette habe sich in einen Herrn aus der Stadt verliebt. Verzweifelt bittet Colin um die Hilfe des Wahrsagers, doch die Begegnung zwischen den beiden jungen Leuten scheint für ihn nicht sehr glücklich zu verlaufen. Dennoch siegt schließlich die Liebe: vor der Geliebten niederkniend, schleudert der Jüngling einen prächtigen Hut, das Geschenk der anderen, von sich und bedeckt sein Haupt mit dem Colettes. An ihrem Glück haben auch der Wahrsager und die Dorfleute teil.

● In *Der Dorfwahrsager* ist der Einfluß der italienischen *Opera buffa*, insbesondere der von Pergolesis *La Serva padrona*, die Anfang 1752 in Paris gespielt worden war, ganz deutlich. Die Aufführung dieses Meisterwerkes Pergolesis beschwor den berühmten *guerre des bouffons* herauf, in dem sich die Anhänger der französischen Oper (Lully, Rameau) und die der italienischen Musik stritten. Rousseau schlug sich auf die Seite der letzteren und vertrat seine Meinung sowohl anhand seines *Briefs über die französische Musik (Lettre sur la musique française)* als auch mit dieser kleinen Oper *Der Dorfwahrsager*. Dieses graziöse, elegante musikalische Intermezzo komponierte er auf eigene Verse, die auch sein Freund Moussard, dessen Gast er in Passy war, sehr schätzte. Fertig schrieb er die Oper in Paris, verwandte auf die Orchestrierung drei Wochen, wagte dann allerdings nicht, sie an der Opéra aufzuführen, nachdem er dort kurz zuvor mit seiner Ballettoper *Die galanten Musen (Les Muses galantes)* 1745 so erfolgreich gewesen war. Er beauftragte das Akademiemitglied Duclos als Mittler aufzutreten: die Oper wurde angenommen, doch hatte schließlich der Hof in Fontainebleau den Vorrang, wo die Oper uraufgeführt wurde. An der Opéra kam sie dann am 1. März 1753 mit großem Erfolg heraus, dennoch beendete Rousseau mit diesem Werk seine Tätigkeit als Musiker. RB

DER PHILOSOPH AUF DEM LANDE
(Il filosofo di campagna)

Oper in drei Akten von Baldassarre Galuppi, genannt «Il Buranello» (1706–1785). Libretto von Carlo Goldoni (1707–1793). Uraufführung: Venedig, Teatro San Samuele, 26. Oktober 1754. Solisten: C. Baglioni (Lesbina), G. Baglioni (Eugenia), F. Baglioni (Nardo), V. Masi (Rinaldo), F. Carattioli (Don Tritemio).

PERSONEN. Eugenia (Sopran), Rinaldo (Tenor), Lesbina (Sopran), Don Tritemio (Baß), Nardo (Bariton).

HANDLUNG. Die Oper spielt im Italien des fünfzehnten Jahrhunderts. Eugenia ist die hübsche Tochter des reichen Städters Don Tritemio, der sich aufs Land zurückgezogen hat. Don Tritemio hat seine Tochter Nardo, einem wohlhabenden Bauern, der dank seiner klugen Zurückhaltung in Dingen des Lebens und der Politik als «Philosoph» betrachtet wird, zur Ehe versprochen. Eugenia ist in den jungen Gutsherrn Rinaldo verliebt. Ihr Vater jedoch hält mehr von Nardos Weisheit und verweigert dem jungen Rinaldo immer wieder die Hand seiner Tochter. Eugenia beklagt sich bei ihrer Zofe Lesbina und diese verspricht, nicht ganz uneigennützig, ihr helfen zu wollen. Als Nardo kommt, um seine zukünftige Frau kennenzulernen, gibt Lesbina sich für Eugenia aus und macht den zukünftigen Gatten in sich verliebt. Wenig später erfährt Nardo von Rinaldo, daß Eugenia von ihrem Vater gezwungen wird, ihn zu heiraten, jedoch Rinaldo liebt. Diese Entdeckung läßt Nardo sofort auf die Heirat verzichten, ja, er verspricht den jungen Leuten seinen Schutz und seine Hilfe. Entzückt entdeckt er dann, daß das Mädchen, mit dem er gesprochen hat, Lesbina ist: er bittet sie, seine Frau zu werden, und sie ist nur zu gern bereit, ihm ihr Jawort zu geben. Außer sich vor Zorn sieht Don Tritemio all seine Pläne zunichte gemacht. Doch auch er beruhigt sich und nimmt Rinaldos Schwester zur Frau, die sich stets einen Mann aus der Stadt gewünscht hat.

● Diese in ganz Europa begeistert aufgenommene Oper wurde Galuppis volkstümlichstes Werk und zählte mit Pergolesis *Serva padrona* (1733) und Piccinnis *La buona figliola* (1760) zu den berühmtesten komischen Opern des achtzehnten Jahrhundert. Das Datum der Uraufführung ist nicht mit letzter Sicherheit bekannt: das hier angeführte ist das der ersten, mit der Veröffentlichung des Librettos zusammenfallenden Vorstellung. Es ist auch angenommen worden, die erste Aufführung habe im Sommer 1750 im Herzoglichen Theater in Mailand stattgefunden, allerdings kam das älteste, in Mailand gedruckte Libretto 1755 heraus. Auch eine Aufführung in Bologna (1754) wird erwähnt, doch fehlt auch hier das Libretto. Wie damals üblich, wurde *Der Philosoph auf dem Lande* immer wieder bearbeitet und unter einem anderen Titel auf das Theater gebracht, wie zum Beispiel: *Die schlaue Dienerin* (La serva astuta) in Rom 1757, oder *Der betrogene Vormund* (Il tutore burlato) in Brüssel 1759, *Der betrogene Wächter* (The guardian trick'd) in Dublin 1762, *Der unwissende Philosoph auf dem Lande* (Il filosofo ignorante di campagna) in Stockholm 1780, *Das Land* (La campagna) in Bassano 1763, *Der Vormund und das Mündel* (Il tutore e la pupilla). Nach dem Tod des Komponisten wurde die Oper vergessen. T. Wiel entdeckte durch einen Zufall ihre Partitur im British Museum in London und legte sie dem Direktor des venezianischen Konservatoriums *Benedetto Marcello*, Wolf-Ferrari, vor, der sie zu Goldonis zweihundertstem Todestag ausgrub, und am 28. Februar 1907 im Konservatorium in Venedig aufführen ließ, nachdem Kürzungen und Änderungen vorgenommen worden waren. 1927 wurde die Kurzfassung *Die schlaue Dienerin* (La serva astuta) in Treviso gegeben. Schließlich ist noch auf eine von Virgilio Mortari herausgegebene, vollständige Fassung hinzuweisen, die am 28. Juli 1938 im Garten der Ca' Rezzonico in Venedig aufgeführt wurde. MS

IL RE PASTORE
(Der Schäferkönig)

Oper (dramma per musica) in drei Akten von Christoph Willibald Gluck (1714–1787). Libretto von Pietro Metastasio (1698–1782) Uraufführung: Wien, Burgtheater, 8. Dezember 1756.

● Metastasios Vorlage wurde mehrfach vertont, so auch von Wolfgang Amadeus Mozart (1775). Glucks Werk, das für das Wiener Theater komponiert wurde, scheint zugunsten der melodramatischen Einheit den lyrisch schwebenden Text Metastasios in seiner Intensität zu vernachlässigen. (Zur Handlung siehe die gleichnamige Oper von W.A. Mozart auf Seite 75). LB

ZENOBIA

Oper in drei Akten von Niccolò Piccinni (1728–1800). Libretto von Pietro Metastasio (1698–1782). Uraufführung: Neapel, Teatro San Carlo, 18. Dezember 1756.

HANDLUNG. Es geht um die Geschichte Zenobias, der Tochter König Mithridates von Armenien und Gattin des Radamisthos, die zu Unrecht der Untreue beschuldigt wird. Zenobia ist Symbol der über alle Fährnisse triumphierenden Gattenliebe und -treue.

● Die Oper entstand, als Niccolò Piccinni seine Vaterstadt Bari verlassen hatte, um sich in Neapel niederzulassen (1753). Trotz der Konkurrenz bekannter neapolitanischer Komponisten, hatten seine Werke in dieser Stadt großen Erfolg. MSM

ALEXANDER IN INDIEN
(Alessandro nelle Indie)

Oper in drei Akten von Niccolò Piccinni (1728–1800), nach dem gleichnamigen Drama von Pietro Metastasio (1698–1782). Uraufführung: Rom, Teatro Argentina, 21. Januar 1758.

● In einer Neufassung wurde die Oper auch in Florenz, am 26. Dezember 1776 am Teatro della Pergola und in Neapel, am Teatro San Carlo, am 12. Januar 1792 gegeben. Vor allem in dieser neapolitanischen Aufführung, in der die Oper in erweiterter und vertiefter Gestalt vorgestellt wurde, errang sie einen überwältigenden Erfolg. (Die Handlung siehe unter Glucks gleichnamiger Oper auf Seite 52). MSM

CECCHINA oder DAS GUTE TÖCHTERLEIN
(Cecchina ossia La buona figliuola)

Oper in drei Akten von Niccolò Piccinni (1728–1800). Libretto von Carlo Goldoni (1707–1793). Uraufführung: Rom, Teatro delle Dame, 6. Februar 1760.

PERSONEN. Cecchina (Sopran), die Marchesa Lucinda, Geliebte des Cavalier Armidoro (Sopran), der Kavalier Armidoro (Sopran), Ninella, Dienerin des Marchese, Lesbina, Dienerin der Marchesa, Tagliaferro, deutscher Kürassier, Marchese della Conchiglia (Tenor), Cola, Neapolitaner, Verehrer Ninellas.

HANDLUNG. Cecchina ist ein armes Mädchen, das im Kindesalter vom Marchese della Conchiglia aufgenommen und in seinem Hause aufgezogen wurde, in dem sie auch leichte Arbeiten verrichtet. Das Mädchen und der Marchese sind ineinander verliebt. Lucinda, die Schwester des Marchese, sieht ihre Verbindung allerdings nicht gern, da sie fürchtet, die unbekannte Abkunft des Mädchens könne ein Hindernis für ihre eigene Heirat mit Armidoro werden. So versucht sie mit allen Mitteln der Liebe Cecchinas und des Marcheses Steine in den Weg zu legen, auch mit Hilfe der neidischen beiden Dienerinnen, Ninella und Lesbina, die Cecchina verleumden. Das glückliche Ende kommt in Sicht, als der Kürassier Tagliaferro erscheint, der nach der Tochter eines deutschen Barons suchen soll, die noch als Wickelkind ausgesetzt worden war, nachdem ihre Mutter in den Kriegswirren starb. So stellt sich heraus, daß Cecchina keine andere als die junge Baroness Marianna ist. Damit steht ihrer Hochzeit mit dem Marchese nichts mehr im Wege, und auch Lucinda und Armidoro können heiraten.

● Zweifellos ist die Komödie (und die *Cecchina* ist ein gutes Beispiel) jene Form des Dramas, die Piccinni am stärksten entgegenkam: der traditionelle komische Typus wird durch ihn mit menschlicheren Zügen versehen, da er sentimentale Verwicklungen einführt, die der Oper wieder neuen gefühlsmäßigen und geistigen Auschwung geben. Es heißt, Piccinni habe diese Oper in nur achtzehn Tagen geschrieben. Sie hatte sogleich großen Erfolg, der sich bei jeder Aufführung bis ans Ende des achtzehnten Jahrhunderts wiederholte. In Rom verbreitete sich eine Mode «à la Cecchina» und auch zahlreiche öffentliche Lokale nannten sich nach ihr. MSM

Bühnen-, Orchester- und Zuschauerraum der Comédie-Italienne. Achtzehntes Jahrhundert, Paris, Bibliothèque de l'Opéra.

1760

DER BEKEHRTE TRUNKENBOLD
(L'Ivrogne corrigé ou Le Mariage du Diable)

Komische Oper in zwei Akten von Christoph Willibald Gluck (1714–1787). Libretto nach «L'Ivrogne en Enfer» von La Fontaine. Uraufführung: Wien, Burgtheater, April 1760.

HANDLUNG. Der Trunkenbold Mathurin will seine Nichte Colette mit Lucas verheiraten, einen Freund, mit dem er das Trinken und seine Zeit teilt. Colette ist jedoch in Cléon verliebt. Mit Mathurins Frau Mathurine hecken sie einen Streich aus. Nächtlicherweile, als Mathurin und Lucas ihren Rausch ausschlafen, bringen die jungen Leute sie in den Keller; mit Hilfe von Cléons Freunden, die Schauspieler sind, wird der Keller in die Hölle verwandelt. Mathurin und Lucas erwachen in dieser ungewohnten Umgebung und glauben bald, daß sie sich tatsächlich in der Hölle in der Gesellschaft von Masken, Geistern und Teufeln befinden, die sie sehr beunruhigen. Pluto, der kein anderer als Cléon ist, hält Gericht über Mathurins Seele und erklärt nur auf Fürbitten seiner Frau, er werde eine gewisse Milde walten lassen. Mathurin muß sich jedoch bei seiner Frau entschuldigen für sein Leben als Trunkenbold, wie er es bis dahin geführt hat und für die Mißhandlungen, die er ihr hat angedeihen lassen, außerdem muß er seiner Nichte erlauben, Cléon zu heiraten. Nun tritt ein Notar auf, vor dem Colette und Cléon den Heiratsvertrag unterschreiben. Erst jetzt zeigt Cléon sich wieder in seiner wahren Gestalt, und die Farce endet. Die jungen Leute sind glücklich vereint und noch immer zitternd, verspricht Mathurin, daß er das Trinken und die nichtsnutzige Freundschaft mit Lucas aufgeben werde.

● *Der bekehrte Trunkenbold* ist mit *La Cythère assiégée* (Das belagerte Cythera), die ein Jahr früher entstand, die interessanteste und vergnüglichste komische Oper Glucks. Auch wenn sie zu seinen weniger bedeutenden Werken zählt, so glänzen in ihrer Musik doch raffinierte, mutwillige Akzente auf, dank derer seine Figuren von den üblichen Personen historischen und mythologischen Ursprungs abhebt und sich neuen melodischen und stilistischen Erfahrungen öffnet. LB

DER LIEBHABER ALLER
(L'amante di tutte)

Oper in drei Akten von Baldassarre Galuppi, genannt «Il Buranello» (1706–1785). Libretto von Ageo Liteo (Pseudonym Antonio Galuppis, Sohn des Komponisten). Uraufführung: Venedig, Teatro Giustinian di San Moisè, 17. November 1760.

HANDLUNG. Der alte Don Orazio wird von Eifersucht auf seine Frau Lucinda geplagt. Er versteckt sich im Haus des Bauern Mingone, nachdem er ausgestreut hat, er sei in die Stadt gefahren. Es treten auf, der alle Frauen liebende Graf Eugenio, der Marchese Canoppio, der arm aber stolz ist, und die hochnäsige, affektierte Donna Clarice. Sie sind von Donna Lucinda, die die Abwesenheit ihres Gatten nutzt, zum Essen geladen worden. Als man bei Tisch sitzt, kommt unerwartet Don Orazio herein und jagt alle fort. Doch der Kutscher ist nicht aufzutreiben, so daß die Abfahrt verschoben werden muß. Lucinda droht mit ihrem eigenen Fortgang. Inzwischen flattert Eugenio von einer Dame zur anderen, die Zofe inbegriffen, die ihn zwingen wollen, ihnen zu gestehen, welche er nun wirklich liebe. Orazio ertappt den Grafen sowohl mit seiner Frau als auch mit Donna Clarice in flagranti. Er droht mit Mord und Totschlag, wird um Erbarmen angefleht, hat nicht den Mut, seinen Vorsatz auszuführen und läßt nach einigem weiteren Poltern Gnade vor Recht ergehen. Der Bauer Mingone, der eigentlich Lucindas Zofe Dorina ehelichen wollte, nimmt, nachdem er diese Freuden des Ehelebens aus der Nähe miterlebt hat, sein Versprechen zurück.

● *Der Liebhaber aller* hatte vor allem in Italien großen Erfolg. Die Oper wurde auch unter anderen Titeln aufgeführt: *La moglie bizarra* (Die launische Gattin), *Il vecchio geloso* (Der eifersüchtige Alte), *Il matrimonio in villa* (Die Heirat in der Sommerfrische). MS

ARMIDA

Oper in einem Akt von Tommaso Traetta (1727–1779). Libretto von Giacomo Durazzo (1717–1794) und G. Migliavacca. Uraufführung: Wien, Hoftheater, 3. Januar 1761.

HANDLUNG. Der Vorwurf ist Tassos legendärer *Armida* und unmittelbarer Philippe Quinaults gleichnamigem Werk entnommen. Die Zauberin Armida verliebt sich in Rinaldo, den sie zunächst haßt, da er als einziger ihrer Faszination widersteht. Fast erliegt er den Künsten der verliebten Zauberin, als seine Gefährten auf die Insel kommen, auf der Armida ihn verborgen hält. Sie fordern ihn auf, den Weg der Ehre und des Ruhmes nicht zu verlassen. Rinaldo folgt ihnen. Verlassen versinkt unter Klagen Armida samt ihrer Insel.

● Die Oper ist eines der gelungensten Werke des Komponisten, war sehr erfolgreich und stellte den Anfang von Traettas ruhmreicher Laufbahn dar. Zu dieser trug vor allem G. Durazzo bei, der den Musiker am Hof in Wien einführte und ihm zu den gebildeten Kreisen der Hauptstadt Zugang verschaffte. Hier lernte er auch Gluck kennen, der dank seiner musikalischen Erneuerung ihm zum großen Lehrmeister wurde. Zu Ehren dieses Musikers sollte aber auch gesagt werden, daß bis etwa 1762 Gluck es war, der den musikalischen Theorien Traettas folgte, bis er seinen Lehrer dann dank seiner genialen Reform, die vor allem in *Orpheus und Eurydike* zutage trat, überflügelte, wobei in dieser Oper noch durchaus Traettas Einflüsse aus seinen Opern *Armida* und *Iphigene* merklich sind. *Armida* wurde vom Komponisten später neu bearbeitet und zu Himmelfahrt 1767 in Venedig am Teatro San Salvatore aufgeführt. GP

ARTAXERXES (Artaserse)

Oper in drei Akten von Johann Christian Bach (1735–1782). Libretto von Pietro Metastasio (1698–1782). Uraufführung: Turin, Teatro Regio, 26. Dezember 1761.

● Metastasios Libretto war schon von anderen Komponisten vertont worden, unter ihnen J. A. Hasse (Handlung siehe unter dessen gleichnamiger Oper auf Seite 35) und C. W. Gluck. Es ist J. C. Bachs erste Oper. Sie entstand in Italien, als ihr Schöpfer 1760 die Organistenstelle am Mailänder Dom erhalten hatte. Nachdem er beauftragt worden war, eine Oper für das Turiner Theater zu komponieren, begab er sich nach Parma und Reggio Emilia, um die geeigneten Sänger für dieses 1730 von Metastasio geschriebene Drama zu finden. Bei der Uraufführung am zweiten Weihnachtsfeiertag waren auch der König und die Königin von Sardinien zugegen. Der gute Erfolg ermutigte den Komponisten zum Schreiben weiterer Opern, zunächst in Italien und später in London.

Trotz der hervorragenden literarischen Vorlage, die dank ihres Reichtums an dramatischen und leidenschaftserfüllten Situationen vielleicht als Metastasios Meisterwerk anzusehen ist, wirkt Bachs Oper unausgereift und wurde auch nur noch selten aufgeführt. Die in ihr enthaltenen Ballettmusiken stammen von Giuseppe Antonio Le Messier. GP

ARTAXERXES

Oper in drei Akten von Sir Thomas Augustine Arne (1710–1778). Libretto von Pietro Metastasio (1698–1782). Uraufführung: London, Covent Garden, 2. Februar 1762. Solisten: Brent, Tanducci, Peretti, Beard, Mattocks, Thomas.

● Es ist Arnes berühmtestes Werk, mit dem der Komponist dem englischen Publikum zum ersten Mal eine italienische Oper mit gesungenen Rezitativen anstelle der gesprochenen Teile vorstellte. Die Rolle der Mandabe schrieb er für seine Schülerin Charlotte Brent. Nach der Uraufführung an Covent Garden wurde die Oper vom Komponisten umgearbeitet, ins Englische übersetzt und einige Jahre später am Royal Theatre Drury Lane in London gegeben. Diese neue Fassung wurde auch in Edinburgh und vielen anderen Städten Europas gespielt. Im neunzehnten Jahrhundert wurde die Partitur mit einigen bearbeiteten Teilen von J. Addison herausgegeben. Das Werk entstand nach Metastasios bereits von Johann Christian Bach, J. A. Hasse, C.W. Gluck und anderen vertontem Libretto. GP

SOPHONISBE (Sofonisba)

Oper in drei Akten von Tommaso Traetta (1727–1779). Libretto von M. Verazi. Uraufführung: Mannheim, Hoftheater, 4. November 1762.

HANDLUNG. Die Oper geht auf die Geschichte einer berühmten Heldin Karthagos, Sophonisbe, die als Gattin des Massinissa von Scipios Römern als Siegesbeute nach Rom gebracht werden soll, zurück. Um ihren Namen und ihre Ehre vor solcher Schmach zu bewahren, zögert sie nicht (dem Rat ihres Gatten folgend), sich den Tod zu geben.

● Der Handlungsvorwurf geht unmittelbar auf Apostolo Zenos (1668–1750) Drama *Scipione nelle Spagne* (Scipio in Spanien) zurück. Traetta schrieb hier eine seiner inspiriertesten, geglücktesten Partituren, in der er sich deutlich von der konventionellen Schreibweise entfernt, der die Mehrzahl seiner Zeitgenossen noch anhing, indem er hochdramatische, zu Zeiten von sanfter Melancholie überschattete Episoden einführt (von denen behauptet wird, daß sie Mozart zu einigen Arien Pate standen). Die Uraufführung fand vor dem Hof des Kurfürsten statt und hatte großen Erfolg, der sich auch bei der Vorstellung am Herzoglichen Hof in Parma wiederholte. 1914 erschien eine vollständige Ausgabe der Partitur in Deutschland. GP

ORPHEUS UND EURYDIKE

Oper in drei Akten von Christoph Willibald Gluck (1714–1787). Libretto von Ranieri de'Calzabigi (1714–1795). Uraufführung: Wien, Hofburgtheater, 5. Oktober 1762. Solisten: Gaetano Guadagnini, Marianna Bianchi, Lucia Claverau. Uraufführung der überarbeiteten Oper in französischer Sprache: Paris, 2. August 1774.

PERSONEN. Orpheus (Sopranist-Kontralt in der ersten Fassung, Tenor in der zweiten), Eurydike (Sopran), Amor (Sopran). Schäfer, Nymphen, Furien, selige Geister, Helden, Heldinnen, Gefolgsleute des Orpheus.

HANDLUNG. Erster Akt. Um Eurydikes Grab in einem Lorbeer- und Zypressenhain haben sich Schäfer und Nymphen versammelt und beklagen den Tod der Gattin des Orpheus, Eurydike. Orpheus will mit seinem Schmerz allein sein, er verabschiedet die Gefährten und erklärt sich in seinem Klagegesang bereit, selbst in den Hades hinabzusteigen, um die Geliebte zurückzuholen, ohne die er nicht leben kann. Von Zeus gesandt erscheint Eros. Von des Sängers Schmerz bewegt, gestattet der Göttervater ihm in das Reich der Toten einzudringen: gelingt es ihm durch seinen Gesang die Gottheiten der Unterwelt zu rühren, wird Eurydike ihm zurückgegeben, doch nur unter einer Bedingung: auf dem Weg ans Licht dürfe Orpheus sich nicht nach seiner Gattin umwenden und ihr diese Bedingung auch nicht enthüllen. Hält er sich nicht an diese Absprache, so wird er die Geliebte auf immer verlieren. Freudig eilt Orpheus, obwohl er sich bewußt ist, wie schwer es sein wird, diese Bedingung einzuhalten, zum Orkus. Zweiter Akt, erstes Bild. In den düsteren Gründen des Hades, über den Fluß Cocythes tanzen Furien und Geister in einem Höllenkreis und versuchen, dem kühnen Sterblichen den Weg zu verstellen. Doch in so süßen Klängen singt Orpheus von seiner verzweifelten Liebe, daß nach und nach Furien und Höllengeister besänftigt werden und zurückweichen, so daß der Sänger seinen Weg fortsetzen kann. Zweites Bild. Orpheus betritt die Gefilde der Seligen. Er sieht sich von der lichten Schönheit grüner Haine und Wiesen umgeben, selige Geister, Helden und Heldinnen leben hier in elysischer Heiterkeit, schmerzliche Gefühle sind ihnen fremd. Doch Orpheus ist voller Unruhe, sein ganzes Sehnen gilt Eurydike: endlich wird die Gattin ihm zugeführt. Ohne sie anzublicken, ergreift er sie bei der Hand und leitet sie auf den Weg zur Oberwelt. Dritter Akt, erstes Bild. Durch ein wirres Labyrinth eilt Orpheus mit Eurydike dem Licht entgegen. Doch nach der ersten Überraschung überhäuft die Gattin ihn mit Fragen. Wie ist er in das Totenreich gelangt, warum schenkt er ihr nicht einen einzigen Blick? Vielleicht liebt er sie nicht mehr? Als Eurydike ihm sagt, sie wolle eher sterben, denn ohne seine Liebe leben, kann Orpheus nicht länger widerstehen: er wendet sich nach ihr um, doch im gleichen Augenblick bricht Eurydike sterbend in seinen Armen zusammen. In verzweifeltes Klagen ausbrechend, will Orpheus sich selbst den Tod geben. Doch noch einmal greift Eros ein: von so tiefer Liebe bewegt, geben die Götter ihm nun die Geliebte zurück, Eurydike darf mit Orpheus ins Leben zurückkehren. Zweites Bild. Im Tempel des Liebesgottes feiern die wiedervereinten Gatten, umgeben von Helden, Heldinnen, Schäfern und Nymphen, den Sieg der Liebe über den Tod.

● 1761 begegnete Gluck in Wien dem von klassisch-humanistischer Bild erfüllten italienischen Literaten und Abenteurer Ranieri de'Calzabigi; diese Begegnung gab den Anstoß zu seiner grundlegenden Opernreform. Gluck war vom Niedergang der Oper des achtzehnten Jahrhunderts, in der Sängervirtuosen immer stärker die Oberhand gewannen, nachdem sie sich praktisch auf eine Aneinanderreihung von Melodien beschränkte, die wenig oder nichts mehr mit der dramatischen Vorlage zu tun hatten, überzeugt und fand in Calzabigi den Dichter, der ihm mit einem Libretto in italienischer Sprache Gelegenheit gab, seine Vorstellungen von

1763

einer neuen Reinheit des musikalischen Ausdrucks Wirklichkeit werden zu lassen. Komponist und Dichter waren gleichermaßen der Auffassung, die Oper müsse zu ihrer ursprünglichen dramatischen Gestalt zurückfinden, bar jenes überflüssigen Zierwerks, wie es das galante Jahrhundert eingeführt hatte. Dieser neuen Konzeption entsprechend, entwickelt Gluck in *Orpheus und Eurydike* eine Arienform in essentiellen melodischen Linien, die zur genauen Entsprechung der szenischen Situation und des dichterischen Textes wird, bruchlos gehen Rezitativ und Arien ineinander über, zurückgeführt auf eine einheitliche Dimension von Musik und Ausdruck. Der Anteil des Orchesters wächst, aus der Partitur sind musikalische Banalität und jene auf jede szenische Handlung passenden «Gemeinplätze» verschwunden; sie entspricht genau den dramaturgischen Anforderungen und spielt häufig eine unabhängigere, expressive Rolle, ist nicht mehr allein Begleitung des Gesangs. «Zum ersten Mal zeigt sich in der *Opera seria* des achtzehnten Jahrhunderts eine so starke Einfühlung des Komponisten in die im Drama zum Ausdruck kommenden Gefühle, eine so ausgeprägte musikalische Ausformung der Charaktere, ein so wesentlicher, feierlicher Sinn für das Griechische in der Interpretation der klassischen Mythen» *(Massimo Mila).* Obwohl Arien und Duette dieser Oper häufig an Virtuosität hinter denen der italienischen Zeitgenossen, insbesondere Piccinnis, der ihm in jahrelangem Streit immer wieder gegenübergestellt wurde, zurückbleiben mögen, kommt Gluck das große Verdienst der knapperen Formulierung und des echten dramatischen Ausdrucks, der einheitlichen Erfindung und der genialen Orchesterbehandlung zu.

Auf die Uraufführung in Wien folgten über hundert Vorstellungen, doch der Erfolg blieb nicht unumstritten, sei es wegen der völlig neuen Konzeption, sei es wegen der üblichen Mißgunst, denen sich Librettist und Komponist ausgesetzt sahen. Bei der zweiten Vorstellung übergab Maria Theresia von Österreich Calzabigi, der in Wien Rat seiner Apostolischen Königlich-Kaiserlichen Majestät war, einen wertvollen Ring mit einem großen Diamanten und Gluck eine Börse mit hundert Dukaten. Nach wenigen Jahren führte Gluck in Paris seine *Iphigenie auf Aulis* auf. Nach dem überwältigenden Erfolg dieser Oper überarbeitete er die Partitur zu *Orpheus und Eurydike* und adaptierte sie dem von Pierre-Louis Moline ins Französische übersetzten Libretto; außerdem erweiterte er die Oper um Gesangsstücke und Tänze. Bei dieser Neufassung wurde die Rolle des Orpheus, die ursprünglich für den Kastraten Guadagnini, einen Kontraaltisten, entstanden war, zu einer Tenorpartie umgeschrieben. Bei Aufführungen in unserer Zeit wird eine dritte Lösung gewählt: der Orpheus wird von einer Altistin gesungen, da uns heute dieses Timbre eher der elegisch-melodischen Reinheit des Werkes zu entsprechen scheint.   RM

Titelblatt zu «Orpheus und Eurydike» von C.W. Gluck in der Pariser Fassung von 1774.

Sternbild gleichgesetzt). Selbst Eos, die Morgenröte, erliegt dem Zauber solcher Schönheit und Kraft, doch schließlich wird Orion durch den Pfeil der auf den als Jäger so geschickten Helden eifersüchtigen Artemis getötet.

● Diese Oper zählt die zu bekanntesten Werken J.C. Bachs, und war seine erste, in London, wohin er auf eine Einladung der Königin Sophie Charlotte, seiner langjährigen hohen Gönnerin gegangen war, komponierte. Dem Zeitgeschmack entsprechend schrieb ihm der Dichter und Theaterprinzipal Bottarelli dieses Libretto auf die antike Sage des Orion. Die Uraufführung in Anwesenheit des englischen Königspaares brachte dem Werk einen Riesenerfolg, zahlreiche Wiederholungsvorstellungen schlossen sich an. Eine bedeutsame Neuerung war die Einführung der Klarinetten im englischen Orchester, die bei dieser Gelegenheit erfolgte. Im neunzehnten Jahrhundert geriet die Oper in Vergessenheit und wird seitdem nicht mehr im Rahmen des normalen Opernrepertoires aufgeführt.   GP

ORION oder DIE GERÄCHTE DIANA
(Orione ovvero Diana vendicata)

Oper in drei Akten von Johann Christian Bach (1735–1782). Libretto von G.G. Bottarelli. Uraufführung: London, Haymarket Theatre, 19. Februar 1763.

HANDLUNG. In dieser Oper geht es um die Taten des Orion, eines mythischen, unglaublich großen, mit einer Keule bewaffneten Riesen (von den Griechen mit einem

IPHIGENIE AUF TAURIS
(Ifigenia in Tauride)

Oper in drei Akten von Tommaso Traetta (1727–1779). Libretto von M. Coltellini (1719–1777). Uraufführung: Schönbrunn, Hoftheater, 4. Oktober 1763.

HANDLUNG. Sie geht auf Euripides' Tragödie *Iphigenie auf Tauris* zurück. Agamemnons und Klytemnästras Tochter Iphigenie wird vom Vater dem Opfertod bestimmt, damit die Götter sich den Griechen im trojanischen Krieg geneigt erweisen; doch Artemis zeigt sich mitleidsvoll, läßt anstelle des Mädchens eine Hirschkuh opfern und entrückt Iphigenie auf die Insel Tauris, wo sie als ihre Priesterin die grausame Opferung der Fremden zu vollziehen hat. Schließlich gelangt Orestes, Bruder Iphigeniens, nachdem er seine Mutter und ihren Geliebten Aeghist getötet hat, auf der Flucht vor den Erynnien auf die Insel: auch er soll getötet werden, doch die Schwester erkennt und rettet ihn.

● In jüngerer Zeit kam die Musikforschung zur Auffassung, diese *Iphigenie* sei vor Glucks *Orpheus und Eurydike* entstanden und bereits 1761 aufgeführt worden. In jedem Fall stellt sie eine erste bedeutsame Anwendung der Reformprinzipien auch dieses Komponisten dar, die zum Teil auf die Glucks zurückgehen, sie wohl auch mit beeinflußt haben (allerdings muß gesagt werden, daß Glucks Reform sehr viel weitergehend und umfassender ist als die Traettas). Das Werk enthält eine Überfülle musikalischer Motive, die Arie wird teilweise aus ihrem bis dahin geltenden starren Schema befreit, dramatische Deklamation und sorgfältige Orchestrierung kommen zu ihrem Recht, durch große Chorszenen wird tragische Größe beschworen. Die Oper wurde mit großem Erfolg an vielen europäischen Höfen gegeben und auch konzertant an einem 19. März in Florenz unter der etwas seltsamen Bezeichnung *Sant'Ifigenia in Etiopia* (Die Heilige Iphigenie in Äthiopien) als Oratorium aufgeführt.

EGERIA

Theaterfest «Festa teatrale» in einem Akt von Johann Adolph Hasse (1699–1783). Libretto von Pietro Metastasio (1698–1782). Uraufführung: Wien, Burgtheater, 24. April 1764.

HANDLUNG. In der Umgebung der Hügel Roms, an der Quelle der Nymphe Egeria erscheinen Venus, Mars und Apollon im heiligen Hain, um dem Urteil der Nymphe die Wahl eines weise regierenden Königs anheimzustellen. Die Götter sind sich uneinig. Venus wünscht, daß ein friedfertiger Herrscher eingesetzt werde, während Mars ein mutiger Kriegsmann vorschwebt. Beide führen gute Gründe ins Feld: Venus verabscheut den Krieg und seine Schrecken, Mars verachtet Bequemlichkeit und Verweichlichung des Friedens. Besorgt greift Apollon in den Streit ein: wie solle er, wenn alle Menschen in Frieden miteinander lebten, die Heldentaten tapferer Krieger besingen? Mars malt ironisch die Verweichlichung des deutschen Volkes aus, sollte Venus obsiegen und ein Friedenskönig den Thron besteigen. Nachdem Egeria das Für und Wider gehört hat, fällt sie den Urteilsspruch: ein friedliebender Herrscher, der im Notfall auch zum Kriege bereit ist, sei der Richtige. Und kein anderer als Kaiser Franz Joseph von Habsburg vereint natürlich alle diese Eigenschaften in seiner Person.

● Dieses Libretto ist eine der schwächsten Arbeiten Metastasios, im übrigen sollte ja auch nur eine Art Huldigungsspiel zu einem Hoffest geliefert werden. Die Gelegenheit bot sich anläßlich der feierlichen Krönung Kaiser Josephs II., auf den die Oper mehrfach anspielt. Obwohl es sich hier nicht um eine seiner besten Partituren handelt, gelang es Hasse, ein glückliches Gleichgewicht von deutschem und italienischem Geist in der Musik zu erzielen: aus einer soliden musikalischen Struktur erwachsen uns in *Egeria* anmuts- und gefühlvolle Passagen.
LB

DIE ERKANNTE SEMIRAMIS
(Semiramide riconosciuta)

Melodram in drei Akten von Antonio Sacchini (1730–1786). Libretto von Pietro Metastasio (1698–1782). Uraufführung: Rom, Teatro Argentina, 1764.

● Die Handlung dreht sich um die legendäre Gestalt der Königin von Babylon. (Nähere Angaben zur Handlung siehe unter der gleichnamigen Oper von N. Jommelli auf Seite 49).
RB

TELEMACHOS oder
KIRKES ZAUBERINSEL
(Telemacco ossia L'Isola di Circe)

Oper in zwei Akten von Christoph Willibald Gluck (1714–1787). Libretto von Marco Coltellini (1719–1777) nach Carlo Sigismondo Capeces Drama. Uraufführung: Wien, Burgtheater, 30. Januar 1765.

HANDLUNG. Erzählt wird die Geschichte des tapferen Telemachos, der seinen Vater Odysseus aus den Zauberbanden der verführerischen Kirke befreit. Hilfe und Unterstützung findet er durch ein schönes Mädchen unbekannter Herkunft, Asteria, und den Prinzen Merion, Sohn Königs

Einige berühmte Vertreter des italienischen «bel canto» auf einem Stich des achtzehnten Jahrhunderts.

1764

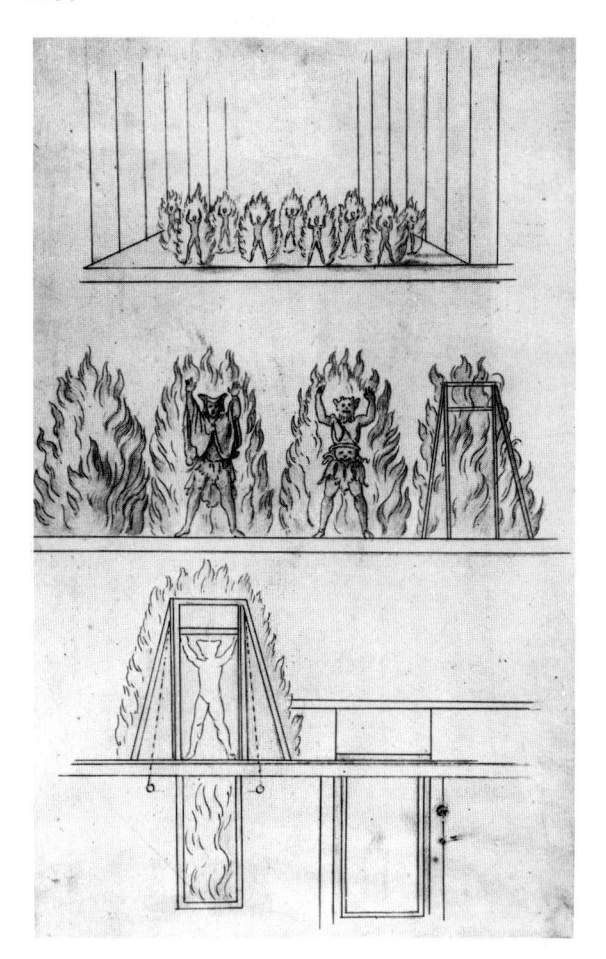

Studie zu einer Maschine, mit deren Hilfe die Erscheinung von Teufeln hervorgebracht wurde. Aquarellierte Zeichnung von Jean Bérain. Paris, Bibliothèque de l'Opéra.

Idomeneus von Kreta. Kirke, die Odysseus freigeben muß, sinnt jedoch auf neues Unheil und beschwört die Geister der Unterwelt, die Telemach im Traum den Tod seiner Mutter sehen lassen. Nur eine List verhilft dem schlauen Odysseus zu der Erkenntnis, daß es sich hier um eine neue Vorspiegelung der Zauberin handelt. Am Ende gelingt es Odysseus und Telemach gemeinsam mit Merion und Asteria, die, wie sich herausstellt, dessen Schwester ist, die Insel zu verlassen. Kirke verflucht Odysseus und verwandelt ihre Insel in ein verlassenes, wüstes Eiland.

● *Telemach* ist eine merkwürdige Oper: obwohl sie zwischen *Orpheus und Eurydike* und *Alkestis* entstand, scheint sie von Glucks Reformstreben nicht eigentlich berührt zu sein. Dennoch steht sie natürlich unter deren Einfluß. Das Libretto geht zwar auf ein älteres «Dramma per musica» von Carlo Sigismondo Capece zurück, das 1718 in Rom mit Alessandro Scarlattis Musik in Szene ging, die Adaptierung jedoch stammt von Marco Coltellini, dessen Auffassung vom Theater der Ranieri de'Calzabigis entsprach. Das Werk wurde in zwei Akte gegliedert, was nur in der *Opera buffa* erlaubt war, und Gluck führte in der Musik durchaus seine Erneuerungsvorstellungen ein. Dies gilt insbesondere für die Chöre, die Musik zu den Tänzen und die Angaben für die Sänger.
LB

LA CANTARINA
Buffointermezzo (Komisches Intermezzo) in zwei Akten von Franz Joseph Haydn (1732–1809). Libretto von Carlo Goldoni (1707–1793). Uraufführung: Schloß Esterhazy, Karneval 1767.

HANDLUNG. Der Diener des Marchese tritt auf, um seinem Herrn den Besuch Madame Geltrudas (der Cantarina) anzukündigen. Lorino, Liebhaber der Dame, wird von ihr gezwungen, als ihr Bruder zu erscheinen. Sie liebt ihn, da jedoch der junge Mann unvermögend ist, läßt ihr praktischer Sinn sie nicht auf reiche Bewerber verzichten. Der Marchese macht nun Geltruda den Hof und zeigt ihr einen Ring. Da er sich ihrer Gefühle nicht sicher ist, gibt er ihn ihr schließlich doch nicht, unter dem Vorwand, er wolle ihr einen noch schöneren schenken. Dann tritt er als deutscher Offizier verkleidet wieder auf und macht ihr von neuem den Hof. Wieder nimmt Geltruda seinen Ring an, doch von neuem wird ihr ein anderer wertvollerer versprochen. Ihr Bewerber ist sich so über ihre wahren Gefühle für ihn klar geworden. Als Gascogner verkleidet wiederholt er die gleiche Szene. Inzwischen ist Lorino ein reiches Erbe zugefallen: jetzt möchte Geltruda ihn gerne heiraten! Tatsächlich gelingt es ihr auch, ihren alten Liebhaber zur Heirat zu überreden. Der Marchese tritt nun gefolgt von seinem Diener als Astrologe auf. Trotz des Protests Lorinos will Geltruda den ihr gebotenen Ring annehmen. Der Astrologe liest ihr die Hand, enthüllt ihre Winkelzüge und macht sie lächerlich. Am Ende gestehen die beiden dem Marchese ihre Liebe. Dieser schenkt in seiner Großmut Geltruda den Ring und wird Zeuge bei ihrer Hochzeit mit Lorino.

● Das Werk entstand, nachdem Haydn vier Jahre lang nicht mehr für das Theater komponiert hatte. Die Wahl des Librettos war keine zufällige: *La Cantarina* ist ein ausgesprochen italienischer Vorwurf und Haydn hielt sich gänzlich an das Modell der *Opera buffa*, wie sich im Fehlen großer «Da capo»-Arien und der Einführung parodistischer Elemente zeigt.
LB

APOLL UND HYAZINTH
(Apollo et Hyacinthus seu Hyacinthi Metamorphosis)

Komödie von Wolfgang Amadeus Mozart (1756–1791). Lateinischer Text von Rufinus Widl. Uraufführung: Salzburg, Universität, 13. Mai 1767.

● Das Werk ist im Grunde keine Oper, sondern besteht aus einer Reihe von Intermezzi, insgesamt neun, die mit Widls Werk *Clementia Croesi* aufgeführt wurden. Diese Komposition zählt zu Mozarts Jugendwerken für die Bühne: sie entstand als der Meister gerade elf Jahre alt war. In seiner Musik ist der Einfluß Ernst Eberlins deutlich spürbar, auch erweist sich die Einwirkung der barocken musikalischen Tradition Salzburgs auf seine Ausbildung in dieser ersten Zeit als sehr bedeutsam. Das Werk wurde 1955 im Fortune Theatre in London gegeben.
RL

ALKESTIS (Alceste)
Lyrisches Drama von Christoph Willibald Gluck (1714–1787). Libretto von Ranieri de'Calzabigi (1714–1795) nach der gleichnamigen Tragödie des Euripides. Uraufführung: Wien, Hof-

burgtheater, 26. Dezember 1767. Solisten: Antonia Bernasconi, Giuseppe Luigi Tibaldi, Domenico Poggi; am Cembalo Antonio Salieri. Die französische Fassung (Übersetzung und Bearbeitung des Librettos von Bailli Le Blanc du Roullet) mit gewichtigen Änderungen auch der Partitur wurde am 23. April 1776 an der Académie Royale in Paris gegeben. Diese Fassung wird am häufigsten aufgeführt.

PERSONEN. Admetos, König von Pherae (Tenor), Alkestis, seine Gattin (Sopran), Evander (Tenor), Ismene (Sopran), Oberpriester Apollons (Baß), Eumelos (Kontraalt), Aspasia (Sopran), ein Herold (Baß), Apollon (Baß), das Orakel (Baß), Thanatos, Gott des Todes (Baß), Herakles (Baß).

HANDLUNG. Erster Akt, erstes Bild. Die Handlung spielt einige Jahre vor dem trojanischen Krieg. Auf dem Platz vor dem Königspalast von Pherae in Thessalien fleht das Volk die Götter an, König Admetos von seiner Krankheit genesen zu lassen. Doch von der Terrasse des Palastes verkündet ein Herold, der Herrscher sei dem Tode nahe. Von ihren Kindern begleitet tritt Königin Alkestis unter die Menge, vom Wehklagen des Volkes angerührt, gibt auch sie ihrem Schmerz Ausdruck. Sie bittet die Götter um Erbarmen und bereitet sich darauf vor, Apollon Opfergaben darzubringen. Zweites Bild. Im Innern des Tempels ruft der Oberpriester den Gott an. Während der Tempel von einem Erdstoß erbebt und die Flammen auf dem Altar in die Höhe steigen, ertönt zum Schrecken der Anwesenden plötzlich die Stimme des Orakels: der König muß sterben, falls nicht ein anderer sich an seiner Stelle opfert. Allein bleibt Alkestis verzweifelt, von der Liebe zum Gatten und ihren Kindern zerrissen, zurück und bietet schließlich ihr Leben, um das des Königs zu retten. Der Oberpriester tut den Willen der Gottheit kund: Alkestis' Opfer wird angenommen, bei Tagesanbruch muß sie in den Hades hinabsteigen. Zweiter Akt. Im Königspalast. Mit dem Volk feiert auch Evander, des Königs Vertrauter, dessen Genesung. Doch Trauer erfaßt den Herrscher als er erfährt, daß er seine wundersame Heilung dem Opfer eines großherzigen Unbekannten verdankt. Noch weiß er nicht, daß es von seiner Gattin gebracht wurde; als er an ihrem Antlitz tiefe Verstörung gewahr wird, dringt er in sie, um den Namen dessen zu erfahren, dem er sein Leben schuldet, schließlich gesteht Alkestis ihm die Wahrheit. Voller Verzweiflung erklärt der König, daß, wenn dies der Wille der Götter sei, auch er das Los seiner treuen Gattin teilen wolle. Alkestis wird von der auf ihr lastenden Tragödie niedergedrückt, sie weiß sich geliebt und liebt das Leben, umso grausamer ist ihr Geschick, das sie zwingt, in den Tod zu gehen. Umsonst ist das Flehen des Volkes, sie muß sich dem Willen der Götter fügen. Dritter Akt, erstes Bild. Vor dem Königspalast erfährt Herakles von der versammelten Menge von Alkestis' Los. Er verspricht, ihr zu Hilfe zu kommen und sie den Göttern der Unterwelt zu entreißen. Zweites Bild. Alkestis ist an der Schwelle zum Hades angelangt und schickt sich an, sie zu überschreiten. Die Todesgeister weisen sie zurück, erst wenn der Tag zur Neige geht, so will es das Orakel, darf die Pforte geöffnet werden. Admetos tritt zur Seite, er ist gewillt, ihr in den Tod zu folgen, um nicht von ihr getrennt zu werden. Aus dem hereinbrechenden Abend tritt Thanatos hervor, von dienstbaren Geistern begleitet und erklärt, nur einer der Gatten könne Zugang in den Hades erlangen. Während Alkestis und Admetos sich das Recht zum Opfer streitig machen, erscheint Herakles. Der Halbgott greift die Geister der Unterwelt an, um ihnen ihre Beute zu entreißen; vor ihm, dem Halbgott weichen sie zurück. Dennoch hat der Sohn des Göttervaters Zeus die Gesetze des Schicksals übertreten.

Doch wissend, daß die Liebe den Göttlichen wie den Menschen deren höchstes Gut ist, bestimmt Apollon, die vollkommene Verbindung des Königspaares zum Beispiel setzend, daß beide leben sollen und fordert das Volk von Pherae auf, dieses wundersame Ereignis feierlich zu begehen.

● *Alkestis* ist die zweite Frucht der Zusammenarbeit Glucks mit Ranieri de'Calzabigi und ein fortgeschritteneres Ergebnis auf dem Weg der mit *Orpheus und Eurydike* begonnenen Reform. In der Leopold II., Großherzog von Toskana, zugedachten Widmung in der ersten Fassung der Oper faßt Gluck (wobei der Text vermutlich aus Calzabigis Feder stammt) die prinzipiellen Grundlagen seiner Arbeit zusammen. Seine Absicht ist es, dem Melodram jene ursprüngliche Reinheit zurückzugeben, die die Mitglieder der *Camerata* des Grafen Bardi (oder auch *Camerata fiorentina*) inspiriert hatte. Eigentliche Bestimmung der Musik ist es, der dramatischen Handlung Wahrheit zu verleihen, deshalb muß die Musik in ihrem Ausdruck die Dichtung unterstützen. Gluck stellt gewissermaßen die Musik in den «Dienst der Poesie» und steht damit völlig im Gegensatz zur gleichzeitigen italienischen Oper, in der die reine Schönheit der vom literarischen Inhalt ganz unabhängigen musikalischen Form den Vorrang hatte. Dies bedeutete folgerichtig nicht nur Verzicht auf die von den Sängern aufgezwungenen Verzierungen und Variationen, sondern auch auf fast alle übrigen, Konvention gewordenen Figuren, Wiederholungen, festen Formeln, sowie den stark eingeschränkten Gebrauch geschlossener Formen (Nummern), die, obwohl sie nicht vollständig verschwinden, nun die Neigung zeigen, ineinander überzugehen, dank der Verwendung eines stets vom Orchester statt vom Cembalo begleiteten expressiven *Declamatos*. Die Vorrede zu *Alkestis* wird damit zu einer Art «Manifest» und beeinflußte spätere Poetiken des Musikdramas. Für die Pariser Fassung nahm Gluck größere Eingriffe in die Partitur ebenso wie Umstellungen und Szenenwechsel vor. Dennoch fand die Oper nicht den ungeteilten Beifall des Publikums. Gluck beeilte sich, Abhilfe zu schaffen und schrieb unter Heranziehung des Komponisten F. J. Gossec das Finale der Oper um, erweiterte die choreographische Handlung und führte die Rolle des Herakles, die aus der ersten französischen Fassung gestrichen worden war, wieder ein.   RM

PHAETHON (Fetonte)

Melodram in drei Akten von Niccolò Jommelli (1714–1774). Libretto von Mattia Verazi (achtzehntes Jahrhundert). Uraufführung: Ludwigsburg, Hoftheater, 11. Februar 1768.

HANDLUNG. Das Libretto geht auf den zweiten Gesang aus Ovids Metamorphosen zurück. Phaethon, Sohn des Sonnengottes und der Klymene, begibt sich zu seinem Vater, um die Bestätigung seiner göttlichen Geburt zu erhalten, die von dem ägyptischen König Hepaphos angezweifelt wird, und überredet ihn, ihm für einen Tag seinen feurigen Wagen anzuvertrauen. Da er jedoch die wilden Rosse nicht zu lenken weiß, geraten Himmel und Erde in Brand. Zeus straft den unvorsichtigen Rosselenker: seinen Blitzstrahl auf ihn schleudernd, stürzt er ihn in den Fluß Eridanos. Phaethons Mutter Klymene, (der Verazzi in seinem Libretto einen besonderen Platz einräumt), stürzt sich ins Meer, um das grausame Los ihres Sohnes zu teilen, und die von ihm geliebte Lybia stirbt vor Schmerz.

Thronsaal mit Wolken zu Christoph Willibald Glucks «Alkestis», Bühnenbild von François Joseph Bélanger zur Uraufführung in Paris 1776. Paris, Bibliothèque de l'Opéra.

● Die Komposition der von Jommelli während seiner Stuttgarter Zeit zum Geburtstag des Herzog Carl von Württemberg geschriebenen Oper stellt in ihrer Geschlossenheit und komplexen Dramatik den Höhepunkt der kompositorischen Bestrebungen des italienischen Meisters dar, der hier, nachdem er das ideale Primat des Gesangs aufgegeben hatte, bereits auf der Suche nach intensiverem dramatischem Ausdruck war. In *Phaethon* macht sich der Einfluß der französischen Schule bemerkbar: insbesondere durch gehäuften Einsatz von Chören und Orchesterstücken und Einbeziehung der Pantomime, die in Stuttgart durch große Meister vertreten war, auf deren Mitarbeit Jommelli zählen konnte. Der Oper, von der bereits im Februar 1753 in Stuttgart eine erste Fassung aufgeführt wurde, hatte Jommelli eine Sinfonie vorangestellt, die in die erste Szene von großer Ausdruckskraft überleitet, an der der Chor und ein Solist beteiligt sind.

Neben dramatischen Ensembleszenen enthält *Phaethon* zahlreiche programmatische Seiten und ausgedehnte *Accompagnatorezitative*.

AB

DER HURONE
(Le Huron)

Opernkomödie in zwei Akten von André Grétry (1742–1813). Libretto von J.F. Marmontel (1723–1799) nach Voltaires Erzählung «L'Ingénu». Uraufführung: Paris, Comédie Italienne, 20. August 1768.

HANDLUNG. Auf einem Dorfplatz. Gilotin, Sohn Le Baillis, begegnet dem Fräulein von Saint Yves und erklärt ihr ohne große Umschweife, ihre Eltern hätten ihre Heirat beschlossen. Das Mädchen weigert sich: es liebt Gilotin nicht und will sich deshalb dem Wunsch seines Vaters nicht unterwerfen. Während Gilotin noch versucht, das junge Mädchen zu überzeugen, erscheint ein vor einiger Zeit an der Küste Frankreichs gelandeter Irokese, der gerade von der Jagd zurückkommt. Er macht dem Fräulein von Saint Yves seine Beute zum Geschenk. Die beiden jungen Leute gestehen sich ihre Liebe zueinander ein. Gilotin fürchtet den Rivalen nicht: sein Vater ist reich und mächtig, während der Irokese nur ein Fremder ohne Familie ist. Doch der Abt Kernabon und seine Schwester erkennen in dem jungen Mann den Sohn ihres Bruders, der mit seiner Gattin während eines Feldzugs gegen den Indianerstamm der Irokesen zu Tode kam. Dieses Wiedererkennen bringt für Hercule de Kernabon – dies der französische Name des Irokesen – neue Bräuche mit sich, an die der junge Waldläufer nicht gewöhnt ist. Sein Onkel Kernabon fordert ihn auf, sich ebenso wie alle anderen zu kleiden und sich an die hierzulande üblichen gesellschaftlichen Verhaltensweisen zu halten. Der Irokese drängt ungeduldig auf die Hochzeit mit der Geliebten, kann jedoch keinerlei Zwänge ertragen und widersetzt sich den heimischen Bräuchen, die zur Eheschließung führen sollen. Dies bringt den Vater des Mädchens auf, der, als der Irokese in Verteidigung des Dorfes gegen einen Angriff der Engländer abwesend sein muß, seine Tochter ins Kloster steckt. Übermächtig ist die Verzweiflung des Irokesen; glücklicherweise verwendet sich Herr de Kernabon bei Saint Yves. Das Mädchen wird aus dem Kloster geholt und dank der Fürbitte eines Offiziers, der Mut und Ehrlichkeit des Irokesen bewundert, fallen nun endlich die letzten Widerstände des Herrn von Saint Yves.

● *Der Hurone* ist Grétrys erster großer Erfolg. Die Musik dieser Oper widmete der Komponist dem Grafen Creutz zum Zeichen seiner Dankbarkeit gegenüber diesem großen Mäzen, der ihn nach seiner Ankunft in Paris unterstützt hatte. Grétrys Operndebüt geht auf eine Bearbeitung einer Erzählung Voltaires zurück: schon in Genf hatte er diesen um einen zu vertonenden Text gebeten, doch war ihm dieser Wunsch abgeschlagen worden. Trotz dieser Ablehnung wollte Grétry nicht vollständig auf seine Idee verzichten, die er wenigstens teilweise durch die Adaptierung dieser Erzählung des großen Philosophen verwirklichte. LB

DER APOTHEKER
(Lo speziale)

Heiteres Drama (dramma giocoso) in drei Akten von Franz Joseph Haydn (1732–1809). Libretto von Carlo Goldoni (1707–1793). Uraufführung: Schloß Esterhazy, Herbst 1768.

PERSONEN. Mengone, Grilletta, die von Mengone geliebt wird, Sempronio, Apotheker und Grillettas Vormund, Volpino, ebenfalls in Grilletta verliebt.

HANDLUNG. Erster Akt. Aus Liebe zu Grilletta wird Mengone Apothekergehilfe bei dem Dorfapotheker Sempronio, um so der Angebeteten, deren Vormund Sempronio ist, nahe zu sein. Seine mangelnden Kenntnisse lassen ihn Arzneien wahllos aus den unterschiedlichsten Zutaten mischen. Sempronio studiert indes die Zeitung: hier fällt ihm eine Notiz auf, in der von einem Mann die Rede ist, der sein Mündel geheiratet hat. Der Apotheker beschließt Grilletta zu ehelichen. Auch der reiche Stutzer Volpino ist in sie verliebt.

Stich aus dem achtzehnten Jahrhundert zu C.W. Glucks «Alkestis».

Unter einem Vorwand schickt er Mengone fort, doch muß er selbst enttäuscht abziehen, als sein Rivale zurückkehrt, denn Grilletta hat ihn einfach ausgelacht. Als der Apotheker sich entfernt, ermutig das Mädchen Mengone, den Vormund um ihre Hand zu bitten. Schon kommt der Apotheker zurück und trennt die Verliebten: Mengone soll sich um die Arzneien kümmern, Grilletta um ihre Bücher. Als Sempronio zum zweiten Mal nach kurzer Abwesenheit hereinkommt, überrascht er die beiden in zärtlicher Umarmung. Aufgebracht schickt er sie in ihre Kammern. Zweiter Akt. Volpino spiegelt Sempronio vor, er könne Apotheker des Sultans werden, allerdings begehrt er als Vermittler Grillettas Hand. Sempronio schwankt, erklärt aber, er wolle selbst sein Mündel heiraten. Grilletta stimmt zu, da sie hofft, der schüchterne Mengone werde so sich rascher entscheiden. Zwei Notare, in denen allein der Apotheker Mengone und Volpino nicht erkennt, eilen herbei. Umständlich setzen sie, jeder für sich, den Ehevertrag auf, in dem Grilletta erklärt, daß sie aus freiem Willen den Vormund zu ihrem Gatten wählt und ihm folglich ihre Mitgift einbringt. Dritter Akt. Anstelle des Namens Semprinios haben die falschen Notare ihren eigenen gesetzt, doch diese Täuschung wird entdeckt. Volpino entfernt sich, während Mengone erklärt, er sei zu allem bereit, um Grilletta zu gewinnen. Ein Brief kündigt das Eintreffen des Sultans höchstpersönlich an: kein anderer als Volpino. Trotz seiner Verkleidung wird er von Grilletta erkannt, die ihn auch diesmal lachend abweist. Voller Zorn läßt Volpino seine Enttäuschung an Sempronios Apothekeneinrichtung aus. Der arme Apotheker weiß gar nicht, wie er dieser Zerstörungswut Einhalt gebieten soll, als, wie gerufen Mengone erscheint und ihm Hilfe und Beistand verspricht, unter der Bedingung, daß Sempronio ihm sofort seine Einwilligung zur Hochzeit mit Grilletta gibt, und zwar schriftlich. Was bleibt dem armen Apotheker übrig, als schleunigst sein Einverständnis zu erklären und so wenigstens seine Apotheke zu retten.

● Dieses Werk fällt in eine reifere Phase von Haydns Opernschaffen, in der Situationen und Personen deutlicher akzentuiert gestaltet werden als in den vorhergegangenen, etwas konventionellen komischen Werken. Sehr viel detaillierter ist auch die Partitur gearbeitet: zu den komischen gesellen sich ernste Elemente fast in einem Vorgriff auf Mozart, in dem Haydn in seiner gelassenen Bescheidenheit den größeren Meister der Oper anerkannte. Stets ungetrübt blieben Freundschaft und gegenseitige Wertschätzung der beiden großen Komponisten. Der Komik sind vorwiegend die zweiteiligen Arien zugeordnet, während die mit ihnen abwechselnden dreiteiligen Arien ernsteren Stimmungslagen vorbehalten sind. In den einen wie den anderen geht Haydn weit über die italienische Tradition, in der er ein Meister war, hinaus. Die ernsten Passagen haben beispielsweise nichts mehr von jener ein wenig förmlichen Feierlichkeit, die sie bis dato in der zeitgenössischen Oper auszeichneten: hier hören wir eine lebendige brillante Musik im besten Haydn'schen Stil. Die beschränkte Zahl der Personen hat ihren keineswegs äußerlichen Grund: die Oper wird konzentrierter und entspricht, gemäß den Thesen Glucks und Traettas, unter Verzicht auf umständliche, verwickelte Handlungsführung nach der alten Intrigenoper, einer innigeren Verbindung von Wort und Musik.   LB

BASTIEN UND BASTIENNE

Singspiel in einem Akt von Wolfgang Amadeus Mozart (1756–1791). Libretto von Friedrich Wilhelm Weiskern (1710–1768) und J.A. Schachtner, nach C.S. Favarts (1710–1792) Parodie «Les Amours de Bastien et Bastienne» auf Jean Jacques Rousseaus Intermezzo «Le Devin du Village» (Der Dorfwahrsager). Uraufführung: Wien, im Garten des Hauses Dr. Anton Mesmers, Oktober 1768.

HANDLUNG. Es treten nur drei Personen auf, Bastienne, eine Schäferin (Sopran), Bastien, ihr Geliebter (Tenor oder Alt) und Colas, ein vermeintlicher Zauberer (Baß). Bastienne ist über die Unbeständigkeit ihres Geliebten unglücklich und wendet sich um Rat an den alten Colas. Der Schäfer rät ihr, sich gleichgültig zu stellen. Als auch Bastien sich schließlich reumütig zurückkehrend um Vermittlung an Colas wendet, «zaubert» dieser Bastienne herbei, die allerdings die Spröde spielt. Schließlich führt des Alten Wunderkur aber doch zur Versöhnung der Liebenden.

● Als Mozart diese kleine Oper schrieb, war er gerade zwölf Jahre alt und soeben von einer erfolgreichen Konzertreise nach Paris und London zurückgekommen. In Salzburg war er mit Aufträgen überhäuft worden und erst seit kurzem in Wien eingetroffen, wo ihn Dr. Mesmer bat, ihm ein Singspiel zu komponieren, das im Garten seines im Landstraßenviertel gelegenen und von der besten Wiener Gesellschaft frequentierten Hauses aufgeführt werden sollte. Hundertzweiundzwanzig Jahre lang sollte dies die einzige Aufführung bleiben: erst 1894 wurde das Singspiel in London und 1916 in New York gegeben. 1976–1977 wurde es zur Eröffnung der Saison des Opernheaters in Venedig gewählt. Das Werk besteht aus einfachen, ansprechend melodischen Duetten und Arien in zweiteiliger Liedform und einem Finalterzett. Das kleine Orchester (Streicher, zwei Oboen oder Flöten und zwei Hörner) wird bereits sicher und mit einem gewissen dramatischen Gefühl behandelt. Im Vorspiel hören wir zu unserem Erstaunen einige Takte, die an das Anfangsthema von Beethovens Eroica erinnern. Das Werk hat ausgesprochenen Singspielcharakter und ist vielleicht Mozarts einziges Bühnenwerk, in dem Glucks Einfluß sich bemerkbar macht.   RL

ALEXANDER IN INDIEN
(Alessandro nelle Indie)

Oper (dramma per musica) in drei Akten von Antonio Sacchini (1730–1786). Libretto von Pietro Metastasio (1698–1782). Uraufführung: Venedig, Teatro Vendramin di San Salvatore, 1768.

● In dieser Oper geht es um Alexanders großmütige Handlungsweise gegenüber dem indischen König Porus. Die literarische Vorlage wurde mehrfach vertont und zählt zu den bekanntesten Melodramen des achtzehnten Jahrhunderts. Auch Sacchini machte es zur Grundlage seiner Partitur, der er den Hinweis «*musica tutta nuova*» (ganz neue Musik) voranstellte, was bedeutete, daß es sich um ein Libretto handelte, das schon von anderen Komponisten vertont worden war. (Zur Handlung siehe unter Glucks gleichnamiger Oper auf Seite 52).   RB

DIE VERSTELLTE EINFALT
(La finta semplice)

Komische Oper in drei Akten von Wolfgang Amadeus Mozart (1756–1791). Libretto von Carlo Goldoni (1707–1793) in Marco Coltellinis (1719–1777) Adaptierung. Uraufführung: Salzburg, Erzbischöfliches Palais, 1. Mai 1769.

PERSONEN. Don Cassandro, reicher Großgrundbesitzer aus der Cremoneser Gegend, Don Polidoro, sein Bruder, Donna Giacinta, ihre in Fracasso, einen auf Don Cassandros Besitztümern stationierten ungarischen Kapitän verliebte Schwester, Rosina, Fracassos Schwester, Ninetta, Kammerzofe Donna Giacintas, die in den Sergeanten Simone, Fracassos Diener, verliebt ist.

HANDLUNG. Donna Giacinta möchte Fracasso heiraten und Ninetta sieht sich als Frau Simones, doch die beiden Brüder widersetzen sich diesen Absichten: der eine, Don Cassandro, ist ein Geizhals, Weiberfeind und Brummbär, der andere, Don Polidoro, recht vertrottelt. Einziger Ausweg scheint eine List zu sein, und so wird Rosina, die zu Besuch kommt, gebeten, die beiden Alten in sich verliebt zu machen. Jung und voll sprühender Einfälle gelingt es Rosina, dieses Ziel zu erreichen, und nach einer Reihe komischer Situationen nimmt die ganze Geschichte ein glückliches Ende.

● Lange Zeit nahm man an, das Libretto sei allein Coltellinis Werk, der eine Zeitlang als Nachfolger Metastasios betrachtet wurde, und erst 1794, ein Jahr nach dem Tod Goldonis wurde bekannt, daß er sein eigentlicher Schöpfer war. Es war bereits von Salvatore Perillo vertont und 1764 in Venedig am Teatro San Moisé aufgeführt worden. Gewiß haben wir es hier nicht mit dem Einfallsreichtum und dem Witz Goldonis in seinen besten Augenblicken zu tun; die Personen sind noch gänzlich den Mustern der *Commedia dell'arte* verhaftet, sie zeigen weder eine psychologische Analyse noch den Versuch einer charakterlichen Vertiefung und auch die Musik führt nicht zu einer solchen Verinnerlichung. Der dreizehnjährige Mozart komponierte eine Reihe hübscher, effektvoller Stücke, die aber recht allgemein blieben. In einigen Arien, insbesondere in den Donna Giacinta zugedachten, macht sich eine gewisse emotionale Spannung bemerkbar, was uns annehmen läßt, daß Mozart Paisiellos Musik, durch die der Ausdruck von Gefühlen in die *Opera buffa* eingeführt wurde, kannte. Die ursprünglich für Wien komponierte Oper (die dort aufgrund

Dom und Erzbischöfliches Palais in Salzburg Ende des achtzehnten Jahrhunderts.

des Zusammentreffens einer Reihe widriger Umstände, die gewiß nicht auf irgendwelche Machenschaften Glucks zurückzuführen waren, wie Leopold Mozart behauptete, nicht aufgeführt wurde) gab dem jungen Komponisten Gelegenheit, sich an dieser Gattung der komischen Oper zu messen, in der er sich sehr bald voll auszudrücken wissen sollte.

RL

DIE VERLASSENE ARMIDA
(Armida abbandonata)

Melodram in drei Akten von Niccolò Jommelli (1714–1774). Libretto von F. Saverio De Rogatis (1745–1827). Uraufführung: Neapel, Teatro San Carlo, 1770.

HANDLUNG. Das Melodram entspricht weitgehend der Erzählung Tassos in seinem «Befreiten Jerusalem» *(La Gerusalemme liberata),* die in Armidas Schloß spielt. «Um dem Drama den richtigen Ton zu verleihen», gibt der Autor des Librettos vor, daß sich hier, gemeinsam mit den von der Zauberin gefangengenommenen Rittern auch Erminia befindet, die bis zu diesem Ort von Tancredi verfolgt worden ist. Im übrigen stellt De Rogatis «um in einem einzigen Drama mehrere interessante Dinge zu zeigen» sich vor, Rinaldo habe am Tag seiner Flucht von der Insel auch die Bäume des Waldes geschlagen.

• Der Oper, die der zweiten neapolitanischen Periode des Komponisten angehört, bei dem seiner Rückkehr von Stuttgart 1769 der Ruhm vorauseilte war, wurde ein schmeichelhafter Erfolg zuteil, im Gegensatz zu den übrigen aus der gleichen Zeit, die von dem noch dem gewohnten Geschmack anhängenden Publikum eher kühl aufgenommen wurden.

Der Aufführung wohnten auch Burney und Mozart bei, der – damals vierzehnjährig – in einem Brief Jommellis Oper zwar «allzu vorsichtig» findet, ihr aber dennoch ein gutes Zeugnis ausstellt.

AB

MITHRIDATES, KÖNIG VON PONTOS
(Mitridate, re di Ponto)

Melodram in drei Akten von Wolfgang Amadeus Mozart (1756–1791). Libretto von Vittorio Amedeo Cigna-Santi (1725–1785) nach Racines «Mithridates». Uraufführung: Mailand, Teatro Ducale, 26. Dezember 1770.

HANDLUNG. Geschlagen und verbittert kehrt Mithridates in die Heimat zurück. Er fühlt sich müde und alt, doch noch glüht eine Empfindung der Jugend in ihm: die Liebe zu Aspasia. Doch in seinen beiden Söhnen sind ihm Rivalen erwachsen: Syphax ist ehrlich und aufrecht, Pharnax, verschlagen und grausam. Der alte König stellt sich zum Kampf und aus dem Spannungsverhältnis ergeben sich psychologisch verschlungene Situationen, die vom Librettisten allerdings nicht immer entsprechend entwickelt werden. Die einfache, lineare Handlung findet ihren Abschluß in Mithridates' Tod auf dem Schlachtfeld, nachdem er sich mit seinen Söhnen versöhnt hat und getröstet, angesichts des Glücks Aspasias und Syphax', deren Verbindung er gutheißt, dahinscheidet.

• Dies ist die beste literarische Vorlage zu einer *Opera seria,* über die Mozart als Kompositionsgrundlage in seinem Leben verfügte; allerdings ist dies gewiß nicht der besonderen Geschicklichkeit des Librettisten zu danken, sondern vielmehr Racines Tragödie, auf die Cigna-Santi weitgehend zurückgriff. Er selbst räumt ein: «Man sehe auch die Tragödie des

1771

Brand der Pariser Oper am 6. April 1763. Kolorierter zeitgenössischer Stich.

Franzosen Racine, aus der viele Teile übernommen wurden». Diese Tragödie hatte bereits Alessandro Scarlatti, Nicola Antonio Porpora als Komponisten und wenige Jahre zuvor auch Apostolo Zeno fasziniert. Adel, Wahrhaftigkeit und Größe der Personen Racines hatten die verschiedensten Bearbeitungen stets überlebt. Leider war der vierzehnjährige Mozart, als sich ihm diese Gelegenheit bot, noch zu jung, um sie bis ins letzte wahrnehmen zu können. Den Auftrag zur Komposition der Oper hatte er vom Generalgouverneur der Lombardei, Graf Firmian, erhalten, dem die außergewöhnliche Begabung des zu Beginn des gleichen Jahres in seinem Hause aufgetretenen Wunderkindes aufgefallen war. Auch Hasses Beurteilung war sehr vorteilhaft ausgefallen. Als der junge Mozart sich an das Komponieren dieser Oper machte, war sein größtes Anliegen das, es den Sängern recht zu machen und da er ihre Namen noch nicht kannte, schrieb er zunächst nur die Rezitative und erst später die Arien. Diese sind weitgehend in der Manier der Zeit gehalten, soweit dies ihre äußere Form betrifft; einige zeigen starke Dramatik und echte Leidenschaft, wie Mithridates' Auftrittsarie, die ihn über den üblichen melodramatischen Helden hinauswachsen läßt. Eine weitere Schwierigkeit ergab sich für Mozart aus der Notwendigkeit vier einander ähnliche Stimmlagen, nämlich zwei Soprane und zwei Sopranisten zu charakterisieren und zu differenzieren, denen die Hauptrollen übertragen waren. Die Oper hatte einen gewissen Erfolg und Graf Firmian erteilte dem jungen Komponisten einen neuen Auftrag für das folgende Jahr, die Oper *Ascanius in Alba*. RL

ASCANIUS IN ALBA
(Ascanio in Alba)

Theaterserenade (serenata teatrale) in zwei Akten von Wolfgang Amadeus Mozart (1756–1791). Libretto von Giuseppe Parini (1729–1799). Uraufführung: Mailand, Teatro Ducale, 1771.

HANDLUNG. Auf dem Lande. Hier wird später die Stadt Alba Longa entstehen. Die Göttin Venus ist Mittelpunkt der Handlung. Sie steigt unter die sie anbetenden Menschen herab, die eine neue Stadt gründen wollen. Venus will das Ereignis durch die Verbindung ihres Neffen Ascanius mit einer Schäferin, Silvia, die von Herakles abstammt, noch feierlicher gestalten. Da die Göttin wünscht, daß zwischen den jungen Leuten echte Liebe herrsche, läßt sie mittels eines Traumes in dem Mädchen ein zärtliches Gefühl für Ascanius, dem es begegnet ist, ohne zu wissen, um wen es sich handelt, aufkeimen. Als Silvia schon auf ihre Liebe verzichten will, eingedenk des dem ihr noch unbekannten Ascanius gegebenen Versprechens, löst Venus das Rätsel und glücklich entdeckt Silvia, daß Ascanius eben jener von ihr geliebte Jüngling und gleichzeitig der Neffe der Venus ist, dem sie versprochen wurde. Während der Hochzeitsfeierlichkeiten ereignet sich ein Wunder: Die Bäume des Waldes verwandeln sich in Säulen, die Zweige und das Laub in Bögen und Gewölbe, bis die gerade erst entworfene Stadt Alba in ihrer ganzen Herrlichkeit vor den Augen der überwältigten Schäfer entsteht. Noch einmal steigt Venus auf die Erde herab und fordert das junge Paar auf, das ihnen anvertraute Volk gerecht zu regieren.

● Dieses «Theaterfest» wurde zur Vermählung des Erzherzogs Ferdinand von Österreich mit Maria Riccarda Beatrice d'Este und seinem Einzug in Mailand als oberster Zivil- und Militärgouverneur der Lombardei aufgeführt. Es handelt sich zweifellos um eine allegorische Fabel, hinter deren Figuren sich die Personen Maria Theresias, Mutter Ferdinands, die hier als Venus auftritt, ebenso wie das Hochzeitspaar, das als Ascanius und Silvia erscheint, zu sehen sind, während die Stadt Mailand zum mythischen Alba wird. Der knapp fünfzehnjährige Mozart wurde von Graf Firmian mit der Komposition dieses Werkes beauftragt, das im Grunde eine reine höfische, mit kantablen Versen Metastasios durchwobene *hommage* ist. Ihre ganze Atmosphäre verharrt in den Grenzen eines konventionellen Arkadiens, und es fällt nicht leicht, in diesen etwas banalen Versen den Autor des *Giorno* zu erkennen. Als Intermezzo zu Hasses Oper *Ruggero* konzipiert, wurde das Werk dennoch als abendfüllend aufgeführt, während das eigentliche Melodram an den darauffolgenden Abenden gegeben wurde. RL

AETIUS (Ezio)

Melodram in drei Akten von Antonio Sacchini (1730–1786). Libretto von Pietro Metastasio (1698–1782). Uraufführung: Neapel, Teatro San Carlo, 4. November 1771.

● Die Handlung der Oper ist oft schwerfällig und jedenfalls künstlich, bis es zur Lösung im unerwarteten Finale kommt. Der Komponist fand jedoch zu gefälligen lyrischen Höhepunkten. (Zur Handlung des Librettos siehe Händels gleichnamige Oper auf Seite 40). RB

SCIPIOS TRAUM
(Il sogno di Scipione)

Dramatische Serenade (Serenata drammatica) in einem Akt von Wolfgang Amadeus Mozart (1698–1782). Libretto von Pietro Metastasio (1698–1782). Uraufführung: Salzburg, 29. April 1772.

Innenansicht des herzoglichen Theaters in Mailand im achtzehnten Jahrhundert. Stich von M.A. Dal Re. Mailand, Theatermuseum der Scala.

Innenansicht des neapolitanischen Theaters San Carlo in der zweiten Hälfte des achtzehnten Jahrhunderts. Neapel, Museo Nazionale di San Martino.

HANDLUNG. Auf der Bühne ist der im Königspalast von Massinissa in Schlaf gesunkene Scipio zu sehen. Zwei Göttinnen erscheinen ihm im Traum: die Göttin der Beständigkeit und die des Glücks fordern, daß er sich sofort und für sein ganzes Leben für eine von ihnen entscheide. Scipio hört die Chöre der Seligen und begreift, daß er sich im Paradies befindet. Sein Pflegevater Scipio, der Afrikaner, spricht zu ihm über die Unsterblichkeit der Seele und den Lohn, der die Seligen nach dem Tode erwarte. Sein eigener Vater, Emilianus Paulus, zeigt ihm in der Ferne die Erde, ein kleines Licht im Raum, Symbol der Hinfälligkeit alles Irdischen. Ein heftiges Verlangen, in den Kreis der Seligen einzutreten, erfaßt Scipio, doch zuvor muß er Rom retten. Endlich trifft er seine Wahl zwischen den beiden Göttinnen: Constanza, der Beständigkeit, wird er folgen, die Glücksgöttin Fortuna entfesselt daraufhin Donner und Blitz und zeigt sich als eine wahre Furie. Scipios Erwachen setzt dem Traum ein Ende.

• Metastasios durch Ciceros *Somnium Scipionis* inspirierter Text zählt zu seinen minderen Werken und entstand als Gelegenheitsarbeit zu einem früheren Anlaß: dem Geburtstag der Kaiserin Elisabeth. Diese Vorlage wurde zur Einsetzung des Erzbischofs Hieronymus Colloredo wieder hervorgeholt und Mozart zur Vertonung übergeben, der eine Art dekorative Oper ohne psychologische Vertiefung oder Charakterisierung der Personen schrieb. Das Werk schließt mit einer der Gelegenheit entsprechenden Grußadresse an den Erzbischof, die sozusagen «die Moral von der Geschicht» bringt. RL

ANTIGONE (Antigona)

Oper in einem Akt von Tommaso Traetta (1727–1779). Libretto von M. Coltellini. Uraufführung: St. Petersburg, Kaiserliches Theater, 11. November 1772.

HANDLUNG. Die Oper geht unmittelbar auf Sophokles' *Antigone* zurück und behandelt die Geschichte der Tochter des Oedipus, Antigone, die den Leichnam des ihres Bruders Polyneikes gegen den Willen des Tyranns von Theben, Kreon, bestatten will. Kreon hatte befohlen, den Leichnam vor den Mauern der Stadt zu lassen, da Polyneikes die Sicherheit Thebens in Gefahr gebracht hatte. Antigone zögert nicht, gegen diesen ungerechten Befehl zu verstoßen und wird dazu verurteilt, bei lebendigem Leibe eingemauert zu werden. In der Zelle findet sie ihren Geliebten Haimon, Sohn Kreons, vor, der entschlossen ist, ihr bis in den Tod zu folgen.

• Die Oper wurde mit großem Erfolg vom russischen Hof aufgenommen, obwohl sie nicht zu den gelungensten Werken des Komponisten zählt. In jüngerer Zeit fand unter der Leitung Nino Sanzognos am 15. Mai 1962 eine Aufführung während des *Maggio musicale fiorentino* statt. GP

LUCIO SILLA
(Lucius Sulla)

Melodram in drei Akten von Wolfgang Amadeus Mozart (1756–1791). Libretto von Giovanni de Gamerra (1743–1803). Uraufführung: Mailand, Teatro Ducale, 26. Dezember 1772. Solisten: Anna De Amicis, Venenzio Rauzzini, Bassano Morgnone.

HANDLUNG. Sie spielt im Rom der Antike. Der Diktator Silla (Tenor) liebt unerwidert Junia (Sopran), Tochter des Marius und Verlobte des Caecilius (Sopranist), der verbannt worden und fest entschlossen ist, sie zu seiner Gemahlin zu machen. Caecilius kehrt heimlich nach Rom zurück und trifft sich des Nachts in der Nähe von Marius' Grab mit Junia. Hauptzweck seiner Rückkehr ist eine Verschwörung gegen Silla, an der auch Cinna, den innige Gefühle mit Sillas Schwester verbinden, teilnimmt. Die Verschwörung wird aufgedeckt und Caecilius zum Tode verurteilt. Junia will mit ihm in den Tod gehen und tritt, zu allem entschlossen, vor Senat und Volk Roms, Silla seine Übergriffe und Missetaten vorwerfend. Schleunigst verwandelt Silla sich in einen verständnisvollen Bürger: Caecilius und seine Mitverschworenen erhalten ihre Freiheit zurück und die doppelte Vermählung Junias mit Caecilius und Cinnas mit Sillas Schwester wird gefeiert.

• Der Dichter des Textbuches stand sozusagen an seinen literarischen Anfängen, nachdem er bis dahin sich zunächst der geistlichen und dann der militärischen Karriere gewidmet hatte. Vorsichtshalber legte er sein Libretto dem großen Metastasio zur Beurteilung vor, der sein Placet gab, obwohl es sich nicht um einen großen Wurf handelte. 1774 komponierte auch Anfossi einen *Lucio Silla* für Venedig und Gamerra überarbeitete sein Libretto 1779 für den Komponisten Michele Mortellari. *Lucio Silla* ist Mozarts letzte Oper, die er für Italien komponierte. In der Uraufführung sang der Tenor Bassano Morgnone die Hauptrolle. Da er noch nicht über große Bühnenerfahrung verfügte, traute man ihm nicht viel zu und Mozart schrieb ihm nur zwei recht konventionelle Arien. Alle Sorgfalt verwandte er dagegen auf die Rollen der Junia und des Caecilius, die von sehr geschätzten Virtuosen gesungen wurden. Eine der gewichtigsten Stellen der Oper ist beider Begegnung am Grab des Marius. Das Libretto ist von einem Hauch gestelzten Heroismus durchzogen, der den eigentlichen Interessen und der Sensibilität Mozarts fernlag. Dennoch heißt es, Mozart habe in dieser Oper genug musikalisches Material eingebracht, um damit ein Dutzend Sinfonien schreiben zu können. Das Werk erlangte nicht den erhofften Erfolg, so daß Mozarts Vater Leopold sich beeilte, dies damit zu erklären, daß die Uraufführung unter einem bösen Stern gestanden habe (ein Brief vom 2. Januar 1773). Mozart war im September zur Vorbereitung der Aufführung nach Mailand gereist und blieb bis zum März 1773 in der Hauptstadt der Lombardei in der vergeblichen Hoffnung, hier eine feste Anstellung zu finden. RL

UNTREUE LOHNT NICHT
(L'infedeltà delusa)

Komische Oper (Burletta) in zwei Akten von Franz Joseph Haydn (1732–1809). Libretto von Marco Coltellini (1719–1777). Uraufführung: Schloß Esterhazy, 26. Juli 1773.

HANDLUNG. In der Toskana, auf dem Lande. Im Anfangsquintett stellen sich alle Personen der Oper vor: der alte Filippo, Sandrinas Vater, der seine Tochter mit dem reichen Bauern Nencio verheiraten will; das hübsche Mädchen liebt dagegen Nanni, der diese Gefühle erwidert, während seine Schwester Vespina in Nencio verliebt ist. Nanni hegt den Verdacht, einen Rivalen zu haben und um die Geliebte gebracht zu werden: doch eher will er sterben. Er hofft, der Mann, der ihm Sandrina nimmt, möge tausend Qualen erleiden. Das Mädchen weiß nicht, wie es sich dem Willen des Vaters widersetzen soll. Doch Vespina weiß die Fäden dieses Intrigen-

Das Versailler Theater auf einem Stich von Marmontel. Paris, Nationalbibliothek.

spiels geschickt zu handhaben: denn, wenn Nanni und Sandrina heiraten können, wird Nencios Herz frei und gewiß ihren Wünschen offenstehen. Dank einer Reihe von Verkleidungen und Täuschungen gelingt es dem schlauen Mädchen sein Ziel zu erreichen: sie tritt bald als vom Gatten verlassene Mutter, bald in Männerkleidern auf, dann erscheint sie als reicher Marchese und schließlich als Notar. Und zum glücklichen Ende wird, wie von ihr beabsichtigt, Hochzeit gefeiert.

● Der heitere Text stammt von dem berühmten Librettisten und – auf den Spuren Calzabigis – Opernreformer Coltellini. Den Reformvorstellungen entsprechend ist auch die Zahl der handelnden Personen in dieser *Burletta* recht beschränkt. Coltellinis schrieb auch für Mozart, Gluck, Salieri, Hasse und Paisiello. Haydns in der idyllischen Ruhe von Schloß Esterhazy komponierte Musik ist stellenweise bewußt parodierend. Damit eröffnete der Komponist einen Weg, der sich für künftige komische Opern als recht fruchtbar erweisen sollte.

THAMOS, KÖNIG IN ÄGYPTEN

Drama mit Bühnenmusik von Wolfgang Amadeus Mozart (1756–1791). Text von Tobias Philipp, Freiherr von Gebler. Uraufführung: 4. April 1774.

● Mozart komponierte diese Bühnenmusiken, zwei Chöre und fünf Instrumentalstücke, als er sich 1773 mit seinem Vater Leopold in Wien aufhielt. Später gestattete er der Wandertruppe Johann Böhms diese Stücke, die er inzwischen neu bearbeitet hatte, in eine Komödie indischen Sujets von Karl Martin Plumicke mit dem Titel *Lanassa* nach A. L. Lemierres *Veuve de Malabar*, einzufügen. In diesem Rahmen wurde Mozarts Musik vielerorts in Süd- und Westdeutschland aufgeführt. Die ursprüngliche Fassung und vor allem der erste Chor sind ein Beispiel großer Musik und vielfarbiger, meisterlicher Instrumentation. Hier erscheint auch jene Kontrastwirkung von Licht und Dunkelheit, die schließlich in der *Zauberflöte* vollendet entwickelt wurde.   RL

KEPHALOS UND PROKRIS oder DIE EHELICHE LIEBE
(Céphale et Procris, ou L'Amour conjugal)

Lyrisches Ballett in drei Akten von André Grétry (1741–1813). Libretto von J. F. Marmontel (1723–1799). Uraufführung: Versailles, 30. Dezember 1773, anschließend Paris, Opéra, 2. Mai 1775.

● Mit diesem «heroischen Ballett», das vom Publikum sehr kühl aufgenommen wurde, versuchte der Komponist Glucks damals an der Opéra Furore machender Musik entgegenzutreten.   LB

IPHIGENIE IN AULIS
(Iphigénie en Aulide)

Lyrische Tragödie in drei Akten von Christoph Willibald Gluck (1714–1787). Libretto von Bailli Leblanc du Roullet (1716–1786) nach Racines gleichnamiger Tragödie (1674). Uraufführung: Paris, Académie Royale de Musique (Opéra), 19. April 1774. Solisten: Sophie Arnould, Rosalie Duphan, Rinalde Legros, Ubalde Arrivée. Dirigent: C. W. Gluck.

HANDLUNG. Erster Akt. Im Feldlager der Griechen. Der Seher Kalchas (Baß) enthüllt Agamemnon, daß die erzürnte Göttin Artemis (Sopran) das Opfer seiner Tochter Iphigenie (Sopran) fordere, bevor die Griechen nach Troja segeln können. Um den Tod seiner Tochter zu verhindern, will der Atride sie, die auf der Reise zum Griechenlager ist, um dort Achilleus (Tenor) zu heiraten, nach Mykene zurückschicken und sendet Klytämnestra (Mezzosopran), Iphigeniens Mutter, den Herold Arkas entgegen, der falsche Anschuldigungen gegen den Peliden vorbringen soll, damit das Verlöbnis gelöst wird. Doch schon treffen Iphigenie und Klytämnestra im Lager ein, Achilleus weist die Verleumdungen zurück und überzeugt Iphigenie von seiner Treue. Zweiter Akt. Am Opferaltar. Alles ist für die Hochzeitszeremonie bereit, als Arkas ankündigt, Agamemnon habe beschlossen, seine eigene Tochter Iphigenie zu opfern. Achilleus erhebt sich gegen einen so grausamen Vater und erreicht nach einer dramatischen Begegnung mit Agamemnon, daß auf dessen Befehl seine Gattin und Tochter nach Mykene zurückgebracht werden sollen. Dritter Akt. Vor einem Zelt. Den Zorn der Götter fürchtend, zeigt sich das Heer unruhig und verhindert die Abreise Iphigeniens. Diese ergibt sich stoisch in ihr Schicksal und Kalchas will schon das Opfer vollziehen, als der heldenmütige Achilleus zum Altar stürzt, um ein solches Verbrechen zu verhindern und den Priester entwaffnet. Um ihrer Tochter Leben zu retten, ist auch Klytämnestra bereit, ihre Stellung als Königin, ja ihr Leben selbst zu opfern, doch noch immer fordert das Volk Iphigeniens Opferung. Endlich erscheint Artemis, und zeigt sich von Iphigeniens Heldenmut, der Mutter Tränen und dem Schmerz aller besänftigt. Sie nimmt Iphigenie mit sich fort und verspricht der griechischen Flotte günstige Winde für die Fahrt nach Troja.

● *Iphigenie in Aulis* ist in Glucks Opernschaffen ein zentrales Werk, in dem sich seine bereits 1762 mit *Orpheus und Eurydike* begonnene Reform voll ausdrückt. Dem Werk ging 1773

Kostümfigurine zu Glucks 1774 aufgeführter «Iphigenie in Aulis». Zeichnung von Boquet oder aus seiner Werkstatt. Paris, Bibliothèque de l'Opéra.

im «Mercure de France» eine Polemik voraus, in der Gluck Rousseau und seine Anhänger angriff, die in musikalischer Hinsicht die italienische Oper vertraten. Bereits Algarotti und Diderot hatten in Racines Tragödie einen idealen Vorwurf für eine Oper gesehen, doch ist es allein Glucks Verdienst, der diese Anregung übernahm, daß in *Iphigenie in Aulis* einer jener seltenen Fälle eintritt, in dem Drama und Musik zu einer Einheit verschmelzen. Auch wenn sich im Libretto das Fehlen eines wahren dramatischen Instinkts von Zeit zu Zeit bemerkbar macht, so ist doch die dramatische Kraft der Musik, ihr großer Atem und ihre Anmut ein Beispiel für Glucks Fähigkeiten und Neuerungen. Nicht zufällig interessierten sich sowohl Mozart als auch Wagner für die herrliche Ouvertüre. Beide bearbeiteten sie, damit sie auch konzertant aufgeführt werden konnte, darüber hinaus bearbeitete Wagner die ganze Oper. In Paris fand die Oper ein nachhaltiges Echo. Marie Antoinette, die Gattin des Dauphins und frühere Gesangsschülerin Glucks schrieb ihrer Schwester Maria Christina Josepha nach der Premiere der *Iphigenie:* «... ein großer Triumph, meine liebe Christina! ... Überwältigt war ich und man spricht auch von nichts anderem. Ein solches Ereignis hat alle Köpfe in Hitze gebracht; es scheint fast unglaublich, Streitgespräche gibt es, als gehe es um eine religiöse Frage. Bei Hof . . . erleben wir Parteinahme und ganz besonders lebhafte Erörterungen und in der Stadt scheint der Streit noch größer zu sein . . .». LB

DIE GÄRTNERIN AUS LIEBE
(La finta giardiniera)

Komische Oper (Opera buffa) in drei Akten von Wolfgang Amadeus Mozart (1756–1791). Libretto von Ranieri de' Calzabigi (1714–1795). Uraufführung: München, Residenztheater, 13. Januar 1775.

PERSONEN. Ernste Rollen: Arminda, Mailänder Adlige, Geliebte des Grafen Ramiro und nun dem jungen Grafen Belfiore verlobt, Ramiro, Geliebter Armindas und von dieser verlassen. Komische Rollen: die Marchesa Violante, Geliebte des jungen Grafen Belfiore, totgeglaubt und nun als Sandrina und Gärtnerin auftretend, der junge Graf Belfiore, erst Geliebter Violantes und nun Armindas, Serpetta, Kammerzofe des Podestà und in diesen verliebt, Don Anchises, Podestà von Lagonero, Geliebter Sandrinas, Roberto, Diener Violantes, der als ihr Vetter unter dem Namen des Gärtners Nardo auftritt und unerwidert Serpetta liebt.

HANDLUNG. Der dumme alte Podestà, ein direkter Nachfahre Pantalones aus der *Commedia dell'arte,* ist in die Gärtnerin Sandrina verliebt. Diese ist jedoch in Wirklichkeit die Gräfin Violante, die in dieser Verkleidung entdecken will, wo sich ihr eigentlicher Geliebter Graf Belfiore verbirgt, der sie in einer eifersüchtigen Aufwallung verletzt hat und danach, da er sie tot glaubte, flüchtete. Verwickelt wird die Situation durch die kokette Serpetta, die unverschämt auftritt und fest entschlossen ist, den Podestà zu heiraten, allerdings nicht aus Liebe, und deshalb Nardo, der ihr den Hof macht, sehr grausam behandelt. Arminda, die Nichte des Podestà, zeigt dem in sie verliebten Grafen Ramiro die kalte Schulter und zieht ihm Belfiore vor, der ihretwegen Sandrina, als Violante, verläßt. Der einzige treue und damit unglücklich Liebende ist Ramiro. Diese Intrigenhandlung scheint im zweiten Akt ihren Abschluß zu finden, als Violante sich zu erkennen gibt, um Belfiore von der Anklage, sie getötet zu haben, zu retten. Doch gleich darauf schlüpft sie wieder in die Rolle Sandrinas, leugnet ihr Bekenntnis und stürzt den unglücklich Verliebten in Verzweiflung. Im zweiten Akt folgt nun eine tolle Szene nach der anderen. Erst im dritten Akt kommen die Liebenden zur Vernunft und die Geschichte findet nach weiteren Verwicklungen ein glückliches Ende.

● Die Oper wurde zur Hälfte in Salzburg und von September 1774 und Januar 1775 dann in München komponiert. Die Uraufführung, über die Mozart uns einen Bericht in einem Brief an seine Mutter hinterließ, hatte einen ansehnlichen Erfolg, wurde dann eine Zeitlang beiseitegelegt und 1779 von der deutschen Wandertruppe Johann Böhms wieder aufgegriffen, der sie als Singspiel brachte. Kurz zuvor war das Textbuch zu *La finta giardiniera* von Pasquale Anfossi vertont worden und Mozart, der diese Partitur gut kannte, nahm sie sozusagen zum Modell für seine eigene Komposition. Neu ist die Aufteilung in Buffo- und ernste Partien. Eine Neuerung, die jedoch noch nicht zu der wunderbaren, vollkommenen Verschmelzung führt, wie wir sie beispielsweise im *Don Giovanni* antreffen. Mozart sah sich gezwungen, eine Art Ariensammlung zu schreiben, von denen einige wunderschön sind; Ensembles sind nur wenig vertreten, da auch die Personen nicht sehr genau umrissen und ausgeprägt sind. Das etwas schwache Libretto ist wohl schuld, daß *Die Gärtnerin aus Liebe* keinen Dauererfolg hatte, dennoch ist diese Oper sehr anmuts- und lebensvoll und ein weiterer Beweis für Mozarts schöpferischen Genius. RL

Typisches barockes Bühnenbild der italienischen Oper, die sich komplizierter, hinter Kulissen und Prospekt verborgener Maschinen, die überraschende szenische Wirkungen hervorbrachten, bediente.

IL RE PASTORE
(Der Schäferkönig)

Oper (Dramma per musica) in zwei Akten von Wolfgang Amadeus Mozart (1756–1791). Libretto von Pietro Metastasio (1698–1782). Uraufführung: Salzburg, Erzbischöfliches Palais, 23. April 1775.

HANDLUNG. Alexander der Große hat die Stadt Sidon von dem Tyrannen befreit, der sie beherrschte und will nun den Thron dem rechtmäßigen Erben zurückgeben. Dieser, der sich Amintas nennen läßt, lebt wie ein einfacher armer Schäfer und liebt die Nymphe Elisa. Daneben gibt es ein zweites Paar: Tamiri, die geflohene Tochter des entthronten Tyrannen und Agenor, einen Edlen des Reiches. Der Staatsräson folgend sollte Amintas Tamiri heiraten und so den inneren Streitigkeiten ein Ende bereiten. Doch die Vorstellung von dieser Lösung beschwört in den Betroffenen tiefe Konflikte zwischen Pflicht und Neigung herauf. Am Ende findet Alexander eine weise Entscheidung: Amintas wird als König und Herrscher zugleich die Nymphe Elisa zur Seite haben, während Tamiri und Agenor von Alexander ein neues Land zum Geschenk erhalten, über das sie in Liebe vereint regieren werden.

● Metastasios Vorlage ist reich an gefühlvollen Passagen und zeigt das Ideal eines idyllischen Lebens, in dem anmutige Personen vorgeführt werden, die des langen darüber disputieren, worin wohl eine weise Regierung bestehe, doch bieten sie zweifellos keinen Anstoß zu einer dramatischen, dynamischen Handlung. Dieses Libretto entstand 1751 und ist eine der letzten und wohl nicht der besten Arbeiten Metastasios. Es war zu den Festlichkeiten anläßlich des Besuchs des Erzherzogs Maximilian Franz, des jüngsten Sohnes der Kaiserin, 1775 in Salzburg ausgewählt worden. Auf diesen statischen Text schrieb Mozart eine vor allem auf das Instrumentale setzende Musik. Im gleichen Jahr hatte er die fünf Violinkonzerte komponiert und viele der für drei Soprane und zwei Tenöre bestimmten Arien haben den Aufbau kleiner Konzerte, in zweien wetteifern Soloinstrumente (und zwar Flöte und Violine) mit der Singstimme. Der Stil dieser Oper ist sehr viel knapper und festgefügter als noch in den Mailänder Opern *Mithridates* bis *Lucio Silla*. Die Persönlichkeit des Komponisten, die den weitschweifigen, dem Salzburger Publikum so teuren Stil zu verlassen beginnt, tritt hier sehr viel ausgeprägter zutage. RL

DER VERMEINTLICHE SOKRATES
(Il Socrate immaginario)

Komische Oper (Opera buffa) von Giovanni Paisiello (1740–1816). Libretto von F. Galiani und G. Lorenzi. Uraufführung: Neapel, Teatro Nuovo, Herbst 1775.

HANDLUNG. Don Tammaro ist von einem tollen Interesse für die antike Philosophie erfaßt und gibt vor, ein zweiter Sokrates zu sein, wobei er bis in die kleinsten Einzelheiten den griechischen Philosophen nachahmt. Er erklärt zum Beispiel, daß er wisse, daß er nichts weiß und eben deshalb Philosoph sei, wie dies auch für Sokrates gegolten habe. Auch die Zornausbrüche seiner Frau nimmt er ohne zu klagen hin, denn solche hatte ja auch der erste Sokrates zu ertragen, ja, er fleht schließlich seine Xanthippe an, einen Nachttopf über ihm auszuleeren. Tammaro hat auch seinem Barbier (Mastro Antonio) eingeredet, er sei Platon. Ihm will er seine Tochter Emilia, die allerdings Ippolito liebt, zur Frau geben. Sie will aber auch ihn nicht ohne den Segen ihres Vaters heiraten und stürzt ihn damit in Verzweiflung. Ein neuer Einfall Tammaros ist der, daß er eine zweite Frau nehmen will, um so die Geburtenzahl zu heben und dem Wohle des Vaterlandes zu dienen. Seine Auserwählte ist Cilla, die Tochter des Barbiers, in die wiederum Calandrino, der Diener des «Neuen Sokrates» verliebt ist. Nun folgen die unterschiedlichsten Versuche, diese verworrene Geschichte trotz Tammaros Geistesverwirrung in bestmöglicher Weise zu lösen. Doch jeder neue Versuch scheitert entweder durch Emilias Eingreifen, die ihren Vater nicht getäuscht sehen will oder durch das Cillas. Calandrino versucht, als Dämon aufzutreten, mit dem, nach dem Historiker Diogenes Laertius, der erste Sokrates regen Umgang pflegte, um ihn zu überreden, seine Tochter Ippolito zu geben. Nachdem auch dies nicht zum Ziel führt, hat Calandrino einen letzten Einfall: dem eingebildeten Philosophen muß ein Schlaftrunk gereicht werden, von dem er glauben muß, es sei der Schirlingsbecher, damit wenigstens der Weg für die Zeit frei wird, die ausreicht, Ippolito und Emilia fliehen zu lassen und Cilla zu verstecken. Wenn auch zögernd, trinkt Don Tammaro aus Liebe zum antiken Griechentum schließlich den Trunk, der die überraschende Wirkung hat, ihn endlich von seinem Wahn zu heilen und damit ein glückliches Ende zu ermöglichen.

● Die Oper, deren Libretto teilweise im neapolitanischen Dialekt verfaßt ist, blieb im Neapel Ferdinands IV. auf Jahre hinaus verboten, da man das Libretto für «indiskret» befunden hatte. Es war tatsächlich eine Satire auf den Neapolitaner D. Savero Mattei und seine Anhänger, die ihre Bewunderung des klassischen Altertums in eine wahre Manie ausarten ließen. Immerhin blieb Paisiello die Gunst der Bourbonen erhalten. AB

DIE GOUVERNANTE
(The Duenna or The Double Elopement)

Oper in drei Akten von Thomas Linley dem Älteren (1733–1795) und seinem Sohn Thomas (1756–1778). Libretto von R. Brindsley-Sheridan. Uraufführung: London, Covent Garden, 21. Oktober 1775.

● Eine der erfolgreichsten englischen Opern im achtzehnten Jahrhundert. In der Uraufführungssaison schlossen sich fünfundsiebzig Wiederholungsvorstellungen an *(The Beggar's Opera)* erreichte deren dreiundsechzig). Die italienische Fassung stammte von C. F. Bandini. 1915 wurde das Werk in Kalkutta auf Bengalisch gebracht und 1925 in Bombay. Bis 1930 wurde es an den Bühnen Englands immer wieder neu inszeniert. MSM

POLLY

Oper (Ballad-opera) in drei Akten mit Musik von John Christopher Pepusch (1667–1752). Textbuch von John Gay (1685–1732). Uraufführung: London, Little Haymarket Theatre, 19. Juni 1777.

● Die Oper sollte sozusagen die *Bettleroper (Beggar's Opera)* fortsetzen. Die Vorrede zum Libretto ist auf den 15. März

1729 datiert, im gleichen Jahr wurden auch Text und Musik veröffentlicht. Aus politischen Gründen wurde die Genehmigung zur Aufführung jedoch erst achtundvierzig Jahre später erteilt. Vermutlich hatte Premierminister Walpole, der in der *Bettleroper* zur Zielscheibe des Spotts geworden war, sein Veto eingelegt. 1777 wurde die Oper endlich in textlich durch G. Colman veränderter Form und mit einigen neuen Arien Arnolds aufgeführt. Sie hatte keinen Erfolg und wurde nur noch wenige Male gegeben.   MS

DIE WELT AUF DEM MONDE
(Il mondo della Luna)

Komische Oper (dramma giocoso) in drei Akten von Franz Joseph Haydn (1732–1809). Libretto von Polyxen Fegej Pastor nach Carlo Goldonis gleichnamiger Komödie (1707–1793). Uraufführung: Schloß Esterhazy, 3. August 1777.

PERSONEN. Ecclitico (Tenor), Bonafede (Baß), Flaminia, Tochter Bonafedes (Sopran), Clarice, ebenfalls Bonafedes Tochter (Sopran), Lisetta, Bonafedes Haushälterin (Mezzosopran), Ernesto (Sopran), Cecco, sein Diener (Tenor), vier Schüler Ecclitcos, vier Mondpagen.

HANDLUNG. Erster Akt. Im Hause Ecclitcos. Auf der Terrasse. Ecclitico liebt Clarice und sein Freund Ernesto deren Schwester Flaminia, doch Bonafede, der Vater der Mädchen ist nicht einverstanden. Mit Hilfe seines Freundes und des Dieners Cecco, der in Bonafedes Haushälterin Lisetta verliebt ist, der auch ihr Herr den Hof macht, beschließt Ecclitico, sich dessen Leichtgläubigkeit zunutze zu machen und sich als Astrologe auszugeben. Durch sein manipuliertes Fernrohr läßt er Bonafede die Wunderwelt des Erdtrabanten sehen, und als ein erfundener Mondbeherrscher Ecclitico auf seinen Planeten einlädt, bittet Bonafede den jungen Mann, ihn dorthin mitzunehmen: mittels eines starken Schlaftrunks wird er außer Gefecht gesetzt. Lisetta, Clarice und Flaminia fürchten, er sei gestorben, doch die Mädchen werden von den jungen Leuten beruhigt und in das Spiel eingeweiht. In einem großen Tanz stellen allegorische Figuren die Welt auf dem Monde dar. Zweiter Akt. Im verwandelten Garten von Ecclitcos Haus. Bonafede erwacht und glaubt sich tatsächlich auf den Mond versetzt. Mit allem Prunk trifft auf einem Wagen der Mondbeherrscher selbst, dargestellt von Cecco, ein.

Selbst Lisetta ist beeindruckt und beginnt den Phantasien ihres Herrn Glauben zu schenken. Endlich kommen nach den Anweisungen ihrer Verlobten auch die beiden Schwestern hinzu. Und als Cecco Lisetta zur Frau begehrt, ebenso wie Ecclitico Clarice und Ernesto Flaminia, gibt der gutgläubige Bonafede seine Zustimmung; doch wie groß ist sein Zorn, als ihm das Possenspiel klar wird. Alle Beteiligten tanzen, um Verzeihung bittend, um ihn herum. Dritter Akt. Im Hause Ecclitcos. Jeder Versuch der drei Jünglinge, Bonafede gütlich zu stimmen, ist vergeblich: Zorn und Wut wollen nicht weichen. Doch muß er sich schließlich den Tatsachen beugen und allgemeine Vergebung gewähren. Und da nun Töchter und Dienerin unter die Haube kommen, gibt er ihnen auch eine stattliche Mitgift. In allgemeiner Fröhlichkeit endet die Oper angesichts der glücklichen Paare.

● *Die Welt auf dem Monde* ist ein echtes Divertissement. In dieser Buffooper nach Goldonis Komödie greift Haydn zu entschiedener Charakterisierung der Personen, die unverwechselbar werden. So läßt zum Beispiel in Ceccos Arie *Un avaro suda e pena* (Ein Geizkragen schwitzt und leidet) als Mondbeherrscher der musikalische Ausdruck keinen Zweifel daran, wer sich hinter den kaiserlichen Gewändern verbirgt, da keine Rede von Würde und Erhabenheit sein kann. Die Oper ist bis ins letzte Detail ausgearbeitet und vor allem Haydns launigem Ton gelingt es, die Grenzen stereotyper Komik, wie sie damals im Schwange waren, zu überwinden: bedeutsam ist gewiß auch die Wahl eines so von eben erfüllten literarischen Vorwurfs, wie ihn Goldonis Komödie darstellt. Nicht nur die Lächerlichkeit der Personen, die komischen und buffonesken Situationen, sondern auch die märchenhafte Atmosphäre einiger Szenen des Librettos werden vom Komponisten sorgsam herausgearbeitet. Einige wunderschöne Arien, wie zum Beispiel die von Bonafede gesungene *Che mondo amabile* (Welch liebenswerte Welt), sowie musikalische Kunstgriffe wie zum Beispiel Echowirkungen und insbesondere die Ballette (Tänze) im zweiten Akt lassen im Zuschauer die Illusion einer magischen Atmosphäre entstehen, so daß die Leichtgläubigkeit des naiven Bonafede an Wahrscheinlichkeit gewinnt. In diesem Werk setzt Haydn all seine Erfahrungen und Kenntnisse ein: so stützt er sich auf die Errungenschaften der herrschenden italienischen Schule, die von der *Mannheimer Schule* ausgehenden gelehrten Neuerungen, Glucks Reformvorstellungen und Themen und Tonfall aus der Volksmusik, all diese Elemente in einem harmonischen Ganzen zusammenfassend. Gerade die Volksmusik

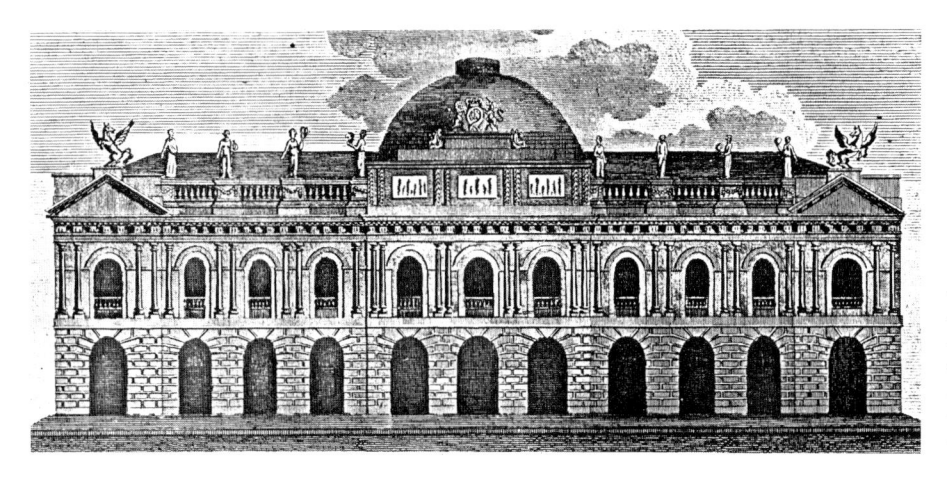

Frontansicht des King's Theatre in Haymarket (London) an dem viele Opern Händels aufgeführt wurden. Das Theater wurde 1789 zerstört.

1777

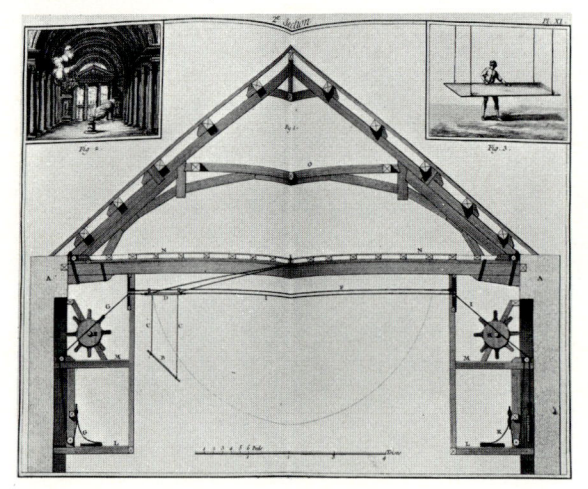

Bühnenmaschinerie aus «Diderots Enzyklopädie». Die Illustration zeigt eine Maschine zum Auf- und Niedersteigen, eine Skizze mit dem Tempel und dem Flug Merkurs und das Gerät, mit dem Donner erzeugt wurde.

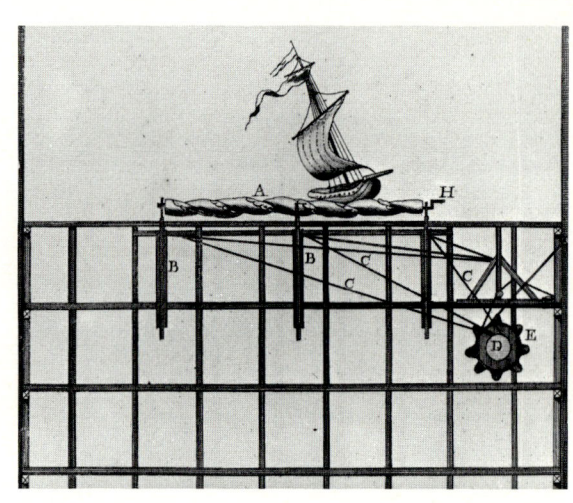

Bühnenmaschine zur Darstellung des stürmisch bewegten Meeres. Aus der «Enzyklopädie von Diderot und d'Alembert.»

liefert Haydn übrigens wenigstens teilweise die außerordentliche Frische vieler seiner komischen Einfälle. Die erhaltenen Notentexte weichen bisweilen voneinander ab, so daß angenommen werden muß, daß Haydn diese Oper mehrfach bearbeitet hat. Am 20. März 1932 wurde eine textlich (von W. Treichlinger) und musikalisch (von M. Lothar) neugestaltete Fassung der *Welt auf dem Monde* in Schwerin aufgeführt.
                   LB

ARMIDA (Armide)

Große heroische Oper in fünf Akten von Christoph Willibald Gluck (1714–1787). Libretto von Philippe Quinault (1635–1688), frei nach Torquato Tassos «Gerusalemme Liberata» (Das befreite Jerusalem). Uraufführung: Paris, Académie Royale de Musique (Opéra), 23. September 1777. Solisten: Rosalie Levasseur, Rinalde Legros, Gélin, Ubalde Arrivée.

● 1777 entstanden – fünfzehn Jahre nach dem Beginn seiner Reform der italienischen Oper – war *Armida* teilweise ein Akt der Hausforderung des deutschen Komponisten, der es hier wagte, Quinaults *Armide* zu vertonen, d.h. jenes Textbuch, zu dem Jean Baptiste Lully (1632–1687) eines seiner Meisterwerke geschrieben hatte. Die Uraufführung der Oper, die während des vierten Pariser Aufenthalts (Mai 1777 bis Februar 1778) des Komponisten stattfand, führte zu lebhaften Polemiken, an denen sich Gluck selbst beteiligte und die noch dadurch verschärft wurden, daß die Anhänger der italienischen Oper als Antagonisten des Häretikers Gluck Nicolò Piccinni nach Paris riefen. Auf eine literarische Vorlage komponiert, die fast hundert Jahre früher Lully verwandt hatte, erreicht *Armida* trotz der neuen dramaturgischen Anlage nicht die Einheitlichkeit von Glucks besten Werken wie beispielsweise *Orpheus und Eurydike* und *Iphigenie auf Tauris*. Gelungen sind vor allem die tragischen Partien, während einige solistische und Chorepisoden schwächer sind; doch zählen vor allem die Arien der Hauptfigur Armida zum schönsten, das Gluck komponierte. (Zur Handlung siehe unter Jean Baptiste Lullys *Armida* auf Seite 23). LB

DIE ERKANNTE EUROPA
(Europa riconosciuta)

Oper (dramma in musica) in zwei Akten von Antonio Salieri (1750–1825). Libretto von Mattia Verazi. Uraufführung: Mailand, Teatro alla Scala, 3. August 1778.

HANDLUNG. Europa, die Tochter des Königs Agenor von Tyros, wird dem jungen Prinzen Isseus versprochen. Asterios, König von Kreta, läßt Europa entführen; umsonst forschen ihre Brüder nach ihr. Agenor hört nichts mehr von ihr und wählt seine Nichte Semele zur Thronerbin. Sie darf jedoch erst heiraten, wenn durch Vergießen des Blutes des ersten, auf der Insel landenden Fremdlings, Europas Entführung gerächt sein wird. Nach Agenors Tod zieht Asterios

«Iphigenie auf Tauris» von C.W. Gluck an der Mailänder Scala 1956/57 mit Maria Callas. Bühnenbild von Nicola Benois, Regie: Luchino Visconti.

Beim Verlassen des Theaters. Gemälde der venezianischen Schule, achtzehntes Jahrhundert. Mailand, Theatermuseum der Scala.

zur Eroberung Tyros' aus, doch durch einen Sturm wird seine Flotte zerstreut, nur er selbst, seine Gemahlin und ein Sohn können sich retten. Sie werden am Ufer von Aegisthos gefangengenommen, der hofft, dank dieser Tat Semeles Hand zu erlangen, und dem Senat übergeben, der über das Schicksal des kretischen Königs entscheiden soll, nachdem in seiner Gemahlin Europa erkannt wurde. Nach einigen Umschweifen erreicht Isseus, daß Europa, um das Leben Asterios zu retten, auf den Thron verzichtet. Er tötet den bösen Aeghistos und kann sich nun Semele verbinden, mit der er über die phönizische Stadt regieren wird.

● Die Oper entstand 1778 als Salieri vom österreichischen Kaiser Joseph II. die Erlaubnis erhalten hatte, für ein Jahr nach Italien zu gehen. Mit ihr wurde die Mailänder Scala eröffnet. Das Werk fand große Zustimmung und wurde noch mehrmals wiederholt. In Wirklichkeit überstiegen, abgesehen von einer sehr ausdrucksvollen Arie Asterios im zweiten Akt, Ruhm und Erfolg der Oper zweifellos ihren eigentlichen musikalischen Wert. RB

IPHIGENIE AUF TAURIS
(Iphigénie en Tauride)

Oper (tragédie lyrique) in vier Akten und fünf Bildern von Christoph Willibald Gluck (1714–1787). Libretto von Nicolas-François Guillard (1752–1814) nach der Tragödie des Euripides. Uraufführung: Paris, Opéra, 18. Mai 1779. Solisten: Rosalie Levasseur, Ubalde Arrivée, Rinalde Legros.

HANDLUNG. Erster Akt. Ein heiliger Hain nahe einem Fluß. Iphigenie (Sopran) ist Priesterin der Artemis in Tauris geworden und muß auf Geheiß des Königs Thoas (Baß) der Göttin alle Fremden opfern, die ins Land der Taurer kommen. Sie betet zur Göttin um die Gnade, diesen barbarischen Ort verlassen zu dürfen. Im Traum ist ihr ihre Mutter erschienen und hat sie angefleht, sie an Orestes (Baß), ihrem Sohn und Iphigeniens Bruder zu rächen, der sie ermordet hat. Zwei soeben gefangengenommene Griechen werden vor König Thoas gebracht: es sind Orestes und sein Freund Pylades (Tenor). Auch sie sollen auf Befehl des Königs geopfert werden, er trifft Anordnungen, die Opferung auf dem Altar der Artemis vorzubereiten. Zweiter Akt. Im Tempel der Artemis. Orestes beklagt sein trauriges Geschick: nicht allein seine entsetzlichen Verbrechen lasten auf ihm, auch am Tode seines Freundes Pylades trifft ihn nun die Schuld. Der Freund will ihn trösten, doch sie werden getrennt und Orestes bleibt allein zurück. Zu den den Muttermörder verfolgenden Furien tritt jetzt die Erscheinung Klytämnestras. Orestes ist außer sich und als Iphigenie hinzukommt, nimmt sie an, der Fremde sei über ihre Erscheinung so entsetzt. Sie erfährt, er komme aus Mykene. Auf ihre Fragen hört sie vom traurigen Schicksal, das Agamemnon und Klytämnestra erlitten haben. Dritter Akt. Gemach Iphigeniens. Iphigenie möchte Orestes retten und verspricht, einen der beiden Gefangenen vor dem

Theaterzettel zur Uraufführung von W.A. Mozarts «Entführung aus dem Serail».

Tode zu bewahren. Orestes jedoch beschwört Pylades, ihn, der er von seinen Gewissensqualen und den Furien verfolgt wird, sterben zu lassen. Angesichts der Beharrlichkeit Orestes' zieht Iphigenie sich zurück, doch Pylades schwört, er werde den Freund retten oder aber mit ihm sterben. Vierter Akt. Tempel der Artemis auf Tauris. Vor ihrem Altar betet Iphigenie zur Göttin um den Mut, die Opferung zu vollziehen. Orestes ermutigt sie, nicht zu zögern, doch hier am Altar erkennen die Geschwister einander. Inzwischen hat Thoas entdeckt, daß einer der Gefangenen, Pylades, entflohen ist, sein Zorn wächst noch, als er hört, Orestes sei Iphigeniens Bruder. Nun stellen sich Iphigenie und die übrigen Priesterinnen schützend um Orestes, während der taurische Skythenkönig seine zögernden Soldaten der Feigheit bezichtigt. Plötzlich stürzt Pylades an der Spitze einer Schar kriegerischer Griechen in den Tempel. Unter den Schlägen der Griechen weichen die Skythen zurück, König Thoas fällt. Nun befiehlt Artemis (Sopran) den Skythen, ihren barbarischen Brauch des Menschenopfers aufzugeben und läßt Orestes und seine Schwester nach Mykene heimkehren.

● Diese vorletzte Oper Glucks, der nur noch *Echo und Narziß* am 24. September des gleichen Jahres folgen sollte, fand beim Pariser Publikum begeisterte Aufnahme. *Iphigenie auf Tauris* bedeutete den endgültigen Sieg der Gluckschen Opernreform und zugleich die Niederlage seines großen Rivalen Nicolò Piccinni. Guillard, ein junger Pariser Dichter und Librettist, war von *Iphigenie in Aulis* begeistert und schrieb das Libretto nach dem Vorbild der Tragödie des Euripides: das Ergebnis sagte Gluck so sehr zu, daß er den ersten Satz ohne jede Unterbrechung komponierte. Entsprechend der ganz vom Menschlichen gesehenen Handlung, der kaum noch Mythologisches anhaftet, fiel Glucks Musik aus. Hier, in dieser Oper, aus der das Ballett verbannt wurde, verwirklichte er sein Formideal, das er so lange Jahre angestrebt hatte, hier faßte er seine Vorstellungen in der Geschlossenheit des Werkes zusammen. Hier erringt Gluck nicht nur den Triumph seiner «Reform», sondern er ist der klassische Komponist in des Wortes vollster Bedeutung: gedankliche Vorstellung und äußere Form bilden eine echte Einheit. In *Iphigenie auf Tauris* die Testament und Programm zugleich ist, findet Glucks ästhetisches Ideal seit 1762 seinen krönenden Abschluß: er näherte sich der Musik und dem Schönen nach den Regeln des Einfachen, Wahren und Natürlichen. LB

DIE UNBEWOHNTE INSEL
(L'isola disabitata)

Oper (azione teatrale) von Franz Joseph Haydn (1732–1809). Libretto von Pietro Metastasio (1698–1782). Uraufführung: Schloß Esterhazy, 6. Dezember 1779.

● In diesem sich von der traditionellen *Opera buffa,* in der Haydn ein Meister war, deutlich absetzenden Werk, zeigen sich Tendenzen, die auf Glucks «reformierte» *Opera seria* hindeuten.

ZAÏDE

Komödie in zwei Akten von Wolfgang Amadeus Mozart (1756–1791). Libretto von J. Andreas Schachtner nach dem Singspiel «Das Serail oder Die unvermittelte Zusammenkunft in der Sklaverei zwischen Vater, Tochter und Sohn», das 1779 in Bozen mit der Musik Joseph von Frieberts aufgeführt wurde. Die 1779 komponierte Partitur blieb unvollendet und die Oper wurde nie aufgeführt.

HANDLUNG. Sie spielt in der Türkei. Ein junger Edelmann, Gomatz, wird von Sultan Soliman gefangengenommen, doch sein schöner, edler Anblick lassen die Favoritin Zaïde den Entschluß fassen, ihm zur Flucht zu verhelfen. Allazim, ein verräterischer Sklave, hilft dem Paar bei der Flucht. Doch alle drei werden aufgegriffen, in den Palast zurückgebracht und zum Tode verurteilt. Um sich und seine Gefährten im Unglück zu retten, beginnt Allazim eine lange Erzählung darüber, wie er seinerzeit das Leben des Tyrannen gerettet habe, und so stellt sich heraus, daß Zaïde und Gomatz Kinder des Sultans sind, der nun gerührt ihre Freilassung befiehlt.

● Die Geschichte dieses Mozartschen Manuskripts ist recht merkwürdig: es wurde nach dem Tod des Meisters von seiner Ehefrau Konstanze, die sich in großen wirtschaftlichen Schwierigkeiten sah, aufgefunden. Da sie annahm, daß sie es vielleicht bekanntmachen und entsprechend auswerten könnte, ließ sie in der «Allgemeinen Musikalischen Zeitung» folgende Anzeige erscheinen: «Wer immer den Titel des Singspiels oder des Ortes, an dem dieses vielleicht veröffentlicht worden, kenne, möge dieses den Herausgebern dieser Zeitschrift mitteilen». Wir wissen nicht, ob zu dieser Aufforderung eine Antwort einging, fest steht jedoch, daß wenig später, nämlich 1838 J. Anton André, der den gesamten Schatz der Manuskripte Mozarts übernahm, auch diese Oper unter dem Titel *Zaïde* veröffentlichte. Mozart hatte diese Musik für die Böhmsche Wandertruppe komponiert und hegte insgeheim die Hoffnung auf eine Aufführung in Wien, die eine Möglichkeit zur Flucht von Salzburg geboten hätte, doch bedauerlicherweise starb die Kaiserin und diese Hoffnungen verflogen. Mozarts Vater Leopold schrieb seinem Sohn am 11. Dezember 1780: «Nun kann man im Augenblick gar nichts mit Schachtners Arbeit anfangen, die Theater sind geschlossen und vom Kaiser ist unmöglich etwas zu erlangen ... Besser ist es, das Ganze aufzugeben, da die Musik noch nicht zu Ende komponiert ist ...». In Wirklichkeit fehlten nur Ouvertüre und Schlußchor. Mozart hatte aus mehreren Gründen Gefallen an diesem Sujet gefunden: die Oper spielte in der Türkei uund bot sich deshalb für eine besondere musikalische Färbung an, außerdem eröffnete die Geschichte mit ihrem gefühlsbetonten Finale dem Komponisten weitgespannte Möglichkeiten. Die einzige

komische Rolle ist die des Aufsehers über die Sklaven, Osmin. Die Personen sind deutlich charakterisiert. Zu Recht darf *Zaïde* als Vorbereitung auf eine der großen Opern Mozarts, seine *Entführung aus dem Serail* betrachtet werden.
RL

ANDROMACHE (Andromaque)

Lyrische Tragödie in drei Akten von André Grétry (1741–1813). Libretto von L. G. Pitra nach Racines Tragödie (1667). Uraufführung: Paris, Opéra, 6. Juni 1780.

● Diese in nur dreißig Tagen komponierte Oper wirkt recht blaß, trotz des hier gemachten Versuchs einer Annäherung an Glucks neuen Typus des musikalischen Dramas. Dennoch gab es fünfundzwanzig Wiederholungsvorstellungen, deren Folge nur durch einen Brand, der Bühne und Saal zerstörte, unterbrochen wurde.
LB

IDOMENEO, KÖNIG VON KRETA
(Idomeneo re di Creta)

Oper in drei Akten von Wolfgang Amaedeus Mozart (1756–1791). Libretto von Giovan Battista Varesco. Uraufführung: München, Residenztheater, 29. Januar 1781. Solisten: Antonio Raaff, Dorothea Wendling, Liesel Wendling, Giovanni Valesi.

HANDLUNG. Die Oper spielt in Kreta, zur Zeit des trojanischen Krieges. Der König der Insel, Idomeneo (Tenor), weilt in der Ferne: er nimmt mit den übrigen Griechenfürsten an der Belagerung Trojas teil. An seiner Stelle regiert sein Sohn Idamanthes (Sopran), dem auch die Bewachung der vom König auf die Insel gesandten trojanischen Gefangenen obliegt. Unter ihnen befindet sich die junge Tochter des Priamos, Ilia, die eine uneingestandene Neigung zu Idamanthes hinzieht. Die Nachricht von des Königs baldiger Heimkehr trifft ein, doch vor der Landung gerät sein Schiff mit Sturm und Wogen kämpfend in Seenot. Um Poseidons Zorn zu besänftigen, gelobt Idomeneo, den ersten Menschen, der ihm in Kreta entgegenkommen wird, dem Gott zu opfern. Mit unsäglichem Entsetzen sieht er, kaum daß er den Fuß aufs heimische Gestade setzt, wie sein Sohn Idamanthes ihm entgegenkommt. Von Verzweiflung erfaßt, flieht Idomeneo den Anblick des Sohnes, der sich in Unkenntnis des Vorangegangenen das seltsame Betragen seines Vaters nicht erklären kann. Nach vielen vergeblichen Versuchen, Idamanthes von der Insel zu entfernen, wird die Insel von einem grauenerregenden Meeresungeheuer bedroht, das von Poseidon geschickt wurde, um den König an sein Gelübde zu erinnern. Idomeneo muß nun den Namen des vom Schicksal auserwählten Opfers nennen: es ist der seines Sohnes. In ihrem Schmerz entdeckt Ilia dem Jüngling ihre Liebe, selige Glücksempfindungen vereinigen sie. Die Opferung ist beschlossen; Idamanthes, der inzwischen das Ungeheuer getötet hat, steht vor dem Altar bereit, als Ilia sich dazwischenwirft und ihr eigenes Leben gegen das seine bietet. Nun endlich greift Poseidon ein und läßt Freude und Heiterkeit wieder einkehren: eine geheimnisvolle Stimme gebietet Idomeneo, zugunsten seines Sohnes, der Ilia heiraten und mit ihr gemeinsam über die Insel herrschen soll, abzudanken. Groß ist die Freude aller Anwesenden, während Idomeneo sich von seinem Volk verabschiedet und schweigend entfernt.

● Der Vorwurf der Oper, der auf den legendären trojanischen Krieg zurückgeht, wurde auch von anderen Autoren behandelt und Varesco selbst griff auf ein Libretto Danchets gleichen Titels zurück, das dieser für André Campra schrieb, der es 1712 vertonte. Auch nach Mozart wurde das Sujet

«Die Entführung aus dem Serail» von W.A. Mozart. Bühnenbild von Damiani, Regie von Giorgio Strehler zur Aufführung an der Mailänder Scala während der Saison 1971/72.

1781

von berühmten Musikern aufgenommen: 1790 von Gazzaniga, 1794 von Paër, 1796 von Farinelli und 1806 von Federici. Der Münchner Erfolg der Oper ließ Mozart ein letztes Zögern überwinden und bestimmte ihn, seine Geburtsstadt Salzburg zu verlassen, aus der er sich auch vorher schon durch Reisen entfernt hatte, um sich ihrer engen Provinzatmosphäre zu entziehen und eine offenere, internationale Umgebung zu finden, wie in Wien, das später sein fester Wohnsitz werden sollte. RL

IPHIGENIE AUF TAURIS
(Ifigenia in Tauride)

Oper in vier Akten von Nicolò Piccinni (1728–1800). Libretto von A. Du Congé Dubreuil. Uraufführung: Paris, Académie Royale de Musique (Opéra), 23. Januar 1781.

HANDLUNG. Zwei junge Griechen landen in Tauris. Hier herrscht Thoas und Iphigenie ist Priesterin im Tempel der Artemis. Die gefangenengenommenen Griechen sollen der Gottheit geopfert werden, doch in einem von ihnen erkennt Iphigenie ihren Bruder Orestes, den Gewissensqualen wegen des in Mykene begangenen Muttermordes foltern. Sie sinnt auf Möglichkeiten zu seiner Rettung, doch als sie ihm vorschlägt, nur den anderen Gefangenen, Pylades, in den Tod zu schicken, weigert Orestes sich und tauscht mit dem Freund die Freiheit. Mutig bereitet er sich auf den Opfertod vor, während Iphigenie die undankbare Aufgabe zufällt, die Zurichtungen zur Opferung zu treffen. Doch unerwartet tritt die Wende ein: dank des Eingreifens des Pylades und seiner treuen Waffengefährten, werden die Skythen von den Griechen überwältigt und Thoas getötet. Orestes kehrt mit Iphigenie nach Mykene zurück, um dort zu herrschen, aber auch sein entsetzliches Verbrechen durch ewige Reue zu sühnen.

● Die Oper kam zwei Jahre nach Glucks *Iphigenie auf Tauris*, der ein überwältigender Erfolg beschieden war, auf die Bühne. Sie war komponiert worden, um den theoretischen Kampf gegen Glucks Reform zu unterstützen und sollte auch direkt mit dessen Werk rivalisieren, doch sein Ruhm stellte Piccinnis Oper leicht in den Schatten. MSM

DIE MAGD ALS HERRIN
(La serva padrona)

Intermezzo in zwei Teilen von Giovanni Paisiello (1740–1816). Libretto von Gennaro Antonio Federico (? bis 1745 ca.). Uraufführung: Tscharskoje Selo, St. Petersburg, 17. August 1781.

● Das Werk entstand während Paisiellos St. Peterburger Aufenthalt am Hof Katharinas II. Als Kapellmeister hatte ihn die Kaiserin 1776 nach St. Petersburg gerufen, das er 1784 verlassen sollte. Nach Federicos Libretto hatte Pergolesi bereits 1733 *La serva padrona* geschrieben. (Zur Handlung siehe unter Pergolesis Oper gleichen Titels auf Seite 40). ABe

GIANNINA UND BERNARDONE
(Giannina e Bernadone)

Oper in zwei Akten von Domenico Cimarosa (1749–1801). Libretto von Filippo Livigni. Uraufführung: Venedig, Teatro San Samuele, November 1781. Solisten: Francesca Buccarelli, Benedetto Bianchi, Vincenzo del Moro, Teresa Gherardi, Rosa Garbesi, G. Petrinelli, F. Bussani.

PERSONEN. Giannina, spottlustige Dörflerin und Bernardones Frau (Sopran), Bernardone, Landmann, ein grober, eifersüchtiger Mensch (Baß-Buffo), Capitano Francone (Tenor), Donna Aurora, Geliebte des Capitanos und Nichte Don Orlandos (Mezzosopran), Don Orlando, neapolitanischer Bürger und ungarischer Offizier (Bariton), Lauretta, Ehefrau Masinos (Sopran), Masino, Verwalter und Bruder Gianninas (Tenor).

HANDLUNG. Sie spielt in Gaeta im achtzehnten Jahrhundert. Erster Akt. Ein kleiner Platz des Städtchens. Bernardone ist entsetzlich eifersüchtig auf seine Frau Giannina und plagt sie unaufhörlich. Da er den Capitano Francone verdächtigt, geht er auf die Suche nach einem Schloß, mit dem er seine Frau zu Hause einsperren kann. Ein ungarischer Offizier, Orlando, trifft begleitet von seiner Nichte Aurora in der Stadt ein. Sie sind auf der Suche nach Capitano Francone, der Aurora zwar die Ehe versprochen hat, dann aber spurlos verschwunden ist. Orlando begegnet Giannina und macht ihr galante Komplimente, doch sie nimmt die Gelegenheit wahr, ihm von ihrem eifersüchtigen Mann zu erzählen. Als Orlando Bernardone begegnet, zieht er sogleich den Degen und bedroht ihn mit dem Schlimmsten, sollte er in Zukunft seine Frau weiter quälen. Bernardone kommt nach Hause: die Tür steht offen und Giannina ist fort. Sie ist zu ihrem Bruder gegangen, um sich bei ihm Rat zu holen, doch als sie zurückkommt, muß sie feststellen, daß Bernardone sie ausgesperrt hat. Giannina gibt vor, sich aus Verzweiflung das Leben nehmen zu wollen und wirft einen dicken Stein in den Brunnen. Als Bernardone den dumpfen Aufschlag hört, stürzt er laut um Hilfe rufend aus dem Hause. Während die Nachbarn herbeieilen, läuft Giannina unbemerkt ins Haus. In der folgenden Verwirrung begegnen sich Capitano Francone und Aurora. Francone schwört dem Mädchen, er wolle es heiraten. Schließlich tritt Giannina mit einer Kerze in der Hand vor die Haustür und fragt, was sich denn zutrage. Alle wenden sich gegen Bernardone und erklären ihn für betrunken. Am nächsten Morgen sucht Don Orlando immer noch nach Capitano Francone, um ihn zum Duell zu fordern: endlich findet er ihn bei Giannina, doch seine Nichte kommt hinzu und klärt ihn über die neue Lage auf. Jetzt wird Hochzeit gefeiert; zu den Gästen zählen auch Giannina und Bernardone, die wie gewohnt zu streiten anfangen. Mit dem Beistand der übrigen schließen sie Frieden: Giannina schwört ihrem Mann ewige Liebe und Treue und er verspricht, nicht mehr eifersüchtig zu sein. Tanz und Gesang können wieder anheben.

● *Giannina und Bernardone* war in Italien und in anderen Ländern sehr erfolgreich. Obwohl er in dieser Oper nicht auf die eigentliche Psychologie der einzelnen Personen eingeht, zeigt Cimarosa hier, wie genial seine Darstellung ihrer Gemütszustände ist; so gibt die Musik beispielsweise Bernardones Eifersuchtsanfälle zur Geduld seiner Frau Giannina kontrastierend sehr wirkungsvoll wieder. MS

DIE ENTFÜHRUNG AUS DEM SERAIL
(Il ratto dal Serraglio)

Singspiel in drei Akten von Wolfgang Amadeus Mozart (1756–1791). Libretto von Gottlieb Stephanie jr nach «Belmont und Konstanze» von Christoph Friedrich Bretzner. Uraufführung:

Wolfgang Amadeus Mozart (Mitte) mit seiner Schwester Nannerl und dem Vater Leopold. Gemälde von Giovanni Nepomuceno della Croce von 1780. Salzburg, Mozartmuseum.

Wien, Burgtheater, 16. Juli 1782. Solisten: Caterina Cavalieri, Therese Teyber, Valentin Adamberger.

PERSONEN. Konstanze (Sopran), Blonde, ihre Zofe (Sopran), Belmonte, ein junger spanischer Edelmann (Tenor), Pedrillo, sein Diener, jetzt Aufseher in den Gärten des Bassa (Bariton), Osmin, Aufseher über das Landhaus des Bassa (Baß), Selim Bassa (Sprechrolle), Anführer der Wachen, ein stummer Neger, Gefolge des Bassa, Janitscharen, Wachen, Sklaven.

HANDLUNG. Erster Akt. Platz am Ufer des Meeres, im Hintergrund das Landhaus des Bassa. Belmonte, ein junger Spanier aus edler Familie, entsteigt einem kleinen Schiff und wendet sich an Osmin, den Aufseher über das Landhaus des Bassa, um Informationen. Doch kaum spricht er den Namen Pedrillo aus, behandelt Osmin in grob und unhöflich. Belmonte sucht nach seiner Braut Konstanze, die von Seeräubern gefangengenommen und mit seinem Diener Pedrillo und dessen Braut Blonde an den Bassa verkauft worden ist. Erst als Osmin außer sich vor Zorn davoneilt, gelingt es Belmonte mit dem inzwischen erschienenen Pedrillo zu sprechen. Dieser genießt das Wohlwollen des Bassa und ist zum Aufseher über die Gärten ernannt worden, sehr zum Mißfallen Osmins. Nachdem Belmonte und Pedrillo ihrer Wiedersehensfreude freien Lauf gelassen haben, hecken sie einen Fluchtplan aus. Jetzt legt eine Barke am Ufer an, der der Bassa und Konstanze nach einer Lustfahrt entsteigen, während der Selim noch einmal versucht hat, die junge Gefangene sich in Liebe geneigt zu machen. Obwohl er sie nicht zwingen will, räumt er ihr nun wirklich nur noch einen Tag Bedenkzeit ein. Belmonte wird Selim Bassa als Baumeister vorgestellt und von diesem, trotz der Versuche Osmins, ihm den Zugang zum Landhaus zu verwehren, in seine Dienste genommen. Zweiter Akt. Im Garten des Bassa. Osmin hat von Selim die schöne Blonde zum Geschenk erhalten, doch sie gewährt ihm nicht das kleinste Liebeszeichen, ja sie hält ihm einen Vortrag über Stolz und Rechte der europäischen Frau, bis er sich wütend trollt. Konstanze tritt auf und Blondchen versucht, sie, die sehr traurig ist, weil der Tag zu Ende geht und sie lieber sterben will, als Belmonte untreu werden, zu trösten. Selim kommt hinzu und ist von der Charakterstärke des Mädchens höchst beeindruckt. Als er geht, kann Pedrillo Blonde endlich das Eintreffen Belmontes und den Plan zu ihrer aller Flucht mitteilen. Das Wichtigste ist, Osmin aus dem Wege zu schaffen, und dies kann nur mit Hilfe einer List gelingen. Obwohl sein Glaube ihm den Genuß des Weines verbietet, kann Pedrillo ihn doch zu einer Kostprobe, in die ein Schlafmittel gemischt wurde, überreden. Nachdem Osmin in tiefen Schlaf gesunken ist, betritt auch Belmonte den Garten und die beiden Paare finden sich. Konstanzes Tränen und eine Ohrfeige Blondes zerstreuen alle Zweifel der jungen Männer an der Beständigkeit ihrer Bräute und ihre Freude über das Wiedersehen und die baldige Rückkehr in die Freiheit ist vollkommen. Dritter Akt. Platz vor dem Hause Selim Bassas. Alles ist zur Flucht bereit: ein Boot soll die beiden Paare auf's Meer hinausbringen, wo ein Schiff zur Heimreise bereitliegt. Pedrillo hat eine Leiter an die Mauer gelehnt und gibt mit einer Serenade das erwartete Signal, doch die Frauen verspäten sich. Als sie endlich kommen, wird weitere Zeit mit Liebesbeteuerungen und Zwischenfällen, einem verlegten Schleier, dem vergessenen Mantel,

1782

verloren. Da kommt auch schon Osmin, den Vorgeschmack der Rache genießend, herbei: ein stummer Sklave, der zufällig zugegen war, hat ihn unterrichtet. Saal im Hause des Bassa. Der Tumult hat Selim Bassa geweckt, nun werden die Flüchtlinge vor ihn gebracht. Selim ist entrüstet über Konstanzes Undankbarkeit und wird noch zorniger, als er erfährt, daß Belmonte der Sohn seines Todfeindes ist, der ihm die Geliebte raubte und ihn zwang, seine Güter und Ländereien zu verlassen. Das Schicksal der vier Gefangenen scheint entschieden, ihre Hinrichtung wird vorbereitet. Doch Selim Bassa ändert den Urteilsspruch: seine Großmut läßt es nicht zu, die Untat des Vaters mit gleicher Münze am Sohn heimzuzahlen. Er schenkt seinen Gefangenen die Freiheit, sie sollen in ihre Heimat zurückkehren. Nur Osmin protestiert ungläubig und polternd. Ein Loblied auf den Bassa beschließt die Oper.

● Das Singspiel war eine typisch deutsche Theatergattung, deren Ursprünge jedoch in der italienischen *Opera buffa* und der gegen Mitte des Jahrhunderts nach Wien gelangten französischen *opéra-comique* lagen. Die Musik nahm allmählich einen immer bedeutsameren Platz ein, die Trennung in ernste und komische Rollen wurde eingeführt und von den Sängern wurde stets größere stimmliche Gewandtheit gefordert. In diesem Genre erlangte *Die Entführung aus dem Serail* überragende Bedeutung, wie schon Goethe feststellte, zu einer Zeit, in der er sich mit dem Schreiben von Texten für weniger bedeutende Komponisten in Weimar befaßte. «Das Erscheinen der Entführung verdunkelte alles Übrige». Trotz der besonders hohen Ansprüche des Wiener Publikums wurde die Oper für Mozart zu einem ganz großen Erfolg: in Wien allein kam es sofort zu etwa zwanzig Vorstellungen mit außergewöhnlich hohen Einnahmen, Hunderte von Aufführungen folgten zu Lebzeiten des Komponisten in ganz Deutschland. Einige Motive der *Entführung aus dem Serail* hatte Mozart schon in einer nie aufgeführten, *Zaïde* betitelten Oper, deren Handlung ähnlich und ebenfalls im Türkischen angesiedelt war, antizipiert. Das Libretto zur *Entführung* hatte ihm Gottlieb Stephanie in Anlehnung an ein Drama Christoph Friedrich Bretzners geschrieben, der in der «Leipziger Zeitung» heftig protestierte: «Ein gewisser Mozart in Wien hat es gewagt, mein Drama Belmont und Konstanze zu profanieren und es als Text zu einer Oper zu verwenden. Hiermit erhebe ich feierlichen Protest gegen diese Verletzung meiner Rechte und behalte mir vor, weitere Maßnahmen zu ihrem Schutze zu ergreifen.» Ganz ungewohnterweise verwandte Mozart lange Zeit, fast ein ganzes Jahr auf die Komposition, wohl auch deshalb, weil die Uraufführung aus mehreren Gründen, immer wieder verschoben wurde. Er versuchte den rechten Märchenton zu treffen, komische, tragische, wunderbare Elemente miteinander zu verbinden und schuf ein überwältigendes Ganzes. Die Entstehung der *Entführung aus dem Serail* fällt in eine der glücklichsten Zeiten in Mozarts Leben; seiner Verheiratung mit Konstanze Weber. Dies fand hier ihren künstlerischen Niederschlag und machte dieses Singspiel zu einem der liebenswürdigsten Werke Mozarts. Mozart erweist sich als unübertrefflicher musikalischer Charakterschilderer, insbesondere die Gestalt des Osmin, der alle Züge eines echten polternden, cholerischen Gauners hat, der zwar in seinen Annäherungsversuchen Frauen gegenüber komisch wirkt, zugleich jedoch bösartig und gefährlich ist. Im Orchester ergibt sich aus der Verwendung von Pauken, Triangeln, Trompeten, Pikkoloflöten und Becken eine stark exotische, orientalisierende Färbung, die auch einer Modeströmung entsprach, die beispielsweise Montesquieu zu seinen *Lettres persanes* (1721) angeregt hatte. RL

WENN ZWEI SICH STREITEN FREUT SICH DER DRITTE
(Fra i due litiganti il terzo gode)

Komische Oper (dramma giocoso) in zwei Akten von Giuseppe Sarti (1729–1802). Libretto von Carlo Goldoni (1707–1793). Uraufführung: Mailand, Teatro alla Scala, 14. September 1782.

HANDLUNG. Graf und Gräfin liegen miteinander im Streit, da er die Kammerzofe Dorina mit dem Diener Titta, die Gräfin sie mit dem Gärtner Mingone verheiraten will. Auch der Verwalter Masotto, der sich in Dorina verliebt hat, will ihr Ehemann werden und erklärt sich ihr in der gleichen Nacht, in der der Graf mit einer überraschend angesetzten Hochzeit versucht, sie nach seinem Willen unter die Haube zu bringen. Die Gräfin erscheint an Stelle ihrer Zofe und läßt so diese Pläne scheitern. Die Geschichte wird immer verwickelter, da keiner nachgeben will, da flieht Dorina, der keiner der beiden Bewerber zusagt. Nach langem Suchen wird sie gefunden. In den Streit zwischen den beiden Bewerbern und dem sie protegierenden gräflichen Paar greift Masotto ein, der entschlossen Dorina hinwegführt. Mingone muß verzichten, Titta bekommt Livietta, eine andere Zofe. Graf und Gräfin versöhnen sich und genehmigen die Doppelhochzeit.

● Eine der bekanntesten Opern aus Sartis umfangreichem Schaffen, hatte dieses Werk einen Riesenerfolg, der auch durch die zahllosen Titel belegt wird, unter denen sie in vielen Inszenierungen und ständigen Neubearbeitungen immer wieder aufgeführt wurde. Wir nennen nur einige von ihnen: *I due litiganti* (Die beiden Streitenden), *I pretendenti delusi* (Die enttäuschten Bewerber), *Le nozze di Dorina* (Dorinas Hochzeit), *I rivali delusi* (Die enttäuschten Rivalen). Nicht wenig trug Goldonis geistreicher Text bei. Die Oper wurde auch außerhalb Italiens gegeben, so bestimmte in Wien Kaiser Joseph II. die Einnahmen der Kassa zum Benefiz für den Komponisten, da die Oper bereits genug eingebracht hatte. RB

DER KORSAR
(Le Corsaire)

Oper in drei Akten von Nicolas Dalayrac (1753–1809). Libretto von A.E.X. de Lachabeaussière. Uraufführung: Paris, Théâtre Italien, 17. März 1783.

● Es ist Delayracs zweite Oper, deren Erfolg den Komponisten bewog, weiterhin für das Theater zu komponieren. MS

DIE GANS VON KAIRO
(L'oca del Cairo)

Komische Oper (dramma giocoso) in zwei Akten von Wolfgang Amadeus Mozart (1756–1791). Libretto von Giambattista Varesco. Die 1783 komponierte Oper blieb unvollendet.

PERSONEN. Don Pippo, Marchese von Ripasecca, ist in Lavina verliebt und glaubt, Witwer Donna Panteas zu sein, Donna Pantea, seine Gattin, tritt unter dem Namen Sandra auf, Celidora, ihre einzige Tochter, Braut des Grafen Lionetto di Casavuota, Biondella, reicher Edelmann aus Ripasecca, ist in Celidora verliebt, Calandrino, Panteas Neffe, Freund Biondellos, verliebt in Lavina, Lavina, Gefährtin Celidoras, verliebt in Calandrino, Chichibbio, Hauslehrer bei Don Pippo, verliebt in Auretta, Auretta, Kammerzofe Donna Panteas.

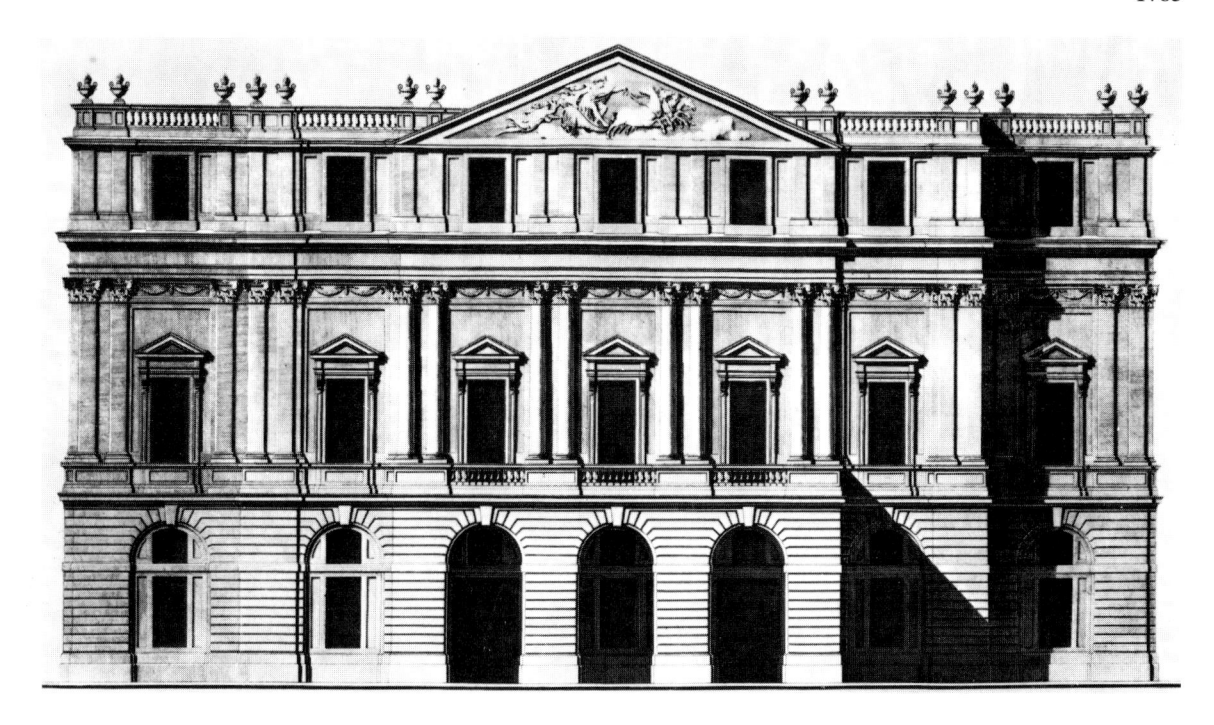

HANDLUNG. Alles beginnt mit einer Wette. Don Pippo schließt seine Tochter Celidora mit ihrer Freundin Lavina in einen Turm und geht eine Wette mit Biondello ein: gelingt es diesem vor Ablauf eines Jahres, in den Turm einzudringen, so wird ihm Celidoras Hand gewährt. Biondello versucht es mit einer Brücke – vergebens. Calandrino, ein einfallsreicher, in Lavina verliebter Freund Biondellos, der sich auf die Mechanik versteht, greift zu einem Trick: er baut eine riesige, mechanische Gans, in der Biondello sich verstecken soll, damit diese dann den beiden eingeschlossenen Mädchen zum Geschenk gemacht werden kann. Dieses Täuschungsunternehmen veranlaßt den Autor zur Erfindung einer ganzen Reihe komischer, manchmal übertriebener und lächerlicher Situationen, die schließlich dazu führen, daß wir im Finale vier mehr oder weniger gut zusammenpassende Liebespaare vereint vor uns sehen.

● Angesichts mancher von Mozart vertonter Libretti haben Kritik und Musikwissenschaft sich gefragt, ob er die Banalität gewisser Situationen und die Oberflächlichkeit der Personen nicht bemerkt habe. Dies ist auch der Fall der Oper *Die Gans von Kairo*. Aus seinen Briefen entnehmen wir, daß er lange mit Varesco über dieses Libretto sprach, ohne sich der Absurdität des ihm vorgelegten Werkes bewußt zu werden. Ja, er arbeitete eifrig an der Musik und schrieb den ersten Akt in kurzer Zeit fast völlig zu Ende. Seine große Begeisterung, die wunderbare Leichtigkeit mit der ihm die Musik aus der Feder floß, die etwas übertriebene Idee, daß, «je komischer eine italienische Oper, desto besser» (6. Dezember 1783 in einem Brief an den Vater) ließen ihn jene Augenblicke des Stutzens überwinden, die sich gewiß einstellten, da er in einem anderen Brief die *Gans von Kairo* «eine dumme Geschichte» nennt. Ab einem gewissen Augenblick ist jedoch in seinen Briefen von dem begonnenen Werk nicht mehr die Rede: entweder hatte Varesco das Libretto nicht zu Ende geschrieben oder Mozart hatte begriffen, daß er seine Kräfte an ein

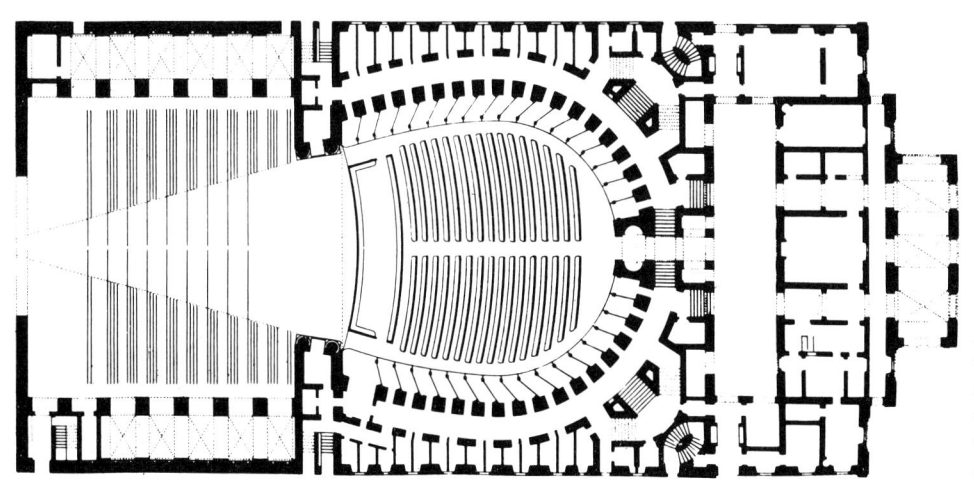

Fassade (oben) und Grundriß der 1778 von dem Architekten Giuseppe Piermarini erbauten Mailänder Scala.

Das Théâtre Royal Italien (Salle Favart) in Paris gegen Ende des achtzehnten Jahrhunderts.

Werk vergeudete, das ihm nicht viel Befriedigung verschaffen würde, um so mehr als ihm inzwischen ein anderes Libretto angeboten worden war. *Der enttäuschte Bräutigam* (Lo sposo deluso). Auch hier wird die Handlung durch eine Wette eingeleitet, doch welch ein Unterschied zu jener, mit der Figaros Hochzeit anhebt! Dennoch wußte Mozart auch in diesem Zusammenhang Seiten herrlicher Musik zu komponieren, vor allem das Finale des ersten Aktes, mit seiner vollkommenen Buffo-Struktur. Überliefert sind auch die Skizzen zu zwei Duetten, einige Arien, ein Quartett. RL

DER ENTTÄUSCHTE BRÄUTIGAM oder RIVALITÄT DREIER FRAUEN UM EINEN EINZIGEN LIEBHABER
(Lo sposo deluso, ossia Le rivalità di tre donne per un solo amante)

Komische Oper (Opera buffa) in zwei Akten von Wolfgang Amadeus Mozart (1756–1791). Libretto vermutlich von Lorenzo Da Ponte (1749–1838). Die 1783 begonnene Oper blieb unvollendet und wurde niemals aufgeführt.

PERSONEN. Sempronio, ein törichter reicher Mann, Bräutigam Emilias (Baß), Emilia (Sopran), junge Römerin edler Abkunft, launisch und Braut Sempronios, dabei Annibale in treuer Liebe verbunden, Annibale, ein toskanischer Offizier von großem Mut und in Emilia verliebt (Baß), Laurina, Sempronios Nichte, ein eitles, in Annibale verliebtes Mädchen (Sopran), Fernando, Frauenfeind und Freund Sempronios (Baß), Geronzio, Vormund Emilias, der sich schließlich in Metilde verliebt, Metilde, Gesangsvirtuosin und Tänzerin, auch sie in Annibale verliebt und falsche Freundin Laurinas (Sopran).

HANDLUNG. Alles dreht sich um Emilia und Annibale. Das Mädchen glaubt, Annibale sei tot und entscheidet sich widerwillig zur Ehe mit dem alten Sempronio. Doch Annibale taucht in Genua wieder auf, wo ihm die törichte Laurina und die schlaue Schauspielerin Metilde den Hof machen. Nach vielen Abenteuern kehrt Annibale zu seiner ersten Liebe Emilia zurück, Laurina heiratet den brummigen Weiberfeind Fernando, Metilde den alten Geronzio.

● Dieses Libretto wurde Mozart 1783 angeboten, als er noch mit der Arbeit an der *Gans von Kairo* beschäftigt war, die ihn vielleicht nicht übermäßig befriedigte. Ob dieses Libretto tatsächlich von Da Ponte stammt, konnte nie wirklich nachgewiesen werden, doch wird es ihm von vielen Kritikern zugeschrieben, obwohl er es in seinen Memoiren nicht erwähnt, vielleicht, weil er nicht allzu stolz auf diese Arbeit sein konnte. Der Beginn ist gefällig und hätte zu einer besseren Fortführung dienen können. Mozart versuchte sich an einer Charakterschilderung seiner Personen und einige Stücke lassen an berühmte Arien späterer Werke denken. Bei der Komposition dürften Mozart bestimmte Sänger im Sinn gelegen haben, denn neben das Personenverzeichnis schrieb er mit eigener Hand die Namen jener, die er für die idealste Besetzung hielt: Benucci, der künftige Figaro, Nancy Storace, die unübertreffliche Susanna, Mandini, Graf Almaviva, die Cavalieri, die Teyber, Bussani, Pugnetti. Mit diesen Versuchen, diesen Experimenten, die sich aus der inneren Notwendigkeit des Komponierens und dem dringenden Zwang des Arbeitens ergaben, bereitete Mozart sich auf die kommende große Zeit seiner Reife vor. RL

RINALDO (Renaud)

Lyrische Tragödie in drei Akten von Antonio Maria Sacchini (1730–1786). Libretto von Jean Joseph Lebout, nach Giovanni di Gamerras «Armida». Uraufführung: Paris, Opéra, 25. Februar 1783.

● Diese Tragödie wurde ursprünglich durch Torquato Tassos Dichtung inspiriert. Die Oper *Rinaldo* ist das Ergebnis zweier aufeinanderfolgender Überarbeitungen. Die erste

Fassung wurde unter dem Titel *Armida* 1772 in Mailand aufgeführt, die zweite als *Rinaldo* kam 1780 in London auf die Bühne. RB

DIDO (Didone)

Oper in drei Akten von Nicolò Piccinni (1728–1800). Libretto von Jean François Marmontel (1723–1799). Uraufführung: Fontainebleau, 16. Oktober 1783.

HANDLUNG. Das Libretto geht auf das vierte Buch der *Aeneis* zurück und behandelt die unglückliche Liebe der Königin Dido zu dem trojanischen Helden Aeneas, der das italienische Haus begründen sollte und auf abenteuerliche Weise an der Küste Karthagos landete. Die Liebe Didos findet ein tragisches Ende: Aeneas muß sie seinem Geschick folgend verlassen und die Königin tötet sich. MSM

ARMIDA

Oper (dramma eroico) in drei Akten von Franz Joseph Haydn (1732–1809). Libretto von J. Durandi nach einer Episode aus Torquato Tassos «Gerusalemme liberata» (Das befreite Jerusalem). Uraufführung: Schloß Esterhazy, 26. Februar 1784.

HANDLUNG. Armida ist eine Zauberin, der es dank ihrer Schönheit, ihrer magischen und sonstigen Künste gelingt, das Herz aller Sterblichen zu gewinnen. Keiner der zur Wiedereroberung des Heiligen Grabes Christi ins Heilige Land gekommenen Kreuzritter weiß sich ihrem Zauber zu entziehen. Allein der furchtlose Rinaldo widersteht ihr. Mit Hilfe höllischer Mächte gelingt es der unter seiner Kühle, als Frau und Zauberin Leidenden, den Helden auf eine verzauberte Insel zu versetzen und ihn sich so gefügig zu machen. Doch sie erliegt selbst Rinaldos Faszination, und es genügt ihr nicht mehr, ihn in ihrer Gewalt zu haben: sie wünscht nun, daß echte Liebe den Ritter ihr verbinden sollte. Inzwischen gelingt es den Gefährten des christlichen Helden, ihn aufzuspüren. Das Drama erreicht seinen Höhepunkt im Kontrast zwischen der festen Entschlossenheit Rinaldos, der zu seiner Pflicht als Kreuzritter zurückkehren will und der Verzweiflung Armidas, die als verliebte Frau auf ihre Zauberkünste freiwillig verzichtet hat. Im Finale wird dem Ruhm des untadeligen Helden gehuldigt.

● Im siebzehnten und achtzehnten Jahrhundert wurden zahlreiche Textbücher durch diese Episode nach Tasso angeregt. Durandis Libretto nimmt direkt auf die berühmte Vorlage Philippe Quinaults Bezug. Haydn trug dem Vorwurf Rechnung, in dem es nicht nur um den Gegensatz von Liebe und Pflicht geht, sondern auch darum, daß Liebe einerseits durch magische Künste hervorgerufen wird und andererseits durch spontane Neigung entsteht. Das Neue in der Partitur des Komponisten ergab sich gewiß auch aus dieser Art von Konflikt. Mit *Armida* schrieb Haydn eine *Opera seria*, wie sie den Reformvorstellungen Glucks und Traettas entsprach. LB

DIE DANAÏDEN
(Les Danaïdes)

Oper (tragédie lyrique) in fünf Akten von Antonio Salieri (1750–1825). Textbuch von Bailli Leblanc du Roullet (1716–1786) und L.T. de Tschudy, teilweise Übersetzung des italienischen Librettos «Ipermestra» von Ranieri de'Calzabigi (1714–1795). Uraufführung: Paris, Opéra, 26. April 1784.

HANDLUNG. Der von seinem Bruder Aigyptos vertriebene und verfolgte Danaos will sich rächen und fordert von seinen fünfzig Töchtern, die sich anschicken, die fünfzig Söhne des Aigyptos zu heiraten, seine Ehre wieder herzustellen. Nachdem die Hochzeit gefeiert wurde, erfüllen die Töchter den Wunsch des Vaters und töten ihre Gatten. Allein Hypermnestra beugt sich dem väterlichen Willen nicht und verhilft ihrem Geliebten Lynkeus zur Flucht. Vom Vater ausgesandt, suchen die Danaïden wütend nach dem Entflohenen auf dem Berg Thyrsos. Inzwischen kehrt Lynkeus mit seinen treuen Gefährten zum Palast zurück. Danaos, der keinen Ausweg mehr sieht, will sich an Hypermnestra rächen, doch Pelagos tötet ihn, bevor er seine Absicht ausführen kann. Lynkeus flieht mit seiner Gattin nach Memphis, in das Land der Isis. Ein Blitzstrahl trifft den Palast des Danaos und zerstört ihn. Die Erde öffnet sich, der Tartaros wird sichtbar und in einem Meer von Blut ist der an einen Felsen gekettete Danaos zu sehen: ein Blitz fegt immer wieder über sein Haupt hinweg, und ein Geier zerfleischt ihm die Eingeweide. Die aneinandergeketteten Danaïden werden von Dämonen, Schlangen und Furien unter einem grausamen Feuerregen gefoltert.

● In dieser Oper, einem Meisterwerk Salieris, scheint bereits dank des intensiven dramatischen Ausdrucks das romantische Theater hervor. Die Pariser Aufführung war Glucks begeisterter Unterstützung zu danken. Bei der Premiere, die der Königin von Frankreich zugeeignet war, wurde Salieri sogar nur als Mitarbeiter des großen Komponisten genannt. Erst nach dem großen Erfolg wurde bekannt, daß er der alleinige Schöpfer der Oper war. RB

OLYMPIADE (Olimpiade)

Oper in drei Akten von Domenico Cimarosa (1749–1801). Libretto von Pietro Metastasio (1698–1782). Uraufführung: Vicenza, zur Eröffnung des Teatro Eretenio, 10. Juli 1784.

● In diese Oper nimmt Cimarosa zum ersten Mal das für die *Opera buffa* typische Schlußensemble auf, um dem Finale größerer Wirkung zu verleihen. (Zur Handlung siehe unter Antonio Vivaldis Oper gleichen Titels auf Seite 41). MS

RICHARD LÖWENHERZ
(Richard Coeur de Lion)

Komische Oper (Opéra-comique) in drei Akten von André Grétry (1741–1813). Libretto von Michel-Jean Sedaine (1719–1797). Uraufführung: Paris, Comédie-Italienne, 21. Oktober 1784.

HANDLUNG. Auf Schloß Linz ist Richard auf der Rückfahrt von den Kreuzzügen gefangengesetzt. Richards treuer Gefährte Blondel stellt sich blind, gelangt in die Nähe des Schlosses und vermutet, der geheimnisvolle Gefangene sei kein anderer als sein König. Auch Margarethe, Gräfin von Flandern und Artois, die König Richard liebt, trifft am gleichen Tage ein. Blondel spielt auf seiner Fiedel ein von Richard für Margarethe komponiertes Lied, das der Gefangene

Opernaufführung 1765 in Schloß Schönbrunn.

aufgreift und zu Ende singt: Blondel hat den König gefunden. Gemeinsam mit Margarethe plant er die Befreiung des Königs. Sie laden den Gouverneur der Festung auf einen Ball, und halten ihn dort fest, so daß sie mit Margarethes Soldaten das Schloß umstellen und besetzen können. Zur allgemeinen Freude sind Richard und Margarethe endlich wieder vereint.

● *Richard Löwenherz* zählt vermutlich zu Grétrys interessantesten und bedeutendsten Werken. Mit diesem Werk führt er die *opéra-comique* am Ende des achtzehnten Jahrhunderts auf große musikalische Höhen. Die Musik zeigt beachtliche Vielfalt und Ausdruckstiefe, ist frisch und melodisch in den Chören der Landleute, gefühlvoller und fast romantisch in den Arien Richards und Margarethes, abwechslungsreich instrumentiert und setzt originelle melodische Akzente. Die Arie *une fièvre brûlante* (ein glühendes Fieber) gefiel Beethoven so sehr, daß er eine Reihe von Variationen auf sie komponierte, während eine weitere berühmte Arie *ô Richard, ô mon roi, l'univers t'abandonne* (Oh Richard, oh mein König, das Universum verläßt dich) kurze Zeit später wie eine Warnung von historischer Bedeutung klingen sollte (man denke an die Geschehnisse von Versailles am 1. Oktober 1789). Diese Oper, die ihrem Komponisten die Gunst des Publikums verschaffte, und seine Wertschätzung durch Voltaire und die Enzyklopädisten noch steigerte, wurde von drei auf vier Akte erweitert und in dieser Form am 21. Dezember des gleichen Jahres 1784 wiederum an der *Comédie-Italienne* gegeben. LB

ADONIS UND VENUS
(Adone e Venere)

Oper (dramma per musica) von Gaetano Pugnani (1731–1798). Libretto von G. Boltri. Uraufführung: Neapel, Teatro San Carlo, November 1784.

● Es geht in dieser Oper um die mythische Liebe der Göttin zu einem Sterblichen.

DIE HÖHLE DES TROPHONIUS
(La grotta di Trofonio)

Komische Oper in zwei Akten von Antonio Salieri (1750–1825). Libretto von Gian Battista Casti (1724–1803). Uraufführung: Wien, Burgtheater, 12. Oktober 1785.

HANDLUNG. Die Handlung spielt in Böotien, teils im Landhaus Aristos, teils in einem nahen Hain, in dem sich die Höhle des Trophonius befindet. Ariston, Vater zweier Zwillingstöchter, stimmt ihrer Hochzeit mit den von ihnen geliebten Männern zu: Ophelia wird sich dem, gleich ihr nachdenklichen, Artemidor verbinden, während die lebhafte Dori, den ihr ähnlichen Plistenes ehelichen soll. Inzwischen sind jedoch Artemidor und Plistenes zur Höhle des geisterbeschwörenden Trophonius gewandert und kehren veränderten Gemüts zurück. Artemidor wird unbeschwert und heiter, Plistenes ernst und nachdenklich. Sie besuchen die ihnen verlobten Schwestern und werden von diesen abgewiesen, so groß ist ihre Veränderung. Verzweifelt kehren die Jünglinge zu Trophonius zurück, der ihnen ihren ursprünglichen Charakter wiedergibt. Doch auch die den Hain betretenden Schwestern werden von Trophonius in seine Höhle gelockt, die sie völlig verändert wieder verlassen. Noch einmal muß die Hochzeit verschoben werden. Doch das glückliche Ende läßt nicht auf sich warten: Artemidor begibt sich zu dem Zauberer, der auf seine Bitten, die Mädchen ihren ursprünglichen Charakter wieder erlangen läßt. Zu allgemeiner Freude und Zufriedenheit wird schließlich die Doppelhochzeit begangen.

● Vorwurf und Handlungsablauf dieser Oper, die zu einem der größten Erfolge Salieris in Wien wurde, sind typisch arkadisch. Glucks Einfluß ist deutlich spürbar. Musikalisch ist vor allem die *Sinfonia* bedeutend, die an Vielfalt und Tiefe des späten Mozart erinnert. RB

ÖDIPUS AUF KOLONOS
(Oedipe à Colone)

Oper in drei Akten von Antonio Sacchini (1730–1786). Libretto von Nicolas François Guillard (1752–1814). Uraufführung: am Versailler Hof, 4. Januar 1786.

HANDLUNG. Des Ödipus Sohn Polyneikes wendet sich an Theseus, König von Kolonos und Athen um Hilfe gegen den Usurpator des ihm zustehenden Thrones von Theben. Theseus begünstigt ihn so sehr, daß er ihm seine Tochter Heryphile zur Frau geben will. Gemeinsam gehen sie zum Tempel, um den Schutz der Gottheit zu erflehen, doch der Altar wird von Flammen verschlungen, und die Götter zeigen sich Polyneikes, der der Vertreibung seines Vaters Ödipus aus der Stadt zugestimmt hatte, wenig geneigt. Auf seine Tochter Antigone gestützt, steigt Ödipus vom Berg Cytheron herab und gedenkt seiner unglücklichen Erlebnisse. Das Volk erkennt ihn und will ihn von neuem verjagen, doch Theseus, der in ihm ein Opfer der Schicksalsmächte sieht, greift zu seinen Gunsten ein. Antigone ist Polyneikes begegnet und verwendet sich für ihn beim Vater, der ihm endlich, von seiner aufrichtigen Reue überzeugt, Vergebung gewährt. Nun kann Polyneikes mit Zustimmung seines Vaters Ödipus sich Heryphile verbinden.

«Figaros Hochzeit» von W.A. Mozart. Auf dieser Seite Bühnenbilder von Filippo Sanjust für die Aufführung von 1965 an der Römischen Oper. Regie von Luchino Visconti.

● Sacchini komponierte diese Oper in Paris, wohin er sich 1783 als Schützling Marie Antoinettes begeben hatte. Die Uraufführung fand vor dem Königlichen Hof in Versailles statt, doch Sacchini hoffte vergebens, *Ödipus auf Kolonos* auch in Paris auf die Bühne bringen zu können. Neid und politisches Kalkül standen dem im Wege. Im darauffolgenden Jahr kam es zu einer Vorstellung an der Opéra, doch der Komponist war bereits tot. Zweifellos ist dies Sacchinis beste Oper, die gleichzeitig von Dramatik und dem Ohr schmeichelnden Melodien erfüllt ist: vor allem das Duett Ödipus-Antigone zählt die dem Schönsten, was die Oper im achtzehnten Jahrhundert zu bieten hatte. RB

DER SCHAUSPIELDIREKTOR

Komödie in einem Akt mit Musik von Wolfgang Amadeus Mozart (1756–1791). Libretto von Gottlieb Stephanie jr. Uraufführung: Schloß Schönbrunn, Wien, 7. Februar 1786. Solisten: Aloysia Lange, Caterina Cavalieri, Valentin Adamberger.

HANDLUNG. Ein Schauspieldirektor wird nach einem bösen Mißerfolg beauftragt, eine neue Truppe für Salzburg zusammenzustellen. Er ruft Schauspieler und Sänger zusammen. Zwei Sopranistinnen singen ihm vor, Frau Herz und Frau Silberklang, zwischen denen ein Streit um die ihnen zustehende Gage ausbricht, in dessen Verlauf sie sich in höchster Lautstärke anschreien. Der Tenor Monsieur Vogelsang greift schlichtend ein. Im Ensemble des Finales beruhigen sich alle wieder.

● Für diese Komödie komponierte Mozart eine Ouvertüre, zwei Arien, ein Terzett und ein Ensemble. Das Sujet war schon früher von mehreren Autoren aufgegriffen worden, so von Metastasio als Intermezzo zu *L'impresario delle Canarie* (Der Impresario auf den Kanarischen Inseln), von Goldoni im *Impresario delle Smirne* (Der Theaterdirektor in Smyrna) und zahlreiche Librettisten, wobei wir nur an Bertati und sein *Capriccio* und vor allem an Calzabigi und seine *Critica teatrale* (Theaterkritik) erinnern wollen. Stephanies grober und zeitweise geradezu vulgärer Text ist gewiß nicht die beste Vorlage und dürfte Mozart kaum einen echten Anreiz geboten haben. Dennoch schrieb er den beiden Sopranistinnen zwei wunderschöne Arien und auch die Komposition des Finales gelang ihm ausgezeichnet. Das beste Stück ist die im reinsten Buffo-Stil gehaltene Ouvertüre. Das Werk wurde in Schloß Schönbrunn aufgeführt, als dort zu Ehren des Generalgouverneurs der Niederlande, des Herzogs Albert von Saxe-Teschen und seiner Gemahlin, der Erzherzogin Christina, ein Fest gegeben wurde. Die Uraufführung fand vor diesen hohen Gästen und dem Wiener Hof statt, dann folgten am 18. und 25. auch öffentliche Aufführungen. Zur gleichen Gelegenheit erhielt Salieri den sehr viel gewichtigeren und reizvolleren Auftrag, Giovanni Battista Castis Libretto *Prima la musica e poi le parole* (Erst die Musik, dann die Worte) zu vertonen. RL

ERST DIE MUSIK, DANN DIE WORTE
(Prima la musica, poi le parole)

Heiteres Melodram (melodramma giocoso) von Antonio Salieri (1750–1825). Libretto von Gian Battista Casti (1724–1803). Uraufführung: Schloß Schönbrunn, 7. Februar 1786.

HANDLUNG. Das Werk beginnt mit einem Streitgespräch zwischen einem Hofdichter und einem Kapellmeister über ein von ihrem Dienstherrn, dem Grafen, bei ihnen bestellten Stück, das bald darauf vor den zu einem Fest geladenen Gästen gesungen und gespielt werden soll. Inmitten alter Manuskripte findet der Kapellmeister eine bereits fertig vorliegende Partitur, zu der der Poet nun den passenden Text schreiben soll. Ein weiteres Problem ist die Wahl der Darsteller: der den Poeten protegierende Fürst besteht darauf, daß ein für das «Buffogenre begabtes Mädchen» bei dieser Gelegenheit den Gästen vorgestellt werde, der Graf wünscht, daß der Kapellmeister eine «illustre Gesangsvirtuosin» auftreten lasse. Schließlich findet sich eine Lösung: der Poet findet die geeignete Inspiration und durch geschicktes Umarbeiten der Oper werden beide Sängerinnen zufriedengestellt und singen jeweils die tragischen bzw. die komischen Rollen im Stück.

● Salieri schrieb dieses Werk auf den ausdrücklichen Auftrag des Kaisers Joseph II. hin, der gleichzeitig auch Mozart ein Werk kommissioniert hatte. Beide wurden in der Orangerie des kaiserlichen Schlosses in Schönbrunn aufgeführt. Salieris Einakter, eine echte Parodie auf das übliche Melodram, hatte anschließend keinen weiteren Erfolg: die Musik ist zwar gefällig, jedoch nicht immer auf der Höhe des übernommenen Anspruchs, ja, sie ist zuzeiten blaß. RB

DIE HOCHZEIT DES FIGARO
(Le nozze di Figaro)

Oper in vier Akten von Wolfgang Amadeus Mozart (1756–1791). Libretto von Lorenzo Da Ponte (1749–1838) nach «La folle journée ou Le mariage de Figaro» (Der tolle Tag oder Figaros Hochzeit) von Pierre Augustin Caron de Beaumarchais (1732–1799). Uraufführung: Wien, Burgtheater, 1. Mai 1786. Solisten: Stefano Mandini, Francesco Benucci, Michael O'Kelly, Dorotea Bussani, Luisa Laschi, Nancy Storace, Maria Mandrini, Marianne Gottlieb.

PERSONEN. Graf Almaviva, spanischer Grande (Baß oder Bariton), Gräfin Rosina, seine Gattin (Sopran), Figaro, Kammerdiener des Grafen (Baß), Susanna, Kammerzofe der Gräfin (Sopran), Barbarina, Tochter Antonios (Mezzosopran), Cherubino, Page (Sopran), Don Basilio, Kapellmeister (Tenor), Antonio, Gärtner (Baß), Don Curzio, Richter (Tenor), Dorfleute und Dienerschaft.

HANDLUNG. Die Oper spielt im Schloß des Grafen Almaviva. Erster Akt. Ein Zimmer im Schloß. Figaro und Susanna treffen Vorbereitungen zu ihrer unmittelbar bevorstehenden Hochzeit, doch die Lage des ihnen vom Grafen zugewiesenen Zimmers erweckt bei den Brautleuten einiges Erstaunen und einen gewissen Verdacht: es liegt nämlich neben dem Schlafgemach des Grafen, der so leichter zu der hübschen Kammerzofe gelangen könnte. Figaro zeigt sich selbstsicher, doch stellen sich neue Hindernisse dieser Eheschließung entgegen: Marcellina, die ältliche Haushälterin Don Bartolos, erscheint und behauptet, Figaro habe in einem Augenblick großer Not, um einen Geldbetrag zu erhalten, ihr die Ehe versprochen und dies schriftlich. Cherubino, ein allen Frauen gegenüber galanter Page, kommt hinzu, er ist in die Gräfin verliebt und sucht Susanna, damit sie sich für ihn beim Grafen verwende, dessen Zorn er auf sich gezogen hat, als er ihn mit Barbarina ertappte. Doch auch der Graf hat ausgerechnet diesen Zeitpunkt gewählt, um Susanna erneut mit

Die Sopranistin M. Barilli in W.A. Mozarts Oper «Die Hochzeit des Figaro», Mailand, Theatermuseum der Scala.

1786

Anträgen zu überhäufen und erst im letzten Augenblick gelingt es Cherubino, sich hinter einem Sessel zu verstecken. Während der Graf versucht, von Susanna ein Stelldichein zu erlangen, kommt Don Basilio herbei und allein Susannas Gewandtheit ist es zu verdanken, daß der Graf, der sich jetzt ebenfalls verstecken muß, dabei nicht über Cherubino stolpert. Doch als Don Basilio auf Cherubinos leidenschaftliche Verliebtheit in die Gräfin anspielt, kann sich der Graf nicht länger beherrschen und kommt aus seinem Versteck. Als er in seiner Erregung ein Kleid der Gräfin aufhebt, das auf einem Sessel liegt, entdeckt er zu seinem Erstaunen Cherubino, der hier Zuflucht gesucht hatte. Die Verwirrung auf der Bühne steigert sich, bis Figaro hinzukommt und fragt, ob die Hochzeit nicht früher stattfinden könne. Cherubino wird als Soldat nach Sevilla geschickt. Zweiter Akt. Im Gemach der Gräfin. Figaro und Susanna überreden die Gräfin, die traurig darüber ist, daß sie sich vom Grafen nicht mehr so wie früher geliebt fühlt, nun ihrerseits ihr Spiel mit ihm zu treiben und ihn so zu zwingen, seine galanten Abenteuer aufzugeben. Don Basilio wird dem Grafen ein Billett übergeben, in dem auf eine Beziehung zwischen der Gräfin und dem Pagen angespielt wird, während Susanna zum Schein dem Grafen ein Stelldichein gewähren wird, zu dem dann allerdings der in Frauenkleidern unkenntliche Cherubino erscheinen soll. Man schreitet zur Verkleidung des Pagen, doch mitten in diese Szene platzt der Graf, in ihrer Verwirrung verbirgt die Gräfin Susanna hinter einem Vorhang und Cherubino in einem Nebenzimmer. Der lärmende Fall eines vom Pagen umgestoßenen Schemels erweckt den Argwohn des durch Don Basilios Billett bereits beunruhigten Grafen: er will wissen, wer sich im Nebenzimmer versteckt hat und verläßt mit der Gräfin deren Gemach, das er verschließt, um Werkzeuge zum Aufbrechen der Tür zu holen. Susanna beeilt sich, die Stelle des Pagen einzunehmen, der sich mittels eines Sprunges aus dem Fenster rettet und flüchtet. Als die Tür geöffnet wird, erscheint vor der verängstigten Gräfin lächelnd Susanna und alles scheint sich bestens zu fügen. Graf Almaviva muß sogar für seine Verdächtigungen um Vergebung bitten. Doch noch sind nicht alle Hindernisse überwunden: der Gärtner Antonio kommt herein und beklagt sich darüber, daß kurz zuvor jemand aus dem Fenster gesprungen sei und seine Blumen zertreten habe. Figaro behauptet, der Übeltäter zu sein, doch der Graf hat den Eindruck, man habe sein Spiel mit ihm getrieben. Die Situation wird noch verworrener als Marcellina und Don Bartolo auftreten und ihre Rechte Figaro gegenüber geltend machen wollen. Dritter Akt. Saal im Schloß, in dem die Hochzeit gefeiert werden soll. Die Gräfin will nun nicht mehr auf ihre Absicht verzichten, ein Stelldichein zwischen dem Grafen und Susanna zu vereinbaren, zu dem dann allerdings sie selbst in den Kleidern ihrer Zofe erscheinen will. Doch ein Satz, den Figaro Susanna zuraunt, erregt den Verdacht des Grafen, dessen Entschluß Figaro zur Heirat mit Marcellina zu zwingen, immer fester wird. Hier allerdings kommt es zu einer Überraschung: anhand einiger Einzelheiten, die Figaro zu seiner in geheimnisvollem Dunkel liegenden Geburt zu erzählen weiß, erkennt Marcellina in ihm ihren und Don Bartolos unehelichen Sohn. Marcellina ist Figaros Mutter und eine Ehe zwischen beiden kommt also gewiß nicht mehr in Frage. Nun sind zwei Hochzeiten zu feiern, die Figaros mit Susanna und die Marcellinas mit Don Bartolo, die schließlich doch in den Ehestand treten wollen. Cherubino, den alle in der Ferne glauben, der sich aber nicht von der Gräfin trennen kann, kommt hinzu. Er trägt Frauenkleidung und erscheint umgeben von einer Mädchenschar, die der Gräfin einen Blumenstrauß überreichen. Der Gärtner Antonio hat sich noch nicht über den Verlust seiner Blumen getröstet, er erkennt und demaskiert den Pagen. Der erzürnte Graf ordnet an, Cherubino solle Barbarina heiraten. Der Beginn des Hochzeitsfestes wird beschlossen, während das von der Gräfin erdachte Verwirrspiel mit dem Grafen in die Wege geleitet wird: Susanna übergibt ihm heimlich ein Billett, in dem sie ihm Ort und Stunde des Stelldicheins nennt. Vierter Akt. Im Garten des Schlosses. Zufällig erfährt Figaro, Susanna habe ein Stelldichein mit Almaviva. Mit einer großen Schar von Zeugen, zu denen Bartolo und Basilio zählen, begibt er sich in den Garten, um seine untreue Braut auf frischer Tat zu ertappen. Auch die Gräfin und Susanna, die ihre Kleider miteinander getauscht haben, kommen nun in der Dunkelheit herbei. Es folgen Barbarina und Cherubino, Marcellina und als letzter Graf Almaviva. Auf diesem Höhepunkt des Verwirrspiels ergeben sich in dichter Folge Mißverständnisse, komische Situationen, die sich aus Rollentausch und Personenverwechslungen ergeben und deren Opfer vor allem Figaro und der Graf sind: beide Frauen sind entschlossen, sich über sie lustig zu machen und sie in eine Lage zu bringen, in der sie schließlich für ihre ungerechtfertigten Verdächtigungen um Vergebung bitten, beziehungsweise auf zukünftige Abenteuer verzichten müssen. Zu allgemeiner Zufriedenheit endet die Oper mit fröhlichen Hochzeitstänzen.

● Mit der *Hochzeit des Figaro* beginnt die unter einem Glücksstern stehende Zusammenarbeit Mozarts mit dem Abt Da Ponte, die für beide so reichen Erfolg und künstlerische Genugtuung bringen sollte. Mozart schlug selbst seinem Librettisten Beaumarchais' in ganz Europa berühmt gewordenes Werk vor, das überall zu Polemik und Debatten Anlaß gab. Es hatte bereits anderen Textdichtern als Anregung gedient: ausgerechnet am Burgtheater in Wien waren drei Werke aufgeführt worden, deren Thema die schwierigen, komplexen Beziehungen zwischen den Klassen der Gesellschaft waren, doch keines kann sich Mozarts *Figaros Hochzeit* auch nur annähernd vergleichen. Obwohl Da Ponte vorsichtshalber auf den beißenden politischen Sarkasmus des französischen Originals weitgehend verzichten mußte und sich um so enger an die italienische Oper anlehnte, spitzte er doch hier und da viele Situationen zu, und ließ gewisse scharfe Bemerkungen einfließen. Jene Hälfte der Gesellschaft, die die andere diskriminierte, ließ zum Ausbruch kommen, was sie selbst zum Gären gebracht hatte. Mozart fand in den von Leidenschaft erfüllten Personen Beaumarchais' so viel von sich selbst wieder, so viel von dem, was er erlitten und erlebt hatte, daß sich seine ganze gequälte und enttäuschte Seele in sie ergießen konnte. Dieses kummervolle, ironische, bittere Selbstbekenntnis fand nicht ungeteilten Beifall bei jenem weniger aufgeklärten Teil der Wiener Gesellschaft, der sicherlich eine unbeschwertere Musik wie die Cimarosas vorgezogen hätte. Dennoch war der Erfolg der Uraufführung von *Figaros Hochzeit* so überwältigend, daß Joseph II. durch ein Dekret das Verbot ergehen lassen mußte, die Ensemblenummern zu wiederholen. Zwei Grundmotive bestimmen *Figaros Hochzeit*: Liebe und Recht. Zwei einander entgegengesetzte Kräfte der wirren Zeit, in Bewegung geraten sind, verkörpert in dem der Vergangenheit zugewandten Adligen und dem gewitzten Vertreter des aufstrebenden dritten Standes, der Graf und Figaro. In den Hauptpersonen verwirklicht Mozart die von Da Ponte skizzierte Psychologisierung vollständig, vor allem in der Rolle der Gräfin. Die Oper wurde auch ins Deutsche übersetzt und verliert hier einen Teil ihres beißenden Humors.

RL

Szene aus dem ersten Akt von W.A. Mozarts «Hochzeit des Figaro» während der Salzburger Festspiele 1792. Inszenierung von J.P. Ponnelle. Von links nach rechts: Michel Sénéchal (Don Basilio), Tom Krause (Graf Almaviva), Walter Berry (Figaro), Teresa Berganza (Cherubin).

DER THEATERDIREKTOR IN SCHWIERIGKEITEN
(L'impresario in angustie)

Oper in einem Akt von Domenico Cimarosa (1749–1801). Libretto von G.M. Diodati. Uraufführung: Neapel, Teatro dei Fiorentini, Herbst 1786.

PERSONEN. Fiordispina, Primadonna, Gelindo, Kapellmeister, Perizzonio, Dichter des Theaters, Merlina, zweite Hauptdarstellerin, Crisobolo, Dorinda.

HANDLUNG. Das Werk setzt sich aus kleinen ironischen Szenen zusammen, in denen die Theaterbräuche der Zeit, kleine Eitelkeiten und der übliche Streit zwischen Primadonnen und Theaterdirektor verspottet werden. Eine Oper mit ähnlichem Inhalt schuf Donizetti mit *Viva la Mamma* (1827). (Siehe Seite 153.)

● Die Oper wurde in einer zweiten Fassung am 31. Juli 1787 auch am Teatro Valle in Rom aufgeführt. Hier sah sie Goethe, der großen Gefallen an ihr fand und dies in seinem Reisetagebuch festhielt. Einige Abende später lud er die Darsteller ein, um die schönsten Arien noch einmal hören zu können. Zweifellos zählt das Werk nicht zu Cimarosas glänzendsten, es wurde offensichtlich in Eile komponiert und nicht alle Motive sind originell. Im gleichen Jahr legte Cimarosa drei weitere Opern vor: *Le trame deluse* (Enttäuschtes Intrigenspiel), *Il credulo* (Der Leichtgläubige) und *La baronessa stramba* (Die sonderbare Baronin). Jedenfalls kündigt sich in diesem *Theaterdirektor* bereits Cimarosas großes Meisterwerk *Il matrimonio segreto* (Die heimliche Heirat) in einigen meisterlichen *concertati* (Ensembles) an, ebenso wie in den gefälligen Melodien und dem lebhaften Anstrich des ganzen. MS

TARARE

Oper in einem Prolog und fünf Akten von Antonio Salieri (1750–1825). Libretto von Pierre Augustin Caron de Beaumarchais (1733–1799). Uraufführung: Paris, Opéra, 8. Juni 1787.

HANDLUNG. Atar, ein hinterhältiger, grausamer König, gesteht seinem Vertrauten Calpigi seinen Haß auf Tarare, den von seinen Soldaten geliebten tapferen, großherzigen Heerführer. Neiderfüllt entführt der König, nachdem ein Attentat auf Tarare fehlgeschlagen ist, dessen Gattin Aspasia. Tarare muß zahlreiche Prüfungen überwinden, bevor er sich selbst und Aspasia aus diesen Fährnissen retten kann. Nach vielen Abenteuern und einem Sieg im Duell über den Entführer Altamorte, kann der Held sein Werk vollenden. Schließlich erhebt sich das Volk, das der Übergriffe des grausamen Tyrannen überdrüssig ist. Der König tötet sich, und unter den Hochrufen des Volkes muß Tarare gegen seinen Willen den Thron besteigen. So wird der Heerführer, der bescheiden seine einfache Pflicht gegenüber dem Vaterland und dem Volk erfüllen wollte, König und steigt zu höchsten Ehren auf.

● *Tarare* wurde vom Komponisten selbst als «Oper im tragikomischen Stil» bezeichnet. Den von Tragik gezeichneten Erlebnissen des Helden wird der eitle, lächerliche Hof kontrapunktisch gegenübergestellt. Beaumarchais' Text entdeckt seine Absicht, «die Tugend der Armen» und «den Einfluß der öffentlichen Meinung» dem korrupten, hohlen Despotismus der Mächtigen entgegenzuhalten. Die Oper kann als Salieris bestes Werk betrachtet werden; sie errang einen sofortigen großen Erfolg, so daß im Jahr darauf Kaiser Joseph II. befahl, sie für die Gesellschaft der Italienischen Oper in Wien zu bearbeiten. Ihr Übersetzer war Da Ponte, und es entstand eine neue Oper mit dem Titel *Axur, re d'Ormus* (Axur, König von Ormus). Sie wurde am 8. Januar 1788 am Burgtheater in Wien aufgeführt und hatte ebenfalls großen Erfolg. RB

Domenico Cimarosa auf einem Porträt von Francesco Candido, 1785. Neapel, Museo di San Martino.

DON GIOVANNI
(Don Giovanni ossia Il dissoluto punito)

Heiteres Drama in zwei Akten von Wolfgang Amadeus Mozart (1756–1791). Libretto von Lorenzo Da Ponte (1749–1838). Uraufführung: Prag, Ständetheater, 29. Oktober 1787. Solisten: Luigi Bassi, Teresa Saporiti, Caterina Bondini, Caterina Micelli, Antonio Baglioni, Giuseppe Lolli.

PERSONEN. Don Giovanni, ein junger Edelmann von außerordentlich losen Sitten (Bariton), Donna Anna, Braut Herzog Ottavios (Sopran), der Komtur (Vater Donna Annas (Baß), Herzog Ottavio (Tenor), Donna Elvira, eine Dame aus Burgos, die von Don Giovanni verlassen wurde (Sopran), Zerlina, Bauernmädchen, Braut Masettos (Sopran), Leporello, Giovannis Diener (Baßbuffo), Masetto, Bauer (Baßbuffo). Bauern und Bäuerinnen, Dienerschaft und Musikanten.

HANDLUNG. Erster Akt. Erstes Bild. Die Handlung spielt in einer spanischen Stadt. Vor dem Hause des Komturs wartet Leporello auf seinen Herrn Don Giovanni: dieser ist maskiert ins Haus gedrungen, um Donna Anna nachzustellen, doch dieser Versuch wird zunichte gemacht und er stürzt vom Komtur verfolgt, der den unbekannten Flüchtigen zu fassen versucht, auf den Platz. In einem kurzen Duell tötet Don Giovanni den Komtur und flieht. Zweites Bild. Der Morgen dämmert und Don Giovanni ist auf der Suche nach neuen Liebesabenteuern, als Donna Elvira auftritt, die er einst verführt und verlassen hat. Don Giovanni entzieht sich der unerwünschten Begegnung und überläßt es Leporello, der Dame seinen wahren, zynischen und ausschweifenden Charakter zu enthüllen. Donna Elvira lauscht erschüttert der langen Aufzählung von Don Giovannis Abenteuern, die Leporello aus seinem Register vorliest. Drittes Bild. In der Nähe eines Gasthauses begegnet Don Giovanni einem Hochzeitszug. Ihm gefällt die hübsche Braut, das Bauernmädchen Zerlina, und er beauftragt Leporello, alle zu einem Fest auf sein Schloß zu laden. Geschmeichelt, droht Zerlina Don Giovanni schon zu erliegen, als Donna Elvira hinzukommt. Auch Donna Anna und Ottavio erscheinen auf der Suche nach dem Mörder des Komturs. Die Situation wird kompliziert: in Unkenntnis des wahren Sachverhalts bitten einerseits Donna Anna und Ottavio Don Giovanni um Hilfe bei ihrer Rache, während andererseits Donna Elvira allen entdeckt, was sie gerade von Leporello erfahren hat. Unbeeindruckt versucht Don Giovanni die Situation in der Hand zu behalten, er verspricht der einen seine Unterstützung, behauptet, Donna Elvira sei wahnsinnig und macht der jungen Zerlina den Hof. Doch Donna Anna hat in seiner Stimme die des Mörders ihres Vaters erkannt und fordert Rache. Viertes Bild. Garten vor dem Schloß Don Giovannis. Zerlina ist völlig verwirrt: tiefe Zuneigung verbindet sie mit ihrem Bräutigam Masetto, doch Don Giovannis Zauber ist unwiderstehlich. Masken erscheinen im Garten, es sind Donna Elvira, Donna Anna und Ottavio, die zur Rache entschlossen sind; Don Giovanni, der sie nicht erkennt, lädt auch sie zum Fest. Fünftes Bild. In den Ballsaal treten die von einem Hymnus des Gastgebers auf die Freiheit empfangenen Masken. Der Tanz hebt an. Don Giovanni gelingt es, Zerlina in ein Seitengemach zu ziehen, sie ruft um Hilfe. Das Terzett Donna Elvira, Donna Anna und Ottavio nimmt die Masken ab, offen klagen sie Don Giovanni seiner Untaten an und künden seine baldige Bestrafung durch himmlische Kräfte an. Zweiter Akt, erstes Bild. Straße vor Donna Elviras Haus. Leporello ist seines bisher geführten Lebens überdrüssig, doch kaum läßt Don Giovanni ihn den Klang einiger Scudi hören, ist er nicht nur dazu bereit, in seinen Diensten zu bleiben, sondern auch, sich in die Gewänder seines Herrn zu hüllen, um an seiner Stelle ein Liebesabenteuer zu durchstehen, dessen Hauptdarstellerin ausgerechnet Donna Elvira ist, während Don Giovanni als Leporello verkleidet der Zofe nachstellt. In solcher Maskerade kommt es zu zwei symmetrischen Szenen. In der ersten gelingt es Don Giovanni, den wütende Masetto für Leporello häit, nicht nur, sich der Rache des Bauern zu entziehen, sondern diesem auch noch eine gehörige Tracht Prügel zu verpassen. In der zweiten Szene (zweites Bild) wird Leporello mit Don Giovanni verwechselt und kann sich nur mit Mühe und um Gnade flehend vor dem vereinten Zorn Masettos, Zerlinas, Donna Annas, Ottavios und Donna Elviras retten, die alle zu tödlicher Rache entschlossen sind. Drittes Bild. Kirchhof mit der Statue des Komturs. Don Giovanni kommt von einem neuen galanten Abenteuer und übersteigt die Kirchhofsmauer, vor seinen Verfolgern flüchtend. Übermütig erzählt er Leporello lachend von seinem jüngsten Liebesabenteuer. Doch aus dem Dunkel ertönt eine geheimnisvolle Stimme; umsonst sucht Don Giovanni zwischen den Gräbern nach ihrem Besitzer. Endlich erblickt er das Grabmal des Komturs und begreift, daß dessen Statue gesprochen hat. Verängstigt und zitternd muß Leporello auf Geheiß seines Herrn den Komtur zum Abendessen einladen. Die Statue nickt mit dem Kopf und antwortet endlich auch mit einem deutlichen «Ja». Die so entstandene dramatische Atmosphäre wird durch eine kurze Liebesszene zwischen Donna Anna und Ottavio, der sie bestürmt endlich die Seine zu werden, unterbrochen (viertes Bild). Im folgenden, dem fünften Bild, schwelgt Don Giovanni in einem Saal seines Palastes an reichgedeckter Tafel,

Bühnenbild von Henry Moore zu Mozarts «Don Giovanni». Regie von Gian-Carlo Menotti, Aufführung in Spoleto, Festival dei duo Mondi 1967.

Musikanten spielen ihm auf. In einem letzten, verzweifelten Versuch, Don Giovanni zur Umkehr zu bewegen, stürzt Donna Elvira herein, doch von ihm verlacht und verhöhnt flüchtet sie alsbald wieder. Als sie die Tür durchschreitet, kündigt ihr entsetzter Schrei das Nahen des Komturs an. Rasch verwandelt sich nun die Komödie ins Drama. Ohne zu zögern nimmt Don Giovanni die Gegeneinladung des Komturs an und reicht zum Unterpfand seines Versprechens der Statue seine Hand. Doch kaum ruht sie in der des steinernen Gastes, so werden seine Glieder von eisigen Schauern erschüttert. Noch immer weigert er sich, zu bereuen. Ein trotziges «Nein» auf den Lippen wird Don Giovanni von den Flammen der Hölle verschlungen. Alle Personen des Dramas kommen nun auf die Bühne zurück und vereinigen sich in der Schlußmoral.

● Am 1. Januar 1787 kamen Mozart und seine Frau nach Prag und erlebten den Triumph seiner Oper *Figaros Hochzeit*. Als Mozart einen Monat später wieder abreiste, nahm er einen mit dem Theater Tyl unterzeichneten Vertrag für eine neue Oper mit, die er gegen das übliche Entgelt von hundert Dukaten schreiben sollte. Der Komponist überließ die Wahl des Vorwurfs vollständig seinem Librettisten Lorenzo Da Ponte, der an die Geschichte des *Don Juan* vermutlich einfach deshalb dachte, weil fast gleichzeitig drei Werke um diese Figur erschienen waren, davon eines auf ein Libretto von Bertati, das recht erfolgreich war. Zweifellos gibt es Ähnlichkeiten zwischen den beiden Textbüchern, doch gehen sie über den äußeren Aufbau und einige sporadische Akzente nicht hinaus. Ursprünglich sollte die Oper zur Ehren der vorübergehend in Prag weilenden Schwester Josephs II. Mitte Oktober 1787 aufgeführt werden, doch ihren Schöpfern kamen Zweifel ob gewisser etwas gewagter Szenen und so ging der *Don Giovanni* erst einige Tage später, am 29. Oktober, in Szene. Mozart und Da Ponte waren schon seit Anfang des Monats zur endgültigen Ausarbeitung der Partitur und insbesondere der Partien Masettos und des Komturs, die von dem Baß Giuseppe Lolli gesungen wurden, dessen stimmliche Merkmale Mozart bis dahin nicht bekannt waren, nach Prag gekommen. Wie die Handschrift der Partitur deutlich erkennen läßt, wurde auch die Ouvertüre in einem Wurf geschrieben; vermutlich in der Nacht vor der Uraufführung. Das Publikum, unter dem sich auch Giacomo Casanova befand, ließ der Oper einen Erfolg zuteil werden, der dem von *Figaros Hochzeit* in nichts nachstand; und diese begeisterte Aufnahme schwand auch im Lauf der Zeit keineswegs, so daß zum hundertsten Jahrestag 1887 die Oper es in Prag auf fünfhundertzweiunddreißig Vorstellungen, in Berlin auf vierhunderteinundneunzig und in Wien auf vierhundertzweiundsiebzig Vorstellungen gebracht hatte.
Der Mythos Don Juans oder Don Giovannis gehört wie der des Faust zur Weltgeschichte der Literatur und der Volkssagen. Don Giovanni ist die Verkörperung des Wüstlings, der die Welt, die Gesellschaftsordnung, die göttlichen Gesetze haßt, die ihn, wie er spürt, bedräuen, der auch die Frauen, zu denen ihn eine unersättliche Eroberungslust zieht, verachtet. Diese dämonische Auffassung der Gestalt des ewigen Verführers fand ihre poetische und literarische Form zu Beginn des siebzehnten Jahrhunderts in Spanien in Tirso de Molinas *El Burlador de Sevilla*. Das übernatürliche Element regte Mozarts Schöpferkraft an und ließ seine Musik von der Ebene der eigentlichen heiteren Buffo-Oper zu den Höhen einer über das Irdische hinausgehenden Tragödie fortschreiten. Nie schrieb er eine so offenliegende, realistische und düstere Musik, nie schuf er so rasch wechselnde, schroffe Kontraste: von der süß verströmenden Liebesarie zum Schrecken des Todes. Eigentliche Hauptfigur der Oper ist *Don Giovanni*, seine physische, materielle Kraft, die keine Hindernisse kennt und erst an der überirdischen Kraft des Geistes zerschellt. Leporello vereinigt in sich alle komischen Züge und tritt in wunderbarem Gegensatz neben seinen Herrn. Die zutiefst menschlichen Elemente finden sich in den beiden Frauengestalten Donna Annas und Donna Elviras. Der Komtur, durch den das Drama seine Lösung findet, ist die Personifizierung höherer Kräfte. Aus der Verschmelzung anscheinend so unterschiedlicher und weit auseinanderklaffender Elemente entsteht diese, in ihrer Vielfalt doch einheitlichen Werkscharakter tragende Oper, die zu Recht als eine der vollkommensten betrachtet wird. RL

IPHIGENIE IN AULIS
(Ifigenia in Aulide)

Oper in drei Akten von Luigi Cherubini (1760–1842). Libretto von Ferdinando Moretti (gestorben 1807). Uraufführung: Turin, Teatro Regio, 12. Januar 1788.

HANDLUNG. Sie geht auf die Tragödien des Euripides und Racines sowie auf die Erzählung Homers zurück und weicht von diesen Modellen vor allem im Finale ab, in dem die Titelgestalt dem sie verfolgenden Schicksal dadurch ein Ende bereitet, daß sie freiwillig in den Tod geht.

● *Iphigenie in Aulis* ist Cherubinis letzte in Italien geschriebene Oper. Sie wurde in Turin, als sich der Komponist für kurze Zeit dort aufhielt, von Dezember 1787 bis Januar 1788, aufgeführt. Cherubini überwachte persönlich die Inszenierung und Proben zur Uraufführung.

AMPHYTRION

Oper in drei Akten von André-Modest Grétry (1741–1813). Libretto von Michel Jean Sedaine (1719–1797), nach Molières Komödie (1668) gleichen Titels. Uraufführung: am Hof in Versailles, 15. März 1786, öffentliche Uraufführung: Paris, Opéra, 15. Juli 1788.

HANDLUNG. Der in Alkmene verliebte Göttervater Zeus steigt mit Merkur auf die Erde herab und nimmt, kaum ist er in Theben, das Aussehen Amphytrions, des Gatten Alkmenes, der sich noch im Krieg befindet, an, während Merkur die Züge Sosias', Diener des Amphytrion, trägt. Alkmene empfängt Zeus als sei er Amphytrion selbst, und auch Bromia, Alkmenes Dienerin, kommt Merkur wie seinem echten Doppelgänger entgegen. Als dieser und der echte Amphytrion zurückkehren, kommt es zu ständigen Mißverständnissen darüber, wer denn nun eigentlich wer ist, deren erstes aus dem Zusammentreffen des falschen Sosias mit dem echten Sosias entsteht. Doch für dieses Spiel der Doppelgänger findet sich eine Lösung: ein göttlicher Bote verkündet, Alkmene werde Zwillinge gebären, deren einer Sohn des Amphytrion und der andere Sohn des Zeus sei, und vollständig löst sich der Knoten der Verwicklungen, als Zeus und Merkur sich in ihrer wahren Gestalt zeigen.

Titelblatt der Erstausgabe der Partitur des «Don Giovanni» von W.A. Mozart, Leipzig 1801.

● Diese Komödie der Doppelgänger und des auf Verwechslungen und Mehrdeutigkeit beruhenden Spiels, geht unmittelbar auf Molière, beziehungsweise auf die ursprüngliche Vorlage des Plautus zurück. Doch verhinderte vielleicht gerade dieser literarische Ursprung den erhofften Erfolg der Oper. Der Vergleich mit Molières *Amphytrion* konnte nur zu ungunsten des Sedaineschen Librettos ausfallen und die Oper wurde sowohl bei Hof als auch an der Opéra recht kühl aufgenommen. Die musikalische Struktur ist zudem sehr konventionell und Grétry scheint als einem wahren Vertreter seiner Zeit diese im antiken Griechenland spielende Geschichte nicht sehr zu liegen. Grétry selbst verhielt sich, vielleicht wegen des Mißerfolgs, sehr zurückhaltend im Zusammenhang mit dieser Oper und beschränkte sich auch in seinen Memoiren darauf, ihren Titel zu erwähnen, ohne jede weitergehende Analyse des Werks.   LB

DEMOPHOON (Démophon)

Oper in drei Akten von Luigi Cherubini (1760–1842). Libretto von Jean-François Marmontel (1723–1799) nach Pietro Metastasios Werk gleichen Titels. Uraufführung: Paris, Opéra, 1. Dezember 1788.

● *Demophoon* ist Cherubinis erste französische Oper und entstand kurz nachdem er sich zur endgültigen Übersiedlung nach Paris entschieden hatte. Bei ihrer Komposition verzichtete er auf den italienischen Stil seiner früheren, in Italien und in London aufgeführten Opern. Er versuchte auch, seine kunstvolle Beherrschung der Harmonie in den dramatischen Ausdruck einfließen zu lassen. Doch war das Publikum zu seiner Zeit noch nicht auf diese Wandlung der Oper vorbereitet, die einige Jahre später von anderen Komponisten mit besserem Erfolg vollzogen wurde. *Demophoon* erlebte folglich nicht die verdiente Aufnahme und wurde an nur acht Abenden gegeben. Die Oper wurde auch später nicht wieder aufgenommen, mit Ausnahme einiger Teile in einem Konzert in Koblenz 1926. (Handlung siehe unter der Oper gleichen Titels von Leonardo Leo auf Seite 44).   MS

DIE SCHÖNE MÜLLERIN
(La molinara ossia L'amor contrastato)

Heiteres Drama in zwei Akten von Giovanni Paisiello (1740–1816). Text von G. Palomba. Uraufführung: Neapel, Teatro dei Fiorentini, Sommer 1788.

HANDLUNG. In der Umgebung Neapels, im Hause der Baronin Eugenia (Sopran) schreibt der Notar Pistofolo (Baßbuffo) den Heiratsvertrag für die Hochzeit der Baronin mit ihrem Vetter Caloandro (Tenor) aus. Doch aus der Heirat wird nichts: Eugenia entfernt sich mit ihrem Verehrer Don Luigi (Tenor) und es tritt eine reiche, schöne Müllerin, Rachelina (Sopran) auf, in die sich sowohl Caloandro als auch der Notar verlieben. Als sie mit dem letzteren allein bleibt, macht er ihr einen Heiratsantrag. Rachelina zögert, gibt ihm jedoch zu verstehen, daß sie ihm vielleicht gewogen sein könnte. Dann erscheint der alte Gouverneur Don Rospolone (Baß) beim Notar, und beauftragt ihn, Rachelina sein Eheangebot zu überbringen. Mit der gleichen Bitte kommt kurz darauf auch Caloandro. Um seine Rivalen loszuwerden, erzählt ihnen der Notar, Rachelina halte den einen für toll und den anderen für einen Esel. Nun hat er allerdings Angst vor den Folgen seiner Behauptungen und sucht in Eugenias Haus Zuflucht. Drohend treffen Caloandro und Rospolone ein. Auf die Flucht des Notars folgen einige lebhafte Szenen um Rachelinas Mühle. Der Notar und Caloandro verkleiden sich, der eine als Müller und der andere als Gärtner, um den Nachforschungen der Baronin und des Gouverneurs zu entgehen. Im Wald. Die Müllerin beschließt, den Notar zu heiraten, da er anders als Caloandro bereit ist, um ihretwillen Müller zu werden, auch mit dem Blick auf die Einnahmen aus der Mühle. Diese Entscheidung Rachelinas läßt Caloandro wahnsinnig werden. Er hält sich für Orlando und will den Notar, in dem er Medoro sieht, töten. Der Gouverneur gibt daraufhin vor, Arzt zu sein, um Caloandro zu heilen und berichtet gleichzeitig Rachelina, um sich für ihre Entscheidung an ihr zu rächen, auch der Notar sei wahnsinnig. Die kluge Müllerin sieht sich einem wahren und einem vorgeblichen Wahnsinnigen gegenüber und faßt den klugen Entschluß, ledig zu bleiben.

● Von den vielen melodiösen Arien von anmutsvoller Einfachheit ist besonders die Arie *Nel cor più non mi sento* zu nennen, auf die Ludwig van Beethoven seine berühmten Klaviervariationen schrieb. Der große Erfolg, den die Oper bei ihrer Uraufführung hatte, hielt bis in das neunzehnte Jahrhundert an.   ABe

NINA
(Nina ossia La pazza per amore)

«Opera semiseria» in zwei Akten von Giovanni Paisiello (1740–1816). Libretto von B.J. Marsollier de Vivetières (Nine ou la folle pour amour), übersetzt von G. Carpani mit Zusätzen von G.B. Lorenzi. Uraufführung: Caserta, Teatro Reale, 25. Juni 1789.

PERSONEN. Nina (Sopran), Lindoro, verliebt in Nina (Tenor), der Graf, Ninas Vater (Baß), Susanna, Ninas Gouvernante (Sopran), Giorgio, Kammerdiener des Grafen (komischer Baß), ein Schäfer (Tenor), Jagdhüter, Diener des Grafen (stumme Rollen), Chor der Dörfler und Dörflerinnen.

Cesare Siepi (rechts) als «Don Giovanni» in Mozarts Oper in einer Aufführung der Metropolitan Opera in New York.

HANDLUNG. Erster Akt. Susanna, Ninas Gouvernante, erzählt dem alten Kammerdiener des Grafen, Giorgio, und den neugierig herbeigeeilten Bauern die Herzensangelegenheiten des Mädchens. Ihr Vater hatte Nina zunächst Lindoro versprochen, doch ihm dann als Schwiegersohn einen reicheren Mann von höherem Adel vorgezogen. Lindoro, der von dem neuen Verlobten zu Seiten Ninas überrascht wurde, wird von diesem zum Duell gefordert und getötet. Nina, die Lindoro liebte, wurde wahnsinnig als ihr die Nachricht überbracht wurde und es scheint, als sei sie stets in Erwartung der Rückkehr des Geliebten, während sie außer sich gerät, sobald nur der Name ihres Vaters fällt. Dieser ist nun von Reue erfüllt, Gewissensbisse quälen ihn und er bittet Giorgio, ihm Nachricht von seiner Tochter zu geben. Der alte Getreue versucht, ihm Trost zuzusprechen, versichert ihm, Nina werde genesen und ihm wie früher ihre Zuneigung entgegenbringen. Kurz darauf wird der Graf Zeuge einer mitleiderregenden Szene: er hat sich seiner Tochter genähert, die ihn jedoch nicht erkannt hat, ja, sich sofort entfernt, um am Gartentor Lindoro zu erwarten. Der geduldigen Susanna gelingt es, sie zu einem Spaziergang ins Dorf auf den Spuren eines Dudelsack-spielenden Schäfers zu bewegen. Zweiter Akt. Während der Graf Susanna für ihre liebevolle Sorge um seine Tochter dankt, kommt Giorgio hinzu und verkündet, Lindoro sei seinen schweren Verletzungen im Duell nicht erlegen, sondern von diesen gesundet. Er ist von den gräflichen Jagdhütern festgesetzt worden, als er gerade versuchte, die Mauer zu übersteigen, um in den Garten zu gelangen. Lindoro fürchtet, vom Grafen ungnädig empfangen zu werden, sieht sich jedoch von diesem wie ein Sohn aufgenommen. Dann wird er über Ninas umschatteten Gemütszustand unterrichtet, nachdem er seit dem Tage, an dem ein Freund ihn halbtot nach dem Duell aufgenommen hatte, von der Geliebten nichts mehr gehört hat. Lindoro soll nun die Weste, die Nina einst für ihn gestickt hatte, ablegen, damit das Mädchen nicht allzu heftigen Gemütsbewegungen ausgesetzt wird. Er tritt ihr gegenüber, doch Nina erkennt ihn nicht, allein eine tiefe Verstörung bemächtigt sich ihrer. Lindoro erinnert sie an vergangene Gespräche und allmählich kehrt die Klarheit des Geistes Ninas zurück, bis sie sich dessen bewußt wird, daß sie sich im Beisein ihres Geliebten befindet und als auch ihr Vater sich mit dieser Verbindung einverstanden erklärt, kennt ihr Glück keine Einschränkung, ja, es schließt das ihres Verlobten, des Vaters, der Gouvernante und der Bauern ein, die voller Spannung die Geschehnisse verfolgt haben.

● Diese auf die sogenannte französische *comédie larmoyante* zurückgreifende Oper erregte bei ihrer Uraufführung großes Aufsehen und brachte ihrem Schöpfer neuen Ruhm ein. Paisiello zeigt hier seine ganze Gewandtheit, indem er eine Situation durch die Verwendung synkopischer Rhythmen in der Begleitung und verschiedener, immer wiederkehrender bewegter Motive noch dramatischer gestaltet. Der bemerkenswerte Erfolg der Oper bei der Uraufführung setzte sich auch während des frühen neunzehnten Jahrhunderts in ganz Europa fort: überall bekannt und berühmt war vor allem Ninas Lied *Il mio ben quando verrà*... ABe

KLEOPATRA (Cleopatra)

Oper in zwei Akten von Domenico Cimarosa (1749–1801). Libretto von Ferdinando Moretti. Uraufführung: St. Petersburg, Hermitage-Theater, 8. Oktober 1789.

● *Kleopatra* geht auf die Geschichte der Königin Ägyptens zurück und ist eine der wenigen *opere serie* dieses Komponisten. Sie entstand während seines dreijährigen Aufenthalts am Hof Katharinas II. von Rußland. Für ihren Hof schrieb er auch *La Vergine del Sole* (Die Sonnenjungfrau).   MS

COSÌ FAN TUTTE ossia LA SCUOLA DEGLI AMANTI
(So machen's alle)

Heiteres Drama in zwei Akten von Wolfgang Amadeus Mozart (1756–1791). Libretto von Lorenzo Da Ponte (1749–1838). Uraufführung: Wien, Hofburgtheater, 26. Januar 1790. Solisten: Francesco Benucci, Dorothea Bussani, Francesco Bussani, Adriana Ferraresi Del Bene, Luisa Villeneuve, Vincenzo Calvesi.

PERSONEN. Fiordiligi und Dorabella, Schwestern und Damen aus Ferrara (Sopran und Mezzosporan), Despina, ihr Kammermädchen (Sopran), Guglielmo, Offizier, Freier Fiordiligis (Bariton), Ferrando, Offizier, Freier Dorabellas (Tenor), Don Alfonso, alter Philosoph (Baß-Buffo). Soldaten, Dienerschaft, Seeleute, Hochzeitsgäste, Volk.

HANDLUNG. Erster Akt, erstes Bild. Die Handlung spielt in Neapel um 1790 und beginnt mit einer Wette am Kaffeehaustisch. Zwei Offiziere, Ferrando und Guglielmo, preisen die Treue ihrer Bräute, Dorabella und Fiordiligi, dem alten Don Alfonso, der ihnen zynisch widerspricht und bereit ist, die Wette einzugehen, daß, böte sich ihnen nur die Gelegenheit, die so hochgelobten Bräute ihr Treueversprechen vergessen und sich einer anderen Liebe zuwenden würden. Ihrer Sache sicher, lassen sich die beiden jungen Offiziere auf diese Wette ein und unterstellen sich für vierundzwanzig Stunden allein den Anordnungen Don Alfonsos. Zweites Bild. Garten mit Blick auf das Meer. Dorabella und Fiodiligi betrachten in schwärmerischer Liebe das Bild des jeweiligen Verlobten. Don Alfonso kommt mit der Botschaft, daß auf des Königs Befehl die beiden jungen Leute schleunigst einrücken müssen. Diese vorgebliche Abreise gibt dem alten Philosophen Gelegenheit, die Treue der Mädchen auf die Probe zu stellen. Ferrando und Guglielmo kommen, um sich von ihren Bräuten zu verabschieden. In die rührenden Abschiedsszenen mischen sich Don Alfonsos zynische Bemerkungen. Drittes Bild. Ein kleiner Salon im Hause der Schwestern. Despina,

Der 1770 von dem Architekten Gabriel erbaute ovale Saal der königlichen Oper in Versailles.

1790

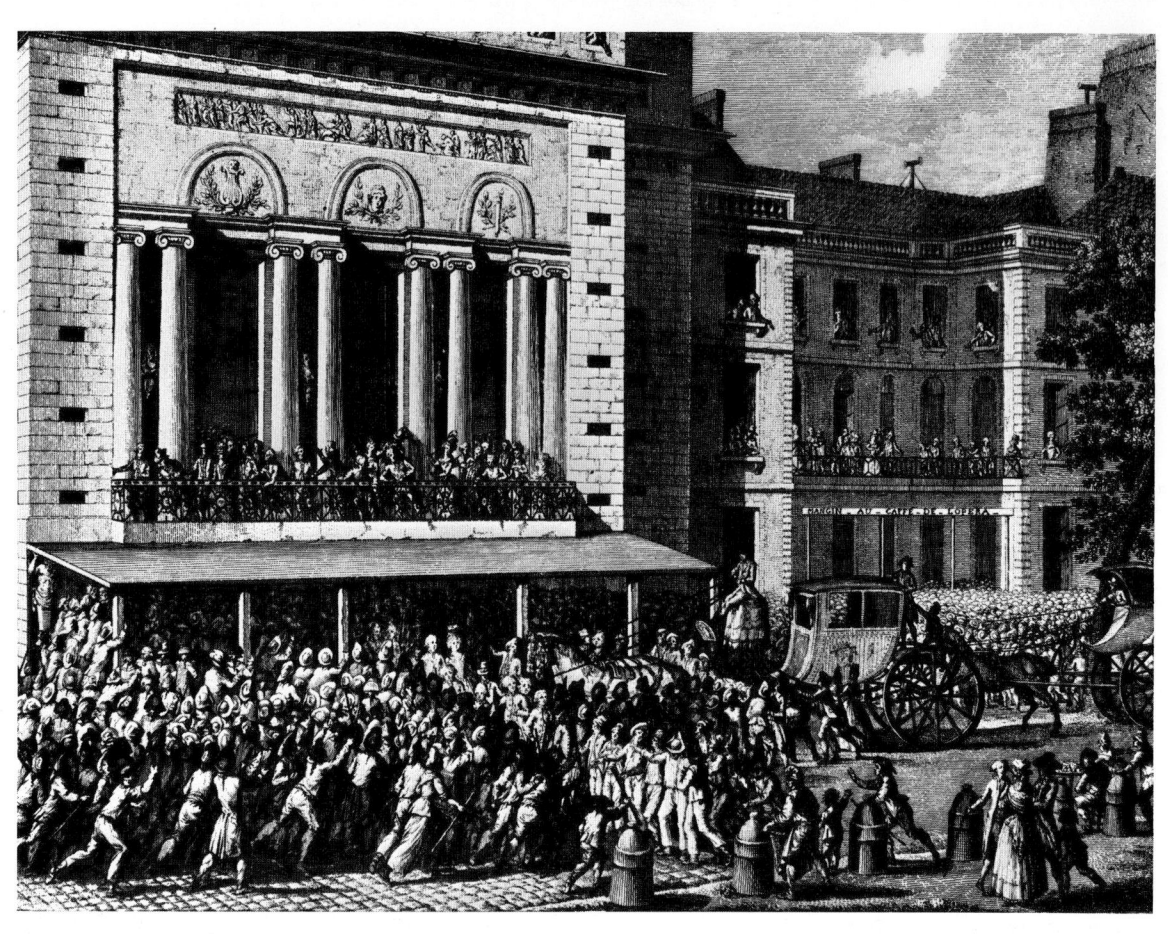

Volksauflauf vor der Oper in Paris am 12. Juli 1789.

das Kammermädchen, sucht ihre Herrinnen zu trösten. Ihre Moral ähnelt der Alfonsos und ihre Argumente sind von gleicher Art: warum in Trennungsschmerz versinken? Nutzen sollten sie die Abwesenheit ihrer Verlobten, da diese ihnen in der Ferne gewiß nicht treu blieben. Als Don Alfonso sie kurz darauf um ihre Mithilfe bei seinem Intrigenspiel bittet und ihr eine entsprechende Entlohnung bietet, ist Despina rasch bereit, zwei jungen Fremden, die in ihrer Herrinnen verliebt sein sollen, Zutritt zum Haus zu gewähren: niemand anderes als Ferrando und Guglielmo stellen sich, als Albanier verkleidet, der Zofe vor. Entrüstet weisen die Schwestern die Liebesbeteurungen der seltsamen Fremden ab und als sie hoheitsvoll den Salon verlassen, überlassen sich ihre Verlobten der Freude über die so sicher bewiesene Treue der Bräute. Doch nach Don Alfonsos Bedingungen müssen sie bis zum folgenden Morgen alles ausführen, was er sich mit Despinas Hilfe ausdenken wird. Viertes Bild. Im Garten. Untröstlich beklagen Dorabella und Fiordiligi die Trennung von den in der Ferne weilenden Verlobten, als die beiden Albanier, vergebens von Don Alfonso verfolgt, der sie zurückzuhalten sucht, hereinstürmen. Vor den Augen der Mädchen führen sie ein Giftfläschchen zum Munde und sinken zur Erde. Despina eilt davon, um einen Arzt herbeizuholen und die beiden Schwestern bleiben mit den fremden Freiern, die sich um ihretwillen das Leben genommen haben, allein. Ein erster Anflug von zärtlichem Mitleid erfaßt sie. Als Arzt verkleidet kehrt Despina zurück, durch magnetische Behandlung heilt sie die zum Schein Vergifteten, die auf so wundersame Weise wiedererstanden, ihre Liebesbeteurungen nur um so glühender wiederholen, allerdings vergeblich. Zweiter Akt. Im Hause Fiordiligis und Dorabellas. Von Despina belehrt, scheinen sich die Schwestern ihrer unwandelbaren Liebe zu den fernen Verlobten nicht mehr ganz so sicher zu sein und lassen sich überreden, die fremden Anbeter am Abend im Garten zu empfangen. Zweites Bild. Garten am Ufer des Meeres. Auf einem festlich geschmückten Boot treffen die beiden Albanier ein. Mit Hilfe von Despina und Don Alfonso werden die Paare nun umgekehrt vereint: Fiordiligi und Ferrando wandeln auf den Wegen des Gartens dahin, und Dorabella zeigt sich den Schwüren Guglielmos nicht ungeneigt, ja sie tauscht Geschenke mit ihm aus. Fiordiligi hingegen leistet noch immer Widerstand. Als Ferrando und Guglielmo zusammenkommen, um sich ihre Erfahrungen mitzuteilen, ist Guglielmo über Fiordiligis Standhaftigkeit glücklich, während Ferrando über Dorabellas Treuebruch verzweifelt. Drittes Bild. Im Hause der Schwestern. Dorabella erzählt Despina von den Vorgängen im Garten, als Fiordiligi hinzukommt und erklärt, sie wolle dem Verlobten ins Feld nachreisen, um jede Anfechtung zu überwinden. In Offizierskleidung will sie das Haus verlassen, als Ferrando hereinstürzt und erklärt, in diesem Falle müsse er sterben. Auch Fiordiligi kann nun nicht länger widerstehen. Nun erfaßt Verzweiflung auch Guglielmo, während Don Alfonso triumphiert. Das Hochzeitsfest wird vorbereitet. Viertes Bild. Festsaal mit gedeckter Tafel. Das Hochzeitsbankett ist bereit, der Scherz nähert sich seinem Epilog. Vor dem Notar, der von der verkleideten Despina dargestellt wird, unterzeichnen die Paare den Ehevertrag, doch schon kündet ein ferner Trommelwirbel die Rückkehr der früheren Verlobten an. Die beiden Albanier und Despina als Notar werden in einem Nebenzimmer versteckt. In ihrer Offizierskleidung kommen Ferrando und Guglielmo wieder herein. Im Seitengemach entdeckt man Despina, die behauptet, von einem Maskenball zu kommen. Doch Don Alfonso spielt den beiden den Ehevertrag zu und alle Beteuerungen der Schwestern nützen nichts. Mit gezogenem Degen wollen Ferrando und Guglielmo sich an ihren Nebenbuhlern rächen, kommen jedoch schon bald in der Kleidung der Albanier zurück. So wird das Spiel Don Alfonsos offenbar, der nun den Frieden wieder herstellt und die Paare miteinander versöhnt.

● Vermutlich erhielt Mozart nach seiner erfolgreichen Aufführung von *Figaros Hochzeit* 1789 in Wien von Kaiser Joseph II. den Auftrag, eine neue Oper gemeinsam mit dem Textdichter Lorenzo Da Ponte zu schreiben. Das, wie es scheint, vom Kaiser selbst vorgegebene Sujet, geht auf einen Vorfall zurück, der sich gerade tatsächlich in Triest ereignet hatte und Anlaß zu unaufhörlichem Klatsch in den Wiener Salons gab. Die Partitur entstand in ganz kurzer Zeit und zwar fast vollständig im Dezember 1789. Dies bezeugen auch die häufigen Abkürzungen, die so gar nicht der sonstigen Gewohnheit des Meisters entsprachen. Am 31. Dezember stellte Mozart in seinem Haus am Judenplatz die Oper einigen Freunden vor, zu denen auch der treue Puchberg zählte, der Mozarts zerrütteten Finanzen so oft hilfreich beigesprungen war, sowie Joseph Haydn. Am 21. Januar fand die erste Orchesterprobe statt. Das Wiener Publikum bescherte der Oper einen glänzenden Erfolg und allein im Monat Januar schloß sich eine Reihe von fünf Aufführungen an, die unglücklicherweise durch den Tod Josephs II. unterbrochen wurde. Das Handlungsgerüst ist in *Cosi fan tutte* außerordentlich einfach und enthält, uneingedenk der Tradition der *Opera buffa*, keine überflüssige oder ungerechtfertigte Episode. Die ganze Handlung beruht auf einer deutlich symmetrischen Struktur, die vor allem dem hochstilisierten Charakter der *Commedia dell'arte* entspricht. Im Mittelpunkt steht die Figur Don Alfonsos, des rationalen, welterfahrenen, die Schwächen der Menschen kennenden Zynikers, der die Paare zu stets neuen und vergnüglichen Figurationen zusammenfügt, als seien sie Marionetten; er ist der Antikonformist, der jede Illusion leugnet und beseitigt und stets in den Ensembleszenen auftritt, als derjenige, der die Fäden zieht. Mozarts Musik zieht die Personen in ein durchdachtes Spiel, in dem sie nie wirklich ernstgenommen werden. Es ist ein vieldeutiges Spiel flüchtiger und echter Gefühle, die sich in der unbeständigen Impulsivität der Personen verwirren, wobei auch die realistische Darstellung der elementarsten menschlichen Instinkte nicht fehlt. So erscheint in der Musik hinter der Maske des Typischen der Mensch: Höhepunkt der interessanten psychologischen Umkehrung sind die Duette der vertauschten Paare, die in den letzten Versen des Librettos wie eine kühle Rückkehr zum Rationalismus und eine Einladung, sich keinen Illusionen hinzugeben, klingen, da die menschliche Natur eben so sei: zerbrechlich, unbeständig, verletzlich. Gerade dieser Aspekt des Kühlen, Verstandesmäßigen, Intellektualistischen in Mozarts Oper wirkte sich auf ihre Aufnahme im neunzehnten Jahrhundert negativ aus. Es heißt, sogar Beethoven habe dieses Werks Mozarts kritisch beurteilt und seinen Vorwurf für allzu frivol gehalten. Das Libretto zu *Cosi fan tutte* wurde wiederholt überarbeitet und sogar wegen der weitverbreiteten moralisierenden

Schattenrisse von H. Löschenkohl der Hauptdarsteller der Uraufführung von «Cosi fan tutte», Francesco Benucci, Dorotea Bussani, Vincenco Calvesi, Francesco Bussani.

Grundhaltung des vergangenen Jahrhunderts durch ein anderes ersetzt. Erst zu Beginn des zwanzigsten Jahrhunderts kam es zu einem neuen Triumphzug dieser Oper Mozarts über die Bühnen der ganzen Welt. RL

WILHELM TELL
(Guillaume Tell)

Lyrisches Drama in drei Akten von André Grétry (1741–1813). Libretto von Michel-Jean Sedaine (1719–1797) nach Antoine Lamierre. Uraufführung: Paris, Comédie-Italienne, 9. April 1791.

HANDLUNG. In dem im Kanton Uri in der Schweiz gelegenen Dorf Altdorf hat der österreichische Landvogt Geßler auf dem Marktplatz seinen Hut auf einer Stange aufrichten lassen, vor dem sich alle zum Zeichen der Unterwerfung zu verbeugen haben. Doch Wilhelm Tell, der mit seinem Söhnchen vorbeikommt, ein einfacher, ruhiger Mann, unterläßt den vorgeschriebenen Gruß. Geßler läßt ihn festnehmen und befiehlt ihm, mit einem Pfeil einen Apfel vom Kopf des Kindes zu schießen. Tell, ein berühmter Schütze, entschließt sich nach längerem Zögern und trifft den Apfel, ohne das Kind zu verletzen; unerschrocken erklärt er dann, daß er sich an Geßler gerächt hätte, wenn das Kind getötet worden wäre. Diese Aussage bringt ihm die Verhaftung ein, doch als er über den Vierwaldstätter See gefahren wird, gelingt es ihm während eines Gewitters zu fliehen. Er kommt zurück, um sich an Geßler zu rächen. Als er ihn tötet, ist dies das Signal zur Erhebung, die zur Befreiung der Schweiz führt.

Das Hofburgtheater in Wien. Auf einem Druck Ende des achtzehnten Jahrhunderts.

● Diese 1791 triumphal aufgenommene Oper verdankt ihren überwältigenden Erfolg zum großen Teil den in ihr enthaltenen patriotischen Elementen, die der Situation in Frankreich während der Revolutionsjahre durchaus angemessen waren. Doch weist die Oper auch musikalische Qualitäten auf, die sich in der Schilderung der alpinen Natur und in der geschickten Verwendung Schweizer Volksthemen äußern. In seinen Memoiren beschreibt der Komponist, wie er sich bei einem Aufenthalt in Lyon von Schweizer Offizieren die bekanntesten Lieder ihres Landes vorsingen ließ. Grétrys *Wilhelm Tell* verschwand während der Revolutionsjahre niemals vom Spielplan, wurde dann von der kaiserlichen Zensur verboten und tauchte erst 1828, allerdings mit erheblich beschnittenem Libretto und gestutzter Musik wieder an der Opéra-Comique auf.
LB

LODOÏSKA

Oper in drei Akten von Lugi Cherubini (1760–1842). Libretto von C. F. Filette-Loraux, nach Louvet de Couvrays (1760–1797) Roman «Vie et amours du chevalier de Faublas». Uraufführung: Paris, Théâtre Feydeau, 18. Juli 1791.

HANDLUNG. Die Oper spielt im Jahre 1600 in Polen. Die Geschichte ist die des jungen Grafen Floreski (Tenor), der von seinem Knappen Varbel (Baß) begleitet, verzweifelt auf der Suche nach seiner Braut Lodoïska (Sopran), Prinzessin von Althan ist, deren Hand ihm von ihrem Vater verweigert wird. Als Gefangene findet er sie endlich im düsteren Schloß des in sie verliebten, grausamen Durlisky (Bariton). Fast wird Floreski im Zweikampf mit Durlisky getötet. Erst der Brand des Schlosses, der von dem Tartarenfürsten Tizikan (Tenor) gelegt wird, rettet ihn.

● *Lodoïska* ist Cherubinis zweite, in Paris entstandene Oper. Sie war außerordentlich erfolgreich, zweihundert Vorstellungen folgten *en suite* auf die Uraufführung: der größte Triumph auf Frankreichs Bühnen während der Französischen Revolution. Er entschädigte den Komponisten für den Durchfall seiner ersten Pariser Oper *Demophoon* siehe Seite 97). Vierzehn Tage nach dieser Uraufführung am Théâtre Feydeau, kam an der Comédie-Italienne eine auf dem gleichen Libretto beruhende Oper von Rodolphe Kreutzer heraus. Allerdings benutzte man im dritten Akt Cherubinis Musik. *Lodoïska* stellt auch in der Wahl des abenteuerlichen Sujets einen Vorgriff auf die romantische Oper dar.
MS

TITUS
(La clemenza di Tito)

Oper in zwei Akten von Wolfgang Amadeus Mozart (1756–1791). Libretto von Caterino Mazzolà nach Pietro Metastasios Drama gleichen Titels. Uraufführung: Prag, Ständetheater, 6. September 1791. Solisten: Bedini, Marchetti, Stadler.

HANDLUNG. Titus erscheint hier als pathetisch-edle Gestalt des all jenen vergebenden Fürsten, die sich gegen ihn verschwören. Neben dem Kaiser treten zwei einander liebende Paare auf: Sextus, brüderlicher Freund des Titus, und

Vitellia, Tochter des verstorbenen Kaisers Vitellius, sowie Annius, Freund des Sextus, und Servilia, Schwester des Sextus. Auch Titus liebt eine Frau, Berenice, verzichtet jedoch auf sie, um nicht den Neid Vitellias, die Kaiserin werden möchte, heraufzubeschwören. Titus wünscht dann die Vermählung mit Servilia, doch kaum erfährt er von ihr, daß sie Annius liebe, verzichtet er, um ihrem Glück mit dem geliebten Mann nicht im Wege zu stehen. Als Titus schließlich bereit ist, Vitellia zu seiner Gemahlin zu machen, ist die von ihr geschürte Verschwörung schon ausgebrochen, so daß sie nicht mehr aufzuhalten ist. Doch Titus, dessen Tod zunächst als sicher angenommen wird, überlebt, kehrt zurück, verzeiht allen und wohnt der Hochzeit der beiden Paare bei.

● Seit zehn Jahren hatte Mozart keine *Opera seria* mehr geschrieben, als im Spätsommer seines letzten Lebensjahres der Impresario Guardasoni ihn beauftragte, eine Festoper zur Krönung König Leopolds II. von Böhmen zu komponieren. Die ihm hierfür zugestandene Zeit war sehr knapp bemessen, kaum vier Wochen. Zudem konnte er auch das Libretto nicht frei wählen, sondern mußte auf Metastasios 1734 entstandenes Werk *La clemenza di Tito* zurückgreifen, das für diese Gelegenheit «. . . von dem Herrn Mazzolà, Hofdichter seiner Hoheit des Kurfürsten von Sachsen, zu einer wahren Oper umgearbeitet wurde», wie Mozart selbst bemerkte. Diese Umarbeitung war deshalb notwendig, weil 1791 ein Libretto Metastasios nicht mehr in der ursprünglichen Form hätte aufgeführt werden können, sondern so geändert werden mußte, daß Ensembleszenen und zwar drei Duette, zwei Terzette, das Schlußquintett des ersten Aktes und das Schlußsextett des zweiten eingefügt werden konnten. Dennoch blieben die Personen des Librettos seelenlos und unausgeprägt, so daß es Mozart kaum gelang, sie durch musikalische Charakterzeichnung zu verwandeln und zu beleben. Da ihm nur wenig Zeit zur Verfügung stand, fiel auch die Orchestrierung ungewohnt einfach und linear aus, ja, Mozart ließ sogar die Seccorezitative durch seinen Schüler Süßmayr ausführen. *Titus* ist nicht die gelungenste *Opera seria* Mozarts, dessen Genie sich auch nicht in diesem Genre, sondern in der *Opera buffa* voll verwirklichte. Der Uraufführung war ein mäßiger Erfolg beschieden, doch zeigte sich das Publikum während der folgenden Vorstellungen immer begeisterter. Auch in späteren Jahren wurde *Titus* an vielen Theatern gegeben und wurde zur ersten Oper Mozarts, die über den Ärmelkanal gelangte und in London vollständig aufgeführt wurde, ganz im Gegensatz zu allen übrigen Opern des Komponisten, die in England stark gekürzt herauskamen. RL

Entwurf A. Sanquiricos zu W.A. Mozarts «Titus». Mailand, Theatermuseum der Scala.

1791

Titelseite zu der Ausgabe von 1795 von W.A. Mozarts «Titus».

DIE ZAUBERFLÖTE
(Il flauto magico)

Oper in zwei Akten von Wolfgang Amadeus Mozart (1756–1791). Libretto von Johann Emanuel Schikaneder (1751–1812). Uraufführung: Wien, Theater auf der Wieden, 30. September 1791. Solisten: Johann Emanuel Schikaneder, Josepha Hofer, Nannina Gottlieb, Benedict Schack, Franz Xaver Gerl.

PERSONEN. Sarastro, Priester der Isis und Haupt der Eingeweihten (Baß), Tamino, ägyptischer Prinz und Pamina zum Gatten bestimmt (Tenor), Pamina, Tochter der Königin der Nacht (Sopran), die sternflammende Königin der Nacht, mit Sarastro verfeindet (Sopran), Papageno, Vogelfänger, dann Gefolgsmann Taminos (Baß-Buffo), drei Damen der Königin der Nacht (zwei Soprane und ein Alt), ein altes Weib, das sich als Papagena entpuppt (Sopran), Monostatos, ein Mohr, Haupt der Sklaven Sarastros (Tenor), drei Knaben (zwei Soprane, ein Alt), ein Priester (Tenor), Sprecher der Eingeweihten (Baß), ein weiterer Priester (Tenor), zwei Bewaffnete (Tenor und Baß).

HANDLUNG. Sie spielt zu märchenhaften Zeiten in einem imaginären antiken Ägypten. Erster Akt. Eine gebirgige Gegend, im Hintergrund ein Tempel. Tamino kommt in Jagdkleidung von einer Schlange verfolgt auf die Bühne. Von Erschöpfung und Erregung überwältigt bricht er ohnmächtig zusammen. Die Pforten des Tempels öffnen sich und drei Damen treten heraus. Nachdem sie die Schlange getötet haben, bewundern sie den schönen Jüngling, den sie jedoch sogleich wieder allein lassen, um der Königin der Nacht von dem Vorfall Kunde zu bringen. Als Tamino zu sich kommt, erblickt er verwundert die tote Schlange und glaubt, er verdanke seine Rettung einer gerade erschienen seltsamen Gestalt: Papageno, dem Vogelfänger, der in Federn gewandet, auf einem Pfeifchen blasend, daherschlendert. Papageno läßt ihn in seinem Irrtum, wird jedoch gleich darauf für seine Lügenhaftigkeit von den wieder erscheinenden Damen, die ihm den Mund mit einem goldenen Schloß verschließen, gestraft. Tamino überreichen sie das Bildnis Paminas, der Tochter der sternflammenden Königin der Nacht: die Schönheit des Mädchens läßt sein Herz in Liebe entbrennen. Unter Donnergrollen erscheint die Königin der Nacht, der das Mädchen von dem Zauberer Sarastro geraubt wurde und fordert von Tamino, der von Liebe zu ihrem Bildnis erfaßt ist, zu ihrer Rettung auf. Die Damen überreichen ihm nach der Königin Verschwinden eine goldene, mit Zauberkraft begabte Flöte, nehmen Papageno das Schloß ab und befehlen ihm, Tamino zu Sarastros Schloß zu begleiten. Auch ihm überreichen sie ein Zauberinstrument, ein Glockenspiel. Saal in Sarastros Palast. Pamina hat einen Fluchtversuch unternommen, um Monostatos Nachstellungen zu entgehen, doch dieser hat sie eingeholt und zerrt sie nun mit Gewalt herein. Monostatos erblickt Papageno, erschrickt und läuft davon. Jetzt kann Papageno sich Pamina nähern und ihr enthüllen, daß er von ihrer Mutter mit einem jungen Prinzen zu ihr gesandt ist, um sie zu befreien. Sie fliehen gemeinsam. Ein Wald. Von den drei Knaben geführt, tritt Tamino auf. Der Sonnentempel der Isis ist zu sehen: zwei seiner Tore sind geschlossen, das der Vernunft und das der Natur, ein drittes, das der Weisheit, öffnet sich und der heraustretende Sprecher erklärt dem Prinzen, daß Sarastro nicht der grausame Dämon ist, als der er ihm geschildert wurde, und daß er aus wahrhaft gerechten Gründen Pamina dem Einfluß ihrer Mutter entzogen hat. Er versichert ihm auch, daß das Mädchen am Leben sei. Tamino und Papageno, der Pamina begleitet, suchen lange im Wald nacheinander, verfehlen sich jedoch, obwohl sie ihre Instrumente erklingen lassen. Das Glockenspiel schlägt Monostatos und seine Häscher in die Flucht, als sie Papageno und Pamina schon ergreifen wollen. Sarastro erscheint unter feierlichen Klängen: Pamina bekennt ihre Fluchtpläne. Sarastro erklärt sich bereit, sie einem ihr würdigen Mann zu vermählen, verweigert ihr jedoch die Rückkehr zur Mutter. Monostatos bringt Tamino vor Sarastro. Die Liebenden, die sich zum erstenmal gegenüberstehen, sinken sich in die Arme, während Monostatos, der eine Belohnung erbeten hat, bestraft wird. Zweiter Akt. Ein Palmenhain mit Architektur. Sarastro trägt seinen Priestern, denen er seine Gründe dargelegt hat, auf, Tamino einzuführen. Er ist bereit, alle Prüfungen auf sich zu nehmen, die ihm auferlegt werden, um in den Kreis der Eingeweihten zu treten und sich mit Pamina zu vermählen. Im Vorhof des Tempels. Tamino und Papageno bereiten sich verhüllten Hauptes vor, festen Mutes der eine, von plötzlichem Erschrecken erfaßt der andere. Als erste Prüfung haben sie einem Schweigegebot zu gehorchen. Inzwischen nähert sich Monostatos in einem Hain heimlich der schlummernden Pamina und versucht, sie zu küssen. Die sternflammende Königin der Nacht erscheint, um ihre Tochter zu beschützen, die sich in ihre Arme wirft, trostsuchend, da sie glaubt, Tamino, der sich den Einweihungsriten unterzieht, habe sie verlassen. Doch die Königin gibt ihr einen Dolch, mit dem sie Sarastro töten soll. Monostatos, der alles mitangehört hat, entreißt ihn dem Mädchen, und will sie töten, als sie seine Mithilfe zurückweist. Sarastro tritt dazwischen und erklärt Pamina, daß man in seinem Reich die Rache nicht kenne und daß allein die Liebe zur Glückseligkeit führt. Im Vorhof des Tempels. Tamino und Papageno gehen durch weitere Prüfungen. Ein häßliches altes Weib erscheint, das mit Papageno redet und erklärt, es sei Papagena. Schließlich verschwindet es wieder unter lautem Donnergrollen. Die drei Knaben erscheinen mit einem gedeckten Tisch, an dem sich die beiden Einweihungsprüflinge laben können. Von Taminos Flöte herbeigerufen, kommt Pamina, doch trotz allen Flehens darf Tamino nicht zu ihr sprechen. Verzweifelt will sie sich das Leben nehmen, doch die drei Knaben retten sie, in dem sie ihr versichern, daß Taminos Liebe zur ihr nicht geschwunden ist. Tamino muß nun noch eine Probe des Feuers und des Wassers bestehen. Pamina gesellt sich zu ihm, und mit Hilfe der Zauberflöte überwindet das Paar in seiner Wanderung alle Prüfungen, so daß sich ihm die Pforten des Isistempels öffnen. In einem Garten sucht Papageno verzweifelt nach der ihm versprochenen Papagena, die sich ihm in einer plötzlichen Verwandlung des häßlichen alten Weibes gezeigt hat, jedoch ebenso rasch wieder verschwunden ist. Der Klang seines Glockenspiels läßt sie, nachdem Papageno sich fast an einem Baum aufgehängt hätte, plötzlich wieder vor ihr stehen. In einer schauerlichen zerklüfteten Gegend versuchen die Königin der Nacht, Monostatos und die drei Damen sich heimlich dem Tempel zu nähern, in den sie eindringen und Sarastro töten wollen. Doch die Erde erbebt und öffnet sich, um sie zu verschlingen. Im Sonnentempel empfängt Sarastro im Kreis der Priesterschaft nach dem Sieg des Lichtes über die Finsternis das nun zu den Eingeweihten zählende Paar Tamino und Pamina.

● 1790 begannen beunruhigende Nachrichten aus Frankreich auch Wien zu erreichen und die Ereignisse warfen ihre dunklen Schatten auch über die österreichische Hauptstadt, in der sich der Regierungsstil des neuen Herrschers Leopold II. nach dem Tode seines freigeistigen Bruders Joseph II. bemerkbar zu machen begann. Diese Veränderungen wirkten sich auch auf die Gesellschaft der Wiener Freimaurer aus, der Mozart sich begeistert von dem in ihr herrschenden Geist der Brüderlichkeit, angeschlossen hatte. Es war ein schwieriger Augenblick im Leben des Komponisten: seine Gesundheit begann nachzulassen, seine finanzielle Lage wurde mit jedem Tag ungewisser, sein Freund und Mitarbeiter Da Ponte war vom Hoftheater entfernt worden. In diesem materiell wie psychologisch so heiklen Augenblick bat ihn Schikaneder, der Direktor des Volkstheaters im Freihause auf der Wieden in der Wiener Vorstadt, ihm die Musik zu einem Singspiel zu komponieren. Schikaneder konnte auf ein abwechslungsreiches Leben als Wandermusikant, Schauspieler und Sänger zurückblicken. Als Regisseur liebte er das

Bühnenbild zu W.A. Mozarts «Zauberflöte» von Marc Chagall für eine Aufführung der Metropolitan Opera in New York 1967. Vorn Mitte: Sarastro, Tamino und Pamina.

1791

Zeichnung von Simon Quaglio zu Mozarts «Zauberflöte» für das Münchner Theater, Anfang des neunzehnten Jahrhunderts.

von einfallsreichen Dekorationen und komplizierten Maschinen erfüllte Zaubertheater, wurde für einen hervorragenden Darsteller Shakespearescher Gestalten angesehen und führte ein von Konventionen und gesellschaftlichen Bindungen freies Leben. All dies machte ihn Mozart, der ihm schon 1780 begegnet war, sympathisch. Schikaneder hatte auch das Libretto, das er Mozart vorschlug, geschrieben und sich dabei auf August Jakov Liebeskinds Erzählung *Lulu oder Die Zauberflöte,* die in Chr. M. Wielands berühmter Sammlung *Dschinnistan* zu finden war, gestützt. Doch dieses ursprünglich aus der mehr oder weniger glücklichen Verbindung märchenhafter Elemente, die damals sehr in Mode waren (man denke nur an die Wiederbelebung des Märchenhaften durch Gozzi in Italien), entstandene Textbuch, erfuhr eine tiefgehende Umgestaltung durch die Einführung freimaurerischer Ideale und Riten, wie sie dem Freundeskreis um Mozart entsprachen, die der Oper eine völlig andere Bedeutung gaben. Das *Singspiel* oder auch deutsche Oper war eine Gattung jüngeren Datums, die auf die französische *Opéra comique* zurückging, die seit 1752 in Wien gute Aufnahme gefunden hatte, und in sich unterschiedliche Bestandteile von der französischen Romanze zur italienischen Arie und dem deutschen Lied vereinte. Mozarts Genius schuf in der *Zauberflöte* aus so unterschiedlichen Elementen ein einheitliches Bühnenwerk und hinterließ, fast wie in einem Testament, in ihm der Welt diesen Appell an die Ideale der Menschlichkeit. Die Begeisterung des Publikums wuchs von Vorstellung zu Vorstellung, zur großen Freude des Komponisten, der hierüber schrieb: «Doch was mich am glücklichsten macht, ist die schweigende Zustimmung!» (7./8. Oktober 1791). Schon im ersten Jahr erlebte die Oper über einhundert Wiederholungen, doch ihr Schöpfer war knapp einen Monat nach der Uraufführung gestorben. Auch Mozarts Rivale Salieri sah in der *Zauberflöte* ein Werk, das zu den feierlichsten und bedeutendsten Anlässen auf der Bühne erscheinen sollte und Goethe erklärte, daß allein diese Musik eine würdige Begleitung seines Faust abgegeben hätte.   RL

DIE HEIMLICHE EHE
(Il matrimonio segreto)

Oper in zwei Akten von Domenico Cimarosa (1749–1801). Libretto von Giovanni Bertati (1735–1815) nach der Komödie «The Clandestine Marriage» von George Colman und David Garrick (1766) und der Komödie «Sophie ou Le mariage caché» von M.J. Laboras de Méziers-Riccoboni (1768). Uraufführung: Wien, Hoftheater, 7. Februar 1792. Solisten: Dorotea Bussani, Francesco Benucci, P. Mandini, A. Morichielli-Bosello, Francesco Bussani.

PERSONEN. Geronimo, ein reicher Kaufmann (komischer Baß), Elisetta, seine Tochter und Braut des Grafen Robinson (Mezzosopran), Carolina, heimliche Gattin Paolinos (Sopran), Fidalma, Geronimos Schwester, Witwe (Alt), Graf Robinson (Baß), Paolino, junger Gehilfe Geronimos (Tenor).

HANDLUNG. Erster Akt. Im Hause des Kaufmanns Geronimo in Bologna. Paolino, Handlungsgehilfe Geronimos und eine der Töchter desselben, Carolina, haben sich heimlich vermählt und warten jetzt auf eine günstige Gelegenheit, um ihre Ehe bekanntzugeben. Doch Carolinas Vater, ein reicher Kaufmann, wird ganz und gar nicht mit dieser Wahl seiner Tochter zufrieden sein, da er für seine Töchter als Ehemänner Personen von Adel anstrebt. Paolino sorgt in der Hoffnung, daß Geronimo hierdurch nachgiebiger werde, dafür, daß der zwar adlige, aber verarmte Graf Robinson um Elisettas Hand anhält. Geronimo ist überglücklich. Carolina zeigt sich an diesen Neuigkeiten wenig interessiert, ihre Schwester glaubt deshalb, sie sei eifersüchtig und ein heftiger Wortwechsel zwischen den Schwestern ist die Folge, während der Vater auch der jüngeren Carolina eine gute Partie verspricht. Graf Robinson erscheint und zeigt sich sogleich von Carolina eingenommen. Nun beschließen Paolino und Carolina ihre Ehe zu offenbaren und wollen ausgerechnet den Grafen hierbei um Hilfe bitten. Doch als Paolino mit ihm sprechen will, kommt der Graf ihm mit der Mitteilung zuvor, daß er beabsichtige, Carolina und nicht Elisetta zu heiraten. Der Graf entdeckt der ihn abweisenden Carolina seine Gefühle, Elisetta kommt hinzu und klagt den Grafen des Verrats und ihre Schwester der Koketterie an. Zweiter Akt. Im gleichen Saal in Geronimos Haus. Der alte, taube Geronimo kann sich über den Verlauf der Ereignisse nicht klar werden, doch dem Grafen Robinson gelingt es, ihm klarzumachen, daß er Carolina und nicht Elisetta heiraten wolle; da er auf die Hälfte der Mitgift verzichtet, gibt Geronimo auch seine

«Papageno» aus Wolfgang Amadeus Mozarts «Zauberflöte». Stich von Pistrucci. Mailand, Theatermuseum der Scala.

Wasser- und Feuerprobe in Mozarts «Zauberflöte». Bühnenbildentwurf von Simon Quaglio, 1818. München, Theatermuseum.

1792

Entwurf von Camillo Parravicini zum ersten Akt von Domenico Cimarosas «Heimlicher Ehe» für eine Aufführung der Mailänder Scala am 1. Januar 1936.

Einwilligung. Dies berichtet der Graf Paolino, der sich nun bei der verwitweten Schwester Geronimos, Fidalma, Unterstützung holen will. Doch als er mit ihr sprechen will, sagt Fidalma ihm, sie wolle sich mit ihm, dem jungen Gehilfen ihres Bruders wiederverheiraten. Paolino wird ohnmächtig. Den beiden jungen Leuten bleibt nur eines: die Flucht. Jedoch will Carolina noch einmal versuchen, beim Grafen Hilfe zu finden. Sie gehen ab, und der Graf und Elisetta betreten die Bühne: der erstere zählt all seine Fehler auf, um Elisetta davon abzubringen, ihn heiraten zu wollen, doch sie gibt nicht auf und kann Geronimo überreden, Carolina für eine Zeitlang ins Kloster zu schicken. Damit glaubt sie, die Partie gewonnen zu haben. Paolino und Carolina bereiten ihre Flucht vor, Elisetta hört Stimmen im Zimmer ihrer Schwester. Da sie glaubt, der Graf sei dort, ruft sie in einem Eifersuchtsanfall alle zusammen, um die Schuldigen zu überraschen. Doch während der Graf von einer ganz anderen Seite auftritt, kommen aus dem Zimmer Paolino und Carolina heraus, die vor Geronimo niederknien und die Wahrheit gestehen. Nach Bezeugungen der Überraschung und des Bedauerns, verzeiht Geronimo und erteilt ihnen seinen Segen, während der Graf sich mit Elisetta begnügt.

● *Die heimliche Ehe* ist Cimarosas gelungenste und repräsentativste Oper, ein vollkommenes Beispiel der italienischen komischen Oper im achtzehnten Jahrhundert. Nachdem er von 1789 bis 1791 drei Jahre lang am russischen Hof verbracht hatte, hielt sich Cimarosa auf der Heimreise von St. Petersburg nach Neapel drei Monate in Warschau und auch für längere Zeit in Wien auf, wo Leopold II. ihm eine Wohnung und ein Jahresentgelt zugestanden hatte. Hier komponierte er *Die heimliche Ehe,* die am Tag der Unterzeichnung der Allianz zwischen Österreich und Preußen gegen die französische Revolutionsregierung durch Leopold II., uraufgeführt wurde. Der Oper war ein mitreißender Erfolg beschieden. Der Kaiser war bei der Vorstellung zugegen und lud an deren Ende den Komponisten und alle übrigen Beteiligten zum Abendessen ein. Anschließend mußte auf Wunsch des Kaisers die ganze Truppe mit ihm ins Theater zurückkehren, um die Oper noch einmal von Anfang bis Ende zu spielen: ein wirklich einmaliger Vorfall in der Theatergeschichte. 1793 wurde *Die heimliche Ehe* in Neapel mit einigen Änderungen und unter Hinzufügung neuer Stücke gegeben: die Begeisterung, mit der sie aufgenommen wurde, war so groß, daß sie an einhundertzehn aufeinanderfolgenden Abenden wiederholt werden mußte. Bald war die Oper in ganz Europa berühmt und ihr ist auch heute noch Erfolg beschieden. Im allgemeinen wird die letzte Szene gestrichen, in der Graf Robinson entgegen seinem gegebenen Wort Elisetta verläßt.

MS

DER BARBIER VON SEVILLA
(Il barbiere di Siviglia ossia La preoccupazione inutile)

Heiteres Drama in zwei Akten von Giovanni Paisiello (1740–1816). Libretto von G. Petrosellini nach der gleichnamigen französischen Komödie («Le barbier de Séville ou La précaution

Ball im Theater San Carlo in Neapel. Die Operntheater bildeten das eigentliche Zentrum des gesellschaftlichen Lebens, hier traf man sich, spielte, hier feierte man Feste und Bälle.

inutile») von Pierre Augustin Caron de Beaumarchais (1732–1799). Uraufführung: St. Petersburg, September 1792.

PERSONEN. Rosina, Waise und Mündel Bartolos (Sopran), Graf Almaviva, spanischer Grande, unter dem Namen Lindoro, Rosinas Freier (Tenor), Don Bartolo, Doktor, Vormund Rosinas, in dieselbe verliebt und eifersüchtig (Baß-Buffo), Figaro, Barbier in Sevilla (Bariton), Don Basilio, Organist, Musiklehrer Rosinas, Freund und Vertrauter Bartolos (Baß), ein Diener Bartolos (Baß), der alte Diener Bartolos (Tenor), ein Alkalde (Tenor), ein Notar (Baß), vier Soldaten, vier Diener.

HANDLUNG. Erster Akt. Auf einem Platz in Sevilla versucht Graf Almaviva, als Lindoro verkleidet, durch ein Fenster in Don Bartolos Haus zu spähen, hoffend, er könne die von ihm verehrte Rosina erblicken. Als Figaro vorbeikommt, enthüllt der Graf ihm seine Liebe zu Rosina und klagt, er könne nie mit ihr sprechen, da sie von ihrem Vormund Don Bartolo so streng bewacht werde. Inzwischen ist Rosina am Fenster erschienen und hat ein Billett fallen lassen, in dem sie ihren Verehrer auffordert, ihr singend seinen Namen zu nennen. Der Graf improvisiert ein Ständchen und gibt sich für einen gewissen Lindoro, der Student sei, aus, doch sein Lied wird abrupt durch den Lärm des krachend von einem Diener zugeschlagenen Fensters unterbrochen. Figaro ist auch Barbier Don Bartolos und kennt dessen Absichten, die er dem Grafen verrät: noch am heutigen Tage will der Vormund sein Mündel heiraten. Kaum ist Figaro wenig später in Don Bartolos Haus, steckt ihm Rosina ein Briefchen an Lindoro zu. Von Don Basilio, Rosinas Musiklehrer, aufmerksam gemacht, versucht Don Bartolo von Rosina zu erfahren, ob sie tatsächlich einen Brief geschrieben und an wen sie ihn geschickt hat, als Almaviva die Szene betritt, sich auf Figaros Rat wie ein betrunkener Offizier gebärdet und Gastfreundschaft heischt. Nach einem heftigen Streit gelingt es dem Alten, den falschen Soldaten loszuwerden, jedoch nicht, bevor es diesem gelungen ist, Rosina heimlich einen Liebesbrief zuzustecken. Zweiter Akt. Wieder gelingt es Almaviva in Don Bartolos Haus zu gelangen, indem er sich dieses Mal als Stellvertreter Don Basilios, der angeblich krank sei, ausgibt und so Don Bartolos Mißtrauen einschläfert, während Figaro, der gekommen ist, um den Alten zu rasieren, sich in den Besitz des Schlüssels zum Balkon setzt. Die Dinge scheinen für den Grafen eine böse Wendung zu nehmen, als Don Basilio hinzukommt, der jedoch nach einem Augenblick erster Verlegenheit mit einer Börse voller Goldstücke zum Schweigen bewogen wird, dennoch werden dem Vormund schließlich diese Machenschaften klar und Lindoro wird hinausgeworfen. Doch Fortuna ist Don Bartolo nicht gewogen. Er verläßt das Haus auf der Suche nach der Polizei, die Lindoro verhaften soll. Don Basilio schickt nach dem Notar, um Rosina zu ehelichen, doch bei seiner Rückkehr findet er sein Mündel bereits mit Lindoro verheiratet vor (dieser hat sich als Graf Almaviva zu erkennen gegeben und ist mit Figaro über den Balkon ins Haus gelangt), dank desselben Notars, der ihm diesen Dienst erweisen sollte.

1794

● Die Oper entstand während des Aufenthalts des Komponisten in St. Petersburg, am Hof Katharinas II., an dem er als Kapellmeister von 1776 bis 1784 tätig war. Sie war dank ihrer Ausgewogenheit, der Eleganz der Partitur und der bezaubernden Melodien an den zeitgenössischen europäischen Bühnen sehr beliebt und verursachte vielleicht auch den anfänglichen Mißerfolg von Rossinis 1816 komponierten *Barbier*. Allerdings hatte Paisiello das Mißgeschick, anhand eines Librettos arbeiten zu müssen, das zwar dem Anschein nach dem Original entsprach, aber die typische Spontaneität und den Witz der Komödie Beaumarchais' verloren hatte, so daß die Oper nach ihren Anfangserfolgen schließlich in Vergessenheit geriet.   ABe

PAUL UND VIRGINIE
(Paul et Virginie)

Oper in drei Akten und sechs Bildern von Jean-François Lensueur (1760–1837). Libretto von Alphonse Du Congé Dubreuil nach Bernardin de Saint-Pierres Roman gleichen Titels. Uraufführung: Paris, Salle Favart der Opéra-Comique, 13. Januar 1794.

HANDLUNG. Es geht um die Liebe zweier junger Leute, Paul und Virginie, die fern der Zivilisation auf der entlegenen *Ile de France* im Indischen Ozean leben. Eines Tages jedoch muß Virginie diesen Ort, an dem sie so glücklich neben Paul lebt, verlassen, da eine reiche Tante sie in ihr Vaterland zurückholt, um ihr dort eine standesgemäße Erziehung angedeihen zu lassen. In kurzer Zeit wird das Mädchen von Melancholie befallen und beschließt eines Tages zu fliehen, um in sein verlorenes Paradies zurückzufinden. Virginie schifft sich ein, doch als das Schiff sich schon der Insel nähert, stirbt sie während eines Sturms, währenddessen Paul ohnmächtig den Tod des geliebten Mädchens mitansehen muß.

● Bei der Uraufführung wurde der Oper kein großer Erfolg zuteil, doch wurde die Sturmszene auf dem Meer sehr bewundert und beeinflußte die Bühnenbilder für viele andere Opern.   MSM

WEIBERLIST
(Le astuzie femminili)

Heiteres Melodram in vier Akten von Domenico Cimarosa (1749–1801). Libretto von Giuseppe Palomba. Uraufführung: Neapel, Teatro dei Fiorentini, 26. August 1794. Solisten: Carlo Casaccia, L. Martinelli, Antonio Benelli, Giovanna Codecasa, Marianna Muraglia, Luisa Negli.

PERSONEN. Signor Giampaolo, reicher Neapolitaner (Baß-Buffo), Bellina (Sopran), Doktor Romualdo, Bellinas Vormund (Bariton), Filandro (Tenor), Ersilia, Vellinas Vertraute (Sopran), Leonora, Gouvernante (Mezzosopran).

HANDLUNG. Sie spielt in Rom. Erster Akt. Im Hause Bellinas. Ihr Vormund Romualdo erklärt Bellina, ihr Vater habe zur Voraussetzung des Genusses ihrer Erbschaft ihre Heirat mit einem gewissen Giampaolo, einem älteren, reichen Neapolitaner gemacht. Bellina ist jedoch in ihren Vetter Filandro verliebt. Obwohl ihn das Mädchen ironisch empfängt, ist Giampaolo von ihr begeistert. Mit Unterstützung der Gouvernante Leonora und ihrer Freundin Ersilia beschließt Bellina alles zu tun, um eine Ehe mit Giampaolo zu vermeiden. Um Verwirrung zu stiften, erzählt Leonora Giampaolo, daß auch Filandro und Romualdo Anwärter auf Bellinas Hand sind. Nun bereitet Giampaolo seine Züge vor: Filandro läßt er wissen, Bellina sei Romualdo versprochen und Romualdo sagt er, sie sei in Filandro verliebt. Zweiter Akt. Im Garten von Leonoras Haus. Nachdem Filandro und Bellina sich über ihre gegenseitigen Absichten klar geworden sind, beschließen sie, Giampaolo einen Streich zu spielen. Doch dieser überrascht sie in zärtlicher Umarmung auf einer Bank. Wütend greift Bellinas Bewerber zur Flinte, doch das Mädchen bittet ihn um Verzeihung und Giampaolo erklärt sich bereit, sogleich zu heiraten. Er betritt das Haus Leonoras mit der Flinte in der Hand, sie stellt sich, als halte sie ihn für einen Räuber und ruft laut zum Fenster hinaus um Hilfe. Leute eilen herbei, es entsteht große Verwirrung und die sofortige Heirat fällt aus. Dritter Akt. Bellinas Haus. Leonora erklärt allen, Bellina sei von zu Hause geflohen. Nun tritt ein ungarischer Offizier auf, der eine merkwürdige Sprache spricht (es ist der verkleidete Filandro), er sucht die Verlobte, die geflüchtet ist, um nach einem gewissen Filandro zu suchen, in den sie verliebt ist; der Offizier hat diesen bereits verhaftet, doch gelingt es ihm nicht, die Verlobte zu finden. Auch Bellina tritt als Ungar verkleidet auf und sagt in einer seltsamen Sprache, sie sei auf der Suche nach dem Verlobten, der geflohen ist, um einer gewissen Bellina nachzulaufen, sie habe Bellina bereits verhaften lassen, doch suche sie jetzt noch immer den Verlobten. Die Anwesenden führen die beiden seltsamen Ungarn zusammen, die zum Dank versprechen, Bellina nach Hause zu schicken. Vierter Akt. Terrasse mit Blick über Rom. Giampaolo und Romualdo stellen Überlegungen zur Ehe zwischen alten Leuten wie ihnen und jungen Mädchen wie Bellina an. Die armen Alten verlieren den Kopf und werden verspottet und ausgelacht. Die beiden Ungarn kommen hinzu: sie haben gerade geheiratet und alle beglückwünschen sie. Und Bellina? Nun geben beide sich zu erkennen. Nach anfänglichem Zürnen gewähren ihnen Giampaolo und Romualdo Vergebung und alle feiern gemeinsam mit den Jungvermählten.

● 1792 für den kaiserlichen Hof in Wien geschrieben ist diese Oper ein reifes Werk von frischer Natürlichkeit, sie beruht auf einer recht banalen Intrigen- und Verwirrungskomödie, zu der Cimarosa einen wahren Schatz von Melodien komponierte. Im übrigen zeichnete er, anders als damals bei Komponisten der komischen Oper üblich, die aus diesen konventionellen Personen reine Karikaturen zu machen pflegten, in seiner Musik ihr Erleben in Freude und Leid.   MS

ALZIRA

Lyrische Oper von Nicola Antonio Zingarelli (1752–1837). Libretto von G. Caverta, nach «Alzire ou Les américans» von François-Marie Arouet (Voltaire) (1694–1778). Uraufführung: Florenz, Teatro della Pergola, 7. September 1794.

● In diesem gleichen Jahr wird Zingarelli Kapellmeister in Loreto und nimmt den Mißerfolg seiner Oper nicht allzu schwer. Die einzige noch heute, wenn auch nicht allzu häufig aufgeführte Arie ist *Nel silenzio i mesti passi*. 1845 schrieb Verdi nach der gleichen Vorlage seine Oper *Alzira*, die jedoch ein völliger Reinfall wurde. (Handlung siehe Seite 206.) EP

Madame Scio sang die Hauptrolle bei der Uraufführung von Luigi Cherubinis «Medea».

DIE HORATIER UND DIE CURIATIER
(Gli Orazi e i Curiazi)

Oper in drei Akten von Domenico Cimarosa (1749–1801). Libretto von Antonio Simeone Sografi (1759–1818). Uraufführung: Venedig, Teatro La Fenice, 26. Dezember 1796. Solisten: Giuseppe Grassini, Carolina Manaresi, Girolamo Crescentini, Odoardo Caprotti, Antonio Mangini.

PERSONEN. Publius Horatius, Vater der Horatier (Tenor), Markus Horatius, sein Sohn (Tenor), Horatia, Schwester des Markus Horatius (Sopran), zwei weitere Horatier, Söhne des Publius Horatius (stumme Rollen), Curiatius, Gatte Horatias (Bariton), zwei Curiatier (stumme Rollen), Sabina, Schwester des Curiatius, Gattin des Markus Horatius (Sopran), der hohe Augur (Baß), Licinius, Freund der Horatier (Tenor), der Priester der Juno (Baß), römische Senatoren, Albanier, Auguren, Volk.

HANDLUNG. Sie spielt in Rom. Erster Akt, erste Szene. Vorhof im Tempel des Janus. Alba Longa liegt im Krieg mit Rom. Sabina, Schwester der Curiatier, hat sich in Rom mit Markus Horatius vermählt. Als Römerin muß sie ihre frühere Heimat Alba Longa, ihre Brüder und Verwandten vergessen. Dennoch fürchtet sie auch um ihr Schicksal in den Kämpfen des Krieges. Ihr Schwiegervater Publius Horatius bringt ihr die Nachricht, daß zwischen den kriegführenden Städten ein Waffenstillstand eingetreten ist. Eine weitere Vermählung zwischen den beiden Familien findet statt: Horatia vermählt sich mit Curiatius. Erleichtert entfernt sich Sabina um die Vorbereitungen zur Feier zu treffen. Zweite Szene. Vor dem Hause der Horatier. Die Hochzeitszeremonie beginnt, das junge Paar äußert den Wunsch, niemals mehr durch die Politik getrennt zu werden. Licinius kündigt an, daß der König von Rom, Tullius Hostilius und jener von Alba Longa, Metius Phuphetius beschlossen haben, den Ausgang des Krieges von einem Zweikampf zwischen je drei Kriegern beider Seiten abhängig zu machen. Das Los trifft drei Horatier und drei Curiatier; Sabina und Horatia vernehmen diese Entscheidung in schmerzlichem Bangen. Zweiter Akt. Erste Szene. Auf dem Feld des Mars steht der eigentliche Kampf bevor, als Horatia und Sabina in Begleitung der höchsten Auguren, Priestern und Volk hinzukommen. Sie behaupten, daß die Götter vielleicht einen solchen Waffengang zwischen Verwandten nicht wollen: vor dem Kampf müsse das Orakel gehört werden. Nur widerwillig geben Horatier und Curiatier nach. Sabina und Horatia schöpfen neue Hoffnung. Zweite Szene. Eine Höhle unter dem Aventin: die Rückwand öffnet sich und es erscheint der Tempel Apollons, die Stimme des Orakels verkündet, daß der Kampf zwischen Horatiern und Curiatiern ausgetragen werden müsse. Dritter Akt. Erste Szene. Im Freien, im Circus Maximus (Kolosseum). Nachdem sie von Curiatius Abschied genommen hat, bleibt Horatia außerhalb des Circus, die herausdringenden Stimmen lassen sie begreifen, daß zwei Horatier gefallen sind. Horatia entfernt sich mit ihren Frauen. Zweite Szene. Auf einem großen Platz in Rom. Das Volk umjubelt Markus Horatius, der auf einem Triumphwagen daherkommt. Zu seinen Füßen liegen die Leichname der drei getöteten Curiatier. Horatia wird angesichts ihres toten Gatten vom Schmerz überwältigt. Sie verflucht ihren Bruder, der sich ob ihrer geringen Vaterlandsliebe entrüstet und sie mit dem Tode bedroht, doch außer sich vor Schmerz ruft Horatia den Fluch der Götter auf Rom herab. Horatius zieht das Schwert und trifft sie tödlich. Im Sterben stürzt Horatia über die Treppen hinab.

● Bei der Uraufführung war die Oper ein echter Mißerfolg, der sich in den anschließenden achtundvierzig Vorstellungen fast in einen Triumph verwandelte.   MS

DIE SÄNGERINNEN AUF DEM DORFE
(Le cantatrici villane)

Heitere Oper in zwei Akten von Valentino Fioravanti (1764–1837). Libretto von Giovanni Palomba. Uraufführung (Datum unsicher): zwischen 1796 und 1801.

PERSONEN. Rosa, eine für verwitwet gehaltene Bäuerin (Sopran), Carlino, Rosas Mann, ein sehr unternehmungslustiger, junger Soldat (Tenor), Don Bucefalo, Kapellmeister, furchtsam und unwissend (Baß), Agata, Dorfwirtin (Sopran), Don Marco, reich und von der Podagra geplagt, dummer Musikliebhaber (Baß), Giannetta, Dorfmädchen (Mezzosopran), Giansimone, Bedienung im Wirtshaus.

HANDLUNG. Erster Akt. In Frascati haben die Wirtin Agata und die Bäuerinnen Giannetta und Rosa beschlossen, Sängerinnen zu werden. Don Bucefalo, ein törichter, unwissender Kapellmeister, ermutigt sie und will ihnen Gesangsunterricht geben. Schon kommt es zum Streit zwischen den künftigen Sängerinnen um die schönsten Partien und die größte Bravour. Außerdem sind Agata und Giannetta auf Rosa, die der Maestro vorzuziehen scheint, eifersüchtig. Er bittet einen Grundbesitzer des Ortes, Don Marco, der bereits sein Schüler ist, ihm sein Cembalo zu leihen und es in Rosas Haus bringen zu lassen. Don Marco kommt dieser Bitte nach, da er ebenfalls in die junge Frau verliebt ist. Rosa ist die Witwe Carlinos, eines jungen Soldaten, der in Spanien gefallen sein soll. Doch dem ist keineswegs so, hinter einem großen Schnurrbart verborgen, kehrt Carlino zurück und wird von niemandem erkannt. Als er den Dorfklatsch hört, muß er annehmen, seine Frau sei seinem Gedächtnis keineswegs treu. Er verdächtigt sowohl Don Marco als auch Don Bucefalo und droht Rache an. Um besseren Einblick zu haben, behauptet er, er müsse auf Befehl des Quartiermeisters in Rosas Haus untergebracht werden. Diese wehrt sich zunächst hiergegen, versucht ihn dann gütlich von seinem Vorhaben abzubringen, muß aber nachgeben als Carlino droht, alles kurz und klein zu schlagen. Zweiter Akt. Um sich Rosa genehm zu machen, will Don Marco Impresario einer Oper werden, in der er selbst neben der schönen Witwe singen wird. Aus Rom kommt eine Musikantengruppe herbei und man bereitet für den Abend eine große Probe in Rosas Haus. Das ruft die Eifersucht der beiden anderen Frauen herauf, die nur um so heftiger über Rosa klatschen. Worte und Musik durcheinanderbringend, singen Rosa und Don Marco. Carlino kommt mit einigen Bauern, die Flinten schußbereit, herbei. In der entstehenden Verwirrung läuft Giannetta davon und ruft die Wache. Jetzt gibt Carlino sich zu erkennen und bittet alle um Vergebung, da allein Eifersucht und Liebe ihn zu seinen Drohungen getrieben haben. Don Marco läßt die Wache abberufen und die Oper endet in allgemeiner Fröhlichkeit.

● Das Uraufführungsdatum steht nicht fest: sie soll 1796 in Reggio Emilia gewesen sein, doch ist auch von der Toskana (1795) und Neapel (1798) etc. die Rede. Das Libretto trägt das Datum von 1798. In seinen Memoiren schreibt Fioravanti, daß sie «im Karneval 1798 zu Beginn des Jahres '99» aufgeführt wurde. Eine auf einen einzigen Akt gekürzte Fassung wurde jedenfalls (mit dem von G. M. Foppa adaptierten Text) im Teatro di San Moisé am 28. Dezember 1801 in Venedig gegeben. Fioravanti schrieb fünfundsiebzig Opern, die zu ihrer Zeit außerordentlich beliebt waren. Die hier vorgestellte *Die Sängerinnen auf dem Dorfe* (Le cantatrici villane) schlug alle Rekorde und wurde in ganz Europa nachgespielt. Sie ist noch heute Teil des Opernrepertoires. MS

TELEMACHOS
(Telemaque dans l'Île de Calypso ou Le triomphe)

Oper in drei Akten von Jean-François Lesueur (1760–1837). Libretto von A. F. Dercy, nach Fénelons Roman «Les aventures de Telemaque». Uraufführung: Paris, Salle Favart de l'Opéra-Comique, 11. Mai 1796.

● Die Oper enthält einen Teil der zahlreichen Abenteuer Telemachos' aus den ersten drei Gesängen der Odyssee. Insbesondere geht es um die Zeit, die der Jüngling bei Kalypso verbringt. Diese Idylle in Telemachos' Leben findet ein plötzliches Ende als der von Kalypso geliebte Jüngling sich in die Nymphe Eukaris verliebt und von der Insel fliehen muß. Kern der Oper ist das stets wiederkehrende Ideal des mythischen Griechenlands, das in einem vieldeutigen Pseudoklassizismus dargestellt wird. Die Ouvertüre war nach ihres Schöpfers Worten im «hypodorischen und rhythmisch-spondäischen Ton gehalten». MSM

ROMEO UND JULIA
(Giulietta e Romeo)

Lyrische Oper von Nicola Antonio Zingarelli (1752–1837). Libretto von G. M. Foppa (1760–1845). Uraufführung: Mailand, Teatro alla Scala, Karneval 1796. Solisten: Adamo Bianchi, Giuseppa Grassini, Girolamo Crescentini, Angelo Monassi, Carolina Dianand, Gaetano De Paoli, Dirigent: Lugi De Baillou.

HANDLUNG. Die Oper hält sich eng an das zehnte Kapitel aus dem zweiten Band der *Storie di Verona* (Geschichte Veronas) von Girolamo Della Corte, ohne daß Hinzufügungen aus späteren Werken, Shakespeares Drama inbegriffen, übernommen würden.

● Es ist die bedeutendste Oper des fruchtbaren neapolitanischen Komponisten, der von seinen Zeitgenossen hochgeschätzt wurde. Die Uraufführung fand zu Ehren des Erzherzogs Ferdinand von Österreich und seiner Gemahlin, der Erzherzogin Maria Beatrice Ricciarda statt. EP

MEDEA (Médée)

Oper in drei Akten von Luigi Cherubini (1760–1842). Libretto von François Benoit Hoffmann, nach Corneilles Tragödie (1635), angeregt durch das griechische Vorbild. Uraufführung: Paris, Théâtre Feydeau, 23. Thermidor des V. Jahres (d.h. am 13. März 1797). Solistin: Madame J. A. Scio.

PERSONEN. Kreon, König von Korinth (Baß), Glaukis, seine Tochter (Sopran), Jason, Führer der Argonauten (Tenor), Medea, Gemahlin Jasons (Sopran), Neris, Medeas Magd (Alt), Anführer der Wachen des Königs (Bariton), erste Dienerin (Sopran), zweite Dienerin (Alt). Zwei Kinder Medeas und Jasons, Dienerinnen der Glaukis, Priester, Soldaten, Volk von Korinth.

HANDLUNG. Die Oper spielt in Korinth. Erster Akt. Eingang zu Kreons Königspalast. Am Vorabend der Vermählung der Königstochter Glaukis mit dem Helden Jason, der in Kolchis das Goldene Vlies erkämpft hat. Allerdings war ihm dies nur mit Hilfe der Zauberin Medea gelungen, die um seinetwillen ihren Vater und das Volk von Kolchis verraten und ihren Bruder Absyrthos getötet hat. Medea ist Jason nach Korinth gefolgt und hat ihm zwei Söhne geboren. Nun verläßt Jason sie, um Glaukis zu ehelichen. Die Königstochter fürchtet Medeas Rache. Wenig fruchten die Beruhigungsversuche Jasons und Kreons. Auf der Schwelle zum Palast erscheint eine geheimnisvolle verschleierte Frau: es ist Medea, die wilde Drohungen ausstößt. Kreon weist sie fort. Umsonst versucht die Zauberin, Jason zu sich zurückzurufen: er weist sie ab und in rasendem Zorn verflucht ihn Medea, entsetzliche Rache schwörend. Zweiter Akt. In einem

Teil des Palastes neben dem Tempel der Juno. Medea ist von Verzweiflung erfaßt, vergeblich versucht ihre Dienerin Neris, sie aus dem Palast hinwegzuführen, als Kreon hinzukommt und ihr befiehlt, augenblicklich die Stadt zu verlassen. Medea, in der der Gedanke Gestalt gewinnt, aus Rache ihre Kinder zu töten, bittet um einen Tag des Aufschubs, den sie mit ihnen verbringen wolle. Kreon gewährt ihr diesen letzten Tag. Die verlassene Zauberin gibt vor, sie habe sich in ihr Schicksal gefügt; sie befiehlt Neris, Glaukis als ihr Hochzeitsgeschenk einen Überwurf und ein magisches Diadem, die sie einst von Apollon erhalten hatte, zu überbringen. Dritter Akt. Ein Platz zwischen dem Palast Kreons und einem Tempel. Neris bringt die Kinder aus dem Palast zu ihrer Mutter Medea, die zwischen Mutterliebe und dem sie überwältigenden Wunsch sich an Jason zu rächen, hin- und herschwankend, die Kleinen in die Arme schließt, den Dolch von sich werfend. Aus dem Palast dringt lautes Klagen: Medeas Hochzeitsgeschenke haben Glaukis getötet. Jason beweint den Tod des geliebten Mädchens, während das Volk aufgebracht den Tod der Zauberin fordert. Mit Neris und den Kindern flüchtet Medea in den Tempel, aus dem kurz darauf Neris uner Entsetzensschreien hervorstürzt. Von den Eumeniden, den Furien umringt, erscheint auch Medea, den noch blutigen Dolch, mit dem sie ihre Kinder erstochen hat, in der hoch erhobenen Hand. Jason wird von Schmerz und Grauen überwältigt, und Medea verspricht ihm, daß selbst ihr Schatten ihn noch im Hades erwarten werden. Dann verschwindet sie in den Flammen des Tempels.

● Diese Oper wird im allgemeinen als Cherubinis gelungenstes Melodram angesehen und ist zweifellos eines seiner komplexesten und am stärksten durchgearbeiteten Bühnenwerke. Die Pariser Uraufführung war nicht sehr erfolgreich, und die Oper wurde in der französischen Hauptstadt nicht wieder inszeniert. Im selben Monat kamen gleich zwei Parodien der Medea heraus: C. A. Sewrins *La Sorcière* (Die Hexe) und *Bébée et Jargon* von P. Villiers und P. A. Capelle. Mit *Medea* eröffnete Cherubini den Weg zum tragischen Melodram des neunzehnten Jahrhunderts und entfernte sich zugleich von den vorgegebenen Formen des achtzehnten. Die ganze Oper ist von einer meisterlich gestalteten Atmosphäre des Tragischen überschattet. Dem Brauch im Théâtre Feydeau und der Opéra comique entsprechend durfte Cherubini keine gesungenen Rezitative schreiben, die deshalb gesprochen wurden. Franz Lachner vertonte sie später für eine Aufführung in Frankfurt am Main (1. März 1855) und in dieser Form sind sie seitdem Bestandteil der Oper. In den deutschsprachigen Ländern wurde die Oper sehr beliebt, die erste Aufführung in deutscher Sprache fand 1800 in Berlin statt. *Medea* wurde auch von Brahms, Beethoven, Weber, Schumann und Wagner sehr geschätzt. In Italien, dem Vaterland des Komponisten, wurde die Oper erst 1909 zum ersten Mal gegeben, und zwar an der Mailänder Scala. Die 1952 während des *Maggio musicale* in Florenz vorgestellte Inszenierung mit der hinreißenden Maria Callas in der Titelrolle bewies erneut die Vitalität dieses Werkes.   MS

Die Sängerin Giuditta Pasta als «Medea» in Cherubinis Oper.

DIE PORTUGIESISCHE HERBERGE
(L'hôtellerie portugaise)

Oper in einem Akt von Luigi Cherubini (1760–1842). Libretto von Etienne Aignan (1773–1824). Uraufführung: Paris, Théâtre Feydeau, 25. Juli 1798.

PERSONEN. Rodrigo, ein alter portugiesischer Gastwirt (Baß), Roselbo, alter spanischer Kavalier (Tenor), Pedrillo, sein Knappe (Bariton), Inigo, Don Rodrigos Diener (Bariton), Donna Gabriella, Roselbos Mündel (Sopran), Ines, ihre Zofe (Sopran).

HANDLUNG. Die Oper spielt in Portugal um 1640. Ort der Handlung ist der Hof einer Herberge in der Nähe der spanischen Grenze. In der Herberge treffen zwei Damen ein, die sich verdächtig betragen. Es sind Gabriella und Ines. Gabriella ist aus dem Hause ihres Vormunds Roselbo geflohen, der sie zwingen will, ihn zu heiraten. Sie will versuchen, nach Lissabon zu ihrem Geliebten, Don Carlos, zu gelangen. Der von Natur aus mißtrauische Wirt Rodrigo sieht von vornherein überall Geheimnisse und Intrigen und versucht herauszubekommen, wen er vor sich hat. Zufällig liest er in der Zeitung von der Gattin des Gouverneurs, die mit ihrer Freundin nach der Vertreibung der Spanier aus Lissabon geflohen ist und die spanische Grenze zu erreichen sucht. Rodrigo glaubt, die Flüchtigen in seinen Gästen zu erkennen und beschließt, ihnen zu helfen. Als Don Carlos mit seinem Knappen Pedrillo auf der Suche nach Gabriella eintrifft, hält er sie für Geheimagenten der Aufständischen auf den Spuren der Gouverneursgemahlin und schickt sie mit der Bemerkung weiter, die Damen seien bereits wieder in Richtung der spanischen Grenze aufgebrochen. Auch der Vormund Rosel-

Maria Callas singt die «Medea» von Luigi Cherubini an der Römischen Oper.

Schnitt und Außenansicht des Theaters in der Rue Feydeau in Paris, 1791. Paris, Bibliothèque de l'Opéra.

bo kommt bei der Verfolgung seines flüchtigen Mündels zur Herberge. Wieder begeht Don Rodrigo einen Irrtum: in der Annahme, Roselbo vertrauen zu können, entdeckt er ihm, daß in seiner Herberge zwei Damen hohen Standes abgestiegen seien, die der Hilfe bedürfen. Roselbo gibt vor, er wolle ihnen Schutz gewähren. Triumphierend ruft der Wirt die beiden Damen herbei, muß jedoch aus der Art ihrer Begegnung mit Roselbo entnehmen, daß er hier wohl Schlimmes angerichtet hat. Unerwartet kommt Don Carlos mit Pedrillo zurück. Er kann ein Dekret vorlegen, durch das das Testament annulliert wird, mit dessen Hilfe Gabriellas Vater sie unter Roselbos Vormundschaft gestellt hatte. Geschlagen zieht der Vormund von dannen und Gabriella und Don Carlos können einander umarmen.

● Die Uraufführung der Oper wurde ein Mißerfolg. Die Ablehnung durch das Publikum war auch dem für unzulänglich befundenen Libretto zuzuschreiben MS

DER WASSERTRÄGER
(Les deux Journées ou Le Porteur d'Eau)

Oper in drei Akten von Luigi Cherubini (1760–1842). Libretto vo Jean Nicolas Bouilly. Uraufführung: Paris, Théâtre Feydeau, 16. Januar 1800. Solisten: J. A. Scio, P. Gavens, Juliet.

PERSONEN. Daniele Micheli (Bariton), Costanza, seine Gemahlin (Mezzosopran), Antonio, Michelis Sohn (Tenor), Marcellina, Michelis Tochter (Sopran), Angelica, Antonios Braut (Sopran), Graf Armand (Tenor). Ein Anführer der Wache, Wachen.

HANDLUNG. Ort der Handlung ist die Stadt Paris um 1640, zur Zeit des Kardinals Mazarin. Ein Wasserverkäufer, der Savoyarde Daniele Micheli, verbirgt in seinem Haus den Grafen Armand und dessen Gattin Costanza, die von der Polizei gesucht werden, nachdem sie bei dem Kardinal in Ungnade gefallen sind. «Mai buona azione perduta andò» (Nie geht eine gute Tat verloren) singt der alte Daniele, der in dem Grafen seinen Wohltäter erkannt hat, der ihn vor langer Zeit in Bern vom Hungertode errettet hatte. Michelis Kinder Antonio und Marcellina kommen hinzu, die soeben ihre Pässe erhalten haben, um sich in ein Dorf begeben zu können, wo Antonio die Tochter eines Pächters heiraten will. Gemeinsam denkt man sich einen Plan aus, um die von der Polizei Gesuchten aus der Stadt zu bringen, als plötzlich der Anführer der Wache erscheint, um Michelis Haus zu durchsuchen. Micheli steckt den Grafen ins Bett und gibt ihn für seinen alten, kranken Vater aus. Am nächsten Tag kann Costanza mit Marcellinas Paß die Stadtgrenze überschreiten. Dann erscheint Micheli mit seinem Karren und dem Wasserfaß, in dem sich der Graf verbirgt. Dem Wasserverkäufer gelingt es, die Wachsoldaten auf die Suche nach den Flüchtigen zu schicken, die er an einem anderen Stadtausgang gesehen haben will, und so kann der Graf dem Faß entsteigen und sich rasch aus der Stadt entfernen. Im Dorf der Braut. Antonio Micheli hilft dem Grafen Armand, sich in einem hohlen Baum zu verstecken, während Costanza sich in Angelicas Haus begibt. Einige Soldaten betreten den Schauplatz und machen zu Füßen des Baums, in dem Armand versteckt ist, Rast. Costanza, die sich dem Baum genähert hat, um ihren Gatten mit Speise und Trank zu versorgen, wird ob ihres verdächtigen Benehmens verhaftet und fällt in Ohnmacht. Als sie wieder zu sich kommt, sieht sie ihren Gatten, der dem Baum entstiegen ist, um ihr Hilfe zu bringen; sie ruft ihn beim Namen und veranlaßt damit, daß er erkannt und verhaftet wird. Doch im gleichen Augenblick trifft auch schon Micheli mit dem königlichen Erlaß ein, durch den Armand von jeder vorgeblichen Schuld freigesprochen wird.

● Mit *Medea* und *Lodoïska* zählt *Der Wasserträger* zu den erfolgreichsten Opern Cherubinis. Mit ihr setzt sich der Komponist endgültig auf Europas Bühnen durch; zugleich entschädigt sie ihn für die Mißerfolge früherer Werke. *Der Wasserträger* wurde an zweihundert aufeinanderfolgenden Abenden gegeben. Die Oper wurde auch an deutschsprachigen Theatern oft und gern aufgeführt, nachdem der Text übersetzt worden war. Später geriet sie fast vollständig in Vergessenheit. Das Libretto ist recht verworren und läßt an literarischer Qualität zu wünschen übrig, doch zählt die Musik zum Besten, was der Florentiner Cherubini schrieb. Weber und Beethoven äußerten sich begeistert über sie. MS

DER KALIF VON BAGDAD
(Le Calife de Bagdad)

Komische Oper in einem Akt von François Adrien Boïldieu (1775–1834). Libretto von C. Godard d'Aucour de Saint-Just. Uraufführung: Paris, Opéra-Comique (Salle Favart), 16. September 1800.

HANDLUNG. Der Kalif von Bagdad, Isaun, will allein um seiner selbst willen geliebt werden. Unerkannt umwirbt er verkleidet die liebreizende Zetulbé. Doch dank dieser seiner Verkleidung wird er von vielen Leuten für einen gefürchteten Räuber gehalten, der in der Gegend sein Unwesen treibt. Immerhin kommt auch die Furcht Lémaïdes, der Mutter Zetulbés seinem Ziel zugute. Trotz des immer wieder gegen ihn sprechenden Anscheins und trotz aller Prüfungen, denen die Angebetete unterworfen wird, bleibt sie in ihrer Liebe unerschütterlich. Die Handlung entbehrt schließlich auch nicht eines überaus lächerlichen Kadis und einer gewitzten Dienerinnenfigur.

● Das Sujet ging auf arabische Erzählungen zurück. Das Ergebnis war eine durch europäische Augen gesehene Welt des Orient in diesem gut gebauten Libretto, zu dem Boïldieu eine frische, leicht eingängige Musik schrieb, eine Mischung, die der Oper große Beliebtheit zuteil werden ließ. Es heißt, Cherubini habe nach einer Vorstellung des *Kalifen von Bagdad* den Komponisten mit folgenden Worten angesprochen: «Schämen Sie sich nicht für einen so unverdienten Erfolg?» In den acht Jahren, die Boïldieu am Hoftheater in St. Petersburg verbrachte, arbeitete er auch daran, seine handwerkliche Technik zu vervollkommen, da ihm deutlich geworden war, wie sehr diese zu wünschen übrigließ. MS

GENOVEVA VON SCHOTTLAND
(Ginevra di Scozia)

Oper von Giovanni Simone Mayr (1763–1845). Libretto von Gaetano Rossi (1774–1855). Nach «Orlando furioso» von L. Ariosto (1474–1533). Uraufführung: Triest, Teatro Nuovo, 1801.

HANDLUNG. Genoveva, Tochter des Königs von Schottland, und Ariodante, ein unerschrockener italienischer Ritter, lieben sich. Der Herzog von Albanien, Polinesso, ist ein Rivale des Jünglings. Er verbreitet das Gerücht, er sei der heimliche Geliebte der Prinzessin und mit Hilfe ihrer Kammerfrau Dalinda gelingt es ihm, Ariodante glauben zu machen, Genoveva betrüge ihn. In den Gewändern ihrer Herrin zeigt sich Dalinda bei einem heimlichen Treffen mit Polinesso am Fenster. Verzweifelt stürzt Ariodante sich in den Fluß. Nach schottischem Gesetz muß durch Zweikampf zwischen zwei Rittern über Genovevas Schuld oder Unschuld entschieden werden. Ein Paladin, Rinaldo, tritt zum Kampf mit Polinesso an, besiegt ihn und erklärt ihn der Verleumdung und des Verrats für schuldig. Genovevas Unschuld ist somit bewiesen; sie heiratet Ariodante, der dem Tode entronnen ist und anstelle des treulosen Polinessos das Amt eines Konnetabel des Reichs übernimmt.

• Die Oper beeindruckt vor allem dank ihrer starken Dramatik, die sich musikalisch auch in einigen romantisch-empfindsamen Szenen ausdrückt, durch die in diesem Melodram neuere Saiten angeschlagen werden. GPa

SCHERZ, LIST UND RACHE

Singspiel in vier Akten von Ernst Theodor Amadeus Hoffmann (1776–1822). Libretto von Johann Wolfgang Goethe (1749–1832). Uraufführung: Posen, 1801.

HANDLUNG. Scapina und Scapino sind ein glücklich verheiratetes Paar, das dem reichen, geizigen Dottore durch eine List Geld entlocken will. Scapino stellt sich arm und hinkend und präsentiert sich so dem Dottore, in dessen Dienste er treten möchte. Der Dottore stellt ihn auch ein und läßt sich zugleich von der liebreizenden, jungen Scapina verführen. Doch plötzlich gibt diese vor, sie sei vergiftet worden und beschuldigt den Dottore, er habe sie umbringen wollen. Verängstigt fürchtet der Dottore, man wolle ihn tatsächlich des Mordes anklagen, umsomehr als Scapina nun wirklich tot zu sein scheint. Er glaubt sich allein dadurch retten zu können, daß er sich dieses unbequemen Leichnams möglichst rasch entledigt und beauftragt deshalb Scapino, gegen einen Lohn von fünfzig Zechinen die Leiche Scapinas wegzuschaffen. Der schlaue Gatte trägt seine Frau in den Garten, wo sie ein großes Wehklagen und Stöhnen anhebt, zum Zeichen dafür, daß sie noch gar nicht tot ist. Der reiche Alte vernimmt entsetzt diese Laute und da er fürchtet, daß sie ihn nun doch der Vergiftung bezichtigen und gegen ihn zeugen könne, bietet er ihr ebenfalls fünfzig Zechinen, um ihr Schweigen zu erkaufen. Das Singspiel endet mit dem Sieg des unverschämten jungen Paares über den in die Falle gegangenen alten Geizhals.

• Der literarische Text zu dieser Oper wurde von Goethe etwa 1790 auf Bitten des Komponisten Kayser geschrieben, der sich nach einer Italienreise 1784 für die italienische *Opera buffa* interessierte. Auch dem großen Goethe scheint diese Aufgabe gereizt zu haben; er verfaßte ein Textbuch in Anlehnung an die klassischen Typen der italienischen *Commedia dell'arte* (in der Figur des Dottore ist durchaus die der Maske des *Dottor Balanzione* aus Bologna wiederzuerkennen) und schuf eine an komischen Einfällen reiche Handlung. Obwohl Kayser eine Partitur komponierte und das Werk 1790 im Druck erschien, wurde es niemals aufgeführt. Diesen Text legte auch Hoffmann – dem er in seinen jungen Jahren als Regierungsbeamter in Posen in die Hände gelangte – seiner Komposition eines Singspiels (und nicht mehr einer Buffo-Oper wie Kayser) zugrunde, das eines seiner ersten Werke war. Großes Interesse weisen allerdings weder Goethes Vorlage (die der Dichter selbst später mit Kritik bedachte), trotz aller komischen, jedoch etwas zusammenhanglosen Effekte, noch Hoffmanns Musik, eine noch wenig originelle Jugendarbeit auf, so daß dieses Singspiel nur noch äußerst selten aufgeführt wird. GP

ANAKREON
(Anacréon ou L'Amour fugitif)

Oper in zwei Akten von Luigi Cherubini (1760–1842). Libretto von R. Mendouze. Uraufführung: Paris, Académie Royale de Musique (Opéra), 4. Oktober 1803.

HANDLUNG. Ort der Handlung ist Theos in Ionien. Der Dichter Anakreon hat das Alter der Reife erlangt und zu seinen Ehren werden Festlichkeiten veranstaltet. Er wohnt diesen Vorbereitungen bei und traurige Gedanken über sein körperliches Altern, das seinem jugendlichen Geist so gar nicht entspricht, überfallen ihn. Corinna, eine junge Sängerin, liebt Anakreon und auch er erwidert diese Neigung. Bei ihrem Anblick wird der Dichter wieder heiter gestimmt und hebt, sich auf der Leier begleitend, ein Loblied auf Amor und Bacchus an. Dann bricht ein heftiges Gewitter herein und durch das Tosen ist die Stimme eines Knaben zu hören, der um Einlaß ins Haus bittet. Anakreon nimmt ihn freundlich auf und der Knabe erzählt eine lange Geschichte familiärer Wirren, auf Grund derer er fliehen mußte. Doch ist diese Geschichte unwahr; in Wirklichkeit handelt es sich um den inkognito auftretenden Liebesgott Amor. Während des Dichterfestes versetzt Amor alle Anwesenden in Liebesglut. Inzwischen trifft von der Insel Cythera eine Botschaft der Venus ein, die um die Rückgabe ihres Sohnes Amor bittet. Jeden Wunsch wird sie dem erfüllen, der ihn ihr zurücksendet. Während in Anakreons Haus noch darum gestritten wird, ob es richtig sei, ihn zurückzuschicken, trifft Venus persönlich auf ihrem Wagen ein. Um Anakreon für die freundliche Aufnahme zu entlohnen, gewährt ihm Amor für den Rest seiner Tage ein Leben in seiner Gunst. MS

FIDELIO oder DIE EHELICHE LIEBE

Lyrisches Drama in zwei Akten von Ludwig van Beethoven (1770–1827). Libretto von J. F. Sonnleithner und G. F. Treitschke. Uraufführung: Wien, Theater an der Wien, 20. Dezember 1805. Solisten: A. Mildner, L. Müller, F. Demmer, S. Meyer, Caché, Rothe, Weinkopf. Dirigent: Ludwig van Beethoven.

PERSONEN. Don Fernando, Minister (Baß), Don Pizarro, Gouverneur des Gefängnisses (Baß), Florestan, der Gefangene (Tenor), Leonore, seine Gattin, unter dem Namen Fidelio (Sopran), Rocco, Kerkermeister (Baß), Marzelline, seine Tochter (Sopran), Jaquino, Gefängnispförtner (Tenor), erster Gefangener (Tenor), zweiter Gefangener (Baß), Gefangene, Offiziere, Wachen, Volk.

HANDLUNG. Ort der Handlung ist eine in der Nähe Sevillas gelegene, in ein Gefängnis verwandelte Festung im siebzehnten Jahrhundert. Erster Akt. Im Gefängnishof. Marzelline hat sich in Fidelio, den erst jüngst von ihrem Vater

1805

Außenansicht des Theaters an der Wien. Kolorierter Stich von ca. 1815.

Rocco eingestellten Gehilfen verliebt und vernachlässigt ihren eifersüchtigen Verlobten Jaquino. Fidelio bittet Rocco, ihm bei der schweren Arbeit in den unterirdischen Kerkern helfen zu dürfen, wo ein streng bewachter Gefangener von allen abgeschlossen sein Leben fristen muß. Fidelio ist niemand anderes als Leonore, deren Gatte sei zwei Jahren verschwunden und totgesagt ist; doch sie glaubt, er befinde sich in den Händen seines Erzfeindes, des heimtückischen Pizarro, der Gouverneur der Festung ist. Gute Gründe lassen sie annehmen, daß der von Rocco so sorgfältig bewachte Gefangene kein anderer als ihr Gatte ist; um ihn zu finden und zu befreien, hat sie Männerkleidung angelegt und sich im Gefängnis als Gehilfe verdingt. Am gleichen Tag erfährt Pizarro, daß der Verdacht des Ministers Fernando durch gewisse Unregelmäßigkeiten im Kerker von Sevilla erregt worden ist und er deshalb beschlossen hat, ihm einen Besuch abzustatten. Unverzüglich beschließt der Gouverneur, Florestan, der ein Freund des Ministers ist, verschwinden zu lassen und Rocco vorzuspiegeln, daß der Gefangene auf Befehl des Königs sofort hinzurichten sei; auch das Grab für seinen Leichnam muß sofort ausgehoben werden. Der Kerkermeister wagt diesen Befehlen keine Weigerung entgegenzusetzen, doch Leonore-Fidelio, die alles mitangehört hat, fürchtet das Schlimmste für ihren Gatten und ist nur um so entschlossener, ihn zu retten. Zweiter Akt. Erste Szene. Im unterirdischen Kerker. Florestan ist von düsteren Gedanken über sein Los erfüllt; in seinen Fieberdelirien glaubt er die Stimme seiner Gattin zu vernehmen, die ihn ruft, um ihn in den Himmel zu geleiten. Inzwischen sind Rocco und Fidelio in die unterirdischen Gewölbe hinabgestiegen und haben mit dem Ausheben des Grabes begonnen. Die ungewohnten Geräusche lassen den Gefangenen erwachen. Seine treue Gattin erkennt ihn. Doch schon kommt Pizarro hinzu, den Dolch in der Hand, mit dem er Florestan töten will. Leonore wirft sich, ihren Gatten mit dem eigenen Leib deckend, dazwischen und richtet eine Pistole auf den Gouverneur. Im gleichen Augenblick sind Trompetenklänge zu vernehmen: sie kündigen die Ankunft des Ministers an. Außer sich vor Zorn muß Pizarro den unterirdischen Kerker verlassen, um Don Fernando empfangen zu können. Endlich wieder vereint, umarmen sich Leonore und Florestan. Zweite Szene. Im Hof der Festung. Jubelnd begrüßt der Chor des Volkes den Minister: Don Fernando bringt die Nachricht, daß auf Befehl des Königs allen politischen Gefangenen die Freiheit zu geben ist. Aus dem Kerker treten Leonore und Florestan mit Rocco, der Gerechtigkeit für das von einem so harten Schicksal betroffene Paar fordert. Erst jetzt erkennt Don Fernando in Florestan den totgeglaubten Freund und läßt Pizarro der gerechten Strafe zuführen. Glücklich löst Leonore die Ketten ihres Gatten, während alle übrigen einen Lobgesang auf die Ideale der Freiheit und der Liebe anstimmen.

● Ursprünglich sollte Beethoven ein heroisch-phantastisches Drama des Titels «Vestas Feuer» nach einem Libretto des Direktors des Theaters an der Wien, Schikaneder selbst, vertonen. Er arbeitete schon an diesem Projekt als er erfuhr, daß das Theater einen neuen Direktor erhalten hatte. Beethoven mußte also diese Arbeit abbrechen und eine andere Vorlage wählen. Schließlich entschied er sich für einen Entwurf des Musikers und Literaten Sonnleithner, *Leonore ou L'amour conjugal*, eine «pièce à sauvetage», also ein «Rettungs- oder Erlösungsstück», wie es damals sehr beliebt war, und das bereits Gaveaux, Paër und Mayr vertont hatten. Sonnleithners Stück ging im übrigen auf Bouillys *Leonore* zurück. Das Werk war eine bürgerliche Tragödie mit glücklichem Ausgang, ein in Frankreich sehr geschätztes Genre. Das Libretto lieferte eine originelle, persönliche Fassung der *pièce* und führte eine ganze Reihe für die Handlung wesentliche Änderungen ein. Beethoven arbeitete von 1803 bis 1805 an der Partitur. Doch als die Oper auf die Bühne kam, ließ das Publikum sie regelrecht durchfallen. Dieser Mißerfolg war zu einem großen Teil den schlechten Sängern sowie der Anwesenheit zahlreicher französischer Offiziere zuzuschreiben, die der deutschen Sprache nicht mächtig waren. Anschließend wurde sie durch von Breuning in einer neuen textlichen Fassung und mit dem Titel *Leonore* am 29. März 1806, wiederum am Theater an der Wien, erneut aufgeführt. In dieser Fassung waren aus den ursprünglich drei Akten zwei geworden, doch noch immer stellte sich der

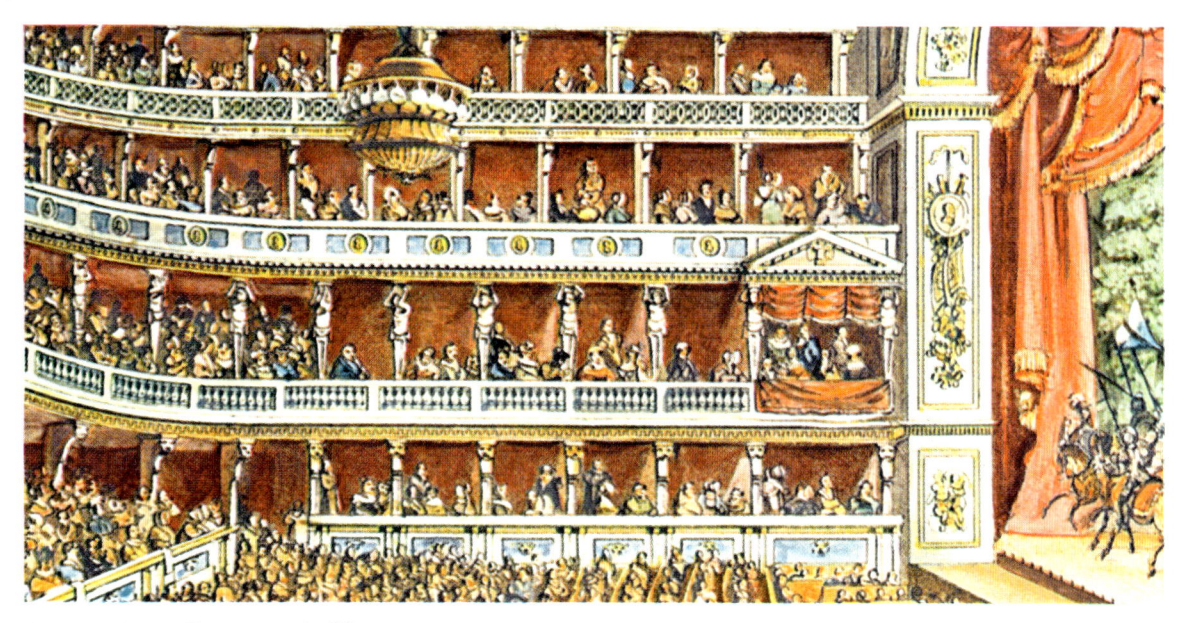

Innenansicht des Theaters an der Wien.

erhoffte Erfolg nicht wirklich ein und nach wenigen Vorstellungen zog der Komponist verbittert das Werk zurück. Eine dritte Fassung wurde am 23. Mai 1814 an der Wiener Hofoper mit dem von Treitschke veränderten und den Handlungsablauf vereinfachenden Text und einer von Beethoven selbst über- und bearbeiteten Partitur gegeben. Die Ursache all dieser Bearbeitungen ist vor allem darin zu sehen, daß Beethoven hier zum ersten Mal eine Oper komponierte. Zu diesem Umstand ist auch anzumerken, daß sowohl Wagner als auch Berlioz seine höchsten musikalischen Eingebungen in den eigentlich sinfonischen Teilen sahen oder jedenfalls in jenen, die nicht unmittelbar den Gesetzen der Bühne unterworfen waren. Dies wird auch durch die dritte, endgültige Fassung der Oper deutlich, in der die Forderungen der Handlung weitgehend geopfert wurden, um die innere Bedeutung der Oper, das heißt letzten Endes die ethische Vision des Komponisten hervortreten zu lassen, der in Leonores Heldentum die gespannte Hinwendung zu hohen menschlichen Idealen sieht. Aus diesen Gründen wurde *Fidelio,* obwohl es ein an genialen musikalischen Intuitionen reiches Werk ist, doch oft als eine, des für die Bühne notwendigen dramatisch-logischen Zusammenhangs ermangelnde Oper angesehen; dies erklärt auch den bescheidenen Erfolg der Oper im Lauf des neunzehnten Jahrhunderts. dennoch wurde und wird *Fidelio* (fast stets in der dritten Fassung) in aller Welt aufgeführt. GP

LODOÏSKA

Melodram in zwei Akten von Giovanni Simone Mayr (1763–1845). Libretto von G. Schmidt und F. Gonella, nach dem Werk eines unbekannten Dichters. Uraufführung: Mailand, Teatro alla Scala, 1805.

HANDLUNG. Die Oper spielt im mittelalterlichen Polen. In Schloß Ospropoli an der Grenze zur Tartarei ist Lodoïska Gefangene Boleslaws, der sie hat entführen lassen und sie zur Ehe zwingen will; doch sie hängt in treuer Liebe dem jungen Paladin Lovinski an. Inzwischen bedroht ein Tartareneinfall Polen; in diesen Krieg muß auch Boleslaw ziehen, um gegen Dschingis-Khan, den Anführer der Tartaren, zu kämpfen. Auch Lovinski stößt bei der Suche nach der geliebten Frau auf die Tartaren: im Zweikampf besiegt er Dschingis-Khan, schenkt ihm das Leben und wird sein Freund. Lovinskis Freund Narsemo bringt in Erfahrung, wo sich Lodoïska befindet und von wem sie gefangengehalten wird. Kurz darauf begegnet Lovinski Boleslaw und ohne ihm seinen wahren Namen zu nennen, bietet er ihm an, ihm behilflich zu sein, und Lodoïska vom Tod ihres geliebten Lovinski zu überzeugen. Die beiden Rivalen gelangen zum Schloß, während auch Lodoïskas Vater Sigeski von der Gefahr, in der seine Tochter schwebt, unterrichtet wird. Als Boleslaw Lodoïska vor versammeltem Volk ehelichen will, gibt sich Lovinski zu erkennen, befreit mit seinen Freunden, unter denen sich auch Dschingis-Khan befindet sowie der endlich herbeigeeilte Vater Lodoïska und straft den Schurken Boleslaw.

● Mit *Genoveva von Schottland* (Ginevra di Scozia) zählt *Lodoïska* zu den berühmtesten Werken von Donizettis Lehrmeister Mayr. Der aus der Welt des Rittertums stammende Vorwurf des Librettos zog einen epischen, an heroischen, triumphalen Harmonien und Melodien reichen musikalischen Stil nach sich. Lyrische und dramatische Akzente werden dagegen in den Liebesduetten gesetzt und betonen auch wirkungssicher Gefühlsentwicklung und Aufeinanderfolgen der gegensätzlichen Liebesverstrickungen. Das Finale trägt triumphale Züge: in einem dramatisch sich zuspitzenden Höhepunkt löst die Musik all jene optisch-leidenschaftlichen Spannungen auf, die der Komponist so einfallsreich während des ganzen Handlungsverlaufs verschlungen hatte. Diese mehrfach umgearbeitete Oper wurde in einer Erstfassung 1796 am Teatro La Fenice in Venedig aufgeführt. GPa

DIE VESTALIN
(La vestale)

Lyrische Tragödie in drei Akten von Gaspare Spontini (1774–1851). Libretto von Etienne de Jouy. Uraufführung: Paris,

1807

«Fidelio» von Ludwig van Beethoven. Szene aus dem dritten Akt in einer Wiener Aufführung von 1970.

Schleier niedergelegt worden war. Nun ist der Wille der Göttin allen deutlich: das heilige Feuer ist neu entzündet worden und die Gottheit hat der jungen Liebenden vergeben. Licinius kann Julia, die ihres Gelübdes entbunden und von jedem Schatten gereinigt ist, heiraten. In einem Rosenhain werden die Gatten vor dem Tempel der Venus Ericina von dem Freudenchor der Vestalinnen empfangen.

● Diese Oper ist nicht nur Spontinis wichtigste, sondern auch die bedeutsamste für den Neoklassizismus des ersten Kaiserreichs (premier Empire). Die künstlerischen Ideale der Epoche, in der man Maß und Gleichgewicht der antiken Kunst wiederbeleben wollte, kommen in der textlichen Vorlage durchaus zum Tragen. Obwohl die Handlung ein wenig unter der etwas starren Anlage der Personen leidet, die unfähig erscheinen, sich aufzulehnen und sich von den Ereignissen eher mitreißen lassen, hat die Oper große Meriten. Die Partitur ist kühn, die Musiksprache wohl abgewogen und die Klangwirkungen erinnern in ihren Kombinationen häufig an neue Auffassungen, wie sie Beethovens sinfonischem Werk zugrundeliegen. Auf diese Weise wird in diesem Werk eine Verschmelzung der italienischen Melodik mit dem sinfonischen Geist Deutschlands versucht.   RB

Opéra, 15. Dezember 1807. Solisten: E. Lainé, F. Lays, H.E. Dérivis, A.C. Banchu, M.T. Maillard.

PERSONEN. Licinius (Tenor), Julia (Sopran), Cinna (Tenor), die oberste Vestalin (Sopran), ein Konsul (Baß), der Pontifex maximus (Baß).

HANDLUNG. Erster Akt. Im Forum Roms, in der Nähe des Vestatempels. Die Stadt bereitet den Triumphzug des nach seinen Siegen ruhmbedeckt aus Gallien zurückkehrenden jungen Heerführers Licinius vor. Doch dieser vertraut seinem Freunde Cinna seine Liebesqualen an: er liebt Julia, die dem Willen ihres sterbenden Vaters gehorchend, in den Kreis der Vestalinnen eingetreten ist. Auch Julia ist durch die Rückkehr des Helden in Unruhe und Zweifel gestürzt worden: doch unbeugsam zwingt sie die höchste Priesterin während der Siegesfeier dem Helden den Lorbeerkranz zu überreichen. Während Julia das Zeremoniell ausführt, erklärt Licinius ihr seine Liebe und seine Hoffnung. Zweiter Akt. Im Tempel der Vesta. Julia ist als Hüterin des heiligen Feuers, das niemals erlöschen darf, allein zurückgeblieben. In ihrer Verzweiflung öffnet sie die Pforten des Tempels, um Licinius Einlaß zu gewähren; doch während ihres leidenschaftlichen Gesprächs erlöscht die jetzt unbewachte heilige Flamme. Cinna betritt die Bühne und kündet das Eintreffen von Priestern und Vestalinnen an; Licinius flieht, wenn auch widerwillig. Ohnmächtig sinkt Julia zu Füßen des Altars, auf dem das der Göttin heilige Feuer nicht mehr brennt, nieder. Nachdem der Pontifex maximus entdeckt hat, daß der Tempel entweiht wurde, versucht er vergeblich, den Namen des Mannes, der sich bei ihr befand, von Julia zu erfahren; vom Bannfluch des Priesters getroffen, wird sie fortgeführt. Dritter Akt. Im Gräberfeld der schuldig gewordenen Vestalinnen. Das Grab, das Julia lebendigen Leibes aufnehmen soll, ist bereitet. Verzweifelt erklärt Licinius sich vor dem Pontifex maximus für schuldig, doch Julia leugnet, daß sie ihn kenne, um die Schuld von ihm abzukehren. Plötzlich verdunkelt sich der Himmel und ein Blitz trifft den Altar, auf dem Julias

Illustration zu Ludwig van Beethovens «Fidelio».

1809

«Die Vestalin» von Gaspare Spontini. Bühnenbilder und Kostüme von Piero Zuffi, Regie von Luchino Visconti für die Aufführung in der Mailänder Scala am 7. Dezember 1954. Solisten: Maria Callas (Julia), Franco Corelli (Licinius), Ebe Stignani (Vestalin), Nicola Rossi Lemeni (der Pontifex maximus).

JOSEPH IN ÄGYPTEN
(Joseph en Egypte)

Oper in drei Akten von Etienne Nicholas Méhul (1763–1817). Libretto von A. Duval (1767–1842). Uraufführung: Paris, Opéra-Comique, 1807.

HANDLUNG. Ort der Handlung ist Memphis, während der in der Bibel beschriebenen mageren Jahre. Joseph, Statthalter über Ägypten, hat das Land dank der in den Jahren der «fetten Kühe» angehäuften Kornvorräte von einer Hungersnot errettet. Joseph wünscht jedoch auch seinen Vater Jakob und seine Brüder bei sich zu haben, um sie aus der Hungersnot zu erlösen. Durch Zufall gelangen sie zu ihm und bitten ihn, ohne ihn zu erkennen, um gastfreundliche Aufnahme. Joseph gewährt sie ihnen, ohne sich ihnen zu entdecken. Simeon, sein Bruder, der ihn ohne Wissen seines Vaters und seiner Brüder in die Sklaverei verkaufte und ihn für tot ausgab, verzehrt sich in Gewissensqualen. Endlich erträgt er die Last seiner Schuld nicht mehr und gesteht sie Jakob. Der Zorn des alten Mannes entlädt sich in einem entsetzlichen Fluch; doch Joseph bittet ihn um väterliche Vergebung und entdeckt ihm schließlich, daß er sein Sohn ist. In gefühlsgeladener Atmosphäre wird Simeon vergeben und die Oper schließt unter Gesängen des Friedens zu Ehren der Gottheit.

● Die Musik zu dieser berühmtesten Oper Méhuls ist von einem lyrischen, melodiösen Stil gekennzeichnet, der in seinem, den Anforderungen des behandelten Themas nicht immer entsprechenden, etwas süßlichen Ton leicht verwässert wirkt. Dennoch enthält die Oper, der auch harmonische und kontrapunktische Fülle gutzuschreiben sind, Seiten einfacher, aber gelungener Inspiration. GPa

FERNANDO CORTEZ
(Fernando Cortez ou La Conquête de Mexique)

Lyrische Tragödie in drei Akten von Gaspare Spontini (1774–1851). Libretto von Etienne de Jouy und J. A. Esménard, nach A. Pirons gleichnamigem Werk. Uraufführung: Paris, Opéra, 28. November 1809. Solisten: A.C. Banchu, E. Lainé, F. Lays, Laforet, P. Dérivis, J.H. Bertin.

PERSONEN. Amazily (Sopran), Fernando Cortez (Tenor), Montezuma (Baß), Telasco (Bariton), Alvaro (Tenor), der Oberpriester (Baß), Moralez (Bariton), Soldaten, Priester.

HANDLUNG. Erster Akt. In der Stadt Mexiko. Im Tempel des Gottes des Bösen. Der Oberpriester will der Gottheit spanische Gefangene, unter denen sich Cortez' Bruder Alvaro befindet, zum Opfer bringen. Auf den Rat des mexikanischen Fürsten Telasco, dessen Schwester Amazily in Händen der Spanier ist, läßt König Montezuma die Opferhandlung unterbrechen. Amazily, die freiwillig zu den Eindringlingen gegangen ist, da sie sich zum Christentum bekehrt und in Cortez verliebt hat, kommt hinzu. Sie versucht Frieden zu stiften. Doch das inzwischen befragte Orakel kündet unheilschwangere Voraussagen. Und tatsächlich zieht der Feind heran. Amazily geht zu den Spaniern, um einen Waffenstillstand zu erbitten. Zweiter Akt. Im spanischen Feldlager. Die Soldaten sind entmutigt und Cortez' anspornende Reden fruchten nichts. Sein Freund und Gefährte Moralez vertraut ihm seine Befürchtungen an, daß Amazily nur eine Spionin sei. Doch Cortez ist ihrer sicher und empfängt sie liebevoll, als sie im Lager eintrifft. Sie berichtet von dem Vorgefallenen und hebt die Grausamkeit der mexikanischen Priester hervor. Der spanische Heerführer schwört, Alvaro zu befreien. Dann trifft Telasco im Lager ein; er bietet reiche Gaben und

121

«Tempel der Vesta», Bühnenbild von Alessandro Sanquiro zu Gaspare Spontinis «Die Vestalin».

Alvaros Leben im Tausch gegen die Rettung seines Landes. Cortez redet auf seine Soldaten ein, diese Vorschläge nicht anzusehen, ja er steckt seine eigene Flotte in Brand, so daß niemand mehr das Land verlassen kann. Telasco wird als Geisel zurückbehalten. Dritter Akt. Begräbnisstätte der mexikanischen Könige. Cortez schreitet auf seinem Eroberungszug voran und gibt Telasco großmütig die Freiheit. In unerschütterlichem Haß auf den Feind führt dieser die Menge zum Aufstand, bemächtigt sich Alvaros und der übrigen Gefangenen und will sie nur gegen Amazily austauschen. Schließlich kann diese den Widerstand Cortez' überwinden und verläßt ihn, um ihrem Bruder zu gehorchen. Während die Mexikaner sich darauf vorbereiten mit ihren Gefangenen in der von der Spaniern angegriffenen, in Trümmern liegenden Stadt den Tod zu finden, trifft Amazily ein und bringt eine Friedensbotschaft. Von den edlen Worten Cortez' überzeugt, gewährt Montezuma ihm Amazily zur Gattin und schließt ein Bündnis mit ihm.

o Seltsame Ereignisse rankten sich um die ersten Aufführungen dieser Oper. Sie war von Kaiser Napoleon I., der auch das Sujet vorgeschlagen hatte, fast, als wolle er symbolisch seinen militärischen Ruhm feiern, in Auftrag gegeben worden. Der Kaiser hatte soeben Spanien den Krieg erklärt. Doch von Spontinis Musik fasziniert, schien das Publikum der Oper eine völlig andere als die von Napoleon gewünschte propagandistische Bedeutung beizulegen. Obwohl noch *Fernando Cortez* Sympathie und Erfolg errang, wurde das Werk schleunigst vom Spielplan abgesetzt. Für die Wiederaufnahme 1817 wurde die Oper von ihrem Schöpfer neu bearbeitet, um den dramatischen Handlungsverlauf besser mit dem unvorhersehbaren glücklichen Ausgang in Einklang zu bringen. Allerdings fiel das Finale nie zu Spontinis Zufriedenheit aus: er schuf vier verschiedene Fassungen desselben, so daß wir heute nicht wissen, welche er als die endgültige ansah. Zu groß war die Kluft zwischen seiner Sicht der Oper, die den glücklichen Ausgang notwendig machte und der historischen Wirklichkeit, in der Montezuma ermordet und sein Volk ausgerottet wurde. Obwohl *Fernando Cortez* an Dramatik und Ausdrucksvielfalt nicht an *Die Vestalin* heranreicht, haben wir es auch hier mit einer großangelegten Oper von stellenweise einzigartiger Schönheit zu tun. Von den modernen Inszenierungen erinnern wir an die 1951 in Neapel mit Renata Tebaldi am Teatro San Carlo herausgebrachte. RB

PYGMALION
(Pimmalione)

Oper in einem Akt von Luigi Cherubini (1760–1842). Libretto von S. Vestris nach Sografis italienischer Fassung des Rousseauschen «Pygmalion». Uraufführung: Paris, Théâtre des Tuileries, 30. November 1809.

HANDLUNG. Die Handlung beruht auf der griechischen Sage um den Bildhauer aus Zypern, der sich in die von ihm geschaffene Statue der Galathee verliebt und der ihr mit Aphrodites Hilfe Leben einhaucht.

● Cherubini befand sich in der Zeit vor der Entstehung dieses Werkes wegen wirtschaftlicher Schwierigkeiten und der feindseligen Haltung Napoleons ihm gegenüber in einem Zustand der tiefsten Niedergeschlagenheit. Um ihm aus dieser Krise herauszuhelfen, überredeten ihn der Sänger Crescentini und die Sopranistin G. M. Grassini, zwei vom Kaiser besonders geschätzte Künstler, im Jahre 1809 dazu, eine Oper in einem Akt zu komponieren, um damit die Gunst des Kaisers zurückzugewinnen. Das Werk wurde anonym im kaiserlichen Privattheater der Tuilerien aufgeführt (in Italienisch) und fand auch des Kaisers Beifall. Eine konkrete Verbesserung der Situation ergab sich jedoch für den Komponisten nicht daraus. *Pygmalion* wurde zweimal, 1809 und 1812, aufgeführt.   MS

SILVANA

Lyrisches Drama in vier Aufzügen von Carl Maria von Weber (1786–1826). Libretto von Franz Karl Hiemer nach dem Text «Das stumme Waldmädchen» von Carl Franz Goulfinger von Steinberg. Uraufführung: Frankfurt am Main, 16. September 1810.

PERSONEN. Rudolf (Tenor), Krips (Baß), Albert (Bariton), Helene (Sopran), Zina (Mezzosopran), Melchior und Silvana (Sprechrollen).

HANDLUNG. In Ungarn. Im Wald von Bacony findet eine Jagd statt. Silvana, ein stummes junges Mädchen, durchstreift blumenpflückend und tanzend den Wald. Aus Angst vor den Jägern flüchtet sie sich zu Albert, einem Adligen der Gegend. Er gibt ihr Geleit, stillt ihren Durst und bringt sie schließlich, während sie schläft, auf sein Schloß. Albert ist Helene versprochen. Diese aber liebt Rudolf, den Sohn des Herzogs, der ihre Zuneigung auch erwidert. Rudolf ist aber auch Silvanas heimliche Liebe. Der Bauernbursche Melchior, der seinerseits Silvana zugetan ist, hat sich ins Schloß geschlichen, um das Mädchen wieder zurück in den Wald zu holen. Im Gedränge der zu Alberts Hochzeit strömenden Gäste gelingt es ihm nicht, mit Silvana das Schloß unbemerkt zu verlassen. Melchior versucht Silvana zu erklären, daß Rudolf nicht ihretwegen gekommen sei, sondern weil er Helene liebe. Das Mädchen schenkt ihm keinen Glauben. Um seiner Behauptung Nachdruck zu verleihen, drückt er ihr einen Dolch in die Hand, mit der Aufforderung, ihn zu töten, wenn sich seine Behauptung als unrichtig erweisen sollte. Silvana wohnt in der Menge versteckt den Hochzeitsfeierlichkeiten bei. Plötzlich tritt Rudolf zwischen Braut und Bräutigam und fordert Albert zum Zweikampf heraus, um ihm damit die Braut streitig zu machen. Als Silvana das von ihrem Versteck aus beobachtet, wird sie von Eifersucht überwältigt und stürzt sich mit dem Messer, das ihr Melchior gegeben hat, auf Helene. Melchior kann sie gerade noch zurückhalten. Nach einigen weiteren Komplikationen (der Herzog verkün-

Kostüm für den von Jean Elleviou in Etienne-Nicholas Méhuls Oper «Joseph in Ägypten» gesungenen Joseph, 1807. Paris, Bibliothèque de l'Opéra.

Kostümzeichnung von Hippolyte Lecomte zu Gaspare Spontinis Oper «Fernando Cortez» für die Uraufführung 1809 an der Pariser Oper. Paris, Bibliothèque de l'Opéra.

det, daß Rudolf nicht sein leiblicher Sohn, sondern die Frucht eines Fehltritts seiner Gattin sei) findet die Geschichte ein tragisches Ende: bar jeder Hoffnung, Rudolf je für sich zu gewinnen, stürzt sich Silvana in den Abgrund. Melchior verfällt vor Schmerz dem Wahnsinn.

● *Silvana* entstand während einer turbulenten Zeit in Webers Leben (er wurde wegen eines Betruges, für den er wahrscheinlich nicht verantwortlich war, aber auch aufgrund einer Liaison mit der Sängerin Margarete Lang aus Württemberg ausgewiesen). Das Werk gilt als brillantes Beispiel der «zweiten Periode» des Komponisten. Die Premiere war nur schwach besucht, da die Frankfurter Bürger ihr Interesse einem am gleichen Tage stattfindenden spektakulären Ballonaufstieg der Madame Blanchard zuwendeten. Die spätere Aufführung in Berlin hatte dagegen größeren Erfolg.

EP

DER HEIRATSWECHSEL
(La cambiale di matrimonio)

Komische Farce in einem Akt von Gioacchino Rossini (1792–1868). Libretto von Gaetano Rossi (1774–1855). Uraufführung: Venedig, Teatro San Moisè, 3. November 1810. Solisten: R. Morandi, N. De Grecis, L. Raffanelli, T. Ricci.

PERSONEN. Tobias Mill (komischer Baß), Fanny (Sopran), Eduard Milfort (Tenor), Slook (komischer Baß), Norton (Baß), Clarina (Sopran), Hausgesinde und Gehilfen.

HANDLUNG. Raum im Hause des alten Kaufmanns Tobias Mill. Dieser ist sehr erfreut, weil ihm der reiche amerikanische Händler Slook gerade ein gutes Geschäft vorgeschlagen hat: eine hohe Summe Geld für eine schöne junge Frau. Tobias denkt sofort an seine Tochter Fanny. Diese erfährt von Norton, dem Buchhalter ihres Vaters, und Clarina, ihrer Kammerfrau, von den Plänen ihres Vaters. Fanny liebt heimlich Eduard Milfort, einen schönen jungen Mann. Deshalb ist sie verzweifelt über die Entscheidung ihres Vaters, aber ihre beiden Vertrauten versprechen ihr Hilfe. Der Amerikaner bemerkt bei seiner Vorstellung sogleich, welche Verachtung Fanny für ihn hegt, trotzdem gefällt sie ihm. Das junge Mädchen droht, ihm die Augen auszukratzen, falls er sie heiraten sollte. Währenddessen kommt Eduard hinzu und macht alsbald seine Rechte auf seine Liebste geltend. Slook ist gerührt von den Worten der jungen Liebenden und begreift, welche Zuneigung sie verbindet. Er schenkt Eduard den Wechsel auf die Ehe mit Fanny und macht ihn zu seinem Erben. Danach begibt er sich zu Tobias und teilt ihm mit, daß er zwar voll der Hochschätzung für seine Tochter sei, sie jedoch nicht heiraten werde. Der Alte gerät daraufhin in Wut und erinnert Slook daran, daß er den Ehewechsel unterzeichnet habe. Der Amerikaner aber läßt sich nicht von seinem Entschluß abbringen, sodaß Tobias ihn schließlich zum Duell herausfordert. Slook sieht sich gezwungen, die Herausforderung anzunehmen. So stehen sich die beiden also am Austragungsort gegenüber. Aber ehe sie die Degen kreuzen, enthüllt der Amerikaner Fannys Vater die innige Liebe zwischen dem jungen Mädchen und Eduard. Die Tatsache, daß Slook den jungen Mann zu seinem Universalerben eingesetzt hat, überzeugt Tobias schließlich, und er gibt seine Zustimmung zur Heirat der beiden. Der großzügige Wohltäter kehrt in sein Land zurück und die Oper geht in Freude und unter allseitigen Dankesbezeigungen zu Ende.

● Rossini komponierte den *Heiratswechsel* im Alter von nur achtzehn Jahren. Die Oper war zwar kein ausgesprochener Erfolg, wurde jedoch gut aufgenommen. Nach zeitgenössischen Berichten wurde sie ungefähr ein Dutzend Mal aufgeführt, was damals bereits eine beneidenswerte Auszeichnung für ein Erstlingswerk darstellte. Das Thema stammt aus einer gleichnamigen Komödie in fünf Akten von Camillo Federici, die auch als Vorlage für ein von Coccia bereits zwei Jahre früher vertontes Libretto diente. Beide Fassungen sind grobe Verkürzungen der Komödie, wobei das Libretto von Gaetano Rossi wenigstens einige komische Episoden einbaut, die das sonst recht banale Thema etwas auflockern. Rossini verstand es jedenfalls, die komischen Elemente der Handlung zur Geltung zu bringen. Noch fehlte es ihm aber an der Erfahrung, die es ihm erlaubt hätte, eine wirklich neue und originelle Oper zu schreiben. Er bediente sich in diesem Werk noch ganz der Schemata der damaligen italienischen Schule. Es darf nicht vergessen werden, daß Rossini die *Eröffnungssinfonia* noch als Schüler komponierte. Aber gerade diese erste *Sinfonia* schließt mit den gleichen Akkorden und rhythmischen Bewegungen wie auch seine letzte Ouvertüre, nämlich die zu *Wilhelm Tell*. Das Terzett *Quell'amabile visino* (Dies liebliche Antlitz) ist eher das Werk eines erfahrenen Meisters als ein Erstlingswerk. Die Arie *Vorrei spiegarvi il giubilo* (Meinen Jubel will ich euch erklären) enthält bereits ein Motiv, das als Ganzes auch in der Arie *Dunque io son la fortunata* (Ich also bin die Glückliche) aus dem *Barbier von Sevilla* vorkommt. Bemerkenswert ist auch das Schlußsextett *Vi prego un momento*. In diesem Werk, in dem Elemente des Komischen sich mit solchen des Gefühls verbinden, kündigt sich bereits Rossinis Originalität des Stils an. Deutlich wird auch schon seine besondere Neigung zur komischen Oper.

RB

ABU HASSAN

Singspiel in einem Akt von Carl Maria von Weber (1786–1826). Libretto von Franz Karl Hiemer nach einer Erzählung aus «Tausend und eine Nacht». Uraufführung: München, Hoftheater, 4. Juni 1811.

HANDLUNG. Abu Hassan (Tenor) und seine Frau Fatima (Sopran) werden von ihren Gläubigern belagert und wissen nicht mehr, wie sie das Geld, das sie schulden, bezahlen sollen. Da begibt sich Abu Hassan zum Kalifen und erzählt ihm, er brauche Geld, denn sein Weib sei gestorben und er wolle ihr ein würdiges Begräbnis bieten. Fatima bringt die gleiche Nachricht bei der Frau des Kalifen vor. Nach einem vergnüglichen Hin und Her kommt die Wahrheit ans Tageslicht. Der Kalif hat ein Einsehen mit den beiden und alles endet gut.

● Der Erfolg dieses Singspiels war triumphal. Es folgt den Spuren der Mozartschen *Entführung aus dem Serail*. Weber schrieb es in Zusammenarbeit mit dem Abt Vogler *Abu Hassan* stellt eine Art Selbstbiographie Webers dar, denn der ewig in Schulden verstrickte Günstling des reichen Kalifen ist Weber selbst. Die bezaubernde Jugendoper ist zugleich eine Realisierung des romantischen Gedankens: das deutsche Märchen in orientalischer Verkleidung. Während seines Aufenthaltes in München lernte Weber auch den berühmten Klarinettisten Bärmann, mit dem ihn eine lange Freundschaft und wertvolle Zusammenarbeit verband, kennen.

EP

DER GLÜCKLICHE BETRUG
(L'inganno felice)

Farce für Musik in einem Akt von Gioacchino Rossini (1792–1868). Libretto von Giuseppe Maria Foppa (1760–1845). Uraufführung: Venedig, Teatro San Moisè, 8. Januar 1812.

HANDLUNG. Tal mit Eingang zu einem Bergwerk und Haus des Tarabotto, des Anführers der Bergleute. Tarabotto hat vor zehn Jahren ein armes junges Mädchen zu sich genommen, das er für seine Nichte (Enkelin) ausgibt. Nisa ist jedoch in Wirklichkeit Isabella, die Gattin des Herzogs, dem das Bergwerk gehört. Diese gilt aufgrund einer Intrige Ormondos und Batones als tot. Der Herzog hat ein zweites Mal geheiratet, aber seine zweite Gemahlin ist ebenfalls schon tot. Der Herzog, Ormondo und Batone treten auf. Batone glaubt in Nisa seine alte Herrin wiederzuerkennen. Tarabotto weiß es einzurichten, daß der Herzog die junge Nisa sieht. Beide, der Herzog und Nisa, sind zutiefst voneinander berührt. Tarabotto belauscht ein Gespräch zwischen Ormondo und Batone: die beiden planen, ihm die allzusehr der totgeglaubten Herzogin ähnelnde Nichte zu entführen. Batone bereut den Plan fast schon wieder. Als Tarabotto ihn geschickt zur Rede stellt, will er die Intrige jedoch nicht eingestehen. Tarabotto berichtet dem Herzog, daß seiner Nichte Übel drohe. Ormondo will sich zur Sühne seiner Übeltaten das Leben nehmen. Aber Nisa, die endlich als Isabella wiedererkannt und nochmals glückliche Gemahlin wird, hindert ihn daran, und die Oper schließt in allgemeiner Freude und Fröhlichkeit.

• Obwohl das Werk als «komische Farce» bezeichnet ist, enthält es nur einige nebensächliche Episoden komischer Art. Damit konnte Rossini seine Fähigkeit, Charaktere zu gestalten, unter Beweis stellen. Komische und dramatische Elemente mischen sich in diesem Jugendwerk des Komponisten. In ihm sind bereits die charakteristischen Züge seiner Musik, wie sie später in seinen größeren Bühnenwerken auftreten werden, erkennbar. Die Arbeit war ein großer Erfolg und wurde von allen seinen Werken vor dem *Tancredi* am häufigsten aufgeführt. RB

CYRUS IN BABYLONIEN
(Ciro in Babilonia)

Drama in zwei Akten von Gioacchino Rossini (1792–1868). Libretto von Francesco Aventi. Uraufführung: Ferrara, Teatro Municipale, 14. März 1812.

HANDLUNG. König Balthasar von Babylonien verliebt sich in Amira, die Gemahlin des Königs Cyrus von Persien, den er im Krieg besiegt hat. Amira befindet sich mit ihrem Söhnchen in Balthasars Gefangenschaft, und dieser versucht sich mit Liebesanträgen bei ihr einzuschmeicheln. Die Königin widersteht seinen Angeboten. Ihr Gemahl Cyrus versucht sie als Botschafter verkleidet zu befreien. Er wird jedoch erkannt und ebenfalls in Gefängnis geworfen. Balthasar ist entschlossen, Amira auch gegen deren Willen zu besitzen, und läßt das Hochzeitsmahl anrichten. Plötzlich bricht ein schreckliches Gewitter aus: unter Blitz und Donner erscheint eine geheimnisvolle Hand und schreibt mit feurigen Lettern dunkle und drohende Worte an die Wand. Der König von Babylonien ist zutiefst bestürzt. Er läßt seine Magier und den Propheten Daniel rufen. Dieser deutet das Ereignis als ein Zeichen des Zornes Gottes. Die Magier dagegen raten dem König, den Göttern die drei hohen persischen Gefangenen zu opfern. Während Cyrus, Amira und ihr Söhnchen zur Hinrichtung geführt werden, trifft im Palast Balthasars die Nachricht ein, daß die Befestigung Babylons gefallen ist und die Perser im Anmarsch sind. Cyrus wird befreit und besteigt den Thron Balthasars. Das Volk huldigt ihm als dem neuen König.

• *Cyrus* kann als Versuch des Komponisten auf dem Wege zu den Meisterwerken seines reifen Alters betrachtet werden. Er selbst hielt das Werk für einen Mißerfolg. In der Tat ist das Libretto recht schwach, voll der Banalitäten und Gemeinplätze. Die Musik dagegen enthält originale Melodien, die dem Stück einen gewissen Beifall einbrachten. RB

DIE SEIDENE LEITER
(La scala di seta)

Komische Farce in einem Akt von Gioacchino Rossini (1792–1868). Libretto von Giuseppe Maria Foppa (1760–1845). Uraufführung: Venedig, Teatro San Moisè, 9. Mai 1812.

HANDLUNG. Wohnung der Giulia. Giulias Vormund, Dormont, weiß nicht, daß sein Mündel heimlich mit Dorvil verheiratet ist, und will sie Blansac zur Ehe geben. In diesen ist aber Giulias Cousine Lucilla verliebt. Dorvil klettert allnächtlich über eine seidene Strickleiter in die Gemächer seiner Gattin. Eines Abends trifft er nach dem heimlichen Treffen mit seiner Gattin Dormont und Blansac. Sie laden ihn ein, mit zu Giulia hinaufzukommen. Der Gatte erlebt so, wie Blansac seiner Gattin den Hof macht, was diese nicht abzulehnen scheint. Der Diener Germano teilt dem Bewerber um Giulias Hand irrtümlicherweise mit, Giulia erwarte ihn in dieser Nacht. Lucilla, die von der Intrige weiß, versteckt sich, um die beiden zu überraschen. Auch der Diener steht auf Lauschposten. Über die seidene Strickleiter kommt aber zuerst Dorvil, ihm folgt dann auf dem gleichen Wege der erwartungsvolle Blansac. Als letzter taucht schließlich der Vormund in Giulias Gemächern auf und überrascht Lucilla, Germano und Blansac. Die einzige Möglichkeit, die Schande wieder gutzumachen, ist eine sofortige Heirat. Aber Dorvil, der sich bei Blansacs Ankunft verborgen hat, tritt nun aus seinem Versteck hervor und bringt die Wahrheit an den Tag. Dormont verzeiht den jungen Eheleuten und gibt auch seine Zustimmung zur Hochzeit Lucillas und Blansacs.

• Das Libretto stammt aus der gleichnamigen, bereits von P. Gaveaux vertonten französischen Farce. Der sonst geschätzte Librettist Foppa schuf hier einen langweiligen, farblosen Text, der lediglich durch das amüsante Finale etwas belebt wird. Die öffentliche Nachahmung von Cimarosas *Matrimonio segreto* (Die heimliche Ehe) mißlang. Bei der Uraufführung des Werkes in Venedig fehlte es nicht an Gegenstimmen. Trotzdem blieb es bis Mitte Juni des Jahres auf dem Spielplan, was als Zeichen des Beifalls gewertet werden muß. Das Werk gehört jedoch nicht zu Rossinis besseren Leistungen. RB

DIE LIEBESPROBE
(La pietra di Paragone)

Heiteres Melodram in zwei Akten von Gioacchino Rossini (1792–1868). Libretto von Luigi Romanelli (1751–1839). Uraufführung: Mailand, Teatro alla Scala, 26. November 1812.

HANDLUNG. Der reiche Graf Hasdrubal (Baß) lädt Freunde, darunter auch die verwitwete Marchesa Clarice (Alt), in die er verliebt ist, in sein Landhaus ein. Zwei weitere Damen, Aspasia und Fulvia, haben es aber bereits auf Hasdrubals Hand abgesehen. Dieser will daher eine Probe machen. Als türkischer Kaufmann verkleidet, erscheint er in dem Landhaus und fordert vom Grafen einen hohen Schuldbetrag ein. Der Diener, der ihn empfängt, versichert, die Schuld könne nie zurückgezahlt werden. Als der Türke mit Beschlagnahmung aller Güter droht, erklären die guten Freunde des Grafen, nichts mit ihm zu tun zu haben, um nur nicht in die unangenehme Angelegenheit verwickelt zu werden. Nur sein Freund Giocondo (Tenor) und die Witwe Clarice halten zu ihm. Der Graf deckt seine Täuschung auf und vergibt allen. Clarice, die den Grafen nun ihrerseits auf die Probe stellen will, verkleidet sich als Soldat und erscheint als ihr eigener Zwillingsbruder Lucindo in Hasdrubals Landhaus. Der falsche Lucindo behauptet, seine Zwillingsschwester aus des Grafen Haus und dessen schädlicher Umgebung fortführen zu wollen. Daraufhin bittet ihn der Graf um Clarices Hand. Da gibt sich diese zu erkennen und die beiden geben sich das Eheversprechen. Der enttäuschten Aspasia und Fulvia bleibt nichts übrig, als sich unter den anderen Freunden des Grafen neue Anbeter zu suchen.

• *Die Liebesprobe* wurde mit großer Begeisterung aufgenommen und erlebte dreiundfünfzig Aufführungen. Die Musik dieser Oper gehört zu den elegantesten Partituren Rossinis. RB

IL SIGNOR BRUSCHINO

Heitere Farce in einem Akt von Gioacchino Rossini (1792– 1868). Libretto von Giuseppe Maria Foppa (1760– 1845). Uraufführung: Venedig, Teatro San Moisè, Ende Januar 1813.

HANDLUNG. Beim Tode seines Vaters kündigt Florville Sofia an, daß er sie endlich heiraten könne. Aber der Vormund des jungen Mädchens, ein erbitterter Feind von Florvilles Vater, hat Sofia einem gewissen Bruschino, den niemand kennt, zur Ehe versprochen. Unser junger Held gibt sich jedoch nicht geschlagen. Er zahlt Filiberto, dem Besitzer eines Gasthauses, in dem der Bräutigam logiert, einen Teil von dessen Schuld und erhält dafür einen Brief Bruschinos an seinen Vater, in dem sich der junge Mann reumütig zeigt und um Hilfe bittet. Mit diesem Schreiben begibt sich Florville zu Gaudenzio, Sofias Vormund, und gewinnt dessen Achtung, indem er sich selbst als Bruschino ausgibt. Mittlerweile trifft aber Bruschinos Vater im Lande ein und erkennt in Florville natürlich nicht seinen Sohn. Alle glauben jedoch, er tue dies absichtlich, weil er nicht von der Reue seines Sohnes überzeugt ist. Als jedoch der echte Bruschino auftritt, gibt sein Vater, der den Ehevertrag mit Gaudenzio lösen will, vor, in Florville seinen eigenen Sohn zu erkennen, und gibt ihm Sofia zur Gattin. Gaudenzio, der Vormund, muß seine Wut über die erlittene Schmach überwinden und die vollendeten Tatsachen hinnehmen.

• *Il signor Bruschino ossia Il figlio per azzardo,* auch unter dem Titel *I due Bruschini* bekannt, ist ein Jugendwerk Rossinis, als solches aber durchaus nicht dem Zeitgeschmack des damaligen Publikums angepaßt. Der Komponist schrieb zu dem farblosen Libretto vielmehr eine Musik von solcher Kühnheit, daß seine Zeitgenossen schockiert waren. Berühmt ist die Ouvertüre, in der die Geiger mit ihren Bögen auf die Notenständer klopfen. RB

TANCRED
(Tancredi)

Heroisches Melodram in zwei Akten von Gioacchino Rossini (1792–1868). Libretto von Gaetano Rossi (1774– 1855) nach der gleichnamigen Tragödie von Voltaire und Torquato Tassos «Das befreite Jerusalem». Uraufführung: Venedig, Teatro della Fenice, 6. Februar 1813. Solisten: A. Malanotte, E. Manfredini, P. Todran, L. Bianchi, T. Marchesi.

PERSONEN. Argirio (Tenor), Amenais (Sopran), Tancred (Alt), Orbazzano (Baß), Isaura (Mezzosopran), Ruggero (Tenor).

HANDLUNG. Syracus im neunten Jahrhundert. Erster Akt. Argirio, Herrscher über Syracus, hat seine Tochter Amenais Orbazzano, dem Führer einer gegnerischen Partei versprochen, um alle Kräfte gegen den gemeinsamen Feind, die Syracus belagernden Sarazenen, zu vereinigen. Amenais aber ist verzweifelt: ihrer Freundin Isaura vertraut sie ihre Liebe zu Tancred, dem Sohn des gestürzten Königs von Syracus, an. Sie schickt ihm eine Botschaft. Im Garten von Argirios Palast teilt Amenais Tancred mit, er würde verdächtigt, mit den Sarazenen verbündet zu sein, und fordert ihn auf zu fliehen, ohne ihm jedoch von ihrer bevorstehenden Hochzeit zu erzählen. Als Tancred davon erfährt, macht er ihr bittere Vorwürfe wegen ihrer Treulosigkeit. Ihrem Vater gegenübergestellt, weigert sich das Mädchen stolz, Orbazzano zu heiraten. Aber dieser ist im Besitz der Botschaft, die Amenais ihrem Geliebten geschickt hatte. Da der Brief, der zufällig in der Nähe des Sarazenenlagers abgefangen wurde, keinen Namen eines Empfängers trägt, entsteht der Verdacht, er sei an den Sarazenenführer Solamir gerichtet. Amenais wird unter der entwürdigenden Anklage, ihr Volk verraten zu haben, ins Gefängnis gesperrt. Zweiter Akt. Im Gefängnis, wo Amenais in Ketten liegt, beklagt Argirio das Los seiner Tochter, die zu verurteilen er gezwungen sein wird. Tancred, der sich durch eine Verkleidung unkenntlich gemacht hat, fordert Orbazzano zum Zweikampf heraus: geht er daraus als Sieger hervor, soll dies der Beweis für die Unschuld des Mädchens sein. In Wirklichkeit hält auch Tancred Amenais für schuldig. Orbazzano verliert in dem Kampf das Leben, und Isaura gibt Amenais die wahre Identität des jungen Mannes zu erkennen, der sie gerettet hat. Amenais versucht vergeblich, ihn zurückzuhalten, er stürmt davon, um die von den Sarazenen heftig angegriffene Stadt zu verteidigen. Auf der Flucht vor der Frau, von der er sich verraten glaubt, gelingt es ihm, im Kampf den Feind zu besiegen und die Stadt damit von den Belagerern zu befreien. Es stellt sich schließlich heraus, daß der Brief nicht an Solimar, sondern an den jungen Helden gerichtet war. Im Siegestaumel des Volkes und mit dem Segen Argirios finden sich Tancred und Amenais schließlich.

• Während in Voltaires Tragödie Tancred den Tod in der Schlacht sucht, da er an Amenais' Unschuld nicht glauben kann, findet die Geschichte im Opernlibretto dem Zeitgeschmack entsprechend ein glückliches Ende. Als der Text für die Aufführung in Ferrara in der Fastenzeit des gleichen Jahres so geändert wurde, daß die Oper mit dem Tode des Helden schließt, wandte sich das Publikum heftigst gegen ein

Entwurf Alessandro Sanquiricos zu «Cyrus in Babylonien» von Gioacchino Rossini, 1818.

solches tragisches Ende. Man kehrte daher wieder zur ersten Fassung zurück. *Tancred* fand nicht sofort Anerkennung; wohl auch deshalb, weil die Oper bei ihrer Uraufführung in Venedig in der Hälfte des zweiten Aktes wegen Unwohlseins einer Sängerin unterbrochen werden mußte. Bei seiner neuerlichen Aufführung in Venedig erlebte *Tancred* dann jedoch einen derartigen Erfolg, daß die Arie *Mi rivedrai, ti rivedrò* auf der Straße und in den Kanälen gesungen wurde. Der eher sparsame Umgang des Komponisten mit dem *Secco-Rezitativ*, der Reichtum an originellen Motiven, die Frische der Inspiration rechtfertigen den Erfolg des *Tancred*, dieser ersten großen dramatischen Oper, die den Beginn des künftigen Ruhmes des Komponisten markiert. RB

DIE ITALIENERIN IN ALGIER
(L'italiana in Algeri)

Heiteres Drama in zwei Akten von Gioacchino Rossini (1792–1868). Libretto von Angelo Anelli (1761–1820). Uraufführung: Venedig, Teatro San Benedetto, 22. Mai 1813. Solisten: M. Marcolini, S. Gentili, F. Galli, P. Rosich.

PERSONEN. Mustapha, Bey von Algerien (Baß), Elvira (Sopran), Zulma (Mezzosopran), Haly (Baß), Lindoro (Tenor), Isabella (Alt), Taddeo (Buffo), Frauen, Sklaven, Matrosen, Eunuchen, Korsaren.

HANDLUNG. Erster Akt. Algier. Ein Salon im Palast des Mustapha. Mustapha ist seiner Frau Elvira überdrüssig und bestimmt sie für seinen Sklaven Lindoro, einen jungen Italiener, der jedoch ein Mädchen aus seinem Heimatland liebt. Die Korsaren des Bey haben Mannschaft und Passagiere eines italienischen Schiffes gefangengenommen; unter den Gefangenen befinden sich auch Isabella, die Liebste Lindoros, und Taddeo, einer ihrer Anbeter. Das junge Mädchen gibt sich für Taddeos Nichte aus. Saal im Palast. Isabella, die in den Serail des Bey soll, bringt Mustapha, der von ihrer Schönheit verzaubert ist, dazu, Taddeo freizulassen. Es treten Elvira und Lindoro auf. Isabella erkennt ihn. Mit viel Geschick erreicht sie es, daß der Bey, wenn auch widerwillig, seine Pläne völlig auf den Kopf stellt: er bleibt bei seiner Gattin, und der schöne Lindoro wird der persönliche Sklave der schlauen Isabella. Zweiter Akt. Haly, Elvira und deren Vertraute Zulma sind sprachlos ob der Fügsamkeit des sonst so tyrannischen Mustapha. Isabella macht mit Lindoro Fluchtpläne. Der Bey ernennt indessen Taddeo zu seinem Statthalter, um ihn zu seinem Verbündeten zu machen. Wohnung der Isabella. Das junge Mädchen ist dabei, sich als Türkin herzurichten. Mustapha spricht mit Taddeo ab, dieser solle mit allen anderen das Zimmer verlassen, sobald der Bey niese. Dem geschickten Mädchen jedoch gelingt es zu vermeiden, daß der Bey mit ihr allein bleibt; alle bleiben trotz seines Niesens. Alles ist vorbereitet für die Flucht Isabellas und Lindoros mit den italienischen Sklaven: die Eunuchen

1814

Rückansicht des Theaters La Fenice in Venedig. Stich aus dem neunzehnten Jahrhundert.

und Wachen werden mit Wein in Hülle und Fülle versorgt, Mustapha schwelgt in dem Gedanken an seine Ernennung zum «Pappataci», einem – wie ihm erklärt wird – Ehrentitel, der bedeutet: Essen, Trinken, Schlafen und Schweigen. Taddeo überwacht die Vorbereitungen für die Ernennungszeremonie in dem Glauben, das junge Mädchen wolle mit ihm fliehen. Die als Pappataci gekleideten italienischen Sklaven ziehen den Bey ebenfalls als «Pappataci» an. Isabella und Lindoro machen den Bey, der sich sehr in seiner Rolle gefällt, mit ihrem Spiel lächerlich. Schließlich fährt das für die Flucht vorbereitete Schiff ein. Taddeo begreift, daß Isabella und Lindoro sich lieben, und enthüllt dem Mustapha den Betrug. Als guter «Pappataci» kümmert sich dieser aber nicht darum, sondern gibt sich weiterhin Essen, Trinken, Schlafen und Schweigen hin. Schließlich ist das Schiff ausgelaufen, es helfen ihm nun all seine Flüche und Verwünschungen nicht mehr. Er kehrt in die Arme seiner Gattin zurück, die ihrem gutgläubigen Gemahl wieder einmal verzeiht.

● *Die Italienerin in Algier* ist eines der Hauptwerke Rossinis, das der Meister selbst jedoch bescheiden als seinen «Zeitvertreib» bezeichnete. Schon bei der Uraufführung war dem Werk ein außergewöhnlicher Erfolg beschieden. Das venezianische Publikum ließ die Sänger fast alle Nummern wiederholen, und Rossini selbst wurde mit begeisterten Ovationen bedacht. Der Komponist, der geglaubt hatte, sein Werk werde nicht verstanden, war so überrascht, daß er ausrief: «Jetzt bin ich beruhigt, die Venezianer sind noch verrückter als ich.» Die Handlung der Oper geht wahrscheinlich auf eine wahre Begebenheit zurück. Das vom Teatro alla Scala bei Angelo Anelli in Auftrag gegebene Libretto war ursprünglich für den neapolitanischen Musiker Luigi Mosca gedacht gewesen. Dessen Oper wurde, ebenfalls in Mailand, fünf Jahre vor der Rossinis aufgeführt. Rossini setzte die Musik zu dem nur leicht veränderten Libretto im Sommer 1830 in nur etwa zwanzig Tagen. Die Partitur ist noch heute von unvergleichlicher Frische und Vitalität. Der Handlungsablauf wird vor allem durch die rhythmischen Bewegungen der Musik bestimmt; die Personen werden mit psychologischem Scharfblick und einer Treffsicherheit dargestellt, die aus ihnen neue Typen der komischen Oper machen. RB

DER TÜRKE IN ITALIEN
(Il turco in Italia)

Komisches Drama in zwei Akten von Gioacchino Rossini (1792–1868). Libretto von Felice Romano (1788–1865). Uraufführung: Mailand, Teatro alla Scala, 14. August 1814.

HANDLUNG. Ein Zigeunerlager. Der Dichter Prosdocimo sucht hier Inspiration für ein neues Werk. Er lernt den reichen Gutsbesitzer Geronio und die junge Zigeunerin Zaida, die einen türkischen Prinzen liebt, kennen. Zaida liest Geronio aus der Hand, daß seine Gattin ihn betrüge. Bei seiner Rückkehr nach Hause überrascht Geronio seine Gattin Fiorilla tatsächlich mit Selim, der sich später als der von Zaida so sehr geliebte türkische Prinz herausstellen wird. Der Dichter Prosdocimo ist hocherfreut, Stoff für sein Drama gefunden zu haben und überredet die junge Zigeunerin zu einer weiteren Komplikation: sie selbst soll – anstelle von Fiorilla – mit Selim zusammentreffen. Bei dem Rendezvous tauchen aber unvermutet sowohl Fiorilla als auch Geronio auf, sodaß es schließlich zu einem Streit kommt. Bei einem Maskenball flieht der türkische Prinz mit der Gattin Geronios. Der allgegenwärtige Dichter berichtet jedoch dem betrogenen Ehemann und der Zigeunerin, die sich auf dem Ball als Türkenprinz und Fiorilla verkleidet haben, sogleich von der Flucht. Nach vielen Verwechslungen und Mißverständnissen finden sich schließlich Zaida und Fiorilla sowie Selim und Narziß, Fiorillas Galan, den die Zigeunerin für ihren geliebten Prinzen gehalten hatte, am Strand vereint. Zwischen Zaida und dem türkischen Prinzen erwacht die alte Liebe neu, und Fiorilla kehrt zu ihrem Gatten Geronio zurück. Auch der Dichter Prosdocimo ist mit dem Ausgang für sein neues Drama zufrieden.

● *Der Türke in Italien* war mindestens anfangs nicht sehr erfolgreich. Nach dem triumphalen Erfolg der *Italienerin in Algier* mochte er manchem als schwacher Abklatsch der berühmten Oper erscheinen. Auch fand die geniale, sozusagen Pirandello vorwegnehmende Idee der zwei Ebenen der Handlung kaum Anklang. Doch macht gerade die Überschneidung der eigentlichen, aus Verwechslungen und Intrigen bestehenden Handlung mit der des als Zuschauer fungierenden Dichters, der einerseits den Ablauf der Ereignisse steuert, aber auch selbst in sie verwickelt ist, den besonderen Reiz dieser Oper aus. Rossinis Musik weiß die Wirkung der faszinierenden Idee geschickt zu steigern.　　　　RB

DER BARBIER VON SEVILLA
(Il barbiere di Siviglia)

Komisches Melodram in zwei Akten von Gioacchino Rossini (1792–1868). Libretto von Cesare Sterbini (1784–1831) nach Beaumarchais' Komödie. Uraufführung: Rom, Teatro Argentina, 20. Februar 1816 (unter dem Titel «Almaviva ossia L'inutile precauzione»). Solisten: L. Zamboni, G. Giorgi-Righetti, M. Garcia, B. Botticelli, Z. Vitarelli.

PERSONEN. Graf Almaviva (Tenor), Don Bartolo (Spielbaß), Rosina (Alt oder Sopran), Figaro (Bariton), Don Basilio (Baß), Fiorello (Tenor), Ambrosio (Baß), Berta (Sopran), ein Offizier (Baß). Ein Notar, Beamte, Soldaten, Musikanten.

HANDLUNG. Erster Akt, erstes Bild. Sevilla. Ein Platz im Morgengrauen. Graf Almaviva ist in Rosina, Don Bartolos Mündel, verliebt. Mit seinem Diener Fiorello und einigen Musikanten bringt er dem Mädchen ein Ständchen *(Ecco ridente in cielo / Sieh schon die Morgenröte)* – vergeblich. Aus einer Gasse ertönt ein munteres Lied, es tritt der Barbier Figaro, das Faktotum der Stadt auf. Als alter Bekannter des Grafen und wohlgelitten im Hause des Don Bartolo verspricht er Almaviva, ihm zu helfen. Die beiden hören, als Don Bartolo aus dem Haus tritt – daß dieser sein Mündel in Kürze heiraten wolle. Auf Figaros Rat hebt der Graf zu einer zweiten Serenade an. Er gibt sich dabei als ein gewisser Lindoro aus, da er das Mädchen nicht dank seiner Grafenwürde gewinnen will. Und diesmal antwortet Rosina. Der Graf ist überglücklich. Als Soldat verkleidet und leichte Trunkenheit vorspiegelnd, wird er sich mit Hilfe eines Einquartierungsbefehls Zugang zum Hause des Don Bartolo verschaffen. Zweites Bild. Zimmer im Inneren des Hauses. Rosina brennt

Marietta Marcolini (Isabella), Filippo Galli (Mustafà) und Serafino Gentili (Lindoro), die Sänger der Uraufführung von Rossinis «Italienerin in Algier» am Teatro San Benedetto in Venedig am 22. Mai 1813. Diese Aufführung wurde vom Publikum mit Ovationen bedacht.

Erster Akt der «Italienerin in Algier» von Gioacchino Rossini in einer Aufführung der Mailänder Scala 1973/74. Regie und Bühnenbilder von Jean Pierre Ponnelle.

darauf, Lindoro ein Billetdoux zukommen zu lassen *(Una voce poco fa / Frag ich mein beklommnes Herz)*, und bittet ihrerseits Figaro um Hilfe. Ihr Gespräch wird jedoch durch den hinzutretenden Vormund gestört. Mit heuchlerischer Ehrerbietung berichtet Don Basilio, der Gesangsmeister des Mädchens, von der Ankunft des Grafen Almaviva, der – wie zu hören ist – ein Auge auf Rosina geworfen hat, und rät, den Nebenbuhler durch Verleumdung aus der Stadt zu vertreiben. Die beiden Alten verlassen den Raum, und Rosina übergibt Figaro das Briefchen an Lindoro. Bartolo kommt zurück. Er schöpft Verdacht und schimpft das Mädchen aus. Gleichzeitig kommt der sich angetrunken gebende, als Soldat verkleidete Graf hinzu: er täuscht zwar den Vormund, gibt sich aber dem Mädchen zu erkennen. Don Bartolo zwingt Rosina, ihm den Brief auszuhändigen, den ihr der Soldat zugesteckt hat; der flinken Rosina gelingt es jedoch, ihm stattdessen den Wäschezettel zu geben. Er läßt seine Wut mit solcher Vehemenz an Lindoro aus, daß Offiziere und Gendarmen hinzueilen. Vergeblich sucht Figaro den Alten zu besänftigen. Unterdessen soll der Graf festgenommen werden; als er dem Offizier jedoch seine wahre Identität zuflüstert, weicht dieser zurück und läßt ihn frei. Alle sind maßlos erstaunt. Zweiter Akt, erstes Bild. Zimmer im Hause des Don Bartolo. Dieser hegt dem angeblichen Soldaten gegenüber starkes Mißtrauen. Der Graf tritt mittlerweile aber als Don Alonso, dem Schüler Don Basilios auf, der letzteren bei Rosina als Gesangsmeister vertreten soll. Don Bartolo ist mißtrauisch. Um ihn zu überzeugen, gibt ihm der Graf Rosinas Briefchen mit der Erklärung, es sei an den Grafen Almaviva gerichtet. Dazu rät er dem Alten, das Mädchen hinters Licht zu führen und ihr zu erzählen, der Graf habe das Billetdoux einer seiner Liebsten gegeben, um sich über sie lustig zu machen. Don Bartolo läßt sich überreden und ruft das Mädchen. Während der Alte ein Nickerchen macht, geben die beiden Verliebten vor, eine Gesangsstunde abzuhalten. Figaro kommt zum richtigen Zeitpunkt zurück und verpaßt Don Bartolo eine Rasur. Dabei gelingt es ihm, dem Vormund den Schlüssel zu Rosinas Balkontür, dem geplanten Fluchtweg für die beiden Liebenden, zu entwenden. Unerwartet kommt Don Basilio hinzu: fast entdeckt er die Wahrheit – aber mit Hilfe eines wohlgefüllten Geldsäckels kann er überredet werden, krank zu spielen und von dannen zu ziehen. Don Bartolo merkt den Betrug aber schließlich doch. Alle fliehen, und er selbst stellt sich als Wache am Eingang seines Hauses auf. Das Hausmädchen Berta kommentiert die verwirrenden Ereignisse. Zweites Bild. Don Bartolo schickt Don Basilio nach einem Notar, um seine Hochzeit mit Rosina zu beglaubigen. Dann zeigt er dem Mädchen den Brief, den ihm Lindoro gegeben hat und redet ihr ein, der junge Mann liebe sie gar nicht, sondern sei nur ein Mittelsmann, der sie Graf Almaviva in die Hände spielen solle. Das Mädchen geht in die Falle und gesteht in ihrer Enttäuschung ihre Fluchtpläne für die Nacht. Don Bartolo ruft die Wache. Es bricht ein Gewitter aus. Im allgemeinen Durcheinander steigen Figaro und Lindoro zum Fenster herein. Lindoro gelingt es, Rosina zu erklären, daß er der wahre Graf Almaviva ist, und ihre Zuneigung zurückzugewinnen. Als die beiden fliehen wollen, ist die bereitgestellte Leiter verschwunden. Da kommt Don Basilio mit dem Notar. Figaro, der sich nicht aus der Fassung bringen läßt, stellt die beiden Liebenden als Braut und Bräutigam, die die Ehe schließen sollen, vor. Don Basilio läßt sich wieder einmal überreden: ein Ring zum Geschenk und eine Pistole als Drohung sind gute Argumente. Als Don Bartolo mit den Wachen hereinstürzt, ist das Spiel schon gelaufen. Der Graf gibt sich zu erkennen; der Alte hat das Nachsehen; er tröstet sich mit Rosinas Mitgift, die er als Geschenk erhält. Die Oper schließt in allgemeiner Fröhlichkeit.

● Nachdem der bekannte Librettist Jacopo Ferretti kein Libretto für eine komische Oper für das Argentina-Theater liefern konnte, gab Rossini selbst Cesare Sterbini den Auftrag für diesen Operntext. Trotz aller Vorsichtsmaßnahmen des Komponisten – er ließ sogar den Titel ändern – stieß das Werk auf heftigen Widerstand bei den Anhängern Paisiellos, der den Stoff bereits sechzehn Jahre früher vertont hatte. Dies ist einer der Gründe für den aufsehenerregenden Mißerfolg der Oper bei ihrer römischen Uraufführung. Die sechshundert Seiten des *Barbiers* wurden nach Rossinis eigenen Angaben in ganzen elf Tagen komponiert; fest steht jedenfalls, daß der Komponist nicht mehr als zwanzig Tage darauf verwandte. Es ist nachgerade unbegreiflich, wie er in so kurzer Zeit eines der größten Werke in der Geschichte der Oper überhaupt schreiben konnte. Besonders bewundernswert am *Barbier von Sevilla* ist seine großartige Ausgewogenheit. Es gibt in ihm keine Momente des Stillstands. Die Bewegtheit des Orchesters trägt die Melodien der Singstimmen von Anfang bis Ende ohne Absacken. Die Eleganz der Musik, die spielerische Atmosphäre, der Reigen der Verwechslungen nehmen gefangen, die Komik der vor über hundertfünfzig Jahren geschriebenen Szenen überzeugt noch heute. Frische und Glanz dieser Partitur sind unvergleichlich. Rossini griff für diese Oper auch auf Teile aus früheren Werken zurück, verstand sie jedoch so miteinander zu verschmelzen, daß keinerlei stilistische Risse hörbar sind. In seiner Weise erreicht dieses Werk die Vollkommenheit der Mozartschen *Hochzeit des Figaro,* vertieft dieser gegenüber jedoch die Psychologie der Personen durch größeren Realismus. Nicht zufällig liegt zwischen dem Entstehen der beiden Werke die Französische Revolution. Zahllos sind die Arien, die nicht nur Opernfreunde, sondern auch viele, die nie Gelegenheit hatten, den *Barbier* zu sehen, im Ohr haben. Der Anfang mancher Arien wurde sogar als sprichwörtliche oder scherzhafte Redewendung in den allgemeinen (italienischen!) Sprachgebrauch übernommen. Die berühmteste Arie ist die Kavatine des Figaro zu Beginn des ersten Aktes *(Largo al factotum / Ich bin das Faktotum der schönen Welt),* die den Zuhörer sogleich in die die gesamte Oper charakterisierende Atmosphäre funkelnder Komik eintaucht. Angemerkt sei, daß die Rolle der Rosina, die ursprünglich für eine Altstimme gesetzt war, später meistens von einem leichten Sopran gesungen wurde.   RB

UNDINE

Oper in drei Akten von E.T.A. Hoffmann (1776–1822). Libretto von Friedrich Heinrich Karl de La Motte-Fouqué (1777–1843). Uraufführung: Berlin, Schauspielhaus, 3. August 1816.

HANDLUNG. Das in einem Kristallpalast auf dem Meeresgrund geborene Mädchen Undine wird von Fischersleuten gefunden und von ihnen im Andenken an ihr ertrunkenes Töchterchen aufgezogen. Herangewachsen verliebt sich das Mädchen in den schönen Ritter Huldebrand und heiratet ihn. Auf dem Schloß des Gatten lebt auch Bertalda (das verschwundene Töchterchen der Fischersleute, das von einem Wasserfürsten, einem Onkel Undines, geraubt worden war), in die sich Huldebrand unsterblich verliebt. In ihrer Verzweiflung läßt sich Undine von den Wassergeistern, die über sie wachen, in die Tiefen des Meeres ziehen. Die Wassergeister beschließen, daß der treulose Ritter sterben muß. Als die

Bühnenbildentwurf von Francesco Bagnara zu einer früheren venezianischen Aufführung von Rossinis «Italienerin in Algier».

schöne Undine am Tage der Hochzeit Huldebrands mit Bertalda weinend vor ihren Gatten tritt, will sie der Ritter voll der Reue in die Arme schließen. Sowie er jedoch den Körper des geliebten Wesens berührt, erstarrt er zu Eis und muß sterben. Sein Grab umschließt ein ewiger Wasserstrom, der aus den unversiegbaren Tränen Undines gespeist wird.

• *Undine* ist anerkanntermaßen das musikalische Hauptwerk des deutschen Dichters und Komponisten E.T.A. Hoffmann. Nach dem großen Erfolg der Uraufführung in Berlin wurde es dort noch vierzehnmal gegeben, bis am 27. Juli 1817 das Theater niederbrannte. Abgesehen von einer Aufführung in Prag im Jahre 1821, die ein ausgesprochener Mißerfolg war, wurde das Werk ein ganzes Jahrhundert nicht mehr gespielt. Erst im Jahre 1922 wurde es wieder ausgegraben und für eine Aufführung am 30. Juni des Jahres in Aachen von H. von Wolzogen mit einem neuen Libretto versehen. *Undine* wird heute, wenn auch nicht häufig, immer wieder an deutschen Theatern aufgeführt. Die Oper ist vor allem von Bedeutung, weil sie das besondere geistige Klima des Deutschlands der Restauration widerspiegelt, das den Nährboden für die Flucht in eine von Naturgottheiten und ritterlichen Helden bevölkerten verzauberten Welt bildete. Die Musik E.T.A. Hoffmanns bringt diesen Zeitgeist adäquat zum Ausdruck.
GP

FAUST
Oper in zwei Akten von Ludwig Spohr (1784–1859). Libretto: Joseph Karl Bernard. Uraufführung: Prag, 1. September 1816.

HANDLUNG. Das Mädchen Rosine liebt Faust. Kunigunde – die von Hugo geliebt wird – schmachtet als Strafe für die Zurückweisung Fausts im Kerker. Die Gefangene wird von Hugo befreit, aber Faust, der sie nicht verlieren will, bittet Mephistopheles um Hilfe. Er soll ihm die Macht verleihen, Rosine zu verstoßen und Kunigundes Liebe zu gewinnen. Nachdem er Mephistopheles Liebestrank getrunken hat, tritt er Kunigunde, die gerade ihre Hochzeit mit Hugo feiert, gegenüber. Unter dem Zwang der geheimnisvollen Mächte wendet sich das Mädchen Faust in Liebe zu. Hugo, der von den teuflischen Kräften, unter deren Einfluß seine Braut steht, nichts weiß, glaubt sich verraten und stürzt sich in wildem Zorn auf Faust. Er trifft ihn tödlich. Während sich Rosine, die Faust nach wie vor selbstlos liebt, das Leben nimmt, zerrt Mephistopheles, zufrieden mit seinem grausamen Werk, sein Opfer in den Abgrund der Hölle.

• *Faust* bedeutet einen Markstein für die romantische Oper; er wird tatsächlich oft als wahrhaft erster Repräsentant diedes Genres bezeichnet (vor allem wegen der Themenkonzentration in der Ouvertüre). Die Uraufführung des Werkes fand unter der Leitung von Carl Maria von Weber statt. Es war über Jahrzehnte ein großer Erfolg in ganz Europa. Heute wird es kaum mehr gespielt. Obwohl der *Faust* zu den schönsten Stücken des Komponisten gehört und an einigen Stellen die besondere warme Klangfülle der Romantik erreicht, läßt sich sein Mangel an Ausgewogenheit nicht leugnen. Das Werk stellt die erste musikalische Bearbeitung des bekannten Fauststoffes dar.
RB

Das Publikum der Pariser Oper applaudiert Rossini. Französische Lithographie aus der Mitte des neunzehnten Jahrhunderts.

Rossinis «Barbier von Sevilla» in einer Aufführung der Mailänder Scala am 22. April 1933. Solisten: Salvatore Baccaloni (Bartolo), Benvenuto Franci (Figaro), Feodor Schaljapin (Don Basilio), Toti Dal Monte (Rosina), Tito Schipa (Almaviva).

OTHELLO oder DER MOHR VON VENEDIG (Otello ossia Il moro di Venezia)

Oper in drei Akten von Gioacchino Rossini (1792–1868). Libretto von F. Berio di Salsa nach der gleichnamigen Tragödie von Shakespeare. Uraufführung: Neapel, Teatro del Fondo, 4. Dezember 1816.

HANDLUNG. Venedig, sechzehntes Jahrhundert. Othello, der Türkensieger, wird vom Volk und vom Dogen gefeiert. Rodrigo spinnt zusammen mit Jago eine Intrige gegen ihn. Rodrigo befürchtet, daß Desdemona, seine Verlobte, den afrikanischen Feldherrn liebt. Desdemona vertraut ihrer Dienerin Emilia ihre leidenschaftliche Liebe zu dem afrikanischen Feldherrn an. Rodrigo und der Vater des Mädchens beschleunigen die Vorbereitungen zur Hochzeit der beiden. Während der Hochzeitsfeierlichkeiten stürmt Othello herein. Das Mädchen kann ihre Liebe zu ihm nicht verbergen. Der wütende Vater sperrt seine Tochter in ihren Gemächern ein. Jago macht den Mohren glauben, Desdemona verrate ihn mit Rodrigo. Othello fordert diesen zum Duell und wird deswegen des Landes verwiesen. Er kehrt jedoch heimlich zurück, um Desdemona zu sehen. Von Eifersucht verzehrt, tötet er sie. Jago, von Gewissensbissen geplagt, bekennt seine schändlichen Intrigen und gibt sich dann selbst den Tod. Als der Doge und Elmiro, die nichts von der Tragödie wissen, Othello den Widerruf der Exilierung verkünden, bekennt dieser seine Untat und begeht, überwältigt von Schmerz und Verzweiflung, ebenfalls Selbstmord.

● Berio de Salsas Bearbeitung der großen Shakespeare-Tragödie verflacht die Dramatik des Stückes bis zur Unkenntlichkeit. Bei der Uraufführung sang die weibliche Hauptrolle Isabella Colbran. Später machte die Sängerin Malibran den Part der Desdemona zu einer ihrer berühmtesten Rollen. RB

CENERENTOLA (Aschenbrödel)

Heiteres Melodram in zwei Akten von Gioacchino Rossini (1792–1868). Libretto von Jacopo Ferretti (1794–1852). Urauf-

Luigi Lablache als «Figaro» in Gioacchino Rossinis «Barbier von Sevilla».

führung: Rom, Teatro Valle, 25. Januar 1817. Solisten: G. Giorgi-Righetti, T. Mariani, C. Rossi, C. De Begnis, G. Guglielmi, Z. Vitarelli.

PERSONEN. Don Ramiro (Tenor), Dandini (Baß), Don Magnifico (Buffo-Baß), Chlorinde (Sopran), Tisbe (Mezzosopran), Angelina, genannt Cenerentola (Alt), Alidoro (Baß). Chor des Prinzengefolges und Damen.

HANDLUNG. Erster Akt. Angelina, genannt Cenerentola, lebt mit den beiden launenhaften Töchtern ihres Stiefvaters, des Barons Don Magnifico, in dessen Palast. Das Mädchen wird wie eine Magd behandelt und auf alle nur erdenklichen Weisen gedemütigt. Angelina jedoch hat ein edles Herz: sie hilft einem Bettler (der in Wirklichkeit des Prinzen Lehrer, der alte Alidoro, ist), während ihn ihre Schwestern aus dem Hause jagen. Indessen kündigt ein Reitertrupp an, Prinz Ramiro werde ein Fest geben, um aus den eingeladenen Damen eine Braut auszuwählen. Der Prinz selbst begibt sich in der Verkleidung seines Kammerdieners Dandini (der selbst wiederum als Prinz auftritt) zum Hause der Mädchen, um sie zum Ball zu führen. Er ist voll der Bewunderung für die hübsche und liebreiche Angelina und verliebt sich in sie. Die Eifersucht der beiden Stiefschwestern verdammt sie jedoch zum Zuhausebleiben. Als im Palast das Fest seinen Höhepunkt erreicht, erscheint plötzlich eine schöne Unbekannte. Es ist Angelina in einem prachtvollen Kleid, das ihr der Prinz heimlich hat schicken lassen. Alle bewundern sie und bemerken ihre Ähnlichkeit mit der Stieftochter Don Magnificos. Zweiter Akt. Angelina weist das Werben des falschen Prinzen, der in Wirklichkeit Dandini ist, zurück und erklärt, in den Diener, der vom wahren Prinzen dargestellt wird, verliebt zu sein. Don Ramiro jubelt innerlich. Der wahre Dandini hat inzwischen Don Magnifico enthüllt, daß er nicht der Prinz ist. Enttäuscht kehrt dieser mit Tisbe und Chlorinde nach Hause zurück. Angelina ist ihnen schon vorausgeeilt, hat das prachtvolle Gewand abgelegt und ist mit den Hausarbeiten beschäftigt. In diese Situation kommt Don Ramiro; er gibt sich als Prinz zu erkennen und bittet um Angelinas Hand. Thronsaal. Angelina und der Prinz nehmen die Huldigungen der Würdenträger entgegen. Unter ihnen befinden sich auch Angelinas Stiefvater mit seinen beiden Töchtern Tisbe und Chlorinde. Wie alle sinken sie vor dem Prinzenpaar auf die Knie. Da beweist Angelina einmal mehr ihre Hochherzigkeit: mit einer zärtlichen Umarmung vergißt sie ihnen alles ihr zugefügte Unrecht. Und so lebt sie glücklich und zufrieden an der Seite des Prinzen, ihres Gemahls.

● Das Libretto zu *Cenerentola* geht auf das Märchen von Perrault zurück, weist jedoch nicht mehr die phantastischen Verwicklungen und Ausschmückungen des Originals auf, da Ferretti der Meinung war, das Publikum würde «... auf der Bühne nicht akzeptieren, was ihm zu Hause vor dem Herdfeuer gefiele ...». Der Text wurde in zweiundzwanzig, die Musik in vierundzwanzig Tagen geschrieben. Auch dieses

Adelina Patti als «Rosina» in Gioacchino Rossinis «Barbier von Sevilla».

Bühnenbildentwurf Karl Friedrich Schinkels zu E. T. A. Hoffmanns leider nur noch sehr selten aufgeführten Märchenoper «Undine» (1816). Berlin, Nationalgalerie.

Werk, wie manches andere des Meisters aus Pesaro, entstand also unter größtem Zeitdruck. Die Uraufführung vor dem römischen Publikum blieb erfolglos. Die Schuld daran wurde der schlechten Leistung der Sänger zugeschrieben. Aber Rossini, der Ähnliches bereits mit dem *Barbier* erlebt hatte, ließ sich nicht entmutigen. Bereits der zweite Abend brachte den Erfolg. *Cenerentola* wird auch heute noch öfter gespielt, was nur die außergewöhnliche Frische der Partitur beweist. Die Oper verfügt über hohe Ausdrucksqualitäten, die insbesondere in der unbefangenen Vitalität einer Gestalt wie der der Angelina vollkommen neue Dimensionen erhalten. Allerdings erreicht das nur ein Jahr nach dem *Barbier* komponierte Werk nicht das Niveau dieses Meisterwerks. Vor allem der Abfall der musikalischen Qualität im zweiten Akt beeinträchtigt den Gesamtwert der Oper. RB

DIE DIEBISCHE ELSTER
(La gazza ladra)

Oper in zwei Akten von Gioacchino Rossini (1792–1868). Libretto von G. Gherardini (1778–1861). Uraufführung: Mailand, Teatro alla Scala, 31. Mai 1817.

PERSONEN. Giannetto (Tenor), Fabrizio, Giannettos Vater (Baß), Lucia, Gianettos Mutter (Mezzosopran), Ninetta, Dienerin des Hauses, in Giannetto verliebt (Sopran), Fernando, Ninettas Vater (Baß), der Bürgermeister, Ninettas Anbeter (Baß), Isacco, reicher Kaufmann (Tenor).

HANDLUNG. Im Hause eines wohlhabenden Pächters in einem Dorf bei Paris erwartet man die Rückkehr Giannettos vom Militärdienst. Außer seinen Eltern Fabrizio und Lucia harrt seiner Ankunft vor allem Ninetta, die in ihren jungen Herrn verliebt ist. Lucia, die Hausherrin, macht Ninetta für das Verschwinden eines Ringes verantwortlich. Das Mädchen hilft seinem Vater, der von den Behörden als Fahnenflüchtiger gesucht wird, zur Flucht, indem es den Bürgermeister, der gekommen ist, um den Deserteur zu verhaften, täuscht. Dieser benutzt die Gelegenheit, um dem jungen Mädchen in schamloser Weise den Hof zu machen. Ehe Ninettas Vater flieht, übergibt er seiner Tochter einen Ring mit dem Auftrag, ihn zu Geld zu machen, das sie für den mittellosen Vater in einem hohlen Baumstamm verstecken soll. Sie verkauft den Ring an den reichen Kaufmann Isacco. Gleichzeitig stellt Lucia fest, daß ein Löffel abhanden gekommen ist (den eine Elster gestohlen hat). Als sie auch noch von dem Geschäft des Mädchens mit einem Ring hört, ist für sie der Verdacht so groß, daß sie Ninetta ins Gefängnis werfen läßt. Der Bürgermeister versucht wiederum die Situation auszunützen, aber er wird wieder abgewiesen. Er rächt sich mit größter Strenge: die Richter verurteilen das Mädchen zum Tode. Fernando, ihr Vater, eilt zu ihrer Rettung herbei, wird jedoch selbst verhaftet. Schließlich stellt sich jedoch heraus, daß an allen Diebstählen nur eine Elster schuld war. Ninetta wird freigelassen, und Giannetto kann sie nun heiraten. Um das Glück vollkommen zu machen, trifft zum Schluß noch die Botschaft von der Begnadigung Fernandos durch den König ein.

● Die Idee zu dem Libretto von Gherardini stammt aus dem französischen Drama *La pie voleuse* von J. M. Th. Baudouin d'Aubigny und Louis Charles Caigniez, dem seinerseits wohl eine wahre Begebenheit zugrundeliegt. *Die diebische Elster* hatte in Mailand nur mäßigen Erfolg, fand aber großen Beifall in Paris. RB

Karikatur Gioacchino Rossinis zu seinem fünfundsiebzigsten Geburtstag in der französischen Literaturzeitschrift «Le Hanneton».

DIE APOTHEOSE DES HERKULES
(L'apoteosi di Ercole)

Oper in zwei Akten von Saverio Mercadante (1795–1870). Libretto von Giovanni Schmidt. Uraufführung: Neapel, Teatro San Carlo, 19. August 1819. Solisten: Isabella Colbran, Giovanni David, De Bernardis (der Ältere), Nozzari, Pesaroni, Benedetti.

PERSONEN. Herkules, Deianeira, Iole, Ilos, Phyloktetes, Eurykleia. Krieger, Frauen, Priester, Volk, Gefangene, Wachen.

HANDLUNG. Herkules kehrt siegreich aus dem Krieg zurück und bringt unter den Gefangenen auch die von ihm geliebte Iole mit. Aber auch sein Sohn Ilos liebt Iole. Herkules' Gattin, Deianeira drängt in der Hoffnung, den Gatten für sich zurückzugewinnen, auf seine Zustimmung zur Hochzeit der beiden jungen Leute. Der erzürnte Herkules läßt alle drei ins Gefängnis werfen. Dank des Einsatzes von Phyloktetes, einem Freund, werden sie wieder auf freien Fuß gesetzt. Um dem Gatten zu danken, und seine Liebe zurückzugewinnen, schenkt Deianeira ihm das trügerische Geschenk des Nessos, ein Hemd, das sich als vergiftet erweist und den Helden unter schrecklichen Qualen sterben läßt. Jupiter jedoch nimmt ihn im Festzug der Götter auf.

● Saverio Mercandante, der von seinen Landsleuten der «italienische Beethoven» genannt wurde, schrieb annähernd sechzig Opern. *Die Apotheose des Herkules* ist das erste Werk des jungen Komponisten. Sie wurde am Geburtstag des Erbprinzen Francesco di Borbone aufgeführt, und das Publikum applaudierte begeistert, obwohl die Tradition es wollte, daß in Anwesenheit eines Mitglieds des Königshauses weder Beifall noch Mißfallen geäußert werden durfte. Die Oper bleibt ganz im Schema des siebzehnten Jahrhunderts, weist jedoch eine recht gute Instrumentierung auf.   SC

DIE FRAU VOM SEE
(La donna del lago)

Oper in zwei Akten von Gioacchino Rossini (1792–1868). Libretto: Leone Andrea Tottola (? bis 1831) nach dem gleichnamigen Gedicht von Walter Scott. Uraufführung: Neapel, Teatro San Carlo, 24. November 1819.

HANDLUNG. Die Handlung spielt zur Zeit des Aufstandes der Bewohner der Sterlingsgebietes gegen Jakob den Fünften von Schottland, der deren Land besetzen will. Helen, die Tochter des Rebellenführers Douglas d'Angus vertraut bei einer Fahrt über den See ihre Gedanken den Wellen an. Sie liebt Malcolm, der Vater jedoch hat sie Rodriguez versprochen. König Jakob hört von der Schönheit des Mädchens. Er verkleidet sich als Ritter und bittet das Mädchen unter dem Namen Hubert von Snowdon um Unterkunft. Obwohl er sich sofort in sie verliebt, reitet er von dannen, als er von der leidenschaftlichen Liebe des Mädchens zu Malcolm erfährt. Beim Abschied gibt er ihr einen Ring, mit dem sie von König Jakob von Schottland jeden Wunsch erfüllt bekommen werde. Wenig später fällt Douglas als Gefangener in die Hände des Königs. Das Mädchen begibt sich mit seinem kostbaren Geschenk an den Königshof und erkennt mit Erstaunen in König Jakob den Ritter Hubert. Sie weist den Ring vor und bittet um Freilassung des Vaters. Der König, getreu seinem Versprechen, gewährt nicht nur diesen Wunsch, sondern vereint Helen und Malcolm im Bunde der Ehe.

● Rossini schrieb die Partitur mit der ihm üblichen Geschwindigkeit. Die Musik dieser Oper zeugt nicht nur von Spontaneität und Originalität, sondern ist auch differenziert ausgearbeitet und bringt neue Motive, die bereits auf die Lyrik der romantischen Oper verweisen.   RB

OLYMPIA (Olympie)

Lyrische Tragödie in drei Akten von Gaspare Spontini (1774–1851). Libretto von C. Bifraut und N. Dieulafoy nach Voltaire. Uraufführung: Paris, Opéra, 22. Dezember 1819.

HANDLUNG. Tempel der Diana in Ephesus. König Antigonus von Kleinasien und König Cassandrus von Mazedonien, der Nachfolger Alexander des Großen, feiern nach langen Kämpfen den Frieden. Cassandrus ist ohne sein Wissen am Tode Alexanders schuldig geworden. Er liebt dessen Tochter Olympia, die mittlerweile unter dem Namen Ameneis Antigonus' Sklavin ist. Er erbittet sie zu seiner Gemahlin. Die Hochzeit soll von der Priesterin Arzana, die jedoch in Wirklichkeit Alexanders Witwe Statira ist, zelebriert werden. Beim Anblick Cassandrus erkennt sie in ihm den vermeintlichen Mörder ihres Gatten. Im heiligen Hain der Diana gibt sie sich selbst zu erkennen und entdeckt auch die wahre Identität der Ameneis. Cassandrus sucht sich vor Mutter und Tochter zu rechtfertigen: er habe sie beide am Tage, da Alexander den Tod fand, gerettet. Statira schenkt ihm jedoch keinen Glauben. Das Volk huldigt der wiedergefundenen Königin. Cassandrus muß fliehen und wird Antigonus' Soldaten verfolgt. Dieser begehrt nun selbst Olympia zur Gattin. Diese ist hin- und hergerissen zwischen ihrer Liebe zu Cassandrus und ihrem Gesetzesgehorsam. Antigonus wird tödlich verwundet. Ehe er stirbt, bekennt er, selbst Alexanders Mörder zu sein. Cassandrus kann nunmehr, vom schlimmen Verdacht befreit, Olympia zu seiner Gattin machen. Statira setz sie auf den Thron ihres Vaters. Das Volk huldigt der neuen Königin.

● Die Originalfassung von *Olympia* endete mit dem Tode des jungen Mädchens, dem Selbstmord Statiras und der Erscheinung Alexanders, der die beiden unter den Unsterblichen aufnahm. In Spontinis Fassung tritt das dramatische Element stark zurück. Trotzdem stellt diese vom Komponisten besonders geschätzte Oper das für sein musikalisches Temperament charakteristischste Werk dar. RB

DIE ZWILLINGSBRÜDER

Singspiel in einem Akt von Franz Schubert (1797–1828). Libretto von Georg von Hofmann. Uraufführung: Wien, Kärntnertortheater, 14. Juni 1820.

HANDLUNG. Ein Dorfbürgermeister verspricht seine Tochter seinem Nachbarn Franz Spiess zur Ehe. Dieser muß jedoch mit seinem Zwillingsbruder Friedrich ins Feld ziehen, die Hochzeit muß daher aufgeschoben werden. Als die beiden Brüder in ihr Dorf zurückkehren, hat das junge Mädchen bereits einen anderen geheiratet. Als die Zwillingsbrüder jedoch ohne voneinander zu wissen heimkehren, haben beide eine Reihe von körperlichen und seelischen Schäden durch den Krieg zurückbehalten. Es kommt zu einer Reihe von Verwicklungen, die sich schließlich in der die Familie vereinenden Schlußszene auflösen.

● Im Gegensatz zu dem recht schwachen konventionellen Libretto weist die Partitur einige sehr gelungene Passagen auf. Die Ouvertüre bringt musikalische Akzente, die sich später in manchen Sinfonien ausgeprägter wiederfinden. Heute gilt die von der zeitgenössischen Kritik völlig übergangene Arie *Der Vater mag wohl immer Kind mich nennen* als die beste des Stückes. RB

PRECIOSA

Komödie mit Musik, in einer Ouvertüre und elf Nummern von Carl Maria von Weber (1786–1826). Libretto von P.A. Wolf nach der Erzählung «La gitanilla» von Miguel Cervantes de

Zeichnung der «Wolfsschlucht» in Carl Maria von Webers «Freischütz». Weimar, Kunstsammlung.

Maria Malibran als «Desdemona» in Gioacchino Rossinis «Othello». Porträt von Henri Decaisne. Paris, Musée Carnavalet.

Bühnenbildentwurf für den ersten Akt der Oper «Olympia» von Gaspare Spontini. Stich von Gügel nach Schinkels Original (1819). Paris, Bibliothèque de l'Opéra.

Saavedra (1547–1616). *Uraufführung: Dresden, Cosels Garten, 15. Juli 1820.*

HANDLUNG. Die Oper spielt unter spanischen Zigeunern. Preciosa, eine junge Zigeunerin, verliebt sich in einen Ritter, der sich um ihretwillen den Zigeunern anschließt. Es stellt sich jedoch heraus, daß Preciosa von Adel ist. Kein Standesunterschied kann nun den Ritter mehr daran hindern, Preciosa zu seiner Gattin zu machen.

● Weber komponierte *Preciosa* zu einer Zeit, da er seine stürmischen Jugendjahre hinter sich hatte. Er heiratet Caroline Brandt, wird Leiter des königlichen Orchesters und hält sich Haustiere. Die von ihm selbst dirigierte Berliner Aufführung der Oper im Jahre 1821 ist ein wahrer Triumph für ihn. Im allgemeinen gilt *Preciosa* jedoch – abgesehen von der Ouvertüre – als ein nicht sehr gelungenes Werk.   EP

DIE ZAUBERHARFE

Zauberposse in drei Akten von Franz Schubert (1797–1828). Libretto von Georg von Hofmann. Uraufführung: Wien, Theater an der Wien, 19. August 1820.

● Als Bühnenkomponist war Schubert kein Erfolg beschieden. Das lag an den mäßigen Textvorlagen und an seiner mangelnden Bühnenerfahrung und -begabung. Dieser Oper war ebenfalls kein Erfolg beschieden, und der Komponist vernichtete sein Werk. Lediglich die Ouvertüre *Rosamunde* blieb erhalten.

NURMAHAL oder DAS ROSENFEST VON KASCHMIR (Lalla Rookh)

Festspiel von Gaspare Spontini (1774–1851). Libretto von Carl Alexander Herklots nach der vierten Episode der «Exotischen Erzählungen» in Versen von Thomas Moore. Uraufführung: Berlin, Königliches Schloß, 27. Januar 1821.

● Ursprünglich als dramatisches Spiel mit Musikeinlagen konzipiert, wurde das Werk im Jahre 1822 unter dem Titel *Nurmahal* dann als Oper bearbeitet.

DER KAPELLMEISTER (Le maître de chapelle)

Komische Oper in einem Akt von Ferdinando Paër (1771–1839). Text von Sophie Gay. Uraufführung: Paris, Théâtre Feydeau, 29. März 1821.

PERSONEN. Barnabas, Kapellmeister (Spielbaß), Benedikt, sein Neffe (Tenor), Gertrude, Barnabas' Köchin (Sopran).

HANDLUNG. Haus des Kapellmeisters Barnabas in einem kleinen Dorf in der Nähe Mailands im Jahre 1797. In dem bescheiden eingerichteten Haus bereitet die französische Köchin Gertrude das Essen und schimpft dabei auf ihren Herrn. Nicht genug, daß sie zu Ehren des bei ihr nicht in Gunst stehenden Neffen, der zum Essen eingeladen ist, ein besonders aufwendiges Mahl bereiten muß – überdies soll sie auch noch des Meisters Werk *Kleopatra* vorsingen. Zweite Szene. Barnabas, Benedikt und Gertrude werden von Fanfarenklängen und Kanonenschüssen überrascht. Barnabas und Benedikt erbleichen. Die Köchin meint, dies sei der Angriff der Franzosen, die das Dorf besetzen wollten, und fordert den Meister auf, seinen Mut zu beweisen. Barnabas hält es für das beste, in den Keller zu flüchten. Benedikt will ihm folgen. Da gibt Gertrude zu, die beiden an der Nase herumgeführt zu haben. Voll Erleichterung rühmt sich Benedikt des Mutes, den er gezeigt hätte – hätte sich ihm nur die Gelegenheit geboten. Barnabas dagegen ist höchst zufrieden, daß nichts passiert ist, und erkundigt sich nach dem Essen. Er schickt Benedikt zum Pfarrer um eine Flasche Wein. Alleingelassen begibt er sich daran, seine Oper durchzuspielen: tanzend und die verschiedensten Instrumente imitierend, träumt er davon, mit diesem Werk ein anerkannter, überall begehrter Künstler zu werden. Er bittet die Köchin, mit ihm seine *Kleopatra* zu singen. Gertrude kapriziert sich darauf, kein Italienisch zu können, und spricht es absichtlich schlecht aus. Doch der Meister insistiert, und die Köchin lernt ihren Part in bestem Italienisch zu singen. Überglücklich schließt sie Barnabas in die Arme, und gemeinsam singen sie als Finale ein Liebesduett.

● Trotz seines schwierigen Charakters, seines ungeregelten Lebens und vor allem des großen Ruhms gefeierter Zeitgenosse wie Rossini, gelang es Paër, sich auch im Ausland als einer der anerkannten Vertreter der *opera semiseria* (Spieloper) durchzusetzen. *Der Kapellmeister* brachte ihm einen schönen Erfolg ein und darf wohl als autobiographisch verstanden werden. Paër war nämlich viele Jahre Kapellmeister an den Höfen von Parma, Wien und Paris.   ABe

DER FREISCHÜTZ

Romantische Oper in drei Akten von Carl Maria von Weber (1786–1826). Libretto von Friedrich Kind (1768–1843) nach dem «Gespensterbuch» von Apel und Laun. Uraufführung: Berlin, Schauspielhaus, 18. Juni 1821. Besetzung: C. Seidler (Agathe), J. Eunike (Ännchen), H. Blume (Kaspar), C. Stümer (Max). Dirigent: Carl Maria von Weber.

PERSONEN. Max (Tenor), Kuno (Baß), Kilian (Bariton), Kaspar (Baß), Samiel (Sprechrolle), Agathe (Sopran), Ottokar (Tenor), ein Eremit (Baß).

HANDLUNG. Böhmen um das Jahr 1650. Erster Akt. Der Jägerbursche Max, der beste Schütze des Dorfes, wird beim Sternschießen von dem Bauern Kilian besiegt und muß dessen Spott ertragen. Des Fürsten Ottokars Erbförster Kuno kommt gerade zurecht, um eine Rauferei zu verhindern. Er verspricht Max nicht nur sein Amt als Erbförster, sondern auch die Hand seiner Tochter Agathe, wenn er das Probeschießen in Anwesenheit des Fürsten gewinnt. Aber Max ist unsicher geworden. Der Jägerbursche Kaspar gibt ihm zu verstehen, es gäbe eine Möglichkeit, die Probe mit Sicherheit zu bestehen: einen Zauber. Während Max über diese Worte nachdenkt, taucht kurz der schwarze Jäger Samiel am Rande der Szene auf. Kaspar reicht Max ein Gewehr und fordert ihn auf, auf einen hoch in den Lüften kreisenden Adler zu schießen. Max trifft ihn. Kaspar aber erklärt ihm, daß der Schuß mit einer zauberkräftigen Kugel geschossen wurde, die nie ihr Ziel verfehle. Wenn Max solche Kugeln wünsche, müsse er sich um Mitternacht in der Wolfsschlucht einfinden. Unter dem Einfluß des unsichtbaren Samiel willigt Max ein. Zweiter Akt. Agathe wird von bösen Vorahnungen geplagt, ihre Freundin Ännchen versucht, sie zu beruhigen. Agathe betet, um diesen Kräften, denen ihr künftiges Geschick ausgeliefert scheint, abzuwenden. Max kommt mit dem Adler und berichtet, er müsse in die Wolfsschlucht, einen Hirsch, den er geschossen habe, einholen. Ein heraufziehendes Gewitter verfinstert den Himmel, als Max an dem düsteren Ort seiner Verabredung eintrifft. Kaspar und Samiel sind bereits in der Schlucht. Kaspar hatte Samiel, dem Bösen, seine Seele verkauft und will sie jetzt gegen Max' Seele zurückkaufen. Samiel ist bereit, den Pakt auf weitere drei Jahre zu verlängern, wenn er Maxens Seele erhält. Max sieht voll Angst und Reue zu, wie Kaspar das Metall für die Zauberkugeln schmilzt. Während Max die Zauberworte über die Kugeln spricht, bricht ein infernalisches Gewitter aus, in das sich der Höllenlärm des durch die Lüfte jagenden wilden Heeres mischt. Dritter Akt. Von den sieben zauberkräftigen Kugeln werden sechs ins Schwarze treffen, eine aber gehört Samiel und wird von ihm gelenkt werden. Max beginnt das Probeschießen mit trefflichen Schüssen. Währenddessen träumt Agathe, sie sei eine Taube und Max wolle sie erschießen. Ihre Freundinnen beruhigen sie: Max wird gewinnen, er wird sie heiraten und alles wird gutgehen. Sie helfen ihr, ihr Hochzeitsgewand anzulegen. Damit angetan kommt das Mädchen in Begleitung eines Eremiten auf den Schauplatz des Probeschießens vor Fürst Ottokar an, als gerade die letzte Runde ausgetragen wird. Der Fürst wünscht, Max solle eine im Geäst flatternde Taube schießen. Kaspar hat sich im Gebüsch versteckt. Agathe versucht, eingedenk ihres Traumes, den Schuß zu verhindern, aber der Jägerbursche ist dem Fürsten Gehorsam schuldig und schießt. Agathe sinkt nieder, und Kaspar stürzt getroffen zu Boden. Sterbend verflucht er den schwarzen Jäger, der ihn betrogen hat. Maxens Pakt mit Samiel kommt somit ans Licht. Der Fürst will den Jägerburschen aus dem Lande jagen, dem Einsiedler jedoch gelingt es, den Spruch Ottokars zu mildern: wenn Max sich ein Jahr lang als aufrecht und fromm erweisen kann, soll ihm verziehen werden und darf Agathe heiraten. Schlußchor zum Lobpreis Gottes.

● Webers Librettist Kind war eine der Hauptfiguren des *Liederkreises*, einer pseuderomantischen «Camerata». Dem Geschmack des Kreises entsprechend machte er aus dem Stoff eine Mischung aus dem Nationalismus des achtzehnten Jahrhunderts und der Romantik Klopstocks. Weber gibt der romantischen Grundhaltung mit seiner Musik eine Wendung ins Naturalistische, die die Ouvertüre zum *Freischütz* besonders ausdrucksreich macht. Der ursprünglich als Singspiel, d.h. als Kombination aus Gesang und gesprochenem Text bearbeitete Stoff geht auf alte anonyme Erzählungen aus Frankreich zurück, die dann von Apel und Laun übernommen wurden. Das Libretto trug zuerst den Titel: *Der Probeschuß*, danach: *Die Jägersbraut*, bis die Oper schließlich unter dem heute bekannten Titel aufgeführt wird. Der schon taube Beethoven soll beim Lesen der Partitur ausgerufen haben: «...welch ein Teufelszeug...», und dies wohl nicht nur des Inhalts wegen. Die Instrumentierung ist in der Tat weit von dem entfernt, was nach Beethovens Auffassung für eine lyrische Oper angemessen gewesen wäre. Die Uraufführung war kein besonderer Erfolg. Der Komponist hatte mit den Verfechtern der italienischen Schule, die sich um Spontini herum gesammelt hatten und die sehr genau merkten, daß dieses Werk einen endgültigen Schlag gegen die lange Vor-

Carl Maria von Weber dirigiert den «Freischütz» in Covent Garden Theatre in London.

herrschaft der italienischen Oper bedeutete, zu kämpfen. Die zweite Inszenierung im Oktober des gleichen Jahres im Wiener Kärntnertortheater brachte den durchschlagenden Erfolg. Die Zusammenfassung und Wiederbelebung der deutsch-germanischen Tradition in ihrer ganzen Breite – die heldenhaften Gestalten, die wilde Natur, das Übernatürliche – machen den *Freischütz* zur romantischen deutschen Oper schlechthin. Das Werk erfuhr zahlreiche, nicht immer glückliche Um- und Überarbeitungen. Berlioz zum Beispiel setzte die gesprochenen Teile als Rezitativ und fand damit keinen Beifall bei Musikkennern. Bemerkenswert auch, wie in diesem Werk ansatzweise bereits ein wesentliches Charakteristikum der Wagnerschen Musik aufscheint: das Leitmotiv, das den Gang der Handlung erläuternd, verbindend und gliedernd begleitet. Die Oper wurde bald in alle Kultursprachen übersetzt und an allen großen Bühnen mit schönen Erfolgen gegeben.   EP

ZELMIRA

Oper in zwei Akten von Gioacchino Rossini (1792–1868). Libretto von Leone Andrea Tottola (? bis 1831) nach der gleichnamigen Tragödie von Belloy. Uraufführung: Neapel, Teatro San Carlo, 16. Februar 1822.

HANDLUNG. Polydor, König auf Lesbos, erfreut sich der Beliebtheit beim Volk und der Zuneigung seiner Tochter Zelmira. Auch deren Gemahl, der tapfere Trojanerprinz Ilos, schätzt ihn hoch. Als dieser sich gezwungen sieht, Zelmira alleine zu lassen, versucht Azorre, der Herr von Mytilene, sogleich seine Abwesenheit zu nutzen. Er hatte um Zelmira geworben, doch Polydor hatte ihm die Hand der Tochter abgeschlagen. Azorre fällt in Lesbos ein, um den alten König zu töten. Zelmira versteckt ihren Vater im Grabmal des Königsgeschlechts. Um jeden Verdacht von sich abzulenken, begibt sie sich sodann zu Azorre und gibt mit gespielter Leidenschaft vor, den Tod ihres Vaters zu wünschen, da er sie Azorre verweigert habe. Azorre geht der jungen Königin in die Falle. Er läßt den Cerestempel, in dem er König Polydor versteckt glaubt, anzünden. In der Zwischenzeit ist Antinoros, der ebenfalls Anspruch auf den Thron von Mytilene erhebt, auf Lesbos eingefallen und läßt Azorre meuchlings ermorden. Schließlich jedoch kehrt der tapfere Ilos zurück, er vertreibt den neuen Usurpator und setzt den weisen alten Polydor wieder auf seinem Thron ein.

● Schon Pierre L. Buirette de Belloys Tragödie litt an Spannungslosigkeit. Die Übersetzung Tottolas und einige Änderungen am ursprünglichen Text machen das Libretto noch schwächer. Rossinis Musik scheint es jedoch immerhin gelungen zu sein, den unglückseligen Text in den Hintergrund treten zu lassen, so daß die Tragödie zum Erfolg wurde. Die zeitgenössische Kritik ging sogar so weit, *Zelmira* als das Hauptwerk des Meisters aus Pesaro zu bezeichnen. In Wirklichkeit hat die Flachheit des Librettos auf Rossinis Werk abgefärbt, so daß die Partitur mindestens stellenweise als recht weitschweifig bezeichnet werden muß. Im übrigen ist die Oper sowohl für die Instrumente als auch für die Stimmen sehr schwierig geschrieben.   RB

1823

Die Sopranistin Isabella Colbran (1785–1845). Porträt von Schmidt. Mailand, Theatermuseum der Scala.

SEMIRAMIS (Semiramide)

Tragisches Melodram in zwei Akten von Gioacchino Rossini (1792–1868). Libretto von Gaetano Rossi (1774–1855) nach Voltaires «Sémiramis». Uraufführung: Venedig, Teatro La Fenice, 3. Februar 1823. Solisten: I. Colbran, R. Mariani, F. Galli, L. Mariani, Sinclair.

PERSONEN. Semiramis (Sopran), Arsace (Alt), Assur (Baß), Idreno (Tenor), Azema (Sopran), Oroe (Baß), Mitrane (Tenor), Ninos Schatten (Baß). Satrapen, Priester, Frauen, Wachen, Sklaven und Volk.

HANDLUNG. Erster Akt. Belostempel. Der Oberpriester Oroe läßt die Tore des Tempels öffnen: es ziehen Prinz Assur mit seinen Satrapen und König Idreno mit seinem babylonischen und indischen Gefolge ein. Königin Semiramis, in deren Gefolge sich die Prinzessin Azema und der Feldherr Mitrane befinden, soll nach der Ermordung ihres Gemahls, des Königs Nino, einen Nachfolger auf dem Thron auswählen. Ein hernniederfahrender Blitz jedoch bringt das Altarfeuer zum Erlöschen, verbreitet allgemeinen Schrecken und hindert die Königin somit daran, ihre Wahl zu treffen. Die Götter verlangen nach Sühne des Königsmordes. Der Feldherr Arsace vertraut Assur, der nach dem Thron strebt und Azema begehrt, seine Liebe zu eben der Prinzessin Azema an und erregt damit den Zorn des Prinzen. Auch Idreno liebt Azema, diese jedoch liebt nur Arsace. Die hängenden Gärten der Semiramis in Babylonien. Hauptmann Mitrane berichtet Semiramis den Spruch des Orakels von Memphis: Friede im Lande und eine neue Vermählung. Da Semiramis ihrerseits Arsace liebt, legt sie das Orakel in ihrem Sinne aus und verkündet vor dem Grabmal Ninos, Arsace zu ihrem Gemahl und damit zum neuen König machen zu wollen. Azema soll Idreno ehelichen. Aber der göttliche Blitz fährt neuerdings dazwischen. Ninos Grab öffnet sich und sein Schatten tritt furchterregend auf: Arsace soll König werden, aber zuvor muß er über dem Grabe Ninos opfern. Zweiter Akt. Innenhof des königlichen Palastes. Assur, Semiramis' Helfer beim Mord an König Nino, ruft ihr den Augenblick des Verbrechens ins Gedächtnis zurück. Im Inneren von Ninos Grabmal. Der Oberpriester Oroe enthüllt Arsace die Namen der beiden Königsmörder sowie dessen eigene wahre Identität: er, Arsace, ist in Wirklichkeit der totgeglaubte Sohn König Ninos. Saal im Königspalast. Azema ist verzweifelt, weil sie den Mann, den sie liebt, nicht zum Gemahl nehmen kann. Semiramis muß dem hinzukommenden Arsace den schrecklichen Mord zugeben. Arsace ist jedoch außerstande, an der Frau, die er nunmehr als seine Mutter erkennen muß, Rache zu nehmen. Assur, Arsace und Semiramis befinden sich – ohne voneinander zu wissen – im Inneren des Grabes: in der Finsternis der Gruft tötet Arsace Semiramis in dem Glauben, es sei Assur. Als er seinen Irrtum bemerkt, will er sich das Leben nehmen. Aber das Volk ruft nach ihm als seinem neuen König. Assur wird festgenommen und wird für sein Verbrechen büßen, Arsace aber herrscht mit dem Wohlwollen der Götter in Weisheit über sein Land.

● Diese letzte Oper, die Rossini – in wiederum nur fünf Wochen – für eine italienische Bühne schrieb, stieß bei der Uraufführung in Venedig kaum auf Begeisterung. Vor allem der erste Akt wurde vom Publikum als zu lang und langweilig empfunden. Die Kritiker jedoch wußten die Vorzüge dieser Oper schon bald richtig einzuschätzen. In Neapel und Wien erlebte sie triumphale Erfolge. Sie wurde sogar zum Gegenstand einer Erzählung von Joseph Méry, was insofern als außergewöhnlich gelten kann, als sich normalerweise die Oper an der Literatur inspiriert und nicht umgekehrt. Im Libretto ist der Einfluß Voltaires spürbar, der *Semiramis* als eine große geschichts- und mythologieträchtige Gestalt entwarf. Die Partitur ist zugleich majestätisch und lebhaft. Herausragend sind wiederum die Schönheit und Originalität der Melodien, bemerkenswert auch die Chöre des ersten Aktes. Unter den vor 1823 entstandenen Opern Rossinis ist die *Semiramis* sicher das von der musikalischen Konzeption und Ausgestaltung her stärkste und reichhaltigste Werk innerhalb des Genres *Opera seria*. Stellenweise gibt Rossini aber wohl dem auf als besonders «schön» geltende sangliche Floskeln versessenen Zeitgeschmack zu sehr nach, worunter die Ausgewogenheit der Linienführung der Gesangspartien teilweise leidet.

RB

JESSONDA

Oper in drei Akten nach Ludwig Spohr (1784–1859). Libretto von E. H. Gehe nach der Tragödie «La Veuve de Malabar» von A.M. Lemierre. Uraufführung: Kassel, 28. Juli 1823.

HANDLUNG. Die Stadt Goa in Indien. Der alte Radscha, den Jessonda wider ihren Willen geheiratet hatte, ist gestorben. Seine Witwe soll nach Landessitte zusammen mit ihrem verstorbenen Gatten verbrannt werden. Der junge Brahmane Nadori, der Jessonda ihr tragisches Geschick mitzuteilen hat, trifft auf ihre Schwester Amazili, verliebt sich in sie und verspricht ihr, die unglückselige Jessonda zu retten. Diese

Gesellschaftsspiel der Schubertschen Freundesrunde in Atzenbrugg. Am Klavier Franz Schubert. Aquarell von Leopold Kuppelwieser. Wien, Schubertmuseum.

hofft unterdessen auf Rettung durch ihren früheren Verlobten Tristan d'Acunha, einen portugiesischen General. Sie weiß nicht, daß die Stadt Goa und die portugiesischen Belagerer in der Zwischenzeit einen Waffenstillstand geschlossen haben, und Tristan keine Macht mehr hat, sie zu befreien. Als der Waffenstillstandspakt jedoch gebrochen wird, weil zwei Spione die portugiesischen Schiffe in Brand zu stecken versuchen, greift der General die Stadt an und kann Jessonda gerade noch vor dem Scheiterhaufen retten. Nadori, der junge Brahmane, bringt Jessonda heimlich in den Tempel, wo sie endlich mit Tristan vereint wird, während Nadori Amazili gewinnt.

● *Jessonda* war Spohrs größter Erfolg und wurde in Deutschland auch noch in diesem Jahrhundert häufig aufgeführt. Besonders wirkungsvoll sind die Chöre der indischen Priester und Soldaten. Das Duett *Schönes Mädchen* gilt als eines der schönsten Stücke des Meisters. Der Komponist geht mit diesem Werk zum erstenmal von der klassischen Form der Oper mit mehr oder weniger unverbunden nebeneinanderstehenden Arien und Rezitativen ab und findet mit der durchlaufenden musikalischen Gestaltung der Handlung zur eigentlich romantischen Form der Oper. *Jessonda* nimmt zu recht einen wichtigen Platz in der Geschichte der deutschen Oper ein.

RB

EURYANTHE

Romantische Oper in drei Akten von Carl Maria von Weber (1786–1826). Libretto von Helmina von Chézy nach der französischen Erzählung aus dem dreizehnten Jahrhundert «Histoire de Gérard de Nevers et de la belle et vertueuse Euryanthe de Savoie». Uraufführung: Wien, Kärntnertortheater, 25. Oktober 1823. Solisten: Henriette Sontag, T. Grünbaum, A. Heizinger, A. Forti. Dirigent: Carl Maria von Weber.

PERSONEN. Euryanthe (Sopran), Adolar (Tenor), Eglantine (Mezzosopran), König Ludwig VI. (Baß), Lysiart (Bariton), Rudolf (Tenor), Berta (Sopran).

HANDLUNG. Auf den Schlössern von Préméry und Nevers um das Jahr 1110. Erster Akt. König Ludwig VI. veranstaltet ein großes Fest, auf dem Graf Adolar die Vorzüge seiner Gemahlin Euryanthe von Savoyen preist. Graf Lysiart bezweifelt, daß es eine wirklich tugendhafte Frau gäbe. Graf Adolar fordert ihn daraufhin zum Zweikampf heraus, aber Lysiart schlägt eine andere Regelung vor: wenn es ihm nicht gelingt, Euryanthe zu verführen, verliert er alle seine Güter. König Ludwig versucht, Lysiart zur Vernunft zu bewegen, aber Adolar selbst besteht nun auf der Wette. Wenn er sie verlieren sollte, verzichtet er auf alle seine Besitzungen. Euryanthe wartet unterdessen auf die Rückkehr des Gatten und spricht mit Eglantine, der Tochter eines Aufständischen, die in ihrem Hause Unterkunft gefunden hat. Eglantine ist Adolar heimlich in Liebe zugetan. Es gelingt ihr, Euryanthe ein schmerzliches Familiengeheimnis zu entlocken: Adolars Schwester Emma hat sich selbst den Tod gegeben. Zweiter Akt. Nach vielen vergeblichen Versuchen auf die Tugend Euryanthes hat Lysiart keine Hoffnung mehr, seine Wette zu gewinnen. Er ist bereit aufzugeben, will aber den verhaßten Adolar umbringen. Unverhofft kommt ihm Eglantine in seinen Absichten zuhilfe. Sie weiht ihn in das Geheimnis der Familie Adolars ein und gibt ihm einen Ring, den dieser Euryanthe geschenkt hatte. Als augenscheinliches Pfand der Liebe soll dieser Ring zusammen mit Lysiarts Wissen um Adolars «Schande» ein vertrautes Verhältnis zwischen diesem und der Schloßherrin beweisen. Adolars Freude, seine Gattin wiederzufinden, dauert nur kurz. Lysiart hat schwerwiegende Beweise. Der Graf schenkt ihnen Glauben. Dritter Akt. Adolar hat Euryanthe im Wald ausgesetzt. In ihrer Verzweiflung wirft sich die hohe Frau dem im Walde jagenden König zu Füßen und enthüllt ihm den schändlichen Betrug Eglantines. Der König verspricht ihr Gerechtigkeit. Lysiart will unterdessen seine Komplizin zu seiner Gattin machen. Adolar, der in der Menge versteckt den Hochzeitszug der beiden beobachtet, begreift aus ein paar Worten, die Eglantine entschlüpfen, daß er betrogen worden ist. Er gibt sich zu erkennen und fordert Lysiart noch einmal zum Zweikampf heraus. Da trifft König Ludwig mit der Nachricht ein, Euryanthe sei vor Schmerz gestorben. Erschüttert gesteht Eglantine ihren Betrug. Lysiart, der nun in seiner Schändlichkeit erkannt ist, tötet sie und wird festgenommen. In Wirklichkeit jedoch ist Euryanthe nicht tot, sondern war lediglich in eine Ohnmacht gefallen. Sie kehrt zurück in die Arme Adolars.

● Die Geschichte geht auf Boccaccio *Gerardo di Nevers* und Shakespeare *Cymbeline* zurück. Weber sah sich gezwungen, eine Reihe von Änderungen am Text vorzunehmen, um sich nicht dem Vorwurf der «Sittenlosigkeit» mit dieser Geschichte auszusetzen. Nach Hugo Wolf stellt *Euryanthe* ein «Handbuch für den Opernkomponisten» dar. Das Werk war vom Intendanten des Wiener Kärntnertortheaters nach dem durchschlagenden Erfolg des *Freischütz* bei Weber in Auftrag gegeben worden. Es war ebenso ein voller Erfolg. *Euryanthe* gehört zur Gattung der großen romantischen Heldenoper. Beethoven fand Lob für das Werk, Schubert dagegen kritisierte es als unmusikalisch. Die einzige Schwäche des Werkes dürfte aber tatsächlich das überladene, holperige Libretto sein. EP

DIE VERSCHWORENEN oder DER HÄUSLICHE KRIEG

Singspiel in einem Akt von Franz Schubert (1797–1828). Libretto von Ignaz Franz Castelli (1781–1862) nach den Aristophanes Komödien «Die Weibervolksversammlung» und «Lysistrata». Erste Veröffentlichung: 1823. Uraufführung: Wien, Musikvereinssaal, 1. März 1861 (konzertante Aufführung), Frankfurt am Main, 29. August 1861 (szenische Aufführung).

HANDLUNG. Major Leopold Gschwandtners Bursche Bastian trifft sich mit seiner Liebsten Linda. Bei der Gelegenheit überbringt er der Majorsgattin Barbara einen Brief, der die Rückkehr der Truppen für einen kurzen Urlaub ankündigt. Die des Alleinseins überdrüssigen Frauen wollen ihre Männer dazu bringen, vom falschen Ruhm des Kriegshandwerks Abschied zu nehmen, und beschließen, zu diesem Zweck in einen einzigartigen Streik zu treten: sie werden sich ihren Männern kalt und unzugänglich zeigen. Aber zu ihrer großen Überraschung haben die Ehemänner ihrerseits ein entsprechendes Gelöbnis getan. Barbara entdeckt, daß die Männer in einer besonders heftigen Schlacht gelobten, für immer auf Frauen zu verzichten, wenn sie mit dem Leben davonkämen. Die Frauen beschließen, die Männer wieder zur Vernunft zu bringen, notfalls mit Gewalt. Der Krieg zwischen Männern und Frauen ist ausgebrochen. Aber es ist ein Blitzkrieg, aus dem die Frauen siegreich hervorgehen. Der Waffenstillstand ist schnell unterzeichnet: die Männer müssen in allem nachgeben und dürfen nie mehr in den Krieg ziehen.

● Das von Castelli, einem Freund Beethovens und Webers, geschriebene Libretto wurde im Jahre 1823 zusammen mit anderen Texten veröffentlicht, um den österreichischen Musikern, die sich über das Fehlen guter Libretti beklagt hatten, eine Auswahl anzubieten. Schubert gefiel es so, daß er die Partitur in kürzester Zeit fertig hatte. Die Oper ist zwar sehr kurz – eben ein einaktiges Singspiel –, gehört aber dank ihrer Ausgewogenheit und Homogenität zu den besten dramatischen Arbeiten Schuberts. RB

DER ERZIEHER IN SCHWIERIGKEITEN (L'Ajo nell'Imbarazzo)

Komische Oper in zwei Akten von Gaetano Donizetti (1797–1848). Libretto von Jacopo Ferretti nach einer 1811 bereits von Pilotti vertonten Komödie von Giovanni Giraud (1807). Uraufführung: Rom, Teatro Valle, 4. Februar 1824.

HANDLUNG. Die Geschichte ist eine Parodie auf die strenge Erziehung zu mönchischer Enthaltsamkeit, wie man sie in den besseren Familien den jungen Männern angedeihen ließ. Der Marchese Giulio erwartet, daß seine beiden Söhne Enrico und Pipetto bis zu ihrem fünfundzwanzigsten Lebensjahr in völliger Unaufgeklärtheit leben. Enrico hat jedoch heimlich Gilda geheiratet und hat bereits einen Sohn von ihr. Der Heimlichkeiten seines Lebens überdrüssig, wendet sich der junge Mann mit der Bitte um Hilfe an den alten Haushofmeister Don Gregorio und stellt ihm seine Gilda vor. Als unvermutet der Marchese hinzukommt, bleibt nichts anderes übrig, als Gilda in Don Gregorios Zimmer einzusperren. Die junge Frau ist äußerst unruhig, da sie ihr Söhnchen stillen muß, so daß Don Gregorio sich gezwungen sieht, den Säugling unter seinem Mantel versteckt zu holen. Der durch einen Wink der alten Dienerin Leonarda mißtrauisch gewordene Marchese entdeckt Gilda in Don Gregorios Zimmer und hält sie für dessen Geliebte. In einem tumultuösen Szene, in die alle Personen des Stückes verwickelt sind, kommt schließlich die Wahrheit ans Licht. Der Marchese begreift, welchen Fehler er mit seiner Erziehung begangen hat, und vertraut seinen jüngeren Sohn Pipetto dem älteren Bruder an, damit er nunmehr «die Welt kennenlerne».

● Mit der manchmal auch unter dem Titel *Don Gregorio* aufgeführten Oper begann für Donizetti nach einer Zeit, in der er nicht in der Gunst des Publikums stand, eine neue glücklichere Periode. Am 26. April 1826 wurde das Werk in einer neuen Fassung in Neapel am Teatro Nuovo zur Aufführung gebracht. Es stellt die erste bemerkenswerte *opera buffa* des Meisters aus Bergamo dar und öffnete ihm die Türen zu verschiedenen italienischen und ausländischen Theatern. MS

«Die weiße Dame» von François Adrien Boïeldieu, erster Akt. Paris, Bibliothèque de l'Opéra.

ROMEO UND JULIA
(Giulietta e Romeo)

Oper von Nicola Vaccai (1790–1848). Libretto von Felice Romani (1788–1865). Uraufführung: Mailand, Teatro alla Canobiana, 1825. Solisten: Giovanni Battista Verger, Giuseppina Demeri, Adele Cesari, Raffaele Benedetti, Luigi Biondini.

● Die Oper stellt eine der zahlreichen Bühnenbearbeitungen des berühmten Stoffes der beiden Liebenden von Verona dar. Der besonders gelungene letzte Teil des Werkes wurde auf Wunsch der Sängerin Maria Malibran im Jahre 1832 in Bellinis Oper *I Capuleti ed i Montecchi*, in der sie eine ihrer größten Rollen fand, aufgenommen. EP

DON SANCHO oder DAS LIEBESSCHLOSS
(Don Sanche ou Le Château d'Amour)

Komische Oper in einem Akt von Franz Liszt (1811–1886). Libretto von E.G. Theaulon de Lambert und de Rancé. Uraufführung: Paris, Opéra-Comique, 17. Oktober 1825.

● Die verlorengeglaubte Partitur wurde im Jahre 1900 von J. Chantavoine wiedergefunden. Es ist die einzige Oper Liszts, er schrieb sie mit vierzehn Jahren, und sie gilt nicht zu Unrecht als unbedeutendes Werk. MSM

DIE WEISSE DAME
(La Dame blanche)

Oper in drei Akten von François Adrien Boïeldieu (1775–1834). Libretto von A. Eugène Scribe (1791–1861) nach den Romanen «Guy Mannering» und «Das Kloster» von Walter Scott. Uraufführung: Paris, Opéra-Comique, Salle Feydeau, 10. Dezember 1825. Solisten: Rigaud, Boulanger, Féréol, Henry Deshaynes.

HANDLUNG. Erster Akt. Schottland im Jahre 1759. George Brown, ein junger Infanterie-Offizier im Dienste des Königs von England, findet Aufnahme bei Dikson, einem Pächter in der schottischen Grafschaft von Avenel. Er ist auf der Suche nach einem Mädchen, das ihn von seinen Verwundungen gesundgepflegt hat und in das er sich verliebt hat. Er selbst berichtet, eine Waise zu sein, nichts von seiner Familie zu wissen, sondern nur einige Kindheitserinnerungen an Hausgesinde, eine Spielkameradin und eine Frau, die ihm Lieder vorsang, zu haben. Der Pächter Dikson erzählt dem jungen Mann die Geschichte des Schlosses von Avenel. Der letzte, auf der Seite der Stuarts stehende Graf war nach der Schlacht von Culloden verjagt worden und hatte sich mit seiner Familie nach Frankreich geflüchtet, wo er auch verstarb. Gaveston, der Schloßverwalter des früheren Grafen, verstand es, so gut in seine eigene Tasche zu wirtschaften, daß der Schloß- und Gutsbesitz nunmehr zur Versteigerung ansteht. Der unlautere Verwalter hofft, den Besitz am nächsten Tage selbst zu ersteigern. Die Pächter der Grafschaft aber

1825

Außenansicht des nach dem Brand von 1808 neu errichteten Covent Garden Theatre.

kommen überein, sich zusammenzutun und das Schloß ihrerseits zu kaufen, um es so für seinen rechtmäßigen Besitzer zu erhalten. Dikson ist mit der Überbietung Gavestons beauftragt. Es geht die Sage, das Schloß würde von der «weißen Dame» beschützt. Diese tritt nun tatsächlich auf, indem sie Dikson für Mitternacht auf das Schloß beordert. Aus Angst läßt sich Dikson durch den wagemutigen George ersetzen. Zweiter Akt. Ein großer gotischer Saal im Schloß von Avenel. Im Schloß befindet sich auch Anna, eine Waise, die von den Schloßherren aufgezogen worden war und jetzt Gavestons Mündel ist. Anna ist das Mädchen, das George sucht. Anna gedenkt das Schloß mit dem Familienschatz des Grafen, dessen Versteck ihr die sterbende Gräfin anvertraut hat, zu retten. Als «weiße Dame» verkleidet, bittet sie George, bei der Versteigerung am nächsten Tage für sie zu bieten. Und George ersteigert das Schloß. Dritter Akt. Anna und der alten Beschließerin Margarethe gelingt es, dem wütenden Gaveston die Stirn zu bieten. Sie entdecken, daß George, ohne es selbst zu wissen, in Wirklichkeit des toten Grafen Sohn Julius ist. Damit lösen sich alle Verwicklungen in Wohlgefallen auf, und die Geschichte findet mit der Vereinigung der beiden Liebenden ein glückliches Ende.

● Zur Zeit der Entstehung dieses Werkes erfreuten sich die Gedichte Lord Byrons und die Romane Sir Walter Scotts in Frankreich großer Beliebtheit. Auch das Theater paßte sich dem Publikumsgeschmack an: die Bühne verwandelt sich in schottische Landschaften mit zerfallenen Burgen, geheimnisvollen Schatten und allem, was zu romantischen Visionen noch gehören mag. Boïldieus Hauptwerk *Die weiße Dame* markiert eine Wende in der französischen Spieloper; sie steht zu Beginn der großen Blüte dieses Genres im neunzehnten Jahrhundert. Boïldieu komponierte die Oper nach seiner Rückkehr von einem achtjährigen Rußlandaufenthalt. Er war sich der geringen technischen Fertigkeit seiner früheren Werke bewußt geworden und hatte in dieser Hinsicht gearbeitet. Die Musik zur *weißen Dame* ist leicht, flüssig, graziös und durchsichtig, sie konnte enormen Erfolg verbuchen und erreichte bald große Popularität. Das Werk ist reich an eingängigen Melodien. Über Jahrzehnte hinweg gehörte die Oper zum Standardrepertoire der großen französischen Bühnen – allein im Jahre 1826 wurde sie über einhundertfünfzigmal aufgeführt. Am 16. Dezember 1962 erlebte sie in Paris ihre tausendste Aufführung.   MS

ADELSON UND SALVINI

«Opera semiseria» von Vincenzo Bellini (1801–1835). Libretto von A. L. Tottola. Uraufführung: Neapel, Teatro del Conservatorio di S. Sebastiano, 12. Dezember 1825.

1826

Innenansicht des neu errichteten Covent Garden Theatre.

● Bellini selbst bezeichnet diese Oper in einem handschriftlichen Vermerk als «Stück, das mehr Stückwerk ist». Tatsächlich ist das Werk musikalisch völlig unorganisch. Die Handlung spielt in Neapel und dreht sich um Lord Adelson und den Maler Salvini, die beide der schönen Gräfin Fanny den Hof machen. Die Uraufführung war immerhin so erfolgreich, daß Bellini im Anschluß daran den Auftrag zu *Bianca e Fernando* erhielt.   GP

OBERON, KÖNIG DER ELFEN

Romantische Oper in einem Prolog und drei Akten von Carl Maria von Weber (1786–1826). Libretto von James Robinson Planché nach dem «Sommernachtstraum» von Shakespeare und dem Gedicht «Oberon» von Christoph Martin Wieland (1733–1813). Uraufführung: London, Covent Garden, 12. April 1826. Besetzung: Ch. Bland, H. Cawse, Smith, M. A. Paton, L. E. Vestris, J. Abraham. Dirigent: Carl Maria von Weber.

PERSONEN. Oberon (Tenor), Titania (Sopran), Puck (Alt), Rezia (Sopran), Scherasmin (Bariton), Fatima (Mezzosopran), Hüon von Bordeaux (Tenor), Almansor (Baß), Roschana (Alt).

HANDLUNG. Erster Akt. Der Elfenkönig Oberon hat den Schwur getan, sich seiner Gattin Titania, die er zärtlich liebt, erst wieder zu nähern, wenn er ein Paar gefunden hat, das sich unverbrüchlich die Treue hält. Er hat bisher vergeblich nach einem solchen gesucht. Sein dienstbarer Geist Puck erzählt ihm die Geschichte von Hüon von Bordeaux: dieser hat den Sohn Karls des Großen in einem rechtmäßig ausgetragenen Zweikampf getötet. Der Kaiser aber schickt ihn zur Sühne an den Hof Harun al Raschids, wo er den Kalifen töten und dessen Tochter entführen soll. Oberon glaubt in diesem tapferen und loyalen Ritter den Mann zu erkennen, der der großen Liebe und unverbrüchlichen Treue fähig ist. Er läßt Hüon daher Haruns Tochter Rezia im Traume erscheinen. Auch das Mädchen erblickt Hüon im Traume und entbrennt bei ihrem Erwachen wie im Zauber in glühender Liebe zu dem fremden Ritter, den es noch gar nicht kennt. Zweiter Akt. Hüon begibt sich an das gewagte Unternehmen; fast vereiteln die Wachen seine Flucht, als sein Knappe Scherasmin in Oberons Zauberhorn bläst und diesen damit herbeiruft. Der Elfenkönig bringt den Ritter, Rezia, deren Dienerin Fatima und den Knappen Scherasmin blitzschnell in den Hafen von Askalon, wo sie sich alle einschiffen. Der dienstbare Geist Puck hat jedoch einen heftigen Sturm entfesselt, das Schiff kentert, und die Schiffbrüchigen geraten in Gefangenschaft von Seeräubern. Hüon wird verletzt, kann jedoch fliehen. Oberons Elfen übergeben ihn gütigen Geistern zur Pflege, damit er genese. Dritter Akt. Dank Oberons Zauberkraft finden die überallhin Verstreuten wieder zusammen: der

147

Ritter von Bordeaux erwacht – umgeben von seinen Schutzgeistern – im Garten des Emirs Almansor von Tunesien, der Fatima und Scherasmin als seine Sklaven und die schöne Rezia in seinem Harem gefangenhält. Auf der Suche nach Rezia trifft Hüon im Harem auf Almansors Gemahlin Roschana, die ob seiner Kühnheit und Ritterlichkeit sogleich für ihn in Leidenschaft entbrennt. Aber Hüon weist sie zurück, denn in seinem Herzen lebt nur Rezia. Der Emir überrascht Hüon mit Roschana und verurteilt ihn als Schänder seines Harems zum Tode auf dem Scheiterhaufen. Als Rezia für ihn Fürbitte einlegt, verurteilt der wütende Almansor auch sie zum Tode. Oberon sieht sich neuerdings veranlaßt, einzugreifen. Aber die beiden Liebenden haben die harte Probe auf ihre Treue bestanden, und der Elfenkönig kann somit seine geliebte Titania wieder in die Arme schließen. Hüon und Rezia aber werden am Hofe Karls des Großen mit Anerkennung und Jubel empfangen.

● Die Oper erreicht zwar nicht die dramatische Intensität des *Freischütz*, enthält aber sicher einige der besten Passagen aus Webers gesamten Musikschaffen. Sie ist sein letztes Werk. Das Libretto muß als mittelmäßig bezeichnet werden. Phantastische und märchenhafte Themen und Elemente waren für die Literaten und Komponisten der damals beginnenden Romantik geradezu obligatorisch. Wielands Gedicht, auf dem das Libretto beruht, geht selbst auf die mittelalterliche Dichtung *Hyon de Bordeaux* zurück. Der Kunstgriff des Traumes – wie übrigens auch die Gestalten des Oberon und des Puck – ist von Shakespeare entlehnt und dient der Steigerung des phantastischen Elementes der Handlung. *Oberon* ist ein Singspiel, das heißt, es besteht aus Musiknummern, die durch gesprochene Dialoge miteinander verbunden sind und war vom Direktor des Covent Garden Theaters in Auftrag gegeben worden. Weber begann mit der Arbeit an dem Werk im Januar 1825, mußte sie jedoch wegen seines Gesundheitszustandes unterbrechen und sich zu einem Kuraufenthalt nach Elm begeben. Nachdem seine Gesundheit wieder einigermaßen hergestellt war, vollendete der Komponist die Partitur in Paris und schließlich London, wo er für zwölf Konzerte verpflichtet war. Im März 1826 begannen die ersten Proben, bei denen es verschiedentlich zu heftigen Zusammenstößen zwischen dem Komponisten und einigen Sängern, die seiner Meinung nach den Geist der Oper nicht recht begriffen hatten, kam. Aus diesen Reibereien heraus entstand schließlich die Forderung nach einer Reihe von Umarbeitungen, so daß das Werk im Laufe der Proben eine ganz andere Gestalt annahm. Als Beispiel sei nur die Ouvertüre genannt: sie ist das bekannteste Stück aus dem *Oberon* und ein wahres Juwel Weberscher Kunst. Der Komponist mußte sie mehrfach umschreiben, bis die letzte Fassung schließlich wenige Tage vor der Uraufführung akzeptiert wurde. Das Publikum nahm *Oberon* mit Begeisterung auf, die Kritik dagegen nicht. Sie fiel sogar sehr streng aus. Einerseits bemängelte man die Naivität und Banalität des Textes, andererseits zog man ungerechterweise den Vergleich mit Webers *Freischütz* aufgrund dessen der Komponist den Auftrag von Covent Garden erhalten hatte. Die englischen Kritiker hatten von Weber jedenfalls eine gleichwertige Oper erwartet und warfen ihm vor, sich für London nicht so verausgabt zu haben wie für Berlin. Diese Unterstellung verbitterte den Komponisten sehr. Er spielte sogar mit dem Gedanken, das vertrackte Singspiel noch einmal zu überarbeiten. Daran hinderte ihn jedoch sein frühzeitiger Tod. Später fand *Oberon* in den Augen der Kritiker zwar noch Gnade, die Oper bleibt jedoch ein Werk, das nur selten aufgeführt wird.   EP

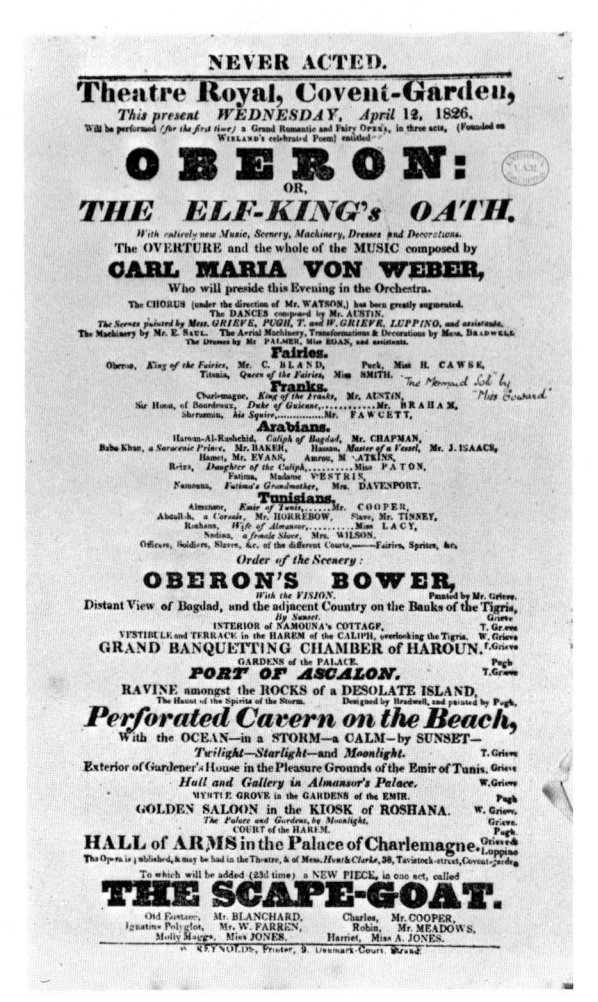

Theaterzettel der Aufführung von Carl Maria von Webers «Oberon» an Covent Garden Theatre in London am 12. April 1826. London, Victoria and Albert Museum.

ALADIN (Aladdin)

Phantastische Oper in drei Akten von Henry Rowley Bishop (1786–1855). Libretto von George Soane. Uraufführung: London, Drury Lane Theater, 29. April 1826.

HANDLUNG. Sie beruht auf dem Märchen «Aladin und die Wunderlampe» aus «Tausend und eine Nacht».

● Die Oper wurde vom Leiter des Drury Lane Theaters in Auftrag gegeben, um zu Webers *Oberon*, der bei der Konkurrenz im Covent Garden Theater gespielt wurde, eine attraktive Alternative anbieten zu können. *Aladin* war jedoch ein völliger Reinfall und mußte nach wenigen Abenden abgesetzt werden.   MS

BIANCA UND FERNANDO

Melodram in zwei Akten von Vincenzo Bellini (1801–1835). Libretto von Domenico Gilardoni. Uraufführung: Neapel, Teatro San Carlo, 30. Mai 1826.

• Diese zweite Oper Bellinis, die ursprünglich den Titel *Carlo d'Agrigento* trug, erzählt die Geschichte des Geschwisterpaares Bianca und Fernando, das sich nach vielen Wechselfällen und Anschlägen wiederfindet. Anläßlich der mit dem Titel *Bianca und Fernando* geplanten Uraufführung ließ die Zensur des Hauses Bourbon *Fernando* in *Gernando* umändern, um unliebsame Anspielungen auf den Namen König Ferdinands zu vermeiden. Nach dem guten Erfolg der Oper erhielt Bellini vom berühmten Impresario Barbaja einen Auftrag für die Scala. Donizetti, der der Generalprobe beigewohnt hatte, beurteilte die Oper sehr wohlwollend: «. . . schön, schön, wirklich schön! Besonders für einen, der erst anfängt mit dem Opernschreiben . . .» Sowohl Text (unter Mitarbeit von Felice Romani) als auch Musik wurden leicht geändert und dann in dieser neuen Form zur Eröffnung des Theaters Carlo Fenice in Genua aufgeführt (7. April 1828). Das Werk fand jedoch keinen Eingang in das allgemeine Bellini-Repertoire und wurde, abgesehen von einigen Aufführungen, in Italien im neunzehnten Jahrhundert im Ausland nur in Barcelona (1830) gespielt. GP

DIE BELAGERUNG VON KORINTH
(Le Siège de Corinthe)

Lyrische Tragödie in drei Akten von Gioacchino Rossini (1792–1868). Libretto von Luigi Balocchi (1776–1822) und L. A. Soumet nach der Tragödie «Anna Erizo» von C. Della Valle. Uraufführung: Paris, Opéra, 9. Oktober 1826. Solisten: L. Damoreau Cinti, Fremont, L. und A. Nourrit, P. Dérivis, Prevost.

PERSONEN. Mahomed II. (Baß), Cleomene (Tenor), Neocle (Tenor), Omar (Baß), Pamira (Sopran), Ismene (Mezzosopran), Ieri (tiefer Baß), Adrasto (Tenor). Türkisches und griechisches Volk.

HANDLUNG. Erster Akt. Korinth, Senat. Unter dem Vorsitz des Gouverneurs der Stadt beschließt der Kriegsrat von Korinth, den muselmanischen Invasoren bis zum Letzten Widerstand zu leisten. Der junge Offizier Neocle bittet den Gouverneur Cleomene um die Hand seiner Tochter Pamira. Diese aber erklärt, einen feindlichen Krieger namens Amanzor zu lieben. Marktplatz von Korinth. Unter der Führung ihres Feldherrn Mahomed II. schlagen die Muselmanen die Griechen in die Flucht. Cleomene wird gefangengenommen und von Omar, dem Vertrauten des Siegers, vor ihn geführt. Die hinzukommende Pamira erkennt in Mahomed ihren geliebten Almanzor. Aus Liebe zu dem Mädchen bietet der Sultan der Stadt den Frieden an. Aber Cleomene, in seinem Stolz verletzt, verflucht seine Tochter. Zweiter Akt. Nach dem Sieg über die Griechen. Pamira vertraut sich in Mahomeds Zelt ihrer Gefährtin Ismene an. Bald soll das junge Mädchen Mahomeds Gemahlin werden, aber sie ist hin- und hergerissen zwischen Pflicht und Liebe. Die Stadt Korinth hat sich mittlerweile neuerdings gegen ihre Invasoren erhoben, wie Neocle, der von Mahomed gefangengenommen wurde, zu berichten weiß. Vom Zelt aus sieht man die von Kriegern wimmelnde Festung, vom Stadtturm aus ertönt die Stimme Cleomenes, der seine Tochter ruft. Pamira beschließt, endgültig zu den Ihren zurückzukehren. Voll des Zornes gibt Mahomed Befehl, die Stadt dem Erdboden gleichzumachen. Dritter Akt. Neocle und Pamira, denen die Flucht aus dem Kampf gelang, irren zwischen den Gräbern Korinths umher. Nach der Niederlage der Griechen bleibt ihnen nur der Freitod. Neocle aber erwirkt bei Cleomene Vergebung für Pamira. Diese bereut ihre schuldhafte Leidenschaft für den Feind und schwört dem jungen Griechen ewige Treue. Der siegreiche Mahomed versucht jedoch mit seinen Kriegern, Pamira als Gefangene wiederzugewinnen. Entschlossen, sich nicht mehr dem Feind zu ergeben, erdolcht sich Pamira. Im Hintergrund lodern die Stadt verschlingende Flammen am Himmel empor.

M.A. Paton als «Rezia» in der Erstaufführung von Carl Maria von Webers «Oberon».

• *Die Belagerung von Korinth* ist eine Umarbeitung des früheren Werkes *Mahomed II.*, das Rossini anhand des Textes von C. Della Valle im Jahr 1820 komponierte. Die Oper ist reich an bemerkenswerten Arien, wie zum Beispiel: *Dal soggiorno degli estinti* und *Giusto Ciel! In tal periglio* (Pamira im zweiten und dritten Akt). Das Finale der Oper ist nicht nur seines musikalischen Wertes wegen erwähnenswert, sondern auch, weil es eine Neuerung bringt, die mehrfach von Opernkomponisten des neunzehnten Jahrhunderts aufgegriffen wurde: es weist deutlich sinfonischen Charater wie in Rossinis späteren Werken *Moses* und *Wilhelm Tell* auf. Gegenüber den übertriebenen Schematisierungen der früheren Werke finden hier die Leidenschaften und Gefühle einen realistischeren und menschlicheren Ausdruck, der dem Zwang der exzessiven Vorliebe für den Belcanto kaum nachgibt. Die Themen der Oper (Vaterlandsliebe, unselige Leidenschaft, Selbstaufopferung am Ende der Tragödie) sind charakteristisch für die sich immer mehr durchsetzende Romantik. Als weitere bedeutende Neuerung bringt die Oper das Aktfinale, in dem sich die Stimmen der Solopartien mit dem Chor vereinen. Auch diese Technik fand viele Nachahmer, so daß sie schließlich fast unvermeidlich für alle großen roman-

Entwurf zu Henry Rowley Bishops «Aladin». London, Victoria and Albert Museum.

tischen Opern wurde. Das Werk fand sowohl bei der Uraufführung im Teatro San Carlo in Neapel am 3. Dezember 1820 als auch in seiner späteren endgültigen Fassung großen Beifall. RB

MOSES IN ÄGYPTEN (Mosè in Egitto)
(Moïse et Pharaon ou
Le Passage de la mer rouge)

«Melodramma sacro» («Geistliches Drama») in vier Akten von Gioacchino Rossini (1792–1868). Libretto von Etienne de Jouy (1764–1846). Uraufführung: Paris, Opéra, 26. März 1827. Solisten: Levasseur, H. B. Dabadie, A. Nourrit, Mori, L. Damoreau, Cinti, Dupont.

PERSONEN. Moses (Baß), Elisero (Tenor), Pharao (Baß), Amenophis (Tenor), Auphis (Tenor), Osiris (Baß), Maria (Mezzosopran), Anais (Sopran), Sinais (Sopran), eine Stimme (Baß). Juden, Madianiten, Ägypter, Priester, Wachen, Tänzer.

HANDLUNG. Erster Akt. Ägypten. Lager der Madianiten. Das in der Sklaverei Pharaos stehende jüdische Volk betet um Befreiung. Während Moses dem Volk Mut zuspricht, kommen seine Geschwister Elisero und Maria mit deren Tochter Anais hinzu. Elisero bringt die Botschaft, der König von Ägypten habe dem jüdischen Volk die Freiheit zurückgegeben. Maria erzählt, wie des Pharaos Sohn Amenophis in Leidenschaft für Anais entflammt ist. Das Mädchen ist zwischen ihrer Liebe und der Pflicht, ihrem Volke zu folgen, hin- und hergerissen. Eine geheimnisvolle Stimme spricht zu Moses und sagt voraus, die Juden würden endlich das gelobte Land wiedersehen. Amenophis, der Anais nicht verlieren will, droht, die Juden nicht ziehen zu lassen. Auch Anais liebt Amenophis, aber sie beugt sich dem strengen Gesetz ihres Volkes. Mitten in die Aufbruchstimmung der Juden hinein verkündet Amenophis den neuen Befehl des Pharao: die Freilassung des Volkes Israel ist vorläufig widerrufen. Moses aber beweist dem Pharao die Macht seines Gottes: die Sonne verfinstert sich. Zweiter Akt. Palast des Pharao. Verstört von der fürchterlichen Finsternis ruft der König Moses und Elisero zu sich, um ihnen sein Versprechen der Befreiung der Juden zu erneuern. Die Sonne erstrahlt wieder in hellem Glanze. Der mit seinem Sohn alleingebliebene Pharao schlägt diesem die Tochter des Königs von Assyrien als Gemahlin vor. Die Verwirrung des Sohnes versteht er nicht. Seiner Mutter jedoch vertraut Amenophis seine Angst

Beverly Sills und Marylin Horne in Gioacchino Rossinis «Belagerung von Korinth» an der Mailänder Scala.

um seine Liebe zu Anais an. Sie rät ihm, sich mit seinem Schicksal abzufinden, und führt ihn zum Tempel der Isis. Dritter Akt. Säulenhalle des Isistempels. Das ägyptische Volk singt den Lobpreis der Göttin. Moses tritt auf, um die versprochene Freilassung seines Volkes zu fordern. Der Oberpriester Osiris versucht, das israelische Volk vor seinem Abzug zu einem Opfer zu Ehren der Göttin Isis zu zwingen. Moses weigert sich. Da trifft aus dem Mund des ägyptischen Offiziers Amphis die Kunde von den schrecklichen Verwüstungen der dem Land von Gott geschickten Plagen ein: die Wasser des Nils sind über die Ufer getreten und erfüllen die Luft mit tödlichem Pesthauch. Die Ägypter wollen sich auf die Juden stürzen, aber Moses bringt mit einer Geste der Flamme auf dem Altar der Isis zum Erlöschen. Der Pharao befiehlt, die in Ketten gefesselten Juden aus Memphis wegzuführen. Vierter Akt. Die flüchtigen Juden sind auf ihrem Marsch durch die Wüste zum Roten Meer vorgestoßen. Amenophis, der Anais geraubt hatte, bringt sie – als äußerstes Zeichen seiner Liebe – zu ihrem Volk zurück, versucht sie jedoch noch einmal für sich zu gewinnen. Das junge Mädchen aber unterwirft sich dem Schicksal seines Volkes. Das ägyptische Heer rückt den an der Küste des Roten Meeres lagernden Juden näher. Moses fordert sein Volk auf, sich nicht zu fürchten. Er spricht ein feierliches Gebet, und wie durch ein Wunder teilen sich die Wasser des Roten Meeres. Das jüdische Volk zieht zwischen den Wasserwänden hindurch. Über Amenophis und seinen Truppen, die gefolgt sind, aber schließen sich donnernd die Wogen und begraben sie in der Tiefe. Über den sich glättenden Wassern erstrahlt erneut die Sonne.

● Am 5. März 1818 war die Oper unter dem Titel *Moses in Ägypten* im Theater San Carlo in Neapel aufgeführt worden. Bis zu ihrer endgültigen Fassung erfuhr sie zahlreiche textliche und musikalische Umarbeitungen. Der Stil des Werkes ist dem Thema entsprechend majestätisch und entbehrt mindestens stellenweise nicht der Sublimität. Grazie, aber auch großer Atem der Musik bringen vollendet die Verschiedenheit der Gestalten und Situationen zum Ausdruck.   RB

AGNES VON HOHENSTAUFEN

Oper in drei Akten von Gaspare Spontini (1774–1851). Libretto von Ernest Raupach. Uraufführung: Berlin, 28. Mai 1827 (nur der erste Akt). Erste Gesamtaufführung: Berlin, Königliches Schloß, 12. Juni 1829.

● *Agnes von Hohenstaufen* ist das letzte Werk Spontinis. Er schrieb es während seiner Berliner Zeit als Theaterintendant. Komponist und Librettist bezeichneten das Werk als historisch-romantische Oper. Spontini hatte in Berlin vorher *Nurmahal* und *Alcidor* komponiert.

DER PIRAT (Il Pirata)

Oper in zwei Akten von Vincenzo Bellini (1801–1835). Libretto: Felice Romani (1788–1865). Uraufführung: Mailand, Teatro alla Scala, 27. Oktober 1827. Solisten: Giovanni Battista Rubini, Antonio Tamburini, Henriette Méric-Lalande.

PERSONEN. Ernesto, Herzog von Caldora (Bariton), Imogen, seine Gemahlin (Sopran), Gualtiero, Graf von Montaldo (Tenor), Itulbo, Seeräuber (Tenor), Goffredo, ehemaliger Lehrer Gualtieros (Baß), Adele, Hofdame (Sopran), Söhnchen Ernestos und Imogens. Fischer und Fischerinnen, Seeräuber, Ritter, adlige Damen und Hofdamen.

HANDLUNG. Dreizehntes Jahrhundert. Sizilien, Kastell Caldora und Umgebung. Der eigentlichen Handlung ist eine vom Librettisten Felice Romani selbst verfaßte Vorgeschichte vorausgeschickt: Imogen, die Tochter eines Anhängers Manfreds von Schwaben und Geliebte des ebenfalls auf der Seite der Staufer stehenden Gualtiero, wird durch den Sieg der Anjous und den Tod ihres Vaters im Kerker, gezwungen, den mächtigen Anjou-Anhänger Ernesto, Herzog von Caldora, zu heiraten. Gualtiero wird von Ernestos Mannen besiegt und muß sich auf ein in der Nähe liegendes Kastell flüchten. Ohne es zu wissen, kommt Gualtiero so auf das Schloß seines Feindes, dessen Gemahlin seine geliebte Imogen nunmehr ist. Erster Akt, erster Aufzug. Sturm an der Küste unterhalb des Kastells Caldora. Einige dem Wüten der entfesselten Elemente entronnene Piraten unter der Führung von Gualtiero finden Zuflucht bei den Fischern von Caldora und werden von der hilfreichen Imogen aufgenommen. Zweiter Aufzug.

Giovanni Battista Rubini, einer der Sänger der Uraufführung von Bellinis Oper «Der Pirat».

Bühnenbildentwurf von Karl Friedrich Schinkel zu Spontinis «Agnes von Hohenstaufen», 1827. Berlin, Nationalgalerie.

Auf dem Kastell von Caldora. Gualtiero, der die wahre Identität der Schloßherrin sogleich erkannt hat, gibt sich ihr zu erkennen und erinnert sie daran, daß er nur um sie zu gewinnen unter die Piraten gegangen sei und gegen die Anjous gekämpft habe, und daß er gehofft habe, sie würde bis zum Sieg der Staufer auf ihn warten. Imogen ist verzweifelt und erklärt ihm, wie sie durch Gewalt und Erpressung zur Ehe mit Ernesto gezwungen worden sei. Gualtiero beschließt daraufhin, den Herzog zu fordern. Dieser kehrt siegreich aus dem Kampf mit den staufertreuen Piraten auf das Schloß zurück. Imogen jedoch kann seine Freude über den Sieg nicht teilen. Zweiter Akt. Saal im Schloß. Der schon mißtrauische Herzog entdeckt Gualtiero in den Gemächern seiner Gemahlin. Er fordert ihn seinerseits. Im Zweikampf wird Ernesto getötet. Erzürnt über den Tod ihres Herrn verurteilen die Ritter von Caldora Gualtiero zum Tode. Imogen wird beim Anblick des den Richtblock besteigenden Geliebten vor Schmerz wahnsinnig.

● Die Oper wurde nach dem Drama *Bertram* von T. C. Maturin geschrieben, der Titel dürfte allerdings in Anlehnung an Sir Walter Scotts Roman *Der Pirat* gewählt worden sein. Bellini erhielt den Auftrag zu dieser Oper vom berühmten Impresario Barbaja nach dem neapolitanischen Erfolg von *Bianca und Fernando*. Sie ist das erste Werk in der langen Reihe der gelungenen Zusammenarbeit zwischen Bellini und seinem Librettisten Felice Romani. Die stimmlich sehr anspruchsvollen Rollen, insbesondere der schwierige und anstrengende Part des Gualtiero, wurden eigens für damals in Mailand hochgefeierte Sänger wie die Méric-Lalande und Rubini geschrieben. Das Stück wurde als letzte Premiere der Mailänder Herbstsaison uraufgeführt und hatte so großen Erfolg, daß es im gleichen Jahr noch weitere fünfzehn Mal gegeben wurde. Im darauffolgenden Jahr 1828 machte die Oper die Runde durch alle europäischen und auch außereuropäischen Theater. Sie wird auch heute noch aufgeführt. Der Text wurde in Deutsch und Französisch übersetzt. *Der Pirat* ist Bellinis längste Oper und weist einige charakteristische Merkmale auf, die sich in seinen späteren Werken kaum mehr finden: vor allem die an Donizetti gemahnende Dramatik, die sich in dem relativen Übergewicht der Rezitative gegenüber den eigentlichen Arien manifestiert. Allerdings fehlt es deshalb nicht an ausgesprochen sanglichen Passagen, einige Arien der Imogen und die gesamte Schlußszene zum Beispiel weisen schon deutlich auf die berühmte Arie der Norma *Casta diva (Keusche Göttin im silbernen Glanz)* voraus. Auffallend ist dabei vor allem die große Ähnlichkeit in der Orchestrierung. Der eigentlichen Oper geht ein Orchestervorspiel voraus, das auf die in der ersten Szene herrschende Atmosphäre der entfesselten Naturgewalten einstimmt. GP

VIVA LA MAMMA oder DIE FREUDEN UND LEIDEN DES THEATERLEBENS
(Le Convenienze e Le inconvienze teatrali)

Oper in einem Akt von Gaetano Donizetti (1797–1848). Libretto vom Komponisten nach der berühmten Farce von Semeone A. Sografi (1794). Uraufführung: Neapel, Teatro Nuovo, 21. November 1827.

Porträt Gaetano Donizettis. Nürnberg, Germanisches Nationalmuseum.

HANDLUNG. Das Stück stellt eine Satire auf das Theatermilieu des ausgehenden achtzehnten Jahrhunderts dar. Ziel des beißenden Spottes ist in erster Linie der damals herrschende Primadonnen-Kult. Auf amüsante Weise wird illustriert, wie eine berühmte Diva Kollegen, Impresario, Librettisten, Komponisten und überhaupt das gesamte Theatervölkchen tyrannisieren kann. MS

● Die kleine, sehr amüsante Oper wurde vom Publikum und der Kritik gut aufgenommen, geriet aber lange Jahre in Vergessenheit. Man fand das Manuskript in der Musikbibliothek zu Siena und führte es mit großem Erfolg 1963 in Siena anläßlich des XX. «Settimana Musicale Senese» wieder auf. Die deutsche Erstaufführung fand 1969 an der Bayerischen Staatsoper in München statt. 1981 kam am Hessischen Staatstheater in Wiesbaden eine sehr gelungene Inszenierung heraus, in deren Mittelpunkt die theaterbesessene Mamma Agata (Bariton) stand, die ihre Tochter Luiga mit List, Tücke und Geld lancieren will. In der Rolle der Mamma Agata brillierte mit umwerfender Komik Wolfgang Babl. Die musikalische Leitung hatte Hans-Werner Pintgen, die Inszenierung stammte von Michael Wedekind und die Bühnenbilder schuf Wolf Wanninger. A.L.

DIE STUMME VON PORTICI
(La Muette de Portici)

Melodram in fünf Akten von Daniel Auber (1782–1871). Libretto von Eugène Scribe (1791–1861) und Germain Delavigne (1790–1868). Uraufführung: Paris, Opéra, 29. Februar 1828. Solisten: L. Cinti-Damoreu, A. Nourrit, H. Bernard Dabadie, L. Noblet.

PERSONEN. Alfonso, Sohn des Herzogs von Arcos (Tenor), Elvira, dessen Verlobte (Sopran), Masaniello, Fischer (Tenor), Fenella, dessen stumme Schwester (Spielrolle), Pietro, Fischer (Baß), Lorenzo, Vertrauter Alfonsos (Tenor), Selva, Offizier des Herzogs (Baß), Hofstaat, Soldaten, Fischer, Volk, Tänzer.

HANDLUNG. Die Handlung spielt in Portici und Umgebung um 1647. Erster Akt. Festlichkeiten in den Gärten des herzoglichen Palastes anläßlich der Hochzeit des Prinzen mit Elvira, einer spanischen Prinzessin. Alfonso beklagt, daß er Fenella, ein stummes Fischermädchen, das er verführt hat, verlassen muß, um eine standesgemäße Ehe mit Elvira einzugehen. Sein Vater, der Herzog von Arcos, hat Fenella ins Gefängnis werfen lassen, um sie von seinem Sohn fernzuhalten. Dem Fischermädchen aber gelingt die Flucht. Es rettet sich aufs Schloß, wo es mit flehentlichen Gebärden um Gnade bittet. Elvira verspricht Schutz. Als Fenella nach vollzogener Hochzeit vor das Brautpaar tritt, erkennt sie in dem Bräutigam ihren Geliebten und erregt damit heftige Eifersucht bei Elvira, die ihren eben angetrauten Gemahl voll Abscheu von sich stößt. Zweiter Akt. Malerische Landschaft bei Portici. Früher Morgen. Die Fischer legen die Netze aus, aber Masaniello quält sich mit der Sorge, seine seit einem Monat verschwundene Schwester noch immer nicht gefunden zu haben. In dem Augenblick taucht Fenella auf und stürzt sich in die Arme des Bruders. Das stumme Mädchen erklärt so gut es kann, was ihm zugestoßen ist, gibt aber den Namen des Herzogs nicht preis. Ihr Bruder schwört zusammen mit den übrigen Fischer, Fenella zu rächen. Dritter Akt. Gemächer im Palast von Arcos. Elvira verzeiht ihrem Gatten Alfonso, vergißt jedoch nicht ihr Versprechen, Fenella zu schützen, und schickt Selva, einen Offizier, sie zu holen. Marktplatz von Portici. Selva findet Fenella und zwingt sie, ihm zu folgen. Masaniello, der sie zurückhalten will, stößt er nieder. Der junge Fischer begreift, wer der Verführer seiner Schwester ist, und schwört, Rache zu nehmen. Vierter Akt. In Masaniellos Hütte. Portici befindet sich in Aufruhr: das junge Herzogspaar Alfonso und Elvira muß fliehen. Masaniello, der zu dem Aufruhr angestiftet hatte, bereut mittlerweile das viele Blutvergießen. Als ihn zwei Unbekannte um Unterschlupf bitten, gewährt er ihnen diesen. Und als er in den beiden Alfonso und Elvira erkennt, gibt er ihnen sogar ein Boot, mit dem sie Portici verlassen können. Fünfter Akt. Die Aufrührer haben den Palast besetzt, aber die herzoglichen Truppen rüsten zum Gegenangriff. Masaniello übernimmt die Führung der Volksmassen gegen das Heer. Der Herzog siegt über die Aufrührer; Masaniello aber wird von seinen eigenen Leuten niedergemacht, als er sich anschickt, Elvira das Leben zu retten. Vom Schmerz über den Tod des Bruders zerrissen, stürzt sich Fenella von einer Palastterrasse ins Meer. Im Hintergrund der feuerspeiende Vesuv.

● *Die Stumme von Portici* ist die vielleicht berühmteste Oper Aubers und war einer der ganz großen Erfolge an der Pariser Opéra. Allein zwischen 1828 und 1880 wurde sie in Paris fünfhundertmal gespielt. Sie fand auch außerhalb Frankreichs

1828

Zeichnung von Du Fauget zur Uraufführung des «Grafen Ory» von Gioacchino Rossini. Von links nach rechts: A. Nourrit als Graf Ory und Jawurek als Isoliero.

sehr gute Aufnahme, besonders in Deutschland, wo sie insgesamt sechsmal übersetzt wurde. Die Oper wurde zum Ereignis von historischer Bedeutung, als am 25. August 1830 ihre Aufführung in Brüssel den Startschuß zu der Volkserhebung gab, die schließlich zu Belgiens Unabhängigkeit von Holland führte. Das Libretto wurde ins Deutsche, Englische, Dänische, Polnische, Kroatische, Italienische, Schwedische, Norwegische und Slowenische übersetzt. In London kam die Oper 1829 unter dem Titel *Masaniello* heraus; die von Calla und Donizetti für den Karneval von Triest leicht veränderte Fassung des Jahres 1832 lief unter dem Titel *Il pescatore di Brindisi*. Zusammen mit *Fra Diavolo* gehört die Oper zum Standardrepertoire dieses Komponisten und wird auch heute noch aufgeführt. Sie gehört zu den seltenen Werken, in denen die Hauptfigur von einem Pantomimen oder einer Tänzerin dargestellt wird. Innerhalb der zahlreichen Werke Aubers stellt *Die Stumme* eine der wenigen dramatischen Opern dar, die auch von der Kritik als solche anerkannt wurden. Laut Wagner bringt dieses Werk zum erstenmal eine genau durchdachte Instrumentierung, klar abgehobene, an der Handlung beteiligte Chorkomplexe und leidenschaftliche Melodien von höchster dramatischer Wirkung. Die Kritik hat versucht, die Besonderheit der Oper gegenüber anderen Werken des Komponisten aus der Tatsache zu erklären, daß sich die gelungensten Melodien offensichtlich an der neapolitanischen *Canzone* inspirieren. Auber selbst hat dies jedoch immer in Abrede gestellt. Als weitere Gründe für die besondere Inspiration des Werkes wurden der Umstand, daß Auber mit diesem Werk zum erstenmal für die Pariser Opéra arbeitete, oder die latente Revolutionsstimmung in Frankreich kurz vor der Juli-Revolution 1830 genannt. Keine dieser Erklärungen dürfte voll befriedigen. Jedenfalls hat Auber in der *Stummen von Portici* die einschlägigen Motive der romantischen Oper optimal verarbeitet und somit ein Modell für die spätere *Grand-Opéra*, die *Große Oper* geschaffen.   GP

DER VAMPIR

Oper in zwei Akten von August Heinrich Marschner (1795–1861). Libretto von W.A. Wohlbrück. Uraufführung: Leipzig, 29. März 1828.

HANDLUNG. Der von dem jungen Aubry wieder ins Leben gerufene Vampir Lord Ruthwen erwirkt sich vom Teufel, in dessen Diensten er steht, noch einmal eine kurze Verlängerung seines Lebens. Als Gegenleistung hat er dem Bösen drei versprochene Jungfrauen zu bringen. Zwei, Janthe und Emmy, gehen dem Vampir leicht in die Falle; die dritte dagegen, Malwina, will ihrem Liebsten Edgar treu bleiben und geht auf Ruthwens Schmeicheleien nicht ein. Malwinas Vater Davenant möchte sie Ruthwen zur Frau geben. Ihr Liebster Edgar, der in Wirklichkeit Aubry und damit durch geheime Kräfte an Ruthwen gekettet ist, fleht den Vater vergeblich an, die Hochzeit zu verschieben. Um das Mädchen vor seinem Verderben zu retten, muß er Ruthwen als Vampir zu erkennen geben und damit auch sich und sein Leben preisgeben. Doch gerade als die Hochzeit vollzogen werden soll, läuft die vom Bösen befristete Lebenszeit des Vampirs aus, und dieser fährt unter Blitz und Donner in die Hölle hinab.

• Marschner komponierte die Oper in Leipzig, nachdem er von Dresden, wo er Musikdirektor der italienischen und deutschen Oper gewesen war, weggezogen war. Sie war in Deutschland wie auch im Ausland sofort ein Erfolg (allein in London wurde sie sechzigmal hintereinander aufgeführt). Wagner, der sie sehr schätzte, fügte ihr 1833 eine Arie eigener Komposition hinzu. Der Stoff stammt aus *Der Vampyr* von J. W. Polidori (auch Byron zugeschrieben) und dem 1820 in Paris aufgeführten Drama von Nodier, Carmouche und de Jouffroy. AB

GRAF ORY
(Le Comte Ory)

Heiteres Melodram in zwei Akten von Gioacchino Rossini (1792–1868). Libretto von Eugène Scribe (1791–1861) und Delestre-Poirson. Uraufführung: Paris, Opéra, 20. August 1828. Solisten: L. Damoreau Cinti, Mori, Jawurek, A. Nourrit, Levasseur, E. B. Dabadie.

PERSONEN. Graf Ory (Tenor), sein Erzieher und Haushofmeister (Baß), Isolier (Mezzosopran), Robert (Baß), ein Ritter (Tenor), Gräfin Adele de Formoutiers (Sopran), Ragonde (Alt), Alice (Sopran). Ritter, Vasallen, Dorfbewohner, Hofdamen, Bäuerinnen, Wachen, Pagen.

HANDLUNG. Vor der Burg der Grafen von Formoutiers um 1200. Die Männer der Gegend sind auf Kreuzzug im Heiligen Land. Der junge Graf Ory sucht das für seine amourösen Zwecke auszunutzen. Mit seinem Freund Robert verkleidet er sich als Eremit, um sich so Eingang in die Burg zu verschaffen und der Gräfin Adele den Hof machen zu können. Zuerst aber wenden sich das Bauernmädchen Alice und die Beschließerin Rangonde um Rat an den vermeintlichen weisen Mann. Auch Isolier, Orys Page, der seinen Herrn nicht kennt, stößt dazu und vertraut dem Grafen seine Liebe zur Gräfin Adele an. Als schließlich Adele selbst den frommen Mann konsultiert, rät er ihr zur Vorsicht gegenüber dem verliebten Isolier. Die Gräfin ist verwirrt, da sie dem Pagen selbst zugetan ist. Ory wird aufs Schloß geladen, und alles scheint sich nach seinen Wünschen zu entwickeln, bis sein Erzieher auftaucht und ihn entlarvt. Die Frauen ziehen sich zurück. Zweiter Akt. Gemach in der Burg. Während die Damen noch ihrer Empörung über die schändliche Täuschung Orys Ausdruck verleihen, ertönen Hilferufe: es sind Pilgerinnen, die sich von Ory in ihrer Tugendhaftigkeit angegriffen fühlen. Sie werden unverzüglich ins Schloß geholt. Wie der Zuschauer erkennt, sind es wiederum Ory und seine Freunde. Isolier, der den Betrug gemerkt hat, beschließt zusammen mit der Gräfin, dem dreisten Rivalen einen Streich zu spielen. Getäuscht durch die Stimme der hinter Isolier versteckten Gräfin versucht Ory im dunklen Gemach seine Verführungskünste an dem Pagen, den er ja für Adele hält. Trompetenklänge verkünden die Rückkehr der Kreuzritter, darunter die des Grafen von Formoutiers, Adeles Bruder, und Orys Vater. Ory und seinen lüsternen Gesellen bleibt nur, sich aus dem Staub zu machen. Isolier zeigt ihnen den geheimen Ausgang. Adele aber empfängt ihren heimkehrenden Bruder und bittet ihn, sie dem treuen Isolier zur Gemahlin zu geben.

• Das Libretto stützt sich auf eine Komödie Scribes, die in Anlehnung an eine alte Volksballade die Geschichte des Grafen, der die Äbtissin und die Nonnen eines Klosters verführt, erzählt. Um die für eine Oper notwendige Länge zu erreichen, mußte es jedoch erweitert werden. Scribe war mit dieser Arbeit nicht zufrieden und ließ sogar seinen Namen auf dem Plakat zur Uraufführung streichen. Der Text ist zwar manchmal etwas eintönig, weist aber durchaus gewisse stilistische Vorzüge auf. Rossini verwendete für die Komposition einige Passagen aus dem Stück *Il Viaggio a Reims* (1825), so zum Beispiel die Ouvertüre und verschiedene Arien. Die Ausdrucksstärke der Melodien machte auf Kritiker und Publikum großen Eindruck. Die Komik dieses Werkes ist im Vergleich zum *Barbier von Sevilla* (1816) zurückhaltender und aristokratischer, gehört aber – wenn auch vielleicht mit etwas weniger Verve ausgestattet – doch unzweifelhaft zu Rossinis Meisterwerken. Der *Graf Ory* erzielte in Frankreich triumphale Erfolge und wurde für viele französische Komponisten zum Vorbild. In Italien dagegen fand die Oper nicht die gebührende Anerkennung. Sicher war daran auch die miserable Übersetzung schuld, die zu gänzlich musikalisch sinnwidrigen Schnitten und Kürzungen zwang. Rossini sorgte schließlich selbst für eine angemessene Übersetzung und die entsprechenden musikalischen Anpassungen. Aber auch dieser Versuch scheiterte, so daß der Meister schließlich zu dem Schluß kam: «Wenn sie in Frankreich gefällt, lassen wir sie halt den Franzosen. Italien hat einen anderen Geschmack...». RB

DIE BRAUT
(La Fiancée)

Komische Oper in drei Akten von Daniel Auber (1782–1871). Libretto von Eugène Scribe (1791–1861). Uraufführung: Paris, Opéra-Comique (Salle Feydeau), 10. Januar 1829.

• Die Oper hatte vor allem in Frankreich guten Erfolg und wurde bis etwa in die Mitte des neunzehnten Jahrhunderts oft gespielt (letzte Aufführung im Jahre 1858 in Paris). GP

Rechts: Titelseite der Zeitschrift «Teatro illustrato» vom Februar 1882 mit den in der Karnevalssaison gespielten Opern an den großen Theatern Italiens; in Mailand wurde «Wilhelm Tell» gegeben.

IL TEATRO ILLUSTRATO

Anno II. – Febbrajo 1882. – N. 14.

EDOARDO SONZOGNO
EDITORE
Milano. – Via Pasquirolo, N. 14.

1829

ELISABETH AUF SCHLOSS KENILWORTH
(Elisabetta al Castello di Kenilworth)

Melodram in drei Akten von Gaetano Donizetti (1797–1848). Libretto von Leone Andrea Tottola nach einem Werk von Walter Scott. Die Oper ist auch unter dem Titel «Il castello di Kenilworth» bekannt. Uraufführung: Neapel, Teatro San Carlo, 6. Juli 1829.

MS

LA STRANIERA
(Die Fremde)

Melodram in zwei Akten von Vincenzo Bellini (1801–1835). Libretto von Felice Romani (1788–1865). Uraufführung: Mailand, Teatro alla Scala, 14. Februar 1829. Solisten: Henriette Méric-Lalande, Carolina Unger, Domenico Reina, Antonio Tamburini.

PERSONEN. Alaide – später Agnes, Königin von Frankreich – unter dem Namen «Straniera» (Sopran), der Herr auf Montolino (Baß), Isoletta, dessen Tochter (Mezzosopran), Arthur, Graf von Ravenstel (Tenor), Leopold, Alaides Bruder, unter dem Namen Baron von Waldenburg (Bariton), der Prior der Johanniter (Baß), Osburg, Arthurs Vertrauter (Tenor). Damen und Ritter, Gondoliere, Fischerinnen, Jäger, Johanniter, Wachen, Lehensleute von Montolino.

HANDLUNG. Bretagne, Schloß Montolino und Umgebung, vierzehntes Jahrhundert. Dem eigentlichen Operntext geht eine vom Librettisten Felice Romani verfaßte Vorgeschichte voraus. Erster Akt, erster Aufzug. Schloß Montolino ist für die bevorstehende Hochzeit Isolettas mit Arthur festlich geschmückt. Der Bräutigam Arthur von Ravenstel aber verläßt seine Braut im letzten Augenblick, um einer geheimnisvollen, verschleierten Frau willen, die Alaide, «La Straniera» (die Fremde) genannt wird und in der Nähe des Schlosses in einer Hütte lebt. Zweiter Aufzug. In der Hütte der Straniera. Arthur ist zur Straniera gestürmt und bekennt ihr seine Liebe. Sie aber fleht ihn an, nicht mehr zu kommen, um sich und ihr künftiges Unglück zu ersparen. Dritter Aufzug. Wald bei Montolino, in der Ferne Alaides Hütte. Arthur begegnet Baron von Waldenburg, der ihn im Namen aller bittet, zu Isoletta zurückzukehren, die ihn verzweifelt erwartet. Arthur fordert seinerseits den Baron auf, Alaide, die Fremde, zu treffen. Sollte er sie für seiner unwürdig halten, ist Arthur bereit, sie für immer zu meiden. Von Waldenburg bittet ihn nach seiner Begegnung mit Alaide, nie mehr zu versuchen sie wiederzusehen. Er habe in der Fremden eine Gefährtin seiner Kindheit wiedererkannt, deren Geheimnis er Arthur nie enthüllen könne. Vierter Aufzug. In der Nähe der Hütte der Straniera, auf einem Absturz in einen See. Osburg, Arthurs Vertrauter, entfacht mit der Behauptung, einen Fluchtplan zwischen Waldenburg und der Straniera belauscht zu haben, dessen Eifersucht. Arthur fordert den Baron zum Zweikampf. Waldenburg wird verletzt und stürzt in den See hinab. Die herbeieilende Straniera gesteht Arthur, daß von Waldenburg ihr Bruder ist. Daraufhin stürzt sich Arthur ebenfalls in den See, um nach dem Verletzten zu suchen. Dorfbewohner finden Alaide alleine bei dem blutbefleckten Schwert Arthurs vor und beschuldigen sie sogleich des zweifachen Mordes. Zweiter Akt, erster Aufzug. Gerichtshalle der Ritter des Johanniterordens. Der Fremden wird der Prozeß gemacht. Da tauchen – wie durch ein Wunder der am Leben gebliebene Arthur und der Baron auf, um Alaide zu entlasten. Diese kann aber nur freigesprochen werden, wenn sie ihren Schleier lüftet und sich zu erkennen gibt. Von Waldenburg enthüllt nur für die Augen des Johanniterpriors Alaides Antlitz, woraufhin dieser ihre unverzügliche Freilassung anordnet. Zweiter Aufzug. Vor Alaides Hütte. Waldenburg kann den sich auf dem Wege zu Alaide befindlichen Arthur dazu bewegen, endgültig auf diese zu verzichten und zu Isoletta zurückzukehren. Arthur willigt ein, erbittet sich aber die eine Gunst, daß Alaide bei der Hochzeit mit Isoletta zugegen sein möge. Dritter Aufzug. In Isolettas Gemächern auf Schloß Montolino. Arthur schwört Isoletta ewige Liebe. Es beginnen die Hochzeitsvorbereitungen. Vierter Aufzug. Vor dem Tempel des Johanniterordens. Hochzeitszeremonie. Als Arthur das Jawort geben soll, wird er zum zweiten Mal schwach; er stürzt vom Altar weg zu der abseits stehenden Alaide und fleht sie zum letztenmal an, ihm zu folgen. Da schaltet sich der Johanniterprior mit der Enthüllung der wahren Identität Alaides dazwischen: die Fremde ist in Wirklichkeit die vom Hof verstoßene, jetzt aber auf den Thron zurückgerufene Königin Agnes von Frankreich. Überwältigt von der Auswegslosigkeit seiner Liebe, gibt sich Arthur selbst den Tod. Die Königin aber bricht ohnmächtig über seinem Leichnam zusammen.

● Der Stoff der Oper geht auf D'Arlincourts Roman *L'etrangère (Die Fremde)* zurück. Bellini komponierte das Werk wahrscheinlich im Hause seiner Geliebten Turina Cantù in Moltrasio am Comer See. Auch diese Oper war – wie auch *Der Pirat* – ein Auftragswerk des Impresarios Barbaja für die Scala. Die Geschichte bringt alle Elemente der Romantik, des Geheimnisvollen und Märchenhaften, wie sie sich der Zuschauer im Parkett damals vorstellte und wünschte. In dieser Oper wird bereits die eher lyrische als dramatische Begabung Bellinis deutlich; allerdings kann sie insgesamt als nicht sehr ausgewogen bezeichnet werden, was wohl auch an dem eher mittelmäßigen Libretto liegt. *La Straniera* war trotzdem in Italien und im Ausland ein beträchtlicher Erfolg und wurde im neunzehnten Jahrhundert auch oft außerhalb Europas aufgeführt. Das Libretto wurde in Deutsch, Dänisch, Ungarisch und Schwedisch übersetzt.

GP

*Gioacchino Rossini.
Zeitgenössische Stiche.*

1829

Eine Aufführung des «Wilhelm Tell» von Gioacchino Rossini an der Mailänder Scala in Bühnenbildern von Salvatore Fiume und der Regie von Sandro Bolchi.

LA ZAIRA

Tragödie in vier Akten von Vincenzo Bellini (1801–1835). Libreto von Felice Romani (1788–1865). Uraufführung: Parma, Teatro Ducale, 16. Mai 1829.

● Diese nach Voltaires Tragödie *Zaïre* benannte, im Orient spielende Oper wurde zur Einweihung des Teatro Ducale in Parma uraufgeführt. Sie fiel vollkommen durch. Bellini baute allerdings in die im Jahr darauf mit großem Erfolg aufgenommene Oper *Il Capuleti ed i Montecchi* musikalisches Material aus diesem Werk ein. GP

WILHELM TELL
(Guillaume Tell)

Oper in vier Akten von Gioacchini Rossini (1792–1868). Libretto von Etienne de Jouy (1764–1846) und Hippolyte Bis (1789–1853) nach Schillers gleichnamigem Drama. Uraufführung: Paris, Opéra, 3. August 1829. Solisten: L. Cinti-Damoreau, L. Nourrit, R. Levasseur, E. A. Dabadie, Z. L. Dabadie, Mori, Prévost.

PERSONEN. Wilhelm Tell (Bariton), Arnold (Tenor), Walter Fürst (Baß), Melchthal (Baß), Gemmy (Sopran), Hedwig (Mezzosopran), ein Fischer (Tenor), Leuthold (Baß), Geßler (Baß), Mathilde (Sopran), Rudolf (Tenor). Offiziere und Soldaten, Pagen und Hofdamen, Fischer, Jäger, Tänzer.

HANDLUNG. Erster Akt. Alpendorf mit dem Haus Wilhelm Tells. In düsterer Stimmung grübelt Wilhelm Tell über die die Schweiz unterdrückende Fremdherrschaft des kaiserlichen Landvogtes Geßler nach. Vom See hört man einen Fischer singen, Hedwig, Tells Frau, und sein Sohn Gemmy sind an der Arbeit, Hirten beglückwünschen ein Brautpaar. Der geachtete alte Melchthal tadelt seinen Sohn Arnold, noch immer unverehelicht zu sein. Dieser gesteht, daß er Prinzessin Mathilde von Habsburg liebe. Sie verdankt ihm ihr Leben, ist aber an den grausamen und tyrannischen Landvogt Geßler gebunden. Hörnerklang kündet die Ankunft Mathildes und Geßlers an. Tell rät Arnold, sich von Mathilde fernzuhalten. Dann versteckt er rasch den vor Geßlers Häschern geflüchteten Hirten Leuthold. Diese fallen auf der Suche nach Leuthold ins Dorf ein, finden ihn aber nicht und stecken aus Rache das Dorf in Brand. Außerdem nehmen sie

159

Melchthal als Geisel gefangen. Zweiter Akt. Gebirgstal mit dem Vierwaldstätter See. Mit sinkender Sonne kehren die Älpler in ihre Hütten zurück. Arnold und Mathilde begegnen sich und gestehen sich ihre gegenseitige Liebe. Die Prinzessin fordert Arnold auf, sich auf Geßlers Seite zu schlagen. Auf diese Weise würde er zu Macht und Ansehen kommen und könne sie heiraten. Aber Arnold bekommt von Tell die Nachricht vom Mord an seinem Vater überbracht. Damit ist für den jungen Mann entschieden, daß er an der Seite der Seinigen gegen Geßler kämpfen muß. Dritter Akt. Einsamer ländlicher Ort. Mathilde hört von Arnolds festem Entschluß, gelobt ihm aber ewige Treue. Marktplatz von Altdorf in der Nähe von Geßlers Schloß. Der Tyrann verlangt von der Bevölkerung, sich vor dem in der Mitte des Platzes aufgerichteten Geßlerhut zu verneigen. Tell verweigert diesen Gruß und wird daraufhin mit seinem Sohn Gemmy vor den Landvogt geführt. Dort wird er von einem Gefolgsmann Geßlers beschuldigt, Leuthold zur Flucht verholfen zu haben. Zur Strafe zwingt ihn der Landvogt, einen Apfel von des Sohnes Haupt zu schießen. Tell zögert, sein Sohn spricht ihm Mut zu, er schießt und er trifft. Sein Sohn stürzt in seine Arme und die Bevölkerung jubelt. Aber da entfällt Tells Köcher ein zweiter Pfeil. Stolz erklärt er dem Tyrannen, dieser sei für ihn bestimmt gewesen, falls er den Apfel verfehlt und sein Kind getroffen hätte. Tell und Gemmy werden daraufhin festgenommen. Mathilde aber kann das Kind retten und nimmt es in ihre Obhut. Vierter Akt. Arnolds Haus. Alle, die den Rütlischwur getan haben, bereiten sich zum Kampf vor. Am Seeufer trifft Mathilde ein und bringt Hedwig ihren Sohn zurück. Gemmy selbst aber gibt das Zeichen zum Aufstand, indem er das eigene Haus anzündet. Leuthold bringt die Nachricht, Tell und Geßler befänden sich auf der Überfahrt nach Küßnacht. Der See ist stürmisch, der Himmel verdüstert sich. Tell gelingt es, das Boot ans Ufer zu steuern und sich an Land zu retten. Den ihm folgenden Geßler streckt er mit einem Pfeil nieder. Die Eidgenossen unter Arnolds Führung bringen die Nachricht vom Fall der Festung Altdorf. Damit ist die Eidgenossenschaft befreit, und die Sonne erstrahlt wieder am Schweizer Himmel.

- Der Opernstoff stammt aus Schillers *Wilhelm Tell*. Das vom offiziellen Operndichter der Pariser Opéra geschriebene Libretto mußte allerdings von Hippolyte Bis überarbeitet werden. Auch damit blieb der Text farblos und banal. Rossini komponierte seine Musik im Jahre 1828 in fünf Monaten – einer verglichen mit dem üblichen Arbeitstempo des Meisters relativ langen Zeit. Als die Oper dann im darauffolgenden Jahr auf die Bühne kam, war die Aufnahme durch das Publikum katastrophal: nichts von dem, was es sich von Rossini an Nummern und Bravourstücken erwartete, war darin enthalten. Gerade dieses Fehlen der bisherigen Charakteristika aber macht die Größe des *Wilhelm Tell* aus. Landschaft und Umgebung finden lebendigen Ausdruck in der Partitur, und das gesamte Werk atmet bereits den Geist der sich auch in der Oper ankündigenden Romantik. Mancher zeitgenössische Komponist, der im allgemeinen eher gegen Rossini eingenommen war, wie zum Beispiel Bellini, Donizetti und sogar Berlioz, erkannte plötzlich die Größe und Neuartigkeit dieses Rossinischen Werkes. Es fehlen in diesem Werk nicht nur die üblichen Verwechslungen und Intrigen, sondern auch die vertraut gewordenen musikalischen Muster wie die typischen Steigerungen, die Kabalettas und Finale mit ihren stereotypen Kadenzen. Stattdessen wird hier das Suchen nach einem neuen Stil spürbar, der voll des Pathos Idyllen und hochdramatische Spannung gleichermaßen zu vermitteln weiß. Als weitere Neuerung wurden Schweizer Volkslieder in die Oper aufgenommen, was in der Folge bis ins zwanzigste Jahrhundert hinein ein beliebtes Stilmittel wurde. Zu den wichtigsten Stücken gehören, neben der berühmten Ouvertüre, das Duett Arnolds und Tells *Arresta... quali squardi* (erster Akt), Mathildes Romanze *Selva opaca, deserta brughiera* (zweiter Akt), Tells Arie *Resta immobile, e ver la terra inchina* (dritter Akt) und schließlich der stupende Schlußchor *Tutto cangia, il ciel si abbella* (vierter Akt). Rossini schrieb den *Wilhelm Tell* mit siebenunddreißig Jahren. Mit diesem Werk setzte er den Anfang zur neuen romantischen Oper, so wie er mit dem *Barbier von Sevilla* die Krönung der komischen Oper geschaffen hatte. Verdi in Italien und die *Grand-Opéra* in Frankreich treten später sein Erbe an. Rossini selbst beschloß, nach dem *Wilhelm Tell* keine Opernmusik mehr zu schreiben.

RB

FRA DIAVOLO oder DAS GASTHAUS ZU TERRACINA
(Fra Diavolo ou l'Hôtellerie de Terracine)

Komische Oper in drei Akten von Daniel Auber (1782–1871). Text von Eugène Scribe (1791–1861) und Casimir Delavigne (1793–1843). Uraufführung: Paris, Opéra-Comique, 28. Januar 1830. Solisten: Chollet, Féréol, Prévost, Boulanger.

PERSONEN. Fra Diavolo unter dem Namen Marquis San Marco (Tenor), Lord Kookburn (Bariton), Lady Pamela (Mezzosopran), Lorenzo, Offizier bei den römischen Dragonern (Tenor), Matteo, Gastwirt (Baß), Zerline, eine Tochter (Sopran), Giacomo (Baß), und Beppo (Tenor), Fra Diavolos Freunde, als Bettler verkleidet, Francesco, Zerlines Bräutigam, ein Bauer, Soldaten und Landvolk.

HANDLUNG. Die Geschichte spielt in dem süditalienischen Ort Terracina um 1800. Erster Akt. Dorfgasthaus Matteos. Lorenzo und Zerline lieben sich, der Vater aber will das Mädchen mit dem reicheren Francesco verheiraten. Lord Kookburn mit einer Gattin, Lady Pamela, treffen verstört im Dorf ein, nachdem sie von Banditen ihrer Juwelen beraubt wurden, und bieten für deren Wiedergewinnung zweitausend Scudos. Lorenzo macht sich daraufhin sofort auf die Suche. Unterdessen versucht der als Marquis San Marco verkleidete Fra Diavolo mit Hilfe der angeblichen Bettler Beppo und Giacomo, ihre Lordschaft der ihr noch verbliebenden Reichtümer zu erleichtern. Lorenzo kehrt mit dem wiedergefundenen Schmuckkästchen zurück und hofft nun, dank der Belohnung, die er erhalten soll, Zerline heiraten zu können. Zweiter Akt. Zimmer im Gasthaus. Die Engländer schlafen im Raum nebenan. Frau Diavolo und seine Komplizen verstecken sich im Zimmer Zerlines, die voll der Vorfreude auf die tags darauf angesetzte Hochzeit singend ihre Vorbereitungen trifft. Schließlich begibt sie sich zur Ruhe. Währenddessen spielt sich Fra Diavolo (seine beiden Komplizen sind in Zerlines Zimmer geblieben) vor dem eingetroffenen Lorenzo und seinen Dragonern als Zerlines Liebhaber auf. Dritter Akt. Berglandschaft in der Umgebung des Gasthauses. Fra Diavolo, den ja alle für den Marquis San Marco (und Zerlines Liebhaber) halten, kann ungestört in die Berge zurückkehren und dort einen weiteren Überfall auf die Engländer vorbereiten. Im Gasthaus unten fällt mittlerweile Zerline Lorenzos ungewöhnliche Kälte auf. Er ist so abweisend, daß sie schließ-

Lithographie von Godefroy Engelmann zum dritten Akt von Daniel Aubers «Fra Diavolo», 1830. Paris, Bibliothèque de l'Opéra.

lich dem Rate des Vaters folgend Francesco zu heiraten einwilligt. Zerline hört die beiden betrunkenen «Bettler» das Liebeslied singen, das sie selbst am Vorabend in ihrem Zimmer vor sich hingesummt hatte. Dieser Umstand erweckt Lorenzos Verdacht, er läßt die beiden festnehmen und durchsuchen: sie sind im Besitz einer schriftlichen Botschaft Fra Diavolos bezüglich des geplanten neuerlichen Überfalls auf die Engländer. Von den Dragonern gezwungen, stellen sie Fra Diavolo eine Falle. Der Bandit wird gefangen. Lorenzo verwundet ihn tödlich. Fra Diavolo befreit Zerline mit seinen letzten Worten vor dem Tode von dem Verdacht, seine Geliebte gewesen zu sein, und Lorenzo kann seine Zerline nun endlich heiraten.

● Das Libretto geht zurück auf die Gestalt des berühmten Briganten Michele Pezza, genannt Fra Diavolo. Allerdings geht in der Operndichtung die politische Dimension dieser Gestalt völlig unter, und es bleibt ein nur oberflächlich chevaleresker Bandit als Charakter übrig. Gemäß der Tradition der *Opéra-Comique* bestand das Werk aus gesungenen und langen gesprochenen Teilen. In dieser Form wurde die Oper auch die ersten Male aufgeführt. Später änderte Auber selbst die gesprochenen Teile in gesungenes Rezitativ um. Obwohl das Werk bekannter als alle anderen komischen Opern des Komponisten ist und beim großen Publikum vielleicht auch *Die Stumme von Portici* in den Schatten stellt, zeichnet sich das Werk in keiner Weise besonders gegenüber seinen sonstigen Opern aus. Die Musik ist – dem Zeitgeschmack entsprechend – brillant und gefällig, jedoch eher oberflächlich. Rossinis Einfluß ist hier wie in fast allen Werken Aubers spürbar. Das Libretto wurde unter der Überwachung Scribes (mit dem den Komponisten eine lange Freundschaft und vierzigjährige Zusammenarbeit verband) geschrieben und in fast alle europäischen Sprachen übersetzt. *Fra Diavolo* stand lange Zeit in der Gunst des Publikums, erst in diesem Jahrhundert erleben wir einen Rückgang des Ruhmes und der Beliebtheit der Oper – wobei auch heute noch gewisse Passagen, wie zum Beispiel die berühmte *Romance favorite* vom Opernliebhaber geschätzt werden. Die Oper gehört zwar zum gängigen Repertoire, wird jedoch trotzdem kaum mehr gespielt. Nur Frankreich und Deutschland bringen vereinzelte Aufführungen. Die an deutschen Bühnen gebräuchliche Übersetzung von *Fra Diavolo* stammt von Carl Blum. Die deutsche Erstaufführung war im gleichen Jahr in Berlin.   GP

1830

HANDLUNG. Die Handlung spielt in Verona im dreizehnten Jahrhundert. Erster Akt. Erster Aufzug. Im Palast Capellios. Capellio fordert seine Getreuen auf, sich für den Kampf gegen die Montagues, deren Angriff man fürchtet, bereitzuhalten. Sein Haß richtet sich vor allem auf Romeo, der ihm den Sohn getötet hat. Seine Tochter Julia hat er einem seiner Gefolgsleute, Theobald, versprochen. Romeo, der Julia liebt und von ihr geliebt wird, führt sich unterdessen bei Capellio als Botschafter der Montagues mit dem Bemühen um einen Waffenstillstand zwischen den beiden Häusern ein. Dieser Waffenstillstand soll durch die Hochzeit Julias mit Romeo besiegelt werden. Aber Capellio lehnt jeden Friedensvorschlag entschieden ab und verkündet die Hochzeit seiner Tochter mit Theobald. Romeo ist verzweifelt und versucht Julia wiederzusehen. Zweiter Aufzug. Julias Gemächer. Das Mädchen ist ihrerseits völlig verzweifelt, sieht sich aber gezwungen, die Vorbereitungen zur Hochzeit mit Theobald zu treffen. Bruder Lorenzo jedoch verschafft Romeo Zugang zu Julia. Die beiden schwören sich ewige Liebe. Der zum Exil verurteilte Romeo möchte mit Julia fliehen, aber Julia wagt nicht, ihre Ehre und das väterliche Haus zu verlieren. Dritter Aufzug. Palast der Capulets. Es treffen die Gäste zur Hochzeit Julias mit Theobald ein. Auch Romeo befindet sich, verkleidet, unter der Menge. Plötzlich stört Waffenlärm das Fest. Die Gäste fliehen, und Romeo versucht Julia zu entführen, aber Capellio verhindert das. Er wird von Capellio, Theobald und Lorenzo erkannt und kann sich nur dank des Einsatzes seiner Gefolgsleute retten. Zweiter Akt. Erster Aufzug. In Julias Gemächern. Das Mädchen, das nicht mehr weiß, wie es seinem Geschick, nämlich der Verehelichung mit Theo-

Zoé Prevost als «Zerlina» in der Uraufführung von Daniel Aubers «Fra Diavolo». Zeichnung von A. Lacauchie. Stich von Danois. Paris, Bibliothèque de l'Opéra.

DIE CAPULETS UND DIE MONTAGUES
(I Capuleti ed i Montecchi)

Lyrische Tragödie in zwei Akten von Vincenco Bellini (1801–1835). Libretto: Felice Romani (1788–1865) nach Shakespeares Drama «Romeo und Julia». Uraufführung: Venedig, Teatro La Fenice, 11. März 1830. Solisten: Giulia und Guiditta Grisi, Rosalbina Carradori, Lorenzo Bonfigli. Dirigent: Vincenzo Bellini.

PERSONEN. Capellio, Oberhaupt des Hauses Capulet (Baß), Julia, seine Tochter (Sopran), Romeo, Oberhaupt des Hauses Montague (Mezzosopran), Theobald, Anhänger der Capulets (Tenor), Lorenzo, Arzt der Capulets und Freund Romeos (Baß), Anhänger des Hauses Capulet und des Hauses Montague, Hofdamen und Soldaten.

Das Theater La Fenice in Venedig, auf einem Druck von 1792.

1830

bald, entgehen soll, trinkt auf Anraten Bruder Lorenzos ein Schlafmittel, das sie tot erscheinen lassen wird. Als Tote kann sie dann ins Familiengrab der Capulets gebracht werden, wo Romeo, dem der Trick mitgeteilt werden soll, sie erwarten wird. Zweiter Aufzug. Vor dem Palast der Capulets. Romeo ist in Sorge, weil er keine Botschaft von Lorenzo erhalten hat. Dieser wird von dem mißtrauisch gewordenen Capellio festgehalten. Romeo versucht, mit Lorenzo zusammenzutreffen, wird aber von Theobald entdeckt. Die beiden treten sich eben voll der Eifersucht im Duell gegenüber, als aus dem Palast Trauermusik zur Beweinung von Julias tragischem Geschick ertönt. Erschüttert von der Unglücksbotschaft lassen die beiden die Waffen sinken. Zweiter Aufzug. An Julias Grab. Romeo verschafft sich Zugang zum Inneren des Grabmals, findet dort Julia, wie er glaubt, tot vor und nimmt daraufhin Gift. Kurz danach erwacht Julia aus ihrem todesähnlichen Schlaf und findet den Geliebten sterbend vor. Vom Schmerz zerrissen bricht sie über Romeos Leichnam tot zusammen. So finden Capellio und die Montagues die beiden zu Opfern des blinden Hasses der rivalisierenden Häuser gewordenen Liebenden vor.

● Bellini schrieb diese Oper auch mit der Absicht, nach dem haushohen Durchfall der *Zaira* in Parma seine Revanche beim Publikum zu nehmen, und übertrug in dieser Absicht einige Teile der früheren in die neue Oper. Der Erfolg gab ihm recht, aber der Komponist bezahlte die Nervenprobe mit seiner Gesundheit. Aus Zeitgründen benutzte Bellini das schon von Vaccaj vertonte Libretto *Giulietta e Romeo* von Romani. So erklärt es sich, daß lange Zeit (von einer 1832 in Bologna stattfindenden bis zur Aufführung der Originalfassung 1896 in Neapel) der Schlußteil der Oper mit der Musik Vaccajs gegeben wurde. Die Tragik und das Pathos der Ge-

Giuditta Pasta im Kostüm der «Norma» auf einer Miniatur von Luigi Bianchi.

Innenansicht des Theaters La Fenice in Venedig in der ersten Hälfte des neunzehnten Jahrhunderts.

schichte scheinen Bellinis Sensibilität besonders stark angesprochen zu haben, wie die tiefempfundene Lyrik vor allem des Schlußduettes und in Julias Romanze *Oh! Qante volte!* zeigt. Nach der triumphalen Uraufführung in Venedig wurde das Werk in allen größeren Theatern Italiens unter Mitwirkung der hervorragendsten Sänger, wie zum Beispiel der Malibran und der Ronzi gespielt. Auch in anderen Ländern war die Oper ein großer Erfolg. Sie wurde ins Deutsche, Ungarische, Russische, Tschechische, Dänische, Polnische und Französische übersetzt, was deutlich macht, wie sehr das Werk vor allem das Publikum erobert hatte. GP

ANNE BOLEYN
(Anna Bolena)

Oper in zwei Akten von Gaetano Donizetti (1797–1848). Libretto von Felice Romani (1788–1865). Uraufführung: Mailand, Teatro Carcano, 26. Dezember 1830. Solisten: Giuditta Pasta, E. Orlandi, Giovanni Battista Rubini, F. Galli.

PERSONEN. Heinrich VIII. (Baß), Anne Boleyn (Sopran), Jean Seymour (Mezzosopran), Lord Richard Percy (Tenor), Lord Rochefort (Baß), Smeton, Page und Musikant der Königin (Alt), Sir Harvey, Offizier des Königs (Tenor). Hofdamen und Höflinge, Jäger, Soldaten, Offiziere.

HANDLUNG. König Heinrich VIII. von England hat ein Auge auf Jean Seymour, eine Hofdame und die beste Freundin der Königin Anne Boleyn, geworfen. Um Jean Seymour besitzen zu können, muß er eine Möglichkeit finden, die Königin des Verrates zu beschuldigen. Zu diesem Zweck läßt er Lord Percy, Annes früheren Liebhaber, von dem der König sie getrennt hatte, um sie heiraten zu können, aus dem Exil zurückrufen. Anne vermeidet jedes Zusammentreffen mit dem früheren Geliebten, dieser jedoch drängt auf eine Unterredung. Als Anne ihm schließlich zu verstehen gibt, daß sie seine Gefühle nicht mehr erwidere, droht er sich zu erdolchen. Smeton, der Page der Königin, der versteckt dem Gespräch gelauscht hat, hindert ihn daran. Für den König bietet die Unterredung den lange gesuchten Vorwand: er dringt in die Gemächer seiner Gemahlin ein und läßt die beiden angeblich Schuldigen wie auch Smeton, der die Unschuld der Königin beteuert, festnehmen. Jean Seymour ist unglücklich über den Verstoß der Königin, an dem sie sich mitschuldig fühlt. Sie bittet Heinrich VIII. um Milde, jedoch vergeblich. Anne wird in den Tower geworfen, es wird ihr der Prozeß gemacht und zusammen mit Lord Percy, ihrem Bruder, Lord Rochefort, und dem Pagen Smeton wird sie enthauptet.

● Die Mailänder Aufführung im Teatro Carcano war ein ungeheurer Erfolg; Werk, Komponist und Sänger feierten Triumphe. Diese Oper erwies Donizetti als einen der größten Komponisten seiner Zeit, mit der *Anne Boleyn* konnte er seine lyrisch-dramatische Persönlichkeit musikalisch voll zur Entfaltung bringen. *Anne Boleyn* war die erste Oper Donizettis, die in ganz Europa Anerkennung fand und aufgeführt wurde. Sie wurde in Paris gespielt und gut aufgenommen, obschon sie mit der Konkurrenz der *Nachtwandlerin* Bellinis zu kämpfen hatte. Über Jahrzehnte hinweg gehörte sie zum Standardrepertoire jeder Opernsaison, dann verschwand sie plötzlich daraus. 1957 erfuhr die Oper unter der Regie Luchino Viscontis mit Maria Callas in der Hauptrolle an der Mailänder Scala ihre triumphale Wiederaufführung. MS

Opernliebhaber auf einem Stich des neunzehnten Jahrhunderts. Mailand, Städtische Sammlung.

DIE NACHTWANDLERIN
(La sonnambula)

Melodram in zwei Akten von Vincenzo Bellini (1801–1835). Libretto von Felice Romani (1788–1865). Uraufführung: Mailand, Teatro Carcano, 6. März 1831. Solisten: Giuditta Pasta, Giovanni Battista Rubini, Luciano Mariani, Elisa Taccani, Lorenzo Biondi.

PERSONEN. Graf Rudolf (Baß), Therese, Müllerin (Mezzosopran), Amina, ihre Adoptivtochter (Sopran), Elwino (Tenor), Lise, Gastwirtin (Sopran), ein Notar (Tenor). Dorfbewohner.

HANDLUNG. Die Handlung spielt in einem Schweizer Dorf. Erster Akt. Erster Aufzug. Dorfplatz. Auf der einen Seite Lises Gasthof, auf der anderen Thereses Mühle. Im Hintergrund Berge. Es ertönt der Chor der Dorfbewohner, die auf dem Wege zur Feier der Hochzeit des reichen Gutsbesitzers Elwino mit Thereses Adoptivtochter Amina sind. Nur Lise ist unglücklich und beklagt ihre vergebliche Liebe zu Elwino. Aus Eifersucht auf die schöne Amina stößt sie sogar ihren Anbeter Alexis von sich. Amina ist dankbar und glücklich über den festlichen Empfang durch die Dorfbewohner. In freudiger Erregung erwartet sie ihren Bräutigam. Gefolgt von seinem Notar tritt dieser schließlich auf und schickt sich an, ihr den Ehering an den Finger zu stecken. In das folgende gefühlvolle Liebesduett platzt ein Neuankömmling: Graf Rudolf. Rudolf ist der Sohn des früheren Dorfherrn, wird aber nach langen Jahren der Abwesenheit von den Dörflern nicht erkannt. Inkognito mietet er sich bei Lise ein. Als galanter Kavalier versäumt er nicht, die junge

Braut zu ihrer Schönheit zu beglückwünschen, und erregt damit sofort Elwinos Eifersucht. Zweiter Aufzug. Stube im Gasthof. Der Graf macht Lise, die sich darüber sehr erfreut zeigt, den Hof. Da erscheint plötzlich, ganz in Weiß gekleidet, die schlafwandelnde Amina. Sie ruft nach ihrem geliebten Bräutigam und ergeht sich in verzückten Beschreibungen ihrer bevorstehenden Hochzeit. Dann sinkt sie auf dem Sofa nieder. Lise versteckt sich rasch, und Graf Rudolf bleibt verwirrt und unsicher, ob er das Mädchen wecken soll oder nicht, alleine mit Amina zurück. So finden ihn die Bauern vor, die ins Gasthaus gekommen sind, um ihn aufs Schloß zu geleiten, nachdem sie seine Identität entdeckt haben. Als das Mädchen erwacht, versucht es verzweifelt seine Unschuld zu beweisen. Niemand aber will ihr Glauben schenken, und der von Eifersucht geplagte, vor allen beschämte Elwino verstößt sie mit einem Fluche. Zweiter Akt. Erster Aufzug. Schattiges Tal zwischen Dorf und Schloß. Eine Gruppe von Bauern begibt sich zum Grafen, um bei ihm Fürsprache für Amina einzulegen. Amina selbst, die mit Therese unterwegs ist, begegnet unvermutet dem ziellos umherwandernden, immer noch in sie verliebten Elwino. Er wirft ihr vor, ihm zum Unglücklichsten aller Sterblichen mit ihrem Verrat gemacht zu haben. Zweiter Aufzug. Bei Thereses Mühle. Lise hat es verstanden, Aminas angeblichen Treuebruch für sich zu nutzen und trifft bereits Vorbereitungen für ihre Hochzeit mit Elwino. Dieser hat sich trotz der wiederholten Beteuerungen der Unschuld Aminas durch den Grafen, zu diesem Schritt überreden lassen. Das Dorf ist wiederum in Festvorbereitungen begriffen. Als aber Lise und Elwino an Thereses Haus vorübergehen, beschuldigt die Müllerin Lise genau der Schande, die sie Amina angedichtet habe: sie zeigt ein Tuch Lises vor, das sie in des Grafen Kammer gefunden haben will. Mit dieser Behauptung versetzt sie den eifersüchtigen Elwino, der sich ein zweites Mal schmählich verraten glaubt, derart in Zorn, daß er auf der Stelle sein Eheversprechen aufkündigt. Mitten in dieser Auseinandersetzung erscheint plötzlich Amina auf dem Dachvorsprung, wehklagend und nach Elwino seufzend, ganz offensichtlich wiederum schlafwandelnd. Alle halten den Atem an ob der Gefahr, in der das Mädchen schwebt. Das Mädchen aber findet mit der Sicherheit der Nachtwandlerin die richtigen Schritte und landet schließlich unversehrt auf festem Grund. Alle hören das herzzerreißende Geständnis ihrer Liebe zu Elwino, das sie – immer noch schlafwandelnd – unbewußt abgibt. Da muß auch Elwino einsehen, daß er ihr Unrecht getan hat. Um Verzeihung bittend schließt er sie in seine Arme: dadurch erwacht Amina, und es kann nun endlich die richtige Hochzeit stattfinden.

● *Die Nachtwandlerin* ist die erste der drei großen Opern Bellinis. Herzog Litta von Mailand hatte bei dem Komponisten eine Oper für das Teatro Carcano in Auftrag gegeben. Usprünglich war die Vertonung des *Hernani* von Victor Hugo geplant gewesen, als Bellini aber erfuhr, daß Donizetti in der gleichen Saison *Anne Boleyn* herausbringen würde, zog er es vor, sich mit einem so bedeutenden Komponisten nicht auf einen Wettstreit zwischen zwei gleichgearteten, nämlich historischen Dramen einzulassen. Er wollte daher ein ländlich-idyllisches Thema verarbeiten. Der Librettist Romani nahm sich daraufhin Scribes Ballett-Pantomime *La sonnambule ou l'arrivée d'un nouveau seigneur (Die Nachtwandlerin oder Die Ankunft eines neuen Herrn)* zum Vorbild, nahm jedoch auch auf Wunsch Bellinis große Veränderungen an dem Stück vor. Ein Großteil des Werkes entstand in Moltrasio, wo Bellini Gast der Sängerin Giuditta Turini war. Es ist Francesco Pollini gewidmet. Bei der Uraufführung wurde die Oper zusammen mit einem Ballett mit dem Titel *Furore d'Amore (Liebeswahn)* gegeben. Der Erfolg war groß, und schon bald kam die Oper an allen italienischen und ausländischen Bühnen von Rang zur Aufführung (zum Beispiel auch in Paris, London und New York). Berühmt ist die Londoner Aufführung am Drury Lane Theater im Jahre 1888, bei der die gefeierte Maria Malibran ihre Rolle englisch singen mußte, und Bellini selbst auch nicht endenwollenden Applaus bekam. Später, vor allem in den ersten Jahrzehnten dieses Jahrhunderts, wurde die Oper als zu arkadisch-idyllisch empfunden und geriet damit in Vergessenheit. Heute wird sie wieder in aller Welt gespielt. *Die Nachtwandlerin* ist ein Werk, in dem der Komponist seine ganze sizilianische Wärme und Glut in lyrische Melodik umsetzen konnte; es entstanden all die berühmten Arien, von denen ein Kritiker gesagt hat, es seien «die längsten und süßesten, die der menschliche Geist je zu schaffen vermochte». Dazu gehören die Cavatine Elwinos *Prendi, l'anel ti dono* und insbesondere die Romanze der Amina *Ah, non credea mirarti*, die beide in ihrer Art absolute Meisterwerke sind. Die ganze Oper ist in weichesten Pastoral-Tönen ohne dramatische Zwischenfälle gehalten und ist von bewundernswerter musikalischer Konsequenz. Die Orchesterbegleitung ist sehr einfach gestaltet, so daß sie manchmal als ausgesprochen karg und schmucklos bezeichnet wurde, entspricht aber gerade mit dieser Qualität dem Gesamtcharakter der Komposition. GP

ZAMPA oder DIE MARMORBRAUT
(Zampa ou La Fiancée de Marbre)

Melodram in drei Akten von Ferdinand Hérold (1791–1833). Libretto von A.H.J. Mélesville (1787–1865). Uraufführung: Pais, Opéra-Comique, 3. Mai 1831.

HANDLUNG. Erster Akt. Halle mit Marmorstatue. Die Vorbereitungen für Alfonsos (Tenor) und Camillas (Sopran) Hochzeit sind in vollem Gange. Die allgemeine Vorfreude wird durch das Erscheinen Zampas (Tenor) und seiner Korsaren gestört. Zampa, ein heißblütiger, tollkühner Pirat aus adeligem Hause, ist für Camilla entflammt. Um sie für sich zu gewinnen, scheut er nicht davor zurück, ihren Vater gefangenzunehmen. Willigt sie nicht in eine Heirat mit ihm ein, wird er ihn grausam töten. In wilder Ausgelassenheit verbringen Zampa und seine Piraten den Abend, als er plötzlich in der Marmorstatue die Züge einer ehemaligen Geliebten, die sich aus Gram über ihre Schande den Tod gegeben hatte, wiedererkennt. Zampa überspielt seine Verwirrung mit Hohn und Spott und steckt der Statue einen Ring an den Finger, durch den sie bis zum nächsten Tage seine Frau sein soll. Zweiter Akt. Auf dem Lande in der Nähe von Camillas Elternhaus. Zampa erklärt Camilla wiederum seine Liebe. Als er weggeht, kann sie endlich Alfonso treffen. Der junge Mann ist bleich und versucht ganz offensichtlich etwas zu verbergen, was er jedoch schon bald gesteht: Zampa ist sein Bruder, und er, Alfonso, hat nun nicht mehr, wie beabsichtigt, die Kraft ihn zu töten, um Camilla wieder für sich zu gewinnen. Die unglückselige Hochzeit zwischen Camilla und Zampa, dem Korsaren, scheint also unvermeidlich. Dritter Akt. Kammer Camillas. Ein auslaufender Schiffer singt ein trauriges Abschiedslied. Auch Camilla mußte ihrem Alfonso die schmerzlichen Worte der Trennung sagen. Alfonso aber kommt zurück und flieht mit seiner geliebten Camilla. Zam-

1831

Eine Aufführung von Giacomo Meyerbeers «Robert, der Teufel» an der Pariser Oper. Farblithographie von J. Arnout. Paris, Bibliothèque de l'Opéra.

pa, der versucht, die beiden aufzuhalten, stößt in der dunklen Halle auf die Statue mit den Zügen der ehemaligen Geliebten und wird von ihr unter Blitzen und Donnern in den Abgrund gezerrt.

● Trotz des negativen Urteils Hector Berlioz' hatte die Oper in Paris ungeheuren Erfolg. Von allen Werken Hérolds ist *Zampa* sicherlich nicht nur die berühmteste, sondern auch die schwung- und einfallsreichste. Sie wurde im Laufe nur weniger Jahre in ganz Europa zur Aufführung gebracht, und besiegelte des Komponisten Erfolg. Die Handlung erinnert an Mozarts *Don Giovanni,* die Ähnlichkeit der Themen ist allerdings rein äußerlich, nicht nur wegen der Gestalt des Zampa, der ja als Korsar dargestellt wird, sondern vor allem wegen des beträchtlichen Qualitätsunterschiedes zwischen Da Pontes und Mélesvilles wesentlich platterem Libretto. Der phantastisch-heldenhafte, romantische Charakter der Hauptgestalt sowie die durchaus einfallsreiche Melodik der Partitur vermochten dem Werk jedenfalls die Gunst des Publikums nicht nur in Frankreich, sondern auch in den deutschsprachigen Ländern zu gewinnen. LB

ROBERT DER TEUFEL
(Robert le Diable)

Oper in fünf Akten von Giacomo Meyerbeer (eigentlich: Jakob Liebmann Beer) (1791–1864). Libretto von Eugène Scribe (1791–1861) und Germain Delavigne. Uraufführung: Paris, Opéra, 21. November 1831. Solisten: A. Nourrit, N.P. Levasseur, J. Dorus-Gras, L. Cinti-Damoreau, Taglioni (Tänzerin).

PERSONEN. Robert, Herzog der Normandie (Tenor), Rimbaud, Bauer (Tenor), Bertrand, Roberts Freund (Baß), Isabelle (Sopran), Alice, Rimbauds Gattin (Sopran).

HANDLUNG. Die Handlung spielt in Palermo im dreizehnten Jahrhundert. Herzog Robert der Normandie hört von einem fahrenden Sänger die Geschichte seiner eigenen Abkunft: er ist gezeugt aus der Liebe eines Weibes zum Teufel. Voller Empörung will er den fahrenden Sänger töten, da erkennt er in ihm den Gatten seiner Milchschwester Alice und vergibt ihm. Alice warnt ihn ohne weitere Erklärungen vor Bertrand. Isabelle fordert Robert auf, ihr zu Ehren im Turnier zu kämpfen. Für Robert, der Isabelle liebt, ist dies die große Gelegenheit. Er wird aber von einem unbekannten Ritter zum Zweikampf in einem dichten undurchdringlichen Wald aufgefordert. Als er den Ort des Zweikampfes zu finden versucht, verirrt er sich im Dickicht des Waldes. Der unbekannte Ritter bleibt unterdessen am Hofe des Herzogs und ficht den Kampf zu Ehren Isabelles aus. Robert ist empört darüber, und Bertrand, der in Wirklichkeit der Teufel, der ihn gezeugt hat, ist, überredet ihn, sich vom Friedhof eine zauberkräftige Rute, die ihm alle nur denkbare Macht verleihen wird, zu holen. Hexensabbat auf dem Friedhof. Von gleißenden Schönheiten umgeben, läßt sich Robert zu dem Sakrileg der Grabschändung hinreißen, um zu seiner Zauberrute zu kommen. Tags darauf vermag er dank des wunderkräftigen Zweiges zu Isabelle vorzudringen. Der Zauber versetzt die ganze Burg in tiefen Schlaf. Nur Isabelle vermag, ehe der Zauber auch auf sie wirkt, zu Robert zu sprechen: sie wirft ihm seinen Verrat vor. Robert ist von Isabelles Worten zutiefst getroffen und zerbricht die Zauberrute. Mit einem Male erwacht die ganze Burg, und Robert wird festgenommen. Bertrand aber verhilft ihm zur Flucht und versucht ihm das Hörigkeitsgelöbnis abzuringen. Da taucht Alice mit der Botschaft, Isabelle habe ihm vergeben, auf. Bertrand versucht ein letztes Mal, Robert für sich zu gewinnen, indem er sich als Höllenfürst zu erkennen gibt, aber eben zu diesem Zeitpunkt ist die Frist abgelaufen, die die Höllenmächte für die Verführung seiner Seele bestimmt hatten. Robert ist damit von dem Fluche seiner Zeugung befreit und kann zu seiner geliebten Isabelle eilen. Bertrand aber, der Höllenfürst, fährt unter Tosen in die Finsternis hinab.

● *Robert der Teufel* stellt eine wichtige Etappe in der künstlerischen Entwicklung Meyerbeers dar. Es ist die erste Oper seiner französischen Epoche. Mit ihr beginnt die fruchtbare Zusammenarbeit mit Scribe, die ihm zahllose bühnenwirksame Libretti mit prallen Charakteren und romantischen Momenten, die seiner eklektischen, des Pathos nicht entbehrenden Musik besonders entgegenkamen, einbringen sollte. Die damalige Vorliebe für alles Emphatisch-Prunkvolle, wie sie sich in der *Grand-Opéra* verkörpert, fand in Meyerbeer ihren größten Vertreter. Die Identifizierung der *Grand-Opéra*

Der französische Baß Nicolas Prosper Levasseur als «Bertram» in Giacomo Meyerbeers «Robert, der Teufel», 1831. Stich von Maleuvre. Mailand, Theatermuseum der Scala.

mit Meyerbeer geht für manchen so weit, daß mitunter Vorzüge und Schwächen des Genres mit den Vorzügen und Schwächen des Komponisten gleichgesetzt werden. Das Genre bietet Theater, das, überreich an Situationseffekten, bei aller brillanten Technik gelegentlich in leere Theatralik abzugleiten droht; musikalisch zeichnet es sich durch die Emphase von Chor und Orchester und eine sehr eingängige Melodik aus. Die Oper war ein ungeheurer Erfolg und machte Meyerbeer zu einem der anerkanntesten Opernkomponisten seiner Zeit. Manche Passagen, wie zum Beispiel Bertrands Arie aus dem dritten Akt, in der er die höllischen Mächte um Hilfe bei der Eroberung von Roberts Seele bittet oder Isabelles und Roberts Duett aus dem vierten Akt zeugen von echter musikalischer und außergewöhnlicher dramatischer Intuition. Die Oper wurde 1968 anläßlich des Florentiner *Maggio musicale* (der jährlichen Maifestspiele in Florenz) nach langer Zeit zum ersten Mal wieder in Italien aufgeführt.
SC

Die Sopranistin Sabina Heinefetter, die erste Interpretin der «Adina» in Gaetano Donizettis «Liebestrank».

NORMA

Lyrische Tragödie in zwei Akten von Vincenzo Bellini (1801–1835). Libretto von Felice Romani (1788–1865) nach Soumets Drama «Norma, ou L'Infanticide». Uraufführung: Mailand,

1831

Teatro alla Scala, 26. Dezember 1831. Ausführende: Giuditta Pasta, Giulia Grisi, Domenico Donzelli, Carlo Villa genannt Negrini.

PERSONEN. Orovist, Haupt der Druidenpriester (Baß), Norma, dessen Tochter, Oberpriesterin der Irminsäule (Sopran), Sever, römischer Prokonsul in Gallien (Tenor), Adalgisa, Druidenpriesterin (Sopran), Klothilde, Normas Vertraute (Mezzosopran), zwei kleine Söhne Normas und Severs. Druidenpriester, Barden, Tempelwächter, Priesterinnen, Kriegsvolk.

HANDLUNG. Die Handlung spielt im von den Römern besetzten Gallien. Erster Akt, erster Aufzug. Der heilige Hain der Druiden. In der Mitte die heilige Eiche mit dem Opferstein darunter. Nachts. Der Chor der versammelten gallischen Krieger und der Druidenoberpriester Orovist bringen ihren Haß gegen die römische Besatzung zum Ausdruck. Sie bitten die Gottheit um Hilfe gegen den Feind. Nachdem sich die Gallier zerstreut haben, tritt der römische Prokonsul Sever auf. Er vertraut seinem Freund Flavius an, er liebe Norma, von der er heimlich zwei Söhne hat, nicht mehr, sondern sei in neuer Liebe zur Priesterin Adalgisa entbrannt. Ein böser Traum aber habe ihn vor Normas Rache gewarnt. Die Gallier versammeln sich wieder zum Gebet vor dem heiligen Schild. Norma ruft die Gottheit um eine Entscheidung über den Kampf gegen die Römer an. Die Antwort lautet, Irminsul sei noch nicht zum Kampf gegen den Feind bereit. (In Wirklichkeit nutzt Norma ihre Macht als Seherin und einzige Künderin des göttlichen Willens dazu, einen Krieg gegen die Römer, der ihre Liebe zu Sever völlig unmöglich machen würde, zu verhindern.) Adalgisa glaubt sich nach Beendigung der Zeremonie in dem nunmehr verlassenen Hain alleine und sinnt über ihre aufkeimende Liebe zu Sever nach. Als dieser, der sie heimlich beobachtet hat, seine eigene Leidenschaft so erwidert sieht, überredet er die Priesterin, mit ihm nach Rom zu fliehen, auch wenn sie damit ihr Land verrate und ihren heiligen Keuschheitsschwur als Priesterin breche. Zweiter Aufzug. In Normas Haus. Adalgisa wird von Reue überfallen und gesteht Norma, daß sie sich habe verführen lassen. Norma bringt es nicht über sich, die junge Priesterin, die sich in der gleichen Lage wie sie selbst befindet, zu verurteilen. Sie zeigt sich verständnisvoll. Als aber durch Severs Auftreten deutlich wird, wem Adalgias Leidenschaft gilt, bricht Norma in ungezügelten Zorn aus und verflucht die beiden: Irminsuls Rache soll alle Römer treffen. Zweiter Akt, erster Aufzug. Schlafraum in Normas Haus. Nachts. Die beiden Kinder Normas und Severs liegen in friedlichem Schlaf. Norma will sich in höchster Verzweiflung selbst den Tod geben. Doch beabsichtigt sie, ehe sie selbst aus dem Leben scheidet, Sever in seinem Liebsten zu treffen und zu verletzten: in seinen Kindern von ihr. Doch sie bringt den Mut zu dieser grausamen Tat nicht auf. Sie bittet daher ihre Vertraute Klothilde, Adalgisa zu rufen, und über-

Fiorenza Cosotto (Adalgisa) und Montserrat Cabalée (Norma) in Vincenzo Bellinis «Norma» in einer Aufführung an der Mailänder Scala im Dezember 1972.

Szene aus dem letzten Akt der «Schlafwandlerin» von Vincenzo Bellini. Stich von P. Oggioni.

gibt dieser als der – wie sie meint – künftigen Gattin Severs ihre beiden Söhne. Adalgisa aber ist empört und voller Abscheu für die Schändlichkeit des Römers und weigert sich, Normas Platz einzunehmen. Sie will vielmehr selbst Sever auffordern, zu Norma zurückzukehren. Zutiefst gerührt von solcher Selbstaufopferung schließt die Oberpriesterin Adalgisa in die Arme und schwört ihr ewige Freundschaft. Zweiter Aufzug. Einsame Stelle am Rande des Druidenhains. Das gallische Kriegsvolk verlangt gegen den Feind zu kämpfen. Orovist fordert es zur Ruhe auf, bis die Gottheit gesprochen hat. Dritter Aufzug. Irmintempel. Norma wartet voll neu erwachter Hoffnung auf Severs Entscheidung. Von Klothilde muß sie erfahren, daß alles für sie verloren ist. Sever ist nicht gewillt, von Adalgisa zu lassen und beabsichtigt sogar, sie gewaltsam aus dem Tempel zu entführen. Damit ist auch für Norma die Entscheidung gefallen: nicht länger hält sie den Spruch der Gottheit zurück. Vor dem versammelten Volke schlägt sie mit dem Brennus-Schwert auf den heiligen Schild der Irminsul und verkündet das göttliche Urteil: Krieg, Vernichtung und Ausrottung der Römer. Die Krieger antworten mit lange angestauter wilder Begeisterung. Da bringt Klothilde die Nachricht, ein Römer sei in den Tempel eingedrungen, um eine Priesterin zu rauben, und gefangengenommen worden. Als dieser angeschleppt wird, muß Norma Sever in ihm erkennen. Sie verlangt, mit ihm alleine zu bleiben, und versucht ihn ein letztes Mal für sich zurückzugewinnen. Vergeblich. Im Angesichte ihres Vaters und des Volkes verkündet sie sodann, eine Priesterin habe die heiligen Gelübde gebrochen und müsse zur Sühne den Scheiterhaufen besteigen. Sever sieht schon voll Entsetzen Adalgisa den grausamen Tod erleiden, als Norma sich selbst als die Frevlerin bezeichnet und ihr

heimliches Liebesverhältnis zu Sever gesteht. Sie ist bereit, zur Sühne ihrer Tat zu sterben. Nur für ihre beiden Söhne bittet sie den Vater um Gnade. Ergriffen von der Großmut ihres Herzens und der Kraft ihrer Liebe bittet Sever Norma um Vergebung. In der Gewißheit ihrer gegenseitigen Liebe besteigen die beiden den Scheiterhaufen.

● Bellini schrieb die *Norma* zum größten Teil in Blevio am Comer See, wo er sich als Gast der Sängerin Giuditta Pasta (die bei der Uraufführung dann auch die Hauptrolle sang) aufhielt. Die Sängerin wie auch der getreue Librettist Romani scheinen den Künstler sehr in seiner Arbeit ermutigt zu haben. Merkwürdigerweise fiel die vom Mailänder Publikum als *das* Ereignis der Saison erwartete Oper bei der Premiere am Sankt Stefantag mit Pauken und Trompeten durch, so daß der Kritiker Pacini Bellini «einige Tränen vergießen» ließ, und Bellini selbst seinem Freund und Biographen Florino Worte der tiefsten Enttäuschung und Mutlosigkeit schrieb. Einer der Gründe für dieses völlige Fiasko ist vielleicht in Bellinis Abweichen von so manchen «eisernen» Regeln der traditionellen italienischen Oper zu sehen. So hat der Komponist zum Beispiel das klassische Finale am Ende des ersten Aktes, das üblicherweise eine große Chorszene zu sein hatte, durch ein einfaches – wenn auch hinreißendes – Terzett ersetzt. Allerdings wurde *Norma* dann doch sehr schnell, nämlich schon bei der zweiten Aufführung, ein großer Erfolg und fand in ganz Italien wärmste Aufnahme. Die größte Resonanz fand das Werk allerdings im Ausland, insbesondere in London, wo die Aufführung mit der Malibran in der Hauptrolle und unter Bellinis eigener musikalischer Leitung die Wellen der Begeisterung so hochschlagen ließ, wie man es am

1832

Domenico Donzelli (Pollione), Giulia Crisi (Adalgisa) und Giuditta Pasta (Norma), die Solisten der Uraufführung von Vincenzo Bellinis «Norma». Mailand, Theatermuseum der Scala.

Covent Garden Theater schon «seit Menschengedenken» nicht mehr erlebt hatte. Besondere Erwähnung verdient auch die Aufführung in Verona im Jahre 1859 (mit den Schwestern Marchisio in den beiden weiblichen Hauptrollen), wo das Publikum bei dem Chor *Guerra! Guerra!* (Krieg! Krieg!) nicht mehr zu halten war und stehend in den Gesang einfiel, während draußen vor dem Theater das Pflaster von den Tritten der österreichischen Soldaten widerhallte. Das Libretto wurde in fast alle bekannten Kultursprachen übersetzt, und die Oper wurde und wird auf der ganzen Welt aufgeführt. Die *Norma* gilt gemeinhin als Bellinis größtes Werk und als wichtige Etappe in der Geschichte der Oper überhaupt. In ihrer gleichermaßen lyrischen wie tragischen Ausdruckskraft ist sie für viele zur Apotheose des reinen Gesanges geworden. Als Beispiel für die hohe Lyrik des Werkes sei die berühmte Arie *Casta Diva (Keusche Göttin),* für die Intensität der tragischen Qualitäten der Musik dieser Oper das schon erwähnte Terzett am Schluß des ersten Aktes genannt. Bellini hat in keinem seiner Werke wirklich dramatisches Talent gezeigt. So entbehrt auch *Norma* der echten Dramatik; die statische Feierlichkeit des Werkes wie auch die absolute Reinheit und Klarheit der linearen Gesangsführung gemahnen, wie mancher Kritiker feststellte, geradezu an die griechische Tragödie. Im Gegensatz zur einhelligen Anerkennung der unbestreitbaren Qualitäten der Gesangspartien bietet die Orchestrierung für manchen doch Anlaß zu Kritik. Sie ist vergleichsweise schwach und einfach (es bestand sogar einmal die Absicht, die Oper Bizet zur Neuinstrumentierung zu übergeben, was jedoch von diesem als unmöglich abgelehnt wurde). Wagner beurteilte die von ihm sehr bewunderte *Norma* folgendermaßen: «... eine Dichtung ..., die sich zur tragischen Höhe der alten Griechen aufschwingt... mit einem einfach edlen und schönen Gesang, der alle Leidenschaften verklärt, ... ein Ganzes, das ein großes und klares Gemälde, das unwillkürlich an Glucks und Spontinis Schöpfungen erinnert ... und diejenige, welche neben der reichsten Melodienfülle die innerste Glut mit tiefer Wahrheit vereint.» GP

DER LIEBESTRANK
(L'elisir d'amore)

Komische Oper in zwei Akten von Gaetano Donizetti (1797–1848). Libretto von Felice Romani (1788–1865) nach dem von E. Scribe 1831 für Auber geschriebenen «Le Philtre». Uraufführung: Mailand, Teatro alla Cannobiana, 12. Mai 1832. Solisten: Sabina Heinefetter (Adina), Giuseppe Frezzolini (Dulcamara), Henry Bernard Debadie (Belcore), G. B. Genero (Nemorino).

PERSONEN. Adina, reiche junge Pächterin (Sopran), Nemorino, junger Landmann (Tenor), Belcore, Sergeant (Bariton), Dulcamare, ein Quacksalber (Spielbaß), Giannetta, ein Wäschermädchen (Soubrette), Dorfbevölkerung, Soldaten, Regimentsmusikanten, ein Notar, zwei Diener, ein Mohr.

HANDLUNG. Die Handlung spielt in einem baskischen Dorf. Erster Akt. Auf Adinas Pachthof. Landmädchen und Schnitter ruhen sich im Schatten der Bäume aus. Adina liest ihnen die Geschichte von Tristan und Isolde vor, wie Tristan Isoldes Liebe mit Hilfe eines Liebestrankes gewinnt. Nemorino, ein schüchterner junger Landmann, der hoffnungslos in Adina verliebt ist, seufzt sich die Seele aus dem Leibe, ohne daß die junge Pächterin ihm Beachtung schenkt. Sie ist launenhaft und unbeständig und scheint jedenfalls an der Bewunderung des galanten Sergeanten Belcore sehr viel mehr Gefallen zu finden. Auf dem Dorfplatz preist der Quacksalber Dulcamare für die bescheidene Summe von einer Zechine ein Allheilmittel an: eine Flasche, deren Inhalt nach seinen Aussagen jedes Übel vertreibt, den Alten Jugendkraft schenkt und der Jugend Liebe verschafft. Dies hörend und eingedenk der Geschichte Adinas vom Liebestrank, schöpft Nemorino neue Hoffnung. Dulcamare verspricht ihm, mit seinem Tranke werde ihm Adina in spätestens vierundzwanzig Stunden (bis dahin kann der Scharlatan ungeschoren das Dorf verlassen haben) zu Füßen liegen. Nemorino ist in seiner Einfalt der Wirkung des Trankes so sicher, daß er wie verwandelt in ihrer Gegenwart, lacht und scherzt, als wäre sie gar nicht anwesend oder ihm jedenfalls gleichgültig. Adina, die überrascht und aufmerksam geworden ist, läßt sich aus Trotz Belcores Werbung gefallen und nimmt sogar sein Heiratsangebot an. Da die Garnison am nächsten Morgen abziehen muß, soll die Hochzeit sofort stattfinden. Alle, Freunde, Bauern und Doktor Dulcamare sind zum Fest eingeladen. Nemorino, von neuem in Verzweiflung gestürzt, fleht Adina an, doch wenigstens vierundzwanzig Stunden zu warten. Aber Adina läßt sich nicht erweichen. Zweiter Akt. Auf dem Pachthof werden in aller Eile die letzten Vorbereitungen für die Hochzeit und das anschließende Festessen getroffen. Nemorino bestürmt Dulcamare, ihm ein Mittel zu verschaffen, mit dem er Adinas Liebe sofort gewinnen könne. Dulcamare

1832

Schlußszene aus Vincenzo Bellinis «Norma» in einer Aufführung an der Mailänder Scala 1976/77. Regie von Mauro Bolognini, Bühnenbilder von Mario Ceroli. Kostüme von Gabriella Pescucci.

bietet ihm eine weitere Flasche des geheimnisvollen Trankes an. Aber Nemorino hat kein Geld mehr, um sie zu kaufen. Er läßt sich von Belcore überreden, Soldat zu werden, und streicht auf der Stelle seinen ersten Sold von zwanzig Scudi ein. Davon ersteht er nun die zweite Flasche. Unterdessen macht im Lande die Nachricht, daß ein reicher Onkel Nemorino ein großes Erbe hinterlassen habe, die Runde. Nur Nemorino weiß noch nichts davon. Zu seinem Erstaunen sieht er sich plötzlich von allen Mädchen des Dorfes umgeben und umschmeichelt. Er erklärt sich seine plötzliche Begehrtheit mit der Wirkung des Liebestrankes. In Adina, die den einst unbeachteten Nemorino so umschwärmt sieht, erwacht Eifersucht. Sie muß erkennen, daß sie Nemorino auch ohne sein Erbe liebt. Sie findet die Geschichte mit dem Liebestrank heraus und entdeckt, welches Opfer er mit seinem Entschluß, Soldat zu werden, gebracht hat. Somit wendet sich alles zum Guten. Als reicher Mann kann sich Nemorino von seiner Rekrutierung freikaufen und so bei seiner geliebten Adina bleiben. Auch der Quacksalber Dulcamare kommt auf seine Rechnung, da er dank der schlagenden Wirkung seines Wundermittels zum begehrten und hochbezahlten Doktor wird.

● Die Oper ist ein Auftragswerk, das als Ersatz für eine von einem anderen Komponisten nicht gelieferte Oper für das *Teatro alla Cannobiana* geschrieben wurde. Donizetti hatte insgesamt nur vierzehn Tage Zeit für das Werk, eine Woche davon verbrauchte alleine schon der Librettist, um den Text zu schreiben. Die Oper hatte ungeheuren Erfolg und wurde zweiunddreißigmal hintereinander aufgeführt. In der Tat ist *Der Liebestrank* ein wahres Juwel der damaligen komischen Oper. Mit *Don Pasquale* und dem *Barbier von Sevilla* kann er als einer der Höhepunkte dieses Genres gelten. Die Oper steht seit ihrem Entstehen in ununterbrochener Folge auf fast allen Spielplänen und wird auch heute noch in Italien mit schöner Regelmäßigkeit aufgeführt. Die Partitur quillt über vor gefälligen Motiven und graziösen Melodien, aus denen Donizettis komische Ader immer wieder schalkhaft hervorblitzt, in denen sich Lachen in Lächeln verwandelt und dieses noch oft genug melancholisch getönt ist, wie zum Beispiel in der berühmten Romanze *Una furtiva lacrima (Eine heimliche Träne)*. Es gibt von diesem Werk sogar eine Übersetzung in Piemonteser Dialekt (von Anaclet como d'Alba), die in der Herbstsaison 1852 im Teatro Rossini in Turin aufgeführt wurde. Vom *Liebestrank* existieren mehrere deutsche Übersetzungen; die gebräuchlichste stammt von Johann Christoph Grünbaum. 　　　　　　　　　　　　　MS

DER VERRÜCKTE AUF SAN DOMINGO
(Il furioso all'isola di San Domingo)

Oper in zwei Akten von Gaetano Donizetti (1797–1848). Libretto von Jacopo Ferretti nach einer Episode aus «Don Quichotte» von Cervantes. Uraufführung: Rom. Teatro Valle, 2. Januar 1833.

Allegorie auf Vincenzo Bellinis und Maria Malibrans Triumphe. Erste Häfte des neunzehnten Jahrhunderts.

HANDLUNG. Die Handlung erzählt die Geschichte Cardenios, eines Verrückten, der die Insel San Domingo unsicher macht. In zerlumpten Gewändern, mit zerzaustem Haar, bleich und mit starrem Blick jagt er der Bevölkerung bösen Schrecken ein. Grund seiner Verrücktheit ist der Treuebruch seiner Frau, die er alleingelassen hatte, um in der Ferne sein Glück zu versuchen und als reicher Mann zu ihr zurückzukehren. Auf der Insel trifft sein Bruder ein, um ihn zu holen. Auch seine Frau landet auf ihrer Suche nach ihm als Schiffbrüchige auf San Domingo. Sie hat ihre Treulosigkeit bereut und sucht seine Vergebung. Mit Hilfe der Inselbewohner, die Cardenio zwar fürchten, aber auch Mitleid mit ihm haben, wird er wieder normal und findet verzeihend zu seiner Frau zurück.

● Die Oper hatte in Italien und auch im Ausland viel Erfolg. Im Laufe von sechs Jahren wurde sie in siebzig Theatern gespielt. Sie entstand in einer Zeit der gesundheitlichen und finanziellen Schwierigkeiten des Komponisten. Der Librettist ließ sich nur sehr oberflächlich von einer Episode aus Cervantes' großem Werk (Teil I, Kapitel XXVII) inspirieren, in Wirklichkeit benutzte er eine ebenfalls schon den Titel *Il Furioso dell'isola di San Domingo* tragende Komödie in fünf Akten eines unbekannten Autors als Vorlage. MS

BEATRICE VON TENDA

Lyrische Tragödie in zwei Akten von Vincenzo Bellini (1801–1835). Libretto von Felice Romani (1788–1865). Uraufführung: Venedig, Teatro La Fenice, 16. März 1833. Solisten: Giuditta Pasta, Anna Del Serre, Alberico Curioni.

PERSONEN. Philipp Maria Visconti, Herzog von Mailand (Bariton), Beatrice, Gräfin von Tenda, seine Gemahlin (Sopran), Agnes von Majno (Mezzosopran), Orombello, Graf von Ventimiglia, Beatrices Vetter und Vertrauter (Tenor), Anichio (Tenor), Rizzardo von Majno (Baß). Höflinge, Beamte, Offiziere, Soldaten, Hofdamen.

HANDLUNG. Die Handlung spielt auf Kastell Binasco im Jahre 1418. Herzog Visconti bekundet der Hofdame seiner Gemahlin Agnes von Majno seine Liebe. Er hat seine Gemahlin Beatrice von Tenda, die Witwe des Facino Cane, in zweiter Ehe nur um ihres großen Vermögens willen geheiratet. Schon bald ist er daher seiner Gattin völlig überdrüssig und versucht sich ihrer mit Hilfe von Agnes' Bruder Rizzardo zu entledigen. Währenddessen enthüllt Orombello von Ventimiglia Agnes seine geheime Liebe zu Beatrice. Agnes, die ihrerseits Orombello liebt, ist verstört über diese Entdeckung und beschließt aus Eifersucht, sich zu rächen. Sie weiß sich Briefe, die Orombello an Beatrice geschrieben hat, zu verschaffen und händigt sie dem Herzog aus. Zweiter Aufzug. Im Schloßgarten gesteht Orombello Beatrice seine glühende Leidenschaft. Die Herzogin weist seine Liebe mit Entschiedenheit zurück, aber sie werden von Philipp und Agnes überrascht. Der Herzog läßt die beiden unter Anklage des Ehebruchs festnehmen. Zweiter Akt. Erster Aufzug. Galerie auf Kastell Binasco. Beatrice beteuert, vor die Richter geführt, ihre Unschuld. Orombello jedoch, der grausam gefoltert wurde, konnte der Marter nicht standhalten und hat eine Schuld gestanden, die er und Beatrice nicht begangen haben. Agnes bereut mittlerweile das Unrecht, das sie angerichtet hat, und bittet beim Herzog um Gnade für die beiden Unschuldigen. Da trifft die Nachricht ein, daß ein Trupp zu Beatrice haltender Soldaten das Schloß umzingelt hat, um ihre Verurteilung zu verhindern. Voller Zorn unterzeichnet Philipp das Todesurteil seiner Gemahlin und Orombellos. Zweiter Aufzug. Vorraum des Ortes der Hinrichtung. Beatrice schreitet gefaßt auf den Richterblock zu, als ihr Agnes in letzter Minute ihre Schuld gesteht. Sie findet die Kraft, ihr zu verzeihen. Auch die Worte des Verzeihens des ebenfalls zum Tode verurteilten Orombello dringen an Agnes' Ohr. Unter dem Eindruck der tragischen Größe der beiden Todeskandidaten bricht sie ohnmächtig zusammen. Beatrice aber besteigt stolz und mutig den Henkerblock.

● *Beatrice von Tenda* entstand nach einer langen Zeit der kompositorischen Inaktivität des Meisters. Nach dem Erfolg der *Norma* im Jahre 1831 trat Bellini bis gegen Ende des Jahres 1832, als er die Arbeit an *Beatrice von Tenda* aufnahm, musikalisch nicht in Erscheinung. Zwar hatte der Komponist auch in dieser anscheinend unfruchtbaren Zeit ein Projekt in Arbeit, nämlich eine Oper mit dem Titel *Oreste,* aus dem aber offensichtlich nichts wurde. *Beatrice von Tenda* wurde in größter Eile niedergeschrieben, was das Publikum auch mit dem völligen Durchfall der Oper bei der Uraufführung quittierte. Bellini selbst schrieb dazu, daß immer, wenn er eine Oper unter Zeitdruck habe schreiben müssen, das Ergebnis enttäuschend war. Was er allerdings so kategorisch nicht gemeint haben kann, denn an anderer Stelle notiert er zu *Beatrice von Tenda,* «die Oper sei ihren Schwestern in keiner Weise unterlegen». Der Opernstoff, die Geschichte der zu Unrecht des Ehebruchs bezichtigten und verurteilten treuen Gattin, erinnert an die *Anne Boleyn* von Donizetti und ist überdies in der behandelten Form eine historisch wahre Tragödie (wie der Librettist Felice Romani in seiner Einführung unter Verweis auf die Chroniken Biglis, Redusios und Ripamontis betont). Die gleiche Geschichte war bereits Gegenstand einer Tragödie von Tibaldi Flores (1825) und einer Choreographie Monticinis. Die schlechte Aufnahme der Oper in Venedig führte zum Zwist zwischen dem Komponisten und seinem Librettisten, der dann das Ende der Zusammenarbeit zwischen Bellini und Romani bedeutete. Die beiden gaben sich gegenseitig die Schuld an dem Mißerfolg, und schließlich wurde dadurch sogar Bellinis Verhältnis zu seiner Geliebten, der Sängerin Giuditta Turina getrübt. Später stieg die Oper in der Gunst des Publikums und wurde in Italien wie auch in anderen Ländern aufgeführt. Das Libretto wurde in Deutsch und Ungarisch übersetzt, heute wird die *Beatrice* jedoch nur mehr wenig gespielt. GP

PARISINA

Oper in drei Akten von Gaetano Donizetti (1797–1848). Libretto von Felice Romani (1788–1865) nach dem gleichnamigen Gedicht von Lord Byron (1816). Uraufführung: Florenz, Teatro della Pergola, 17. März 1833. Solisten: D. Coselli, G. Duprez und Ungher.

HANDLUNG. Die Geschichte geht auf eine blutig ausgehende Familientragödie im Hause der Herzöge von Ferrara zur Zeit des Herzogs Nikolaus III. (1425) zurück. Azzo (so der Name Nikolaus' im literarischen Text), Herr von Ferrara, hat seine Gemahlin Mathilde wegen Verdacht auf Ehebruch hinrichten lassen. Daraufhin hat er die schöne junge Parisina geehelicht, von der er jedoch schon bald weiß, daß sie ihn nicht liebt. Parisina hegt für einen Gespielen aus ihrer Kindheit, Hugo, zärtliche Gefühle, versucht diese jedoch geheimzuhalten. Hugo hat sich in der Schlacht ausgezeichnet. Er geht auch als Sieger aus einem Turnier hervor und empfängt aus Parisinas Händen den Siegerkranz. Im Traume spricht Parisina von ihrem Geliebten und nennt seinen Namen. Azzo läßt die beiden vermeintlichen Liebenden festnehmen und zum Tode verurteilen. Azzos General enthüllt ihm die wahre Identität Hugos: er ist ein eigener Sohn, den ihm Mathilde sterbend anvertraut hat. Azzos Haß auf Hugo wird dadurch nur noch mehr angefacht, trotzdem macht er das Todesurteil Hugos rückgängig, erteilt seinem General aber den Befehl, Hugo aus Ferrara entfernen zu lassen. Azzo entdeckt ein letztes Zeichen der zärtlichen Liebe zwischen den beiden jungen Menschen. Es macht ihn derart rasend, daß er sich doch noch mit Hugos Tod rächt. Der betenden Parisina läßt er den Leichnam Hugos vorführen. Bei seinem Anblick bricht sie über ihm zusammen.

● Nach der ablehnenden Reaktion des Publikums bei der Premiere wurde die *Parisina* kaum mehr aufgeführt. MS

HANS HEILING

Große romantische Oper in einem Prolog und drei Akten von August Marschner (1795–1861). Libretto von Eduard Devrient. Uraufführung: Berlin, 24. Mai 1833.

HANDLUNG. Der Stoff des Librettos geht auf eine Sage zurück. Hans, der Sohn der Königin der Erdgeister und eines Sterblichen gibt um seiner Liebe zu dem Mädchen Anna willen, sein unsterbliches, aber seelenloses Dasein auf und wird zum Menschen. Als das Mädchen jedoch seine wahre Identität erfährt, verläßt es ihn und folgt dem Jägersmann Konrad. Hans Heiling muß damit die irdische Welt wieder verlassen und gelobt sich, nie mehr in sie zurückzukehren.

Die schwedische Sopranistin Jenny Lind in Vincenzo Bellinis «Schlafwandlerin».

Vincenzo Bellinis Porträt. Nürnberg, Germanisches Nationalmuseum.

● Der Erfolg der Oper, die an allen deutschen Theatern, besonders aber auch in Kopenhagen sehr in der Gunst des Publikums stand, brachte dem Komponisten die Ehrendoktorwürde der Universität Leipzig ein. In Wien und Magdeburg wurde sie von Richard Wagner dirigiert, dessen jugendliches Schaffen sicher von diesem Werk mit beeinflußt war. AB

TORQUATO TASSO

Oper in drei Akten von Gaetano Donizetti (1797–1848). Libretto von Jacopo Ferretti. Uraufführung: Rom, Teatro Valle, 9. September 1833.

HANDLUNG. Gegenstand der Handlung ist die Liebesgeschichte zwischen Torquato Tasso und Eleonore, der Schwester des Herzogs Alfonso von Ferrara. Die beiden Liebenden werden durch von Gherardo, dem Sekretär des Herzogs, angestiftete Intrigen auseinandergebracht. Torquato verbüßt für seine Liebe lange Jahre im Kerker. Als er schließlich freigelassen wird, ist Eleonore schon seit geraumer Zeit tot.

● Die Oper wurde auch unter dem Titel *Sordello, il trovatore* in Neapel aufgeführt (1835) und bis ins Jahr 1881 immer wieder gespielt. Der Librettist läßt seinen *Torquato* weitgehend in Troubadour-Versen sprechen. MS

LUCREZIA BORGIA

Oper in einem Prolog und zwei Akten von Gaetano Donizetti (1797–1848). Libretto von Felice Romani (1788–1865) nach der gleichnamigen Tragödie Victor Hugos (1833). Uraufführung: Mailand, Teatro alla Scala, 26. Dezember 1833. Solisten: Henriette Lalande (Lucrezia), F. Pedrazzi (Gennaro), L. Mariani (Don Alfonso), Marietta Brambilla (Maffia Orsini).

PERSONEN. Don Alfonso, Herzog von Ferrara (Baß), Lucrezia Borgia (Sopran), Gennaro (Tenor), Maffio Orsini (Alt), Jeppo Liverotto (Tenor), Don Apostolo Gazella (Baß), Oloferno Vitellozzo (Tenor), Gubetta (Baß), Rustighelli (Tenor), Astolfo (Baß), die Prinzessin Negroni. Ritter, Schildwachen, Hofdamen, Pagen, Maskierte, Hellebardiere, Gondolieri.

HANDLUNG. Die Handlung spielt zu Beginn des sechzehnten Jahrhunderts. Prolog. Fest in einem venezianischen Patrizierpalast. Eine Gruppe junger Leute kommentiert den Abend. Es fällt der Name Lucrezia Borgias, der Herzogin von Ferrara. Maffio Orsini erzählt daraufhin, daß ihm nach der Schlacht von Rimini, bei der er von Gennaro gerettet worden ist, ein alter Mann geweissagt habe, er würde mit seinen Freunden durch die Hand der Lucrezia Borgia fallen. Unter den jungen Leuten befindet sich auch der genannte Gennaro: er kennt seine Mutter nicht, er besitzt lediglich einen Brief von ihr, in dem sie ihn bittet, nie nach ihr zu suchen. Gennaro schläft nach dem langen Abend in einem Sessel ein. Da betritt Lucrezia selbst verkleidet ein. Als sie den jungen Mann erblickt, kniet sie nieder und küßt ihn. Sie ist seine unbekannte Mutter. Als die übrigen jungen Leute zurückkommen, erkennen sie Lucrezia sofort und besinnen sich auch ihrer zahlreichen Verbrechen. Auch der erwachte Gennaro ist voll des Abscheus. Erster Akt. Platz in Ferrara. Der junge Gennaro ist mit Freunden und einer venezianischen Delegation in Ferrara eingetroffen. Herzog Alfonso ist eifersüchtig, weil er bemerkt, welche Aufmerksamkeit Lucrezia dem jungen Manne schenkt. Die jungen Leute sind zu einem Fest im Hause der Prinzessin Negroni eingeladen, Gennaro will jedoch nicht daran teilnehmen. Die Kameraden spotten ihn aus, er habe sich von der schönen Lucrezia fangen lassen. Um sie davon zu überzeugen, daß sie auf der falschen Fährte sind, kratzt er mit seinem Dolch aus der Namensinschrift an der Wand des Borgiapalastes das B weg, so daß nur «orgia» (Orgie) übrigbleibt. Alfonsos Wachen nehmen ihn daraufhin fest. Lucrezia hat für die erlittene Schmach strenge Sühne gefordert, als sie in dem Gefangenen doch Gennaro erkennt, wird sie weich und versucht, die Sache zu bagatellisieren. Der Herzog aber zeigt sich unerbittlich. Er zwingt Gennaro, das tödliche Gift zu nehmen. Lucrezia rettet ihn durch ein Gegengift und verhilft ihm durch eine geheime Pforte zur Flucht. Zweiter Akt. Die Wachen des Herzogs haben Gennaro immer noch im Auge. Als er in letzter Minute doch noch beschließt, an dem Fest der Prinzessin Negroni teilzunehmen, wollen sie ihm auch dorthin folgen: ihr Anführer gibt ihnen jedoch zu verstehen, der junge Mann begebe sich damit genau in die Falle, die für ihn gestellt sei. Im Hause der Prinzessin sitzen alle beim fröhlichen Mahl zusammen. Nachdem sich die

Louis Lablache im Kostüm des «Sir George» in Vincenzo Bellinis «Die Puritaner» (1835). Paris, Bibliothèque de l'Opéra.

Giulia Grisi im Kostüm der «Elvira» in Vincenzo Bellinis «Die Puritaner» (1835). Paris, Bibliothèque de l'Opéra.

Damen entfernt haben, werden neue Getränke serviert. Es ertönt plötzlich düstere Musik und die Lichter verlöschen. Alle Türen sind verschlossen, die Gesellschaft ist eingesperrt. Da betritt Lucrezia unter bewaffnetem Geleit den Raum und verkündet, der Wein, den sie alle getrunken hätten, sei vergiftet, dies sei ihre Rache für die in Venedig erduldeten Schmähungen. Dann entdeckt sie Gennaro und versucht ihn noch einmal durch ihr Gegengift zu retten. Der Jüngling aber weigert sich, es zu trinken. Er will lieber mit den anderen sterben. Da schreit ihm Lucrezia endlich die Wahrheit ins Gesicht: auch er ist ein Borgia, ihr Sohn! Zu spät. Gennaro stirbt in den Armen seiner verzweifelten Mutter.

● Die Oper wurde zunächst – trotz der ausgezeichneten Besetzung – nur sehr kühl aufgenommen. Als *Lucrezia Borgia* dann am 27. Oktober 1840 in Paris am *Théâtre Italien* aufgeführt wurde, sah sich Victor Hugo veranlaßt, seine Autorenrechte an dem Werk einzuklagen. Er gewann den Prozeß. Um die Oper weiter aufführen zu können, mußten Schauplatz und Zeit der Handlung sowie die Inszenierung einschließlich der Kostüme gänzlich geändert werden. Aus der Lucrezia wurde somit *La Rinnegata* (Die Renegatin), aus Italien die Türkei. Später konnte dann allerdings doch noch eine gütliche Einigung mit Victor Hugo erzielt werden, so daß die Oper wieder unter ihrem alten Titel gespielt werden konnte. Für die Uraufführung mußte Donizetti auf ausdrücklichen Wunsch der Sängerin Henriette Lalande eine Schlußcavatine für die Lucrezia schreiben, die der Komponist in späteren Fassungen wieder strich. Das ganze Werk wurde – vor allem aufgrund der politischen Zensur – noch zahlreichen Änderungen unterzogen. Auch der Titel selbst wurde noch mehrfach geändert. *Alfonso, Duca di Ferrara, Eustorgia da Romano, Nizza de Granada, Giovanna I di Napoli, Elisa da Fosco* und *Zoraide la rinnegata* waren weitere Bezeichnungen. Die besondere Strenge der Zensur ist auf den Umstand zurückzuführen, daß mehrere Päpste aus dem Hause Borgia kamen, wodurch sich die katholische Kirche getroffen fühlen konnte. Donizetti führte bei der Premiere dieser Oper eine neue räumliche Disposition der Instrumente im Orchester ein, die sich mit der Zeit als die übliche durchsetzen sollte: die bisher verstreut unter den anderen Instrumenten sitzenden Streicher wurden alle in den ersten Reihen, nahe beim Dirigenten, der zusammen mit dem ersten Geiger das Orchester leitete, angeordnet.

MS

MARIA STUART
(Maria Stuarda)

Oper in drei Akten von Gaetano Donizetti (1797–1848). Libretto von Giuseppe Bardari. Uraufführung: Neapel, Teatro San Carlo, 18. Oktober 1834, unter dem Titel «Buondelmonte», in Mailand, Teatro alla Scala, 30. Dezember 1835, unter dem Originaltitel mit Maria Malibran in der Hauptrolle.

HANDLUNG. Die Handlung spielt im Jahre 1587 im Westminster Palace bzw. auf Schloß Fortheringay. Graf Leicester (Tenor), der Schottenkönigin Maria Stuart (Sopran) letzte Liebe, der auch das Wohlwollen Königin Elisabeths von England (Sopran) genießt, versteht mit viel Geschick eine Zusammenkunft der beiden Rivalinnen zu arrangieren. Maria Stuart soll dabei Elisabeth um Gnade bitten und damit ihr Leben retten. Die stolze Königin bringt diese Selbsterniedrigung jedoch nicht über sich, sondern demütigt im Gegenteil die Rivalin, die ihr Leben in der Hand hat. Damit hat sie dieses endgültig verwirkt. Erzürnt unterzeichnet Elisabeth das Todesurteil, das schon lange bereit liegt. Gestützt von Leicester schreitet Maria Stuart zum Schafott.

● Auch hier mußte die ursprüngliche Fassung der Oper samt Titel aufgrund der Zensur umgearbeitet werden. Das von P. Salatino zusammen mit dem Komponisten noch vor der Uraufführung umgeänderte Libretto bekam den Titel *Buondelmonte*.   MS

DIE PURITANER
(I puritani)

Melodram in drei Akten von Vincenzo Bellini (1801–1835). Libretto von Graf Carlo Pepoli (1796–1881). Uraufführung: Paris, Théâtre Italien, 25. Januar 1835. Solisten: Giovanni Battista Rubini, Antonio Tamburini, Luigi Lablache, Giulia Grisi.

PERSONEN. Gouverneur Lord Walter Valton, Puritaner (Baß), Sir George Valton, sein Bruder, Puritaner (Baß), Lord Arthur Talbot (Tenor), Sir Richard Forth, Puritaner (Bariton), Lady Elvira Valton, Lord Valtons Tochter (Sopran), Henriette, Königin von England, unter dem Namen «Dame of Villa Forte» (Sopran). Cromwells Soldaten, Valtons und Talbots Herolde und Soldaten, Puritaner, Höflinge, Hofdamen, Pagen und Diener.

HANDLUNG. Die ersten beiden Akte spielen auf einer Festung bei Plymouth in England; der dritte auf dem Lande in der Umgebung. Die Handlung spielt im siebzehnten Jahrhundert zur Zeit des Kampfes zwischen Cromwell und dessen Anhängern und dem Hause Stuart. Erster Akt. Erster Aufzug. Früher Morgen. Wachwechsel auf der Festung der Puritaner. Bei Sonnenaufgang versammeln sich Cromwells Anhänger zum Gebet. Am kommenden Tag steht Elviras Hochzeit bevor. Elvira war von ihrem Vater Lord Arthur Talbot, einem Stuartanhänger, versprochen worden. Stattdessen ist ihr aber der Puritaner Richard Forth in Liebe zugetan. Zweiter Aufzug. Elviras Gemächer. Ihr Onkel, Sir George, berichtet ihr, daß alles für die Hochzeit mit Arthur bereit sei. Aus der Ferne ertönende Trompetenklänge kündigen das Herannahen des Festzuges mit dem Bräutigam an, Hofdamen und Pagen erfüllen die Gemächer, die Vorbereitungen sind in vollem Gange. Dritter Aufzug. Waffensaal mit Rittern und Damen in Festgewändern und mit Hochzeitsgeschenken. Die Braut wird beglückwünscht, der Bräutigam tritt ein und erklärt Elvira seine Liebe. Lord Valton übergibt Arthur einen Freibrief, damit er nach der Hochzeitszeremonie mit der neuvermählten Gattin ungehindert die belagerte Burg verlassen kann. Er selbst muß in seiner Eigenschaft als Gouverneur an einem Prozeß gegen eine angebliche Spionin der Stuarts teilnehmen. Arthur, der mit der unbekannten Spionin einen Moment alleingeblieben ist, entdeckt, daß sie Henriette von England, König Charles I. Witwe ist. Er rettet sie aus der Gefahr, indem er ihr Elviras Hochzeitsschleier umhängt und sie unter Vorweis seines Freibriefes als seine Gemahlin aus der Festung führt. Die beiden stoßen bei dem gewagten Fluchtversuch aber auf Richard, der Elvira, für die er die verschleierte Braut ja halten muß, nicht durchlassen will. Als sich Henriette zu erkennen gibt, gewährt er – wenn auch im Bewußtsein, mit der Freilassung einer Gefangenen die eigene Sache zu verraten – den beiden Durchgang, da er nun neue Hoffnung auf Elvira schöpft. Er deckt Arthurs Verrat und dessen Flucht mit der Königin auf. Die Puritaner machen sich an die Verfolgung, Elvira aber verfällt ob der schrecklichen Nachricht in Wahnsinn. Zweiter Akt. In der Festung. George erzählt vom Wahnsinn seiner Nichte Elvira und beklagt ihr schlimmes Geschick. Elvira selbst beweint Tag und Nacht den am Tage ihrer Hochzeit entflohenen Bräutigam. Sir George errreicht, daß Arthur um Elviras willen nicht zum Tode verurteilt wird, falls man seiner habhaft würde. Er und Richard wollen weiter treu für die Sache der Puritaner kämpfen. Dritter Akt. Erster Aufzug. Elvira verbringt ihre Tage in einem Haus auf dem Lande. In dem in der Nähe gelegenen Wald hält sich Arthur vor seinen Verfolgern versteckt. Er hört Elvira ein Liebeslied singen, das er sie selbst gelehrt hat. Unter dem Fenster des Mädchens stehend singt er das gleiche Lied. Elvira erkennt es, tritt aus dem Hause und sinkt Arthur in die Arme. Er erklärt ihr, weshalb er sie verlassen mußte, sieht aber an ihrer Reaktion, daß sie wahnsinnig ist. Entsetzt das geliebte Mädchen betrachtend, wird er von den Puritanern gefunden und gefangengenommen. Das Todesurteil wird über ihn gesprochen. Beim Klang des Wortes «Tod» findet Elvira den Verstand wieder. Gleichzeitig trifft die Nachricht von Cromwells Sieg und seiner Amnestie für alle Stuartanhänger ein. Arthur kann somit Elvira zur Gemahlin nehmen. Die Schreckensszene verwandelt sich in eine Szene der festlichen Freude.

● *Die Puritaner* ist Bellinis letzte Oper und wohl das Werk, auf das er die meiste Zeit und Mühe verwendete. Er schrieb es für Paris und das dortige sehr anspruchsvolle Publikum. Außerdem bedeutete Paris, daß er sich mit Rossini, der dort seit Jahren als der größte italienische Opernkomponist galt, messen mußte. Zu diesen hohen Anforderungen an die Oper kam noch die Schwierigkeit mit dem Libretto, das in keiner Weise mit den Texten eines Felice Romani zu vergleichen war, hinzu. Nur dank der energischen Textarbeit des Komponisten selbst, war es möglich, das Libretto szenisch und musikalisch überhaupt in den Griff zu bekommen. Pepoli sollte anhand des Stückes *Les têtes rondes et les cavaliers* von M. Ancelot (nach Sir Walter Scotts Roman *The Puritans in Scotland*) ein Libretto abfassen, zeigte sich jedoch recht unerfahren in diesem Geschäft, so daß Bellini ihm unmutig schrieb, von einem Opernlibretto erwarte man, daß es «zu Tränen rühre, Entsetzen hervorrufe, den Helden singend sterben lasse». Trotzdem wurde die Uraufführung ein Erfolg. Bei der Wahnsinnsszene «flossen im Theater nur so die Tränen», während das Publikum bei der Arie *Suoni la tromba e intrepido* in einer Aufwallung von Patriotismus vor Begeisterung

Der Waffensaal im ersten Teil von Vincenzo Bellinis «Die Puritaner» am Pariser Théâtre-Italien 1835. Zeitgenössische Lithographie.

«Hüte und Taschentücher in der Luft schwenkte». Bellini erlebte den weiteren Erfolg seines Werkes nicht mehr. Am 24. September 1835 starb er durch die aufreibende Arbeit vollends geschwächt in Puteaux bei Paris. *Die Puritaner* wird auch heute noch aufgeführt, wenn auch nicht allzu häufig. Das Werk weist eine große Schwierigkeit in der stimmlich kaum zu bewältigenden Tenorpartie, die offensichtlich dem außergewöhnlichen Rubini auf den Leib geschrieben worden war, auf. Es zählt zu den besten des Meisters und ist von unübertrefflicher Lyrik. Besonders eindrucksvoll die herzzerreißende Wahnsinnsszene. Bellini hat in diesem – vielleicht seinem reifsten – Werk die neuen Stilelemente von jenseits der Alpen, wie zum Beispiel Wegfall des Rezitativs und sorgfältigste Orchestrierung meisterhaft rezipiert und assimiliert. Das Ergebnis ist eine Oper, die sich deutlich abwendet vom herkömmlichen italienischen Stil, was sich allerdings nach allgemeiner Auffassung auch zu ungunsten der Geschlossenheit der tragischen Gesamtkonzeption, wie sie zum Beispiel in der *Norma* erreicht wurde, auswirkt. Bellinis melodische Form übte auf eine ganze Musikergeneration, darunter Chopin, Berlioz, Verdi und Wagner, großen Einfluß aus. In den letzten Jahren errangen seine Opern dank hervorragender Interpretationen berühmter Sänger wie zum Beispiel Maria Callas, Joan Sutherland, Giulietta Simionato neue große Erfolge. GP

DIE JÜDIN (La Juive)

Oper in fünf Akten von Jacques Fromental Élie Halévy (1799–1862). Libretto von Eugène Scribe (1791–1861). Uraufführung: Paris, Opéra, 23. Februar 1835. Solisten: Marie Cornélie Falcon, Dorus-Gras, Adolphe Nourrit, Levasseur.

PERSONEN. Der Jude Eleazar (Tenor), Kardinal Gian Francesco di Brogni, Konzilspäsident (Baß), Prinz Leopold (Tenor), Prinzessin Eudoxia, Nichte des Kaisers (Sopran), Rachel (Mezzosopran), Roger, Stadtprobst (Bariton), Albert, Offizier (Bariton), Bewohner der Stadt Konstanz, Gefolge des Kaisers, Ritter, Hofdamen, Fürsten, Herzöge, Prälaten, Magistrate, Juden.

HANDLUNG. Erster Akt. Platz in Konstanz im fünfzehnten Jahrhundert. Auf seinem Wege zum Laden des jüdischen Goldschmiedes Eleazar begegnet Prinz Leopold dem Offizier Albert und geht mit ihm weg. Gleichzeitig wird auf Befehl des Stadtprobstes Roger ein kaiserlicher Erlaß verkündet, demzufolge der Sieg des Prinzen Leopold über die Hussiten am selben Tage öffentlich gefeiert werden muß. Der Goldschmied Eleazar wird an diesem großen Festtag bei seiner Arbeit überrascht und auf Rogers Befehl sogleich mit seiner Tochter Rachel festgenommen. Beide sollen zum Tode ver-

Cornélie Falcon im Kostüm der «Rachel» in «Die Jüdin» von Jacques Fromental Halévy (1835). Paris, Bibliothèque de l'Opéra.

urteilt werden. Kardinal Brogni aber, der Konzilspräsident, erinnert sich des Juden, den er noch, bevor er Priester wurde und gerade auf tragische Weise Frau und Kind verloren hatte, kannte, und ordnet die Freilassung der beiden Gefangenen an. Rachel ist im Laden ihres Vaters mit Leopold, einem Käufer beschäftigt, den sie für einen jüdischen Maler hält, und lädt ihn zum Ostermahl ein. Als Eleazar und Rachel das Geschäft verlassen, fällt der Pöbel über sie her, so daß Leopold sie gegen diesen und die herbeieilenden Wachen verteidigen muß. Zweiter Akt. Eleazars Haus. Es wird das Osterfest gefeiert. Leopold ist auch anwesend. Da kommt Eudoxia, des Kaisers Nichte und Leopolds Verlobte, in des Goldschmieds Geschäft, um eine goldene Kette zu kaufen und die Initialen ihres Verlobten eingravieren zu lassen. Leopold, der sich entdeckt fühlt, gesteht Rachel, daß er Christ ist, daß er nur aus Liebe zu ihr gelogen habe und will mit ihr fliehen. Eleazar überrascht die beiden auf der Flucht, und Leopold muß zugeben, daß er Rachel nicht heiraten kann. Dritter Akt. Fest in den Gärten des Kaisers. Es wird Leopolds Sieg gefeiert. Eleazar überbringt die bestellte Goldkette, und Eudoxia reicht sie Leopold, der nunmehr offiziell von ihr als Bräutigam anerkannt wird. Rachel, die das mit ansehen mußte, stürzt vor und reißt Leopold die Kette vom Hals mit der Erklärung, der Prinz liebe sie. Leopold streitet dies nicht ab und wird daher mit Eleazar und Rachel zum Tode verurteilt. Vierter Akt. Vorraum im Konzilsgebäude. Eudoxia beschwört Rachel, zu erklären, daß Leopold keine Liebschaft mit ihr gehabt habe, um ihn so vor dem Scheiterhaufen zu retten. Rachel willigt ein. Der Kardinal läßt Eleazar rufen und ihm erklären, daß er seine Tochter retten könne, wenn er seinem Glauben abschwöre. Eleazar weigert sich, berichtet ihm aber, daß bei dem schrecklichen Brand seines Hauses in Rom, als Brogni glauben mußte, Frau und Kind seien in ihm mitverbrannt, seine Tochter von einem Juden gerettet worden sei. Trotz inständigen Bittens des Kardinals läßt er sich zu keinen weiteren Erklärungen erweichen. Fünfter Akt. Großes Zelt auf dem Marktplatz. Roger verliest Eleazars und Rachels Todesurteil. Der von Rachel entlastete Leopold wird ins Exil verbannt. Das Mädchen wird ein letztes Mal aufgefordert, sich zum christlichen Glauben zu bekehren, weist dies jedoch stolz von sich. Ihr Vater Eleazar wird noch einmal vom Kardinal bedrängt, ihm zu enthüllen, wo seine aus dem großen Feuer gerettete Tochter sich befinde. Als Antwort zeigt Eleazar nur auf den Henkersblock, auf den Rachel bereits ihr Haupt gelegt hat.

● *Die Jüdin* ist die erste in einer ganzen Reihe von ähnlichen Opern, die alle historisch-religiöse Konflikte zum Thema haben. Sie gilt als Halévys Meisterwerk. Halévy war Schüler Cherubinis und imitiert dessen, grandiose Stoffe bearbeitende, große tragische Oper. Zwar läßt die Partitur zum Teil auch noch Gluck heraushören, insgesamt entspricht das Werk aber mit der spannungsgeladenen Handlung und seinem starken Kolorit durchaus dem Zeitgeschmack. Zu den besten Passagen gehören Eleazars Gebet im zweiten und Eudoxias und Rachels dramatisches Duett im vierten Akt. Halévy schrieb viel eigens für die gefeierten Sänger seiner Zeit. So ist die Partie des Eleazar genau auf Stimmumfang und -qualität des Tenors Adolphe Nourrit abgestellt, die Rolle der Rachel der außergewöhnlichen Sopranistin Marie Cornélie Falcon maßgeschneidert. Für *Die Jüdin*, der das Pariser Publikum mit der dritten Aufführung restlos zu Füßen lag, hatte die Opéra einen nie dagewesenen Inszenierungsaufwand entwickelt. Die abschließende Hinrichtungsszene bot sich als grandioses Spektakel an: unter anderem bevölkerten zwanzig Pferde des berühmten Zirkus Franconi allabendlich die Schlußszene.

LB

MARINO FALIERO

Oper in drei Akten von Gaetano Donizetti (1797–1848). Libretto von Emmanuele Bidera nach Lord Byrons Drama «Marino Faliero, Doge of Venice». Uraufführung: Paris, Théâtre Italien, 12. März 1835.

HANDLUNG. Die Geschichte dreht sich um die Gestalt des Dogen Marino Faliero, dessen Gattin von Michele Steno öffentlich beleidigt wird. Die Steno vom «Rat der Vierzig» auferlegte Strafe scheint dem Dogen nicht hart genug. Er beschließt daher, die Regierung zu stürzen. Die Verschwörung wird aber aufgedeckt und Marino Faliero zum Tode verurteilt.

● 1834 erhielt Donizetti den Auftrag, eine Oper für das Théâtre Italien in Paris zu schreiben. Es war sein erstes Auftreten auf einer Pariser Bühne. Es kann nicht als besonders gelungen bezeichnet werden, was auch an der Konkurrenz der gleichzeitig gespielten Bellinischen Oper *Die Puritaner*

Salle Favart, mit Salle Ventadour, eines jener Pariser Theater, in denen das Théâtre-Italien von 1815 bis 1876 die Opern Rossinis, Bellinis, Donizettis und Verdis zu denkwürdigen Erfolgen führte.

lag. Der zwischen *Lucrezia Borgia* und *Belisar* entstandene *Marino Faliero* muß zu Donizettis schwächeren Werken gezählt werden. MS

LUCIA VON LAMMERMOOR

Oper in zwei Akten von Gaetano Donizetti (1797–1848). Libretto von Salvatore Cammarano (1801–1852) nach Sir Walter Scotts Roman «Die Braut von Lammermoor» (1819). Uraufführung: Neapel, Teatro San Carlo, 26. September 1835. Solisten: Fanny Tacchinardi-Persiani (Lucia), Gilbert Duprez (Edgar), Domenico Coselli (Lord Ashton), Gioacchini (Lord Arthur), Porto-Ottolini (Raymond).

PERSONEN. Lord Henry Ashton (Bariton), Lucia, seine Schwester (Sopran), Sir Edgar von Ravenswood (Tenor), Lord Arthur Bucklaw (Tenor), Raymond Bidebent, Erzieher und Vertrauter Lucias (Baß), Alice, Lucias Vertraute (Mezzosopran), Norman, Befehlshaber der Ravenswoodschen Soldaten (Tenor). Ritter und Hofdamen, Bewohner von Lammermoor, Pagen, Reisige, Gesinde.

HANDLUNG. Die Handlung spielt in Schottland gegen Ende des sechzehnten Jahrhunderts. Erster Akt. «Der Abschied». Im Garten des Schlosses Ravenswood, das einst im Besitz der gleichnamigen Familie, jetzt aber unrechtmäßig in Händen der Ashtons ist. Lord Henry Ashton macht sich Sorgen, da ihn die politischen Kämpfe geschwächt haben und er einen starken Verbündeten benötigt. Seine Schwester Lucia soll zu diesem Zwecke Lord Arthur Bucklaw ehelichen, sie lehnt dies jedoch mit der Begründung des kürzlichen Todes der Mutter ab. Norman, Henrys Gefolgsmann, verdächtigt Lucia einer geheimen Liebe zu einem Mann, den sie täglich im Schloßpark trifft. Es ist der junge Mann, der sie einst vor einem wildgewordenen Stier gerettet hat. Und dies ist kein anderer als Edgar, der letzte Sproß des Hauses Ravenswood. Als Sir Henry davon erfährt, kennt sein Zorn keine Grenzen. Lucia, in Begleitung ihrer Vertrauten Alice, wartet nachts im Park bei einer Quelle auf Edgar. Alice beschwört ihre Herrin, der geheimen Liebesverbindung, die ihr nur Leid bringen wird, ein Ende zu machen. Doch für Lucia gibt es kein Zurück mehr. Edgar trifft endlich am Ort des Stelldicheins ein und berichtet, daß er mit einer Geheimbotschaft nach Frankreich müsse, sich aber vor seiner Abreise mit der Ashton-Familie aussöhnen und als Unterpfand des Friedens um ihre Hand bitten wolle. Lucia, die den Haß ihres Bruders nur zu gut kennt, bittet ihn, von seinem Vorhaben abzusehen oder es wenigstens aufzuschieben. Die beiden tauschen zwei Ringe als Pfand ihrer Liebe und ein feierliches Heiratsversprechen, dann scheiden sie voneinander. Zweiter Akt. «Der Ehekontrakt». Erster Aufzug. Um Lucia unter seinen Willen zu zwingen, zeigt ihr Henry einen gefälschten Brief Edgars an eine andere Frau. Damit will er ihr die Unwürdigkeit dessen, den sie noch immer liebt, beweisen. Lucia fällt auf die Täuschung herein. Sie beugt sich dem offensichtlichen Beweis der Untreue Edgars und willigt schließlich in die Ehe mit Lord Arthur Bucklaw ein. Das Schloß bereitet sich auf die

1835

Innenansicht des Theaters Salle Ventadour in Paris.

Hochzeitsfeierlichkeiten vor. Wie erhofft, verspricht Arthur Lord Henry im Namen der neuen Familienbande politische Hilfe. Totenbleich und verloren betritt Lucia den Festsaal. Sie unterzeichnet den Ehevertrag. Im gleichen Augenblick bricht sich der zurückgekehrte Edgar Bahn durch die Mauer von Höflingen und Gesinde, wirft Lucia Treuebruch vor und verdammt alle Ashtons. Sodann stürzt er sich mit gezücktem Schwert auf Henry und Arthur, wird aber von Lucias Erzieher Raymond zurückgehalten. Zweiter Aufzug. Lord Henry trifft bei einem schrecklichen Gewitter hoch zu Roß beim Turm von Wolferag ein, wo Edgar seine Zuflucht gefunden hat. Er fordert Edgar zur Rechtfertigung seiner Beleidigungen Lucias auf. Edgar nimmt die Herausforderung an: die beiden werden sich im Morgengrauen am Grab der Ravenswood im Duell gegenübertreten. Im Schloß hat sich das Brautpaar mittlerweile zurückgezogen, die Festlichkeiten aber gehen weiter. Mitten in den Festtaumel hinein platzt Raymond mit der Nachricht, ein schweres Unglück sei über das Haus gekommen: Lucia ist wahnsinnig geworden und hat den ihr eben angetrauten Arthur erstochen. Lucia selbst stürzt in den Saal, niemanden mehr erkennend irrt sie umher, Traum und Wirklichkeit verwirren sich ihr zur Vorstellung, mit dem geliebten Edgar vor dem Altar zu stehen. Als Lord Henry voll Zorn über die Tat seiner Schwester zurückkehrt und sieht, wie seine arme Schwester von Sinnen ist, bleibt ihm nichts, als sie der Sorge Alices und Raymonds anzuvertrauen. Edgar, der von all dem nichts weiß, begibt sich unterdessen an den Ort des Duells, fest entschlossen, sich töten zu lassen, da ihm das Leben nicht mehr lebenswert erscheint. Von der aus dem Schloß strömenden, verstörten Festgesellschaft erfährt Edgar aber schließlich doch, was geschehen ist. Er versucht, ins Schloß einzudringen, Raymond aber hält ihn mit der Nachricht von Lucias Tod auf. Mit einem letzten ergreifenden Ruf der Liebe und Verzeihung an Lucias Geist stößt sich Edgar den Dolch in die Rippen, ehe ihn jemand daran hindern kann.

● Das Libretto hält sich getreu an den Roman Sir Walter Scotts, in der die Geschichte der Familie Stair (die Ashtons) und Lord Rutherfords (Edgar von Ravenswood) beschrieben wird. Die historischen Ereignisse, die Sir Walter Scott inspiriert haben, gehen auf das Jahr 1689 zurück, als die Anhänger Wilhelms III. von Oranien mit denen Jakobs II. im Krieg lagen. Im Libretto ist die Zeit der Handlung auf das Ende des sechzehnten Jahrhunderts festgelegt. Die Partitur entstand in sechsunddreißig Tagen. Mit dieser Oper verschaffte sich Donizetti auch einen Platz unter den Komponisten der *Opera seria* und markiert damit den Beginn seiner dritten Schaffensperiode: die Zeit seiner Reife. Die Premiere war bei Publikum und Kritikern ein ausgesprochener Erfolg. Auch heute noch wird die Oper mit anhaltendem Erfolg gegeben. *Lucia di Lammermoor* gilt als Donizettis Hauptwerk im Bereich der ernsten Oper, ist aber auch eine der größten romantischen Opern der Zeit vor Verdi überhaupt. Die Wahnsinnsszene mit *Ardon gli incensi* ist in ihrer Art die wohl berühmteste aus der gesamten Opernliteratur, nicht zuletzt auch wegen der hohen stimmlichen Anforderungen, die sie stellt. MS

BELSAZAR (Belisario)

Oper in drei Akten von Gaetano Donizetti (1797–1848). Libretto von Salvatore Cammarono (1801–1852). Uraufführung: Venedig, Teatro La Fenice, 4. Februar 1836.

HANDLUNG. Die Oper besteht aus drei Teilen mit den Titeln: *Triumph, Exil, Tod.* Sie behandelt die Geschichte des

Generals Belsazar, der am Hofe Kaiser Justinians in Ungnade fällt. Nach dem Italienfeldzug kehrt General Belsazar triumphierend nach Byzanz zurück. Volk und Senat empfangen ihn mit Beifall, nur seine Gattin Antonia verflucht ihn und beschwört die Rache der Götter auf sein Haupt herab, da er – wie sie glaubt – seine eigenen Söhne töten lassen wollte. Belsazars Feinde nutzen Antonias leidenschaftlichen Zorn für ihre Zwecke, indem sie falsche Anklage gegen ihren Gatten vor dem Kaiser führen lassen. Daraufhin soll der General geblendet und ins Exil verbannt werden. Blind in der Verbannung lebend, hat Belsazar nur einen Trost: seine Tochter, die ihn begleitet hat. Alamir, ein junger Condottiere, führt sein Heer vor die Mauern von Byzanz, um Belsazar zu rächen. Dieser hat in dem jungen Krieger seinen eigenen totgeglaubten Sohn erkannt. Belsazar wird im Kampf tödlich verletzt und stirbt unter den Augen seiner Gattin Antonia. Diese hat herausgefunden, daß die Anschuldigungen gegen ihren Gatten falsch waren und dem Kaiser die Wahrheit mitgeteilt. Jetzt, da sie ihren unschuldigen Gatten sterben sehen muß, wird sie selbst ein Opfer der Reue und Verzweiflung: unter der Last von Schuld und Schmerz bricht sie tot zusammen.

● Mit *Belsazar* kehrte Donizetti nach siebzehn Jahren Abwesenheit nach Venedig zurück. Die Oper wurde zwar anfangs sehr gut aufgenommen, konnte sich aber auf die Dauer keinen festen Platz unter seinen besseren Werken erobern.

MS

DIE HUGENOTTEN
(Les Huguenots)

Oper in fünf Akten von Giacomo Meyerbeer (1791–1864), eigentlich: Jakob Liebmann Beer. Libretto von Eugène Scribe (1791–1861) und Emile Deschamps (1791–1871). Uraufführung: Paris, Académie Royale de Musique (Opéra), 29. Februar 1836. Solisten: Julie Dorus-Gras, M. Cornélie Falcon, Adolphe Nourrit, N. Levasseur, Serda, Dupont.

Joan Sutherland in Donizettis «Lucia von Lammermoor» an der Metropolitan Opera in New York (1961).

PERSONEN. Margarethe von Valois, Gemahlin Heinrichs IV. (Sopran), Graf von Saint-Bris, Gouverneur des Louvre (Baß), Valentine, seine Tochter (Sopran), Graf von Nevers (Bariton), Cossé (Tenor), Thavannes (Tenor), Méru (Baß), De Retz (Baß), Raoul von Nangis, protestantischer Edelmann (Tenor), Marcel, Raouls Diener (Baß), Urban, Page der Königin Margarethe (Sopran), Maurevert, Vertrauter des Grafen von Saint-Denis (Baß), Boi-Rosé, hugenottischer Soldat (Tenor), Diener des Grafen von Nevers (Tenor). Eine Adelige, ein Bogenschütze, drei Klosterbrüder, katholische und protestantische Edelleute und Hofdamen, Soldaten, Studenten, Zigeuner, Frauen aus dem Volk, Gaukler, Ehrendamen, Pagen, Knaben, Bauern, Bürger, Beamte.

HANDLUNG. Die Handlung spielt in Frankreich im August des Jahres 1572. Erster Akt. Dem Wunsche des Königs, der die das Land zerfleischenden Feindseligkeiten zwischen Katholiken und Protestanten beendet wissen möchte, nachkommend, lädt der Graf von Nevers zusammen mit einigen katholischen Edelleuten auch den Hugenotten Raoul von Nangis auf sein Schloß in der Touraine ein. Raoul, der eine Geschichte aus seinem Leben erzählen soll, berichtet von seiner romantischen Liebe zu einem unbekannten Mädchen, das er auf der Straße gegen Tätlichkeiten einer Gruppe Jugendlicher verteidigt hat. Ein Diener kündigt eine adelige Dame an, die den Grafen zu sprechen wünscht. Raoul erkennt in ihr die Unbekannte, in die er immer noch verliebt ist. Es handelt sich um Valentine von Saint-Bris, die Verlobte des Grafen von Nevers. Die Königin selbst hat sie entsandt, damit sie den Verlobten um Lösung des Eheversprechens bitte. Auch für Raoul trifft eine Botschaft einer unbekannten Dame ein, die ihn bittet, sich mit verbundenen Augen an einen bestimmten Ort zu begeben. Zweiter Akt. Schloß und Gärten von Chenonceaux in der Touraine. Um die Kämpfe zwischen Katholiken und Hugenotten zu beenden und den Frieden zwischen den feindlichen Parteien zu besiegeln, wünscht Margarethe von Valois, daß Raoul von Nangis und Valentine von Saint-Bris einander ehelichen. Valentine, die voll der Bewunderung für Raouls ritterliche Tat ist, willigt freudig ein, fürchtet aber den Widerstand des Vaters. Raoul kommt wie verabredet zu dem bestellten Treffpunkt. Unter den Augen der Königin wird ihm die Augenbinde abgenommen. Sie bietet ihm eine hohe Stellung bei Hofe, wenn er das Fräulein von Saint-Bris ehelicht. In eben diesem Moment stoßen der Graf von Saint-Bris und der Herr von Nevers zu der Gesellschaft. Margarethe verlangt von allen den Schwur, die Streitigkeiten zu beenden und die Vergangenheit zu vergessen. Saint-Bris stellt Raoul offiziell seine Tochter vor, dieser lehnt jedoch in dem Glauben, Valentine sei Graf Nevers Geliebte gewesen, die Ehe mit ihr ab. Dritter Akt. Ein Park in Paris, in dem das Volk auf die Ankunft des Hochzeitszuges von

Valentine und Nevers wartet. Raouls Diener Marcel händigt dem Grafen von Saint-Bris ein Billett aus, mit dem er diesen zum Duell herausfordert. Valentine, die von einem Komplott gegen Raoul erfahren hat, berichtet Marcel davon. Noch ehe der Diener seinem Herrn davon Mitteilung machen kann, tritt dieser selbst in Erscheinung und will das Duell beginnen. Daraus entsteht ein Kampf zwischen Katholiken und Hugenotten. Erst das Eintreffen der Königin, die alle an ihren Schwur gemahnt, setzt dem Handgemenge ein Ende. Marcel berichtet über das Komplott gegen Raoul. Vierter Akt. Im Pariser Haus des Grafen von Nevers. Raoul will Valentine ein letztes Mal sehen, die Ankunft Saint-Bris' und Nevers' zwingt ihn jedoch, sich zu verstecken. Die beiden streiten über die beste Methode, mit den andauernden Kämpfen fertigzuwerden. Saint-Bris ist für die Ausrottung der Ketzer, Nevers mit Valentines Unterstützung für ein loyales Austragen des Streites. Damit macht sich Nevers des Verrates schuldig und wird verhaftet. Saint-Bris arbeitet daraufhin einen Plan zur Ausrottung der Feinde aus: all seine Anhänger sollen – durch eine weiße Schärpe füreinander kenntlich gemacht – bei einem bestimmten Glockenschlag mit dem Massaker der Feinde beginnen. Raoul hat in seinem Versteck den fürchterlichen Plan belauscht und stürzt sich mit dem Ertönen des Zeichens aus Valentines Armen, die ihn zurückhalten will, um seinen Glaubensgenossen Hilfe zu leisten. Fünfter Akt. Kreuzgang einer Hugenottenkirche. Marcel liegt mit einer Verwundung darnieder, sein Herr wacht in seiner letzten Stunde bei ihm. Valentine kommt mir der Botschaft der Königin, daß sie bereit sei, ihm zu vergeben, wenn er sich zum rechtmäßigen Glauben bekehre; Valentines Vater ist in der Zwischenzeit gestorben, dem Glück der beiden Liebenden steht somit nichts mehr im Wege. Raouls Festigkeit wird auf eine harte Probe gestellt, aber seine Glaubenstreue siegt. Valentine nimmt unter dem Eindruck der inneren Größe des von ihr geliebten Mannes dessen Glauben an und stirbt mit ihm zusammen unter den tödlichen Hieben der Männer ihres Vaters.

● Der Stoff geht auf das historische Ereignis der Bartholomäusnacht in Paris am 24. August 1572 zurück. Die zu Meyerbeers schönsten Werken zählende Oper hatte ungeheuren Erfolg und wurde auch an der Metropolitan in New York gespielt. 1858 eröffnete sie die Saison am Covent Garden Theatre in London. Sie wurde in ausgezeichneter Besetzung mit der Amerikanerin Lilian Nordica, der Australierin Nellie Melba, der Italienerin Sofia Scalchi, den polnischen Brüdern De Reszke und weiteren berühmten Sängern der Zeit, die die überaus anspruchsvollen Gesangspartien bewältigen konnten, aufgeführt. Die Oper weist die für Meyerbeer typischen Vorzüge und Mängel auf: tief empfundene echte Poesie wechselt sich mit einem rein äußerlichen Romantizismus ab, der mehr aus der zum Selbstzweck gewordenen szenischen Prunkentfaltung und der mechanischen Kontrastwirkung, denn aus innerer Dramatik lebt. Meyerbeer ist mit diesem, wie mit seinen besten anderen Werken der reinste Vertreter des Genres *Grand-Opéra*. SC

DAS LIEBESVERBOT oder DIE NOVIZE VON PALERMO

Oper in zwei Akten von Richard Wagner (1813–1883). Libretto vom Komponisten nach Shakespeares «Maß für Maß». Uraufführung: Magdeburg, Stadttheater, 29. März 1836.

HANDLUNG. Die Geschichte basiert auf dem alten Motiv des betrügerischen Gouverneurs, der die Abwesenheit seines Herzogs ausnutzt, um einen lästigen Rivalen mit einem ungerechtfertigten Todesurteil zu beseitigen. Die Schwester des so Verurteilten fleht ihn um Gnade für den Bruder an. Er verspricht, sie zu gewähren, wenn sie sich ihm hingibt. Das junge Mädchen, eine Novizin, willigt ein, ersinnt aber einen Ausweg: in der Liebesnacht soll die verstoßene Geliebte des Gouverneurs ihren Platz einnehmen. Die List gelingt. Da der Pakt aber gebrochen worden ist, soll auch die Hinrichtung des Unschuldigen stattfinden. Da tritt der Herzog dazwischen und die skandalöse Geschichte kommt ans Licht. Der Verurteilte wird begnadigt. Auch der betrügerische Gouverneur findet Vergebung, muß aber seine alte Geliebte heiraten.

● Das Werk erlebte eine einzige chaotische Aufführung, die mit einem Mißerfolg ohnegleichen endete. Viele der Sänger schlugen sich aber trotzdem auf Wagners Seite und zogen mit ihm nach Königsberg. Unter ihnen befand sich auch die Sopranistin Minna Planer, die Wagners erste Frau wurde. *Das Liebesverbot* weicht verschiedentlich von Shakespeares Komödie ab. Inhaltlich bringt es neue Themen, wie den «Licht-Finsternis-Gegensatz» oder die «Idee der freien Liebe», die in künftigen Werken Wagners ungeheure Bedeutung annehmen werden. Stilistisch sind vielfache Einflüsse von Gluck, Bellini oder Auber zu spüren, allerdings ist auch in diesem Frühwerk schon die für Wagner charakteristische dramatische Thematik erkennbar. RM

DIE RÄUBER
(I briganti)

Melodram von Saverio Mercadante (1795–1870). Libretto von J. Crescini, nach Friedrich von Schillers Drama «Die Räuber». Uraufführung: Paris, Théâtre Italien, 23. April 1836.

PERSONEN. Maximilian, Graf von Moor, Prinzregent, Hermann und Konrad, seine Söhne, Amelia von Edelreich, Maximilians Nichte; Therese, Amelias Vertraute; Bertram, Einsiedler; Roller, Hermanns Freund.

HANDLUNG. Die Handlung spielt auf Schloß Moor in Böhmen im siebzehnten Jahrhundert. Erster Teil. Nach Ablauf der Trauer über den Tod des Prinzregenten Maximilian tritt sein Sohn Konrad die Nachfolge an. Er will außerdem seine Cousine Amelia heiraten. Amelia aber liebt Hermann, Konrads totgeglaubten Bruder, der in Wirklichkeit eine Räuberbande anführt. Hermann und Amelia treffen sich zufällig in einem Kreuzgang, in dem das Mädchen zum Gebet verweilt. Konrad findet die beiden dort zusammen und fordert den Bruder zum Zweikampf heraus. Zweiter Teil. Hermann greift mit seinen Räubern das Schloß an, befreit den alten Maximilian, der von Konrad im Burgfried gefangengehalten und für tot ausgegeben wird, und tötet den Bruder schließlich im Zweikampf. Er könnte nun mit dem alten Vater und Amelia, die er heiraten könnte, friedlich auf der Burg leben. Stattdessen kehrt er zu seinen Räubern zurück, um mit ihnen weiter das Unrecht und die Unterdrückung der Schwachen zu rächen.

● Trotz bester Absichten bleibt die Oper konventionell, die Figuren nehmen keine charakteristische Gestalt an, und die

Eine Karikatur des Sextetts aus dem zweiten Akt der «Lucia von Lammermoor» von Gaetano Donizetti.

zahlreichen Einzelereignisse fügen sich nicht zu einem dramatischen Ganzen. Bei ihrer Uraufführung fand die Oper aber trotzdem wohl wegen ihrer perfekten Instrumentierung bzw. der technisch-gesanglich ausgezeichneten Aufführung gute Aufnahme. SC

DIE NACHTGLOCKE
(Il campanello dello speziale o
Il campanello di notte)

Komische Oper in einem Akt von Gaetano Donizetti (1797–1848). Libretto vom Komponisten nach dem französischen Vaudeville: «La sonette de nuit» von L.L. Brunswick. M.B. Troin und V. Lhérie. Uraufführung: Neapel, Teatro Nuovo, 7. Juni 1836. Solisten: Amelia Schutz Oldosi, Domenico Ronconi, R. Casaccia.

PERSONEN. Don Annibale Pistacchio (Baß), Seraphine, seine Frau (Sopran), Madame Rosa, Seraphines Mutter (Mezzosopran), Enrico, Madame Rosas Neffe (Baß), Spridione, Don Annibales Diener (Tenor). Verwandte und Gäste, Gesinde.

HANDLUNG. Die Handlung spielt in Neapel. Fest im Hause des Don Annibale, eines Apothekers in vorgerücktem Alter. Er heiratet die schöne junge Seraphine. Enrico, des Mädchens Cousin und Anbeter, will ihm die Hochzeit durch einen Streich vereiteln. Don Annibale muß am nächsten Morgen um fünf Uhr die Reise nach Rom antreten, wo ihm ein Notar die Erbschaft einer alten Tante übergeben will. Sollte der Erbe nicht rechtzeitig erscheinen, geht er des Vermächtnisses verlustig. Don Annibale ist also in Eile, mit den Hochzeitsfeierlichkeiten zum Ende zu kommen. Schließlich sind die Gäste weg. Aber als der Alte endlich auf dem Weg ins Brautgemach ist, läutet die Nachtglocke und der arme pflichtbewußte Apotheker kann nicht umhin, wieder die Treppe hinunterzusteigen und seines Amtes zu walten. Ein französischer Kavalier verlangt ein Mittel für seinen nach einem langen Fest revoltierenden Magen. In Wirklichkeit ist es Amelias Cousin Enrico. Wenig später läutet die Nachtglocke ein zweites Mal: diesmal ist es ein Sänger, der die Stimme verloren hat (natürlich wieder Enrico) und um ein Heilmittel bittet. Als er dieses hat, wird er gesprächig und erzählt Don Annibale, der sich nicht loszueisen weiß, sein halbes Leben. Schließlich läutet jemand mit einem so komplizierten Rezept, daß Don Annibale den Rest der Nacht mit seiner Zubereitung verbringt. Als er schließlich erschöpft fertig ist, ist es fünf Uhr morgens und er muß seine Reise nach Rom antreten.

● Die Oper ist auch unter dem Kurztitel *Il campanello* (Die Glocke) bekannt. Donizetti komponierte sie innerhalb einer Woche, um einen Impresario vor dem Bankrott zu retten. Der Komponist befand sich damals gerade selbst in der wohl schwersten Zeit seines Lebens: innerhalb kürzester Frist waren ihm der Vater, die Mutter, eine Tochter und die Frau gestorben. Die Oper war in Italien und im Ausland ein großer Erfolg. Im Zuge der in den letzten Jahren einsetzenden Donizetti-Renaissance wird diese Oper ebenso wie viele vergessene, wie zum Beispiel «Le convenienze e le inconvenienze teatrali» (Viva la Mamma) wieder häufiger aufgeführt. MS

1836

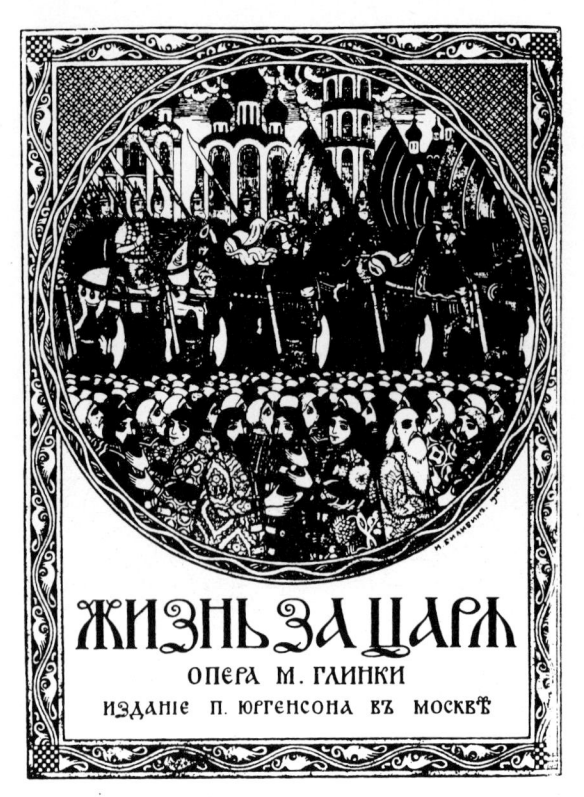

Titelblatt der Partitur von Michail Glinkas «Ein Leben für den Zaren» von 1906. Zeichnung von Wassily Kandinsky.

DER POSTILLON VON LONJUMEAU
(Le Postillon de Lonjumeau)

Komische Oper in drei Akten von Adolphe Adam (1803–1856). Libretto von A. de Leuven und L. L. Brunswick. Uraufführung: Paris, Opéra-Comique (Salle des nouveautés), 13. Oktober 1836.

HANDLUNG. Chapelou, der Postillon von Lonjumeau, läßt sich als Hofsänger nach Fontainebleau verpflichten. Unter dem Künstlernamen Saint-Phar wird er zu einem gefeierten Sänger. Als solcher macht er der reichen Madame de Latour den Hof und gar ein Eheversprechen. Diese ist jedoch niemand anderes als seine Ehefrau, das ehemalige Kammermädchen Madeleine, das er noch als Postillon geheiratet, dann aber einfach verlassen hatte.

● In der Oper wechseln sich, wie damals noch üblich, Gesangspassagen mit gesprochenen Teilen ab. Die Oper ist von einer direkten burlesken Komik, die mitunter ins Triviale übergeht und etwas zu sehr auf die Wirkung im Parkett schielt. Sie gilt als Hauptwerk des französischen Komponisten und brachte ihm internationalen Ruhm ein, obschon in Frankreich selbst eines seiner anderen Werke, nämlich *Le chalet* ursprünglich viel erfolgreicher war. Mit dem Zusammenbruch des Zweiten Empire ging auch das besondere Genre der französischen jüngeren komischen Oper, als deren Vertreter Adam sich einen Namen gemacht hatte, rasch unter. Heute sind außer dem *Postillon* fast alle seine Werke völlig in Vergessenheit geraten. GP

EIN LEBEN FÜR DEN ZAREN
(Iwan Sussanin)

Melodram in fünf Akten von Michail Glinka (1804–1857). Libretto von Baron G. F. Rosen. Uraufführung: St. Petersburg, Kaiserliches Theater, 27. November 1836. Solisten: O. A. Petrow, A. M. Stepanova, D. M. Leonowa, A. J. Worobewa, Dirigent: C. Cawos.

PERSONEN. Iwan Sussanin, Bauer (Baß), Antonida, seine Tochter (Sopran), Bogdan Sobinjin, ihr Verlobter (Tenor), Wanja, ein Waisenknabe (Alt), ein polnischer Heerführer (Baß).

HANDLUNG. Erster Akt. Auf dem Lande am Fluß Don. Antonida begrüßt ihren vom Kampf gegen die polnischen Invasoren zurückkehrenden Bräutigam Bogdan. Seine Siegesnachricht löst allgemeine Begeisterung aus. Nur Antonidas Vater Iwan ist voll der Sorge über das Schicksal des Vaterlandes. Wie kann Rußland der Feindesmacht Widerstand leisten, wenn die dynastischen Kämpfe das eigene Land zerfleischen und ein Zar fehlt? Solange das Vaterland in Gefahr ist, kann Iwan der Hochzeit der Tochter nicht zustimmen. Bogdan aber verkündet, das Michail Romanow zum neuen Zar gekürt wurde. Seine Hochzeit mit Antonida kann also stattfinden. Zweiter Akt. Palast in Polen. Während eines Festes trifft die Nachricht ein, daß die Russen einen neuen Zaren und die Polen eine Niederlage erlitten haben. Die polnischen Offiziere beschließen, den neuen Zar zu entführen. Dritter Akt. Sussanins Haus. Die Vorbereitungen für die bevorstehende Hochzeit Antonidas sind in vollem Gange. Der von Sussanin aufgenommene Waisenknabe Wanja ist betrübt, weil er noch zu jung ist, um am Krieg teilzunehmen und nun auch noch die Schwester verlieren soll. Polnische Soldaten dringen ins Haus ein und zwingen Iwan, sie zum Versteck des Zaren zu bringen. Sussanin gibt vor, sich dem Befehl zu fügen. Heimlich jedoch weist er Wanja an, den Zar über den Anschlag zu informieren, während er selbst Zeit zu gewinnen versucht, indem er die polnischen Soldaten auf eine falsche Fährte lockt. Er verabschiedet sich von seiner Tochter mit der Aufforderung, mit der Hochzeit nicht auf ihn zu warten. Vierter Akt. Palast des Zaren. Wanja berichtet den Wachen von dem gegen den Zar geplanten Anschlag. Die von Sussanin geführten Polen schlagen inzwischen in einem Wald ihr Nachtlager auf. Sussanin weiß, daß er dem Tode nicht mehr entgehen wird. Beim Aufbruch im Morgengrauen wird er den Polen gestehen müssen, daß sie in die Irre geführt hat. Aber bis dahin wird auch Wanja seine Mission erfüllt haben und der Zar wird in Sicherheit sein. Die letzten Gedanken des alten Mannes geht zu seiner Tochter. Fünfter Akt. Vor dem Kreml. Rußland ist von den Invasoren befreit, das Volk jubelt seinen neuen Zar zu. Nur Antonida, Bogdan und Wanja vergießen Tränen über das tragische Schicksal Sussanins. Doch ihr Schmerz geht unter im Triumph des Zaren.

● «Ich konnte kein italienischer Komponist werden, so fing ich, je größer mein Heimweh wurde, mehr und mehr an, wie ein Russe zu komponieren.» Mit diesen Worten aus seinen Memoiren faßt Glinka seine Entwicklungsgeschichte und seine Rolle in der zeitgenössischen russischen Musik zusammen. Er komponierte *Ein Leben für den Zaren* zwei Jahre nach seiner Rückkehr von einer vierjährigen (1830–1834) Reise durch Deutschland, die Schweiz und Italien. Das Werk ist das Produkt eines stark mit russischen Momenten durchsetzten musikalischen Internationalismus.

1837

Eine Karikatur des dirigierenden Hector Berlioz (1864).

Glinkas Betonung des russischen Elementes geht wahrscheinlich stark auf Puschkin und Gogol zurück, mit denen er recht vertraut war und deren Einfluß im Hinblick auf die kulturelle Eigenständigkeit Rußlands ungeheuer war. Die Uraufführung der in St. Petersburg begeistert aufgenommenen Oper stellt ein bedeutendes Ereignis der russischen Kulturgeschichte dar: die Geburtsstunde der russischen Oper. LB

PIA VON TOLOMEI

Oper in zwei Akten von Gaetano Donizetti (1797–1848). Libretto von Salvatore Cammarano (1801–1852) nach einem Gedicht von Bartolomeo-Sestini (1822). Uraufführung: Venedig, Teatro Apollo, 18. Februar 1837.

HANDLUNG. In freier Anlehnung an Dantes Gestalt wird die Geschichte der Pia erzählt: ihre Verbannung durch den Gatten Nello in die Maremmen der Toskana, der keinerlei Erklärung für seinen grausamen Beschluß abgibt, sondern die Anschuldigungen des Freundes Ghino, der Pia heimlich liebt, als Schuldbeweis hinnimmt; Ghinos Geständnis der Verleumdung kurz vor seinem Tode, Nellos Reue und Pias Tod noch vor der Versöhnung mit dem Gatten.

● Die Oper fand nur sehr laue Aufnahme und wurde kaum gespielt. MS

DER SCHWUR
(Il giuramento)

Oper in drei Akten von Saverio Mercadante (1795–1870). Libretto von Giovanni Gaetano Rossi (1820–1886). Uraufführung: Mailand, Teatro alla Scala, 11. Mai 1837. Solisten: Schoberlechner, Tadolini, Donzelli, Castellan, Balzar.

HANDLUNG. Eloise (Sopran) und Bianca (Mezzosopran) machen sich gegenseitig Viscardos (Tenor) Liebe streitig. Bianca, die mit Manfred (Bariton) verheiratet ist, wird von diesem zur Sühne ihres Ehebruchs gezwungen, Gift zu nehmen. Aber Eloise rettet die Rivalin, indem sie das Gift durch ein Schlafmittel ersetzt. Viscardo, der Bianca leblos vorfindet und sie für tot hält, sieht in Eloise die Schuldige. In aufwallendem Schmerz und Zorn sticht er sie nieder, gerade in dem Moment, als Bianca wieder zu sich kommt und als erstes nach ihm ruft.

● *Der Schwur* ist das einzige der zahlreichen Werke des Komponisten, das nicht gänzlich in Vergessenheit geraten ist. Trotz der raschen Aufeinanderfolge dramatischer Situationen fehlt der Oper der Atem des wahren Dramas, auch die Gestalten bleiben konventionell. Trotzdem fehlt es nicht an vereinzelten Stellen schöner Lyrik, wie zum Beispiel am Ende des dritten Aktes in der Arie der Eloise *Ma negli estremi istanti*. Die Oper wurde oft gespielt, unter anderem 1839 am Teatro Valle in Rom und 1849 am Teatro Communale in Bologna (unter dem Titel: *Amore e Dovere (Liebe und Pflicht)*. Das Libretto geht auf Victor Hugos Roman *Angelo, Tyranne de Padoue* (1835) zurück, wobei Ort, Zeit und Namen geändert wurden. Die Handlung wurde nach Syracus im vierzehnten Jahrhundert verlegt (wohingegen Hugos Drama im Padua des sechzehnten Jahrhunderts spielt).

ROBERT DEVEREUX, GRAF VON ESSEX

Oper in drei Akten von Gaetano Donizetti (1797–1848). Libretto von Salvatore Cammarano (1801–1852) nach der Tragödie «Elisabèth d'Angleterre» von F. Ancelot. Uraufführung: Neapel, Teatro San Carlo, 2. Oktober 1837.

HANDLUNG. Die Handlung spielt in London Ende des sechzehnten Jahrhunderts. Robert Devereux, Graf von Essex, wird von seinen Feinden des Verrates bezichtigt. Aber Königin Elisabeth, die Essex immer noch liebt, will seine von den Peers ausgesprochene Verurteilung nicht unterschreiben. Essex zeigt sich Elisabeth gegenüber äußerst kühl, was dieser zu der Vermutung Anlaß gibt, er liebe eine andere Frau. Der Verdacht verstärkt sich, als man bei Essex ein gesticktes Seidentuch, ein klares Unterpfand weiblicher Liebe, findet. Essex hatte das Tuch von der Herzogin Sarah von Nottingham erhalten. Doch nicht als Zeichen einer nicht erlaubten Liebe, wie Sarahs Gemahl, der das Tuch erkannt hat, glaubt. In ihrer Jugend waren sich Robert und Sarah zugetan gewesen, dann mußte Robert in die Welt hinausziehen und Sarah zurücklassen. Während Roberts Abwesenheit war Sarahs Vater gestorben und das junge Mädchen konnte sich den Wünschen der Königin nicht widersetzen: gegen ihren Willen mußte sie den Herzog von Nottingham ehelichen. Das Tuch hatte ihm Sarah als Talisman in der über ihm schwebenden Gefahr gegeben. Die Königin unterzeichnet die Verurteilung Essex' in dem festen Glauben, er werde ihr den Ring, den sie ihm geschenkt hat und mit dem er jede Gnade von ihr erhalten kann, zurückgeben, um sein Leben zu retten. Der Verurteilte läßt den Ring auch tatsächlich Sarah geben, damit sie ihn der Königin überbringe. Aber der eifersüchtige Nottingham hindert seine Gemahlin daran, ihren Auftrag rechtzeitig zu erfüllen. Das Herzogspaar trifft bei der Königin ein, als es bereits zu spät ist. Die Königin ist empört und verzweifelt über den Tod Essex', den sie nicht wollte. In ihrem Schmerz gibt sie dem Herzogspaar die Schuld und läßt dieses seinerseits zum Tode verurteilen.

Kostüm der von Zoé Prevost im «Postillon von Lonjumeau» von Adolphe-Charles Adam gesungenen «Madeleine», Opéra-Comique 1836. Paris, Bibliothèque de l'Opéra.

Kostüm des von Jean-Baptiste-Marie Chollet im «Postillon von Lonjumeau» von Adolphe-Charles Adam gesungenen «Chapelon», Opéra-Comique 1836. Paris, Bibliothèque de l'Opera.

● Die Oper war ein großer Erfolg und wurde regelmäßig bis 1882 aufgeführt. Sie gehört zwar nicht zu den bedeutenderen Werken Donizettis, konnte sich jedoch ein gewisses Interesse bewahren. Vor allem in England und Amerika wird sie immer noch vereinzelt gegeben. Es gibt sogar eine Schallplattengesamtaufnahme aus dem Jahre 1970. MS

DER SCHWARZE DOMINO
(Le Domino noir)

Komische Oper in drei Akten von Daniel Auber (1782–1871). Libretto von Eugène Scribe (1791–1861). Uraufführung: Paris, Opéra-Comique, 2. Dezember 1837.

● Die Oper gehört zu den gelungensten und anerkanntesten des Komponisten. Sie wurde allein in Paris bis zum Jahre 1882 über tausendmal gespielt und löste Begeisterungsstürme beim Pariser Publikum aus. Das Libretto wurde in fast alle europäischen Sprachen übersetzt, was ein sicherer Gradmesser des Erfolges für eine Oper der damaligen Zeit war.
GP

ZAR UND ZIMMERMANN

Oper in drei Akten von Albert Lotzing (1801–1851). Libretto vom Komponisten nach einem Theaterstück von A.H. Mélesville, J.T. Merle und E.C. de Boirie (1818). Uraufführung: Leipzig, Stadttheater, 22. Dezember 1837.

HANDLUNG. Saardam in Holland 1698. Peter der Große (lyrischer Bariton) arbeitet als Peter Michaelow auf der Schiffswerft der Witwe Brown (Spiel-Alt). Ein aus der Armee desertierter Russe, Peter Iwanow (Tenor-Buffo) fürchtet entdeckt zu werden. Er liebt Marie (Soubrette), die Nichte des Bürgermeisters van Bett (Baß-Buffo), und dieser ist ein rechter Trottel im Amt. Verwechslungen, Eifersucht und Mißverständnisse. Die große Politik spielt mit hinein. Der russische Gesandte, Admiral Lefort (seriöser Baß), der französische Gesandte, Marquis von Châteauneuf (lyrischer Tenor), sowie sein englischer Kollege, Lord Syndham (Baß-Buffo), verwickeln sich diplomatisch wie menschlich in den Handlungsablauf. Entflechtung und Versöhnung, ein glückliches Paar, ein guter Posten für den Bräutigam und ein in die Heimat zurückkehrender Zar.

Die Regisseurin Margherita Wallmann leitet eine Probe der «Regimentstochter» von Gaetano Donizetti mit Mirella Freni an der Mailänder Scala in der Saison 1967/68.

Das Theater San Carlo in Neapel auf einem Stich aus der Mitte des neunzehnten Jahrhunderts.

● Diese berühmteste Oper des Komponisten war von Anfang an ein großer Erfolg in Deutschland. Lortzings musikalisches Vorbild ist Mozart, wobei er – ohne dieses zu erreichen – seine Schwerpunkte anders setzt: Volkstümlichkeit und Humoristik sind stark ausgeprägte Merkmale seiner Musik. Lortzing war selbst Schauspieler und hatte als solcher ausgesprochenes Gefühl für Theaterwirksamkeit entwickelt. Dementsprechend überarbeitete er die meisten seiner Libretti und war dabei, insbesondere bei den Komödien, sehr erfolgreich.   MSM

BENVENUTO CELLINI

Oper in zwei Akten von Hector Berlioz (1803–1869). Libretto von Léon de Wially und Auguste Barbier (1822–1901). Uraufführung: Paris, Opéra, 10. September 1838.

HANDLUNG. Die Geschichte spielt im Jahre 1532 während des römischen Karnevals. Benvenuto Cellini (Tenor) liebt Therese (Sopran), die Tochter des päpstlichen Schatzmeisters. Sie ist jedoch Fieramosa anverlobt. Zusammen mit Balducci (Bariton) plant er, sie in der Karnevalsnacht als Mönch verkleidet zu entführen. Fieramosa erfährt von dem Plan und verhindert seine Ausführung. Dabei wird einer seiner Freunde getötet. Cellini wird des Mordes angeklagt, kann aber fliehen. Da er jedoch vom Papst den Befehl erhalten hat, den Perseus zu gießen, kehrt er in seine Werkstatt zurück, wo Fieramosa und Theresas Vater schon auf ihn warten und ihn verhaften lassen. Ein Kardinal verspricht Cellini, ihm das Leben zu schenken und Thereses Hand zu geben, wenn er die Perseusstatue noch am selben Abend gießen kann. Zum großen Bedauern seiner Feinde gelingt Cellini das Bravourstück. Der leidenschaftliche Florentiner kann somit seine heißgeliebte Therese in die Arme schließen.

● Die zwischen 1834 und 1837 komponierte Oper war bei ihrer Uraufführung ein kompletter Reinfall. Später wurde sie mit besserem Erfolg in Weimar (1852) und London (1853) sowie nach dem Tode des Komponisten an verschiedenen Bühnen aufgeführt. Sie fand jedoch nie Aufnahme in das ständige Opernrepertoire. Der Mißerfolg dürfte auch an dem wenig geschlossenen Libretto gelegen haben. «Der *Benvenuto Cellini*» – so F. d'Amico – «geht auf zwei romantische Handlungsfäden zurück: neben Cellinis Lebensgeschichte auf E.T.A. Hoffmanns *Salvator Rosa*, woraus Berlioz neben einigen Einzelsituationen vor allem das italienische Renaissance-Ambiente, das er als pittoresk, ja geradezu exotisch empfand, entnahm. Und das war das ganz Neue an dieser Oper: das Ambiente wird wesentlich für sie, ist mehr als nur den Hintergrund abgebendes Milieu.» Die Oper beginnt mit einer Ouvertüre, deren mediterraner Charakter in offenem Gegensatz zu Berlioz' sonstigen Werken steht, die aber auch eines der berühmtesten Stücke des Komponisten enthält, nämlich den *Römischen Karneval*. Berlioz hat das Stück später noch überarbeitet. In dieser Fassung gehört es zu seinen besten Leistungen und wird heute oft als Einzelnummer gespielt.

IL BRAVO

Melodram in drei Akten von Saverio Mercadante (1795–1870). Libretto von Giovanni Gaetano Rossi (1820–1886). Uraufführung: Mailand, Teatro alla Scala, 9. März 1839. Ausführende: Balzar, Benciolini, Castellan, Donzelli, Polonini, Quattrini, Marconi, Schoberlechner, Tadolini, Villa.

PERSONEN. Foscari, Patrizier (Baß), Cappello, Patrizier (Tenor), Pisani, Patrizier im Exil (Tenor), Marco, Theodoras Gondoliere (Baß), Luigi, Foscaris Diener (Baß), Theodora (Sopran), Violetta (Sopran), Maffeo.

HANDLUNG. Foscari hat sich in Violetta verliebt und läßt deren Vormund Maffeo umbringen. Pisani kehrt inkognito aus der Verbannung nach Venedig zurück, um Violetta, die er ebenfalls liebt, zu entführen. Er sucht bei Bravo Unterschlupf. Violettas Mutter Theodora, die das Kind in zartem Alter ausgesetzt hat und die Tat nun bereut, will Violetta ihrerseits von Bravo entführen lassen. Mutter und Tochter begegnen sich. Um mit ihrer Tochter alleine sein zu können, schickt Theodora alle ihre Festgäste nach Hause. Bravo entdeckt Theodora sein Geheimnis: er ist Violettas Vater, muß sich aber völlig dem Willen des Dogen von Venedig beugen, um das Leben seines Vaters in den Bleibergwerken von Piombino nicht aufs Spiel zu setzen. Bravos jüngster Auftrag lautet, Theodora zur Strafe für die Mißachtung ihrer Festgäste umzubringen. Bravo berichtet Theodora über seinen schrecklichen Auftrag, da reißt sie ihm den Dolch aus der Faust und gibt sich selbst den Tod. Im gleichen Moment erhält Bravo die Nachricht, sein alter Vater sei gestorben. Damit ist er von seiner schrecklichen Verpflichtung, alles, was der Doge verlangt, zu tun, befreit. Violetta und Pisani können währenddessen ins Ausland flüchten.

● Das Libretto stützt sich auf den Roman *The Brave* von James Fenimore Cooper (1789–1851) (mit einigen Veränderungen) und das Drama *La vénitienne* von A. Bourgeois. SC

Letzte Szene aus dem zweiten Akt von Giuseppe Verdis «Nabucco» in einer Aufführung des Stuttgarter Hoftheaters. Nach einem Stich von 1845 aus der «Leipziger Illustrierten Zeitung».

1839

OBERTO, GRAF VON SAN BONIFACIO

Drama in zwei Akten von Giuseppe Verdi (1813–1901). Libretto von Temistocle Solera (1815–1878). Uraufführung: Mailand, Teatro alla Scala, 17. November 1839. Solisten: A. Ranieri Marini, M. Shaw, L. Salvi, I. Marini, Dirigent: E. Cavallini.

PERSONEN. Oberto (Baß), Leonore (Sopran), Riccardo (Tenor), Cunizia (Mezzosopran).

HANDLUNG. Bassano, im Jahre 1228. Der junge Graf Riccardo soll Ezzelino da Romanos Schwester Cunizia heiraten. Stattdessen verführt er Leonore, die Tochter seines Freundes Oberto, des Grafen von San Bonifacio. Oberto entdeckt den schändlichen Verrat des Freundes und bringt Leonore dazu, Cunizia die Wahrheit zu erzählen und den Verführer zu entlarven. Cunizia beschließt daraufhin, auf Riccardo zu verzichten, der damit Leonore ehelichen muß. Oberto aber ist mit dieser Lösung nicht einverstanden. Er fordert den jungen Grafen zum Zweikampf auf und tötet ihn. Leonore bleibt nur, sich ins Kloster zurückzuziehen.

• *Oberto* ist Verdis erste Oper, wahrscheinlich eine Umarbeitung des *Duca di Rochester* (1836), den er nie zur Aufführung bringen konnte. Die Oper wurde im Auftrag von Bartolomeo Merelli geschrieben und erzielte mit vierzehn Aufführungen einen gewissen Erfolg. Damit waren dem jungen Komponisten Verträge für drei weitere Opern sicher. Libretto und Partitur wurden von dem Verleger Giulio Ricordi um tausend österreichische Lire für Merelli und weitere tausend für Verdi gekauft – für damalige Verhältnisse ein guter Preis. Mit klarem Blick hatte Ricordi in Verdi das Neue gegenüber Donizetti entdeckt: die dramatische Konzeption, die – im Ansatz bereits in dieser ersten Opernkomposition vorhanden – später so charakteristisch für Verdis reifes Bühnenwerk werden sollte.

EP

DIE REGIMENTSTOCHTER
(La Fille du Régiment)

Oper in zwei Akten von Gaetano Donizetti (1797–1848). Libretto von Jules H. Vernoy de Saint-Georges und Jean F. Bayard. Uraufführung: Paris, Opéra-Comique (Salle Favart), 11. Februar 1840. Solisten: M.J. Boulanger, H. Blanchard, J. Bourgeois, Riquier, Léon, Palianti. Dirigent: Gaetano Donizetti.

PERSONEN. Marchesa von Berckenfeld (Sopran), Sulpiz, Sergeant (Baß), Tonio, ein junger Schweizer (Tenor), Marie, Marketenderin (Sopran), Hortensio, Haushofmeister der Marchesa (Baß), ein Bauer (Tenor), ein Notar (Tenor). Französische Soldaten, Schweizer Bauern, Dienerschaft der Marchesa.

HANDLUNG. Die Handlung spielt in der Schweiz. Erster Akt. Ein Heerlager in der Nähe eines Dorfes. Der Feind ist auf der Flucht, die Truppen können aufatmen. Auf ihrem Heimweg zum Schloß ruht sich die Marchesa von Berckenfeld kurz in einem Zelt aus. Sulpiz, Sergeant der savoyardischen Truppen, mit seiner Pflegetochter Marie, die in deren Mitte aufgewachsen ist und nun ihre Marketenderin ist, betreten das Zelt. Ein junger Tiroler, Tonio, ist Maries wegen den Truppen gefolgt und möchte unter die Fahnen des Regiments treten, wird aber als Spion festgenommen. Marie berichtet, wie der junge Mann sie einmal aus einem Abgrund, in den sie gestürzt war, gerettet hat. Sie liebt Tonio. Sulpiz aber will nicht, daß sie einen Fremden ehelicht. Die Marchesa bittet Sulpiz um Geleit auf ihrem Weg zum Schloß Berckenfeld. Als Sulpiz diesen Namen hört, erzählt er, wie vor vielen Jahren ein junger Adliger, ein gewisser Robert von Berckenfeld, vor seinem Tode den Soldaten die kleine Marie anvertraut hatte. Die Marchesa erkennt in dem Mädchen die Tochter aus einer heimlichen Ehe eines Bruders. Angesichts dieses Umstandes ist sie schockiert über die Erziehung des Mädchens, das sich vor ihr wie ein Soldat ausdrückt. Marie ihrerseits ist zwar erfreut, ihre Familie gefunden zu haben, bedauert aber auch den Abschied von ihrem Regiment, insbesondere jetzt, wo es Tonio endlich gelungen ist, ins Regiment aufgenommen zu werden, und somit keine Hindernisse mehr für ihre Heirat bestehen. Unter allgemeiner Entrüstung verläßt sie aber schließlich doch ihr Regiment. Zweiter Akt. Salon im Schloß der Marchesa. In eleganter Robe empfängt Marie ihren Pflegevater Sulpiz, der sie kaum mehr erkennt. Aber Marie fühlt sich in all der Bequemlichkeit und all dem Luxus nicht wohl. So muß sie zum Beispiel eine Menge lästiger «Künste» erlernen: Tanzen, Singen und «feine Manieren». Der Marchesa erklärt sie unumwunden, daß ihr Fanfarenklang und Soldatenlieder lieber seien als die süßlichen Romanzen, die sie singen soll. Auch die Regimentssoldaten kommen aufs Schloß, um ihre alte Marketenderin zu begrüßen, unter ihnen auch Tonio, der mittlerweile Offizier geworden ist. Alle werden von Haushofmeister Hortensio großzügig bewirtet. Tonio und Marie gestehen sich unterdessen erneut ihre Liebe. Aber die Marchesa hat andere Pläne: Marie soll den Herzog von Krakentorp ehelichen. Der junge Mann muß versprechen, seine Liebste nie mehr zu sehen. Schließlich erzählt die Marchesa, daß sie nicht die Tante, sondern die leibliche Mutter Maries sei. Sie bittet Sulpiz, dem Mädchen die Neuigkeit beizubringen und es dazu zu überreden, in eine standesgemäße Heirat einzuwilligen. Marie ist aus Liebe und Gehorsam zur Mutter bereit, den Ehekontrakt zu unterzeichnen, des Mädchens und Tonios Verzweiflung aber rühren das Herz der Marchesa so sehr, daß sie schließlich ihre Einwilligung zur Hochzeit gibt.

• *Die Regimentstochter* ist Donizettis erste französische und eine seiner populärsten Opern. Sie erzielte in Frankreich, Italien und vielen anderen Ländern großen Erfolg. An der Opéra-Comique in Paris wurden allein im Jahre 1875 sechshundert Aufführungen gegeben. Auch heute wird sie immer wieder an verschiedenen Bühnen gespielt. Das Werk ist von der Leichtigkeit, die auch für Donizettis andere komische Opern so kennzeichnend ist. Nach der Pariser Uraufführung wurde die Oper am 3. Oktober des gleichen Jahres (1840) zum erstenmal in Italien an der Scala gespielt.

MS

KÖNIG FÜR EINEN TAG oder DER FALSCHE STANISLAUS
(Un giorno di regno ossia Il finto Stanislao)

Heiteres Melodram in zwei Akten von Giuseppe Verdi (1813–1901). Libretto von Felice Romani (1788–1865) nach einer Komödie von Pineux Duval. Uraufführung: Mailand, Teatro alla Scala, 5. September 1840. Solisten: Luigia Abbadia (Giulietta), Raffaele Ferlotti (der Ritter von Belfiore), Antonietta Marini (Marchesa von Poggio), Agostino Rovere (La Rocca), Lorenzo Salvi (Edoardo), Raffaele Scalese (der Baron).

PERSONEN. Der Ritter von Belfiore (Bariton), Baron von Kelbar (Buffo-Spielbaß), Marchesa von Poggio (Sopran),

Zweite Szene aus dem vierten Akt von Giuseppe Verdis «Nabucco» in einer Aufführung an der Scala in der Saison 1966/67 in der Regie von Franco Enriquez, Bühnenbilder von Nicola Benois.

Giulietta (Mezzosopran), Edoardo (Tenor), La Rocca (Buffo-Spielbaß), Graf von Ivrea (Tenor), Delmonte (Baß).

HANDLUNG. König Stanislaus von Polen muß sich vor seinen Feinden verstecken. Er bittet daher den Ritter von Belfiore, seine Rolle zu spielen. Dieser übernimmt die Rolle des Königs auch bei seiner früheren Geliebten, der Marchesa von Poggio, die ihn glücklicherweise nicht erkennt. Der falsche König sieht sich in eine ganze Reihe von amourösen Verwicklungen am Hofe hineingezogen. Schließlich trifft die Nachricht von der endgültigen Sicherheit des Königs ein. Da er diese zum großen Teil Belfiore zu verdanken hat, ernennt er ihn zum Marschall. Somit ist Belfiore trotz seines Täuschungsspiels vor allen rehabilitiert und kann die Marchesa von Poggio ehelichen.

● Zur Zeit des Entstehens dieser Oper hatte Verdi viel Schweres in seinem Privatleben durchzustehen: innerhalb von zwei Jahren waren ihm zwei Söhne und die Gattin gestorben. Es war für ihn nicht die Zeit, eine komische Oper zu schreiben. Jedenfalls fehlt es dem Stück deutlich an Schwung und Leichtigkeit. Der Erfolg war entsprechend schwach. Das Mißlingen dieser Oper mag auch auf das Libretto zurückzuführen sein. Romani, der mit Bellini und Donizetti so erfolgreich zusammengearbeitet hatte, hatte sich nach all den Jahren mit seiner Vorliebe für das Arkadische selbst überlebt. Spätere Änderungen des Librettisten Temistocle Solera vermochten das insgesamt schwache Werk nicht zu retten. *König für einen Tag* ist Giuseppe Verdis einzige komische Oper, die er vor *Falstaff* schrieb. Leichte Anklänge an *Falstaff* sind schon in einzelnen Passagen zu finden, so in einem Liebesduett (Sopran/Tenor) und in einem gelungen Männerterzett.

EP

SAPPHO (Saffo)

Tragisches Melodram in drei Akten von Giovanni Pacini (1796–1867). Libretto von Salvatore Cammarano (1801–1852). Uraufführung: Neapel, Teatro San Carlo, 29. November 1840.

HANDLUNG. Die Handlung spielt in Griechenland zur Zeit der XLVI. Olympischen Spiele. Phaon (Tenor) glaubte sich von Sappho (Sopran) verraten und beschließt aus Rache, die Tochter des Apollonpriesters Alkander (Bariton) Klymene (Mezzosopran) zu heiraten. Als Sappho entdeckt, daß Phaon einer anderen angehört, zerstört sie in ihrer Verzweiflung den Apollonaltar, zu dem sie sich zum Gebet begeben hatte. Nach der frevlerischen Tat überfällt sie jedoch Reue. Mit dem Priester Alkander tritt sie vor die Haruspices, um die Lösung des auf ihr ruhenden Fluches zu erbitten. Zur Sühne will sie sich vom heiligen Felsen stürzen. Das Orakel nimmt ihr Opfer an. Gleichzeitig aber stellt sich heraus, daß Sappho die für ertrunken geltende Tochter Alkanders ist. Vergeblich sucht der Priester die Haruspices von ihrer Entscheidung abzubringen, die ihm die eben wiedergefundene Tochter entreißt. Auch Phaon ist verzweifelt, daß er jetzt erst der Liebe Sapphos gewahr wird und will mit ihr in den Tod gehen. Das Volk versammelt sich, um dem heiligen Ritus beizuwohnen. Die Haruspices geleiten Sappho auf die Höhe des Felsens. Phaon, der ihr folgen will, kann nur mit Mühe zurückgehalten werden.

● *Sappho* wurde in der Rekordzeit von nur achtundzwanzig Tagen komponiert, ist aber nichtsdestoweniger Pacinis bestes Werk. Man weiß, daß Pacini das Komponieren sehr leicht von der Hand ging. Mitunter wirkt sich dies in seiner Musik als Oberflächlichkeit aus. Anfangs ist sein Schaffen stark von Rossini beeinflußt, mit der Oper *Sappho* aber löst er sich davon.

DIE FAVORITIN
(La Favorite)

Oper in vier Akten von Gaetano Donizetti (1797–1848). Libretto von Alphonse Royer, Gustave Vaëz und Eugène Scribe nach dem Drama «Le comte de Comminges» (1790) von Baculard d'Arnaud. Uraufführung: Paris, Académie Royale de Musique (Opéra), 2. Dezember 1840. Solisten: Rosine Stoltz (Leonore), G. L. Duprez (Fernand), P. Barroillet (Alfons XI.), N. P. Lavesseur (Balthasar). Dirigent: F. A. Haberneck.

PERSONEN. Alfons XI., König von Kastilien (Bariton), Leonore von Gusman (Sopran), Fernand (Tenor), Balthasar, Abt des Klosters St. Jakob (Baß), Don Gaspare, königlicher Offizier (Tenor), Inez, Leonores Vertraute (Sopran), Adlige, Hofdamen, Pagen, Wachen, Soldaten, Landbevölkerung, Klosterbrüder, Pilger.

HANDLUNG. Die Handlung spielt in Kastilien um 1340. Erster Akt. Erster Aufzug. Der Novize Fernand im Kloster St. Jakob von Compostela findet sich von der Begegnung mit einer Dame beim Verlassen der Kirche in Verwirrung gestürzt. Er beichtet seine Verwirrung dem Abt Balthasar, der ihn auffordert, der Versuchung zu widerstehen. Fernand aber beschließt, das Klosterleben aufzugeben. Zweiter Aufzug. Ein Garten am Ufer der Insel Leone. In einem Boot sitzt mit verbundenen Augen Fernand. Als ihm seine Begleiterin Inez die Augenbinde abnimmt, begehrt er mit Nachdruck von ihr zu wissen, wer die Frau sei, die ihm ihre Gunst bezeigt und die er so heiß liebt, von der er jedoch immer nur in größter Heimlichkeit und ohne ihren Namen zu kennen, empfangen wird. Aber Inez enthüllt das Geheimnis nicht. Die adlige Dame ist, wie Fernand erst später erfahren wird, die Geliebte des Königs von Kastilien, der um ihretwillen die Königin verstoßen hat. Fernand bittet die von ihm geliebte Frau um ihre Hand. Sie muß sie ihm verweigern und bittet ihn, sie nie mehr wiederzusehen. Als Abschiedsgeschenk überreicht sie ihm ein Schreiben, das ihm eine brillante Karriere im Heer ermöglichen soll. Da bringt Inez atemlos die Nachricht, daß der König unerwartet eingetroffen sei. Fernand wird damit klar, daß seine Geliebte eine Dame hohen Ranges ist. Er beschließt daher, sich Ruhm und Ehre zu erkämpfen, um ihrer würdig zu werden. Zweiter Akt. Palast und Gärten von Alcazar. Ein großes Fest zur Feier des Sieges über die Mauren ist in Vorbereitung. Fernand hat sich im Kampf gegen die Ungläubigen besonders ausgezeichnet, ja sogar dem König das Leben gerettet. Für diese seine Verdienste soll er öffentlich geehrt und ausgezeichnet werden. Leonore ist traurig und bittet den König sie freizugeben: er wird sie nie heiraten können, und sie glaubt die demütigende Situation nicht mehr ertragen zu können. Der König aber geht nicht auf ihre Bitte ein. Bei Beginn des Festes fällt ihm ein Briefchen an Leonore in die Hände. Er ist entschlossen, ihr ein Geständnis über den Schreiber abzuringen. Da tritt Abt Balthasar im Geleit seiner Brüder von Compostela auf und überbringt dem König die Botschaft vom Mißfallen des Papstes über den Verstoß der Königin und sein Verhältnis zu einer Abenteuerin. Er spricht über Alfons den päpstlichen Bannfluch aus. Die Festgesellschaft ist in höchster Verlegenheit. Leonore stürzt verzweifelt davon. Dritter Akt. Fernand, der von all dem nichts weiß, trifft stolz und hoffnungsvoll am Hofe ein. Der König dankt ihm für seine großen Verdienste und stellt ihm einen Wunsch frei. Fernand bittet um die Hand Leonores. Als die verstörte Leonore dazukommt, hört sie zu ihrer Verwunderung, daß der König in ihre Heirat mit Fernand einwilligt. Um seine eigene heikle Situation wieder in Ordnung zu bringen, kommt dem König eine möglichst rasche Heirat Leonores nur gelegen. Aber Leonore, die Fernand aufrichtig liebt, will ihn nicht täuschen. Sie beauftragt daher Inez, ihn über die wahre Situation aufzuklären. Alfons XI. aber läßt Inez festnehmen und die Hochzeitsvorbereitungen möglichst rasch vorantreiben. Bei der Überreichung der königlichen Auszeichnungen an Fernand fallen in der Festgesellschaft spöttische Bemerkungen über den jungen Mann, von dem alle glauben, er gebe sich zu dem bösen Spiele her, um dem König zu gefallen und den Zorn des Papstes zu besänftigen. Als Leonore Fernand ruhig und glückstrahlend sieht, glaubt sie, er habe die wahre Situation in seiner Liebe zu ihr großzügig akzeptiert. Die Hochzeit wird vollzogen. Nach der Zeremonie aber äußern einige Ritter ihre Verachtung für Fernand und weigern sich, ihm die Hand zu reichen. Fernand, der nicht versteht, will bereits heftig reagieren, als ihm Abt Balthasar die Lage erklärt. Fernand ist empört über den – wie er glaubt – gemeinsamen Verrat Leonores und Alfonsos. Er zerbricht sein Schwert, reißt sich die Auszeichnungen des Königs von der Brust und stürzt, gefolgt von Balthasar hinaus. Vierter Akt. Vor der Kirche St. Jakob von Compostela ergehen sich Abt Balthasar, der in eine Mönchskutte gewandete Fernand und einige Mitbrüder zwischen den Gräbern im Gebet. Ein Pilger schleppt sich der Erschöpfung nahe heran und bricht neben Fernand zusammen: es ist Leonore, die um Verzeihung zu bitten gekommen ist. Zunächst will Fernand nichts von ihr wissen, doch als er die Wahrheit hört, hebt er sie auf und will mit ihr an einen Ort fliehen, wo sie niemand kennt. Aber er kommt zu spät. Leonore ist am Ende, sie stirbt in dem tröstlichen Bewußtsein, des Geliebten Vergebung zu haben.

● Die Oper war ursprünglich für das Théâtre de la Renaissance vorgesehen und sollte aus drei Akten bestehen. In dieser Form trug sie den Titel *L'Ange de Nisida*. Nach der Schließung dieses Theater wurde sie in die Académie Royale de Musique verlegt. Für das neue Haus fügte Donizetti unter Mitarbeit von Scribe einen vierten Akt hinzu. Trotz des nicht sehr guten Librettos gelang es Donizetti, *Die Favoritin* neben der *Lucia von Lammermoor* zu seinem stärksten tragischen Werk zu machen. Allerdings fallen die ersten drei Akte dem vierten gegenüber stark ab. Der Erfolg war groß und andauernd. Allein die Pariser Oper zählte im Jahre 1904 schon über sechshundertfünfzig Aufführungen. Toscanini bezeichnete *Die Favoritin* als «vollkommen schönes Meisterwerk». MS

DIE KRONDIAMANTEN
(Les Diamants de la Couronne)

Komische Oper in drei Akten von Daniel Auber (1782–1871). Libretto von Eugène Scribe (1791–1861) und Jules H. Vernoy de Saint-Georges. Uraufführung: Paris, Opéra-Comique (Salle Favart), 6. März 1841.

● Eine der besten und erfolgreichsten komischen Opern des Komponisten, die in zahlreichen europäischen und außereuropäischen Ländern aufgeführt wurde. Scribe, der geschickteste Theaterpraktiker seiner Zeit, sorgte wie in seinen anderen Libretti für eine wirkungsvolle Handlung. Anmut und Brillanz von Aubers Musik entzückten das Publikum, das nichts weiter wünschte als eine leichte Unterhaltung. Bestandteil des Standardopernrepertoires wurde sie jedoch nie.
GP

Links: Richard Wagner im Kreis seiner Freunde. Zeichnung von E.B. Kietz, 1841

DER GRAF VON CARAMAGNOLA
(Le Comte de Caramagnola)

Oper in zwei Akten von Ambroise Thomas (1811–1896). Libretto von Eugène Scribe (1791–1861). Uraufführung: Paris, Théâtre de l'Opéra, 19. April 1841. Ausführende: Prosper Dérivis, Julie Dorus-Gras.

• Der Stoff der Oper stammt aus Manzonis Tragödie *Il conte di Carmagnola:* im Venedig des sechzehnten Jahrhunderts wird ein Condottiere, der die venezianischen Truppen gegen Mailand geführt hat, vom Senat der Stadt des Verrates angeklagt und zu Unrecht zum Tode verurteilt. Scribe machte daraus eine an amourösen Verwicklungen überreiche, aber bedeutungslose Geschichte. Die Komposition kann dem gegenüber als gefällig und stellenweise brillant gelten. Für Ambroise Thomas war sie sein zweites Werk für die Pariser Oper. Nach nur acht Aufführungen wurde sie abgesetzt und fast nie mehr wieder gespielt.   GP

NABUCCO (Nebukadnezar)

Lyrisches Drama in vier Akten von Giuseppe Verdi (1813–1901). Libretto von Temistocle Solera (1817–1878). Uraufführung: Mailand, Teatro alla Scala, 9. März 1842. Solisten: Giuseppina Strepponi (Abigail), Giovannina Bellinzaghi (Fenena), Miraglia (Ismael), Giorgio Ronconi (Nebukadnezar), Prosper Dérivis (Zacharias).

PERSONEN. Nebukadnezar (Bariton), Ismael (Tenor), Zacharias (Baß), Abigail (Sopran), Fenena (Sopran), Abdallo (Tenor), Anna (Sopran).

HANDLUNG. Die Handlung spielt in Babylon und Jerusalem. Erster Akt. Die Hebräer sind von den babylonischen Kriegern des Nebukadnezar besiegt worden. Der Hohepriester Zacharias spricht ihnen Mut zu: er konnte Fenena, die Tochter des feindlichen Königs, zu seiner Gefangenen machen. Ismael, der Neffe des Königs von Jerusalem, entbrennt in Liebe zu der feindlichen Gefangenen. Er versucht sie zu befreien. Dabei wird er jedoch von der Sklavin Abigail, einer Halbschwester Fenenas, und Nebukadnezar aufgehalten. Zacharias versucht Fenena zu töten, aber Ismael hindert ihn daran. Die Hebräer verfluchen ihn als Volksverräter. Zweiter Akt. Fenena regiert im Namen des abwesenden Nebukadnezar. Abigail, die eifersüchtig ist, plant ihren Tod, um die Macht an sich zu reißen. Fenena selbst läßt sich vom Hohenpriester Zacharias zum jüdischen Glauben bekehren. Als die falsche Nachricht von Nebukadnezars Tod eintrifft, glaubt sich Abigail schon am Ziel. Doch da kehrt wider alles Erwarten der König zurück. In einem Anfall von Größenwahnsinn erklärt er sich zum Entsetzen aller Hebräer selbst zum Gott. Dritter Akt. Abigail ist es schließlich doch gelungen, Nebukadnezar zu entmachten. Sie herrscht nun mit grausamer Gewalt. Die hebräischen Gefangenen sollen geopfert werden. Auch Fenena soll den Tod erleiden für den Frevel ihrer Bekehrung zum jüdischen Glauben. In Erwartung des Todes stimmen die Hebräer den großen Chor *Va' pensiero (Flieg', Gedanke)* an. Vierter Akt. Nebukadnezar verbündet sich, um die Herrschaft zurückzugewinnen mit den Assyrern, und marschiert auf Babylon zu. Er kommt gerade noch rechtzeitig, um die Tochter zu retten. Abigail beschließt, sich selbst den Tod zu geben. Ehe sich jedoch Hand an sich legt, bittet sie Fenena um Vergebung und erwirkt bei Nebukadnezar die Erlaubnis, den treuergebenen Ismael zum Gemahl nehmen zu dürfen.

• Diese dritte Oper Verdis trug ursprünglich den Titel *Nabuccodonosor,* der erst für eine Aufführung auf der Insel Korfu im Jahre 1844 auf *Nabucco* gekürzt wurde. Die Oper wurde für Verdi von entscheidender Bedeutung. Verhärtet durch den großen Schmerz über den Tod seiner beiden Kinder und seiner jungen Frau und verbittert ob des völligen Mißerfolges seiner letzten Oper *König für einen Tag* hatte er beschlossen, nicht mehr zu komponieren, als ihm der Impresario Merelli das Libretto zu *Nabucco* vorlegte. Die Stelle *Flieg', Gedanke auf goldenen Schwingen* ließ ihn an die Lage des besetzten Italien denken und schien ihm die Möglichkeit zu bieten, eine wenigstens verhüllt patriotisches Engagement zeigende Oper zu schreiben. Ohne Zweifel war der Erfolg der Oper auch auf politische Emotionen zurückzuführen. In vier Monaten kam es zu siebenundfünfzig Aufführungen. Für Verdi war dieses Werk auch die erste Gelegenheit eines Zusammentreffens mit der Sängerin Giuseppina Strepponi, die ja schon einige Jahre später ihre Karriere aufgeben sollte. Später sollte er ihr dann als Gesangslehrer in Paris wiederbegegnen, um sie siebzehn Jahre nach dem *Nabucco* zu heiraten. Die Beziehung zu seinem Impresario wurde nach dieser Oper immer unerträglicher. Merelli beutete Verdis Arbeitskraft bis zum letzten aus, betrog ihn – wie Ricordi später nachweisen konnte – um ein Gutteil seines Honorars und soll dem Gerücht nach sogar ein österreichischer Spion gewesen sein. EP

LINDA VON CHAMOUNIX

Oper in drei Akten von Gaetano Donizetti (1797–1848). Libretto von Gaetano Rossi (1774–1855). Uraufführung: Wien, Kärntnertortheater, 19. Mai 1842. Solisten: Eugenia Tadolini (Linda), Marietta Brambilla (Pierrot), Napoleone Moriani (Carlo von Sirval), Felice Varesi (Antonio), Prosper Dérivis (Präfekt), Agostino Rovere (Marquis von Boisfleury). Dirigent: Gaetano Donizetti.

PERSONEN. Der Marquis von Boisfleury (Buffo), Vicomte von Sirval (Tenor), Präfekt (Baß), Antonio, Pachtbauer (Bariton), Pierrot, Savoyarder Waisenknabe (Alt), Gutsverwalter (Tenor), Magdalene (Sopran), Linda, Magdalenes und Antonios Tochter (Sopran). Savoyarden, Mädchen und Jungen.

HANDLUNG. Die Handlung spielt in Hochsavoyen und in Paris um 1670. Erster Akt. In ihrem bescheidenen Bauernhaus sorgen sich das Pächterehepaar Antonio und Magdalene ob der drohenden Ausweisung aus ihrem Hof. In diese trübe Stimmung kommt der Bonvivant Marquis de Boisfleury, ein Bruder der Besitzerin des Grund und Bodens, den die beiden bewirtschaften. Er verspricht zu helfen und schlägt vor, die Tochter des Paares, Linda, auf seinem Schloß erziehen zu lassen. Antonio und Magdalene fließen über vor Dank für das großzügige Angebot und merken nicht, daß der Marquis an dem jungen Mädchen Gefallen gefunden und nicht unbedingt ehrenhafte Absichten hat. Unterdessen kommt Linda von der Kirche zurück und singt mit dem Waisen Pierrot und anderen Freunden. Zu dieser munteren Gesellschaft stößt auch Carlo, ein junger Maler, der jedoch in Wirklichkeit der Vicomte von Sirval, ein Neffe des Marquis ist, der es jedoch nicht wagt, Linda seinen wahren Namen zu nennen, da er fürchtet, der Standesunterschied würde eine zu große Schranke zwischen ihnen errichten. Im Hause weist der Gebietspräfekt das Pächterehepaar auf die Gefahr, in die sich Linda mit dem Marquis begibt, hin. Er schlägt vor, sie eine Weile aus dessen Reichweite zu schaffen und sie nach Paris zu seinem Bruder zu bringen. Linda bricht also mit Pierrot und ein paar anderen jungen Savoyarden, die in der Hauptstadt Arbeit suchen, auf. Zweiter Akt. Salon des Appartements, das Linda in Paris bewohnt. Nach dem Tode des Bruders des Präfekten hat sie bei Carlo, dem Vicomte von Sirval Zuflucht gefunden. Dieser wünscht sie zu heiraten, braucht dazu aber die Einwilligung seiner Mutter, die andere Pläne mit ihm hat. Linda erkennt in einem Jungen, den sie auf der Straße unter ihrem Fenster singen hört, ihren Jugendfreund Pierrot. Sie läßt ihn heraufrufen; die beiden begrüßen

Vierter Akt der Oper «Ruslan und Ludmilla» von Michail Glinka, in einer Aufführung des Moskauer Bolschoi-Theaters von 1868.

Entwurf Boris Bilinskys zum ersten Bild des ersten Akts von Michail Glinkas «Ruslan und Ludmilla», 1930.

sich nach der langen Trennung freudig. Der Vicomte kann unterdessen dem Druck seiner Mutter, ein reiches Mädchen zu heiraten, nicht mehr widerstehen. An Lindas Tür kommt ein alter Bettler, der in Wirklichkeit ihr Vater ist. Sie erkennt ihn jedoch nicht gleich. Als sie ihn schließlich doch in der Wiedersehensfreude umarmen will, stößt er sie hart und verachtungsvoll zurück, da er glaubt, sie ließe sich vom Vicomte aushalten. Im gleichen Moment bringt Pierrot die Nachricht, Carlo werde eine reiche Dame heiraten. Das ist zuviel für das arme Mädchen. Unter dem Eindruck der für sie schrecklichen Ereignisse verwirrt sich ihr der Sinn. Dritter Akt. Marktplatz von Chamounix. Die jungen Savoyarden kehren mit ihrem Saisonverdienst in die Heimat zurück. Auch der Vicomte trifft auf der Suche nach Linda ein. Er hatte sich schließlich dem Wunsche der Mutter nach einer reichen Heirat doch nicht gefügt und Linda in Paris gesucht. Aber sie war nicht mehr zu finden. Durch seine Hartnäckigkeit hat Carlo endlich auch die Mutter überzeugt: sie ist nun bereit, in seine Heirat mit Linda einzuwilligen. Er berichtet Lindas Eltern über ihr untadeliges Verhalten in Paris. Da treffen Pierrot und Linda zu Hause ein. Linda ist völlig erschöpft von der beschwerlichen Reise und nach wie vor sinnverwirrt. Sie erkennt niemanden. Erst mit der Zeit gelingt es dem Vicomte, sie wieder zu sich selbst zu bringen, indem er ein Lied wieder und wieder singt, mit dem er sie früher gegrüßt hatte. Dem glücklichen Ende steht somit nichts mehr im Wege.

● *Linda von Chamounix* ist die erste Oper, die Donizetti für den Wiener Hof schrieb. Der Erfolg war so groß, daß ihn der Kaiser zum Hofkomponisten und Kaiserlichen Kapellmeister ernannte. Damit hatte Donizetti Ämter inne, die früher Mozart bekleidet hatte. Die Kaiserin überreichte dem Komponisten nach der Uraufführung, der sie beigewohnt hatte, einen Schal, auf den sie selbst in goldenen Lettern die Worte «Kaiserin von Österreich am Abend des 19. Mai 1842 für die Oper *Linda* für Donizetti.» Die Oper wurde allerdings erst später ins Deutsche übersetzt und 1849 in deutscher Fassung in Wien aufgeführt. MS

RIENZI, DER LETZTE DER TRIBUNEN

Tragische Oper in fünf Akten von Richard Wagner (1813–1883). Libretto vom Komponisten nach dem gleichnamigen Roman von Edward George Bulwer Lytton (1803–1873). Uraufführung: Dresden, Hofoper, 20. Oktober 1842. Solisten: Wilhelmine Schröder-Devrient (Adriano), Henriette Wüst (Irene), Joseph Tichatschek (Rienzi), Wilhelm Dettmer (Colonna), Michael Wächter (Orsini).

HANDLUNG. Rom im vierzehnten Jahrhundert. Die Stadt ist von den Kämpfen der beiden rivalisierenden großen Patrizierfamilien Orsini und Colonna zerrissen. Orsini-Anhänger

Szene aus dem ersten Akt von Michail Glinkas «Ruslan und Ludmilla» in einer Aufführung des Bolschoi-Theaters, 1957.

versuchen, Irene, die Schwester des Führers der Volkspartei, Rienzi, während dessen Abwesenheit zu entführen. Adriano Colonna, der das Mädchen liebt, kann den Anschlag verhindern. Als Rienzi in die Stadt zurückkehrt, bricht der Aufstand aus. Adriano schlägt sich – obwohl er Adliger ist – auf die Seite des Volkes. Unterdessen hat sich Rienzi zum Herrscher über Rom ausrufen lassen. Eine Verschwörung gegen ihn ist aufgedeckt worden. Aber die Nobili der Stadt geben die seit Jahrhunderten ausgeübte Macht nicht preis. Sie wiegeln das Volk gegen Rienzi auf und finden auch noch Unterstützung durch den Bannfluch des Papstes über den Volkstribunen. Rienzi ist immer mehr isoliert. Schließlich wendet sich auch das Volk gegen ihn. Adriano versucht vergebens, ihn zu retten. Die Volksmassen sind nicht mehr aufzuhalten: sie zünden den Palast an. Rienzi sowie seine Schwester Irene und Adriano, der sie bis zuletzt liebt und verteidigt, finden in den Trümmern den Tod.

● Wagner hatte die Oper in der Hoffnung, sie in Paris aufgeführt zu sehen, komponiert. Meyerbeers Vorherrschaft in der französischen Hauptstadt wußte das jedoch zu verhindern. Dieses Jugendwerk Wagners weist noch zahlreiche Charakteristika der prunkvollen «Grand-opéra» auf: Romanzen, Märsche, Duette, Ballette und Prunkzüge gipfeln in der großen Schlußszene des Kapitols in Flammen. Der *Rienzi* fand zunächst sehr positive Aufnahme in Dresden, war später aber eher glücklos und wird in unserem Jahrhundert selten gespielt. Zwar ist das Werk insgesamt noch nicht mit dem Stil und der dramatischen Kraft des reifen Wagners zu vergleichen, es weist aber auch neben der bekannten Ouvertüre schon einige sehr hochwertige Stellen auf. RM

RUSLAN UND LUDMILLA

Phantastische Oper in fünf Akten von Michail Glinka (1804–1857). Libretto von Michail Glinka und Wladimir Schirkow nach dem gleichnamigen Gedicht von Alexander Puschkin. Uraufführung: St. Petersburg, Kaiserliches Theater, 9. Dezember 1842. Solisten: O. A. Petrow. A. M. Stepanowa. Dirigent: C. Albrecht.

PERSONEN. Zwetozar, Großfürst von Kiew (Baß), Ludmilla, seine Tochter (Sopran), Ruslan, Krieger, Ludmillas Verlobter (Bariton), Ratmir, Tartarenfürst (Alt), ein Barde (Tenor), Farlaff (Baß), Gorislava, Ratmirs Braut (Sopran), Finno, finnischer Zauberer (Tenor), Naina, Hexe (Mezzosopran), Tschernomor, böser Zwerg (Tenor).

HANDLUNG. Die Handlung spielt im heidnischen Rußland im neunten Jahrhunderts. Erster Akt. Burg des Großfürsten von Kiew. Am Hofe des Großfürsten Zwetozar soll dessen Tochter den verdienten Krieger Ruslan heiraten, der Tartarenfürst Ratmir aber und der Krieger Farlaff wollen Ruslan töten, um das junge Mädchen für sich zu gewinnen. Ludmilla ist betrübt, daß sie den Vater verlassen soll. Dieser aber tröstet sie. Urplötzlich verdunkelt sich die Szene und Ludmilla wird von einem bösen Geist entführt. Zwetozar verspricht demjenigen, der die Tochter heil zurückbringt, ihre Hand. Ruslan, Farlaff und Ratmir machen sich auf die Suche nach dem jungen Mädchen. Zweiter Akt. Höhle des finnischen Zauberers Finno. Ruslan kommt zur Höhle des Zauberers und erfährt von ihm, daß Ludmilla vom Zwerg Tschernomor geraubt wurde. Weiter erzählt der Zauberer, wie er dank seiner Zauberkünste das Herz der schönen Naina gewonnen,

1842

Schlußszene aus Richard Wagners «Fliegendem Holländer» nach einer in der «Leipziger Illustrierten Zeitung» am Tag nach der Uraufführung 1843 erschienenen Zeichnung.

wie sich diese aber dann in eine böse Hexe verwandelt habe. Unterdessen begegnet Farlaff der Hexe Naina, die sich erbötig macht, ihm bei der Suche nach Ludmilla zu helfen. Ruslan hat sich inzwischen weiter auf den Weg gemacht, um Ludmilla zu finden. Er befindet sich plötzlich mitten in einem mit Leichen übersäten Feld vor einem riesenhaften Kopf, dessen Atem einen Sturm auslöst. Er durchbohrt ihn mit seiner Lanze und findet darunter ein Schwert, mit dem er den Zwerg Tschernomor töten kann. Dritter Akt. Schloß der Hexe Naina. Die frühere Verlobte Ratmirs, Gorislava, ist den Künsten der Hexe verfallen. Auch Ratmir kommt auf das Schloß, die beiden begegnen sich jedoch nicht. Von einem Odaliskentanz bezaubert, wird auch Ruslan ein Gefangener Nainas. Alle drei sind wie hypnotisiert. Der Zauberer Finno aber bricht den Zauber, und Ratmir und Gorislava sinken sich in die Arme. Vierter Akt. Schloß des Tschernomor. Ludmilla, die des bösen Zwerges Gefangene ist, beklagt ihr Schicksal. Der Zwerg sucht sie durch ein Fest mit orientalischen Tänzen aufzuheitern. Da stürmt Ruslan herein. Tschernomor läßt Ludmilla sofort in einen tiefen Schlaf versinken, er selbst stellt sich Ruslan zum Kampf. Ruslan gelingt es, den Zwerg zu besiegen, indem er ihm seinen langen Bart mit dem Schwert abschneidet. Damit hat er den Sitz seiner Zauberkraft getroffen. Er hebt Ludmilla in seine Arme und flieht mit ihr nach Kiew. Fünfter Akt. Auf dem Wege nach Kiew wird die arme Ludmilla erneut von Farlaff und Naina geraubt. Farlaff bringt sie in die Stadt und gibt sich als ihr Retter aus, aber er kann sie nicht wieder aus ihrem Schlaf erwecken. Erst Ruslan gelingt es, sie schließlich wieder zum Leben und zu sich selbst zu bringen, so daß die beiden am Ende noch glücklich vereint werden.

• Mit diesem Werk behauptet sich Glinka als großer russischer Komponist. Libretto und Komposition nahmen zwar viel Zeit in Anspruch – Puschkin selbst hätte das Libretto eigentlich überarbeiten sollen, sein unerwarteter Tod hinderte

Die Sänger der Uraufführung von Richard Wagners «Fliegendem Holländer»: Michael Wächter (der Holländer), Reinhold (Erik), Risse (Daland), Wilhelmine Schröder-Devrient (Senta), E. Wächter (Mary).

Dritter Akt des «Fliegenden Holländers» von Richard Wagner bei den Bayreuther Festspielen 1956 in der Inszenierung Wolfgang Wagners.

ihn jedoch daran – aber das Ergebnis ließ sich sehen. Zahlreiche musikalische Einflüsse sind im *Ruslan* noch spürbar (von Mozart über Bellini bis Donizetti), trotzdem hebt sich die Oper, anders als *Ein Leben für den Zaren*, deutlich von ihren traditionellen Vorbildern westeuropäischer Musikkultur ab. Die volkstümlichen russischen Themen klingen nicht nur in der von märchenhaften und phantastischen Motiven durchwobenen Handlung an, das gesamte musikalische Material ist von osteuropäischen bis orientalischen Komponenten wie russischer, georgischer, türkischer, arabischer und finnischer Volksmusik durchsetzt. Die Offenheit für den Zauber des Orients läßt Glinka zu einem Bahnbrecher dieser Melodik und Farbigkeit werden, die später von Mussorgsky, Borodin und Rimsky-Korssakow zu einem Hauptbestandteil der russischen Musik geführt wurden. Insofern war Glinkas Werk für die erste Hälfte des neunzehnten Jahrhunderts eine grundlegende Neuerung, die gleichzeitig revolutionär und irritierend wirkte. Trotz dieser wenig dem hergebrachten Geschmack entspechenden Tendenzen wurde die Oper zwischen 1842 und 1846 sechsundfünfzigmal aufgeführt. LB

DER FLIEGENDE HOLLÄNDER

Oper in drei Akten von Richard Wagner (1813–1883). Libretto vom Komponisten nach Heinrich Heines «Memoiren des Herrn von Schnabelewopski». Uraufführung: Dresden, Hofoper, 2. Januar 1843. Solisten: Wilhelmine Schröder-Devrient (Senta), Michael Wächter (Holländer), Karl Risse (Daland), Reinhold (Erik). Dirigent: Richard Wagner.

PERSONEN. Daland, ein norwegischer Seefahrer (Baß), Senta, seine Tochter (Sopran), Erik, Jäger (Tenor), Mary, Sentas Amme (Mezzosopran), Dalands Steuermann (Tenor), der Holländer (Baß), Matrosen des norwegischen Schiffes, Besatzung des «Fliegenden Holländers», Frauen.

HANDLUNG. Ort der Handlung ist die norwegische Küste. Erster Akt. Das Schiff des norwegischen Seefahrers Daland hat nach einem heftigen Sturm in einer entlegenen Bucht Zuflucht gefunden. Die erschöpfte Mannschaft begibt sich zur Ruhe, auch der aus seiner Pflicht entlassene Steuermann schläft. Ein Geisterschiff mit blutroten Segeln nähert sich unterdessen und wirft Anker. Eine gespenstische, in einen weiten Mantel gehüllte Gestalt entsteigt dem Schiff: der fliegende Holländer, ein Seefahrer, der zu ruhelosem Herumtreiben auf den Weltmeeren verflucht ist. Nur alle sieben Jahre ist es ihm gestattet, seinen Fuß an Land zu setzen, um ein Weib zu suchen, das ihn mit seiner reinen, unverbrüchlichn Liebe von dem Fluche befreien kann. Er ruft nach Vernichtung und Untergang der Welt: *Ew'ge Vernichtung, nimm mich auf!* Daland erblickt vom Schiff aus die gespenstische Gestalt und ruft sie an. Von seiner Antwort beeindruckt und von Gier auf die Reichtümer, die ihm der Fremde vorführt, gepackt, lädt er ihn in sein Haus ein. Dort erwartet ihn schon Senta, die getreue Tochter. In der Hoffnung auf die ersehnte Erlösung erbittet sie der Fremde als Gattin. Die beiden Schiffe laufen unter dem Gesang der Matrosen aus. Zweiter Akt. Spinnstube im Hause des Daland. Sentas Amme Mary hat ein wachsames Auge auf die junge Gesellschaft. Senta ist in träumerische Betrachtung des Bildes des «Fliegenden Holländers» versunken und erzählt den Freundinnen seine unglückselige Geschichte. Auf einer seiner Fahrten verfluchte der holländische Seemann den Himmel, da es ihm ungünstige Winde und Sturm unmöglich machten, ein Vorgebirge zu umschiffen. Sein Fluch jedoch wurde vom Satan gehört, der ihn seither ruhelos auf den Weltmeeren herumtreiben läßt, solange, bis ihn die Liebe einer Frau erlöst. In schwärmerischer Verzückung erklärt Senta, den irrenden Seefahrer erlösen zu wollen. Aber da tritt ihr Verlobter Erik dazwischen und erzählt von einem bösen Traum, daß ein Unbekannter ihm die Braut entführt habe. Erik hat die Spinnstube verlassen, da bringt Daland seinen fremden Gast. Senta erkennt in dem Neuankömmling sofort den «Fliegenden Holländer». Zwischen den beiden bricht eine tiefe Leidenschaft auf. Kaum sind sie alleine, sinken sie sich in die Arme. Dritter Akt. Vor der Küste, nicht weit von Dalands Haus, liegen die beiden Schiffe: das norwegische im vollen Lichterglanz der Feier der Heimkehr, das holländische in unheilvoller Düsterkeit. Erik versucht, Sentas Zuneigung zurückzugewinnen und erinnert sie an ihr Versprechen. Als der «Fliegende Holländer» die beiden zusammen sieht, glaubt er sich verraten. Aus Trotz und Verzweiflung gibt er sich vor allen als der «Fliegende Holländer» zu erkennen und stürzt dann auf sein Schiff, um in See zu stechen. Vergeblich fleht ihn Senta an, zu bleiben und beteuert ihm ihre Unschuld. Da sie ihn nicht aufhalten kann, stürzt sie sich vom Felsen ins Meer. Damit hat sie die höchste Probe ihrer Liebe erbracht. Der «Fliegende Holländer» ist von seinem Fluch erlöst, und das von Gespenstergestalten bevölkerte Schiff versinkt. Im phosphoreszierenden Schäumen der Wogen finden sich die beiden Liebenden vereint.

● Im Sommer 1839 geriet Wagner auf dem Schiff, das ihn von Königsberg nach London brachte, in einen heftigen Sturm und blieb schließlich an der skandinavischen Küste liegen. Die Gewalt des Unwetters auf hoher See und die düstere Stimme des aufgewühlten Meeres machten auf den Künstler einen unvergeßlichen Eindruck und gemahnten ihn an den verfluchten Gespensterseefahrer, der auf der Suche nach seiner Erlösung auf den Meeren herumirren muß. Die von Heine aufgegriffene Sage vom «Fliegenden Holländer» war bereits seit dem sechzehnten Jahrhundert bei den seefahrenden Völkern Nordeuropas verbreitet, möglicherweise als unbewußte Transposition der Geschichte vom ewig umherirrenden Juden, die ihrerseits vielleicht eine Umformung des Odysseus-Mythos ist. Allen drei Mythen ist ein der menschlichen Seele eigenes Streben gemeinsam: die Sehnsucht nach ewigem Frieden. In Wagners Abenteuer auf hoher See und der Sage des nordischen Seefahrers läßt sich leicht der Ursprung dieser romantischen Oper erkennen. Wagner schrieb das Libretto im Jahre 1841 in Paris und komponierte die Musik dazu in sechs Wochen im Frühjahr 1842 in Meudon, wohin er sich vor dem Lärm und den Zerstreuungen der Stadt zurückgezogen hatte. In dieser Oper sind bereits die großen Themen der Wagnerschen Konzeption vorhanden: Fluch, Erlösung und Todeswunsch als einzige innere Sicherheit – alles Themen, die vom *Tristan* über den *Ring der Nibelungen* zum *Parsifal* immer wiederkehren. Zum erstenmal tritt hier auch das Leitmotiv, das eine Person, einen Gedanken oder ein Gefühl charakterisiert, auf. Die in Arien, Duetten, Balladen usw. übernommenen klassischen geschlossenen Formen dieser Oper bringen im Ansatz bereits die Verschmelzung zum Gesamtkunstwerk, das die Größe des reifen Künstlers ausmachen sollte.   RM

DON PASQUALE

Komische Oper in drei Akten von Gaetano Donizetti (1797–1848). Libretto von Michele Accursi bzw. Giovanni Ruffini (1807–1881) nach dem Text von Angelo Anelli zu Stefano Pavesis «Ser Marcantonio». Uraufführung: Paris, Théâtre-Italien, 3. Januar 1843. Solisten: Giulia Grisi (Norina), Mario Tamburini (Ernesto), Antonio Tamburini (Doktor Malatesta), Luigi Lablache (Don Pasquale).

PERSONEN. Don Pasquale, ein alter Junggeselle (Spielbaß), Doktor Malatesta (Bariton), Ernesto, Don Pasquales

Zweiter Akt des «Fliegenden Holländers» von Richard Wagner bei den Bayreuther Festspielen 1969 in der Inszenierung August Everdings, Bühnenbilder von Josef Svoboda.

1843

Eine Szene aus Gaetano Donizettis «Don Pasquale», Salzburger Festspiele 1971. Bühnenbilder und Regie von Ladislav Stros.

Neffe (Tenor), Norina, junge Witwe (Sopran), ein Notar (Baß). Diener, Haushofmeister, Modistin, Perückenmacher.

HANDLUNG. Die Handlung spielt in Rom. Erster Akt. Salon im Hause des Don Pasquale. Der reiche Hausherr ist wütend, weil sein Neffe, der zugleich sein Erbe ist, sich nicht in eine Heirat mit einer begüterten, aber gesetzten Dame vorgerückten Alters fügen will. Der schöne junge Ernesto ist vielmehr in eine ebenso schöne junge Witwe namens Norina verliebt, die jedoch in den Augen des Onkels den unverzeihlichen Fehler hat, nicht reich zu sein. Don Pasquale will von ihr nichts hören und sehen, ja er bedroht seinen Neffen sogar mit Enterbung. Doktor Malatesta, ein Freund Ernestos und Norinas, der auch bei Don Pasquale gern gesehen ist, beschließt, den beiden jungen Menschen mit einem komplizierten Komplott zu helfen. Er stattet Don Pasquale einen Besuch ab, hört sich die Geschichte an und erklärt sich dann anscheinend mit Don Pasquale einverstanden. Schlau schlägt er dem Alten vor, den Neffen dadurch zu bestrafen, daß er sich selbst noch verheiratet. Er geht so weit, ihm die eigene Schwester Sofronia vorzuschlagen, die alle Qualitäten haben sollte, um ihm das Alter zu versüßen. Der Alte fühlt sich geschmeichelt und wünscht das junge Mädchen kennenzulernen. Daraufhin instruiert Malatesta Norina, wie sie den alten Junggesellen zunächst als Sofronia (die es gar nicht gibt!) zu becircen und dann, sobald der Heiratsvertrag unterzeichnet ist, ihm das Leben zur Hölle zu machen hat. Zweiter Akt. Salon im Hause des Don Pasquale. Der Alte ist hingerissen von der Sanftmut, Güte und Schönheit der angeblichen Sofronia und möchte den Ehevertrag so schnell wie möglich schließen. Ein als Notar verkleideter Freund Malatestas wird zwecks Vollzug des notariellen Aktes gerufen. Enrico, der von der bevorstehenden Heirat seines Onkels gehört hat, will sich bei diesem verabschieden, da er nunmehr nichts mehr zu erwarten hat. Er ist völlig verstört, als er in der angeblichen Sofronia Norina erkennt, aber Malatesta informiert ihn schnellstens über das Komplott. Der Vertrag wird schließlich von beiden Seiten unterzeichnet. Kaum ist dies geschehen, wechselt Norina ihre Rolle: aus dem sanftmütigen, fügsamen Täubchen Sofronia wird plötzlich eine anspruchsvolle, launische Weibsperson, die offensichtlich auch noch einen lockeren Lebenswandel führt. Sie verlangt die völlige Neueinrichtung des Hauses, läßt die teuersten Juweliere, Schneider und Perückenmacher für sich arbeiten und überhäuft Don Pasquale mit einer Flut von Rechnungen. Dritter Akt. Don Pasquales (falsche) junge Frau erweist sich als unersättlich: sie verlangt nach immer mehr Vergnügungen. Als sie ins Theater gehen und ihr frisch vermählter Ehegatte ihr dies verbieten will, ohrfeigt sie ihn kurzerhand. Beim Verlassen des Hauses läßt sie absichtlich ein Briefchen fallen, in dem sie Ernesto für den Abend ein Stelldichein im Garten gibt. Voller Entrüstung schickt Don Pasquale nach Malatesta, damit er ihm aus den Schwierigkeiten heraushelfe, die er ihm ja eingebrockt hat. Die beiden treffen mit Sofronia zusammen. Malatesta kündigt ihr das Eintreffen von Ernestos Gattin Norina an. Sofronia gibt vor, den Affront nicht ertragen zu können und das Haus verlassen zu wollen. Da sie jedoch eine weitere Täuschung befürchtet, will sie an der Hochzeit der beiden teilnehmen. Don Pasquale, der sein zänkisches Weib nun um jeden Preis loswerden will, gibt seine Zustimmung. Als Sofronia weg ist, wird ihm das Komplott aufgedeckt. Nach der ersten Wut siegt die Erleichterung, von den jungen Xanthippe befreit zu sein, und er erklärt sich mit der ordnungsgemäßen Eheschließung Norinas und Ernestos einverstanden.

● Donizetti komponierte den *Don Pasquale*, als er sich bereits auf der Höhe seines Ruhmes befand. Das Pariser Théâtre-Italien gab bei ihm eine komische Oper in Auftrag. Donizetti erwog sofort das ungefähr ein Jahrzehnt früher entstandene Libretto Angelo Anellis für Stefano Pavesis *Ser Marcantonio*. Der als Mazzini-Anhänger in Paris exilierte Ruffini übernahm die Umarbeitung des Anelli-Librettos. Ruffini und Donizetti verstanden sich aber so schlecht, daß der Textdichter es schließlich ablehnte, für das Libretto verantwortlich zu zeichnen. So kam es mit den Initialen M.A. heraus. Dahinter versteckt sich ein anderer in Paris lebender Mazzini-Anhänger, Michele Accursi, ein Freund Donizettis, der während dessen Abwesenheit in Paris alle Theatergeschäfte des Meisters wahrnahm. Donizetti komponierte den *Don Pasquale* im November 1842 in nur elf Tagen. Die eigentliche Instrumentierungsarbeit und die Erfüllung der musikalischen Wünsche der verschiedenen Sänger nahm dann allerdings wesentlich mehr Zeit in Anspruch. Die Oper hatte sofort aufsehenerregenden Erfolg und wurde sehr schnell an allen renommierten Theatern der Welt gespielt. Auch die Kritik zu diesem Werk war insgesamt immer sehr positiv. Von den sechsundsechzig Opern Donizettis ist *Don Pasquale* sicherlich die populärste und am meisten gespielte. Zusammen mit dem *Liebestrank* und dem *Barbier von Sevilla* ist sie ohne Zweifel ein Juwel der komischen Oper des neunzehnten Jahrhunderts. MS

DIE LOMBARDEN (BEIM ERSTEN KREUZZUG) (I Lombardi alla prima crociata)

Lyrisches Drama in einem Vorspiel und vier Akten von Giuseppe Verdi (1813–1901). Libretto von Temistocle Solera (1817–1878) nach dem gleichnamigen Gedicht von Tommasi Grossi (1790–1853). Uraufführung: Mailand, Teatro alla Scala, 11. Februar 1843. Solisten: E. Frezzolini (Giselde), C. Guasco (Oronte), P. Dérivis (Pagano, der Einsiedler), G. Severi (Arvino), T. Ruggeri (Wiglinde). Dirigent: G. Panizza.

PERSONEN. Arvino (Tenor), Pagano (Baß), Wiglinde (Sopran), Giselde (Sopran), Pirro (Baß), Prior von Mailand (Tenor), Acciano (Baß), Oronte (Tenor), Sofia (Sopran).

HANDLUNG. Ende des elften Jahrhunderts. Erster Akt. *(Die Rache)*. Der auf seinen Bruder Arvino eifersüchtige Pagano hatte am Tage vor dessen Hochzeit mit Wiglinde einen Mordanschlag auf diesen unternommen und wurde deshalb in die Verbannung geschickt. Nach vielen Jahren kehrt er im Büßergewand nach Mailand zurück und es kommt zur Versöhnung. In Wirklichkeit plant er mit Pirros Hilfe ein Komplott gegen den Bruder. Dieser wird jedoch von einer Vorahnung heimgesucht und wappnet sich gegen die drohende Gefahr. Als Pagano im Dunkel der Nacht zuschlägt, trifft er nicht Arvino, sondern den Vater. Voller Verzweiflung will er sich selbst das Leben nehmen, wird jedoch daran gehindert. Zweiter Akt. *(Der Höhlenmensch)*. Antiochien. Der Tyrann Acciano betet zu Allah, er möge seinen Zorn auf die Kreuzritter herabsenden. Sein Sohn Oronte liebt Giselde, Arvinos und Wiglindes Tochter, und will daher zum Christentum übertreten, wie seine Mutter Sofia das bereits heimlich getan hat. Pirro macht Pagano in der Nähe der Stadt ausfindig. Dieser hat sich zur Sühne seiner Schuld als Einsiedler in eine Höhle zurückgezogen. Er ist bereit, mit den Kreuzrittern gegen den unglaubigen Feind zu ziehen. Accianos Harem. Sofia teilt Giselde den Tod Accianos und Orontes mit. Giselde verflucht den ungerechten Gott, der den Krieg zuläßt. Der gerade hinzukommende Arvino will das junge Mädchen daraufhin wegen Gotteslästerung töten. Die Kreuzzüge sind heilige Kriege. Nur dem Eingreifen des frommen Einsiedlers verdankt Giselde ihr Leben. Dritter Akt. *(Die Bekehrung)*. Orontes Tod war eine falsche Nachricht. Er ist noch am Leben und tritt Giselde als Kreuzritter verkleidet im Tale des Josaphat gegenüber. Die beiden schwören sich ewige Liebe. Sie müssen vor Arvino, der von der Liebe des Mädchens zu Oronte erfahren hat und sie trennen will, fliehen. Arvino hat auch von Paganos Teilnahme am Kreuzzug gehört und sucht ihn zu finden, um endgültig Rache an ihm zu nehmen. Oronte und Giselde fliehen in die Grotte des Einsiedlers. Oronte, der eine schwere Verwundung erlitten hat, läßt sich hier taufen. Danach gibt er in den Armen Giseldes den Geist auf. Vierter Akt. *(Das Heilige Grab)*. Giselde hat eine Vision: Oronte sagt ihr voraus, daß sie Wasser in der Wüste finden werden. Und tatsächlich sprudelt vor den dürstenden Kreuzrittern eine Quelle aus dem Gestein. Der Einsiedler wird in den weiteren Kämpfen schwer verletzt und in Arvinos Zelt gebracht. Sich dem Tode nahe fühlend, gibt er sich seinem Bruder zu erkennen. Arvino verzeiht dem Todgeweihten und trägt ihn selbst vor das Zelt: über dem eroberten Jerusalem weht die christliche Fahne.

● Verdi fand mit diesem, der romantischen Vorliebe für alles Mittelalterliche entsprechenden Stoff, ein Libretto für eine Oper, die auf große Popularität rechnen konnte. *Die Lombarden* wurden mehrfach umgearbeitet, einmal für eine Aufführung in Paris im Jahre 1847 (Titel: *Jerusalem*) später dann für Konstantinopel (1851). Die verschiedenen Neufassungen können zwar nicht als besonders geglückt bezeichnet werden, erlaubten Verdi aber immerhin schon eine erste Auseinandersetzung mit den Problemen der «Großen Oper», die ihm für seine späteren Arbeiten sehr nützlich sein sollte. EP

DER GRAF VON CHALAIS (Maria di Rohan o Il conte di Chalais)

Oper in drei Akten von Gaetano Donizetti (1797–1848). Libretto von Salvatore Cammarano (1801–1852) nach der Komödie «Un duel sous le Cardinal Richelieu» von Lockroy. Uraufführung: Wien, Kärntnertortheater, 5. Juni 1843. Solisten: E. Tadolini (Maria), C. Guasco (Richard von Chalais), G. Ronconi (Heinrich von Chevreuse). Dirigent: Gaetano Donizetti.

HANDLUNG. Die Oper besteht aus drei Teilen mit folgenden Überschriften: *Traurige Folgen eines Duells, Dankbarkeit statt Liebe* und *Blinde Rache*. Die Handlung spielt in Paris um 1630. Heinrich von Chevreuse hat in einem Duell einen Neffen Kardinals Richelieu getötet und wurde dafür ins Gefängnis geworfen. Maria von Rohan, eine Hofdame der Königin, bittet Graf Richard von Chalais, der beim König in Gunst steht, sich für den Gefangenen zu verwenden. Sie gibt Heinrich für einen Verwandten aus, in Wirklichkeit ist er jedoch ihr Gatte. Sie hatte ihn heimlich geheiratet, da der Kardinal gegen diese Ehe war. Richard, der Maria liebt, verspricht ihr zu helfen. Als kurz darauf ein Page des Königs verkündet, Heinrich sei begnadigt, kann sie zur allgemeinen Verwunderung ihre große Freude und Erleichterung nicht verbergen. Armand von Gonde, ein Höfling, deutet ihre Reaktion mit üblen Unterstellungen, so daß ihn Richard schließlich zum Duell herausfordert. Der aus dem Gefängnis entlassene Heinrich bietet sich ihm als Sekundant an. Da das Gerücht umgeht, Richelieu sei entmachtet, glaubt Heinrich, seine Heirat mit Maria nicht weiter verheimlichen zu müssen. Richard, der Angst hat, in dem Duell getötet zu werden, schreibt Maria einen Brief, in dem er ihr seine Gefühle erklärt. Maria kommt unerwartet dazwischen. Er schließt den Brief schnell in einem Kästchen ein. Maria berichtet, daß Richelieu wieder an der Macht und und sich vielleicht an Richard, wegen seines Eintretens für Heinrich rächen werde. Maria versteckt

1843

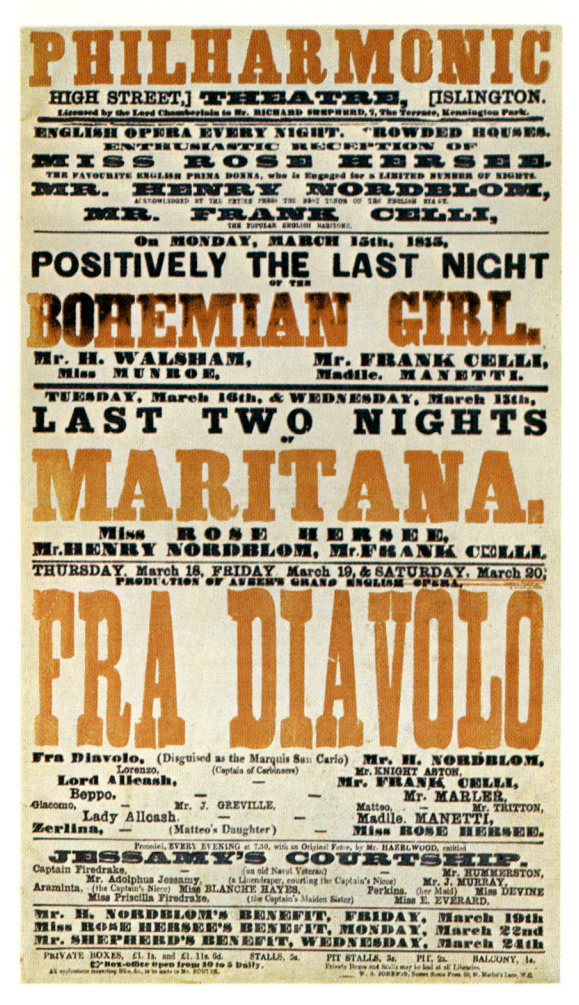

Theaterzettel zu «Die Zigeunerin» von Michael William Balfe in einer Aufführung am Londoner Philharmonic Theatre 1875. London, Victoria and Albert Museum.

sich in einem Nebenraum, als sich Schritte nähern. Es ist Heinrich, der den Freund zum Duell abholen will. Richard folgt ihm aber nicht sogleich, sondern sucht nochmals Maria zu sehen. Da trifft die Nachricht ein, Heinrich habe sich an seiner Stelle im Duell geschlagen und sei verwundet. Richard eilt zu Heinrich, erfährt dort aber, daß Richelieus Wachen unterdessen seinen Palast durchsuchen. Er befürchtet, sie würden seinen Brief an Maria finden, und stürzt zu seinem Palast. Der Brief aber ist verschwunden. Kurz darauf wird er Heinrich mit einer Botschaft des Kardinals überbracht. Dieser ist empört und erzürnt ob des angeblichen Verrates und will weder Marias Unschuldsbeteuerungen noch Richards Schwur, er habe Maria nie belästigt, Glauben schenken. Heinrich besteht auf seiner Forderung nach einem Duell. Die beiden Rivalen treten ab, doch schon bald kehrt Heinrich alleine zurück mit der Nachricht, Richard habe sich selbst den Tod gegeben, um den ihn verfolgenden Wachen Richelieus zu entgehen.

● Die Oper hatte mäßigen Erfolg und verschwand schon bald von den Spielplänen. Erst im Jahre 1957 wurde sie nach langer Zeit in Bergamo wieder aufgeführt.   MS

DIE ZIGEUNERIN
(The bohemian Girl)

Oper in drei Akten von Michael William Balfe (1808–1870). Libretto von Alfred Bunn. Uraufführung: London, Royal Drury Lane Theatre, 27. November 1843.

HANDLUNG. Die Geschichte spielt in Deutschland und erzählt von der Liebe des polnischen Adligen Thaddeus zu Arlina, der Tochter des Grafen von Arnheim. Arlina war als kleines Kind von Zigeunern geraubt worden und ist unter ihnen aufgewachsen. Die Handlung setzt ein, als Arlina beschuldigt wird, einem Edelmann ein wertvolles Juwel gestohlen zu haben. Der Gouverneur von Preßburg, vor den die Sache getragen wird, erkennt in dem Zigeunermädchen seine Tochter wieder. Überglücklich, das verlorengeglaubte Kind wiedergefunden zu haben, willigt er in die Hochzeit mit dem polnischen Adligen Thaddeus ein, obwohl dieser politisch in Ungnade steht.

● Das Libretto geht auf die 1839 erstmals aufgeführte Ballett-Pantomime *La Gipsy (Die Zigeunerin)* von J. Vernoy de Saint-Georges zurück, die sich ihrerseits an Cervantes Roman *La Gitanella (Die Zigeunerin)* anlehnte. *Die Zigeunerin* ist Balfes berühmteste Oper und sicherlich die erfolgreichste englische Oper der ersten Hälfte des neunzehnten Jahrhunderts überhaupt. Außerdem war sie die einzige, die auch auf dem Kontinent Resonanz fand. In England waren die eingängigsten Arien des Werkes lange Zeit allgemein bekannt und beliebt. Sowohl am Drury Lane Theater als auch am Covent Garden Theater wurde sie häufig und ohne je ganz vom Spielplan zu verschwinden, aufgeführt. Die Oper wurde in Italienisch, Deutsch, Französisch, Schwedisch, Kroatisch und Russisch übersetzt. Balfe, der in Paris lebte, komponierte sie auf einer seiner zahlreichen Reisen nach England. Die Uraufführung war ein Riesenerfolg. Später, im Jahre 1869, wurde sie in Paris am Théâtre Lyrique in einer französischen Fassung gegeben, für die der Komponist noch einen fünften Akt geschrieben hatte (Titel dieser Fassung: *La Bohémienne*). Napoleon III. verlieh Balfe bei diesem Anlaß die Légion d'honneur.   GP

MEDEA

Tragisches Melodram in drei Akten von Giovanni Pacini (1796–1867). Libretto von B. Castiglia. Uraufführung: Palermo, Teatro Carolino, 28. November 1843.

HANDLUNG. Die Handlung spielt in Korinth. Medea hat für ihren Gatten Jason Herrschaft und Familie aufgegeben. Nun aber muß sie fürchten, er werde sie verlassen und König Kreons Tochter Glauka heiraten. In Zorn und Verzweiflung wünscht sie schreckliche Strafen auf die königliche Familie herab. Jason läßt Medea wegen ihres Frevels vor das Gericht der Priester stellen. Die Ehe wird gelöst und Medea verbannt. Medea zeigt sich ergeben, erbittet aber noch eine Unterredung mit Jason. Sie will wenigsten ihre beiden Kinder mit sich nehmen dürfen. Kreon tritt dazwischen und befiehlt ihre sofortige Entfernung. Die unglückliche Mutter fleht ihn mit solcher Inbrunst an, daß er ihr schließlich gestattet, vor ihrem Abschied noch einmal ihre Söhne zu sehen. Das Volk feiert Jasons Hochzeit mit Glauka. Medea hat währenddessen mit ihren Söhnen den Tempel betreten. Als sie wieder heraustritt, hält sie einen von Blut triefenden Dolch in Händen. Sie hat Glauka und ihre beiden Söhne erstochen. Vor der entsetzten Menge gibt sie sich selbst den Tod.

● *Medea* fällt in eine Schaffensperiode, in der Pacini – befreit vom langjährigen starken Einfluß Rossinis – einen eigenen schöpferischen Beitrag zur italienischen Oper seiner Zeit leistete, indem er eine besonders empfindsame Kantabilität in seinen Kompositionen entwickelte. Allerdings muß man ihm ankreiden, daß er im allgemeinen kein sehr gutes eigenes Augenmaß bei der Auswahl seiner Libretti bewies, sondern sich allzusehr dem jeweils vorherrschenden Publikumsgeschmack anpaßte.   ABe

Postkarte nach Michael William Balfes überaus erfolgreicher Oper «Die Zigeunerin». Enthoven Theatre Collection, Victoria and Albert Museum.

ERNANI

Lyrisches Drama in vier Akten von Giuseppe Verdi (1813–1901). Libretto von Francesco Maria Piave (1810–1876) nach Victor Hugos (1802–1885) «Hernani ou L'honneur castillan» («Hernani oder Die kastilianische Ehre»). Uraufführung: Venedig, Teatro La Fenice, 9. März 1844. Solisten: Sofia Löwe, Carlo Guasco, Antonio Superchi, Antonia Selva.

PERSONEN. Hernani (Baß), Don Carlos (Bariton), Don Ruy Gomez de Silva (Baß), Elvira (Sopran), Giovanna (Sopran), Don Riccardo (Tenor), Jago (Baß).

HANDLUNG. Die Handlung spielt in Spanien und Aachen im Jahre 1519. Erster Teil. Don Carlos ist König von Spanien. Der Rebell Hernani bereitet einen Aufstand gegen ihn vor. Er liebt die junge Elvira, die auf Schloß de Silva lebt. Verkleidet begibt er sich dorthin, um mit ihr zusammenzutreffen. Auch Elvira liebt Hernani, aber sie ist dem alten Grafen Don Ruy versprochen. Auf dem Schloß befindet sich außerdem der König, der seinerseits in Elvira verliebt ist. Hernani, Elvira und Don Carlos treffen in des Mädchens Gemächern aufeinander, schließlich kommt auch noch der alte Graf hinzu. Sein Zorn über das Verhalten seiner jungen Braut läßt sich nur dadurch besänftigen, daß sich Don Carlos als der König zu erkennen gibt. Für den zweiten Rivalen Hernani aber fordert der Alte unerbittlich harte Strafe. Der junge Rebell entgeht dem Zorn Don Ruys nur dank des Eingreifens des Königs, der ihn als seinen Gefolgsmann ausgibt. Zweiter Teil. Der Aufstand gegen die Krone ist gescheitert. Hernani findet Zuflucht im Schloß de Silva. Er kommt gerade am Tage der Hochzeit zwischen Elvira und Don Ruy dorthin. Überzeugt, die geliebte Elvira verloren zu haben, stellt er sich dem Grafen als flüchtiger Rebell. Als Gast bietet ihm dieser seinen Schutz an. Dem König gelingt es mittlerweile mit einer List, Elvira zu entführen. Hernani schwört Rache. Er bekennt vor dem alten Grafen seine Liebe zu Elvira und verspricht, sie beide zu rächen. Don Ruy aber stellt eine Bedingung: da er Hernani das Leben gerettet hat, gehört Elvira ihm. Sobald er sie für sich wünscht, braucht er nur dreimal ein Horn zu blasen, das ihm Hernani als Unterpfand hinterlassen muß. Dritter Teil. Die Verschwörung gegen die Krone geht weiter. Hernani trifft mit seinen Verbündeten in den unterirdischen Räumen des Grabmals Karls des Großen in Aachen zusammen. Don Carlos ist unterdessen zum Kaiser gewählt worden. Er könnte nunmehr die Rebellen töten lassen, auf Elviras Fürsprache hin aber zeigt er sich großmütig und schenkt ihnen für ihr Versprechen, ihm künftig Treue und Gehorsam zu bewahren, das Leben. Als äußerstes Zeichen seines Wohlwollens gibt er Hernani die Hand Elviras, da er erkannt hat, daß sie nie einen anderen als Hernani lieben wird. Vierter Teil. Das junge Paar wird vermählt, es findet ein prunkvolles Hochzeitsmahl statt. Unter den Gästen befindet sich auch der in einem schwarzen Domino verkleidete Don Ruy de Silva. Auf dem Höhepunkt des Festes bläst er im Garten dreimal in Hernanis Horn. Dieser kann den Ruf nicht überhören. Der kastilianische Ehrenkodex kennt kein Erbarmen. Er muß sein Versprechen halten und Elvira freigeben. In der Ausweglosigkeit der Situation bleibt Hernani nur, sich selbst zu töten. Er nimmt Gift. Elvira bricht von Schmerz überwältigt tot über ihm zusammen.

● Victor Hugos Tragödie war zur Zeit der Entstehung der Oper bereits hochberühmt und galt als *das* Modell des französischen romantischen Theaters. Verdi, der sich der hohen Verpflichtung der Vertonung eines so berühmten Stückes wohl bewußt war, kümmerte sich persönlich sehr um das Libretto. Im Grunde stammen alle Anregungen zur Änderungen am Originaltext von ihm selbst. Die typisch romantische Konstellation der Hauptfiguren gestaltet er musikalisch durch die starke Konstrastierung der Sopran-, Tenor- und Baritonpartien; der Chor übernimmt kompositorisch eine ausgesprochen dramatische Funktion, was besonders in *Si ridesti il leon di Castiglia (Aufgeweckt ist Kastiliens Löwe)* zutage tritt. Dieser Chor wurde zu einer der meist gesungenen, patriotisches Engagement verkörpernden Melodien im italienischen Risorgimento.

DIE BEIDEN FOSCARI
(I due Foscari)

Lyrische Tragödie in einem Vorspiel und drei Akten von Giuseppe Verdi (1813–1901). Libretto von Francesco Maria Piave (1810–1876) nach der gleichnamigen Tragödie Lord Byrons (1788–1824). Uraufführung: Rom, Teatro Argentina, 3. November 1844.

PERSONEN. Francesco Foscari (Bariton), Jacopo Foscari (Tenor), Jacopo Loredano (Baß).

HANDLUNG. Venedig, fünfzehntes Jahrhundert. Francesco Foscari herrscht von 1423 bis 1457 als Doge über den Stadtstaat. Sein Sohn Jacopo, der wegen seines lockeren Lebenswandels aus der Stadt verbannt worden war, kehrt heimlich nach Venedig zurück. Ein erbitterter Feind der Foscaris, Jacopo Loredano, verrät ihn an den Zehnerrat. Der Doge muß seine Pflicht erfüllen und seinen Sohn neuerdings ins Exil schicken. Jacopo stirbt in der Verbannung. Sein Vater Francesco dankt aus Schmerz und Verzweiflung über die Tragik seines und des Sohnes Schicksal ab und stirbt kurz darauf als gebrochener Mann.

● Verdi selbst hielt diese Oper für nicht gelungen. Im Jahre 1848 schrieb er an seinen Librettisten Piave, die Oper sei zu kontrast- und spannungslos, keine Tragödie, sondern eher ein recht «langweiliges Leichenbegängnis». Als ihm Byrons Drama zur Vertonung angeboten wurde, war er allerdings noch anderer Auffassung: «Der Stoff verdient größte Sorgfalt und eignet sich mit all seiner Leidenschaftlichkeit hervorragend zur musikalischen Bearbeitung». Für Verdi dürfte dieser eher fehlgeschlagene Versuch aber doch von Nutzen gewesen sein, denn der psychologisch-moralische Konflikt zwischen Staatsräson und familiären Bindungen bildet ja später das Thema von *Simone Boccanegra*.   EP

ALESSANDRO STRADELLA

Oper in drei Akten von Friedrich von Flotow (1812–1883). Libretto von Wilhelm Friedrich Riese nach einer «Comédie mêlée de chant» der Franzosen P. A. A. Pittaud de Forges und P. Duport. Uraufführung: Hamburg, Stadttheater, 30. Dezember 1844.

PERSONEN. Alessandro Stradella, Sänger (Tenor), Bassi, reicher Venezianer (tiefer Baß), Leonora, sein Mündel (Sopran), Malvoglio und Barbarino, Banditen (Tenor und Baß). Soldaten, Maskierte, Patrizier, römische Bauern, Gesinde.

HANDLUNG. Die Handlung spielt gegen Ende des siebzehnten Jahrhunderts. Erster Akt. Venedig. Alessandro Stradella liebt Leonora, das Mündel des reichen Patriziers Bassi. Das Mädchen erwidert seine Gefühle, ihr Vormund aber plant eine reiche Partie für sie. Stradella fährt in der Gondel vor Bassis Palast vor und überredet Leonora, mit ihm zu fliehen. Das Vorhaben gelingt dank einer Gruppe von Maskierten, Alessandros Freunden, die sich zwischen die Flüchtigen und die sie verfolgenden Wachen Bassis drängen. Zweiter Akt. Dorf bei Rom. Alessandros und Leonores Hochzeit steht bevor. Der Hochzeitszug ist auf dem Wege zur Kirche. Zwei zwielichtige Gestalten schließen sich der Gesellschaft an. Es sind die beiden Banditen Malvoglio und Barbarino, die der alte Bassi gedungen hat, um Alessandro umzubringen und Leonora zu entführen. Dritter Akt. Die beiden Banditen haben keine Lust mehr, Stradella zu töten, er hat sie mit seiner freundlichen Munterkeit und Kunst für sich gewonnen. Als der alte Bassi davon hört, verspricht er ihnen einen so hohen Sold, daß sich die beiden stark versucht sehen, den Auftrag doch noch auszuführen. Als sie dann jedoch Stradella eine herzzerreißende Arie von einem Bösewicht, der sich bekehrt, singen hören, sind sie so ergriffen, daß sie alle üblen Absichten fallen lassen und vor dem Sänger auf die Knie fallen, um ihn um Vergebung zu bitten.

● Das Stück war bereits am 4. Februar 1837 als «Comédie mêlée de chant» am Palais Royal gegeben worden. Die Gesangspartien darin waren von Flotow. Nach Umarbeitung des Librettos und musikalischer Überarbeitung wurde es dann 1844 als Oper aufgeführt. Die Handlung ist der Lebensgeschichte des berühmten, im siebzehnten Jahrhundert lebenden Sängers und Komponisten Stradella frei nachempfunden. Die Oper hatte in Deutschland großen Erfolg und ist zusammen mit *Martha* Bestandteil des festes Opernrepertoires geworden.   MS

DIE JUNGFRAU VON ORLEANS
(Giovanna d'Arco)

Lyrisches Drama in einem Prolog und drei Akten von Giuseppe Verdi (1813–1901). Libretto von Temistocle Solera (1817–1878) nach Friedrich von Schillers Drama «Die Jungfrau von Orleans» (1801). Uraufführung: Mailand, Teatro alla Scala, 15. Februar 1845.

PERSONEN. König Karl VII. (Tenor), Johanna (Sopran), Jakob (Bariton), Delil (Tenor), Talbot (Baß).

HANDLUNG. In Frankreich. Die Engländer bereiten einen neuen heftigen Angriff auf Frankreich vor. Der französische König Karl VII. betet um die Hilfe der Heiligen Jungfrau in dem schweren Kampfe und legt sein Schwert einem wundertätigen Bilde der Madonna zu Füßen. Vor dem gleichen Bild der Madonna betet auch Johanna für die Rettung des Landes. Sie spornt den König an, nicht von der Verteidigung seines Landes abzulassen, ja sie erklärt sich selbst bereit, zu den Waffen zu greifen und zu kämpfen. Ihr Vater Jakob versucht sie von ihrem Vorhaben abzubringen, da er den Verdacht hegt, Johanna und der König hegten unstatthafte Gefühle füreinander. Johanna aber hat ihren Auftrag von einer himmlischen Stimme erhalten. Im festen Glauben an ihre Mission kämpft sie und siegt. Ihr Vater Jakob zerstört die allgemeine Siegesfreude durch seine Anschuldigungen. Johanna versteht das Verhalten ihres Vaters nicht und verteidigt sich daher auch nicht. Sie wird zum Tode auf dem Scheiterhaufen verurteilt. Erst als sie bereits von Rauch und Flammen

Eine Loge in der Mailänder Scala während der Pause. Aus «Strenna Italiana» für das Jahr 1844.

umhüllt wird, spricht sie zu ihrer eigenen Entlastung von ihrer himmlischen Mission. Sie wird freigelassen und zieht wieder in den Kampf. Es gelingt ihr, Frankreich und den König zu befreien, aber sie stirbt im Kampf. Noch im Tode segnet sie Freunde und auch Feinde.

● Diese Oper stammt aus Verdis schlechtester Zeit – was nicht nur der Komposition, sondern auch dem Libretto anzumerken ist, an dem der Komponist stark mitgearbeitet hat. Es ist überaus kompliziert und voller Unwahrscheinlichkeiten. Die Kritik fällt schlecht aus. Doch Verdi hat andere Sorgen. Vom Verleger Ricordi erfährt er, wie ihn sein Impresario Merelli betrügt. Daraufhin bricht er mit der Scala. Über lange Jahre hinweg spielt das große Mailänder Opernhaus keine seiner Opern mehr.   EP

UNDINE

Romantische Oper in vier Akten von Albert Lortzing (1801–1851). Libretto vom Komponisten nach einer Erzählung von Friedrich de la Motte-Fouqué (1777–1843). Uraufführung: Magdeburg, 21. April 1845.

PERSONEN. Bertalda, Tochter Herzog Heinrichs von Schwaben (Mezzosopran), Ritter Hugo von Ringstetten (Tenor), Kühleborn, ein mächtiger Wasserfürst (Bariton), Tobias, alter Fischer (Baß), Undine, seine Adoptivtochter (Alt), Pater Heilmann, Ordensbruder aus dem Kloster Maria-Gruß (Baß), Veit, Hugos Schildknappe (Tenor), Hans Kellermeister (Baß). Fischer und Fischerinnen, Herolde, Pagen, Jäger, Schildknappen, Wassergeister.

HANDLUNG. Die Handlung spielt in einem Fischerdorf und im Palast Herzog Heinrichs. Ritter Hugo von Ringstetten will Undine heiraten. Diese gilt allgemein als Tochter des Fischerehepaares Tobias und Marthe, ist in Wirklichkeit jedoch eine Seejungfrau, die der Wasserfürst dem Fischerehepaar als Ersatz für die ertrunkene eigene Tochter geschickt hat. Undine kann ihr Glück kaum fassen. Bei ihren Hochzeitsvorbereitungen findet sie bei Hugo einen kostbaren Schal und fragt nach seiner Herkunft. Hugo hat ihn von Bertalda, einer adligen Dame, erhalten. Undine ist darüber verstört, aber Ritter Hugo weiß sie zu beruhigen. Der Wasserfürst Kühleborn hat sich unterdessen in Veits, des Ritters Schildknappen, Vertrauen eingeschlichen und unter die Hochzeitsgäste gemischt. Er äußert sogleich Zweifel an der Beständigkeit des jungen Glücks, da Hugo, wie er meint, schon bald in alter Leidenschaft für Bertalda entflammen werde. In Wirklichkeit ist er in der Absicht gekommen, Undine in sein Wasserreich zurückzuholen, und sagt der jungen Braut, sie müsse in die Tiefen des Meeres zurück, sobald Hugo sie nicht mehr liebe. Undine gesteht Hugo ihre Herkunft aus dem Wasserreich und sagt ihm auch, daß sie nur solange er sie liebe, eine unsterbliche Seele behalten könne; wenn seine Liebe erlischt, muß sie als Seejungfrau zurück unter die Herrschaft Kühleborns. Am Hofe Bertaldas, an den sich das junge Paar begeben hat, befindet sich auch der Botschafter des Königs von Neapel, der jedoch in Wirklichkeit niemand anderes als Kühleborn ist. Bertalda, die Hugo liebt, ist erfreut über dessen Rückkehr an den Hof. Als sie jedoch von seiner Vermählung erfährt, gibt sie vor, das Heiratsangebot des Königs von Neapel anzunehmen. Anläßlich eines Festes fordert sie den Botschafter auf, ein Lied zu singen. Er singt von einem armen Fischerpaar, dessen Töchterchen ins Meer gefallen, aber von einem adligen Herrn gerettet und in seinem Schloß aufgezogen worden sei. An dieser Stelle seines Liedes läßt er Tobias und Marthe auftreten und macht Bertalda glauben, sie sei deren Tochter. Bertalda ist erzürnt und läßt Kühleborn, den vermeintlichen Botschafter, festnehmen. Zum Beweis ihrer adligen Geburt will sie ein Schreiben aus einer Schatulle ihres Vaters vorlegen. Das Dokument jedoch bestätigt nur die Wahrheit von Kühleborns Worten. Damit ist Bertalda zum Verlassen des Hofes gezwungen. Bertalda und Hugo begegnen sich am Ufer eines Sees. Sie redet Hugo ein, Undine habe ihn verzaubert, und gewinnt somit seine Liebe zurück. Undine überrascht die beiden und erinnert Hugo an sein Versprechen. Dieser aber will nichts mehr wissen von einem Wesen ohne Seele. Plötzlich taucht Kühleborn aus dem aufgewühlten See auf. Hugo hat ihm soeben bewiesen, was er prophezeit hatte: daß die Lebewesen mit einer Seele grausamer seien als die unbeseelten. Undine muß zurück ins Wasserreich, auch wenn sie ihr kurzes irdisches Leben nicht vergessen kann. Die Zeit verstreicht, Hugo wird immer unruhiger. Undine ist ihm im Traum erschienen und hat ihm versprochen, um Mitternacht wieder zu ihm zu kommen. Daraufhin hat er alle Brunnen des Schlosses mit Steinen abdecken lassen, um Undine daran zu hindern, dem Wasser zu entsteigen. Genau um Mitternacht aber erscheint Undine dem Ritter, und er fühlt sich magisch von der zauberischen Gestalt angezogen, obwohl er weiß, daß, wenn er sie berührt, dies sein Tod sein wird. Undine lüftet den Schleier von ihrem Antlitz und schließt Hugo in ihre Arme. So vereinigt verschwinden sie beide in den Wassern. Kühleborn erscheint triumphierend auf einem Felsen thronend, zu seinen Füßen das in Glückseligkeit vergehende Paar.

• Die Oper ist sehr melodiös und brillant orchestriert. Trotz der ausgeklügelteren Konstruktion der Geschichte und musikalisch virtuoseren Verarbeitung reicht sie mit ihrer übersteigerten Sentimentalität nicht an den phantastische Freigeist E. T. A. Hoffmanns heran. MSM

ALZIRA

Lyrische Tragödie von Giuseppe Verdi (1813–1901). Libretto von Savatore Cammarano (1801–1852) nach Voltaires (1694–1778) Tragödie «Alzire ou les américains» («Alzira oder Die Amerikaner»). Uraufführung: Neapel, Teatro San Carlo, 12. August 1845. Solisten: Arati (Alvarez), Coletto (Guzman), Ceci (Ovandez), Fraschini (Zamoro), Benedetti (Ataliba), Tadolini (Alzira), Salvetti (Zuma), Rossi (Ottumbo).

HANDLUNG. Zamoro befehligt einen Trupp peruanischer Krieger, die gegen die spanische Unterdrückung kämpfen. Er ist mit Alzira verlobt. Der spanische Gouverneur Guzman liebt die Inkaprinzessin Alzira ebenfalls. Als die Nachricht vom Tode Zamoros kommt, sieht sich Alzira gezwungen, zum Christentum überzutreten und den verhaßten Guzman zu heiraten. Zamoro aber ist dem Tode entkommen und kehrt zurück. Er fordert den spanischen Unterdrücker zum Kampf heraus und verwundet ihn. Im Angesicht des Todes bereut Guzman seine Grausamkeiten gegenüber den Inkas und versucht sie mit einem Akt der Großmut zu sühnen. Er ernennt Zamoro zum Gouverneur des Landes. Dieser bekehrt sich daraufhin – seinerseits von soviel Edelmut beeindruckt – zum Christentum. Der weise Alvarez, Vater von Guzman, vereint schließlich Zamoro mit seiner geliebten Alzira.

• Von allen frühen Opern Verdis gilt *Alzira* als einzige als völliger Reinfall. Verdi selbst bezeichnete das Werk in seinen späten Jahren als «Scheußlichkeit». Sie wurde nach ihrer Uraufführung auch so gut wie nie mehr gespielt. Verdi hatte sie nur widerwillig in Angriff genommen. Die für den Winter 1844/45 bestellte Komposition ließ auf sich warten, da der Meister als krank galt. Die ersten Zeilen lagen erst Anfang des nächsten Frühjahrs vor. Zu einer weiteren Verzögerung kam es noch wegen der dazwischenfallenden Mutterschaft der Sängerin Tadolini. Da sie bereits vierzig Jahre alt war, bestand allgemein die Befürchtung, sie würde durch die Geburt die Stimme verlieren. Dies trat nicht ein. Der *Alzira* konnte sie trotzdem nicht zum Erfolg verhelfen. EP

TANNHÄUSER UND DER SÄNGERKRIEG AUF DER WARTBURG

Romantische Oper in drei Aufzügen von Richard Wagner (1813–1883). Libretto vom Komponisten. Uraufführung: Dresden, Hofoper, 19. Oktober 1845. Solisten: Anton Mitterwurzer, Dettmer, Joseph Alois Tichatschek, Wilhelmine Schröder-Devrient, Johanna Wagner. Dirigent: Richard Wagner.

PERSONEN. Hermann, Landgraf von Thüringen (Baß), Tannhäuser (Tenor), Wolfram von Eschenbach (Bariton), Walther von der Vogelweide (Tenor), Biterolf (Baß), Heinrich der Schreiber (Tenor), Reinmar von Zweter (Baß), Elisabeth, Nichte des Landgrafen (Sopran), Venus (Sopran), ein junger Hirte (Sopran), vier Edelknaben (Sopran und Alt). Edelleute, Ritter, Pilger, Sirenen, Nymphen und Bacchanten.

HANDLUNG. Die Handlung spielt in Thüringen zu Beginn des dreizehnten Jahrhunderts. Erster Akt. Von Nymphen, Bacchanten und Faunen umgeben hält die Liebesgöttin Venus in ihrem Reich, dem Venusberg, Hof. Tannhäuser, der junge Minnesänger ist des wollüstigen Lebens und der Verführungskünste Venus' überdrüssig und will auf die Erde zurück. Vergeblich sucht ihn die Liebesgöttin mit Bitten und Zornesausbrüchen von seinem Vorhaben abzubringen. Als sich Venus seinem Wunsche wieder einmal widersetzt, ruft Tannhäuser als Retterin die Heilige Maria an. Mit einem Schlage ist die Welt des Venusberges versunken. Tannhäuser befindet sich in einem blumenreichen Tal unter der Wartburg. Ein Hirte besingt den einziehenden Frühling, eine Gruppe von Pilgern auf dem Wege nach Rom zieht an ihm vorüber. Der Klang von Jagdhörnern kündigt die Ankunft des Landgrafen Hermann mit seinem Kreis von Minnesängern, Tannhäusers früheren Freunden, an. Sie versuchen, ihn zur Rückkehr an den Hof zu überreden. Aber erst als Wolfram von Eschenbach von des Landgrafen Nichte Elisabeth, die ihn immer noch liebt, spricht, läßt sich Tannhäuser dazu bewegen, sich dem Sängerkreis anzuschließen. Zweiter Akt. In der Sängerhalle auf der Wartburg. Verwirrt und glücklich begrüßt Elisabeth den Sänger. Ein großer Sängerwettstreit wird angekündigt. Elisabeth zweifelt nicht daran, daß Tannhäuser als Sieger daraus hervorgehen und sie damit als Gattin erringen wird. Als Thema des Wettstreits schlägt der Landgraf die Liebe vor. Als erster preist Wolfram von Eschenbach den hohen Wert der idealen Liebe. Als Tannhäuser an der Reihe ist, besingt er mit Leidenschaft die sinnliche Liebe und läßt sich im Feuer seiner Begeisterung dazu hinreißen, sein Verweilen im Venusberg zu erwähnen. Voller Empörung stürzen sich daraufhin seine Mitstreiter auf ihn. Nur Elisabeth, die – zwar selbst tief verletzt in ihrer reinen Liebe – die christliche Pflicht der Vergebung anruft, kann verhindern, daß er von ihren Schwertern durchbohrt wird. Der Landgraf verurteilt Tannhäuser zur Sühne seiner frevelhaften Zügellosigkeit zu einer Pilgerfahrt nach Rom. Dritter Akt. Im Wartburgsaal. Wolfram von Eschenbach und Elisabeth warten vergebens auf die Rückkehr des Sängers. Elisabeth ist am Ende ihrer Kräfte, fühlt sich dem Tode nahe. Sie bittet die Heilige Jungfrau mit letzter Kraft um Vergebung für den Geliebten und zieht sich dann auf die Wartburg zurück. Wolfram, der sie immer noch liebt, gibt ihr einen wehmutsvollen Gesang an den Abendstern als Geleit auf den Weg. Schließlich kehrt Tannhäuser doch zurück. Er ist an Leib und Seele gebrochen und kann nur mehr auf Venus hoffen. Der Papst hat ihm die Verzeihung versagt. Das Heil seiner Seele sei so wenig zurückzuwinnen, wie der dürre Pilgerstab in seiner Hand wieder junges Grün treiben werde. Hoffnungslos und sich in ewiger Verdammung fühlend, ruft Tannhäuser Venus an. Sie erscheint ihm im gleißenden Lichte ihrer verführerischen Schönheit. Aber Wolfram von Eschenbach berichtet Tannhäuser, wie Elisabeth für ihn gebetet hat. Bei der Erwähnung ihres Namens verschwindet die Vision. Von der Wartburg ist das Totenglöcklein zu hören. Langsam bewegt sich

Fassade der Mailänder Scala. Gemälde aus dem Jahre 1852.

1846

Zeichnung zur Uraufführung des «Tannhäuser» von Richard Wagner. Dresden 1845.

ein Leichenzug von der Höhe herab. Im Sarg liegt der bleiche Leichnam Elisabeths. Sterbend sinkt Tannhäuser an ihrer Seite nieder. Er hat bereut und ist gerettet. Als sichtbares Zeichen seiner Erlösung bringen junge Pilger bei Sonnenaufgang seinen Wanderstab, der über Nacht wunderbarerweise frisches Grün getrieben hat.

● Wagner fand den Stoff zum *Tannhäuser* in Geschichte und Sage. Historischer Kern ist die Gestalt eines um 1205 geborenen Minnesängers; um diese wob der Volksmund die Geschichte vom Ritter, der nach einem ausschweifenden Leben nach Rom pilgert, um sich von Papst Urban IV. Vergebung zu erbitten, die ihm dieser jedoch verweigert. Wagner verband diese Sage mit dem Sängerwettstreit auf der Wartburg, an dem die berühmtesten Minnesänger des beginnenden dreizehnten Jahrhunderts, wie Walther von der Vogelweide, Wolfram von Eschenbach, Biterolf und manch anderer teilgenommen haben sollen. In Elisabeth läßt sich schließlich möglicherweise ebenfalls eine berühmte geschichtliche Gestalt wiedererkennen, nämlich die Prinzessin Elisabeth von Ungarn, deren Bild in dem althochdeutschen Gedicht vom *Rosenwunder* gezeichnet wird. Alle diese Stoffe und Motive waren schon von verschiedenen romantischen Dichtern verarbeitet worden. Wagner aber verflicht sie zu einer neuen organischen Einheit in einem Werk, dessen Grundthemen der Konflik zwischen Geist und Sinnlichkeit und der Erlösungsgedanke sind. Die Liebesgöttin Venus verkörpert dabei nicht nur die sündige Wollust, sondern gleichzeitig die ewige Schönheit. Elisabeth ist das Sinnbild der reinen geistigen Liebe, die durch Opfer und Tod Erlösung erwirkt. Musikalisch betrachtet, ist der *Tannhäuser* ein Werk großer Glut und Fülle. Die Aufnahme in Dresden war trotzdem sehr lau. Für eine spätere Pariser Aufführung mußte sich Wagner zu einem Zugeständnis an den Zeitgeschmack, der ein Ballett verlangte, bereitfinden und das bekannte Bacchanal hinzufügen. Möglicherweise trug die völlig ungewohnte Plazierung dieser Ballettszene gleich zu Beginn des ersten Aktes mit dazu bei, daß die Oper auch in Paris nicht ankam. Erst allmählich konnte sich der *Tannhäuser* durchsetzen. Heute zählt er zu den bedeutendsten Jugendwerken des Meisters. Zu den gefeiertesten Stücken der Oper gehört die Ouvertüre, in der bereits alle Grundthemen programmatisch anklingen. RM

ATTILA

Lyrisches Drama in einem Prolog und drei Akten von Giuseppe Verdi (1813–1901). Libretto von Temistocle Solera (1817–1878) nach dem Text «Attila, der Hunnenkönig» von Zacharias Werner (1768–1823). Uraufführung: Venedig, Teatro La Fenice, 17. März 1846.

PERSONEN. Attila (Baß), Ezio (Bariton), Odabella (Sopran), Foresto (Tenor), Uldino (Tenor), Leone (Baß).

HANDLUNG. Der Feldherr Ezio schließt mit dem nach Italien eingefallenen Hunnenkönig einen Pakt: er wird ihn nicht an der Eroberung der übrigen Welt hindern, wenn er Italien verschont. Odabella macht sich zu Ezios Komplizin. Sie läßt sich von Attila den Hof machen und gibt seinem Werben schließlich nach – doch nur, um ihn bei erster Gelegenheit im Schlafe zu töten.

● Verdi versuchte mit diesem Werk an die Erfolge seiner patriotischen Opern *Die Lombarden*, *Nabucco* und *Ernani* anzuknüpfen. Dabei ist er jedoch um Neues bemüht und arbeitet lange und gründlich an der Gestalt des Hunnenkönigs. Von Graf Mocenigo bekam der Komponist Zacharias Werner Libretto und einen persönlichen Kommentar zu Madame de Staëls Schrift über Deutschland zugeschickt. Mit beidem setzte er sich gründlichst auseinander. Was den Text für seine Oper anging, so verlangte Verdi von seinem Librettisten Solera wahre Wunder: er bestand auf dem «heroischen Rhythmus» auch schon im Text, das heißt, er verlangte laufend das charakteristische Versmaß des Siebenfüßlers mit Betonung auf der drittletzten Silbe. Das Ergebnis ist textlich wie musikalisch nicht sehr gelungen. Entsprechend fiel die Kritik aus. Rossinis von der italienischen Kritik zitierter Satz: «Verdi ist ein Komponist mit dem Helm auf dem Kopf» trifft die gleiche Schwäche wie der Ausspruch eines französischen Musikwissenschaftlers: «Das Ganze gleicht mehr einer Bersaglieri-Fanfare als einer lyrischen Tragödie». EP

FAUSTS VERDAMMUNG
(La Damnation de Faust)

Dramatische Legende in vier Akten und zehn Bildern von Hector Berlioz (1803–1869). Libretto vom Komponisten und Almire Gandonniere nach der französischen Übersetzung (von Gérard de Nerval) von Goethes «Faust». Uraufführung in konzertanter Form: Paris, Opéra-Comique (Salle Favart), 6. Dezember 1846. Solisten: G. Roger, H. Léo, Durlot-Maillard. Dirigent: Hector Berlioz. Szenische Erstaufführung in der Bearbeitung von Raoul Gunsbourg: Casino von Monte Carlo, 3. Februar 1893. Dirigent: Raoul Gunsbourg.

PERSONEN. Margarethe (Sopran), Faust (Tenor), Mephistopheles (Bariton), Brander (Baß). Studenten, Soldaten, Gefangene, Dämonen, Engel, Seraphime.

HANDLUNG. Erster Akt. In Ungarn. Veranda eines Landhauses, von der aus auf der einen Seite blühende Wiesen, auf der anderen eine Anhöhe mit einer Burg zu sehen sind. Faust, ein alter Philosoph, dem die Jahre mehr und mehr zur Last werden, erlebt das fröhliche Erwachen des Dorfes: die Bauern machen sich singend an die Arbeit, Soldaten ziehen geräuschvoll ins Feld, alles ist in emsiger Bewegung. Dieses Bild überquellenden Lebens läßt den alten Mann die Trostlosigkeit seines verdorrten Herzens um so schmerzhafter empfinden. Zweiter Akt. Erstes Bild. Fausts Studierstube mit großem Kamin, vor dem ein großer Pudel liegt. Zurück in seiner Heimat Deutschland versucht Faust nun schon seit langem vergeblich nach der Formel, die ihm ewiges Glück sichert. In der Freudlosigkeit seines einsamen Lebens beschließt er sich zu vergiften. Doch gerade als er den tödlichen Trank nehmen will, ertönt das festliche Geläut der österlichen Kirchenglocken und läßt ihn innehalten. Gleichzeitig verwandelt sich der Pudel in Mephistopheles und bietet ihm neue Jugend und Lebensfreude an. Zweites Bild. Faust verlangt von Mephistopheles einen Beweis für die Ernsthaftigkeit seines Versprechens. Daraufhin bringt ihn dieser nach Leipzig in Auerbachs Keller, wo ihn eine wild ausgelassene Gesellschaft von Soldaten und Studenten empfängt. Aber auch Wein, Gesang und grobe Scherze können den Alten nicht lange erheitern. Drittes Bild. Mephistopheles hat Faust auf wunderbare Weise verjüngt und ihn im Schlaf in ein Wäldchen ans Elbe-Ufer gebracht. Dort erscheint Faust das Mädchen Margarethe und er entflammt sofort in heißem Begehren nach ihr. Dritter Akt. Margarethes Kammer und darunter die Straße. Mit Mephistopheles' Hilfe dringt Faust in des Mädchens Kammer ein. Margarethe singt gerade die Ballade vom König von Thule und löst sich dabei die goldenen Flechten. Faust zeigt sich dem Mädchen und gesteht ihr seine Liebe. Zögernd gibt sie schließlich seinem zärtlichen Drängen nach. Aber Mephistopheles zwingt Faust, sie schon bald wieder zu verlassen. Vierter Akt. Erstes Bild. In ihrer Kammer vergießt Margarethe, ruhelos und sich in Sehnsucht nach dem Geliebten verzehrend, bittere Tränen um Faust, der sie verlassen hat. Zweites Bild. Höhle im Wald. Faust ist des Lebens und seiner Freuden bereits wieder überdrüssig und bittet die Natur, ihm den Frieden zu schenken. Mephistopheles, der fürchtet, Fausts Seele zu verlieren, erzählt ihm von Margarethe, die sich des Todes ihrer alten Mutter schuldig gemacht hat, indem sie ihr allabendlich ein Schlafmittel gab, um den Geliebten nachts empfangen zu können, und nun gerichtet werden soll. Faust fleht Mephistopheles um Hilfe an und erhält sie gegen das Versprechen seiner Seele. Drittes Bild. Faust und Mephistopheles auf einem höllischen Ritt in den Abgrund. Viertes Bild. Während Faust den Flammen übergeben wird, brüstet sich Mephistopheles vor den Fürsten der Finsternis in grausamer Freude seines Sieges. Fünftes Bild. Erde und Himmel. Margarethe hat Mephistopheles' Hilfe zurückgewiesen und reuig ihre Strafe hingenommen. Im Tode findet sie Erhöhung: ein Chor von Seraphimen trägt sie in den Himmel.

● Bereits im Jahre 1828, als Berlioz die berühmte Shakespearedarstellerin Harriett Smithson, seine spätere Frau, kennenlernte, trug er sich mit dem Gedanken, Goethes *Faust*, der ihn stark beeindruckt hatte, musikalisch zu verarbeiten. Ende des Jahres 1828 liegt dann auch die Kantate für Chor und Orchester *Acht Szenen aus Faust I* vor, die das Kernstück für die spätere (Liszt gewidmete) Komposition *La damnation de Faust* bildet. Noch im Jahre 1845 abgeschlossen, kann sie jedoch erst Ende 1846 zur Aufführung gebracht werden. Das

Oben: Der Sängerwettstreit im zweiten Akt von Richard Wagners «Tannhäuser» in der Aufführung der Bayreuther Festspiele von 1965, Inszenierung von Wieland Wagner.
Unten: Das Bacchanale aus dem ersten Akt des «Tannhäuser» in der Aufführung der Bayreuther Festspiele 1961, Inszenierung Wieland Wagner.

Ergebnis ist niederschmetternd, die zweite Aufführung am 12. Dezember 1846 bestätigt das völlige Fiasko. Berlioz steht mit circa zehntausend Franken Schulden da. Die künstlerische Niederlage und das finanzielle Desaster stürzen Berlioz in eine schwere Krise. Einige Jahrzehnte später sollte die Oper dann erstaunlicherweise auf Anhieb unglaublichen Erfolg erzielen und von all seinen Bühnenwerken das einzig populäre werden. Die Uraufführung erfolgte der sinfonischen Grundgestalt entsprechend in konzertanter Form. In den achtziger Jahren des letzten Jahrhunderts schuf Raoul Gunsbourg dann eine Bühnenfassung, in der manches büh-

1846

«Fausts Verdammung» von Hector Berlioz in einer Inszenierung Maurice Béjarts an der Pariser Oper.

MACBETH

Melodram in vier Akten von Giuseppe Verdi (1813–1901). Libretto von Francesco Maria Piave (1810–1876) nach der gleichnamigen Tragödie von William Shakespeare (1564–1616). Uraufführung: Florenz, Teatro alla Pergola, 14. März 1847. Solisten: Marianna Barbieri-Nini (Lady Macbeth), Felice Varesi (Macbeth), A. Brunacci, N. Benedetti.

PERSONEN. Macbeth (Bariton), Banquo (Baß), Lady Macbeth (Sopran), Vertraute der Lady Macbeth (Mezzosopran), Macduff (Tenor), Malcolm (Tenor), Arzt (Baß), Macbeth' Diener (Baß), ein gedungener Mörder (Baß), ein Herold (Baß).

HANDLUNG. Schottland. Erster Akt. Macbeth und Banquo befinden sich nach einer siegreichen Schlacht über die Aufständischen auf dem Rückmarsch. Im Moor begegnen sie drei Hexen, die ihnen eine Prophezeiung machen: Macbeth wird Herr auf Cawdor sein und Banquos Söhne werden als Könige herrschen. Die erste Prophezeiung bewahrheitet sich sofort. Ein Bote bringt die Nachricht von Macbeth' Ernennung durch den König. Der König selbst wird bereits auf dem Schloß erwartet. Lady Macbeth stachelt ihren Gatten an, den König ermorden zu lassen. Zweiter Akt. Der König ist ermordet worden. Sein eigener Sohn Malcolm soll das Verbrechen begangen haben, er muß daher nach England fliehen. Macbeth ist damit König von Schottland, Lady Macbeth aber beabsichtigt auch noch Banquo und dessen Sohn Fleance aus dem Wege zu räumen. Banquo fällt ihren mörderischen Plänen zum Opfer, sein Sohn kann fliehen. Bei einem Festbankett erscheint Banquos Geist und versetzt Macbeth in Entsetzen. Dritter Akt. Unsicherheit und Angst nagen an Macbeth.

nentechnisch kaum Realisierbare aus der Urfassung weggefallen und die Szenenabfolge im Hinblick auf plausiblere Zusammenhänge geändert ist. In dieser Form erzielte die Oper bei der Bühnenuraufführung in Monte Carlo im Jahre 1893 großen Erfolg und konnte ihn auch später halten. Allerdings ist auch in dieser Fassung nur der dritte Akt wirklich für eine Bühnendarstellung geeignet (Trio zwischen Margarethe, Faust und Mephistopheles). Der Oper ist ohne Zweifel weitgehend anzumerken, daß sie von Berlioz nicht als Bühnendrama konzipiert worden war. Aus diesem Grunde dürfte die konzertante Aufführung trotz allem die den Intentionen des Künstlers angemessenste sein. Die merkwürdige Zwischenstellung des Werkes zwischen Oper und Konzert setzt allerdings auch eine ungeheure kompositorische Vielfalt frei: die einzelnen Teile bzw. Akte sind völlig heterogen. Der erste Teil zeichnet sich aus durch komplexe und sorgfältigste Orchestrierung und endet mit dem berühmten Rakoczi-Marsch (um dessentwillen Berlioz die Handlung des ersten Aktes nach Ungarn verlegte. «Ich wollte ein Instrumentalstück über ein ungarisches Thema schreiben. Ich hätte den Faust auch in jeden anderen Teil der Welt entführen lassen, wenn ich nur geringsten musikalischen Grund dafür gehabt hätte» – so Berlioz' eigener Kommentar). Der zweite Teil ist weniger lebhaft, eher melancholisch; der dritte ist – wie bereits erwähnt – der einzige wirklich bühnengeeignete; der vierte schließlich, Fausts Verdammung (mit der Berlioz vom Goetheschen Original, wo Faust ja gerettet wird, abweicht), trägt den Charakter eines feierlich-makabren Epilogs, in dem Berlioz seine starke romantische Sensibilität am ungehemmtesten zur Entfaltung bringen kann.   GP

Bühnenmaschine für die Erscheinung des Teufels in «Fausts Verdammung» von Hector Berlioz. Aus «Vom Fels zum Meer» 1882.

Prolog zu Giuseppe Verdis «Attila» in der Mailänder Aufführung von 1974/75. Regie von Lamberto Puggelli, Bühnenbilder von Paolo Breghi und Kostüme von Luisa Spinatelli.

Er sucht die drei Hexen im Moor auf, um sie über sein Schicksal zu befragen. Die dunkle Antwort lautet: Macbeth wird König von Schottland und solange unbesiegbar bleiben, bis der Wald von Birnam auf ihn zukommt. Lady Macbeth sucht den Gatten unterdessen auch noch zum Mord an Lady Macduff und deren Söhnen zu überreden, während Macduff selbst an Malcolms Seite in England ein Heer gegen Macbeth sammelt. Vierter Akt. Heimlich rückt das Heer gegen Macbeth in Schottland vor. Im Wald von Birnam angekommen, tarnen sich die Krieger mit den Zweigen der Bäume, wie ein dichter Wald rücken sie geschlossen marschierend zum entscheidenden Angriff vor. Während Lady Macbeth von entsetzlichen Alpträumen an den Rand des Wahnsinns getrieben wird, reitet Macbeth mit seinen Truppen dem einfallenden Heer entgegen. Als er den Wald von Birnam auf sich zukommen sieht, weiß er sich verloren. Er fällt im Zweikampf mit Macduff. Auch die zweite Prophezeiung der drei Hexen hat sich bewahrheitet.

● Die Oper erfuhr eine Vielzahl von kleineren Änderungen und Umarbeitungen. Zum erstenmal wird sie nach ihrer Florentiner Uraufführung für St. Petersburg (1855) abgeändert und bekommt dabei den Titel *Sivardo il Sassone (Siward, der Sachse)*. Später überarbeitet der bekannte Übersetzer, aber leider nur mittelmäßige Dichter Maffei (1798–1885) das Libretto noch einmal. Dieser Text wird dann zur Grundlage der Übersetzung von Nuittier und Beaumont ins Französische. Für die Aufführung am Pariser Théâtre-Lyrique (1865) muß die Oper noch weitere, auch starke musikalische Veränderungen über sich ergehen lassen, um dem besonderen französischen Publikumsgeschmack besser zu entsprechen. Heute gilt *Macbeth* als eine der ausdrucksstärksten Opern Verdis und als Markstein in seiner musikalischen Entwicklung. Der dramatische Aufbau ist dabei eher unausgewogen. Dem ersten Librettisten Piave war in der Tat nicht gelungen, die Komplexität der Shakespearschen Charaktere einzufangen, auch Maffeis Text brachte Verdi nicht näher an die subtile und verwickelte Psychologie der Gestalten des Shakespeareschen Dramas heran. So finden sich in diesem Werk neben bestem Verdi auch Passagen erstaunlichster Einfalt, um nicht zu sagen Mittelmäßigkeit. Ein Beispiel dafür ist die Hexenszene, deren musikalische Gestaltung alle magische Realität und beschwörende Kraft des Shakespeare-Originals vermissen läßt. Positiv festzuhalten ist, daß Verdi mit dieser Oper einen Grad der souveränen Beherrschung der Orchestrierung erreicht, der wegweisend für seine künftigen Werke wird. EP

DIE RÄUBER
(I masnadieri)

Melodram in vier Akten von Giuseppe Verdi (1813–1901). Libretto von Andrea Maffei nach dem gleichnamigen Schauspiel

Ilva Ligabue und Boris Christoff in «Die Räuber» von Giuseppe Verdi an der Römischen Oper im Dezember 1972.

von Friedrich von Schiller (1759–1805). Uraufführung: London, Queen's Theatre, 22. Juli 1847.

PERSONEN. Maximilian (Baß), Karl (Tenor), Franz (Bariton), Amalie (Sopran), Hermann (Tenor), Moser (Baß), Roller (Tenor).

HANDLUNG. Deutschland zu Beginn des achtzehnten Jahrhunderts. Karl Moor, Sohn des regierenden Grafen von Moor, erhält einen (wie er glaubt) Brief seines Vaters (der jedoch in Wirklichkeit von seinem heuchlerischen Bruder Franz gefälscht wurde), der ihm mitteilt, daß er verstoßen und enterbt sei. Um sich zu seinem Recht zu verhelfen, schlägt sich Karl zu einer Räuberbande und wird bald deren Anführer. Franz verbreitet unterdessen die Nachricht, Karl sei tot. Er will mit diesem Schachzug auch Karls Verlobte Amalie für sich gewinnen. Karl erfährt von der lügnerischen Meldung, bringt es aber nicht über sich, gegen seinen Bruder vorzugehen. Als er jedoch hört, daß sein alter Vater als Gefangener im Turm schmachtet, kennt er keine Nachsicht mehr. Franz muß bestraft werden. Als sich Franz in seinen Machenschaften entdeckt und keinen Ausweg mehr sieht, erdrosselt er sich. Auch der alte Graf Moor und Amalie finden einen tragischen Tod. Erschüttert in seinem Glauben an die rächende Gerechtigkeit übergibt sich Karl selbst der Justiz.

● Die Oper fand keine gute Aufnahme beim englischen Publikum. Verdi mußte sich den Vorwurf gefallen lassen, mit seiner Musik nicht an Schillers Dramatik heranzureichen. Schillers revolutionäre Leidenschaftlichkeit finden in der Oper tatsächlich keinen angemessenen Ausdruck. Auch die im Februar 1848 für das Teatro Apollo in Rom eingerichtete Aufführung brachte mehr Kritik als Lob. *Die Räuber* müssen zu den weniger gelungenen Werken Verdis gezählt werden.
EP

MARTHA oder DER MARKT ZU RICHMOND

Oper in vier Akten von Friedrich von Flotow (1812–1883). Libretto von Friedrich Wilhelm Riese nach der Ballettpantomime «Lady Henriette ou La servante de Greenwich» von Vernoy de Saint-Georges, Musik von Flotow, Burgmüller und Deldevez (aufgeführt in Paris am 21. Februar 1844). Uraufführung: Wien, Hofoperntheater, 25. November 1847. Solisten: Anna Kerr, A. Ander, K.J. Formes.

PERSONEN. Lady Harriet, Ehrendame der Königin (Sopran), Nancy, ihre Vertraute (Alt), Lyonel (Tenor), Plumkett, ein reicher Pächter und Lyonels Freund (Bariton), Lord Tristan Mickleford (Baß), ein Richter zu Richmond (Baß). Mägde und Knechte, adlige Damen und Herren, Bauern, Pächter.

HANDLUNG. Die handlung spielt in England zur Zeit der Königin Anne (um 1710). Erster Akt. Lady Harriet langweilt sich trotz der Aufmunterungsversuche ihrer Vertrauten bei dem ewigen Einerlei des Hoflebens. Auch ihr schmachtender Verehrer Lord Tristan kann daran nichts ändern. Von der Straße herauf ertönt das fröhliche Lachen der Mädchen, die wie alljährlich nach Richmond ziehen, um sich als Mägde zu verdingen. Die Munterkeit der einfachen Mädchen bringt Lady Harriet auf den Gedanken, sich ihnen als Landmädchen verkleidet anzuschließen. Auch Lord Tristan muß sich als Bauer verkleiden. Auf dem Platz von Richmond drängen sich Bauern und Pächter. Auch Plumkett, ein wohlhabender Bauer, und sein treuer Freund Lyonel, der als frühe Waise auf seinem Hofe aufgewachsen ist, befinden sich in der Menge. Lyonel weiß nichts von seinem Vater, außer daß er ihm einen wertvollen Ring hinterlassen hat, den er der Königin überreichen soll, falls er sich je in großer Not befinden sollte. Lady Harriet und ihre Vertraute Nancy haben sich als Martha und Betsy unter die Mägde gemischt. Plumkett macht den beiden ein Angebot. Aus Spaß nehmen sie das Handgeld an, sehen sich damit aber auch gezwungen, ihm zum Dienst auf seinen Hof zu folgen. Zweiter Akt. Stube in Plumketts Bauernhaus. Die beiden Mädchen erweisen sich als zu nichts nütze, sie können nicht kochen, nicht waschen, nicht spinnen. Trotzdem finden die beiden Bauern Gefallen an ihnen. Bei einbrechender Nacht trifft unversehens Lord Tristan auf der Suche nach den verschwundenen Damen ein. Martha und Betsy fliehen, um nicht in der kompromittierenden Situation entdeckt zu werden. Dritter Akt. Plumkett tröstet sich in einem Wirtshaus mit ein paar Gläsern Bier. Von draußen sind Jagdhörner zu hören. Die Königin ist auf der Jagd. Im Jagdgefolge erkennt Plumkett seine Betsy und versucht, sich ihr zu nähern. Auch Lyonel erkennt seine Martha und will ihr die Hand küssen. Diese aber, voll der Scham für ihr Gefühl für den einfachen Bauern, stößt ihn zurück. Als Lyonel daraufhin seine Rechte als Dienstherr geltend machen will, wird er kurzerhand verhaftet. Es gelingt ihm gerade noch, Plumkett den Ring seines Vaters zu übergeben, ehe er abgeführt wird. Vierter Akt. Plumketts Haus. Lady Harriet und Nancy treffen ein. Harriet selbst hatte der Königin Lyonels Ring überbracht und dabei erfahren, daß er der Sohn des zu Unrecht seines Titels enthobenen Grafen von Derby ist. Lyonel wird also in seine Rechte als Graf von Derby wieder eingesetzt. Mit viel Mühe und Ausdauer gelingt es Lady Harriet schließlich auch, den verletzten Stolz des jungen Mannes zu besänftigen und seine Verzeihung für ihr brüskes Verhalten zu gewinnen. Sie bietet ihm Herz und Hand. Auch Plumkett findet Gnade vor Nancys Augen, so daß alles zum glücklichen Ende kommt.

● *Martha* ist die erfolgreichste Oper Flotows und wird auch heute noch aufgeführt. Sie lehnt sich stark an die bekanntesten Beispiele der «Opéra-Comique» an und weist in ihrem deutlich französisch-italienische Einflüsse auf.
MS

**Bühnenmaschinen aus
«Vom Fels zum Meer», 1882.**

Von oben und von links nach rechts: Maschine zur Erzeugung von Windgeräuschen, zur Erscheinung des Mondes, zum Einsturz eines Gebäudes, zur Erzeugung des Donnergrollens sowie Schnitt durch die von hinten gesehene Bühne.

ESMERALDA

Oper in vier Akten von Alexander Dargomischski (1813–1869). Libretto vom Komponisten nach einer Übersetzung des auf «Notre-Dame de Paris» (1831) beruhenden Librettos (1836) von Victor Hugo für den Komponisten Bertin. Uraufführung: Moskau, Kaiserliches Theater, 17. Dezember 1847.

HANDLUNG. Schauplatz der Handlung ist ein romantisch-pittoreskes Paris des Mittelalters. Esmeralda ist eine junge, nach außen verschlossene, aber sehr gefühlvolle, leidenschaftliche junge Zigeunerin. Ihren Lebensunterhalt verdient sie sich mit Tanzen und Wahrsagerei. Sie lebt in der sogenannten «Cour des Miracles», einem armseligen Vorort der Stadt, in dem sich das übelste Gesindel zusammenfindet. Aber alle sind in sie verliebt. Auch Quasimodo, ein Buckliger mit Herkuleskräften liebt Esmeralda. Der Spekulant Frollo, der ebenfalls ein Auge auf Esmeralda geworfen hat, zwingt Quasimodo durch Erpressung, ihm die junge Zigeunerin zu rauben und zuzuführen. Der junge Offizier Phoebus de Châteaupers, dem Esmeraldas wahre Liebe gilt, verhindert ihre Entführung. Der wütende Frollo ersticht ihn aus Eifersucht. Esmeralda wird des Mordes an Phoebus bezichtigt und trotz der Unterstützung der gesamten «Cour des miracles» verurteilt. Quasimodo aber weiß, wen in Wahrheit die Schuld trifft. Er rächt Esmeralda, indem er Frollo vom Turm der Kirche Notre-Dame stürzt. Danach sucht er Esmeraldas Grab auf dem Friedhof der Verbrecher und wartet, ihren leblosen Körper umschlingend, selbst auf den Tod.

● Die Oper ist nur mittelmäßig, wie der Komponist selbst zwanzig Jahre später zugab. Sie ahmt zu sehr die französischen Vorbilder nach. Bemerkenswert ist sie immerhin insofern, als mit ihr zum erstenmal in der russischen Oper Volksmassen auf die Bühne gebracht werden, was schon bald zum Charakteristikum der russischen Oper werden sollte. Zur Zeit der Entstehung der *Esmeralda* allerdings waren es gerade diese Volksmassen auf der Bühne, die bei der Theaterleitung keinen Anklang fanden, so daß der Komponist acht Jahre auf die Aufführung seines Werkes warten mußte. 1839 komponiert, wurde die Oper erst 1847 gespielt. Dargomischski ließ sich durch diese lange Wartezeit sehr in seinem Schaffen entmutigen. Das Werk war kein Erfolg, nach der Uraufführung wurde es nur noch dreimal gegeben. Später wurde es vereinzelt in Rußland gespielt. MS

DER KORSAR
(Il corsaro)

Tragisches Melodram in drei Akten von Giuseppe Verdi (1813–1901). Libretto von Francesco Maria Piave (1810–1876) nach dem gleichnamigen Gedicht von Lord Byron (1788–1824). Uraufführung: Triest, Teatro Grande, 25. Oktober 1848. Solisten: Marianna Barbieri-Nini, Carolina Rapazzini, Gaetano Fraschini, Achille de Bassini, Giovanni Volpini, Giovanni Petrovich.

PERSONEN. Corrado, der Korsar (Tenor), Medora (Sopran), Gulnara (Sopran), Selim (Baß), Said (Bariton), Giovanni (Baß).

HANDLUNG. Der griechische Korsar Corrado, der seine Geliebte Medora wegen des Feldzuges gegen die Moslems verlassen mußte, weiß sich heimlich Zugang zum Lager der von Pascha Said befehligten Türken zu verschaffen. Als türkischer Soldat verkleidet, wird er nicht erkannt. Seine Leute aber greifen das Türkenlager, noch ehe er ihnen das vereinbarte Zeichen gibt, an. Damit ist seine Entdeckung unvermeidlich. Er wird verwundet und gefangengenommen. Pascha Saids Konkubine Gulnara aber verhilft ihm zur Flucht. Als er schließlich die Insel der Korsaren sicher erreicht, findet er dort seine Braut Medora sterbend vor. Die falsche Nachricht von seinem Tod hat ihr das Herz gebrochen. Voller Verzweiflung stürzt sich Corrado in die Fluten.

● Verdi schwebte bei dieser Oper eine Parallele zwischen dem Korsaren Corrado und Garibaldo und deren patriotischen Kämpfen vor. Als ihm dann aber das Libretto vorlag, nahm er von dieser Idee Abstand. Die Oper entstand daraufhin in großer Eile und Flüchtigkeit in Paris. Auch Verdis tiefsitzende Abneigung gegen seinen Auftraggeber, den Verleger Francesco Lucca dürfte ein Grund für das spürbar fehlende Engagement des Komponisten in diesem Werk sein. EP

DAS TAL VON ANDORRA
(Le Val d'Andorre)

Lyrisches Drama in drei Akten von Jacques Fromental Elie Halévy (1799–1862). Libretto von J.H. Vernoy de Saint-Georges (1801–1875). Uraufführung: Paris, Opéra-Comique, 11. November 1848.

HANDLUNG. Die Handlung spielt zur Zeit Ludwigs XIV. Um sein Heer aufzufüllen, schickt der König seine Anwerber ins Land, die sich ihre Leute aus der kampffähigen männlichen Bevölkerung per Los zwangsrekrutieren. Die einzige Möglichkeit, diesem unerwünschten Soldatentum zu entgehen besteht darin, den Anwerber mit einer ordentlichen Summe Geldes zu bestechen. Die Bäuerin Rosa liebt den Jäger Karl und versucht das Geld, mit dem sie ihn vom Militärdienst freikaufen will, von der reichen verwitweten Pächterin Therese zu bekommen. Therese beschuldigt Rosa, das Geld gestohlen zu haben, so daß die Sache vor Gericht kommt. Therese will, da sie in der Zwischenzeit herausgefunden hat, daß Rosa ihre eigene Tochter ist, die Anschuldigungen gegen sie nicht aufrecht erhalten. Sie wird daher des Landes verwiesen. Rosas Schmerz über den Verlust der eben wiedergefundenen Mutter wird durch die nunmehr mögliche Hochzeit mit Karl gemildert.

● Auch mit dieser Arbeit stellt Halévy seine große Gewandtheit unter Beweis. Wie bei ihm üblich, ist die Handlung überaus kompliziert, die Musik jedoch weist einige melodisch und harmonisch recht gelungene Passagen auf. Hector Berlioz rezensierte die Pariser Aufführung vom 14. November 1848 im «Journal des Débats» wie folgt: «Der Erfolg der Oper *Le Val d'Andorre* gehört zu den spontansten und wohlverdientesten, die ich erlebt habe.» LB

DIE MÄRTYRER
(Poliuto)

Lyrische Oper in drei Akten von Gaetano Donizetti (1797–1848). Libretto von Salvatore Cammarano (1801–1852) nach Corneilles Tragödie «Polyeucte martyr» (1640). Posthume Uraufführung: Neapel, Teatro San Carlo, 30. November 1848. Solisten: C. Baucardé (Polyeuctes), E. Tadolini (Pauline), F. Colini (Severius), G. Rossi (der Statthalter Felix), M. Arati (Kallystenes).

Umschlag des Klavierauszuges zu «Luise Miller» von Giuseppe Verdi.

PERSONEN. Severius, Prokonsul (Bariton), Felix, Statthalter (Baß), Polyeuctes, armenischer Magistrat (Tenor), Pauline, Tochter des Statthalters Felix und Polyeuctes Gattin (Sopran), Kallystenes, Hohepriester des Jupiter (Baß), Nearchos, Oberhaupt der armenischen Christen (Baß), ein Christ (Tenor). Christen, Magistrate, Priester, armenisches Volk, römische Soldaten.

HANDLUNG. Die Handlung spielt um 257 n. Chr. in der armenischen Hauptstadt Mytilene. Erster Akt. In einer Katakombe wird die Taufe des zum Christentum bekehrten Polyeuctes gefeiert. Das Oberhaupt der armenischen Christengemeinde, Nearchos, nimmt ihn offiziell in die Glaubensgemeinschaft auf. Polyeuctes Gattin Pauline ist auf der Suche nach ihrem Gemahl. Nachdem sie bereits ihren ersten Verlobten Severius im Kampf verloren hat, muß sie nun auch um das Leben ihres Gatten fürchten. Denn das jüngste kaiserliche Edikt verordnet die Todesstrafe für alle Christen. Pauline ist tief beeindruckt von den Gesängen der Christen, mit denen sie auch für ihre Feinde beten. Als die Gläubigen wieder ans Tageslicht treten, zieht gerade der neue Prokonsul Severius unter Fanfarenklängen vorüber. Pauline erkennt in ihm ihren früheren Verlobten, den sie für tot hielt. Auf dem Marktplatz jubelt das Volk Severius und seinen Legionen zu. Der Prokonsul ist mit der ausdrücklichen Aufgabe, die Armenier von den Christen zu befreien, ins Land geschickt worden. Außerdem hegt er persönlich den Wunsch, Pauline wiederzusehen. Er erkundigt sich bei Felix nach ihr, woraufhin dieser ihm in großer Verlegenheit ihren Gatten Polyeuctes vorstellt. Dieser schließt aus der Enttäuschung, die sich in Severius' Antlitz abzeichnet, auf eine Untreue Paulines. Der Hohepriester Kallystenes hatte einen entsprechenden Verdacht bereits bei ihm genährt. Zweiter Akt. Im Hause des Statthalters. Von Kallystenes geführt, begibt sich Severius in Felix' Haus, um Pauline zu sehen, von der ihm der tückische Priester erzählt hat, ihr Vater habe sie gezwungen, Polyeuctes zu heiraten. Severius macht Pauline zum Vorwurf, nicht auf ihn gewartet zu haben, und fragt sie, ob sie ihn noch liebe. Als Severius sich ihr zu Füßen wirft, ist sie einen Augenblick verwirrt, bricht die Unterredung damit jedoch ab. Polyeuctes, der von Kallystenes informiert wurde, hat die Szene beobachtet. Er ist nunmehr überzeugt, daß ihn Pauline betrügt. Ein herbeieilender Christ berichtet ihm von der Gefangennahme Nearchos'. Im Jupitertempel sitzen die Hohenpriester über Nearchos zu Gericht. Er bekennt sich als Christ, weigert sich jedoch, den Namen des Neugetauften preiszugeben. Polyeuctes, der Nearchos vor Kerker und Folter bewahren will, stellt sich dem Gericht. Severius verurteilt beide zum Tode. Pauline fleht den Vater und Severius vergeblich um Gnade an. Als Polyeuctes die Gattin auf den Knien vor dem Prokonsul sieht, glaubt er seinen Verdacht der Treulosigkeit endgültig bestätigt und verstößt sie vor der versammelten Menge. In seiner Empörung stürzt er den Altar der falschen Götter, vor dem er mit ihr vermählt wurde, um. Er und Nearchos werden daraufhin abgeführt. Paulines Verzweiflung zeigt Severius, daß sie ihn nicht mehr liebt. Dritter Akt. Das Volk ist auf dem Wege zur Arena, in der die Christen den Märtyrertod erleiden sollen. Pauline verschafft sich Zugang zu Polyeuctes im Gefängnis. Sie klärt ihn über ihr wahres Verhältnis zu Severius auf und berichtet von ihrer Vermutung, Kallystenes habe die ganze Geschichte eingefädelt, um sich für seine Zurückweisung durch sie zu rächen. Nach seiner Aussöhnung mit der Gattin sieht Polyeuctes nunmehr ruhig dem Tode entgegen. Pauline bedrängt ihn, dem Christentum abzuschwören und sich damit zu retten. Aber Polyeuctes wankt nicht. Die Größe und Standhaftigkeit des Gatten bringt Pauline zu dem Entschluß, mit ihm gemeinsam das Martyrium zu erdulden. Kallystenes und Severius finden die beiden heiter und gelassen vor. Vergeblich versucht Severius, Pauline zu retten. Kallystenes aber schwelgt in der Wonne der Rache, als die beiden Hand in Hand in die Arena ziehen. Severius versucht sich aus Verzweiflung selbst zu töten, seine Wachen halten ihn aber davon ab.

● Donizetti schrieb die Oper im Jahre 1838 für das Theater San Carlo in Neapel, die Zensur gab das Stück jedoch mit der Begründung, es behandelte ein «zu sakrales Thema», nicht frei. Scribe verfaßte daraufhin eine französische Version, die mit dem Titel *Les martyrs* am 10. April 1840 in Paris aufgeführt wurde. Die beiden Hauptrollen wurden dabei von Duprez und Dorus-Gras gesungen. Diese französische Fassung wurde dann ins Italienische rückübersetzt *(I martiri)* und am 15. Februar 1843 in Lissabon, später auch in anderen Ländern aufgeführt. In Italien erschien die Oper unter dem Titel *Paolina e Poliuto*, in Österreich in der deutschen Übersetzung als *Die Römer in Mytilene* (1848). Die Anregung zu der Arbeit ging auf den französischen Tenor Nourrit zurück, der sich von der Rolle des Polyeuctes viel zur Wiederbelebung seiner Karriere versprach. Aufgrund der Sperrung durch die Zensur konnte er sie allerdings niemals singen. Die Originalfassung wurde dem Publikum erst nach dem Tode des Komponisten, zehn Jahre nach ihrer Entstehung im Teatro San Carlo in Neapel, für das sie geschrieben worden war, vorgeführt. 1960 wurde sie wieder ausgegraben und erlebte mit der Besetzung durch Maria Callas und Franco Corelli aufsehenerregenden Erfolg.

MS

DIE SCHLACHT VON LEGNANO
(La battaglia di Legnano)

Lyrische Tragödie in vier Akten von Giuseppe Verdi (1813–1901). Libretto von Salvatore Cammarano (1801–1852). Uraufführung: Rom, Teatro Argentina, 27. Januar 1849. Solisten: T. De Giuli-Borsi, C. Fraschini, F. Colini.

PERSONEN. Friedrich Barbarossa (Baß), Erster Konsul (Baß), Zweiter Konsul (Baß), Podestà von Como (Baß), Roland (Bariton), Lida (Sopran), Arrigo (Tenor), Markwald (Bariton), Imelda (Mezzosopran), ein Herold (Tenor).

HANDLUNG. Die Handlung spielt in Mailand und in Como im Jahre 1176. Erster Akt. In einem Viertel Mailands wird der Sieg der Lombardischen Liga gefeiert. Der Mailänder Roland umarmt freudig den Veroneser Arrigo, den er für in der Schlacht gefallen hielt. Rolands Gattin Lida hat einst Arrigo geliebt. In die Siegesfreude der beiden Ritter mischt sich leises Unbehagen. Auch der deutsche Gefangene Markwald hat sein Herz an Lida verloren. Ein Herold bringt die Nachricht vom Anmarsch Barbarossas. Roland begibt sich in den Senat, Arrigo bleibt zurück und beklagt sein Schicksal, weil Lida nicht auf ihn gewartet hat. Die junge Frau verteidigt sich: er galt als tot, und ihr Vater nahm ihr auf dem Sterbebett das Versprechen ab, Roland zu heiraten. Zweiter Akt. Arrigo und Roland werden als Sendboten der Liga nach Como, das mit Barbarossa verbündet ist, geschickt, um die Stadtväter zu einem Wechsel des Lagers zu überreden. Dort treffen sie auf Kaiser Barbarossa persönlich, der ihnen droht, die lombardischen Truppen zu vernichten und Mailand dem Erdboden gleichzumachen. Die beiden Sendboten aber stimmen eine Hymne auf ein von Fremdherrschaft befreites Italien an. Dritter Akt. Die Ritter vom Tode haben sich in der Krypta von St. Ambrosius versammelt und schwören sich Sieg oder Tod. Auch Arrigo läßt sich in den Orden aufnehmen. Sehr zum Schmerze Lidas, denn sie weiß, daß der junge Veroneser um ihretwillen den Tod sucht. Sie versucht ihn deshalb mit einem Brief von seinem Vorhaben abzubringen. Roland übergibt bei seinem Abschied Weib und Kind Arrigo – nicht wissend, daß dieser Mitglied des Ordens der Todesritter geworden ist. Markwald, der Lidas Brief an Arrigo abgefangen hat, übergibt diesen Roland. Roland ist empört. Unterdessen trifft Lida mit Arrigo heimlich zusammen. Sie gesteht ihm, daß sie ihn immer noch liebe, ihre Pflicht sie jedoch an Roland binde. Als Roland die beiden überrascht, beteuert ihm Arrigo die Unschuld seiner Gattin und fordert ihn auf, ihn selbst zu töten. Roland aber beschließt ihn in den Turm werfen zu lassen, so daß er seine Verabredung mit dem Todesritter-Orden nicht einhalten kann und damit entehrt ist. Da rettet sich Arrigo mit einem Satz durchs Fenster und springt in den Fluß. Vierter Akt. Die Frauen Mailands beten für ihre Männer in der Schlacht. Lida fleht zu Gott, er möge Arrigo und Roland retten. Die Schlacht ist zu Ende. Barbarossa ist besiegt, Arrigo hat dem Kaiser in heldenhaftem Kampfe eine schwere Verwundung beigebracht, aber auch er selbst ist zu Tode verletzt. Noch im Todeskampf beteuert er Roland gegenüber Lidas Unschuld. Dann haucht er – die Fahne Mailands an die Brust pressend – sein Leben aus.

• Das Werk gilt allgemein als wichtiger Schritt zur psychologisch anspruchsvolleren Oper, wie sie sich bei Verdi beginnend etwa mit *Luise Miller* herausgebildet hat. Die Komposition ist solide und ausgewogen, obschon das Thema zu größeren Tönen und Überzeichnung hätte verführen können. Nach dem recht guten Erfolg der Oper zog sich der Komponist nach St. Agata zurück und begann allmählich zwar weniger, aber um so sorgfältiger zu komponieren. Möglicherweise hatte auch die Zensur seine Schaffenslust getrübt, denn auch bei diesem Stück sollten Ort und Personen geändert werden. Ein bemerkenswertes Ereignis sei noch erwähnt: 1960 wurde die Oper in Cardiff in Wales unter Verlegung des Schauplatzes der Handlung in das nationalsozialistisch besetzte Italien gespielt.

EP

DIE LUSTIGEN WEIBER VON WINDSOR

Komisch-phantastische Oper in drei Aufzügen von Otto Nicolai (1810–1849). Libretto von S. H. Mosenthal (1821–1877) nach Shakespeares gleichnamigem Lustspiel. Uraufführung: Berlin, 9. März 1849.

HANDLUNG. Erster Akt. Der dicke und nicht mehr ganz junge Sir John Falstaff macht zwei Frauen mit einem Liebesbrief gleichen Wortlauts den Hof. Die beiden beschließen, den lüsternen Alten hereinzulegen. Sie laden ihn zu einem Stelldichein bei Frau Fluth ein, wobei sie deren abwesenden Gatten durch einen anonymen Brief über das Treffen informieren. Dieser platzt auch tatsächlich in das heimliche Stelldichein hinein, so daß Falstaff sich nur noch schnell in einen Wäschekorb retten kann, um nicht entdeckt zu werden. Zweiter Akt. Falstaff brüstet sich vor Frau Fluths Gatten, den er allerdings nicht erkennt, mit seinem – wenn auch nicht ganz geglückten – Liebesabenteuer. Fluth sieht sich dadurch in seinem Mißtrauen und seiner Eifersucht bestätigt. Auch ein zweites Stelldichein, das die beiden listigen Frauen Falstaff geben, platzt durch Herrn Fluths unerwartetes Erscheinen. Falstaff muß sich von den beiden, vor Schadenfreude berstenden Frauen in die Kleider einer alten Vettel stecken lassen, der Herr Fluth das Haus verboten hat und die er daher hinausprügelte. Dritter Akt. Frau Fluth gesteht ihrem Gatten, daß sie die ganze Geschichte mit ihren Freundinnen eingefädelt hat, um Falstaff einen Streich zu spielen. Zusammen mit ihrem Gatten beschließt sie, dem alten Ritter noch eine letzte böse Lektion zu erteilen. Sie bestellt ihn – mit der Aussicht auf ungestörtes Liebesglück – in den Wald von Windsor. Dort erwartet ihn aber statt der zärtlichen Geliebten ein Mummen-

Bühnenmaschine für die Erscheinung des Schwans in Richard Wagners «Lohengrin», 1882.

Szene aus Richard Wagners «Lohengrin» in der Münchner Aufführung von 1867.

schanz von Elfen und sonstigen Geistern, die ihm in heiligem Zorn und diebischer Freude seine feige Lüsternheit austreiben.

● *Die lustigen Weiber von Windsor* sind Otto Nicolais Hauptwerk. Er starb in jungen Jahren, nur wenige Monate nach der Uraufführung der Oper. In ihr vereinigen sich beste deutsche Romantik mit italienischer Tradition. Sie erzielte von Anfang an ungeheuren Erfolg. Noch heute wird sie dank der spritzigen Ironie, der köstlichen Komik, der Frische der Melodien und der brillanten Satztechnik und Instrumentierung an vielen deutschen Bühnen regelmäßig gespielt.　　　　SC

DER PROPHET
(Le Prophète)

Oper in vier Akten von Jakob Meyerbeer (1791–1864). Libretto von Eugène Scribe (1791–1861). Uraufführung: Paris, Opéra, 16. April 1849. Solisten: Pauline Viardot-Garcia, Jeanne Anais Castellan, Gustave Roger.

HANDLUNG. Holland, Anfang des sechzehnten Jahrhunderts, zur Zeit der Wiedertäuferunruhen. Erster Akt. Johann von Leyden (Tenor) und Berta (Sopran) sind sich in Liebe zugetan. Graf Oberthal (Baß) muß die Zustimmung zu ihrer Hochzeit geben. Dieser hat jedoch selbst ein begehrliches Auge auf Berta geworfen. Er verweigert die Hochzeitserlaubnis und beordert Berta auf sein Schloß. Berta folgt dem Befehl schweren Herzens, läßt sich aber zur Vorsicht von Johanns Mutter Fides begleiten. Zweiter Akt. Als die Sekte der Wiedertäufer von des Grafen Übergriff erfahren, fordern sie Johann auf, sich auf ihre Seite zu schlagen. Berta kann vom Schloß fliehen, doch noch ehe sie Johann erreicht, zwingt sie der Graf unter Androhung des Todes der auf dem Schloß zurückgebliebenen Fides, zurückzukommen. Ditter Akt. Im Lager der Wiedertäufer. Unter Johanns Führung, der mittlerweile zu ihrem Propheten geworden ist, beschließen die aufständischen Wiedertäufer, das Schloß anzugreifen. Die aufgebrachte Menge entdeckt in ihrer Mitte einen Sohn Graf Oberthals, der verkleidet alles mitangehört hat. Nur Johann, der von ihm erfährt, daß Berta ein zweites Mal geflohen ist, kann den Grafensohn vor dem Lynchtod retten. Auch Fides ist es gelungen, zu entkommen. Die beiden Frauen sind voll des Hasses auf die Wiedertäufer, die Johann vom rechten Glauben abgebracht haben. Sie wissen nicht, daß er sogar zu ihrem großen Propheten geworden ist. Berta schwört dem abtrünnigen Propheten den Tod. Vierter Akt. Das Schloß von Münster, in das sich die Wiedertäufer mit ihrem Propheten verschanzt haben, steht unter Belagerung. Drei Mitglieder der Sekte verraten ihren Propheten. Als Berta erfährt, daß der verhaßte Prophet und ihr geliebter Johann ein un dieselbe Person sind, nimmt sie sich das Leben. Johann, der merkt, daß er das Schloß nicht halten kann, zündet das Pulverlager an und sprengt so das ganze Schloß in die Luft. Mit ihm selbst findet seine alte Mutter, die zu ihm geeilt ist, um ihm zu vergeben, in den Trümmern den Tod.

● Der Handlung der Oper liegt eine Episode aus dem historischen Wiedertäuferaufstand zugrunde: die Krönung Jan Neuckelzoons zu Münster im Jahre 1535. Wie alle Werke Meyerbeers baut auch diese Oper stark auf der dramatischen

Situation mit möglichst großem szenischen Effekt und wirkungsvollen Chören auf – was oft zu Lasten der musikalischen Charakterisierung der Personen geht. Die Oper war bis zu Beginn unseres Jahrhunderts ein vielgespielter Erfolg und fand manchen berühmten Interpreten für die Titelfigur (zum Beispiel den Polen Jean De Resske und die Italiener Caruso und Martinelli). SC

LUISE MILLER
(Luisa Miller)

Tragisches Melodram in drei Akten von Giuseppe Verdi (1813–1901). Libretto von Salvatore Cammarano (1801–1852) nach Friedrich von Schillers Trauerspiel «Kabale und Liebe» (1784). Uraufführung: Neapel, Teatro San Carlo, 8. Dezember 1849. Solisten: Marietta Cazzaniga, Teresa Salandri, Settimo Malvezzi, Achille De Bassini.

PERSONEN. Luise Miller (Sopran), Rudolf (Tenor), Graf von Walter (Baß), Miller (Bariton), Wurm (Baß).

HANDLUNG. Erste Hälfte des achtzehnten Jahrhunderts. Erster Akt. Das bürgerliche Mädchen Luise Miller und der Grafensohn Rudolf lieben sich. Rudolfs Vater, Graf von Walter, hat jedoch andere Pläne. Rudolf, der nicht gewillt ist, seine Luise aufzugeben, erpreßt seinen Vater: wenn dieser sich seiner Heirat mit dem Mädchen in den Weg stellt, wird er ihn vor aller Öffentlichkeit des Mordes an einem Vetter, dessen Titel und Ländereien er geerbt hat, bezichtigen. Zweiter Akt. Luises Vater, Miller, ist wegen seiner Anprangerung der Ungerechtigkeiten des Grafen verhaftet worden. Um den Vater vor dem drohenden Tode zu retten, schreibt Luise auf Verlangen des Schloßverwalters Wurm einen Brief, in dem sie behauptet, Rudolfs Werbung nur aus Ehrgeiz zu akzeptieren, ihn jedoch nicht zu lieben. Der intrigante Wurm, der sich damit Luises Gunst erkaufen will, weiß Rudolf den Brief in die Hände zu spielen. Zutiefst verletzt, erklärt sich dieser mit den Heiratsplänen seines Vaters einverstanden. Dritter Akt. Luise, die ihre Liebe zur Rettung des Lebens des Vaters geopfert hat, will ihrem Leben ein Ende setzen. Sie schreibt ein Testament, in dem sie die wahren Begebenheiten enthüllt. Aber ihr Vater kommt dazwischen und kann sie daran hindern, sich das Leben zu nehmen. Vater und Tochter beschließen, das Land zu verlassen. Rudolf will die bittere Nachricht aus dem Munde des geliebten Mädchens selbst hören. Als er sie befragt, bleibt sie bei ihrer Behauptung aus dem Brief, da sie Wurm schwören mußte, unter keinen Umständen je die Wahrheit zu sagen. Rudolf macht daraufhin seinen Entschluß, sich und der Geliebten den Tod zu geben, zur Tat. Er schüttet heimlich Gift in zwei Gläser, die für ihn und Luise bestimmt sind. Als sich Luise schließlich doch noch besinnt und ihm die Wahrheit gesteht, ist es zu spät. Das Gift beginnt seine Wirkung zu tun. Rudolf verflucht den Vater und ersticht den perfiden Wurm. Danach folgt er seiner getreuen Luise in den Tod.

● Das 1783 geschriebene und ein Jahr später veröffentlichte Trauerspiel *Luise Millerin* oder *Kabale und Liebe* ist Schillers letztes Drama aus seiner Sturm-und-Drang-Zeit. Verdi zeigt sich zwar für die düstere Dramatik des Stückes nicht unempfänglich, legt das Schwergewicht seiner musikalischen Bearbeitung aber mehr auf die psychologische Ausgestaltung der Titelheldin. Insofern gilt das Werk als das erste der Verdischen Reife. Schon bei ihrer Uraufführung bewertete die Kritik die *Luise Miller* als etwas entscheidend Neues im Schaffen des Künstlers und bezeichnete sie als Meilenstein. Später setzte man die Bedeutung des Werkes nicht mehr ganz so hoch an, ohne darüber ein anderes wichtiges neues Element zu vergessen: mit der *Luise Miller* bringt Verdi erstmals eine tragische Heldin bürgerlichen Standes auf die Bühne. Auch der zeitgeschichtliche Hintergrund ist für die Oper von Bedeutung. 1849 ist das Jahr nach der kläglich zu Ende gegangenen 48er Revolution. In allen europäischen Ländern hat sich die Restauration wieder ausgebreitet. Für revolutionären Impetus und Patriotismus, wie er in Verdis großen Chören seiner bisherigen Opern zum Ausdruck kam, ist kein Freiraum mehr vorhanden. So zieht sich der Künstler auf die nach seiner Konzeption nicht so sehr gesellschaftliche als private Tragödie der Luise zurück. Allerdings wäre es ungerecht, die Oper deshalb als ein schwaches Werk ohne Engagement bezeichnen zu wollen. Die feine psychologische Ausarbeitung der Luise weist vielmehr schon auf die spätere große Gestalt der Violetta in *La Traviata*. EP

KRISPIN UND DIE GEVATTERIN
(Crispino e la comare)

Heiteres Melodram in drei Akten von Federico und Luigi Ricci (1809–1877 bzw. 1805–1859). Libretto von Francesco Maria Piave (1810–1876). Uraufführung: Venedig, Teatro San Gallo a S. Benedetto, 28. Februar 1850. Solisten: Carlo Cambaggio (Crispino), Giovannina Pecorino (Annetta), Luigi Rinaldini (Fabrizio), Luigi Ciardi (Mirabolano), Giuseppe Pasi (Contino del Fiore), Angelo Guglielmi (Don Asdrubale), Giovannina Bordoni (Lisetta), Paolina Prinetti (die Gevatterin).

PERSONEN. Krispin (Spielbaß), Don Asdrubale (Baß), Annetta (Sopran), die Gevatterin (Mezzosopran), Fabrizio (Bariton), Lisetta (Sopran).

HANDLUNG. Erster Akt. Venedig. Krispin, ein armer Schuster, sitzt arbeitslos vor seinem Laden. Seine Frau Annetta versucht vergeblich, mit Zeitungsverkauf ein paar Pfennige zu verdienen. Der dicke Hausbesitzer Don Asdrubale versucht sich bei der jungen Annetta einzuschmeicheln. Als Krispin den Alten in seiner Aufdringlichkeit abwehren will, muß er sich an seine Schulden bei ihm erinnern lassen. Verzweifelt läuft er davon und will sich in den nächsten Brunnen stürzen. Annetta kann sich unterdessen aus Don Asdrubales Armen befreien und läuft ebenfalls davon. Gerade als Krispin sich über den Brunnenrand beugt, hält ihn eine Frauengestalt zurück. Es ist seine Gevatterin, die ihm Hilfe anbietet. Sie weissagt ihm, daß er reich und berühmt werden wird: er soll Arzt werden, und sie will ihm dabei nach Kräften zur Seite stehen. Immer wenn er ihre Gestalt nicht am Krankenbett sieht, kann er sicher sein, daß sein Patient genesen wird. Krispin erklärt daraufhin vor aller Welt, er sei von nun an Arzt, und erntet allgemeines Gelächter. Zweiter Akt. Der Maurer Bortolo ist vom Dach gefallen und wird in die Dorfapotheke gebracht. Doktor Fabrizio gibt dem Verunglückten keine Chance. Krispin aber, der die Gevatterin nirgends sieht, erklärt, er würde durchkommen. Und zur allgemeinen Verwunderung erholt sich der schwerverletzte Maurer tatsächlich. Dritter Akt. Krispins neues Haus in Venedig. Don Asdrubales Nichte Lisetta ist schwer erkrankt. Als Krispin gerufen wird, sieht er die Gestalt der Gevatterin neben Don Asdrubale selbst. Dem entsprechend verkündet er, Lisetta werde gesunden, Don Asdrubale aber sterben. In der Tat erleidet der Alte kurz darauf einen Schlaganfall. Krispin steigen Erfolg, Ruhm und Reich-

Erster Akt aus Richard Wagners «Lohengrin» in der Aufführung der Bayreuther Festspiele 1968. Inszenierung von Wieland Wagner.

tum zu Kopf. Als ihm eines Tages während eines Streites mit seiner Frau die Gevatterin erscheint, will er nichts mehr von ihr wissen. Er glaubt nunmehr auch ohne ihre Hilfe auszukommen. Daraufhin läßt ihn die Gevatterin ihn Ohnmacht fallen. Krispin erwacht in einer Höhle, wo ihm die Gevatterin sagt, daß sie der Tod sei und nunmehr auch seine letzte Stunde gekommen sei. Auf sein inständiges Flehen hin gewährt sie ihm noch einmal das Leben, um zu seiner Familie zurückzukehren. Er kommt im Kreise seiner Familie aus seiner langen Ohnmacht wieder zu sich und gelobt sich, ein neues Leben zu beginnen.

● *Krispin und die Gevatterin* gilt als die beste Oper der Brüder Ricci. Die beiden Brüder ergänzten sich in glücklicher Weise: Luigi war voller Phantasie und Einfallsreichtum, Federico dagegen brachte die sorgfältige Technik und das Stilgefühl mit. Beide Brüder schrieben sich gegenseitig den Erfolg dieser Oper, die sie selbst für ihre beste hielten, zu. Die ganze Oper ist, sowohl was Text und Szenenfolge als auch was die musikalische Gestaltung angeht, sehr gefällig und ausgewogen. Die Komposition ist stark von der für die neapolitanische Schule kennzeichnenden lebendigen Melodik geprägt und weist einige Stellen durchaus eigenständiger, glücklich erfundener Harmonien sowie eine ausgezeichnete Instrumentierung auf.

RB

DER STURM
(La Tempête)

Oper in drei Akten von Jacques Fromental Halévy (1799–1862). Libretto von Eugène Scribe (1791–1861) nach Shakespeares gleichnamigem Drama (1611). Uraufführung: London, Her Majesty's Theatre, 8. Juni 1850.

• Das das Shakespeare-Drama nur teilweise als Vorlage benutzende Libretto war ursprünglich für den Komponisten Mendelssohn-Bartholdy geschrieben worden.

GENOVEVA

Oper in vier Akten von Robert Schumann (1810–1856). Libretto von Robert Reinick nach den gleichnamigen Werken von Hebbel und Tieck. Uraufführung: Leipzig, Stadttheater, 25. Juni 1850. Solisten: Adèle Rémy, M. Vergnet, M. Auguez, Eléonore Blanc, M. Challet.

HANDLUNG. Erster Akt. Als Graf Siegfried mit Karl Martell gegen die Mauren zu Felde ziehen muß, läßt er seine Gattin Genoveva in der Obhut des getreuen Golo. Dieser aber verliebt sich selbst in die junge Gräfin. In einem Moment der Schwäche überrascht und küßt er sie. Golos Amme Margarethe, eine alte Hexe, hat die Szene beobachtet und hetzt nun den ganzen Hof gegen Genoveva auf, um sich für ihre Vertreibung vom Schloß zu rächen. Zweiter Akt. Golo gesteht Genoveva seine Liebe, wird von dieser aber mit Entschiedenheit zurückgewiesen. Auf Margarethes Rat hin veranlaßt er Drago, sich heimlich in Genovevas Kammer zu schleichen. Dort würde er den Beweis für Genovevas Untreue finden. Unterdessen verbreitet die Alte verleumderische Gerüchte am Hofe. Golo schürt das Mißtrauen noch weiter, so daß die Hofschranzen schließlich in die Gemächer eindringen und dort tatsächlich Drago vorfinden. Drago muß die scheinbare Treulosigkeit mit seinem Leben büßen, Genoveva wird in den Kerker geworfen. Dritter Akt. Straßburg. Siegfried ist verwundet. Die alte Margarethe ist herbeigeeilt, um ihren Herrn zu heilen. Sie versucht ihn in ihre Hütte zu locken, wo er – wie sie ihm verspricht – in einem Zauberspiegel Vergangenheit und Zukunft sehen kann. Siegfried lehnt ab. Erst als Golo ihn über Genovevas angeblichen Verrat berichtet, wird er mißtrauisch und will sich Gewißheit verschaffen. In dem Zauberspiegel sieht er, wie Genoveva die Arme nach Drago ausstreckt. Voller Zorn zerbricht er den Spiegel und stürzt auf sein heimatlichen Schloß. Aus den Scherben des zerbrochenen Zauberspiegels erhebt sich das Bild Dragos, der Margarethe drohend bedrängt, den Betrug aufzudecken. Vierter Akt. Genoveva wird von Siegfrieds Höflingen in den Wald geführt, wo sie gerichtet werden soll. Golo, der sie immer noch begehrt, versucht sie zur Flucht mit ihm zu überreden. Aber Genoveva betet zur Heiligen Jungfrau und läßt sich nicht erweichen. Als die Henker schon zum tödlichen Stoß angesetzt haben, ertönt Siegfrieds Horn aus dem Walde. Siegfried kommt gerade noch rechtzeitig, um seine Gemahlin zu retten. Von allem Verdacht gereinigt, bringt er sie triumphierend auf sein Schloß zurück, wo der Erzbischof von Trier, Idolf, das Paar mit seinem Segen empfängt.

• *Genoveva* ist Schumanns einziges Bühnenwerk. Bei der Wahl des Librettos hatte der Komponist keine glückliche Hand. Der Maler und Dichter Reinick hatte es in Schumanns Auftrag geschrieben, Schumann selbst änderte es aber in der Folge mehrfach ab. Das Ergebnis ist schwach. Schumann hatte Reinick angewiesen, sich vor allem auf Hebbels Werk, das die düstere, von zerstörerischer Leidenschaft besessene Gestalt Golos in den Vordergrund rückt, als Vorlage zu stützen; die Partitur konzentriert sich dann aber ganz deutlich auf die edle Zartheit der Titelfigur. Zu den schönsten Momenten der Oper gehören die Ouvertüre und das Duett zwischen Genoveva und Golo. Die Vielzahl der Szenen und Episoden erweist sich leider trotz der zunächst scheinenden Vielgestaltigkeit als eher monoton in ihrer Konventionalität. Die Uraufführung (der nur zwei weitere folgten) war eine große Enttäuschung für Schumann, der große Hoffnung im Hinblick auf die Fortentwicklung und Erneuerung seines künstlerischen Schaffens in die Oper gesetzt hatte. Nach dem tragischen Tod des Komponisten fand die Oper allerdings bessere Würdigung.
RB

LOHENGRIN

Romantische Oper in drei Aufzügen von Richard Wagner (1813–1883). Libretto vom Komponisten. Uraufführung: Weimar, Hoftheater, 28. August 1850. Solisten: Carl Beck, Hoder, Rosa von Milde, Feodor Milde, Fastlinger, Dirigent: Franz Liszt.

PERSONEN. Heinrich der Vogler, deutscher König (Baß), Lohengrin (Tenor), Elsa von Brabant (Sopran), Friedrich von Telramund, brabantischer Graf (Bariton), Ortrud, Friedrichs Gemahlin (Mezzosopran), der Heerrufer des Königs (Bariton), Herzog Gottfried, Elsas Bruder (stumme Rolle). Vier brabantische Edle, sächsische und thüringische Grafen, Pagen, Hofdamen, Männer und Frauen aus dem Volk, Knechte.

HANDLUNG. Antwerpen in der ersten Hälfte des zehnten Jahrhunderts. Erster Aufzug. Angestachelt von seiner Gattin Ortrud, die alle Christen zutiefst haßt, bezichtigt Friedrich von Telramund Elsa vor Heinrich dem Vogler und den brabantischen Edlen des Mordes an ihrem Bruder Gottfried. Ihm, Telramund, habe der sterbende alte Herzog die Tochter Elsa und den Sohn Gottfried anvertraut, aber letzterer sei eines Tages auf geheimnisvolle Weise verschwunden. Nur Elsa kann die Schuldige sein, ihm aber, Telramund, käme nun rechtens die Nachfolge des Herzog zu. König Heinrich befragt Elsa. Statt sich zu verteidigen, erzählt diese von einem wunderbaren Traum, in dem ein Ritter in glänzender Rüstung zu ihrer Verteidigung gekommen sei. Mangels Beweisen ordnet König Heinrich ein Gottesurteil an: Der Kläger Telramund und ein Ritter, der für Elsa zu kämpfen bereit ist, sollen sich im Zweikampf gegenübertreten und über Schuld und Unschuld entscheiden. Keiner der brabantischen Ritter wagt sich vor. Da erscheint plötzlich ein von einem Schwan gezogener Kahn, dem ein Ritter in silberner Rüstung entsteigt. Er erklärt sich bereit, die Ehre des Mädchens zu verteidigen. Trägt er den Sieg davon, so soll Elsa seine Gemahlin werden. Einzige Bedingung ist dabei, daß sie nie nach seinem Namen und seiner Herkunft frage. Der unbekannte Ritter besiegt Telramund im Zweikampf, schenkt ihm aber das Leben, damit er seine Übeltaten bereue. Elsas Unschuld ist damit bewiesen. Zweiter Aufzug. Im Schloß von Antwerpen beschuldigen sich Telramund und Ortrud gegenseitig des Mißlingens ihres betrügerischen Plans. Ortrud stachelt Telramund zur Rache an und nimmt sich vor, Elsas Seele mit Mißtrauen zu vergiften. In mondheller Nacht tritt Elsa auf den Söller der Burg und singt von ihrer Liebe. In falscher Besorgtheit warnt Ortrud sie davor, dem unbekannten Ritter blind zu vertrauen. Mit aufgehender Sonne sammelt sich das Volk, um an Elsas Hochzeit mit dem unbekannten Ritter teilzunehmen. Unter Trompetenstößen verkündet der Herold des Königs, daß Telramund verbannt und der unbekannte Ritter zum Statthalter Brabants bestimmt ist. Während der Hochzeitszug die Stufe zur Kirche emporzieht, gibt Ortrud auf geschickte Weise zu verstehen, der unbekannte Ritter hätte seinen Sieg nur mit Hilfe von heidnischem Zauberwerk errungen. Sie fordert ihn auf, sich zu erkennen zu geben. Der Ritter aber weigert sich. Allein Elsa ist er eine Antwort schuldig, wenn sie ihn befragen sollte. Dritter Akt. Die Hochzeitsfeierlichkeiten sind beendet. Aber Elsas Glück ist durch Ortruds listige Worte getrübt. Die Frage nach ihres Gemahls Identität und Herkunft quält sie – und schließlich stellt sie sie. Als plötzlich Telramund in das Hochzeitsgemach eindringt, streckt ihn Lohengrin, als der er sich zu erkennen geben mußte, nieder. Da Elsa ihm die verhängnisvolle Frage gestellt hat, muß Lohengrin nun auch vor König Heinrich und den Edlen seinen Namen nennen. Er ist der Sohn Parzivals, des Gralsritters, entsandt, die Unschuldigen der Welt zu beschützen. Er kann dies jedoch nur solange, als seine Identität unerkannt bleibt. Elsa versucht vergeblich ihn zurückzuhalten. Er muß Abschied von ihr nehmen. Auf den Wassern der Schelde naht wieder der Schwan, um Lohengrin zurück auf die Gralsburg zu bringen. Ortrud triumphiert: in der festen Überzeugung, gewonnenes Spiel zu haben, erzählt sie, daß der Schwan kein anderer als Elsas Bruder Gottfried sei, den sie mit einem bösen Zauber in diese Gestalt verwandelt habe. Auf Lohengrins Gebet hin erscheint die Gralstaube über dem Fluß schwebend; der Schwan versinkt in den Wellen und ihnen entsteigt der verschwundene Gottfried. Die Menge jubelt ihm als dem neuen und rechtmäßigen Herrn Brabants zu. Lohengrin aber gleitet im Gebet auf die Knie gesunken in seinem Kahn von dannen. Elsa sinkt entseelt dem Bruder in die Arme.

● Wagner arbeitete an dieser Oper von 1845 bis 1848. Als Quelle zog er wieder einen ganzen Sagenkomplex heran. Kernstück ist die Schwanenrittersage, wie sie erstmals auf mittelhochdeutsch von einem thüringischen Sänger, und wenig später von einem bayerischen Ritter (ca. 1290) aufgeschrieben worden war. Auch Wolfram von Eschenbachs *Parzival*, Konrad von Würzburgs *Der Ritter mit dem Schwan* und Albrecht von Scharfenbergs *Der junge Titurel*, alles Dichtungen aus dem dreizehnten Jahrhundert, dienten als Vorlage. Eine Interpretation der Gestalt des Lohengrin besagt, daß in ihr die Einsamkeit und Unverstandenheit des Künstlers verkörpert wird. In einer seiner *Mitteilungen an meine Freunde* schreibt Wagner selbst, Lohengrin verkörpere den schwierigen, aber wunderbaren Versuch des Künstlers, sich in die Welt der gewöhnlichen Sterblichen einzufügen. Der Preis für diese Einfügung besteht eben gerade im absoluten Vertrauen eines Menschen, wie Lohengrin es von Elsa vergeblich verlangt. *Lohengrin* ist zu einer der populärsten Opern Wagners in den romanischen Ländern geworden. Dies dürfte sich aus der großen Sangbarkeit der Melodien dieser Oper erklären. Das Werk stellt eine wichtige Etappe auf Wagners Weg der Reform des Musikschaffens, wie er sie sich vorstellte, dar. Das Bemühen, die geschlossene Form der Arie aufzubrechen und zu einem neuen melodisch-deklamatorischen Gesangsstil zu kommen, ist deutlich. Besonders in der Gestalt der Ortrud erreicht der Komponist damit sehr ausdrucksstarke Momente. RM

STIFFELIO

Oper in drei Akten von Giuseppe Verdi (1813–1901). Libretto von Francesco Maria Piave (1810–1876) nach dem Drama «Le pasteur» von F. Bourgeois und E. Sauvestre (1806–1854). Uraufführung: Triest, Teatro Grande, 16. November 1850. Solisten: Marietta Cazzaniga, Gaetano Fraschini, Filippo Colini, Raineri Dei, Francesco Reduzzi.

HANDLUNG. Die Handlung spielt zu Beginn des neunzehnten Jahrhunderts auf Schloß Stankar in Deutschland. Der protestantische Pastor Stiffelio (Tenor) flüchtet sich vor seinen Glaubensgegnern auf Schloß Stankar, wo er die Tochter (Sopran) des Grafen (Bariton) heiratet. Lina, des Grafen Tochter, betrügt den Gatten während seiner Abwesenheit mit einem Adligen. Ihr Vater rettet die Familienehre, indem er Raffael, ihren Geliebten, tötet. Stiffelio aber hält es für des Christen Pflicht, zu verzeihen und schließt seine reuige junge Gattin edelmütig in die Arme.

● Die Oper hatte schwer mit der Zensur zu kämpfen, in deren Augen sie als gotteslästerlich und unmoralisch galt. Eine Szene, in der Stiffelio das Evangelium zitiert, mußte gestrichen, Namen und Ort der Handlung geändert werden. Auch beim Publikum kam das Werk nicht gut an, weshalb es später unter dem neuen Titel *Aroldo* (siehe Seite 232) einen zweiten Versuch startete. EP

DER VERLORENE SOHN
(L'Enfant prodigue)

Oper in fünf Akten von Daniel Auber (1782–1871). Libretto von Eugène Scribe (1791–1861). Uraufführung: Paris, Académie Royale de Musique, 6. Dezember 1850.

● Es handelt sich um die einzige Oper Aubers mit biblischem Inhalt. Im Laufe des neunzehnten Jahrhunderts wurde sie relativ oft gespielt (auch Übersetzungen in Deutsch, Italienisch und Englisch wurden angefertigt), seit Beginn dieses Jahrhunderts ist sie dagegen völlig von den Spielplänen verschwunden. GP

PIQUE DAME
(La Dame de Pique)

Oper in drei Akten von Jacques Fromental Elie Halévy (1799–1862). Libretto von Eugène Scribe (1791–1861). Uraufführung: Paris, Opéra-Comique, 28. Dezember 1850.

● Die Oper stützt sich auf Puschkins Novelle *Pique Dame*. Sie erzählt die Geschichte des jungen Hermann, der einer alten Frau ein Geheimnis beim Kartenspiel entreißen will. Um dies zu erfahren, geht er über Leichen. Die Gestalt der Alten verfolgt ihn jedoch bis zum Wahnsinn. LB

RIGOLETTO

Melodram in drei Akten von Giuseppe Verdi (1813–1901). Libretto von Francesco Maria Piave (1810–1876) nach dem historischen Drama «Le roi s'amuse» von Victor Hugo (1802–1885). Uraufführung: Venedig, Teatro La Fenice, 11. März 1851.

PERSONEN. Rigoletto (Bariton), der Herzog von Mantua (Tenor), die Gräfin von Ceprano (Sopran), Marullo (Bariton), Graf von Monterone (Baß), Sparafucile (Baß), Gilda (Sopran), Giovanna (Alt), Maddalena (Mezzosopran).

HANDLUNG. Die Handlung spielt im sechzehnten Jahrhundert. Am Hofe des Herzogs von Mantua. Erster Akt. Der für seine Lüsternheit und Zügellosigkeit bekannte Herzog von Mantua gibt ein großes Fest. Eitel brüstet er sich mit sei-

1851

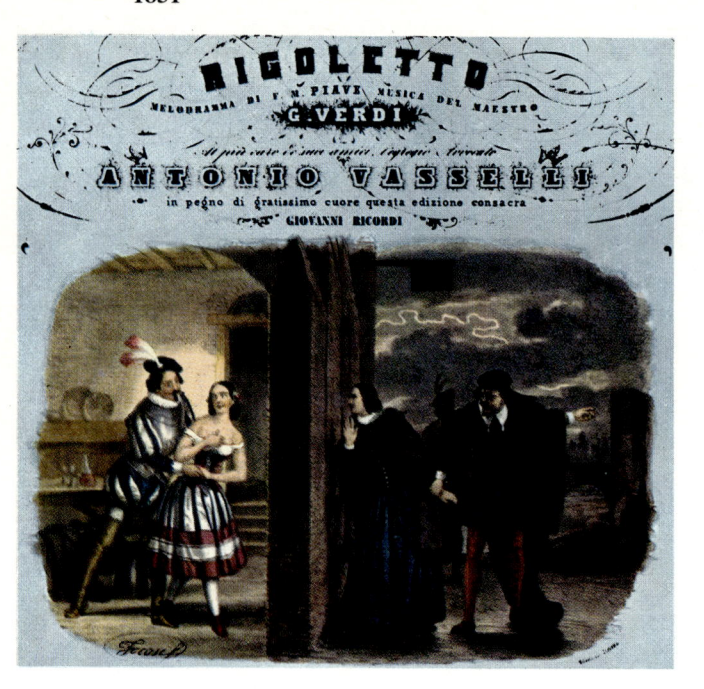

Titelblatt der Erstausgabe der Partitur von Giuseppe Verdis «Rigoletto» mit der Quartettszene im letzten Akt.

nen zahllosen Liebschaften, um sodann mit der Gräfin von Ceprano zur Liebesnacht abzuziehen. Der Hofnarr Rigoletto macht den eifersüchtigen Gatten zum Gespött des ganzen Hofes. Mitten in das weitergehende Fest stürmt der Graf von Monterone mit der Anklage, der Herzog habe ihm die Tochter verführt. Auch Monterone wird Gegenstand von Rigolettos beißendem Spott. Der Graf wird festgenommen. Bevor er abgeführt wird, stößt er gegen den höhnischen Narren einen Fluch aus. Rigoletto ist tief betroffen und besorgt, denn Marullo, einer der Kavaliere am Hofe, hat entdeckt, daß Rigoletto selbst ein blutjunges Mädchen bei sich versteckt hält. Er weiß nicht, daß es sich um Rigolettos Tochter Gilda handelt, sondern hält sie für dessen Geliebte. Sparafucile, ein käuflicher Mörder, bietet sich Rigoletto gegen seine möglichen Feinde an. Er hat eine Verbündete, seine Schwester, die seine Opfer mit ihren Verführungskünsten an entlegene Orte lockt, wo sie ohne Aufsehen umgebracht werden können. Rigoletto lehnt das schurkische Angebot ab. Der Herzog hat unterdessen Gilda gesehen und versucht sie für sich zu gewinnen. Als Student verkleidet, dringt er in die Abgeschlossenheit ihres Gartens ein, muß aber fliehen, als er Stimmen hört. Das Mädchen hat sich in den Unbekannten verliebt. Der in seinem Stolz gekränkte Marullo plant Rache an Rigoletto: er selbst soll mithelfen, ihm seine Gilda, die Marullo immer noch für seine Geliebte hält, zu rauben. Mit verbundenen Augen hält Rigoletto die Leiter zum Balkon seines eigenen Hauses. Als er den bösen Schabernack bemerkt, sieht er des Grafen Fluch Wirklichkeit werden. Zweiter Akt. Gilda ist in die Gemächer des Herzogs von Mantua gebracht worden. Rigoletto spielt den Nichtsahnenden und teilt mehr spöttische Geißelhiebe denn je aus. Insgeheim jedoch plant er fürchterliche Rache. Als Gilda sich verzweifelt ob ihres Schicksals – erst in ihrer reinen Liebe getäuscht, dann geraubt und schließlich gewaltsam verführt – dem Vater zu Füßen wirft, hat dieser seinen Plan bereits geschmiedet: er wird nun Sparafuciles Angebot annehmen und seinen Herrn umbringen lassen. Dritter Akt. Sparafuciles Schwester Maddalena becirct den Herzog. Gilda beobachtet sie mit blutendem Herzen, denn trotz seiner Ruchlosigkeit liebt sie den Herzog immer noch. Rigoletto plant, sie nach Verona in Sicherheit zu bringen. Inzwischen zahlt er Sparafucile die Hälfte des vereinbarten Preises, den Rest soll der Mörder bekommen, wenn er ihm den Leichnam des Verführers in einem Sack übergibt. Unglückseligerweise verliebt sich die leichtfertige Maddalena heftig in den Herzog, der das Opfer der Mordgeschichte werden soll. Sie überredet ihren Bruder, nicht ihn, sondern die erste Person, die die Schwelle überschreitet, zu erdolchen, und sie für den Herzog auszugeben. Gilda hat die beiden belauscht und beschließt sich zu opfern. Als Mann verkleidet, betritt sie die Schenke des mörderischen Geschwisterpaares. Sparafucile stößt zu. Danach übergibt er Rigoletto den Sack mit der Leiche. Dieser will ihn gerade in den Fluß werfen, als er aus der Ferne die sorglos singende Stimme des Herzogs hört. Völlig verstört öffnet er den Sack und findet darin Gilda. Noch lebt sie, aber Rettung gibt es nicht mehr für sie. Mit ihren letzten Atemzügen erfleht sie Vergebung. In den Armen des verzweifelten Rigoletto haucht sie ihr Leben aus.

● Die Oper wurde von der venezianischen Zensur wegen Majestätsbeleidigung verboten. Dieser Vorwurf mochte auf die französische Fassung zutreffen, in der tatsächlich ein König Gegenstand eventueller Beleidigungen war. Verdi machte daher aus ihm den Herzog von Mantua. Aber auch damit war der Zensur nicht Genüge getan. Nun wurden der Fluch des Grafen Marullo als Gotteslästerung, die Beschreibung der amourösen Abenteuer als zu freizügig bezeichnet, und anderes mehr. Verdi sah sich gezwungen, das Libretto stark zu ändern, nur mit Mühe konnte er wenigstens die Grundzüge des szenischen Aufbaus des Originals beibehalten. Die Auflagen der Zensur dürften in einer Hinsicht auch einen heilsamen Zwang auf den Komponisten ausgeübt haben: da der dramatische Aufbau stark durcheinandergebracht und damit geschwächt worden war, mußte der Zusammenhalt des Stückes auf andere Weise hergestellt werden. Verdi verlegt ihn in den persönlichen tragischen Konflikt der Titelfigur, in der damit der tragende innere Zusammenhang der ganzen Geschichte ruht. Aufgrund dieser neuen dramatischen Konzeption sieht sich Verdi auch veranlaßt, noch mehr als bisher auf eine starke musikalische Gestaltung der inneren Ereignisse der Titelfigur Wert zu legen. Bezeichnend auch, daß hier wie in der *Luise Miller* der Titelheld nicht mehr der Herr von Rang und Stand, sondern ein mißgestalteter, grotesker Hofnarr Held der Geschichte ist. Um so größere Sorgfalt verlangte die Psychologie der Gestalt. Auch Sparafucile, als zweite Figur aus dem gemeinen Volk, bekommt große Bedeutung und erfährt eine entsprechend weitgehende psychologische Ausgestaltung. In den Augen der Kritik blieb Verdi damit aber noch weit hinter Wagner zurück. Erst Strawinsky vermochte dieses gängige Urteil der Musikwelt zu ändern. Für ihn ist der ungeheure musikalische Einfallsreichtum der Oper entscheidend. Allgemein anerkannt ist heute, daß Verdi im *Rigoletto* zum ersten Mal erfolgreich versuchte, das bis dahin übliche Nebeneinander der einzelnen Musiknummern zu überwinden und Rezitative, Arien, Duette und sonstige geschlossene Formen zu einer höheren musikalischen Einheit zusammenzufassen. Allerdings bieten ihm erst die ausgezeichneten Shakespeare-Bearbeitungen seines späteren Librettisten Boito inhaltlich und textlich die Grundlage für die musikalisch ausgereifte durchkomponierte Großform seiner späteren Opern.

ET

Figurinen zur Oper «Rigoletto» von Giuseppe Verdi.

SAPPHO

Oper in drei Akten von Charles Gounod (1818–1893). Libretto von Emile Augier. Uraufführung: Paris, Opéra, 16. April 1851.

HANDLUNG. Die Dichterin Sappho (Mezzosopran) erringt im Wettkampf in Olympia den Sieg über ihren Rivalen, den Sänger Alkeon (Bariton). Unter dem begeisterten Publikum befinden sich auch Phaon (Tenor) und Glykera (Sopran). Phaon ist von der Kunst der Dichterin so beeindruckt, daß er seine Liebe zur Glykera vergißt und Sapphos Geliebter wird. Sapphos Heimat, die Insel Lesbos, steht unter Tyrannenherrschaft. Zusammen mit Gleichgesinnten plant Phaon die Befreiung der Insel. Glykera, seine verstoßene Geliebte, erhält Kenntnis von der Verschwörung gegen den Tyrannen und nützt ihr Wissen aus, um Phaon für sich zurückzugewinnen. Sie droht Phaons Beteiligung an der Verschwörung zu verraten und so sein Leben aufs Spiel zu setzen, wenn Sappho ihn nicht freigibt. Der Dichterin bleibt keine Wahl: sie muß sich Phaon gegenüber abweisend und spröde zeigen und von Glykera als unbeständig und flatterhaft hinstellen lassen. Nur so kann sie Phaons Leben schützen. Ohne sich verteidigen zu können, muß sie Phaons Zorn und Verachtung über sich ergehen lassen. Als er sie in seiner tiefen Enttäuschung gar verflucht, beschließt sie, sich selbst den Tod zu geben. Nach einem letzten glühenden Bekenntnis ihrer Liebe zu Phaon und dem Leben stürzt sie sich von einem Felsen hoch über dem Meer in den Abgrund.

● *Sappho* ist Gounods erste Oper. Er erklärte, daß «der Komponist, der eine erfolgreiche Karriere machen will, das tun muß, indem er Opern schreibt». In «Sappho» erkennt man noch deutlich den Einfluß Christoph Willibald Glucks. Trotz der ausgezeichneten Besetzung der Hauptrolle mit Pauline Viardot konnte sie bei der Uraufführung keinen besonderen Erfolg erzielen. Musikalisch gesehen mangelt es dem Werk – von einzelnen gelungenen Stellen abgesehen – insgesamt an Dramatik. Dennoch stellt die Oper eine wichtige Etappe in Gounods Laufbahn dar. Seiner Begegnung mit der Sängerin Pauline Viardot nämlich ist es zu verdanken, daß sich der Komponist überhaupt dem Theater zuwandte. Die *Sappho* entstand denn auch auf dem Landgut der Sängerin in Brie, wo sich Charles Gounod mit seiner Mutter einige Zeit als Gast aufhielt. Eine Neubearbeitung der Oper mit einigen Partituränderungen und vier statt drei Akten ging an der Pariser Oper am 2. April 1884 in Szene. LB

1852

Der Königspalast aus Halévys «Der ewige Jude». Nach der «Leipziger Illustrierten Zeitung» von 1852.

DER EWIGE JUDE
(Le Juif errant)

Oper in fünf Akten von Jacques Fromental Elie Halévy (1799–1862). Libretto von Eugène Scribe (1791–1861) und J. H. Vernoy de Saint-Georges (1801–1875). Uraufführung: Paris, Opéra, 23. April 1852.

HANDLUNG. Die Handlung geht auf die Geschichte vom Juden, der bis zum Ende der Zeiten dazu verurteilt ist, in der Welt umherzuirren, zurück. Antwerpen. Das Mädchen Theodora und ihr jüngerer Bruder Leon erzählen die Geschichte vom zum ewigen Umherirren verdammten Juden. Die Nacht hat sich über die Stadt gesenkt. Der Jude Azvère irrt, von Räubern verfolgt, in der dunklen Stadt umher und kommt schließlich zum Hause Theodoras und Leons. Das junge Mädchen erkennt in ihm den irrenden Juden, die Gestalt der Legende. Theodora und Leon befinden sich mit Irene, einer Nachfahrin Azvères, auf Reisen. Irene wird von Banditen geraubt. Konstantinopel. Irene soll am Sklavenmarkt von Konstantinopel verkaufen werden. Da tritt Azvère auf und verkündet, daß das junge Mädchen kaiserlichen Geblütes ist und somit die rechtmäßige Thronerbin. Unter dem großen Erstaunen des Volkes stellt sich heraus, daß diese Behauptungen wahr sind. Irene wird vom Kaiser von Konstantinopel zur Kaiserin gekrönt. Theodora und Leon haben unterdessen einen zweiten Überfall erlitten, aus dem sie Azvère errettet hat. Damit wird den beiden wie auch Irene klar, wer ihr Retter in Wahrheit ist, nämlich ihr gemeinsamer Ahne Azvère. Aber die Freude darüber währt nicht lange, denn Azvère muß weiterziehen. Der Würgeengel erscheint am Nachthimmel und gemahnt ihn an sein unerbittliches Los: «Marche! Marche! Marche toujours!» («Ziehe, ziehe, ziehe ohn' Ende umher!»).

● Wie in der Oper *Die Jüdin* gibt der Komponist auch hier, in *Der ewige Jude* seinem Hang zum Phantastischen nach. Im Gegensatz zu dieser ersten Oper wird das phantastische Element hier allerdings durch seine Einfügung in eine Rahmenhandlung etwas abgeschwächt. Die Szenenfolge ist auf größtmöglichen theatralischen Effekt angelegt, die Musik entsprechend dramatisch-pompös. Trotz der Ähnlichkeit des Themas konnte die Oper nicht den Erfolg wie *Die Jüdin* erzielen.
LB

KÖNIG FÜR EINEN TAG
(Si j'étais Roi!)

Komische Oper in drei Akten von Adolphe Adam (1803–1856). Libretto von A.P. d'Ennery und J. Brésil. Uraufführung: Paris, Théâtre-Lyrique, 4. September 1852.

● Die Oper wurde bis etwa zur Jahrhundertwende in Frankreich viel gespielt, fand aber auch in zahlreichenden anderen Ländern Aufführung. Heute ist sie fast völlig in Vergessenheit geraten, nur in Frankreich wird sie ab und zu noch gegeben.
GP

DER TROUBADOUR
(Il trovatore)

Oper in vier Akten und acht Bildern von Giuseppe Verdi (1813–1901). Libretto von Salvatore Cammarano (1801–1852) nach der spanischen Tragödie «El trovador» von Antonia Garcia Gutiérrez (1812–1884). Uraufführung: Rom, Teatro Apollo, 19. Januar 1853. Solisten: R. Penco (Leonore), Goggi (Azucena), C. Baucardé (Manrico), G. Guicciardi (der Graf von Luna).

PERSONEN. Leonore (Sopran), Ferrando (Baß), Inez (Sopran), Manrico (Tenor), der Graf von Luna (Bariton), Azucena (Alt).

HANDLUNG. Die Geschichte spielt im Spanien des fünfzehnten Jahrhunderts. Erster Akt. Ferrando, ein alter treuer Waffengänger des Grafen von Luna, erzählt seinen Soldaten, wie vor zwanzig Jahren eine alte Zigeunerin über das Haus seines Herrn einen Fluch gesprochen habe und wie sie dafür verbrannt worden sei. Später hatte die Tochter der Zigeunerin einen der beiden Söhne des Grafen aus Rache geraubt. Sie soll ihn an der gleichen Stelle, an der ihre Mutter auf dem Scheiterhaufen den Tod erlitten hatte, ebenfalls verbrannt haben. Unterdessen erzählt das Edelfräulein Leonore von Aragonien ihrer Vertrauten Inez, wie sich ihr vor einiger Zeit der Gesang eines Troubadours im Garten unter ihrem Fenster unauslöschlich ins Herz eingeprägt habe. Da vernimmt sie aus der Ferne die gleiche süße Stimme. Sie stürmt dem Troubadour in den Garten entgegen. Dort stößt sie auf den jungen Grafen von Luna, der gekommen ist, um ihr seine Liebe zu erklären. Als er seine Liebe zu Leonore um Manricos, des Troubadours, willen verschmäht sieht, fordert er diesen zum Zweikampf auf. Zweiter Akt. Manrico ist als Sieger aus dem Duell mit dem Grafen von Luna hervorgegangen, hat dessen Leben jedoch geschont. In einem Zigeunerlager am Fuße der Berge der Biscaya erzählt ihm Azucena, seine Mutter, wie ihre eigene Mutter vom alten Grafen von Luna zum Tod in den Flammen verurteilt worden war. Sie berichtet auch, wie sie – um ihre Mutter zu rächen – einen Sohn des Grafen geraubt, in ihrem inneren Aufruhr dann jedoch irrtümlich ihr eigenes Kind in die grausamen Flammen geworfen habe. Da wird Manrico aufmerksam und will mehr über seine eigene Herkunft wissen. Azucena aber beruhigt ihn mit ausweichenden Antworten. Im Lager trifft die Nachricht ein, daß Leonore auf das Gerücht hin, Manrico sei in der Schlacht gefallen, den Schleier zu nehmen gedenke. Außerdem soll der Graf von Luna die Stadt Castellor genommen haben. Der Troubadour bricht unverzüglich auf, um seine geliebte Leonore von ihrem schicksalsschweren Vorhaben abzubringen. Aber auch der Graf von Luna hat sich auf den Weg gemacht, um Leonore, die er immer noch begehrt, aus dem Kloster, in das sie sich zurückziehen will, zu entführen. Manrico trifft jedoch rechtzeitig genug ein, um sie zu retten und mit sich zu nehmen. Dritter Akt. Die Zigeunerin Azucena wird von den Soldaten des Grafen, die Manrico suchen, aufgegriffen. Ferrando erkennt in ihr die Frau, die einen Sohn des alten Grafen geraubt hat. Graf von Luna beschließt daraufhin, daß Azucena wie ihre Mutter auf dem Scheiterhaufen enden soll. Manrico bekommt davon Kunde, gerade als er sich anschickt, Leonore auf Schloß Castellor zu heiraten. Er eilt sofort von dannen, um seiner Mutter zu helfen. Vierter Akt. Manrico ist es nicht gelungen, seine Mutter zu retten. Er wurde in ein Verlies geworfen und wartet auf seinen Tod. Leonore verspricht unterdessen dem Grafen, die Seine zu werden, wenn er Manrico und seine Mutter freiläßt. Um jedoch das Manrico gegebene Treuegelöbnis nicht brechen zu müssen, beschließt sie, ihr Leben zu opfern, und nimmt Gift. Sodann begibt sie sich zu Manrico und Azucena ins Gefängnis, um ihnen ihre Befreiung anzukündigen. Manrico weigert sich, diese Freiheit anzunehmen, da er erahnt, um wel-

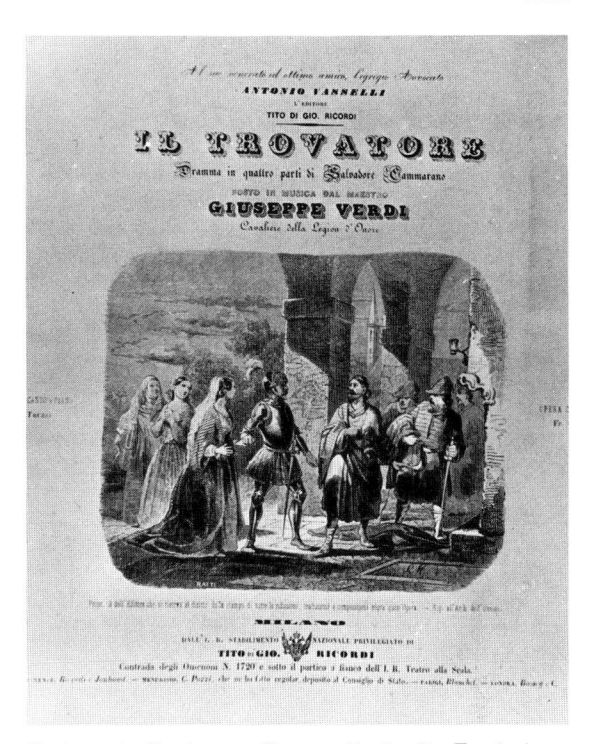

Titelseite der Partitur von Giuseppe Verdis «Der Troubadour», Mailand 1853.

chen Preis sie erkauft ist. Mittlerweile zeigt das Gift seine Wirkung. Leonore stirbt in Manricos Armen. Als der Graf von Luna sein Begehren ein zweites Mal enttäuscht sieht, rächt er sich an Manrico und läßt ihn ohne weiteren Aufschub hinrichten. Nach der Vollstreckung des Todesurteils gesteht Azucena endlich die schreckliche Wahrheit: im wahnsinnigen Schmerz über das grausame Ende der Mutter hat sie irrtümlicherweise den eigenen Sohn in die Flammen des Scheiterhaufens geworfen. Manrico ist also der totgeglaubte Sohn des alten Grafen, der Bruder des jungen Grafen von Luna. Mit seinem Tode ist nun endlich Rache an der Mutter geübt.

● Die zweite Oper aus der sogenannten «Volkstrilogie», der *Troubadour*, ist von der Handlung her die konventionellste. Das an düstere Dramen gewöhnte Publikum der damaligen Zeit fand darum nicht weniger Gefallen an ihr. Die Musik dagegen erreicht innerhalb der «Trilogie» ein sehr hohes Niveau. Das zeigt sich besonders an der hervorragenden musikalischen Charakterisierung der Personen. Weniger gut scheint in dieser Oper der Chor eingesetzt; er erfüllt fast ausschließlich «dekorative» Zwecke. Der Librettist Cammarano hatte bei seinem frühen unerwarteten Tod den Text halbfertig hinterlassen, so daß er von einem anderen Textdichter (Baldare) fertiggeschrieben werden mußte. An diesem unglücklichen Umstand mag es vielleicht liegen, daß sich die Handlung nicht wirklich organisch um die Hauptgestalt herum konzentriert. Trotz dieser grundlegenden Mängel hat Verdi mit den Partien des Troubadour und der Leonore von Aragonien Melodien geschaffen, die zu seinen schönsten gehören und die zu Recht in aller Welt gefeiert wurden. Musikalisch sehr eindrucksvoll ist auch die Enthüllung des wahren Charakters der Zigeunerin Azucena am Schluß der Oper: sie, die ihr Leben lang heimlich nur tiefen Haß gegen das Grafenhaus

1853

Figurinen von Pier Luigi Pizzi zur Aufführung der «Traviata» in der Arena von Verona, Sommer 1970.

genährt hat, findet Töne der echten zärtlichsten Liebe, als sie von ihrem Sohn spricht, der durch ihren eigenen Irrtum zum unschuldigen Opfer der tragischen Geschichte wurde.   EP

LA TRAVIATA

Melodram in drei Akten von Giuseppe Verdi (1813–1901). Libretto von Francesco Maria Piave (1810–1876) nach dem Roman «Die Kameliendame» von Alexandre Dumas, Sohn (1824–1895). Uraufführung: Venedig, Teatro La Fenice, 6. März 1853. Solisten: F. Salvini Donatelli (Violetta), L. Graziani (Alfred), F. Varesi (Germont). Dirigent: G. Mares.

PERSONEN. Violetta Valéry (Sopran), Alfred Germont (Tenor), Flora Bervoix (Mezzosopran), Annina (Sopran), Georges Germont (Bariton), Gaston, Vicomte von Létorières (Tenor), Douphal (Bariton).

HANDLUNG. Paris um die Mitte des neunzehnten Jahrhunderts. Erster Akt. Violetta Valéry, eine bekannte Pariser Schönheit, veranstaltet ein großes Fest. Insgeheim betäubt sie mit diesem Luxus jedoch nur ihre Verzweiflung über die erbarmungslose Krankeheit, an der sie leidet. Einer ihrer Anbeter stellt Violetta seinen Freund Alfred vor. Dieser ist sofort voll der reinsten Bewunderung für die schöne Violetta. Diese schenkt ihm unverhüllt ihre Aufmerksamkeit und erregt damit die Eifersucht ihres Liebhabers, des Barons Douphal. Beim Tanz erklärt Alfred Violetta seine Liebe. Sie gibt ihm daraufhin eine Kamelie mit dem Wunsch, er möge sie erst dann wiederzusehen versuchen, wenn die Blüte verwelkt sei. Am Ende des rauschenden Festes muß sich Violetta eingestehen, daß sie zum ersten Male in ihrem mondänen flatterhaften Leben wirklich verliebt ist. Zweiter Akt. Alfred und Violetta haben sich gefunden und leben nun in stillem Glück auf dem Lande. Als Alfred von der Kammerfrau Annina erfährt, daß Violetta insgeheim ihren Schmuck verkauft hat, weil sie gänzlich mittellos dasteht, eilt er nach Paris zurück, um sich Geld zu verschaffen. Unterdessen erhält Violetta von ihrer Freundin Flora eine Einladung zu einem Fest, die sie jedoch ablehnt. Allein zurückgeblieben in dem Haus auf dem Lande, bekommt sie unerwartet den Besuch von Alfreds Vater Germont. Er wirft ihr vor, seinen Sohn ins Verderben zu ziehen. Violetta aber weist diese Anschuldigungen zurück, zeigt ihm, daß sie ihre Juwelen verkauft und nie das Geringste von Alfred verlangt hat. Alfreds Vater schenkt ihr zwar Glauben, besteht aber auf seinem Vorhaben, Violetta und Alfred auseinanderzubringen. Denn die skandalöse Verbindung sei-

Rechts: Zweiter Akt des «Troubadour» von Giuseppe Verdi. Aufführung der Mailänder Scala in der Saison 1966/67. Bühnenbilder von Nicola Benois, Regie von Luchino Visconti.

Zweiter Akt der «Traviata» von Giuseppe Verdi an Covent Garden in London. Regie von Luchino Visconti.

nes Sohnes macht es ihm unmöglich, seine Tochter, Alfreds Schwester, zu verheiraten. So vor die Entscheidung gestellt, beschließt Violetta schweren Herzens, Alfred zu seinem eigenen Wohle zu verlassen. Alfred, der zutiefst verletzt ist, kann sie nicht davon zurückhalten. Auf einem Fest begegnet er ihr wieder. Sie befindet sich in Begleitung ihres früheren Liebhabers. Alfred gibt vor, sie nicht zu sehen. Violetta aber, die Douphols Eifersucht fürchtet, bittet ihn, das Haus möglichst rasch zu verlassen, um einer Herausforderung zum Duell zu entgehen. Als Alfred nicht darauf eingeht, gesteht sie ihm, geschworen zu haben, ihn nie wiederzusehen. Dieser glaubt, sie habe diesen Schwur Baron Douphol gegeben – von Violettas Gespräch mit seinem Vater weiß er nichts – und bezeichnet sie in wilder Empörung als käufliches Flittchen. Sein gerade hinzukommender Vater tadelt ihn wegen seines unbeherrschten Benehmens, klärt ihn jedoch nicht über den wahren Sachverhalt auf. Dritter Akt. Violettas Krankheit hat sich verschlimmert. Sie kann das Krankenlager nicht mehr verlassen. Da bekommt sie einen Brief von Germont, in dem er ihr mitteilt, daß er beschlossen habe, seinem Sohn Alfred die Wahrheit zu sagen. Auf die Enthüllung seines Vaters hin eilt dieser zutiefst bewegt zu der Geliebten. Auch Germont ist gekommen, um Violetta um Vergebung zu bitten. Doch ihre Zeit ist bemessen. Nach einem letzten schweren Schwindsuchtanfall stirbt sie in den Armen des Geliebten.

● Ein Jahr nach der Uraufführung der Oper im Teatro San Benedetto in Venedig sah sich Verdi veranlaßt, die Handlung von *La Traviata* ins achtzehnte Jahrhundert zurückzuverlegen, um damit dem herrschenden Publikumsgeschmack stärker entgegenzukommen. Mit diesem letzten Stück der sogenannten Volkstrilogie ist Verdi ein Werk von solch vollkommener Innerlichkeit gelungen, daß es wohl zu Recht, als in seiner Art im gesamten romantischen Musiktheater unübertroffen gilt. Die Oper hält sich getreulich an die Handlung von Dumas' Roman, der als Vorlage diente; nur die Namen der Hauptfiguren wurden geändert (Violetta ist Marguérite Gautier, die tatsächlich gelebt und den Namen Marie Duplessis getragen hat, Alfred – Armand Duval). Trotz dieser Namensänderungen und des außergewöhnlichen Erfolges, den die Oper als musikalisches Werk erzielt hatte, fehlte es nicht an Stimmen, die Kritik gegenüber der moralischen Einstellung, die darin zum Ausdruck zu kommen schien, äußerten. Diese Pariser Halbweltdame, die sich für ihre Liebe opfert und damit als Opfer der Gesellschaft, in der sie lebt, erscheint, fügt sich in keiner Weise in die herrschende Moral der damaligen Zeit ein. Allenfalls hätte diese eine «Bekehrung» der Lebedame akzeptiert. Aber Verdi war über die Zeit der kräftigen, mit starken Kontrasten arbeitenden Töne, die die musikalische Gestaltung einer Katharsis verlangt hätte, hinaus und hatte sich seit der *Luise Miller* ganz der psychologischen Feinzeichnung der menschlichen Natur in komplizierten, empfindsamen Einzelgestalten verschrieben. Diese neue Richtung wird in dieser Oper von allem Anfang an deutlich: sie beginnt nicht, wie üblich, mit der Ouvertüre klassischen Stils, sondern mit einem Vorspiel (auch dem dritten Akt geht ein solches voraus), das das Werk von vornherein als Seelendrama bestimmt. Hier wie im *Rigoletto* oder im *Troubadour* ist die Titelfigur auch die beherrschende Gestalt des ganzen Werkes. Im Falle der *Traviata* dürfte dabei allerdings nicht nur das künstlerische Prinzip entscheidend gewesen sein, sondern es mag wohl auch ein autobiographisches Element hineingespielt haben. Verdis damalige Lebensgefährtin Giuseppina Strepponi litt an einer schweren Krankheit, so daß der Künstler, dem der Tod bereits seine erste Gattin geraubt hatte, um ihr Leben fürchten mußte. Auch die bürgerliche Wohlanständigkeit und die moralischen Bedenken des Vaters Germont aus der Oper lassen sich als künstlerische Verarbeitung der üblen Nachrede, der Giuseppina Strepponi aufgrund ihres Verhältnisses mit Verdi und einer früheren Liaison mit dem Impresario Merelli (aus der ein Sohn hervorgegangen war) ausgesetzt war, deuten. Verdi hat die Strepponie erst nach vielen Jahres des Zusammenlebens geheiratet.
EP

DER NORDSTERN
(L'Étoile du Nord)

Oper in drei Akten von Jakob Meyerbeer (1791–1864). Libretto von Eugène Scribe (1791–1861). Uraufführung: Paris, Opéra-Comique, 16. Februar 1854.

HANDLUNG. Ein russisches Bauernmädchen zieht als Mann verkleidet anstelle ihres Bruders mit dem Heer des Zaren ins Feld. Sie erfährt von einem Komplott gegen den Zaren und setzt alles daran, um ihn vor seinen Feinden zu retten. Der Zar verliebt sich in das junge Mädchen, heiratet es schließlich und macht seine junge Frau zur Zarin.

● Meyerbeer verwendete für diese Oper große Teile des früher geschriebenen Singspiels *Das Feldlager in Schlesien,* das er eigens für die Sopranistin Jenny Lind, die sogenannte «schwedische Nachtigall» komponiert hatte. *Das Feldlager* wurde zur Eröffnung des Königlichen Theaters in Berlin am 7. Dezember 1844 gespielt. Eine spätere Überarbeitung der Oper bekam den Titel *Wielka*. In Italien wurde *Der Nordstern* zum ersten Mal am Mailänder Teatro alla Cannobbiana aufgeführt (30. April 1856).
SC

ALFONSO UND ESTRELLA

Oper in drei Akten von Franz Schubert (1797–1828). Libretto von F. von Schober. Uraufführung: Weimar, 24. Juni 1854 (Komposition aus den Jahren 1821/22).

HANDLUNG. König Troila ist von Mauregato vom Thron verjagt worden und hat sich mit einigen wenigen Getreuen und seinem Sohn Alfredo in die Berge geflüchtet. Mauregato, der Usurpator, verzehrt sich unterdessen mit Selbstvorwürfen wegen seiner Missetaten. Seine einzige Freude ist seine bezaubernde Tochter Estrella. Bei einer Jagd verirrt sich Estrella im Wald und begegnet Alfonso, dem Sohn des verjagten Königs Troila. Estrella und Alfonso fassen sofort eine tiefe Liebe zueinander. Aber nicht nur Alfonso ist von Estrellas Liebreiz angetan. Auch Adolfo, ein General des Königs begehrt sie zur Gattin. Doch Estrella wie auch ihr Vater weisen ihn ab. Auf Rache sinnend, bereitet Adolfo einen Anschlag auf den Thron vor. Im letzten Moment kann ihn Alfonso, der Sohn des vertriebenen Troila, verhindern. Als Retter Estrellas und Mauregatos kann er in seine alten Rechte als Thronerbe wieder eintreten und Estrella heiraten. Der alte König Troila gewährt allen seinen ehemaligen Feinden großherzig Verzeihung. Nur Adolfo wird in den Kerker geworfen.

● Das Libretto von *Alfonso und Estrella* ist recht schwach. Sowohl die Handlung als auch der Text sind äußerst konventionell. Schubert schrieb zu diesem literarisch mehr als bedeutungslosen Stück eine vor allem melodisch sehr schöne Partitur. Bemerkenswert an ihr ist aber insbesondere das

Die Sopranistin Montserrat Caballé in «Die sizilianische Vesper» an der Metropolitan Opera in New York, 1974.

Finale zum ersten Akt, in dem der Komponist beweist, daß er auch hochdramatischen Situationen musikalisch durchaus gewachsen ist. RB

DIE SIZILIANISCHE VESPER
(Les Vêpres siciliennes)

Drama in fünf Akten von Giuseppe Verdi (1813–1901). Libretto von Duveyrier und Eugène Scribe (1791–1861). Uraufführung: Paris, Opéra, 13. Juni 1855. Solisten: S. Cruvelli, L. Guyémard, L.H. Obin, S. Sannier.

PERSONEN. Elena (Sopran), Arrigo (Tenor), Procida (Baß), Montfort (Bariton), Graf Vaudemont (Baß), Ninetta (Alt), Danieli (Tenor), Tebaldo (Tenor), Roberto (Baß), Manfredo (Tenor).

HANDLUNG. Palermo im Jahre 1282. Erster Akt. Marktplatz von Palermo. Die Herzogin Elena betrauert die Hinrichtung ihres Bruders als Landesverräter. Ein Soldat der französischen Besatzung zwingt sie, trotz ihres Schmerzes ein Lied zu singen. Elena weiß mit ihrem Gesang die Herzen der unterworfenen Sizilianer zu entzünden, so daß es zum Zusammenstoß zwischen der Bevölkerung und den fremden Soldaten kommt. Als der französische Gouverneur Guido von Monfort auf den Plan tritt, müssen sich die erhitzten Gemüter beruhigen. Ein junger Sizilianer namens Arrigo versucht mit der Herzogin zu sprechen, Montfort jedoch verbietet ihm, das Wort an sie zu richten, da sie unter dem Verdacht stehe, das Spiel der Aufständischen zu treiben. Arrigo gelingt es aber trotzdem, sich mit ihr zu verständigen. Zweiter Akt. In einem Tal bei Palermo treffen die Herzogin, Arrigo und der aus dem Exil zurückgekehrte Arzt Procida heimlich zusammen. Procida weiß zu berichten, daß der König von Aragonien bereit sei, in Sizilien gegen die französische Besatzung einzugreifen, wenn es unter der sizilianischen Bevölkerung zu einem Aufruhr kommen sollte. Arrigo erklärt Elena seine Liebe. Er findet Gegenliebe unter der Bedingung, daß er Elenas Bruder zu rächen bereit ist. Dritter Akt. Monfort erfährt durch einen Brief einer früheren Geliebten, daß Arrigo sein Sohn ist. Er läßt diesen daraufhin rufen und enthüllt ihm die Wahrheit. Arrigo ist bestürzt, denn er muß nun fürchten, Elena zu verlieren. Procida teilt ihm mit, daß Monfort während eines am gleichen Abend stattfindenden Maskenballes ermordet werden soll. Arrigo kann den Mord an Montfort, dessen Sohn er sich nunmehr weiß, im letzten Moment verhindern. Die Verschwörer werden festgenommen. Vierter Akt. Procida und Elena befinden sich im Gefängnis. Arrigo ist zu ihnen gekommen, um sein Verhalten zu erklären: nur seine Pflicht dem Vater gegenüber habe ihn zur Verhinderung des Anschlags auf Montforts Leben gezwungen, nunmehr stehe er jedoch wieder auf der Seite der unterdrückten Sizilianer. Elena schenkt ihm daraufhin ihre Liebe. Montfort will Arrigo um jeden Preis als seinen Sohn gewinnen. Er stellt ihn vor die Wahl, ihn entweder öffentlich als seinen Vater anzuerkennen oder die beiden Gefangenen hinrichten zu lassen. Arrigo beugt sich dem Willen des Vaters und dieser läßt eine allgemeine Amnestie ausrufen, durch die auch Elena befreit wird, so daß sie Arrigo nunmehr heiraten könnte. Doch Elena ist im Zweifel, was sie tun soll. Procida überredet sie, Arrigos Gattin zu werden – sei es auch nur um Zeit für den Aufstand zu gewinnen. Fünfter Akt. Hochzeitsfestlichkeiten im Garten des Palastes. Elena, der ihre echte Liebe zu Arrigo bewußt geworden ist, bringt ihr Glück in einem Lied zum Ausdruck. Da flüstert ihr Procida zu, daß die Aufständischen mit den ersten Läuten der Vesperglocke einen neuerlichen Anschlag gegen Montfort verüben würden. Die junge Braut ist entsetzt und ratlos. Auch Arrigo weiß keinen Ausweg. Der Gouverneur versteht nicht, was vor sich geht, er sieht nur, daß das Brautpaar in tiefer Bestürzung ist. Um der Verwirrung ein Ende zu machen, drängt er auf raschen Beginn der Zeremonie und läßt die Glocken läuten. Mit dem ersten Glockenton stürmen die Aufständischen den Palast, und das Gemetzel ist nicht mehr aufzuhalten.

1856

● In der italienischen Übersetzung von Fusinato und Caimi wurde die Oper am 26. Dezember 1855 am Teatro Ducale in Parma bzw. am 4. Februar 1856 an der Scala in Mailand unter dem Titel *Giovanna di Guzman* erstaufgeführt. Verdi war mit dem Libretto nicht recht zufrieden gewesen, umgekehrt hatten sich die Franzosen nicht für Verdis Musik begeistern können, die für ihren Geschmack zu wenig der «Großen Oper» im damals herrschenden Meyerbeerschen Stil entsprach. Verdi hatte gegen das Libretto insbesondere den Einwand erhoben, daß die Liebesgeschichte zu unverbunden neben der historischen Handlung stehe, was seiner Auffassung von der Oper als Kunstwerk, in dem gerade die unlösbare Verquickung von individuellem und geschichtlich-politischem Geschick gestaltet werden soll, widersprach. Beim Publikum hatte die Oper großen Erfolg. Der Komponist erhielt auf dieses Werk hin die Aufforderung, nach Paris zu kommen, nahm den Ruf zu diesem Zeitpunkt jedoch noch nicht an.

EP

RUSALKA

Oper in drei Akten von Alexander Dargomischski (1813–1869). Libretto vom Komponisten nach dem gleichnamigen dramatischen Gedicht von Alexander Puschkin (1832). Uraufführung: St. Petersburg, Kaiserliches Theater, 16. Mai 1856. Solisten: Petrow, Bulachowa, Leonowa.

HANDLUNG. Die Handlung erzählt die Geschichte der Müllerstochter Natascha, die von einem Prinzen verführt und geschwängert und dann verlassen wird. In ihrer Verzweiflung stürzt sie sich in den Fluß Dnjepr, wo sie in eine Welle (rusalka) verwandelt wird. Ihr Vater, der Müller, wird aus Schmerz über das Los seiner Tochter wahnsinnig. Der Prinz heiratet unterdessen eine andere. Einige Jahre später schickt Natascha ihr Kind, das sie ebenfalls als Welle zur Welt gebracht hat, auf die Suche nach seinem Vater. Der Prinz fühlt sich unerklärlicherweise, aber unwiderstehlich, zum Fluß gezogen. Dort trifft er auf Rusalkas Tochter, die ihm von deren unverbrüchlicher Liebe zu ihm erzählt. Die Mutter warte noch immer auf den Geliebten. Der Prinz versucht sich der magischen Anziehungskraft des Flusses und der Botschaft zu entziehen, doch taucht der alte, wahnsinnig gewordene Müller auf und stürzt ihn die die reißenden Wogen.

● Nach einer längeren Reise durch Europa (1844/45) beschloß Dargomischski, eine Oper nationalen Charakters für Rußland zu schreiben. Er brauchte dazu jedoch fast zehn Jahre, da ihn die enttäuschenden Erfahrungen mit seinem früheren Werk *Esmeralda* sowie die Schwierigkeiten des Librettos entmutigt und die langwierigen Recherchen zur russischen Volkskunst sehr aufgehalten hatten. Die 1856 uraufgeführte Oper konnte nur wenig Erfolg verbuchen. Trotzdem wurde sie vereinzelt auch im Ausland gespielt. In der Sowjetunion gehört sie noch heute zum gängigen Spielplan. Sie kann Dargomischskis erstem Werk gegenüber als gelungene Weiterentwicklung betrachtet werden, insofern es dem Komponisten hier gelungen ist, eine neue Form des melodischen Rezitativs zu gestalten, die in der Tat die Originalität der Oper ausmacht. Dargomischski hat sich mit seinem Libretto näher an Puschkins Originaltext gehalten, als dies zum Beispiel bei der von Antonin Dvořák (1901) vertonten Fassung der Fall ist. Der Mißerfolg der *Rusalka* entmutigte Dargomischski eine Zeitlang, bis er, angetrieben durch die Forderung der Schüler Balakirews, den *Steinernen Gast* komponierte.

MS

TUTTI IN MASCHERA
(Alle in Masken)

Oper in drei Akten von Carlo Pedrotti (1817–1893). Libretto von Marcelliano Marcello nach der Komödie «Der Impresario von Smyrna» von Carlo Goldoni. Uraufführung: Verona, Teatro Nuovo, 4. November 1856.

HANDLUNG. Der reiche türkische Impresario Abdallah, der sich auf Reisen in Venedig befindet, will eine Gruppe von Musikern des Theaters La Fenice von Venedig mit sich nach Damaskus nehmen. Die Musiker sind begeistert, die Primadonna der Gruppe jedoch zögert das Angebot anzunehmen, da sie ihren Geliebten Emilio nicht verlassen will. Als die Sängerin Dorothea ihr jedoch zu Unrecht vorwirft, ihr ihre Liebe zu Don Gregorio streitig zu machen, erklärt Vittoria zur großen Enttäuschung Emilios, mit der Gruppe ziehen zu wollen. Emilio hat unterdessen ein Briefchen gefunden, in dem Abdallah eine unbekannte Dame auffordert, sich mit ihm auf einem Maskenball im Theater zu treffen; Emilio hegt den Verdacht, die unbekannte Dame könnte seine Vittoria sein, und beschließt daher, selbst als Türke verkleidet auf den Ball zu gehen. Vittoria geht in die Falle. In dem Glauben, mit dem reichen Impresario zu sprechen, bittet sie ihn, sie aus dem Vertrag freizulassen, denn ihr einziger Wunsch sei es, bei Emilio, den sie von Herzen liebe, zu bleiben. Damit ist die Versöhnung zwischen Emilio und Vittoria besiegelt. Die venezianische Musikergruppe muß also ohne ihre Primadonna nach Damaskus gehen.

● Von den zahlreichen Opern, die Pedrotti mit leichter Hand zu schreiben pflegte, gilt diese als die beste und wurde lang am Athénée in Paris unter dem Titel *Les masques* aufgeführt. Sie ist voll der komischen Effekte und in ihrer Gesamtwirkung sehr spektakulär. Als Beispiel für die Komik der Oper sei auf die Szene verwiesen, in der Don Gregorio pompös verkündet, er akzeptiere das Angebot, nach Damaskus zu gehen, denn dort würden sein Genius und seine Bravour endlich die geziemende Anerkennung finden. Eindrucksvolle Szenen sind auch der Maskenball und der festliche Karnevalszug.

MSM

SIMONE BOCCANEGRA

Melodram in drei Akten von Giuseppe Verdi (1813–1901). Libretto von Francesco Maria Piave (1810–1865) nach dem gleichnamigen Drama von Anonio García Guttiérrez (1812–1884). Uraufführung: Venedig, Teatro La Fenice, 12. März 1857. Solisten: Titelrolle: Leone Giraldoni.

PERSONEN. Simone Boccanegra (Bariton), Jacopo Fiesco (Baß), Gabriele (Tenor), Amelia (Sopran), Paolo (Baß), Pietro (Bariton), ein Hauptmann (Tenor), eine Magd (Mezzosopran).

HANDLUNG. Die Handlung spielt im vierzehnten Jahrhundert in Genua. Prolog. Der ehemalige Korsar Simone Boccanegra, ein Mann aus dem Volke, wird auf das Betreiben der Volksführer Pietro und Paolo hin zum Dogen von Genua gewählt. Er heiratet Maria, die Tochter des Patriziers Fiesco, und hat eine Tochter mit ihr. Das Kind aber verschwindet auf unerklärliche Weise und Maria stirbt. Erster Akt. Fünfundzwanzig Jahre später. Fiesco hat ein Findelkind aufgezogen. Niemand weiß, daß dieses Kind Simone Boccanegras verschwundene Tochter ist. Das Mädchen trägt jetzt den Namen

Erste Szene aus dem ersten Akt des «Simone Boccanegra» von Giuseppe Verdi. Inszenierung Giorgio Strehler, Bühnenbilder von Ezio Frigerio. Mailänder Scala, Saison 1975/76.

1856

Amelia Grimaldi. Der junge Patrizier Gabriele Adorno liebt Amelia. Boccanegra jedoch beabsichtigt, Amelia seinem Vertrauten, dem Volksführer Paolo zum Gatten zu geben. Um diesem Schicksal zu entgehen, bittet das Mädchen Gabriele, dessen Liebe sie von Herzen erwidert, sie sofort zu heiraten. Amelia hat ein Bild ihrer Mutter Maria, Boccanegras verstorbener Gattin aufbewahrt. Als der Doge dieses zu Gesicht bekommt, begreift er, wer das Mädchen Amelia ist, und nimmt von seinem Plan, sie mit Paolo zu verheiraten, Abstand. Unterdessen wird Gabriele unter der Anschuldigung, einen Anbeter Amelias, der diese zu entführen versuchte, getötet zu haben, verhaftet. Das Mädchen beschuldigt Paolo des Entführungsversuches. Boccanegra verflucht Paolo, den er für den wahren Schuldigen hält. Zweiter Akt. Paolo redet dem im Kerker schmachtenden Gabriele ein, Boccanegra habe selbst ein Liebesverhältnis mit Amelia. Kaum ist Gabriele dem Gefängnis entronnen, stürzt er, in der Absicht, Boccanegra umzubringen, zum Dogenpalast. Doch dieser kann ihm den wahren Sachverhalt erklären. Paolo hat unterdessen einen heimlichen Anschlag auf Boccanegra geplant. Er hat ihm ein langsam wirkendes Gift in seinen Wein geschüttet. Dritter Akt. Die Genueser Welfen rebellieren gegen den Dogen, Gabriele gelingt es jedoch, die Gemüter wieder zu beruhigen. Doch Simone Boccanegra ist dem Tod geweiht: das schleichende Gift tut seine Wirkung. Kurz bevor er stirbt, gibt er Amelia und Gabriele seinen Segen. Paolo wird für seine Missetaten zum Tode durch Enthauptung verurteilt. Gabriele dagegen wird unter dem Jubel der Genueser, die in ihm einen maßvollen und gerechten Herrscher sehen, zum neuen Dogen der Stadt gewählt.

● Piaves Libretto war kein großer Erfolg. Verdi beauftragte daher einige Jahre später den Librettisten Boito, einen neuen Text zu schreiben. Doch aus diesem gelang es nicht, die vom Ansatz her mittelmäßige Geschichte wesentlich zu verbessern. Die neue Fassung wurde am 25. März 1881 in der Scala in Mailand aufgeführt. Übrigens war das ursprüngliche Libretto eher das Werk Verdis als Piaves gewesen. Im August 1857 hatte der Komponist die Prosafassung des Librettos der Leitung des Theaters La Fenice vorgelegt. Piave hat den Text dann später nur in Verse gesetzt. Die Partitur ist dem Libretto weit überlegen. In der Gestalt des Boccanegra ist dem Komponisten die Beschreibung des inneren Dramas einer leidenschaftlichen Natur, die der Willkür der Volksgunst ausgesetzt ist, gelungen. Trotz Verrat und Beleidigung bleibt Boccanegra jedoch unbestechlich in der Führung der Stadt. An seinem Streben nach gerechter Herrschaft hält er unbeirrbar fest, doch entgeht er deshalb seinem ungerechten Schicksal nicht. Eine solchermaßen sowohl moralisch geradlinige, als auch in sich zerrissene Gestalt war nicht leicht in Musik zu fassen. Und doch ist Verdi in ihr eine große Verkörperung der um ihrer Integrität willen leidenden Menschlichkeit gelungen. EP

AROLDO

Lyrisches Drama in vier Akten von Giuseppe Verdi (1813–1901). Libretto von Francesco Maria Piave (1810–1876) in Umarbeitung des «Stiffelio» (1850). Uraufführung: Rimini, Teatro Nuovo, 16. August 1857. Solisten: Marcellina Lotti, Giovanni Pancani, Carlo Poggiali, Giovanni Battista Cornago, Gaetano Ferri. Dirigent: Angelo Mariani.

PERSONEN. Aroldo (Tenor), Mina (Sopran), Egberto (Bariton), Briano (Baß), Godvino (Tenor), Enrico (Tenor), Elena (Mezzosopran).

HANDLUNG. Die Handlung spielt um 1200. Aroldo (Harold) von Kent muß bei seiner Heimkehr vom Kreuzzug feststellen, daß seine Gemahlin Mina den Ring, den er ihr beim Abschied übergeben hatte, nicht mehr trägt. Während der Abwesenheit des Gatten ist Mina dem Werben des Ritters Godvino (Godwin), der auf einem seiner Abenteuerzüge die Gastfreundschaft ihres Vaters Egberto (Egbert) beansprucht hatte, erlegen. Aroldos Freund Briano (Brian) entdeckt ihm die bittere Wahrheit. Voller Gram über den Treuebruch seiner Gattin zieht sich Aroldo als Eremit in die Einsamkeit zurück. So vergehen die Jahre. Eines Tages geraten Mina und ihr Vater Egberto in einen Sturm und werden in der Nähe von Aroldos Einsiedelei als Schiffbrüchige an Land gespült. Aroldo und Mina erkennen sich gegenseitig. Mina bittet ihren früheren Gemahl um Verzeihung für ihren Verrat, dieser vergibt ihr und die beiden Gatten kehren versöhnt zu einem gemeinsamen Leben aufs Schloß zurück.

● Verdi hatte des öfteren daran gedacht, die Oper *Stiffelio* zu überarbeiten, denn die Musik zu diesem Werk schien ihm ein besseres Stück wert zu sein. Piave drängte darauf, die Gestalt des abtrünnigen Priesters aus dem *Stiffelio* in die eines Kreuzritters umzuwandeln. Verdi konnte sich jedoch nicht für den Gedanken erwärmen. Schließlich sah er die Gründe seines Textdichters aber doch ein und fügte sich. Bei einer der letzten Proben vor der Uraufführung kam es zu einem Zwischenfall, der bezeichnend ist für Verdis Arbeitsweise: der Komponist beobachtete, wie der Dirigent Mariani dem Orchester vorwarf, die Sturmszene nicht ordentlich zu spielen. Verdi ergriff ohne zu zögern für die Musiker Partei, denn er hatte erkannt, daß es nicht am Orchester, sondern an der Musik für diese Szene selbst lag, daß die erwünschte Wirkung ausblieb. In einer Nacht schrieb er die ganze Szene neu. Der Erfolg gab seinem Bemühen recht. EP

DER ARZT WIDER WILLEN
(Le Médecin malgré lui)

Komische Oper in drei Akten von Charles Gounod (1818–1893). Libretto von Jules Barbier (1825–1901) und Michel Carré (1819–1872) nach der gleichnamigen Komödie von Molière (1666). Uraufführung: Paris, Théatre-Lyrique, 15. Januar 1858.

HANDLUNG. Martine, die Ehefrau des in ständiger Weinseligkeit oft groben und polternden Sganarelle will ihrem Gatten einen Streich spielen und gibt ihn daher, als ein Arzt für ein schwer erkranktes junges Mädchen gesucht wird, als solchen aus. Wohl oder übel fügt sich Sganarelle in seine Rolle. Mit viel Geschick ahmt er den Jargon und die Gepflogenheiten und Konventionen dieses gehobenen akademischen Berufsstandes nach. Bauernschlau erkennt er sehr bald, daß das junge Mädchen sich nur krank, nämlich stumm stellt, um einer ihr unerwünschten Heirat zu entgehen, und verschafft dem jungen Mann, dem das Mädchen ihr Herz geschenkt hat, als Apotheker Zugang zu ihrem Haus. Auf diese Art und Weise findet das Mädchen sehr schnell seine Gesundheit und Sprache wieder und kann den ob seiner Verdienste mit Hochachtung aufgenommenen Liebsten heira-

Karikaturen Verdis von M. Delfico: Auswahl der Sänger, Studium einer neuen Partitur, Proben zu «Simone Boccanegra». Verdi verjagt diejenigen, die sein Werk ausgepfiffen haben.

ten. Sganarelle aber beschließt angesichts des überwältigenden Erfolges dieses seines ersten Falles, sich weiterhin der ärztlichen Kunst zu widmen.

● Mit Hilfe der beiden gewandten Librettisten Barbier und Carré ist es Gounod gelungen, aus dem Molièreschen Stoff eine komische Oper zu machen, die mit Geschick und Finesse den Geschmack des siebzehnten Jahrhunderts persifliert. Trotzdem bleibt das Ganze etwas zu unterkühlt für das Thema. Einige Stellen aus der Partitur, wie zum Beispiel das Duett zwischen Sganarelle und Martine oder das Sextett der Szene, in der der vorgebliche Arzt das stumme Mädchen untersucht, überraschen dagegen durch ihre Lebendigkeit. Zu erwähnen sind auch die gekonnten musikalischen Effekte der sogenannten «Flaschen-Couplets» (couplets de la bouteille) des Sganarelle, in denen eine ganz bestimmte, von Hörnern, Fagotten, Klarinetten und Flöten getragene, immer wiederkehrende rhythmische Figur einen sehr überzeugenden lautmalerischen Klangeffekt erzielt. Die Oper hatte – vermutlich wegen des angedeuteten Mangels an echter, blutvoller Komik – keinen großen Erfolg. In London fand sie ein gewisses Interesse und wurde dort unter dem Titel *The mock doctor* zur Aufführung gebracht (Covent Garden, 27. Februar 1865). LB

IONE oder DIE LETZTEN TAGE VON POMPEJI
(Ione o L'ultimo giorno di Pompei)

Dramatische Oper in vier Akten von Errico Petrella (1813–1877). Libretto von Giuseppe Peruzzi nach dem berühmten Roman «Die letzten Tage von Pompeji» von Edward G. Bulwer. Uraufführung: Mailand, Teatro alla Scala, 28. Januar 1858. Solisten: Albertini-Boucardé, Carmelina Poch, Ricciardi, Carlo Negrini. Dirigent: Cavallini.

PERSONEN. Arbaces, Ägypter, Isispriester, Ione (Sopran), Glaukos, Athener (Tenor), Nidia, thessalische Sklavin, Burbo, Wirt, ehemaliger Gladiator, Sallust und Clodius, Glaukos' Freunde, Dirce, Iones Sklavin, ein Isispriester, ein äthiopischer Sklave. Chor und Komparsen.

HANDLUNG. Die Handlung spielt in Pompeji im Jahre 79 v. Chr. Ione liebt den reichen jungen Griechen Glaukos. Der Ägypter Arbaces aber, der selbst in Ione verliebt ist, versucht diese Liebe zu hintertreiben, indem er dem Mädchen mit Hilfe des Gastwirts Burbo eine Falle stellt. Burbo hat herausbekommen, daß Iones Sklavin Nidia, eine junge Thessalierin, heimlich ebenfalls Glaukos liebt, und schlägt ihr daher vor, ihm einen Liebestrank zu verabreichen, der ihn in heftigster Leidenschaft für sie entbrennen lassen wird. Aber der Trank hat eine ganz andere Wirkung. Glaukos ist wie verwandelt. Vor Iones Augen gibt er sich Trunk und Ausschweifungen hin, bis diese zutiefst enttäuscht und abgestoßen dem Drängen des Hohenpriesters Arbaces nachgibt und ihm zum Gebet in den Isistempel folgt. Dort versucht der Ägypter, Ione zu verführen. Nidia, die die Szene beobachtet, begreift, welches Spiel mit ihr getrieben worden ist, und holt, um Ione zu retten Glaukos herbei. Halb wahnsinnig vor Eifersucht versucht dieser, Arbaces zu töten. Er wird jedoch wegen Tempelschändung festgenommen und soll in der Arena den wilden Tieren vorgeworfen werden. Die Bevölkerung kann jedoch Gnade für ihn erringen. Glaukos und Iones Glück steht nun nichts mehr im Wege. Doch da beginnt die Erde zu beben, der Ausbruch des Vesuvs kündigt sich an. Die beiden Liebenden stürzen in Todesangst auf das rettende Meer zu, Nidia aber, die ihre Liebe zu Glaukos nicht erwidert sieht, bleibt in der Stadt, um den Tod zu erwarten, der ihrer Verzweiflung ein Ende bereiten soll.

● Die Uraufführung der Oper an der Scala war ein wahres Fiasko. An dem Mißerfolg waren verschiedene unglückliche Umstände schuld, zum Beispiel die überstürzte, schlampige Inszenierung durch den Impresario Marzi: Kostüme wie Bühnenbild waren jämmerlich; der Ausbruch des Vesuvs wurde durch Abbrennen von ein paar kärglichen bengalischen Feuern hinter den Kulissen dargestellt. Am 10. Juli des gleichen Jahres wurde die Oper dann in Padua gegeben. Bei dieser Aufführung mußte man sogar auf den berühmten Trauermarsch verzichten, denn die Musiker, die ihn hätten spielen sollen, waren in den Krieg gezogen. Trotzdem fand der Komponist in Padua großen Beifall für seine Oper. Eine weitere Neuaufführung am 9. November 1858 im Theater San Carlo in Neapel war wiederum ein großer Reinfall.
MSM

ORPHEUS IN DER UNTERWELT
(Orphée aux Enfers)

Feenoper in vier Akten und zwölf Bildern von Jacques Offenbach (1819–1880). Libretto von Hector Crémieux und Ludovic Halévy (1833–1908). Umarbeitung in vier Akte und acht Bilder im Jahre 1874. Uraufführung: Paris, Bouffes-Parisiens, 21. Oktober 1858.

HANDLUNG. Die Handlung stellt eine ins Komisch-Satirische übersetzte Fassung des antiken Orpheusstoffes dar. Orpheus ist Geigenlehrer, Eurydike, seine junge Frau, nimmt es mit der ehelichen Treue nicht sehr genau. Einer ihrer Verehrer ist Pluto, der sich für den Honigfabrikanten Ariste ausgibt. Auch Jupiter gehört zu der Schar ihrer Anbeter; er verwandelt sich sogar in eine Fliege, nur um auf diese Weise durch das Schlüsselloch zu seiner Schönen zu gelangen. Schließlich ist auch John Styx, der Sohn des früheren Königs von Böotien, mittlerweile aber zum Diener Plutos herabgesunken, mit von der Partie. Als Eurydike stirbt, muß Orpheus, obwohl er seine Gattin nicht ausstehen konnte, um dem Mythos gerecht zu werden, in die Unterwelt. Dort erlebt der geplagte Gatte die erstaunlichsten Dinge: die Götter tanzen Cancan, stellen sich aufmüpfig vor Jupiter auf und singen die Marseillaise oder bewegen sich zierlich zu den Klängen eines Menuetts. Als Orpheus am Ende seiner vergnüglichen Reise mit Eurydike auf die Erde zurückzukehren im Begriffe ist, gibt ihm Jupiter noch einen tüchtigen Tritt, auf daß er sich mit einem Schmerzensausruf erschreckt umwendet und sich der Mythos somit vollends erfülle. Eurydike kehrt daraufhin in die Unterwelt zurück, wo sie mit einem entfesselten Bacchanal begeistert empfangen wird.

● Bei ihrer Uraufführung fand die Oper sehr schlechte Aufnahme. Die Zeitung «Le Figaro» brachte einen ausgesprochenen Verriß, und das Publikum übernahm diese Beurteilung. Erst fünfzehn Jahre später schien die Zeit für das Stück reif zu sein. Die desillusionierte Gesellschaft des Zweiten Empire, die ihren eigenen Zusammenbruch voraussahnte, aber gerade deshalb besonders vergnügungssüchtig und auf jede Art von Amüsement bedacht war, war auch bereit, über sich selbst zu lachen. So fand Offenbachs Werk, das des Komponisten eigene Zeitgenossen in ihrer ganzen Lächerlichkeit bloßstellt und mit hinreißendem Schwung zu fröhlicher Selbstkritik auffordert, auf einmal ungeheuren Beifall. In den Salons verwandte man seinen ganzen Witz darauf, herauszufinden, welche zeitgenössische Persönlichkeit mit welcher (tatsächlichen oder nur vermuteten) Anspielung gemeint sei; auf den Straßen pfiff man die eingängisten Melodien, wie die des Cancan oder des Galopp vor sich hin. Sarcey schrieb dazu: «... nach diesen Rhythmen schienen das ganze Jahrhundert, Regierung, Institutionen, Sitten, Gebräuche und Gesetze durcheinanderzuwirbeln. In Offenbach und den Librettisten Crémieux und Halévy waren solides handwerkliches Können und musikalische Originalität des Komponisten mit dem Gespür für szenisch und textlich darstellbare beißende Ironie zusammengetroffen. Damit war ein neues musikalisches Genre geboren, die Operette. Nicht haltmachend vor der Ehrwürdigkeit der Personen und der musikalischen Stile und Konventionen, löst diese neue Gattung die französische *Große Oper,* die gerade aus der übermäßigen Verherrlichung und Konservierung dieser Elemente gelebt hatte, allmählich ab.»
SC

DER BARBIER VON BAGDAD

Oper in zwei Akten von Peter Cornelius (1824–1874). Libretto vom Komponisten nach «Tausend und eine Nacht» unter Verwendung einer bereits von G. André (1780) bzw. Hattasch (1793) als Singspiel vertonten Handlung. Uraufführung: Weimar, Hoftheater, 15. Dezember 1858. Dirigent: Franz Liszt.

HANDLUNG. Nureddin (Tenor) verzehrt sich in Liebe zu Margiana (Sopran), der schönen Tochter des Kadi. Seine Spielgefährtin aus Kinderzeiten, Bostana (Mezzosopran), verspricht ihm, ihm zu einem Stelldichein mit dem Mädchen zu verhelfen. Voller Aufregung läßt Nureddin einen Barbier kommen, um sich für das Treffen mit der Ersehnten aufputzen zu lassen. Es kommt der überaus redselige Abu Hassan (Baß), der ihm mit seiner Geschwätzigkeit die Zeit vertreibt. Schließlich ist es so weit, daß Nureddin das Haus seiner Angebeteten betreten kann. Aber kaum ist er bei ihr, kehrt unerwartet ihr Vater, der Kadi, zurück. Nureddin versteckt sich in einer Truhe. Abu Hassan, der dem jungen Mann gefolgt ist, fürchtet, es sei ihm etwas zugestoßen, und läßt unter viel Schreien und Wehklagen den Kalif persönlich kommen, um eine Klärung der Situation herbeizuführen. Dieser entdeckt Nureddin in der Truhe. Damit ist der Kadi zwar von dem Verdacht befreit, Nureddin getötet zu haben, muß sich dafür aber mit dem Spruch des Kalifen, der Nureddin und Margiana zusammengibt, abfinden und seine Tochter dem jungen Eindringling zur Frau geben. Abu Hassan aber geht

Plakat von J. Chéret zu «Orpheus in der Unterwelt» von Jacques Offenbach, 1858. Paris, Bibliothèque de l'Opéra.

mit dem Kalifen, der Gefallen an seinem skurrilen Erzähltalent gefunden hat, zu Hofe.

● *De Barbier von Bagdad* ist Cornelius' erste Oper. Sie wurde auf Betreiben des befreundeten Liszt, der damals Leiter des Hoftheaters war, in Weimar zur Aufführung gebracht. Allerdings wurde sie trotzdem kein Erfolg. Eine ganze Reihe von Intrigen und Boykotten führte sehr schnell zu ihrer Absetzung. Liszt trat daraufhin von seinem Amt als Leiter des Hoftheaters zurück. Zu Lebzeiten des Komponisten wurde die Oper nie wieder aufgeführt. Erst in einer späteren neuorchestrierten Fassung (von F. Mottl), die am 1. Februar 1884 in Karlsruhe gespielt wurde, konnte das Werk Erfolg und Beliebtheit erringen. Im Jahre 1926 wurde es sogar an der New Yorker Met gegeben. Die Musik ist überaus schwungvoll, so daß es von manchen für eine der besten deutschen komischen Opern gehalten wird. Besondere Erwähnung verdient ein Intermezzo, das sehr gekonnt auf dem Gebetsaufruf eines Muezzin basiert.   MS

EIN MASKENBALL
(Un ballo in maschera)

Melodram in einem Vorspiel und drei Akten von Giuseppe Verdi (1813–1901). Libretto von Antonio Somma (1809–1865) nach «Gustave III ou Le bal masqué» *von Eugène Scribe (1791–1861). Uraufführung: Rom, Teatro Apollo, 17. Februar 1858. Solisten: E. Julienne-Dejean, Zelinda Sbriscia, Leone Giraldoni, Gaetano Fraschini, P. Scotti. Dirigent: E. Terziani.*

PERSONEN. Richard von Warwick (Tenor), Samuel (Baß), Tom (Baß), Oscar (Sopran), Amelia (Sopran), René (Bariton), Ulrica (Alt), Silvano (Baß), ein Richter (Tenor), ein Diener Amelias (Tenor).

HANDLUNG. Boston, gegen Ende des siebzehnten Jahrhunderts. Erster Akt. Richard von Warwick, Gouverneur von Massachusetts, empfängt Offiziere und Abordnungen aus Stadt und Land in Audienz. Unter den illustren Persönlichkeiten befinden sich auch Tom und Samuel, zwei seiner Feinde, die sich gegen ihn verschworen haben. Der Page Oscar bringt die Liste der Geladenen für den bevorstehenden Maskenball. Zu seiner Freude entdeckt der Gouverneur darin auch den Namen Amelias, der Gattin seines Mitarbeiters und Freundes René, die er heimlich liebt. René unterbricht die Audienz mit der vertraulichen Mitteilung, daß gegen ihn, den Gouverneur, ein Attentat geplant sei. Außerdem trifft ein Richter mit einem Dekret zur Verurteilung der der Hexerei bezichtigten Negerin Ulrica ein. Der Page Oscar versucht, die Alte zu verteidigen. Richard beschließt daraufhin, sie sich selbst anzusehen. In Begleitung der Audienznehmer kommt er zu Ulricas Hütte. Sie weissagt gerade einem Matrosen, er würde bald zu Geld und Ehren kommen. Gleichzeitig wird der Alten Amelias bevorstehendes Kommen angekündigt. Sie läßt ihre Hütte von allen Besuchern räumen, um Amelia alleine empfangen zu können. Die junge Frau bittet um ein Mittel gegen eine unzulässige Liebe, die ihr das Herz schwer macht. Die Alte beauftragt sie, ihr ein Kraut zu bringen, das sie um Mitternacht bei der Richtstätte pflücken müsse. Richard hat in seinem Versteck alles mit angehört und weiß nun, daß Amelia auch ihn liebt. Als er an der Reihe ist, sagt ihm Ulrica voraus, er würde durch die Hand eines Freundes fallen, und zwar dessen, der ihm zuerst die Hand reichen werde. Alle machen sich lustig über die Alte, aber niemand wagt, Richard in die Nähe zu kommen. Da trifft René, der von alledem nichts weiß, ein und drückt dem Gouverneur die Hand zum Gruße. Zweiter Akt. Amelia sucht auf der Wiese der Richtstätte nach dem Kraut, das ihre geheime Liebe zu Richard bannen soll. Als dieser jedoch auf der Suche nach ihr vor sie hintritt, kann sie ihr Gefühl nicht mehr verbergen. Die beiden gestehen sich ihre Liebe. Doch können sie darüber ihre Schuldgefühle nicht vergessen. Plötzlich werden sie durch das Herannahen einer im Dunkel der Nacht nicht erkennbaren Person gestört. Amelia verschleiert sich schnell, um nicht erkannt zu werden. Der Unbekannte ist René, ihr Gatte, der dem Gouverneur mitteilt, daß die Verschwörer ihm in der Nähe auflauerten. Richard kann gerade noch rechtzeitig entkommen, ehe diese hereinstürzen, um ihn zu töten. Als sie versuchen Amelia zu entschleiern und es darüber zum Kampf mit René zu kommen droht, gibt sich diese freiwillig zu erkennen. René ist bestürzt, seine Gattin in der Unbekannten zu erkennen, die Verschwörer ziehen höhnend ab. Dritter Akt. Amelia bittet ihren Gatten vergeblich um Verzeihung. Von ihm verstoßen, küßt sie ihr Söhnchen ein letztes Mal. René beschließt, sich auf die Seite der Verschwörer zu schlagen, um sich am Gouverneur zu rächen. Von wessen Hand dieser fallen solle, wird per Los entschieden. Amelia wird gezwungen, das Los zu ziehen, und sie zieht den Namen des eigenen Gatten. Unterdessen trifft der Page Oscar mit der Einladung zum Gouverneursball ein. Amelia steckt ihm heimlich ein anonymes Briefchen zu, in dem sie Richard auffordert, zu fliehen, da er in Lebensgefahr sei. René dagegen bringt den Pagen dazu, ihm zu verraten, in welcher Maske der Gouverneur erscheinen werde. Während der Ball in vollem Gange ist, stößt René mit dem tödlichen Dolch zu. Die Ballgesellschaft will sofort Rache an dem gemeinen Mörder üben, doch Richard tritt sterbend noch für ihn ein. Er gesteht seine Liebe zu Amelia, die deren Tugendhaftigkeit jedoch nichts anhaben konnte. Amelia ist damit vom Verdacht des Treuebruchs reingewaschen. Seinem Vertrauten und Mitarbeiter René aber stellt er sterbend noch seine Beförderung und Versetzung nach England aus. Nachdem er auch den Verschwörern verziehen hat, gibt er seinen Geist auf.

● In Scribes Drama war die Hauptfigur nicht ein amerikanischer Gouverneur, sondern König Gustav Adolf von Schweden. In der ursprünglichen Fassung des Librettos war dies ebenfalls noch der Fall. Aber die Zensur duldete keine Majestätsbeleidigung. Sowohl in Neapel als auch in Rom wurde die Oper verboten. Die päpstliche Zensur des Vatikan hatte zwar eigentlich keine Veranlassung, die Interessen einer bestimmten Dynastie auf diesem Wege zu vertreten, doch genügte es offenbar schon, daß das beleidigte Königshaus ein katholisches war, um sie eingreifen zu lassen. Gegen den Spruch der neapolitanischen Bourbonenzensur setzte sich Verdi noch heftig zur Wehr, das päpstliche Verdikt veranlaßte ihn dann doch, die Handlung von Stockholm nach Amerika zu verlegen und aus König Gustav Adolf von Schweden Richard von Warwick zu machen. Die erste völlig unzensierte Originalfassung wurde erst viel später, nämlich im Jahre 1958, in Paris gegeben. Verdi arbeitete auch bei dieser Oper stark selbst am Libretto, so daß man es mindestens in Teilen als sein ureigenstes Werk betrachten kann. Dabei kam es ihm besonders auf die Noblesse in Haltung und Gefühl der in tragische Leidenschaft verstrickten Personen an. Zum ersten Mal wird in dieser Oper auch Verdis Neigung zum Humoristischen, die sich allerdings erst im Alter, nämlich in seinem letzten Werk, dem *Falstaff,* voll entfalten wird, spürbar. Die

Eine Szene aus Giuseppe Verdis «Ein Maskenball» in einer Aufführung des Teatro San Carlo in Neapel, 1859.

musikalische Gestaltung des Ambiente ist bemerkenswert durch – so der Kritiker Mila – «... die besondere Sorgfalt der Instrumentierung und der immer bewußtere Einsatz des melodischen Deklamationsstils.»   EP

MARGARETHE (Faust)

Lyrisches Drama in fünf Akten von Charles Gounod (1813–1893). Libretto von Jules Barbier (1825–1901) und Michel Carré (1819–1872) nach Goethes «Faust». Uraufführung: Paris, Théâtre-Lyrique, 18. März 1859. Solisten: Caroline Miolan Carvalho, Barbot, Reynald, Balanqué. Dirigent: Deloffre.

PERSONEN. Faust (Tenor), Mephistopheles (Baß), Margarethe (Sopran), Valentin, Margarethes Bruder (Bariton), Wagner, Fausts Famulus (Baß), Siebel (Mezzosopran), Marthe (Mezzosopran). Studenten, Soldaten, Bürger, Mädchen und Frauen, Volk.

HANDLUNG. Erster Akt. Studierstube des Doktor Faust. Der alternde Gelehrte grübelt über sein einsames, die Freuden der Jugend und der Liebe entbehrendes Leben nach. Schon will er diesem für ihn sinnlos gewordenen Dasein mit einem Becher Gift ein Ende setzen, da hält ihn der von der Straße heraufösende frische Gesang fröhlicher Mädchenstimmen im letzten Moment davon ab, das Gift zu schlucken.

Begierig auf neues Leben, begibt er sich daran, den Bösen mit Beschwörungen herbeizurufen. Dieser erscheint denn auch in der Gestalt eines Edelmannes, der ihm Jugend und Liebeslust für den Preis seiner Seele verspricht. Faust zögert, doch als ihm Mephistopheles das verführerische Bild der schönen jungen Margarethe erscheinen läßt, unterzeichnet er den Pakt. Augenblicklich ist er damit in einen eleganten jungen Edelmann verwandelt, dem die Welt offensteht. Zweiter Akt. Ein Frühlingssonntag auf dem Stadtplatz. Der Soldat Valentin, der in den Krieg ziehen muß, vertraut seine Schwester Margarethe dem Studenten Siebel, der heftig in sie verliebt ist, an. Da mischt sich Mephistopheles unter die Abschiednehmenden und sagt ihnen ihr Schicksal voraus: Valentin werde eines gewaltsamen Todes durch die Hand eines ihm bekannten Mannes sterben, sein Kamerad Wagner in der Schlacht fallen, und Siebel werde alle Blumen, die er berühre, zum Verwelken bringen. Die jungen Männer können den unheimlichen Gesellen schließlich mit dem ihm als Kreuzzeichen entgegengehaltenen Schwertgriff verjagen. Die jungen Leute vergnügen sich wieder unbeschwert beim Tanz. Margarethe stößt zu der munteren Schar, gefolgt von Faust. Er bittet um die Erlaubnis, sie zu begleiten. Das Mädchen weist ihn zurück und geht alleine nach Hause, doch Mephistopheles versichert Faust, daß Margarethe bald die Seine werden würde. Dritter Akt. Margarethes Garten. Siebel pflückt einen Strauß Blumen für Margarethe, doch sie verwelken ihm noch in der Hand. Als er sie mit Weihwasser besprengt, erholen sie sich sofort wieder, und er kann Margarethe seinen Strauß an die Tür hängen. Es treten Faust und Mephistopheles auf. Faust spottet über des Studenten armseliges Angebinde und legt Margarethe seinerseits eine Schatulle voll des herrlichsten Geschmeides auf die Türschwelle. Als Margarethe nach Hause kommt, findet sie die Juwelen vor. Sie kann der Versuchung nicht widerstehen und schmückt sich damit. Sie kann sich ob der Herrlichkeit des Geschmeides kaum fassen und findet verbotenes Gefallen an ihrer eigenen Schönheit. Ihre Gouvernante, die alte Marthe, versichert ihr, der Schmuck sei ohne Zweifel von einem unbekannten Verehrer und für sie bestimmt. Da treten wiederum Faust und Mephistopheles als junge Edelleute auf. Mephistopheles bringt Marthe die Nachricht vom Tode ihres Mannes und macht ihr den Hof; Faust erklärt Margarethe seine Liebe. Er ist so berührt von ihrer reinen Schönheit und Unschuld, daß sich das Gute in ihm regt, und er von dem Plan, sie zu verführen, ablassen will. Aber Mephistopheles stachelt ihn an, nicht aufzugeben. Bevor sich Margarethe zur Ruhe begibt, tritt sie noch einmal auf den Balkon, um ihre Sehnsucht nach Faust der Nacht anzuvertrauen. Faust, der nur auf diesen Ruf gewartet hat, eilt zu ihr. Vierter Akt. Im Inneren einer Kirche. Margarethe, die schwanger ist, versucht zu beten, doch Mephistopheles quält sie mit ihrem Schuldbewußtsein und verheißt ihr ewige Verdammnis. Unterdessen kehrt Valentin aus dem Krieg zurück. Siebel versucht, ihm die Nachricht über den schändlichen Zustand der Schwester vorsichtig beizubringen. Doch als Valentin auf Faust und Mephistopheles stößt, und dieser ihm auch noch ein Spottlied auf die Schande der Schwester singt, vermag er seinen Zorn nicht mehr zurückzuhalten. Er fordert Faust zum Zweikampf heraus. Mit Mephistopheles Hilfe gelingt es diesem, ihn tödlich zu verwunden. Daraufhin machen sich Faust und Mephistopheles davon. Fünfter Akt. Walpurgisnacht am Brocken. Mephistopheles führt Faust den Hexensabbat vor: Ein wildes Bacchanal unter Mitwirkung aller berühmten Kurtisanen der Geschichte. Faust jedoch begehrt, zu Margarethe gebracht zu werden. Er weiß, daß sie, dem Wahnsinn verfallen, ihr Kind getötet hat und dafür nun im Kerker schmachtet und ihre Hinrichtung erwartet. Er versucht, sie zu überreden, mit ihm aus dem Gefängnis zu fliehen, doch Margarethe stößt ihn – trotz ihres Wahnsinns sich ihrer und seiner Schuld bewußt – mit Abscheu von sich. Die Verzeihung Gottes erflehend, stirbt sie. Ein Chor von Engeln trägt ihre Seele in den Himmel, Faust aber bleibt erschüttert zurück.

● Diese Oper nach Goethes *Faust* macht die Gestalt des Gretchens zur Hauptfigur des Stückes und wird daher in Deutschland meist unter dem Titel *Margarethe* aufgeführt. Schon 1839 während eines Romaufenthaltes zeigte Gounod

Proben zu Verdis «Ein Maskenball» in der Inszenierung Franco Zeffirellis. Bühnenbilder von Renzo Mongiardino. Mailänder Scala, 1972.

sein Interesse an der Vertonung des Fauststoffes. Er schrieb dann im Laufe von fast zwanzig Jahren daran. Im Jahre 1857 übernahm J. Barbier zusammen mit M. Carré, der bereits den Text zu einem «phantastischen Drama» nach dem *Faust,* das Gounod 1850 im Théâtre de Gymnase gesehen hatte, geschrieben hatte, den Auftrag, ein Libretto zu verfassen. Die beiden Textdichter mußten sich bei der Erstellung dieses Librettos allerdings weitgehend den Wünschen des Direktors der Opéra-Comique und der Sängerin der Opéra-Lyrique fügen. Mit der Partie der Margarethe, die sich ganz auf die Empfindsamkeit ihrer reinen Seele und ihre Gewissensqualen nach ihrem Fall konzentriert, ist dem Komponisten eine der ausdrucksreichsten seines gesamten Werkes gelungen. Zu den schönsten Stellen zählen zweifelsohne die Szene des Zusammentreffens zwischen Faust und Margarethe und das Lied vom König von Thule. Gounods gründliche Beschäftigung mit Komponisten wie Palestrina, Bach, Mozart und Beethoven finden erkennbar Niederschlag in der Musik dieser Oper. Sie hatte sofort großen Publikumserfolg, woraufhin Gounod sich veranlaßt sah, seine ursprüngliche Absicht zu verwirklichen und das Stück als «Grand-Opéra» zu konzipieren. In dieser umgeschriebenen Fassung wird sie auch heute gespielt. Anstelle der Sprechszenen, wie sie in einer Oper des Théâtre-Lyrique üblich waren, schrieb Gounod Rezitative. Für die Londoner Aufführung im Jahre 1864 wurde im Vorspiel das Gebet Valentins eingebaut, 1869 dann im fünften Akt auch noch ein Ballett eingefügt. Manche Teile stammen aus anderen Werken, wie zum Beispiel der «Chor der Soldaten» aus dem unvollendet gebliebenen Stück *Iwan der Schreckliche* oder das Thema von Margarethes «Gebet zum Himmel» aus dem *Dies irae* eines 1842 komponierten Requiem. LB

DINORAH oder DIE WALLFAHRT NACH PLOËRMEL
(Dinorah ou Le Pardon de Ploërmel)

Oper in drei Akten von Giacomo Meyerbeer (1791–1864). Libretto von Jules Barbier (1822–1901) und Michel Carré (1819–1872). Uraufführung: Paris, Opéra-Comique, 4. April 1859. Ausführende: M.J. Cabel, J.B. Faure, C.L. Sainte-Foy, Bareille, V.A. Warot.

PERSONEN. Dinorah (Sopran), Hoël, Dinorahs Verlobter (Bariton), Corentin, Hirte (Tenor), ein Jäger, ein Schnitter.

HANDLUNG. Die Geschichte spielt in der Bretagne. Dinorah ist am Tage der Hochzeit von ihrem Bräutigam verlassen worden. Nun irrt das Mädchen auf der Suche nach ihm durch das Land. Es kommt zur Hütte des Hirten Corentin und schläft dort erschöpft ein. Auch Hoël, Dinorahs Bräutigam, trifft dort ein, Dinorah aber erkennt ihn nicht und bricht wieder auf, ihn weiter zu suchen. Hoël erzählt Corentin, wie am Tage vor seiner Hochzeit ein schrecklicher Sturm seine Hütte zerstört habe, und wie er es nicht gewagt habe, seiner Braut gegenüberzutreten, ohne ihr ein Dach über dem Kopf bieten zu können. So sei er ausgezogen, einen Schatz, von dem er Kunde habe, zu suchen. Corentin schließt sich Hoël an, und gemeinsam gelangen sie schließlich an den Ort, wo der Schatz versteckt ist. Sie wagen ihn jedoch nicht mitzunehmen, da die Kobolde, die ihn bewachen, die Macht haben, einen jeden, der ihn auch nur berührt, sterben zu lassen. Unerwartet taucht auch Dinorah auf. Hoël hält sie für eine Erscheinung und läuft verschreckt davon. Corentin aber überredet das Mädchen, den Schatz zu heben. Kaum hat Dinorah ihn berührt, fällt sie in Ohnmacht. Als Hoël dies sieht, begreift er, daß er tatsächlich seine Braut in Fleisch und Blut und nicht eine trügerische Erscheinung vor sich hat und eilt zu ihr. Als Dinorah aus ihrer Ohnmacht erwacht, findet sie sich glückselig in den Armen des Bräutigams liegen. Der Schock hat alle Erinnerung an den anscheinend so schnöden Verrat und die lange Zeit des Umherirrens in ihr ausgelöscht. Hoël versteht sofort, was mit seiner geliebten Braut geschehen ist. Als wäre nichts geschehen seit dem Tage der geplanten Hochzeit, nimmt er Dinorah bei der Hand und führt sie zur Kirche von Ploërmel, wo die beiden nun tatsächlich den Segen bekommen werden.

● Obwohl Meyerbeer die großen historischen Opern sicher mehr lagen als der Stoff dieses Werkes (das ursprünglich den Titel *Le Pardon de Ploërmel* trug), kann der *Dinorah* geschmackvolle Eleganz nicht abgesprochen werden. Einige Arien aus der Oper konnten sich trotz der Schwäche des Librettos und der musikalischen Gesamtkonzeption durchsetzen und haben sich bis heute ihren Reiz bewahrt. SC

ZWEI MÄNNER UND EINE FRAU
(Rita ou Le Mari battu)

Komische Oper in einem Akt von Gaetano Donizetti (1797–1848). Libretto von Gustave Vaëz. Uraufführung: Paris, Opéra-Comique, 7. Mai 1860. Solisten: Warot, Barielle, Faure-Lefebvre.

HANDLUNG. Rita (Sopran), eine junge Wirtin aus einem Schweizer Dorf, hat den Schiffer Gaspare (Bariton) geheiratet. Aber schon am Tage der Hochzeit hat er sie schmählich verlassen. Auf der Reise nach Kanada soll er – so ist zu hören – schiffbrüchig geworden und ertrunken sein. Die junge Wirtin schließt daher schon bald eine neue Ehe. Diesmal hat sie sich einen schüchternen jungen Mann namens Beppe (Tenor) ausgesucht, den sie mit ihren Launen quält und tyrannisiert. Eines Tages kehrt der totgeglaubte Gaspare zurück. Als er sieht, wie sie ihren zweiten Mann, den verängstigten Beppe, behandelt, ja ihn sogar schlägt, beschließt er, seinen Plan, sie wieder für sich zu beanspruchen, aufzugeben. Er verschafft sich den zwischen ihm und Rita geschlossenen Ehevertrag und zerreißt ihn vor ihren Augen. Mit ein paar guten Lehren an Beppe, wie er sich seines bösen Weibes erwehren könne, verabschiedet er sich und zieht wieder in die Welt hinaus.

● Die Oper wurde im Jahre 1841 komponiert und ist auch unter dem Titel *Deux hommes et une femme (Zwei Männer und eine Frau)* bekannt. Sie war weniger erfolgreich als die meisten anderen Werke Donizettis. In Italien kam sie nur einmal, nämlich im Jahre 1876 in Neapel zur Aufführung. MS

BÉATRICE UND BÉNÉDICT

Oper in zwei Akten von Hector Berlioz (1803–1869). Libretto vom Komponisten nach Shakespeares «Viel Lärm um Nichts». Uraufführung: Baden-Baden, Theater Benazet, 9. August 1862.

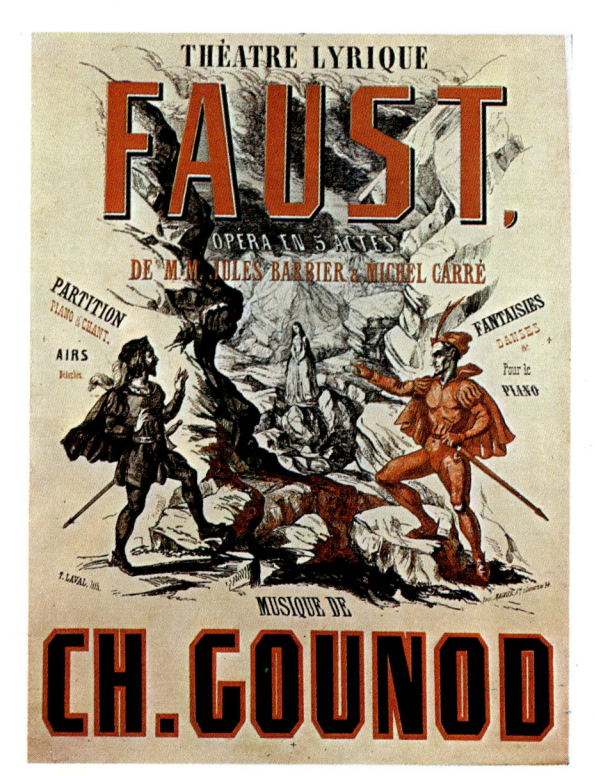

Plakat von T. Laval zu Charles Gounods «Faust» am Théâtre-Lyrique 1859.

1862

Erste Szene aus dem zweiten Akt von Giuseppe Verdis «Macht des Schicksals» an der Mailänder Scala 1965/66. Regie von Margherita Wallmann, Bühnenbilder und Kostüme von Nicola Benois.

● **Béatrice und Bénédict**, Berlioz' letzte Oper, steht mit ihrer beschwingten Lustspielmusik der italienischen komischen Oper nahe. Sie erzielte rasch großen Erfolg und wurde schon bald ins Deutsche übersetzt. In Frankreich wurde sie erst am 4. Juni 1890 erstaufgeführt. Heute wird sie jedoch kaum mehr gespielt. GP

DIE MACHT DES SCHICKSALS
(La forza del destino)

Oper in vier Akten von Giuseppe Verdi (1813–1901). Libretto von Francesco Maria Piave (1810–1876) nach dem Drama «Don Alvaro oder Die Macht des Schicksals» von Angelo Perez de Saavedra, Herzog von Rivas (1791–1865). Uraufführung: St. Petersburg, Kaiserliches Theater, 10. November 1862. Solisten: C. Barbot, C. Nantier-Didiée, E. Tamberlick, L. Graziani, A. De Bassini, G.F. Angelini.

PERSONEN. Donna Leonore (Sopran), Don Alvaro (Tenor), Don Carlos (Bariton), der Marchese von Calatrava (Baß), Preziosilla (Mezzosopran), Fra Melitone (Spielbaß), Pater Guardian (Baß), Curra (Mezzosopran), ein Alcalde (Baß), Mastro Trabuco (Tenor), ein Chirurgus der Truppen (Baß).

HANDLUNG. In Spanien und Italien um die Mitte des achtzehnten Jahrhunderts. Erster Akt. Leonore, die Tochter des Marchese von Caltrava, liebt den vornehmen Inkaabkömmling Don Alvaro. Ihre Familie aber ist gegen diese nicht standesgemäße Verbindung. Die Liebenden beschließen, sich heimlich trauen zu lassen. Als Don Alvaro das Mädchen zu entführen versucht, wird er entdeckt. Er nimmt die Schuld für den Fluchtversuch völlig auf sich, um Leonore vor dem Zorn des Vaters zu retten. Als er zum Zeichen seiner Ergebung seine Pistole von sich schleudert, geht ein Schuß los und trifft Leonores Vaters. Sterbend verflucht der alte Graf seine Tochter. Zweiter Akt. Auf der Flucht vor den Rächern

1863

Aber die Lagerwache kommt dazwischen und zwingt die beiden zur Flucht. Vierter Akt. Im Franziskanerkloster warten die Armen auf ihre tägliche Speisung durch den gütigen Fra Melitone. Don Alvaro hat sich als Bruder Raffael in das Kloster geflüchtet, aber der rachsüchtige Don Carlos macht ihn auch dort ausfindig, um ihn zur Rechenschaft zu ziehen. Alvaro kann sich der Herausforderung Don Carlos' schließlich nicht mehr entziehen, und es kommt zum Kampf, in dem Don Carlos tödlich verwundet wird. Als er vor seinem Tode einen Beichtvater begehrt, holt Don Alvaro den frommen Mann aus der nahegelegenen Einsiedelei. Zu seiner Bestürzung erkennt er in ihm Leonore. Er erzählt ihr die schrecklichen Ereignisse und führt sie zu ihrem sterbenden Bruder. Dieser kennt nur mehr eines: Rache für den Vater. Mit der Kraft der Unversöhnlichkeit bohrt er der Schwester das Schwert in den Leib, um dann tot zurückzusinken. Leonore erhält vom herbeigeeilten Pater Guardian die letzte Wegzehrung und stirbt dann in den Armen Don Alvaros.

● Verdi war mit dem ersten Textentwurf dieser Oper nicht zufrieden und wollte ihn geändert haben. Da sein Librettist Piave erkrankt war, übergab er den Auftrag dem Mailänder Antonio Ghislanzoni (1824–1893). Dieser, ein kultivierter Mann der Mailänder Gesellschaft, der Arzt, Sänger, Journalist und Literat in einem war, befand, daß es am Schluß der Oper zu viele Tote auf einmal gäbe (in Piaves Fassung fand tatsächlich auch Don Alvaro den Tod!), und schlug eine entsprechende Änderung vor. Seine Fassung hat sich durchgesetzt und wird auch heute meistens gespielt. Die Erstaufführung dieser überarbeiteten Fassung fand am 27. Februar 1869 in Mailand an der Scala statt. Verdi führte bei dieser Gelegenheit selbst Regie. Die Uraufführung in St. Petersburg war mit großen Schwierigkeiten belastet gewesen. Zunächst hatte die Krankheit der Sängerin C. Barbot die Premiere um ein Jahr hinausgezögert, und dann hatte der Komponist mit Intrigen und Eifersüchteleien der Musiker zu kämpfen gehabt. Bei der Einrichtung der zweiten Fassung dagegen stieß Verdi auf keinerlei Schwierigkeiten, sondern konnte damit auf Anhieb großen Erfolg beim Mailänder Publikum erzielen. EP

«Die Macht des Schicksals» von Giuseppe Verdi an der Metropolitan Opera in New York, 1964.

des Vaters sind die beiden Liebenden voneinander getrennt worden. Leonore irrt verzweifelt auf der Suche nach dem geliebten Alvaro im Lande umher. Als Student verkleidet, hofft sie mehr Glück mit ihrer Suche zu haben. Doch sie findet Alvaro nicht. In einer Dorfschenke trifft sie auf ihren Bruder Carlos, der – seinerseits ebenfalls als Student verkleidet – seine flüchtige Schwester und deren Liebhaber sucht, um den Tod des Vaters zu rächen. Er erkennt sie jedoch nicht. Leonore aber flüchtet sich völlig verängstigt in ein Franziskanerkloster. Dem Pater Guardian gesteht sie ihre Geschichte. Er weist sie an, sich in eine Einsiedelei in der Nähe des Klosters zurückzuziehen. Dritter Akt. In Italien ist inzwischen der Kampf zwischen den kaiserlichen Truppen und dem besetzten Land wieder aufgeflammt. Don Alvaro kämpft unter falschem Namen im kaiserlichen Heer. In einer Schlacht in der Nähe von Velletri rettet er einem Landsmann das Leben. Wie sich herausstellt, ist dieser Leonores Bruder Don Carlos. Don Carlos aber erkennt Alvaro nicht, sondern schließt aus Dankbarkeit einen Freundschaftspakt mit ihm. Als Alvaro verwundet wird, übergibt er Don Carlos ein Päckchen mit Briefen und bittet ihn, diese zu vernichten. Don Carlos aber findet darin ein Bild seiner Schwester und begreift somit, wer sein neuer Freund in Wirklichkeit ist. Er fordert den kaum von seiner Verwundung geheilten Alvaro gnadenlos zum Duell.

FERAMORS

Lyrische Oper in zwei Akten von Anton G. Rubinstein (1829–1894). Libretto vom J. Rodenberg nach Thomas Moores «Lalla Rookh». Uraufführung: Dresden, Hoftheater, 24. Februar 1863.

HANDLUNG. Die im Orient spielende Handlung erzählt die Geschichte der Prinzessin Lalla Rookh, die auf der Reise zu ihrem künftigen Gemahl, dem König von Boccara, dem jungen Sänger Feramors begegnet und sich in diesen verliebt. Als Braut des Königs muß sie auf diese Liebe verzichten. Ihr Schmerz über die Unmöglichkeit dieses Gefühls verwandelt sich jedoch in grenzenlose Freude, als sie am Tage ihrer Hochzeit ihrem künftigen Gatten gegenübertritt und in ihm den geliebten Feramors erkennt.

● *Feramors* ist Rubinsteins gefälligste Oper. Heute sind daraus noch die Ballettszenen, einige Tänze und ein paar Chöre bekannt. Der Komponist dürfte sich vom orientalischen Ambiente der Handlung angesprochen gefühlt haben, vermochte jedoch der eher spannungslosen Geschichte durch die konventionelle Behandlung der pseudoorientalischen Melodik keine innere Dramatik zu vermitteln. RB

Giuseppe Verdi in St. Petersburg zur Erstaufführung seiner Oper «Die Macht des Schicksals».

DIE LORELEY

Oper in vier Akten von Max Bruch (1838–1920). Libretto von Emmanuel Geibel. Uraufführung: Mannheim, Hoftheater, 14. Juni 1863.

● Das Libretto zu dieser Oper war ursprünglich für Mendelssohn-Bartholdy geschrieben worden. Dessen Arbeit daran blieb jedoch unvollendet.

DIE PERLENFISCHER
(Les Pêcheurs de Perles)

Oper in drei Akten von Georges Bizet (1838–1875). Libretto von E. Cormon und M. Carré. Uraufführung: Paris, Théâtre-Lyrique, 30. September 1863. Solisten: M. Morini, M. Guyat, M. Ismael, Léontine de Maesen.

PERSONEN. Nadir (Tenor), Zurga (Bariton), Nurabad (Baß), Leila (Sopran), Fischer, Fakire, Priester.

HANDLUNG. Erster Akt. Wilde Küstenlandschaft auf Ceylon. Die Fischer der Gegend bereiten sich auf die neuen Fangzüge vor. Zurga ist zum Stammesoberhaupt gewählt worden. Er und sein Freund Nadir erinnern sich an die Vergangenheit und ihre gemeinsame Liebe zu einer schönen Tempeltänzerin. Ein jeder hatte damals verzichtet, um ihre Freundschaft nicht zu zerstören. Am Strand legt das Boot an, in dem die Dorfältesten eine Jungfrau bringen, die durch ihren Gesang die Götter des Meeres besänftigen soll. Nach alter Tradition muß die Jungfrau, die nur verschleiert auftreten darf, ein Keuschheitsgelübde ablegen. Zweiter Akt. Ruinen eines indischen Tempels. Eine junge Tempeltänzerin, die niemand anders ist als Leila, die Jungfrau, die Nadir und Zurga beide geliebt hatten und die zur Beschwörung des Meeres den Keuschheitsschwur ablegen mußte, beobachtet das Einlaufen der heimkehrenden Fischerboote. Nadir, der Leila erkannt hat, hat sich heimlich zu ihr geschlichen. Die beiden beschließen, sich allabendlich auf dem Felsen über dem Meer zu treffen. Doch eines Tages werden sie vom Hohenpriester Nurabad entdeckt und vor dem Volk und dessen Führer Zurga der Schändung bezichtigt. Wie zum Beweis ihrer Schuld bricht ein schrecklicher Sturm aus, in dem das Volk die Rache der beleidigten Meeresgötter sieht. Zurga, der in Leila ebenfalls die Liebe seiner früheren Jahre, auf die er um der Freundschaft mit Nadir willen großmütig verzichtet hatte, wiedererkennt, verurteilt Leila und Nadir zum Tode. Dritter Akt. Zurgas Haus. Leila versucht vergeblich, Nadir zu verteidigen. Zurga bleibt unerbittlich. Da übergibt sie ihm ihre Halskette, damit er diese ihrer Mutter zurückgebe, wenn sie sterben müsse. Zurga erkennt darin die Kette, die er einst einem jungen Mädchen, ja fast noch Kinde, das ihm das Leben gerettet hatte, zum Dank gegeben hatte. Er beschließt daraufhin, den beiden zum Tode Verurteilten die Flucht zu ermöglichen. Am Strand ist die Menge in Erwartung der Hinrichtung der beiden Tempelschänder versammelt. Um die Aufmerksamkeit von den Liebenden, die auf dem Scheiterhaufen verbrannt werden sollen, abzulenken und sie so entkommen zu lassen, steckt Zurga das Dorf in Brand. Aber der Hohepriester Nurabad beobachtet ihn. Während Leila und Nadir fliehen, wird Zurga festgenommen und zu dem bereitstehenden Scheiterhaufen geführt.

Lithographie nach der Uraufführung der Oper «Margarethe» von Charles Gounod am 19. März 1859 am Théâtre-Lyrique. Paris, Bibliothèque de l'Opéra.

1863

Szene aus «Die Trojaner» von Hector Berlioz in einer Aufführung am Covent Garden Theatre in London, 1969.

● Erst viele Jahre nach dem Tode des Komponisten konnte die Oper wirklichen Erfolg verbuchen. Danach verschwand sie jedoch schon bald wieder von der Bühne, um erst 1938 an der Mailänder Scala eine Neuaufführung zu finden. Seither wird sie nicht oft, aber regelmäßig an allen großen Bühnen der Welt gespielt. Die Kritik hatte Bizet «Wagnerianismus» und «Verdiismus» vorgeworfen, nur Berlioz und einige wenige andere erkannten den Wert der Oper und bescheinigten dem Komponisten eigenständiges Talent. Die Partitur zeichnet sich durch faszinierende Melodien, ausgeprägtes Temperament, Dramatik und gekonnte musikalische Charakterisierung von Personen, Situationen und Landschaften aus. MS

DIE TROJANER
(Les Troyens)

Lyrisches Gedicht in zwei Teilen («Die Einnahme von Troja» und «Die Trojaner in Karthago») und fünf Akten von Hector Berlioz (1803–1869). Libretto vom Komponisten nach Vergils «Aenaeis». Uraufführung: Paris, Théâtre-Lyrique, 4. November 1863 (nur der zweite Teil). Solisten: M. Charton-Demeur, Mau- *jauze. Dirigent: Hector Berlioz. Erste Gesamtaufführung der beiden Teile: 6. und 7. Dezember 1890, Karlsruhe, Hoftheater. Dirigent: Felix Mottl.*

PERSONEN. Äneas (Tenor), Priamus, König der Trojaner (Baß), Kassandra (Mezzosopran), Hector (Baß), Polyxena (Sopran), Choröbus, Kassandras Verlobter (Bariton), Dido, Königin von Karthago (Sopran), Anna, ihre Schwester (Alt). Chor von Trojanern und Karthagern.

HANDLUNG. Troja und Karthago. Erster Akt. Die Trojaner feiern den Abzug der Griechen aus Troja. Im verlassenen Feldlager der Griechen finden sie das riesige hölzerne Pferd vor, das diese der Göttin Pallas geweiht hatten. Sie bringen es in die Stadt. Die junge Prophetin Kassandra schließt sich dem allgemeinen Freudentaumel nicht an, sondern warnt das Volk vor neuem Unglück. Sie findet jedoch kein Gehör. Auch ihr Verlobter Choröbus schlägt ihren Rat, zu fliehen, in den Wind. Zweiter Akt. Erstes Bild. Die Trojaner ziehen in feierlichem Zug zu dem außerhalb der Stadt errichteten Feldaltar, auf dem den Göttern zum Dank für die Errettung aus Kriegsnot geopfert werden soll. Da trifft die Nachricht ein, daß der Priester Laokoon, als er – Verdacht gegen das Pferd der Griechen hegend – die Bevölkerung aufgefordert hatte, es zu zerstören, von zwei riesigen Schlangen erwürgt worden sei. Allgemein wird dieses Ereignis als die Strafe der beleidigten Göttin Pallas betrachtet. Zweites Bild. Der trojanische Held Äneas wird von Waffengeklirr aus dem Schlafe geweckt. Es erscheint ihm der Geist Hektors, der ihn zur Flucht auffordert. Dritter Akt. Im Tempel der Vesta sind trojanische Frauen versammelt, darunter aus Kassandras Schwester Polyxena, und bitten die Göttin um Schutz. Kassandra fordert die Frauen auf, sich lieber selbst den Tod zu geben, als in die Hände des Feindes zu fallen. Als die Griechen heranrücken, gibt sie das heroische Beispiel und erdolcht sich selbst. Im Sterben weissagt sie, daß Äneas sich aus dem Kampfe retten wird und mit einigen wenigen Getreuen den Schatz des Priamus in Sicherheit bringen wird. Zweiter Teil. Erster Akt. Die Bevölkerung von Karthago huldigt ihrer Königin Dido, unter deren Herrschaft die Stadt zu Wohlstand und Blüte gekommen ist. Da trifft die Nachricht vom Einlaufen der Trojaner ein. Dido gewährt ihnen Asyl. Auf die Kunde vom Einfall des Numidenrebellen Iarbas hin gibt sich der Anführer der asylsuchenden trojanischen Delegation als der große Held Äneas zu erkennen und macht sich erbötig, gegen die aufständischen Numiden zu Feld zu ziehen. Äneas kehrt siegreich aus dem Kampf gegen Iarbas zurück, und Dido, die ihrem verstorbenen Gatten sieben Jahre lang über den Tod hinaus die Treue gehalten hatte, macht ihn zu ihrem Gemahl. Auf einer Jagd flüchten Dido und Äneas vor einem Unwetter in eine Höhle. Dort erscheinen ihnen Faune, Nymphen und Sylphiden und singen unablässig in geheimnisvoller Weise das Wort «Italien». Zweiter Akt. Erstes Bild. Die Geister der toten Helden von Troja haben Äneas noch einmal zum Verlassen Karthagos aufgefordert, er versucht daher, Dido davon zu überzeugen, daß ihr Abschied unausweichlich ist. Zweites Bild. Die Königin bittet ihre Schwester Anna, Äneas zum Bleiben zu überreden. Während sie dies noch tut, trifft die Nachricht vom Auslaufen der Trojaner ein. Drittes Bild. Dido hat beschlossen, ihrem Leben ein Ende zu setzen, nachdem Äneas sie verlassen hat. Ein letztes Mal opfert sie den Göttern, dann ersticht sie sich. Im Tode noch beschwört sie die Rache ihres Geschlechtes auf Äneas und seine Nachkommen herab. Mit der Vision vom Siege Roms stirbt sie.

● Diese Oper entstand auf Anregung der Fürstin von Sayn-Wittgenstein, einer Mäzenin des Komponisten und Freundin Liszts. Nach dreijähriger Arbeit hat Berlioz das Werk abgeschlossen und wendet sich an Kaiser Napoleon III. mit der Bitte um Ermöglichung der Aufführung des gesamten Werkes. Der Kaiser gewährte jedoch lediglich die Mittel zur Aufführung des zweiten Teils, dem ein Prolog vorausgeschickt wurde. Bei der Kritik fand die Oper teilweise positives Echo, das große Publikum aber blieb gleichgültig. Erst im Jahre 1890, mehr als dreißig Jahre nach seiner Entstehung, wurde das Werk in ungekürzter Fassung aufgeführt. Heute gehören *Die Trojaner* zum ständigen Repertoire der Opernhäuser. Berlioz war ein großer Verehrer Vergils und der Tragödie. So hat er für die Zwecke dieser Oper das zweite und vierte Buch der *Aeneis* in Verse umgesetzt, von denen ein Kritiker sagte, sie gemahnten an Shakespeare. Auch Glucks Einfluß ist deutlich erkennbar. Berlioz hielt sich mit der Dichtung zu dieser Oper stark an das klassische Modell der griechischen Tragödie, in der die einzelnen dramatischen Ereignisse durch ihre unausweichlichen Folgen schicksalhaft miteinander verknüpft sind (wobei er allerdings statt der Trilogie die Form des zweiteiligen Dramas wählte). Mit seiner Musik gelingt es Berlioz, die großen klassischen Gestalten der Antike zu lebendigen Men-

Karikatur Marie Geistingers als «Helena» und Josephine Gallmeyers als «Tänzerin» in Jacques Offenbachs «Die schöne Helena». Lithographie von V. Katzler. Mailand, Theatermuseum der Scala.

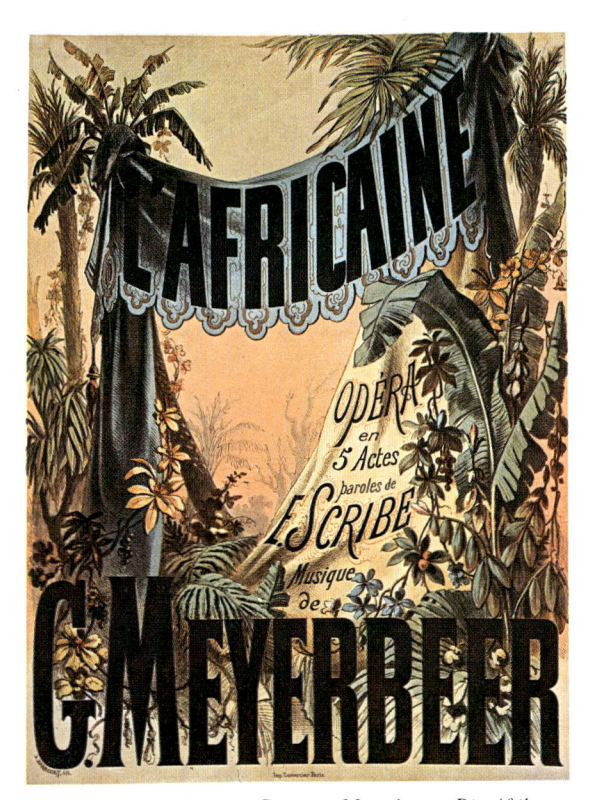

Plakat von A. Barbizet zu Giacomo Meyerbeers «Die Afrikanerin». Paris, Bibliothèque de l'Opéra.

1864

Richard Wagners Skizzen zur den Bühnenbildern für «Tristan und Isolde».

schen zu machen. Besonders bekannt ist der zweite Teil, der wohl von Purcells *Dido und Äneas* mitgeprägt ist. Der Prolog im zweiten Teil, den Berlioz nach dem Willen Napoleons III. für die Uraufführung schreiben mußte, läßt die Eile, mit der der Komponist daran gearbeitet hat, erkennen und kann in der musikalischen Qualität nicht mit der eigentlichen Oper verglichen werden.   GP

MIREILLE

Oper in drei Akten und vier Bildern von Charles Gounod (1818–1893). Libretto von Michel Carré (1819–1872) nach dem Roman in Versform (in Provençalisch) von F. Mistral. Uraufführung: Paris, Théâtre-Lyrique, 19. März 1864 (Fassung mit fünf Akten) bzw. 16. Dezember 1864 (Fassung mit drei Akten).

HANDLUNG. In der Provence im Frühjahr. Mireille (Sopran), die schöne Tochter des reichen Raymond (Baß) liebt den armen Vincent (Tenor). Taverna (Mezzosopran), Mireilles beste Freundin, berichtet ihr, daß ihr Vater die Absicht habe, sie mir Urias, einem reichen Mann aus der Gegend, zu verheiraten. Mireille gesteht daraufhin dem Vater ihre Liebe zu Vincent. Doch dieser versichert ihr, daß er eine Ehe zwischen ihr und dem armen Habenichts niemals zulassen werde. Urias (Bariton) ist auf Vincent eifersüchtig. Er weiß es einzurichten, ihn schwer zu verwunden. Mireille erfährt davon und macht eine Wallfahrt zu einem nahegelegenen wundertätigen Heiligenbild, um dort alles, was sie besitzt, für Vincents Leben zu opfern. Doch sie soll nie an dem wundertätigen Bilde ankommen. Auf ihrer Pilgerfahrt dorthin bricht sie unter der glühenden Sonne zusammen und stirbt.

● Die neue und endgültige Fassung der Oper wurde am 16. Dezember 1864 aufgeführt. Gounod schrieb dieses Werk während eines zweimonatigen Aufenthaltes in der Provence, in Saint-Rémy, in engem Kontakt mit dem ganz in der Nähe lebenden Fréderic Mistral. Eigentliches Sujet dieser zarten, fast zerbrechlichen Musik ist die Landschaft der Provence. Das Libretto hat zwar nicht mehr sehr viel mit Mistrals Gedicht zu tun, die Oper selbst aber weiß mit ihrer Musik den legendären Zauber der Provence und ihrer uraltenLieder einzufangen.   LB

DIE SCHÖNE HELENA
(La belle Hélène)

«Opéra-bouffe», Komische Oper, in drei Akten von Jacques Offenbach (1819–1880). Libretto von Henri Meilhac und Ludovic Halévy. Uraufführung: Paris, Théâtre des Variétés, 17. Dezember 1864.

HANDLUNG. Erster Akt. In Sparta während der Adonisspiele. Helena (Sopran), unter deren Ägide die Spiele stattfinden, entdeckt in der Menge einen jungen Hirten, dessen Schönheit sie tief beeindruckt. Außer Kalchas (Bariton) weiß jedoch niemand, daß der Hirte in Wirklichkeit der Königssohn Paris (Tenor) ist. Paris nimmt an den Spielen teil und erringt den Siegerkranz. Helena, die weiß, daß die Göttin Venus sie selbst als Preis für den Sieger eingesetzt hat, ist höchst erfreut über die Gunst des Schicksals, das ihr so den schönen jungen Knaben zuführt. Zweiter Akt. Im königlichen Palast gibt sich Helena streng und bedeutet Paris, sie könne ihn niemals lieben, da sie doch die Gattin des Menelaos (Baß) sei. Agamemnon, Achilles, Kalchas und andere Helden der griechischen Antike fordern die Königin zum Spiel auf. Kalchas wird beim Schwindeln entdeckt und von den anderen verjagt, während Helena allein zurückbleibt. Paris, der sich als Sklave verkleidet hat, nutzt die Gelegenheit und küßt Helena. Die beiden werden von Menelaos überrascht. Alle Ausflüchte nützen nichts. Menelaos macht eine lautstarke Szene, wodurch alle Freunde des Hauses aufmerksam werden. Dritter Akt. Helena befindet sich in Nauplia in den Thermen. Sie versucht ihr Abenteuer zu vergessen, wie sich das für eine gutbürgerliche Ehegattin schickt. Aber Venus hat anderes im Sinn. Sie ist wütend auf Menelaos, der sich ihren Plänen widersetzt hat, und entfesselt eine Kettenreaktion von Intrigen und Verrat in ganz Sparta, bis es Agamemnon und Kalchas zuviel wird und sie bei Menelaos vorstellig werden, um ihn zu einer Besänftigung der aufgebrachten Göttin zu bewegen. Menelaos findet sich daraufhin bereit, Venus einen Brief

Inszenierung Wieland Wagners von Richard Wagners «Tristan und Isolde», Bayreuth, 1963. Rechts oben der erste Akt, links der zweite Akt, rechts unten der dritte Akt.

nach Kythera, ihrem Wohnsitz, zu schicken, in dem er um ein Zeichen bittet, das den Frieden mit der Göttin wiederherstellen könne. Diese schickt einen Auguren, der anordnet, daß Helena nach Kythera fahren solle, um dort ein großes Sühneopfer zu bringen. Dem Spruch des Auguren Folge leistend, verläßt Helena ihren Gatten Menelaos für die große Reise. Doch der Augur ist niemand anderer als Paris. Voller Spott zieht er mit der schönen Königin ab und läßt Menelaos und die Argonauten als die Betrogenen zurück.

● Die Oper hatte sofort riesigen Erfolg und wurde siebenhundertmal hintereinander aufgeführt. Und dieser Erfolg war nicht nur der unvergleichlichen Hortense Schneider, die die Titelrolle sang, zu verdanken. Die Satire auf die Sitten der Zeit und die Parodie auf die Theatralik der Großen Oper Meyerbeers waren offenkundig und boten unerschöpflichen Gesprächsstoff. Auch empörte Stimmen, die in der Oper eine Verunglimpfung der hehren *Ilias* sahen, fehlten nicht im Chor der Kommentare und Kritiken. Unzweifelhaft gehört *Die schöne Helena* zu Offenbachs Hauptwerken. Der Komponist erreicht hier eine «... bewundernswerte Vollkommenheit der Form und des Inhalts, die nuancierteste Entsprechung zwischen Musik und Sujet, maximale Spannung in harmonischstem und vollendetstem ästhetischen Zusammenklang» (Della Corte-Pannan). Das Werk wird auch heute noch häufig, dank der spritzigen und geistreichen Musik Joseph Offenbachs, an allen Bühnen der Welt in verschiedenen Bearbeitungen (u.a. von Gustav Gründgens) aufgeführt. SC

DIE AFRIKANERIN
(L'Africaine)

Oper in fünf Akten von Giacomo Meyerbeer (1791–1864). Libretto von Eugène Scribe (1791–1861). Uraufführung: Paris, Opéra, 28. April 1865. Solisten: Beval, Castelmary, Marie Battu, Emile Naudin, Joseph Warot, M. Constance Sass.

PERSONEN. Don Pedro, Staatsratspräsident von Portugal (Baß), Don Diego, Admiral (Baß), Ines, seine Tochter (Sopran), Vasco da Gama, Marineoffizier (Tenor), Don Alvaro, Mitglied des Staatsrates (Tenor), Nelusko, Sklave (Bariton), Selika, Sklavin (Sopran), der Hohepriester von Brahma (Baß), Anna, Ines' Vertraute (Mezzosopran), der Großinquisitor (Baß). Ein Diener, ein Priester, Marineoffiziere, Bischöfe, königliche Räte, Brahmapriester, Inder, Soldaten usw.

HANDLUNG. Erster Akt. Saal des Staatsrates. Don Diego verkündet seiner Tochter Ines, daß der König beschlossen hat, sie Don Pedro, dem Präsidenten des Staatsrates, zur Gattin zu geben. Ines fügt sich dem Willen des Königs, obwohl sie insgeheim Vasco da Gama, einen Marineoffizier, der auf einer Entdeckungsreise verschollen ist, liebt. Der Staatsrat berät darüber, ob weitere Schiffe auslaufen sollen, um die in Not geratene Flotte zu finden. Don Alvaro spricht dagegen, da nach dem Zeugnis des einzigen Überlebenden die gesamte Flotte Schiffbruch erlitten haben soll. Der einzige, der sich

Ludwig und Malvina Schnorr von Carolsfeld, Sänger der Uraufführung von Richard Wagners «Tristan und Isolde». München, 1865.

retten konnte, tritt vor den Staatsrat, um Bericht zu erstatten. Es ist niemand anders als Vasco da Gama. Er legt eine Seekarte vor, in der eine Route um das Kap der Stürme eingezeichnet ist. Ist dieses einmal umschifft, so steht der Weg offen zu den wunderbarsten unbekannten Ländern. Zum Beweis seiner Behauptungen hat Vasco zwei Menschen aus diesen Ländern mitgebracht. Sie gehören ganz offenkundig einer bisher unbekannten Rasse an. Die ungeheuerliche Behauptung von der Existenz ganz neuer Erdteile bringt Vasco vor die Inquisition. Er wird der Ketzerei angeklagt und zusammen mit den beiden Fremden Selika und Nelusko ins Gefängnis geworfen. Zweiter Akt. Im Kerker der Inquisition. Vasco schläft und träumt von seinen Reisen und der geliebten Ines. Selika wacht liebevoll über ihn und beschützt ihn vor Nelusko, der ihn töten will. Als Vasco aus dem Schlaf erwacht, zeigt ihm Selika auf einer Landkarte den richtigen Weg um das Kap der Stürme und berichtet ihm von der großen Insel, die jenseits des Kaps liegt und die ihre Heimat ist. Vasco ist so erfreut und glücklich über diese Enthüllung, daß er Selika spontan umarmt. In dieser Haltung werden die beiden von Ines überrascht, die gekommen ist, Vasco seine Freilassung zu verkünden. Sie selbst hat sie um den hohen Preis der Ehe mit Don Pedro erwirkt. Ines glaubt sich nun aber verraten und schenkt Vascos Beteuerungen seiner unverbrüchlichen Liebe zu ihr keinen Glauben mehr. Voll Zorn und Enttäuschung muß er vernehmen, daß Don Pedro sich im Besitz des dem Staatsrat vorgelegten Dokumentes über die mutmaßliche Route um das Kap der Stürme befindet und nun selbst eine Expedition in die gesuchten fernen Länder zu leiten gedenke. Dritter Akt. Auf Don Pedros Admiralsschiff. Ines, Selika und andere Frauen ruhen. Don Pedro studiert die nautische Karte. Alvaro, der ebenfalls an der Entdeckungsreise teilnimmt, befürchtet, Nelusko, der als Steuermann fungiert, könne sie verraten. Zwei Schiffe der Flotte sind in der Tat bereits in den Stürmen untergegangen, und auch das dritte konnte das gefürchtete Kap nur umschiffen, weil es einem unbekannten Schiff mit portugiesischer Flagge folgte. Doch Don Pedro hört nicht auf Alvaros Warnungen. Nelusko rät, Kurs gegen Norden zu nehmen, um einem heraufziehenden neuen Sturm zu entgehen. Ein Boot des unbekannten portugiesischen Schiffes bringt Vasco da Gama vor Bord des spanischen Admiralschiffes. Vasco warnt Don Pedro, den Kurs gen Norden weiter anzusteuern, er berge viele Gefahren. Doch Don Pedro glaubt ihm nicht und läßt ihn festnehmen. Kurz darauf bricht ein gewaltiger Sturm aus, das Schiff strandet an einer unbekannten Küste und wird von Wilden überfallen. Vierter Akt. Küste mit Tempeln und Palästen. Ein großes Fest ist im Gange, um Selikas Rückkehr zu feiern. Denn Selika ist die Königin des unbekannten Landes. Sie schwört vor dem Volke, daß sie das Gesetz der Väter respektieren und es nicht zulassen werde, daß ein Fremder je das Land betrete. Den Überfall der Wilden auf das Schiff haben nur der im Schiffsbauch gefangengehaltene Vasco da Gama und die Frauen lebend überstanden. Nelusko, der Getreue der Königin, ordnet nun aber an, die Frauen den tödlichen Ausdünstungen des Manzanillobaumes auszusetzen und Vasco hinrichten zu lassen. Selika versucht Vasco zu retten, indem sie ihn als ihren Gemahl ausgibt. Der Hohepriester des Landes fleht den Segen der Götter auf die Verbindung herab. Vasco ist tief gerührt und verspricht Selika, sie nie zu verlassen. Fünfter Akt. Erstes Bild. In Selikas Gärten. Ines und Vasco werden zusammen überrascht. Selika hat einen Zornesausbruch, doch Vasco versichert ihr, er würde sein Versprechen halten, auch Ines sei überdies daran gebunden, denn als Katholikin könne sie einen Mann, der bereits der Gatte einer anderen ist, nicht lieben. Selika ist hin- und hergerissen, schließlich aber ringt sie sich zu einer Entscheidung durch: unter Hintanstellung ihrer eigenen Liebe läßt sie die beiden Gefangenen frei und befiehlt, ihnen Geleit zu ihrem Schiff zu geben, damit sie in ihre Heimat zurückkehren können. Zweites Bild. Felsvorsprung mit dem großen Manzanillobaum. Selika tritt unter ihn und atmet tief den todbringenden Duft seiner Blüten ein. Im Niedersinken vernimmt sie den Kanonenschuß, der die Abfahrt des Schiffes mit Vasco und Ines an Bord verkündet. Neluskos Versuch, sie zu retten, kommt zu spät. Mit letzter Kraft sendet sie dem scheidenden Geliebten einen Gruß, um sich dann dem Tode zu überlassen.

● Die Oper bringt eine freie Gestaltung der Ereignisse um die historische Gestalt des Vasco da Gama, des großen portugiesischen Seefahrers, der als erster das Kap der guten Hoffnung umschiffte. Meyerbeer arbeitete fast fünfundzwanzig Jahre an dem Werk. Im Jahre 1838 hatte er es zum erstenmal in Angriff genommen, dann jedoch wegen der Auftragsarbeit zur Eröffnung des königlichen Theaters in Berlin *Das Feldlager in Schlesien* zurückgestellt. Im Laufe der Jahre nahm er die Arbeit daran mehrfach auf, um sie schließlich 1860 zu vollenden. Drei Jahre später, 1863, liefen die ersten Proben zu der Oper an. Aber am 23. April des gleichen Jahres raffte ihn der Tod hinweg. Die Oper kam dann erst zwei Jahre später unter der Leitung von François Joseph Fétis zur Aufführung. Trotz ihrer außerordentlichen Länge (ca. sechs Stunden) wurde sie sofort ein großer Erfolg und allgemein als das Hauptwerk des deutschen Komponisten, der in seinem Schaffen die wesentlichen Stilelemente der großen romantischen Oper wie der italienischen Oper mit dem typisch französischen Esprit zu verbinden suchte, angesehen. *Die Afrikanerin* ist sicherlich das repräsentativste Werk dieses neuen Genres der «Grand-Opéra», als dessen Hauptvertreter, ja Begründer Meyerbeer gelten muß, und weist als solches auch alle Vorzüge und Schwächen dieser Gattung besonders deutlich auf. Die berühmten und umstrittenen «sechzehn Takte» stammen nach Auffassung des Musikwissenschaftlers G. Giacomelli aus der Prozessionsmusik für Dudelsack und Trommel, wie sie seit Urzeiten bei den Karwochenumzügen in Cagliari gespielt werden. SC

TRISTAN UND ISOLDE

Musikdrama in drei Akten von Richard Wagner (1813–1883). Libretto vom Komponisten. Uraufführung: München, Hoftheater, 10. Juni 1865. Solisten: Ludwig Schnorr von Carolsfeld (Tristan), Malvina Schnorr von Carolsfeld (Isolde), Zottmayer (Marke), Antonio Mitterwurzer (Kurwenal). Dirigent: Hans von Bülow.

PERSONEN. Tristan (Tenor), König Marke (Baß), Isolde (Sopran), Kurwenal (Bariton), Brangäne (Mezzosopran), ein Steuermann (Tenor), ein Hirte (Tenor), ein junger Seemann (Bariton). Schiffsvolk, Ritter und Knappen.

HANDLUNG. Erster Akt. Auf dem Deck von Tristans Schiff während der Überfahrt von Irland nach Cornwall. Im Frauenzelt ruht Isolde, die Tochter des irischen Königs. Tristan bringt sie als Brautwerber seinem Oheim, König Marke von Cornwall, zur Gattin. Von der Höhe eines Mastes ertönt das Lied eines Seemanns. Isolde glaubt darin eine Verhöhnung ihrer eigenen Person zu hören und schickt erzürnt nach Tristan, der sie während der gesamten Überfahrt gemieden hat. Dieser versucht, der Aufforderung auszuweichen. Als Isoldes Dienerin Brangäne drängt, erteilt ihr Tristans getreuer Kurwenal eine höhnische Abfuhr mit der Bemerkung, Tristan könne einer Herrin nicht Gehorsam leisten, deren Verlobten er umgebracht habe, als dieser nach Cornwall gekommen war, um den Tribut einzuholen, und deren künftiger Gemahl diesen Verrat gedeckt habe. Bestürzt und verwirrt berichtet Brangäne ihrer Herrin von Tristans und Kurwenals Reaktion. Daraufhin sieht sich Isolde veranlaßt, Brangäne in das Geheimnis mit Tristan einzuweihen. Eines Tages hatte sie einen verwundeten Spielmann namens Tantris aufgenommen und gepflegt. Schon bald jedoch mußte sie in diesem Tristan erkennen, den Mörder ihres Verlobten, der ihr dessen Haupt in grausamem Hohn nach Irland geschickt hatte und der jetzt als König Markes Brautwerber wiedergekehrt sei. Sie hatte damals in Tantris' Schwert eine Scharte entdeckt, in die der Splitter aus Morolds, ihres Verlobten, totem Haupt genau paßte, und somit die schreckliche Wahrheit entdeckt. Schon hatte sie das Schwert gegen ihn erhoben um Rache zu üben, als ihr Blick den Tristans traf, und ihr flammender Haß in Liebe umgeschlagen sei. Das Schwert sei ihrer Hand entfallen und sie habe Tristan gesundgepflegt und das Geheimnis seiner wahren Identität nicht gelüftet. Geheilt sei er von dannen gezogen und nun als Abgesandter König Markes wieder vor sie getreten. Nachdem Isolde die Geschichte ihrer Beleidigung erzählt hat, gibt sie Brangäne den Auftrag, unter den Zaubersäften, die ihr ihre Mutter mitgegeben hat, den Todes-

1865

Plakat von J. Chéret zu «Mignon» von Ambroise Thomas. 1866 an der Opéra-Comique. Paris, Bibliothèque de l'Opéra.

trank zu bereiten. Gemeinsam mit Tristan will sie ihn trinken und so die Schmach rächen. Unterdessen bringt Kurwenal die Nachricht, die Küsten Cornwalls seien in Sicht, und Tristans Aufforderung, die Frauen möchten sich zur Landung bereitmachen. Isolde läßt Tristan vorher noch einmal zu sich rufen. Sie wirft ihm Feigheit vor. Sie habe ihn gesundgepflegt, damit er sich im Vollbesitz seiner Kräfte der Rache stellen könne. Da bietet ihr Tristan, bleich und zutiefst getroffen, sein Schwert, damit sie die Schmach durch seinen Tod auslösche. Aber Isolde weist es zurück. Statt dessen bietet sie ihm den Versöhnungstrank an. Tristan weiß, daß der Becher in Wahrheit einen Todestrank enthält, kann sich dem Zwang der Aufforderung jedoch nicht entziehen. Gemeinsam leeren sie den Becher in trotziger Todeserwartung. Doch Brangäne hat statt des Todestranks den Liebestrank bereitet. Wie in Verzückung verharren Tristan und Isolde in ihrem gegenseitigen Anblick, ohne die Jubelrufe der Ritterschaft und des Schiffsvolkes zu hören, sinken sie einander in die Arme. Die ohnmächtig gewordene Isolde umfangenhaltend, nimmt Tristan die Ankündigung von König Markes Ankunft kaum wahr. Zweiter Akt. Eine helle Sommernacht im Garten vor König Markes Schloß. Aus der Ferne ertönen Jagdhörner. Isolde wartet sehnsüchtig auf Tristan. Wenn Brangäne die Fackel vor der Tür löscht, soll das für Tristan das Zeichen sein, daß der Weg zu Isolde frei ist. Aber die Dienerin befürchtet, daß Melot, ein heuchlerischer Freund Tristans, der

Teresie Rückaufova, die 1866 die Titelrolle in «Die verkaufte Braut» von Friedrich Smetana sang. Prag, Smetana-Museum.

Adelina Patti in «Romeo und Julia» von Charles Gounod.

selbst insgeheim Isolde liebt, eine Falle für die Liebenden stellen könnte. Schließlich löscht Isolde selbst die Fackel und empfängt Tristan in leidenschaftlicher Begrüßung. In verzückter Umschlingung preisen sie die erhabene Nacht, die ihnen zur Hüterin ihrer Liebe wird. Die warnenden Rufe Brangänes, daß der Tage nahe, hören sie nicht. Erst der entsetzte Aufschrei der treuen Dienerin vermag ihre Ekstase zu brechen. Kurwenal stürmt herein, um seinen Herrn zu warnen; doch es ist zu spät. Schon sind auch König Marke und Melot eingetroffen. Erschüttert fragt der gütige König Tristan, wie er, sein treuester Freund, diesen Treuebruch begehen könne. Tristan weiß nichts zu antworten. Er sehnt sich nur mehr nach dem Dunkel der Nacht, dem Land, «wo kein Sonnenlicht mehr ist». Als er Isolde küssen will, wirft sich Melot dazwischen und verwundet ihn. Dritter Akt. Tristans Burg an der Küste von Kareol. Kurwenal wacht über seinen verwundeten Herrn. Die schwermütige Weise eines Hirten weckt Tristan aus einer Ohnmacht. Doch er verflucht nur das Tageslicht, das ihm Isolde fernhalte, und sinkt verzweifelt auf sein Lager zurück. Kurwenal hat unterdessen nach Cornwall um die Wundärztin geschickt, die ihn schon einmal geheilt hat und die niemand anderes als Isolde ist. Als der tröstliche Klang eines Horns das Nahen des Schiffes mit Isolde verkünden, ist Tristan nicht mehr zu halten. Er reißt sich den Verband von seiner Wunde und eilt ihr entgegen. Doch er kann Isolde nur mehr in die Arme sinken. Mit ihrem Namen auf den Lippen stirbt er. Wenig später läuft ein zweites Schiff mit

König Marke und Melot an Bord ein. Kurwenal, der glaubt, die beiden planen einen Angriff, stürzt sich auf Melot und tötet ihn. Aber auch er selbst empfängt eine Wunde. Tot bricht er neben seinem geliebten Herrn zusammen. König Marke versucht Isolde begreiflich zu machen, daß er gekommen sei, um sie mit Tristan zu vereinen. Brangäne habe ihm gestanden, die Zaubersäfte verwechselt zu haben und ihr und Tristan den Liebestrank statt des Todestranks gegeben zu haben. Doch er kommt zu spät. Isolde hört ihn nicht mehr. In ekstatischem Schmerz folgt sie dem Geliebten, um sich mit ihm für immer in des «Welt-Atems wehendem All» zu vereinen, und bricht verklärt über seinem leblosen Körper zusammen. Isolde stirbt den Liebestod mit der Arie *Mild und leise wie er lächelt* auf den Lippen.

● Wagner schuf die Dichtung im Jahre 1857 in Zürich. Die Partitur entstand zwischen 1857 und 1859 in der Schweiz und in Venedig, «der Stadt der hundert tiefen Einsamkeiten», wohin sich der Meister nach dem Bruch mit Mathilde Wesendonck mit verwundeter Seele zurückgezogen hatte. Wagner entnahm den Tristan-Stoff der epischen Dichtung *Tristan und Isolt* von Gottfried von Straßburg (dreizehntes Jahrhundert), die ihrerseits auf eine keltische Sage zurückgeht. Er übernahm aus diesen Quellen jedoch letztlich nur die zentralen Gestalten und Ereignisse. Im übrigen ist das Werk Ausdruck zweier entscheidender Erlebnisse im Leben des Komponisten: der Auseinandersetzung mit Schopenhauer und der Begegnung mit Mathilde Wesendonck. Schopenhauers These von der «Verneinung des Willens zum Leben als die einzigste, endliche Erlösung», die den Eros als Liebes- und Todessehnsucht zum «Brennpunkt» der menschlichen Existenz macht, entspricht ganz Wagner Grundstimmung, wie er sie im *Tristan* zum Ausdruck bringt. In die gleiche Zeit fällt auch seine Leidenschaft für die Gattin des Schweizer Industriellen Otto Wesendonck, dessen Gast er vom Sommer 1857 bis zum Sommer 1858 war. Als feinsinnige und gebildete Frau ihrer Zeit schrieb Mathilde Gedichte, die Wagner zu den faszinierenden *Wesendonck-Liedern* vertonte. In ihnen ist bereits das thematische Material, das im *Tristan* voll zum Durchbruch kommen soll, vorhanden. Die maßlose, doch letztlich nicht erfüllbare Liebe zu Mathilde hinterließ tiefe Wunden in der Seele des Komponisten. Auf diesem biographischen Hintergrund muß *Tristan und Isolde* verstanden werden als musikalisches Gedicht über die Unmöglichkeit einer voll erfüllten Liebe bzw. nur in der Verneinung des Lebenswillens, in der Vereinigung der Liebenden im Nichts-Sein, erfüllt sich wahre Liebe. Das Herzstück der Komposition, der große nächtliche Zwiegesang der vom Atem des Todes durchwehten Liebe im zweiten Akt bringt dies in sublimster Weise zum Ausdruck. Dieses nach Thomas Manns Auffassung inspirierteste Liebesgedicht, das je geschrieben wurde, erweist sich mit seiner Verherrlichung der Nacht als der Wahrheit, und der Verdammung des hellen Tages als trügerische Illusion, der Gedanken- und Gefühlswelt der Romantik stark verhaftet. Die ausgeprägte Chromatik als Gestaltungsmittel für die das Werk durchziehende unendliche Liebes- und Todessehnsucht, die bereits als Vorbote für die spätere Auflösung der Tonalität verstanden werden kann, das beständige ungeheure Fluten der Komposition machen die Oper gleichzeitig zum letzten Höhepunkt des romantischen Musiktheaters wie auch zum Ausgangspunkt der neueren Musik überhaupt. RM

DIE VERKAUFTE BRAUT
(Prodaná nevěsta)

Komische Oper in drei Akten von Friedrich Smetana (1824–1884). Libretto von Karel Sabina (1813–1877). Uraufführung: Prag, Tschechisches Interimstheater, 30. Mai 1866. Solisten: T. Rückaufova, E. von Ehrenberg, J. Polák, J. Kysela, F. Hyneck, V. Sebesta.

PERSONEN. Kruschina, ein Bauer (Bariton), Kathinka, seine Frau (Sopran), Marie, beider Tochter (Sopran), Micha, Großbauer (Baß), Hans (Tenor), Wenzel (Tenor), Esmeralda (Sopran). Bauern, Bäuerinnen, Zirkusleute.

HANDLUNG. Erster Akt. Kirchweihfest in einem tschechischen Dorf. Inmitten der allgemeinen Fröhlichkeit ist Marie, ein schönes junges Bauernmädchen, traurig und nachdenklich. Sie liebt den jungen Hans, aber dieser ist arm und niemand kennt seine Herkunft. Sie soll daher nach dem Willen ihrer Eltern Wenzel, den Sohn eines reichen Bauern aus einem fernen Dorfe heiraten. Der geschwätzige Heiratsvermittler Kezal tut sein möglichstes, um ihr diesen in den verlockendsten Farben zu beschreiben. Doch Marie und Hans haben sich ewige Treue geschworen. Das Mädchen weist sein Angebot zurück und erklärt ihm, daß sie bereits einen anderen liebe und nie auf diesen verzichten werde. Zweiter Akt. In einem Dorfgasthaus trifft Marie zum ersten Mal ihren Heiratskandidaten Wenzel: er ist tölpelhaft und stottert. Marie gibt sich ihm nicht zu erkennen und stellt ihm eine Falle. Sie erzählt ihm, seine Auserwählte sei ein Ausbund von Boshaftigkeit und würde ihn vielleicht gar umbringen, da sie einen anderen Mann liebe und diesen heiraten wolle. Der gutgläubige Wenzel schwört daraufhin, auf Marie zu verzichten. Sie, die er ja für ein anderes Mädchen hält, verspricht ihm dafür,

Szene aus dem dritten Akt mit dem «Autodafé» aus der Uraufführung von Giuseppe Verdis «Don Carlos». Zeitgenössischer Stich.

selbst seine Frau zu werden. Unterdessen sucht Kezal Hans auf, um ihm für einen Teil seiner Vermittlerprovision das Versprechen, auf Marie zu verzichten, abzukaufen. Hans geht nicht auf den Vorschlag ein. Doch als er erfährt, daß der Bräutigam, den Maries Eltern für sie ausersehen haben, ein Sohn des reichen Bauern Micha ist, findet er sich bereit, dreihundert Taler als Abfindung anzunehmen. Allerdings macht er zur Bedingung, daß Marie keinen anderen als eben einen Sohn Michas heiratet. Dritter Akt. Dorfplatz. Wenzel, der Maries Geschichte zufolge fest davon überzeugt ist, daß das Mädchen, das er heiraten soll, ihm das Leben zur Hölle machen wird, weigert sich den Ehevertrag zu unterzeichnen. Überdies hat er sich inzwischen in die Tänzerin Esmeralda, die mit einer Wanderbühne ins Dorf gekommen ist, verliebt. Marie hat mittlerweile erfahren, daß Hans sie sozusagen verkauft hat. Voller Zorn beschließt sie, sich dem Willen ihrer Eltern zu fügen und den einfältigen Wenzel zu heiraten. Ehe es jedoch dazu kommt, tritt Hans dazwischen. Die zu Wenzels Hochzeit gereisten angeblichen Eltern Wenzels erkennen in Hans ihren vermißten erstgeborenen Sohn, und da er den Vertrag vorzeigen kann, mit dem Marie an Michas Sohn verkauft worden ist, kann er sein geliebtes Mädchen endlich in die Arme schließen.

• Smetana begann die Arbeit an der Komposition im Mai 1863 und beendete sie im März 1866. Nach der Uraufführung unter seiner Leitung überarbeitete er die Oper aber noch laufend und fügte neue Arien ein, bis sie in der heutigen Form (mit drei Akten) vorlag. Am 25. September 1870 kam sie in dieser endgültigen Fassung zur Aufführung. Trotz der langen Kompositionszeit und häufigen Veränderungen hat die Oper nicht an Geschlossenheit eingebüßt, sondern ist im Gegenteil ein Musterbeispiel stilistischer Einheit. Das harmonische Verhältnis zwischen dem volkstümlichen Substrat der Musik und der Originalität der Komposition ist wahrscheinlich gerade dieser großen Sorgfalt des Komponisten zu verdanken. Gemessen an manch anderem seiner Werke ist *Die verkaufte Braut* zwar nicht unbedingt das genialste und revolutionärste, kann aber trotzdem als sein Hauptwerk betrachtet werden, weil es wie kein anderes die typische Atmosphäre eines tschechischen Dorfes mit seinen Freuden und Nöten auf die Bühne bringt. Smetanas Fähigkeit, die besondere Poesie der tschechischen Volksseele einzufangen, hat dieses Werk zur tschechischen «Nationaloper» werden lassen. RB

MIGNON

Lyrisches Drama in drei Akten von Ambroise Thomas (1811–1896). Libretto von M. Carré nach G. Barbier nach Goethes «Wilhelm Meister». Uraufführung: Paris, Opéra-Comique, 17. November 1866. Solisten: Celestina Galli-Marié.

PERSONEN. Mignon (Mezzosopran), Philine (leichter Sopran), Wilhelm (Tenor), Lothario (Baß oder Bariton), Laertes (Bariton), Jarno (Baß), Friedrich (Tenor oder Alt), Antonio (Baß). Damen, Bürger, Komödianten, Pagen, Zigeuner, Bauern, Tänzer und Tänzerinnen.

HANDLUNG. Deutschland und Italien. Erster Akt. In einem Wirtshaus, in dem die beiden Schauspieler Laertes und Philine und ein alter Harfner namens Lothario, der sich in Sehnsucht nach einem unbekannten geliebten Wesen verzehrt, logieren, trifft eine Zigeunertruppe ein. Ihr Anführer Jarno kündigt sogleich eine Vorführung mit dem besonderen Clou des Eiertanzes der Mignon an. Mignon ist ein junges Mädchen der Truppe, fast noch ein Kind. Als Philine, die vom Balkon des Gasthofes aus zuschaut, das Kind mit der dummen Frage, ob es nun ein Mädchen oder ein Junge sei, beleidigt, weigert dieses sich, den Tanz vorzuführen. Jarno will Mignon mit Schlägen zum Tanzen zwingen, aber der alte Harfner und ein eleganter junger Mann namens Wilhelm Meister treten dazwischen. Voller Dankbarkeit erzählt Mignon dem jungen Mann aus ihrem Leben. Woher sie komme, weiß sie nicht; außer einer vagen Erinnerung an ein Land, in dem immer die Sonne schien, ist ihr nichts geblieben. Wilhelm ist über das Schicksal des Kindes ohne Heimat und Eltern gerührt und beschließt, es den Zigeunern abzukaufen und seine Familie zu suchen. Aber auch Philine hat Wilhelms Herz zu rühren gewußt. Er folgt ihrer Einladung zu einer Vorstellung, die sie auf Schloß Rosenberg, bei einem Onkel ihres Verehrers Friedrich, geben soll, und erregt damit Friedrichs heftige Eifersucht. Zweiter Akt. Erste Szene. Salon im Schloß des Barons zu Rosenberg. Philine bereitet sich auf ihren Auftritt vor. Wilhelm und Mignon treffen ein. Philines abfällige Ironie bringt Mignon dazu, sich sogleich ans Feuer zu setzen und die Schlafende zu spielen, um weiterer Verhöhnung zu entgehen. Wilhelm läßt sich unterdessen ganz von der Schauspielerin Zauber und Schönheit gefangennehmen. Philines Verehrer Friedrich ist Wilhelm gefolgt, um ihn mit seiner Angebeteten zu überraschen. Die beiden jungen Männer geraten in Streit und wollen schon zum Degen greifen, aber Mignon kann das Duell verhindern. Wilhelm muß nun dem Mädchen gestehen, daß er es nicht bei sich behalten kann und bietet ihr zum Ausgleich Geld an. Doch Mignon lehnt es ab, denn sie glaubt, Wilhelm wolle sie nur loswerden, um Philine ungestört den Hof machen zu können. Laertes, der mit den anderen Schauspielern mittlerweile auch eingetroffen ist, weist Wilhelm darauf hin, daß Mignon auf Philine eifersüchtig ist. Zweite Szene. Schloßpark mit Bühne zur Aufführung von *Ein Mittsommernachtstraum*. Mignon ist eifersüchtig auf Philine, die in der Rolle der Titania großen Erfolg hat. Sie versucht sich sogar das Leben zu nehmen, aber der alte Harfner, der in ihr seine verlorene Tochter wiedergefunden zu haben glaubt, tröstet sie und spricht ihr Mut zu. Mignon wünscht in ihrer Verzweiflung einen mächtigen Feuerbrand auf das Schloß und die verhaßte Philine herab. Lothario, der nur bemüht ist, dem Mädchen, das er für seine Tochter hält, jeden Wunsch zu erfüllen, legt in seinem verwirrten Geiste in dem als Bühne dienenden Gewächshaus ein Feuer. Die Schauspieltruppe mit Philine und Wilhelm sind unterdessen wieder im Schloß und feiern den Erfolg des Abends. Philine will Mignon, auf die sie ebenfalls eifersüchtig ist, loswerden und bittet sie deshalb, ihr einen Blumenstrauß zu holen, den sie auf der Bühne vergessen habe. Und Mignon geht, den Auftrag auszuführen, obwohl sie weiß, daß der Harfner das Gewächshaus in Brand gesteckt hat. Todesmutig begibt sie sich in die um sich greifenden Flammen, aber Wilhelm rettet sie in letzter Minute. Dritter Akt. Salon in einer Villa am Ufer eines italienischen Sees. Wilhelm hat Mignon nach Italien, ihrem vermutlichen Heimatland, zurückgebracht. Das Mädchen hat ihre Ruhe wiedergefunden. Die Villa, in der Mignon, Wilhelm und der Harfner abgestiegen sind, soll einst einem reichen Adligen gehört haben, dessen Tochter auf mysteriöse Weise im See ertrunken war, woraufhin der Vater wahnsinnig geworden und das Land verlassen hatte. Wilhelm hat sich ganz in die Rolle des Beschützers Mignons gefunden und schwört ihr, er habe Philine vergessen und liebe nur mehr sie. Aber da trifft Philine aus Deutschland ein – mit dem Lied der Titania auf den Lippen. Mignon fühlt sich getäuscht und verraten. Da tritt der alte Harfner Lothario zu aller Verwunde-

Aquarell von Echter nach den Bühnenbildern Quaglios zur Uraufführung der «Meistersinger von Nürnberg» von Richard Wagner am Münchner Hoftheater 1868.

rung in der eleganten, reichen Kleidung eines Adligen auf. Er hat seinen Verstand wiedergefunden und verkündet, Graf Cipriani, der Besitzer der Villa zu sein, und in Mignon endlich seine Tochter wiedergefunden zu haben. Mignon selbst erkennt Dinge aus ihrer Kinderzeit wieder und kann plötzlich ein Gebet sprechen, das sie als kleines Kind zu sagen pflegte. Damit ist ihre Herkunft geklärt. Über der Freude, sich selbst, den Vater und die Heimat wiedergefunden zu haben, fällt sie in Ohnmacht. Lothario und Wilhelm schließen sie in die Arme und bringen sie zu einem neuen, glücklichen Bewußtsein zurück.

● Der Komponist Ambroise Thomas spielte in der Erneuerungsbewegung der französischen Musik um 1850 eine bedeutende Rolle. Im Jahre 1871 trat er die Nachfolge Aubers als Direktor des Konservatoriums in Paris an und benutzte seine Lehrtätigkeit, um unter Rückgriff auf Stoffe der Weltliteratur dem damaligen französischen Musiktheater neue Impulse zu geben. Im Sinne seiner theoretischen Konzeption vertonte er 1850 den *Mittsommernachtstraum* von Shakespeare und ist auch nicht ohne Einfluß auf Gounods Entscheidung für den Faust-Stoff für dessen Oper *Margarethe (Faust)*. Nach dem Wilhelm Meister-Stoff schrieb er 1868 einen *Hamlet* und 1882 eine Oper *Francesca da Rimini*. *Mignon* ist ohne Zweifel Thomas' bestes Werk. Die Musik dieser Oper ist auch noch in den tragischeren Passagen von einer Grazie und Eingänglichkeit, der sich kein Ohr zu schließen vermochte. Bezeichnenderweise versah Thomas die Goethesche Vorlage im Unterschied zum Original mit einem guten Ende. *Mignon* ist das einzige Werk des Komponisten, das auch heute noch in zahlreichen Theatern in aller Welt gespielt wird.   GP

DON CARLOS

Oper in fünf Akten von Giuseppe Verdi (1813–1901). Libretto von François-Joseph Méry (1798–1865) und Camille Du Locle (1832–1903) nach der gleichnamigen Tragödie von Friedrich von Schiller (1759–1805). Uraufführung: Paris, Opéra, 11. März 1867. Solisten: Marie-Constance Sass, Pauline Gueymard, J. B. Faure, L. Henri Obin, R. Morère, A. Castelmary. Dirigent: F. G. Hainl.

PERSONEN. Don Carlos, Infant von Spanien (Tenor), Elisabeth (Sopran), Philipp II., König von Spanien (Baß), der Marquis von Posa (Bariton), Prinzessin von Eboli (Mezzosopran), der Großinquisitor (Baß), ein Mönch (Baß).

HANDLUNG. Die Handlung spielt Frankreich und Spanien im Jahre 1560. Erster Akt. Don Carlos, Infant von Spanien, begegnet Elisabeth von Valois und verliebt sich in sie. Auch Elisabeth faßt eine tiefe Liebe zu Don Carlos, doch die Nachricht, daß der König von Frankreich Elisabeth Don Carlos' Vater, König Philipp von Spanien, zur Frau versprochen habe, macht jede Hoffnung auf ein gemeinsames Glück zunichte. Zweiter Akt. Don Carlos gedenkt am Grabe seines Großvaters Karls V. wehmütig der glücklichen Tage, die er einst

1867

Bühnenbild von Wieland Wagner zum dritten Akt der «Meistersinger von Nürnberg». Bayreuth 1958.

mit Elisabeth in Fontainebleau verbracht hat. Er vertraut seinen Schmerz seinem Jugendfreund, dem Marquis von Posa, an. Dieser fordert ihn auf, Spanien zu verlassen und im besetzten unruhigen Flandern für Frieden zu sorgen. Don Carlos ist gewillt, dem Rat zu folgen, bittet den Marquis von Posa jedoch, Elisabeth, die nunmehr Philipps II. angetraute Gattin ist, einen letzten Wunsch zu übermitteln: vor seiner Abreise aus Spanien möchte er sie ein letztes Mal sehen. Als es zu dem Zusammentreffen kommt, versucht Don Carlos, seine junge Stiefmutter und ehemalige Verlobte noch einmal für sich zu gewinnen, doch Elisabeth beruft sich, wie sehr sie auch innerlich berührt ist von des Infanten Werben, auf ihr eheliches Treueversprechen. Als ihr Gatte, Philipp II., sie alleine, ohne ihre Hofdame, Prinzessin Eboli, antrifft, verbannt er diese ohne jedes Zögern des Landes. In dem anschließenden Zusammentreffen mit dem Marquis von Posa kann er seine Eifersucht auf den eigenen Sohn nicht verbergen. Dritter Akt. In den Gärten der Königin bei einem Fest. Don Carlos hat ein Rendezvous mit einer verschleierten Dame, die er für Elisabeth hält. Er gesteht ihr seine glühende Liebe. In Wirklichkeit ist es jedoch die Prinzessin von Eboli, die ihrerseits in heftigster Liebe zu Don Carlos entbrannt ist. Nachdem sie nicht umhin kann, die wahren Gefühle des Infanten zu erkennen, sinnt sie eifersüchtig auf Rache. Auch dem Marquis von Posa gelingt es nicht, sie zu beruhigen. Auf dem Marktplatz von Atoja werden Ketzer zum Scheiterhaufen geführt. Eine flandrische Abordnung unter der Führung Don Carlos' unterbricht die Zeremonie, um vom König ein Ende der grausamen Verfolgungen in Flandern zu erbitten. Philipp II. behandelt die Abordnung wie gemeine Rebellen. Darüber gerät Don Carlos derart in Zorn, daß er fast das Schwert gegen den eigenen Vater zieht. Doch der Marquis von Posa hält ihn zurück. Philipp II. ernennt ihn dafür zum Herzog. Vierter Akt. Der König grübelt über die Schwierigkeiten und Sorgen seines Daseins als König von Spanien nach. Da verlangt der Großinquisitor Audienz, um Don Carlos und Posas Verurteilung als Ketzer zu erwirken. Er fürchtet, daß die beiden einen Aufstand anzetteln könnten. In die gespannte Atmosphäre zwischen König und Großinquisitor kommt Elisabeth in höchster Aufregung: sie vermißt eine Kassette, die ihr wert ist. Zu ihrem Erstaunen muß sie diese auf dem Schreibtisch Philipps entdecken. Prinzessin Eboli hat sie aus Eifersucht und Rache der Königin entwendet und Philipp in die Hände gespielt. Das Kästchen enthält ein Bild des Infanten. Damit steht für den König fest, daß Elisabeth ihn verraten hat. Elisabeth versucht vergeblich, ihre Unschuld zu beweisen. Wenig später bekennt Prinzessin Eboli ihre Intrige und zieht sich zur Sühne ins Kloster zurück. Don Carlos und der Marquis von Posa befinden sich unterdessen in Gefangenschaft. Posa teilt Don Carlos mit, daß er nicht verurteilt würde, da er selbst alle Schuld auf sich genommen hätte, und die belastenden Briefe, die der Infant ihm einst anvertraut hatte, gegen sich selbst als Beweismaterial verwendet hat. Während er den ungläubigen Freund noch von der Wahrheit dieser Nachricht zu überzeugen sucht, trifft ihn aus dem Hinterhalt eine Kugel der Inquisition. In Don Carlos' Armen gibt er seinen Geist auf. König Philipp II. sieht sich unter dem Druck der Bevölkerung, die des Infanten Freilassung fordert, gezwungen, den Sohn persönlich aus dem Gefängnis zu holen. Fünfter Akt. Elisabeth betet am Grabe Karls V. im Kloster San Juste für Don Carlos' Leben. Da trifft der Prinz im Kloster ein, um letzten Abschied von ihr zu nehmen. Er wird nach Flandern gehen, um dort für die Ideale der Freiheit zu kämpfen. Die beiden werden vom König und vom Großinquisitor überrascht. Als Don Carlos verhaftet werden soll, da er sich augenscheinlich der sündigen Liebe zur Gemahlin des Königs schuldig gemacht hat, öffnet sich die Gruft Karls V., und die Seele des großen Kaisers nimmt den Infanten rettend mit sich.

• *Don Carlos* ist die dritte Auftragsarbeit Verdis für die Pariser Oper (nach der Oper *Jerusalem*, einer Bearbeitung der früheren *Die Lombarden*, und der *Sizilianischen Vesper*). Von Aufbau und Aufwand her ist sie ganz französische *Opéra-lyrique*. Sie gehört zu den Höhepunkten des dramatischen Schaffens des Komponisten. In der sehr fein ausgearbeiteten Instrumentierung werden die Impulse deutlich, die Verdi aus der Berührung mit den musikalischen Strömungen anderer europäischer Länder empfing. Den Auftrag für *Don Carlos* hatte Verdi bereits im Jahre 1850 erhalten. Er begann sich jedoch erst 1865 ernsthaft mit dem Stoff zu beschäftigen, um die Oper dann rechtzeitig für die große Weltausstellung im Jahre 1867 vorzulegen. Um dem französischen Muster zu entsprechen, richtete er sie in fünf Akten ein. Diese Lösung befriedigte ihn jedoch nicht voll, so daß er nach der italienischen Erstaufführung in Bologna (Teatro Comunale, 27. Oktober 1867, in der Übersetzung von A. de Lauzières) eine Neufassung in Angriff nahm. Im Jahre 1883 vollendete er die mit Hilfe des Librettisten Zanardini überarbeitete Neufassung in vier Akten. In dieser Neubearbeitung wurde die Oper im darauffolgenden Jahr an der Mailänder Scala aufgeführt. Vom ursprünglichen ersten Akt war nur die Tenorarie *Io la vidi e il suo sorriso* übriggeblieben. Aber auch diese Lösung befriedigte Verdi so wenig, daß er sich zu einer neuerlichen Umänderung entschloß und den ersten Akt wieder weitgehend mit Passagen aus der früheren Fassung auffüllte. Diese letzte Fassung hatte weniger Erfolg als die zweite. Das mag sich daraus erklären, daß Verdi, um dem Stil der «Großen Oper» zu entsprechen, eine Vielzahl nebensächlicher Episoden eingebaut hatte, die zwar den spektakulären Charakter der Oper, nicht aber Straffheit und Dramatik der Haupthandlung erhöhten.
EP

ROMEO UND JULIA
(Roméo et Juliette)

Oper in fünf Akten von Charles Gounod (1818–1893). Libretto von Jules Barbier (1825–1901) und Michel Carré (1819–1872) nach der gleichnamigen Tragödie von Shakespeare. Uraufführung: Paris, Théâtre-Lyrique, 27. April 1867. Solisten: Caroline Miolan Carvalho, Michot, Daram.

HANDLUNG. Erster Akt. Ein großes Fest im Hause Capulet. Romeo (Tenor), ein Mitglied der mit den Capulets verfeindeten Familie der Montagues, mischt sich verkleidet unter die Festgäste, um das Mädchen Rosaline, in die er sich verliebt hat, zu treffen. Als er jedoch Julia (Sopran), der Tochter des Hauses, begegnet, weiß er sofort, daß er nur sie lieben kann. Julias Cousin Theobald (Tenor), der Romeo erkennt, schwört, die verletzte Familienehre der Capulets zu rächen. Zweiter Akt. Garten der Capulets mit Julias' Balkon. Um Julia wiederzusehen, hat sich Romeo mit Hilfe des Dieners Stefan heimlich in den Garten der Capulets eingeschlichen. Doch Bedienstete des Hauses entdecken ihn und versuchen ihn zu töten. Romeo gibt jedoch nicht auf und kehrt nächtlicherweise zu Julia zurück. Die beiden beschließen, heimlich zu heiraten. Julias Beichtvater, Pater Lorenzo (Baß), soll den Ehebund segnen und Romeo Ort und Zeit der Zeremonie mitteilen. Dritter Akt. Zelle des Paters Lorenzo. Dieser vollzieht die heimliche Trauung trotz der Folgen, die dieser Schritt für die beiden jungen Menschen und deren Familien haben kann. Unterdessen hat der Diener Stefan mit einem Spottlied einen Streit zwischen den Capulets und den Montagues ausgelöst. Romeo kommt dazu und versucht, die Streitenden auseinanderzubringen. Julias' Cousin Theobald fordert ihn zum Kampf heraus, aber um Julias willen geht er nicht auf die Herausforderung ein. Als Theobald jedoch seinen Freund Mercutio tödlich verletzt, will er den Freund rächen und töten Theobald. Sterbend beschuldigt dieser Romeo, Julia verführt zu haben. Daraufhin läßt Julias Vater Capulet (Baß) Romeo vom Fürsten von Verona verbannen. Vierter Akt. Im Hause der Capulets. Romeo sucht Julia ein letztes Mal auf, bevor er Abschied nehmen muß. In Anwesenheit des Paters Lorenzo verkündet Capulet seiner Tochter, daß sie gemäß dem Wunsche des sterbenden Theobald den Grafen Paris heiraten müsse. Lorenzo bringt Julia, die verzweifelt aufbegehren will, durch ein heimliches Zeichen zum Schweigen. Sobald er mit Julia allein ist, eröffnet er ihr seinen Plan: er wird ihr einen Schlaftrunk geben, der sie in eine so tiefe Ohnmacht versetzen wird, daß man sie allgemein für tot halten wird. Nur Romeo soll von der Täuschung erfahren. In der Hauskapelle der Capulets ist alles für die Hochzeit Julias' mit Paris vorbereitet. Als die junge Braut jedoch die Stufen zum Altar emporschreitet, fällt sie wie tot nieder. Fünfter Akt. Gruft der Capulets. Romeo hat durch ein Unglück Pater Lorenzos Nachricht von Julias Scheintod nicht erhalten. Er glaubt seine Geliebte tot und dringt heimlich in die Gruft der feindlichen Familie ein, um sie ein letztes Mal zu sehen. Mit ihrem Tode hat auch für ihn das Leben seinen Wert verloren. Über ihren Leichnam gebeugt, nimmt er Gift und bricht tot zusammen. Wenig später erwacht Julia aus ihrem todesähnlichen Schlaf. Als sie Romeo bei sich findet, sinkt sie ihm in die Arme und will mit ihm fliehen. Doch muß sie begreifen,

Bühnenbild zum zweiten Akt der «Meistersinger von Nürnberg» von Richard Wagner an der Metropolitan Opera in New York.

1867

Zweite Szene aus dem zweiten Akt der «Aida» von Giuseppe Verdi an der Mailänder Scala 1975/76. Bühnenbilder und Kostüme von Lila de Nobili, Regie von Franco Zeffirelli.

welch schrecklichem Irrtum er erlegen ist. Als sie sieht, daß die Wirkung des tödlichen Giftes nicht mehr aufzuhalten ist, bohrt sie sich des sterbenden Geliebten Dolch in die Brust. Eine letzte leidenschaftliche Umarmung vereint die beiden Liebenden im Tode.

● Die berühmte Geschichte der Liebenden von Verona war bereits verschiedentlich vertont worden, zum Beispiel von Berlioz *(Romeo und Julia)* und Bellini *(Die Capulets und die Montagues)*. Trotzdem wußte Gounod durch seine melodische Sensibilität dem Stoff neue Nuancen abzugewinnen. Insgesamt leidet die Oper jedoch an einem Übermaß an Theatralik. Das Publikum bescherte ihr trotzdem großen Erfolg. Bis 1873 wurde sie am Théâtre-Lyrique, danach an der Opéra regelmäßig gespielt. LB

DAS SCHÖNE MÄDCHEN VON PERTH
(La jolie Fille de Perth)

Oper in vier Akten und fünf Bildern von Georges Bizet (1836–1875). Libretto von H. Vernoy de Saint-Georges und Jules Adénis nach der Erzählung von Sir Walter Scott «The fair maid of Perth» (1828). Uraufführung: Paris, Théâtre-Lyrique, 26. Dezember 1867.

HANDLUNG. Die Handlung spielt in Schottland gegen Ende des dreizehnten Jahrhunderts. Der Herzog von Rothsay (Bariton), Sohn Roberts II. von Schottland, hat ein Auge auf Catherine (Sopran), die schöne junge Tochter eines ehrbaren Handschuhmachers, geworfen. Anläßlich des in Perth alljährlich mit großem Trubel begangenen Karnevals will er das Mädchen entführen. Aber auch der junge Waffenschmied Henry Smith (Tenor) hat Gefallen an dem Mädchen gefunden und erwartet für den bevorstehenden St. Valentinstag eine Antwort auf sein Werben. Schließlich hat die schöne Catherine noch einen dritten Anbeter, Ralf (Baß), der bei ihrem Vater in der Lehre ist und ebenfalls ihrer Entscheidung harrt. Der Entführungsversuch des Herzogs mißlingt dank des Dazwischentretens des Zigeunermädchens Mab (Sopran), das ihrerseits in Henry verliebt ist. Am Valentinstage warten alle gespannt auf Catherines Entscheidung. Sie wählt Henry, doch dieser will nichts mehr von ihr wissen, da er glaubt, sie sei inzwischen die Geliebte des Herzogs gewesen. Der nicht ans Ziel seiner Wünsche gekommene Herzog macht sich ein Vergnügen daraus, Henry in seinem Irrtum zu belassen. Catherine, deren Tugend so fälschlich in Verruf geraten ist, verfällt völliger Verzweiflung. Nur Ralf ist von des Mädchens Unschuld überzeugt. Er gerät darüber mit Henry in Streit und fordert ihm zum Zweikampf heraus. Das Gottesurteil soll somit entscheiden, ob Catherine schuldig ist oder nicht.

Henry, der Catherine trotz allem aufrichtig liebt, hat bei sich beschlossen, sich im Zweikampf töten zu lassen, um ihre Tugend zu rehabilitieren. Doch als der Herzog sieht, daß der Ausgang des Kampfes Henrys Tod bedeuten würde, tritt er dazwischen und befreit Catherine von dem schändlichen Verdacht. Als es Mab schließlich noch gelingt, der vor Verzweiflung sinnverwirrten Catherine begreiflich zu machen, daß sich alles zum Guten gewendet hat, und diese darüber ihren Verstand wiederfindet, steht dem allgemeinen Glück nichts mehr im Wege.

● In dieser Oper hat Bizet so sehr versucht, der Mode seiner Zeit zu folgen, daß er schließlich von allen, die etwas Neues von ihm erwartet hatten, als Epigone abgetan wurde. Vor allem Verdis Einfluß ist sehr stark herauszuhören. Trotzdem ist gerade *Das schöne Mädchen von Perth* die Oper Bizets, die beim Publikum wirklich ankam. Mit ihr erlebte der Komponist seinen einzigen Bühnenerfolg. MS

MEPHISTOPHELES (Mefistofele)

Oper in einem Prolog, vier Akten und einem Epilog von Arrigo Boito (1842–1918). Libretto vom Komponisten nach Goethes «Faust». Uraufführung: Mailand, Teatro alla Scala, 5. März 1868. Solisten: M. Junca, Spallazzi, Raboux, Alessandrini. Dirigent: Arrigo Boito.

PERSONEN. Mephistopheles (Baß), Faust (Tenor), Wagner (Tenor), Nereus (Tenor), Margarethe (Sopran), Marthe (Alt), Helena (Sopran), Chöre: Himmlische Heerscharen, Chorus mysticus, Cherubine, Büßer, Armbrustschützen, Spaziergänger, Jäger, Studenten, Dorfbewohner, Bürger, Hexen, Sirenen u.v.a. Komparsen: Spaziergänger, Hexen, Kobolde, Pagen, Edelleute, Würdenträger, Soldaten u.v.a. Tänze: *L'Obertas* mit Männern und Frauen aus dem Volk (erster Akt), *Hexensabbat* mit Hexen und Teufeln (zweiter Akt); *Chorea*, griechischer Tanz mit Karyatiden, Sirenen und Doryden (vierter Akt).

HANDLUNG. Prolog. Im Himmel. Der Herr des Himmels und Mephistopheles, der Herr der Hölle, kämpfen um Fausts Seele. Mephistopheles ist davon überzeugt, daß Fausts unersättlicher Wissensdurst und Erkenntnisdrang dem Bösen leichtes Spiel geben werden. Erster Akt. Erste Szene. Frankfurt, Stadtmauern mit Stadttor. Ostersonntagmorgen. Viel Volk ist versammelt, um der Ausfahrt des Kurfürsten beizuwohnen. Auch Faust und sein Schüler Wagner ergehen sich vor dem Stadttor und beobachten mit Vergnügen die Tänze der einfachen Leute. Allmählich sinkt die Dämmerung herab. Im Zwielicht begegnet Faust einem merkwürdigen, düster wirkenden Pater, der ihn zu verfolgen scheint. Faust ist sehr beunruhigt durch die seltsame Gestalt. Zweite Szene. Faust liest in seiner Studierstube das Evangelium, als ihm plötzlich Mephistopheles als der Fürst der Finsternis erscheint und ihm einen Handel vorschlägt: Alle Lust und Freude, die das Leben bietet, gegen seine Seele nach seinem Tode. Faust schiebt alle Gedanken ans Jenseits beiseite und nimmt den Handel an, um einmal in seinem Leben einen Moment der vollkommenen Lust zu erleben. Zweiter Akt. Erste Szene. Mephistopheles hat Faust seine Jugend zurückgegeben. Als junger Edelmann Heinrich macht er nun einem schönen unschuldigen Mädchen namens Margarethe den Hof. Faust überredet das Mädchen, seiner alten Mutter einen Schlaftrunk zu geben, damit er nachts zu ihr in die Kammer kommen kann. Zweite Szene. Auf dem Brocken. Mephistopheles hat Faust zum Hexensabbat mitgenommen. Inmitten

Probe einer Szene aus «Aida» von Giuseppe Verdi in der Arena von Verona 1974. Regie von Roberto Guicciardini.

1868

Errichtung der Aufbauten zur Triumphszene im zweiten Akt der Oper «Aida», Arena in Verona 1974.

der entfesselten Hexen, Beelzebuben und Kobolde erscheint Faust das Bild Margarethes in Ketten mit blutigen Streifen um den Hals. Kaum begreift er, was diese Vision bedeuten könnte, denn Mephistopheles zerrt ihn erbarmungslos zurück in den frenetischen Taumel des Hexensabbats. Dritter Akt. Im Kerker. Margarethe ist von Sinnen. Im Delirium erzählt sie ihre Missetaten: Die Mutter hat sie vergiftet, das Kind, das ihrer Liebe zu Faust entsprungen war, ertränkt, der Schmerz, von Faust so schnell verlassen worden zu sein, hat sie in den Wahnsinn getrieben. Da dringen Faust und Mephistopheles ins Gefängnis ein. Faust fordert Margarethe auf, mit ihm zu fliehen, um das verlorene Glück wiederzufinden. Margarethe ist wie verzückt, den Geliebten wiederzusehen, doch dauert ihre Freude nicht lange. Denn sie erkennt in Mephistopheles den Bösen und weist Faust voll Grauen zurück. Mit der Hellsichtigkeit des bevorstehenden Todes wendet sie sich von allem Irdischen ab und bittet Gott um Vergebung für ihre Sünden. Eine Stimme aus der Höhe erklärt sie für gerettet. Vierter Akt. In Griechenland am Fluß Peneios. Faust wollte die schöne Helena und ihre ewige Jugend von Angesicht zu Angesicht sehen. Griechische Schönheit und germanischer Wissensdrang, Klassik und Romantik, begegnen einander. Helena besingt den Kampf um Troja. Faust ist voll der Bewunderung für sie und kann sie ins heitere Arkadien entführen. Epilog. In Faust Studierstube. Faust ist wieder der alte, lebensmüde Gelehrte. Enttäuscht und angeekelt erinnert er sich der mit Mephistopheles erlebten Abenteuer. Er spürt, daß sein Leben dem Ende zugeht. Alles, was er wollte, hat er von Mephistopheles bekommen, und doch das, was er suchte, den einen Moment vollkommenen Glückes, nicht gefunden: «Die Wirklichkeit war Schmerz, und Traum das Ideal». Schließlich begreift er, daß nur die höchste Liebe, die Liebe zu Gott, ihm dieses Glück hätte geben können. Das Evangelium zwischen sich und Mephistopheles haltend, betet er zu Gott. Erhört und gerettet stirbt er, während der besiegte Mephistopheles in den Erdboden versinkt.

● *Mephistopheles* wurde bei der Uraufführung erbarmungslos ausgepfiffen. Das Fiasko war so groß, daß der Komponist jahrelang nur mehr unter dem Decknamen Tobia Gorrio arbeitete. Nach diesem Mißerfolg überarbeitete Boito die Partitur und nahm beträchtliche Kürzungen vor. Die Originalfassung war für damalige Verhältnisse tatsächlich von unerträglicher Länge gewesen (fünfeinhalb Stunden), so daß die Oper sofort nach der Uraufführung nur mehr an zwei aufeinanderfolgenden Abenden gespielt wurde. Nach Boitos Überarbeitung wurde sie am 4. Oktober 1875 am Teatro Comunale in Bologna gegeben und gehört seither zu den Hauptwerken der italienischen Oper ihrer Zeit. Boitos *Mephistopheles* konnte in der damaligen geschlossenen traditionellen Theaterwelt Italiens nur polemisch wirken, denn des Komponisten ganzes Bestreben war es gerade, mit der festgefahrenen Tradition und der Abkapselung des italienischen Musik- und Theaterlebens von anderen europäischen Strömungen zu brechen. Er wollte begreiflich machen, daß es jenseits der Alpen eine Musikkultur mit Komponisten wie Beethoven, Chopin, Schumann und neuerdings Wagner gab. Bereits die Stoffwahl bedeutete einen Bruch mit liebgewordenen Traditionen. Ein Libretto nach einem Meisterwerk der deutschen Literatur war etwas Unerhörtes. Die Arbeit an Text und Musik zog sich über viele Jahre hin, da Boito oft unterbrechen mußte, um andere Arbeiten zu übernehmen. Sein Libretto wird dem Goetheschen Original in Grundgedanke und Atmosphäre weit besser gerecht als alle sonstigen Opernbearbeitungen des Stoffes. Boito war wohl auch dem Wort mindestens so stark verbunden wie der Musik und fand daher mehr Bewunderung bei den Literaten der «Scapigliatura» (Bohemien) als bei den Musikkritikern seiner Zeit. Vom Künstlerischen her kann sein Werk denn auch nicht als großartig bezeichnet werden, dazu fehlt es ihm an echtem musikalischen Genie. Oft sind seine Kompositionen Reflexe auf Musik anderer Meister, Kompromisse aus deren Schaffen, intellektuelle Konstruktion. Vereinzelt gelingen ihm jedoch im *Mephistopheles* Stellen von außergewöhnlicher Schönheit und großem Pathos. Gounod hatte in seiner *Margarethe (Faust)* den Akzent auf die liebliche Gestalt der Margarethe gelegt, Berlioz in seiner Oper *Fausts Verdammung* die dramatischsten und effektvollsten Szenen des Faust-Stoffes zusammengestellt. Boito dagegen gelingt eine philosophische Interpretation, die Goethes Drama weitgehend gerecht wird. Damit bringt er in die italienische Oper etwas bis dahin ganz Fremdes hinein, nämlich philosophische Antithesen wie Gut und Böse, Tugend und Sünde, Paradies und Hölle, Satan und Gott. Die beste kritische Beurteilung von Boitos' Schaffen findet sich bei Benedetto Croce (erschienen 1904).

MS

HAMLET

Oper in fünf Akten von Ambroise Thomas (1811–1896). Libretto von J. Barbier und M. Carré. Uraufführung: Paris, Opéra, 9. März 1868. Solisten: Faure, Guyemard, M.B. Nilsson, Castelmary.

HANDLUNG. Die Handlung hält sich weitgehend an die Shakespearesche Tragödie. Hamlet, Prinz von Dänemark, hat im Traum eine Erscheinung: sein verstorbener Vater enthüllt ihm, daß er vom eigenen Bruder ermordet worden sei. Dieser hat nach dem Tode des Königs dessen Gattin, Hamlets Mutter, geheiratet und den Thron bestiegen. Hamlet schwört Rache. Um seine Rachepläne jedoch nicht zu verraten, stellt er sich wahnsinnig. Auch Ophelia gegenüber, die ihn liebt und der auch er zugetan ist, zeigt er sich sinnverwirrt und er behandelt sie so grausam, daß das arme Mädchen schließlich selbst der Verzweiflung verfällt. Von Hamlet gehaßt zu werden, wie sie glaubt, kann sie nicht ertragen. So geht sie ins Wasser. Hamlets Stiefvater hat unterdessen bemerkt, daß der Prinz Verdacht gegen ihn hegt. Da er sein Geheimnis verraten glaubt, versucht er Hamlet zu vergiften. Doch nicht Hamlet trinkt den tödlichen Becher, sondern seine Mutter. Nachdem dieser erste Versuch, Hamlet aus dem Wege zu räumen, gescheitert ist, inszeniert der König ein Duell zwischen Hamlet und Laertes, seinem Freund und Ophelias Bruder, dem er irrtümlicherweise den Vater getötet hat. Der König hat für diesen Kampf den Degen des Laertes vergiften lassen, damit Hamlets Tod ganz sicher sei. Die beiden Freunde verwunden sich gegenseitig tödlich, doch ehe Hamlet stirbt, entdeckt er auch diese letzte Schändlichkeit seines Stiefvaters und durchbohrt ihn mit dem für sich selbst bestimmten vergifteten Degen. Sein Racheschwur ist somit erfüllt.

● Nach dem großen Erfolg von *Mignon* gedachte Thomas eine bedeutende Oper zu schreiben und wählte dazu ganz nach dem Geschmack der Zeit einen Shakespeare-Text. Das Libretto war zwar nicht besonders gut, da es zu viele Einlagen im Stile der Großen Oper (zum Beispiel *La fête du printemps (Das Frühlingsfest)* enthielt, die Musik dagegen kann als gelungen bezeichnet werden. Vor allem die Gesangspartien sind meisterlich. Der ursprünglich als Tenor konzipierte Hamlet-Part wurde schon bald zu einer Baritonrolle umgeschrieben und stellt eine der dramatischsten Bariton-Rollen der Operngeschichte überhaupt dar. Die beiden Sopran-Partien, die der Königin (dramatischer Sopran) und die der Ophelia (Koloratursopran), gehören ebenfalls mit zu den stimmtechnisch anspruchsvollsten und erfolgsträchtigsten Rollen der Oper. Die Oper hatte einen Riesenerfolg und wurde von Zeitgenossen als «die wichtigste französische Oper nach den Werken Halévys» bezeichnet. Im Vergleich zu anderen Werken des Komponisten ist die Instrumentierung dieser Oper besonders ausgearbeitet (bemerkenswert zum Beispiel der rhythmisierende Einsatz des Saxophons in der Friedhofsszene). *Hamlet* kann als das letzte Beispiel der Großen Oper *(Grand-Opéra)* gelten und ist mit *Mignon* zu Thomas' Hauptwerken zu zählen. GP

DALIBOR

Tragische Oper in drei Akten von Friedrich Smetana (1824–1884). Libretto von Joseph Wenzig. Uraufführung: Prag, Neustädter Theater, 16. Mai 1868.

HANDLUNG. Ritter Dalibor hat aus Rache für seinen Freund Zdenko die Burg des Grafen von Ploskovic in Schutt und Asche gelegt und den Burggrafen getötet. Die Schwester des Grafen, Milada, bringt bei König Wladislaw Klage gegen den Mörder ihres Bruders ein. Während des Prozesses in Prag tritt Ritter Dalibor mit solcher Würde und Gelassenheit auf, daß sich Milada in ihn verliebt. Dalibor wird zu lebenslänglichem Kerker verurteilt. Aber Jitka, ein Waisenmädchen, das bei Dalibor Aufnahme gefunden hatte, plant schon seine Befreiung. Sie kann Milada für den Plan gewinnen. Als Bettlerin verkleidet, schmeichelt sie sich ins Vertrauen des Kerkermeisters ein. Doch im letzten Moment wird der Plan zu Dalibors Befreiung aufgedeckt. Das Hohe Gericht zwingt den König, der ebenfalls von Dalibors Stolz beeindruckt war, die Kerkerhaft in die Todesstrafe umzuwandeln. Als Dalibor schon stolz erhobenen Hauptes zum Schafott schreitet, bricht ein von Milada und Dalibors Freunden organisierter Volksaufstand aus. Doch Dalibor ist nicht mehr zu retten. Er wird hingerichtet. Milada aber findet im Kampf der Aufständischen den Tod. (Spätere Fassung: Dalibor entkommt seinen Henkern und schließt sich dem rebellierenden Volk an. Doch kommt er zu spät, um Milada in Sicherheit zu bringen. Sie stirbt in seinen Armen.)

● Die Uraufführung der Oper fand anläßlich der Grundsteinlegung zum noch heute bestehenden Prager Nationaltheater statt. *Dalibor* ist Smetanas einzige tragische Oper. Der Stoff entstammt einer alten tschechischen Volkssage. Dalibor verkörpert das tschechische Volk, sein Leben steht für den Kampf dieses Volkes um die Freiheit. Die Oper erzielte großen Anfangserfolg, verschwand dann jedoch schon bald wieder von der Bühne. Erst nach dem Tode des Komponisten wurde sie wiederentdeckt. RB

DIE MEISTERSINGER VON NÜRNBERG

Oper in drei Akten von Richard Wagner (1813–1883). Text vom Komponisten. Uraufführung: München, Hoftheater, 21. Juni 1868. Solisten: Franz Betz, Franz Nachbaur, K. Heinrich, G. Hölzel, K. Schlosser, Mathilde Mallinger. Dirigent: Hans von Bülow.

PERSONEN. Hans Sachs, Schuster (Baßbariton), Veit Pogner, Goldschmied (Baß), Kunz Vogelsang, Kürschner (Tenor), Konrad Nachtigall, Spengler (Baß), Sixtus Beckmesser, Stadtschreiber (Bariton), Fritz Kothner, Bäcker (Bariton), Balthasar Zorn, Zinngießer (Tenor), Ullrich Eißlinger, Gewürzkrämer (Tenor), Augustin Moser, Schneider (Tenor), Hermann Ortel, Seifensieder (Baß), Hans Schwarz (Strumpfwirker (Baß), Hans Foltz, Kupferschmied (tiefer Baß), Walther von Stolzing, junger Ritter aus Franken (Tenor), David, Sachsens Lehrbube (Tenor), Eva, Pogners Tochter (Mezzosopran), Magdalena, Evas Amme (Sopran), ein Nachtwächter (Baß). Bürger und Frauen aller Zünfte, Gesellen, Jungen und Mädchen, Volk.

HANDLUNG. Nürnberg um die Mitte des sechzehnten Jahrhunderts. Erster Akt. In der Katherinenkirche geht die Vesper am Vortage des Johannisfestes zu Ende. Unter den Gläubigen, die die Kirche verlassen, befindet sich auch Eva, die schöne Tochter des Goldschmieds Pogner, mit ihrer Amme Magdalena. Der junge Ritter Walther von Stolzing, der in Eva verliebt ist, nutzt die Gelegenheit, sich ihr zu nähern. Er fragt sie kurzerhand, ob sie schon Braut sei. Noch ist sie es nicht, doch beabsichtigt ihr Vater, sie dem aus dem morgigen Sängerwettstreit hervorgehenden Sieger zur Frau zu geben. Doch Eva hat sich mit diesem ihr noch unbekanntem Schicksal nicht abgefunden. Auch weiß sie ihre aufkeimende Neigung zu Walther nicht zu verbergen. «Euch oder keinen» ist ihre Antwort. Evas Amme Magdalena gibt den beiden kühnen Ratschlag: Stolzing soll sein Glück versuchen und an dem am morgigen Tag von den Meistersingern veranstalteten Wettsingen teilnehmen. Dazu muß der junge Ritter allerdings erst selbst Meister werden. Der Lehrbube des Schuster-Poeten Hans Sachs, David, übernimmt die schwierige Aufgabe, dem jungen Stolzing stante pede die strengen Regeln der Sänger-Dichter, die Meister werden wollen, beizubringen. Kaum haben sich die Meistersinger zu würdiger «Freiung» versammelt, tritt Stolzing mit seinem Antrag um Aufnahme in die Zunft vor. «Kennt Ihr die Regeln?» wird er gefragt und: «Aus welcher Schule kommt Ihr?» Gelassen antwortet Stolzing, seine Lehrer seien Wiesen und Bäche, der Wald und die Vögel, der Frühlingswind und ein altes Liederbuch des Walther von der Vogelweide gewesen. Trotz ihrer Verblüffung müssen die gestrengen Prüfer den dreisten Kandidaten anhören. Dem Stadtschreiber Beckmesser obliegt es, alle Verstöße gegen die Regeln der Kunst säuberlichst auf einer Tafel zu vermerken. Walther singt eine begeisterte Hymne auf den Lenz, aber sein von Liebe und Hoffnung beflügelter Probesang entspricht nicht den bis in kleinste Detail festgelegten Regeln der Zunft. Mit diebischer Freude und quietschender Kreide vermerkt Beckmesser, der ebenfalls ein Auge auf Eva geworfen hat, und mit sicherem Instinkt in Walther einen Rivalen wittert, jeden Fehler des jungen Ritters. Nur einer aus der Runde der gestrengen Prüfer, nämlich Hans Sachs, der Schuster-Poet, ist von Walthers kühnem Gesang angetan. Aber er kann sich nicht gegen die Mehrheit durchsetzen. Walther fällt durch die Prüfung. Zweiter Akt. Ein milder Sommerabend in den Straßen von Nürnberg. Junges Volk vergnügt sich mit harmlosen Scherzen. Pogner bestätigt Eva seine Entschlossenheit, sie dem morgen zu kürenden Meistersinger zur Frau zu geben. Von Magdalena muß Eva zu ihrem Entsetzen erfahren, daß Stolzing die Prüfung nicht bestanden hat. Hans Sachs plagt sich unterdessen lustlos an seinem Schusterschemel vor seinem Laden mit der Arbeit herum. Sie will ihm nicht von der Hand gehen, da er in Gedanken ständig bei Stolzings, von jugendlichem Feuer durchglühten Gesang ist. Eva, die sehr wohl weiß, daß der alte Sachs, ein Witwer, sie stets mit Wohlgefallen sieht, macht sich mit schmeichelnden Worten an ihn heran, um Näheres über die Chancen des jungen Stolzing zu erfahren. Sachs sieht ein, daß die Liebe des jungen Mädchens diesem, und nicht ihm, dem alten Mann gilt, und beschließt in melancholischer Resignation, den beiden zu ihrem Glück zu verhelfen. Doch die Ereignisse werden immer komplizierter. Stolzing kommt, wie verabredet, um Eva zu treffen. Er überredet sie, mit ihm zu fliehen, wenn er den Singstreit nicht besteht. Da taucht plötzlich Beckmesser mit seiner Laute auf, um Eva ein Ständchen zu bringen. Sachs drängt die beiden schnell hinter die große Linde am Platz, um sie zu verstecken. Beckmesser fühlt sich durch Sachsens Anwesenheit gestört, er tut daher so, als wäre er nicht gekommen, um unter Evas Fenster zu singen, sondern um Sachs um sein Urteil über sein Lied zu bitten. Sachs erklärt sich bereit, diese Vorprüfung vorzunehmen, macht den Schreiber jedoch darauf aufmerksam, daß er jeden Fehler mit einem Hammerschlag auf die Sohle der Schuhe, die er bis morgen fertig haben müsse, «anmerken» werde. Beckmesser beginnt sein holperiges Lied unter den lautstarken Hammerschlägen des Schusters. Die groteske Serenade weckt die gesamte Nachbarschaft. Auch David, Magdalenas Verlobter, eilt herbei. Als er diese an Evas Fenster sieht, glaubt er, das Ständchen gelte ihr, und stürzt sich wutschnaubend auf den Schreiber. Das Handgemenge zwischen den beiden lockt die Leute auf die Straße und es kommt schließlich zu einem allgemeinen Durcheinander, das Walther und Eva zur Flucht nutzen wollen. Doch Sachs verhindert das. Das Nahen des Nachtwächters macht der Prügelei mit einem Schlag ein Ende. Vom Vollmond beschienen liegt der Platz wieder in nächtlicher Stille. Dritter Akt. Sachs sitzt in Gedanken versunken in seiner Schusterwerkstatt und hört sich zerstreut die Entschuldigungen seines Lehrjungen David wegen der nächtlichen Rauferei an. Dann tritt Walther ein und erzählt ihm einen schönen Traum, den er die vergangene Nacht hatte. Sachs schreibt mit, was er hört, gibt hie und da gute Ratschläge, und zum Schluß haben die beiden ein herrliches Liebeslied verfaßt. Während sich die beiden für den bevorstehenden Wettstreit umkleiden, betritt Beckmesser die Schusterstube und findet das Blatt mit dem Lied. Er hält es für eine Komposition Sachsens und steckt es schnell ein, als dieser zurückkommt. Sachs schenkt ihm das Lied sogar, damit man ihn nicht für einen Dieb halten müsse. Mit dem vermeintlichen Werbelied Sachsens ausgestattet, zieht Beckmesser siegessicher davon. Eva, die den jungen Stolzing, den sie in des Schusters Haus weiß, sehen möchte, kommt unter dem Vorwand, ein Schuh sei ihr zu eng, zu Sachs. Walther, Magdalena und David finden sich in der Schusterstube ein und stimmen ein friedliches Quintett an. Auf einer großen Wiese am Pegnitz-Ufer beginnt der feierliche Wettkampf. Das Volk ist versammelt, die Zünfte ziehen mit ihren Bannern ein und schließlich nahen die Meistersinger. Das Wettsingen wird mit Beckmesser eröffnet. Er trägt das von Sachs und Walther verfaßte Lied derart verunstaltet vor, daß er nur allgemeines Hohngelächter erntet. Wütend bezichtigt er daraufhin Sachs, ihm absichtlich sein schlechtestes Gedicht aufgedrängt zu haben. Da erzählt der Schuster die wahre Geschichte der Entstehung dieses Liedes und fordert Stolzing auf, es so, wie es gemeint ist, vorzutragen. Das Volk ist hingerissen von der Weise und auch die gestrengen Meister müssen in ihm den Sieger anerkennen. Der Siegerkranz und Evas Hand sind ihm gewiß. Doch Stolzing ist noch erzürnt über die Schmach der Lächerlichkeit, die man ihm an Vorabend angetan hat, und will die Meisterwürde nicht annehmen. Da greift Sachs noch einmal mit liebevoller Strenge ein: die Jugend, der der Sieg gebührt, darf den alten Stil der Kunst nicht gering einschätzen. Da nimmt Eva Walther den Siegeskranz vom Haupte und setzt ihn dem weisen Sachs auf. Unter allgemeinem Jubel wird er zum Zunftmeister gekürt.

● *Die Meistersinger von Nürnberg* sind die einzige Komödie in Wagners umfangreichem Schaffen. Nach Wagners eigener Aussage bildet die Oper das heitere bürgerliche Gegenstück zum *Tannhäuser*. Kern der Handlung ist in beiden Fällen ein Sängerwettstreit, doch Hintergrund und Geist der beiden Werke sind völlig entgegengesetzt. Den adligen, von inneren Kämpfen zwischen Gut und Böse zerrissenen Herren aus dem Mittelalter im *Tannhäuser* stehen die gutmütigen, streitsüchtigen, sentimentalen Handwerker des bürgerlichen Nürnberg des ausgehenden sechzehnten Jahrhunderts gegenüber, dem tragischen Ende, der gute Ausgang einer Geschichte voll Schalk. Wagner holte sich die wesentlichen Elemente der Oper (insbesondere das Zunftzeremoniell, die bizarre Poesie und die strengen Regen beim Wettsingen) aus einer *Nürnberger Chronik* aus dem Jahre 1694 (von J. C. Wagenseil), in der die Gebräuche des dank des großen Hans Sachs (geboren 1494) berühmten Sängerbundes von Nürnberg beschrieben sind. Für diesen geschichtlichen Hintergrund erfand Wagner frei eine Lustspielhandlung. Hinter dem scheinbar so gemütlich harmlosen Bild bürgerlichen Lebens wird der ewige Konflikt zwischen notwendiger Erneuerung, deren Bannerträger Stolzing, der aus freier Inspiration schaffende Sänger, ist, und den konservativen Kräften einer zu traditionsgebundenen Schule und Kritik, wie sie der pedantische «Merker» Beckmesser verkörpert, deutlich. In der Gestalt des Beckmesser läßt sich ohne weiteres eine Karikatur des Wiener Theaterkritikers Eduard Hanslick erkennen, der einer der führenden Anti-Wagnerianer war. In Hans Sachs findet die weise Vermittlung der beiden Pole statt. Er ist gleichzeitig Hüter der Tradition, aber auch Förderer des Neuen. Doch auch in dieser heitersten aller Wagner-Opern fehlt es nicht an verschleierter Melancholie

und Resignation. In Sachsens Verzicht auf die Liebe zu Eva fand wohl Wagners Loslösung von Mathilde Wesendonck, die ihn zum *Tristan* inspiriert hatte, ihren Niederschlag. Was die Qualität der Partitur angeht, so gibt Wagner mit dieser Oper ein Musterbeispiel für harmonische wie kontrapunktische Satztechnik und hohe Instrumentalisierungskunst. In der Ouvertüre, der umwerfenden Prügelszene im zweiten Akt, im Quintett des dritten Aktes und im Finale erreicht der Komponist eine so außerordentliche formale Vollkommenheit, daß die Oper als ein «Monument musikalischen Wissens und Könnens, als eine Huldigung an die hohe Tradition der deutschen Kunst, dargebracht durch einen Künstler, der in seiner revolutionären Unruhe bis dahin eher als genialer Dilettant denn als legitimer Erbe eines Johann Sebastian Bach gelten konnte» (Massimo Mila) betrachtet werden muß.
RM

WILLIAM RATCLIFF

Oper in drei Akten von Cesar Antonovic Cui (1835–1918). Libretto von A.N. Pleschejew nach der gleichnamigen Tragödie Heinrich Heines. Uraufführung: St. Petersburg, Marijinskij-Theater, 26. Februar 1869.

HANDLUNG. Die Handlung spielt in Schottland. Ein schottisches Schloß am Vorabend der Hochzeit Mary MacGregors mit Douglas. Der Vater der Braut berichtet Douglas, daß ein vor Jahren als Gast auf dem Schloß weilender Student geschworen hätte, Mary solle nie jemandem anderen angehören als nur ihm. Sein Name sei William Ratcliff und schon zweimal habe er einen Bräutigam Marys am Vorabend der Hochzeit getötet. Doch Douglas ist entschlossen, dem geheimnisvollen Ratcliff gegenüberzutreten. Am angegebenen Platz, wo Ratcliff schon zwei seiner früheren Rivalen niedergestreckt hatte, tragen die beiden den Zweikampf aus. Douglas besiegt den Gegner, schenkt ihm aber das Leben, als er in ihm einen Mann erkennt, der ihm einst das Leben gerettet hatte. Mary, die von der Grausamkeit ihres Schicksals fast in den Wahnsinn getrieben wird, findet schließlich den Schlüssel zu den tragischen Ereignissen: Ihre Mutter und Ratcliffs Vater hatten sich einst sehr geliebt, jedoch nicht heiraten können. Beide hatten andere, ungeliebte Ehegatten nehmen müssen. Marys Vater MacGregor hatte ihre Mutter eines Tages mit Ratcliffs Vater überrascht und diesen umgebracht. Ihre Mutter war daraufhin vor Schmerz gestorben. Noch während Mary die Geschichte dieser Tragödie aus dem Munde ihres Vaters hören muß, stürzt der verwundete Ratcliff herein. Mary empfängt ihn mit Worten der Liebe, doch in einem Anfall von Wahnsinn tötet dieser MacGregor, Mary und schließlich sich selbst.

• Cui arbeitete zehn Jahre an der Komposition des *William Ratcliff*. In ihr werden die Widersprüche, die innerhalb der sogenannten «jungrussischen Schule», der er eine Zeitlang angehörte, herrschten, deutlich. Schon der Stoff ist alles andere als antiromantisch, und auch von der Musik her verkörpert die Oper keines der Ziele dieser Musikergruppe, die bewußt das nationalrussische Element betonen wollte. Sie ist vielmehr ganz deutlich von Einflüssen französischer Musik sowie Schumanns und Wagners geprägt.
MS

RUY BLAS

Lyrisches Drama in vier Akten von Filippo Marchetti (1831–1902). Libretto von Carlo d'Ormeville (1840–1924) nach dem gleichnamigen Drama von Victor Hugo. Uraufführung: Mailand, Teatro alla Scala, 3. April 1869.

HANDLUNG. Die Handlung spielt in Spanien gegen Ende des siebzehnten Jahrhunderts. Der ehemalige Scholar Ruy Blas ist Lakai des Don Salluste geworden, eines Höflings, der wegen Verführung einer Hofdame, die er dann nicht geheiratet hat, in Ungnade gefallen ist. Dieser sinnt auf Rache an der Königin, die für seine Verbannung vom Hofe verantwortlich ist und gedenkt sich dazu des jungen Ruy Blas zu bedienen. Bei Hofe eingeführt, findet Ruy die Aufmerksamkeit der Königin. Sie wird seine Geliebte und macht ihn schon bald zum Minister. Durch weise Reformen erwirbt sich Ruy Blas die Gunst des Volkes. Unterdessen hält Don Salluste die Zeit für gekommen, seine Rache an der Königin zu nehmen. Er lockt sie mit einem gefälschten Brief Ruys in ein einsames Landhaus. Ruy Blas, der davon erfährt, eilt ihr nach, um ihre Ehre in letzter Minute zu retten. Er tötet Don Salluste und nimmt dann auch sich selbst das Leben, um jeden Schatten einer Schuld von der Königin zu nehmen.

• Die Oper wurde während der gleichen Saison wie *Die Macht des Schicksals* in Mailand aufgeführt und blieb ganz im Schatten des außerordentlichen Erfolges der Verdi-Oper. Bei ihrer Aufführung im Florentiner Teatro Pagliano konnte sie dann jedoch sehr großen Erfolg erzielen. In den darauffolgenden zwei Jahren wurde sie an sechzig Theatern gegeben und erreichte in ihrer Beliebtheit fast den *Rigoletto*. Dem Werk mangelt es zwar an dramatischer Inspiration, doch zeichnet es sich durch sehr effektvolle Charakterisierung des Ambiente aus und bildet insofern einen Vorläufer zu den Opern Catalanis und Puccinis.
AB

IL GUARANY

Oper in vier Akten von Antonio Carlos Gomes (1836–1896). Libretto von Antonio Scalvini (1835–1881) nach dem gleichnamigen Roman von José Martiniano de Alcenar. Uraufführung: Mailand, Teatro alla Scala, 19. März 1870.

HANDLUNG. Don Alvaro (Tenor), und Don Gonzales (Bariton) werben beide um die Hand der schönen Cecilia (Sopran), der Tochter des Gouverneurs des spanischen Gebietes El Guarany, Don Antiono de Mariz (Baß). Cecilia liebt jedoch Pery, den Sohn des Königs der Eingeborenen (Tenor). Ihr Vater hat sie Don Alvaro versprochen. Der eifersüchtige Gonzales versucht mit Hilfe zweier spanischer Abenteurer, denen er eine unentdeckte Silbermine zu zeigen verspricht, die Gouverneurstochter zu entführen. Stattdessen gerät das Mädchen jedoch in die Gefangenschaft des wilden Indianerstammes der Aimoré. Der Gouverneur kann Cecilia und Pery, der getötet werden soll, im letzten Moment retten. Die Aimoré aber greifen – angestachelt von Gonzales – den Gouverneurspalast ein zweites Mal an. Da läßt Don Antonio das Pulverlager in Brand stecken. Cecilia und Pery können sich aus dem Fort retten und müssen von einem entfernten Hügel aus den Untergang des Palastes miterleben.

• Dank immer neuer melodischer Einfälle und effektvoller Bühnenszenen konnte die Oper bei ihrer Mailänder Uraufführung einen schönen Erfolg erzielen. Sie ist am Vorbild der Verdischen Dramen inspiriert und fügt diesem in gefälliger Weise exotisches Kolorit hinzu. Verdis positives Urteil (er sprach von «echtem musikalischem Genie» und «feinster Arbeit») sowie die Unterstützung des brasilianischen Kaisers

Don Pedro II., der seine Wertschätzung durch seine Anwesenheit bei der Erstaufführung in Rio de Janeiro zum Ausdruck brachte, trugen sehr zu Gomes' Ruhm und Erfolg bei. Schon im Jahre 1867, drei Jahre vor seinem großen Durchbruch in Mailand hatte der Komponist mit den beiden musikalischen Luspielen *Se sa minga* und *Nella luna* großen Erfolg gehabt. In seinen späteren Werken ließ sich der Brasilianer zu sehr von Wagner beeinflussen und verlor darüber die Originalität und Spontaneität der Melodien, wie er sie in *Il Guarany* erreicht hatte. LB

AIDA

Lyrische Oper in vier Akten von Giuseppe Verdi (1813–1901). Libretto von Antonio Ghislanzoni (1824–1893) nach Camille Du Locle (1832–1903). Uraufführung: Kairo, Opernheater, 24. Dezember 1871. Solisten: Antonietta Pozzoni, Eleonora Grossi, Pietro Mongini, Francesco Steller, Medini. Dirigent: Giovanni Bottesini.

PERSONEN. Aida (Sopran), Radames (Tenor), Amneris (Mezzosopran), Ramphis (Baß), der Pharao (Baß), Amonasro (Bariton), ein Bote (Tenor).

HANDLUNG. Memphis und Theben zur Zeit der Pharaonen. Erster Akt. Erste Szene. Saal im Königspalast zu Memphis. Das Niltal und die Stadt Theben sind vom heranrückenden äthiopischen Heer bedroht. Der Hohepriester Ramphis befragt die Götter, wer das ägyptische Heer gegen den Feind führen solle. Die Wahl fällt auf Radames. Noch weiß dieser nichts vom Auftrag der Götter, aber sein ganzes Streben geht danach, sich durch Heldentaten vor der ägyptischen Sklavin Aida, die er leidenschaftlich liebt, auszuzeichnen. Die Pharaonentochter Amneris liebt Radames ebenfalls. Sie erahnt die heimliche Liebe des jungen Feldherrn zu Aida, zeigt sich dieser gegenüber jedoch sehr freundschaftlich. Der Pharao mit großem Gefolge verkündet feierlich Radames' Wahl zum Anführer gegen die Äthiopier. Aida, die in Wirklichkeit die Tochter des Äthiopierkönigs Amonasro ist, ist verzweifelt über diese Entscheidung, die sie in die schwersten Konflikte zwischen ihrer Liebe zu Radames und der Treue zum Vaterland stürzt. Zweite Szene. Im Tempel des Vulkan empfängt Radames aus Ramphis' Händen das geweihte Schwert und den Segen für Schlacht und Sieg. Zweiter Akt. In den Gemächern der Amneris. Um herauszufinden, welche Gefühle Aida für Radames hegt, verfällt Amneris auf eine List: sie bringt ihr die falsche Nachricht vom Todes Radames'. Aida verrät sich durch ihre Reaktion. Daraufhin gibt Amneris zu, ihr eine Lüge erzählt zu haben, und den jungen Feldherrn selbst zu lieben. Sie verbirgt jedoch Aida ihre Entschlossenheit, ihn für sich zu gewinnen. Zweite Szene. Stadttor von Theben. Radames kehrt im Triumphzug aus der siegreichen Schlacht zurück. Die Pharaonentochter selbst setzt ihm den Lorbeerkranz auf. Als Siegerpreis bittet er den Pharao um Freilassung der äthiopischen Gefangenen. Unter diesen befindet sich auch Aidas Vater, der König Amonasro. Aida erkennt den Vater, doch bedeutet ihr dieser, nicht erkennen zu lassen, daß er der König der Äthiopier ist. Die Priester aber ordnen an, Amonasro als Geisel festzuhalten, alle übrigen Gefangenen dagegen wunschgemäß freizulassen. Als höchste Ehrung gibt der Pharao seinem siegreichen Feldherrn schließlich die Hand seiner Tochter. Dritter Akt. Am Ufer des Nils. Amneris' Hochzeit mit Radames steht bevor. Amneris begibt sich zum Gebet in den Isistempel. König Amonasro hat bemerkt, daß Aida Radames liebt, und überredet sie, durch ihn einen Fluchtweg zum äthiopischen Heer in Erfahrung zu bringen. Aida und Radames treffen sich am Nilufer und gestehen sich neuerlich ihre unerschütterliche Liebe. Um der Heirat mit Amneris zu entgehen, schlägt Radames vor, gemeinsam zu fliehen. Der Paß von Napata sei unbewacht. Amonasro hat die beiden belauscht und tritt nun aus seinem Versteck hervor. Stolz verkündet er, daß er mit dem äthiopischen Heer über diesen Paß nach Ägypten einfallen werde. Radames ist entsetzt über den unfreiwilligen Landesverrat, den er mit der Preisgabe dieser Information begangen hat, und will sich auf Amonasro stürzen, als unerwartet Ramphis und Amneris auftauchen. Radames muß die Pharaonentochter vor Amonasro schützen. Dann gesteht er dem Hohenpriester seinen unfreiwilligen Landesverrat und stellt sich ihm als Gefangener. Vierter Akt. Erste Szene. Im Palast des Pharao. Amneris, die Radames immer noch liebt, sucht ihn in seiner Gefangenschaft auf und fordert ihn auf, Aida zu vergessen. Als Gegenleistung wird sie seine Begnadigung erwirken. Doch Radames will sich nicht freikaufen und lehnt Amneris' Angebot ab. Das Gericht der Hohenpriester verurteilt ihn zum Tode: er soll bei lebendigem Leibe begraben werden. Zweite Szene. Der Tempel des Vulkan mit der Krypta, in der Radames eingemauert wird. Als sich die Mauer mit dem letzten Stein, der gesetzt wird, geschlossen hat, wird Radames gewahr, daß sich Aida mit ihm hat einmauern lassen. Während Amneris im Tempel in verzweifeltem Schmerz den Tod des Geliebten beweint, vereinen sich Aida und Radames zu einer letzten Hymne an ihre Liebe und das Leben.

● Die Oper *Aida* wurde vom ägyptischen Vizekönig Ismail Pascha in Auftrag gegeben, allerdings nicht, wie allgemein angenommen wird, zur Einweihung des Suezkanals, sondern zur Eröffnung des neuen Opernheaters (wobei die Daten der beiden Ereignisse tatsächlich fast zusammenfielen). Die Oper konnte jedoch erst ein Jahr nach dem ursprünglich vorgesehenen Termin aufgeführt werden, da die Bühnenbilder und Kostüme im von den Preußen besetzten Paris festlagen. Mit der *Aida* stellt Verdi seine große Vielseitigkeit unter Beweis: eindrucksvolle Massenszenen stehen gleichwertig neben fast kammerspielartigen Szenen eines bis ins Detail gestalteten Seelendramas. Um die Aufführungen in Europa, insbesondere die italienische Erstaufführung in Mailand einhalb Monate nach der Uraufführung in Kairo kümmerte sich Verdi persönlich. Von der Plazierung der Soloinstrumente bis zur szenischen Ausgestaltung – nichts sollte vernachlässigt werden. Gegenüber Verdis früheren Opern stellt die *Aida* eine Wende dar, da sie nicht mehr so einseitig die Gesangspartien in den Vordergrund stellt, sondern dem Orchester eine neue entscheidende Rolle zuweist. Der Kritiker Mila spricht im Zusammenhang mit der *Aida* von einer ganz neuen Art von Oper, einer Oper, die «ganz Sonne und Italien», nicht mehr geprägt von der «Vulgarität der traditionellen musikalischen Begleitung» ist. Verdi scheint bereits zum damaligen Zeitpunkt die Bedeutung Wagners erkannt und das Bedürfnis verspürt zu haben, eine Gegenkraft zu entwickeln, obwohl Wagners Werke erst in späteren Jahren nach Italien kamen. Verdi kannte zwar einige Stücke Wagners und war auch durchaus beeindruckt davon, identifizierte sich jedoch in keiner Weise mit dessen Konzeption. Erst sechzehn Jahre später trat Verdi aus seiner selbstgewählten Reserve gegenüber den neuen Strömungen in der europäischen Musik wieder heraus und schrieb den *Othello*. Die deutsche Erstaufführung der *Aida* fand am 20. April 1874 an der Hofoper in Berlin statt. EP

Erstes Bild zum «Jahrmarkt von Sorotschinski» von Modest Mussorgskij in der Inszenierung am Freien Theater in Moskau 1913. Moskau, Theatermuseum Bakhruschin.

DER STEINERNE GAST
(Kamennyi gost)

Oper in drei Akten nach Alexander Dargomischski (1813–1869). Libretto nach Puschkins gleichnamiger Tragödie (1840). Uraufführung (posthum): St. Petersburg, Mariinskij-Theater, 28. Februar 1872. Solisten: Petrow, Kommissarschewskij.

PERSONEN. Don Juan (Tenor), Leporello (Baß), Donna Anna (Sopran), Don Carlos (Bariton), Laura (Mezzosopran), ein Mönch (Baß), erster Gast (Tenor), zweiter Gast (Baß), die Statue des Komtur (Baß), Gäste Lauras (Chor).

HANDLUNG. Die Handlung spielt in Spanien. Erster Akt, erste Szene. In der Umgebung von Madrid. Abends. Don Juan war wegen des Mordes am Komtur verbannt worden, ist nun aber heimlich mit seinem Diener Leporello ins Land zurückgekehrt, um Donna Laura wiederzusehen. Er kommt zu dem Kloster, in dem sich das Grab des ermordeten Komturs befindet. Des Komturs Witwe, Donna Anna, findet sich allabendlich hier zum Gebet ein. Kaum hat Don Juan die verschleierte Schöne erblickt, faßt er auch schon den Plan, sie zu verführen. Zweite Szene. Abendessen im Hause der Schauspielerin Donna Laura. Die Gäste verabschieden sich, zurück bleibt allein Don Carlos, Lauras neuer Geliebter. Sie gesteht ihm, auch Don Juan ihre Gunst gewährt zu haben. Wie durch einen Zauber herbeigerufen, begehrt gerade in diesem Augenblick derselbe Einlaß bei Donna Laura. Es kommt zum Duell zwischen den beiden Rivalen, in dem Don Carlos den Tod findet. Zweiter Akt. An der Gruft des Komturs im Kreuzgang des Klosters. Als Bruder verkleidet, nähert sich Don Juan der betenden Witwe und gesteht ihr seine glühende Liebe. Donna Anna ist zunächst bestürzt über die Bekenntnisse des Unbekannten, lädt ihn jedoch, als er sich als Don Diego de Calvido vorstellt, für den nächsten Tag zu sich in ihr Haus ein. Don Juan verspricht ihr feierlich, sich eines Edelmannes würdig zu verhalten. Kaum ist Donna Anna abgetreten, prahlt er vor seinem Diener Leporello mit seiner eigenen Schlauheit und lädt die Statue des Komturs höhnisch ein, sich am kommenden Abend doch ebenfalls ins Haus der Donna Anna zu begeben. Zu seinem Entsetzen nickt der steinerne Komtur mit dem Kopfe. Dritter Akt. Donna Annas Gemächer. Don Juan hat den Kampf um Donna Annas Gunst fast gewonnen. Sie scheint sogar bereit, ihm sein Verbrechen an ihrem Gatten zu vergeben, nachdem er sich als ihr früherer Geliebter zu erkennen gegeben hat. Da klopft es an die Türe. Die steinerne Statue des Komturs tritt ein. Donna Anna fällt in Ohnmacht, Don Juan aber findet in der steinernen Umarmung des Komturs den Tod.

● Nach den bitteren Erfahrungen mit seinen Opern *Esmeralda* und *Rusalka* hatte Dargomischski nicht mehr für das Theater gearbeitet. Unter dem Einfluß der begeisterungsfähigen sogenannten «jungrussischen Gruppe» («Fünfergruppe»), die sich in seinem Hause traf, wagte er sich dann doch wieder an eine große Oper. Die nach der Puschkinschen Fassung des Don Juan-Stoffes geschriebene Oper *Der steinerne Gast* blieb allerdings unvollendet. Mitten in der Arbeit raffte der Tod den Komponisten hinweg. Rimsky-Korssakow und Cui, beide Mitglieder der Fünfergruppe, besorgten nach seinem Tode die Instrumentierung bzw. die Vollendung nicht fertiger Passagen. Der Erfolg der Oper war mäßig, doch fand sie regelmäßige Aufführung und konnte sich bis heute an sowjetischen Bühnen halten. In neuerer Zeit wurde sie auch in anderen Ländern wieder aufgeführt, so zum Beispiel beim Florentiner «Maggio musicale» im Jahre 1956. Das Werk ist in der Musikgeschichte auch insofern von Bedeutung, als es eine besondere Form des melodischen Rezitativs entwickelte, die auf die russische Musik der nachfolgenden Zeit großen Einfluß haben sollte. MS

DJAMILEH

Komische Oper in einem Akt von Georges Bizet (1838–1875). Libretto von Louis Gallet nach dem Gedicht «Namouna» von Alfred Musset (1832). Uraufführung: Paris, Opéra-Comique (Salle Favart), 22. Mai 1872.

HANDLUNG. Die Handlung spielt in Ägypten. Harun (Tenor), ein reicher junger Lebemann, pflegt seine Geliebte

1872

A. Kriwscheni und E. Antonowa vom Bolschoi-Theater in einer Szene von Modest Mussorgskijs «Der Jahrmarkt von Sorotschinski».

allmonatlich zu wechseln. Zu diesem Zwecke beauftragt er seinen Sekretär Splendian (Bariton), ihm jeweils eine neue auf dem Markt zu kaufen. Auch Djamileh (Mezzosopran) scheint diesem Schicksal nicht zu entgehen. Nach Ablauf eines Monats will sie Harun verlassen. Doch Djamileh hat sich in ihn verliebt und gewinnt Splendian für ihren Plan: verkleidet läßt sie sich Harun als gerade frischgekaufte Sklavin vorstellen und weiß sich seine Gunst zu erhalten, auch als er schließlich bemerkt, daß sie seine alte Geliebte ist.

● Wie alle Opern Bizets spielt auch diese in einem exotischen Lande und ist reich an Lokalkolorit. In diesem Werk kündigt sich bereits hörbar der spätere Bizet an. Erfolg hatte Bizet jedoch keinen mit *Djamileh,* nach elf Aufführungen wurde die Oper abgesetzt. Erst im Jahre 1938 wurde sie in Paris neu aufgeführt. MS

DIE VERLOBTEN
(I promessi sposi)

Oper in drei Akten von Amilcare Ponchielli (1834–1886). Libretto von Emilio Praga (1839–1875). Uraufführung: Mailand, Teatro dal Verme, 5. Dezember 1872.

● Die nach dem gleichnamigen Roman Alessandro Manzonis geschriebene Oper entstand im Jahre 1855 und wurde ein Jahr später, 1856, in Cremona im Teatro alla Concordia aufgeführt. Ihr Erfolg beschränkte sich jedoch auf den engeren Raum der Stadt und Provinz. Der Triumph der *Verlobten* des Komponisten Petrella veranlaßte Ponchielli, sein Jugendwerk auszugraben und es zu überarbeiten. Der Text wurde durch die Mitarbeit des Librettisten Praga wesentlich verbessert und die Oper insgesamt in ihrer Neufassung ein guter Erfolg. Der Herausgeber Ricordi fand solchen Gefallen daran, daß er Ponchelli sofort eine weitere in Auftrag gab: *I lituani* (Die Litauer) nach A. Ghislanzoni. MSM

IWAN DER SCHRECKLICHE
(Pskowitianka)

Ernste Oper in drei Akten von Nikolai Rimsky-Korssakow (1844–1908). Libretto vom Komponisten nach einem Drama von L. A. Mej (1822–1862). Uraufführung: St. Petersburg, Mariinskij-Theater, 13. Januar 1873.

HANDLUNG. Rußland, Ende des sechzehnten Jahrhunderts. Die freie Stadt Pskow lebt in der Angst, das gleiche Schicksal zu erleiden wie Nowgorod, dessen Bewohner sich gegen die grausame Herrschaft Iwans des Schrecklichen erhoben hatten und erbarmungslos niedergeschlagen und gebrandschatzt worden waren. Gouverneur der Stadt ist Prinz Jurij Tokmakow (Baß). In seinem Palast lebt ein junges Mädchen namens Olga (Sopran), das der Prinz für seine Tochter ausgibt. In Wirklichkeit handelt es sich jedoch um eine Tochter Iwans des Schrecklichen. In der Stadt stehen sich zwei Gruppen gegenüber: eine unter der Führung des Gouverneurs und Matutas (Tenor), der Olga heiraten soll, ist geneigt, sich dem Zaren zu beugen, die andere mit Michael Toutcha (Tenor) an der Spitze ist entschlossen, die Unabhängigkeit der Stadt gegen den Zaren zu verteidigen. Als die zaristischen Truppen mit der Zustimmung des Gouverneurs in die Stadt einziehen, stürzt sich Toutcha ihnen entgegen. Olga, die Toutcha liebt, wirft sich zwischen die Kämpfenden, um den jungen Rebellen zu retten, doch sie und Toutcha werden getötet. Als der Zar davon erfährt, daß seine Truppen seine Tochter getötet haben, kann er sich zum ersten Mal in seinem Leben der Tränen nicht erwehren.

● Die Oper ist auch unter dem Titel *Das Mädchen von Pskow* bekannt. Die Arbeit an der Komposition war mühsam. Seine erste Inspiration bezog der Komponist aus dem Naturerlebnis eines Aufenthaltes im Landhaus seines Freundes Lodygenski. Nach längerer Unterbrechung der Beschäftigung mit dem Stoff schrieb er die Oper schließlich während der Zeit seines Zusammenlebens mit Mussorgskij, dessen Einfluß auch unverkennbar ist. Die starke thematische Polarisierung der Oper, die ursprünglich ganz um die Gestalt der Olga konzentriert war, auf den Konflikt zwischen der Stadt Pskow und dem Zaren geht wahrscheinlich auf Mussorgskij zurück. RB

LE ROI L'A DIT
(Wie es der König befahl)

Oper in drei Akten von Léo Delibes (1836–1891). Libretto von Edmond Gondinet. Uraufführung: Paris, Opéra-Comique, 24. Mai 1873.

HANDLUNG. Aufgrund einer Reihe von merkwürdigen Umständen sieht sich der Marquis de Montcontour gezwungen, einen Bauernjungen als seinen Sohn auszugeben. Das schlaue Bürschchen weiß die Situation sehr schnell zu seinen Gunsten auszunutzen und stellt die schlimmsten Streiche an. Mit viel Mühe gelingt es dem Marquis schließlich, sich des immer lästiger werdenden falschen Sprosses zu entledigen. Zum Trost für die schweren Prüfungen, die er mit diesem durchzumachen hatte, erhält er vom König die Herzogswürde.

● Diese Arbeit stellt den ersten Versuch Delibes zu einer größeren Oper dar. Bis dahin hatte er ein halbes Dutzend kleiner Operetten geschrieben. Er hatte mit *Le roi l'a dit* guten Erfolg in Paris und auch im Ausland. Philippe Gille nahm im Jahre 1898 eine Umarbeitung in zwei Akte vor. MS

Krönungsszene aus «Boris Godunow» von Modest Mussorgskij in einer Aufführung am Covent Garden Theatre 1969.

1873

DER JAHRMARKT VON SOROTSCHINSKI
(Soročinskaja Jamárka)

Komische Oper in drei Akten von Modest Mussorgskij (1839–1881). Libretto vom Komponisten nach einer Erzählung von Gogol. Die Oper blieb unvollendet. Beginn der Arbeit: 1873. Private Uraufführung der unvollendeten Oper: St. Petersburg, Komödie, 30. Dezember 1911, anläßlich des dreißigsten Todestages des Komponisten. Öffentliche Erstaufführung: Moskau, Swobodnyi Theater, 3. November 1913.

PERSONEN. Tscherewik (Baß), Gritzko (Tenor), Afanassij Iwanowitsch (Tenor), der Gevatter (Bariton), der Zigeuner (Baß), Parassja (Sopran), Shiwria (Mezzosopran), Mädchen, Burschen, Zigeuner, Händler, Kosaken, Volk.

HANDLUNG. Jahrmarktstag in Sorotschinski. Tscherewik schließt einen Handel ab, während seine Tochter Parassja mit begehrlichen Augen das Angebot an schönen Kleidern und modischem Tand betrachtet. Der junge Bauer Gritzko nutzt die Gelegenheit, um Parassja den Hof zu machen. Ein Zigeuner erzählt von einem bösen Geist, der mit einem Zauber die Geschäfte der Leute durcheinander zu bringen und Kühe und Pferde zu stehlen pflegt. Als Tscherewik sein Geschäft ausgehandelt hat und bemerkt, daß sich ein junger Mann an seine Tochter herangemacht hat, will er zunächst unwirsch dazwischentreten, stellt dann aber fest, daß es sich bei dem Burschen um den Sohn eines alten Freundes handelt, und verspricht ihm daraufhin ohne Zögern die Hand seiner Tochter. Gemeinsam begeben sich die drei in das naheliegende Wirtshaus, um das Ereignis zu feiern. Doch die Freude wird ihnen durch Tscherewiks zänkisches Weib gründlich verdorben. Kaum hat sie sich zu ihnen gesellt und von den Hochzeitsplänen erfahren, findet sie auch schon dies und jenes daran auszusetzen und verweigert ihre Zustimmung. Mit sinkender Dämmerung leert sich der Dorfplatz allmählich. Gritzko ist betrübt, aber der alte Zigeuner verspricht ihm zu helfen, wenn er ihm seine Ochsen für billiges Geld verkauft. Zweiter Akt. In Tscherewiks Hütte. Chiwria ist immer noch dabei, ihrem Mann eine Szene zu machen und jagt ihn schließlich aus dem Haus. Kaum ist sie alllein, beginnt sie sich in Windeseile aufzuputzen und den Tisch zu einem festlichen Mahle zu decken. Kurz darauf erscheint Afanassij Iwanowitsch, der Sohn des Dorfpopen, zum Stelldichein. Doch unerwartet kehrt Tscherewik mit seinen Freunden zurück. Chiwria kann ihren Anbeter gerade noch verstecken und die festlich gedeckte Tafel verschwinden lassen; Tscherewik und seine Freunde lassen sich zu einer feucht-fröhlichen Runde nieder und geraten ins Schwadronieren. Einer erzählt von dem bösen Geist, der sich oft in der Gestalt eines Schweins zeigt. Kaum ist das Wort gefallen, erscheint vor dem Fenster ein Schweinskopf. Das Entsetzen ist groß. Afanassij stürzt völlig verängstigt aus seinem Versteck hervor und sucht unter Chiwrias Röcken Schutz. Schnell zeigt sich jedoch, daß der Schweinskopf nicht dem bösen Geist gehört, sondern dem alten Zigeuner, der sich mit ein paar Burschen aus dem Dorf einen Scherz gemacht hat. Alles löst sich in Gelächter auf, und der feige Afanassij wird unter allgemeinem Spott unter Chiwrias Röcken hervorgezogen. Dritter Akt. Dorfplatz. Parassja tritt aus dem Hause und betrachtet sich im hellen Licht der Sonne wohlgefällig im Spiegel. Heiter und beschwingt fängt sie zu tanzen an. Tscherewik und Gritzko kommen hinzu. Der junge Bauer bittet den Alten noch einmal förmlich um die Hand seiner Tochter, und diesmal versucht Chiwria vergeblich, das Glück ihrer schönen Stieftochter zu hinter-

treiben. Tscherewik setzt sich seinem bösen Weibe gegenüber endlich durch. Das Brautpaar fällt sich in die Arme, während das Jungvolk aus dem Dorfe einen Kreis um die beiden schließt und den berühmten *Gopak* zu tanzen beginnt.

● Mussorgskij hatte mit den Arbeiten an der Oper im Jahre 1873 begonnen, aber nur Teile davon beenden können: die Marktszene des ersten Aktes, einen Großteil des zweiten, die aus dem sinfonischen Stück *Eine Nacht auf dem Kahlen Berge* übernommene Szene, den *Gopak* des Finales und zwei Arien. So war die Oper ein Fragment geblieben. Im Jahre 1917 brachte der russissche Komponist Cesar Cui, der mit Mussorgskij und anderen die jungrussische Schule gebildet hatte, eine Bearbeitung der Oper heraus. Eine weitere Überarbeitung wurde 1923 von Nikolai Tscherepin vorgelegt. Sie kam in Monte Carlo zur Aufführung. Tscherepins Version kommt der besonderen Harmonie und Melodik Mussorgskijs, die direkt aus der russischen Volksmusik stammen, gut entgegen. Für diese Oper standen insbesondere die Lieder der Ukraine Pate.
SC

BORIS GODUNOW

Oper in einem Prolog und vier Akten von Modest Mussorgskij (1839–1881). Libretto vom Komponisten nach dem gleichnamigen Drama von Puschkin (1799–1837) und der «Geschichte des russischen Staates» von Nikolai Karamsin (1766–1826). Uraufführung: St. Petersburg, Mariinskij-Theater, 24. Januar 1874.

PERSONEN. Boris Godunow (Bariton), Feodor (Mezzosopran) und Xenia (Sopran), seine Kinder: Fürst Wassilij Schuiskij (Tenor), Andreij Tschelkalow, Geheimschreiber (Bariton), Pimenn, Chronikschreiber (Baß), der falsche Dimitrij, Grigorij genannt (Tenor), Marina Mnischek, Tochter des Wojewoden von Sandomir (Mezzosopran), Rangoni, Jesuit (Bariton), Warlaam (Baß) und Missail (Tenor), entlaufene Mönche, eine Schenkwirtin (Mezzosopran), ein Blödsinniger (Tenor), ein Polizeihauptmann (Baß), ein Bojar (Tenor), Bojar Kruschtschow (Tenor), Lowitzkij und Tschernikowskij, Jesuiten (Bässe), Volk, Bojaren, Wachen, polnische Magnaten und Damen, Mädchen aus Sandomir, Pilger.

HANDLUNG. Die Handlung spielt zwischen 1598 und 1605. Prolog. Erstes Bild. Innenhof des Nowodiewitsch-Klosters. Der Bojar Boris Godunow, der vor Jahren den Thronerben Dimitrij hat ermorden lassen, hat sich ins Nowodiewitsch-Kloster zurückgezogen. Dimitrijs Vater, Zar Feodor, ist gestorben, und das Volk fordert nun Godunow auf, den Thron zu besteigen. Zweites Bild. Platz vor dem Kreml. Beim Klang der Kremlglocke und unter dem Gesang eines gewaltigen Chores schreitet Boris zur Krönung. Erster Akt. Erste Szene. Eine Zelle im Tschudow-Kloster. Pater Pimenn schreibt die blutige Chronik seiner Zeit. Sein Zellengenosse, der Novize Grigorij, schläft. Bei seinem Erwachen erzählt Grigorij einen Traum, den er eben hatte. Pater Pimenn sieht darin gefährliche Anzeichen eines unmäßigen Ehrgeizes des Novizen und erzählt ihm zur Abschreckung die Geschichte von Boris Godunow, der sich beim Zar eingeschmeichelt und ihm dann den Zarewitsch getötet habe, um nach seinem Tode selbst den Thron zu besteigen. Der Novize ist bestürzt und ruft nach Rache an dem Mörder und Usurpator. Zweite Szene. Eine Schenke an der Grenze zu Litauen. Die Wirtin ist mit einer Flickarbeit beschäftigt und singt dazu. Da treffen Missail und Warlaam, zwei entlaufene Mönche, mit einem jun-

Szenenfoto aus «Boris Godunow» von Modest Mussorgskij am Bolschoi-Theater, Moskau, aus dem Jahre 1927.

gen Mann ein. Dieser ist Grigorij. Er ist aus dem Kloster geflohen und will die Grenze nach Litauen heimlich überschreiten. Er hat sich, um nicht erkannt zu werden, verkleidet. Doch die Wachen sind schon hinter ihm her und durchsuchen die Schenke. Der Hauptmann zeigt einen Haftbefehl gegen Grigorij wegen Ketzerei und Klosterflucht vor. Da er selbst nicht lesen kann, gibt er dem verkleideten Novizen das Schriftstück zum Vorlesen. Grigorij nimmt die günstige Gelegenheit wahr und gibt eine genaue Personenbeschreibung des Warlaam, statt den Text des kaiserlichen Befehls getreulich abzulesen. Aber sein Betrugsmanöver wird aufgedeckt und er kann sich nur durch einen kühnen Sprung aus dem Fenster retten. Zweiter Akt. Erste Szene. In den kaiserlichen Gemächern im Kreml. Boris' Tochter Xenia beweint den frühen Tod ihres Bräutigams, sein Sohn Feodor ist in das Studium einer Karte seines künftigen Reiches versunken. Gerührt betrachtet Boris seine beiden Kinder, doch läßt ihn sein Gewissen wegen des alten Verbrechens nicht zur Ruhe kommen. Ein Bojar verkündet die Ankunft des Prinzen Schuiskij mit der warnenden Bemerkung, dieser konspiriere gegen den Zar, an. Schuiskij berichtet von einem Aufstand, der durch einen Unbekannten, der sich für den Zarewitsch Dimitrij ausgebe, angezettelt worden sei. Boris wird von wildem Schrecken erfaßt. Er berfüchtet, der Zarewitsch habe den Anschlag auf sein Leben vielleicht doch auf unerklärliche Weise überlebt. Als der Prinz ihm vorhält, er selbst habe doch den im Kreml aufgebahrten Leichnam Dimitrijs gesehen, stürzt ihn diese Erinnerung nur in immer schlimmere Gewissensbisse und Angstzustände. Dritter Akt. Erste Szene. Schloß Sandomir in Polen. Die Fürstin macht mit Hilfe ihrer Kammerfrau große Toilette. Rücksichtslos und ehrgeizig wie sie ist, beabsichtigt sie den angeblichen Zarewitsch Dimitrij zu verführen, um später Zarin zu werden. Ihr Beichtvater Rangoni unterstützt sie in ihren Plänen, läßt sich jedoch das Versprechen geben, daß sie als Zarin Rußland in den Schoß der katholischen Kirche zurückführen werde. Zweite Szene. Schloßgarten im Mondschein. Dimitrij wartet auf die Fürstin Marina. Stattdessen erscheint Pater Rangoni und versichert

ihn der Gunst der Fürstin, wenn er nur seinem Rat folge. Als die Fürstin selbst kommt, reagiert sie auf des Novizen glühende Liebesworte nur mit unverhülltem Machthunger. Dimitrij weiß nicht, wie er dieses Verhalten verstehen soll, aber der erfahrenen Marina gelingt es trotzdem, ihn zu verführen. Von seinem Versteck aus kostet Rangoni seinen Triumph aus. Vierter Akt. Erste Szene. Ein Saal des Spiegelpalastes im Kreml. Die Bojarenduma sitzt zu Gericht über den Aufstand des falschen Dimitrij. Fürst Schuiskij berichtet von der Reaktion Godunows auf die Erinnerung an den Tod des echten Zarewitsch. Da stürzt Godunow selbst herein. Wie am Abend zuvor zerfleischt er sich in Gewissensqualen und verliert darüber fast den Verstand. Als er sich wieder etwas gefaßt hat, erzählt der Mönch Pimenn von einer wunderbaren Heilung, die er am Grabe des ermordeten Zarewitschs erlebt habe. Darüber stürzt Boris in eine neue schwere Krise. Da er den Tod nahen fühlt, läßt er seinen Sohn rufen und legt ihm ans Herz, ein weises und gerechtes Regime über Rußland zu führen. Danach stirbt er. Zweite Szene. Nachts, im Walde von Kromij. Die Aufständischen haben einen Bojaren gefangen und verhöhnen und foltern ihn. Einem Blödsinnigen, der in sein Gebet versunken ist, rauben sie die letzte Kopeke. Die beiden abtrünnigen Mönche Missail und Warlaam mischen sich unter die Menge; zwei Jesuiten singen auf lateinisch das Lob des Zarewitsch Dimitrij, aber das Volk will nichts Lateinisches hören. Sie entgehen der Volkswut nur dank des Eintreffens des eben besungenen falschen Dimitrij, dem das Volk nun jubelnd und blindlings nachfolgt. An der Spitze seiner Krieger zieht er weiter auf die Hauptstadt zu. Zurück bleibt einsam und verlassen der Schwachsinnige. Verwirrt beklagt er das unverständliche Geschick seiner Heimat, während am Himmel der Widerschein der brennenden Stadt Kromij aufflackert.

● Die Oper *Boris Godunow* gilt als *die* russische Nationaloper. Mussorgskij begann die Arbeit daran im Jahre 1868 (auf Anregung des Historikers V. Nikolskij) und schloß sie im Dezember des darauffolgenden Jahres ab. Die Prüfungskommission des Kaiserlichen Theaters in St. Petersburg lehnte das Werk jedoch ab. Es entsprach zu wenig den Vorstellungen der Zeit, es war weder dem Stil der Wagnerschen Musikdramen noch dem beliebten italienisch-französischen Operngeschmack verhaftet. Es war insgesamt zu neuartig, die musikalischen Lösungen dieses genialen Neuerers wurden als zu kühn empfunden. Mussorgskij machte sich an die Umarbeitung: er nahm Streichungen und Zusätze vor, fügte die beiden sogenannten Polenszenen und die Liebesgeschichte zwischen der Fürstin Marina und dem falschen Dimitrij ein und unterbreitete das Werk wiederum der Prüfungskommission. Auch diesmal lautete das Urteil: abgelehnt (1872). Es kam allerdings dank des Druckes einiger einflußreicher Sänger schon bald nicht nur zu privaten konzertanten Aufführungen, sondern auch zu Teilaufführungen auf der Bühne. Schließlich geht die Oper unter der Leitung von Eduard Napravnik mit dem Bariton Iwan A. Melnikow als Boris, der Sopranistin Julia P. Platonowa als Marina, Daria Leonowa als Wirtin und Ossip Petrow als Warlaam in Szene. Das Publikum ist begeistert, die Kritik geteilt. In fünf Jahren erfuhr die Oper nur fünfundzwanzig Aufführungen, dann wurde sie ganz abgesetzt. In den Jahren 1888–1900 stand sie dann auf dem Spielplan des Bolschoi-Theaters. Nach Mussorgskijs Tod ließ Rimsky-Korssakow die Partitur veröffentlichen und versah sie gleichzeitig mit einer neuen Orchestrierung (die Schwächen der alten waren in der Tat unleugbar), die teilweise in offenem Gegensatz zu den erkennbaren Absichten des

1875

Zweiter Akt der «Carmen» von Georges Bizet. Bühnenbild von Renato Guttuso.

Komponisten stand. Paul Lamm besorgte später eine kritische Überarbeitung, die 1928 in Rußland herauskam. Trotzdem wird der *Boris* fast immer in der Rimskij-Korssakow-Version gespielt. Die italienische Erstaufführung fand am 14. Januar 1909 an der Mailänder Scala statt; die Pariser Aufführung im Jahre 1908 war von Dhiagilew mit dem berühmten Schaljapin eingerichtet worden. In New York wurde die Oper 1913 von Toscanini dirigiert, und in London kam sie noch im selben Jahr zur Aufführung. Die letzte Version des *Boris* stammt von Schostakowitsch (Auftraggeber: Bolschoi-Theater Moskau, Veröffentlichung: 1963, Moskau). In Deutschland wurde *Boris Godunow* zum ersten Mal am 29. Oktober 1913 in Breslau gegeben. SC

DER DÄMON (Demon)

Ernste Oper in drei Akten von Anton G. Rubinstein (1829–1894). Text von P. A. Wiskatow nach Lermontow. Uraufführung: St. Petersburg, Kaiserliches Theater, 25. Januar 1875.

HANDLUNG. Dämon, ein Sterblicher mit übermenschlichen Eigenschaften betrachtet von der Spitze des Katzbeck aus melancholisch die Welt. Ihre Öde ekelt ihn an, und er beklagt seine verpfuschte Jugend. Das einzige, was er noch begehrt, ist die Liebe einer Frau. Da begegnet er Tamara, einem jungen Mädchen, das am Vorabend seiner Hochzeit steht, und verliebt sich in sie. Um in ihren Besitz zu gelangen, läßt er ihren Bräutigam, den Prinzen Sinodal, von Räubern umbringen. Doch Tamara flieht vor der Liebe Dämons ins Kloster. Dessen übermenschlichen Kräften gelingt es jedoch, bis in ihre Klosterzelle vorzudringen. Dort weiß er sie in einem langen Zwiegesang schließlich von seiner Liebe zu überzeugen. Doch da erscheint der gemordete Bräutigam als Engel. Himmlische Stimmen rufen Tamara auf den rechten Weg zurück. Sie reißt sich aus Dämons Armen los und fällt tot zu Boden. Die Pforten des Paradieses tun sich vor ihr auf, denn sie hat sich durch ihren Tod selbst erlöst. Dämon bleibt in verzweifelter Einsamkeit zurück.

• *Der Dämon* hatte bei seiner Uraufführung derartigen Erfolg, daß Rubinstein sogleich zum neuen Nationalkomponisten deklariert wurde. Jedenfalls ist *Der Dämon* A. Rubinsteins Hauptbühnenwerk. Die dramatische Handlung, die vorbestimmten, unausweichlichen Leidenschaften und die Erlösung als letzte Möglichkeit gemahnen zwar stark an Wagner, musikalisch jedoch hat der Komponist nichts mit diesem gemein. RB

CARMEN

Lyrisches Drama in vier Akten von Georges Bizet (1838–1875). Libretto von Henri Meilhac (1831–1897) und Ludovic Halévy (1834–1908) nach der gleichnamigen Novelle von Prosper Mérimée (1845). Uraufführung: Paris, Opéra-Comique, 3. März 1875. Solisten: Célestine Galli-Marié (Carmen), Paul Lhérie (Don José), Joseph Bouhy (Escamillo), Margherite Chapuy (Micaela).

PERSONEN. Carmen (Mezzosopran), Micaela (Sopran), Frasquita (Sopran), Mercédès (Mezzosopran), Don José (Tenor), Escamillo (Bariton), Dancairo (Tenor), Remendado (Tenor), Zuniga, Leutnant (Baß), Moralès, Sergeant (Bariton), Lillas-Pastià, Schenkwirt (stumme Rolle), Offiziere, Dragoner, Straßenjungen, Zigarettenarbeiterinnen, Zigeuner, Schmuggler.

HANDLUNG. Spanien um 1820. Erster Akt. Platz in Sevilla mit der Tabakfabrik gegenüber der Hauptwache. Passanten und Soldaten warten auf die von der Arbeit kommenden Zigarettenarbeiterinnen. Micaela, ein Mädchen vom Lande, sucht ängstlich nach dem Dragonersergeanten Don José. Dieser scheint aber nicht Wache zu haben. Micaela geht daher weg, um später wiederzukommen. Unterdessen trifft Don José ein. Es ist gerade Mittagszeit, und die Mädchen kommen aus der Fabrik. Eine von ihnen, Carmen, ist in Don José verliebt und wirft ihm eine Blume zu. Der Sergeant zeigt sich

«Carmen» von Georges Bizet an der Pariser Oper in den Bühnenbildern von Lila de Nobili.

Entwurf Émile Bertins zum vierten Akt der «Carmen» von Georges Bizet an der Opéra-Comique 1875. Paris, Bibliothèque de l'Opéra.

gelassen, doch macht die schöne stolze Zigeunerin einen tiefen Eindruck auf ihn. Micaela, das sanfte Mädchen aus seinem Dorfe, das er zu heiraten gedenkt, kommt zurück. Sie bringt ihm Geschenke der Mutter. In der Fabrik bricht ein Streit zwischen den Arbeiterinnen aus. Carmen ist auch darin verwickelt und wird festgenommen, da sie eine der Frauen verletzt hat. Don José hat die Wache über sie. Sie setzt ihre ganze Verführungskunst ein, um freigelassen zu werden. Sie verspricht dem Sergeanten ein Stelldichein bei Lillas-Pastià, einem etwas anrüchigen Schenkenwirt. Don José zögert, doch schließlich gibt er ihr die Gelegenheit zur Flucht, indem er sich selbst auf dem Weg ins Gefängnis niederrempeln läßt. Zweiter Akt. Die Schenke des Lillas-Pastià. Carmen tanzt mit einigen Freundinnen. Der vielbewunderte Torero Escamillo, der in Carmen verliebt ist, kommt in die Schenke und wendet der schönen Zigeunerin sofort seine Aufmerksamkeit zu. Doch Carmen straft ihn mit Verachtung, denn sie wartet auf Don José, der nach seiner Freilassung aus dem Gefängnis, in das er geworfen worden war, weil er sie hatte entkommen lassen, zu Lillas-Pastià kommen soll. Die Schenke ist der Treffpunkt einer Schmugglerbande, der Carmen auch angehört. Die beiden Anführer Remendado und Dancairo bereiten einen großen Coup vor. In seiner blinden Leidenschaft hat Don José Carmens Aufforderung Folge geleistet. Doch als der Zapfenstreich ertönt, will er pflichtgetreu in die Kaserne zurück. Carmen verhöhnt ihn und fordert ihn auf, mit ihr in die Berge zu fliehen, wo alles Freiheit sei. Da betritt Leutnant Zuniga die Schenke und befiehlt seinem Untergebenen, abzutreten. Die beiden geraten miteinander ins Handgemenge. Dancairo und Remendado mischen sich ein und entführen den Leutnant. Nunmehr bleibt Don José nicht anderes mehr übrig, als Carmen in die Berge zu folgen. Dritter Akt. Im Schmugglernest im Gebirge. Don José wird von Gewissensbissen geplagt, weil er die Versprechen, die er seiner Mutter gegeben hat, nicht gehalten hat. Carmen ihrerseits ist ihrer Liebe zu Don José bereits müde, um so mehr, als dieser sich schlecht zum Schmuggler und Helden der großen Freiheit eignet. Ihr Begehren richtet sich wieder auf den Torero Escamillo. Als sie die Karten über ihr weiteres Schicksal befragt, weissagen sie ihr den Tod. Escamillo ist Carmen ebenfalls gefolgt. Es kommt zum Streit zwischen ihm und Don José. Carmen kann die beiden gerade noch auseinanderhalten, als sie mit Messern aufeinander losgehen wollen. Aber Carmen läßt deutlich erkennen, daß Don José ihre Liebe verspielt hat. Schließlich kommt sogar Micaela ins Schmugglernest. Sie ist auf der Suche nach ihrem geliebten José und überredet ihn endlich, mit ihr zurück ans Lager der sterbenden Mutter zu eilen. Als Carmen ihn wegen seiner Treue gegenüber der Mutter verhöhnt, stößt er, bis aufs Blut gereizt, wilde Drohungen gegen sie aus. Vierter Akt. Platz in Sevilla vor der Arena. Das Volk jubelt Escamillo auf seinem Weg zur Corrida zu. Carmen, die inzwischen seine Geliebte geworden ist, sonnt sich in seinem Ruhm. Freundinnen warnen sie vor Don José. Doch Carmen tritt dem ehemaligen Geliebten kaltblütig ge-

1875

genüber. Dieser fleht sie an, zu ihm zurückzukehren. Carmen weist ihn schroff und spöttisch von sich. Aus der Arena sind die Beifallsrufe für Escamillo zu hören. Als Carmen Don José schließlich einen Ring, den er ihr gegeben hatte, verächtlich vor die Füße wirft, ist dieser nicht mehr zu halten. Blind vor Eifersucht stürzt er sich auf sie und sticht sie nieder. Dann bricht er schluchzend zusammen und läßt sich widerstandslos abführen.

● Milieu und Atmosphäre der Oper haben nicht mehr viel gemeinsam mit der Novelle Mérimées. Die Librettisten hatten den krassesten Realismus für die Zwecke der Bühne abgemildert. Das Pariser Publikum war ohnehin nicht von vornherein zu begeistern für Zigeuner, Diebe, Fabrikarbeiterinnen, Schmuggler und ähnliches zwielichtiges Gesindel. Auch der Realismus eines gewaltsamen Todes war nicht willkommen. Das Spanien Mérimées wurde mit viel Lokalkolorit und zahlreichen Tanzeinlagen und Chören versüßlicht. Als Gegenpol zur leidenschaftlichen und gewalttätigen Carmen wurde die «positive» Gestalt der Micaela eingeführt. Carmen ist nicht mehr die zutiefst verletzte, aus Schmerz wildgewordene Zigeunerin, der der Sergeant den Mann getötet hat, sondern schon fast eine elegante «Senorita» launischen Charakters. Und José ist kein mehrfacher Mörder mehr, sondern ein einfacher Bauernbursche. Trotz dieser Vorsichtsmaßnahmen herrschte am Abend der Uraufführung ungeheure Spannung. Und die Kritik brach wie ein Unwetter über die Oper herein: man verstand sie nicht, man warf ihr vor, unmoralisch und obszön zu sein, es an jedem Sinn fürs Theater ermangeln zu lassen, mit allem gutem Geschmack zu brechen usw. Von der Musik wurde gesagt, sie gehöre zur sogenannten «Zukunftsmusik», entbehre jeder Melodik. Die weiteren Aufführungen fanden vor fast leerem Saal statt. Und doch ist *Carmen* Bizets Hauptwerk. Der Komponist entfaltet in dieser Oper sein dramatisches Genie und sprengt damit völlig die Grenzen des Librettos. Zwar hält er sich an den formalen Rahmen der «Opéra-Comique», stattet diesen aber mit einer ganz neuen Vitalität aus. Arien, Kanzonen, Chöre, Duette und Rezitative läßt er als traditionelle Formen unangetastet, doch die erstarrten Konventionen bekannter Situationen und feststehender Gefühle versteht er durch nie dagewesene Emotionalität und unerhörten Realismus, durch maßlose Leidenschaft und Heftigkeit von Gefühl und Handeln aufzubrechen. Diese neuen Wesensmomente der Oper werden ganz von der Musik getragen. Der Einfallsreichtum und die Neuerungskraft des Komponisten stehen außer Zweifel. Alle Diskussionen über die Herkunft bestimmter Themen oder Motive, insbesondere über den Rückgriff auf spanische Volksweisen, sind dem gegenüber machtlos. Verhältnismäßig bald nach dem aufsehenerregenden Durchfall bei der Uraufführung, konnte die Oper recht schöne Erfolge im Ausland und in der französischen Provinz erzielen. Ihr Ruhm wuchs und verbreitete sich, bis sie acht Jahre später siegreich Einzug in Paris hielt. Am 24. Dezember 1904 wurde sie im gleichen Theater zum tausendsten Mal gespielt. *Carmen* ist um die ganze Welt gegangen, wurde in alle Sprachen übersetzt und erntet nach wie vor einen Erfolg nach dem anderen. Bizet erlebte die Krönung seiner Arbeit leider nicht mehr, denn er starb schon drei Monate nach der jämmerlichen Uraufführung im Alter von nur sechsunddreißig Jahren. Das Fiasko der *Carmen* dürfte nicht ohne Einfluß auf seine Gesundheit gewesen sein und hat die tödliche Krise vielleicht beschleunigt herbeigeführt. So ist *Carmen* nicht nur das Meisterwerk des Komponisten, sondern leider auch sein letztes. MS

DIE KÖNIGIN VON SABA

Oper in vier Akten von Carl Goldmark (1830–1915). Libretto von Salomon Hermann Mosenthal (1821–1877). Uraufführung: Wien, Hoftheater, 10. März 1875.

HANDLUNG. Die Handlung ist der biblischen Geschichte nachempfunden. Die Königin von Saba stattet König Salomon einen Besuch ab. Der Favorit des Königs und Bräutigam der Hohepriesterstochter Sulamid Assad verfällt der Schönheit der Königin bei der ersten Begegnung. Obschon Assad dem König seine Liebe zur Königin von Saba gesteht, muß der nach Salomons Willen Sulamid heiraten. Während der Hochzeitszeremonie im Tempel tritt unerwartet auch die Königin von Saba, die eifersüchtig ist, in Erscheinung. Bei ihrem Anblick bricht Assad wie in Wahnsinn aus, verflucht die Religion und die Kultstätte und flieht aus dem Tempel. Er wird zum Tode verurteilt. Auf Sulamids flehentliche Bitten hin wird dieses Urteil in Verbannung umgewandelt. Assad irrt unterdessen in der Wüste umher. Die Königin von Saba ist ihm gefolgt und versucht ihn zu verführen, doch Assad will nichts mehr von ihr wissen und zieht weiter auf seinem einsamen Weg durchs Land. Schließlich findet ihn – völlig am Ende seiner Kräfte – Sulamid. In ihren Armen stirbt er.

● *Die Königin von Saba* ist Goldmarks erste Oper und erzielte bei der Wiener Uraufführung so großen Erfolg, daß sein Name mit einem Schlage berühmt wurde. Die Partitur ist von unterschiedlicher Qualität. Sie ist reich an den Zauber des Orients evozierenden Klangfarben und Melodien und teilweise recht interessant. Anklänge an Wagnersche Harmonien lassen sich nicht verleugnen. *Die Königin von Saba* gilt als das beste Werk des ungarischen Komponisten. LB

WAKULA DER SCHMIED
(Kusnetz Wakula)

Oper in vier Akten von Peter Iljitsch Tschaikowsky (1840–1893). Libretto von J.P. Polonskij nach Gogols «Der Weihnachtsabend» (1832). Uraufführung: St. Petersburg, Marijinskij-Theater, 6. Februar 1876.

● 1885 arbeitete Tschaikowsky die Oper um. Sie wurde in Moskau unter dem Titel *Tscherewitski (Die Pantöffelchen)* aufgeführt (31. Januar 1887). Die Oper ist in Europa auch noch unter den Titeln *Oxanas Launen* bzw. *Die goldenen Schuhe* bekannt. Es ist das erste Werk, mit dem Tschaikowsky selbst zufrieden war. Das Libretto war ursprünglich für den russischen Komponisten Alexander Seroff geschrieben worden. Die Oper fand großen Anklang in Rußland dank der Verarbeitung zahlreicher russischer und ukrainischer Volksweisen.
MS

ANGELO

Oper in zwei Akten von Cesar Cui (1835–1918). Libretto von W. Burenin nach Victor Hugos «Angelo, Tyrann von Padua» (1853). Uraufführung: St. Petersburg, Mariinskij Theater, 13. Februar 1876.

HANDLUNG. Die Handlung spielt im Jahre 1549 in Padua. Angelo Malipiero herrscht als Podestà im Auftrag Venedigs über die Stadt. Die Schauspielerin Thisbe gilt allgemein als die Geliebte des Podestà, ist es jedoch nicht. Denn sie liebt den unter dem Namen Rodolfo auftretenden Ezzelino da Romano, der allerdings seinerseits sein Herz dem Mädchen Caterina Bregadin geschenkt hat, das mittlerweile verheiratet ist. Rodolfo weiß aber weder mit dem noch wo. Es stellt sich heraus, daß Caterina Angelos Gemahlin geworden ist. Thisbe entdeckt Caterina und Rodolfo zusammen und sieht schon eine glänzende Gelegenheit, sich für ihre Verleumdung als Geliebte des Podestà und Rodolfos Verrat zu rächen, als ihr an einer scheinbaren Kleinigkeit auffällt, daß Caterina das Mädchen sein muß, das einst ihrer Mutter das Leben gerettet hat. Aus Dankbarkeit will sie Caterina vor der Eifersucht des Podestà schützen. Das Gift, das ihr dieser geben will, vertauscht sie mit einem Schlaftrunk und schafft die betäubte Caterina dann unauffällig in ihr eigenes Haus. Doch dort ereilt sie ihr Schicksal. Denn Rodolfo hält die Schauspielerin für an Caterinas Tod schuldig und ersticht sie. Zu spät erkennt er, daß sie aus Edelmut gehandelt und ihm Caterina hatte retten wollen. MS

LA GIOCONDA

Dramatische Oper in vier Akten von Amilcare Ponchielli (1834–1886). Libretto von Tobia Gorrio (Pseudonym des Arrigo Boito (1842–1918) nach Victor Hugos «Angelo, Tyrann von Padua». Uraufführung: Mailand, Teatro alla Scala, 8. April 1876. Solisten: Mariani-Masi, Biancolini-Rodriguez, Gayarre, Aldighieri, Maini. Dirigent: Franco Faccio. Zweite endgültige Version: Mailand, Teatro alla Scala, 12. Februar 1880.

PERSONEN. La Gioconda (Sopran), Alvise Badoero, einer der staatlichen Inquisitoren (Baß), Laura Adorno, seine Gattin (Mezzosopran), eine Blinde, Giocondas Mutter (Alt), Enzo Grimaldi, Genueser Fürst (Tenor), Barnaba (Bariton), Zuarre (Baß), ein Sänger (Baß), Isepo, Schreiber (Tenor). Chöre und Komparsen.

HANDLUNG. Die Handlung spielt im Venedig des siebzehnten Jahrhunderts. Erster Akt. Hof des Palazzo Ducale. Gioconda, eine Sängerin einer Wandertruppe, verschmäht die Liebe des Barnaba, eines Spions des Zehnerrates. Aus Rache bezichtigt dieser die blinde Mutter des Mädchens der Hexerei. Der Pöbel stürzt sich schon in wilder Wut auf die alte Frau, als ein dalmatinischer Seemann dazwischen tritt und sie gerade noch zu retten vermag. Es ist der junge Genueser Adlige Enzo Grimaldi, der aus der Stadt Venedig verbannt worden war und sie nur mehr verkleidet und unter falschem Namen zu betreten wagen kann. Gioconda ist in ihn verliebt, er aber hat sein Herz an Laura Adorno, die Gattin des Inquisitors Alvise Badoero verloren. Alvise läßt die als Hexe verschriene Mutter Giocondas trotz Enzos mutigem Dazwischentreten festnehmen. Laura kann schließlich ihre Begnadigung erwirken und bekommt als Dank von der Alten einen Rosenkranz. Barnaba schmiedet inzwischen Pläne, um Enzo von Gioconda zu entfernen. Er verspricht ihm, ihm bei der Flucht mit Laura zu helfen, verrät ihn dann aber durch einen anonymen Brief. Gioconda hat ihrerseits belauscht, wie Barnaba dem öffentlichen Schreiber den verräterischen Brief diktiert hat und weiß somit von Enzos und Lauras Fluchtplänen. Sie beschließt, ihre Rivalin aus dem Wege zu schaffen. Sie versteckt sich auf dem Schiff, das Enzo und Laura zur Flucht benutzen. Schon will sie zum tödlichen Dolchstoß ausholen, da sieht sie den Rosenkranz der Mutter und begreift, daß es Laura war, die die blinde Mutter vor dem Hexentod auf dem Scheiterhaufen bewahrt hat. Ihr ganzes Sinnen geht nunmehr darauf, den beiden die Flucht zu ermöglichen. Als Alvise auf das Boot kommt, um seine flüchtige Gattin festzuhalten, hält sie ihn mit einem geschickten Manöver solange auf, bis sich Laura in Sicherheit gebracht hat. Enzo hat unterdessen das Boot in Brand gesteckt und sich schwimmend ans Ufer gerettet. Dritter Akt. Lauras Gemächer in der Ca' d'Oro. Während nebenan in den Empfangsräumen des Palastes ein großes Fest im Gang ist *(Tanz der Stunden),* wirft Alvise der Gattin Treuebruch und Verrat vor und will sie zwingen, zur Sühne Gift zu nehmen. Doch Gioconda ist es gelungen, sich in den Palast einzuschleichen und nun das Schlimmste zu verhindern. Sie vertauscht das Gift heimlich mit einem Schlaftrunk und überredet Laura, diesen zu nehmen und den rachsüchtigen Gatten in dem Glauben zu lassen, sie hätte sich vergiftet. Als der Ball seinem Ende zugeht, lüftet Alvise vor aller Augen den Baldachin über Lauras Bett, um allen die tote Gattin zu zeigen. Beim Anblick der anscheinend toten Laura kann sich Enzo, der sich in neuer Verkleidung ebenfalls auf das Fest gewagt hat, nicht mehr zurückhalten. Durch seine Reaktion verrät er sich und wird festgenommen. Gioconda will auch den geliebten Mann retten. Sie sieht keine andere Möglichkeit, als sein Leben für ihre Hingabe von Barnaba zu erkaufen. Barnaba geht auf das Angebot ein, nutzt aber das allgemeine Durcheinander dazu, Giocondas blinde Mutter als Geisel festzuhalten. Vierter Akt. Laura wird von Giocondas Vertrauensmännern in einen halbverfallenen Palast auf der Insel Giudecca gebracht. Gioconda ist verzweifelt über das Verschwinden der Mutter und die Unmöglichkeit ihrer Liebe zu Enzo. Sie sinnt auf Selbstmord. Da taucht Enzo, der mit Barnabas Hilfe aus dem Gefängnis fliehen konnte, auf. Obwohl er Giocondas Großmut und Opferbereitschaft anerkennen muß, liebt er nach wie vor nur Laura und flieht mit ihr. Als dann Barnaba kommt, um die Gegenleistung seines Handels mit Gioconda einzufordern, nämlich ihre Liebe und Hingabe, tut diese zunächst so, als wäre sie nur zu bereit, stößt sich dann jedoch vor seinen Augen einen Dolch in die Brust. Wie wahnsinnig vor Wut, die begehrte Frau doch nicht für sich gehabt zu haben, schreit er ihr entgegen, er habe ihre Mutter ertränkt. Aber Gioconda hört diese letzte Schmerzensnachricht bereits nicht mehr.

● *La Gioconda* ist ein typisches Beispiel für die große Volksoper, voller Leidenschaft und Dramatik und mit äußerst eingängigen Melodien. Es ist vielleicht die einzige Oper Ponchiellis, die auch heute noch – trotz aller Abnutzung – eine starke Anziehungskraft auf das Publikum, insbesondere das italienische Publikum ausübt. Sie eignet sich besonders für sehr effektvolle Inszenierungen und wird daher gerne in der Arena von Verona eingerichtet, wo ihre Spektakularität gut zur Geltung kommt. Auch das Libretto der Oper ist sehr geschickt. Trotzdem hielt es Boito für angebracht, es nur unter einem Pseudonym herauszubringen. Die Oper war von Anfang an ein großer Erfolg, trotzdem versuchte Ponchielli verschiedenen, ihm begründet erscheinenden Bemerkungen der Kritik Rechnung zu tragen und nahm einige Veränderungen vor. Bereits die Aufführungen in Rom (Dezember 1877) und Genua (Dezember 1879) brachten solche Umarbeitungen, die letzte und endgültige Fassung ging dann am 12. Februar 1880 an der Mailänder Scala in Szene. MSM

DER RING DES NIBELUNGEN

Bühnenfestspiel in einem Prolog und drei Tagen von Richard Wagner (1813–1883). Text vom Komponisten in Anlehnung an die Nibelungensage. Der «Ring» umfaßt vier Bühnendichtungen. Vorabend: «Das Rheingold»; erster Tag: «Die Walküre»;

Szene aus dem ersten Akt von Georges Bizets «Carmen» an der Metropolitan Opera in New York mit Marylin Horne als «Carmen» und James McCracken als «Don José». Aufführung aus dem Jahre 1972.

zweiter Tag: «Siegfried», dritter Tag: «Götterdämmerung». Uraufführung des gesamten Zyklus: Bayreuth, August 1876.

Vorabend: DAS RHEINGOLD

Ein Akt. Uraufführung: München, Hoftheater, 22. September 1869. Solisten: August Kindermann (Wotan), Franz Nachbaur (Froh), Heinrich Vogl (Loge), Fischer (Alberich), Karl Schlosser (Mime), Sophie Stehle (Fricka). Dirigent: Franz Wüllner.

PERSONEN. Wotan, der Göttervater (hoher Baß), Donner (Baß), Froh (Tenor), Loge (Tenor), Fricka, Wotans Gattin (Mezzosopran), Freia, ihre Schwester (Sopran), Erda (Mezzosopran), Alberich, König der Nibelungen (Baß), Mime, sein Bruder (Tenor), Fasolt (Baß), Fafner (tiefer Baß), die Rheintöchter: Woglinde (Sopran), Wellgunde (Sopran), Floßhilde (Mezzosopran).

HANDLUNG. Die Welt am Anfang der Zeiten. Am Grunde des Rheins liegt in einem Felsenbett das Rheingold verborgen. Es wird von den drei Rheintöchtern bewacht. Sie schwimmen singend und scherzend in dem großen Fluß umher, bis das plötzliche Auftreten Alberichs sie verstummen läßt. Aus den Tiefen der Höhlen von Nibelheim, wo die Zwerge leben, ist er heraufgestiegen, um in brünstiger Gier nach den anmutigen Flußtöchtern zu haschen. Doch diese treiben ihr spöttisches Spiel mit ihm, um sich ihm am Ende doch zu entwinden. Plötzlich leuchtet das am Flußgrund liegende Felsriff golden auf. Ein Sonnenstrahl hat das dort verborgene Gold getroffen. Unbedacht enthüllen die leichtsinnigen Mädchen Alberich das Geheimnis dieses Schatzes. Wer dieses Gold besitzt und stark genug ist, es in einen Ring zu schmieden, dem wird alle Macht über die Welt zuteil. Doch nur wer auf die selige Liebe verzichte, könne in seinen Besitz gelangen. Da weicht Alberichs Lüsternheit der Gier nach Gold und Macht. Er reißt das Gold aus seinem Felsenbett und stürzt hohnlachend und die Liebe verfluchend mit seinem Raub davon. – Das Felsenriff am Grunde des Flusses versinkt in Dunkelheit. Aus dem neu erwachenden Licht der Morgendämmerung taucht eine Berggegend auf. Der Göttervater Wotan und seine Gattin Fricka liegen in tiefem Schlummer. Bei ihrem Erwachen fällt ihr Blick auf das herrliche Walhall, das die Riesen Fasolt und Fafner soeben auf einem Felsgipfel vollendet haben. Doch der Preis, den Wotan für seine Götterburg bezahlen muß, ist ungeheuer. Er hat den Riesen die Göttin der ewigen Jugend, Frickas Schwester Freia, als Belohnung versprechen müssen, und diese verlieren die Götter ihre Unsterblichkeit. Wotan aber gedenkt die Arbeit der Riesen anders zu entlohnen. Als Fafner und Fasolt ihren Preis einfordern, weigert sich der Göttervater, Freia herzugeben. Der Zorn der betrogenen Riesen ist gewaltig. Auch Frohs und Donners Dazwischentreten kann sie nicht besänftigen. Es kommt zu einem wilden Kampf, den Wotan nur mit Mühe zum Stillstand bringen kann. Wotans Macht als Göttervater besteht gerade darin, daß er der oberste Hüter aller Verträge ist. So sieht er sich gezwungen, auch seine eigene Abmachung einzuhalten, selbst wenn er damit gegen sein eigenes Interesse handeln muß. Da bringt das Eintreffen Loges die Lösung. Der schlaue Feuergott erzählt von Alberich und dessen unermeßlichen Schätzen und seiner unbegrenzten Macht. Wie erwartet lassen sich die tölpelhaften Riesen davon beeindrucken und sind bereit, statt Freia den Schatz des Alberich zu nehmen. Doch behalten sie Freia als Geisel. Als sie sie in einer Wolke hinwegführen, verfallen die jugendlich starken Götter Walhalls mit einem Schlage zu grauen Greisen. Nun gibt es für Wotan kein Zögern mehr. Mit Loge steigt er in die Tiefen Nibelheims hinab, um Alberich seinen Schatz zu stehlen. Im Inneren der Erde hat Alberich sein Reich errichtet. Er herrscht über alle Nibelungen und sinnt darauf, auch die Riesen und die Götter zu unterwerfen. Sein Bruder Mime hat ihm einen Tarnhelm geschmiedet, mit dem

Lithographie zur Uraufführung von Amilcare Ponchiellis «La Gioconda».

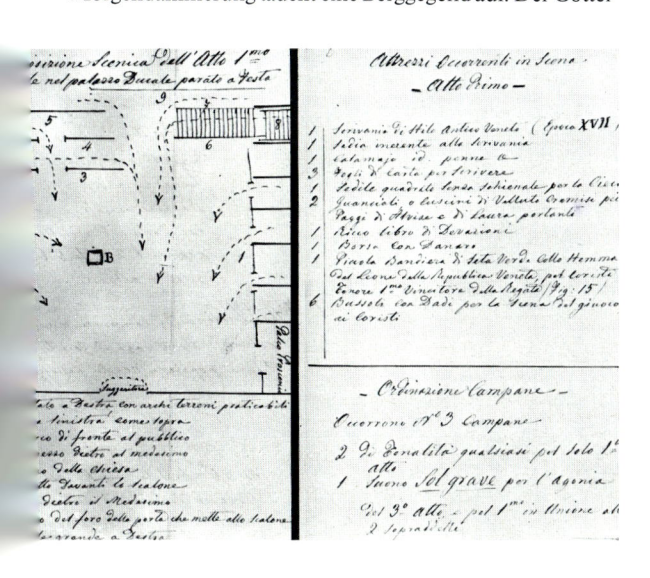

Entwurfszeichnung und Verzeichnis der Versatzstücke zur Uraufführung von Amilcare Ponchiellis «La Gioconda» an der Mailänder Scala am 8. April 1876.

Bühnenbildentwürfe Josef Hoffmanns zu Wagners «Ring des Nibelungen» für die Bayreuther Aufführung von 1876: Szene aus dem ersten Akt des «Rheingolds», erster Akt der «Walküre», zweiter Akt des «Siegfried», dritter Akt, zweites Bild der «Götterdämmerung».

er sich unsichtbar machen oder eine fremde Gestalt annehmen kann. Als die Götter in seinem Reich auftauchen, prahlt er mit seiner Macht und führt ihnen zum Beweis seinen Tarnhelm vor, indem er sich in einen Drachen verwandelt. Der schlaue Loge stachelt ihn an, sich in eine häßliche kleine Kröte zu verwandeln. Kaum hat Alberich diese Gestalt angenommen, setzt Wotan seinen Fuß auf ihn und hat ihn so in seiner eigenen Falle gefangen. Gefesselt und gebunden wird Alberich, der mittlerweile wieder seine Zwergengestalt angenommen hat, vor die Höhle gezerrt und muß dort seinen Schatz herausrücken: das Gold, den Tarnhelm und den Ring, den Wotan sich sofort an den Finger steckt. Speiend vor ohnmächtiger Wut über das Zerrinnen seines Traumes von der unbegrenzten Macht, schleudert der Zwerg den Göttern einen Fluch nach: der Ring soll jedem, der ihn besitzt, den Tod bringen. Dann treten die Riesen Fafner und Fasolt auf. Sie verlangen so viel Gold, wie nötig ist, um den Leib der schönen Freia, die sie mit sich führen, zu bedecken. Weiter verlangen sie den Tarnhelm und beanspruchen auch den Ring für sich. Doch Wotan will ihn nicht hergeben. Da taucht aus einer Erdspalte die Gestalt der Erdmutter Erda auf und ruft ihm warnend zu: «Weiche, Wotan, weiche, flieh des Ringes Fluch! Rettungslos dunklem Verderben weiht dich sein Gewinn!» Kaum hat Wotan den Ring den Riesen ausgehändigt, als dieser auch schon die Wirkung des auf ihm lastenden Fluches zeitigt: beide wollen ihn haben, und im Kampf darum erschlägt Fafner Fasolt. Nachdem die Riesen ihren Preis erhalten haben, ist Freia wieder frei, und den Göttern ist die ewige Jugend wiedergeschenkt. Aus dem Dunst eines reinigenden Gewitters, das Donner mit einem Hammerschlag bewirkt hat, erhebt sich jenseits des Rheins strahlend die Burg Walhall, und die Götter schreiten in neuem Glanze auf der von Froh gezauberten Regenbogenbrücke auf ihre Heimstatt zu, während unter ihnen die Klage der Rheintöchter über den Raub des Schatzes ertönt.

Erster Tag: DIE WALKÜRE

Drei Akte. Uraufführung: München, Hoftheater, 26. Juni 1870. Solisten: Heinrich Vogl (Siegmund), Bausewein (Hunding), August Kindermann (Wotan), Therese Vogl (Sieglinde), Sophie Stehle (Brünnhilde), Anna Kaufmann (Fricka). Dirigent: Franz Wüllner.

PERSONEN. Siegmund (Tenor), Hunding (Baß), Wotan (hoher Baß), Sieglinde (Sopran), Brünnhilde (Sopran), Frikka (Sopran), Gerhilde (Sopran), Ortlinde (Sopran), Waltraute (Sopran), Schwertleite (Alt), Siegrune (Alt), Grimgerde (Alt), Roßweiße (Alt).

HANDLUNG. Vorgeschichte. Der Göttervater Wotan, Gefangener seiner eigenen Gesetze und Gesetzesverstöße, der auch um den Fluch der Vergänglichkeit seines Geschlechtes weiß, hat mit der Erdmutter Erda die Walküren gezeugt. Die Walküren sind kriegerische Jungfrauen, die sich am Schlachtfeld unter den Gefallenen die Tapfersten suchen und diese nach Walhall bringen, auf daß sie dort die Götter vor den Riesen und Zwergen schützen mögen. Mit einer unbekannten Menschenfrau hat er überdies das Zwillingspaar Siegmund und Sieglinde gezeugt. Siegmund, der frei von jedem schuldhaften Verrat um des Goldes willen ist, kann Walhall als einziger den Schatz wiederbringen, der sich jetzt im Besitze Fafners befindet. Aber das Menschengeschlecht der Neidinge hat Siegmund die Muter getötet. Seine Zwillingsschwester Sieglinde wurde gezwungen, Hunding, einen der Anführer

1876

Maschinen zur Vortäuschung der Schwimmbewegungen der Rheintöchter im ersten Akt des «Rheingolds» in der Bayreuther Aufführung 1876.

des Geschlechtes, zu ehelichen. Nur Siegmund ist bis jetzt der grausamen Verfolgung der Neidinge entgangen. Erster Akt. Nacht mit Gewittersturm. Von seinen Verfolgern gehetzt und verwundet nimmt Siegmund Zuflucht in einer Hütte im Walde. In dieser findet er Sieglinde, die Frau Hundings, dem die Hütte gehört, vor. Die beiden sind sofort, ohne zu wissen warum, wie gebannt voneinander. Sieglinde gibt dem Flüchtigen vom tiefem Mitleid erfaßt, Pflege und Labsal. Als Hunding zurückkehrt und den unbekannten Gast befragt, stellt sich heraus, daß er gerade der Mann ist, von dessen Verfolgung er soeben heimgekehrt ist. Die Nacht mag Siegmund als Gast unbehelligt in seinem Hause verbringen, am nächsten Morgen aber muß er sich zur Sühne für von ihm vergossenes Sippenblut zum Kampfe stellen. Allein geblieben, sinnt Siegmund über sein Schicksal nach. Einst hatte ihm der Vater ein Schwert versprochen, mit dem ihm jeder Sieg gewiß sein würde. Wie soll er ein solches je finden? Da fällt der Schein der Flamme auf den Knauf eines Schwertes, das bis zum Heft in den Stamm einer uralten Esche steckt. Sieglinde kommt zurück. Sie hat Hunding einen Schlaftrunk verabreicht. Sie erzählt Siegmund, wie am Tage ihrer erzwungenen Hochzeit ein geheimnisvoller einäugiger Wanderer (der verkleidete Wotan) dieses Schwert in den Baum gerammt und ihr prophezeit habe, nur der stärkste Held werde es je wieder herauszuziehen vermögen, und diesem solle sie angehören. Dieser Held kann für Sieglinde nur Siegmund sein. Unverhüllt zeigt sie ihre bedingungslose Leidenschaft für ihn. Siegmund begreift, daß die Frau und das Schwert sein sind. Mit übermenschlicher Kraftanstrengung zieht er das Schwert aus der Esche und gibt ihm den Namen Nothung. In gegenseitiger Leidenschaft erkennen die beiden, daß sie die Zwillingsgeschwister aus dem Wälsungenblut sind und sich nunmehr wiedergefunden haben. Trunken vor Glück taumeln sie in die berauschende Frühlingsnacht hinaus. Zweiter Akt. In einer rauhen Berggegend befiehlt Wotan seiner Lieblingstochter Brünnhilde, Siegmund im Kampf mit Hunding zu schützen. Doch Fricka will es anders. Als Hüterin der Ehe verlangt sie, daß die göttliche Ordnung wieder hergestellt und die blutschänderische Liebe der Wälsungen durch Siegmunds Tod gerächt werde. Wotan macht vergeblich geltend, daß nur ein freier, durch keine Verträge gebundener Sterblicher den Göttern den Nibelungenring zurückzugewinnen vermöge.

Die «Walküren» und «Wotan» in Richard Wagners «Walküre».

Aufbauten und Projizierung mit der Laterna magica für den «Walkürenritt».

1876

Der «Ring» 1970 in Bayreuth in Wolfgang Wagners Inszenierung und Bühnenbildern: viertes Bild des «Rheingolds»; Anna

Reynolds als «Fricka» und Thomas Stewart als «Wotan» im zweiten Akt der «Walküre»; Jean Cox als «Siegfried» und Berit

Fricka bleibt unerbittlich. So muß Wotan seinen Befehl an Brünnhilde zurücknehmen. Siegmund ist nicht zu schützen, sondern er muß sterben. Brünnhilde sieht die Flüchtigen kommen: Sieglinde, die bereits die Frucht ihrer Liebe zu Siegmund trägt, ist der Erschöpfung nahe und sinkt schließlich in einen tiefen Schlaf nieder. Da zeigt sich Brünnhilde dem jungen Helden, sie kündigt ihm seinen nahen Tod und die Aufnahme in Walhall an. Als sie ihm die Frage, ob er Sieglinde mitnehmen könne, verneint, will er in unbeugsamer Liebe sich selbst und der neben ihm schlafenden bräutlichen Schwester den Tod geben. Doch Brünnhilde, gerührt von solcher Liebe, hält das schon über dem Haupte der Frau schwebende Schwert auf. Sie weiß, daß sie gegen Wotans Befehl verstößt, beschließt aber trotzdem, die beiden zu retten. Unterdessen hat Hunding die Flüchtigen erreicht. Es kommt zum Kampf auf Leben und Tod zwischen den beiden. Als Siegmund sich als der Stärkere erweist, schaltet sich Wotan ein und läßt dem Helden das Schwert in der Hand zersplittern. Doch bevor Hunding den nunmehr Wehrlosen niedermachen kann, wird er selbst unter verächtlichem Gelächter von Wotan niedergestreckt. Danach folgt Wotan der ungehorsamen Tochter, die die ohnmächtige Sieglinde auf ihrem Walkürenroß mit sich genommen hat. Dritter Akt. Nach wildem Ritt versammeln sich die neun Walküren auf dem Walkürenfelsen. Nur Brünnhilde fehlt noch. Sie stürzt schließlich, verfolgt von Wotans Zorn herein und bittet um Schutz für sich und die immer noch ohnmächtige Sieglinde. Als diese aus ihrer Ohnmacht erwacht und von Brünnhilde erfährt, daß sie den Sohn Siegmunds in sich trägt, begehrt sie zu leben und fleht um Schutz. Mit den Trümmern des Schwertes Nothung zieht sie in den Wald, wo Fafner den Schatz der Nibelungen hütet. In einer Höhle wird sie den reinen Helden Siegfried gebären, der eines Tages das Schwert Nothung wieder zusammenschmieden soll. Sieglinde hat den Walkürenfelsen kaum verlassen, als Wotan unter Blitz und Donner heranstürmt. Brünnhilde erwartet ein strenges Gericht. Vergeblich versucht sie sich zu rechtfertigen, Wotan läßt sich nicht erweichen. Als Strafe für ihren Ungehorsam nimmt er ihr ihre Unsterblichkeit und verdammt sie dazu, auf dem Walkürenfelsen in einen tiefen Schlaf zu versinken und durch den ersten Mann, der sie so findet, geweckt zu werden und diesem angehören zu müssen. Nur eine Bitte erfüllt er der ungehorsamen Tochter noch: er wird den Felsen mit einem riesigen Feuerbrand umgeben, so daß nur der tapferste Held den Weg zu ihr finden und sie für sich gewinnen wird. Zutiefst gerührt vom herrlichen Mut seines Kindes küßt er Brünnhilde lange auf die Augen und versenkt sie in ihren jungfräulichen Schlaf. Danach deckt er sie mit seinem Schild zu. Die Flammen lodern um sie auf.

Zweiter Tag: SIEGFRIED

Drei Akte. Uraufführung: Bayreuth, Festspielhaus, 16. August 1876. Solisten: Georg Unger (Siegfried), Karl Schlosser (Mime), Karl Hill (Alberich), Amalie Materna (Brünnhilde), Franz Betz (Wanderer). Dirigent: Hans Richter.

PERSONEN. Siegfried (Tenor), Mime (Tenor), der Wanderer (hoher Baß), Alberich (Baß), Fafner (tiefer Baß), Erda (Mezzosopran), Brünnhilde (Sopran), Stimme des Waldvogels (Sopran).

HANDLUNG. Erster Akt. Im Wald. In seiner Felsenschmiede müht sich der Nibelunge Mime vergeblich ab, das von Wotan zerschmetterte Schwert Nothung zusammenzuschmieden. Mime hat Siegfried seit dem Tode der Mutter bei der Geburt aufgezogen. Er hofft, mit Hilfe der Kraft des jungen Helden den Riesen Fafner zu besiegen und so in den Besitz des Ringes zu kommen. Der junge Siegfried stürmt, einen Bären vor sich hertreibend, herein und macht sich mit Mimes Angst einen Spaß. Übermütig zerbricht er eines der ungezählten Schwerter, die Mime ihm geschmiedet hat.

Lindholm als «Brünnhilde» im zweiten Bild des dritten Akts des «Siegfried»; Szene aus dem zweiten Akt der «Götterdämmerung» *mit den Sängern der vorangegangenen Szene und Norman Bailey als «Gunther».*

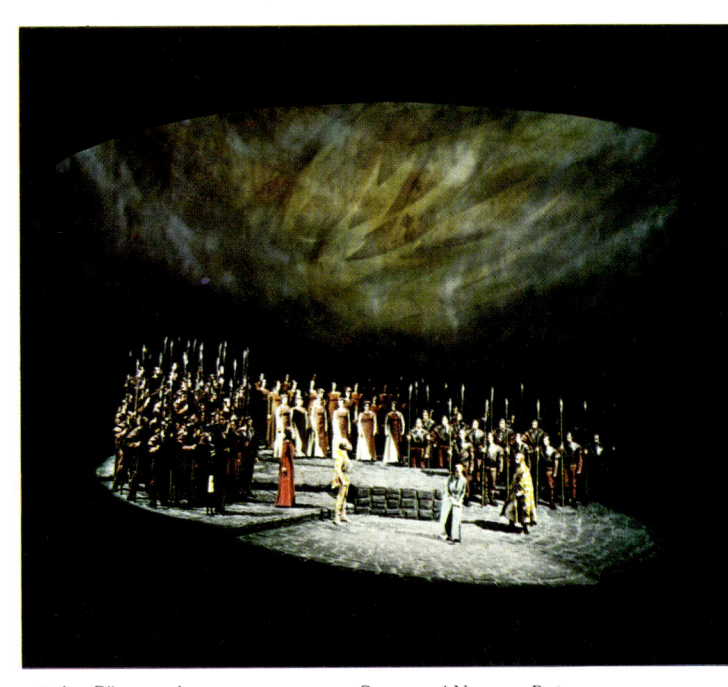

Dann läßt er sich von diesem die genaue Geschichte seiner Eltern erzählen. Als er erfährt, daß in des Zwerges Höhle das Schwert Nothung aufbewahrt ist, das seinen Träger unbesiegbar macht, verlangt er von Mime, es für ihn zusammenzuschmieden. Unterdessen ist bei der Schmiede ein alter, einäugiger Wanderer in einem weiten Mantel eingetroffen. Es ist Wotan, der nur mehr schauend, nicht mehr herrschend durch die Welt zieht. Er prophezeit Mime: «Nur wer das Fürchten nie erfuhr, schmiedet Nothung neu», und warnt ihn vor dem Übermut des kühnen Siegfried. Mime weiß nun, daß er selbst nie in der Lage sein wird, das Schwert Nothung zu schmieden, daß nur Siegfried die Kraft dazu hat. Wenn er überleben will, muß er daher die Kraft Siegfrieds brechen, indem er ihn das Fürchten lehrt. Doch Siegfried lacht nur über die Geschichten, die der Alte erfindet, um ihm Angst einzujagen. Auch die Erwähnung des Riesen Fafner, der den Schatz als Drache bewacht, erweckt nur seine Neugier. Er will diesen Drachen töten, daher macht er sich unverzüglich daran, das Schwert Nothung zusammenzuschmieden. Mime brütet unterdessen einen bösen Plan aus: erst soll Siegfried mit dem siegbringenden Schwert den Drachen töten, danach aber will er ihm Gift geben, um selbst in den Besitz des Schatzes zu kommen. Siegfried hat sein Werk vollendet. Nothung erstrahlt in neuem Glanze. Mit einem gewaltigen Probehieb spaltet der junge Held Mimes Amboß in zwei Teile. Zweiter Akt. Tief im finsteren Wald liegt Alberich vor Fafners Höhle, um den Augenblick nicht zu versäumen, in dem er den Schatz wiedergewinnen kann. Im fahlen Mondlicht wird der Wanderer sichtbar. Er warnt Alberich vor Mime und Siegfried. Im Morgengrauen nähern sich die beiden der Drachenhöhle. Siegfried verscheucht unerschrocken den Zwerg und gibt sich dann süßen Träumen hin: im geheimnisvoll sich belebenden Walde hängt er sehnsüchtig seinen Gedanken an die Mutter, die er nie gekannt hat, nach. Ob die Stimme des Waldvogels von ihr erzählt? Betrübt versucht er, dessen Gesang auf einer selbstgemachten Rohrflöte nachzuahmen.

Doch das Instrument gefällt ihm nicht, und er stößt dann trotzig in sein silbernes Waldhorn. Der helle Klang lockt Fafner aus seiner Höhle hervor. Feuerspeiend will er den kühnen Eindringling vernichten. Doch Siegfried tritt ihm unerschrocken entgegen und bohrt ihm sein Schwert ins Herz. Der Strahl rotglühenden Blutes, das aus dem Herzen des Ungeheuers quillt, befleckt ihm die Hand, und er führt sie zum Munde, um es abzulecken. Da versteht er plötzlich wie durch einen Zauber die Sprache des Waldvogels. Dieser weist ihn in die Höhle, wo er den Tarnhelm und den Ring, der ihm Macht über die Welt geben wird, findet. Die Stimme des Waldvogels verrät ihm auch, daß der Trunk, den Mime ihm in trügerischer Fürsorge anbietet, vergiftet ist. In unbändigem Zorn erstickt Siegfried den Zwerg und wirft seinen Leichnam in die Höhle. Der Waldvogel erzählt ihm weiter, daß auf einem einsamen, von wabernder Lohe umgebenen Felsen die schönste der Frauen im Schlafe liege und nur von einem reinen Helden, der die Flammen zu durchschreiten wagt, erobert werden kann. Siegfried ist trunken von dem Drange die Welt zu erobern und macht sich ohne Rast auf den Weg, den ihm der Waldvogel zeigt. Dritter Akt. Zu Füßen des Felsen, auf dem Brünnhilde in ihrem Feuerkranz schlummert, befragt Wotan die Erdmutter Erda nach dem künftigen Weltlauf. Doch sie antwortet nur vage über das Ende der Götter. Beunruhigt und enttäuscht über diese Worte versenkt sie der Göttervater wieder in den Tiefen der Erde und den ewigen Schlaf. Unterdessen nähert sich Siegfried, geführt von dem Waldvogel. Wotan stellt sich ihm entgegen. Er liebt Siegmunds Sohn zwar, aber er weiß, daß der Sieg des jungen Helden das Ende der Götter bedeutet, und hält ihn daher mit seinem Speer auf. Vergeblich, denn Nothung, dieses Schwert von Menschenhand in der Faust eines durch seinen Mut starken Sterblichen zerschmettert den Speer mit einem Schlage. So kann Siegfried – in vollkommener Unwissenheit, daß er die Macht der Götter gebrochen hat – ungehindert seinen Weg auf den Walkürenfelsen fortsetzen. Der Anblick der

1876

Die «Rheintöchter» in Richard Wagners «Rheingold», 1876 in Bayreuth.

PERSONEN. Siegfried (Tenor), Gunther (Baß), Alberich (Baß), Hagen (Baß), Brünnhilde (Sopran), Gutrune (Sopran), Waltraute (Mezzosopran), die drei Nornen (Alt, Mezzosopran, Sopran), die drei Rheintöchter (zwei hohe, ein tiefer Sopran). Mannen und Frauen.

HANDLUNG. Vorspiel. Auf dem Felsen, auf dem Siegfried Brünnhilde gefunden hat, sitzen die drei Nornen. In der vom schwachen Widerschein der Waberlohe kaum erleuchteten Nacht spinnen sie am Faden der Weltenläufe. Doch plötzlich reißt der goldene Faden. Die Nornen begreifen nicht. Ist dies ein Vorzeichen für das Ende der Götter? Entsetzt flüchten sie sich in die Tiefen der Erde, in den Schoß der großen Mutter Erda zurück. Langsam erwacht der helle Tag über der Welt. Strahlend vor Glück treten Siegfried und Brünnhilde aus der Höhle. Der junge Held schickt sich an, in die Welt hinauszuziehen. Brünnhilde schenkt ihm ihr herrliches Roß Grane, Siegfried läßt ihr den Nibelungenring als Unterpfand seiner Liebe zurück. Erster Akt. In der Königsburg der Gibichungen am Rhein leben Gunther und Gutrune, die Kinder des Gibich und der Kriemhilde, sowie deren Halbbruder Hagen, aus Alberichs gemeiner, Kriemhilde aufgezwungener Begehrlichkeit geboren. Er nährt wie sein Vater die geheime Begierde nach dem kraftspendenden Nibelungenring. Er weiß in Gunthers Seele die Begierde nach Brünnhilde zu wecken. Er berichtet, daß nur Siegfried allein den Flammenring zu durchstoßen vermag, in dem sie eingeschlossen ist. Um siegfried an das Geschlecht der Gibichungen zu binden, soll ihm Gutrune einen Vergessenheitstrank bereiten, der alles Vergangene für ihn ungeschehen macht. Als der junge Held auf der Königsburg eintrifft, reicht ihm Gutrune den Zaubertrank, der ihn Brünnhilde vergessen und in Liebe zu Gutrune entflammen läßt. Er bittet Gunther um die Hand der Schwester. Dieser gibt seine Einwilligung unter der Bedingung, daß Siegfried noch einmal den Flammenring durchschreitet und Brünnhilde für Gunther gewinnt. Unterdessen beschwört Waltraute, eine Schwester Brünnhildes, diese, den verwünschten Ring den Rheintöchtern zurückzugeben und so Walhall und die Götter zu retten. Brünnhilde weigert sich,

schlummernden Brünnhilde und die nie gestillte Sehnsucht nach der Mutter, lassen seine Seele in angstvoller Süße erzittern. Mit einem Kuß weckt er Brünnhilde zu einem neuen strahlenden Morgen. Kaum hat sie Siegfried erblickt, entflammt sie in heftiger Leidenschaft zu ihm. Ihre Göttlichkeit hat sie verloren, den Qualen der irdischen Liebe ist sie ausgesetzt. Vergeblich sucht sie dagegen anzukämpfen. Sie muß sich der Liebe ergeben, die Sache der Götter verraten. «Zerreißt ihr Nornen das Runenseil! Götterdämmerung dunkle herauf!... Mir strahlt zur Stunde Siegfrieds Stern ... Leuchtende Liebe, lachender Tod.» Ein leidenschaftlicher Zwiegesang vereint die beiden in seligem Jubel.

Dritter Tag: GÖTTERDÄMMERUNG

Drei Akte. Uraufführung: Bayreuth, Festspielhaus, 17. August 1876. Solisten: Georg Unger (Siegfried), Eugen Gura (Gunther), Gustav Siehr (Hagen), Karl Hill (Alberich), Amalie Materna (Brünnhilde), Matilde Weckerlin (Gutrune), Luise Jaide, Johanna Wagner, Josephine Schefzky, Federica Grün. Dirigent: Hans Richter.

Karl Schlosser als «Mime» im «Siegfried», 1876 in Bayreuth.

Amalie Materna als «Brünnhilde» im «Ring der Nibelungen», 1876 in Bayreuth.

Georg Unger als «Siegfried» im «Ring der Nibelungen», 1876 in Bayreuth.

Franz Betz als «Wotan» im «Ring der Nibelungen», 1876 in Bayreuth.

dieses Unterpfand der Liebe Siegfrieds herzugeben, und eilt in freudiger Erregung dem Klange von Siegfrieds Horn entgegen. Doch der Mann, der ihr aus dem Flammenring entgegentritt, ist für sie nicht Siegfried, sondern Gunther. Mit Hilfe des Tarnhelmes hat Siegfried des Gibichungenkönigs Gestalt angenommen und begehrt als solcher Brünnhilde zur Frau. Alles Frühere vergessend, entreißt er ihr den Ring und führt sie in die Höhle. Zum Zeichen, daß er die Frau nicht berührt, legt er das Schwert zwischen sich und Brünnhilde. Zweiter Akt. Am Rheinufer vor der Gibichungenburg. Alberich stachelt Hagen an, sich den Ring zu verschaffen, um ihn wieder in den Besitz der Nibelungen zu bringen. Siegfried kehrt unterdessen in seiner eigenen Gestalt zurück und berichtet vom Ausgang des Unternehmens und der baldigen Ankunft Gunthers und Brünnhildes. Hagen läßt seine Mannen versammeln und zur Begrüßung des nahenden Brautpaares blasen. Brünnhilde erkennt in Siegfried ihren geliebten Gatten und entdeckt den Ring an seinem Finger. Sie beschuldigt ihn, ihr den Ring entwendet zu haben und bezeichnet ihn vor allen als ihren Gatten. Noch ganz unter der Wirkung von Gutrunes Trank schwört Siegfried bei Hagens Schwert, Gunthers Ehre nicht befleckt zu haben. Brünnhilde sinnt auf Rache. Zusammen mit Gunther und Hagen plant sie Siegfrieds Tod. Bei einer Jagd am nächsten Tage soll Hagen ihn von hinten zwischen die Schultern treffen, dies ist die einzige verwundbare Stelle am Körper des Helden, wie Brünnhilde weiß. Als Lohn soll er den Ring bekommen. Dritter Akt. Am Rheinufer. Klang von Jagdfanfaren. Die Rheintöchter beschwören Siegfried, den Ring zurückzugeben, aber nicht einmal die Prophezeiung seines baldigen Todes kann ihn dazu bewegen. Gunther und Hagen ziehen mit ihrem Jagdgefolge heran. Gemeinsam machen die drei Rast von den Anstrengungen der Jagd. Gunther und Hagen bringen Siegfried dazu, sein Leben zu erzählen. Als er an die Stelle mit seinem Drachenkampf kommt, verläßt ihn seine Erinnerung. Da reicht Hagen ihm einen Trank, der die Vergangenheit wieder vor ihm lebendig werden läßt. Mit wachsender Erschütterung berichtet der junge Held daraufhin von seiner abenteuerlichen Eroberung Brünnhildes. Gunther ist sprachlos, beginnt aber allmählich die Täuschung zu begreifen. Da fliegen die beiden Raben Wotans vorbei, und Siegfried dreht sich nach ihnen um. Hagen nutzt die Gelegenheit und stößt ihm das Schwert in den Rücken. Mit einer genauen Beschreibung Brünnhildes, die ihm plötzlich wieder ganz lebendig vor Augen steht, auf den Lippen, stirbt Siegfried. Die Mannen Gunthers heben ihn auf ihre Schilde und tragen ihn im Trauerzug auf die königliche Burg. Gutrune ist verwirrt und erschüttert ob des Todes ihres Gatten. Als Gunther Hagen des Mordes bezichtigt, erschlägt ihn dieser vor ihren Augen. Als er dann versucht, dem toten Siegfried den Ring vom Finger zu ziehen, erhebt sich die Hand des Toten zum allgemeinen Entsetzen in drohender Gebärde. Brünnhilde verlangt die letzte Ehre, dem Geliebten in den Tod folgen zu können. Sie streift ihm den Ring vom Finger und steckt ihn sich selbst an. Dann befiehlt sie einen Scheiterhaufen zu errichten. Der Rhein soll seinen Ring zusammen mit ihrer Asche wieder erhalten. Mit einer Fackel entzündet sie selbst den Scheiterhaufen und stürzt sich mit ihrem Pferd Grane hinein in die Flammen. Das Feuer verschlingt die königliche Burg. Die Wasser des Rheins ziehen Hagen in die Tiefe. Die Rheintöchter haben das Rheingold zurückerhalten. Die Flammen des großen Brandes reichen bis in den Himmel und lecken an Walhall, wo die Götter auf ihren Untergang warten. Der Fluch des Goldes hat sich erfüllt. Doch das höchste Opfer der Liebe einer Sterblichen hat die Welt erlöst.

Plakat zur Oper «Hoffmanns Erzählungen» von Jacques Offenbach zur Aufführung 1881 an der Opéra-Comique. Paris, Bibliothèque de l'Opéra.

● Wagner entnahm den Stoff zum *Ring der Nibelungen* vor allem dem altnordischen Sagenkreis, insbesondere der *Edda*, und dem *Nibelungenlied*. In dieser deutschen Heldensage finden sich eingewoben in die Muster des Mythos, Berichte über historische Ereignisse des Burgunderreiches. In Wagners tragischer Konzeption des *Rings* haben historische Ereignisse als solche jedoch keinen Platz mehr. Die Geschichte spielt in der Morgendämmerung der Menschheit, vor Anbegin der Zeiten, und entbehrt so eigentlich jeden historisch-zeitlichen Bezuges. In die poetische Gestaltung des Stoffes ist die geistige und menschliche Erfahrung Wagner eingeflossen. Der Mythos, der die grandiose Bühnendichtung trägt, bekommt über seine ursprüngliche symbolische Funktion hinausgehend eine Dimension der Menschlichkeit, die sogar noch die so stark zeitbezogene Krise der kapitalistischen Gesellschaft des neunzehnten Jahrhunderts mit ihren Widersprüchlichkeiten zum Ausdruck zu bringen vermochte. Über die Sprache des Mythos, als der Ausdrucksweise des schöpferisch dichtenden Volkes schuf Wagner «eine Kunst» – so Thomas Mann – «die sozial-sittlich weit hinauszielt über alle kapitalistisch-bürgerliche Ordnung in eine von Machtwahn und Geldherrschaft befreite, auf Gerechtigkeit und Liebe gegründete, brüderliche Menschenwelt.» Die Arbeit an der Tetralogie beschäftigte Wagner über achtundzwanzig Jahre. 1848 hatte er den ersten Entwurf der Dichtung zu *Siegfrieds Tod* (der späteren *Götterdämmerung*) fertig, 1876 wurde der Zyklus zum ersten Mal vollständig aufgeführt. Bei der Arbeit an

1876

der Dichtung ging Wagner von vorne nach hinten vor: 1851 stellte er der *Götterdämmerung Jung-Siegfried* voran, dann folgte die *Walküre* und schließlich 1853 das *Rheingold* als Vorspiel. Die endgültige Fassung kam dann im Jahre 1863 heraus. Im Laufe der langen Beschäftigung mit der Oper änderte Wagner ihre philosophische Grundkonzeption beträchtlich. Ursprünglich hatte er sie als Hymne auf die Rückkehr zur ursprünglichen Freiheit des Menschen, losgelöst von den Banden einer materialistischen Weltordnung, verstanden. Dies entsprach durchaus dem Zukunfts- und Fortschrittsglauben der Zeit, dem optimistischen politischen Klima der 48er Revolution, an der Wagner aktiv mitgewirkt hatte. Ab 1854 macht sich jedoch der Einfluß der pessimistischen Weltsicht Schopenhauers bemerkbar, und auch der *Ring* wird davon geprägt. Bezeichnend ist die Änderung des Schlusses der *Götterdämmerung*. In der ersten Version waren Siegfried und Brünnhilde den Flammen der brennenden Königsburg entstiegen und thronten als Symbol der sich selbst bewußt gewordenen Menschheit, die sich von den Zwängen der Götter befreit hat, siegreich in Walhall. In der endgültigen Fassung haben die Ereignisse zum Schluß eine ganz andere Wendung bekommen: die bei Wagner immer wiederkehrende Thematik der Erlösung der Welt durch die Liebe fällt in der *Götterdämmerung* zusammen mit der Vernichtung der Menschen und der Götter, mit der Rückkehr zum absoluten Nichts der ewigen ursprünglichen Natur. Die Musik zu seiner Bühnendichtung schrieb Wagner in der Reihenfolge der Zyklusteile. Das *Rheingold* beendete er 1854, 1856 schloß er die *Walküre* ab und begann sogleich mit der Arbeit am *Siegfried*. 1874 dann hatte er auch die *Götterdämmerung* vollendet, die allerdings in Teilen bereits bei der Textdichtung komponiert worden war. Der gesamte Zyklus wurde zum ersten Mal in Bayreuth anläßlich der Einweihung des Festspielhauses aufgeführt (13. bis 17. August 1876). Das Festspielhaus war Wagners Werk, er hatte es geschaffen, um durch die Aufführung seiner Opern nach seinen eigenen Vorstellungen die von ihm theoretisch konzipierte Reform des Bühnendramas in die Praxis umsetzen zu können. Als Mitarbeiter hatte er Karl Brandt, den berühmtesten Bühnentechniker seiner Zeit, und den Wiener Maler Joseph Hoffmann als Bühnenbildner gewonnen. Beide geizten nicht mit technischen Neuerungen. So sei zum Beispiel erwähnt, daß die Gasbeleuchtung bereits durch elektrische Lampen verstärkt wurde, und der Ritt der Walküren durch die Luft mit Hilfe einer Laterna magica vorgetäuscht wurde. *Der Ring der Nibelungen* muß als monumentales Denkmal der europäischen Kultur betrachtet werden. Nicht nur das musikalische Schaffen, sondern das gesamte geistige Leben der zweiten Hälfte des neunzehnten Jahrhunderts empfing ungeheure neue Impulse von diesem Meisterwerk. Es stellt die Verwirklichung der Idee des «Wort-Ton-Dramas» dar, jener Theorie, die Wort, Musik und szenische Handlung gleichwertig nebeneinanderstellt und zum Gesamtkunstwerk verschmelzen läßt. Die Reform der Bühnendichtung, die ja auch schon in früheren Jahrhunderten und in anderer Weise versucht worden war (siehe Monteverdi oder Gluck), verblaßt allerdings neben der Urgewalt des Neuen der Wagnerschen Musik. Er führte eine echte Revolution herbei. Befreit von den Zwängen der «geschlossenen Formen», entwickelt sich die Handlung aus den verschiedenen musikalischen Leitmotiven und deren Verarbeitung, aus ihrer Einführung, ihrer Wiederkehr, ihrer Kombination und Überlagerung, wobei ein jedes eine Gestalt, eine Gefühlslage oder eine bestimmte Situation charakterisiert. So entsteht ein ununterbrochenes musikalisches Strömen, das dichte Gewebe einer unendlichen Melodie, in die je nach Situation die jeweiligen Leitmotive eingewirkt erscheinen und den Zuhörer noch in die entferntesten Windungen der verschlungenen Pfade des inneren Lebens, das mit Worten nicht mehr zu fassen ist, führen. Dabei entspricht das musikalische Prinzip den Erfordernissen einer strengen Dramaturgie. Die ständigen Modulationen lösen schließlich jede Tonalität auf und führt sie in eine Chromatik über, die – so Massimo Mila – «besonders geeignet ist, jenen Seelenzustand auszudrücken, der sich im Sehnen und Streben nach dem Unerreichbaren, sei es ferne Hoffnung oder unwiederbringlich Verlorenes, nach dem außerhalb der gegenwärtigen Realität Liegenden verzehrt.» Mit dem *Ring* öffnet sich für die Musik der Weg in eine Zukunft, die in ungeahntem Maße Neues und Unbekanntes birgt.

RM

Längsschnitt der neuen Pariser Oper.

DER KUSS (Hubitschka)
Volksoper in zwei Akten von Friedrich Smetana (1824–1884). Libretto von Eliska Krásnohorská nach einer gleichnamigen Erzählung von K. Swetlá. Uraufführung: Prag, Interimstheater, 7. November 1876.

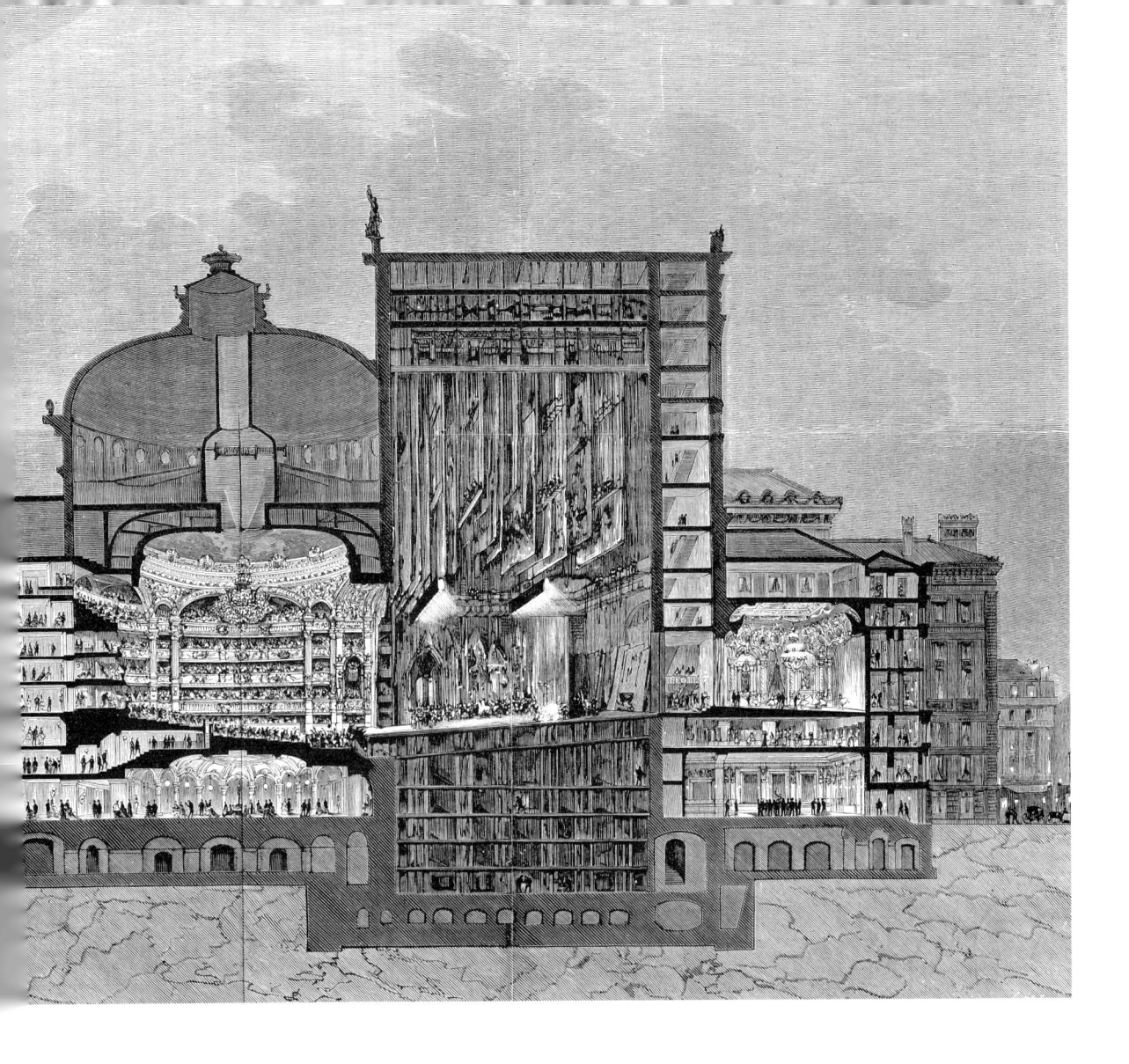

HANDLUNG. Lukas (Tenor), ein junger Witwer, ist auf Brautschau und wirbt um die schöne Wendulka (Sopran). Da beide sehr dickköpfig sind, fangen die Schwierigkeiten schon an, noch ehe sie verheiratet sind. Wendulka soll ihrem Verlobten den ersten Kuß geben. Doch sie weigert sich strikt, da nach dem Volksglauben ein Kuß, den eine Frau einem Witwer noch vor ihrer Hochzeit ihm gibt, der verstorbenen Frau Schmerzen bringe. Nachdem er weder mit Schmeicheleien noch mit Schimpfen etwas erreichen kann, begibt sich Lukas ins Wirtshaus zum Tanz. Um Wendulka zu ärgern, spaziert er mit zwei Mädchen gar unter ihrem Fenster auf und ab. Die gekränkte Wendulka läuft davon und versteckt sich im Wald. Lukas bereut seinen Übermut und geht sie mit Freunden suchen. Nach einer langen Nacht des Herumirrens treffen die beiden aufeinander. Wendulka wirft sich Lukas spontan in die Arme und will ihn küssen. Aber Lukas weicht zurück: erst will er Abbitte. Und die Abbitte kommt – mit einem Kuß.

● *Der Kuß*, eine Oper, die wie *Die verkaufte Braut* auf dem tschechischen Lande spielt, hat nicht die gleiche unbändige Fröhlichkeit, die Smetanas Meisterwerk auszeichnet. Sie ist eine eher etwas melancholische Schilderung des Lebens der tschechischen Bauern. Sie war von Anfang an sehr erfolgreich in der Tschechoslowakei und wurde neben der *Verkauften Braut* zur beliebtesten und meistgespielten Oper des Komponisten. RB

DER KÖNIG VON LAHORE
(Le Roi de Lahore)

Oper in fünf Akten von Jules Massenet (1842–1912). Libretto von Louis Gallet (1835–1898). Uraufführung: Paris, Opéra, 27. April 1877.

PERSONEN. Alim, König von Lahore (Tenor), Scindia, sein Großwesir (Bariton), Timur, oberster Tempelpriester (Baß), Indra, indischer Gott (Baß), ein Prinz, Nair Sita, Priesterin des Indratempels (Sopran), Kaled, junger Sklave. Priester, Radschas, Prinzen, Soldaten, Volk.

HANDLUNG. Die Handlung spielt in Indien im elften Jahrhundert, zur Zeit der Invasion des Sultans Mahmud. Erster Akt. Tempel des Indra. Scindia, der Großwesir des Königs

1877

von Lahore, liebt die Indrapriesterin Nair und bittet den obersten Priester Timur, sie von ihren Gelübden zu entbinden. Doch Timur lehnt ab. Scindia weiß, daß Nair nachts heimlich mit einem unbekannten Mann zusammentrifft, und weiß das Mädchen zum Geständnis seines Sakrilegs zu veranlassen. Aus enttäuschter Liebe prangert er der Priesterin Vergehen öffentlich an. Zu aller Entsetzen stellt sich heraus, daß der König selbst der Geliebte der Priesterin ist. Um seine Schuld zu sühnen, muß er gegen die Muselmanen, die das Reich bedrohen, in den Kampf ziehen. Zweiter Akt. Aus der Ferne sind Waffengeklirr und Fanfaren zu hören. Sklaven, Soldaten und aufgeregtes Volk stürmen herein. Des Königs Heer ist besiegt worden. Scindia verkündet dem Volk, daß der König tödlich verwundet und somit nach göttlichem Willen nicht mehr in der Lage ist, seine Untergebenen zu befehligen. Scindia selbst wird das Oberkommando übernehmen. Der auf diese Weise feige verratene König Alim wird von seinen Soldaten ins Gefängnis geworfen und stirbt in Nairs Armen, die ihm ewige Liebe schwört. Dritter Akt. Garten der Seligen im Indraparadies. Der Gott Indra fordert Alim auf, seine Geschichte zu erzählen. Er ist von Alims traurigem irdischem Geschick so gerührt, daß er Alim die außerordentliche Gnade erweist, ihn noch einmal unter die Lebenden zurückkehren zu lassen. Die einzige Bedingung ist, daß Alim nicht mehr als König auftreten darf, sondern ein einfacher Mann von der Straße sein und zum gleichen Zeitpunkt wie die von ihm geliebte Frau sterben muß. Vierter Akt. Marktplatz von Lahore. Alim erwacht als Mann aus dem Volke auf den Stufen des Königspalastes. In der Stadt sind die Vorbereitungen zur Krönung des neuen Königs Scindia im Gange. Der Jubel des Volkes kündigt die Ankunft des neuen Herrschers an. Als Scindia die Stufen zum Königspalast emporschreiten will, stellt sich ihm Alim in den Weg und beschuldigt ihn des Mordes am früheren König. Scindia aber jagt den armen Mann von der Straße, der sich als ehemaliger König ausgeben will, als Betrüger davon. Fünfter Akt. Indratempel. Alim trifft Nair, die sich aus dem Brautgemach Scindias in den Tempel geflüchtet hat, wieder. Der falsche neue König kommt ihr nachgeeilt, um sie zurückzuholen. Als er die beiden zusammen vorfindet, droht er ihnen die schlimmsten Strafen an. Doch Nair kommt seiner Rache zuvor. Vor seinen Augen gibt sie sich selbst den Tod, und Alim folgt ihr gemäß dem göttlichen Pakte im gleichen Augenblick nach.

● Zwar kann die Oper noch nicht zu den ausgereifteren Werken Massenets gerechnet werden, aber sie gibt bereits eine Vorstellung von den Qualitäten, die Massenet zu einem der wichtigsten französischen Komponisten der zweiten Hälfte des neunzehnten Jahrhunderts machen. Aus einem dramatischen, ereignisreichen Libretto, in dem die leidenschaftliche Liebe zum treibendem Moment der ganzen Handlung wird, verstand Massenet eine seiner bedeutenderen Opern zu machen. Die musikalisch schönsten Szenen sind Alims Ankunft im Indraparadies und sein Erwachen auf den Stufen des Königspalastes. GPa

SAMSON UND DALILA

Oper in drei Akten und vier Bildern von Camille Saint-Saëns (1835–1921). Libretto von Ferdinand Lemaire nach Voltaires Bearbeitung des biblischen Stoffes. Uraufführung: Weimar, Hoftheater, 2. Dezember 1877. Solisten: Von Müller, Ferenczy, Milde, Dengler, Winiker, Henning, Knopp, Schmidt.

PERSONEN. Dalila (Mezzosopran), Samson (Tenor), Oberpriester des Dagon (Bariton), Abimelech, Satrap von Ghaza (Baß), alter Hebräer (Baß), Bote (Tenor), erster Philister (Tenor), zweiter Philister (Baß), Chor von Hebräern, Philister.

HANDLUNG. Erster Akt. Platz in Ghaza in Palästina ungefähr 1115 v. Chr. Das Volk der Hebräer leidet unter der Schreckensherrschaft der Philister. Samson sieht für sein schmachtendes Volk nur einen Ausweg: den Tod des Satrapen. Als Abimelech, der Satrap von Ghaza, das hebräische Volk wieder einmal mit üblen Worten schmäht, sieht Samson eine von Gott geschickte Gelegenheit gekommen und ersticht ihn. Der Oberpriester Dagons versucht die Philister zum Zurückschlagen aufzustacheln, es gelingt ihm jedoch nicht. Samson und sein Volk sind zum Gebet versammelt. Da tritt Dalila, eine Dagonpriesterin, auf und lädt ihn in ihr Haus ein. Samson, der von Dalilas Schönheit beeindruckt ist, nimmt die Einladung verwirrt an. Zweiter Akt. Die Nacht senkt sich auf das Sorektal. Dalila ist voll der Zweifel, ob sie mit der Einladung Samsons richtig handelt. Der Oberpriester dringt in sie, Samson das Geheimnis seiner unermeßlichen Kraft zu entreißen. Mit völliger Dunkelheit trifft auch Samson bei Dalilas Haus ein. Er ist in heftigem Zwiespalt zwischen der göttlichen Pflicht, der Befreier seines Volkes zu werden, und seiner aufflammenden Liebe zu Dalila. Schließlich kann er Dalilas Verführungskünsten nicht mehr widerstehen und verrät ihr das Geheimnis seiner Stärke. Nachts in ihrem Zelt schneidet sie dem schlafenden Samson die Haare ab und beraubt ihn so seiner Kraft. Dann ruft sie die Wachen herbei und läßt den Hilflosen festnehmen. Dritter Akt. Erstes Bild. Im Gefängnis von Ghaza. Samson – gefesselt und geblendet – muß Frondienste leisten. Von draußen sind die Stimmen der Hebräer zu hören, die ihm vorwerfen, sein Volk einer Frau wegen verraten zu haben. Samson fleht Gott um Verzeihung an. Zweites Bild. Im Innern des Dagontempels. Im Angesicht der versammelten Priester- und Fürstenschaft soll Samson gezwungen werden, seinem Gott abzuschwören und dem Gotte Dagon zu huldigen. Er wird von einem Knaben durch den Säulenwald des Tempels, den er mit seinen geblendeten Augen nicht mehr sehen kann, geführt. Auch Dalila ist anwesend. Als ihm der Oberpriester befiehlt, sich auf die Knie zu werfen und Dagon anzubeten, ruft Samson mit aller Inbrunst seiner Seele Gott an, ihm seine alte Kraft wiederzugeben. Sein Flehen wird erhört: mit einer einzigen ungeheuren Kraftanstrengung bringt er die Säulen des Tempels zum Einstürzen. Für die Philister gibt es kein Entrinnen, sie werden unter den herabstürzenden Trümmern begraben.

● *Samson und Dalila* gilt als Saint-Saëns' bestes Werk. Es wurde auf Liszts Anregung hin in Weimar uraufgeführt. An der Pariser Oper wurde es erst sechzehn Jahre später gespielt. Mit dieser Oper hat Saint-Saëns zum zweiten Mal ein biblisches Drama vertont. Seine erste Bearbeitung eines biblischen Stoffes *Le Déluge (Die Sintflut)* war im Jahr davor, also 1876, erschienen. Leider hat die Oper nicht das hohe Pathos der biblischen Vorlage. Die Titelgestalten sind von einer Sentimentalität, die in keiner Weise den großen biblischen Gestalten gerecht wird. Das Stück wird von der Figur der Dalila beherrscht, die zur fast oberflächlichen Verführerin, die virtuos mit ihren Künsten zu spielen vermag, wird, ohne deshalb aber das zentrale dramatische Motiv der Oper, die psychologische Rechtfertigung für Samsons Verrat glaubhaft machen zu können. Die geschichtliche Dimension der Bibelerzählung ist fast ganz auf Kosten eines simplen romantischen Melodramas verlorengegangen. Ein gutes Beispiel da-

Erster Akt der Oper «Eugen Onegin» von Tschaikowsky in der Uraufführung am Moskauer Bolschoi-Theater am 23. April 1881. Archiv des Theatermuseums.

für ist das große Liebeduett im zweiten Akt, das ein von zarter Melodik überfließendes, schönes Stück Musik, der Größe der biblischen Gestalten jedoch völlig unangemessen ist. Was an *Samson und Dalila* trotzdem von Bestand ist, ist die Komposition als solche, unabhängig von der dramatischen und psychologischen Unzulänglichkeit, ja Flachheit der Oper. Saint-Saëns erreicht stellenweise einen sehr hohen Grad formaler Schönheit. In seinem Kult der Form zeigen sich ganz deutlich die Einflüsse des «l'art pour l'art», das zur Zeit in der französischen Musik en vogue war. So nimmt *Samson und Dalila* auch heute noch einen unangefochtenen Platz in den Spielplänen der Opernhäuser aller Welt ein. Saint-Saëns mangelte es an der echten schöpferischen Kraft und den hohen Idealen, die die Oper zu einem großen Werk hätten werden lassen, doch er besaß die Gabe einer Tonsprache voll klarer ausgewogener Schönheit, die bis heute ihren Reiz nicht verloren hat. RB

DAS GEHEIMNIS (Tajemství)

Komische Oper in drei Akten von Friedrich Smetana (1824–1884). Libretto von Eliska Krásnohorská. Uraufführung: Prag, Neues Tschechisches Theater, 18. September 1878.

HANDLUNG. Der alte Bonifaz findet im Wald einen Brief, der an den Gemeinderat Kalina gerichtet ist. Er bringt ihn ihm. Der Brief kommt von Kalinas unterdessen verstorbenem Bruder und enthält genaue Anweisungen, wie ein an einer bestimmten Stelle verborgener Schatz zu heben sei. Kalina läßt den alten Bonifaz schwören, sein Wissen unter gar keinen Umständen zu verraten. Aber der Alte weiß nichts Besseres zu tun, als das brandneue Geheimnis gleich einem Maurer weiterzuerzählen, dem er selbstverständlich den Schwur abnimmt, es für sich zu behalten. Auch der Maurer erzählt die Geschichte dem Nächstbesten, nicht ohne diesen natürlich wiederum einen heiligen Eid schwören zu lassen, der ihn zu absolutem Stillschweigen verpflichtet. So geht die geheime Kunde bis zum Glöckner des Ortes, der sie – selbstverständlich unter Anempfehlung größter Diskretion – vom Kirchturm herab ins ganze Dorf hinausposaunt. Am Fuße der Kirche, einem beliebten Wallfahrtsziel, trifft Kalina seine Vorbereitungen für die Schatzsuche. Da kommt ein Pilgerzug herangezogen. Auch Kalinas Sohn Veit ist unter den Frommen. Er liebt die Tochter des Gemeinderates Malina, Blazenka. Doch die beiden Väter sind sich nicht einig über die Heiratspläne der Kinder, denn Malina hatte früher Kalina die Hand seiner Schwester Rosa verweigert mit der Begründung, er sei nicht reich genug für seine Schwester. Nach vielem abenteuerlichen Hin und Her stellt sich heraus, daß der vielgesuchte Schatz nichts anderes ist als ein geheimer Gang zu Rosas Kammer. Kalina macht schlauen Gebrauch von dieser Kenntnis: einmal in der Kammer Rosas, kann ihm Malina die Hand der Schwester nicht mehr abschlagen. Und wenn Kalina gut genug ist für seine Schwester, muß sein Sohn Veit auch gut genug für die Tochter Blazenka sein.

● *Das Geheimnis* ist Smetanas vorletzte Oper. Der Komponist war zur Zeit ihrer Entstehung schon fast völlig taub, bei sehr schlechter Gesundheit und lebte in großer Armut. Aus diesen schweren äußeren Lebensumständen mag es sich erklären, daß die Oper, die ja eine komische Oper ist und sein soll, von einem unüberhörbaren Grundton der Traurigkeit durchzogen ist, der besonders in der Gestalt des Kalina, dessen verletzten Stolz als armer Habenichts und seiner späteren Liebe zu Rosa zum Ausdruck kommt. RB

POLYEUCTE

Oper in fünf Akten von Charles Gounod (1818–1893). Libretto von Jules Barbier (1825–1901) und Michel Carré (1819–1872) nach der gleichnamigen Tragödie von Corneille. Uraufführung: Paris, Opéra, 7. Oktober 1878. Solisten: Krauss, Salomon, Lassalle.

HANDLUNG. Mytilene, Hauptstadt Armeniens. Pauline, die Tochter des Statthalters Félix, hat Polyeucte, einen Armenier, geheiratet. Pauline war früher mit Sévère verlobt gewesen. Dieser gilt als tot. Er kehrt jedoch unerwartet und ausgezeichnet mit hohen militärischen Ehren nach Mytilene zurück. Zu seinen Ehren wird ein großer Festgottesdienst veranstaltet. Auch Polyeucte als einer der Führer der Stadt, soll an diesem teilnehmen. Polyeucte ist jedoch mittlerweile zum Christentum übergetreten und weigert sich, den falschen Göttern zu opfern. Er kann der sofortigen Festnahme zwar dank der Hilfe seiner Frau Pauline entgehen, doch der Statthalter Félix läßt ihn zum Tode verurteilen, falls er seinem christlichen Glauben nicht abschwöre. Auch das Volk, angestachelt von dem Priester Albin, fordert den Tod der neuen Christen. Doch Polyeucte wird nicht abtrünnig. Das Beispiel seiner Überzeugung und Standhaftigkeit gewinnt auch Pauline für die Sache des christlichen Glaubens. Gemeinsam schreiten die beiden in den Märtyrertod.

• Der *Polyeucte* wurde trotz der ausgezeichneten Besetzung bei der Uraufführung vom Publikum mit großer Enttäuschung aufgenommen. Die Gründe dafür dürften einmal in dem schlechten Libretto, das halb Oratorium halb Oper war, zum anderen auch in der Unentschiedenheit der Gounodschen Musik zu suchen sein, deren Inspiration für den kämpferischen Glauben und den Heldenmut Corneillescher Gestalten ganz offensichtlich nicht ausreicht. LB

DER KAUFMANN KALASCHNIKOW
(Kupetsch Kalaschnikow)

Oper in drei Akten von Anton G. Rubinstein (1830–1894). Libretto von N.I. Kulibow nach Lermontow. Uraufführung: St. Petersburg, Kaiserliches Theater, 5. März 1880.

HANDLUNG. Palast des Zaren Iwan des Schrecklichen. Der Leibwache des Zaren ist zu Ohren gekommen, daß Zemstwovertreter um Audienz beim Zaren gebeten haben, um sich über sie zu beklagen. Iwan empfängt die Delegation und verbringt den anschließenden Abend mit seinen Leibwachen auf einem Fest. Einer der Wachen, der junge Kirihejewitsch, erzählt schwärmerisch, daß er verliebt sei. In den Straßen Moskaus. Erschreckt zerstreut die Menge, als die gefürchtete Leibwache des Kaisers sich nähert. Die Kaufmannsfrau Aléna Kalaschnikowa tritt gerade aus dem Haus, um zur abendlichen Vesper in die Kirche zu gehen. Kirihejewitsch stellt sich ihr in den Weg und erklärt, sie zu lieben. Als Aléna nicht darauf eingeht, entführt er die Wehrlose kurzerhand. Eine alte Frau hat die Szene beobachtet und berichtet dem heimkehrenden Kalaschnikow von dem Vorfall. Der Kaufmann ist verzweifelt. Angst und Zweifel nagen an ihm, schließlich ringt er sich zu dem Entschluß durch, die verhaßte Leibwache anzuzeigen. Platz in Moskau. Der Zar, sein Leibgardist, Aléna und ihr Gatte, der Kaufmann, treffen aufeinander. Kirihejewitsch beschuldigt den Kaufmann aller möglichen erdachten Vergehen, dieser wehrt sich gegen die falschen Anschuldigungen und verlangt Gerechtigkeit vom Zaren, Aléna fleht ihn um Gnade an. Im Widerstreit der Gefühle hin- und hergerissen, läßt sich der Zar schließlich doch von des Kaufmannes Mut beeindrucken. Noch nie hat es einer gewagt, sein Leben gegen die Willkür seiner Leibwache zu riskieren. Er erkennt sein Recht an und gibt ihm seine Frau zurück. Unter dem Jubel des Volkes zieht Kalaschnikow mit seiner Frau nach Hause.

• Die Oper wurde vom Publikum mit großer Begeisterung aufgenommen, jedoch gleich nach der Uraufführung von der Zensur eingezogen. Obwohl Rubinsteins Stil als hybrid bezeichnet werden muß, erreichte er in einigen Passagen, zum Beispiel den Arien und dem Rezitativ des Kaufmannes große psychologische Tiefe. Gelungen sind auch die komischen Szenen, vor allem der Hofnarr, der als getreues Abbild der russischen Volksseele bezeichnet werden kann. RB

DER VERLORENE SOHN
(Il figliuol prodigo)

Oper in vier Akten von Amilcare Ponchielli (1834–1886). Libretto von Angelo Zanardini (1820–1893). Uraufführung: Mailand, Teatro alla Scala, 26. Dezember 1880. Solisten: Francesco Tamagno, Anna d'Angeri, Edoardo di Reszké, Federico Salvati.

PERSONEN. Ruben, der Anführer eines Hebräerstammes (Baß), Azael, sein Sohn (Tenor), Amenophis, assyrischer Abenteurer (Bariton), Jephtel, sein Mündel (Sopran), Nephte, Amenophis' Schwester, Abenteurerin (Mezzosopran), Sirio Nubio, Schlangenbeschwörer (Sprechrolle).

HANDLUNG. Der Stamm des Ruben feiert das jüdische Osterfest. Der alte Ruben und sein Mündel Jephte jedoch sind traurig, weil Rubens Sohn Azael nicht dabei ist. Ein durchziehender assyrischer Abenteurer, Amenophis, erzählt, wie Azael seiner Schwester Nephte das Leben gerettet hat, indem er einen wilden Panther tötete. Wenig später treffen Azael und Nephte gemeinsam ein und werden festlich empfangen. Nur Jephtel, die Azael anverlobt ist, betrachtet die junge Assyrerin mit Mißtrauen. Nephte schwärmt von dem Leben der Lust und Freude, das man in Ninive führe. Amenophis weiß ebenfalls begeistert von den Herrlichkeiten zu berichten, die die Stadt bietet, so daß Azael schließlich mit ihnen zieht. Weder sein Vater noch Jephtel können ihn zurückhalten. Im Priesterhof des Iliastempels zu Ninive wartet Amenophis auf Nephte und Azael. Er beabsichtigt den Hebräer der Sitte gemäß, die alljährlich ein Menschenopfer an den Flußgott Tigris verlangt, im Fluß zu ertränken. Doch Nephte ist nicht einverstanden mit den Plänen ihres Bruders. Sie versucht Azael zu warnen. In den Straßen Ninives findet das große Iliasfest statt. Amenophis und andere junge Leute der Stadt provozieren Azael, um ihn zur Mitwirkung an den Iliasriten zu bewegen. Ruben und Jephtel, die auf der Suche nach ihm sind, kommen nach Ninive. Jephtel erkennt Azael unter den Trunkenen des Iliaszuges, läßt dies Ruben jedoch nicht merken, da sie weiß, wie sehr ihn der Anblick seines trunken und zügellos einem fremden Gotte huldigenden Sohnes schmerzen muß. Jephtel gerät in den Iliastempel und wird dort von einigen Priestern überrascht. Die Anwesenheit einer Jüdin im Tempelinneren gilt als Schändung, und Jephtel wird zum Tode verurteilt. Amenophis setzt sich für einen Aufschub der Hinrichtung auf den nächsten Tag ein. Allein mit dem Mädchen, erklärt er ihr seine Liebe und verspricht alles zu tun, um sie zu retten. Doch Jephtel weist ihn stolz von sich. Auch Azael kommt in den Tempel. Er ist enttäuscht von seinen Freunden in Ninive und voller Gewissensbisse, den Vater und seine Verlobte verlassen zu haben. Als er Jephtel erblickt, will er sie um jeden Preis retten. Doch wird er selbst entdeckt und beschuldigt, das Geheimnis der Gottheit enthüllen gewollt zu haben. Darauf steht Todesstrafe. Doch es gelingt ihm zu fliehen. Ruben und Jephtel leben wieder in ihrer Heimat. Der alte Ruben ist vor Kummer verrückt geworden. Eines Tages taucht Azael wieder auf und begegnet Jephtel am Fluß beim Wasserschöpfen. Sie überredet ihn, sein Vagabundenleben aufzugeben und zum Vater zurückzukehren. Am Tage des Osterfestes treten die beiden ihm gemeinsam gegenüber. Von allen Seiten ist der Gesang der Hirten zu hören. Als Ruben seinen Sohn wiedersieht, hebt sich der Trübsinn von seinem Geiste und er stimmt mit allen anderen in den Lobgesang des Herrn ein.

- *Der verlorene Sohn* ist Ponchiellis vorletzte Oper. Idyllische und herbe Momente mischen sich in ihr in der gekonnt eingefangenen Atmosphäre des Orients. Anklänge an Verdis *Aida* sind unverkennbar herauszuhören. MSM

HOFFMANNS ERZÄHLUNGEN
(Les Contes d'Hoffmann)

Phantastische Oper in drei Akten mit Vor- und Nachspiel von Jacques Offenbach (1819–1880). Libretto von Jules Barbier (1822–1901) und Michel Carré (1819–1872) nach E.T.A. Hoffmann (1776–1822). Uraufführung: Paris, Opéra-Comique, 10. Februar 1881. Solisten: Isaac, Talazac, Taskin, Grivor, Belhomme, Gourdon, Troy, Teste, Collin.

PERSONEN. Hoffmann (Tenor), Lindorf (Baß oder Bariton), Coppelius (Baß oder Bariton), Dapertutto (Baß oder Bariton), Dr. Mirakel (Baß oder Bariton), Spalanzani (Tenor), Schlemihl (Baß oder Bariton), Crespel (Baß oder Bariton), Andreas (Tenor), Cochenille (Tenor), Pitichinaccio (Tenor), Franz (Tenor), Luther (Baß oder Bariton), Nathanael (Tenor), Hermann (Baß oder Bariton), Stella (Sopran), Olympia (Sopran), Giulietta (Sopran), Antonia (Sopran), Niklaus (Mezzosopran), eine Stimme (Mezzosopran), Studenten, Aufwärter, Gäste, Diener.

HANDLUNG. Prolog. In Luthers Weinkeller in Nürnberg. Der Stadtrat Lindorf (die erste der vier Verkörperungen des Bösen, die den Dichter Hoffmann verfolgen) hat einen Brief der Sängerin Stella abgefangen, in dem sie ihrem Anbeter Hoffmann den Schlüssel zu ihrem Zimmer schickt. Hoffmann und sein Freund Niklaus kommen in die Schenke. Etwas später strömen die Studenten aus dem Theater herein. Sie bedrängen den Dichter, von seinen früheren Lieben zu erzählen. Erster Akt. Im Kabinett des Physikprofessors Spalanzani. Hoffmann ist sein Schüler geworden, um seine schöne Tochter Olympia kennenzulernen. Olympia ist jedoch kein Wesen aus Fleisch und Blut, sondern ein Automat, den Spalanzani mit seinem merkwürdigen Mitarbeiter Coppelius gebaut hat. Hoffmanns Freund Niklaus warnt ihn, doch der Dichter ist verliebt und will nicht hören. Auf einem Fest im Hause Spalanzanis erklärt er Olympia seine Liebe, doch schnell holt der Vater die Tochter mit dem Vorwand, sie sei jetzt müde, weg. Olympia singt und tanzt wunderbarer denn je. Doch immer bevor er mit ihr allein bleiben kann, wird sie von Spalanzani oder Coppelius fürsorglich wieder auf ihr Zimmer geführt. Am selben Abend, nachdem Hoffmann bis zur Erschöpfung mit Olympia getanzt hat und sie dann wieder in ihrem Zimmer verschwunden ist, ist plötzlich ein großes Klirren und Krachen zu hören. Coppelius hat aus Wut über einen Betrug Spalanzanis die schöne Olympia, die ja nur ein Automat war, zerstört. Der Dichter muß unter dem Hohn der Gäste seine Verblendung erkennen. Zweiter Akt. Venedig, am Canale Grande. Die unter dem Einfluß des dämonischen Dapertutto stehende schöne Kurtisane Giulietta hält Hof. Süße Barcarolen erklingen («Schöne Nacht, du Liebesnacht»). Hoffmann ist leidenschaftlich verliebt in Giulietta.

«Schneeflöckchen» von Nicolai Rimskij-Korssakow in einer Aufführung am Bolschoi-Theater von 1893. Moskau, Archiv des Theatermuseums.

Dapertutto stachelt sie an, den Dichter zu ihrem Geliebten zu machen, denn die Seele jedes Mannes, der Giulietta verfällt, gehört vereinbarungsgemäß ihm. Wiederum versucht Hoffmanns vernünftiger Freund Niklaus, ihn aus dem Bannkreis der Kurtisane zu ziehen. Doch der Dichter kann sich von Giulietta nicht mehr befreien. Als er bei deren früherem Liebhaber Schlemihl den Schlüssel zu Giuliettas Zimmer findet, fordert er ihn zum Duell heraus und tötet ihn. Im Besitz des Schlüssels sucht Hoffmann Giulietta in ihrem Zimmer auf, findet sie jedoch nicht. Als er wieder an den Kanal tritt, sieht er sie in zärtlicher Pose mit einem neuen Liebhaber in der Gondel davonfahren. Er ist verzweifelt. Sein Freund kann ihn in letzter Minute vor der nahenden Polizei wegführen. Dritter Akt. In einer deutschen Stadt. Haus des Musikers Crespel. Hoffmann liebt dessen Tochter Antonia. Antonia hat eine sehr schöne Stimme. Sie probt gerade das Lied «Sie entfloh, die Taube, so minnig». Ihr Vater verbietet ihr das Singen, da es ihrer schwachen Gesundheit, die sie von der früh verstorbenen Mutter geerbt hat, schaden könne. Doch das Mädchen kann der Verlockung, zu singen, nur schwer widerstehen. Besonders der berühmte Geigenspieler Doktor Mirakel mit seinen sehnenden Tönen, die er der Violine zu entlocken weiß, versteht das Mädchen immer wieder zum Singen zu bringen. Eines Abends bezaubt er sie so mit seinem Spiel, daß sie trotz Hoffmanns inständigen Bitten immer wieder und wieder singt, bis sie vor Erschöpfung tot zusammenbricht. Doktor Mirakel aber versinkt unter höhnischem Gelächter in die Erde. Epilog. In Luthers Weinkeller. Hoffmann hat seine drei Liebesabenteuer erzählt. Noch ganz unter dem Eindruck der frischen Erinnerung an soviel altes Liebesleid, greift er wieder und wieder zum Glase. Als die von ihm verehrte Sängerin Stella nach der Vorstellung den Weinkeller betritt, um ihn zu treffen, findet sie ihn halb berauscht vor. Angeekelt wendet sie sich ab und läßt sich von dem hämisch grinsenden Lindorf hinausführen.

● Die Oper ist eine Huldigung Offenbachs an den von ihm sehr verehrten deutschen Dichter E. T. A. Hoffmann. Offenbach konnte die Instrumentierung zu dem Werk nicht mehr vollenden. Sie wurde von Ernst Giraud (1837–1892) vorgenommen. Im Jahre 1881 kam die Oper dann posthum zur Aufführung. Obwohl *Hoffmanns Erzählungen* das ambitiöseste Werk des Komponisten ist und zahlreiche frische, liebliche Passagen enthält, ist es nicht unbedingt seine beste Oper. Jedenfalls bringt sie Ansätze zu der neuen *Opéra comique,* die sich von der flachen, meist aus einer banalen Intrige und Liebesgeschichte bestehenden bisherigen Form abwendet und wieder mehr versucht, das lyrisch-dramatische Moment und menschliche Tiefe hineinzubringen.   SC

DIE JUNGFRAU VON ORLEANS
(Orleanskaja deva)

Oper in vier Akten von Peter I. Tschaikowsky (1840–1893). Libretto von V. A. Zukowskij nach der russischen Übersetzung der Schiller-Tragödie. Uraufführung: St. Petersburg, Mariinskij-Theater, 25. Februar 1881.

● *Die Jungfrau von Orleans* ist Tschaikowskys einzige Oper mit einem Thema aus der westeuropäischen Literatur. Schon mit seinem nächsten Werk *Mazeppa* wendet er sich wieder einem ihm kongenialeren russischen Stoff zu.   MS

EUGEN ONEGIN
(Evgheni Oneghin)

Lyrische Szenen in drei Akten von Peter I. Tschaikowsky (1840–1893). Libretto von K. S. Schilowsky und Modest Tschaikowsky nach dem gleichnamigen Roman in Versform von Alexander Puschkin (1831). Uraufführung: Moskau, Musikkonservatorium, 29. März 1879, als Studentenaufführung. Offizielle Uraufführung: Moskau, Bolschoi-Theater, 23. April 1881.

PERSONEN. Larina, verwitwete Gutsbesitzerin (Mezzosopran), Tatjana, eine Tochter (Sopran), Olga, eine weitere Tochter (Alt), Filippjewna, Amme (Mezzosopran), Eugen Onegin (Bariton), Lensky (Tenor), Fürst Gremin (Baß), ein Hauptmann (Baß), Saretzki (Baß), Triquet, Französischlehrer (Tenor), Gillot, Kammerdiener (Stumme Rolle). Bauern, Gutsbesitzer, Ballgäste, Offiziere.

HANDLUNG. Die Handlung spielt in St. Petersburg zu Beginn des neunzehnten Jahrhunderts. Erster Akt. Erste Szene. Im Garten des Landgutes der Witwe Larina. Die Gutsherrin und die Amme unterhalten sich. Man hört die beiden Töchter Tatjana und Olga singen. Alles rüstet sich zum Erntedankfest. Olga ist fröhlich und ausgelassen, Tatjana dagegen, ruhiger und etwas melancholisch, hält sich abseits. Olgas Verlobter Lensky kommt zu Besuch und bringt einen Freund mit: den neuen Nachbarn Eugen Onegin. Dieser ist ein eleganter junger Mann von Welt, gewandt und gebildet, aber auch skeptisch und egoistisch. Tatjana verliebt sich sofort in ihn. Zweite Szene. Tatjanas Zimmer. Tatjana schreibt Onegin einen langen leidenschaftlichen Brief, in dem sie ihn um ein Stelldichein bittet und ihm ihre Liebe gesteht. Dritte Szene. Im Garten. Onegin kommt zum erbetenen Stelldichein. Er zeigt sich kalt und zurückhaltend und erklärt Tatjana, zu unruhig zu sein, um sich je in der Ehe binden zu können. Er bittet sie daher, ihn zu vergessen. Zweiter Akt. Erste Szene. Salon im Hause Larina. Ball zu Ehren von Tatjanas Geburtstag. Onegin hört, wie die Damen der Gesellschaft über ihn und Tatjana, die er einmal zum Tanz aufgefordert hat, flüstern. Um eventuellen Gerüchten keine Nahrung zu geben, tanzt er so lange mit Olga, bis ihres Verlobter Lensky eifersüchtig wird und ihn schließlich nach einem heftigen Streit zum Duell auffordert. Tatjana muß sich unterdessen die werbenden Verse des Franzosen Triquet anhören. Zweite Szene. Im Morgengrauen bei einer alten Mühle. Lensky hat seinen Freund Saretzki, Onegin seinen Kammerdiener Guillot als Sekundanten zum Duell mitgebracht. Die beiden zögern, die Waffen aufeinander zu richten, denn bis am Abend vorher hatte nichts ihre Freundschaft trüben können. Doch wagt auch keiner, den ersten Schritt zur Versöhnung zu tun. Die Sekundanten laden die Pistolen und vermessen den Abstand. Die beiden richten die Pistolen aufeinander. Lensky fällt beim ersten Schuß. Dritter Akt. Erstes Bild. Prächtiger Salon im Palais des Fürsten Gremin zu St. Petersburg. Großes Fest. Onegin ist nach sechs Jahren, die er mit langen Reisen verbrachte, wieder nach Rußland zurückgekehrt. Auf dem Fest trifft er Tatjana als Gattin des Fürsten Gremin wieder und faßt eine leidenschaftliche Liebe zu ihr. Zweite Szene. Tatjanas Salon. Onegin hat Tatjana gebeten, ihn zu empfangen. Er legt ihr mit leidenschaftlichen Worten seine Liebe zu Füßen. Tatjana ist immer noch empfänglich für Onegins Werben, sie kämpft mit sich. Doch ist sie letztlich in ihrem Entschluß, ihrem Gatten die Treue zu wahren, nicht zu erschüttern. Onegins Pläne, mit ihr zu fliehen, weist sie von sich. Als sie ihn verabschiedet, begreift er, daß er sie nie wieder sehen wird.

● *Eugen Onegin* ist ohne Zweifel Tschaikowskys Hauptbühnenwerk. Die Musik der Oper zeichnet sich durch die für den Komponisten so typische Leichtigkeit und Spontaneität aus. Tschaikowsky hatte sich von der jungrussischen Schule, die eine nationale Musik entwickeln wollte und alle westeuropäischen Einflüsse ablehnte, kaum beeinflussen lassen. Dieses Werk vereint vielmehr in besonderem Maße die abgelehnten Einflüsse, die von der italienischen, französischen und deutschen Musik ausgingen. Trotzdem sind die mitreißendsten Stellen gerade die, die typische russische Rhythmen verarbeiten. MS

LIBUSSA
(Libusa)

Festliche Oper in drei Akten von Friedrich Smetana (1824–1884). Libretto von Joseph Wenzig. Uraufführung: Prag, Nationaltheater, 11. Juni 1881.

HANDLUNG. Das tschechische Volk wird von Prinzessin Libussa, der Nachfahrin des mythischen Tschech, der sein Volk vor Urzeiten nach Böhmen geführt hat, regiert. Libussa wird um ihrer Weisheit und Güte willen von ihrem Volk geliebt und verehrt. Ein Erbstreit zwischen zwei reichen und mächtigen Brüdern droht den Frieden des Landes zu stören. Die Zwietracht wird noch verstärkt durch eine Hofdame Libussas, die den einen der Brüder liebt, jedoch glaubt, er erwidere diese Liebe nicht, und daher vorgibt, den anderen zu lieben. Libussa will den Streit nach alter Sitte beilegen. Das Erbe soll in zwei gleich große Teile geteilt werden. Aber einer der beiden Brüder setzt sich über ihren Richterspruch hinweg, als Mann will er die Herrschaft einer Frau über sich nicht anerkennen. Libussa ist durch die Beleidigung tief betroffen. Sie begreift, daß es für ihr Volk besser ist, einen Mann über sich zu haben. So wählt sie Primislaus (Primišlaw), einen einfachen, aber weisen Mann aus dem Volke zum Gatten und macht ihn zum König. Er wird zum Gründer der ersten Dynastie Böhmens.

● Die Uraufführung der *Libussa* fand anläßlich der Einweihung des Prager Nationaltheaters und zu Ehren der Hochzeit des Erzherzogs Rudolf mit Erzherzogin Stephanie statt. Smetana beabsichtigte, ein der Gelegenheit würdiges Werk zu schreiben. Dies ist ihm sicherlich gelungen, ja mehr noch: *Libussa* wird auch heute noch als Nationaloper der Tschechen fast heilig gehalten und bei allen großen Anlässen im Leben dieses Volkes gespielt. RB

HÉRODIADE

Tragische Oper in vier Akten von Jules Massenet (1842–1912). Libretto von Angelo Zanardini (1820–1893) nach dem Werk «Hérodias» von Gustave Flaubert (1821–1880). Uraufführung: Brüssel, Théâtre de la Monnaie, 19. Dezember 1881.

HANDLUNG. Herodias hat Herodes geheiratet und ist damit in Zwiespalt zu ihrer Tochter Salome geraten. Salome hat sich ganz dem Propheten Johannes dem Täufer zugewandt und verzehrt sich in Liebe zu ihm. Ihr Stiefvater Herodes zeigt unverhüllt seine Begierde nach der schönen jungen Salome. Herodias gedenkt die Lüsternheit des Gatten für ihre Zwecke auszunutzen: sie will sich auf diese Art und Weise des Propheten, der sie eines sündigen Lebenswandels zeiht, entledigen. Herodes aber beabsichtigt seinerseits, sich des Propheten und seiner Anhänger als Widerstand gegen die Römerherrschaft zu bedienen. Aber Johannes weigert sich, sich zum Instrument des Herodes machen zu lassen. Daraufhin läßt Herodes den Propheten ins Gefängnis werfen. Salome begibt sich zu Johannes ins Gefängnis, um gemeinsam mit ihm zu sterben. Er ist bereit, diese von aller irdischen Begierde gereinigte Liebe anzunehmen. Doch da holen die Wachen Salome zu einem Gelage der Römer. Sie wirft sich Herodes und Herodias zu Füßen und bittet um des Propheten Leben, doch es ist zu spät. Das Haupt des geköpften Propheten wird hereingetragen. Salome bleibt nur der Freitod.

● Diese blutrünstige und von Leidenschaften bestimmte Oper weist nach Auffassung einiger Kritiker starke Ähnlichkeit mit Berlioz und auch mit Verdi auf, trotzdem ist – wie Louis Gallet schreibt – «Massenet dort am besten, wo er ganz er selbst ist, wo er sich seiner Natürlichkeit und jugendlichen Freude überläßt, die ihn Formen finden lassen, die in ihrer Vielfalt und köstlichen Süße Massenet zu einem unvergleichlichen Zauberer machen.» GPa

SCHNEEFLÖCKCHEN
(Schnegurotschka)

Oper in einem Vorspiel und vier Akten von Nicolai Rimskij-Korssakow (1844–1908). Libretto vom Komponisten nach einer Komödie von Alexander Ostrowsky. Uraufführung: St. Petersburg, Mariinskij-Theater, 10. Februar 1882.

HANDLUNG. Die Frühlingsfee (Mezzosopran) will dem Winter kein Ende machen. Den Vögeln gesteht sie, daß sie Schnegurotschka, ihre Tochter von dem alten Winter, nicht verlassen möchte. Aus Rache (Eifersucht) verdammt der Sonnengott Jarilo das Kind zum Tode, wenn es sich je in einen Sterblichen verlieben sollte. Vater Winter fürchtet, der Sonnengott werde das Herz seines Kindes mit Liebesgefühlen füllen und es so zum Schmelzen bringen. Daher versteckt er es bei einem Bauern (Tenor), der am Eingang des Dorfes von Zar Berendej wohnt. Schnegurotschka lebt also nach der kalten Einsamkeit des Winterwaldes im Dorfe. Aber sie ist nicht glücklich. Auf der Hochzeit ihrer Freundin Kupawa (Sopran) lernt sie deren Bräutigam Mizguir (Bariton) kennen. Dieser verliebt sich in Schnegurotschka und verläßt seine Braut. Kupawa bittet den Zaren Berendej (Tenor) um Gerechtigkeit und Schutz. Dieser verhört das Schneemädchen, aber er bekommt nur die Antwort, daß sie niemanden liebe. Um die beiden Freundinnen wieder miteinander zu versöhnen, lädt der Zar sie zum großen Winteraustreiben, das das ganze Dorf festlich begeht, ein. Doch Schnegurotschka bleibt während des ganzen Festes traurig und von eisiger Kälte. Kupawa dagegen tröstet sich mit einem Hirten, der ihr einen Heiratsantrag macht. Am Abend gesteht Mizguir dem Schneemädchen seine brennende Liebe. Sie weiß nicht, was das ist, ist aber tief beunruhigt und verwirrt. Schließlich läuft sie in den Wald und bittet ihre Mutter, die Frühlingsfee, ihr das Gefühl der Liebe zu schenken. Diese setzt der Tochter als Antwort einen Blumenkranz auf und schickt sie zu Mizguir. Ein nie verspürtes, süßes Gefühl bringt Schnegurotschka dazu, Mizguirs Antrag anzunehmen. Die Hochzeit findet statt. Der Bräutigam will für sich und seine Braut den Segen des Zaren erbitten, da fällt ein Sonnenstrahl, das Symbol der Liebe, auf Schnegurotschka und läßt sie mit einem Male zerschmelzen und verschwinden. Der verzweifelte Bräutigam stürzt sich in den See. Nachdem so die Eistochter des Winters sich ins Nichts aufgelöst hat, kann die Sonne wieder ungehindert scheinen.

• Rimskij-Korssakow las Ostrowskys Geschichte bereits im Jahre 1874, bat diesen aber erst später bei einer zweiten Lektüre, um die Erlaubnis, seinen Text zu vertonen. Er begann im Sommer 1880 mit der Arbeit an der Komposition und hatte sie in zweieinhalb Monaten fertig. Er bewohnte damals ein Landhaus mit sehr großem Garten in Stélewo. Die Weite und Einsamkeit der Landschaft machte ihn besonders empfänglich für das Geschehen der Natur und dessen literarische Verarbeitung durch Ostrowsky. Die Oper hatte von Anfang an großen Erfolg beim Publikum. Die Kritik dagegen warf dem Komponisten zu große Volkstümlichkeit und völlige Spannungslosigkeit vor. Rimskij-Korssakow selbst war aber recht zufrieden mit seinem Werk, jedenfalls schrieb er noch dreizehn Jahre später in einem Brief an seine Frau, *Schneeflöckchen* sei seine beste Oper und stelle eine gelungene Symbiose zwischen szenischer Handlung und musikalischer Form dar. Er schloß seinen Brief mit dem Satz: «Wer Schnegurotschka nicht mag, hat weder meine Musik noch mich verstanden». In der Tat kann der Oper Mangel an Bewegung der Handlung und musikalische Spannungslosigkeit mit Grund nicht vorgeworfen werden. Zudem traf der Komponist mit diesem naturmythologischen Stoff und seiner musikalischen Verarbeitung sehr genau die Tiefen der russischen Volksseele, die in Musik auszudrücken ja immer sein Bestreben war. RB

Szene aus dem zweiten Akt von Rimskij-Korssakows «Schneeflöckchen» in einer Aufführung des Bolschoi-Theaters in Moskau 1954.

FRANCESCA DA RIMINI
(Françoise de Rimini)

Oper in einem Vorspiel und vier Akten von Ambroise Thomas (1811–1886). Libretto von J. Barbier und M. Carré. Uraufführung: Paris, Opéra, 14. April 1882.

HANDLUNG. Der Stoff geht auf Dantes Geschichte von Paolo Malatesta und Francesca da Rimini im Fünften Gesang der Hölle in seiner *Göttlichen Komödie* zurück. Giancotto Malatesta überrascht seine junge Frau Francesca von Rimini in den Armen seines jüngeren Bruders Paolo. Dieser ist im Gegensatz zu ihm jung, schön und freundlich und hat ein gutes Herz. Wutentbrannt tötet der Alte sowohl seinen Rivalen und Bruder als auch seine junge Frau. Die Librettisten haben die eigentliche Geschichte um eine Rahmenhandlung erweitert: im Vorspiel treten Dante und Virgil am Tor der Hölle auf. In dieser seiner letzten Oper versucht Thomas, die verschiedensten musikalischen Strömungen seiner Zeit (vor allem Wagners Einfluß ist groß) zu verarbeiten. Bei der Uraufführung konnte er einen gewissen Erfolg erzielen, schon bald aber geriet das Werk völlig in Vergessenheit. Thomas nahm den Verlust der Publikumsgunst als persönliche Kritik und hörte danach fast völlig mit dem Komponieren auf. Erst in jüngerer Zeit erfuhr sein Werk eine Art Wiederentdeckung. Gerade *Francesca da Rimini* gilt heute als eines der besten Stücke des Komponisten, auch wenn es nie mehr zum festen Bestandteil des Opernrepertoires wurde. GP

PARSIFAL

Ein Bühnenweihfestspiel in drei Akten von Richard Wagner (1813–1883). Dichtung vom Komponisten. Uraufführung: Bayreuth, Festspielhaus, 26. Juli 1882. Solisten: Amalie Materna (Kundry), Hermann Winckelmann (Parsifal), Theodor Reichmann (Amfortas), Karl Hill (Klingsor), Emil Scaria (Gurnemanz). Dirigent: Hermann Levi.

PERSONEN. Amfortas (Bariton), Titurel (Baß), Gurnemanz (Baß), Parsifal (Tenor), Klingsor (Baß), Kundry (Sopran), erster und zweiter Gralsritter (Tenor und Baß), vier Knappen (Sopran, Alt und zwei Tenöre), Blumenmädchen aus dem Garten Klingsors (sechs Sopransoli mit zwei Chören aus Sopran und Altstimmen), Gralsritter (Tenöre und Bässe), Jungen und Mädchen (Tenöre, Alte, Soprane).

HANDLUNG. Erster Akt. Auf dem Monsalvat in den Pyrenäen erhebt sich die heilige, von Titurel erbaute Gralsburg, in der eine fromme Brüderschaft den heiligen Gral, die Schale, in der das Blut des sterbenden Heilands aufgefangen worden war, hütet. Titurel hat die Herrschaft über die Gralsritter seinem Sohne Amfortas übertragen. Dieser leidet schwer an einer Wunde, die sich nicht mehr schließt. Im Morgengrauen tragen ihn seine Ritter auf einer Bahre zum See, dessen Wasser ihm die schweren Leiden lindern sollen. Kundry, eine schöne wilde Kreatur, die bald als Botin der Gralsritter, bald als Dienerin der Kräfte des Bösen und des Zauberers Klingsor auftritt, bringt Amfortas einen lindernden Balsam. Doch Heilung kann gemäß der Verheißung Amfortas nur von einem «reinen Toren, durch Mitleid wissend» erfahren. Der Ritter Gurnemanz, der den Zug der Gralshüter vorbeiziehen sieht, erzählt seinen Leuten die Geschichte des Amfortas. Gewappnet mit der heiligen Lanze, die einst auf Golgatha einer der Kriegsknechte dem Gekreuzigten in die Seite gestoßen hatte,

1882

«Karfreitagszauber» in Richard Wagners «Parsifal» in der Bayreuther Aufführung 1882. Amalie Materna als «Kundry», Emil Scaria als «Gurnemanz» und Hermann Winkelmann als «Parsifal».

war Amfortas gegen den bösen Klingsor gezogen, der ihm den Gral neidete und mit Tücken und Zauberwerk in seinen Besitz zu gelangen versuchte. Doch er war der Schönheit einer in Klingsors Diensten stehenden Frau verfallen und hatte darüber seine heilige Mission vergessen. Klingsor aber hatte ihm den heiligen Speer entrissen und ihm damit die Wunde beigebracht, die seither nicht mehr zu bluten aufhörte. Gurnemanz wird in seiner Erzählung von einigen Knechten unterbrochen, die einen Knaben hereinführen, der einen der heiligen Schwäne von Monsalvat erlegt hat. Es ist Parsifal, ein wie ein Tor gekleideter Knabe, reinen, nichtwissenden Gemütes und jeder Welterfahrung bar. Er weiß nicht, wer sein Vater ist, er weiß nicht, daß seine Mutter Herzeleide an Gram gestorben ist, nachdem er sie verlassen hat, er zieht ohne nach Grund und Ursache zu fragen, ziellos durch die Welt. Gurnemanz glaubt in ihm den «reinen Toren» zu erkennen, der Amfortas die Erlösung bringen kann, und schickt ihn auf die Gralsburg, daß er dem heiligen Liebesmahl beiwohne und die erlösende Geste finde. Im großen Saal der Gralsburg erwartet Amfortas mit seiner Ritterschaft das heilige Mahl, das seine Leiden jedesmal ins Unermeßliche steigert. Das Bewußtsein seiner Sündhaftigkeit läßt ihn zurückweichen vor der heiligen Zeremonie. Doch Titurel und seine Ritter sprechen ihm Trost und Mut zu. Er deckt den heiligen Kelch auf, segnet das Brot und den Wein und entfernt sich. Parsifal hat das alles mit Staunen und voller Unverständnis beobachtet. Gurnemanz sieht, daß der Knabe nicht der Erlöser ist, auf den er und die Ritterschar hofften, und schickt ihn verärgert weg. Zweiter Akt. In Klingsors Reich. Klingsor beschwört Kundry herbei und befiehlt ihr, den gefährlichen Parsifal zu verführen. Fällt dieser durch «der Torheit Schild» geschützte Knabe, werden auch die Gralshüter wie einst Amfortas fallen, und der Gral wird sein werden, wie der heilige Speer bereits sein ist. Als Klingsor vom hohen Turm seiner Burg aus Parsifal nahen sieht, verwandelt er das Schloß in einen großen Zaubergarten, der von Blumenmädchen bevölkert ist. Diese suchen den staunenden Parsifal zu umgarnen und einzufangen. Kundry tritt ihm entgegen und beginnt ihm von der Mutter und dem Herzeleid, das er ihr verursacht hat, indem er sie verließ, zu erzählen und gewinnt so unmerklich Zugang zu des Knaben Herz. Die für immer verlorene Liebe der Mutter kann er nur in der Liebe einer anderen Frau wiederfinden. Parsifal lauscht gebannt Kundrys werbenden Worten. Ihr Liebeskuß macht ihn hellsichtig. Mit einem Male begreift er Schuld und Schmerz der Sünde, das Leiden derer, die gegen den heiligen Gral und das Blut Christi gefrevelt haben. Das Bild des leidenden Amfortas taucht vor seiner Seele auf. In einem wilden Aufschrei löst er sich aus Kundrys Armen und ruft seinen Namen aus. Dieser trifft Kundry in tiefster Seele. Auch sie wünscht, von Klingsors bösem Zauber befreit zu werden, und gesteht Parsifal ihre Schuld: sie war es, die über die Leiden des Gekreuzigten auf Golgatha lachte und ihn verspottete. Das Verlangen nach Erlösung mischt sich in ihrer sündigen Kreatürlichkeit mit ihrem Verlangen nach Parsifal. Von seiner Liebe erhofft sie sich Heilung. Doch Parsifal stößt sie von sich. Er weiß nun, daß der Weg des Heils ein anderer ist. In Verzweiflung und Rache wendet sich Kundry an Klingsor um Hilfe gegen den widerstrebenden Helden. Dieser schleudert von der Höhe seines Turmes aus die heilige Lanze auf Parsifal, doch wird diese wundersam kurz vor ihrem Ziel im Fluge aufgehalten, und Parsifal ergreift sie und macht das Kreuzzeichen mit ihr. Mit einem Schlage verschwindet das Trugbild des Zaubergartens mit all seinen zauberischen Getalten, und Parsifal findet sich in einer Wüste wieder. Zu seinen Füßen liegt bewußtlos Kundry. Dritter Akt. In der Nähe der Gralsburg lebt Gurnemanz das Leben eines Einsiedlers. Karfreitag. Das Eis des Winters beginnt den linden Lüften des Frühlings zu weichen. Gurnemanz wird auf ein aus dem Gebüsch kommendes Stöhnen aufmerksam. Er entdeckt völlig entkräftet Kundry in Büßerkleidung. Gurnemanz pflegt und stärkt sie, und ohne irgendwelche Erklärungen begibt sich die gewandelte Frau daran, den Gralshütern zu dienen. Parsifal tritt in schwarzer Rüstung auf. Gurnemanz sagt ihm, am Tage des Leidens Christi dürfe kein Ritter Waffen tragen. Daraufhin nimmt Parsifal seinen Helm und seine Rüstung ab, legt den Speer beiseite und kniet zum Gebet nieder. Gurnemanz erkennt in ihm den «reinen Toren», der durch Prüfung und Frömmigkeit den Stand der Unschuld wiedererworben hat, der ihm Erlöserkraft geben wird. Er erzählt ihm, daß die Gralsritter in ausweglose Untröstlichkeit verfallen sind, seit Amfortas das Liebesmahl nicht mehr zelebriert. Titurel ist in der Zwischenzeit aus Schmerz gestorben. An Parsifals erschütterter Reaktion erkennt Gurnemanz, daß der junge Held nunmehr bereit ist, seine Mission zu erfüllen. In einer einfachen Zeremonie krönt er ihn zum neuen Gralskönig. Als solcher vollzieht Parsifal seinen ersten priesterlichen Akt an Kundry. Er tauft sie und öffnet ihr die Augen für das Karfreitagswunder, die Erlösung der Natur nach langen Tagen des Leidens. Beim Klang der Glocken des Monsalvat begeben sich die drei auf den Weg zur Gralsburg. In dem riesigen Saal der Burg bewachen die Gralshüter den Leichnam Titurels. Der bis zum letzten geschwächte Amfortas hat um des Gedenkens des Vaters willen sich noch einmal bereit erklärt, den Gral zu enthüllen und unter unsäglichen Leiden das Liebesmahl mit seinen Rittern zu vollziehen. Doch während er sich anschickt, die schwere Prüfung auf sich zu nehmen, tritt Parsifal ein und berührt ihn mit der Lanze, die ihm seine unaufhörlich blutende Wunde beigebracht hatte. Mit einem Mal schließt sich diese und Amfortas ist geheilt. Dann enthüllt er selbst den heiligen Gral. In rötlichem Lichte erglüht er unter seinen Händen, ein Chor überirdischer Stimmen verkündet aus der Höhe das ewige Heil. Kundry stürzt tot zu Boden. Sie hat Vergebung gefunden. Auf die in Anbetung versunkenen Gralshüter senkt sich eine weiße Taube herab.

● Wagner widmete dem *Parsifal,* seiner letzten Oper, die ganze Kraft seiner letzten Lebensjahre (1877–1882). Die Idee zu dem Werk und die ersten Entwürfe dazu gehen jedoch auf viel früher, die Zeit seiner vollen Reife, zurück. Die ursprüngliche Vorlage bildete Wolfram von Eschenbachs *Parzival* (1160–1220), der den Stoff seinerseits altem bretonischen Sagengut entnommen hatte. Wagner läßt zwar Handlung und Gestalten ziemlich unverändert, gab ihnen jedoch eine teilweise andere Motivation. Sein *Parsifal* erreicht den Stand der Gnade, der ihm Erlöserkraft verleiht, nur durch die Erfahrung von Schuld und Sünde, wie sie durch Kundrys Kuß verkörpert werden. Erst nachdem er in langen inneren Kämpfen seine Liebe von jeder Leidenschaft und Selbstsucht befreit und sie zum universalen Gefühl des Mitleidens erhoben hat, kann er zum Heilsboten werden. Nur darum vemag er des Amfortas' Wunde zu heilen, dem Gral seinen unbefleckten Glanz wiederzugeben, der zum Retter der Menschheit bestimmte Held werden. Schuld und deren Überwindung machen auch Wesen und Schicksal der Kundry aus. Thomas Mann nennt sie «die stärkste und poetisch kühnste Frauengestalt, die Wagner geschaffen hat». Das gleiche Grundthema bestimmt auch die Figur des Amfortas. Die christliche Mystik, von der die Oper ganz durchdrungen ist (und die im übrigen zum Teil als Reaktion auf den «pessimistischen» Schluß der *Götterdämmerung,* zum Teil als Bruch mit Nietzsches Philosophie zu verstehen ist), bringt keinen wirklichen Bruch mit Wagners universalem Wertgefüge, wie es sich in seinem ganzen gesamten Schaffen herausgebildet und ausgedrückt hat. Man kann Affinitäten zwischen Parsifal und Siegfried, den beiden unschuldigen, schuldig werdenden Helden, die eine Mission zu erfüllen haben, sehen, ebenso zwischen Klingsor und Alberich, die mit ihrer Herrschsucht und Gewalttätigkeit das Böse verkörpern, ebenso zwischen Amfortas und Wotan, die sich durch Verstoß gegen ihre eigenen Gesetze ihrer Macht berauben. Diese partikulären Ähnlichkeiten von Personen und Situationen überragend, zieht sich durch Wagners gesamtes Werk das große Thema der Erlösung. Im *Parsifal* findet dieses Lebensthema des Komponisten seine letzte und sublimste Beabeitung. Die Erlösung als Ablehnung der Macht, des Reichtums, der Täuschung und der Gewalt erweist sich als das geistige Leitmotiv, dessen künstlerischer Gestaltung Wagners ganzes Bemühen galt. Das Streben der in all ihren geheimsten Motivationen freigelegten menschlichen Seele nach erlöster Vollkommenheit macht Wagners Musikdramen zu einem der größten Werke der Menschlichkeit. Um *Parsifal* würdig und bühnentechnisch optimal aufzuführen, bestimmte Richard Wagner, daß das Bühnenweihfestspiel nur im Bayreuther Festspielhaus gegeben werden durfte. Erst ab 1912 konnte das Werk außerhalb Bayreuths aufgeführt werden. RM

HEINRICH VIII.
(Henry VIII.)

Oper in vier Akten von Camille Saint-Saëns (1835–1921). Libretto von Léonce Détroyat und Armand Silvestre (1837–1901). Uraufführung: Paris, Opéra, 5. März 1883.

HANDLUNG. König Heinrich VIII. von England hat sich in die Hofdame der Königin, Anna Boleyn, verliebt. Anna liebt den spanischen Botschafter bei Hofe, Don Gomez de Feria, willigt aber aus Ehrgeiz ein, Heinrichs Gattin zu werden. Nachdem das Parlament die katholische Kirche zur Feindin der Pläne des Königs und die englische Kirche unabhängig von der römischen erklärt hat, verstößt Heinrich seine Gattin Katharina von Aragon. Doch Katharina besitzt einen Brief, der ein unwiderlegbares Zeugnis der Liebe zwischen Anna Boleyn und Don Gomez darstellt. Um dieses belastende Schreiben wieder in ihre Hände zu bekommen, begibt sich Anna nach Kimbalt, wo Katharina im Sterben liegt, und gibt vor, ihr Verhalten zu bereuen. Doch die Täuschung gelingt nicht. Denn auch Don Gomez und Heinrich VIII., der von dem Brief Kenntnis bekommen hat, versuchen, das verräterische Papier in ihren Besitz zu bringen. Katharina weigert sich standhaft, es herauszugeben, und übergibt es schließlich den Flammen. Katharina ist gestorben. Der König ist Anna Boleyn gegenüber immer noch mißtrauisch. Obwohl der einzige Beweis von Annas Liebe zu einem anderen Mann zerstört ist, schwebt über dem Haupt der Königin unbarmherzig die Todesdrohung ihres Gatten.

● Die Arbeit an dieser Oper war mühsam und kompliziert. Saint-Saëns erhielt das Libretto auf einer Tournee in Madrid. Der gleiche Librettist unterbreitete ihm wenig später einen weiteren Operntext: *Ines de Castro,* der dem Komponisten jedoch überhaupt nicht zusagte. Die Arbeit an *Heinrich VIII.* kam nur stückweise voran, wurde immer wieder aufgeschoben und neu vorgenommen, bis Librettist und Komponist den Text fast völlig umgeschrieben hatten. 1883 kam die Oper dann in Paris zur Aufführung. Sie wurde ein Triumph – ein Triumph vor allem für die französische Schule. Die Kritik bezeichnete sie als «eher ein Werk der Reflexion denn der Inspiration, bis in die letzte Feinheit ausgearbeitet und von großer Geschlossenheit.» RB

LAKMÉ

Oper in drei Akten von Léo Delibes (1836–1891). Libretto von Edmond Gondinet und Philippe Gille nach Gondinets Erzählung «Le mariage de Loti» (Die Hochzeit der Loti). Uraufführung: Paris, Opéra-Comique, 14. April 1883. Solisten: M. van Zandt, A. Talazac, Cobalet.

PERSONEN. Lakmé (Sopran), Mallika (Mezzosopran), Ellen (Sopran), Rosa (Sopran), Mrs. Bentson (Mezzosopran), Gerald (Tenor), Nilakanta (Baß), Frederic (Bariton), Hinduvolk, englische Offiziere und Damen, Seeleute, Bajaderen, chinesische Händler, Musikanten, Brahmanen.

HANDLUNG. Die Handlung spielt um die Mitte des neunzehnten Jahrhunderts auf einem englischen Besitz in Indien. Erster Akt. Garten des Brahmanen Nilakanta. Der junge englische Offizier Gerald dringt aus Neugier, die vielgerühmte Schönheit Lakmés, der Tochter des Brahmanen, einmal zu sehen, in den Garten ein. Er ist wie verzaubert von des Mädchens Schönheit. Auch Lakmé ist tief beeindruckt von der Begegnung mit dem jungen Engländer. Als ihr Vater naht, flüchtet Gerald. Dieser hat jedoch bemerkt, daß ein Fremdling in die behütete Abgeschlossenheit seines Besitzes eingedrungen ist, und nimmt sich vor, den Eindringling ausfindig zu machen und ihn für sein Vergehen sühnen zu lassen, um so mehr, als er den Verdacht hegt, es könnte einer der weißen Unterdrücker sein. Zweiter Akt. Ein Platz. Nilakanta zwingt Lakmé auf dem Platz vor der britischen Garnison zu singen Er hofft, der Anblick und die Stimme des Mädchens würden den Eindringling dazu bringen, sich zu verraten. Und so geschieht es auch. Aber Lakmé versteht Gerald zu warnen. Sie bietet ihm an, mit ihm an einen sicheren Ort zu fliehen, doch Gerald will nichts davon wissen, da er nicht desertieren will. So muß er von Lakmé lassen und bei seiner Garnison bleiben. Im Gewühl einer Prozession fällt Nilakanta über Gerald her und stößt ihm einen Dolch in den Rücken. Doch die Verwundung ist nicht schwer. Dritter Akt. In einer Waldhütte. Gerald erwacht und findet sich neben Lakmé, die ihn hierher in Sicherheit gebracht hat und mit heilenden Kräutern pflegt. In ungestörtem Frieden können die beiden sich endlich ihre Liebe gestehen. Aus der Ferne sind der Gesang der Verliebten zu hören, die auf dem Wege sind, das wunderbare Wasser der ewigen Liebe zu schöpfen. Auch Lakmé und Gerald gesellen sich ihnen zu. An der Quelle trifft Gerald einen seiner Freunde, dem es gelungen ist, ihn ausfindig zu machen, und der ihn dringend auffordert, zur Garnison zurückzukehren. Als Lakmé ihm das heilige Wasser reicht, ist Gerald unsicher, er zögert. Das Mädchen erahnt die inneren Kämpfe ihres Geliebten, der vor die Entscheidung für Heimat und Pflicht oder für sie und seine Liebe gestellt ist. Rasch faßt sie einen Entschluß: Sie pflückt ein Blatt einer Giftpflanze und ißt es. Doch Gerald hat sich für sie entschieden. Zusammen mit ihr trinkt er das Wasser der ewigen Liebe. Beide sinken sich in die Arme. So werden sie von Nilakanta überrascht. Gerald ist hilf- und wehrlos gegenüber dem schäumenden Zorn des Brahmanen. Doch Lakmé bedeutet ihrem Vater, daß Gerald nunmehr unantastbar für ihn sei, da er das heilige Wasser der Liebe mit ihr getrunken habe. Wenn die Rachegötter ein Opfer brauchen, mag ihres genügen. Mit diesen Worten bricht sie tot zusammen. Das Gift, daß sie genommen hat, um Gerald aus dem Zwiespalt zwischen Pflicht und Liebe zu befreien, hat seine Wirkung getan.

● Delibes schrieb die Oper der damals großen Mode und Vorliebe für alles Orientalische folgend. Berühmt geworden ist die «Glockenarie». Viel in dieser Oper erinnert an Massenet, aber der Schwung der brillanten Komposition ist ursprünglich und eigenständig genug, um diesen Einfluß zu übertönen. *Lakmé* ist zweifelsohne Delibes' berühmteste Oper. Allein bis zum Jahre 1895 wurde sie zweihundert Mal aufgeführt, bis zum Jahre 1931 gar tausendmal. Sie ging um die ganze Welt und gehört in Frankreich noch heute zum ständigen Repertoire der Opernbühnen. MS

MANON

Tragische Oper in fünf Akten und sechs Bildern von Jules Massenet (1842–1912). Libretto von Henri Meilhac (1831–1897) und Philippe Gille nach dem Roman «Histoire du Chevalier Des Grieux et de Manon Lescaut» (Geschichte vom Chevalier Des Grieux und Manon Lescaut) von A.F. Prevost (1697–1763). Uraufführung: Paris, Opéra-Comique, 19. Januar 1884. Solisten: Marie Heilbronn, Chevalier, Molé-Truffier, Rémy, J.A. Talazac, E.A. Taskin, Cobalet, Grivot. Dirigent: Jules Danbé.

PERSONEN. Manon Lescaut (Sopran), Poussette (Sopran), Rosette (Alt), Javotte (Mezzosopran), der Chevalier Des Grieux (Tenor), Lescaut, Garde-du-Corps, Manons Cousin (Bariton), der Graf Des Grieux (Baß), Guillot de Morfontaine (Baß), De Brétigny (Bariton), der Wirt (Bariton), zwei Wachen (Tenöre), der Pförtner im Seminar (Sprechrolle), Spieler, Wachen, Bürger, Reisende, Händler, Damen, Volk.

HANDLUNG. Die Handlung spielt um 1721 in Frankreich. Erster Akt. In einem Gasthof zu Amiens. Der Herr von Morfontaine und der Herr von Brétigny haben sich drei Damen zur Unterhaltung zum Essen eingeladen. Ein Glockenzeichen kündigt die Ankunft der von Arras kommenden Postkutsche an. Der Hof der Schenke füllt sich schlagartig mit Neugierigen. Ein zartes junges Mädchen entsteigt der Postkutsche: Manon Lescaut. Sie wird sofort von ihrem Vetter Lescaut, der den Auftrag hat, sie abzuholen und ins Kloster zu bringen, empfangen. Dieser, der seine Cousine bisher nicht kannte, ist überrascht von ihrer außergewöhnlichen Schönheit. Kaum hat Lescaut Manon einen Moment aus den Augen gelassen, macht sich schon der lüsterne Herr von Morfontaine an das Mädchen heran. Er schwärmt ihr von seinen Reichtümern vor und will mit ihr fliehen. Manon hört verwirrt und belustigt zugleich zu und weiß nicht, wie sie sich verhalten soll. Da kommt ihr Vetter zurück und tadelt sie, weil sie sich von Unbekannten ansprechen läßt. Während Lescaut später beim Kartenspiel weilt, findet Manons Schönheit einen weiteren Bewunderer: den jungen Chevalier Des Grieux, der sich auf der Reise zu seinem Vater befindet. Manon zeigt sich zunächst zurückhaltend, gibt dann aber ihrem Bedürfnis, Neues zu erleben nach und gesteht dem jungen Mann, daß die Eltern sie ins Kloster schicken, weil ihr zu lebenslustiger Charakter der Zügelung bedürfe. Des Grieux verspricht ihr, eine so wenig erfreuliche Zukunft vermeiden helfen zu wollen. In stürmischer Verliebtheit fliehen die beiden nach Paris. Zweiter Akt. Appartement Des Grieux und Manons in Paris. Der junge Mann schreibt seinem Vater einen Brief, in dem er sich für den nicht abgestatteten Besuch entschuldigt und seine Absicht, Manon zu heiraten, mitteilt. Da brechen zwei Wachen in das Appartement ein. Es sind Lescaut und Brétigny, die wissen wollen, wo Manon geblieben ist, und welche Absichten Des Grieux mit ihr habe. Als Lescaut den Brief an den Vater Des Grieux liest, scheint er beruhigt zu sein. Unterdessen gibt Brétigny Manon heimlich zu verstehen, daß Des Grieux noch am selben Abend verhaftet würde, und bietet ihr seine Reichtümer und Gunst an. Sollte sie auf sein Angebot nicht einwilligen, bliebe ihr nur die Flucht mit einem vom Gesetz verfolgten, armen Manne ohne Aussichten auf ein glückliches Ende. Manon ist hin- und hergerissen und entscheidet sich schließlich für ein Leben in Luxus an Brétignys Seite. Als Des Grieux am gleichen Abend auf ein Klopfen hin die Tür öffnet, wird er überfallen und weggebracht. Manon hört aus dem Inneren des Zimmers nur den Lärm des Handgemenges und das Abfahren einer Kutsche. Dritter Akt. Erstes Bild. Bei einem Jahrmarkt auf der Promenade Cours-La Reine begegnen sich die drei Damen Poussette, Javotte und Rosette und ihr Kavalier de Morfontaine sowie Manon mit Brétigny. Auch der alte Graf Des Grieux ist unter den Spaziergängern und berichtet Brétigny gesprächsweise, daß sein Sohn, vom Leben enttäuscht, die Priesterweihen zu nehmen gedenke. Manon versucht, Genaueres zu erfahren, doch der Graf gibt nur aus-

1884

Der «Saal der Gralsritter» im ersten Akt des «Parsifal» in Wolfgang Wagners Bayreuther Inszenierung von 1975.

weichende Antworten. Zweites Bild. Im Kloster St. Sulpice. Eine kleine Gruppe Gläubiger lobt mit begeisterten Worten die ausgezeichnete Predigt des Paters Des Grieux. Des Grieux' Vater hat eine Unterredung mit dem Sohn, um ihn von seinem Entschluß, endgültig ins Ordensleben einzutreten, abzubringen. Aber vergeblich. Allein gelassen versenkt sich der junge Pater ins Gebet. Da kommt Manon Lescaut. Nach anfänglich abweisender Haltung läßt sich Des Grieux von Manons zärtlichen Worten und Versprechungen, von der Beteuerung ihrer Liebe zu ihm überreden und flieht mit ihr. Vierter Akt. Erstes Bild. Des Grieux und Manon leben in großer Verliebtheit zusammen. Doch verschlingt Manons ungezügeltes Luxusbedürfnis mehr Geld, als Des Grieux besitzt. Er sieht sich gezwungen, mit dem Glücksspiel zu beginnen. Eines Abends gewinnt er gegen den Herrn de Morfontaine, doch dieser beschuldigt ihn, falschgespielt zu haben. Während Des Grieux sich noch zu rechtfertigen sucht, trifft sein Vater ein und läßt ihn – entsetzt über seine Liaison mit Manon – festnehmen. Manon soll als Prostituierte nach Amerika gebracht werden. Fünfter Akt. Erstes Bild. In den Straßen von Le Havre. Lescaut und Des Grieux warten auf den Zug der in Verruf geratenen Frauen, die nach Amerika verschifft werden sollen. Lescaut ist es gelungen, den Aufseher zu bestechen und die Erlaubnis zu bekommen, Manon kurz zu sprechen. Als das Mädchen, abgerissen und entkräftet, die beiden sieht, stürzt sie sich in Des Grieux' Arme. Dieser spricht ihr Mut zu und versucht sie zu beruhigen, aber das zarte Geschöpf ist von den Beschwerlichkeiten und Anstrengungen des Lebens im Strafhaus so entkräftet, daß sie in seinen Armen stirbt. Mit ihren letzten Worten bittet sie ihn, der sie so tief und unerschütterlich geliebt hat, um Vergebung.

● *Manon* ist die wohl berühmteste Oper Massenets. Er schrieb sie zu einer Zeit, da er sich als Opernkomponist noch in keiner Weise durchgesetzt hatte. Die Kritik nahm das Stück trotz des Premierenerfolges nicht gut auf. Einige Jahre später errang das Werk dann jedoch große Berühmtheit. Im Jahre 1952 erlebte es in Paris seine zweitausendste Aufführung. Musikalisch gesehen kann *Manon* als eines seiner formal reichhaltigsten Werke gelten. Die verschiedensten Genres, von der großen tragischen Oper bis zur komischen Oper, vom großen Handlungsdrama bis zum Seelendrama, mischen sich hier zu einem gelungenen Ganzen, das ohne Zweifel einen der Höhepunkte der französischen musikalischen Romantik darstellt. Die raffinierte Melodik weist in vieler Hinsicht schon auf die späteren Großen wie Debussy und Ravel hin. GPa

MAZEPPA (Masepa)

Oper in drei Akten von Peter I. Tschaikowsky (1840–1893). Libretto vom Komponisten und von V. P. Burenin nach dem Roman in Versen «Poltawa» von Alexander Puschkin. Uraufführung: Moskau, Kaiserliches Theater, 15. Februar 1884, gleichzeitig auch am Mariinskij Theater in St. Petersburg.

PERSONEN. Maria (Sopran), Ljubow (Mezzosopran), Andreij (Tenor), Mazeppa (Bariton), Kotschjubey (Baß), Iskra und Orlik (Bässe), ein Kosake (Tenor).

HANDLUNG. Die Handlung spielt in der Ukraine zu Anfang des achtzehnten Jahrhunderts. Erster Akt. Erste Szene. Im Garten der Villa des ukrainischen Justizministers Kotschjubey. Dieser hat den Oberbefehlshaber der ukrainischen Truppen, Mazeppa, zu Gast. Seine Tochter Maria ist in diesen verliebt. Mazeppa ist viele Jahre älter als Maria, er ist sogar ihr Pate, aber das Mädchen ist trotzdem hingerissen von ihm und tief beeindruckt von der Heldenaura, die ihn in ihren Augen umgibt. Maria vertraut ihre Gefühle Andreij, einem Kindheitsgespielen an, doch dieser läuft weinend davon, da er selbst seit langer Zeit hoffnungslos in Maria verliebt ist. Während eines großen Festes zu Ehren des illustren Gastes bittet Mazeppa Kotschjubey um die Hand seiner Tochter. Dieser lehnt den Antrag entrüstet ab. Da gibt Mazeppa zu verstehen, daß sich das Mädchen bereits mit ihm kompromittiert habe. Es kommt zu einem heftigen Streit, und schließlich wird Maria herbeigerufen, um sich zwischen Mazeppa und den Eltern zu entscheiden. Nach kurzem Zögern wählt Maria Mazeppa. Die getäuschten Eltern verfluchen Mazeppa und ihr Kind. Zweite Szene. Ein Zimmer in Kotschjubeys Villa. Dieser hat von einer Verschwörung gegen den Zaren gehört, in die auch Mazeppa und der schwedische König verwickelt sein sollen. In dem Glauben, eine Möglichkeit gefunden zu haben, den Verführer seiner Tochter zu bestrafen, fordert er Andreij auf, nach Moskau zu reisen und dem Zaren von der Verschwörung zu berichten. Zweiter Akt. Erste Szene. Der Zar hat Kotschjubeys Informationen keinen Glauben geschenkt, sein Vertrauen zu Mazeppa war größer. Er hat den Justizminister vielmehr an Mazeppa ausgeliefert. Im Keller von Mazeppas Villa gesteht dieser unter der Folter, daß seine Information über eine Verschwörung reine Erfindung war. Daraufhin soll er zusammen mit dem getreuen Iskra zum Tode verurteilt werden. Zweite Szene. Ein Salon im Palast Mazeppas. Dieser ist unruhig, denn er weiß nicht, wie er Maria die bevorstehende Hinrichtung ihres Vaters beibringen soll. Maria führt das merkwürdige Verhalten ihres Gatten auf eine Untreue mit einer anderen Frau zurück und ist der Verzweiflung nahe. Doch schließlich spricht Mazeppa von der Verschwörung gegen den Zaren und stellt seiner jungen Frau die Frage, ob sie es vorziehe, ihren Vater oder ihren Gatten tot zu sehen. Maria hat die Situation jedoch nicht voll begriffen. Mit einer Umarmung versichert sie dem Gatten ihre Liebe. Mazeppa bittet sie um Verzeihung und tritt ab. Doch plötzlich trifft die Mutter Marias ein und klärt sie über die Tragik der Situation auf. Maria stürzt davon, um den Vater zu retten. Dritte Szene. Hof mit dem Schafott. Kotschjubey und Iskra werden zur Hinrichtung geführt. Nach einem kurzen Gebet fällt das Richtbeil auf ihre Häupter. Maria ist zu spät gekommen. In wahnsinnigem Schmerz fällt sie ohnmächtig zu Boden. Dritter Akt. Garten von Kotschjubeys Villa. Nach dem Sieg des Zaren von Poltawa (Poltau) über den schwedischen König Karl XII. ist das Land verwüstet und ausgebrannt. Andreij, der versucht hat, Mazeppa im Kampf zu erschlagen, jedoch erfolglos, ist auf der Suche nach Maria. Mazeppa und sein Getreuer Orlik befinden sich unterdessen ihrerseits auf der Flucht. Der Schwedenkönig hat sie fallengelassen. Andreij stürzt sich mit gezücktem Degen auf Mazeppa, doch trifft ihn die tödliche Kugel des Gegners, noch bevor er zustoßen kann. Da taucht eine bleiche, gespensterhaft aussehende Gestalt auf: Maria, die in verwirrtem Sinn im Garten der elterlichen Villa umherirrt und nach Erinnerungen aus der Kindzeit sucht. Sie erkennt weder Mazeppa noch den sterbenden Andreij, aber diesen schließt sie sanft in die Arme und wiegt ihn singend wie ein Kind in den Schlaf. Mazeppa muß weiter fliehen, und Maria wiegt noch lange leise vor sich hinsummend den schon längst gestorbenen Andreij in ihren Armen.

● Die Geschichte dieser Oper geht auf die Ereignisse um die historische Gestalt des Iwan Mazeppa, des Kosakenführers, der mit Hilfe des Schwedenkönigs versuchte eine unabhängige Ukraine zu gründen, zurück. Tschaikowsky hatte mit diesem Stoff nach der *Jungfrau von Orléans* wieder ein russisches Thema gewählt. MS

DIE PILGER VON CANTERBURY
(The Canterbury Pilgrims)

Oper in zwei Akten von Charles Villiers Stanford (1852–1924). Libretto von A. Beckett. Uraufführung: London, Drury Lane Theater, 23. April 1884.

«Klingsors Zaubergarten» im zweiten Akt von Richard Wagners «Parsifal» in der Bayreuther Inszenierung Wolfgang Wagners aus dem Jahre 1975.

Plakat von A. Chatinière zu «Heinrich VIII.» von Camille Saint-Saëns an der Opera 1883. Paris, Bibliothèque de l'Opéra.

Plakat von A. Chatinière zu «Lakmé» von Léo Delibes zur Uraufführung an der Opéra-Comique 1883. Paris, Bibliothèque de l'Opéra.

● Die Oper bedient sich der *Canterbury Tales* von Chaucer (ca. 1340–1400) als Stoffvorlage und erzählt eine Geschichte aus dem englischen Leben des Spätmittelalters. Bemerkenswert die knappe brillante Skizzierung der Charaktere und die geschickte, das Mittel der Kontrastierung effektvoll einsetzende Anordnung der Szenenfolge. In ihrem Heimatland hatte die Oper großen Erfolg. Stanford hatte stark auf irische Volksweisen zurückgegriffen, um den besonderen Charakter des «Merry England» zum Ausdruck zu bringen.   FP

DER TROMPETER VON SÄCKINGEN

Heroisch-romantische Oper von Viktor Neßler (1841–1890). Für die Bühne bearbeitet von Rudolf Bunge nach dem gleichnamigen Werk von Viktor von Scheffel (1826–1886). Uraufführung: Leipzig, Stadttheater, 4. Mai 1884.

HANDLUNG. Die Handlung spielt kurz nach dem Dreißigjährigen Krieg. Der Trompeter Werner Kirchof, ein ehemaliger Student der Heidelberger Universität, kommt auf seiner alten Mähre zu einer Burg am Rhein. Hier lebt die Verlobte des Adligen Damian, ein ob seiner Schönheit weitbekanntes Mädchen. Werner gibt dem schönen Burgfräulein Trompetenstunden. Schon bald kann Margarethe ihre neue erlernte Kunst nutzbringend anwenden: bei einem plötzlichen Überfall auf das Schloß bläst sie rechtzeitig Alarm und kann so das Schlimmste verhüten. Im Kampf um die Burg erweist sich der Trompeter als mutiger Kämpfer, der sogar sein Leben aufs Spiel setzt, um Margarethe zu schützen. Deren Verlobter Damian dagegen ergreift feige die Flucht. Der aufkeimenden Liebe zwischen Margarethe und ihrem Trompeter steht der Stolz des Vaters entgegen, der eine Verheiratung seiner Tochter mit einem armen Studenten nicht zulassen will. Also muß Werner von dannen ziehen. Nach langen Wanderungen kommt er schließlich nach Rom, wo er schon bald zum Kapellmeister des Papstes Innocenz XI. avanciert. Über zwei Jahre lebt Werner schon in Rom, als ihm eines Tages Margarethe, die auf einer Pilgerfahrt ist, wieder begegnet. der Papst, der von der romantischen Liebe der beiden gehört hat, will ihnen zu ihrem Glück verhelfen und ernennt Werner zum Marchese di Camposanto (camposanto – d.h. Kirchhof). Nun kann der stolze Vater Margarethens keine Einwände mehr gegen deren Heirat mit Werner erheben.

● Die Oper war lange Zeit ein großer Publikumserfolg. Dies ist sicherlich auf die zugleich graziösen und ausdrucksstarken Melodien und die gelungene Mischung aus Romantik und Komik zurückzuführen.   SC

DIE WILIS
(Le Villi)

Oper in zwei Akten von Giacomo Puccini (1858–1924). Libretto von Ferdinando Fontana (1850–1919). Uraufführung: Mailand, Teatro dal Verme, 31. Mai 1884. Solisten: Caponetti, Antonio d'Andrade. Dirigent: Achille Panizza.

HANDLUNG. Erster Akt. Ein Schwarzwalddorf. Kurz nach seiner Verlobung mit Anna (Sopran) bricht Robert (Tenor) nach Mainz auf, um das Erbe einer Tante zu holen. Anna wird von einer unguten Vorahnung heimgesucht, Roberts beruhigende Worte vermögen sie nur wenig zu trösten. Zweiter

1885

führen die Wilis ihren Geistertanz auf. Wilhelm (Bariton), Annas Vater, ruft ihre Seele an und fordert Rache. Anna erscheint daraufhin mit den anderen Wilis im Dorfe. Als Robert, der zurückgekehrt ist, sie sieht, hält er sie für lebendig und küßt sie. Sie zieht ihn in den Tanz der Wilis hinein, und die Geister der verlassenen Mädchen jagen ihn solange in ihrem wilden Reigen, bis er tot zu Annas Füßen zusammenbricht.

● Die wahrscheinlich auf eine Sage slawischen Ursprungs zurückgehende Geschichte der *Wilis* ist Puccinis erster Opernversuch. Er hatte gleich bei der Uraufführung sensationellen Erfolg damit und bekam sogar lobende Worte von Verdi für sein Erstlingswerk. Obschon stellenweise eklektisch und konventionell, zeichnet sich die Oper durch einen bemerkenswert sicheren Instinkt für Situationsdramatik aus.
RB

EINE NACHT MIT KLEOPATRA
(Une nuit de Cléopâtre)

Tragische Oper in drei Akten und vier Bildern von Victor Massé (1822–1884). Libretto von Jules Barbier nach der gleichnamigen Erzählung von Théophile Gautier (1811–1872). Uraufführung: Paris, Opéra, 25. April 1885.

HANDLUNG. Meiamun, ein armer junger Ägypter, hat eine kühne Leidenschaft für die Königin Kleopatra gefaßt. Mit viel List und großem Mut gelingt es ihm, die Königin bei einer Nilfahrt auf sich aufmerksam zu machen. Sie gewährt ihm eine Liebesnacht, doch muß er seine Kühnheit mit dem Leben bezahlen. Nach einem großen Bankett, das den tristen Epilog zu seinem nur zu kurzen Traum bildete, nimmt Mei-

Postkarte vom Anfang des zwanzigsten Jahrhunderts mit der Schlußszene aus «Manon» von Jules Massenet.

Akt. Robert hat sich mit einer Abenteurerin eingelassen und Anna vergessen. Diese ist nach langen Monaten vergeblichen Wartens an gebrochenem Herzen gestorben. Ihre Seele hat sich zu den Wilis, den Geistern der vor Herzeleid gestorbenen Jungfrauen, gesellt. In einer besonders eisigen Winternacht

Bühnenbild aus der Oper «Mazeppa» von Peter I. Tschaikowksy in der Aufführung des Bolschoi-Theaters 1884. Moskau, Archiv des Theatermuseums.

E. Kibkalo als «Mazeppa» und I. Petrow als «Kotschubej» im ersten Akt von Peter I. Tschaikowskys «Mazeppa». Moskau, Bolschoi-Theater 1966.

amun denn auch freiwillig Gift. Marc Anton, der gerade in diesem Augenblick mit seinen Gefolgsleuten eintrifft, steigt einfach über seinen Leichnam hinweg, ohne ihn auch nur eines Blickes zu würdigen.

● Massé war ein Musiker, der deutlich von Gounod beeinflußt war. Aus Gautiers Text, der ganz raffinierteste Exotik atmet und die Einfachheit der Handlung hinter dem preziösen Sinn für das Detail zurücktreten läßt, machte Massé eine Oper, die ganz aus jenem schillernden Hedonismus geboren ist, der fast unweigerlich mit solcher dekadenten Poesie einhergeht. Seine Musik spiegelt die minutiösen Beschreibungen der Landschaft, der antiken Tempel und Paläste, der sagenhaften Schönheit Kleopatras und ihrer gleichermaßen raffinierten wie grausamen Sitten wider. Sie ist von eindringlicher Süße und sanfter Schärfe. Massé war ein Musiker großer Leichtigkeit und Eleganz. Er wird heute zur zweiten Garde der französischen Opernkomponisten des ausgehenden neunzehnten Jahrhunderts gerechnet. Sein Werk ist fast völlig vergessen, nur eine Arie der Kleopatra (aus dem ersten Bild des zweiten Aktes dieser Oper) ist geblieben. Sie hat sich eine gewisse Frische bewahrt und wird heute noch manchmal geboten. GPa

DER CID

Tanzoper in vier Akten und zehn Bildern von Jules Massenet (1842–1912). Libretto von A. d'Ennery, L. Gallet und E. Blau nach der gleichnamigen Tragödie von Corneille (1606–1684). Uraufführung: Paris, Opéra, 30. November 1885.

HANDLUNG. Die Handlung spielt in Spanien zur Zeit der *Reconquista* gegen die Mauren. Um eine Beleidigung seines Vaters zu rächen, tötet Don Rodriguez Don Gormas im Zweikampf. Dessen Tochter Chimene ist seine Braut. Das von Don Rodriguez verlassene Mädchen verlangt vom König Rache für das Blut ihres Vaters. Doch Don Rodriguez' Bestrafung wird zunächst nicht vollzogen, denn er wird im Kampf gegen die Mauren gebraucht. Er kehrt als der große Sieger zurück und bekommt den Beinamen «El Cid Campeador» (Der große Krieger). Der König aber sieht sich mit seiner Rückkehr gezwungen, Chimenes Verlangen nach Gerechtigkeit zu erfüllen. Er beschließt, die Entscheidung darüber, was weiter mit Rodriguez geschehen soll, in Chimenes Hände selbst zu legen. Chimene verzichtet auf die Rache für den Tod ihres Vaters. Doch Rodriguez hält sich für schuldig und will sühnen. Schon zückt er den Dolch gegen sich selbst, da fällt ihm Chimene in die Arme. Ihre Liebe hat den Cid gerettet. Der König gibt die beiden zusammen.

● Jules Massenets Bearbeitung des großartigen Stoffes von Corneille kann nicht zu des Komponisten besten Arbeiten gerechnet werden. Sie hinterläßt den Eindruck, als wäre es ihm hauptsächlich darauf angekommen, dem Publikumsgeschmack Rechnung zu tragen, jedenfalls gab er seiner Neigung zur Melodramatik hier sicher zu stark nach. GPa

MARION DELORME

Oper in vier Akten von Amilcare Ponchielli (1834–1886). Libretto von E. Golisciani nach dem gleichnamigen Drama von Victor Hugo. Uraufführung: Mailand, Teatro alla Scala, 1885. Solisten: Romilda Pantaleoni, Francesco Tamagno, Augusto Brogi, Angelo Tamburlini, Adele Borghi, Angelo Fiorentini, Napoleone Limonta, Carlo Moretti. Direigent: Franco Faccio.

PERSONEN. Marion Delorme (Sopran), Didier (Tenor), der Marquis de Saverny (Bariton), Lelio (Buffo), Brichanteau und Gassé, zwei Offiziere des Anjou-Regiments, der Herr von Laffemas, ein Hauptmann, ein Kerkerwächter.

HANDLUNG. Nach einem mondänen Leben als Kurtisane hat sich Marion Delorme nach Blois zurückgezogen, um dort ganz ihrer großen Liebe zu Didier zu leben. Doch sie wird in ihrer selbstgewählten Einsamkeit durch das Auftauchen ihres früheren Liebhabers Saverny gestört. Marion will nichts von ihm wissen, Saverny merkt wohl, daß die schöne Kurtisane ihren Lebenswandel geändert hat, kann jedoch nicht herausfinden, wem ihre große einzige Liebe gilt. Nachdem sich Saverny ergebnislos entfernt hat, kommt Didier zurück. Die beiden singen ein leidenschaftliches Liebesduett. Plötzlich werden sie durch Schreie Savernys unterbrochen. Dieser ist von Dieben überfallen worden und stürzt aufgeregt herein. Voller Verlegenheit stellt Marion die beiden Herren einander vor. Auf einem Platz in Blois kommentieren eine Gruppe Offiziere und ein Komödiant Lelio die neuesten Ereignisse aus Paris. Am meisten Erstaunen erweckt die Nachricht, daß die berühmte Kurtisane Marion Delorme sich nach Blois zurückgezogen habe. Außerdem hat Richelieu wieder einmal strenge Order gegeben, jedes Duell, das trotz des allgemeinen Verbots ausgetragen wird, mit der Todesstrafe zu ahnden. Saverny und Didier begegnen sich zufällig auf der Straße. Da ein jeder von beiden auf den anderen eifersüchtig ist, kommt es rasch zum Streit zwischen ihnen. Ihre Auseinandersetzung endet mit einem Duell. Als die Wache naht, rät der Offizier Brichanteau Saverny, sich tot zu stellen. Marion hat unterdessen gehört, daß Didier und Saverny sich duellieren. Aufgeregt kommt sie hinzugeeilt, kann aber nur mehr mit ansehen, wie Didier von der Wache abgeführt wird. Brichanteau und seine

Zweiter Akt aus «Die Chowanschtschina» von Modest Mussorgsky in der Aufführung des Bolschoi-Theaters 1912. Moskau, Archiv des Theatermuseums.

Kameraden aber machen sich lustig über den geglückten Betrug. Eine Scheune. Lelio hat mit seiner Komödiantentruppe in der Scheune Unterschlupf gefunden. In der Truppe befinden sich auch Didier und Marion. Sie sind aus dem Gefängnis geflohen und geben sich als spanische Schauspieler aus. Doch Saverny erkennt Didier. Didier ist entsetzt, da er glaubt, einen Geist zu sehen, doch Saverny erzählt ihm höhnisch, daß er sich nur tot gestellt habe, um sich Richelieus Justiz zu entziehen. Um Didier vollends fertig zu machen, enthüllt er ihm noch Marions bewegte Vergangenheit. Didier ist zutiefst verletzt und hat nur mehr den Wunsch zu sterben. Auch der Herr von Laffemas, der Didier ebenfalls erkannt hat, will ihm Böses. Um Didier in eine Falle zu locken, schlägt er der Schauspielertruppe vor, vor Richelieu zu spielen. Da gibt sich Didier zu erkennen und Laffemas will ihn als Savernys Mörder verhaften lassen. Doch da schreitet der verkleidete Saverny ein und erklärt, der für tot gehaltene Saverny, und lebendig zu sein. Laffemas gibt darauf hin Befehl, beide, Didier und Saverny, wegen Abhalten eines unerlaubten Duells festzunehmen. Marion gelingt es, vom König selbst eine Begnadigung für Didier zu erwirken. Doch als sie diese Laffemas vorlegt, weigert er sich, sie anzuerkennen. Er verspricht ihr Didiers Befreiung dagegen für eine Liebesnacht mit ihr. Marion weist sein Angebot empört von sich. Didier und Saverny warten unterdessen im Gefängnis auf ihre Hinrichtung. Ein Gefängniswächter flüstert Saverny heimlich zu, daß er fliehen solle. Als dieser auch Didier mitnehmen will, hält ihn der Wärter zurück. Da bleibt auch Saverny im Gefängnis. Marion ist es ihrerseits gelungen, zu Didier ins Gefängnis vorgelassen zu werden. Sie will ihm zur Flucht verhelfen. Doch Didier stößt sie von sich und wirft ihr ihre Vergangenheit vor. So kommt der Tag der Hinrichtung. Die beiden werden zur Guillotine geführt. Marion wirft sich Didier zu Füßen und beteuert ihm ihre echte Liebe. Im Angesicht des Todes verzeiht ihr Didier. Seine letzten Worte sind Worte der Liebe. Dann fällt das Fallbeil herab. Marion bricht ohnmächtig zusammen.

● Der Stoff dieser Oper war in Italien bereits von G. Bottesini und C. Pedrotti vertont worden. Die Kritik von Ponchiellis *Marion Delorme* war sehr geteilt, der Künstler war davon sehr enttäuscht. Wenige Monate später starb Ponchielli an einer Lungenentzündung. MSM

DIE CHOWANSCHTSCHINA (DIE FÜRSTEN CHOWANSKY) (Khovansčina)

Musikalisches Volksstück in fünf Akten von Modest P. Mussorgsky (1839–1881). Libretto vom Komponisten nach alten Chroniken der Sekte der «Altgläubigen». Uraufführung: St. Petersburg, Kononow Theater, 21. Februar 1886.

PERSONEN. Fürst Iwan Chowansky, Kommandant der Strelitzen (Baß), Fürst Andrej Chowansky, sein Sohn (Tenor), Fürst Wassilij Golizyn (Tenor), der Bojar Schaklowity (Bariton), Dosifey, Oberhaupt der Altgläubigen (Baß), Marfa, junge Witwe, Altgläubige (Mezzosopran), ein Schreiber (Tenor), Warsonofjew, Vertrauter Golizyns (Baß), Kuska, Schütze (Bariton), drei weitere Schützen (zwei Bässe, ein Tenor), Streschnew (Tenor), Susanna, ehemalige Altgläubige (Sopran), Strelitzen, Altgläubige, Mädchen und persische Sklavinnen Iwan Chowanskys, Leibgarde des Zaren, Volk.

HANDLUNG. Die Handlung spielt vor dem Hintergrund des Kampfes zwischen dem «alten» und dem «neuen» Rußland. Zur Vorgeschichte gehören der Strelitzenaufstand vom 15. Mai 1682, der Kampf des Bogenschützenkorps unter der Führung Iwan Chowanskys und die Übernahme der Regentschaft durch die Zarinmutter Sophie während der Zeit der Unmündigkeit ihrer Söhne Iwan und Peter. Die Ereignisse der Handlung werden in einprägsamen Bildern erzählt, die jedoch nur bei einiger Kenntnis der Geschichte Rußlands verständlich sind. Die drei Hauptpersonen verkörpern die drei miteinander im Kampf liegenden Machtströme: Iwan Chowansky, bigott und gewalttätig von Natur, Anführer der Strelitzensoldateska, steht für das Bojarentum und das «alte» Rußland; Dosifey, der Anführer der Altgläubigen, verkörpert das mystische Rußland mit seiner vor-europäischen Kultur, Fürst Golizyn vertritt das «neue» Rußland mit seiner Öffnung zum Westen. Mussorgsky nimmt gegenüber diesen divergierenden Kräften keine moralische Wertung vor, für ihn sind Tugend und Laster der einen wie der anderen Seite, Religion und Aberglauben, verschiedene Facetten desselben Prismas, nämlich der russischen Seele, die zu ergründen er sucht. Erster Akt. Morgengrauen über Moskau. Auf dem Roten Platz unterhalten sich kleine Gruppen von Strelitzen über die Großtaten, die sie in der Nacht begangen haben: einen Beamten haben sie gefoltert und einem Deutschen den Bauch aufgeschlitzt. Als ein Schreiber auf seinem zeitigen Weg zur Arbeit den Platz überquert, hält ihn der Strelitze Schaklowity an und zwingt ihn, einen anonymen Brief an die Zarinmutter Sophie zu schreiben, mit dem Iwan Chowansky beschuldigt wird, mit Hilfe der Altgläubigen gegen den Staat zu konspirieren. Iwan Chowansky selbst erklärt sich vor der jubelnden Menge zum Beschützer der beiden vaterlosen Zarensöhne Iwan und Peter. Iwans Sohn Andrej verfolgt ein junges Mädchen, das dem lutherischen Glauben angehört, mit seiner Liebe. Um sie in seinen Besitz zu bekommen, hat er zuerst ihren Vater umgebracht und dann den Verlobten des Landes verwiesen. Nun eilt ihr Marfa, eine Altgläubige und ehemalige Geliebte Andrejs zu Hilfe. Sie kann das Mädchen aber nicht vor der Begehrlichkeit des alten Iwan schützen. Denn auch dieser findet Gefallen an dem schönen Mädchen und läßt es sofort von seinen Soldaten in den Palast bringen. Andrej ist absolut nicht bereit, das Mädchen ohne weiteres an seinen Vater abzugeben, lieber tötet er sie. Aber dies weiß der alte Dosifey, der Anführer der Altgläubigen, gerade noch zu verhindern. Er appelliert an alle, gemeinsam für den alten, richtigen Glauben zu kämpfen. Iwan sieht eine günstige Gelegenheit, innerhalb eines solchen Bündnisses des Glaubenskampfes seine eigenen Interessen zu verfolgen. Zweiter Akt. Fürst Golizyn liest in einem Sommerpavillon einen Liebesbrief der Zarinmutter Sophie. Er ist ihr Geliebter, aber er traut ihrem maßlosen Ehrgeiz nicht. Die Altgläubige Marfa prophezeit dem Fürsten Ungnade und Exil. Golizyn ist verärgert und schickt die Hellseherin weg. Einem Bedienten befiehlt er, ihr zu folgen und sie in den Sümpfen vor der Stadt zu ertränken. Golizyn ist der Verzweiflung nahe, doch er will nicht aufgeben. Er, der gekämpft hat, um den Polen das von ihnen besetzte Land zu entreißen, er, der gekämpft hat gegen die auswuchernde Macht der Bojaren, er soll nun des Landes verwiesen werden? Mit einem Male soll alles aus sein? Als Fürst Chowansky ihm einen Besuch abstattet, verteidigt er seine Politik der Neuerungen. Doch die beiden Gegner geraten nur in Streit. Wieder ist es der Altgläubigenführer Dosifey, der Frieden zu stiften versucht, indem er an beide appelliert, sich im Namen des «alten» Rußland zu vertragen. Aber Golizyn läßt sich nicht dazu bewegen. Marfa stürzt herein und berichtet, wie sie einem Mörder, der sie verfolgt habe, dank der Petrowski, der Leibgarde des jungen Zaren Peter, entkommen sei. Die drei Männer sind äußerst erstaunt über die unerwartete Anwesenheit der zarischen Leibgardisten. Bojar Schaklowity meldet einen öffentlichen Aushang, in dem Chowansky der Verschwörung gegen den Staat beschuldigt und eine Untersuchung angeordnet wird. Dritter Akt. Im Strelitzenviertel. Altgläubige ziehen singend am Belgorod vorbei. Marfa singt eine Volksweise über eine verlorene Liebe. Der Schreiber stürzt herein und berichtet außer Atem von

W. Puckow als «Fürst Andreas Chowansky» und S. Strizhenow als «Schreiber» in Modest Mussorgskys «Chowanschtschina» in einer Aufführung des Akademischen Opertheaters und des Ki-

dem Gemetzel, das die Petrowski jenseits des Belgorod anrichten. Die Strelitzen fordern Chowansky auf, sie zum Gegenangriff zu führen, aber dieser weigert sich. Er fühlt sich nicht mehr als der Verteidiger Moskaus, die Befehle müssen jetzt vom Zar selbst kommen. Vierter Akt. Auf Chowanskys Landgut. Der Fürst tafelt in großer Gesellschaft. Mädchen und persische Sklavinnen begleiten das Mahl mit Gesang und Tanz. Da trifft ein Bote Golizyns mit der Nachricht, sein Leben sei in Gefahr, ein. Doch Chowansky brüstet sich, auf seinem eigenen Besitz in absoluter Sicherheit zu sein. Wenig später bringt Bojar Schaklowity die Einladung der Zarinmutter zur Teilnahme am Großen Staatsrat. Der Fürst fühlt sich geschmeichelt und geht in die Falle. Auf dem Weg zum Palast wird er ermordet. Golizyn entscheidet sich unterdessen in Moskau für den Weg des freiwilligen Exils. Marfa berichtet Dosifey, daß der Große Staatsrat die völlige Ausrottung der Altgläubigen beschlossen habe. Andrej weiß von all dem nichts, sondern ist immer noch auf der Suche nach der schönen Lutheranerin Emma. Marfa hält ihm entgegen, Emma sei weit weg und sein Vater Iwan liege ermordet und unbegraben auf der Straße. Andrej glaubt, er brauche nur die Strelitzen zu rufen, um der früheren Geliebten den Mund stopfen zu lassen. Doch die Strelitzen sind mittlerweile selbst in Ungnade gefallen. Als Komplizen Iwans wurden sie alle zum Tode verurteilt. Marfa zerrt Andrej beim Nahen der zaristischen Leibgardisten weg. Die Petrowskis verkünden die Begnadigung der Strelitzen durch Zar Peter. Fünfter Akt. Eine Einsiedelei im Walde. Dosifey und seine Anhänger bereiten

row-Balletts in Leningrad 1960. Moskau, Bakhurischin-Theatermuseum.

sich auf den Opfertod vor. Sie beabsichtigen sich auf dem Scheiterhaufen zu verbrennen, um damit ihre Treue zum alten Glauben zu beweisen. Aus der Ferne sind schon die Trompetenklänge der heranreitenden Petrowski zu hören. Weißgekleidet und mit Kerzen in der Hand bewegen sich die Altgläubigen langsam auf den riesigen Scheiterhaufen zu. Marfa spricht Andrej, der immer noch nach Emma ruft, tröstend zu. Sie erinnert ihn an die alten Zeiten ihrer Liebe und küßt ihn ein letztes Mal. Dann entzündet sie selbst den Scheiterhaufen und springt mit ihm ins Feuer. Marfas Gesang, das «Liebesrequiem», empfängt die nahenden Petrowski. Der Anblick der Flammen läßt sie erstarren.

● Auch diese Oper Mussorgskys blieb unvollendet. Es fehlten gänzlich das Finale des zweiten Aktes und der Schlußchor der Altgläubigen. Die übrige Oper mußte instrumentiert werden. Der Musikverleger Bessel beauftragte Rimskij-Korssakow mit der Veröffentlichung der Oper. Dessen Bearbeitung gibt bei aller Wertschätzung der geleisteten Arbeit Anlaß zur Kritik. Durch teilweise allzu radikale Kürzungen zum Zweck einer besseren Aufführbarkeit und sehr genau festliegende eigene musikästhetische Vorstellungen hat Rimskij-Korssakow dem Werk – ähnlich wie dem *Boris* – doch wohl etwas Gewalt angetan. Nach der Uraufführung im Jahre 1886 wurde das Stück nur mehr achtmal gespielt. Im Jahre 1891 wurde es dann in St. Petersburg am Mariinskij Theater gegeben (mit Schaljapin als Dosifey). Am 5. Juni 1913 inszenierte Diaghilew die Oper in Paris, wobei die musikalische Einrichtung von Strawinsky und Ravel war. Diese beiden Musiker hatten bereits versichert, die Rimskij-Korssakow-Version kritisch zu überarbeiten. Viel später, im Jahre 1960, legte schließlich Schostakowitsch vom Leningrader Kirow Theater eine dritte Fassung vor. SC

GWENDOLIN (Gwendoline)

Oper in drei Akten von Emmanuel Chabrier (1841–1894). Libretto von Catulle Mendès (1841–1909). Uraufführung: Brüssel, Théâtre de la Monnaie, 10. April 1886.

HANDLUNG. Den Hintergrund der Handlung bildet der Krieg zwischen den Sachsen und den Dänen. Der Wikingerkönig Harald verliebt sich in Gwendolin, die Tochter seines sächsischen Gefangenen Armel. Armel willigt in die Heirat der Tochter mit Harald ein, gibt Gwendolin aber den Befehl, Harald bei der ersten Gelegenheit im Schlafe zu ermorden. Doch Gwendolin bringt diese Tat nicht über sich. Als Armel Harald überfällt, wirft sie sich zwischen ihn und ihren Vater und stirbt so mit ihrem Gatten.

● Diese Oper stellt die erste Huldigung der französischen Musikwelt an Wagner dar. Sowohl die Themenwahl als auch die Einführung der Leitmotive kommen direkt von Wagner. Im übrigen aber ist Chabrier kein sklavischer Wagner-Epigone, sondern entwickelt durchaus einen eigenen Stil. Die Arbeit wurde von der Pariser Oper aber trotzdem wegen übertriebener Wagner-Ähnlichkeit abgelehnt und dann in Brüssel in Théâtre de la Monnaie aufgeführt, in dem seit 1871 alle Werke, die die Pariser Oper als zu wenig konformistisch verwarf, gespielt wurden. Das Ereignis wurde mit großer Spannung erwartet und der Erfolg stellte sich ein. Chabrier, der noch sechs Jahre zuvor im französischen Innenministerium gearbeitet hatte, hat sich mit dieser Oper einen endgültigen Platz unter den professionellen Komponisten erobert. MS

OTHELLO (Otello)

Lyrisches Drama in vier Akten von Giuseppe Verdi (1813–1901). Libretto von Arrigo Boito (1842–1918) nach Shakespeares «Othello, der Mohr von Venedig» (1564–1616). Uraufführung: Mailand, Teatro alla Scala, 5. Februar 1887. Solisten: A. Pantaleoni (Desdemona), G. Petrovich (Emilia), F. Tamagno (Othello), V. Maurel (Jago), F. Navarrini (Lodovico), G. Paroli (Cassio), V. Fornari (Rodrigo). Dirigent: Franco Faccio.

PERSONEN. Othello (Tenor), Jago (Bariton), Cassio (Tenor), Rodrigo (Tenor), Desdemona (Sopran), Montano (Baß), Lodovico (Baß), Emilia (Mezzosopran).

HANDLUNG. Die Handlung spielt in dem von Venedig beherrschten Zypern des fünfzehnten Jahrhunderts. Erster Akt. Platz vor dem Gouverneursschloß, gegenüber der Hafen. Abends. Ein Sturm peitscht die Wogen des Meeres hoch. Machtlos sieht die herbeigeeilte Menge zu, wie sich Othellos Schiff durch die Wogen kämpft. Nur Jago teilt die allgemeine Angst und Sorge um die Sicherheit des Herren der Insel nicht. Er haßt Othello, weil er nicht ihn, sondern Cassio zum Hauptmann ernannt hat. Schließlich gelingt es Othellos Schiff, im Hafen anzulegen, und der Gouverneur entsteigt ihm als der große Sieger über die Türkenflotte *(Esultate!) (Gerettet!)* Freudenfeuer werden entzündet und der Sieg wird reichlich begossen. In dem allgemeinen Jubel und Trubel sinnt Jago auf finstere Rache. Er gibt Rodrigo, von dem er

1887

Francesco Tamagnano, Giuseppe Verdis erster «Othello», in der letzten Szene der Uraufführung der Oper an der Mailänder Scala am 5. Februar 1887.

weiß, daß er in Othellos Gattin Desdemona verliebt ist, zu verstehen, daß auch Cassio ein Auge auf sie geworfen hat. Dann macht er Cassio betrunken und hetzt die beiden Männer solange gegeneinander auf, bis es zum Duell kommt. Der frühere Gouverneur Montano schreitet ein und wird von Cassio leicht verletzt. Jago bricht in großes Geschrei aus und bauscht die ganze Angelegenheit zu einem großen Skandal auf. Es kommt zu einem Tumult, den nur der herbeigerufene Othello selbst beilegen kann. Jago erzählt ihm die Geschichte in seiner Version und erreicht das gewünschte Ergebnis: Othello bestraft Cassio und degradiert ihn. Jago lacht sich ins Fäustchen. Desdemona ist durch den Lärm erwacht und erscheint. Othello befiehlt der Menge, nach Hause zu gehen und Ruhe zu halten. Als Othello mit Desdemona allein ist, schließt er sie in die Arme, und die beiden Gatten beteuern sich in einem langen Duett ihre Liebe *(Già nella notte densa)* *(Nun in der nächt'gen Stille verliert sich jeder Ton).* Zweiter Akt. Ein Saal im Schloß mit einer Tür zum Garten. Jago schmiedet weiter an seinen bösen Plänen. Er suggeriert Cassio, daß er Desdemona bitten solle, sich für ihn bei Othello einzusetzen. In einem langen Monolog deckt Jago seine zynische Haltung dem Leben und den Menschen gegenüber auf. *(Credo in un Dio crudel)* *(Ich glaube an einen Gott, der mich zum Affen seiner selbst erzeugte.)* Mit viel List weiß er in Othello den Keim zur Eifersucht zu legen. Er gibt ihm geschickt zu verstehen, daß sich Desdemona und Cassio heimlich lieben. Als Desdemona sich dann tatsächlich für Cassio verwendet, findet sich Othellos aufkeimende Eifersucht bestätigt und bestärkt und er lehnt das Ersuchen brüsk ab. Jago stachelt Othello weiter an, indem er ganz nebenbei die Bemerkung fallen läßt, Cassio habe im Schlaf verräterische Dinge über Desdemona erzählt *(Era la notte, Cassio dormia)* *(Zur Nachtzeit war es).* Schließlich läßt er sich von Emilia, seiner Gattin, ein Taschentuch Desdemonas besorgen, das sie von Othello zum Geschenk erhalten hatte, und behauptet nun, dieses hätte er in Cassios Händen gesehen. Das ist für Othello Beweis genug. Auf den Knien schwört er beim Himmel schreckliche Rache *(Sì, pel ciel marmoreo giuro)* *(Bei des Himmels ehernem Dache).* Dritter Akt. Großer Saal im Schloß. Der Hafenwächter verkündet die Ankunft eines Schiffes mit venezianischen Botschaftern. Desdemona, die nichts ahnt, bittet noch einmal um Rehabilitierung für Cassio. Als Antwort fragt sie Othello nur nach dem Taschentuch, das er ihr einst als Talisman gegeben hatte. Da Desdemona es nicht vorweisen kann, bezichtigt er sie, eine Dirne zu sein, und jagt sie von sich. Allein geblieben, beklagt er das verlorene Glück. Aber er schreckt aus seinem schmerzvollen Sinnen hoch, als Jago eintritt und ihn in ein Gespräch verwickelt. Jago weiß es einzurichten, daß Othello ein Gespräch zwischen ihm und Cassio belauscht, in dem dieser von einer edlen Frau, die eine rechte Dirne sei, spricht, und in dessen weiterem Verlauf er Cassio das fragliche Taschentuch geschickt in die Hände zu spielen weiß. Othello schwört in seinem Versteck, die treulose Gattin umzubringen. Unterdessen sind die Botschafter der Stadt Venedig gelandet und bringen Othello die Nachricht, daß er als Gouverneur abberufen sei und Cassio an seine Stelle treten werde. Othello ist außer sich. Als ihm Desdemona unter die Augen tritt, schleudert er sie vor den Augen der Würdenträger zu Boden: «Nieder mit Dir und weine!» Jago bleibt noch ein letzter Schritt seines teuflischen Planes zu tun. Er bringt Rodrigo dazu, Cassio zu töten. Das Entsetzen der venezianischen Botschafter ist groß, und sie verlassen fluchtartig das Schloß. Othello bricht, sobald er allein ist, ohnmächtig zusammen. Jago tritt aus dem Hinterhalt hervor und höhnt den Entmachteten, Zerstörten aus: «Da liegt der Löwe!» Vierter Akt. Desdemonas Zimmer. Desdemona begibt sich unter Emilias Assistenz zur Ruhe. Verletzt durch Othellos Verhalten, das sie nicht versteht, gibt sie sich ihrer Traurigkeit hin und singt das Lied von der Dienerin, die vom geliebten Mann verlassen worden ist. Dann spricht sie ihr Abendgebet («Ave Maria»). Da betritt Othello das Zimmer. Er wirft ihr brutal vor, ihn betrogen zu haben, Desdemona verteidigt sich vergeblich. Er schenkt den Beteuerungen ihrer Unschuld keinen Glauben, für ihn ist die Sache entschieden: Sie muß sterben. Maßlos vor Schmerz und Wut erwürgt er sie. Als Emilia zurückkommt, um zu berichten, daß Rodrigo bei seinem Versuch, Cassio zu töten, selbst verwundet wurde, sieht sie die tote Herrin. Die schreckliche Intrige ihres Gatten Jago erkennend, schreit sie Othello die Unschuld seiner Gemahlin entgegen. Jago flieht. Othello aber begreift blitzartig, welch schändlichem Betrug er erlegen ist. Nach einem letzten Kuß für Desdemona erdolcht er sich selbst.

● Verdi trat nach sechzehn Jahren des Schweigens mit dem *Othello* vor das Publikum. Die lange Schaffenspause diente ihm als Zeit der Reflexion über seine persönlichen Erfahrungen und über die Entwicklung der Oper. Er hatte das Gefühl, etwas Neues finden zu müssen, um mit der Zeit Schritt halten zu können. Sein Librettist Boito hilft ihm in entscheidender Weise. Er schreibt für Verdi ein Libretto «mit durchgehender Struktur», das dem Komponisten die Möglichkeit bietet, mit dem alten Schema der Arien, Duette und Rezitative zu brechen und ein zusammenhängendes musikalisches Gebilde zu schaffen. Die Zusammenarbeit zwischen Verdi und Boito war nicht ohne Probleme, aber gerade in der beständigen Auseinandersetzung widersprüchlicher Auffassungen nahm das Drama Gestalt an. Boito wollte sich möglichst nahe an Shakespeares Text halten. Aber er kann sich auch nicht der alten Formel der «Scapigliatura» (antikonformistische

Piero Cappuccilli als «Jago» und Placido Domingo in der Titelrolle in der Mailänder Aufführung des «Othello» von 1976.

Künstlerbewegung) entziehen, deren Exponent er einst gewesen war. Die Verschmelzung der «drei Künste»: Musik, Literatur und bildende Kunst (wobei letztere im Falle eines Bühnenkunstwerkes die Inszenierung und gesamte optische Einrichtung, die bei einer Oper wie *Othello* durchaus nicht zu vernachlässigen ist, meint) ist ihm nach wie vor Anliegen. In ihrer Verbindung und gegenseitigen Durchdringung sollten sich nach Auffassung der «Scapigliatura» diese drei Künste zur «vollkommene Kunst von morgen» steigern. Daß solches Bemühen durch einen Ausgangstext der dramatischen Intensität und psychologischen Feinheit eines Shakespeare erleichtert wird, liegt auf der Hand und erweist sich nicht nur am *Othello*, sondern auch am späteren *Falstaff*. (Demgegenüber fällt der *Macbeth* eher schwach aus. Auch wenn diese Oper in der künstlerischen Entwicklung Verdis von Bedeutung ist). Was den Streit zwischen Verdianern und Wagnerianern angeht, so war mit dem *Othello* in dieser Sache noch lange nicht das letzte Wort gesprochen. Verdi jedoch hat mit ihm gezeigt, daß er auch im hohen Alter noch flexibel genug war, um neue Entwicklungen aufzunehmen und Fremderfahrungen zu verarbeiten, die in vollkommenem Gegensatz zum langen künstlerischen Schaffen seiner fruchtbarsten Zeit standen. EP

KÖNIG WIDER WILLEN
(Le Roi malgré lui)

Oper in drei Akten von Emmanuel Chabrier (1841–1894). Libretto von Paul Brani (1845–1901) und Emile de Najac (1828–1889) nach dem Vaudeville «Heinrich III. von Polen» von François Ancelot. Uraufführung: Paris, Opéra-Comique, 18. Mai 1887. Solisten: Max Bouvet, Delaguièrre, Fougère, Thierry, Barnolt. Dirigent: Léon Carvalho.

HANDLUNG. Die Geschichte erzählt Ereignisse um die Gestalt Heinrichs III. von Valois, der erst König von Polen und später König von Frankreich war.

● Während der dritten Aufführung der Oper kam es an der Opéra-Comique zu einem Brand (25. März 1887). Am 16. November des gleichen Jahres wurde das Stück in einem vorläufig eingerichteten Theater wieder aufgenommen. Der *König wider Willen* ist eine komische Oper mit häufigen Sprechpassagen, in der Chabrier, der als einer der Väter des musikalischen Impressionismus gelten kann, sein ganzes Talent dazu einsetzt, den strengen Konventionalismus der französischen Musik seiner Zeit zu brechen. Zwar hatten weder Publikum noch Kritik die Bedeutung dieses ganz bewußten Antikonformismus erkannt, Erfolg billigten sie ihm aber zu. Der *König wider Willen* fand – wie auch *Gwendolin* – an fast allen europäischen Bühnen Aufnahme. In jüngerer Zeit wurde das Stück in einer neuen Fassung mit vereinfachter Handlung wieder öfter gespielt (vor allem 1929 und in den darauffolgenden Jahren). MS

DER KÖNIG VON YS
(Le Roi d'Ys)

Oper in drei Akten von Eduard Lalò (1823–1892). Libretto von Eduard Blau nach einer bretonischen Sage. Uraufführung: Paris, Opéra-Comique, 7. Mai 1888.

HANDLUNG. Auf der Burg des Königs von Ys werden die Vorbereitungen zur Hochzeit seiner Tochter Margared mit dem Prinzen Karnak getroffen. Mit dieser Heirat soll auch das Ende der Feindseligkeiten zwischen den beiden Geschlechtern besiegelt werden. Margared liebt jedoch heimlich – wie übrigens auch ihre Schwester Rozenn – immer noch einen auf geheimnisvolle Weise verschwundenen Jugendgefährten. Dieser taucht eines Tages unerwartet wieder auf und bekennt sich zu seiner Liebe zu Rozenn. Margared, die von Mylios Rückkehr gehört hat, will nichts mehr von Karnak wissen. Als Antwort auf diese brüske Verabschiedung wirft Karnak dem König den Fehdehandschuh hin. Mylio bietet sich an, als Ritter des Königs für ihn zu kämpfen. Als Preis für den Sieg erbittet er sich die Hand Rozenns. Mylio geht als Sieger aus dem Turnier hervor und bekommt Rozenn zur Frau. Margared aber weiß ihre maßlose Eifersucht nicht mehr zu zügeln. Sie erzählt dem verwundeten Karnak von einer Stelle des Deiches, der die Stadt gegen die Fluten des Meeres schützt, die unbemerkt unsicher gemacht werden kann, um Burg und Stadt vom Meer überfluten zu lasse. Bei den Vorbereitungen zu ihrem schrecklichen Plan erscheint der beiden der Schutzpatron der Stadt, der heilige Corentin, und will sie von der Wahnsinnstat abbringen. Margared bekommt es mit der Angst zu tun und möchte das Vorhaben fallen lassen, doch Karnaks gekränkter Stolz ist unversöhnlich. Er zwingt sie, ihr die Deichstelle zu zeigen. Während Mylios Hochzeit mit Rozenn führt Karnak seinen Plan aus. Der Deich bricht und die entsetzte Hochzeitsgesellschaft flüchtet sich auf einen Hügel. Mylio hat begriffen, daß der Deichbruch Karnaks Rache an ihm und dem König ist. Als auch Karnak sich vor den Wassern auf den Hügel flüchtet, tötet er ihn. Margared ist verzweifelt und voll der bitteren Reue über ihren Verrat. Als die Fluten immer höher steigen, stürzt sie sich mit dem Bekenntnis ihrer großen Schuld auf den Lippen und einem letzten Anruf des heiligen Corentin in die Wogen. Und der Schutzpatron der Stadt erscheint ein zweites Mal. Wie durch ein Wunder aber glätten sich plötzlich die Wogen und das Meer zieht sich mit einem Male hinter den Deich zurück. Die verstörte Gesellschaft fällt auf die Knie und stimmt ein Gebet zur Rettung von Margareds Seele an.

● Die Oper war ein großer Publikumserfolg und wurde auch von der Kritik gut aufgenommen. Sie erfreut sich in Frankreich auch heute noch großer Beliebtheit. MSM

DIE FEEN

Oper in drei Akten von Richard Wagner (1813–1883). Dichtung vom Komponisten nach «La Donna serpente» (Die Schlangenfrau) von Carlo Gozzi. Uraufführung: München, Hoftheater, 29. Juni 1888.

HANDLUNG. Arindal, glücklicher Gemahl der sanften, geheimnisvollen Ada mußte seiner Gemahlin versprechen, sie niemals zu fragen, woher sie komme und wer sie sei. Aber seine Neugierde läßt ihm keine Ruhe, und als er schließlich herausfindet, daß Ada eine Fee ist, ist Ada mit ihren Kindern und dem Schloß mit einem Male vom Erdboden verschwunden. Um sein Glück wiederzufinden, muß Arindal harte Proben bestehen und den Zauber brechen, der Ada in Stein verwandelt hat. Er überwindet tapfer alle Hindernisse und Schrecken und gelangt schließlich ins Heiligtum der Feen. Mit seinem Gesang der Liebe kann er zwar Ada aus ihrer Verwandlung zu Stein erlösen, aber zu einer sterblichen Frau kann er sie nicht machen. Da nimmt Arindal Abschied von der Welt der Sterblichen und bleibt bei Ada im Feenreich.

● Die Oper entstand zwischen 1833 und 1834 in Würzburg, wo Wagner damals Chorleit r am Theater war. *Die Feen* sind Wagners erste Oper. Die Stoffwahl ist noch bestimmt durch die Vorliebe für das Phantastische, wie es die Romantik zu Beginn des neunzehnten Jahrhunderts gepflegt hatte. Der Komposition ist anzuhören, daß sie ein noch Lernender und Suchender schrieb. Neben Beethoven ist vor allem der Einfluß Webers zu spüren. Über das rein Phantastische hinausgehend, bringt Wagner schon in diesem Jugendwerk eine Dimension der Menschlichkeit hinein, indem er die Geschichte mit einer Katharsis enden läßt, die in gewisser Weise schon sein Grundthema der späteren Jahre, den «Liebestod» anschlägt. RM

DER JAKOBINER (Jakobin)

Oper in drei Akten von Antonín Dvořak (1841–1904). Libretto von Marie Tschwerwinkowa-Riegrowa. Uraufführung: Prag, Tschechisches Nationaltheater, 12. Februar 1889.

HANDLUNG. Die Handlung erzählt die Geschichte des Jakobiners, der, aus dem Exil zurück, mit Hilfe seines Musikerfreundes Benda versucht, wieder Anschluß an das Leben in seiner Heimat zu gewinnen.

● *Der Jakobiner* ist ein Werk Dvořáks, in dem der Einfluß der Grand-opéra noch deutlich zu hören ist. Es war in der Tschechoslowakei recht erfolgreich und wurde häufig gespielt. MS

EDGAR

Oper in vier Akten von Giacomo Puccini (1858–1924). Libretto von Ferdinando Fontana (1850–1919) nach dem Versdrama «La coupe et les lèvres» von Alfred de Musset. Uraufführung: Mailand, Teatro alla Scala, 21. April 1889. Solisten: Romilda Pantaleoni, Aurelia Cattaneo, Gregorio Gabrielesco. Dirigent: Franco Faccio.

HANDLUNG. In Flandern um 1302. Erster Akt. Edgar (Tenor) ist hin- und hergerissen zwischen seiner tiefen Zuneigung zu Fidelia (Sopran) und der starken sinnlichen Anziehungskraft Tigranas (Mezzosopran), eines Mohrenmädchens, das von Zigeunern ausgesetzt und von Fidelias Vater aufgezogen worden war. Auch Fidelias Bruder Frank liebt Tigrana, doch diese erwidert seine Zuneigung nicht. Tigrana hat einen schlechten Ruf im Dorfe, doch Edgar verteidigt sie. Der eifersüchtige Frank fordert ihn daraufhin zum Zweikampf heraus. Er wird verletzt. Edgar bleibt nun nichts anderes übrig, als mit Tigrana zu fliehen. Zweiter Akt. Edgar schließt sich einer Truppe durchziehender Soldaten an und begegnet dabei Frank wieder. Die beiden versöhnen sich, und Edgar gesteht Frank, daß er es mittlerweile bitter bereue, Fidelia verlassen zu haben. Tigrana, die sich so geschmäht und verlassen sieht, schwört Rache. Dritter Akt. Eine Festung bei Kortrijk, in Edgars Heimat. Es wird gerade eine Messe für Edgar, der in der Schlacht gefallen sein soll, gelesen. Fidelia ist untröstlich über den Verlust des ehemaligen Geliebten. Da tritt ein unbekannter Mönch hinzu und gibt sich als Edgar zu erkennen. Fidelia fällt ihm in die Arme. Doch die eifersüchtige Tigrana erdolcht sie von hinten. Die Mörderin wird zu ihrer Verurteilung abgeführt.

● Zwar weist Puccini mit dieser Oper kompositionstechnische Fortschritte auf, aber die Kritik ließ sie trotzdem durch-

1890

Das Schlußduett aus dem ersten Akt von Giuseppe Verdis «Othello» an der Metropolitan Opera in New York.

fallen. Nach drei Aufführungen wurde sie wieder abgesetzt. Dieser völlige Mißerfolg ist zum großen Teil darauf zurückzuführen, daß Puccini von seinem Verleger Ricordi den Stoff, der ihm überhaupt nicht lag, aufgezwungen bekam. Noch im Jahr der Uraufführung arbeitete Puccini die Oper um. Die neue Fassung mit drei statt vier Akten wurde am 28. Februar 1892 in Ferrara aufgeführt. RB

ESCLARMONDE

Romantische Oper in vier Akten von Jules Massenet (1842–1912). Libretto von E. Blau und L. de Gramont. Uraufführung: Paris, Opéra-Comique, 15. Mai 1889.

● Massenet schrieb die Oper *Esclarmonde* für die Weltausstellung 1889. Sie ist dementsprechend großartig und spektakulär angelegt. Der manchmal zum Naturalismus (zum Beispiel in *La Navarraise*), manchmal zum Mystizismus (zum Beispiel in *Le jongleur de Notre Dame*) neigende Komponist bekennt sich in dieser Oper musikalisch offen als Wagnerianer. Aber trotz aller Aufgeschlossenheit für fremde Kulturen und Strömungen verfügt er über eine eigene musikalische Sprache, die sich insbesondere durch eine sehr weiche Melodik auszeichnet.

LORELEY

Romantisches Spiel in drei Akten von Alfredo Catalani (1854–1893). Libretto von Carlo d'Ormeville und A. Zanardini nach dem gleichnamigen Buch von Depanis. Uraufführung: Turin, Königliches Theater, 16. Februar 1890. Solisten: Virginia Ferni Germano, Leonora Dexter, Eugenio Durot, Enrico Stinco Palermini. Dirigent: Edoardo Mascheroni.

PERSONEN. Rudolf, Markgraf von Biberich (Baß), Anna von Rehberg, seine Nichte (Sopran), Walter, Herr von Oberwesel (Tenor), Loreley, Waisenmädchen (dramatischer Sopran), Herrmann, Baron (Bariton). Chor: Fischer, Jäger, Bogenschützen, Edelleute, Damen, Volk, Rheinnymphen, Luftgeister, Kinder, Kirchenchorsänger.

HANDLUNG. Die Handlung spielt um 1300 am Rhein. Erster Akt. Felsvorsprung am Rhein. Walter, der Herr von Oberwesel, soll Anna, die Nichte des Markgrafen von Biberich heiraten. Aber Walter hat eine Liebschaft mit dem Waisenmädchen Loreley, das ihn tief und leidenschaftlich liebt. Trotzdem beschließt er nach einigem Zögern, Anna zu heiraten, und teilt Loreley seine Entscheidung mit. Loreley ist verzweifelt und gedemütigt. In schmerzvoller Unruhe irrt sie am Rheinufer umher. Die Legende geht, daß Alberich, der Rheinkönig, unglücklichen Liebenden einen Wunsch erfüllt,

1890

Zweiter Akt aus Alfredo Catalanis «Loreley». Mailänder Scala.

wenn sie ihn anrufen. In ihrem verletzten Stolz bittet sie ihn um Schönheit, der sich niemand entziehen kann, um einen Blick, der jedes Herz erobert, um eine Stimme, die mit ihrer Süße die Seele eines jeden, der sie hört, verzaubert, um die Macht, jeden, der ihr begegnet, vor Liebe zu ihr trunken zu machen und daran zugrunde gehen zu lassen. All dies will ihr der Rheinkönig gewähren, wenn sie dafür einwilligt, seine Braut zu werden. Loreley ist wie berauscht und stürzt sich in den Fluß. Wenig später entsteigt sie den Fluten als wunderschöne Zauberin mit langem, wallendem, goldenen Haar. Zweiter Akt. Ein Garten am Flußufer unter der Burg des Markgrafen. Anna ist von ihren Kammerfrauen umgeben, die letzte Hand an ihr bräutliches Gewand legen. Herrmann nähert sich ihr, um sie vor Walters Untreue zu warnen. Doch sie achtet nicht auf seine Rede, die sie für eifersüchtige Verleumdung hält. Unter Gesang und Tanz bildet sich schließlich der Hochzeitszug. In den Wellen des Flusses taucht Loreley auf und singt ein Lied von unwiderstehlicher Süße. Walter ist wie gebannt und strebt auf sie zu. Anna vermag ihn nicht zurückzuhalten. Doch als er das Flußufer erreicht hat, ist die schöne Hexe verschwunden. Dritter Akt. Am Flußufer in Oberwesel. Holzfäller und Fischer erzählen von der sagenhaften Nymphe, die mit ihrem Gesang alle verzaubert. So mancher behauptet, sie auf dem Felsvorsprung beim Ort gesehen zu haben. Da zieht ein Trauerzug durch den Ort. Anna ist aus Herzeleid gestorben und wird nun zu Grabe getragen. Walter versucht, sich dem Sarg zu nähern, doch der Markgraf stößt ihn zurück. Walter ist traurig und des freudlosen Lebens überdrüssig, seit er Anna verlassen und doch Loreley nicht gefunden hat. Nur die Flußnymphen können ihn zurückhalten, sich ins Wasser zu stürzen. Da erblickt er plötzlich Loreley, von goldenem Haar umwallt, auf dem Felsen im Rhein. Walter ruft sie an, fleht sie im Namen ihrer alten Liebe an, zu ihm zurückzukehren. Die schöne Hexe kann sich seinem Bitten nicht entziehen, und steigt von ihrem Felsen herab. Als sie sich in seine Arme werfen will, halten die Stimmen der Geister der Luft, die sie an ihren Schwur, Alberich anzugehören, erinnern, zurück. So nimmt Loreley unter Tränen für immer Abschied von Walter. Sie muß auf ihren Felsen zurückkehren und dort auf ewig die Schiffer mit ihrem Gesang ins Verderben locken. Walter stürzt sich in Verzweiflung in die Fluten.

● *Loreley* ist die Neubearbeitung der bereits zehn Jahre früher ebenfalls am königlichen Theater in Turin vorgestellten Oper *Elda*. *Elda* war Catalanis erste Opernkomposition. In der Neubearbeitung erreicht der Komponist bereits einen klareren und eigenständigen Stil, obwohl Einflüsse Ponchiellis, Massenets und Wagners unverkennbar sind. In der Neubearbeitung hatte die Oper guten Erfolg. Sie wird seither immer wieder an größeren Bühnen gespielt. MS

CAVALLERIA RUSTICANA

Melodram in einem Akt von Pietro Mascagni (1863–1945). Libretto von Giovanni Targioni-Tozzetti (1863–1934) und Giovanni Menasci (1867–1925) nach der gleichnamigen Erzählung von Giovanni Verga. Uraufführung: Rom, Teatro Costanzi, 17. Mai 1890. Solisten: Gemma Belincioni, Annetta Guli, Roberto Stagno, Gaudenzio Salassa, Federica Casali. Dirigent: Leopoldo Mugnone.

PERSONEN. Santuzza (Sopran), Lola (Mezzosopran), Turiddu (Tenor), Alfio (Bariton), Lucia (Alt). Bauern und Bäuerinnen, Chor.

1890

Komponist, Dirigent und Sänger der Uraufführung von Pietro Mascagnis «Cavalleria rusticana» am Teatro Costanzi in Rom vom 17. Mai 1890: Roberto Stagno, Leopoldo Mugnone, Pietro Mascagni, Gemma Bellincioni, Mario Ancona, Ida Nobili und Federica Casali.

HANDLUNG. Ende des neunzehnten Jahrhunderts. Osternacht in einem sizilianischen Dorf. Turiddu singt eine «Siciliana» zu Ehren Lolas, mit der er sich, bevor er zum Militärdienst ging, verlobt hatte. Doch bei seiner Rückkehr ins Dorf hatte er seine Lola mit dem Fuhrmann Alfio verheiratet vorgefunden. Er versuchte sich mit einem anderen Mädchen, Santuzza, zu trösten und geschworen, er werde diese zum Altar führen. Vorläufig aber kann er sich von Lola nicht lösen. Er macht ihr weiter den Hof und hat schließlich ein Verhältnis mit ihr. Als sich der Vorhang hebt, singt ein Chor von Bauern und Bäuerinnen eine Hymne auf den einziehenden Frühling. Santuzza fragt Turiddus Mutter Lucia, ob sie nichts von ihrem Sohne wisse. Denn sie weiß, daß er nicht, wie behauptet, im benachbarten Francoforte zum Weinkauf ist, sondern sich im Dorf aufhält. Das Gespräch wird von Alfios Eintreffen unterbrochen. Auch er bestätigt, Turiddu am Morgen in der Nähe seines Hauses gesehen zu haben. Santuzza hält Lucia davon ab, weitere Fragen zu stellen, doch kaum ist Alfio außer Hörweite, platzt sie in ihrer Eifersucht los und macht der Mutter Vorwürfe wegen des unehrlichen Verhaltens des Sohnes. Als Turiddu selbst schließlich auftaucht, muß auch er Rede und Antwort stehen. Er reagiert erst ausweichend und versucht, Santuzza zu besänftigen, dann jedoch gerät er ebenfalls in Zorn. Der Streit wird von Lola, die auf dem Weg zur Kirche ist, unterbrochen. Sie weiß die Eifersucht der Rivalin geschickt anzustacheln. Turiddu kann die Eifersucht Santuzzas nicht mehr ertragen und stößt sie voll Abscheu von sich. Santuzza verflucht ihn, und Alfio, der die Szene mit seiner Frau beobachtet hat, gibt öffentlich zu, daß ihn seine Frau betrügt. Er schwört, seine Schande noch am gleichen Tage zu rächen. Zwischenspiel. Männer und Frauen verlassen die Kirche. Turiddu lädt die Männer zum Trinken des jungen Weines ein und prostet auf Lolas Schönheit. Auch Alfio, der dazugekommen ist, wird aufgefordert, sein Glas auf Lolas Schönheit zu heben, doch er wendet sich verachtungsvoll ab. Damit hat er Turiddu der Sitte gemäß beleidigt, und dieser muß ihn nun fordern. Gemäß dem Brauch umarmen sich die beiden Männer und Alfio beißt Turiddu ins Ohr. Lola ist außer sich über die Entwicklung der Ereignisse. Sie wird von ein paar Bauern weggebracht. Vor dem Kampf begibt sich Turiddu zu seiner Mutter und bittet sie um ihren Segen. Dann empfiehlt er ihr Santuzza an. Seine Mutter, die von dem Duell nichts weiß, versteht sein merkwürdiges Verhalten nicht, doch bekommt sie keine Erklärung von ihrem Sohn. Grimmig und verschlossen geht er weg. Wenig später ist von draußen ein immer lauter werdendes Stimmengewirr zu hören. Plötzlich bricht eine Frauenstimme in einen Schrei aus. Turiddu ist tot.

● Pietro Mascagni war als Dirigent und Intendant des *Civico Teatro* in Cerignola angestellt und gerade mit der Ausarbeitung des *William Ratcliff* beschäftigt, als im Juli 1888 in einer Nummer des «Teatro Illustrato» eine Ausschreibung veröffentlicht wurde, die zur Komposition «einer Oper in einem Akt – mit je nach Belieben in ein oder zwei Bildern – über ein idyllisches, ernstes oder heiteres Thema nach Wahl des Bewerbers» aufforderte. Der Wettbewerb war als Anregung für junge italienische Künstler gedacht und sah als Preis nicht nur eine nicht unbeträchtliche Geldsumme, sondern auch für die ersten drei preisgekrönten Opern die Aufführung am Teatro Constanzi in Rom vor. Der Librettist Targione wies Mascagni in einem Brief auf Vergas nach einer eigenen Erzählung verfaßten Einakter hin. Mascagni beantwortete ihn mit der Bemerkung, er habe selbst schon an dieses Stück gedacht, nachdem er im Jahre 1884 eine Aufführung mit der Duse gesehen hätte. In wenigen Monaten hatte Mascagni die Oper fertig. Als er im Februar 1890 nach Rom gerufen wurde, wußte er schon, wenn auch nur inoffiziell, daß er den Preis gewonnen hatte. Den zweiten bzw. dritten Preis errangen die Komponisten Nicolò Spinelli und Vincenzo Ferroni mit ihren Opern *Labilia* bzw. *Rudello*. Der stürmische Erfolg, den die *Cavalleria* bei ihrer Uraufführung erleben konnte, war ein Ereignis in der Theatergeschichte: das Stück bekam nicht weniger als siebzig Vorhänge. Innerhalb von zehn Monaten gehörte die Oper dieses, bis kurze Zeit davor, noch gänzlich unbekannten Komponisten zum Spielplan aller nennenswerten Bühnen Europas. Nach Eduard Hanslick, einem der maßgeblichsten Kritiker der damaligen Zeit, verdankt die Oper ihren ungeheuren Erfolg vor allem der Entdeckung «eines frischen, energischen, aufrichtigen unverbogenen Talentes», das gleichermaßen «unverwechselbar italienisch» und «europäisch modern» zu nennen sei. Die starke Leidenschaftlichkeit der Musik, die souverän über die Begleitung dominierenden Melodien und die ausgesprochene Sanglichkeit der Oper wurden als die sonnendurchglühten Ausdrucksmittel einer «Volksindividualität» empfunden, die sich nach Auffassung dieses Kritikers angenehm abhob von der angestrengten Rationalität der verschiedenen Wagnerepigonen. Auch das Libretto hat sicher zum Erfolg der Oper beigetragen. Es greift mehr auf die ursprüngliche Erzählung Vergas als auf dessen Bühnenfassung zurück und stellt ein fast einzigartiges Beispiel für eine geglückte Verbindung zwischen musikalischer und literarischer Sprache dar. Die *Cavalleria rusticana* kann auch insofern als außerordentlicher Glücksfall der Operngeschichte gelten, als in ihr in einmaliger Weise Zeitempfinden und künstlerischer Ausdruck zur Deckung gelangen. Mascagni hat in dieser Oper das im aufkommenden Naturalismus sich manifestierende Bedürfnis nach Unmittelbarkeit, nach der Realität des Alltäglichen, auch nach der Grausamkeit der Wirklichkeit gestaltet und er hat dies – und dadurch wird sein Werk zur Sternstunde – zum genau richtigen Zeitpunkt getan. Daher ist es auch völlig gerechtfertigt, die *Cavalleria* als das musikalische Manifest des «Verismo», des italienischen Naturalismus zu bezeichnen. AB

FÜRST IGOR
(Knjaz Igor)

Oper in einem Vorspiel und vier Akten von Alexander Borodin (1833–1887). Libretto vom Komponisten nach dem altrussischen Gedicht «Mär vom Heereszug Igors» aus dem neunten Jahrhundert. Posthume Uraufführung: St. Petersburg, Mariinskij Theater, 4. November 1890.

PERSONEN. Igor Swjatoslawitsch, Fürst von Sewersk (Bariton), Jaroslawna, seine Frau in zweiter Ehe (Sopran), Wladimir Igorewitsch, sein Sohn aus erster Ehe (Tenor), Wladimir Jaroslawitsch, Fürst Galitzky, Bruder der Fürstin Jaroslawna, (Baß-Bariton), Kontschak, polowetzischer Khan (Baß), Kontschakowna, Tochter des Khan Kontschak (Mezzosopran), Owlur, ein getaufter Polowetzer (Tenor), Skulà (Baß) und Eroschka (Tenor), Goudokspieler, die Amme der Fürstin Jaroslawna (Sopran), ein polowetzisches Mädchen (Sopran). Russische Fürsten und Fürstinnen, Bojaren, Krieger, Greise, Mädchen, Volk, Mägde, Leibeigene, Gefangene, Soldaten und polowetzische Schildwachen.

HANDLUNG. Vorspiel. Platz der Stadt Putiwl im Jahre 1185. Die heidnischen Polowetzer des Khan Kontschak marschieren gegen die Stadt. Fürst Igor hat beschlossen, ihnen entgegenzuziehen und die Schlacht im offenen Felde auszutragen. Das Volk jubelt ihm zu und gibt ihm Siegeswünsche mit auf den Weg. Plötzlich verfinstert sich die Sonne, die Welt versinkt in Nacht. Das außergewöhnliche Ereignis wird als böses Omen gedeutet, aber Igor läßt sich dadurch nicht von seinem Entschluß abbringen und zieht mit seinem Sohn aus erster Ehe, Wladimir, in den Kampf. Skulà und Eroschka, zwei Wandermusikanten, denen der Gedanke an einen blutigen Kampf gar nicht gefallen will, nutzen die allgemeine Verwirrung, um sich von Igors Mannen abzusetzen und dessen Schwager, den Fürsten Galitzky, zu suchen, der ganz anders als Igor nur sein Wohlleben im Sinne hat. Erster Akt. Erstes Bild. Im Palast des Fürsten Galitzky findet eines seiner zahlreichen Feste statt. Die Gäste unterhalten sich über die jüngste «Heldentat» des Fürsten, der ein Mädchen, auf das er ein Auge geworfen hatte, kurzerhand entführt hat. Es werden Trinksprüche ohne Ende ausgebracht. Einer schlägt vor, Igor abzusetzen und Galitzky als neuem Herrscher zu huldigen. Dieser verspricht, daß, falls er an die Macht käme, es keinem seiner Freunde je an Wein und Vergnügen fehlen solle. Eine Gruppe Mädchen verlangt Zutritt zum Festsaal. Sie wollen gegen den Raub ihrer Freundin protestieren. Doch der Fürst läßt sie unter dem Spott der Gäste hinauswerfen. Zweites Bild. In den Gemächern von Igors Gattin Jaroslawna. Die Fürstin macht sich Sorgen um ihren Gatten und ihren Stiefsohn, von denen jede Nachricht fehlt. Die Gruppe Mädchen, die schon bei Galitzky selbst vorstellig geworden waren, ersuchen die Fürstin um Fürsprache für ihre arme Freundin. Die Fürstin macht ihrem Bruder, der ihr gerade einen Besuch abstatten will, bittere Vorwürfe wegen des Mädchens, aber dieser redet sich mit vagen Entschuldigungen und Versprechungen, sich künftig tadellos zu verhalten, aus der Sache heraus. Da treffen Bojaren mit der Nachricht von Igors Niederlage ein. Das Heer ist vernichtet, Igor und Wladimir sind gefangen. Und der Feind marschiert nun ungehindert auf Putiwl zu. Zweiter Akt. Das Feldlager der Polowetzer. In seiner Gefangenschaft hat sich Wladimir in die Tochter des Khan Kontschak verliebt. Owlur, ein christlich getaufter polowetzischer Soldat, verspricht Igor, ihm zur Flucht zu verhelfen. Der Kontschak selbst ist von Igors Würde und stolz-gelassener Haltung so beeindruckt, daß er ihn bittet, sich als seinen Gast zu betrachten. Dritter Akt (wird im allgemeinen nicht aufgeführt). Im Feldlager der Polowetzer. Es werden Vorbereitungen für die große Siegesfeier getroffen. Unter den Gefangenen macht das Gerücht, Putiwl sei von den Polowetzern genommen, die Runde. Igor wird von seinen Soldaten aufgefordert zu fliehen und die Stadt zu verteidigen. Wladimir ist zwischen seiner Liebe und seinem Pflichtgefühl hin- und hergerissen. Während der Siegesfeier gelingt Igor die Flucht. Wladimir dagegen wird entdeckt und von den Wachen festgenommen. Nur der Kontschak selbst kann verhindern, daß er seinen Fluchtversuch nicht gleich mit dem Leben bezahlen muß. Der Khan gibt ihm sogar seine Tochter zur Frau. «Der großherzige junge Adler wird so ein neues Nest und neues Glück unter den Polowetzern finden.» Vierter Akt. Putiwl mit Stadtmauern und Platz. Die Fürstin Jaroslawna beweint das Schicksal ihres Gatten, ihres Stiefsohnes und des Landes. Da tauchen in der Ferne zwei Reiter auf. Die Fürstin erkennt in ihnen Igor und einen fremden Begleiter. Der Fürst wird mit großem Jubel empfangen und macht sich sofort daran, die Verteidigung der Stadt zu übernehmen. Zuvor jedoch begibt er sich mit seiner Gattin zu einem Bittgottesdienst. Auf dem Wege zur Kirche begegnet er den beiden Deserteuren. Um ihre Feigheit auszumerzen, steigen sie schnell auf den Kirchturm, um wenigstens die ersten zu sein, die die Rückkehr des

1890

Die Sänger Ugrinowitsch und F. Strawinskij als «landfahrende Musikanten» in der Uraufführung von Alexander Borodins «Fürst Igor», 1890.

Füsten verkünden können. Das Volk jubelt ihm erleichtert zu, die beiden desertierten Wandermusikanten werden begnadigt, und der Sieg scheint gewiß.

● Borodin arbeitete an der Oper *Fürst Igor* von 1869 bis zu seinem Tode, hinterließ das Werk aber trotzdem unvollendet. Borodin war ein Dilettant, was die ungeheuer lange Zeit, die er auf die Komposition dieser seiner einzigen Oper verwendete, erklärt. Eigentlich war er Chemiker von Beruf, und als solcher machte er auch einige nicht unwichtige Entdeckungen. Doch seine Liebe galt der Musik. Er spielte Klavier, Querflöte, Oboe und Cello; er komponierte, wann immer er dazu die Gelegenheit fand. Zusammen mit Mussorgsky, Balakirew, Rimskij-Korssakow und Cui bildete er die jungrussische Schule, auch «Fünfergruppe» genannt. Bei seinem Tode hinterließ er diese Oper ohne den dritten Akt und die Ouvertüre. Auch der der Rest war bruchstückhaft. Eine Instrumentierung lag überhaupt nur für einige wenige Stücke vor. Die Freunde aus der «Fünfergruppe», die jede Phase der Arbeit an dieser Oper miterlebt hatten, übernahmen ihre Vervollständigung. Glasunow vollendete den dritten Akt und arbeitete die Ouvertüre, die er noch von Borodins Vortrag am Klavier in Erinnerung hatte, aus, Aufgeschrieben hatte sie Borodin nie. Rimskij-Korssakow übernahm hauptsächlich die Instrumentierung, wobei er sich sehr genau an die Anweisungen des Verstorbenen hielt. Er verleugnete bei der Bearbeitung weitgehend seinen eigenen Stil und lehnte sich mehr an Glinka an. Die Aufnahme der Oper bei der Uraufführung war

warm. Trotz mancher Polemik gegen die Arbeit der «Vollender» erfreute sich die Oper in Rußland bald großer Beliebtheit. In späteren Aufführungen wurde meistens der dritte Akt gestrichen, da er eigentlich eine völlige Neukomposition darstellte und für den Gang der Handlung auch nicht unbedingt erforderlich ist. Im Ausland fand das Werk Eingang zu den Bühnen durch Diaghilews Ballets Russes Aufführung der Polowetzer Tänze im Jahre 1909 in Paris. Was den Stoff und das Libretto angeht, so waren diese sehr geeignet für Borodin, denn er hatte sich immer schon besonders mit orientalischer und russischer Volksmusik beschäftigt. Borodins *Fürst Igor* ist musikalisch einfach und von großer Transparenz, deswegen aber durchaus nicht etwa einfallslos, sondern im Gegenteil voll der Inspiration und außerordentlich reich an farbigen Bildern: Landschaften, Naturereignisse und Szenen aus dem Leben des Volkes. Überall durchdringen der Humor und überquellende Lebensfreude, sprechen von Borodins eigener toleranter Menschlichkeit und von der optimistischen Aufgeklärtheit seiner Zeit. MS

PIQUE DAME
(Pikowaja Dama)

Oper in drei Akten und sieben Bildern von Peter I. Tschaikowsky (1840–1893). Libretto von Modest I. Tschaikowsky (dem Bruder des Komponisten) nach der gleichnamigen Erzählung von Alexander Puschkin (1834). Uraufführung: St. Petersburg, Mariinskij Theater, 19. Dezember 1890. Solisten: Nikolai Figner, Medea Figner, Dolina, S. M. Alexandrowna, Kajolew. Dirigent: E. F. Naprawnik.

PERSONEN. Hermann (Tenor), Graf Tomsky (Bariton), Fürst Jeletzky (Bariton), Czekalinsky (Tenor), Ssurin (Baß), Tschaplitzky (Tenor), Narumow (Baß), die Gräfin (Mezzosopran), Lisa (Sopran), Paolina (Alt), eine Gouvernante (Mezzosopran), Mascha, Kammermädchen (Sopran). Bürger, Gäste, Masken, Spieler. Personen des Zwischenspiels: Rilepa (Sopran), Milowsor-Pauline (Alt), Slatogor-Tomsky (Bariton).

HANDLUNG. Die Handlung spielt in St. Petersburg um 1800. Erster Akt. Erstes Bild. Ein öffentlicher Park. Czekalinsky und Ssurin, zwei Offiziere, begegnen sich im Park und unterhalten sich voll Sorge über den Kameraden Hermann. Dieser ist vom Spielteufel besessen und verbringt seine Nächte fast nur mehr in den verschiedenen Spielhöllen der Stadt, wo er sich maßlos zu betrinken pflegt. Nach dem Abgang der beiden Offiziere treten Hermann selbst und Graf Tomsky auf. Hermann erzählt dem Grafen, daß er sich unsterblich in ein Mädchen verliebt habe, dessen Name er nicht einmal kenne. Im Gespräch mit hinzukommenden Spaziergängern seines Bekanntenkreises stellt sich heraus, daß seine Angebetete die Verlobte des Fürsten Jeletzky, Lisa, ist. Wie immer befindet sich Lisa in Begleitung einer alten Tante, die einst eine leidenschaftliche Spielerin gewesen war und daher den Beinamen «Pique Dame» trägt. Es geht das Gerücht, daß sie im Besitze dreier immer siegreicher Karten ist. Wem es jedoch gelingen sollte, dieses ihr Geheimnis zu entdecken, der wird sie damit auch töten. Hermann, der davon hört, ergeht sich in lustvollen Vorstellungen, wie er – im Besitz des Geheimnisses – reich sein und Lisa heiraten wird. Zweites Bild. Lisas Gemächer. Lisa und ihre Freundinnen unterhalten sich vergnügt mit Tanz und Gesang. Sobald die Freundinnen jedoch weg sind, fällt Lisa in unverhüllte Traurigkeit. Sie liebt ihren Verlobten, den Fürsten Jeletzky, nicht; der junge Offizier Hermann dagegen hat einen tiefen Eindruck bei ihr hinterlassen. Da schwingt sich Hermann plötzlich zum Fenster herein und gesteht ihr seine Liebe. Als die Gräfin ihr Zimmer betritt, muß Lisa den kühnen jungen Mann schnell verstecken. Kaum ist ihre Tante jedoch wieder weg, sinken sich die beiden in die Arme. Zweiter Akt. Erstes Bild. Festsaal eines luxuriösen Palastes. Ein großer Maskenball ist im Gange. Fürst Jeletzky bemüht sich vergeblich um seine zurückhaltend-abweisende Verlobte, Hermann hängt düsteren Gedanken nach, wie er in den Besitz der drei siegreichen Karten kommen und damit reich und glücklich werden könnte. Es wird ein Singspiel als Einlage zum Ball aufgeführt: Ein Schäfermädchen, das von einem Schäfer und einem reichen Herrn umworben wird, schenkt sein Herz dem armen Schäfer und entscheidet sich für ihn. Lisa steckt Hermann heimlich den Schlüssel zum Hause ihrer Tante, der Gräfin, zu und verabredet sich mit ihm für die Nacht. Zweites Bild. Hermann verschafft sich mit Hilfe des Schlüssels Zutritt zum Hause der Gräfin und schleicht sich in deren Salon. Als die Gräfin müde vom Ball zurückkehrt und in einem Fauteuil schon fast eingeschlafen ist, kommt Hermann aus seinem Versteck hervor und bedrängt die alte Frau, ihm das Geheimnis der drei siegreichen Karten anzuvertrauen. Als sie dazu nicht bereit ist, beginnt er sie zu bedrohen. Die alte Dame ist darüber so erschrocken, daß sie von einem Unwohlsein gepackt wird und stirbt. Lisa kommt hinzu und jagt, als sie ihre tote Tante sieht, Hermann davon, denn sie glaubt, er sei nur wegen des Spielgeheimnisses zu ihr gekommen, nicht aber weil er sie liebe. Dritter Akt. Erstes Bild. Hermanns Stube in der Kaserne. Die verstorbene Gräfin erscheint ihm und enthüllt ihm die drei siegreichen Karten: die Sieben, das Ass und die Drei. Zweites Bild. Lisa und Hermann begegnen sich um Ufer der Newa. Das Mädchen ist hin- und hergerissen, kann sich dem Charme des jungen Offiziers jedoch nicht ganz entziehen. Doch Hermann ist ganz von seinen künftigen Möglichkeiten, seinem todsicheren Glück im Spiel, gefangengenommen. Er stößt Lisa, die sich ihm wieder zu nähern sucht, brüsk von sich. Das Mädchen ist verzweifelt und stürzt sich in den Fluß. Viertes Bild. Spielsaal. Das letzte Spiel wird gespielt. Hermann setzt alles auf die drei glückbringenden Karten. Die Sieben und das Ass sind siegreich, aber statt der Drei kommt die Pique Dame. Vor den Augen der Spieler verwandelt sich die Spielkarte in die alte Gräfin und durchbohrt Hermann mit einem höhnischen Grinsen. Hermann wird vollends wahnsinnig und ersticht sich.

• Die Oper fand von Anfang an beste Aufnahme beim Publikum und hat seither, wo immer sie auch gespielt wird, stets großen Erfolg. Tschaikowsky hatte sie in nur einhundertsechsundzwanzig Tagen geschrieben. In einem Brief an seinen Bruder schrieb er: «Entweder täusche ich mich völlig und in unverzeihlicher Weise – oder die *Pique Dame* ist in der Tat mein Meisterwerk. An einigen Stellen, wie zum Beispiel im heute von mir arrangierten vierten Bild überkommt mich eine solche Angst, eine solche Furcht und Erschütterung erfaßt mich, daß es schier unmöglich ist, sich auch nur vorzustellen, daß Publikum empfände nicht wenigstens einen Teil dieser Angst...» Das Libretto hält sich bis auf den konventionell-tragischen Schluß getreulich an den Puschkin-Text. Bei Puschkin wird Hermann zwar wahnsinnig, bringt sich jedoch nicht um, sondern kommt in eine Irrenanstalt, wo er für den Rest seines Lebens unter der Obsession der drei siegreichen Spielkarten leidet. *Pique Dame* ist sicherlich die dramatischste und technisch vollkommenste Oper Tschaikowskys. MS

FREUND FRITZ
(L'amico Fritz)

Lyrische Komödie in drei Akten von Pietro Mascagni (1863–1945). Libretto von P. Suardon (Pseudonym für Nicola Daspuro (1853–1941) nach «L'ami Fritz» von E. Erckmann (1822–1899) und A. Chatrian (1826–1890). Uraufführung: Rom, Teatro Costanzi, 31. Oktober 1891. Solisten: E. Calvé, G. de Lucia, O. Synnemberg, P. Lhérie. Dirigent: Rodolfo Ferrari.

PERSONEN. Suzel (Sopran), Fritz Kobus (Tenor), Beppe, der Zigeuner (Mezzosopran), David, Rabbiner (Bariton), Friedrich und Hannes, Fritzens Freunde (Tenor und Baß), Katherina, Fritzens Amme (Sopran). Bauern und Bäuerinnen.

HANDLUNG. Die Geschichte spielt im Elsaß. Erster Akt. Der junge reiche Gutsbesitzer Fritz Kobus ist ein erklärter Gegner der Ehe. Er wettet mit dem Rabbiner David um einen seiner Weinberge, daß dieser ihn nie dazu bringen werde, sein lustiges Junggesellenleben mit den Freunden Friedrich und Hannes aufzugeben. Bei seiner Geburtstagsfeier sieht er zum ersten Mal Suzel, die hübsche Tochter seines Pächters und lädt sie, als sie ihm ihre Glückwünsche überbringt, ein, als Gast bei den Festlichkeiten zu bleiben. Das Mädchen wehrt sich zwar etwas gegen die allzu freundliche Einladung, doch David sagt ihr voraus, daß sie in Kürze schon die schönste Braut im ganzen Elsaß sein werde. Zweiter Akt. Fritz stattet dem Pachthof eine Visite ab und fühlt sich bei dieser Gelegenheit wieder sehr angezogen von Suzels Schönheit. Doch getraut er sich selbst nicht einzugestehen, daß er verliebt ist. Auch das Mädchen ist in den Gutsherrn verliebt, aber ihre na-

Die «Polowetzer Tänze» aus «Fürst Igor» von Alexander Borodin in einer Aufführung des Bolschoi-Theaters.

türliche Zurückhaltung und das Bewußtsein ihres niedrigen Standes hindern sie daran, ihre Gefühle zu zeigen. Dem schlauen Rabbiner jedoch gelingt es, sie mit einer List dazu zu bringen, ihr Geheimnis zu verraten. Er erzählt daraufhin Fritz, daß er gehört habe, Suzel werde in Kürze einen jungen Mann aus der Gegend heiraten. Fritz zeigt die von David erwartete verräterische Reaktion: ganz plötzlich muß er weg vom Hof, er hat nicht einmal Zeit, sich von Suzel, der er vorher den Hof machte, zu verabschieden. Das Mädchen ist nun ganz durcheinander, sie versteht das Verhalten des jungen Mannes nicht mehr. Dritter Akt. Fritz ist das Herz immer noch schwer beim Gedanken an das Mädchen, das er so brüsk hat stehen lassen. Auch die Bemühungen des Zigeunerknaben Beppe, den Fritz in seinem Hause aufgezogen hat, ihn aufzuheitern, fruchten nichts. David, der Rabbiner, meldet Suzels Vater, der komme, um die Heiratserlaubnis seiner Tochter zu erbitten. Fritz ist aus – uneingestandener – Eifersucht gegen eine Heirat des Mädchens. Nachdem er von Suzel persönlich erfahren hat, daß sie diese Hochzeit auch gar nicht wünscht, gibt er sich schließlich einen Stoß und gesteht dem Mädchen seine Liebe. So hat alles ein glückliches Ende gefunden, nur daß Fritz seinen Weinberg an David verloren hat. Aber der Rabbiner macht ihn Suzel zum Hochzeitsgeschenk und beginnt weitere Heiratspläne zu schmieden, um Fritzens Freunde ebenfalls unter die Haube zu bringen.

● Die Oper wurde nach dem ungeheuren Erfolg der *Cavalleria rusticana,* die gerade ein Jahr zuvor erschienen war, mit großer Spannung erwartet. Sie gehört zu den besten Werken aus Mascagnis Jugendzeit, obwohl der Komponist, um den Vorwurf der Kritik, es fehle ihm an wirklichem Können der Satztechnik und Instrumentierung, die unterschiedlichsten Elemente der französischen, italienischen und deutschen Schule in dieser Oper verarbeitete, sie aber noch nicht zu einer echten neuen Homogeneität zu verschmelzen vermochte. Außerdem war der Stoff aus dem bürgerlich-geordneten Milieu nach dem zuerst als Roman (1864), später als Schauspiel (1891) veröffentlichten «L'ami Fritz» Mascagnis Natur und Temperament wohl nicht so angemessen wie die *Cavalleria rusticana.* AB

DIE GEIERWALLY
(La Wally)

Oper in vier Akten von Alfredo Catalani (1854–1893). Libretto von Luigi Illica nach dem Roman «Die Geyerwally» von Wilhelmine von Hillern (1875, Bühnenfassung 1880). Uraufführung: Mailand, Teatro alla Scala, 20. Januar 1892. Solisten: Pietro Cesari, Hericlea Darclée, Adelina Stehle Garbin. Dirigent: Edoardo Mascheroni.

PERSONEN. Wally (Sopran), Stromminger, ihr Vater (Baß), Afra (Mezzosopran), Walter, Zitherspieler (leichter Sopran), Joseph Hagenbach aus Sölden (Tenor), Vinzenz Geller aus Hochstoff (Bariton), ein Fußsoldat aus Schnals (Baß). Älpler, Hirten, Bürger, Alte, Bauern, Jäger, junges Volk aus Sölden und Hochstoff.

HANDLUNG. Die Handlung spielt in Tirol um das Jahr 1800. Erster Akt. Tiroler Dorfplatz. Der alte Stromminger, Wallys Vater, feiert seinen siebzigsten Geburtstag. Ein paar Jäger veranstalten ihm zu Ehren ein Preisschießen, darunter auch der junge Gellner, der in Wally verliebt ist. Auch Walter, ein treuer Freund Wallys, ist mit von der Partie. Schließlich tritt der Jäger Hagenbach auf und erzählt von seinen Jagd-

«Pique Dame» von Peter I. Tschaikowsky in einer Aufführung des Bolschoi-Theaters in Moskau 1964. Bühnenbilder von Wladimir Dmitrew, Regie von Boris Pokrowskij.

abenteuern. Stromminger kann den jungen Hagenbach nicht leiden, weil er der Sohn eines früheren Nebenbuhlers ist, und fängt einen Streit mit ihm an. Die Sache droht schlimm für den Alten auszugehen, doch Wally schaltet sich ein und kann die beiden Streithähne im letzten Moment auseinanderbringen. Stromminger will Wally mit Gellner verheiraten, doch das Mädchen liebt Hagenbach und will nichts von des Vaters Heiratsplänen wissen. Der Alte ist erzürnt über seine ungehorsame Tochter, die es sich erlaubt, einen seiner Feinde zu lieben, und jagt sie vom Hof. Zweiter Akt. Platz eines anderen Dorfes. Wally lebt seit einiger Zeit in diesem fremden Dorf. Es ist gerade Kirchweihfest. Zur Feier des Tages haben sich viele Leute aus den Nachbardörfern eingefunden, darunter auch Gellner, Hagenbach und dessen Verlobte Afra. Wally gilt bei den jungen Männern des Dorfes als verschlossen, stolz und unzugänglich. Aber Hagenbach schließt aus Übermut eine Wette ab, daß er Wally beim abendlichen Tanz küssen wird. Wally, die von der Wette nichts weiß, ist erfreut, daß er ihr den Hof macht, tanzt mit ihm und läßt sich von ihm küssen. Als sie merkt, daß sie das Opfer eines üblen Streiches geworden ist, schwört sie in ihrem verletzten Stolz bittere Rache. Sie fordert Gellner auf, Hagenbach umzubringen. Sie ist dafür bereit, die Seine zu werden. Hagenbach feiert unterdessen seinen Wettsieg und betrinkt sich. Dritter Akt. Gellner lauert Hagenbach auf seinem nächtlichen Heimweg auf und stürzt ihn in einen Abgrund. Wally, die ihren im Zorn gefaßten Entschluß schon längst bereut, ist verzweifelt über Gellners Tat und eilt, Hilfe zu holen. Mit einigen Dorfbewohnern klettert Wally in die Schlucht und es gelingt ihnen, den Verletzten in Sicherheit zu bringen. Sie übergibt den noch Bewußtlosen seiner Verlobten Afra und flüchtet dann in die Berge. Vierter Akt. Walter ist Wally in die Berge gefolgt, und

1892

«Pique Dame» von Peter I. Tschaikowsky in einer Aufführung des Bolschoi-Theaters von 1891. Moskau, Archiv des Theatermuseums.

drängt sie, mit ihm ins Tal hinunterzusteigen. Im Hochgebirge droht ihr schon bald Schnee und Eis. Doch Wally bleibt störrisch zurück. Inzwischen hat sich aber auch Hagenbach auf die Suche nach Wally gemacht, denn durch den Zwischenfall ist ihm klar geworden, wen er wirklich liebt. Als er sie schließlich findet, erklärt er ihr alles, und Wally ist nur zu bereit, dem, den sie immer schon geliebt hat, in die Arme zu sinken. Die beiden geben sich ihren Träumen von einem gemeinsamen Leben hin, als plötzlich ein dumpfes Grollen ertönt, und eine Lawine das Liebespaar unter sich begräbt.

● *Die Geyerwally* ist Catalanis fünfte und wohl seine beste Oper. Es sollte auch seine letzte sein, denn schon ein Jahr später starb der Komponist. Die Idee zu der Oper kam ihm bei der Lektüre eines Fortsetzungsromans in einer Mailänder Zeitung, der unter dem Titel «La perseveranza» (Ausdauer, Beharrlichkeit) eine Übersetzung der bekannten «Geyerwally» brachte. Catalani war mit der Arbeit an der Oper in wenigen Monaten fertig. *Die Geyerwally* ist für Catalanis Stil sehr typisch, er vereint in ihr die Tradition der italienischen Oper mit deutscher Romantik und echtem Gefühl für Poesie sowie einigen Wagnerschen und französischen Einflüssen. Toscanini, der ein großer Verehrer Catalanis und besonder dieser Oper war, taufte seine Tochter auf den Namen «Wally». Der Verleger Ricordi bezeichnete die Oper als «mitreißend, interessant, voller Kraft und jugendlichen Schwungs.» Sie hatte großen Erfolg und wird auch heute immer noch gespielt.

MS

WERTHER

Lyrisches Drama in drei Akten und fünf Bildern von Jules Massenet (1842–1912). Libretto von E. Blau, P. Milliet und G. Hartmann nach Goethes «Die Leiden des jungen Werther» (1774/78). Uraufführung: Wien, Hofoper, 16. Februar 1892. Solisten: Ernst van Dyck, Franz Neidl, Mayerhofer, Marie Renard, Forster. Dirigent: Hans Richter.

PERSONEN. Werther (Tenor), Albert (Bariton), der Amtmann (Bariton oder Baß), Schmidt, Freund des Amtmannes (Tenor), Johann (Baß oder Bariton), Bruhlmann, Knabe (Chorführer), Charlotte, des Amtmannes Tochter (Mezzosopran), Sophie, ihre Schwester (Sopran), Käthchen (Chorführerin), die Buben Fritz, Max und Hans, die Mädchen Gretel und Clara (stumme Rollen), Bewohner von Wetzlar, Gäste, Geigenspieler. Chor von Kinderstimmen aus den Kulissen.

HANDLUNG. die Handlung spielt in Wetzlar, zwischen Juli und Dezember 1780. Erster Akt. Garten um das Haus des Amtmannes. Als sich der Vorhang hebt, bringt der Amtmann seiner Kinderschar ein Weihnachtslied bei. Da treffen seine beiden Freunde Johann und Schmidt ein und laden ihn zum gewohnten Ausgang ein. Damit muß Sophie, die zweitälteste Tochter des Amtmannes die Aufsicht über die kleineren Geschwister übernehmen. Charlotte nämlich, die Älteste, richtet sich für einen Ball her. Ihre Freunde kommen, um sie abzuholen. Unter ihnen befindet sich auch Werther, ein junger Mann, der allgemein als recht melancholisch gilt. Als er Charlotte zum ersten Mal sieht, ist er sichtlich beeindruckt von ihrer Schönheit. Während das übrige junge Volk sich schon auf den Weg zum Ball macht, stehen die beiden immer noch in ihren Anblick versunken da. Nicht lange darauf kehrt Albert, Charlottes Verlobter, von einer langen Reise ins heimatliche Städtchen zurück. Er ist enttäuscht, die Verlobte nicht zu Hause vorzufinden, aber Sophie versichert ihm überzeugend, die Schwester hätte ihn gewiß nicht vergessen. Als Charlotte und Werther vom Ball zurückkommen und der Amtmann seine Tochter freudig von der Rückkehr ihres Verlobten berichtet, muß das Mädchen Werther gestehen, daß es der Mutter auf dem Sterbebett versprochen hat, Albert zu heiraten. Werther ist verzweifelt. Zweiter Akt. Platz in der Stadt Wetzlar. Es wird die goldene Hochzeit des Pastors gefeiert. Zu den Festgästen gehören auch Albert und Charlotte, die seit drei Monaten verheiratet sind. Johann und Schmidt stoßen auf das Glück des jungen Paares an. Werther beobachtet die Szene aus einiger Entfernung. Er kann seinen Schmerz über den Verlust der Geliebten nicht verbergen. Da nähert sich ihm Albert und versichert ihm, wie sehr er ihn gerade wegen seiner männlich-edlen Verzichthaltung schätze. Doch Werther kann diese Hochachtung des Rivalen nicht trösten. Er hält sich vom Festestrubel fern. Dagegen hat er beschlossen, Charlotte noch einmal zu sprechen. Als sie aus der Kirche tritt, spricht er sie an und erklärt ihr, er habe sie nicht vergessen. Charlotte fordert ihn zum Verzicht auf und bittet ihn, sie wenigstens für einige Zeit zu meiden. Wenn er an Weihnachten immer noch den Wunsch haben sollte, sie wiederzusehen, würde sie ihm dazu Gelegenheit bieten. Werther spricht als Antwort nur vom Tode als dem einzigen Tröster. Als Sophie ihn zum Tanzen auffordern will, verweigert er ihr die Runde mit der Begründung, er müsse weg und würde nie mehr wiederkehren. Sophie bricht darüber in Tränen aus, denn sie hat sich mittlerweile in Werther verliebt. Als Charlotte sie nach dem Grund ihrer Tränen fragt, gesteht sie dieser ihr Gefühl für den jungen Mann. Dritter Akt. Erstes Bild. Salon im Hause Alberts. Charlotte liest traurig und erschüttert Werthers Briefe, als Sophie den Raum betritt und die Weihnachtsgeschenke bringt. Diese führt die Traurigkeit der Schwester ebenfalls auf Werther Abwesenheit zurück. Als sie seinen Namen ausspricht, kann Charlotte nicht mehr an sich halten und bricht nun ihrerseits in heftiges Schluchzen aus. In dem Augenblick kommt Werther zurück. Er ist bleich und von Krankheit geschwächt. Nichts hat er so sehr ersehnt wie den Tod. Doch dieser wollte nicht kommen, und so will er wenigstens die Verabredung mit Charlotte einhalten. Char-

Die Sänger der Uraufführung von Jules Massenets «Werther» am 16. Februar 1892: Marie Renard als «Charlotte» mit einer Kindergruppe, Ernst Van Dyck als «Werther» und Fraz Neidl als «Albert».

lotte ist tief bewegt. Werther rezitiert einige Verse des Ossian. Verwirrt und von der Schönheit des Gedichtes beeindruckt, läßt sie sich einen Kuß rauben. Doch dauert ihre Schwäche nur ein paar Augenblicke. Dann macht sie sich aus Werthers Umarmung los und läuft, ihm für ewig Lebewohl sagend, weg. Werther verläßt das Haus in dem Bewußtsein, daß sein Traum nie Wirklichkeit werden wird. Für ihn ist damit jede Hoffnung verloren. Albert kommt nach Hause und unterhält sich mit seiner Frau, die ihre Erregung so gut wie möglich zu verbergen sucht. Da wird ein Billett von Werther gebracht, in dem dieser Albert bittet, ihm für eine längere Reise seine Pistole zu leihen. Ein Bedienter bringt Werther die Pistole. Charlotte hat mit einem Mal die Gefahr, daß Werther den Freitod sucht, erkannt und eilt weg, ihn zu retten. Zweites Bild. Werther Studierstube. Als Charlotte hereinstürzt, liegt Werther schwerverletzt am Boden. Beim Klang der Stimme der geliebten Frau erwachen die Lebenskräfte noch einmal in ihm. Charlotte gesteht ihm, ihn von Anfang an geliebt zu haben. Werther stirbt im süßen Bewußtsein ihrer Liebe. Aus der Ferne sind Kinderstimmen zu hören, die ein Weihnachtslied singen.

● Der Verleger Hartmann war es, der Massenet auf den Gedanken brachte, *Die Leiden des jungen Werther* von Goethe zu vertonen. Daß dieser Text mit seiner Empfindsamkeit und Romantik Massenets Sensibilität sehr entgegenkam, liegt auf der Hand. Der Komponist machte sogar eine Reise nach Wetzlar, wo die Geschichte spielt, und war vom Genius loci der Stadt offensichtlich sehr beeindruckt. Diese Reise nach Deutschland brachte ihn auch näher mit Wagners Musik in Berührung, dessen Einfluß in der Oper mitunter als eine Art preziöser Gefühlsüberschwang spürbar ist. Der Librettist Miliet schreibt dazu: «Wenn sich die Weihnachtsnacht auf Werther herabsenkt, verjagt das Leuchten der Vergebung die auf der Welt liegenden Schatten und für ihn, wie für Tristan, beginnt die Musik der Seelen zu erklingen in einer Stille, in der alle menschlichen Stimmen zum Schweigen gekommen sind.» Die Oper hatte großen Erfolg. Heute ist Massenet weniger hochgeschätzt, obschon zum Beispiel Debussy auf den offenkundigen Einfluß Massenets auf viele andere Komponisten hinweist. Camille Saint-Saëns, einer der aufmerksamsten Beobachter und besten Kenner der Werke seiner Musikerkollegen, hatte andererseits die Musik zum Werther als «höchste Verfeinerung», «Kristallisation» und «Kondensation» Gounods bezeichnet. Vielleicht «Zuckerwatte», wie G. Confalonieri meint, aber jedenfalls Zuckerwatte eines erstklassigen Zuckerbäckers. GPa

Entwurf von E. Marchioro zu Alfredo Catalanis «Geyerwally» für eine Aufführung an der Mailänder Scala 1921. Theatermuseum der Scala.

DER BAJAZZO
(I pagliacci)

Oper in einem Vorspiel und zwei Akten von Ruggiero Leoncavallo (1858–1919). Libretto vom Komponisten. Uraufführung:

1892

Ruggiero Leoncavallos «Der Bajazzo». Lithographie von A. Bonamore zu einer Berliner Aufführung.

Mailand, Teatro dal Verme, 21. Mai 1892. Solisten: A. Stehle Garbin, F. Giraud, V. Maurel, Daddi, Roussel. Dirigent: Arturo Toscanini.

PERSONEN. Canio, Haupt einer Dorfkomödiantengruppe (Tenor), Nedda, Canios Frau (Sopran), Tonio (Bariton), Beppo, Komödiant (Tenor), Silvio, ein Anbeter Neddas (Bariton).

HANDLUNG. Vorspiel. Tonio, Mitglied einer Wandertruppe von Komödianten, kündigt dem Publikum den Beginn der Vorstellung an. Hinter der Schauspielerei steckten echte Leidenschaften, denn jedes gute Theater müsse aus der Wirklichkeit geboren werden. Erster Akt. In einem kalabresischen Dorf begrüßen die Bewohner freudig die Ankunft einer Gruppe von Wanderkomödianten. Tonio, einer der Komödianten, reicht Nedda, der Gattin des Truppenchefs, galant die Hand, um ihr beim Aussteigen aus dem Wagen zu helfen, aber Canio, ihr Mann, stößt ihn brüsk zurück. Er will es nicht dulden, daß außerhalb der Theateraufführungen jemand seiner Frau den Hof macht. Die Komödianten suchen ein Wirtshaus auf. Nur Nedda bleibt zurück. Sie ist erschrocken über die harten Worte ihres Gatten, doch dann läßt sie sich vom Gezwitscher der Vögel aufheitern. Plötzlich nähert sich ihr Tonio und gesteht ihr seine Liebe, Nedda aber weist ihn von sich und schlägt ihm, als er sie weiter bedrängt, ins Gesicht. So zieht Tonio wie ein geprügelter Hund ab, kann es aber nicht lassen, Nedda weiter zu beobachten. Da sieht er, wie sie sich mit Silvio, einem jungen Mann aus dem Dorfe, der offensichtlich ihr Geliebter ist, trifft. Dieser will mit ihr fliehen. Nedda ist sich noch nicht ganz sicher, doch dann verspricht sie ihm, nach der Abendvorstellung zu treffen. Tonio hat unterdessen Canio über Neddas heimliches Stelldichein informiert. Dieser stürzt nun herbei. Silvio kann unerkannt entkommen. Nedda weigert sich hartnäckig, den Namen ihres Anbeters preiszugeben. Unterdessen ist die Zeit für die Vorstellung gekommen, und Canio muß seinen Zorn unter der Maske des Bajazzo verbergen. Zweiter Akt. Die Vorstellung beginnt. Das Publikum, unter dem sich auch Silvio befindet, gibt laut seine Kommentare dazu ab. Nach einer galanten Serenade trifft sich Harlequin (von Beppo gespielt) mit Colombine (Nedda) zum heimlichen Stelldichein. Da stürzt Colombines Mann, Bajazzo (gespielt von Canio), herein und verjagt Harlequin. Canio durchlebt in der Rolle des betrogenen Gatten Bajazzo das persönliche Drama, das er kurz vor Beginn der Aufführung in Wirklichkeit erlebt hatte. Wirklichkeit und Fiktion gehen in seinem gereizten Gemüt ineinander über. So stürzt er sich auf Nedda in der Rolle der Colombine und fragt sie nach dem Namen des unbekannten Liebhabers. Wie in der Parallelszene der Wirklichkeit verweigert sie ihn. Da packt er ein Messer und ersticht sie. Silvio stürzt auf die Bühne, um Nedda zur Hilfe zu eilen, auch ihn tötet der rasend gewordene Canio. Dann wendet er sich dem Publikum zu und flüstert mit gebrochener Stimme: «Die Komödie ist aus».

● Die Oper stützt sich auf eine wahre Begebenheit in Montalto in Kalabrien, über welche Leoncavallos Vater als Richter zu urteilen hatte. Leoncavallo brauchte nicht viel Zeit für Komposition und Libretto. Er fand auch bald einen Käufer für sein Werk, und damit begann der Siegeszug dieser Oper um die Welt. Innerhalb weniger Monate kam sie in Dresden, Berlin, London, Stockholm, Zagreb, New York, Bordeaux und Paris zur Aufführung. Als Musterbeispiel der naturalistischen Oper wurde sie in fast alle wichtigen Sprachen der Welt übersetzt und erntete Erfolg über Erfolg. Zu ihrem Erfolg trugen sicher auch die vielen großen Sänger bei, die den Bajazzo zu einer ihrer Starrollen gemacht hatten: Caruso, Pertile, Galeffi, Roffo und Tamagno. Die professionelle Kritik bescherte der Oper allerdings keine so günstige Aufnahme. Hanslick sprach im Jahre 1893 im Zusammenhang mit dem *Bajazzo* von «geschmacklos», Bellaigue schreibt 1902, daß er «den *Bajazzo* schrecklich finde», und auch 1939 noch findet Domenico de Paoli harte Worte, wenn er sagt, der *Bajazzo* sei eine «banale Schauergeschichte, deren dilettantische und oberflächliche Partitur nur so von schwülstiger Lyrik und grober Effekthascherei strotze». Die heutige Kritik ist dagegen auf dem Wege, die Oper in ihrem richtigen Wert zu erkennen. Vor allem René Leibowitz, der sie als «starkes Werk selten großer Ausdruckskraft» bezeichnet hat, hat ihr den Weg in die heutige Zeit geebnet. MSM

CHRISTOPHER COLUMBUS
(Cristoforo Colombo)

Oper in drei Akten und einem Nachspiel von Alberto Franchetti (1860–1942). Libretto von Luigi Illica (1857–1919). Uraufführung: Genua, Teatro Carlo Fenice, 6. Oktober 1892. Solisten: Giuseppe Kaschmann. Dirigent: Luigi Mancinelli.

HANDLUNG. Erster Akt. Im Hof des Stefansklosters in Salamanca. Eine Menge Volk wartet vor den Klosterpforten auf die Entscheidung des Hohen Rates über das Projekt des Christopher Columbus. Die Entscheidung fällt negativ aus. Als Columbus (Bariton) enttäuscht und niedergeschlagen auf der Schwelle erscheint, schlägt ihm der Hohn der Menge entgegen. Ein paar Männer wollen ihn sogar angreifen, aber ein Offizier des Königs, Don Fernan Guevara (Tenor) schreitet ein und bringt die Menge mit dem Hinweis zur Ruhe, daß die Königin in der nahegelegenen Kapelle bete. Columbus geht auf die Kapelle zu, da tritt Isabella (Sopran) gerade aus ihr heraus. Auch sie ist enttäuscht über die Entscheidung. Einem plötzlichen Impuls folgend, nimmt sie ihr Diadem vom Haupt und reicht es Columbus. Mit dem Erlös soll er die notwendigen Schiffe ausrüsten lassen. Zweiter Akt. An Bord der «Santa Maria» auf hoher See. Die Stimmung auf dem Schiff ist schlecht. Die Mannschaft ist mutlos. Auch Columbus hat die Zuversicht fast verloren. Die Matrosen Roldano (Baß) und Matheos (Tenor) geben das Signal zur Meuterei und gehen drohend auf Columbus zu. Aber dieser hat den Blick in die Ferne gerichtet und wendet ihn nicht ab. Er hat in der Ferne Feuer aufscheinen sehen, und auch vom Ausguck her ertönt der Ruf «Land in Sicht!». Dritter Akt. Ein Platz in der Nähe des Kais von Palos. Spanische Ritter haben sich auf Anordnung des Königs zu Columbus' Empfang aufgestellt. Bobadilla (Baß) bringt ein Schreiben des Don Alonzo Martin, des Kommandanten des zweiten Expeditionsschiffes, in dem Columbus beschuldigt wird, alle Reichtümer und Schätze des neuentdeckten Landes an sich gerissen und sich zum alleinigen Herrscher über das neue Land erklärt zu haben. Als Columbus später den Fuß wieder auf spanischen Boden setzt, sinkt er auf die Knie, küßt den Boden und dankt Gott für das Gelingen seiner Expedition. Isabella warnt ihn beim Verlassen der Kirche vor einer Verschwörung gegen ihn. Kurz darauf wird Columbus gefangengenommen und in Ketten gelegt. Nachspiel. Die königliche Kapelle in Medina di Campo.

Columbus, alt und krank, und Guevara betreten die Kirche. Dieser will versuchen, die Königin zu sprechen, um ihre Hilfe für den unter den jämmerlichsten Bedingungen lebenden Columbus zu erhalten. Eine Gruppe junger Mädchen bringt Blumensträuße und legt sie auf einen Grabstein in der Krypta. Sie beten für die verstorbene Isabella von Kastilien. Columbus ist tief getroffen durch den Tod der Königin. Er beginnt plötzlich in Phantasien auszubrechen, er spricht vom Meer, seiner Heimat, von Isabella, seinen Entdeckungsreisen und Verfolgungen. Mit ersterbender Stimme spricht er zu seinem Freund Guevara. Seine letzte Stunde ist gekommen. Guevara beugt sich im Gebet über den toten Columbus.

● Verdi war es gewesen, der den jungen Turiner Komponisten Franchetti für die Vertonung des Librettos, das den ersten Preis bei einem Wettbewerb der Stadt Genua gemacht hatte, empfahl. Die Oper sollte zur Vierhundertjahrfeier der Entdeckung Amerikas aufgeführt werden. Die Oper weist, vor allem im zweiten Akt, beträchtliche Inszenierungsschwierigkeiten auf, und wurde aus diesem Grunde schon bei den ersten Aufführungen zum Anlaß beträchtlicher Auseinandersetzungen zwischen Dirigent und Komponist. Nach der dritten Aufführung überließ der Dirigent Luigi Mancinelli die schwierige Aufgabe dem jungen Arturo Toscanini. Die Oper wurde im Laufe der Zeit mehrfach umgearbeitet. Nach dem obligaten Durchgang an der Mailänder Scala (am 26. Dezember 1892) fand sie den Weg ins Ausland, zuerst nach Deutschland und dann nach Übersee. MS

Enrico Caruso als «Canio» in «Der Bajazzo» von Ruggiero Leoncavallo.

1892

DIE RANTZAUS
(I Rantzau)

Lyrische Oper in vier Akten von Pietro Mascagni (1863–1945). Libretto von Giovanni Targioni-Tozzetti (1863–1934) und Guido Menasci (1867–1925). Uraufführung: Florenz, Teatro della Pergola, 10. November 1892.

HANDLUNG. Die Brüder Jean und Jacques Rantzau sind miteinander verfeindet. Jeans einzige Tochter Luise und Jacques' einziger Sohn Georges dagegen sind sich in heimlicher Liebe zugetan. Jean bemerkt das erst, als er Luise einem anderen Mann, den das junge Mädchen jedoch nicht will, zur Frau geben möchte. Die Aussicht, den ungeliebten Mann doch heiraten zu müssen, macht das Mädchen krank. Georges gerät wegen seiner Liebe zu Luise mit seinem Vater in Streit und verläßt das Haus. Jean will, um seine Tochter zu retten, eine Versöhnung mit dem Bruder herbeiführen. Jacques sieht damit eine günstige Gelegenheit gekommen, um Jean einen unvorteilhaften Vertrag aufzuzwingen. Aber sein Sohn Georges, der ihn durchschaut, verhindert dies. Ihm gelingt es, die beiden Brüder schließlich in gerechter Weise miteinander zu versöhnen, so daß auch seiner eigenen Hochzeit mit Luise nichts mehr im Wege steht.

● Abgesehen von einigen harmonisch und rhythmisch ansprechenden Stellen ist die Oper musikalisch uninteressant. Mascagnis Inspiration scheint an der Banalität des Stoffes erstickt zu sein. AB

YOLANTHE (Iolanta)

Oper in einem Akt von Peter I. Tschaikowsky (1840–1893). Libretto von Modest Tschaikowsky nach der dänischen Komödie «Kong Renés Datter» («König Renés Tochter») von H. Hertz. Uraufführung: St. Petersburg, Nationaltheater, 24. Dezember 1892.

HANDLUNG. Die Handlung spielt um die Mitte des fünfzehnten Jahrhunderts in der Provence am Hofe des Königs René. Sie erzählt die Geschichte der Tochter des Königs, die mit der Hilfe eines Ritters, der sie liebt, das Augenlicht wiederfindet und damit dem Leben wiedergeschenkt wird.

● *Yolanthe* ist Tschaikowskys letzte Oper. Sie hatte wie fast alle Werke Tschaikowskys, großen Erfolg. MS

MADAME CHRYSANTHÈME

Lyrische Erzählung in vier Akten von André Messager (1853–1929). Libretto von G. Hartmann und A. Alexandre nach dem gleichnamigen Roman von Pierre Loti (1850–1929). Uraufführung: Paris, Théâtre Lyrique de la Renaissance, 30. Januar 1893.

● Die Geschichte der Heirat zwischen einem Schiffskapitän und einer Japanerin dient in dieser Oper hauptsächlich als Anlaß, Sitten und Gebräuche exotischer Länder zu beschreiben. Dies tut Messager mit dem für seine Zeit typischen verfeinerten französischen Geschmack. SC

MANON LESCAUT

Oper in vier Akten von Giacomo Puccini (1858–1924) nach dem gleichnamigen Roman von Antoine François Prévost (1697–1763). Uraufführung: Turin, Königliches Theater, 1. Februar 1893. Solisten: Cesira Ferrari, Giuseppe Cremonini. Dirigent: Alessandro Pomé.

PERSONEN. Manon Lescaut (Sopran), Lescaut, ihr Bruder und Sergeant der Königlichen Garde (Bariton), der Chevalier Des Grieux (Tenor), Geronte de Ravoir, königlicher Steuerpächter (Baß).

HANDLUNG. Frankreich, zweite Hälfte des achtzehnten Jahrhunderts. Erster Akt. Auf dem Postplatz von Amiens ist der Chevalier Des Grieux dabei, verschiedenen jungen Mädchen den Hof zu machen. Da entsteigt einer der Kutschen Manon Lescaut, ein junges Mädchen, das von seinem Bruder auf dem Wege ins Kloster begleitet wird. Des Grieux und Manon verlieben sich auf den ersten Blick ineinander. Ein Student, Edmond, macht Des Grieux darauf aufmerksam, daß ein Mitreisender Manons, der reiche alte Steuerpächter Geronte, ein Auge auf das frische junge Mädchen geworfen hat und es unter Mithilfe des Postwirtes nach Paris zu entführen beabsichtigt. Des Grieux verhindert die Entführung, überredet Manon aber, mit ihm selbst nach Paris zu gehen. Manons Bruder, der davon überzeugt ist, daß Manon den armen Des Grieux schließlich doch zugunsten des reichen Geronte fallen lassen wird, macht dem, nach der mißlungenen Entführung höchst ärgerlichen Alten entsprechende Hoffnungen. Zweiter Akt. Manon hat Des Grieux verlassen und lebt als Gerontes Geliebte in dessen luxuriösem Palais. Mit Wehmut erinnert sie sich des armen, aber glücklichen Lebens an der Seite Des Grieux' und fragt den Bruder nach seinem Verbleib. Da taucht Des Grieux plötzlich selbst auf. Es kommt zu einer leidenschaftlichen Liebesszene zwischen den beiden. Als Geronte die beiden in inniger Umarmung überrascht, und Manon ihn auch noch mit höhnischen Worten abfertigt, schwört er bittere Rache. Lescaut, Manons Bruder, rät den beiden, möglichst schnell zu fliehen, doch Manon will noch den Schmuck, den ihr Geronte geschenkt hat, holen. Sie hält sich dabei so lange auf, daß die von Geronte gerufenen Wachen sie bei ihrem Eintreffen noch vorfinden und wegen Diebstahls und Prostitution verhaften. Dritter Akt. Im Hafen von Le Havre. Manon ist zur Deportation nach New Orleans verurteilt worden. Des Grieux und Lescauts Versuche, sie frei zu bekommen, sind gescheitert. Die Deportierten werden aufgerufen und begeben sich dann zur Landebrücke. Des Grieux kann sich nicht von Manon trennen. Er erwirkt beim Kapitän des Schiffes die Erlaubnis, ihr zu folgen. Vierter Akt. Weites, verlassenes Land. Des Grieux und Manon sind aus New Orleans geflüchtet und versuchen nun, eine englische Kolonie, wo sie ein neues Leben anfangen können, zu erreichen. Manon ist am Ende ihrer Kräfte. In der Vorahnung des Todes sieht sie ihr bisheriges Leben noch einmal an sich vorüberziehen. Des Grieux geht auf die Suche nach Wasser. Als er zurückkommt, liegt Manon im Sterben. In den Armen des vor Schmerz dem Wahnsinn nahen Geliebten endet sie ihr Leben.

● Der Gedanke, den bekannten Stoff des Abbé Prévost wenige Jahre nach dem großen Erfolg Massenets schon wieder zu vertonen, stammte von Puccini selbst. Er verteidigte seine Idee mit folgender Beggründung: «Massenet fühlt als Franzose, mit Puder und Menuetten, ich fühle als Italiener, mit verzweifelter Leidenschaft.» Er hatte sehr genaue Vorstellungen vom Libretto und gedachte, diese auch durchzusetzen. Das führte zu komplizierten und aufreibenden Beziehungen zwischen ihm und den Librettisten, die den Text schreiben

312

1893

später in dieser Ausdrucksstärke nie mehr gelingt. Besondere Erwähnung verdient auch die Deportierungsszene mit den sehr eindringlichen Chören. Sie ist – mit den hämischen Kommentaren der Neugierigen, dem Aufruf der Deportierten, dem frenetischen Bemühen Lescauts, die Schwester noch irgendwie zu retten und der Verzweiflung der Liebenden – eine Szene besonders großer Suggestivkraft. Das Premierenpublikum bereitete *Manon Lescaut* einen rauschenden Empfang. Die Kritik erkannte in Puccini «eines der stärksten, wenn nicht überhaupt das größte Talent unter den jungen italienischen Opernkomponisten». Der Erfolg, den Puccini mit dieser Oper erzielte, war so uneingeschränkt wie kein anderer mehr und verschaffte ihm internationalen Ruhm und wirtschaftliche Sicherheit. RB

Cesira Ferrani, die Sängerin der Titelrolle in der Uraufführung von Giacomo Puccinis «Manon Lescaut» am Teatro Regio in Turin am 1. Februar 1893.

sollten. Als erster arbeitete Ruggiero Leoncavallo, der damals noch zwischen seiner Berufung als Dramaturg und der als Musiker hin- und herschwankte, an dem Libretto, dann bekam es Marco Praga in die Hände, der allerdings nur Prosa schrieb und daher den Dichter Domenico Oliva zur Mitarbeit heranzog; später schaltete der Verleger Ricordi Giuseppe Giacosa ein, und schließlich legte Luigi Illica sozusagen noch letzte Hand an. Fünf Librettisten, den Verleger, der auch ein Wort mitzureden hatte, nicht mitgerechnet, das war zuviel. Drei Jahre nach Beginn der ersten Arbeiten erschien die Oper schließlich unter dem Titel: *Manon Lescaut, Lyrisches Drama in vier Akten. Musik von Giacomo Puccini.* Nach *Die Wilis* und *Edgar* ist *Manon Lescaut* Puccinis dritte Oper, zugleich aber die erste, in der sich sein spezifisches Talent voll entfaltet. Das romantische Element ist das bestimmende in dieser Oper. Für die drängenden Leidenschaften seiner Hauptfiguren findet Puccini eine Fülle neuer Melodien, wie sie ihm in seinen späteren Werken nicht mehr gelingen. Angesichts einer solch außerordentlichen Musikalität mag die kompositorische Charakterisierung der Personen vielleicht manchem nicht mehr unbedingt erforderlich erscheinen. Puccini selbst empfand dieses Bedürfnis offensichtlich kaum, denn mit der Rolle des Chevalier Des Grieux hat er eine Tenorpartie geschrieben, die nicht nur als als die femininste der gesamten italienischen Opernliteratur gilt, sondern aufgrund der Anzahl von Arien und Kavatinen, die der Komponist für den männlichen Helden vorsieht, ohne weiteres musikalisch austauschbar wäre mit der Partie der Manon. Im letzten, völlig statischen, fast gänzlich mit der Todesszene ausgefüllten Akt tritt das dramatische Element vollkommen hinter die Musik zurück. In der Todesszene erreicht Puccini einen Grad der Düsternis und Verzweiflung in seiner Musik, wie er ihm

FALSTAFF

Lyrische Komödie in drei Akten von Giuseppe Verdi (1813–1901). Libretto von Arrigo Boito (1842–1918) nach Shakespeares «Die lustigen Weiber von Windsor» und «Heinrich der IV.» (1564–1616). Uraufführung: Mailand, Teatro alla Scala, 9. Februar 1893. Solisten: V. Maurel (Falstaff), E. Lilli (Alice), A. Stehle (Nannetta), V. Guerrini (Meg), P. Pasqua (Quickly), E. Garbin (Fenton), A. Pini-Corsi (Ford), Arismodi (Pistol), Pelagalli-Rossetti (Bardolph), Parodi (Cajus). Dirigent: Edoardo Mascheroni.

PERSONEN. Cajus (Tenor), Falstaff (Bariton), Pistol (Baß), Bardolph (Tenor), Meg Page (Sopran), Alice Ford (Sopran), Frau Quickly (Alt), Nannetta (Ännchen), Ford (Sopran), Mr. Ford (Bariton), Fenton (Tenor).

HANDLUNG. Windsor, fünfzehntes Jahrhundert. Erster Akt. Im Gasthaus «Zum Hosenbande». Der dicke Ritter Sir John Falstaff, der sich einbildet, mit seiner Stattlichkeit eine besondere Anziehungskraft auf schöne Frauen auszuüben, befindet sich in Geldnöten. Er muß sich von Dr. Cajus gar vorwerfen lassen, ein Dieb zu sein. Auf diese Beleidigung hin läßt Falstaff ihn aus dem Wirtshaus hinauswerfen und berät sich mit seinen Dienern Bardolph und Pistol, wie er seinen leeren Säckel wieder füllen könne. Er legt ihnen seinen Plan, zwei reiche Bürger der Stadt sowohl ihrer gefüllten Börsen als auch ihrer ehrbaren Gattinnen zu berauben, dar. Bardolph und Pistol bekommen den Auftrag, den Damen Page und Ford jeweils ein Briefchen von Falstaff zu bringen. Die beiden Domestiken sind vom Plan ihres Herrn in keiner Weise angetan. Sie nennen sich Gentlemen und lehnen es ab, bei einer solchen krummen Sache mitzumachen. Da entläßt sie Falstaff kurzerhand aus seinen Diensten und übergibt den Auftrag einem Pagen. Die beiden Frauen erhalten Falstaffs Liebesbriefe und stellen fest, daß sie genau den gleichen Wortlaut haben. Da beschließen sie, dem dicken, alten Lüstling einen Streich zu spielen. Bardolph und Pistol haben unterdessen Mr. Ford von Falstaffs Absichten unterrichtet. Der junge Fenton, der heimlich in Ännchen (Nannetta) Ford verliebt ist, nimmt sich vor, den Alten hereinzulegen und ihn seine üblen Pläne büßen zu lassen. Zweiter Akt. Sir John befindet sich wieder einmal im Wirtshaus «Zum Hosenbande». Da gesellt sich Frau Quickly, die mit Frau Ford und Frau Page unter einer Decke steckt, zu ihm und überbringt ihm die Botschaft, Alice Ford würde ihn am gleichen Nachmittag zwischen zwei und drei Uhr empfangen. Nachdem Frau Quickly weg ist, tritt ein «Herr Fontana» ein. In Wirklichkeit handelt es sich um den verkleideten Mr. Ford, der Falstaff in eine Fal-

313

le locken will. Er bietet ihm eine nicht unbeträchtliche Summe an, wenn er ihm dabei behilflich ist, die Gunst der Frau Alice Ford zu gewinnen. Falstaff geht selbstverständlich auf das Angebot ein, ja, er kann dem fremden Herrn in genüßlicher Überlegenheit mitteilen, daß er bereits am selben Tage ein Stelldichein mit der fraglichen Dame habe. Ford ist verblüfft und beginnt sich insgeheim zu fragen, was da gegen ihn gespielt wird. Frau Quickly berichtet den anderen Frauen unterdessen, wie ihre Mission bis jetzt verlaufen ist. Ännchen nützt die Gelegenheit, um auch ihre eigenen Wünsche vorzubringen. Sie will nicht – wie der Vater das vor hat – den ältlichen Dr. Cajus heiraten, sondern den jungen Fenton. Die Frauen haben den weiteren Schlachtplan besprochen, und Alice bleibt allein in ihrem Hause zurück. Zwei Diener bringen einen großen Wäschekorb. Wenig später trifft Falstaff zum verabredeten Stelldichein ein. Alice läßt sich von ihm den Hof machen, hält ihn jedoch gebührend auf Distanz. Da stürzt plötzlich Frau Quickly herein, die Meg Pages Ankunft ankündigt. Diese sprudelt aufgeregt hervor, daß Mr. Ford im Anzug sei. Falstaff versteckt sich schnell hinter einem Paravent. Ford, Fenton, Cajus, Bardolph und Pistol sind gekommen, um den alten Ritter zu suchen. Sie vermuten ihn erst in dem Wäschekorb, durchwühlen dann das ganze Haus, finden ihn aber nicht. Kaum sind sie weg, verkriecht sich Falstaff in den Wäschekorb. Der Paravent dient dafür dem jungen Liebespaar Fenton und Ännchen als willkommenes Versteck. Aber Ford gibt sich nicht so ohne weiteres zufrieden, er kommt noch einmal zurück. Als er das Geräusch eines Kusses hinter dem Paravent hört, wirft er ihn um und entdeckt Ännchen und Fenton in zärtlicher Umarmung. Die beiden ergreifen die Flucht. Gleichzeitig berichtet Bardolph, er habe Falstaff die Treppen hinuntereilen gesehen. Das führt zu einer neuerlichen allgemeinen Verfolgungsjagd durch das ganze Haus. Alice nützt die Verwirrung, um sich des lästigen Verehrers zu entledigen. Sie befiehlt zwei Knechten, den Inhalt des großen Korbes zum Fenster hinaus in den Wassergraben zu leeren. Dritter Akt. Erstes Bild. Platz vor dem Gasthaus «Zum Hosenbande». Falstaff ist wütend über das unfreiwillige Bad, das man ihn hat nehmen lassen. Frau Quickly versichert ihm, es sei alles nur die Schuld der dummen Dienstboten gewesen, Alice Ford wünsche nichts sehnlicher, als ihn möglichst bald wieder zu sehen. Zu diesem Zwecke solle er sich nachts in den königlichen Park begeben. Damit ihn aber ja niemand erkenne, solle er sich als schwarzer Jäger verkleiden, Alice wüßte dann Bescheid. Unterdessen arbeiten die Frauen zusammen mit Cajus und Fenton sowie Mr. Ford, der mittlerweile begriffen hat, daß ihn seine getreue Gattin nicht zu betrügen gedenkt, die Einzelheiten des Streiches aus. Gut gelaunt, wie er, nachdem seine Zweifel beseitigt sind, ist, beschließt Mr. Ford sogar, Ännchen an diesem Abend Dr. Cajus zur Frau zu geben, und gedenkt, dazu den nächtlichen Spuk im Park von Windsor als Szenerie zu benutzen. Doch Frau Quickly, die ihre Augen und Ohren überall hat, hinterbringt die Hiobsbotschaft sofort Ännchen und Fenton. Zweites Bild. Im Park von Windsor. Die Dämmerung liegt über dem Park und der als schwarzer Jäger verkleidete Falstaff lauscht dem Gesang der Feen. Da kommt Alice. Sie tut so, als sei sie ganz hingerissen von seinen Liebesworten und könne ihm kaum mehr widerstehen. Da kommt Meg atemlos herbeigeeilt, und kündigt aufgeregt und voller Angst das «wilde Heer» an. Und in der Tat stürzt sich ein Heer der merkwürdigsten Gestalten über den dicken Ritter und plagt und mißhandelt ihn solange, bis Mr. Ford endlich einschreitet und großmütig meint, Falstaff habe jetzt genug für seine üblen Absichten gebüßt. Dann schreitet Ford zur Durchführung seiner

Die Sopranistin Dorothy Kirsten als «Manon» in Giacomo Puccinis Oper an der Metropolitan Opera in New York.

Kupplerpläne: er vermählt dem Dr. Cajus die schöne junge Feenkönigin, die er für Ännchen hält, und gibt in seiner großzügigen Laune auch den jungen Fenton mit einem jungen Mädchen zusammen. Als er entdeckt, daß Cajus' junge Frau, die schöne Feenkönigin, nicht sein Ännchen, sondern der verkleidete Diener Bardolph ist, ist es zu spät. Er, der Falstaff foppen wollte, ist nun auch selbst der Gefoppte, und nachdem er sich mit dem Mummenschanz selbst in die Falle gegangen ist, kann er Ännchen und Fenton seinen väterlichen Segen nicht mehr verweigern. Der dicke Falstaff gibt sich auch in dieser Situation nicht geschlagen, er faßt die Geschichte souverän in der Weisheit zusammen: «Alles auf Erden ist nur Scherz».

● Mit dem *Falstaff* tritt Giuseppe Verdi zum letzten Mal vor sein Publikum. Von den großen dramatischen Opern hat er den Weg zur Komödie reinsten Wassers gefunden und damit gezeigt, daß es neben dem Weg, den Richard Wagner gegangen und aufgezeigt hat, auch noch andere gibt. Arrigo Boito hat Verdi mit dem Libretto zu *Falstaff* einen durchgehenden Text an die Hand gegeben, die dem Komponisten die Möglichkeit bot, in der durchkomponierten Großform den Instrumenten einen mit den Gesangspartien fast gleichwertigen Platz einzuräumen. Das Orchester ist denn in dieser Oper auch von unvergleichlicher Präsenz. Verdis bekanntes polemisches Wort: «Kehrt zum Alten zurück, das wird ein Fortschritt sein!» mag zwar bremsend auf die Entwicklung der Oper in Italien gewirkt haben, sein *Falstaff* dagegen war sicherlich ein großer Anstoß, der wieder Bewegung in die (italienische) Musikwelt gebracht hat, und von niemandem ignoriert werden konnte.

EP

HÄNSEL UND GRETEL

Märchenspiel in drei Bildern von Engelbert Humperdinck (1854–1921). Libretto von A. Wette (der Schwester des Komponisten). Uraufführung: Weimar, Hoftheater, 23. Dezember 1893. Dirigent: Richard Strauss.

PERSONEN. Peter, Besenbinder (Bariton), Gertrud, sein Weib (Mezzosopran), Hänsel und Gretel, ihre Kinder (Alt, Sopran-Soubrette), die Knusperhexe (Mezzosopran), Sandmännchen (Sopran), Taumännchen (Sopran), Kinderchor und vierzehn Schutzengel.

HANDLUNG. Erster Akt. Eine dürftige Stube in der armseligen Hütte des Besenbinders. Hänsel und Gretel haben im Haus geholfen und wollen sich müde niedersetzen und etwas ausruhen. Doch die Mutter weist sie wegen ihrer Faulheit zurecht und wirft in ihrem Ärger den letzten Topf Milch um, der der Familie zum Abendessen geblieben ist. Da schickt sie die Kinder in den Wald, Erdbeeren zu pflücken, um wenigstens irgend etwas zum Essen zu haben. Abends kommt der Vater nach einem Tag voller Arbeit und guter Geschäfte nach Hause. Er hat den Kindern gute Sachen mitgebracht und wundert sich, wo die beiden so lange bleiben. Da er weiß, daß im Walde eine böse Hexe haust, die kleine Kinder fängt und auffrißt, macht er sich besorgt auf die Suche nach ihnen. Zweiter Akt. Mitten im tiefen Wald. Im Hintergrund das Haus der Knusperhexe. Die Kinder pflücken eifrig Beeren, essen sie aber alle gleich auf und vergessen ganz den Auftrag der Mutter. Als sie bemerken, daß es schon dunkel wird und sie nichts gepflückt haben, was sie der gestrengen Mutter nach Hause bringen können, bekommen sie es mit der Angst zu tun. Erschöpft schlafen sie jedoch schließlich auf dem moosigen Waldboden ein. Vierzehn Schutzengel bewachen sie. Dritter Akt. Früher Morgen. Die Kinder erwachen aus ihrem Schlaf. Gretel erzählt einen Traum, den sie gehabt hat, und Hänsel ist munter und vergnügt, weil er so gut wie noch nie geschlafen habe. Plötzlich merken sie jedoch, daß um sie herum nicht mehr der tiefe Wald vom Abend vorher steht, sondern ein Häuschen ganz aus Lebkuchen und Zuckerguß. Darin wohnt die Knusperhexe. Als die Kinder sich neugierig dem Knusperhäuschen nähern, fängt die Hexe sie ein und läßt sie nicht mehr fort. Sie müssen ihr nun dienen, bis sie fett genug gefüttert sind, um sie aufzufressen. Hänsel wird in einen Käfig gesperrt und gemästet, Gretel muß alle schmutzige und schwere Arbeit im Hause tun. Doch das kluge Mädchen hat beobachtet, wo die Hexe ihren Zauberstab, mit dem sie alles nach ihren Wünschen machen kann, versteckt hat. Eines Tages stiehlt sie ihn, während die Hexe abwesend ist, und befreit den Bruder. Als die Hexe zurückkommt, schieben sie sie mit Hilfe des Zauberstabs in den großen Backofen, in dem Hänsel geröstet werden sollte. Kaum ist die Hexe darin verschwunden, ist mit einem Mal auch das Knusperhäuschen weg und der ganze Zauber hat ein Ende. Hänsel und Gretel sind wieder mitten im Walde. Aber da kommen die Eltern der beiden angelaufen und schließen sie erleichtert in die Arme.

● Humperdinck hatte das Märchenspiel eigentlich für seine Familie geschrieben. Die erste Aufführung fand denn auch in Frankfurt in einem Privattheater statt. Später überarbeitete er diese erste Fassung. Das Ergebnis fand soviel Bewunderung bei Richard Strauss, daß er sich erbot, es bei einer öffentlichen Aufführung zu dirigieren. Er schrieb dazu an Humperdinck: «Deine Oper hat mich bezaubert, sie ist wirklich ein Meisterwerk. Schon lange habe ich keine so bedeutende Arbeit mehr gesehen. Ich bin voll der Bewunderung für ihre Fülle an Melodien, ihre Feinheit, den polyphonen Reichtum der Orchestrierung . . . , das alles ist neu, originell und echt deutsch.» Als Oper mit ausgeprägt romantischem Charakter gefiel *Hänsel und Gretel* vor allem jenen Kreisen des Publikums und der Fachwelt, die der Wagnerepigonen bzw. des Naturalismus auf der Opernbühne müde waren. Die deutsche Musik eroberte sich mit dieser Oper neuerdings einen hervorragenden Platz. Humperdinck hatte zeitweise als Wagners Sekretär gearbeitet und war in dieser Funktion natürlich auch mit Wagners Musik vertraut geworden. So ist es nur selbstverständlich, daß diese Zeit nicht gänzlich ohne Einfluß auf ihn geblieben ist. Allerdings beschränkt sich dieser Einfluß in *Hänsel und Gretel* auf bestimmte kompositionstechnische Elemente bei Wagner. Im übrigen ist die Oper eher als Gegenreaktion auf Wagners Musik zu verstehen und von durchaus origineller Eigenständigkeit. Humperdinck verwendete eine Vielzahl von Volksliedern, um die Oper auch dem breiten Publikum leicht zugänglich zu machen. *Hänsel und Gretel* bildet den Anfang einer ganzen Reihe von Märchenspielen mit Musik, wie sie sich in der Zeit nach dem Abebben der Begeisterung für Wagner mit einem Mal großer Beliebtheit erfreuten. Die Oper hatte großen Erfolg und wur-

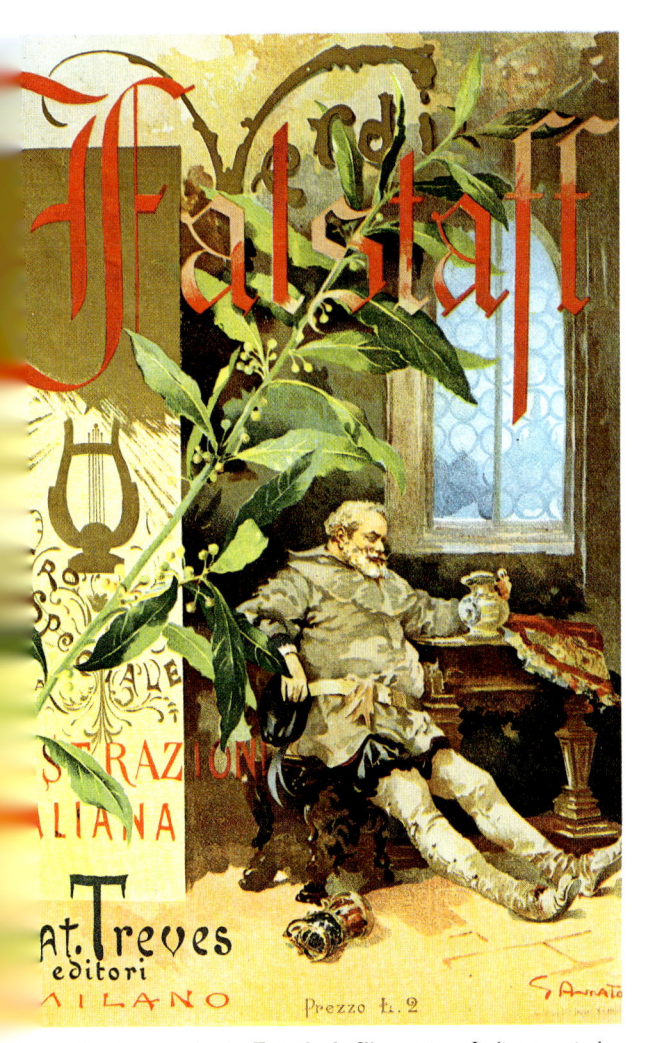

Sonderausgabe der Zeitschrift «Illustrazione Italiana» mit dem Titelblatt zu Giuseppe Verdis «Falstaff».

de im In- und Ausland häufig gespielt. Sie gehört auch heute noch zum Repertoire jeder Opernbühne. FP

THAÏS

Lyrisches Drama in drei Akten und sieben Bildern von Jules Massenet (1842–1912). Libretto von L. Gallet nach dem gleichnamigen Roman von Anatole France. Uraufführung: Paris, Opéra, 16. März 1894.

PERSONEN. Athanael, Zenobit (Bariton), Nizia, junger Sybarit, Philosoph (Tenor), Palemon, alter Zenobit (Baß), ein Diener (Bariton), Thaïs, Schauspielerin und Kurtisane (Sopran), Crobila, Sklavin (Sopran), Mirtale, Sklavin (Mezzosopran), Albina, Äbtissin (Mezzosopran), eine Zauberkünstlerin (Mezzosopran), Zenobiten (Bässe). Chor, Histrionen und Schauspieler, Philosophen, Nizias Freunde, Volk, Nonnen, Albinas Freundinnen.

HANDLUNG. Die Handlung spielt in Ägypten im vierten Jahrhundert n. Chr. Erster Akt. Erstes Bild. Die Hütten der Zenobiten am Nilufer. Der Zenobit Athanael klagt über die Verderbtheit der Stadt Alexandria und insbesondere der schönen Kurtisane Thaïs. Im Traum erscheint ihm die schöne Verführerin, woraufhin er beschließt, die Sünderin zu bekehren. Zweites Bild. Terrasse in Nizias Haus in Alexandria. Athanael stattet dem Freunde einen Besuch ab und erzählt ihm von seinem Vorhaben, die schöne Sünderin Thaïs zu retten. Nizia lacht nur über den Plan, doch bietet er dem Freund eine Gelegenheit, mit ihr zu sprechen. Er erwartet sie nämlich zum Abendessen. Als Athanael Thaïs für Gott gewinnen will, versucht sie ihn als Antwort auf sein frommes Bemühen zu verführen. Der Zenobit weist sie voll Verachtung zurück. Zweiter Akt. Erstes Bild. In Thaïs' Haus. Die Kurtisane hat Angst vor dem Alter. Athanael redet ihr zu, über ihr bisheriges sinnloses Leben nachzudenken und sich auf die wahren Werte zu besinnen. Doch Thaïs will von ihrem gewohnten leichten Leben nicht lassen. Zweites Bild. Vor Thaïs' Haus. Athanael schläft unter dem Portico am Fuße der Treppe. Thaïs ist von des Zenobiten eindringlichen Worten doch beunruhigt, und fragt ihn schließlich, was sie tun solle, um das Heil zu erlangen. Athanael rät ihr, sich in ein Kloster zurückzuziehen, in dem die Römerin Albina junge Frauen in einem demütigen Leben um sich versammelt hat. Er will sie dorthin führen, wenn sie bereit ist, alle Brücken zu ihrem bisherigen Leben abzubrechen. Thaïs ist einverstanden. Sie zündet ihr Haus an und zieht in einem einfachen härenen Gewande mit Athanael fort. Dritter Akt. Erstes Bild. Eine Oase inmitten der Wüste. Albinas Kloster. Athanael übergibt die reuige Sünderin der römischen Äbtissin und verabschiedet sich, traurig, Thaïs nicht wiederzusehen. Zweites Bild. Am Ufer des Nils. Zenobitenhütten. Athanael ist wehmütig und niedergeschlagen. Er kann Thaïs' Schönheit nicht vergessen. Palemon warnt ihn vor der Versuchung des Bösen und fordert ihn auf, Widerstand zu leisten. Athanael rettet sich ins Gebet und schläft ein. Im Traum erscheint ihm Thaïs. Sie liegt im Sterben und ist von ihren frommen Mitschwestern umgeben. Da erhebt sich Athanael brüsk und zieht von dannen, Thaïs noch einmal zu sehen. Er kommt gerade noch rechtzeitig, um die Geliebte in ihrer letzten Stunde zu sprechen. Sie erkennt ihn wieder und dankt ihm, sie auf den Weg des Heils geführt zu haben. Athanael spricht verzweifelt in heißen Liebesworten zu ihr, doch Thaïs' Seele hat sich von allen Leidenschaften und allem Irdischen gelöst. Sie hört ihn nicht mehr.

Alberto Rinaldi als «Ford» in Giuseppe Verdis «Falstaff» im Mai 1970 in einer Aufführung des Teatro della Pergola in Florenz.

● *Thaïs* ist zwar musikalisch vielschichtig und stark strukturiert, stilistisch aber nicht die gelungene Einheit wie zum Beispiel *Manon*. Die überzeugendste Passage der ganzen Oper ist auch heute noch das Intermezzo. Diese «Meditation» zeichnet sich aus durch den sehr schönen, von Harfen getragenen, weiten melodischen Bogen. Erwähnenswert sind auch Athanaels Verurteilung der Stadt Alexandria «Voilà donc la terrible cité . . .» («Oh, die fürchterliche Stadt . . .») und das berühmte Duett zwischen ihm Thaïs. Die Oper hatte zu ihrer Zeit beträchtlichen Erfolg GPa

GUNTRAM

Oper in drei Akten von Richard Strauss (1864–1949). Libretto vom Komponisten. Uraufführung: Weimar, Hoftheater, 12. Mai 1894. Solisten: Heinrich Zeller, Pauline de Ahna. Dirigent: Richard Strauss.

HANDLUNG. Erster Akt. Deutschland im Mittelalter. Ein Geheimbund von Minnesängern fordert Guntram (Tenor) auf, das unterdrückte Volk von der Gewaltherrschaft des tyrannischen Herzogs Robert (Bariton) zu befreien. Zu den Opfern der Grausamkeit des Herzogs gehört auch seine eigene Frau Freihild (Sopran), die Guntram vor dem Selbstmord bewahren kann. Guntram, der eine tiefe Liebe zu Freihild gefaßt hat, erwirkt sich die Erlaubnis, an einem Wettstreit der Minnesänger bei Hofe teilzunehmen. Zweiter Akt. Fest am herzoglichen Hofe. Guntram singt in seinem Liede das Lob des Friedens und einer gerechten Herrschaft und malt die Schrecken des Krieges und grausamer Tyrannei in düsteren Farben. Der Herzog fühlt sich durch Guntrams Lied beleidigt und fordert ihn zum Duell. Guntram besiegt und tötet ihn. Auf Befehl des alten Herzogs wird er daraufhin eingesperrt. Freihild weiß ihm jedoch seine Freiheit wiederzugeben. Dritter Akt. Friedhold, der Älteste des Sängerbundes (Baß), fordert Guntram auf, sich dem Urteil des Ältestenrates zu stellen. Doch Guntram hat begriffen, daß seine Schuld nicht darin besteht, den grausamen Unterdrücker im Kampf getötet zu haben, sondern in dem geheimen Wunsche, den Gatten der geliebten Frau tot zu sehen. Er entzieht sich daher dem Urteil des Sängerbundes und geht in die Einsamkeit.

• *Guntram* ist Strauss' erstes Bühnenwerk. Er erlebte sogleich einen großen Mißerfolg damit. Der völlige Reinfall der Oper hatte sicherlich mit der fast nicht singbaren Tenorpartie des Titelhelden zu tun. Auch eine Umarbeitung (1904 in Weimar) machte das Werk nicht sangbarer. Die Komposition ist noch deutlich von Wagner beeinflußt. Neu und originell dagegen ist die Lösung, die Strauss mit der stolzen Selbstbehauptung des individuellen Gewissens dem Schlußakt der Oper gibt. RB

DONNA DIANA

Komische Oper in drei Akten von Emil Nikolaus von Rezniček (1860–1945). Libretto vom Komponisten nach der gleichnamigen Komödie von Moreto (1654). Uraufführung: Prag, Deutsches Nationaltheater, 16. Dezember 1894.

HANDLUNG. Don Diegos Tochter Diana verkündet stolz ihre Absicht, wie die Göttin gleichen Namens nie zu heiraten. Ihr Vater, Don Diego, fordert sie aber nach einem Turnier auf, sich aus der Runde der Sieger einen Gemahl auszusuchen. Vier Edle warten auf ihre Entscheidung. Don Cesare ist der einzige, der Diana wirklich liebt. Doch ihre unerbittliche, abweisende Kälte läßt ihn auf süße Rache sinnen. Er wird der stolzen Jungfrau mit der gleichen Haltung begegnen und ihr die kalte Schulter zeigen. Als Donna Diana schließlich für einen der Edlen entscheidet des Vaters Zwang und Don Cesare die Krone als Zeichen ihrer Wahl aufs Haupt setzt, nimmt dieser sie sofort wieder ab und erklärt ihr, er teile ihre Auffassung über Liebe und Ehe und beabsichtige nicht, sich zu binden. Diese Herausforderung kann Diana nicht unbeantwortet lassen. Sie beschließt, ihn für sich zu erobern. Doch Don Cesare macht es ihr nicht leicht, er zeigt sich immer unzugänglicher. Die drei anderen Sieger haben unterdessen ihre Wahl getroffen und führten stolz ihre Bräute vor. Donna Diana erklärt nun aber mit einem Mal – um den kühlen Cesare aus seiner Reserve zu locken –, sie werde Don Luigi heiraten. Cesare aber bleibt gelassen und spricht ihr seine Glückwünsche aus. Gleichzeitig kündet er seine eigene Hochzeit mit Donna Laura an. Da begreift Diana endlich, daß sie ihn tatsächlich liebt. Stolz, Trotz und Spiel weichen dem wahren Gefühl der Liebe. Donna Diana erwählt Don Cesare feierlich zu ihrem Gemahl.

• Die Oper hatte schnell großen Erfolg. Von Prag aus, wo der Komponist Kapellmeister war, fand sie ihren Weg bald auf alle deutschen Bühnen. Wagners Einfluß ist unverkennbar, sowohl in den Gesangspartien als auch in der Orchestrierung. Das komische Element kommt allerdings zu kurz dabei, es blitzt nur vereinzelt im Orchesterpart auf. RB

WILLIAM RATCLIFF
(Guglielmo Ratcliff)

Tragödie in vier Akten von Pietro Mascagni (1863–1945). Libretto vom Komponisten nach Heinrich Heine (1822) in der italienischen Übersetzung von Andrea Maffei (1798–1885). Uraufführung: Mailand, Teatro alla Scala, 16. Februar 1895. Solisten: G. B. Negri, R. Vidal, G. Pacini, G. De Grazia, A. Stehle, D. Rogers. Dirigent: Pietro Mascagni.

PERSONEN. Ratcliff (Tenor), Douglas (Bariton), MacGregor (Baß), Maria (Sopran), Margaret (Mezzosporan).

HANDLUNG. Die Handlung spielt in Nordschottland um 1820. Erster Akt. Auf dem Schloß der MacGregor trifft Maria MacGregors Verlobter Douglas ein. Er erzählt, daß er in der Nähe des Schlosses von Räubern überfallen und dann von einem unbekannten Ritter gerettet worden sei. Im Laufe des Abends erfährt Douglas vom alten MacGregor, Marias Vater, daß Maria einst mit einem jungen Manne namens William Ratcliff verlobt gewesen sei, der bisher jeden ihrer späteren Bewerber kurz vor der Hochzeit getötet hätte. Und tatsächlich erhält auch Douglas ein Billett mit der Herausforderung zum Duell. Zweiter Akt. Ratcliff erklärt seinem Freund Lesley, wie Marias Zurückweisung jedes gute Gefühl in ihm abgetötet habe und ihn zwanghaft dazu treibe, jeden zu töten, der auch nur die Augen zu ihr erhebe. Ratcliff wird ständig von zwei geheimnisvollen Gestalten verfolgt, die er nicht kennt. Ihre unerklärliche Anwesenheit irritiert ihn zutiefst. Dritter Akt. Am Ort des Duells, dem Schwarzenstein. Bei Ratcliffs Ankunft lösen sich zwei weiße Schatten, die sich an den Händen gehalten haben, voneinander. Douglas trifft ein und erkennt in Ratcliff den fremden Ritter, der ihn vor den Räubern gerettet hat. Während des Kampfes ruft Douglas die Geister der getöteten Verlobten Marias an. Ratcliff fällt, doch Douglas will ihn nicht töten. Ratcliff bleibt verwundert zurück. Immer noch ist er gelähmt vom Anblick der beiden weißen Schatten. Vierter Akt. Maria trifft Hochzeitsvorbereitungen; ihre Amme erzählt ihr die Geschichte ihrer Familie. Marias Mutter Eliza und Ratcliffs Vater Edward hatten sich geliebt. Sie mußten jedoch andere Gatten nehmen: Eliza MacGregor und Edward Ginevra Campbell. Eines Tages hatte MacGregor Edward mit Eliza entdeckt und ihn getötet. Eliza war daraufhin vor Schmerz gestorben. Gerade als die Amme an dieser Stelle ihrer Erzählung angelangt ist, betritt Ratcliff bleich und blutend das Zimmer. Maria ist verwirrt; sie glaubt die Geschichte ihrer Mutter noch einmal zu erleben. Mitleid und Liebe erfassen sie. Doch dann besinnt sie sich und bittet ihn, sich zu entfernen. Ratcliff sieht sich ein zweites Mal zurückgewiesen. Diesem Schock hält sein verwirrter Geist nicht stand. Er stürzt sich auf Maria, sie sucht ihm zu entfliehen, doch er erreicht und erdolcht sie. Dann ersticht er auch den, seiner Tochter zu Hilfe eilenden, MacGregor und schließlich gibt er sich selbst den Tod.

• Dieser von Heinrich Heine im Jahre 1822 in drei Tagen geschriebene Stoff war bereits von dem Russen Cui, dem Böhmen Warwineč und dem Holländer Cornelis Dopper vertont worden. Mascagni hatte sich schon in seiner Jugend,

«Falstaff» von Giuseppe Verdi an der Wiener Staatsoper.

als er in Mailand am Konservatorium war, damit beschäftigt. Der Kritiker Hanslick, dem Mascagni den Klavierauszug der Oper vorgespielt hatte, prophezeite ihr «den Erfolg, den (Heines Tragödie) in der Übersetzung Andrea Maffeis bei der Uraufführung am Manzonitheater in Mailand nicht gehabt hatte». Auch Puccini zeigte sich begeistert von dieser ersten Arbeit Mascagnis. Trotzdem kam der *William Ratcliff* erst nach dem aufsehenerregenden Erfolg der *Cavalleria rusticana* heraus. Mascagni hatte mittlerweile soviel daran geändert und umgearbeitet, daß man von zwei selbständigen Fassungen dieses Werkes sprechen kann.   AB

SILVANO

Oper in zwei Akten von Pietro Mascagni (1863–1945). Libretto von Giovanni Targioni-Tozzetti (1863–1934). Uraufführung: Mailand, Teatro alla Scala, 25. März 1895.

HANDLUNG. Die Handlung spielt an der südlichen Adriaküste. Mathilde erwartet voller Unruhe die Rückkehr ihres Verlobten Silvano aus dem Gefängnis. Dieser war aus Not zum Schmuggler geworden und verhaftet worden. Während Silvano seine Gefängnisstrafe verbüßte, hatte Mathilde schließlich dem Werben Renzos, eines anderen Schiffers, nachgegeben. Im Dorf sind gerade die Festlichkeiten zur Taufe von Renzos neuem Schiff im Gange, als Silvano zurückkehrt. Er will Renzo seinen Glückwunsch zu seinem neuen Boot aussprechen, doch dieser fürchtet den alten Rivalen um die Gunst Mathildes und behandelt ihn voller Verachtung. Als er Silvano wegen seiner Haftstrafe vor aller Öffentlichkeit beleidigt, kommt es zum Streit zwischen den beiden, und nur Silvanos Mutter Rosa gelingt es, die beiden Raufenden zu trennen. Renzo hat sich heimlich in Mathildes Haus geschlichen und droht ihr, Silvano umzubringen, wenn sie sich nicht bereitfindet, zu einem nächtlichen Stelldichein auf den Felsen zu kommen. Das Mädchen, das Silvano immer noch liebt und Angst um ihn hat, erklärt sich einverstanden. Statt Renzo trifft sie aber Silvano, der ihr an der Klippe auflauert. In seiner Eifersucht bedroht er sie mit der Pistole. Da stürzt Renzo herbei, um Mathilde zu schützen. Silvano erschießt ihn und flieht dann.

● *Silvano* ist die künstlerisch unbedeutendste Oper Mascagnis. Er bleibt mit ihr ganz auf der Linie des Naturalismus («Verismo»), der ihm bei der *Cavalleria rusticana* so ungeheuren Erfolg eingebracht hatte, ohne jedoch deren dramatische Intensität und ausdrucksreiche Melodienfülle zu erreichen.   AB

DER EVANGELIMANN

Oper in zwei Akten von Wilhelm Kienzl (1857–1941). Libretto vom Komponisten nach der gleichnamigen Erzählung von L. F. Meissner (1894). Uraufführung: Berlin, Staatsoper, 4. Mai 1895.

HANDLUNG. Johannes Freudhofer, Lehrer am Benediktinerkloster St. Othmar, liebt Martha, die Tochter des Vorstehers. Martha aber ist in seinen Bruder Mathias, der Amtsschreiber im gleichen Kloster ist, verliebt. Johannes ist maßlos eifersüchtig auf seinen Bruder. Nachdem es ihm nicht gelungen ist, die beiden Liebenden durch Verleumdung und die damit verbundene Versetzung des Bruders auseinanderzubringen, zündet er das Kloster an. Wieder wird Mathias als der Schuldige angesehen und als Brandstifter zu zwanzig Jahren Gefängnis verurteilt. Dreißig Jahre später begegnet Magdalena, eine Freundin Marthas, Mathias wieder. Er zieht nunmehr als Evangelimann durch die Lande. Er erzählt Magdalena, daß er nach seiner Haftentlassung erfahren habe, daß Martha sich aus Schmerz über die Ungerechtigkeit der Welt und den Verlust des Geliebten das Leben genommen habe. Daraufhin habe er beschlossen, den Rest seiner Tage als Wanderprediger zu verbringen. Magdalena, die als Pflegerin den schwerkranken und von Gewissensbissen gepeinigten Johannes versorgt, weiß es einzurichten, daß die beiden Brüder sich begegnen. Mathias stattet dem Todkranken einen Besuch ab, um ihm als Geistlicher Trost zu spenden. Johannes erkennt ihn nicht als seinen Bruder, aber er faßt Vertrauen zu ihm und verspürt das Bedürfnis, ihm seine Schuld zu bekennen. Nach schwerem innerem Kampf verzeiht Mathias dem sterbenden Bruder.

● *Der Evangelimann* ist die einzige Oper des Komponisten, die einen gewissen Erfolg hatte und auch halten konnte. Neben Einflüssen Schumanns und Adolf Jensens ist vor allem Wagner als Vorbild der Kompositionstechnik und Sprache der Oper zu erkennen, wobei Kienzl die gesamte Szenerie und Atmosphäre allerdings auf eine volkstümlichere Ebene überträgt.   AB

DER ZAUBERBECHER
(La coupe enchantée)

Oper in zwei Akten von Gabriel Pierné (1863–1937). Libretto von Emmanuel Matrat nach einer Komödie von La Fontaine und Champmeslé aus dem Jahre 1688. Uraufführung: Royan, 24. August 1895.

LA BOHÈME

Oper in vier Akten von Giacomo Puccini (1858–1924). Libretto von Giuseppe Giacosa (1847–1906) und Luigi Illica (1857–1919) nach dem Roman «Scènes de la vie de bohème» («Szenen aus dem Bohèmeleben») von Henri Murger (1822–1861). Uraufführung: Turin, Königliches Theater, 1. Februar 1896. Solisten: Cesira Ferrani, Camilla Pasini, Evan Gorga, Tieste Wilmant, Antonio Pini-Corsi, Michele Mazzara, Alessandro Polonii. Dirigent: Arturo Toscanini.

PERSONEN. Mimi (Sopran), Musette (Sopran), Rudolf, Poet (Tenor), Marcel, Maler (Bariton), Schaunard, Musiker (Bariton), Collin, Philosoph (Baß), Bernard, der Hausherr

Plakat zur Uraufführung der Oper «Thaïs» von Jules Massenet. London, Victoria and Albert Museum.

1896

Ein 1895 entstandenes Plakat von Adolfo Hohenstein zu Giacomo Puccinis «La Bohème».

(Baß), Alcindor, Staatsrat (Baß), Parpignol (Tenor), Sergeant der Zollwache (Baß). Studenten, Näherinnen, Bürger und Händler.

HANDLUNG. Paris um 1830. Erster Akt. In einer Mansarde hoch über den Dächern von Paris am Heiligen Abend. Der Poet Rudolf ist in den Anblick der schneebedeckten Dächer versunken, sein Freund, der Maler Marcel, arbeitet an einem Bild. Es ist bitterkalt. Schließlich zündet Rudolph mit dem Manuskript von einem seiner Gedichte ein Feuerchen im Kamin an. Da kommen zwei weitere Freunde, der Philosoph Collin und der Musiker Schaunard, mit Essen und Wein, das sie mit dem Geld eines Mäzens gekauft haben. Die vier improvisieren ein Fest, das aber leider durch den Hausherrn Bernard gestört wird. Er fordert die rückständige Miete ein. Bernard ist selbst etwas angeheitert und fängt an, sich seiner außerehelichen Abenteuer zu rühmen. Die vier Bohèmiens geben sich empört und werfen ihn hinaus. Danach gehen Collin, Marcel und Schaunard ins Café, Rudolf, der noch einen Zeitungsartikel fertigschreiben muß, bleibt allein. Da klopft es an der Tür. Es ist Mimi, eine Nachbarin, die um ein Streichholz bittet, um ihre ausgegangene Kerze wieder anzuzünden. Das Mädchen hat einen schrecklichen Hustenanfall. Rudolf will ihr helfen, da verlöscht die Kerze und Mimi fällt der Schlüssel zu ihrem Zimmer aus der Hand. Die beiden suchen ihn im Dunkeln am Fußboden. Da berührt Rudolf des Mädchens Hand. Wie um sie zu wärmen, umschließt er die eiskalten Finger des Mädchens. Ein Strom von Zuneigung und Zärtlichkeit fließt zwischen den beiden. Sie umarmen sich. Da ertönt vom Hof herauf Marcels Stimme.

Rudolf und Mimi gehen gemeinsam ab. Zweiter Akt. Im Quartier Latin vor dem Café Momus. Rudolf und Mimi kaufen ein Häubchen für sie, Collin ersteht einen alten Mantel und Schaunard handelt um ein altes Horn. Im Gewühl der Menge taucht Marcels ehemalige Geliebte Musette auf. Sie ist jetzt in Begleitung des alten Staatsrats Alcindor. Musette, die Marcel noch immer liebt, gibt ihm ihre Gefühle in einem Walzer, den sie extra für ihn singt, zu verstehen und schickt Alcindor unter einem Vorwand weg. Dann fallen sich Marcel und Musette in die Arme. Eine Militärparade zieht vorbei. Die Bohèmiens nutzen die Gelegenheit, um sich aus dem Staub zu machen. Die Rechnung im Café Momus muß Alcindor bezahlen. Dritter Akt. Ein kleines Wirtshaus in der Nähe der Barrière d'Enfer. Ein trüber Februarmorgen. Nach einer Eifersuchtsszene hat Rudolf Mimi verlassen und sich in einer Pension, in der auch Marcel wohnt, einlogiert. Dieser ist gerade dabei, das Schild der Pension frisch zu malen, als Mimi ihn anspricht und ihm unter heftigem Husten sagt, daß sie ihr Verhältnis mit Rudolf lösen wolle. Als Rudolf selbst aus der Tür tritt, versteckt sie sich schnell hinter einem Baum. Rudolf beklagt sich bei seinem Freund über Mimis Leichtlebigkeit und erzählt ihm auch von ihrer schweren Krankheit. Gerade in dem Augenblick kann Mimi einen neuerlichen, besonders heftigen Hustenanfall nicht unterdrücken und verrät damit ihre Anwesenheit. Versöhnt fallen sich Rudolf und Mimi in die Arme. Aber das Glück dauert nicht lange. Vierter Akt. In der Dachkammer Rudolfs. Rudolf und Marcel erinnern sich wehmütig der schönen Zeiten, die sie mit Mimi und Musette verbracht haben. Als Collin und Schaunard dazustoßen, veranstalten die vier großen Budenzauber mit Singen, Tanzen, Trinken und fingierten Duellen. Mitten in diese Ausgelassenheit stürmt Musette herein und bringt die Nachricht, daß Mimi todkrank draußen vor der Türe liege. Rudolf holt sie herauf und bettet sie fürsorglich auf das einzige Bett der Mansarde, Musette schickt Marcel ihre letzten Ohrringe verkaufen, um Geld für Medizin zu bekommen, und eilt selbst davon, um der sterbenden Freundin wenigstens noch den schon immer so heiß gewünschten Muff zu kaufen. Auch Collin ist bereit, seinen einzigen Mantel wieder zu versetzen, und geht ebenfalls fort. So sind Mimi und Rudolf schließlich allein. Voll Wehmut erinnern sie sich ihrer ersten Begegnung. Da kommen die Freunde zurück. Bald soll auch der Arzt kommen. Rudolf hofft immer noch, daß Mimi genesen würde; er glaubt, sie sei vor Erschöpfung eingeschlafen. An den Blicken der Freunde merkt er jedoch, daß es zu spät ist. Aufschluchzend wirft er sich über den Leichnam der Geliebten.

● Die Arbeit am Libretto zur *Bohème* war langwierig und mühsam wegen der komplizierten und stürmischen Beziehungen zwischen den beiden Librettisten und Puccini. Mehr als einmal waren Giacosa und Illica nahe daran, die Sache aufzugeben, da sie die Wünsche des Komponisten für unrealisierbar hielten. Puccini hatte mit der Arbeit an der *Bohème* im Januar 1893 begonnen (er selbst nennt diesen Zeitpunkt in seinem Streit mit Leoncavallo, der behauptete, frühere Rechte an dem Stoff zu haben). Die letzte Note der Partitur schrieb er am 10. November 1895 mit dem «Gefühl, eines meiner eigenen Geschöpfe sterben gesehen zu haben». Das Publikum reagierte sehr positiv auf die Oper, besonders das Ende des ersten Aktes und die Schlußszene kamen gut an, doch war die Aufnahme nicht mit dem umwerfenden Erfolg der *Manon Lescaut* zu vergleichen. Die Kritiker waren geteilter Meinung, manche qualifizierten die Oper als «mißlungen» oder «bedauerlichen Abstieg». Demgegenüber hat sich jedoch die Auffassung durchgesetzt, daß *La Bohème* ein besonders büh-

Schlußszene der Oper «La Bohème» von Giacomo Puccini. Regie und Bühnenbilder von Franco Zeffirelli. Aufführung an der Mailänder Scala.

nenwirksames Stück, die Musik mit dem vollkommenen Gleichgewicht zwischen heiteren und pathetischen, realistischen und impressionistischen Momenten, zwischen lyrischem Überschwang und sauberer Charakerzeichnung vielleicht Puccinis Meisterwerk ist. Sicherlich gehört es zu den originellsten Schöpfungen der Oper. RB

ZANETTO

Oper in einem Akt von Pietro Mascagni (1863–1945). Libretto von Giovanni Targioni-Tozzetti (1863–1934) und Guido Menasci (1867–1925) nach der Komödie «Le passant» von François Coppée (1842–1908). Uraufführung: Pesaro, Teatro Rossini, 2. März 1896.

HANDLUNG. Die Handlung spielt in Florenz. Garten vor dem Hause der berühmten Lebedame Silvia. Silvia ist unglücklich über ihre Unfähigkeit, ein echtes Liebesgefühl zu hegen. Da taucht ein junger Poet und Wandersänger auf, der sie durch seine Frische und Unbefangenheit entzückt. Zanetto, der junge Dichter, hält Silvia für eine adlige Dame. Er gesteht ihr, daß er gerne die bekannte Kurtisane Silvia, von deren Schönheit er schon so viel gehört hat, kennenlernen würde. Als sie ihn auffordert, sie doch einzuladen, behauptet Zanetto, mittlerweile nicht mehr so neugierig zu sein, sondern an ihrer Seite bleiben zu wollen. Tief gerührt von soviel Unschuld und spontaner Zuneigung, beschließt Silvia, auf Zanetto zu verzichten. Unter einem Vorwand schickt sie ihn fort. Dann weint sie dieser verlorenen Liebe nach. Doch das Bewußtsein, noch echter Gefühle fähig zu sein, tröstet sie.

• Die Kritik zeigte sich dieser Oper gegenüber anfangs sehr skeptisch. Nur Ugo Oietti behauptete, der Komponist habe mit ihr sein «organischstes, originellstes und konsequentestes Werk» geschrieben. In der Tat bedeutet Zanetto für Mascagni nach zehn Jahren intensiver Tätigkeit eine Art Stillstand. Die Wahl eines Werkes eines dem *Parnasse* angehörenden Dichters (Coppées Versdrama war 1869 in Paris uraufgeführt und bereits 1872 von Emilio Praga ins Italienische übersetzt worden) zeigt das Bestreben des Komponisten, an die literarischen Bewegungen seiner Zeit Anschluß zu finden. Allerdings entspricht die Gefühlslage dieser Dichtung Mascagnis Sensibilität nur sehr wenig. Ab

ANDRÉ CHÉNIER
(Andrea Chénier)

Historisches Drama in vier Bildern von Umberto Giordano (1867–1948). Libretto von Luigi Illica (1857–1919). Uraufführung: Mailand, Teatro alla Scala, 28. März 1896. Solisten: Giuseppe Borgatti (André Chénier), Mario Sammarco (Gérard), Evelina Carrrera (Madeleine), M. Ticci, D. Rogers, G. Roveri, E. Brancaleone, M. Wigley, E. Giordani, R. Terzi.

PERSONEN. André Chénier (Tenor), Charles Gérard (Bariton), Madeleine de Coigny (Sopran), die Mulattin Bersi (Sopran), die Gräfin de Coigny (Mezzosopran), Madelon (Mezzosopran), Roucher (Baß), der Romancier Pierre Fléville (Baß-Bariton), Fouquier-Tinville, Staatsanwalt (Baß-Bariton), der Sansculotte Mathieu, genannt «Populus» (Bariton), ein Incrédible (Tenor), der Dichter-Abt (Tenor), Schmidt, Kerkermeister in St. Lazare (Baß), Hausmeister (Baß), Dumas, Präsident des Tribunals des Öffentlichen Heils (Tribunal du Salut Publique) (Baß). Damen, Herren, Lakaien, geistliche Brüder, Musikanten, Diener, Pagen, Schäfer und Schäferinnen, Bettler, Bürger, Sansculottes, Nationalgarden, Soldaten der Republik, Gendarmen, Händler, Fischverkäufer, Richter, Geschworene, Verurteilte, Ausschreier.

Emailliertes silbernes Zigarettenetui aus dem Besitz Giacomo Puccinis, auf dem eine Szene aus dem dritten Bild der «Bohème» abgebildet ist.

1896

«La Bohème» von Giacomo Puccini am Théâtre de la Renaissance 1899 in Paris. Solisten: Soulacroix, Thévenet, Fraudaz, Leprestre, Ghasne.

HANDLUNG. Die Handlung spielt in Frankreich in der Grafschaft von Coigny im Jahre 1789, später (1794) in Paris. Erstes Bild. In der Orangerie des Schlosses der Herren von Coigny sind die letzten Vorbereitungen für ein bevorstehendes Fest im Gange. Ein Bediensteter, Gérard, spricht voller Haß über seine Herrschaft und beklagt das Schicksal seines alten Vaters, der seit mehr als sechzig Jahren in ihrem Dienste steht. Es treffen die ersten Festgäste ein, darunter Fléville, ein Romancier, André Chénier und ein Abt. Dieser bringt die neuesten Nachrichten aus Paris, doch die Gesellschaft wendet sich interesselos von den Schreckensmeldungen ab und sucht Zerstreuung bei Fléville, der einen neuen Roman vorstellt. Danach ist André Chénier an der Reihe, mit seiner Dichtkunst die Gesellschaft zu unterhalten. Er trägt ein glühendes Bekenntnis zur Liebe und zum Vaterland vor *(Un dì all'azzuro spazio)* und macht darin keinen Hehl aus seiner Verachtung für die Ungerechtigkeit des Klerus und des Adels gegenüber dem gemeinen Volk. Doch sein Appell findet nur bei Madeleine, der jungen Gräfin, Anklang. Der Diener Gérard hat unterdessen eine Gruppe Armer hereingelassen, die nun mitten in der Festgesellschaft um Almosen bitten. Die Gräfin von Coigny läßt die armseligen Gestalten unverzüglich entfernen und entläßt Gérard aus ihren Diensten. Voll des Hasses zieht dieser von dannen. Seinen alten Vater nimmt er mit sich. Kaum ist er abgetreten und der unangenehme Zwischenfall damit beendet, geht das Fest munter weiter, als wäre nichts geschehen. Zweites Bild. Paris, im Café Hottot und auf der Terrasse der Feuillants. Es ist die Zeit nach der Revolution, die Zeit der *Terreur* (Schreckensherrschaft). Gérard ist zu einem der Großen der *Terreur* geworden. André Chénier, der ebenfalls auf Seiten der Revolution gekämpft hatte, ist bei der neuen Revolutionsregierung in Ungnade gefallen und wird von einem von Gérard beauftragten *Incrédible* überwacht. Chénier erhält merkwürdige Briefe einer Unbekannten, die ihn um Schutz und Hilfe bittet. Sein Freund Roucher rät ihm, zu fliehen, doch Chénier will zuerst herausfinden, wer die unbekannte Schreiberin ist. Wenig später entdeckt er, daß es sich um die junge Gräfin Madeleine von Coigny handelt, die ihre Mutter verloren hat und sich nun versteckt halten muß. Chénier und Madeleine treffen sich und gestehen sich ihre Liebe. Doch Gérard, der ebenfalls in seine ehemalige Herrin verliebt ist, wird von seinem Spitzel informiert und spürt die beiden in ihrem Versteck auf. Es kommt zum Kampf zwischen Gérard und Chénier. Gérard wird verletzt. Er fordert Chénier jedoch auf, mit Madeleine zu fliehen und für ihre Sicherheit zu sorgen, und verspricht, niemanden zu verraten, wer ihn verwundet habe. Drittes Bild. Ein Jahr später vor dem Revolutionsgericht. Gérard erfährt von seinem Spitzel, daß er André Chénier festgenommen habe. Gérard sieht sich somit gezwungen, Anklage gegen ihn zu erheben. Nach heftigem inneren Kampfe siegt die alte Eifersucht auf Chénier in Gérard, und er unterzeichnet die Anklageschrift. *(Nemico della patria)*. Da erscheint Madeleine. Sie ist bereit, sich Gérard hinzugeben, wenn sie dadurch Chénier retten kann. Als es zur Verhandlung kommt, unterstützt Gérard Chénier in seiner Verteidigung, indem er behauptet, eine falsche Anklage erhoben zu haben. Doch der Staatsanwalt läßt den Rückzug der Anklage nicht zu und verurteilt Chénier zum Tode. Viertes Bild. Im Hof des Gefängnisses St. Lazare. Gérard hat erfolglos versucht, Chénier zu retten, Chénier erwartet den Tod. Er schreibt seine letzten Verse. Unterdessen hat Madeleine einen Gefängniswärter mit Geld und Juwelen bestochen, anstelle einer zum Tode verurteilten jungen Adligen ins Gefängnis gesteckt zu werden. Dieser händigt sie ihren Passierschein aus und übergibt sie dem Schutze Gérards. Dann steigt sie zusammen mit Chénier auf den Karren, der sie zur Stätte ihrer Hinrichtung bringen soll. Kraft ihrer Liebe sehen André und Madeleine gelassen dem Tode entgegen. Gérard bleibt als hilfloser Zeuge dieses tragischen Sieges der Liebe zurück.

● *André Chénier* ist Giordanos erfolgreichste Oper und wird auch heute noch gespielt. Die Kritik wirft Giordano allerdings gemeinhin vor, keine echte musikalische Begabung zu entwickeln, sondern sich in oberflächlichen Effekten zu erschöpfen. Beim Publikum jedoch pflegt die Oper stets großen

Die vier Freunde aus «La Bohème» auf einer Photographie, die die Sänger Puccini anläßlich der zweihundertsten Aufführung der Oper in Paris schickten. Auf der Photographie erkennt man von links nach rechts: M. Fugere, M. Bouvet, M. Maréchal und M. Isnardou.

Anklang zu finden. Das Libretto war von Illica für den Komponisten Franchetti geschrieben worden. Dieser verwendete es dann aber nicht. Es geht auf die historische Gestalt des Dichters André Chénier zurück. Dieser (geboren 1762 in Konstantinopel, gestorben 1794 in Paris) war Mitglied des revolutionären Kreises der «Feuillants» gewesen, verhaftet und schließlich auf der *Place du trône renversé* (Platz des gestürzten Throns) guillotiniert worden. Der Librettist Illica gibt selbst in einer Notiz auf dem Libretto an: «Die Idee zur Dramatisierung der Gestalt für das Musiktheater sowie authentische Einzelheiten stammen von H. de Latouche, Méry, Arsène Houssay, Gauthier und J. und E. Goncourt.» Sonzognos musikalischer Berater A. Galli hielt die Oper für «nicht aufführbar». Erst dank des Einsatzes von Mascagni wurde sie wieder auf den Spielplan gesetzt. Doch mittlerweile war der Tenor Garulli, der die Titelrolle singen sollte, nicht mehr auffindbar. Schließlich wurde sie von einem Sänger übernommen, der schon mehrere Reinfälle hinter sich und sozusagen nichts mehr zu verlieren hatte. Doch die Uraufführung wurde zu einem triumphalen Erfolg für Werk und Sänger. Seither gehört die Rolle des André Chénier zu den begehrtesten Tenorpartien.

MS

Dritter Akt aus Nicolai Rimskij-Korssakows Oper «Sadko», die 1898 am Bolschoi-Theater in Moskau uraufgeführt wurde. Moskau, Archiv des Theatermuseums.

DER CORREGIDOR

Oper in vier Akten von Hugo Wolf (1860–1903). Libretto von Rosa Mayreder-Obermayer nach der Erzählung «Der Dreispitz» von Pedro de Alarcón y Ariza (1833–1891). Uraufführung: Mannheim, Nationaltheater, 7. Juni 1896. Dirigent: H. Rohr.

PERSONEN. Don Eugenio de Zuniga, Corregidor (Buffo-Tenor), Donna Mercedes, Corregidora (Sopran), Juan Lopez (tiefer Baß), Pedro (Tenor), Tonuelo (Baß), Repela (Buffo-Baß), Tio Lucas (Bariton), Frasquita (Mezzosopran), Duenna (Alt), Manuela (Mezzosopran), ein Nachbar (Tenor), ein Nachtwächter (Baß).

HANDLUNG. Die Handlung spielt in Andalusien. Erster Akt. Der alte Corregidor Don Eugenio, ein unverbesserlicher Schürzenjäger, macht Frasquita, der jungen Frau des buckligen Müllers Tio Lucas, den Hof. Frasquita nutzt die Gelegenheit, den alten Schwerenöter um die Ernennung ihres Neffen zum Sekretär zu bitten. Don Eugenio aber hat es vor allem eilig, zu seinem Ziel zu kommen und versucht sie zu küssen. Da stößt ihn Frasquita empört zurück. Doch der Alte läßt sich nicht entmutigen. Er schickt seiner Gattin eine Botschaft, er habe soviel Arbeit, daß er die Nacht im Amt verbringen müsse. In der Mühle ist unterdessen der Bischof mit seinem Gefolge eingetroffen. Zweiter Akt. Der Alkalde Juan Lopez läßt dem Müller ausrichten, er müsse zu einer Zeugenaussage auf das Gemeindeamt kommen. Während der Müller von zu Hause weg ist, gedenkt Don Eugenio noch einmal sein Glück bei Frasquita zu versuchen. Doch das Glück ist ihm nicht hold. Er fällt in einen Bach und kommt triefend naß bei der Schönen an. Das hindert ihn jedoch nicht daran, sie mit allen ihm zur Verfügung stehenden Mitteln zu umschmeicheln. Die junge Müllerin läßt sich auf das Spiel ein, um für ihren Neffen die ersehnte Ernennung zu bekommen. Als ihr der Alte jedoch zu dreist wird, hält sie ihn wieder auf Abstand. Don Eugenio fühlt sich genarrt durch das launische Verhalten der jungen Frau und will sie schließlich mit vorgehaltener Pistole nach seinem Willen zwingen. Doch Frasquita verteidigt sich geschickt mit der Flinte ihres Gatten. Vor Schreck fällt der Corregidor in Ohnmacht, Frasquita aber läuft davon, ihren Gatten zu holen. Dieser hat unterdessen bemerkt, daß er in eine Falle gegangen ist. Doch er versteht es, sowohl den Alkalden als auch den Amtsdiener und den Sekretär betrunken zu machen und dann zu fliehen. Dritter Akt. Lucas und Frasquita suchen sich gegenseitig, finden sich aber nicht. Als Lucas schließlich entmutigt nach Hause kommt, findet er Don Eugenio in seinem Bett vor. Nicht wissend, daß dieser von einem Diener dorthin gelegt worden war, nachdem er in Ohnmacht gefallen war, glaubt sich der Müller von seiner Frau verraten. Er beschließt sich zu rächen. Er schlüpft in die beim Feuer zum Trocknen aufgehängten Kleider des Corregidor und verläßt in dieser Verkleidung das Haus. Mittlerweile haben sich der Alkalde und die anderen beiden Gemeindediener erholt und auf die Suche nach dem weggelaufenen Tio Lucas gemacht. Als sie eine Gestalt in seinem Bett liegen sehen, stürzen sie sich, in der Überzeugung, es sei der Müller, auf diese und verprügeln sie. Als sich herausstellt, daß es Don Eugenio ist, der da in des Müllers Bett liegt, laufen sie entsetzt davon. Vierter Akt. Aufruhr im Hause des Corregidor. Don Eugenio in den Kleidern des Müllers und der Alkalde versuchen sich Einlaß zu verschaffen. Doch eine Dienerin verkündet barsch, der Corregidor habe sich bereits vor einer Stunde zur Ruhe begeben und schlafe. Frasquita, die ebenfalls herbeigeeilt ist, um ihren geliebten Lucas zu holen, beginnt zu weinen, denn sie glaubt, er liege mit der Frau des Corregidor im Bett. In Wirklichkeit hatte der verkleidete Müller die Corregidora um eine Unterredung gebeten und zusammen mit ihr beschlossen, den jeweiligen Ehegatten eine Lehre zu erteilen. So lassen sie Frasquita und den lüsternen Don Eugenio die halbe Nacht in dem Glauben, ein Schäferstündchen miteinander zu haben. Erst als es zwischen dem randalierenden Don Eugenio, den alle für den Müller halten, und den Dienern des Hauses fast zur Schlägerei kommt, tritt Donna Mercedes, die Corregidora, dazwischen und klärt alle Anwesenden über die wahren Ereignisse auf. Glücklich in dem Wissen, daß keiner den anderen betrogen hat, sinken sich Tio Lucas und Frasquita in die Arme. Donna Mercedes aber läßt ihren allzu unternehmungslustigen Gatten zur Strafe für sein mißlungenes Abenteuer im Ungewissen darüber, was in dieser Nacht zwischen ihr und dem Müller vorgefallen ist.

● Diesem ersten Versuch des Komponisten, ein Bühnenstück zu schreiben, ist deutlich anzumerken, daß seine eigentliche Domäne die Lieder waren. Die ganze Oper erinnert eher an eine Zusammenstellung von Kammermusikstücken. Stellenweise muß Wolf das Gelingen echter Bühnenmusik zugestanden werden, insgesamt aber liegen die Vorzüge des Werkes in der feinen Zeichnung der Psychologie der Gestalten.
EP

DIE JUNGFRAU IM TURM
(Jungfrun i tornet)

Oper in einem Akt von Jean Sibelius (1865–1957). Libretto von Rafael Hertzberg. Uraufführung: Helsinki, Nationaltheater, 7. November 1896.

● Diese einzige Oper des Komponisten wurde als Wohltätigkeitsveranstaltung unter Sibelius' Leitung aufgeführt, hatte jedoch kaum Erfolg. Das Werk wurde niemals veröffentlicht.
RB

W. Petrow im zweiten Akt von Nicolai Rimskij-Korssakows «Sadko» am Moskauer Bolschoi-Theater.

HERO UND LEANDER
(Ero e Leandro)

Oper in drei Akten von Luigi Mancinelli (1848–1921). Libretto von Arrigo Boito (1842–1918). Uraufführung: Madrid, 1897.

HANDLUNG. Die Handlung spielt in Thrakien an den Ufern des Hellespont. Die Venuspriesterin Hero verliebt sich in den jungen Sieger der Venusspiele, Leander. Der die religiösen Zeremonien der Spiele leitende Archont Ariophan aber begehrt die junge Priesterin ebenfalls. Als sie sich seinen Wünschen nicht fügen will, sinnt er auf Rache. Er befiehlt, Hero in den Jungfrauenturm zu sperren, wo nach alter Tradition eine unbefleckte Jungfrau ihr Leben in Keuschheit der Göttin Venus weihen muß. Leander jedoch überquert allnächtlich schwimmend den Hellespont, um sich mit der Geliebten zu treffen. Eines Nachts droht er vom Archonten, der mit seiner Priesterschaft gekommen ist, um das vom Sturm aufgewühlte Meer zu beschwören, überrascht zu werden. Um Ariophan zu entgehen, stürzt sich Leander in die tosenden Wogen. Im Wüten der Brandung wird er gegen die Klippen geschmettert und ertrinkt. Als Ariophan den Jungfrauenturm betritt, findet er Hero tot vor. Sie hat den Verlust des Geliebten nicht überlebt.

● Die Oper wäre eher als Oratorium denn als Drama für die Bühne zu bezeichnen. Tatsächlich wurde das Werk zum ersten Mal auch als Konzert aufgeführt (1896 in Norwich). Den künstlerisch wertvollsten Teil stellen ohne Zweifel die Chöre dar.
AB

FERVAAL

Dramatische Handlung in einem Vorspiel und drei Akten von P. Vincent d'Indy (1851–1931). Libretto vom Komponisten. Uraufführung: Brüssel, Théâtre de la Monnaie, 12. März 1897.

HANDLUNG. Die Handlung spielt zur Zeit der Druiden in den Cevennen. Fervaal, ein Schüler des Hohenpriesters Arfgard, soll den heiligen Berg Cravann vor den Sarazenen retten. Er kann laut dem Spruch der Priester aber nur als Sieger aus der Schlacht hervorgehen, wenn er auf jede irdische Liebe verzichtet. Doch Fervaal erliegt dem Zauber der Hexe Guilhen und wird besiegt. Guilhen, die von tiefer Reue erfaßt wird, als sie von Fervaals Niederlage hört, macht sich auf die Suche nach ihm. Sie findet ihn verwundet unter den Toten auf dem Schlachtfeld. Gemeinsam versuchen die beiden, sich zu retten. Guilhen aber erfriert im Schnee. Fervaal trägt ihren Leichnam auf seiner Suche nach dem Gipfel des heiligen Berges mit sich.

● *Fervaal* ist D'Indys erste Oper von Bedeutung. Libretto (nach einer keltischen Sage) und musikalische Technik sind deutlich von Wagner beeinflußt, doch auch durch die hervorragendste kulturelle Strömung des Fin de siècle, den Smybolismus, geprägt.
AB

LA BOHÈME

Oper in vier Akten von Ruggiero Leoncavallo (1858–1919). Libretto vom Komponisten nach dem gleichnamigen Roman von Henri Murger. Uraufführung: Venedig, Teatro La Fenice, 6. Mai 1897. Solisten: L. Frandin, Rosina Storchio, R. Beduschi, R. Angelini-Fornari, Isnardon. Dirigent: Alessandro Pomé.

HANDLUNG. Im Café Momus in Paris sitzen vier Freunde beisammen: der Maler Marcel, der Dichter Rudolf, der Musiker Schaunard und der Philosoph Collin. Zusammen mit den Mädchen Euphemie, Musette und Mimi feiern sie Weihnachten. Keiner von ihnen hat einen Pfennig in der Tasche, aber sie hoffen auf einen freigebigen Mäzen und finden ihn in dem Literaten Barbemuche. Marcel macht Musette eine Liebeserklärung, die das Mädchen wohlgefällig entgegennimmt. Rudolf liebt Mimi. Bei einem Fest, zu dem Musette geladen hat, werden sie alle in den Hof des Hauses gejagt, weil ein Gläubiger der Gastgeberin das Haus leeren läßt. Dieser, ein

Links: Entwurf von Nicola Benois zu «Fedora» von Umberto Giordano. Mailand, Teatro alla Scala, 1955/56.
Rechts: Titelseite der Partitur zu Pietro Mascagnis Oper «Iris». Mailand, Ricordi Archiv.

junger Adliger, überredet Mimi, sich von diesem Elend zu lösen und mit ihm zusammenzuleben. Nach einigem Zögern nimmt Mimi sein Angebot an. Auch Musette verläßt Marcel bald wieder und hofft, anderswo ein besseres Leben zu finden. Mimi hat unterdessen ihren Schritt bereut und kehrt zu Rudolf zurück. Dieser weist sie jedoch mit harten Worten von sich, denn er kann nicht mehr an ihre Aufrichtigkeit glauben. Ein Jahr später. Weihnachtsabend. Die vier Freunde haben sich in der armseligen Dachstube Rudolfs eingefunden. Auch Musette ist wieder dabei. Da klopft es an die Tür. Es ist Mimi, todkrank, die an Rudolfs Seite sterben will. Die Freunde bemühen sich liebevoll um sie, aber sie ist nicht mehr zu retten. In Rudolfs Armen stirbt sie.

● Leoncavallo brachte diese Oper ein Jahr nach dem großen Erfolg der *Bohème* Puccinis heraus. Die Kritik fiel positiv aus, und auch das Publikum zeigte großes Interesse. Doch galt dies wohl mehr dem Umstand, daß hier zwei anerkannte Komponisten mit der Vertonung desselben Stoffes zu fast gleicher Zeit offen miteinander in Wettstreit getreten waren. Zeitweise wurden die beiden *Bohèmes* in Mailand am *Teatro Lirico* und am *Teatro Dal Verme* sogar gleichzeitig aufgeführt. Das Interesse an Leoncavallos Werk ging aber schon bald zurück. Auch die Neubearbeitung der Oper, die im Jahre 1913 am *Teatro Massimo* in Palermo unter dem Titel *Mimi Pinson* aufgeführt wurde, konnte daran nichts ändern. MSM

DAS MÄDCHEN VON ARLES
(L'Arlesiana)

Oper in drei Akten von Francesco Cilea (1866–1950). Libretto von Leopoldo Marenco (1831–1899) nach dem Schauspiel «L'Arlésienne» von Alphonse Daudet (1872), (das seinerseits auf eine Erzählung in den 1869 von Daudet veröffentlichten Textes «Lettres de mon moulin» zurückgeht). Uraufführung: Mailand, Teatro Lirico, 27. November 1897. Solisten: Tracey (Rosa), Ricci de Raz (Vivette), Orlando (Innocent), Frigiotti (Marco). Dirigent: Giovanni Zuccani.

PERSONEN. Rosa Mamai (Mezzosopran), Fédéri, ihr Sohn (Tenor), Vivette, Rosas Ziehtochter (Sopran), Balthasar, alter Hirte (Bariton), Mitifio, Pferdehirt (Bariton), Marco, Rosas Bruder (Baß), Innocent (Sopran). Chor von Mädchen und Dorfbewohnern.

HANDLUNG. Die Handlung spielt in der Provence. Erster Akt. Hof eines provenzalischen Landgutes. Der alte Balthasar erzählt dem jüngeren Sohn der Gutsbesitzerin Rosa Mamai ein Märchen. Mit großer Geduld widmet er sich dem etwas zurückgebliebenen Knaben. Seine Mutter dagegen ist ganz mit ihrem älteren Sohn Fédéri beschäftigt. Dieser hat beim Markttag in Arles ein Mädchen aus der Stadt kennengelernt, das er nun heiraten will. Fédéri ist schon wieder in die Stadt aufgebrochen, um Näheres über seine künftige Braut zu erfahren. Auf dem Hofe lebt auch Vivette, eine Ziehtochter Rosas. Sie ist in Fédéri verliebt und möchte ihn heiraten. Die Nachricht von seinen neuen Heiratsplänen enttäuscht Vivette zutiefst. Fédéri kehrt triumphierend aus der Stadt zurück: Alles ist in bester Ordnung, die Hochzeit kann angesetzt werden. Da spricht der Pferdehirt Mitifio bei Fédéris Mutter Rosa vor und berichtet ihr, daß die Arlesierin sein Mädchen gewesen sei. Die Eltern des Mädchen hätten davon gewußt, ihn jedoch weggeschickt, als Fédéri auf den Plan getreten sei. Zum Beweis seiner Geschichte gibt er ihr zwei Briefe der Arlesierin, damit sie diese auch dem Sohn zeigen kann. Fédéri ist tief verstört, als ihm die Mutter die Wahrheit enthüllt. Sie nimmt ihm das Versprechen ab, das Mädchen aus der Stadt nie wieder zu sehen. Zweiter Akt. Am Ufer eines Teiches. Rosa und Vivette suchen Fédéri, der sich in seinem Schmerz und verletzten Stolz in die Sümpfe der Camargue geflüchtet hat. Auch Balthasar und der kleine Innocent sind auf der Suche nach ihm. Als sie ihn finden, ist er so verstört, daß die Mutter ihm verspricht, die Arlesierin in ihrem Hause aufzunehmen. Fédéri lehnt das Angebot der Mutter ab. Er ist entschlossen, das schlechte Mädchen zu vergessen und Vivette zu heiraten. Dritter Akt. Eine große Stube im Hof, die für die bevorstehende Hochzeit geschmückt wird. Fédéri versichert seiner Braut, daß er seine böse Enttäuschung ganz vergessen habe. Da tritt Mitifio ein und verlangt seine beiden Briefe zu-

Guiraudon und Bréjean-Gravière in der 1899 an der Opéra-Comique in Paris uraufgeführten Oper «Aschenbrödel» von Jules Massenet. Paris, Bibliothèque de l'Opéra.

rück. Zwar hat Balthasar sie ihm bereits zurückgebracht, doch da er zwei Tage in Arles war, weiß er nichts davon. Jedenfalls zeigt er sich entschlossen, die Arlesierin wieder für sich zu gewinnen. Da erwacht in Fédéri plötzlich wieder Eifersucht auf Mitifio. Er stürzt sich mit einem Hammer auf ihn. Balthasar und Rosa fallen ihm in den Arm und führen ihn in seine Kammer. Er scheint sich auch zu beruhigen. Doch mitten in der Nacht steigt er auf den Getreideboden. Rosa und Vivette versuchen, ihn zurückzuhalten, doch vergeblich. In seinem gekränkten Stolz stürzt er sich vom Getreideboden.

● Der große Erfolg dieser Oper machte zugleich den Namen des Komponisten und den des Sängers Enrico Caruso berühmt. Der Stoff nach Daudets «L'Arlésienne» war bereits von Bizet vertont und im Jahre 1872 unter dem gleichen Titel in Paris aufgeführt worden.

SADKO VON NOWGOROD (Sadko)

Epische Oper in sieben Bildern von Nikolai Rimskij-Korssakow (1844–1908). Libretto vom Komponisten in Zusammenarbeit mit Wladimir I. Belschkij nach einen anonymen altrussischen Gedicht. Uraufführung: Moskau, Solodownikow Theater, 7. Januar 1898.

HANDLUNG. Erstes Bild. Sadko (Tenor), ein fahrender Sänger, macht sich mit seinen Liedern über die Kaufleute von Nowgorod lustig. Hätte er auch nur halb so viel Geld wie einer von ihnen, würde er abenteuerliche Reisen in ferne Länder unternehmen, hält er ihnen spottend vor. Erbost jagen ihn die broven Bürger aus der Stadt. Sadko flüchtet sich an den Ilmensee. Zweites Bild. Nacht am Ufer des Ilmensees. Sadko singt zu den Klängen der Gitarre. Die Töchter des Meeresgottes fühlen sich dadurch angelockt und umtanzen ihn. Eines der Mädchen, Wolkowa (Sopran), verliebt sich in den jungen Sterblichen und gibt ihm im Morgengrauen, als die Seejungfrauen Abschied nehmen müssen, als Unterpfand ihrer Liebe ein Versprechen. Wenn er das nächste Mal seine Angel auswirft, wird er drei goldene Fische fangen. Drittes Bild. Sadkos Weib Ljubawa (Mezzosopran) ist besorgt über den Leichtsinn ihres Mannes. Dieser gedenkt nämlich, das kostbare Geschenk Wolkowas in einer verrückten Wette aufs Spiel zu setzen. Vergeblich bemüht sie sich, ihn von dem Plan abzubringen. Viertes Bild. Morgen im Hafen. Sadko schließt seine Wette ab: Wenn es ihm gelingt, goldene Fische zu fangen, sollen alle Reichtümer der Nowgoroder Kaufleute ihm gehören, andernfalls dürfen ihm diese den Kopf abschneiden. Die Kaufleute sehen sich schon von ihrem lästigen Spötter befreit und lachen sich ins Fäustchen. Aber Sadko gewinnt seine Wette und wird somit unendlich reich. Er macht sich nun daran, seinen alten Plan auszuführen und gibt sich auf Reisen durch die fernsten Länder. Fünftes Bild. Einige Jahre später. Sadko gerät mit seinem Schiff in einen schweren Sturm. Der Meeresgott verlangt ein Menschenopfer, nur dann werden sich die Wogen wieder glätten. Sadko will seine Leute auf dem Schiff retten und erklärt sich bereit, dieses Opfer zu sein. Auf einem Floß läßt er sich dem tosenden Element aussetzen. Sechstes Bild. Am Grunde des Meeres im Reich des Meeresgottes. Sadko singt zu seiner Gitarre für den Meeresgott und seinen Hofstaat von Nixen und Nöcken. Diese beginnen dazu zu tanzen und lösen damit einen ungeheuren Sturm am Meer aus. Der Meeresgott schreitet schließlich ein und befiehlt Wolkowa, zum Fluß zu werden und den Weg nach Nowgorod zu suchen. Siebentes Bild. Vor den Stadtmauern von Nowgorod. Sadko ist auf Wolkowas Rücken nach Nowgorod zurückgekommen. Sie zieht weiter und grüßt ihn ein letztes Mal. Sadko erwacht und findet sich neben seinem Weibe Ljubawa wieder. Wolkowa ist verschwunden, nur der Fluß ist noch da. Sein Wasser wird der künftige Reichtum der Stadt.

● Der Stoff zu *Sadko* entstammt einer alten Volkssage aus dem Nowgorod-Kreis der *Schomorohi*. Der Gedanke, diese zu vertonen, kam von Mussorgsky. Wegen zu großer Überlastung überließ er die Arbeit dann aber Rimskij-Korssakow. Der ersten Vertonung des Stoffes gab Rimskij-Korssakow die Form eines sinfonischen Gedichtes (1867). In diesem ist der musikalische Kern der dreißig Jahre später komponierten Oper bereits enthalten. Im Jahre 1894 schlug der Musikkritiker Findeisen Rimskij-Korssakow einen Entwurf für ein Libretto vor. Die Möglichkeiten des phantastischen Stoffes, insbesondere die Aufgabe, die Unendlichkeit und Gewalt des Meeres in Musik auszudrücken, reizten den Komponisten so sehr, daß er sich in Wetchacha, der Sommerfrische seiner Familie, sogleich an die Arbeit machte. An dem Libretto arbeiteten der Kritiker Stassow, vor allem aber der Literat und Mathematiker Belschkij, mit dem sich Rimskij-Korssakow über viele seiner Werke besprach, mit. Der Komponist arbeitete den ganzen Sommer 1895 an der Oper, konnte sie jedoch wegen einiger Zwischenfälle erst im Sommer darauf beenden. Sie gehört zum Besten, was er geschrieben hat. R.M. Hoffmann schreibt dazu, daß in dieser Oper «das Wesen des Genius des Komponisten zutage tritt: seine tiefe Liebe zum russischen Volk, sein Glaube an sein Schicksal, seine Vorliebe für das Meer und sein Sinn für das Phantastische.» RB

FEDORA

Oper in drei Akten von Umberto Giordano (1867–1948). Libretto von Arturo Colautti (1851–1914) nach dem gleichnamigen

Schauspiel von Victorien Sardou. Uraufführung: Mailand, Teatro Lirico, 17. November 1898. Solisten: Gemma Bellincioni, Enrico Caruso, Delfino Menotti. Dirigent: Umberto Giordano.

PERSONEN. Prinzessin Fedora Romazoff (Sopran), Gräfin Olga Sukareff (leichter Sopran), Graf Loris Ipanoff (Tenor), De Sirieux, Diplomat (Bariton), Dimitrij, Kammerdiener (Alt), ein kleiner Savoyarde (Alt), Désiré, Kammerdiener (Tenor), Baron Rouvel (Tenor), Cyrill, Kutscher (Bariton), Boroff, Arzt (Bariton), Grech, Polizeioffizier (Baß), Lorex, Arzt (Bariton), Nikolas und Sergio, Reitknechte, Michail, Portier, Boleslao Lazinski, Pianist (stumme Rolle), Doktor Müller (stumme Rolle), Marka, Kammerfrau, Basilio, Hausdiener, Iwan, Polizist, zweiter Polizist. Adlige Damen und Herren, Gesinde, Stallknechte. Chor.

HANDLUNG. Die Handlung spielt gegen Ende des neunzehnten Jahrhunderts in Rußland. Erster Akt. Im Hause des Grafen Wladimir. Die Dienerschaft wartet auf ihren Herrn, der seine letzte Nacht als Junggeselle feiert. Tags darauf soll die Hochzeit mit der reichen Fedora stattfinden. Wladimir will mit dieser Heirat seine zerrütteten Finanzen sanieren. Da läutet es stürmisch am Portal. Fedora tritt erzürnt ein. Sie sucht ihren Verlobten, mit dem sie im Theater verabredet war. Eine Page eilt, Wladimir aus seinem Zirkel zu holen. Doch da fährt der Schlitten des Hausherrn selbst vor. Wladimir ist verwundet. Der Polizeioffizier Grech begleitet ihn und beginnt mit seinen Untersuchungen, um die Ereignisse zu rekonstruieren. Der Kutscher Cyrill gibt zu Protokoll, er habe Wladimir zum Park gefahren und dort abgesetzt. Während er wartete, habe er zwei Schüsse gehört und kurz darauf eine unbekannte Person, die offensichtlich verletzt war, sich wegschleppen sehen. Danach habe er sich auf die Suche nach seinem Herrn gemacht und diesen verwundet und ohnmächtig in einem Pavillon gefunden. Neben ihm habe seine Pistole, die er immer zum Schutz bei sich trage, gelegen. Weiter ist zu erfahren, daß die alte Frau, die den Pavillon bewohnt, dem Grafen nachmittags einen Brief ausgehändigt habe, daß dieser jedoch aus der Kassette, in die ihn Wladimir gelegt hatte, verschwunden ist. Der Kammerdiener Dimitrij erinnert sich, daß ein Herr eine Weile im Salon gewartet habe, dann jedoch unverrichteter Dinge gegangen sei. Wie sich herausstellt, war der merkwürdige Herr Graf Loris Ipanoff. Als Grech diesen holen lassen will, ist er verschwunden. Wladimir ist unterdessen gestorben. Zweiter Akt. Empfang im Hause Fedoras in Paris. Auch Graf Ipanoff weilt unter den Gästen. Fedora hat ihm in der Absicht, ihm das Geständnis seines Verbrechens an Wladimir abzuringen, ihre Gunst geschenkt. Ipanoff gibt schließlich zu, auf Wladimir geschossen zu haben, doch behauptet er, gute Gründe gehabt zu haben, und verspricht den Beweis dafür innerhalb von zwei Stunden herbeizuschaffen. Kurz darauf trifft die Nachricht ein, daß der Zar Opfer eines Attentats geworden ist. Der festliche Empfang wird auf die Schreckensnachricht hin abgebrochen. Fedora schreibt unterdessen einen Brief, den Grech nach St. Petersburg bringen soll. Außerdem beauftragt sie Grech, Ipanoff zu verhaften, sobald er sich anschicken sollte, das Haus zu verlassen. Als Ipanoff zwei Stunden später zurückkommt, berichtet er, daß Wladimir der Geliebte seiner Frau gewesen sei und auch in der Nacht vor seiner Hochzeit ein Rendezvous mit ihr gehabt habe. Als Beweis seiner Behauptung weist er Wladimirs Briefe an seine Gattin vor. Fedora ist zutiefst gedemütigt durch diese Nachricht. Ihre Liebe zu Wladimir, deren Andenken sie bisher gewahrt hatte, schlägt mit einem Mal in Haß um. Für Ipanoff aber empfindet sie ein neues Gefühl des Mitleids und der Achtung. Um ihn vor der Verhaftung durch Grech, die sie selbst veranlaßt hatte, zu schützen, behält sie ihn die ganze Nacht bei sich in ihrem Palais, wohl wissend, daß sie sich damit kompromittiert. Dritter Akt. Im Garten von Fedoras Schweizer Villa. Ipanoff und Fedora sind glücklich miteinander. Aber Fedoras frühere Pläne der Rache für Wladimirs Tod haben für Ipanoffs Familie in Rußland schlimme Folgen gehabt. Sein Bruder ist verhaftet worden und im Gefängnis gestorben. Seine Mutter ist aus Schmerz über den Verlust der Söhne ebenfalls gestorben. In dem Brief eines Freundes, aus dem Ipanoff diese traurigen Nachrichten entnimmt, steht auch, daß die Anschuldigungen gegen den Bruder von einer Frau gekommen seien, von der nur der Taufname, und daß sie in Paris wohne, bekannt sei. Ipanoff schwört ewige Rache. Fedora erbittet vergeblich Nachsicht und Verzeihung für die unbekannte Frau. Ipanoff ist nicht zu erweichen. Da sieht Fedora, die Angst hat, als die Anklägerin entdeckt zu werden, keinen anderen Ausweg mehr, als Gift zu nehmen. Zu spät begreift Ipanoff, daß er in seiner Unerbittlichkeit zur Ursache ihres Freitodes geworden ist. Letzte Vergebung erflehend, stirbt Fedora in seinen Armen.

● Die Oper hatte großen Erfolg, nicht nur in Italien, sondern auch im Ausland, insbesondere in Paris. Sie kann nach dem *André Chénier* als Giordanos bestes Werk gelten. Giordano hatte das Drama von Sardou bereits mit achtzehn Jahren, als er noch Schüler war, am Theater Sannazzaro mit Sarah Bernard in der Titelrolle gesehen. Schon damals hatte er den Autor um die Erlaubnis gebeten, das Stück zu vertonen. Dessen lakonische Antwort war nur gewesen: «On verra plus tard» («Wir werden sehen – später»). MS

Erster Akt der «Tosca» von Giacomo Puccini in einer Aufführung an Covent Garden in London. Regie von Franco Zeffirelli, Bühnenbilder von Renzo Mongiardino mit der überragenden Maria Callas in der Titelrolle.

1898

IRIS

Meolodram in drei Akten von Pietro Mascagni (1863–1945). Libretto von Luigi Illica (1857–1919). Uraufführung: Rom, Teatro Costanzi, 22. November 1898. Solisten: Hariclea Darcée, F. De Lucia, Caruson, G. Tisci-Tamburini. Dirigent: Pietro Mascagni.

PERSONEN. Der Blinde (Baß), Iris (Sopran), Osaka (Tenor), Kyoto (Bariton), eine Geisha (Sopran), ein Hausierer (Tenor), ein Lumpensammler (Tenor).

HANDLUNG. Die Handlung spielt in einem japanischen Dorf. Der reiche junge Osaka hat sich in das Mädchen Iris verliebt und beauftragt Kyoto, einen Teehausbesitzer, sie für ihn zu entführen. Zu diesem Zweck arrangieren die beiden eine Theateraufführung, in der Osaka selbst die Rolle des Sonnensohnes Jor spielt. Als Iris inmitten der Volksmenge zu dem Schauspiel drängt, wird sie entführt. Kyoto schickt ihrem Vater, dem Blinden, Geld und eine Botschaft, daß Iris sich in eines der Freudenhäuser der nahen Stadt geflüchtet habe. Der Alte verlangt daraufhin, in die Stadt geführt zu werden, um seine Tochter zu suchen, denn er will ihr seinen Fluch persönlich entgegenschleudern. Zweiter Akt. Iris ist aus ihrer Ohnmacht, in die sie vor Schreck gefallen war, erwacht und findet sich in Osakas prunkvollem Hause wieder. Dieser versucht sie zu verführen, doch das Mädchen setzt sich zur Wehr. Außerdem erkennt sie die Stimme des Sonnensohnes Jor aus dem Theaterstück wieder. Osaka wird des vergeblichen Werbens um Iris schnell müde und schenkt sie schließlich Kyoto. Dieser putzt das arme Mädchen fein heraus und setzt es, um Männer anzulocken, in sein Teehaus. Dort findet der blinde Vater schließlich seine Tochter wieder. Voller Verachtung schleudert er ihr eine Handvoll Dreck ins Gesicht und verflucht sie. Die Schmach nicht weiter ertragen können, läuft das Mädchen davon und stürzt sich in einen Abgrund. Dritter Akt. Am Grunde einer Schlucht liegt Iris. Ein paar Lumpensammler sind schon dabei, ihre Kleider nach Juwelen zu durchsuchen und sie auszuziehen. Doch da gibt das Mädchen Lebenszeichen von sich. Entsetzt laufen die Lumpensammler fort. Iris ist wieder zu sich gekommen und begreift, daß sie sterben wird. Wie zu ihrem Trost geht die Morgensonne auf und taucht sie in ihr rosenfarbenes Licht. Während das Mädchen stirbt, erblüht ein Meer von irisierenden, in allen Farben leuchtenden Blumen um sie herum.

● Die Oper entstand zur Zeit der Hochblüte des «Liberty Style». Hohensteins graphische Gestaltung des Deckblattes der Besetzungsliste der Oper ist ein schönes Beispiel für diese ästhetische Richtung (siehe Seite 325). Die große Beliebtheit der Oper erklärt sich im wesentlichen aus diesem Zeitgeschmack. Die Fachkritik beurteilte sie sehr viel strenger. Mascagni blieb in ihr seiner typischen Melodik, mit der Illicas Symbolismus in Gesang umsetzte, treu, findet aber auch neue, in die Zukunft weisende Ausdrucksmittel, ohne deshalb die Geschlossenheit der Oper zu gefährden.   Ab

MOZART UND SALIERI

Dramatische Szenen in zwei Akten von Nikolai Rimskij-Korssakow (1844–1908) nach einem Text von Alexander Puschkin (1799–1837). Uraufführung: Moskau, Solodownikow Theater, 7. Dezember 1898.

HANDLUNG. Salieri ergeht sich in finsteren Gedanken. Er, der alles im Namen der Musik aufgegeben hat, muß nun entdecken, daß der Genius der Musik sich nicht durch Opfer erkaufen läßt, sondern einem Müßiggänger und Bruder Leichtsinn, wie ihn Mozart für Salieri verkörpert, zufliegt. Da taucht der Begnadete selbst in Begleitung eines Straßenmusikanten, den er am Wege aufgelesen hat, auf, setzt sich ans Klavier und beginnt eine traurige Weise zu improvisieren. Als Salieri sieht, wie Mozart die Musik aus der Seele fließt, beschließt er voller Neid und Haß, ihn zu beseitigen. Er lädt ihn zum Essen ein und schüttet Gift in seinen Wein. Mozart wird es daraufhin übel und er verabschiedet sich. Alleingeblieben begreift Salieri, daß er mit seinem Verbrechen nichts erreicht hat. Indem er das Genie Mozart getötet hat, hat er wohl seinen eigenen Neid befriedigt, doch gleichzeitig auch jedes Vertrauen in seine eigenen Kräfte, in sein Genie untergraben. Der Genius lebt nur aus und für sich selbst. Ein Michelangelo hätte nie aus Neid getötet. Genie und Verbrechen – so Mozarts letzte Worte – können nicht miteinander bestehen.

● Der Stoff dieser Oper geht auf Rimskij-Korssakows Lieblingsdichter Puschkin zurück. Im Sommer 1897 schrieb der Komponist mehr zum Zeitvertreib und zur «Übung» die Musik zur zweiten Szene. Das Ergebnis gefiel ihm so gut, daß er beschloß, um diese Szenen herum eine geschlossene Oper zu schreiben. Bemerkenswert ist dabei, daß er Puschkins Originaltext fast völlig unverändert ließ. Die historisch völlig unbelegte Auffassung, daß Salieri Mozart vergiftet haben soll, hatte sich in der Tat im vergangenen Jahrhundert lange halten können.   RB

ASCHENBRÖDEL (Cendrillon)

Märchenoper in vier Akten und sechs Bildern von Jules Massenet (1842–1912). Libretto von Henri Cain (1859–1937) nach dem bekannten Märchen von C. Perrault (1628–1703). Uraufführung: Paris, Opéra-Comique, 24. Mai 1899.

PERSONEN. Aschenbrödel (Sopran), Madame de la Haltière (Mezzosopran), der Prinz (Tenor), die Fee (leichter Sopran), Noemi (Sopran), Dorothea (Mezzosopran), sechs Geister (Soprane, Mezzosoprane und Altstimmen), Pandolf (Bariton), der König (Bariton), der Fakultätsdekan (Falsett), der Zeremonienmeister (hoher Bariton), der erste Minister (hoher Baß). Diener, Höflinge, Doktores, Minister, Damen, Pagen, Prinzessinnen, Hutmacherinnen, Schneider, Perückenmacher, Musikanten.

HANDLUNG. Erster Akt. Salon im Hause der Madame de la Haltière. Die beiden Töchter des Hauses, Noemi und Dorothea, sehen fiebernd vor Ungeduld, dem großen Ball des Prinzen entgegen. Ihre Stiefschwester Luciette, Aschenbrödel genannt, muß dagegen zu Hause bleiben. Traurig betrachtet Aschenbrödel die prächtigen Roben der Schwestern und seine eigenen grauen Lumpen. Nachdem die Stiefmutter und die Schwester weg sind, setzt sich Aschenbrödel sinnend an den Herd und fängt zu träumen an. Gute Feen und Geister umschwirren sie und versprechen ihr, sie auf den großen Ball zu führen, wo sie die Schönste sein wird und mit dem Prinzen tanzen wird. Mit einem Zauberstab verwandelt die gute Fee des Mädchens armselige Lumpen in ein prächtiges Ballkleid. Nun ist Aschenbrödel nicht mehr zu halten. Sie eilt auf den großen Ball. Um Mitternacht, so hat ihr die Fee gesagt, muß sie jedoch wieder zurück sein. Zweiter Akt. Ballsaal im Königsschloß. Der Prinz soll aus den Schönen des Abends seine künftige Gattin auswählen. Doch er hält sich melancholisch abseits und zeigt keinerlei Interesse für die beiden Stiefschwestern Aschenbrödels, wie sehr sie sich auch um ihn bemühen. Da betritt eine unbekannte Schöne den Ballsaal. Der Prinz ist wie gebannt von ihrer Schönheit und Grazie und versucht, ihr ihren Namen zu entlocken. Doch Aschenbrödel darf ihn nicht verraten. Vergeblich dringt der Prinz mit zärtlichen Worten in sie. Als es Mitternacht schlägt, verschwindet die Schöne. Beim Verlassen des Ballsaals verliert sie ein Pantöffelchen. Die Fee hält den Prinzen, der ihr folgen will, zurück. Dritter Akt. Erstes Bild. Salon im Hause der Madame de la Haltière. Aschenbrödel ist gerade atemlos zurückgekommen. Sie weiß, daß ihr schöner Traum vorbei ist und setzt sich weinend ans Feuer. Kurz darauf treffen die beiden Stiefschwestern ein. Mit gespieltem Interesse fragt Aschenbrödel, wie es auf dem Ball war. Empört berichten sie über den Skandal des unerwarteten Auftritts einer unbekannten Schönen, die nicht geladen gewesen sei und des Prinzen ganze Aufmerksamkeit auf sich gelenkt habe. Sie geben auch zu verstehen, daß eine Person, die sich so benehme, ja kein anständiges Mädchen sein könne, und daß der Prinz dies wohl auch bemerkt habe, als sie urplötzlich wieder verschwunden war. Aschenbrödel ist verstört und unglücklich über den Eindruck, den sie auf den Prinzen gemacht haben soll, und läuft in den Feenwald davon. Zweite Szene. Lichtung im Wald mit einer großen Eiche in der Mitte. Aschenbrödel bittet die Fee, ihr zu helfen. Da tritt plötzlich der Prinz auf die Lichtung. Überglücklich, die unbekannte Schöne wiederzusehen, gesteht er ihr seine Liebe. Da läßt die gute Fee die beiden in einen tiefen Schlaf versinken. Vierter Akt. Erstes Bild. Balkon vor Aschenbrödels Kammer. Das Mädchen war ohnmächtig im Walde gefunden und nach Hause gebracht worden. Nach langer Krankheit ist es nun auf dem Wege der Genesung. Angstvoll fragt Aschenbrödel den Vater Pandolf, ob sie während ihrer Krankheit nicht merkwürdige Dinge erzählt habe. Der Vater beruhigt sie, sie habe in ihren Phantasien nur von Herzen und einem Pantöffelchen gesprochen. Da ertönt von der Straße her das Horn des Herolds. Er verkündet eine Botschaft des Prinzen. Dieser sucht im ganzen Lande das Mädchen, dem das Pantöffelchen, das die unbekannte Schöne am Ballabend bei ihrem Abschied verloren hatte, paßt. Da begreift Aschenbrödel, daß alles nicht nur ein Traum war. Zweites Bild. Auf dem Königsschloß. Der Zug der Mädchen aus dem ganzen Land marschiert auf. Doch die unbekannte Schöne ist nicht dabei. Da führt die gute Fee Aschenbrödel an der Hand herein. Das Mädchen trägt auf seiner Hand das Herz des Prinzen, das er ihr im Feenwald geschenkt hatte. Da weiß der Prinz, daß er seine unbekannte Schöne wiedergefunden hat und schließt sie unter dem Jubel des Volkes in die Arme.

● Obwohl der Oper der leichte Fluß der Melodien nicht abgesprochen werden kann, ist der Gesamteindruck eher der einer gewissen Schwerfälligkeit. Massenet scheint in dieser Oper wie gefangen von seinen eigenen musikalischen Mustern früherer Werke. Andererseits trug das schon durch die Stoffwahl offenkundig werdende Bemühen, auf den Spuren der damals überaus populären Oper *Hänsel und Gretel* von Humperdinck zu wandeln, nicht zum Gelingen eines eigenständigen Werkes bei. GPa

DIE ZARENBRAUT
(Tsarskaya nevyesta)

Drama in drei Akten von Nikolai Rimskij-Korssakow (1844–1908). Libretto von L. A. Mej (1822–1862) mit nachträglich angefügten Szenen von J. F. Tumenew. Uraufführung: Moskau, Solodownikow Theater, 3. November 1899.

Zweiter Akt der «Tosca» von Giacomo Puccini 1958 an der Mailänder Scala mit Tito Gobbi und Renata Tebaldi. Regie von Margherita Wallmann, Bühnenbilder von Nicola Benois.

HANDLUNG. Der Opritschnik (Leibgardist des Zaren) Grigory Griaznoi hat das Mädchen Ljubascha verführt und lebt nun mit ihr. Doch eines schönen Tages verliebt er sich in Marfa, die mit Lykow verlobt ist. Griaznoi bittet den Zauberer Bomelius um einen Liebestrank, der ihm Marfa gefügig machen soll. Ljubascha hat die Unterredung zwischen Grigory und Bomelius belauscht. Sie gibt sich dem Magier hin und läßt sich dafür versprechen, daß er Grigory statt des Liebestrankes ein tödliches Gift für Marfa geben werde. Da trifft plötzlich die Nachricht ein, daß der Zar, Iwan der Schreckliche, Marfa zur Gattin erwählt hat. Marfa wird somit Zarin, erkrankt aber schon bald an einem rätselhaften Leiden und stirbt. Griaznoi, der immer noch nicht verwinden kann, daß Marfa nicht die Seine geworden war, beschuldigt ihren früheren Verlobten, Lykow, sie aus Eifersucht umgebracht zu haben. Doch Lykow ist aus Schmerz über das Schicksal seiner einstigen Braut wahnsinnig geworden. Schließlich kann Ljubascha ihr schreckliches Geheimnis nicht mehr für sich behalten und beichtet Grigory ihre Tat. Grigory tötet sie und läßt sich dann widerstandslos von den Wachen des Zaren abführen.

• In der Gestalt der Opritschnik Grigory findet die Sinnlosigkeit und Willkür der Zarenherrschaft ihre Verkörperung. Die Oper wird dem Anspruch einer solchen Thematik allerdings kaum gerecht. Die Zusätze des Librettisten Tumenew, eines Schülers des Komponisten, tragen eher dazu bei, die spärlichen Vorzüge der Urfassung durch eine weitere Überbetonung der Züge des konventionellen russischen Schauerdramas noch zu vermindern. Rimskij-Korssakow zählte die Oper zwar zu seinen Hauptwerken, trotzdem sind heute von ihr nicht mehr als einige auf russische Volksweisen zurückgehende Melodien geblieben. RB

TOSCA

Oper in drei Akten von Giacomo Puccini (1858–1924). Libretto von Giuseppe Giacosa (1847–1906) und Luigi Illica (1857–1919) nach dem gleichnamigen Drama von Victorien Sardou (1831–1908). Uraufführung: Rom, Teatro Costanzi, 14. Januar 1900. Solisten: Hariclea Darclée, Emilio De Marchi, Eugenio Giraldoni. Dirigent: Leopoldo Mugnone.

PERSONEN. Floria Tosca, berühmte Sängerin (Sopran), Mario Cavaradossi, Maler (Tenor), Baron Scarpia, Chef der Polizei (Bariton), Cesare Angelotti (Baß), Spoletta, Scarpias Agent (Tenor), der Mesner (Baß).

HANDLUNG. Rom, Juni 1800. Erster Akt. Die Kirche Sant' Andrea della Valle. Der ehemalige Konsul der früheren Römischen Republik ist aus der Engelsburg geflohen und hält sich in der Kirche versteckt. Seine Schwester, die Marchesa Attavanti, hat ihm dort in der Familiengruft Kleider hinterlegt. In der Kirche ist der Maler Mario Cavaradossi dabei, eine Maria Magdalena zu malen, die eine auffällige Ähnlichkeit mit einer frommen Beterin, die regelmäßig hierherkommt, aufweist. Als der Maler schließlich allein ist, wagt sich Angelotti aus seinem Versteck hervor. Er hat in Cavaradossi einen alten Freund und Verfechter der gleichen politischen Ideale wiedererkannt. Da betritt eine Frauengestalt die Kirche. Angelotti versteckt sich schnell wieder. Marios Geliebte, Tosca, eine berühmte Sängerin, ist gekommen. Sie ist eifersüchtig, und das Flüstern, das sie bei ihrem Eintritt gehört hat, macht sie mißtrauisch. Cavaradossi beruhigt sie und verspricht ihr, nachts zur gewohnten Stunde zum Rendezvous zu kommen. Doch Tosca erkennt in dem Bildnis der Maria Magdalena die Attavanti und kann ihre Eifersucht kaum mehr zurückhalten. Cavaradossi weiß sie jedoch mit einem Vorwand wegzuschicken. Unterdessen ist Angelottis Flucht entdeckt worden. Ein Kanonenschuß trägt die Nachricht durch die ganze Stadt. Der Maler beschließt ohne Zögern, den Verfolgten in seiner Villa außerhalb der Stadt zu verstecken. Die beiden treten ab. Gleichzeitig verkündet der Mesner die Nachricht von der Niederlage Napoleons. Rasch füllt sich die Kirche mit gläubigem Volk, das in ein jubelndes *Tedeum* ausbricht. Auch Scarpia, der Polizeichef, betritt die Kirche. Er ist in Tosca verliebt, weiß aber, daß sie ein Verhältnis mit dem Maler Cavaradossi hat. Als er einen Fächer der Marchesa Attavanti findet und vom Mesner erfährt, daß der Maler die Kirche gerade in offensichtlicher Hast verlassen hat, vermutet Scarpia, daß Cavaradossi irgendwie mit der Flucht Angelottis zu tun hat. Tosca, die dem Geliebten doch nicht ganz geglaubt hat, kommt zurück, um ihn noch einmal zur Rede zu stellen und die nächtliche Verabredung abzusagen. Scarpia tritt ihr in den Weg und zeigt ihr – wohl wissend um ihre Eifersucht – den Fächer der Marchesa, den er soeben in der Kirche gefunden hat. Daraufhin eilt Tosca zu der Villa ihres Geliebten, fest überzeugt, ihn dort mit der vermeintlichen Rivalin zu entdecken. Dabei bemerkt sie nicht, daß ihr Scarpia einen Spitzel nachgeschickt hat, der sie nun verfolgt. Während das Volk seinen Dank für den Sieg über Napoleon weiter in einem gewaltigen *Tedeum* zum Ausdruck bringt, kniet Scarpia in frommer Gebärde nieder und heckt einen teuflischen Plan aus: Cavaradossi wird er auf's Schafott bringen und Tosca zu seiner Geliebten machen. Zweiter Akt. Scarpia sitzt in seinem Salon im Palazzo Farnese zu Tisch und grübelt genüßlich über seinen Plan nach. Aus einem benachbarten Gebäudeteil erklingen festlichen Weisen zur Feier des Sieges über Napoleon. Auch Toscas Stimme ist zu hören. Da wird der von Spoletta, dem Spitzel Scarpias, verhaftete Cavaradossi hereingeführt. Er weist die Beschuldigung des Polizeichefs, Angelotti versteckt zu halten, von sich. Scarpia hat Tosca ein Billett schicken lassen. Daraufhin kommt sie nun angstvoll herbeigeeilt. Cavaradossi wird bei ihrem Erscheinen in ein Nebenzimmer abgeführt. Er kann ihr gerade noch bedeuten, unbedingtes Schweigen zu wahren, dann schließt sich die Tür hinter ihm und es ist nur mehr das Stöhnen des Gefolterten zu hören. Tosca erträgt die Schmerzensschreie des Geliebten nicht und verrät Scarpia den Aufenthaltsort Angelottis. Da trifft plötzlich die überraschende Nachricht vom Sieg Napoleons bei Marengo ein. Cavaradossi, der in Scarpias Salon zurückgebracht worden ist, bricht unwillkürlich in ein begeistertes Lied auf die Freiheit aus. Damit hat er sich endgültig der Justiz Scarpias ausgeliefert. Sein Todesurteil steht damit fest und er wird abgeführt. Tosca fleht um Gnade für den Geliebten. Sie ist bereit, jeden Preis für sein Leben zu zahlen. Spoletta tritt ein und berichtet, daß Angelotti sich das Leben genommen habe, um der neuerlichen Verhaftung zu entgehen. Scarpia reagiert darauf mit der höhnischen Bemerkung, Cavaradossi werde ihm bald nachfolgen, es sei denn, Tosca könne sich bereitfinden, sich ihm, Scarpia, hinzugeben. In größter Verzweiflung nimmt Tosca die Erpressung an. Scarpia gibt daraufhin Befehl, Cavaradossi nur zum Schein zu erschießen. Hinter Toscas Rücken macht er diesen Befehl jedoch wieder rückgängig. Nachdem er einen Passierschein für Tosca und Cavaradossi unterzeichnet und Tosca ausgehändigt hat, glaubt er sich endlich am Ziel seiner Wünsche und versucht, Tosca zu umarmen und zu küssen. Doch diese ergreift ein Messer und ersticht ihn. Dann läuft sie mit dem Passierschein davon. Dritter Akt. Hof der Engelsburg. Cavaradossi wird im Morgengrauen aus seiner Zelle geführt. Sein letzter Gedanke gilt Tosca (*E lucean le stelle*) (*Und es blitzten die Sterne*). Da erscheint sie plötzlich und bringt ihm die Nachricht, daß seine Erschießung nur simuliert werden soll. Die Liebenden geben sich einem kurzen Traum von Glück und Hoffnung hin, bis das Exekutionskommando anmarschiert. Tosca rät dem Geliebten noch, sich geschickt fallen zu lassen, damit die Simulation seiner Erschießung nicht auffalle, und entfernt sich. Als sie, nachdem die Schüsse des Exekutionskommandos verhallt sind, zurückkommt und den Mantel, den die Soldaten über Cavaradossi geworfen haben, lüftet, findet sie den Geliebten tot vor. Da nähern sich Stimmen. Es ist Spoletta, der Scarpias Ermordung entdeckt hat und nun nach Tosca fahndet. Als er sich auf sie stürzen will, um sie festzunehmen, entwindet sie sich ihm und schwingt sich auf die Brüstung der Engelsburg. Mit dem Ruf: «Avanti a Dio» («Hinan zu Gott») springt sie in den Abgrund.

● Mit der *Tosca* bekennt sich Puccini einerseits zur veristischen Oper (Realismus im Detail, starke Betonung des Grausamen und Schlechten, Theatralik der stark auf Effekt bedachten Szenen), andererseits zur tragisch-heroischen Dimension der *Grand-Opéra*. Er hat damit das perfekte Gegenstück zum gefühlvollen Seelendrama der *Bohème* geschaffen. Die Fülle der musikalischen Einfälle (mehr als sechzig Themen treten leitmotivisch auf) muß sich dem sprunghaften Abfolge der Ereignisse bzw. Szenen und einem atemlos, ja fast zerhackt wirkenden Dialogstil fügen. In diesem gerade ist wesentlich die ungeheure Dramatik der Oper beschlossen. Die Uraufführung der *Tosca* fand in einer Atmosphäre der äußersten Spannung und Gereiztheit statt. Die Feindseligkeit einiger römischer Künstlerkreise gegen Puccini ließ Zwischenfälle durch organisierte Auspfeifer befürchten, und eine Viertelstunde vor Beginn der Aufführung verbreitete sich das Gerücht von einem bevorstehenden Attentat wie ein Lauffeuer durch das ganze Haus. Angesichts der angespannten politischen Lage und der erwarteten Anwesenheit der Königin schien dies nicht ganz unbegründet. Die künstlerische Leistung bei der Uraufführung wurde dadurch mit Sicherheit stark beeinträchtigt. Die Kritik jedenfalls fiel kühl bis äußerst negativ aus. Das Publikum dagegen jubelte. *Tosca* gehört auch heute noch zu den beliebtesten Opern überhaupt. RB

LOUISE

Oper (Roman musical) in vier Akten und fünf Bildern von Gustave Charpentier (1860–1956). Libretto vom Komponisten. Uraufführung: Paris, Opéra-Comique (Salle Favart), 2. Februar 1900. Solisten: Marthe Rioton, M. B. Deschamps-Jéhin, A. Maréchal, L. Fugère. Dirigent: André Messager.

PERSONEN. Louise (Sopran), die Mutter (Mezzosopran), Irma (Sopran), Camilla (Sopran), Margarethe (Sopran), das kleine Mädchen (Sopran), ein Schelm (Sopran), Elisa (Sopran), eine kleine Lumpensammlerin (Sopran), eine Zeitungsverkäuferin (Sopran), eine Kartonagenarbeiterin (Sopran), zwei Gemüseverkäuferinnen (Soprane), Gertrud (Mezzosopran), Susanne (Mezzosopran), Blanche (Mezzosopran), Madeleine (Mezzosopran), Henriette (Mezzosopran), Jeanne (Mezzosopran), eine Lehrerin (Mezzosopran), eine Straßenkehrerin (Mezzosopran), eine Milchverkäuferin (Mezzosopran), Julien (Tenor), der Vater (Bariton), ein Schlafwandler (Tenor), ein Narr (Tenor), ein Liedersänger (Tenor), ein junger Poet (Tenor), ein Student (Tenor), erster Philosoph (Tenor), zweiter Philosoph (Bariton), ein Trödler (Bariton), ein Alteisenhändler (Bariton), ein Maler (Bariton), ein Bildhauer (Bariton), eine Gemeindewache (Bariton), ein Schuster (Bariton), ein Lumpensammler (Baß), ein Kellner (Alt).

HANDLUNG. Die Handlung spielt in Paris zu Lebzeiten des Komponisten. Erster Akt. Eine bescheidene Wohnung. Louise, eine junge Schneiderin, turtelt mit Julien, einem jungen Poeten ohne Hab und Gut. Sie auf dem Balkon ihres Zimmers, er beugt sich aus dem Fenster seiner Dachkammer ein Stockwerk höher. So werden die beiden von Louises Mutter überrascht. Sie wirft dem Mädchen vor, sich mit einem Bohémien, einem Habenichts und Tunichtgut abzugeben. Auch der Vater ist dieser Meinung, zeigt sich Louise gegenüber aber verständnis- und liebevoller. Louise verspricht unter dem Druck der Schelte, Julien nicht mehr zu sehen. Als sie dann jedoch dem Vater aus der Zeitung vorliest, wie ganz Paris sich in Festlichkeiten und Lustbarkeiten ergeht, bricht sie plötzlich in Tränen aus. Zweiter Akt. Erstes Bild. Eine Straße am Montmartre im Morgengrauen. Die Stadt erwacht (Orchestervorspiel *Paris s'éveille*), die Leute begeben sich an ihre gewohnten Beschäftigungen, ein verspäteter Nachtschwärmer singt «*Je suis le plaisir de Paris*» als Ausdruck sorglosen Vergnügens. Auch Julien kommt in einer Gruppe von Freunden vorbei, versteckt sich aber schnell, als er Louise in Begleitung ihrer Mutter auf dem Weg in die Schneiderei erblickt. Sobald die Mutter außer Sicht ist, nähert er sich dem Mädchen und bedrängt es, seine Eltern zu verlassen und mit ihm zu leben. Louise ist hin- und hergerissen zwischen ihrer Verliebtheit und der Anhänglichkeit an die Eltern. Zweites Bild. In der Schneiderwerkstatt. Louise ist zerstreut und geistesabwesend. Sie beteiligt sich kaum am Geplauder und Gekicher ihrer Freundinnen. Da ist von draußen die Stimme Juliens zu hören. Louise behauptet, es sei ihr übel, und geht nach draußen. Vom Fenster aus beobachten die Freundinnen, wie sie mit dem jungen Bohémien weggeht. Dritter Akt. Louise und Julien leben in Montmartre. Sie sind glücklich und genießen die Freiheit, die ihnen die Stadt schenkt. Eine Gruppe von Bohèmiens mit einem Narren an der Spitze treibt ihren Schabernack auf der Straße und krönt Louise schließlich zur Musenkönigin von Montmartre. Das fröhliche Treiben findet abrupte Unterbrechung durch das plötzliche Auftauchen von Louises Mutter. Sie fleht die Tochter an, nach Hause zurückzukommen, sei es auch nur für kurze Zeit. Denn der Vater sei schwer erkrankt und liege nun im Sterben. Louise folgt der Mutter, nicht ohne Julien versprochen zu haben, bald wiederzukommen. Vierter Akt. In Louises Elternhaus. Der Vater ist genesen, aber die Eltern lassen Louise nicht aus dem Auge. Louise fühlt sich gefangen von ihrem Gefühl der kindlichen Treue für die Eltern. Gleichzeitig sehnt sie sich nach dem glücklichen, freien Leben mit Julien. Es kommt zu einer heftigen Auseinandersetzung mit den Eltern. Diese werfen ihr vor, ihre Liebe an einen Mann zu verschleudern, der sie doch nie zu heiraten gedenke. Louise verteidigt Julien leidenschaftlich. Da fühlt sich der alte Vater so verletzt und hintangesetzt, daß er der Tochter die Tür weist. Das Mädchen läuft davon, unglücklich, doch auch erleichtert. Sie wird in die Welt der unbeschwerten, etwas leichtsinnigen Lebensfreude, wie sie nur in der großen Stadt möglich ist, zurückkehren und ihr Elternhaus vergessen. Der alte Vater aber schickt ihr und dem Moloch Paris, der ihm das Liebste, das er auf Erden hatte, genommen hat, seinen Fluch nach.

● Vom Thema her hat die Oper *Louise* große Ähnlichkeit mit Puccinis vier Jahre früher entstandener *La Bohème*. Trotzdem sind die beiden Werke äußerst unterschiedlich. Die *Louise* ist eines der typischsten Werke des französischen Naturalismus, soweit dieser sich auch im Musiktheater niederschlug. Die Oper hatte großen Erfolg und erfreute sich bei allen Bevölkerungsschichten großer Beliebtheit. Mit der einfachen Gradlinigkeit ihrer Musik, mit der realistischen Hinwendung zum Konkreten, der Aufgeschlossenheit für die soziale Wirklichkeit und der Verherrlichung von Freiheit und Lebenslust entsprach sie den Bedürfnissen und Sehnsüchten der Pariser der damaligen Zeit. In mancher Hinsicht bedeutete dieser Realismus auf der Bühne eine große Kühnheit. Denn der Naturalismus mochte sich zwar in der Literatur durchgesetzt haben, am Theater war er in dieser Form noch sehr ungewohnt. Zum ersten Mal wurde das Alltagsleben der kleinen Leute in Paris auf die Bühne gebracht, Arbeiter, Midinetten, Straßenkehrer und Hausierer wurden zu Handlungsträgern der Oper. Ihr Gesang war von Ausrufen der Trivialsprache, wie sie tagtäglich auf der Straße zu hören waren, durchsetzt. Gerade an der Trivialität des Themas der Oper entzündeten sich die Geister, die Feindseligkeit der Traditionalisten und die Begeisterung der Neuerer hielten sich die Waage. *Louise* trägt auch autobiographische Züge. Charpentier hatte selbst lange als Bohémien in Montmartre gelebt und mit sozialistischen Ideen sympathisiert. Besonders die Festszene des dritten Aktes muß als direkte Reminiszenz an ein Ereignis aus dem Leben des Komponisten verstanden werden. Charpentier hatte nämlich selbst ein solches Künstler- und Arbeiterfest mit der Krönung einer Arbeiterin zur Musenkönigin veranstaltet und verschiedene Musikstücke dazu komponiert. Sie fanden alle Aufnahme in die entsprechende Opernszene. Später schrieb Charpentier als Fortsetzung der *Louise* die Oper *Julien*, konnte damit aber keinen auch nur annähernd so großen Erfolg erzielen. MS

Plakat zu «Louise» von Gustave Charpentier, eine Oper, die 1900 an der Opéra-Comique uraufgeführt wurde. Lithographie von G. Rochegrosse. Paris, Bibliothèque de l'Opéra.

PROMETHEUS (Prométhée)

Oper in drei Akten von Gabriel Fauré (1845–1924). Libretto von Jean Lorrain (1856–1906) nach einem Text von Ferdinand Hérold (1791–1833). Uraufführung: Béziers, Théâtre des Arènes, 27. August 1900. Solisten: Edouard de Max (Prometheus), Cora Laparcerie (Pandora). Dirigent: Charles Eustace.

HANDLUNG. Die Handlung der klassischen Mythologie wurde von den Librettisten geändert und um die Gestalt der Pandora ergänzt, die den Titan Prometheus liebt und versucht, ihn davon abzuhalten, den Menschen das Feuer zu schenken. Als Prometheus von Kratos, Bia und Hephaistos an den Felsen gekettet wird, bricht Pandora wie tot zusammen. In einer Grotte erwacht sie wieder zum Leben und hört die Schmerzensschreie des Titanen. Hermes schenkt Pandora ein goldenes Kästchen voller Tränen. Pandora bringt diese «Last» trotz der Proteste des Titanen zu den Menschen.

● *Prometheus* ist Faurés erste Oper. Sie stellt einen großartigen Versuch dar, eine neue Konzeption der Äschylos-Tragödie für das Musiktheater zu entwickeln. Das Werk wurde in Béziers im Freilichttheater der antiken Arena gegeben. Fauré schuf mit dieser Oper ein Beispiel, das schon bald durch Strawinsky, Debussy und andere Nachahmung finden sollte. Die Mischung von Sprech- und Gesangsszenen, wie er sie im *Prometheus* zum ersten Mal bringt, hat nach ihm Schule gemacht. Die Aufführung des Werkes erforderte ungeheuren Aufwand: siebenhundert Personen wirkten mit – im Orchester (zwei vollständige Bläserensembles, achtzehn Harfen), im Chor, im Corps de ballet, als Schauspieler und Sänger. Die rein bühnentechnischen Schwierigkeiten waren riesig und schienen unüberwindlich, obwohl Fauré in Castelbon de Beauhoste einen großzügigen Mäzen gefunden hatte. Während der Uraufführung brach ein Gewitter aus, so daß sie abgebrochen werden mußte und die Oper erst tagsdarauf vollständig gespielt werden konnte. Dann allerdings war der Erfolg triumphal. Auch im darauffolgenden Jahr wurde die Oper mit Begeisterung begrüßt. Im Jahr 1917 unternahm es Roger Ducasse, den *Prometheus* für ein normales Theater einzurichten. Die Oper ist das romantischste und zugleich das am stärksten von Wagner beeinflußte Werk Faurés. MS

DAS MÄRCHEN VOM ZAREN SALTAN (Skazka otzare Saltane)

Phantastische Oper in einem Vorspiel, vier Akten und sieben Bildern von Nikolai Rimskij-Korssakow (1844–1908). Libretto von V.I. Belschkij nach Alexander Puschkin. Uraufführung: Moskau, Solodownikow Theater, 3. November 1900.

HANDLUNG. Zar Saltan wählt die junge Militrissa (Sopran), eine von drei Schwestern, zur Frau. Sie soll ihm einen Helden als Sohn gebären. Das Kind Gwidon (zwei Schauspieler und ein Tenor) kommt während der Abwesenheit des Vaters zur Welt. Die eifersüchtigen Schwestern (Sopran und Mezzosopran) sehen damit die Gelegenheit gekommen, sich an der jungen Mutter zu rächen. Sie vertauschen den Brief der Zarin an ihren Gatten, in dem sie ihm das freudige Ereignis mitteilt, durch die Nachricht, die Zarin habe eine Mißgeburt zur Welt gebracht. Saltan verstößt seine junge Frau daraufhin. Er läßt sie mit dem Kind in ein Faß stecken und ins Meer werfen. Nach langem, gefahrvollen Treiben auf dem Meer wird das Faß schließlich auf einer verlassenen Insel an Land gespült. Dort rettet der junge Gwidon einem Schwan das Leben. Dieser verwandelt die Insel zum Dank in ein paradiesisches Eiland. So leben Gwidon und seine Mutter aus der Fülle der Natur. Doch der junge Held ist nicht glücklich, er begehrt seinen Vater zu kennen. Mit Hilfe des Schwans macht er sich auf den Weg, diesen zu suchen. Der Zar hat unterdessen von Schiffern von der wundersamen Insel weit draußen im Meer gehört und ist begierig, sie selbst zu sehen. Doch die Schwestern seiner verstoßenen Gattin, die die Wahrheit erahnen, raten ihm ab, die gefährliche Schiffsreise zu unternehmen. Gwidon ist mittlerweile beim Palast seines Vaters angekommen. Der Schwan hat sich in eine schöne junge Prinzessin (Sopran) verwandelt, die dem jungen Helden ihre Liebe schenkt. Als Gwidon dem Vater gegenübertritt, erkennt dieser in ihm seinen Sohn. Er nimmt ihn auf und läßt auch die Mutter zurückholen. Die beiden falschen Schwestern finden Verzeihung und alle leben glücklich zusammen.

● *Das Märchen vom Zaren Saltan* ist das sinfonischste Werk unter den Opern Rimskij-Korssakows und ein Meisterstück phantastischen Musiktheaters. Der Komponist schrieb es im Sommer 1899 zur Feier des hundertjährigen Geburtstags Puschkins auf Anregung seines Librettisten Belschkij.   RB

ZAZÀ

Oper in vier Akten von Ruggiero Leoncavallo (1858–1919). Libretto vom Komponisten nach dem gleichnamigen Schauspiel von C. Simon und P. Berton. Uraufführung: Mailand, Teatro Lirico, 10. November 1900. Solisten: Sosina Storchio, E. Garbin, S. Sanmarco. Dirigent: Ruggiero Leoncavallo.

PERSONEN. Zazà (Sopran), Anais, ihre Mutter (Mezzosopran), Nathalie, Zazàs Kammermädchen (Sopran), Floriane, Sängerin (Sopran), Madame Dufresne (Sopran), Milio Dufresne (Tenor), Cascart (Bariton), Bussy, Journalist (Bariton), Courtois, Impresario (Baß-Bariton), Auguste, Kammerdiener (Tenor), Marco, Bediensteter im Hause Dufresne (Tenor). Tänzer und Tänzerinnen, Sänger in Theaterkostümen, Clowns, Feuerwehrleute, Bühnenarbeiter, Komparsen.

HANDLUNG. Die Handlung spielt in Frankreich gegen Ende des neunzehnten Jahrhunderts. Erster Akt. In St. Etienne im Alcazar-Theater. Die Sängerin Zazà feiert Triumphe im Theater von St. Etienne. Nach der Vorstellung wird sie von dem Journalisten Bussy einem jungen Mann aus Paris, Milio Dufresne, vorgestellt. Sie verliebt sich auf den ersten Blick in ihn. Dufresne hingegen zeigt sich kühl und abweisend. Seinem Freund Bussy gibt er zu verstehen, daß er auf die Bekanntschaft mit dem Theatervölkchen keinen Wert lege, da er es für leichtfertig und frivol halte. Einige Abende später weiß Zazà es einzurichten, daß sie mit Dufresne allein bleibt. Da kann der junge Pariser Zazàs Charme und Schönheit trotz aller Vorurteile nicht widerstehen und bekennt sich zu seinen Gefühlen. Zweiter Akt. In Zazàs Haus. Dufresne lebt seit mehreren Monaten mit Zazà in ihrem Hause. Nun ruft ihn eine berufliche Reise für längere Zeit nach Amerika. Zazà bleibt allein zurück. Eines Tages erzählt ihr ihr Impresario Cascart, er habe Dufresne in Paris mit einer sehr elegant gekleideten Frau gesehen. Er bedrängt Zazà, Dufresne zu vergessen und ihre einträgliche Karriere als Sängerin, die sie um des Geliebten willen aufgegeben hatte, wieder aufzunehmen. Doch Zazà ist empört und wütend über den Verrat Dufresnes und bricht unverzüglich nach Paris auf. Dritter Akt. Im Hause Dufresnes. Milio Dufresne ist mittlerweile verheiratet und Vater einer kleinen Tochter. Er bereitet sich mit seiner Familie zur Auswanderung nach Amerika vor. Dies scheint ihm die einzige Möglichkeit, sich seinen Verpflichtungen aus seinem Verhältnis mit Zazà zu entziehen. In Dufresnes Abwesenheit verschafft sich Zazà Zugang zum Salon des Hauses, indem sie sich als eine Freundin der Gattin Dufresnes ausgibt. Auf dem Schreibtisch findet sie einen geöffneten Brief, dem sie die ganze Situation entnehmen kann. Als die kleine Tochter des Hauses glücklich und unbeschwert den Raum betritt und sich ihr vertrauensvoll zuwendet, wird Zazà klar, daß sie es nie über sich bringen wird, eine glückliche Familie zu zerstören, und geht traurig und verzweifelt weg. Vierter Akt. In Zazàs Haus. Die Sängerin ist nach St. Etienne zurückgekehrt und wird hier wieder von ihrem Impresario bedrängt, ihre Laufbahn als Sängerin neu aufzunehmen. Doch Zazà will eine Entscheidung erst fällen, wenn sie eine letzte Unterredung mit ihrem früheren Geliebten gehabt hat. Das Zusammentreffen mit Dufresne verläuft stürmisch. Zazà schleudert dem Geliebten ins Gesicht, daß sie über alles informiert sei und ihrerseits seiner Gattin von seinem Verhältnis mit ihr berichtet habe. Daraufhin bekennt sich Dufresne in rasender

Postkarte zur Erinnerung an die Uraufführung von Pietro Mascagnis Oper «Masken», die gleichzeitig in mehreren italienischen Städten stattfand. Mailand, Ricordi Archiv.

1901

Linkes Bild: Ružena Maturová in der Titelrolle und Bohumil Pták als «Prinz» als Solisten der Uraufführung von Antonin Dvořáks «Rusalka» 1901 am Nationaltheater in Prag. Prag,

Dvořák-Museum. Rechtes Bild: Vaclav Kliment als «Vodnìk» in Antonin Dvořáks 1901 am Nationaltheater in Prag uraufgeführter Oper «Rusalka». Prag, Dvořák-Museum.

Wut zu seiner Liebe zu seiner Ehegattin und schmäht sein Verhältnis zu Zazà mit verachtungsvollen Worten als rein sinnliche Beziehung. Angesichts solcher Gemeinheit faßt sich Zazà und sagt Dufresne, sie habe nur aus Zorn zu dieser Lüge gegriffen, in Wirklichkeit wisse seine Gattin nichts, und er könne beruhigt zu seiner Familie zurückkehren. Kaum ist Dufresne jedoch entfernt, bricht ihre mühsam bewahrte Haltung zusammen und sie gibt sich hemmungslos ihrem Schmerz hin.

● Nach dem *Bajazzo* ist *Zazà* Leoncavallos erfolgreichste Oper. Sie wird auch heute noch in Italien gespielt, insbesondere weil die Titelrolle zu den dankbarsten Partien im weiblichen Ausdrucksfach gehört. Eine der größten Interpretinnen der Zazà war Mafalda Favero. MSM

MASKEN
(Le Maschere)

Lyrische und heitere Komödie in drei Akten von Pietro Mascagni (1863–1945). Libretto von Luigi Illica (1857–1919). Uraufführung: gleichzeitig in sechs verschiedenen Städten Italiens am 17. Januar 1901. Dirigenten: in Mailand Toscanini, in Rom Leoncavallo.

HANDLUNG. Florindo liebt Pantalones Tochter Rosaura. Das junge Mädchen erwidert seine Zuneigung. Pantalone jedoch beabsichtigt die Tochter mit Kapitän Spaventa zu verheiraten. Colombine, das Dienstmädchen des Doktors Graziano, und Brighella schützen das Idyll der Verliebten. Um Rosauras Ehe mit Spaventa zu vereiteln, schüttet Brighella ein Pulver in den Wein, der den Hochzeitsgästen gereicht wird, das die Wirkung des Weines um ein Vielfaches steigert. In dem allgemeinen Trubel ist es unmöglich, den Ehevertrag zu unterzeichnen. Arlecchino, der Diener Spaventas, eilt Rosaura und Florindo ebenfalls zu Hilfe. Er weiß von den Kapitän kompromittierenden Dokumenten und verspricht, sie beizuschaffen. Diese sind aber in der Zwischenzeit bereits Doktor Graziano in die Hände gefallen. Mit der als Gendarm verkleideten Brighella stellt er Spaventa und enthüllt ihn vor versammelter Menge als Betrüger und Bigamist. Daraufhin bleibt Pantalone nichts anderes mehr übrig, als Florindo Rosauras Hand zu geben.

● Mit diese Oper wollte Mascagni «die Art der Oper eines Cimarosa und Rossini aufgreifen», eine Musik schreiben, die «einfach und eingängig, leicht wie die Handlung» sein sollte. In Rom, wo Mascagni selbst dirigierte, hatte die Oper guten Erfolg, vor allem bei späteren Aufführungen, in allen anderen Städten dagegen (Mailand, Turin, Genua, Venedig, Verona) kam sie nicht gut an. Möglicherweise waren die Erwartungen des Publikums durch die aufwendige vorherige Werbekampagne zu hochgespannt gewesen. Später fand das Werk dank seiner Vitalität, Frische und Volkstümlichkeit bei der Kritik wesentlich bessere Bewertung. AB

RUSALKA

Lyrisches Märchen in drei Akten von Antonin Dvořák (1841–1904). Libretto von Jaroslav Kvapil (1880–1940). Uraufführung: Prag, Tschechisches Nationaltheater, 31. März 1901.

HANDLUNG. Die Handlung erzählt die Geschichte einer Nixe (Rusalka), die Menschengestalt annimmt und sich in einen Prinzen verliebt. Nachdem sie der Geliebte verlassen hat, kehrt sie in ihr Wasserreich zurück. Doch der Prinz bereut seinen Verrat und folgt ihr ins Wasser.

● Die Oper geht auf ein in vielen slawischen Ländern bekanntes und beliebtes Märchen zurück und hatte – wohl nicht zuletzt deshalb – großen Erfolg in diesen Ländern. *Rusalka* ist die bekannteste der neun Opern Dvořáks und wird auch heute noch viel gespielt. MS

GRISELDIS (Griséldis)

Oper in drei Akten von Jules Massenet (1842–1912). Libretto von Armand de Silvestre (1837–1901) und Eugène Morand (1854–1928) nach einer Erzählung aus dem Mittelalter. Uraufführung: Paris, Opéra-Comique, 20. November 1901.

HANDLUNG. Der Marquis von Salus (Bariton) hat ein armes Bauernmädchen geheiratet und will nun um jeden Preis ihre treue Ergebenheit als Gattin beweisen. So beginnt für die unglückselige Griseldis (Sopran) ein langes Martyrium von Ungerechtigkeiten, Quälereien, Demütigungen und Grausamkeiten. Zuerst verstößt der Marquis seine Gattin und nimmt ihr die Kinder, dann schickt er sie mit nur einem armseligen Hemd bekleidet zu ihrem Vater zurück und schließlich holt er sie als Dienstmagd für die Prinzessin, die er sich als neue Braut erwählt hat, zurück. Griseldis erträgt alle diese Ungerechtigkeiten mit so großer Geduld und Gelassenheit, daß der Marquis beschließt, den grausamen Prüfungen ein Ende zu machen und sie wieder als seine Gattin bei sich aufzunehmen.

● Die Geschichte der Griseldis geht auf eines der *Lai* der Marie de France aus dem zwölften Jahrhundert zurück. Boccaccio machte die Gestalt der Griséldis zu einer seiner Heldinnen im Decamerone (fünfter Tag) und Petrarca schrieb eine Fassung der Geschichte in lateinischer Sprache. Dadurch fand sie in ganz Europa Verbreitung. Chaucer griff die Gestalt dann in seinem Werk *Griselda* auf und lehnte sich dabei wohl weitgehend an Boccaccio an. Musikalisch gehört die Oper zu Massenets schwächeren Werken. GPa

FEUERSNOT

Singgedicht in einem Akt von Richard Strauss (1864–1949). Libretto von Ernst von Wolzogen (1855–1934). Uraufführung: Dresden, Königliches Opernhaus, 21. November 1901. Solisten: Annie Krull, Karl Scheidemantel. Dirigent: Ernst von Schuch.

HANDLUNG. Sonnwendfeier in München im zwölften Jahrhundert. Die Kinder ziehen von Haus zu Haus, um Holz für das abendliche Sonnwendfeuer zu sammeln, mit dem nach alter Tradition der Einzug des Sommers gefeiert wird. Sie kommen auch ans Bürgermeisterhaus, wo ihnen die liebreizende Tochter des Bürgermeisters, Diemut (Sopran), Holz in einen Korb schichtet. Aus dem Haus gegenüber tritt ein Fremder (Bariton), der – das Sonnwendfest ganz vergessend – fragt, was der Lärm solle. Als er Diemut sieht, ist er wie gebannt von ihrem Liebreiz. Auch das Mädchen kann seinen Blick nicht von ihm wenden. Unter dem großen Erstaunen der Zuschauenden geht Kunrad, der Fremde, plötzlich auf Diemut zu und küßt sie fest auf den Mund. Das Mädchen flüchtet daraufhin verstört ins Haus zurück. Kunrad, der allein auf dem Platz vor dem Haus geblieben ist, bedrängt Diemut, ihn ins Haus zu lassen. Das Mädchen fordert ihn auf, sich in den Korb zu setzen, mit dem die Lasten auf den Dachboden gezogen werden. So will sie ihn mit dem Flaschenzug bis zu ihrem Balkon befördern. Kunrad steigt ein und das Mädchen zieht ihn hoch, läßt ihn dann aber auf halber Höhe in der Luft hängen. Auf dem Platz versammelt sich das Volk und spottet den genasführten stürmischen Liebhaber aus. Doch dieser rächt sich mit einer geheimnisvollen Anrufung eines Hexenmeisters. Mit einem Schlage gehen alle Lichter im Städtchen aus und auch das Sonnwendfeuer vor dem Ort verlischt. Dann schwingt sich der merkwürdige Fremde aus dem Korb auf Diemuts Balkon und wirft von dort aus der sittenstrengen und schadenfrohen Menge vor, sie hätte kein Verständnis für die unwiderstehliche Kraft der Liebe, daher solle sie, solange Diemut ihm nicht ihre Gunst gewähre, auch ohne Licht und Feuer (Feuersnot) sein. Die Leute drängen Diemut nun, sich dem Willen des geheimnisvollen Fremden zu unterwerfen. Diemut, die im Grunde auf nichts anderes wartet, zieht Kunrad in ihre Kammer und schließt die Tür hinter sich. Da gehen die Lichter im Dorf wieder an und das Sonnwendfeuer flackert von neuem hoch empor. Und die Dorfbewohner lobpreisen das Wunder der Vereinigung von Mann und Frau.

● *Feuersnot* erregte bei seinem Erscheinen beträchtliches Aufsehen wegen seines gewagten Themas und der zahlreichen nur zu deutlichen Anspielungen auf die Schwierigkeiten, auf die nicht nur Strauss selbst, sondern auch ein Künstler wie Wagner in München gestoßen war. Die Musik ist noch eine merkwürdige Mischung verschiedener Stile; Einflüsse Wagners, Mahlers und Bruckners sind unüberhörbar. Allerdings ist für das aufmerksame Ohr auch schon die Eigenheit der späteren Werke des Komponisten herauszuhören. RB

DER GAUKLER UNSRER LIEBEN FRAU (Le Jongleur de Notre-Dame)

Mirakel-Spiel in drei Akten von Jules Massenet (1842–1912). Libretto von M. Léna. Uraufführung: Monta Carlo, Théâtre du Casino, 18. Februar 1902. Dirigent: Léon Jéhin.

Mary Garden, die erste Sängerin der weiblichen Hauptrolle in der Oper «Pelléas und Mélisande» von Claude Debussy.

Plakat zur Uraufführung der Oper «Pelléas und Mélisande» von Claude Debussy an der Pariser Oper im Jahre 1902. Lithographie von G. Rochegrosse.

PERSONEN. Jean, der Gaukler (Tenor), Bruder Bonifaz, Klosterkoch (Bariton), Prior (Baß), Bruder Dichter (Tenor), Bruder Maler (Bariton), Bruder Musikus (Bariton), Bruder Bildhauer (Baß), zwei Engel (Sopran und Mezzosopran), ein Pförtner (Bariton), ein Geist (Bariton), ein Betrunkener (Baß), ein Reiter (Tenor), eine Stimme (Bariton), die Heilige Jungfrau (stumme Rolle). Mönche, Ritter, Bürger, Bauern, Händler, Klerus, Gassenjungen; ein unsichtbarer Engelchor.

HANDLUNG. Die Handlung spielt im vierzehnten Jahrhundert. Erster Akt. Marktplatz von Cluny. Es ist Markttag. Jean, der Gaukler, preist seine Kunst an und singt das *Weinhalleluja*. Da tritt der Prior des Klosters von Cluny an die Pforte und gebietet der Menge, sich zu entfernen. Das Volk stiebt auseinander, nur Jean, der Gaukler, bleibt zurück. Der Prior tadelt ihn wegen des blasphemischen Liedes. Jean ist tief bedrückt und bittet weinend um Vergebung. Da erbarmt sich der Prior des reuigen Gauklers und verspricht ihm die Fürsprache der Heiligen Jungfrau, wenn er sein Leben als Gaukler aufgebe und sich in frommem Gebet über den Altar beuge. Doch Jean zieht sein freies Leben der klösterlichen Strenge vor. Unterdessen ist der Bruder Koch hinzugekommen und bittet Jean um Hilfe bei der Zubereitung des Mahles für die Bruderschaft. Aus der Ferne ist der Betgesang der Mönche zu hören. Zweiter Akt. In der Abtei von Cluny. Jean stellt fest, daß das Leben in der Klostergemeinschaft – mit freier Kost und Logis und vielseitiger handwerklicher Tätigkeit – so schlecht nicht ist. Nach einer Hymne auf die Heilige Jungfrau, die der Bruder Dichter und der Bruder Musikus vorgetragen haben, fordert der Prior Jean auf, ebenfalls ein Lied zu singen. Jean sucht sich der Aufforderung zu entziehen, da er nur vulgäre Liedchen, aber keine frommen Gesänge kenne und sich daher der Ehre, zur Huldigung der Heiligen Jungfrau zu singen, nicht würdig fände. Da er sich nun wieder nutzlos in dem Kloster vorkommt, will er es endgültig verlassen. Aber die Mönche bedrängen ihn, bei ihnen zu bleiben und die Kunst, den Schöpfer zu loben, zu lernen. Schließlich gelingt es dem Bruder Koch, Jean davon zu überzeugen, daß gerade die niedrigsten der Brüder der Heiligen Jungfrau die liebsten seien. Für Unsere Liebe Frau gelten ein König und ein Gaukler gleichviel. Dritter Akt. In der Abteikirche. Die Mönche sind zum gemeinsamen Lobgesang der Jungfrau versammelt. Jean trägt bereits die Mönchstracht. Er bittet die Heilige Jungfrau, eine Huldigung auf seine Art darbringen zu dürfen. Dann legt er seine Mönchskutte ab und beginnt sein virtuoses Gauklerspiel. Der Bruder Maler sieht ihn und hält ihn für verrückt. Er eilt davon, den Prior zu holen. Dieser kommt unbemerkt von Jean mit dem Bruder Koch herbei und beobachtet ihn eine Weile. Dann will er sich auf den Gaukler stürzen und ihn in seinem frevlerischen Tun unterbrechen. Doch Bonifaz hält ihn zurück. Zwischen ihm und dem Prior entzündet sich ein heftiger Streit über die Zulässigkeit solch närrischen Tuns. Doch da geschieht das Wunder: Die Statue der Heiligen Jungfrau belebt sich und ein unsichtbarer Chor von Engeln preist die Demut des Gauklers. Die Mönche sind wie versteinert. Doch Jean hat von all dem nichts bemerkt. Er entschuldigt sich verlegen beim Prior für seine improvisierte, den Ordensregeln so gar nicht entsprechende Huldigung an die Jungfrau. Da senkt sich ein Heiligenschein auf sein Haupt und er bricht zusammen. Die Mönche fangen ihn in ihren Armen auf, und während die Heilige Jungfrau in den Himmel aufsteigt, gibt Jean, der Gaukler, seinen Geist auf.

● Massenet hat mit dieser Oper eine für ihn ganz neue Thematik aufgegriffen. Das die Oper bestimmende religiöse Element versteht er dabei nicht als konfliktauslösenden Gegenpol zu irdischen Leidenschaften, sondern verarbeitet es zu einem Werk mit lyrisch-elegischer Grundstimmung. Gerade diese Besonderheit ist es, die den *Gaukler unserer Lieben Frau* auch heute noch interessant macht. GPa

GERMANIA

Oper in einem Vorspiel, zwei Bildern und einem Nachspiel von Alberto Franchetti (1860–1942). Libretto von Luigi Illica (1857–1919). Uraufführung: Mailand, Teatro alla Scala, 11. März 1902. Solisten: Enrico Caruso, Mario Sammarco, A. Pinto, J. Bathory. Dirigent: Arturo Toscanini.

PERSONEN. Johann Philipp Palm (Baß), Friedrich Löwe, Student (Tenor), Karl Worms, Student (Bariton), Krysogenes, Student (Bariton), Ricke (Sopran), Jane, ihre Schwester (Mezzosopran), Lene Armuth, alte Bettlerin (Mezzosopran), Seppl, ihr Neffe (Sopran), Stapps, protestantischer Pastor (Baß), Ludwig Adolf Wilhelm Lützow (Baß), Karl Theodor Körner (Tenor), Frau Hedwig (Mezzosopran), der Kuhhirte Peters (Baß), der Chef der deutschen Polizei (Baß), eine Frau (Alt), ein junger Mann (Alt). Studenten, Soldaten, Polizisten, Mitglieder und Anhänger des «Tugendbundes», des Louisenbundes und der «Schwarzen Reiter», Holzfäller.

HANDLUNG. Vorspiel. In einer alten Mühle. Die Mühle dient einer Gruppe von Studenten als heimliche Druckerei.

Die Studenten versuchen den Widerstand gegen die Besetzung Deutschlands durch Napoleon zu organisieren. Ricke, die Schwester eines ins Feld gezogenen Studenten, wartet vergeblich auf Nachricht von ihrem Bruder und von ihrem Bräutigam Friedrich. Ein anderer Student, Karl Worms, hat dagegen eine Nachricht von Friedrich erhalten. Dieser kündigt ihm seine baldige Rückkehr und die Absicht, den Bund patriotischer Studenten «Tugendbund» zu gründen, an. Karl Worms hat seinem Freund Friedrich gegenüber ein schlechtes Gewissen, denn in dessen Abwesenheit hat er ihm sein Mädchen Ricke ausgespannt. Ricke versucht, mit Worms unter vier Augen zu sprechen. Sie will Friedrich alles ganz offen sagen. Worms aber bittet sie inständig, das nicht zu tun, nicht nur um ihrer Freundschaft willen, sondern auch, um ein Duell zu vermeiden, das einem von beiden das Leben kosten muß, wodurch das spärliche Häuflein der patriotisch gesinnten noch kleiner würde. Daraufhin verspricht Ricke, zu schweigen. Friedrich kommt mit der Nachricht vom Tode des Bruders zurück. Plötzlich wird Alarm gegeben. Die Polizei ist im Anmarsch. Erstes Bild. Ein Haus im Schwarzwald. Friedrich und Ricke heiraten. Die studentische Widerstandsgruppe hat sich nach dem erfolglosen Feldzug gegen die Franzosen zerstreut. Kurz nach der Hochzeitszeremonie kehrt Karl Worms zerlumpt und abgemagert in das heimatliche Dorf zurück. Er war in Gefangenschaft geraten, konnte jedoch fliehen. Als er erfährt, daß Friedrich und Ricke gerade geheiratet haben. will er nicht bleiben, sondern, ohne sich auch nur auszuruhen, gleich wieder aufbrechen. Zum Abschied bestellt er Friedrich zu einem Treffen in Königsberg. Während dieser Karl·den Weg zeigt, tut Ricke einen Schritt der Verzweiflung: Sie glaubt, die Wahrheit über ihr flüchtiges Verhältnis mit Karl Worms nicht mehr länger verschweigen zu können und schreibt Friedrich in ein paar Zeilen, was sich zwischen ihr und Worms abgespielt hat. Dann läuft sie davon. Zweites Bild. In einem Keller, der einer Geheimgesellschaft als Treffpunkt dient. Die meisten der Anwesenden sind maskiert. Einer der Geheimbündler wirft Worms Feigheit vor. Daraufhin reißen die beiden Männer erzürnt ihre Masken vom Gesicht, um zu sehen, wer sich dahinter versteckt. Der die Anschuldigung gegen Worms erhoben hat, ist niemand anderer als Friedrich. Worms verzichtet daraufhin, sich weiter mit Worten zu verteidigen, und verspricht, seinen Mut in der Schlacht unter Beweis zu stellen. Nachspiel. Die Ebene um Leipzig nach der Völkerschlacht. Ricke irrt suchend auf dem Schlachtfeld umher. Schließlich findet sie den schwer verwundeten Friedrich. Im Fieberwahn will er immer nur wissen, wer gesiegt habe. Als ihm Ricke «Deutschland» antwortet, erwacht er noch einmal zu vollem Bewußtsein und erkennt in der Stimme der Antwortenden seine junge Frau. Da bittet er sie mit letzter Kraft, Worms zu suchen und ihm zu sagen, daß er ihm verziehen habe. Ricke macht sich auf die Suche nach Karl Worms. Sie findet ihn endlich, tot und die Standarte krampfhaft umklammernd. Sie deckt die Fahne über seine Leiche und geht zu Friedrich zurück. Im tröstlichen Bewußtsein der Rettung des Vaterlandes stirbt er in ihren Armen.

● Die Oper huldigt der Vorliebe der großen deutschen Oper für mächtige Orchesterklänge und spektakuläre Bühneneffekte. Die patriotisch-romantische Grundstimmung der Oper ist so stark von realistischen Elementen durchsetzt, daß man ihren Komponisten zu Recht unter die junge italienische Schule der «Veristen» einordnen kann. Der Erfolg der Oper bei der Uraufführung war gut. MS

«Pelléas und Mélisande» von Claude Debussy in einer Aufführung in Spoleto. Bühnenbilder von Henry Moore.

INES
(Los amores da la Ines)

Zarzuela oder musikalisches Spiel von Manuel de Falla (1876–1946). Libretto von E. Dugi. Uraufführung: Madrid, Komödientheater, 12. April 1902.

Eine der fünf Zarzuelas, die de Falla in Zusammenarbeit mit A. Vives, einem Spezialisten dieses typisch spanischen Genres, geschrieben hat. Aber nur die *Los amores de la Ines* kamen zur Aufführung. Bruchstücke einer anderen Zarzuela, *La casa de Tocarne Roque* fanden im *Dreispitz* Verarbeitung.
MS

PÉLLEAS UND MÉLISANDE

Oper in fünf Akten von Claude Debussy (1862–1918). Libretto nach dem gleichnamigen Schauspiel (1892) von Maurice Maeterlinck (1862–1949). Uraufführung: Paris, Opéra-Comique, 30. April 1902. Solisten: Mary Garden (Mélisande), Gérville-Réache (Genoveva), Jean Périer (Pélleas), Hector Dufranne (Golo), Félix Vieuille (Arkel), Viguié (ein Arzt), C. Blondin (Yniold). Dirigent: André Messager.

PERSONEN. Arkel, König von Allemonde (Baß), Genoveva, Mutter von Pélleas und Golo (Alt), Pélleas und Golo, König Arkels Enkel (Tenor und Bariton), Mélisande (Sopran), der kleine Yniold, Golos Sohn (Sopran), ein Arzt (Baß). Diener und Dienerinnen, Arme, Frauen, ein Hirte, Chor von Schiffern, drei Greise.

HANDLUNG. Die Handlung spielt in dem imaginären Königreich Allemonde. Erster Akt. Erste Szene. König Arkels Sohn Golo ist auf der Eberjagd und findet dabei ein geheimnisvollen junges Mädchen weinend an einem Bache sitzend. Das Mädchen weiß weder, woher es kommt, noch wer ihm etwas zuleide getan hat. Nur an seinen Namen erinnert es sich: Mélisande. Golo nimmt sie mit sich, und sie erklärt sich einverstanden, ihn zu heiraten. Zweite Szene. In einem Saal im Schlosse des Königs Arkel. Genoveva, die Mutter der Stiefgeschwister Golo und Pélleas, liest König Arkel einen Brief vor, in dem Golo den Großvater bittet, mit seiner Braut Mélisande an den Königshof zurückkehren zu dürfen. In drei Tagen wird er eintreffen und die Schwelle des Schlosses nur überschreiten, wenn ihm eine Lampe am Schloßturm anzeigt, daß seine Braut dem Hofe willkommen ist. Arkel ist einverstanden. Golo ist schon seit einiger Zeit verwitwet und hat einen kleinen Sohn, so ist es nur gut, wenn er sich wieder vermählt. Dritte Szene. Vor dem Schloß. Ein stürmischer Abend. Pélleas empfängt den Bruder und seine Braut. Golo bittet ihn, Mélisande ins Schloß zu führen, während er seinen kleinen Sohn begrüßen geht. Pélleas berichtet, daß er das Schloß am nächsten Tag verlassen müsse. Mélisande zeigt sich betrübt darüber. Zweiter Akt. Erste Szene. Im Schloßpark. Pélleas führt Mélisande zu einer wunderbaren Quelle, von der es heißt, ihr Wasser würde Blinde sehend machen. Mélisande beugt sich über den Brunnen. Dabei verliert sie den Ring, den ihr Golo gegeben hat. Es ist ein Ring mit Wunderkräften. Zweite Szene. Im Schloß. Golo liegt mit einer schweren Verwundung darnieder. Mélisande pflegt ihn liebevoll. Aber Golo bemerkt, daß sie seinen Ring nicht mehr trägt und ist beunruhigt. Mélisande erzählt, sie habe ihn in einer Grotte am Meer verloren. Daraufhin schickt er sie sofort, den Ring zu suchen. Da es schon Nacht ist, soll sie Pélleas begleiten. Dritte Szene. Pélleas und Mélisande sind vor der Grotte angekommen. Im Mondlicht erblicken sie drei schlafende Bettler. «Wecken wir sie nicht, sie schlafen noch tief», meint Pélleas. Dritter Akt. Erste Szene. Im Schloßturm. Mélisande steht mit gelösten Flechten am Fenster und singt. Pélleas tritt unter das Fenster, um sie zu grüßen. Mélisande neigt sich zu ihm herab, um ihm die Hand zu reichen. Dabei fällt ihr wallendes Haar über ihn. Er faßt es und schlingt es mit den Zweigen einer Trauerweide zu einer Flechte. In dieser Haltung überrascht sie Golo. Der Keim der Eifersucht ist gelegt. Zweite Szene. In den Kellergewölben des Schlosses. Golo fragte den Stiefbruder, ob er je den Abgrund gesehen haben. «Einmal» antwortet dieser. Rasch verlassen beide das düstere Gewölbe. Dritte Szene. Eine Terrasse am Ausgang des Kellergewölbes. Golo gibt Pélleas zu verstehen, er täte gut daran, Mélisande jetzt, da sie guter Hoffnung sei, zu meiden. Vierte Szene. Vor dem Schloß. Golo kann seine Eifersucht auf Pélleas nicht mehr verleugnen. Er fragt den kleinen Yniold, was die beiden denn zusammen machen, wenn sie allein sind. Dann hebt er das Kind in Fensterhöhe, damit es Pélleas und Mélisande beobachte. Yniold sagt, sie säßen still und schweigend da. Dann bricht der Knabe erschreckt in Weinen aus. Vierter Akt. Erste Szene. Ein Flur im Schloß. Pélleas hat beschlossen, den Königshof zu verlassen. Er hat Mélisande um ein letztes Treffen gebeten. Da tritt Golo ein, packt Mélisande an den Haaren und schleudert sie zu Boden. Der alte Arkel, der auch dazukommt, protestiert erfolglos. Er hält Golo für betrunken. Zweite Szene. Der Brunnen im Park. Der kleine Yniold sucht eine goldene Kugel. Kaum ist er verschwunden, betreten Pélleas und Mélisande die Szene. Endlich begreifen sie, daß sie sich lieben, und gestehen sich ihre Liebe ein. Zum ersten und letzten Male sinken sie sich in die Arme. Doch Golo hat sie beobachtet. Er stürzt aus seinem Versteck hervor und ersticht den Halbbruder. Mélisande läuft von Entsetzen gepackt davon. Er verfolgt sie und bringt ihr ebenfalls eine Wunde bei. Fünfter Akt. Ein Zimmer im Schloß. Die zarte Mélisande liegt auf dem Totenbett. Das Kind, das sie erwartete, hat sie zu Welt gebracht. Golo ist verzweifelt und fühlt sich schuldig, trotzdem kann er seine immer noch bohrende Eifersucht nicht unterdrücken und dringt noch in die Sterbende, um ihr ein Geständnis ihrer Schuld zu entringen. Doch Mélisande begreift ihn nicht mehr. Sie antwortet nicht auf seine Fragen. Ihr letzter Blick gilt dem neugeborenen Kinde, dann stirbt sie. König Arkel beschließt die Handlung mit den Worten: «Die menschliche Seele ist verschwiegen».

● *Pélleas und Mélisande* ist Debussys einziges Bühnenwerk. Trotzdem kann es gleichzeitig als sein Hauptwerk gelten. Es ist sogar als eine der besten Opern überhaupt zu betrachten. Bei der ersten Aufführung des Schauspiels von Maeterlinck im Jahre 1892 hatte Debussy bereits einige Gestalten daraus musikalisch skizziert. Er hatte in *Pélleas und Mélisande* den Text gefunden, den er seit langer Zeit suchte. Maeterlincks Werk ist eines der typischsten des Symbolismus und entsprach damit ganz den Neigungen, die Debussy im Kontakt mit Verlaines Poesie und dem Kreis um Mallarmé gefaßt hatte. Debussys Komposition ist dem musikalischen Impressionismus zuzurechnen. Er arbeitete sehr lange an diesem Werk: von 1893 bis 1901. Als es schließlich fertig war, stieß es beim damaligen Leiter der Opéra-Comique, Albert Carré, auf völlige Ablehnung. Carré war außerstande, diese neue Sprache der Musik und dramatischen Konzeption zu begreifen. Nur dank des Drucks des Dirigenten André Messager, der den hohen Wert der Oper erkannt hatte, kam es schließlich doch zur Aufführung. Debussy hat aus Dankbarkeit für diese

Karikatur von der Hand Enrico Carusos, auf der der berühmte Tenor als «Maurizio» mit Lina Cavalieri als «Adrienne Lecouvreur» in Francesco Cileas gleichnamiger Oper zu sehen sind.

Unterstützung André Messager in seine Widmung eingeschlossen (ursprünglich war das Werk nur Georges Hartmann gewidmet gewesen). Die Uraufführung fand in einer Atmosphäre äußerster Gespanntheit statt. Maeterlinck selbst hatte seine Beziehungen zu Debussy und dem Theater abgebrochen, nachdem für die Titelrolle nicht seine Gattin Georgette Leblanc, sondern die Sängerin Mary Garden gewählt worden war. Der belgische Dichter sah die Oper erst bei einer New Yorker Aufführung im Jahre 1920. Die Besetzung der Uraufführung war erstklassig, aber die Qualität der Sänger reichte nicht aus, um die Gegner des neuen Stils zu überzeugen und zum Schweigen zu bringen. Der Mißerfolg war spektakulär: Lachen und Pfeifen waren stärker als der Beifall. Allerdings fand die Oper auch leidenschaftliche Verfechter zum Beispiel in einer Gruppe Musikstudenten und in jungen Komponisten wie Ravel, Dukas, Satie und anderen. Auch der angesehene Kritiker der Zeitung «Le Temps», P. Lalo, schlug sich auf deren Seite. Die entschiedene Haltung dieser einflußreichen Gruppe und die Festigkeit des Dirigenten André Messager bewirkten, daß die Oper immerhin an vierzehn Abenden aufgeführt wurde, und sich der Sturm der Entrüstung der eingefleischten Traditionalisten allmählich etwas legte. Überall, wo das Werk später aufgeführt wurde, löste es allerdings erst einmal heftige Auseinandersetzungen aus. Doch gelang ihm schließlich überall der Durchbruch, und heute zählt die Oper ohne Zweifel zu den bedeutendsten der ganzen Operngeschichte. Der Komponist hatte allerdings unter den endlosen aufreibenden Auseinandersetzungen so gelitten, daß er nie mehr wieder für das Theater schrieb.
MS

ADRIENNE LECOUVREUR
(Adriana Lecouvreur)

Oper in vier Akten von Francesco Cilea (1866–1950). Libretto von Arturo Colautti (1851–1914) nach dem Drama «Adrienne Lecouvreur» von Eugène Scribe und Ernst Legouvé (1849). Uraufführung: Mailand, Teatro Lirico, 6. November 1902. Solisten: Angelica Pandolfini, Edvige Ghibaudo, Enrico Caruso, Giuseppe De Luca, E. Sottalana, E. Giordani. Dirigent: Cleofonte Campanini.

PERSONEN. Adrienne Lecouvreur, Schauspielerin an der Comédie Française (Sopran), die Prinzessin von Bouillon (Mezzosopran), Moritz, Graf von Sachsen (Tenor), Michonnet, Spielleiter an der Comédie Française (Bariton), der Prinz von Bouillon (Baß), der Abt von Chazeuil (Tenor), Mademoiselle Dangeville, Mitglied der Comédie (Mezzosopran), Quinault, Mitglied der Comédie (Baß), Poisson, Mitglied der Comédie (Tenor), ein Majordomus (Tenor), eine Kammerfrau (stumme Rolle). Damen und Herren, Diener. Ballett: Paris, Merkur, Juno, Pallas, Venus, Iris, Amazonen, Amor.

HANDLUNG. Die Handlung spielt um 1730 in Paris. Erster Akt. Im Foyer der Comédie Française. Kurz vor Beginn der Aufführung des *Bajazet* von Racine. Michonnet, der Spielleiter, sieht überall ein letztes Mal nach dem Rechten. Der Prinz von Bouillon, der Geliebte der berühmten Schauspielerin Duclos, trifft in Begleitung des Abtes von Chazeuil ein. Die Schauspielerin Adrienne probt ein letztes Mal ihre Rolle. Die Duclos befindet sich noch in ihrer Garderobe und schreibt einen Brief. Der Prinz ist mißtrauisch und beauftragt den Abt von Chazeuil, den Brief abzufangen. Michonnet und Adrienne sind unterdessen allein geblieben. Michonnet will die Gelegenheit ergreifen, um der Schauspielerin seine Liebe zu gestehen. Aber Adrienne kommt ihm mit dem Bekenntnis, daß sie sich unsterblich in einen jungen Offizier aus dem Gefolge des Grafen Moritz von Sachsen verliebt hat, zuvor. Sie weiß nicht, daß der fragliche Offizier der Graf selbst ist. Da trifft dieser selbst zur Vorstellung ein. Adrienne reicht ihm zur Begrüßung ein Veilchensträußchen. Der Prinz von Bouillon hat unterdessen den abgefangenen Brief der Duclos gelesen. Er ist an den Prinzen Moritz von Sachsen gerichtet und enthält eine Einladung in ihre Villa, die ihr der Prinz vor einiger Zeit zur Verfügung gestellt hat. Aus Zorn lädt der Prinz von Bouillon ebenfalls Freunde und Schauspieler zu einem geselligen Abend nach der Aufführung in die Villa der Duclos ein. Er weiß nicht, daß die Einladung, die die Duclos geschrieben hat, eine Einladung seiner eigenen Frau, der Prinzessin von Bouillon ist, die seit geraumer Zeit auf diese Art und Weise Freunde empfängt, von denen der Gatte nichts wissen soll. Moritz von Sachsen nimmt die Einladung an, denn er glaubt, es gehe um «politische Gründe», wie es in dem Schreiben heißt. Bouillon lädt auch den Abt zu der geselligen Zusammenkunft ein und gibt ihr einen Schlüssel zum Hause, damit sie jederzeit kommen und gehen kann. Zweiter Akt. Ein Salon in der Villa der Schauspielerin Duclos. Die Prinzessin von Bouillon wartet auf Moritz von Sachsen, in den sie sich verliebt hat. Moritz kommt zu der Verabredung, denn er hat ein großes politisches Interesse: es geht um seine Anwärterschaft auf den polnischen Königsthron. Die Prinzessin spürt, daß sein Interesse als Mann nicht ihr, sondern einer anderen Frau gilt. Um sie abzulenken und ihr zu schmeicheln, gibt er ihr das Veilchensträußchen, das er selbst von Adrienne bekommen hat. Da treffen der Prinz und die übrigen Gäste ein. Die Prinzessin versteckt sich in einem Nebenzimmer. Adrienne findet heraus, wer ihr bewunderter Offizier tatsächlich ist. Er erklärt ihr die Situation und bittet sie, der Dame, deren Namen er nicht nennt, unbemerkt aus dem Hause zu helfen. Adrienne läßt daraufhin alle Lichter verlöschen und steckt in der Dunkelheit und allgemeinen Verwirrung der Prinzessin im Nebenzimmer die Hausschlüs-

Kostümentwurf für die Titelgestalt in «Adrienne Lecouvreur» von Francesco Cilea in einer Zeichnung Jean-Denis Malclès' von 1953.

sel zu, damit sie fliehen kann. Dabei muß sie jedoch entdecken, daß sie in dieser unbekannten Frau eine scharfe Rivalin hat. Dritter Akt. Ein Salon im Palais des Prinzen von Bouillon. Die Prinzessin empfängt Gäste und hofft, dabei herauszufinden, wer die unbekannte Rivalin ist. Als sie Adriennes Stimme hört, glaubt sie, die Frau, die ihr zur Flucht verholfen hat, wiederzuerkennen. Um jedoch ganz sicher zu gehen, stellt sie sie mit dem Bericht von einer schweren Verwundung des Grafen Moritz von Sachsen auf die Probe. Adriennes Reaktion läßt keinen Zweifel mehr über ihre Gefühle für den Grafen zu. Als dann aber wenig später Moritz gesund und munter vor ihr steht, begreift sie, wer die versteckte Dame war. Es kommt zu einem heftigen Wortwechsel zwischen den beiden Frauen. Die Prinzessin ergeht sich in überdeutlichen Anspielungen auf eine bestimmte neue Freundin des Grafen, und Adrienne rächt sich dadurch, daß sie ein kostbares goldenes Armband vorzeigt, das eine gewisse hochgestellte Dame auf der Flucht nach einem heimlichen Stelldichein verloren habe. Der Prinz erkennt das Armband seiner Frau. In der allgemeinen Verlegenheit fordert die Prinzessin Adrienne unbefangen auf, doch ein Stück aus einer ihrer Rollen zu rezitieren. Adrienne deklamiert den Monolog der *Phädra* und richtet dabei die abschließenden Worte der Verfluchung ganz deutlich an die Prinzessin. Vierter Akt. Ein Salon im Hause Adriennes. Die Schauspielerin feiert ihren Geburtstag. Zahlreiche Freunde sind gekommen, ihr Glückwünsche zu bringen. Da wird ein Geschenk gebracht: ein Kästchen mit Veilchen, die ihr Moritz von Sachsen geschenkt hat. Adrienne greift gerührt nach den verwelkten Blümchen und riecht lange daran. Da wird sie von einer plötzlichen Übelkeit befallen. Die Prinzessin hat die Veilchen mit einem giftigen Duftstoff präparieren lassen und sie Adrienne als Rache für die Kühnheit ihres Verhaltens geschickt. Als Graf Moritz von Sachsen vorspricht und um Adriennes Hand anhalten will, hat sie nur noch kurz zu leben. Sie stirbt in den Armen des Geliebten.

● Die Titelgestalt ist historisch. Adrienne Lecouvreur war eine berühmte Schauspielerin der Comédie Française, die in allen Werken von Corneille, Racine und Voltaire spielte. Sie lebte von 1692 bis 1730. Cilea konnte, als er die Arbeit an der *Adrienne Lecouvreur* begann, bereits auf seinen Erfolg mit der Oper *Das Mädchen von Arles* zurückblicken. Auch diese Oper, die zur Eröffnung der Mailänder Theatersaison am *Teatro Lirico* geboten wurde, hatte großen Erfolg und fand auch bald Verbreitung im Ausland. Allmählich aber ging das Interesse an der Oper merklich zurück. Cilea beschloß daraufhin, die Partitur zu straffen. In dieser zweiten Fassung kam das Werk im Jahre 1930 in Neapel im Teatro San Carlo zur Aufführung. Diese zweite Fassung konnte sich ohne Schwierigkeiten durchsetzen. Für viele ist die *Adrienne Lecouvreur* Francesco Cileas Hauptwerk. MS

DER FREMDE
(L'Étranger)

Oper in zwei Akten von Vincent d'Indy (1851–1931). Libretto vom Komponisten. Uraufführung: Brüssel, Théâtre de la Monnaie, 7. Januar 1903.

HANDLUNG. Der Fremde ist ein Mensch, der alle seine Gefühle einem Ideal geopfert hat, ohne zu begreifen, daß alles menschliche Streben vergeblich ist, wo es nur aus egoistischen Individualismus heraus geboren ist. Er schifft ohne Unterlaß auf den Weltmeeren umher und bezwingt, dank eines Smaragds, der einst dem Apostel Paulus gehört hatte, alle Stürme. Er liebt das Mädchen Vita, das sein scheinbar kaltes und uninteressiertes Verhalten nicht versteht und versucht, ihn eifersüchtig zu machen. Es gelingt ihr, ihm das Geheimnis des Smaragds zu entlocken. Mit der Preisgabe des Geheimnisses aber hat der Stein seine Wunderkraft verloren. Vita schleudert das Amulett ins Meer und löst damit einen schrecklichen Sturm aus, bei dem ein Boot kentert. Niemand wagt den Schiffbrüchigen zu Hilfe zu kommen. Nur der Fremde läßt sich von dem Wüten des entfesselten Elements nicht abschrecken und steuert mit einem Boot zur Rettung der Schiffbrüchigen aufs Meer hinaus. Vita hat sich ihm angeschlossen. Doch das Boot der beiden geht im Sturm unter.

● *Der Fremde* ist erkennbar beeinflußt von Wagner (Anlehnung an die geheimnisvolle und symbolhaltige Atmosphäre des *Fliegenden Holländers* sowie an den romantischen Mystizismus des *Parsifal*). Darüber hinaus dürfte sich d'Indy aber auch an César Franck und an der Ibsenschen Gestalt des *Brand* inspiriert haben. Leider ist die Musik der Oper nicht auf der Höhe der anspruchsvollen moralisch-psychologischen Problematik des Themas. Nur im zweiten Akt erweist sich der Komponist als wirklich musikalisch schöpferisch. Debussy allerdings beurteilte die Oper relativ positiv. Er schrieb darüber: «Diese Oper ist eine bewundernswerte Lektion für all diejenigen, die an die zu uns importierte brutale Ästhetik glauben, die alles, was Musik ist, unter dick aufgetragenem Realismus erstickt.» AB

OCEANA

Phantasie in drei Akten von Antonio Smareglia (1854–1929). Libretto von Silvio Benco (1874–1949). Uraufführung: Mailand, Teatro alla Scala, 20. Januar 1903. Dirigent: Arturo Toscanini.

HANDLUNG. Nersa ist ein junges Mädchen, das von Nomaden abstammt. Vadar, der alte Stammeshäuptling, der nach dem Tode seiner Frau mit dem Bruder Hareb zusammelebt, hat Nersa bei sich aufgenommen. Er hat sich in sie verliebt. Doch das junge Mädchen erwidert seine Zuneigung nicht, sein ganzes Sehnen gilt der Natur, dem Unbekannten, dem Unendlichen – dem Unnennbaren. Während Nersa so ihren Träumen nachhängt, tritt Ers, der Meergeist und Sendbote des Gottes Init, vor sie und fragt sie, ob sie des Gottes Braut werden wolle. Nersa sieht ihre unstillbaren Sehnsüchte der Erfüllung nahe und gibt ihre Einwilligung. Drei Tage und drei Nächte verbringt sie an der Küste des Meeres unter der strengen Bewachung zweier Meeresgeister. Dies ist die Vorbereitung, die Init von seiner Braut verlangt. Doch Vadar hat den Verlust Nersas nicht verwunden. Er hat sich auf die Suche nach ihr gemacht und holt sie zurück. Nersa erklärt sich schließlich einverstanden, den alten Vadar zu heiraten. Doch am Tage ihrer Hochzeit überfällt sie die alte Sehnsucht nach dem Unbekannten. Da taucht Init auf. Vadar begreift, daß er das Sehnen des jungen Mädchens nicht erfüllen kann, und verzichtet auf sie. Nur einen Wunsch bedingt er sich vom Gotte Init aus: daß er den Schmerz dieses Verzichts nicht bei vollem Bewußtsein und Verstand erleiden muß. Der Gott gewährt ihm seine Bitte und versenkt ihn in barmherzige Umnachtung.

• *Oceana* gilt als Smareglias bestes Werk. Das Libretto ist allerdings ziemlich schwach. Es besteht aus einer losen Aneinanderreihung einzelner Bilder, ohne echten inneren Zusammenhalt. Die Musik ist etwas einförmig, ohne den belebenden Gegensatz zwischen lyrischen und dramatischen Szenen. Insgesamt entbehrt die Partitur der Lebendigkeit.

RB

TIEFLAND

Musikdrama in einem Vorspiel und drei Akten von Eugen D'Albert (1864–1932). Libretto von Rudolf Lothar nach dem katalanischen Schauspiel «Terra baixa» von Angel Guimerà (1896). Uraufführung: Prag, Neues Deutsches Theater, 15. November 1903.

HANDLUNG. Der Hirte Pedro (Tenor) ist ein einfacher und derber Mensch. Für ihn gibt es nur seine Herde und den Wolf – das Gute und das Böse. Und das Böse besiegt er, indem er dem Wolf Fallen stellt. Er lebt auf einer einsamen Pyrenäen-Hochalpe. Unten im katalanischen Tiefland lebt der reiche Grundbesitzer Sebastiano (Bariton), ein egoistischer, herrschsüchtiger Mensch, dem alle Ländereien, soweit das Auge reicht, gehören, und der die Leute, die für ihn arbei-

Zwischenvorhang von F. Laurenti zu «Die neugierigen Frauen» von Ermanno Wolf-Ferrari, 1967. Venedig, Archiv des Theaters La Fenice.

ten, unerbittlich unter seine Knute zwingt. Senor Sebastiano will das Mädchen Martha (Sopran), das er eines Tages halb verhungert von der Straße aufgelesen und seinen Wünschen gefügig gemacht hatte, nun an Pedro verheiraten. Mit dem einfältigen Pedro als Mann – so rechnet Sebastiano – wird ihm Martha auch weiterhin immer zur Verfügung stehen, wenn er Lust verspüren sollte. So steht seiner Heirat mit einer reichen Hoferbin nichts mehr im Wege. Martha kann Pedro ihr Unglück nicht verbergen. Als der Hirte schließlich begreift, welches Spiel Sebastiano mit ihr und ihm treibt, tötet er ihn ohne Zögern, so wie er den Wolf, der seine Schafe überfallen will, tötet. Dann zieht er mit seiner Herde und mit Martha, die ihr leid- und schmachvolles Schicksal zu vergessen sucht, in die Einsamkeit seiner Alp zurück.

● *Tiefland* ist Eugen D'Albert populärstes und erfolgreichstes Werk, auch das einzige, in dem der Komponist ein nicht im deutschen Raum spielendes Thema gewählt hat.   MS

DIE NEUGIERIGEN FRAUEN
(Le donne curiose)

Musikalische Komödie von Ermanno Wolf-Ferrari (1876–1948). Libretto von L. Sugana nach der gleichnamigen Komödie von Carlo Goldoni (1707–1793). Uraufführung: München, Residenztheater, 27. November 1903. Solisten: Paul Bender, Huhn, Tordek, Koppe, Friedrich Brodersen, Hermine Bosetti, Hans Breuer, George Sieglitz. Dirigent: Ermanno Wolf-Ferrari.

HANDLUNG. Eine Gruppe von Venezianern hat sich zu einem Klub zusammengeschlossen und ein Haus als Ort der Zusammenkunft für alle geplagten Ehegatten eingerichtet, die ihren neugierigen Weibern für eine Weile entgehen wollen. Doch die Frauen sind sofort mißtrauisch und vermuten, daß sich die Ehegatten dort mit anderen Frauen treffen. Das Dienstmädchen Colombina (Sopran) weiß Florindo (Tenor) den Ort des Treffpunkts des Freundeskreises zu entlocken und stiehlt dann Ottavio (Baß) den Schlüssel zu dem Haus. Ottavios Frau Beatrice (Mezzosopran) versucht mit Colombina, in das Haus hineinzukommen, aber der Kaufmann Pantalone (Buffo-Baß) hält sie auf. Da kommen Florindo, Ottavio und eine verschleierte Dame dazu. Florindo ist empört über letztere, denn er muß in ihr seine Verlobte Rosaura (Sopran) erkennen. Erzürnt fragt er sie, ob sie etwa kein Vertrauen in ihn habe. Die Frauen werden nicht eingelassen. Doch sie überreden Arlecchino, einen Diener, ihnen zu helfen und sie zum Fenster hineinsehen zu lassen. Alles was sie sehen, sind ihre Ehegatten, die vergnügt zu Tische sitzen. Da stürzen sie in den Speisesaal und bitten um Verzeihung für ihre unverzeihliche Neugier. Nachdem der erste Zorn der Männer über die neuerliche Störung verraucht ist, machen diese gute Miene zum bösen Spiel und führen ihre Frauen zu einem fröhlichen Tanz um das junge Brautpaar Florindo und Rosaura.

● In seiner ersten Oper *Cenerentola* hatte Wolf-Ferrari den Text deutlich hinter der Musik zurücktreten lassen. Hier, in *Die neugierigen Frauen* dagegen, setzt er die Musik fast nur als kommentierenden Träger des Goldoni-Textes ein. Die Oper wurde zum ersten Mal in München, wo Wolf-Ferrari an der Schule von J. Rheinberger seine musikalische Ausbildung vervollkommnete, aufgeführt.   EP

KÖNIG ARTUS
(Le Roi Arthus)

Oper in drei Akten von Ernest Chausson (1855–1899). Libretto vom Komponisten. Uraufführung: Brüssel, Théâtre de la Monnaie, 30. November 1903.

● *König Artus* ist die einzige Oper Chaussons, die je zur Aufführung kam. Die lange verbreitete Auffassung, daß das Werk im Jahre 1900 in Karlsruhe uraufgeführt worden war, ist mittlerweile widerlegt. Die Aufführung dort war zwar geplant, kam jedoch nicht zustande. In dieser wie in anderen Opern des Komponisten stammt der Stoff aus einer mittelalterlichen Sage.   MS

SIBERIA

Oper in drei Akten von Umberto Giordano (1867–1948). Libretto von Luigi Illica. Ursprünglicher Titel: «Frau, Geliebte und Heldin» («La donna, l'amante, l'eroina»). Uraufführung: Mailand, Teatro alla Scala, 19. Dezember 1903. Solisten: Giovanni Zenatello, Rosina Storchio, Giuseppe De Luca, Antonio Pini-Corsi. Dirigent: Cleofonte Campanini.

PERSONEN. Stephana (Sopran), Nikona (Mezzosopran), das Mädchen (Sopran), Wassilij (Tenor), Gléby (Bariton), Fürst Alexis (Tenor), Iwan (Tenor), der Bankier Mischkinsky (Bariton), Walinoff (Baß), ein Hauptmann (Baß), ein Sergeant (Tenor), ein Kosake (Tenor), der Gouverneur (Baß), ein Invalide (Bariton), ein Inspektor (Baß). Offiziere, Adlige, Bürger, Bauern, Soldaten, Marktfrauen, Volk.

HANDLUNG. Erster Akt. Die Kurtisane Stephana lebt in einer eleganten Villa, die ihr Fürst Alexis zum Geschenk gemacht hat. Schon graut der Morgen nach einer langen Nacht, aber Stephana ist immer noch nicht zurückgekehrt. Ihr Geliebter Gléby, der sich von ihr aushalten läßt, wartet auf sie, um eine geschäftliche Angelegenheit mit ihr zu besprechen. Die alte Dienerin Nikona will ihn glauben machen, Stephana sei unpäßlich und liege schon lange zu Bett, aber Gléby stellt sofort fest, daß sie lügt. Auch Fürst Alexis trifft nach einer durchfeierten Nacht zu einer letzten Runde Baccarat im Hause der Kurtisane ein und wartet auf ihr Erscheinen. Stephana kommt unterdessen unbemerkt durch einen Nebeneingang ins Haus. Sie begegnet Wassilij, Nikonas Stiefsohn. Dieser erkennt in ihr eine junge Frau, in die er sich verliebt hat und die sich ihm gegenüber als Stickerin ausgegeben hatte. Stephana versucht, den jungen Offizier von der Sinnlosigkeit seiner Liebe zur ihr zu überzeugen. Doch der junge Mann gibt nicht auf. Da werden die beiden von Alexis überrascht. Der Fürst stößt grobe Beleidigungen gegen Stephana aus, so daß sich Wassilij veranlaßt sieht, für die Ehre der Geliebten einzutreten. Es kommt zum Kampf zwischen den beiden Männern und der Fürst wird verletzt. Zweiter Akt. An der Grenze zwischen Sibirien und Rußland zieht der Zug der Zwangsarbeiter vorbei. Da fährt ein Schlitten vor. Stephana ist gekommen, um mit dem Verurteilten Nummer 107, der niemand anderes als Wassilij ist, zu sprechen. Sie eröffnet ihm, daß sie beschlossen habe, die Stadt mit ihrem Luxus zu verlassen und ihm zu folgen. Durch ihn habe sie erfahren, was Liebe sei, und nun wolle sie den Weg der Buße gehen. Dritter Akt. Im Straflager in einem Bergwerk in Transbaikal. Gléby, der ebenfalls zur Zwangsarbeit verurteilt wurde, hat sich hierher bringen lassen, um Stephana wiederzusehen. Er weiß außerdem

Erster Akt der Oper «Jenufa» von Leóš Janáček. Stockholm 1973. Bühnenbilder von Reinhardt Zimmermann.

einen Fluchtweg über einen nicht mehr genutzten Brunnen und versucht Stephana zu überreden, mit ihm zu fliehen. Doch Stephana folgt ihm nicht. Osterfest im Straflager. Gléby erzählt vor versammelter Menge, wie er Stephana kennengelernt und sie ins mondäne Leben eingeführt habe. Wassilij will sich daraufhin auf ihn stürzen und verprügeln, doch Stephana hält ihn zurück. Gléby läßt nicht ab, die beiden weiter zu provozieren. Und nun ist es Stephana selbst, die sich nicht mehr bezähmen kann. Voller Verachtung erzählt sie, wie Gléby sie unter Vorspiegelung falscher Tatsachen verführt und ausgebeutet habe. Gléby ist kaum mehr zu halten vor Haß. Stephana will daher versuchen, mit Wassilij zu fliehen. Schon sind die beiden in den alten Brunnen gestiegen, als Gléby sie entdeckt und Alarm gibt. Die Lagerwachen stürzen herbei und schießen. Stephana bricht unter dem Kugelregen zusammen. In Wassilijs Armen, fest umschlossen von dem einzigen, den sie wirklich geliebt hat, stirbt sie.

● Die Oper hatte großen Erfolg in Italien. Aber auch an der Pariser Oper wurde sie gegeben. Seit Giuseppe Verdi, der im Jahre 1870 dort seinen Einzug gefeiert hatte, war dies das erste Mal, daß wieder ein italienischer Komponist in diesem großen Hause Würdigung fand. Eine überarbeitete Fassung der Oper wurde am 4. Dezember 1927 in Mailand an der Scala gespielt.   MS

JENUFA
(Jenufa, Její pastorkyňa)

Oper in drei Akten von Leoš Janáček (1854–1928). Libretto von G. Preiss. Uraufführung: Brünn, 21. Januar 1904. Solisten: Maria Kabelacova, Leopolda Svobodova, Stanek Doubravsky.

PERSONEN. Die alte Burya (Alt), Laca Klemen (Tenor), Stewa Buryja (Tenor), die Küsterin Buryja (Sopran), Jenufa, deren Ziehtochter (Sopran), Karolka (Mezzosopran), eine Magd (Mezzosopran), Barena (Sopran), Jano (Sopran), eine Tante (Alt).

HANDLUNG. Erster Akt. In der Mühle der alten Buryja. Ein heißer Sommernachmittag. Jenufa wartet voller Ungeduld auf Stewa, den Enkel der alten Buryja. Sie liebt ihn und erwartet ein Kind von ihm. Nun soll Stewa zum Militär eingezogen werden. Jenufa betet inbrünstig zur Heiligen Jungfrau, sie möge Stewa vor dem Militärdienst bewahren und so ihre Heirat mit ihm ermöglichen. Andernfalls sieht sie sich schon der Schande preisgegeben. Die alte Buryja tadelt Jenufa wegen der Lustlosigkeit, mit der sie ihre Arbeit verrichtet. Stewas Stiefbruder Laca liebt Jenufa ebenfalls und zeigt sich eifersüchtig. Da kommt Stewa von der Musterung zurück. Er ist nicht eingezogen worden und hat dieses Ereignis mit seinen Freunden gleich begossen. In seinem angetrunkenen Zustand behandelt er Jenufa mit spöttischer Verachtung, hält ihr einen Blumenstrauß unter die Nase, den er von einer Schönen bekommen hat, und zieht sie schließlich in einen ausgelassenen, wilden Tanz. Als Jenufas Mutter, die Küsterin, ihren künftigen Schwiegersohn so betrunken sieht, verbietet sie der Tochter, Stewa zu heiraten. Erst muß dieser ein Jahr lang zeigen, daß er sich nicht mehr zu betrinken gedenkt. Jenufa dringt in Stewa, sein gegebenen Versprechen zu halten. Er preist ihre rosigen Wangen und versichert ihr, daß er sie liebe. Dann torkelt er davon. Laca glaubt nun den Moment gekommen, Jenufa seine Liebe zu gestehen, doch diese weist ihn brüsk von sich. Da zieht Laca sein Messer und zerschneidet ihr in wildem Zorn ihre rosigen Wangen. Kaum hat er das Schreckliche getan, bereut er es auch schon und stürzt davon. Zweiter Akt. Im Hause der Küsterin. Diese zwingt Jenufa, die in der Zwischenzeit ihr Kind zur Welt gebracht hat, im Hause zu bleiben. Im Dorf heißt es, sie sei in Wien als Kammermädchen untergekommen. Die Küsterin versucht Stewa zur Heirat mit Jenufa zu bewegen. Doch es ist zu spät. Er hat sich in der Zwischenzeit mit der Tochter des Bürgermeister verlobt. Da beschließt sie, das neugeborene Kind im eisigen Wasser des Flusses zu ertränken, und der jungen Mutter zu erzählen, es sei gestorben, während sie in schwerer Krankheit darniederlag. Danach will sie Laca dazu bringen, Jenufa zu heiraten. Jenufa ist verzweifelt, als sie die Nachricht vom Tode ihres Kindes hört. Traurig und resigniert nimmt sie Lacas Antrag an. Dritter Akt. Im Hause der Küsterin. Die Küsterin wird von Gewissensbissen geplagt. Unter den zur Hochzeit geladenen Gästen befinden sich auch der Bürgermeister mit seiner Tochter und Stewa. Als sie das Brautpaar gerade segnen will, wird die Nachricht gebracht, daß unter dem schmelzenden Eis des Flusses soeben ein totes Neugeborenes gefunden worden sei. Jenufa erkennt in der armseligen kleinen Leiche ihr Kind und wird sofort des Mordes an ihm beschuldigt. Nur Laca kann sie vor der Lynchjustiz der Dorfbevölkerung retten. Da erklärt sich die Küsterin als die Schuldige und stellt sich dem Bürgermeister. Jenufa bedrängt Laca, sich von ihr zu trennen, doch dieser will nichts davon wissen, sondern bekennt sich zu ihr und seiner Liebe für sie. Inmitten des großen Schmerzes, den sie erlebt, verspürt Jenufa heiße Dankbarkeit und Zärtlichkeit in sich aufsteigen für diesen Mann, der ihr auch im Unglück wahre Zuneigung entgegenbringt.

● *Jenufa* stellt eine entscheidende Wende in Janáčeks Schaffen dar. Nach seinen Chören und sonstigen Kompositionen für Gesang, die noch weitgehend von der deutschen Schule geprägt sind, findet er in dieser Oper jenseits aller reinen Folklore eine völlig neue, ihm eigene Sprache. Diese äußert sich nicht nur in einer neuen Melodik, sondern vor allem in der genauen Beobachtung und Umsetzung der Sprechweise des Volkes in Gesang. Zum ersten Mal gestaltet er in dieser Oper bewußt die Musikalität der tschechischen Sprache, «erfaßt ihre Ausdrucksqualitäten in Stimmgestus, Rhythmus und den Pausen eines Satzes». Die Handlung beschreibt ein für das Leben auf dem tschechischen Lande typisches Vorkommnis und geht im einzelnen auf ein Drama der Schriftstellerin Gabriele Preiss, das 1890 in Prag seine Uraufführung erlebt hatte, zurück. Oberflächlich betrachtet, läßt sich dieses Drama als realistisch bezeichnen, Janáčeks musikalische Gestaltung betont demgegenüber aber viel stärker die inneren Charaktere der Hauptgestalten. Schuld und Sühne sowie das unerwartete Aufkeimen einer tiefen Liebe aus diesen Abgründen menschlicher Schwäche sind des Komponisten eigentliches Thema in dieser Oper. Trotz des triumphalen Erfolges der Oper in Brünn wurde sie in Prag, wo sie Janáček 1904 vorlegte, mit der Begründung des «Mangels an stilistischer Einheit, gezwungener Neuartigkeit, extremen Primitivismus und überholten Atavismus» abgelehnt. Erst im Jahre 1916 kam sie am Prager Nationaltheater zur Aufführung. Auch dann war der Widerstand der traditonalistischen Prager Schule, die die Abkehr vom Wagnerianertum und die Hinwendung Janáčeks zum Volkstum der slawischen Welt nicht billigen konnte, groß. Trotzdem setzte sich *Jenufa* nicht nur in der Tschechoslowakei, sondern auch in Wien und dann in ganz Europa durch und verhalf Janáček nicht nur zu internationalem Ruhm, sondern ließ ihn zum Gründer einer neuen Schule im eigenen Lande werden. AB

MADAME BUTTERFLY
(Madama Butterfly)

Oper in drei Akten von Giacomo Puccini (1858–1924). Libretto von Giuseppe Giacosa (1847–1906) und Luigi Illica (1857–1919) nach dem auf einer Erzählung von J. L. Long beruhenden Schauspiel von David Belasco. Uraufführung: Mailand, Teatro alla Scala, 17. Februar 1904. Solisten: Rosina Storchio, Giovanni Zenatello, Giuseppe De Luca. Dirigent: Cleofonte Campanini.

PERSONEN. Cho-Cho-San, genannt Madame Butterfly (Sopran), Suzuki, ihre Dienerin (Mezzosopran), Kate Pinkerton (Sopran), F. B. Pinkerton, amerikanischer Marineleutnant (Tenor), Goro, ein Standesbeamter (Tenor), Sharpless, Konsul der Vereinigten Staaten in Nagasaki (Bariton), Fürst Yamadori (Tenor).

HANDLUNG. Die Handlung spielt in Nagasaki, um die Jahrhundertwende. Erster Akt. Vor einem Haus auf einem Hügel über dem Hafen. Der amerikanische Marineleutnant Pinkerton geht mit der Geisha Cho-Cho-San eine Ehe nach japanischem Recht ein. Der Standesbeamte Goro zeigt ihm das Häuschen der Butterfly. Als der amerikanische Konsul in Nagasaki eintrifft, macht Pinkerton kein Geheimnis daraus, daß für ihn diese Ehe eine Annehmlichkeit ist, aus der er, sobald er ihrer überdrüssig geworden ist, aussteigen wird, wie es die Landessitte ja auch zuläßt. Sharpless macht ihm in väterlicher Weise Vorwürfe wegen seines leichtfertigen Verhaltens. Butterfly kommt in Begleitung ihrer Eltern und Verwandtschaft, und die Hochzeitszeremonie findet statt. Butterflys Onkel Bonzo macht der jungen Braut bittere Vorwürfe, daß sie mit dieser Heirat den Glauben ihrer Vorväter verraten hat. Pinkerton jagt daraufhin wütend die ganze Familie aus dem Haus. Butterfly bricht in Tränen aus, doch Pinkerton tröstet sie mit zärtlichen Worten. Zweiter Akt. Erstes Bild. In Butterflys Haus. Butterfly lebt seit drei Jahren allein mit ihrer Dienerin Suzuki in ihrem Häuschen. Pinkerton hat sie längst verlassen und sein Versprechen, zurückzukommen, «wenn die Rotkehlchen nisten», nicht gehalten. Aber Butterfly wartet immer noch auf ihn. Da stattet ihr Prinz Yamadori, ein reicher Anbeter ihrer Schönheit, einen Besuch ab. Der in seiner Begleitung erschienene Standesbeamte Goro erklärt ihr, daß sie nach japanischem Recht nunmehr die Freiheit habe, einen neuen Gatten zu wählen. Butterfly aber schenkt ihm kaum Gehör und weist ihren Bewerber kurz ab. Konsul Sharpless, der gekommen ist, ihr die Nachricht von Pinkertons Heirat mit einer Amerikanerin zu bringen, ist in größter Verlegenheit. Er fragt sie, was sie tun würde, falls ihr Gatte nicht mehr zurückkommen sollte. Nach kurzem Zögern antwortet sie ihm, mit einem langen Blick auf ihren kleinen Sohn, daß Pinkerton sicher zurückkommen würde, wüßte er nur von dem Sohn, den sie ihm geschenkt hat. Daraufhin bringt es Sharpless nicht über sich, ihr die Botschaft Pinkertons zu übermitteln. Wenig später kündigt ein Kanonenschuß das Einlaufen eines Kriegschiffes an. Butterfly erkennt es sofort: Es ist die «Abraham Lincoln», Pinkertons Schiff. In glücklicher Erregung schmückt Butterfly den Raum mit Blumen, zieht ihr Hochzeitsgewand an und erwartet den geliebten Gatten. Zweites Bild. Butterfly hat die ganze Nacht vergeblich gewartet. Suzuki bedrängt sie, sich endlich zur Ruhe zu begeben. Schließlich treffen Pinkerton und seine Gattin Kate sowie der Konsul ein. Als Pinkerton von dem Kind erfahren hat, konnte er seine leisen Gewissensbisse nicht mehr unterdrükken. Doch nun fehlt ihm der Mut, Butterfly gegenüberzutreten. Nach ein paar wehmütigen Blicken auf das Haus, in dem er glücklich-unbeschwerte Tage verbracht hatte, geht er wie-

Linkes Bild: Giovanni Zenatello als «Pinkerton» und Giuseppe De Luca als «Sharpless» in der Uraufführung der «Madame Butterfly» von Giacomo Puccini am 17. Februar 1904 an der Mailänder Scala.

Rechtes Bild: Rosetta Pampanini als «Madame Butterfly».

Plakat von A. Hohenstein zu «Madame Butterfly» von Giacomo Puccini.

der weg. Als Butterfly herbeieilt, um ihren geliebten Pinkerton in die Arme zu schließen, findet sie nur den Konsul und Kate vor. Mit einem Male erahnt sie die Wahrheit. Kate ist gekommen, Pinkertons Sohn zu holen. Butterfly reagiert mit Demut auf diese Absicht. Sie sagt, sie werde Pinkerton das Kind übergeben, wenn er in einer halben Stunde selbst käme, um es zu holen. Daraufhin entfernen sich Kate und der Konsul. Butterfly nimmt letzten Abschied von ihrem Kind und schickt es dann spielen. Dann tritt sie hinter einen Paravent, ergreift das Schwert ihres Vaters, in das die Worte: «Um in Ehren zu sterben, wenn Leben in Ehre nicht mehr möglich ist» eingraviert sind und stößt es sich in die Brust. Auf der Schwelle erscheint Pinkerton und ruft ihren Namen. Doch Butterfly bricht dort zusammen. Als Pinkerton sie aufheben will, ist sie bereits tot.

● *Butterfly* war Puccinis Lieblingswerk aus der Reihe der eigenen Werke («... von allen Opern, die ich geschrieben habe, die tiefempfundenste und suggestivste»). Mit ihr kehrt der Komponist zum psychologischen Drama, zur aufmerksamen Beobachtung und Umsetzung der kleinsten inneren Regung, zur Poesie der kleinen Dinge zurück. Kompositionstechnisch liegt *Butterfly* dabei weit über der *Bohème*. Melodien, Harmonien und Orchesterklang sind viel plastischer als früher, und die Verwendung der Leitmotive ist natürlicher, nie werden sie um der Regeln der Kunst willen mehr oder weniger artifiziell über eine Situation oder Person gestülpt, sondern sind immer zugleich sensibles Ausdrucksmittel einer besonderen Gegebenheit. Nachdem Puccini einmal Geschmack gefunden hat-

te an dem fernöstlichen Thema und sich fast in seine eigene Heldin verliebt hatte, machte er sich mit Feuereifer an das Studium der japanischen Musikkultur und der Sitten und Gebräuche des Landes bis ins kleinste Detail. Er machte sich sogar die Mühe, die japanische Schauspielerin Sada Jacco, die sich gerade auf Europa-Tournee befand, anzuhören und aufzusuchen, um genauestens das Timbre der japanischen Frauenstimme zu erfassen. Diese gleichzeitig unbefangene und gründliche Beschäftigung mit der fremdartigen Kultur trug ihre Früchte. Das die Oper bestimmende exotische Element entgeht dadurch der Gefahr, in Manierismus auszuarten; es wird zur inhärenten Qualität der Musik. Die Verwendung authentischer japanischer Melodien, des pentatonischen Tonsystems sowie verschiedener exotischer Instrumente integriert sich voll in Puccinis eigenem Stil. Mittelpunkt des Werkes ist die Gestalt der Butterfly und ihre Entwicklung zum tragischen Ende. Butterflys äußerer und innerer Werdegang von der glücklichen Braut, die voll der freudigen Zuversicht den eigentlichen Beginn ihres Lebens festlich begeht, zur ersten Vorahnung der Verlassenheit, wie sie im Fluch des Bonzen und dem Symbol des väterlichen Schwertes zum Ausdruck kommt, über den träumerisch-ekstatischen Beginn des zweiten Aktes *(Un bel dì vedremo) (Eines Tages seh'n wir ein Streifchen Rauch)* der schon bald umschlägt in die hoffnungslose Traurigkeit des Liedes, mit dem sie sich an ihren kleinen Sohn wendet *(Che tua madre)*, bis hin zum letzten, herzzerreißenden Abschied von dem Kind *(Tu, tu piccolo iddio) (Du kleiner Gott)* macht das eigentliche Geschehen der Oper aus. Pinkerton ist demgegenüber eine nur auf diese zentrale Gestalt der Butterfly ausgerichtete Figur ohne selbständige Funktion innerhalb der Tragödie. Puccini zeichnet ihn in sich widersprüchlich: grundsätzlich wird sein Verhalten als verachtenswert dargestellt; um jedoch Butterflys echte Liebe zu ihm zu rechtfertigen, muß ihm der Komponist auch ein paar positive Züge verleihen. So erscheint er im ersten Akt in romantisch-beschönigendem Licht (Duett *Viene la sera) (Als Göttin des Mondes erschein' ich)* und zeigt im dritten Akt Gewissensbisse, die von Anstand und Menschlichkeit zeugen *(Addio, fiorito asil) (Leb' wohl, mein Blütenreich)*. Alle übrigen Personen stellen kaum mehr als Füllmaterial dar. Die Urfassung der Oper kam nur ein einziges Mal zur Aufführung und war ein katastrophaler Mißerfolg. Die Schuld an diesem Fiasko dürfte nicht so sehr an den unbestreitbaren Mängeln des Werkes, wie zum Beispiel der Überlänge der beiden Akte der Urfassung oder der allzu breiten Ausmalung verschiedener nebensächlicher Details, liegen, sondern in der systematischen Voreingenommenheit bestimmter, dem Komponisten feindlich gesinnter Kreise zu suchen gewesen sein. Eine neue Fassung der Oper wurde am 28. Mai 1904 im Teatro Grande in Brescia aufgeführt. In dieser zweiten und endgültigen Fassung wurde der zweite Akt halbiert, so daß zwischen Butterflys nächtlichem Warten auf den zurückgekommenen Pinkerton und seinem Eintreffen am nächsten Morgen eine «Atempause» für Sänger und Publikum entstand. Puccini selbst akzeptierte diesen Einschnitt nur sehr widerwillig, tatsächlich stellt er einen Bruch im Gang der Handlung dar. Trotzdem wurde die Oper seither immer nur in dieser Fassung mit drei Akten aufgeführt. In Brescia erzielte sie dann – paradoxerweise vor einem Publikum, das hauptsächlich wieder aus Mailändern bestand – großen Erfolg und trat von dort aus ihren Siegeszug durch alle Opernbühnen der Welt an. RB

Giacomo Puccini mit Elsa Szamosi, die 1906 in Budapest die «Madame Butterfly» sang.

KOANGA

Oper in drei Akten, einem Vorspiel und einem Nachspiel von Frederick Delius (1862–1934). Libretto von C. F. Keary nach der Erzählung «The Grandissimes» (1880) von George Washington Cable (1844–1925). Originalsprache Englisch, Uraufführung in deutscher Sprache (Übersetzung durch den Komponisten und seine Gattin): Elberfeld, Stadttheater, 30. März 1904.

HANDLUNG. Die Handlung spielt auf einer Plantage in Mississippi. Simon Perez, ein Aufseher auf der Plantage, ist in Palmira, eine Mulattin, verliebt. Aber diese verschmäht ihn, weil sie ihrerseits Koanga, einen Prinzen aus ihrem eigenen Stamme, liebt. Um heiraten zu können, brauchen die beiden die Zustimmung des Plantagenbesitzers. Don José Martinez stellt sich dem Glück der beiden nicht in den Weg. Während der Hochzeitsfeierlichkeiten aber entführt Perez Palmira, und Koanga flieht nach einer Auseinandersetzung mit seinem Herrn in die Wildnis. Hier sucht er einen Zauberer auf und läßt seinen Unterdrückern die Pest schicken. Palmira ist unterdessen Perez ausgeliefert und kann sich seiner kaum mehr erwehren. In höchster Not kommt Koanga und rettet sie vor Perez. Doch die beiden Rivalen geraten in Kampf und bringen sich gegenseitig um. Da ergreift Palmira Koangas Dolch und nimmt sich ebenfalls das Leben.

● Der Komponist schrieb diese Oper im Jahre 1897, als er in Paris im Quartier Latin lebte. In der englischen Originalfassung wurde sie erst im Jahre 1935 am Covent Garden Theatre aufgeführt. MS

AUFERSTEHUNG (Risurrezione)

Lyrisches Drama in vier Akten von Franco Alfano (1876–1954). Libretto von C. Hanau nach dem gleichnamigen Roman von Leo Tolstoi. Uraufführung: Turin, Teatro Vittorio Emmanuele II, 30. November 1904. Solisten: Elvira Magliulo, Angelo Scandiani, Melli, Ceresoli. Dirigent: Tullio Serafin.

PERSONEN. Prinz Dimitrij Iwanowitsch Nekliudoff (Tenor), Sofia Iwanowna, seine Tante (Mezzosopran), Katharina Lubowa, genannt Katjuscha (Sopran), Matrena Pawlowna, Gouvernante (Sopran), Nora (Sopran), Anna, Bäuerin (Alt), Fenitschka (Mezzosopran), die Bucklige (Alt), die Rothaarige (Mezzosopran), Fedia, die Bärin (Kinderstimme), Simonson (Bariton), Kirztloff (Baß), Vera (Mezzosopran). Eine alte Magd, ein Bauer, ein Bahnhofsangestellter, Bauern und Bäuerinnen, Gefangene, ein Oberaufseher, ein Aufseher, ein Offizier, ein Kosake, Deportierte.

HANDLUNG. Die Handlung spielt im neunzehnten Jahrhundert in Rußland und Sibirien. Erster Akt. Auf dem Lande. Fürst Dimitrij verabschiedet sich vor seinem Aufbruch in den Krieg von seiner Tante Sofia Iwanowna. Bei dieser Gelegenheit trifft er eine ehemalige Jugendgespielin, das Bauernmädchen Katharina Lubowa, als Gesellschafterin der alten Dame wieder und verliebt sich in sie. Noch in der gleichen Nacht macht er Katharina zu seiner Geliebten. Am nächsten Morgen zieht er in den Kampf. Zweiter Akt. Bahnhof einer Stadt. Katharina erwartet ein Kind von Fürst Dimitrij. Sobald ihre Schande bekanntgeworden war, mußte sie ihre Stellung als

Gesellschafterin Sofia Iwanownas aufgeben und wartet nun voller Bangen auf den Fürsten, der – wie sie erfahren hat – mit seinem Bataillon durch diesen Bahnhof kommen soll. Als er schließlich eintrifft, muß Katharina jedoch feststellen, daß er sich bereits in Gesellschaft eines leichten Mädchens befindet. Sie hat nicht den Mut, ihm gegenüberzutreten und geht tief betrübt davon. Dritter Akt. In einem Gefängnis in St. Petersburg. Katharina ist nach all dem erlittenen Leid – Dimitrij hat sie nach ihrer einzigen Liebesnacht nie mehr wieder gesehen, das Kind dieser einen Nacht ist gestorben – in schlechte Gesellschaft geraten. So wurde sie in ein Verbrechen verwickelt, an dem sie zwar nicht schuldig ist, aber für welches sie mit Verbannung nach Sibirien bezahlen muß. Dimitrij hat unterdessen vom Schicksal seiner Geliebten gehört und begibt sich ins Gefängnis, um ihr als Wiedergutmachung eine formale Heirat vorzuschlagen. Doch Katharina ist in so tiefe Verzweiflung und Hoffnungslosigkeit versunken, daß sie ihm kaum Gehör schenkt. Vierter Akt. Auf dem langen Weg nach Sibirien. Katharina hat sich geläutert und zu ihrem früheren Selbst, dem einfachen, guten Mädchen vom Lande zurückgefunden. Sie hat eine neue Daseinsberechtigung in der Hilfe und Tröstung ihrer Leidensgenossinnen gefunden. Dimitrij hat sie nach langem Suchen wiedergefunden und erwirkt ihre Freilassung. Nun will er sie heiraten. Doch Katharina kann sich zu diesem Schritt nicht mehr entschließen. Obschon sie den Fürsten nach wie vor liebt, ist sie überzeugt, daß nur totaler Verzicht durch beide, eine angemessene Sühne für die Schuld, die sie in der Vergangenheit auf sich geladen haben, sein kann.

● Alfano, der sich in Paris aufhielt, um die Musik für zwei Ballette der Folies Bergères einzurichten, hatte die Idee zu dieser Oper, als er eine Bühnenfassung der Tolstoischen *Auferstehung* am Théâtre Odéon sah (1902). Er war von dem Stoff so beeindruckt, daß er Cesare Hanau und C. Antona Traversi beauftragte, ihm ein Libretto zu schreiben und dieses unverzüglich vertonte. Allerdings schrieb er zunächst nur die beiden ersten Akte, der dritte entstand in Berlin, der vierte in Rußland. Das Finale schließlich komponierte er dann in Neapel im Jahre 1904. die Uraufführung in Turin war ein wahrer Triumph und die Oper fand bald auch außerhalb Italiens Anerkennung. Im Jahre 1951 fand in Neapel die tausendste Aufführung statt. Die Kritik rechnet dieses Werk Alfanos allgemein zum musikalischen Verismus, wie er vor allem von Puccini, Mascagni und Giordano vertreten wird; in mancher Hinsicht aber enthält die Oper auch schon Hinweise auf die spätere Entwicklung der Komponisten über die Schule hinaus (zum Beispiel die Überwindung der geschlossenen Stükke oder die Einführung von Solopartien im Orchester). Die Oper gilt im allgemeinen als das Hauptwerk des Komponisten, auch wenn man sie als Jugendwerk sehen muß. Sie ist Bestandteil des Spielplans in Italien. GP

AMICA

Lyrisches Drama in zwei Akten von Pietro Mascagni (1863–1945). Libretto von P. Bérel (Pseudonym für P. de Choudens) und P. Collin. Uraufführung: Monte Carlo, Théâtre du Casino, 16. März 1905.

HANDLUNG. Der Gutsbesitzer Camoine verliebt sich in eine Magd und will sie heiraten. Dabei ist ihm seine Nichte Amica, die bei ihm auf dem Hofe lebt, im Wege. Er gedenkt sie dadurch loszuwerden, daß dieser schließlich nachgibt.

Die alleingelassene Amica macht sich auf die Suche nach ihrem Geliebten und kommt dabei durch einen Sturz in eine Schlucht ums Leben.

● Der Dichter und Komponist Arrigo Boito schrieb über diese Oper, daß der Komponist «nie etwas geschrieben hatte, was gewaltiger und klarer Mascagni gewesen wäre» als dieses Stück. Die meisten Kritiker vertreten demgegenüber die Auffassung, daß diese Oper im Hinblick auf ihre Spontaneität weit hinter anderen Werken des Komponisten zurückbleibt. Das ursprünglich in Französisch verfaßte Libretto wurde von Targioni-Tozzetti ins Italienische übertragen. Diese italienische Fassung kam am 13. Mai 1905 in Rom im Teatro dell' Opera zur Aufführung. AB

SALOME

Musikdrama in einem Akt von Richard Strauss (1864–1949) nach dem gleichnamigen Drama von Oscar Wilde. Deutsche Übersetzung von Hedwig Lachmann. Uraufführung: Dresden, Königliches Opernhaus, 9. Dezember 1905. Solisten: Marie Wittlich (Salome), Karl Burrian (Herodes), Carl Perron (Jochanaan), Irene von Chavanne (Herodias), Karl Jäger (Narraboth). Dirigent: Ernst von Schuch.

PERSONEN. Herodes (Tenor), Herodias, seine Gemahlin (Mezzosopran), Salome, deren Tochter (Sopran), Jochanaan (Bariton), Narraboth, ein junger Syrier, Hauptmann der Wache (Tenor), ein Page der Herodias (Alt), fünf Juden (vier Tenöre, ein Baß), zwei Nazarener (Bässe), ein Kappadokier (Baß), ein Sklave (Sopran oder Tenor).

HANDLUNG. Terrasse im Palast des Herodes in Tiberias am galiläischen See. Herodes ist mit seinem Hofstaat bei einem Bankett. Am Eingangsportal zum Bankettsaal steht Narraboth, ein junger Hauptmann der Wache und verschlingt Salome, die Stieftochter des Tetrarchen, in die er hoffnungslos verliebt ist, mit Blicken. Salome tritt auf die Terrasse heraus,

«Salome» von Richard Strauss in einer New Yorker Aufführung von 1907.

1906

Grace Bumbry im «Schleiertanz» der «Salome» von Richard Strauss.

um die Stille der Mondnacht zu genießen. Da ertönt aus dem Brunnen im Hofe die Stimme des Propheten Jochanaan. Er verkündet die Ankunft des Messias. Salome ist fasziniert von dieser Stimme und ihrer Botschaft und fordert die Wachen auf, den im Brunnen Gefangenen heraufzuholen, auf daß sie ihn sehen und sprechen könne. Die Wachen wagen es aber nicht, das Gebot des Königs zu übertreten. Daher macht sich Salome geschickt an Narraboth heran und schmeichelt ihm ab, was sie erreichen will. Als Jochanaan aus der Tiefe des Brunnenschachtes emporgeholt wird, verflucht er sogleich Herodes und seine Gattin, die sündhafte Kurtisane Herodias. Salome ist wie gebannt von der Erscheinung des Propheten und versucht all ihre Verführungskunst an ihm. Doch dieser fordert sie nur auf, alles Irdische aufzugeben und den Sohn Gottes zu suchen. Salomes Reaktion darauf ist die provozierende Frage: «Ist der Gottessohn so schön wie Ihr?» Dann besingt sie in ekstatischen Tönen den Reiz seines Leibes und seinen Mund, den sie zu küssen begehrt. Narraboth, der dies alles miterlebt, tötet sich aus Verzweiflung. Jochanaan stößt Salome von sich und steigt in seinen Brunnenschaft zurück. Wenig später tritt auch Herodes auf die Terrasse heraus. Er ist beunruhigt, als er den toten Narraboth sieht. Herodias, die die Anschuldigungen des Propheten gehört hat, verlangt zur Strafe seinen Kopf. Aus der Tiefe des Brunnens ertönen weiter die strengen Worte des Propheten. Herodes sucht sich mit allen möglichen Mitteln abzulenken. Nach einem theologischen Disput der geladenen Hebräer fordert er nun Salome auf, ihm vorzutanzen. Als Lohn verspricht er ihr die Erfüllung eines beliebigen Wunsches. Salome tanzt. Am Ende des Tanzes beugt sie sich über den Brunnen und gibt sich dabei einen kurzen Augenblick der lüsternen Umarmung des Herodes hin. Dann stellt sie ihre Forderung: den Kopf des Jochanaan. Herodes packt das Grauen, doch er hält sein Versprechen. Aus dem Brunnen reicht der Henker das Haupt des Propheten auf einer silbernen Schüssel herauf. Salome ergreift es begierig und küßt es leidenschaftlich. Das stolze Haupt, das sich ihr verweigert hat, kann sich ihrer Begehrlich-

keit nun nicht entziehen. In unersättlicher Lust saugt sie sich an ihm fest. Herodes ist entsetzt ob des Anblicks und ruft die Wachen herbei, Salome zu töten. Unter den Schlägen der Schilder der Soldaten bricht Salome zusammen.

● Die erste Aufführung der *Salome* war eine öffentliche Generalprobe unter der Leitung von Arturo Toscanini an der Mailänder Scala. Die eigentliche Uraufführung wurde dann trotz aller Befürchtungen und der Schwierigkeiten bei der Inszenierung ein überwältigender Erfolg. Das heikle Thema, die Grausamkeit der Schlußszene und vor allem der berühmte «Tanz der sieben Schleier» waren Grund genug, ein Eingreifen der Zensur zu fürchten (weshalb ja auch das relativ liberale Dresden, und nicht das katholische Wien, wo immerhin Mahler das Werk aus der Taufe gehoben hätte, oder das preußisch-strenge Berlin gewählt worden war). Auch die Besetzung war äußerst problematisch. Strauss befürchtete vor allem, daß die Stimme der Salome nicht stark genug sein könnte, um gegen das gewaltige Orchester anzukommen. Daher fiel seine Wahl auf die bekannte Wagner-Sängerin Wittich, eine schwergewichtige Primadonna ihrer Zeit. Sie war das ganze Gegenteil der jungfräulichen, zu stolzer Lust erwachenden Salome des Wilde-Textes. Der Schleiertanz konnte unter gar keinen Umständen von ihr getanzt werden. Aber «trotz Tante Wittich» – wie Strauss selbst respektlos in seinem Briefwechsel mit Hofmannsthal schrieb – gab es achtunddreißig Vorhänge. Das Publikum hatte Strauss' neue Tonsprache verstanden. Das innere Drama der Salome wurde durch die bis zum Äußersten gehende Intensität, ja Aggressivität vor allem des Orchesters, begreiflich. Beispielhaft dafür ist das Zwischenspiel nach Narraboths Selbstmord und Jochanaans Rückkehr in seinen Brunnen, in dem sich in gewaltiger Eindringlichkeit der sich in Salomes Innerem vollziehende dramatische Vorgang enthüllt, in dem nur durch das Orchester zum Ausdruck gebracht wird, wie sie zu einer Liebe erwacht, «deren Geheimnis größer ist als das Geheimnis des Todes».

RB

GREYSTEEL

Oper in einem Akt von Nicholas Comyn Gatty (1874–1946). Libretto vom Bruder des Komponisten Reginald Gatty nach der isländischen Saga «Gisli, der Vogelfreie» (in der Übersetzung von G. W. Dasent). Uraufführung: Sheffield (England), Operntheater, 1. März 1906.

HANDLUNG. Greysteel ist der Name eines Schwertes mit Zauberkräften, das sich im Besitz des Kol, eines tapferen Kriegers, der mit seinem Volke in die Gefangenschaft eines Nachbarstammes gefallen ist, befindet. Kol ist Sklave der schönen Ingjeborg, der Tochter des gegnerischen Stammesführers Isi. Er dient der Königstochter getreulich und ohne Groll. Sein einziger Besitz und ganzer Stolz ist sein Schwert Greysteel, ein von Gnomen geschmiedetes Eisen mit wunderbaren Kräften, das jedem, der es gegen den Feind führt, zum Siege verhilft. Ingjeborg hat Ari, den Herrn von Surnadale, geheiratet, und Kol ist ihr gefolgt. Aber die Ehe seiner Herrin ist nicht glücklich, den Ari behandelt sie wie ein Stück aus seinem Besitz. Ingjeborg verliebt sich daher schon bald in Gisli, Aris ganz anders gearteten, jüngeren Bruder. Eines Tages wird Surnadale vom räuberischen Stamm der Bearsark überfallen. Ihr Häuptling fordert Ari zum Kampf um sein gesamtes Hab und Gut, einschließlich seiner jungen Gattin, auf. Ari lehnt Kols Angebot, ihm das Zauberschwert zu leihen, ab und wird im Zweikampf getötet. Damit wird Gisli der Tradition zufolge Aris Erbe und muß auch dessen

Witwe als Gattin nehmen. Aber auch Gisli muß zuerst den Häuptling der Bearsark besiegen. Er bedient sich des zauberkräftigen Schwertes und hat mit wenigen Streichen den Feind besiegt. Bei der Siegesfeier schenken Ingjeborg und Gisli Kol seine Freiheit wieder. Von nun an kann Kol selbst wieder das Schwert Greysteel im Kampfe führen.

● Greysteel ist Gatty erste Oper. Sie wurde in einer Fassung mit zwei Akten am 23. März 1938 in London am Sadler's Wells Theatre aufgeführt. MS

DON PROCOPIO

Komische Oper in zwei Akten von Georges Bizet (1838–1875) nach einem Originaltext in italienischer Sprache von C. Cambiaggio, in der französischen Übersetzung von Paul Collin und Paul Bérel. Posthume Uraufführung: Monte Carlo, Théâtre du Casino, 10. März 1906.

HANDLUNG. Die Handlung spielt im Landhaus des Don Andronico in Italien um 1800. Don Andronico (Baß) hat beschlossen, seine Nichte Bettina (Sopran) Don Procopio (Bariton, einem alten Geizhals, zur Frau zu geben. Aber die gesamte übrige Familie verschwört sich gegen Andronico und seinen Plan. Seine Frau Eufemia (Sopran) und sein Bruder Ernesto (Bariton) geben Don Procopio unmißverständlich zu verstehen, daß Bettina ein leichtsinniges junges Mädchen sei, das mit Sicherheit sein ganzes Geld verschwenden werde und ihm keine ruhige Minute mehr im Leben lassen werde. Don Procopio fällt auf den Trick herein: er ist so verstört ob dieser schlimmen Aussichten, daß er sich unter tausend Vorwänden aus dem Eheversprechen zurückzieht. Bettina ist überglücklich und kann ihren geliebten Odoardo (Tenor), einen jungen Offizier, der ihr seit einiger Zeit den Hof macht, heiraten.

● Diese 1858 geschriebene Oper wurde beim Tode des Komponisten F. Auber in dessen Nachlaß gefunden. Die von Ch. Malherbe 1906 eingerichtete Uraufführung bediente sich bereits einer Übersetzung ins Französische. In der italienischen Urfassung fand das Werk seine erste Aufführung am 6. Februar 1958 in Straßburg. Dieser Text ist eine Kurzfassung der *I pretendenti delusi (Die enttäuschten Bewerber)* von Previdali. Er war bereits 1811 von Luigi Mosca vertont worden. Die Oper ist ein deutlicher Versuch, eine «opera buffa» italienischer Art zu schreiben und geht auf die Zeit, als Bizet in Rom studierte, zurück. Das Vorbild des *Don Pasquale* ist unübersehbar, allerdings entwickelt Bizet bereits eine erstaunliche, ganz ihm eigene Ausdrucksfähigkeit und verfügt schon damals über eine gute musikalische Technik. MS

DIE VIER GROBIANE
(I quatro rusteghi)

Musikalische Komödie in drei Akten von Ermanno Wolf-Ferrari (1876–1948). Libretto von G. Pizzolato nach der Komödie «I rusteghi» von Carlo Goldoni (1707–1793). Uraufführung: Hoftheater, München, 19. März 1906.

PERSONEN. Ciancian (Baß), Lunardo (Baß), Maurizio (Baß), Simon (Bariton), Lucieta (Sopran), Filipeto (Tenor), Margarita (Mezzosopran), Marina (Sopran), Siora Felice (Sopran), Graf Riccardo (Tenor), eine junge Magd (Mezzosopran).

Die Tartaren stecken Kitesch in Brand im zweiten Akt der Oper «Die Sage von der unsichtbaren Stadt Kitesch und dem Mädchen Fewronia» von Nikolai Rimskij-Korssakow. Moskau, Bolschoi-Theater.

HANDLUNG. Die Handlung spielt in Venedig gegen 1750. Erster Akt. Lunardos Tochter Lucieta beklagt sich bei Margarita, der zweiten Frau ihres Vaters, daß der Karneval fast vorbei sei und sie wegen des Vaters Strenge an keinem einzigen Fest habe teilnehmen dürfen. Lunardos für denselben Abend geplante Einladung dreier Freunde mit ihren Gattinnen ist nur ein schlechter Ersatz für den großen venezianischen Karneval, um so mehr, als die Geladenen ebensolche gestrenge Biedermänner sind wie Lunardo selbst und ein Abendessen zu viert mit den Gattinnen schon für den Gipfel der Vergnügungssucht halten. Lunardo vertraut seiner Gattin an, daß er eine gute Partie für Lucieta ausgehandelt habe: Maurizios Sohn Filipeto. Doch sollen sich die Verlobten der Sitte gemäß bis zur Hochzeit nicht sehen. Weder Lucieta noch Filipeto aber wollen sich diesem strengen Brauch fügen. Lucieta macht daher mit Margaritas Hilfe einen Plan, um ihren Bräutigam wenigstens einmal zu Gesicht zu bekommen. Zweiter Akt. Lucieta betet zur Heiligen Jungfrau, ihr bald einen guten, jungen, zu ihr passenden Gatten zu schenken. Siora Felice, eine Freundin Margaritas, hat unterdessen alles vorbereitet, damit das junge Brautpaar sich heimlich kennenlernen kann. Filipeto soll als Frau verkleidet (es ist schließlich Karneval in Venedig! . . .) in Lunardos Haus eingeführt und von dem als fremden Ritter verkleideten Grafen Riccardo begleitet werden. Lucieta und Filipeto treffen sich so zum ersten Mal und verliebten sich sofort ineinander. Aber ihr Glück dauert nicht lange, denn die Abendgesellschaft des Hausherrn trifft ein. Filipeto und Riccardo verstecken sich. Der Hausherr verkündet feierlich die Hochzeit. Seine Freunde unterhalten sich daraufhin über sonstige heiratsfähige junge Männer ihrer Kreise, und es fällt in diesem Zusammenhang der Name Riccardos. Dieser fühlt sich durch die auf ihn gemünzten Worte beleidigt und stürzt aus seinem Versteck hervor. Damit ist der Skandal perfekt. Lunardo droht Lucieta ins Kloster zu stecken, und die gestrengen Herren Ehegatten und Väter sind sich einig, daß das leichtfertige Frauenvolk bestraft werden muß. Dritter Akt. Lunardo, Ciancian und Simon beraten, welche Züchtigungen sie ihren Frauen auferlegen können, um sie wieder zu braven, ordentlichen Eheweibern und Töchtern zu machen. Doch sie haben ihre Rechnung ohne den Widerstand der Frauen gemacht. Ciancians Frau Siora Felice nimmt ihrem Gatten gegenüber kein Blatt vor den Mund und beschuldigt auch die anderen Ehemänner, an den «Eseleien» mit schuld zu sein. Zwar erklärt sie sich schließlich für die Geschichte mit Lucieta und Filipeto bzw. Riccardo verantwortlich, gibt sich damit aber nicht geschlagen. Denn ihrer Meinung nach haben sich die Männer mit ihrer Grobheit und ihrem Unverständnis für die Frauen nichts Besseres verdient. Filipetos Vater Maurizio hatte sich nach dem Skandal aus Scham nicht mehr bei den Freunden sehen lassen. Graf Riccardo fällt nun die Aufgabe zu, ihn umzustimmen. Lucieta und Margarita tun noch ein Übriges und bitten Lunardo um Verzeihung für ihren Ungehorsam. Da kann der alte Geizhals und Sittenrichter sich den vereinten Drängen Maurizios und seiner Gattin nicht länger widersetzen und willigt in Lucietas und Filipetos Hochzeit ein.

● Als die Opernbühnen von München und Berlin erfuhren, daß Wolf-Ferrari *Die vier Grobiane* von Goldoni zu vertonen gedenke, rissen sie sich um das Uraufführungsrecht. Wolf-Ferrari galt damals bereits als *der* Goldoni-Komponist. Allerdings hat er in dieser, zu den berühmtesten Werken Goldonis zählenden, Komödie dem Autor etwas Gewalt angetan, indem er – vielleicht aus einer sehnsüchtig-wehmütigen Haltung der gemeinsamen Vaterstadt Venedig und ihren Bürgern gegenüber heraus – die Gestalten der vier Grobiane zu verbindlich ohne die Kanten und Schärfen des Goldoni-Textes zeichnete. Musikalisch besonders eindrucksvoll sind die Szenen der drei Bässe (Ciancian, Lunardo und Maurizio) mit den Einschüben des einziges Baritons (Simon). Wolf-Ferrari versuchte in dieser Oper nicht nur den Geist der Goldoni-Komödie, sondern auch die Musik der damaligen Zeit (des achtzehnten Jahrhunderts) einzufangen. Obzwar ihm dies mindestens teilweise sehr gut gelungen ist mit der geschickten Verbindung von polyphonen Passagen, Kanzonen, sehr bewußter Verwendung von Pausen und Wiederholungen sowie einer entsprechenden Instrumentierung, ist vor allem ein anderer Einfluß festzustellen: Verdis *Falstaff*, der für fast alle italienischen Komponisten des beginnenden zwanzigsten Jahrhunderts von entscheidender Bedeutung war. EP

MEDEA

Oper in drei Akten von Vincenzi Tommasini (1878–1950). Libretto vom Komponisten. Uraufführung: Triest, Teatro Verdi, 8. April 1906.

HANDLUNG. Die Handlung stützt sich auf die Euripides-Tragödie und spielt in Korinth im antiken Griechenland. Medea, die Gattin des Jason ist unglücklich und eifersüchtig. Jason will sie, die ihm zwei Söhne geboren und immer treu zur Seite gestanden hat, wegen der reichen jungen Glauka, Kreons Tochter, verlassen. Sie beschließt, bittere Rache an dem treulosen Gatten zu nehmen. Glauka und ihre eigenen Söhne will sie opfern, nur um ihn zu strafen. Sie schenkt Glauka einen vergifteten Schleier, der nicht nur das Mädchen tötet, sondern auch den Vater, der sie umarmt, und schlachtet ihre Kinder im Tempel hin. Mit der Verfluchung Jasons auf den Lippen stürzt sie sich dann in die Flammen.

● *Medea,* ein Jugendwerk Tommasinis, zeichnet sich nicht durch besondere Originalität aus, spricht aber für sein Bemühen, die gesamte europäische Musikkultur seiner Zeit und der jüngeren Vergangenheit, vom Wagnerschen Musikdrama bis zum Impressionismus, zu assimilieren. Auch die deutsche Romantik ist bei ihm spürbar. Seine späteren, ausgereifteren Werke sind vor allem von Debussy geprägt. FP

ARIADNE (Ariane)

Oper in fünf Akten von Jules Massenet (1842–1912). Libretto von Catulle Mendès (1841–1909) nach dem bekannten griechischen Mythos. Uraufführung: Paris, Opéra, 31. Oktober 1906.

● Der Ariadne-Stoff ist unzählige Male vertont worden. Einige seiner Bearbeitungen gehören zu den berühmtesten Werken der Operngeschichte. Es seien nur die drei wichtigsten genannt: die Oper *Arianna* von Monteverdi (1567–1643), von der allerdings nur mehr ein Fragment vorhanden ist, die von Händel (1685–1759) und die *Ariadne auf Naxos* von Richard Strauss (1864–1949). Massenets *Ariadne* gehört zu den weniger bekannten Werken des Komponisten. Die Oper erschöpft sich in ständig wechselnden Orchesterklangeffekten und regelmäßig eingeschobenen ekstatischen lyrischen Ausbrüchen der Sänger. Die Oper wird nur selten gespielt. GPa

STRANDRECHT (The Wreckers)

Oper in drei Akten von Ethel Mary Smyth (1858–1944). Libretto von der Komponistin in Zusammenarbeit mit H.B. Leforestier.

Uraufführung: Dresden, Königliches Opernhaus, 11. November 1906.

HANDLUNG. Die Bewohner eines kleinen Fischerdorfes in Cornwall pflegen Schiffbrüchige, derer es viele gibt an ihrer klippenreichen Küste, umzubringen und auszuplündern. Mitunter verursachen sie auch selbst solchen Schiffbruch: der Leuchtturmwächter führt die hilfesuchenden Schiffe durch falsche Signale in die Irre. Thirza, die Frau des Dorfobersten Pascoe, ist entsetzt über diese Praxis. Der Leuchtturmwächter Lawrence und seine Tochter Avis entdecken, daß ein Unbekannter die Feuer des Turms so einstellt, daß die Schiffe die gefährlichen Klippen umschiffen. Avis, die auf Thirza eifersüchtig ist, weil sie selbst ein Auge auf Pascoe geworfen hatte, lenkt den Verdacht auf den letzteren. Daß sie damit Thirzas Pläne, die in Mark verliebt ist und sich von Pascoe freimachen will, unterstützt, weiß sie nicht. Pascoe wird aber durch Mark von dem Verdacht befreit, denn Mark gibt zu, die Leuchtturmsignale verstellt zu haben. Avis, die mittlerweile Mark liebt, versucht, den jungen Mann zu retten, indem sie behauptet, dies könne nicht wahr sein, er hätte die Nacht mit ihr verbracht. Da schaltet sich Thirza ein. Sie gesteht, daß Mark ihr Geliebter ist und daß sie beide zusammen für die Leuchtturmsignale verantwortlich sind. Pascoe versucht zwar, die Gattin zu retten, er kann ihre Verurteilung jedoch nicht verhindern. Mutig durch ihre Liebe treten Mark und Thirza dem Tod gegenüber.

● Der Einfluß Wagners auf diese Oper der Komponistin E. M. Smyth ist sehr deutlich. Ihre gesamte musikalische Dramatik entwickelt sie aus einigen Leitmotiven. Mit der Oper *Strandrecht*, manchmal auch *Die Schiffsplünderer* genannt, vertonte die Komponistin zum ersten Mal einen Stoff aus ihrem heimatlichen England.   RB

DIE SAGE VON DER UNSICHTBAREN STADT KITESCH UND DER JUNGFRAU FEWRONIA
(Skazanie o nevidiom grade Kiteže i deve Fevronii)

Oper in vier Akten und sechs Bildern von Nikolai Rimskij-Korssakow (1844–1908). Libretto von V.I. Bjelski. Uraufführung: St. Petersburg, Marijnskij-Theater, 20. Februar 1907.

HANDLUNG. Erster Akt. Ein Wald in der Nähe von Klein-Kitesch, einem Dorf in der Nähe der Stadt Kitesch. Mitten im Walde lebt Fewronia, die Schwester eines Holzfällers (Sopran), ganz allein. Fürst Wschewolod von Kitesch erleidet bei einer Jagd einen Unfall. Fewronia eilt ihm zu Hilfe und pflegt ihn. Der junge Prinz verliebt sich in sie und macht sie zu seiner Braut. Fewronia weiß jedoch nicht, wer der junge Mann ist. Als er sie wieder verläßt, verspricht er, sie schon bald zur Hochzeit zu holen. Zweiter Akt. Klein-Kitesch. Das Volk feiert den großen Anlaß der Hochzeit Fewronias. Pojarok, der Schildknappe des Königs, führt den Hochzeitszug an. Der alte Trunkenbold Kutierma (Tenor) hält Fewronia ihre niedere Herkunft vor. Aber sie entwaffnet ihn mit der Bescheidenheit ihrer Antwort. Der festliche Trubel wird plötzlich von der Nachricht gestört, die Tartaren seien im Anmarsch. Es kommt zu einem großen Blutbad. Nur Fewronia und Kutierma überleben. Die Tartarenführer Bedjaij und Burundaij (Bässe) zwingen Kutierma, sie nach Groß-Kitesch zu führen. Fewronia, die in Gefangenschaft geraten ist, betet für die Rettung der Stadt. Dritter Akt. Erstes Bild. In Groß-Kitesch trifft die schreckliche Nachricht vom Tartareneinfall ein. Der Fürst zieht mit seinem Heer gegen den Feind, während sein alter Vater Jurij (Baß) mit dem Volk zur Heiligen Jungfrau um den Sieg betet. Ein dichter Nebel hüllt die Stadt ein. Zweites Bild. Ein Zwischenspiel erzählt den Tod Wschewolods und seiner Soldaten. Als sich der Vorhang wieder öffnet, lagern die Tartaren an den Ufern des Jar-Sees, aber die Stadt Kitesch auf der anderen Seite des Sees ist verschwunden. Die beiden Tartarenführer geraten über die Aufteilung der Beute in Streit, und Bedjaij findet dabei den Tod. Nachts weckt Kutierma die Tartaren aus dem Schlaf: er sieht im See das Bild der unsichtbaren Stadt Kitesch. Der unheimliche Anblick erschreckt die Tartaren so, daß sie davonstürmen. Vierter Akt. Erstes Bild. Kutierma und Fewronia, die einzigen Überlebenden von Klein-Kitesch, sind wieder frei. Sie flüchten sich in den Wald. Kutierma verirrt sich und Fewronia bleibt allein zurück. Sie ist am Ende ihrer Kräfte und läßt sich erschöpft zu Boden fallen. Um sie herum sprießen Blumen aus dem Boden und Kerl-Leben. In strahlendes Licht getaucht zieht ein endloser Zug zum Leben. In strahlendes Licht getaucht, zieht ein endloser Zug weißgekleideter Menschen zur Kathedrale: es ist der Hochzeitszug Fewronias und Wschewolods. In der Ewigkeit, jenseits des Todes haben sie sich wiedergefunden.

● Rimskij-Korssakow komponierte die Oper zwischen 1903 und 1904. Im Gegensatz zu fast allen anderen Werken des Komponisten inspiriert sich *Die unsichtbare Stadt Kitesch* nicht an einem Volksmärchen, sondern an einer halbreligiösen Sage. Das Wunder des Verschwindens und geheimnisvollen Wiederauftauchens der Stadt im See sowie der Gegensatz zwischen roher Gewalt der Tartaren und menschlichen Gefühlen und festem Glauben sind aber Themen, die sich der Vorliebe des Komponisten für das Märchenhafte ohne Schwierigkeiten fügen. Besser als in irgend einem anderen Werk gelingt Rimskij-Korssakow hier die Verschmelzung der besonderen Rhythmik und Melodik der russischen Volksweisen mit seiner ganz persönlichen Inspiration. Das Libretto stammt wiederum von Bjelski, diesem äußerst belesenen und kultivierten Mann, der seine ganze Begabung und Arbeitskraft in den Dienst Rimskij-Korssakows stellte. Er verarbeitete in diesem Libretto eine ganze Reihe von Sagen und Legenden so geschickt, daß die einzelnen Quellen kaum mehr voneinander zu unterscheiden sind. Musikalisch erreicht Rimskij-Korssakow mit diesem Werk einen Höhepunkt seines Schaffens. Das Werk stellt «eine der Spitzen der gesamten russischen Musik dar» (Richard Hoffmann).   RB

ROMEO UND JULIA AUF DEM DORFE

Oper in einem Vorspiel und drei Akten von Frederick Delius (1862–1934). Libretto vom Komponisten nach der gleichnamigen Novelle von Gottfried Keller (1819–1890). Uraufführung in Deutsch: Berlin, Komische Oper, 21. Februar 1907.

HANDLUNG. Zwei Bauern in der Nähe von Seldwyla, einst gute Freunde, geraten über ein Stück herrenlosen Grund, der gerade zwischen ihren Fluren liegt, in Streit. Ihre Kinder, Sali und Vreneli, sind befreundet, doch die Väter verbieten ihnen wegen ihres Streites, das Wort aneinander zu richten. Der Prozeß um das Stück Land hat im Laufe der Jahre die beiden starrköpfigen Bauern in den Ruin geführt. Nacheinander verkaufen sie ihr Land, ihr Vieh und sogar ihren Hausrat, nur um die Prozeßkosten zahlen zu können. Während dieser Zeit haben sich die Kinder heimlich getroffen. Nun, da sie herange-

Die Figur der «Elektra» auf dem Plakat der «Richard-Strauss-Woche» in München vom 23. bis 28. Juni 1910.

wachsen sind, stellen sie fest, daß sie sich lieben. Vrenelis Vater verkauft eines Tages sein Haus, um seine Schulden bezahlen zu können. Da Vreneli nun ohne Heimat dasteht, verspüren die beiden jungen Menschen Lust, sich einer Bande von Vagabunden anzuschließen und durch die Welt zu ziehen. Schon bald aber sehen sie ein, daß das bindungslose Leben ihnen nichts geben kann. Doch ohne Geld, um sich zu heiraten, überall verachtet um ihrer Eltern willen, heimat- und rechtlos, sehen sie keine Möglichkeit, ein gemeinsames Leben in Anstand und Ehre zu führen. Der einzige Ausweg, der ihnen bleibt, ist der Tod. Im Tode kann sie keine äußere Macht und kein Leid mehr trennen und verletzen. Sie fahren in einem Boot auf den Fluß hinaus und lassen sich eng umschlungen in die Fluten hinabgleiten. Der Strudel des Wassers zieht sie in die Tiefe.

● *Romeo und Julia auf dem Dorfe* ist Delius' wichtigste Oper. Am 22. Februar 1910 wurde sie in London unter dem Titel *A Village Romeo and Juliet* aufgeführt und fand gute Aufnahme. Heute wird sie kaum mehr gespielt, nur das Intermezzo vor der Schlußszene *The Walk to the paradise Garden (Der Weg zum Paradiesgarten)* wird manchmal noch in Konzerten gegeben.　　　　　　　　　　　　　　　　　　　　MS

ARIADNE UND BLAUBART
(Ariane et Barbe-Bleu)

Lyrisches Märchen in drei Akten von Paul Dukas (1865–1935). Libretto nach dem gleichnamigen Schauspiel von Maurice Maeterlinck (1862–1949). Uraufführung: Paris, Opéra-Comique, 10. Mai 1907. Solisten: G. Leblanc und Félix Vieuille. Dirigent: Franz Ruhlmann.

PERSONEN. Blaubart (Baß), Ariadne (Mezzosopran), die Amme (Mezzosopran), Sélisette (Mezzosopran), Igrane (Sopran), Mélisande (Sopran), Bérengaria (Sopran), ein alter Bauer (Baß), ein zweiter Bauer (Tenor), ein dritter Bauer (Baß), Bauern, Volk.

HANDLUNG. Erster Akt. Bauern und sonstiges Volk warten vor dem Schloß Blaubarts auf dessen Ankunft mit seiner Frau, der wunderschönen Ariadne. Ariadne ist die sechste Frau, die Blaubart heimführt, und das Volk fürchtet, sie werde das gleiche Schicksal erleiden wie die anderen und eines Tages spurlos verschwinden. Ariadne kennt die Geschichte der sechs verschwundenen Ehegattinnen Blaubarts. Doch sie ist mutig und fest entschlossen, herauszufinden, welches Ende die bedauernswerten Frauen gefunden haben. Blaubart hat ihr sechs silberne und einen goldenen Schlüssel zur Hochzeit geschenkt. Die ersten sechs sind Schlüssel zu sechs Türen zu Zimmern, die voller Geschenke sind. Den siebten darf Ariadne nie benutzen. Als Ariadne die Zimmer öffnet, rollen ihr Juwelen und Kostbarkeiten aller Art entgegen: Amethyste, Perlen, Saphire, Smaragde, Rubine und Diamanten. Doch Ariadne ist nur von den Diamanten beeindruckt, denn was sie über alles liebt, ist «die Klarheit». Darum kann sie auch die siebte Tür nicht verschlossen lassen. Als sie sie mit dem goldenen Schlüssel aufschließt, hört sie Frauenstimmen. Eine Treppe führt in unterirdische Räume. Da wird Ariadne von Blaubart überrascht. Er ist zornig über ihren Ungehorsam und will sie in den unterirdischen Gang zerren. Doch Ariadne ruft um Hilfe, und die Bauern vor dem Palast kommen herbeigeeilt. Blaubart fühlt sich vor dem Volk gedemütigt. Zweiter Akt. Ariadne findet in den unterirdischen Räumen des Palastes die sechs früheren Gattinnen Blaubarts. Sie sind bleich und in Lumpen gehüllt und vor Angst dem Wahnsinn nahe. Ariadne läßt sie frei und führt sie ans Tageslicht. Im wärmenden Licht der Sonne erwachen die Frauen zu neuem Lebensmut. Dritter Akt. Die Frauen lassen sich in kostbare Gewänder hüllen und mit Juwelen und Blumen schmücken. Doch Blaubart kehrt mit seinen Getreuen zurück. Die Bauern, die sich auf die Seite der Frauen geschlagen haben, treten ihnen in den Weg. Blaubart wird verwundet und in Fesseln gelegt und vor seine Opfer gebracht. Aber die Frauen nehmen keine Rache an ihm. Ariadne löst seine Fesseln, und die anderen Frauen waschen und verbinden seine Wunden. Als Ariadne sie jedoch auffordert, ihr zu folgen und das Schloß zu verlassen, erhält sie keine Antwort. Allein wählt sie den Weg der Freiheit. Nur ihre Amme folgt ihr. Bérengaria und Igrane schließen hinter ihr das Schloßtor.

● Der Komponist arbeitete sieben Jahre an dieser Oper – wenn auch mit Unterbrechungen. *Ariadne* ist Dukas' einzige Oper, gleichzeitig aber seine beste Arbeit überhaupt. Die Uraufführung löste im Publikum offensichtlich gemischte Gefühle aus, an den darauffolgenden Abenden konnte sich die Oper jedoch ganz gut durchsetzen. Außer in Frankreich, wo sie zeitweise sehr viel gespielt wurde, fand sie auch in anderen Ländern Eingang ins Repertoire.　　　　　　　　　　　MS

ELEKTRA

Tragödie in einem Akt von Richard Strauss (1864–1949). Libretto von Hugo von Hofmannsthal (1874–1929) nach der Tragödie von Sophokles. Uraufführung: Dresden, 25. Januar 1909.

Solisten: Annie Krull (Elektra), Ernestine Schumann-Heink (Klytemnästra), Margarethe Siems (Chrysothemis), Carl Perron (Orest). Dirigent: Ernst von Schuch.

PERSONEN. Klytämnestra, Agamemnons Witwe (Mezzosopran), Elektra und Chrysothemis, ihre Töchter (Soprane), Aegisth, Klytämnestras Liebhaber (Tenor), Orest, Agamemnons und Klytämnestras Sohn (Bariton).

HANDLUNG. Hof im Palast der Atriden. Elektra streift finster und wild wie ein gefangenes Tier im Hof umher. Die Mägde, die Wasser aus dem Brunnen schöpfen, kommentieren ihren unglückseligen Zustand mit beißendem Spott. Sie ist in ihrem eigenen Elternhaus in Ungnade gefallen. Nur die jüngste Magd zeigt Mitleid mit ihr. Die Frauen werden in den Palast zurückgerufen, und die junge Magd wird für ihre Menschenfreundlichkeit Elektra gegenüber ausgepeitscht. Als Elektra allein ist, stimmt sie ein ergreifendes Klagelied an. Mit Grauen in der Seele ruft sie sich das Bild des Todes ihres Vaters vor Augen: während Agamemnon ein Bad nahm, warf Klytämnestra ein Netz über ihn, um ihn wehrlos zu machen, und erschlug ihn dann mit Aegisth, ihrem Liebhaber, mit der Axt. Elektra fleht den toten Vater um Hilfe an. Kraft möge er ihr geben, auszuharren, bis sühnende Rache möglich wird. Da wird sie in ihren finsteren Visionen von der jüngeren Schwester Chrysothemis aufgestört. Diese ist ein sanftes Mädchen, das nichts anderes im Sinne hat, als sich zu verheiraten, Kinder zu gebären und aus dem schrecklichen Hause des Mordes und des Hasses wegzukommen. Sie berichtet Elektra, daß die Mutter und ihr Liebhaber sie einsperren lassen wollten. Da nähert sich ein feierlicher Zug. Mit Fackeln, Opfertieren und Schlachtmessern zieht Klytämnestra mit ihrem Gefolge zum Opferaltar. Die Königin hofft sich durch Opfer, wie sie der Ritus verlangt, von den Qualen ihrer schuldhaften Alpträume zu befreien. Als sie Elektras ansichtig wird, bricht sie in Zorn aus: warum befleckt diese mit ihrer Anwesenheit den Palast? Doch Elektras kluge Antwort: «Warum tadelst Du die Götter? Bist Du nicht selbst eine Göttin?» besänftigt sie. Sie wendet sich der Tochter zu und gesteht ihr, daß sie Erleichterung von den Qualen ihrer Alpträume suche.

Sie sei zu jedem Opfer bereit, wenn sie sich dadurch Heilung verschaffen könne. Elektra erinnert die Mutter an Orest, den verschwundenen Sohn, der die Rache für die fürchterliche Bluttat verkörpert. Mit diesem Hinweis erregt Elektra erneut den Zorn der Mutter. Sie droht, sie ins Gefängnis zu stecken, wenn sie ihr nicht sage, welches Opfer Sühne genug sei. Da bricht es aus Elektra hervor: Sie, die Königin selbst, ist die einzige Sühne; wenn die Axt auf ihr Haupt fällt, wird sie aufhören, an Alpträumen zu leiden, und die, die leben, werden sich der wiederhergestellten Gerechtigkeit erfreuen können. Da bringt eine Dienerin der Königin die Botschaft, Orest sei tot. Klytämnestras Verzweiflung schlägt in Triumph um. Elektra weiß nun, daß die ganze Last der Rache auf ihren Schultern ruht. Sie fühlt sich zu schwach für diese schwere Aufgabe und bittet daher die Schwester um Hilfe. Doch Chrysothemis ist entsetzt über den unbändigen Haß, der aus Elektras Plänen spricht, und flieht sie. Da macht sich Elektra allein auf die fieberhafte Suche nach einer Axt. Auf der Schwelle zum Schloß erscheint ein Bote. Elektra verflucht ihn, daß er am Leben ist, während Orest, der das Leben brauchte, um göttliche Rache zu üben, tot ist. Der Bote begreift, wen er vor sich hat, und flüstert ihr zu: «Orest lebt». Vier alte Diener erkennen den Fremden und fallen vor ihm auf die Knie. «Wer bist Du?» fragt Elektra. «Die Hunde im Hof erkennen mich, aber meine Schwester nicht» ist des Boten Antwort. Da erkennt Elektra schließlich Orest in ihm. Sie verflucht ihren jammervollen Zustand und erinnert sich ihrer einstigen Schönheit, die sie der finsteren Verfolgung der Rache geopfert hat, und schließt den Bruder trunken vor Glück in die Arme. Orest betritt daraufhin den Palast. Ein furchtbarer Schrei Klytämnestras ist zu hören. Aegisth hat von der Schreckensnachricht der Rückkehr Orests gehört. Er kommt, um zu sehen, ob es wahr ist. Elektra geleitet ihm mit einer Fackel über den dunklen Hof in den Palast. Wenig später erscheint Aegisth am Fenster und schreit um Hilfe. «Agamemnon hört Dich» ist Elektras Antwort. Die Rache ist vollzogen. Elektra gibt sich einem Freudentaumel hin, sie tanzt in frenetischer Wildheit, bis sie zusammenbricht. Chrysothemis eilt herbei und wirft sich über ihren Leichnam und stürzt zum Palast. Sie klopft an die Pforte, aber niemand öffnet ihr.

● Die Oper *Elektra* bildet den Anfang der Zusammenarbeit zwischen Strauss und Hofmannsthal. Sie wurde anfangs von der Kritik mit großer Zurückhaltung aufgenommen, denn der Text Hofmannsthals erschien ihr zu «unmoralisch und pervers». Diese Reaktion ist insofern merkwürdig, als Hofmannsthal sich bis auf einige geringfügige Änderungen getreulich an den Sophokles-Text, den er im Original kannte, gehalten hatte. Seine gute Kenntis der damaligen psychoanalytischen Literatur (er hatte *Psyche* von Rohde und *Studien über die Hysterie* von Brauer und Freud gelesen) bestätigte ihm die Problematik, die er in der Sophokles-Tragödie sah. Nun richtete sich ein gut Teil der Kritik gerade gegen diese Interpretation. Strauss zögert lange, ehe er sich entschloß, den Elektra-Stoff zu vertonen, obwohl er große Bewunderung für Hofmannsthal hatte. In gewisser Weise beunruhigte ihn auch die Ähnichkeit zwischen dieser Oper und der *Salome*. Die musikalischen Einfälle in *Elektra* sind weniger überwältigend als in *Salome*, obschon das Orchester organischer wirkt und die Skala der Ausdrucksmittel breiter ist. Was die dramatische Entwicklung der Handlung angeht, so erreicht diese ihren Höhepunkt in dem Zusammentreffen zwischen Klytämnestra und Elektra, wo auch die Musik einen ihrer Gipfelpunkte hat und bis an die Grenzen der Atonalität vorstößt, und in der Szene des Wiedererkennens, in der sich die ganze angestaute Spannung wie eine Explosion entlädt. RB

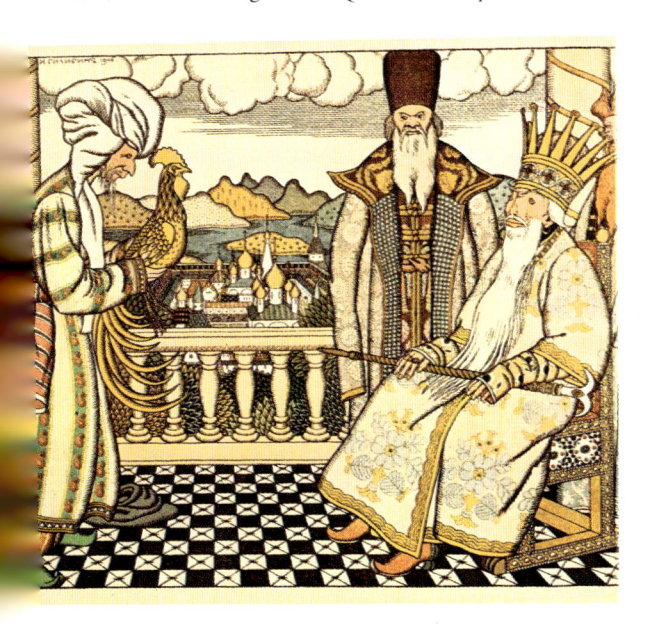

Illustration zu «Der goldene Hahn» von Nikolai Rimskij-Korssakow. Paris, Bibliothèque de l'Opera.

1909

DER FREMDE (The Stranger)
Lyrisches Drama in zwei Akten und einem Ballett von Joseph Holbrooke (1878–1958). Libretto von Walter Grogan. Uraufführung: London, 1909.

● Die Oper wurde zur Eröffnung der Spielzeit 1924 in Liverpool aufgeführt und hatte guten Erfolg, geriet dann aber in völlige Vergessenheit. GP

DER GOLDENE HAHN (Zolotoj Petusok)
Oper in drei Akten von Nikolai Rimskij-Korssakow (1844–1908). Libretto von V.I. Bjelski, nach der gleichnamigen Erzählung von Alexander Puschkin. Uraufführung: Moskau, Solodownikow Theater, 7. Oktober 1909.

HANDLUNG. In einem kurzen Vorspiel kündigt ein Sterngucker (Tenor) ein Märchen an, das eine Lehre für das Leben enthält. Erster Akt. Thronsaal im Palast des Zaren. Dodon, der Zar (Baß), seine Söhne Gwidon (Tenor) und Afron (Bariton) sowie der General Polkan (Baß und der Staatsrat machen sich Sorgen, da der Feind die Landesgrenzen bedroht. Keine der vorgeschlagenen Lösungen erweist sich als gangbar. Da kommt der Sterngucker mit seinem goldenen Hahn (Sopran). Dieser soll über das Land wachen und zu krähen beginnen, sobald Gefahr droht. Der Zar ist beruhigt und verspricht dem Sterngucker zum Dank, ihm seinen nächsten Wunsch zu erfüllen. Es vergeht eine Zeit, da kräht der Hahn gegen Osten. Der Zar schickt seinen erstgeborenen Sohn gegen den Feind. Beim nächsten Hahnenschrei schickt er den zweiten Sohn ins Feld und schließlich zieht er selbst mit den verbleibenden Truppen los. Zweiter Akt. Eine Ebene, über die sich die Nacht senkt. Am Horizont ist ein großes Zelt zu sehen. Dodon ist verzweifelt über den Verlust der beiden Söhne und seiner Truppen. General Polkan entdeckt das Zelt am Horizont und befiehlt, es in Brand zu stecken. Da tritt aus diesem die wunderschöne Prinzessin Schemakhaa hervor und gesteht, daß sie die beiden Zarensöhne hat töten lassen. Der Zar ist bezaubert von der Schönheit der Prinzessin und gewinnt sie für sich. Dritter Akt. Auf dem Marktplatz der Hauptstadt. Das Volk erwartet die Rückkehr des Zaren. In einer prächtigen Karosse zieht er mit seiner Braut ein. Doch da tritt der Sterngucker vor und verlangt die schöne Prinzessin für sich. Er erinnert den Zaren an sein Versprechen, ihm seinen nächsten Wunsch zu erfüllen. Doch der Zar weigert sich und schlägt den Sterngucker mit seinem Szepter aufs Haupt. Da stürzt sich der goldene Hahn vor, um seinen Herrn zu rächen, und hackt dem Zaren seinen scharfen Schnabel ins Gesicht. Die Prinzessin verschwindet und das Volk beweint seinen Herrscher. Nachspiel. Der Sterngucker tritt wieder auf und verkündet dem Publikum, es solle sich nicht von Schmerz erfassen lassen, denn die Gestalten der Geschichte seien nur erfunden. Nur er und die Prinzessin Schemakhaa seien lebendige Menschen.

● *Der goldene Hahn* ist eine politische Satire, in der der Zar, der anfangs noch majestätisch dargestellt wird, immer mehr der Lächerlichkeit preisgegeben wird. Die 1907 abgeschlossene Oper löste heftige Auseinandersetzungen aus, da das zaristische Regime sehr wohl den politischen Unterton verspürte und ihre Aufführung verboten hatte. Schließlich fand sich eine Einigung: Die Oper sollte ein paar Jahre später und unter der Bedingung, daß der Zar und der General in einen General und einen Hauptmann umgewandelt und der berühmte Gesang des goldenen Hahns *Herrsche und schlafe in Deinem Bette* in *Schlafe ruhig in Deinem Bette* abgeändert würden, aufgeführt werden. So kam sie dann etwa zwei Jahre später, als Rimskij-Korssakow bereits tot war, auf die Bühne. Die Oper war sehr erfolgreich und wurde in verschiedenen Fassungen aufgeführt: am 24. Mai 1914 wurse sie zum Beispiel in Paris an der Opéra als Pantomime mit szenischem Gesang aufgeführt. Rimskij-Korssakow komponierte die Oper im Alter von vierundsechzig Jahren und klagte bei der Arbeit über das Nachlassen seiner Kräfte. Dem Werk selbst ist dies allerdings nicht anzumerken. Es ist von großer Frische und Originalität und enthält eine Fülle hinreißender Chöre und Tänze russischer Tradition. Das Hauptmerkmal der Oper ist die glückliche Verbindung zwischen Satire und Märchen, die auch musikalisch durch die Kombination einer sprühenden, funkelnden Instrumentation mit den ans Herz gehenden russischen Volksweisen gut zum Ausdruck kommt. RB

PIERROT UND PIERRETTE
Lyrisches Drama in einem Akt, zwei Szenen und einem Ballett von Joseph Holbrooke (1878–1958). Libretto von Walter Grogan. Uraufführung: London, Her Majesty's Theatre Haymarket, 11. November 1909.

HANDLUNG. Die Handlung geht auf eine volkstümliche Erzählung zurück. Pierrot und Pierrette lieben sich heiß und innig. Eines Tages aber kommt ein Fremder, die Verkörperung der Kräfte des Bösen, und entführt Pierrot in die Welt des Lasters, die ihn die reine Liebe zu Pierrette vergessen läßt. Doch die Erinnerung an dieses reine, einfache Glück kehrt wieder und am Ende triumphiert seine Sehnsucht danach über die verruchten Freuden des Leben mit dem Fremden. Pierrot sucht Pierrette und findet sie unerschüttert von den Versuchungen des Fremden, ihm nach wie vor in reiner, einfacher Liebe zugetan, wieder.

● Diese Oper geht auf eine allegorische Phantasie, die Grogan schon früher geschrieben hatte, zurück und ist das erste Werk des Komponisten, das tatsächlich auf die Bühne kam. Es kann als eines der besten gelten, hatte allerdings bei der Uraufführung unter Leitung Holbrookes selbst nur mäßigen Erfolg und verschwand nach vereinzelten Aufführungen in England und den USA bald wieder vom Spielplan. GP

SUSANNES GEHEIMNIS
(Il segreto di Susanna)
Intermezzo in einem Akt von Ermanno Wolf-Ferrari (1876–1948). Libretto von E. Golisciani. Uraufführung: München, Hoftheater, 4. Dezember 1909.

PERSONEN. Gil (Bariton), Susanna (Sopran).

HANDLUNG. Die Handlung spielt in Piemont. Auf dem Heimweg von der Arbeit glaubt Gil in einer Passantin seine Frau zu erkennen. Zu Hause findet er diese jedoch vor. Die Frau ist – was Gil nicht weiß – gerade vor ihm eiligst zurückgekehrt. Er riecht Tabak und wird mißtrauisch. Er glaubt, sie habe einen Mann zu Besuch gehabt und wird eifersüchtig. Gil fragt Susanna, ob sie ausgewesen sei. Sie verneint diese Frage. Daraufhin bereut Gil sein Mißtrauen, kann es aber nicht ganz loswerden, da er auch noch beim Tee, den sie gemeinsamen nehmen, den Tabaksgeruch verspürt. Bei nochmaligem Drängen gibt Susanna zu, etwas zu verbergen, sagt jedoch nicht, worum es sich handelt. Daraufhin macht

Gabriella Ravazzi als «Prinzessin» in «Der goldene Hahn» von Nikolai Rimsky-Korssakow in einer Aufführung in Triest 1974. Regie führte Gian-Carlo Menotti.

Gil ihr eine Szene, sie flieht in ihr Zimmer. Dann fordert sie den Gatten auf, den Abend auswärts, in seinem Zirkel oder bei Freunden zu verbringen. Gil verläßt das Haus, vergißt aber seinen Schirm. Susanna läßt sich vom Hausdiener die Zigaretten geben, die sie kaufen gegangen war und diesem zur Aufbewahrung übergeben hatte, und zündet sich eine an. Da kommt der Ehemann zurück, um den Schirm zu holen. Schnell ersteckt sie die Zigarette. Als er wieder weg ist, glaubt Susanna, nun endlich eine Zigarette in genüßlicher Ruhe rauchen zu können. Doch Gil, der, nachdem er wieder Rauch gerochen hat, nunmehr ganz sicher ist, daß seine Frau heimlich einen Geliebten empfängt, dreht auf dem Wege um und steigt zum Fenster herein. Als er ihr unschuldiges Geheimnis auf diese Weise entdeckt, ist er verlegen und entschuldigt sich. Um sein Mißtrauen wieder gutzumachen, verspricht er Susanna sogar, künftig mit ihr zu rauchen.

● Der Komponist schrieb die Musik zu dem bewußt zeitgemäßen Thema nach dem Vorbild der Intermezzi aus dem siebzehnten Jahrhundert. Der Dirigent Felix Mottl beurteilte das Werk aufgrund seiner starken Einheit von Text, Gestik und Musik als «... so merkwürdig es scheinen mag, die am stärksten an Wagner gemahnende Oper, die ich kenne.» Sie war 1911 am Teatro Costanzi in Rom von Toscanini dirigiert worden und hatte auch an der New Yorker Met und dem Londoner Covent Garden viel Erfolg. EP

DON QUICHOTE

Oper in fünf Akten von Jules Massenet (1842–1912). Libretto von Henri Cain (1859–1937) nach dem Roman von J. Le Lorrain «Le chevalier de la longue figure» («Der Ritter von der langen Gestalt») nach Cervantes. Uraufführung: Monte Carlo, Théâtre du Casino, 12. Februar 1910.

HANDLUNG. Le Lorrains Roman ist eine freie Nacherzählung des Don Quichote-Stoffes. Aus der Dulcinea macht er ein Zimmermädchen, aus dem Titelhelden einen beredten Prediger und aus Sancho Pansa eine Art Vorkämpfer des Sozialismus.

● Der *Don Quichote* gehört zu den späteren und weniger guten Werken Massenets. Das Libretto ist minderwertig und auch die Komposition kann sich nicht mit anderen Werken Massenets messen. GPa

MACBETH

Lyrisches Drama in einem Vorspiel und drei Akten von Ernest Bloch (1880–1959). Libretto von A. L. Fleg nach Shakespeare. Uraufführung: Paris, Opéra-Comique, 30. November 1910.

PERSONEN. Macbeth, General des königlichen Heeres (Bariton), Macduff, schottischer Adliger (Baß), Banquo, General des königlichen Heeres (schwerer Tenor), Duncan, König von Schottland (Tenor), Malcolm, sein Sohn (Tenor), Lennox, schottischer Adliger (Helden-Tenor), der Pförtner (Bariton), ein Alter (Baß), ein Diener (Tenor), ein Mörder (Baß), erste Erscheinung (Baß), ein Arzt (Baß), Lady Macbeth (Sopran), Lady Macduff (Sopran), Macduffs Sohn (Mezzosopran), erste Hexe (Sopran), zweite Hexe (Mezzosopran), dritte Hexe (Alt), eine Ehrendame (Alt), Fleance, Banquos Sohn (stumme Rolle), Macduffs Knabe (stumme Rolle). Ritter. Hofdamen, Soldaten, Bauern, Erscheinungen.

HANDLUNG. Die Handlung spielt um das Jahr 1030. Vorspiel. Eine einsame Heidelandschaft, über die der Wind pfeift. Im Hintergrund ein von Leichen übersätes Schlachtfeld. Aus dem Nebel tauchen die Hexen auf. Sie sprechen geheimnisvolle, unheilkündende Prophezeiungen aus. Erster Akt. Erstes Bild. Saal auf der Burg Macbeths. Lady Macbeth beherrscht ihren Gatten völlig. König Duncan von Schottland kommt mit seinem jüngeren Sohn Malcolm auf Macbeths Burg. Zweites Bild. Burghof. Angestiftet von seiner Frau erdolcht Macbeth König Duncan, um sich selbst die Krone aufsetzen zu können. Zweiter Akt. Erstes Bild (bei der Wiederaufführung im Jahre 1938 gestrichen). Ein von Macbeth gedungener Mörder bringt Macduffs Frau und Kinder um. Zweites Bild. Festsaal in Macbeths Burg. Macbeth läßt auch Banquo, von dem die Hexen prophezeit hatten, er würde Vater des Königs, umbringen. Macbeth rühmt sich, angestachelt von Lady Macbeth, seiner Greueltaten. Da erscheint plötzlich der Geist Banquos unter den Gästen. Macbeth erstarrt vor Entsetzen. Lady Macbeth versucht den Gatten durch Wollust abzulenken, doch vergeblich. Er bricht im Delirium zusammen. Dritter Akt. Erstes Bild. In der Höhle der Hexen. Vor Macbeths Augen brauen die Hexen ihre Zaubertränke. Sie lassen ihm die Gespenster seiner Schuld erscheinen. Das letzte Gespenst verkündet ihm, daß er solange nicht besiegt würde, «solange nicht der Wald von Birnam auf ihn zumarschieren wird». Zweites Bild. Lady Macbeth ist am Ende ihrer Kräfte. Die Gewissensqualen haben sie vernichtet. Nach entsetzlichem Delirium bricht sie tot zusammen. Das Finale ist eine großartige Massenszene mit einem Doppelchor: der Chor der als Bäume getarnten Soldaten (der Wald von Birnam, der sich zu bewegen beginnt) und der Chor der vor Angst fast wahnsinnigen Höflinge und Volksmengen. Macbeth wird im Zweikampf mit Macduff getötet. Dieser setzt Malcolm als dem neuen König die Krone auf.

● Die Oper entstand zwischen 1904 und 1909 und ist Blochs einziges Bühnenwerk. Sie wurde trotz der positiven Aufnah-

1910

Enrico Caruso in der Rolle des «Dick Johnson», Emmy Destinn als «Minnie» und Pasquale Amato als «Sheriff» in der Schluß-szene von Giacomo Puccinis «Das Mädchen aus dem goldenen Westen» bei der Uraufführung an der Metropolitan Opera in New York.

Szene aus dem ersten Akt der Uraufführung von Giacomo Puccinis «Das Mädchen aus dem goldenen Westen».

me bei Publikum und Kritik bei der Uraufführung, kein Erfolg. Bloch verließ nach dieser Enttäuschung Frankreich und wandte sich ganz von der Bühne ab. Zwanzig Jahre nach der Uraufführung wurde die Oper am Teatro San Carlo in Neapel wiederaufgeführt (5. März 1938). Das Libretto ist an sich ausgezeichnet, denn es bringt in einigen wenigen Szenen das Wesentliche der Shakespeare-Tragödie in großer Texttreue. Bloch war zur Zeit der Komposition dieser Oper erst fünfundzwanzig Jahre, schuf in ihr aber ein ausdrucksstarkes Werk, das der Größe der Thematik durchaus angemessen ist.

MS

DAS MÄDCHEN AUS DEM GOLDENEN WESTEN
(La fanciulla del West)

Oper in drei Akten von Giacomo Puccini (1858–1924). Libretto von Carlo Zangarini (1874–1943) und Guelfo Civinini (1873–1954) nach dem Schauspiel «The Girl of the Golden West» («Das Mädchen aus dem goldenen Westen») von David Belasco (1853–1931). Uraufführung: New York, Metropolitan Opera House, 10. Dezember 1910. Solisten: Emmy Destinn, Enrico Caruso, Pasquale Amato. Dirigent: Arturo Toscanini.

PERSONEN. Minnie (Sopran), Jack Rance, Sheriff (Bariton), Dick Johnson, auch Ramerrez (Tenor), Billy Jackrabbit, Indianer (Baß), Wowkle, Billys Indianerfrau (Mezzosopran), Jack Wallace, Geschichtenerzähler (Bariton).

HANDLUNG. In den Cloudy Mountains. Ein Goldsucherlager in den Jahren 1849–1850. Erster Akt. Im «Polka-Saloon», dessen Eigentümerin Minnie ist. Das Lokal ist voller Goldsucher, die sich mit Trinken, Kartenspiel und Streit unterhalten. Aus der Ferne ist der Geschichtenerzähler Wallace mit seiner «Sehnsuchtsballade» zu hören. Auch der Sheriff Rance ist unter den Gästen. Ein Agent der Wells Fargo Transport Company teilt dem Sheriff mit, daß der berüchtigte Bandit Ramerrez mit seiner Bande in der Gegend ist. Der Sheriff, der in Minnie verliebt ist, sucht ihre Aufmerksamkeit auf sich zu lenken. Da kommt ein Fremder namens Dick Johnson in den Saloon. Er ist jedoch niemand anderer als der gesuchte Bandit. Er fühlt sich sofort zu Minnie, an die er sich irgendwie zu erinnern glaubt, hingezogen. Auch Minnie ergeht es ähnlich. Rance ist eifersüchtig. Da wird einer der Ramerrezbande hereingeführt. Als er seinen Chef in Gesellschaft des Sheriffs sieht, will er ihn dadurch retten, daß er den Sheriff mit der gespielten Bereitschaft, ihm das Versteck der Bande zu verraten, hinauslockt. Minnie vertraut Johnson Ramerrez, mit dem sie alleine im Saloon zurückgeblieben ist, an, daß die Goldsucher ihr Gold bei ihr deponieren, und daß sie eher ihr Leben hergeben als deren Vertrauen täuschen würde. Ramerrez beschließt daraufhin innerlich, seinen Raubplan aufzugeben. Minnie lädt ihn zu sich zu einem Plauderstündchen ein. Zweiter Akt. In Minnies Haus. Wowkle, Minnies Dienerin, eine Indianersquaw, sitzt friedlich mit ihrem Mann Jackrabbit zusammen, während ihr Kind vergnügt spielt. Minnie erzählt begeistert von dem Leben hier in der Sierra und davon, wie sie in das Lager der Goldsucher gekommen ist. Ramerrez und Minnie finden immer mehr Gefallen aneinander. Sie gestehen sich gegenseitig ihre Liebe. Da fordert der Sheriff mit seinen Leuten Einlaß. Er will den Banditen verhaften. Minnie versteckt Ramerrez schnell und behauptet, allein zu Hause zu sein. Als der Sheriff wieder weg ist, gesteht Ramerrez, der Gesuchte zu sein, und erklärt, wie er zum Banditen wurde. Doch Minnie ist zutiefst enttäuscht und empört über die Täuschung und schickt ihn ungeachtet der Todesgefahr fort. In der Zwischenzeit hat draußen ein Schneesturm begonnen. Ramerrez wird verwundet. Minnie bringt es nicht fertig, ihn im Schnee erfrieren zu lassen und zerrt ihn erneut ins Haus. Sie versteckt ihn im Dachboden. Als Rance zurückkommt, erzählt sie diesem, der Bandit sei geflohen, aber durch die Bohlen der Decke tropft Blut, so daß der Sheriff weiß, wo der Bandit versteckt ist. Johnson wird heruntergeholt. Minnie setzt nun alles auf eine Karte, um Ramerrez zu retten. Sie will mit Rance um sein Schicksal pokern. Wenn sie verliert, wird Ramerrez der Justiz übergeben und Minnie wird ihm, dem Sheriff, gehören. Minnie gewinnt. Dritter Akt. Morgen im kalifornischen Urwald. Die Menschenjagd geht weiter. Johnson ist von den Goldsuchern aufgespürt worden und soll nun abgeführt werden. Bevor er gehängt wird, bittet er, Minnie nichts von seinem schändlichen Ende zu sagen, sondern sie in dem Glauben zu lassen, er befinde sich in Freiheit. Aber da kommt Minnie selbst, mit der Pistole in der Hand, angeritten. Mit glühenden Worten fleht sie die Goldsucher an, Johnsons Leben zu schonen. Und trotz der Proteste des eifersüchtigen Rance wird er freigelassen. Unter dem Beifall der Menge ziehen Minnie und Johnson gemeinsam in den verschneiten Wald hinaus.

● Mit seinem *Mädchen aus dem goldenen Westen* kehrt Puccini nach den Seelendramen *La Bohème* und *Madame Butterfly* zur «grand-opéra» mit ihrer romantisch-dramatischen Handlung, dem exotischen Ambiente, den Massenszenen und der großen weiblichen Heldin zurück. Diesmal aber versetzt der Komponist das zum Beispiel an *Tosca* gemahnende klassische Dreiecksverhältnis in die ganz neue, moderne Westernatmosphäre, mit der er auch ganz bewußt das amerikanische Publikum anzusprechen versucht. Hochdramatische Szenen aus der Oper wie zum Beispiel die Entdeckung des Banditenverstecks durch das von der Decke herabtropfende Blut oder die Pokerpartie sind nach tatsächlichen Ereignissen geschrieben. Der Geschichtenerzähler Jack Wallace, der mit seiner Banjoballade die Oper eröffnet und beschließt, hat wirklich gelebt. Die ganze Geschichte steht – auch wenn gewisse Einzelheiten und psychologische Entwicklungen unwahrscheinlich sind – stellvertretend für ein am Amerikanern noch frisch im Gedächtnis haftendes Kapitel ihrer Geschichte. Die vielleicht psychologisch unglaubwürdigste Gestalt ist die der Minnie selbst, dieses guten Mädchens mit dem reinen Herzen, das sich inmitten der rauhen, goldgierigen Männer aus dem Lager seine echte Liebe erhält, andererseits aber pokert und mit der Pistole umzugehen weiß wie der schlimmste Raufbold. Auch Ramerrez' Charakter als Gentleman-Bandit ist reichlich unwahrscheinlich. Puccini ging es bei dieser Oper aber weniger um psychologische Richtigkeit bzw. Glaubwürdigkeit, sondern vielmehr um die atemberaubende Aufeinanderfolge der dramatischen Ereignisse und Knalleffekte. Das zeigt sich schon daran, daß die großen Szenen des dritten Aktes, die Verfolgung und Verurteilung Ramerrez' und Minnies plötzliches Auftauchen, durch das sich alles doch noch zu einem guten Ende wendet, in dem Stück Belascos nicht enthalten war, sondern auf Anregung Puccinis selbst aufgenommen wurde. Die enorm rasche Abfolge der Ereignisse, der ständige schnelle Szenenwechsel und infolgedessen die Notwendigkeit, die Charaktere nur kurz und grob zu zeichnen, stellten den Komponisten vor Aufgaben, denen er musikalisch nicht ganz gerecht wurde. Vor allem das Fehlen eingängiger Melodien beeinträchtigte die Beliebtheit der Oper. Bei näherer Betrachtung erweist sich die Partitur jedoch als kompositionstechnisch sehr gekonnt, beispielsweise an den Stellen, wo die rauhe und primitive Atmosphäre des Goldsucherlagers illustriert wird, oder bei der Erzeugung einer schon fast unerträglichen Spannung in bestimmten Situationen (etwa die Beschreibung des von der Decke tropfenden Blutes durch Arpeggi, die einem Schauer den Rücken hinunterlaufen lassen, oder die Pokerpartie). Gewisse neue harmonische Formen, die oft schon die Grenzen der Tonalität sprengen, lassen Puccinis Beeinflussung durch Debussy oder auch Strauss *(Salome)* erkennen, was jedoch nicht heißen soll, daß Puccinis Werk unter einem Mangel an Originalität litte. An der Met bescherte das Publikum dem *Mädchen aus dem goldenen Westen* stürmischen Erfolg. In der Pause zwischen dem zweiten und dem dritten Akt wurde der Komponist mit einer silbernen Krone mit den Farben Italiens und der USA geehrt. Zum Schluß gab es siebenundvierzig Vorhänge. Die Kritik dagegen war wesentlich zurückhaltender. Lobende Worte fand sie im allgemeinen nur für des Meisters hervorragende Kompositionstechnik. RB

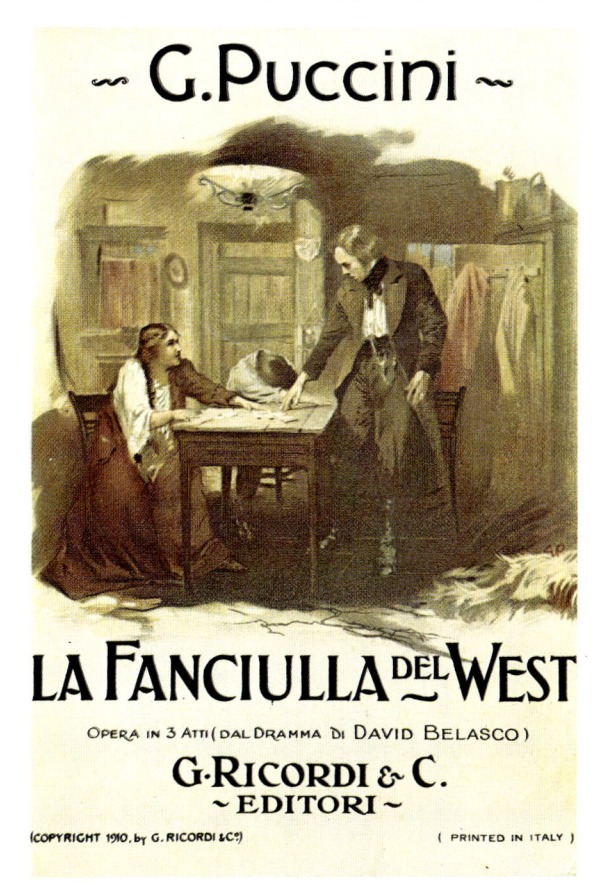

Titelblatt des Librettos zu «Das Mädchen aus dem goldenen Westen» von Giacomo Puccini von 1910.

KÖNIGSKINDER

Oper in drei Akten von Engelbert Humperdinck (1854–1921). Libretto von «Ernst Rosmer» (Elsa Bernstein). Uraufführung: New York, Metropolitan Opera House, 28. Dezember 1910. Solisten: Farrer, Jadlowker, Goritz.

PERSONEN. Die Hexe, die Gänsemagd, der Besenbinder, der Königsohn, der Holzfäller, der Musikant, der Wirt, Chöre: Volk, Kinder.

HANDLUNG. Erster Akt. Wald mit dem Hexenhaus. Die böse Hexe hält die arme Gänsemagd gefangen. Diese ist ein wunderschönes Mädchen. Eines Tages begegnet ihr im Wald der Königsohn und verliebt sich in sie. Er möchte sie zu seiner Frau machen. Aber die böse Hexe hält sie mit Zauberkräften bei sich im finstern Walde zurück. Der Königsohn muß sich damit abfinden, daß nur ein Wunder den Zauberbann der Hexe lösen kann: wenn eine Sternschnuppe auf eine erblühende Blume fällt, wird die Gänsemagd frei sein. Der Besenbinder, der Holzfäller und der Köhler befragen unterdessen die Hexe, wer der neue König werden wird, denn der alte ist gestorben. Die Alte antwortet, daß um die Mittagszeit der neue König vor sie treten werde. Auch der Köhler verliebt sich in die Gänsemagd und will sie mit sich nehmen, doch sie kann dem Bann der Hexe nicht entweichen. Dann fällt eine Sternschnuppe auf eine erblühende Blume und die Gänsemagd ist frei. Zweiter Akt. Der neue König wird aus Liebe zur Gänsemagd Schweinehirt beim Wirt. Als die Gänsemagd zur Mittagsstunde vor der Volk tritt, wird sie nicht als Königin anerkannt, sondern nur ausgelacht. Der junge König will sie verteidigen, aber sein Volk erkennt ihn, der als Schweinehirt auftritt, nicht mehr. Nur das kleine Mädchen des Besenbinders schenkt den Beteuerungen des jungen Paares, es sei das neue Königspaar, Glauben. Dritter Akt. In der Nähe der Stadt. Das junge Königspaar ist von seinem Volke nicht anerkannt worden und ist nun gezwungen, die Kronen zu verkaufen, um nicht zu verhungern. Aber auch dieses Geld geht zu Ende. Ohne einen Pfennig, von allen verlacht und verspottet, sinken der Königssohn und seine Gänsemagd in den Schnee und warten, einander fest umschlungen haltend, auf den Tod. Als die Kinder der Stadt unter der Führung des Besenbindertöchterchens eintreffen, um ihnen als dem neuen Königspaar zu huldigen, sind sie schon tot.

● *Königskinder* ist nach *Hänsel und Gretel* die zweitberühmteste Oper Humperdincks. Auch sie stützt sich auf einen Märchenstoff und ist im Grunde als Kinderoper mit didaktischer Absicht gemeint. Die Originalfassung war eine Komödie mit Musik und war am 23. Januar 1897 in München, später dann auch in Wien, Prag, Berlin, Riga und New York aufgeführt worden. Bereits am 6. Juni 1896 kamen Teile daraus in einem Konzert in Heidelberg zur Aufführung. Die Opernfassung, wie sie in New York gespielt wurde, erlebte ungeheuren Erfolg. Das Libretto wurde in Englisch, Italienisch, Ungarisch, Französisch, Russisch, Kroatisch und Schwedisch übersetzt. An einigen wenigen Bühnen wird das Stück auch heute noch mitunter gegeben. GP

DER ROSENKAVALIER

Komödie für Musik in drei Akten von Richard Strauss (1864–1949). Libretto von Hugo von Hofmannsthal (1874–1929). Uraufführung: Dresden, Königliches Opernhaus, 26. Januar 1911. Solisten: Carl Perron (Ochs), Margarethe Siems (Marschallin), Minnie Nast (Sophie), Eva von der Osten (Oktavian). Dirigent: Ernst von Schuch.

PERSONEN. Die Feldmarschallin Fürstin Werdenberg (Sopran), Baron Ochs von Lerchenau (Baß), Oktavian, ein junger Herr aus adligem Hause (Mezzosopran), Herr von Faninal, ein reicher Parvenu (Tenor-Bariton), Sophie, seine Tochter (Sopran), Jungfer Marianne Leitmetzerin, die Duenna (Sopran), Valzacchi, ein italienischer Intrigant (Tenor), Annina, seine Begleiterin (Alt).

HANDLUNG. Die Feldmarschallin, von ihren Freunden «Bichette» genannt, empfängt in Abwesenheit ihres Gatten den blutjungen Grafen Oktavian, der sie in leidenschaftlicher Schwärmerei liebt. Die große Jugend ihres Anbeters läßt sie wehmütig an ihr eigenes Alter und ihre, kaum merklich, doch schon ganz langsam verblühende Schönheit denken. Der unerwartete Besuch ihres Vetters, des Barons Ochs von Lerchenau, stört sie aus ihren schmerzlichen Träumereien auf. Er ist gekommen, ihr seine Verlobung mit Sophie, der bildhübschen Tochter des neugeadelten und steinreichen Herrn von Faninal anzukündigen. Ochs ist in seiner groben Manier so unerwartet in das Schlafzimmer der Marschallin eingedrungen, daß der als Kammerzofe verkleidete Oktavian nicht mehr verschwinden konnte. Der alte Baron macht dem hübschen Wesen, das er noch gar nicht kennt, gleich in plumper Weise den Hof. Die Marschallin fragt er um Rat, wer wohl für ihn – wie es die Sitte will – der Braut die symbolische silberne Rose überbringen soll. Die Feldmarschallin empfiehlt ihm Oktavian und zeigt ihm ein Bild von ihm. Ochs bemerkt die Ähnlichkeit mit der Kammerzofe und nimmt den Ratschlag, in der Überzeugung, das Mädchen sei des jungen Grafen uneheliche Schwester, an. Die Feldmarschallin empfängt dann, während sie frisiert wird, die Bittsteller und Leute vom Gesinde: der Koch und die Modistin sprechen vor, ein Wissenschaftler und ein Tierverkäufer, der Intrigant Valsacchi mit seiner würdigen Begleiterin, die überall ihre drei Töchter mitbringt, ein Sänger, ein Flötenspieler und der Perückenmacher. Der Baron unterhält sich unterdessen mit dem Notar über seinen Ehevertrag. Valzacchi und seine Begleiterin belagern ihn, um als Paar in seinen Diensten ein aufmerksames Auge auf die künftige junge Gattin zu haben. Als die Feldmarschallin wieder allein ist, überfällt sie von neuem ihre melancholische Stimmung. Auch Oktavians schwärmerische Versicherungen können sie nicht erheitern. Sie bekräftigen sie vielmehr in ihrer Überzeugung, daß der junge Mann schon bald eine jüngere und schönere Frau als sie finden und lieben wird. Oktavian bemüht sich, sie zu beruhigen, doch als er weg ist, stellt die Marschallin fest, daß sie sich nicht einmal zum Abschied geküßt haben. Resigniert händigt sie dem kleinen Mohren die silberne Rose aus, daß er sie Oktavian bringe und dieser seine Aufgabe als Brautwerber erfüllen könne. Zweiter Akt. Im Hause des Herrn Faninal erwartet man die Ankunft des Rosenkavaliers. Oktavian tritt ein und übergibt Sophie die Rose. Die beiden sind sogleich wie durch einen Zauber voneinander gefangengenommen. Sophie gesteht ihm heimlich, daß sie den Baron durchaus nicht liebe, daß er ihr wie ein Pferdehändler vorkomme. Da trifft Lerchenau selbst ein. Faninal empfängt ihn mit großem Zeremoniell. Dann ziehen sich die beiden zurück, um den Ehevertrag auszuarbeiten. Sophie und Oktavian entdecken unterdessen – alleingeblieben – ihre Gefühle füreinander. Aber das Spitzelpaar Valzacchi und Annina überraschen sie und berichten dem Baron sogleich von dem Skandal. Oktavian tritt dem Baron stürmisch entgegen und verletzt ihn mit seinem Degen. Ochs ruft jammernd nach einem Arzt und Faninal versucht, den Ehevertrag möglichst schnell unterzeichnen zu lassen. Annina steckt dem Baron ein Briefchen zu, in dem die angebliche Zofe ihm ein Rendezvous für den nächsten Abend gibt. Ochs ist sehr erfreut über die schmeichelhafte Aufforderung, übersieht aber geflissentlich, daß Annina eine Entlohnung ihrer guten Dienste erwartet. Dritter Akt. In einem Séparée des Gasthauses, in dem Ochs mit dem falschen Kammermädchen der Marschallin ein Stelldichein hat. Valzacchi und Annina legen letzte Hand an, auf daß die Falle perfekt sei und Ochs mit Sicherheit hineinfallen muß. Oktavian gibt den beiden ein großzügiges Trinkgeld und tritt ab. Kurz darauf kommt er in Frauenkleidern am Arm des Barons zurück. Nachdem Ochs den Wirt und die Bedienten verabschiedet hat, um ihnen nicht zu viel für einen langen Abend zahlen zu müssen, macht er sich an sein falsches Kammerkätzchen heran. Doch die Ähnlichkeit mit Oktavian macht ihm zu schaffen. Außerdem stören ihn ständig irgendwelche merkwürdigen Geräusche und Erscheinungen in seinem zärtlichen Tête-à-tête. Plötzlich erscheint eine Trauer tragende Dame, die in Wirklichkeit Annina ist, und behauptet in Ochs ihren Gatten, der sie verlassen hat, zu erkennen. Sie zeigt sich überaus empört, ihn allein in kompromittierender Haltung mit einer Minderjährigen vorzufinden. Valzacchi und die Bedienten des Wirtshauses spielen das böse Spiel mit und brechen in großes Geschrei aus. Plötzlich stürmen auch noch vier Kinder herein und stürzen sich mit dem Ruf «Papa! Papa!» auf den Baron. Schließlich kommt sogar ein Polizeikommissar hinzu und beginnt eine Untersuchung. Der Aufruhr hat eine Menge Neugieriger angelockt, die nun ihre erbarmungslosen Kommentare zu der Geschiche abgeben. Auch Sophie und Faninal treten auf. Sophie erleidet ob der Aufregung einen

Schwächeanfall. Oktavian klärt den Polizeikommissar über die Intrige auf und zeigt sich dann in seinen normalen Männerkleidern. Ochs weiß nicht mehr, wie ihm geschieht. Sophie will nichts mehr von ihm wissen, es bleibt ihm nur, sich aus dem Staub zu machen, um der Schande und Lächerlichkeit möglichst zu entgehen. Der Wirt und die Bedienten laufen ihm nach, um ihr Geld einzufordern. Unterdessen ist auch die Marschallin eingetroffen. Sie hat begriffen, daß Oktavian und Sophie sich lieben und fügt sich, wenn auch mit Wehmut, in das Unabänderliche. Sophie und Oktavian umarmen und küssen sich, dann verlassen sie den Raum. Einen Augenblick später kommt der Page Mohammed und hebt ein Taschentuch auf, das Sophie hat fallen lassen. Zärtlich preßt er es an die Lippen und tänzelt hinaus.

● Strauss selbst hatte vom *Rosenkavalier* als einem Werk in der Art einer Mozart-Oper gesprochen. Viele Kritiker beurteilten ihn – gemessen an *Salome* und *Elektra* – als einen Rückschritt, wenn nicht gar den Gipfel des Konservatismus in der Musik. Demgegenüber gilt der *Rosenkavalier* heute als ein Werk, das Strauss im Zenith seiner künstlerischen Entwicklung schuf und das sein gesamtes sonstiges Schaffen wie ein einsamer Stern überstrahlt. Die musikalische Persönlichkeit des Komponisten wird in diesem Werk wie durch ein Vergrößerungsglas deutlich – mit ihren Vorzügen, aber auch ihren Mängeln. Wie konnte ein Komponist wie Strauss, für den die Erfahrung des Physischen, der Realismus der Sensualität, der Vorstoß ins Pathologische zum Gegenstand seiner Kunst geworden waren, mit dem ästhetischen Kanon eines Mozart fertig werden, demzufolge auch die Musik nicht ihrer Verpflichtung entbinden, schön zu sein? Obwohl der Text von Hofmannsthal eine wichtige Rolle in der Oper spielt, weist Strauss dem Orchester den ersten Platz zu. Mitunter tritt es so in den Vordergrund, daß die Worte völlig verloren gehen. In ihrer Modernität besonders bemerkenswert sind die Stellen, wo das Orchester mit überscharfen, deutlich polytonalen Akkorden von Flöten, Celesta, Harfe und drei Soloviolinen die schimmernde Glätte der silbernen Rose gleichsam in Tönen ertastbar werden läßt. Die Passagen, die das große Walzerthema entwickeln, wurden der Oper anfangs sehr angekreidet. Man betrachtete sie als einen Anachronismus oder den eher unglückseligen Versuch, die Oper durch die Einführung historisch widersprüchlicher zeitgebundener Elemente aus ihrem zeitlichen Bezugsrahmen herauszuheben. Der Anachronismus ist jedenfalls nur scheinbar, denn der Wiener Adel der damaligen Zeit liebte es, sich mit volkstümlichen Tänzen zu unterhalten. Die eigentliche Funktion des Walzerthemas liegt sicherlich auch vielmehr in der Charakterisierung der Geschichte als einer typisch wienerischen. Strauss treibt im *Rosenkavalier* die Verwendung der sinfonischen Technik in der Oper weiter voran. Die psychologische Entwicklung der Personen wird ganz von der Orchestermusik getragen. Mit der amüsanten Verwicklung der Handlung, den eingängigen Walzerpassagen und seinem lyrischen Elan hat sich der *Rosenkavalier* von Anfang an einen besonderen Platz im Herzen des Publikums errungen. Von der Uraufführung bis heute fand die Oper an allen Bühnen der Welt imer wieder begeisterte Aufnahme. RB

DIE TOCHTER DES HAUPTMANNS
(Kapitanskaja doka)

Oper von César Antonowitsch Cui (1835–1918). Libretto vom Komponisten nach dem gleichnamigen historischen Roman von Alexander Puschkin (1836). Uraufführung: St. Petersburg, 1911.

HANDLUNG. Die Handlung erzählt die Geschichte des jungen Grinew und seines Dieners Zawelitsch und spielt zur Zeit des Pugatschew-Aufstandes unter der Herrschaft Katharinas der Großen (1773). Der junge Offizier Grinew wird auf die Festung Belygorsk versetzt und verliebt sich dort in die Tochter des Kommandanten, Maria Mironowa. Es kommt zu einem Duell zwischen ihm und dem Rivalen und Verräter Schwabrin. Kurz darauf belagert der Rebell Pugatschew die Festung und stürmt sie. Nur Marias und Grinews Leben schont er dabei, denn er hat in Grinew den jungen Mann wiedererkannt, der ihm einst seinen Pelz geschenkt hatte. Später wird Grinew wegen seiner angeblichen Beziehungen zu den Aufständischen angeklagt. Maria, die ja ebenfalls unter dem Verdacht der Komplizenschaft mit den Aufständischen steht, wird von der Kaiserin begnadigt.

● *Die Tochter des Hauptmanns* ist ein weiteres Beispiel der russischen Nationaloper. Trotz einiger musikalisch gelungener, wertvoller Passagen wird sie kaum mehr gespielt. MS

DEIANEIRA (Déjanire)

Lyrische Tragödie in vier Akten von Camille Saint-Saëns (1835–1921). Libretto vom Komponisten in Zusammenarbeit mit Louis Gallet (1835–1898). Uraufführung: Monte Carlo, Théâtre du Casino, 14. März 1911.

HANDLUNG. Herakles verliebt sich in Iole und will sie zur Frau nehmen. Als seine Gattin Deianeira von seiner neuen Leidenschaft erfährt, schickt sie dem Helden auf den Rat des Zentauren Nessos hin dessen Hemd, das ihn wieder zu ihr führen soll. In Wirklichkeit ist das Hemd vergiftet und der Zentaur will sich an Herakles dafür rächen, daß dieser ihn im Kampf verwundet hat, als er ihm die Gattin zu entführen versuchte. Herakles und Iole bereiten sich vor dem Jupitertempel für die Hochzeit vor. Iole streift dem künftigen Gatten das todbringende Hemd über. Während der Hochzeitsriten wird Herakles plötzlich von schrecklichen Schmerzen befallen: das Hemd des Nessos brennt ihm in unerträglicher Weise auf der Haut. Er begehrt, ins Meer geworfen zu werden. Schließlich wirft er sich im Angesicht des entsetzten Volkes in ein Feuer, das sich durch einen Blitz entzündet hat. Das Schlußbild zeigt ihn als Unsterblichen unter den Göttern thronend.

● Saint-Saëns hatte ursprünglich nur den Auftrag, zu Gallets Tragödie die Szenenmusik zu komponieren. Bei dieser Arbeit kam ihm im Jahre 1898 der Gedanke, eine Oper daraus zu machen. Zu diesem Zweck mußte der Text allerdings stark geändert werden. Als der Fürst von Monaco zusammen mit seinem Operndirektor an Saint-Saëns mit einem neuen Auftrag herantrat, beschloß er daher, den alten Gedanken aufzugreifen. Da Gallet bereits tot war, übernahm er die Umarbeitung der Tragödie zum Libretto selbst und schrieb die Oper in der Ruhe des Palastes auf der Île de Rodah. RB

DIE SPANISCHE STUNDE
(L'Heure Espagnole)

Musikalische Komödie in einem Akt von Maurice Ravel (1875–1937). Libretto von Maurice Etienne Legrand (1873–1934)

1911

Rollers Bühnenbild von 1910 zum dritten Akt der Oper «Der Rosenkavalier» von Richard Strauss. Paris, Bibliotheque de l'Opéra.

unter dem Pseudonym «Franc-Nohain» nach seiner eigenen gleichnamigen Komödie. Uraufführung: Paris, Opéra-Comique, 19. Mai 1911. Solisten: G. Vix, J. Périer, Delvoye, Coulomb, M. Cazeneuve. Dirigent: F. Ruhlmann.

HANDLUNG. Die Handlung spielt im achtzehnten Jahrhundert. Der Uhrmacher Torquemada (Tenor) sitzt in seiner Werkstatt an der Arbeit. Da bringt der Mauleseltreiber Ramiro (Bariton) eine alte Uhr zum Richten. Auch die Gattin des Uhrmachers, Concepcion (Sopran), kommt in die Werkstatt und erinnert ihren Mann daran, daß er – wie jeden Donnerstag – nun gehen und alle Uhren der Stadt einstellen müsse. Torquemada entfernt sich daraufhin, bittet Ramiro aber, auf seine Rückkehr zu warten. Das paßt der Ehefrau gar nicht, weil sie um diese Zeit ihren jungen Liebhaber Gonzalvo erwartet. Um Ramiro aus dem Wege zu schaffen, bittet sie ihn, eine der beiden schweren katalanischen Standuhren ins obere Stockwerk zu bringen. Kaum ist er oben, tritt Gonzalvo, ein schöngeistiger Jüngling, ein und beginnt seiner Angebeteten schwärmerische Phrasen vorzutragen. Aber da kommt Ramiro schon wieder nach erledigtem Auftrag zurück. Concepcion teilt ihm mit, daß er leider die falsche Uhr hinaufgetragen habe, und so fängt er noch einmal ein. Gonzalvo wird in dem einen Uhrkasten versteckt. Zu allem Überfluß stellt sich in diesem Moment auch noch Gomez (Baß), ein reicher Bankier ein, der Concepcion ebenfalls den Hof macht. Ramiro hat unterdessen die falsche Uhr wieder heruntergebracht. Nun lädt er sich ohne Mühe die zweite, in der Gonzalvo versteckt ist, auf. Concepcion hält es für besser, Ramiro unter diesen Umständen nach oben zu begleiten, um dem versteckten Liebhaber Gelegenheit zu geben, sich ihr zu nähern. Der Bankier kommt unterdessen auf den glänzenden Einfall, der Verehrten einen kleinen Streich zu spielen, und versteckt sich selbst im Kasten der zweiten Uhr. Ramiro kehrt zurück; etwas später kommt auch Concepcion wieder herunter. Sie ist wütend über Gonzalvo, der sich als feiger Schwärmer erwiesen hat, der sich zurückzieht, wenn es auf Taten ankommt. Sie beklagt sich daher, daß die Uhr, die jetzt in ihrem Schlafzimmer steht, doch zu laut ist für ihre zarten Nerven. Ramiro steigt geduldig ein drittes Mal hinauf, diesmal mit der Uhr, in der Bankier versteckt ist, und holt die mit Gonzalvo im Uhrkasten wieder herunter. Gomez glaubt nun seine Stunde gekommen. Einmal im Schlafzimmer der Geliebten ... doch es gelingt ihm nicht mehr, aus dem Uhrkasten herauszukriechen. Mit seiner stattlichen Figur hat er sich festgeklemmt. Concepcion hat unterdessen genug von ihren feigen oder ungeschickten Liebhabern, mit denen sie nie auf ihre Rechnung kommt. Sie beschließt daher, die beiden in ihren Uhrkästen leiden zu lassen und sich unterdessen ein Schäferstündchen mit dem Mauleseltreiber zu genehmigen, der nicht nur von eindrucksvoller Stärke, sondern vor allem von einer Ausdauer und Geduld ist, die Concepcion Großes hoffen lassen. Gonzalvo und Gomez ist es in der Zwischenzeit gelungen, aus den Uhren herauszukriechen. Doch in der Werkstatt werden sie von dem zurückgekommenen Torquemada überrascht. Es bleibt ihnen nichts anderes übrig, als sich als interessierte Käufer auszugeben. Torquemada hat wohl verstanden, was hier gespielt wird, läßt sich jedoch nichts anmerken und verkauft ihnen die beiden schweren Standuhren. So muß Torquemada seinem Weibe sagen, daß er keine Uhr mehr im Hause habe – worauf Concepcion nur antwortet, das sei kein Schade, der Mauleseltreiber käme nun jeden Tag pünktlich genug, sie zu wecken.

● Als Legrand erfuhr, daß Ravel an seiner Komödie interessiert sei, erklärte er sich bereit, auch selbst das Libretto für eine Oper zu schreiben. Während die Komödie sofort großen Erfolg gehabt hatte, ließ dieser bei der Oper auf sich warten. Erst vier Jahre nach ihrer Beendigung im Jahre 1907 wurde sie an der Opéra-Comique aufgeführt und verschwand – trotz verhältnismäßig guter Kritiken – dann bald wieder von den französischen Bühnen. Zum zweiten Todestag des Komponisten im Jahre 1939 wurde *Die spanische Stunde* zusammen mit *Daphnis und Chloé* sowie *Adelaide oder Die Sprache der Blumen* wieder aufgeführt und hat sich seither im Opernrepertoire gehalten. Der für gewöhnlich äußerst zurückhaltende Ravel hatte an Nohains Satire großen Gefallen gefunden und machte sich mit spürbarer Begeisterung an die Bearbei-

Kostüme von Roller für einen «Soldaten im Dienst Octavians» und den «Notar der Marschallin» in «Der Rosenkavalier» von Richard Strauss von 1910.

tung des heiklen Themas. Er wußte die Möglichkeiten, die ihm das Libretto bot, voll zu nutzen. So versteht er es zum Beispiel, den Eindruck zu erwecken, die Uhren, die ja eine große Rolle in der Oper spielen, seien belebte Dinge, in dem er die Pendelbewegungen und den Stundenschlag musikalisch nachahmt. Bewundernswert an dem Werk sind insgesamt die Feinheit des musikalischen Ausdrucks und sein besonderer Klangzauber. Beide Vorzüge waren beim Erscheinen der Oper 1911 von der Kritik völlig verkannt worden. Dank Ravels feinem und sicherem Geschmack und der schönen Ausgewogenheit der musikalischen Harmonien sinkt die Komödie in der Verkürzung des Librettos nie auf die Ebene der mittelmäßigen Farce herab. RB

DAS MARTYRIUM DES HEILIGEN SEBASTIAN
(Le Martyre de Saint-Sébastien)

Mysterium in fünf Aufzügen von Claude Debussy (1862–1918). Libretto vom Komponisten nach einem Gedicht von Gabriele d'Annunzio (1863–1938). Uraufführung: Paris, Théâtre du Châtelet, 22. Mai 1911.

PERSONEN. Sebastian, vox sola, vox coelestis, Seele des Sebastian, die Stimme der Heiligen Jungfrau, Erygone, die Zwillingsbrüder.

HANDLUNG. Rom zur Zeit der ersten Christen. Erster Aufzug. Die Zwillingsbrüder Marcus und Marcellinus erwarten an die Geißelsäulen gebunden, ihren Tod. Sie haben sich geweigert, den heidnischen Göttern zu opfern und sterben nun den Bekennertod der christlichen Märtyrer. Die Eltern der Brüder stehend weinend dabei. Der Anführer der Bogenschützen, Hauptmann Sebastian, verfolgt fasziniert das Schauspiel. Plötzlich erhebt er laut seine Stimme und bekennt sich ebenfalls zum christlichen Glauben. Seinem Bei-

spiel folgend, erklären sich auch die Eltern der Zwillingsbrüder als Christen. Zweiter Aufzug. Sieben heidnische Priester opfern heidnischen Göttern. Sebastian spricht zu ihnen vom christlichen Glauben. Dritter Aufzug. Sebastian steht in der Gunst des Kaisers. Dieser verspricht ihm Ehre und Würden, aber Sebastian bekennt sich weiterhin zum Christentum und vernichtet das Götterbild, das ihm der Kaiser schenkt. Vierter Aufzug. Sebastian wird an den Stamm eines Lorbeerbaumes gebunden. Auf des Kaisers Befehl soll er von den Pfeilen der Bogenschützen, die er als Hauptmann befehligt hat, durchbohrt werden. Als seine Soldaten zögern, auf ihn zu schießen, ermuntert sie Sebastian mit freundlichen Worten. Der Tod ihres Hauptmanns stürzt die Soldaten in tiefe Betroffenheit. Sie beweinen ihn. Frauen betten den Leichnam des Märtyrers auf einer Tragbahre. Fünfter Aufzug. Sebastians Seele steigt unter der Hosianna-Gesängen von Märtyrern und Engeln in den Himmel auf.

● Entsprechend dem Vorbild der mittelalterlichen Mysterienspiele gliedert sich *Das Martyrium des heiligen Sebastian* in fünf Teile sowie ein Vor- und ein Nachspiel. Der Komponist bezeichnet die fünf Teile im Prolog als «fünf Hinterglasbilder», womit er zum Ausdruck bringt, daß die dargestellten Szenen der Geschichte bewußt fragmentarisch und dekorativen Charakters sind. Schon das Vorspiel führt den Zuschauer

Elisabeth Schwarzkopf als «Marschallin» in «Der Rosenkavalier» von Richard Strauss.

in die heidnisch-orgiastische und zugleich christlich-mystische Atmosphäre, die das ganze Werk bestimmt, ein. Sebastian ist die beherrschende Gestalt des Werkes. Er erscheint als ein Ephebe in einer Sprech- und Tanzrolle. Sein erster Interpret war die Tänzerin Ida Rubinstein. Die weiteren tragenden Rollen des Werkes sind ebenfalls Sprechrollen. Als Gesangsstimmen kommen hinzu die vox sola, die vox coelestis, die Stimme der Seele Sebastians, die Stimme der Heiligen Jungfrau, Erygone und die Zwillingsbrüder. Der Chor ist von großer Bedeutung in dem Mysterienspiel. Das Werk erregte großes Aufsehen. Die Verurteilung durch den Erzbischof von Paris noch vor der Aufführung tat ein übriges, um einen Skandal fast unvermeidlich zu machen. Trotz einer kurz vor der Uraufführung abgegebenen Erklärung D'Annunzios und Debussys, daß mit dem Werk keinerlei Absicht der Gotteslästerung bzw. Glaubensschändung verbunden sei, wurde es auf den Index gesetzt. Es muß allerdings zugegeben werden, daß – unabhängig von den Absichten des Autors und des Komponisten – die Gestalt des Heiligen in dem Werk profanen Charakter hat. D'Annunzio hat den Text in einem raffinierten, archaisierenden Französisch verfaßt. Für den Komponisten stellt das Werk einen wichtigen Schritt in der Entwicklung seiner Ausdrucksmittel dar. Das Ergebnis der Zusammenarbeit der beiden Künstler ist ein Werk erstrangiger Bedeutung. Der Popularität konnte es sich allerdings nie erfreuen. Im Jahre 1911 und später im Jahre 1917 begann Debussy mit der Umarbeitung des Werkes zu einer Oper, gab den Plan jedoch wieder auf. MS

ISABEAU

Dramatisches Märchen in drei Teilen von Pietro Mascagni (1863–1945). Libretto von Luigi Illica (1857–1919). Uraufführung: Buenos Aires, Teatro Coliseo, 2. Juni 1911. Solisten: M. Farneti, C. Galeffi, A. Saludas, R. Da Ferrara, G. La Puma, M. Pozzi. Dirigent: Pietro Mascagni.

PERSONEN. Isabeau (Sopran), Ermyntrude (Mezzosopran), Ermyngardis (Sopran), Giglietta (Mezzosopran), Folco (Tenor), König Raimondo (Baß), Corbelius (Baß), Chevalier Faidit (Bariton), Herold (Bariton), Arundel von Westerne, Ethelbert von Argile, Randolf von Dublin, Houbald, der Gascogner.

HANDLUNG. Erster Teil. Im königlichen Schloß steht ein Wettkampf an: Derjenige Ritter, dem es gelingen sollte, in der stolzen Prinzessin Isabeau Liebesgefühle zu erwecken, soll ihre Hand bekommen. Auf dem Schloß bringen die alte Holzsammlerin Giglietta und ihr Neffe Folco, ein Falkner, der Prinzessin ihre Geschenke dar. Der königliche Botschafter Cornelius will die beiden armseligen Gestalten entfernen lassen, doch Isabeau findet Gefallen an den Geschenken der beiden. Das Volk versammelt sich, um dem Schauspiel des Turniers beizuwohnen. Isabeau zeigt sich uninteressiert. Nur einer der Ritter flößt ihr Mitleid ein. Dieser ist Ethelbert, der Neffe des Königs, und Volk und Minister sehen in ihm bereits Isabeaus Auserwählten. Die Prinzessin läßt sich aber nicht zwingen, einen Mann zu nehmen, der in ihr keine Liebe zu wecken weiß. Zur Strafe für ihre stolze Jungfräulichkeit verurteilt sie der König auf Anraten des Ministers dazu, nackt durch die Stadt zu reiten. Zweiter Teil. Das Volk eilt Isabeau zu Hilfe. Es verlangt vom König einen Erlaß, daß jeder, der Isabeaus Ritt beiwohnt, geblendet werden soll. Türen und Fenster werden verriegelt, während die Prinzessin von zwei Dienerinnen begleitet aus dem Königsschloß herausreitet. Sie trägt nichts als nur ihr langes dichtes Haar, das ihre Nacktheit bedeckt. Folco, der Falkner, der nichts von dem Ereignis und dem Erlaß des Königs weiß, sieht die Schöne von einem hochgelegenen Gärtchen aus und wirft ihr Blumen zu. Er wird entdeckt und vom Volk fast gelyncht. Dritter Teil. Folcos Mutter Giglietta fleht die Prinzessin um Gnade für ihren Sohn an. Isabeau hat Erbarmen mit dem unschuldig Verurteilten, aber Ethelbert erinnert sie daran, daß das Volk diesen Erlaß als Milderung ihrer Strafe und zur Rettung ihrer Ehre abgerungen hat. Isabeau wünscht den Verurteilten zu sprechen. Sie ist erstaunt, ihn heiter und gelassen vorzufinden. Die Vision der nackten, nur von ihrem Haar umwallten Mädchengestalt erfüllt ihn so sehr, daß er den Tod nicht fürchtet. Die Prinzessin will ihm zur Flucht verhelfen, aber Folco lehnt ab. Um ihn trotzdem zu retten, ist sie sogar bereit, ihn zu heiraten. Cornelius hat das Gespräch zwischen den beiden belauscht und läßt Folco, sobald sich Isabeau entfernt hat, dem wütenden Volk vorführen. Als Isabeau, die dem König ihren Entschluß mitgeteilt hat, Folco zum Gatten zu nehmen, zurückkehrt, findet sie den Falkner nicht mehr vor. Da begreift sie, daß sie zu spät kommt. Sie begreift aber auch, daß sie diesen Jüngling, der um ihrer Schönheit willen gelassen den Tod zu tragen imstande war, geliebt hat, und folgt ihm in den Tod.

● Mascagni komponierte die Oper zwischen Juni und September 1910 in Castellarquato in Illicas Villa. Die Instrumentierung besorgte Mascagni später in Mailand und legte die fertige Partitur seinem früheren Konservatoriumskollegen Puccini vor. *Isabeau* war für die New Yorker Met bestimmt gewesen, kam dann aber nach einigem Hin und Her in Südamerika heraus. In Italien wurde die Oper gleichzeitig in Venedig und in Mailand aufgeführt. Mascagni hat mit dieser Oper versucht, auf der damaligen D'Annunzio-Welle mitzuschwimmen. Das Ergebnis war ein Werk, das nur in einer sehr äußerlich verstandenen Ästhetik etwas mit D'Annunzio zu tun hat, aber auch Mascagnis Eigenheit nicht gerecht wird. Die Aufnahme der Oper bei Publikum und Kritik war dementsprechend kühl und hinterließ tiefe Enttäuschung beim Komponisten. Nur in Argentinien erzielte die Oper beträchtlichen Publikumserfolg. In Europa ist sie fast ganz von den Bühnen verschwunden. AB

CONCHITA

Oper von Riccardo Zandonai (1883–1944). Libretto von M. Vaucaire und C. Zangarini nach «La femme et le pantin» («Die Frau und der Hampelmann») von Pierre Louys (1870–1925). Uraufführung: Mailand, Teatro Dal Verme, 14. Oktober 1911. Solisten: Tarquinia Tarquini, P. Schiarazzi, Zinolfi, Lucca. Dirigent: Ettore Panizza.

HANDLUNG. Die Zigarettenarbeiterin Conchita (Sopran) will von ihrem reichen Verehrer Mateo (Tenor) nichts wissen, da sie an der Aufrichtigkeit seiner Zuneigung zweifelt. Mateo bietet ihrer Mutter (Mezzosopran) Geld an, um ihr das Leben etwas leichter zu machen, aber Conchita läuft daraufhin von zu Hause fort. Sie verdient sich ihren Lebensunterhalt als Flamenco-Tänzerin. Mateo sucht und findet sie schließlich. Selbst als er ihr anbietet, sie zu heiraten und sie in seine Villa holen will, ist sie noch nicht überzeugt, sondern stellt ihn auf die Probe, indem sie vorgibt, einen Liebhaber zu haben. Mateo reagiert darauf mit großer Eifersucht. Damit hat Conchita den Beweis seiner Liebe gefunden und kann diese endlich auch erwidern.

● Obschon *Conchita* ein Jugendwerk des Komponisten ist, weist es bereits eine differenzierte Instrumentierung und Harmonik auf. Der jugendliche Überschwang ist in ausgewogenen Formen gebändigt, wie sie vollendet dann beim reifen Zandonai zu finden sein werden, ohne daß das Werk dadurch an romantisch-naturalistischer Lebendigkeit, wie sie schon durch den Stoff geboten erscheint, einbüßt. EP

DER SCHMUCK DER MADONNA
(I gioielli della Madonna)

Oper in drei Akten von Ermanno Wolf-Ferrari (1876–1948). Libretto von E. Golisciani und E. Zangarini. Uraufführung: Berlin, Kurfürstenoper, 23. Dezember 1911.

PERSONEN. Gennaro (Tenor), Carmela (Mezzosopran), Maliella (Sopran), Rafaele (Bariton), Biaso (Buffo-Baß), Totonno (Tenor), Grazia (Tänzerin).

HANDLUNG. Die Handlung spielt in Neapel. Erster Akt. In Neapel wird das Fest der Heiligen Jungfrau begangen. Der Schmied Gennaro nimmt nicht teil an der allgemeinen Fröhlichkeit. Er bittet die Madonna, ihn von seiner unglücklichen Liebe zu dem Mädchen Maliella zu heilen. Das Mädchen dagegen genießt das festliche Treiben in vollen Zügen. Es tanzt und singt und läßt sich von Biaso, dem Stadtschreiber, ans Meer begleiten. Auch Rafaele, ein Bandit, findet Gefallen an der schönen Maliella. Er verspricht ihr, mit der Hilfe seiner Bande den Schmuck der Madonna, die durch die Straßen Neapels getragen wird, für sie zu stehlen. Zweiter Akt. In Carmelas, Gennaros Mutter, Haus. Maliella hat als Waise bei ihr Obdach gefunden. Gennaro gerät mit dem jungen Mädchen in Streit, weil er sie davon abhalten will, von zu Hause fortzulaufen. Doch Maliella läßt sich nicht von ihrem Plan abbringen. Da gesteht ihr Gennaro seine Liebe. Maliella antwortet ihm herausfordernd, sie werde ihre Liebe nur einem Manne schenken, der Mut und Ergebung für sie zeige, einen, der es zum Beispiel wage, für sie die Juwelen der Madonna zu stehlen. Gennaro wird wütend und sperrt das Haustor ab, um Maliella an der Flucht zu hindern. Als er fort ist, kommt Rafaele und bringt ihr ein Ständchen. Das Mädchen verliebt sich in den forschen jungen Mann und verspricht ihm, ihn am nächsten Tag in seinem Versteck aufzusuchen. Da kehrt Gennaro zurück. Er hat die hingeworfene Bemerkung Maliellas aufgegriffen und Ernst gemacht. Nun bringt er ihr die Juwelen der Madonna, die er für sie gestohlen hat. Maliella kann ihn nicht mehr abweisen. Dritter Akt. Im Versteck der Banditen. Rafaele trinkt mit seinen Kumpanen auf seine neueste Eroberung, Maliella. Da findet sich das Mädchen selbst ein. Sie bittet um Unterschlupf und Schutz vor Gennaro, der sie nicht von zu Hause weglassen wollte und jetzt verfolgt. Als Rafaele jedoch bemerkt, daß sich das Mädchen Gennaro hingegeben hat, will er nichts mehr von ihr wissen. Und als er gar die Juwelen der Madonna an Maliella erblickt, ist er empört. Die Banditen schleppen Gennaro an. Maliella wirft ihm den Schmuck vor die Füße und läuft davon. Die Bande Rafaeles bekommt es mit der Angst zu tun. Die Räuber fürchten, als Gennaros Komplizen zu gelten und machen sich davon. Als Gennaro allein ist, hebt er die Juwelen, die Maliella von sich geschleudert hat, auf und bringt sie der Madonnenstatue zurück. Er legt sie zu deren Füßen nieder und erdolcht sich dann.

● Wolf-Ferrari vertonte mit diesem Libretto ausnahmsweise einen Text, der nicht von Goldoni stammt, blieb aber trotzdem bei einem typisch italienischen Stoff. Seine Vorliebe für italienische Texte legt die Vermutung nahe, daß er sich damit sozusagen an seinem Schicksal rächte, das ihn aus der Heimat vertrieben und ihm Anerkennung eigentlich nur in Deutschland, aber nicht in Italien geschenkt hatte. Wie schon bei den *Neugierigen Frauen* hatte Wolf-Ferrari vor allem im Ausland großen Erfolg mit der Oper. In New York wurde sie unter der Leitung Arturo Toscaninis gespielt und die Met hatte ihn gebeten, bei den ersten Aufführungen anwesend zu sein. So konnte der Komponist seine Opern wenigstens einmal auf Italienisch hören! EP

DIE BRAUTWAHL

Komische Oper in drei Akten von Ferruccio Busoni (1866–1924). Libretto vom Komponisten nach einer Erzählung von E.T.A. Hoffmann. Uraufführung: Hamburg, Staatsoper, 13. April 1912.

● Busoni komponierte die Oper nach seiner Rückkehr aus Boston nach Berlin. Es war die erste seiner Opern, die zur Aufführung kam. MS

EINE MANGELHAFTE ERZIEHUNG
(Une éducation manquée)

Oper in einem Akt von Emmanuel Chabrier (1841–1894). Libretto von Eugène Leterrier und Albert Vanloo. Uraufführung: Paris, Cercle de la Presse, 1. Mai 1879 (nur mit Klavierbegleitung). Erste öffentliche Aufführung mit Orchester: Paris, Théâtre des Arts, 9. Januar 1913.

HANDLUNG. Die Handlung spielt auf dem Schloß des Grafen von Boismassif zur Zeit Ludwigs XIV. Der junge Graf von Boismassif (Tenor) bringt seine Braut Hélène auf das väterli-

Ida Rubinstein in «Das Martyrium des Heiligen Sebastian» von Claude Debussy. Zeichnung von Léon Bakst. Paris, Bibliothèque de l'Opéra.

1913

che Schloß. Zwei betagte Familienmitglieder haben den Auftrag, dem jungen Paar zu erklären, was es «nach der Hochzeit» miteinander zu tun hätte, denn niemand hatte mit den beiden je zuvor davon gesprochen. Einer der beiden «Erfahrenen», Gontrans Großvater, schickt ihm einfach einen Brief, in dem er schreibt, er habe sich seinerzeit auch ohne entsprechende Ratschläge zurechtfinden müssen und es sei alles gut gegangen. Die zweite Weise der Familie, die die junge Braut in die Geheimnisse des Liebeslebens einweihen soll, ist eine alte Tante, die selbst als alte Jungfer nur über theoretische Erfahrungen verfügt. Doch das gütige Schicksal läßt ein heftiges Gewitter ausbrechen, das die beiden jungen Leute einander in die Arme treibt. Als schließlich – nachdem die beiden Alten der Familie versagt haben – der Lehrer des jungen Grafen atemlos und erregt eintrifft, um ihn noch vor der Hochzeit aufzuklären, bleibt ihm nur festzustellen, daß er zu spät gekommen ist.

● Chabrier schrieb dieses kleine Werk, als er noch Beamter war und sich noch nicht ganz der Musik gewidmet hatte. Im Jahre 1953 wurde es in England wiederaufgeführt. MS

Kostüme von Léon Bakst für «Das Martyrium des Heiligen Sebastian» von Claude Debussy. Paris, Bibliothèque de l'Opéra.

PENELOPE

Oper in drei Akten von Gabriel Fauré (1845–1924). Libretto von René Fauchois. Uraufführung: Monte Carlo, Théâtre du Casino, 4. März 1913. Solisten: L. Bréval und Ch. Rousselière. Dirigent: L. Jehin.

● *Penelope* ist Faurés wichtigstes Werk. Er widmete es Saint-Saëns. Wie alle Opern des Komponisten inspiriert sich auch dieses an einem Stoff der Antike. Musikalisch gesehen, entfernt es sich weiter als alle anderen Opern Faurés von Wagner und spätromantischen Einflüssen, die sein Schaffen weitgehend beherrscht hatten. Der Mythos von «Odysseus und Penelope» hat auch Cimarosa, Piccinni, Jommeli und Liebermann zu Opernwerken angeregt. MS

DAS KURZE LEBEN
(La vida breve)

Oper in zwei Akten und vier Bildern von Manuel de Falla (1876–1946). Libretto von Carlos Fernandez Shaw. Uraufführung in französischer Sprache: Nizza, Théâtre de l'Opéra, 1. April 1913. Hauptrolle: Liliane Grenville.

HANDLUNG. Erstes Bild. Die Großmutter (Mezzosopran) füttert die Vögel. Ihre Enkelin Salud (Sopran) wartet auf ihren Liebsten Paco (Tenor), der sich offensichtlich verspätet. Als er schließlich kommt, ist er liebevoll und zärtlich wie immer. Saluds Onkel Salvador (Bariton oder Baß) kommt mit der Nachricht nach Hause, Paco habe sich mit einem reichen Mädchen verlobt. Die Großmutter ist empört. Zweites Bild. Die Nacht bricht herein. Die Vorbereitungen zu Pacos Hochzeit sind im Gange. Drittes Bild. Salud beobachtet von der Straße aus Pacos Hochzeit mit seiner reichen Braut. Salud singt vor dem festlich geschmückten Haus ein Paco vertrautes Lied. Viertes Bild. Salud und ihr Onkel betreten den Patio des Brauthauses. Manuel, der Bruder der Braut, fragt sie nach ihren Wünschen. Da erzählt ihm Salud ihre Geschichte mit Paco. Doch dieser streitet alles ab. Als Salud diese gemeinen Lügen hört, bricht sie vor Leid tot zusammen.

● *La vida breve* ist de Fallas erste Oper. Er gewann damit den 1905 von der Akademie der schönen Künste ausgeschriebenen Wettbewerb. Die Aufführung des Werkes wurde jedoch ständig hinausgeschoben. Erst 1913 fand sich die Oper in Nizza bereit, das Werk zu spielen. Dann wurde sie noch im gleichen Jahr (31. Dezember 1913) in Paris an der Opéra-Comique gegeben. In Spanien kam sie erst im Jahre 1914 auf die Bühne. Sie hatte trotz des schwachen Librettos guten Erfolg. In Paris fand de Fallas Komposition bei Musikern wie Dukas, Albeniz und Debussy großen Anklang. Auch bei Publikum und Kritik löste sie ein positives Echo aus. MS

DIE LIEBE DER DREI KÖNIGE
(L'amore dei tre Re)

Tragisches Gedicht in drei Akten von Italo Montemezzi (1875–1952). Libretto von Sem Benelli (1877–1949). Uraufführung: Mailand, Teatro alla Scala, 10. April 1913. Solisten: Luisa Villani, Edoardo Ferrari-Fontana, Carlo Galeffi, Nazarino De Angelis. Dirigent: Tullio Serafin.

PERSONEN. Archibald (Baß), Manfred (Bariton), Avito (Tenor), Flaminio (Tenor), Fiora (Sopran), Magd (Sopran), eine Alte (Mezzosopran).

HANDLUNG. Auf einem italienischen Schloß im Mittelalter, vierzig Jahre nach einem Barbareneinfall. Erster Akt. Fiora, die Verlobte des italienischen Fürsten Avito, muß Manfred, den Sohn des Barbarenprinzen Archibald, der nunmehr über die Gegend herrscht, heiraten. Manfred ist jedoch noch im Krieg. Archibald ist der künftigen Schwiegertochter gegenüber mißtrauisch und läßt sich, da er blind ist, von einem Führer überall hinführen, wo Fiora sich hinbegibt. Doch sein Führer, der selbst ein Angehöriger des besiegten Italieners ist, führt ihn in die Irre. Fiora trifft sich so allabendlich mit ihrem früheren Verlobten. Manfred kommt aus dem Kampf zurück und eilt sofort zu Fiora, die er zärtlich liebt. Zweiter Akt. Bald muß Manfred wieder in den Krieg ziehen. Er bittet Fiora, ihm von den Zinnen den Abschied zu winken, bis er am Horizont verschwunden ist. Fiora ist gerührt und fühlt in sich ein neues Gefühl für Manfred aufsteigen. Während sie so zum Abschied winkt, kommt Avito hinzu. Die Leidenschaft übermannt beide. Der alte Archibald belauscht sie und verjagt Avito. Fiora aber tötet er. Manfred, der bemerkt hat, daß das Tuch, das Fiora zum Gruße für ihn im Wind hatte flattern lassen, nicht mehr zu sehen ist, schließt daraus, daß etwas geschehen ist und macht auf seinem Wege kehrt. Dritter Akt. Fiora ist in der Krypta der Schloßkapelle aufgebahrt. Das Volk, das ihre Geschichte kannte und Mitleid mit ihr hatte, ist weinend um Fioras Leichnam versammelt. Auch Avito kehrt zurück, um letzten Abschied von der Geliebten zu nehmen. Er küßt sie auf ihre bleichen Lippen. Da beschleicht ihn plötzlich eine eisige Kälte. Archibald hat, um herauszufinden, wer der Geliebte Fioras war, ihre toten Lippen mit Gift bestrichen. Als Manfred Fiora und Avito tot vorfindet, will auch er nicht mehr leben. Ein letzter leidenschaftlicher Kuß auf Fioras erkaltete Lippen bringt auch ihm den sicheren Tod.

• Die ganz nach dem traditionellen Muster geschneiderte Oper hatte großen Publikumserfolg, insbesondere im Ausland. An der New Yorker Metropolitan Opera wurde sie unter der Leitung Toscaninis und mit Starbesetzungen der weiblichen Hauptrolle wie der Spanierin Lucrezia Bori oder der Amerikanerin italienischer Abstammung, Grace Moore, aufgeführt.   SC

JULIEN

Oper in einem Vorspiel und vier Akten von Gustave Charpentier (1860–1956). Libretto vom Komponisten. Uraufführung: Paris, Opéra-Comique, 4. Juni 1913. Solisten: Carré und Rousselière.

• *Julien* stellt die Fortsetzung zu *Louise* dar, hatte jedoch nicht annähernd so viel Erfolg wie diese erste Oper Charpentiers.   MS

PARISINA (Parisina)

Lyrische Tragödie in vier Akten von Pietro Mascagni (1863–1954). Libretto von Gabriele d'Annunzio (1863–1938). Uraufführung: Mailand, Teatro alla Scala, 15. Dezember 1913.

HANDLUNG. Niccolò d'Este hat von seiner Mätresse Stella de'Tolomei einen Sohn namens Ugo. Stella muß den Hof verlassen, als Niccolò Parisina Malatasta zur Frau nimmt. Obwohl Stella Ugo bei ihren heimlichen Zusammenkünften tiefen Haß gegen die Rivalin einzuflößen versucht, kann sich dieser dem Zauber der schönen Stiefmutter nicht entziehen. Auf einer Wallfahrt nach Loreto rettet Ugo Parisina das Leben und nutzt die Gelegenheit, ihr seine Liebe zu gestehen. Parisina kann seinem leidenschaftlichen Werben nicht widerstehen. Bald wird sie jedoch von schweren Gewissensbissen befallen und glaubt in ihren Träumen, das schreckliche Schicksal der Francesca von Rimini nachzuerleben. Eines Nachts entdeckt Niccolò die Liebenden zusammen und verurteilt sie zum Tode am Galgen. Stella will ihren Sohn ein letztes Mal sehen. Doch sie kommt zu spät. Ugo und Parisina befinden sich bereits in den Händen des Henkers.

• Der triumphale Erfolg der Oper *Isabeau* brachte Lorenzo Sozogno auf den Gedanken einer Zusammenarbeit zwischen Pietro Mascagni und Gabriele d'Annunzio. Mascagni war zwar zunächst wegen der Schwierigkeit, einen anspruchsvollen Text wie den von d'Annunzio zu vertonen, skeptisch, fühlte sich dann jedoch von der «Schönheit der Verse und der leidenschaftlichen Gewalt der Tragödie» so angezogen, daß er sich doch zur Zusammenarbeit mit dem elitären Dichter bereitfand. Er bemühte sich sehr, den subtilen Text musikalisch entsprechend, differenziert zugestalten. Trotz ihrer Überlänge (sie gilt allgemein als Hauptmangel des Werkes) fand die Oper beim Publikum sehr positive Aufnahme. AB

FRANCESCA DA RIMINI

Tragödie in vier Akten von Riccardo Zandonai (1883–1944). Libretto von Tito Ricordi (1865–1933) nach der gleichnamigen Tragödie von Gabriele d'Annunzio (1863–1938). Uraufführung: Turin, Teatro Regio, 9. Februar 1914. Solisten: Francesco Cigada, Linda Cannetti, Giuseppe Crimi, Raquelita Merly, Gabrielle Besanzoni, Giuseppe Nessi. Dirigent: Ettore Panizza.

PERSONEN. Francesca da Rimini (Sopran), Paolo (Tenor), Biancofiore (Mezzosopran), Gianciotto (Bariton), Samaritana (Mezzosopran), Malatestino (Tenor), Garsenda (Sopran), Altichiara (Alt), Sertoldo (Tenor), der Glöckner (Tenor), der Armbrustschütze (Tenor), Quispiano (Tenor).

HANDLUNG. Die Handlung spielt in Ravenna und Rimini. Erster Akt. Im Hause der da Polenta in Ravenna. Guido da

Plakat von G. Palanti zu der Oper «Isabeau» von Pietro Mascagni. Mailand, Theatermuseum der Scala.

Polenta, der Podestà der Stadt, will seine Tochter Francesca mit dem reichen jungen Gianciotto Malatesta verheiraten. Um der Tochter nicht sagen zu müssen, daß ihr künftiger Gatte ein Krüppel ist, läßt er sie in dem Glauben, es handele sich bei seiner Wahl um dessen jüngeren Bruder Paolo. Als Francesca diesen zum ersten Mal von ihrem Fenster aus sieht, entflammt sie sofort in heftiger Liebe zu ihm. Ihre Schwester Samaritana wird von einer dunklen Vorahnung befallen und beschwört sie, sich nicht zu verheiraten. Doch Francesca ist fest entschlossen, den schönen jungen Malatesta zum Gatten zu nehmen. Zweiter Akt. In Rimini liegen die beiden Häuser Malatesta und Parcitadi miteinander in Fehde. Paolo verteidigt den väterlichen Palast von einem der Türme aus. Francesca ist zu ihm heraufgestiegen und verfolgt mit Spannung den Ablauf der Kämpfe. In einem Moment der Ruhe wirft sie Paolo den Betrug, mit dem man sie in die Ehe mit Gianciotto gezwungen habe, vor. Als Paolo verwundet wird, nimmt sie sein Hauupt fürsorglich in die Hände, um die Wunde zu untersuchen. In dieser Haltung findet sie ihr Gatte Gianciotto vor. Er ergeht sich in lobenden Worten über die Tapferkeit des Bruders und scheint dabei nicht zu bemerken, wie Francesca und Paolo die Blicke nicht voneinander lassen können. Kurz darauf schleppt sich auch der jüngste Bruder, Malatestino, den Turm herauf, um sich von Francesca verbinden zu lassen. Nach kurzem Verweilen stürzt er sich wieder ins Kampfgewühl. Dritter Akt. Francesca liest Liebesgedichte und lauscht Lautenspiel und Gesang, als plötzlich Paolo vor sie hintritt. Nach langer Reise ist er wieder in der Heimatstadt eingetroffen. Sein erster Gang führt ihn zu Francesca, um ihr endlich seine Liebe zu gestehen. Gemeinsam vertiefen sich die beiden in die Lektüre der Geschichte von Lancelot. An der Stelle, an der Lancelot Königin Ginevra seine Liebe gesteht, kann Paolo nicht mehr an sich halten und küßt Francesca leidenschaftlich auf den Mund. Vierter Akt. Auch Malatestino ist Francescas Zauber verfallen und versucht, ihre Gunst zu gewinnen. Doch sie weist ihn verachtungsvoll ab. Aus dem tiefergelegenen Kerker ist das unaufhörliche Stöhnen eines Gefangenen zu hören. Ungeduldig eilt Malatestino davon, die nervenaufreibenden Schmerzensschreie zum Verstummen zu bringen. Francesca klagt unterdessen ihrem Gatten, daß Malatestino sie mit seiner Aufdringlichkeit belästige. Da kommt dieser zurück und hält Francesca triumphierend das bluttriefende Haupt des Gefangenen, den er kurzerhand geköpft hat, entgegen. Francesca läuft unter Entsetzensschreien davon. Gianciotto ist erzürnt über das rohe Verhalten des jüngeren Bruders und erteilt ihm einen schweren Verweis. Um sich zu rächen, verrät Malatestino dem Bruder, daß sich Francesca und Paolo lieben. Gianciotto ist entschlossen, die Wahrheit herauszufinden. Er stellt Francesca eine Falle und überrascht sie so eines Tages in den Armen Paolos. In maßloser Eifersucht zieht er sein Schwert und tötet die Liebenden.

● *Francesca da Rimini* ist ein Musterbeispiel des italienischen Dramas des neunzehnten Jahrhunderts. Der Mascagni-Schüler Zandonai schuf mit dieser Oper sein Hauptwerk. «Wenn ich etwas tauge» – so der Komponist selbst – «dann in der Instrumentierung». In der Tat ist es ihm dank seiner hochdifferenzierten Instrumentierungskunst gelungen, d'Annunzios Gestalten mit seiner Musik noch lebendiger und farbiger zu machen. Zandonai wollte sich in seinem Schaffen bewußt von der damals beherrschenden deutschösterreichischen Musikkultur absetzen und betonte in all einen Werken den italienischen Charakter seiner Konzeption der Oper. Elegante Harmonien und eine Fülle einfallsreicher, graziöser Melodien machen die Hauptqualitäten seines Werkes aus.

EP

DER HEILIGE BERG

Oper in einem Vorspiel und zwei Akten von Christian Sinding (1856–1941). Libretto von Dora Duncker. Uraufführung: Dessau, 19. April 1914.

● Von den zwei Opern, die der Norweger Sinding komponierte, wurde nur diese aufgeführt.

RB

MARUF, DER SCHUSTER VON KAIRO
(Mârouf, le Savatier du Caire)

Komische Oper in fünf Akten von Henry Rabaud (1873–1949). Libretto von Lucien Népoty nach einer Erzählung aus «Tausend und einer Nacht». Uraufführung: Paris, Opéra-Comique, 15. Mai 1914.

PERSONEN. Maruf (Tenor), Fattumah (Sopran), Prinzessin Saamschedina (Sopran), der Sultan von Khaitan (Baß), der Wesir (Baß), Ali (Baß), ein Fellache (Tenor), der Zuckerbäcker Ahmad (Baß), der Kadi (Baß), Händler, Muezzine, Mamelucken, Polizisten, Matrosen, Haremsdamen, Marufs Nachbarn.

HANDLUNG. Erster Akt. Armselige Schusterwerkstatt in Kairo. Der Schuster Maruf sinnt über das böse Schicksal nach, das ihm ein altes wunderliches Weib zur Frau beschert hat. So in Gedanken versunken findet ihn Fattumah, sein Weib, vor und äußert den Wunsch, zur Abendmahlzeit ein feines Törtchen zu verspeisen. Maruf hat an diesem Tage keinen Pfennig verdient, aber er hat Glück und findet einen befreundeten Zuckerbäcker, der ihm eines schenkt. Fattumah findet das Törtchen nicht lecker und schieb es verächtlich von sich. Da bleibt Maruf nichts übrig, als es selbst aufzuessen. Darüber regt sich Fattumah sogleich schrecklich auf und trommelt die gesamte Nachbarschaft zusammen. Auch der Kadi findet sich ein und läßt Maruf eine Bastonade verabreichen, da er glaubt, Maruf habe sein Weib geschlagen. Nach diesem letzten Schicksalsschlag gelangt Maruf zu der Überzeugung, daß er nun genug gelitten habe, und verläßt – nur um seinem bösen Weibe zu entgehen – die Stadt. Zweiter Akt. Alis Laden in Khaita. Ali trifft auf Maruf und erkennt in ihm einen alten Kameraden von der Koranschule wieder. Er will ihm helfen. Er bereitet ein großes Festmahl vor, als gelte es, einen hochgestellten Ehrengast zu empfangen. Der Sultan und der Wesir, die sich verkleidet unter der Menge der Geladenen befinden, versuchen herauszufinden, wer der Fremde ist. Der Wesir hegt den Verdacht, das Ganze sei ein Betrug, der Sultan aber läßt sich von der Pracht des Mahls blenden und lädt Maruf zu sich in den Palast. Dritter Akt. Im Palast des Sultans. Trotz der beschwörenden Worte des Wesirs, läßt sich der Sultan nicht davon abbringen, Maruf seine Tochter zur Frau zu geben. Noch am selben Tage soll die Hochzeit stattfinden. Maruf hat dem Sultan erzählt, er erwarte jede Stunde die Ankunft seiner Karawane, die ihm ungeheure Schätze bringen würde. Der Sultan öffnet ihm bis dahin seine Schatzkammer, und Maruf verteilt das Gold des Sultans großzügig an das jubelnde Volk. Maruf, der von seinem bösen Weibe noch völlig verschreckt ist, sieht der Verheiratung mit der Prinzessin mit Grauen entgegen. Er erwartet sich

«Die Liebe der drei Könige» von Italo Montemezzi an der Mailänder Scala 1953 zum vierzigsten Jahrestag der Uraufführung.

nichts Gutes. Doch der feine Anstand und die Schönheit der Tochter des Sultans beeindrucken ihn so, daß er sich dazu hinreißen läßt, ihr seine wahre Geschichte zu erzählen. Die Erzählung über seine eigene schlimme Vergangenheit geht ihm so zu Herzen, daß er wie leblos niedersinkt. Die Prinzessin, die nicht begreift, was ihm geschieht, beugt sich über ihn und küßt ihn. Vierter Akt. Im Harem. Die Zeit vergeht, aber Marufs Karawane mit den ungeheuren Schätzen will nicht eintreffen. Die Prinzessin, die Maruf mittlerweile liebt, stellt sich schützend vor ihn und verteidigt ihn gegen den allmählich ungeduldig werdenden Sultan. Als sie ihren Gatten selbst befragt, gesteht er ihr, daß nie eine solche Karawane für ihn kommen werde. Daraufhin beschließen die beiden zu fliehen. Erst verhilft die Prinzessin Maruf zur Flucht, dann folgt sie ihm als Page verkleidet. Fünfter Akt. Eine Ebene in der Wüste von Khaitan. Eine Hütte mit einem bescheidenen Gärtchen. Maruf und die verkleidete Prinzessin kommen auf ihrer Flucht zu der Hütte. Der Fellache, der sie bewohnt, nimmt sie freundlich auf. Maruf arbeitet zum Dank in seinem Gärtchen. Bei dieser Arbeit stößt er auf den Ring einer Platte, die einen unterirdischen Gang abschließt. Die Prinzessin will sich sofort auf die Suche nach einem von ihr vermuteten Schatz begeben, aber das Auftauchen des Fellachen hindert sie daran. Als Maruf das Loch im Boden wieder mit dem Deckel schließen will, bricht der Ring in zwei Stücke. Er gibt eine Hälfte der Prinzessin. Diese reibt ihn an ihrem Gewande und macht damit den Fellachen zum Sklaven des Schatzes. Durch einen Zauber wird somit jeder Wunsch Marufs erfüllbar. Er braucht nun nicht mehr um sein Schicksal zu bangen, denn die angekündigte Karawane wird kommen und ihn vor der Rache des Sultans retten.

● Von den vier Opern, die der Komponist schrieb, war *Maruf* die erfolgreichste. Sie wurde zweihundertmal hintereinander aufgeführt. Das Libretto stützt sich auf eine Erzählung aus *Tausend und eine Nacht*. Der phantasiereiche Stoff bot Rabaud, dem das Pittoreske ebenso wie die Raffinesse und der feine Humor lagen, zahlreiche Gelegenheiten, sein Talent unter Beweis zu stellen. Die italienische Erstaufführung der Oper fand in Mailand an der Scala am 24. März 1917 statt.

RB

DIE NACHTIGALL
(Le Rossignol)

Lyrische Erzählung in drei Akten von Igor Strawinsky (1882–1971). Libretto vom Komponisten in Zusammenarbeit mit Stephan Nikolajewitsch Mitusoff nach dem Märchen «Die chinesische Nachtigall» von Hans Christian Andersen. Uraufführung: Paris, Opéra, 26. Mai 1914. Solisten: Diaghilew-Truppe. Dirigent: Pierre Monteux.

PERSONEN. Die Nachtigall (Sopran), das Küchenmädchen (Sopran), der Tod (Mezzosopran), der Fischer (Tenor), der Kaiser (Baß), der Kammerherr (Baß), der Bonze (Baß), die japanischen Boten (zwei Tenöre, ein Baß), Höflinge (Altstimmen, Tenöre, Bässe), die Gespenster (Altstimmen).

HANDLUNG. Erster Akt. Wald am Meeresufer. Nachts. Ein Fischer in seinem Boot singt vor sich hin, eine Nachtigall antwortet ihm aus dem Uferwald. Geführt von dem Küchenmädchen kommen der Kammerherr des Kaisers, der Bonze

«Die Nachtigall» von Igor Strawinsky 1972 in einer Aufführung am Théâtre de la Ville in Paris.

und andere Höflinge, um den Gesang der vielgerühmten Nachtigall zu hören. In ihrer Unwissenheit halten sie das Muhen einer Kuh und dann das Quaken eines Frosches für den lieblichen Gesang des Vogels. Nur das Küchenmädchen kennt den süßen Gesang der Nachtigall. Es weiß den scheuen Vogel zutraulich zu machen, so daß er sich auf seine Hand setzt und sich zum Kaiser tragen läßt. Zweiter Akt. Unter großem Aufwand wird ein riesiger Saal im kaiserlichen Palast hergerichtet, um den vielgerühmten Vogel, der doch nur ein unscheinbares graues Tierchen ist, zu empfangen. Der Kaiser ist entzückt und gerührt vom Gesang des Vogels. Als er ihn mit hohen Würden ehren will, fliegt er davon. Unterdessen haben drei Gesandte des Kaisers von Japan eine künstliche Nachtigall gebracht. Der Kaiser verbannt daraufhin seine Nachtigall vom Hofe, ernennt die künstliche Nachtigall zum Kaiserlichen Hofsänger und weist ihr ihren ständigen Platz auf seinem Nachttisch zu. Dritter Akt. Der Kaiser liegt zu Tode erkrankt darnieder. Er wird von Gewissensqualen geplagt. Gespenster suchen ihn heim. Der Tod an seinem Bett entfernt sich nicht mehr. Da kehrt die natürliche Nachtigall zurück. Mit ihrem Gesang bezaubert sie sogar den Tod. Sie singt die ganze Nacht durch, bis sich der Tod am Morgen vom Bette des Kaisers entfernt. Der gesundete Kaiser versucht noch einmal vergeblich, seine Nachtigall zu ehren. Sie lehnt alle Würden ab. Die Tränen der Rührung auf des siechen Kaisers Wangen gesehen, und ihn gerettet zu haben, genügt ihr. Sie verspricht, allnächtlich an des Kaisers Bett zu kommen. Als die Höflinge am Morgen an des – wie sie glauben – sterbenden Kaisers treten, sind sie sprachlos vor Erstaunen. Die Stimme des Fischers aus der Ferne verkündet den neuen Tag.

● Strawinsky hatte den ersten Teil der Partitur schon einige Jahre vor 1914 geschrieben. Die künstlerische Entwicklung, die er in der Zeit zwischen der Niederschrift des ersten Teils und der Vollendung der Oper genommen hatte, hätte zum Problem für das Werk werden können, doch ist es dem Komponisten gelungen, einen Stilbruch zu vermeiden. *Die Nachtigall* ist ein Werk ohne Sprünge, ein Märchen, in dem sich naive Gefühle mit leiser Ironie und satirischen Untertönen zu einem phantastischen Ganzen verbinden. Andersens Märchen enthält bereits durchaus komische Elemente. Strawinsky wertete sie voll aus. Der Einzug der Höflinge zum Beispiel ist geradezu grotesk. Der Gesang der künstlichen Nachtigall in mechanisch abgehacktem Dreierrhythmus unterstreicht ihre lächerliche Künstlichkeit gegenüber der freien Melodik der natürlichen Nachtigall. Die klaren Linien und Töne der Lieder des Fischers und der zarte Gesang der Nachtigall heben sich in vollendeter Reinheit und Schönheit von den «Chinoiserien» maliziöser Raffinesse, die filigranartig die ganze Oper durchziehen, ab. Der einzige Einbruch in diese Töne der einfachen Süße und Klarheit erfolgt im dritten Akt, wo der Komponist eine Tonsprache verwendet, wie er sie im *Sacre du Printemps* entwickelt hatte.   RB

DIE UNSTERBLICHE STUNDE
(The immortal Hour)

Oper in zwei Akten von Rutland Boughton (1878–1960). Libretto von Fiona Macleod (Pseudonym von William Sharp). Uraufführung: Glastonbury, 26. August 1914.

HANDLUNG. Dalua, der Gott des Schattenreiches, hat die Macht der tödlichen Berührung und die Gabe, die Gedanken der Sterblichen und der Unsterblichen zu lesen. Er weiß, daß Etain, die Prinzessin der Schicksalsfeen, das glückliche Land der Kindheit und Herzenswünsche verlassen und sich in die fremde Welt der Sterblichen begeben hat. In dunklem Drang sucht Etain hier nach etwas, was sie nicht zu benennen weiß: nach einer Freude, einem neuen Gefühl, dessen Möglichkeit sie dunkel erahnt. Dalua weiß auch, daß der junge König Eochiad Krieg und Kampf, Luxus und Hofzeremoniell abgeschworen hat und mit all seiner Kraft die neue Erfahrung der «unsterblichen Stunde» anstrebt. Er hat die Schicksalsgöttinnen angefleht, ihm ein Mädchen als Geliebte und Braut zu schicken, das alle Sterblichen an Schönheit übertrifft. Dalua, der Gott des Schattenreiches, beschließt, die beiden Sehnsuchtsvollen zusammenzuführen, auf daß sich ihr Glück erfülle. So geschieht es. Aber nach einem Jahr des reinen Glückes ist Etain plötzlich wie verwandelt; Unruhe befällt sie, und böse Träume und unbestimmte Erinnerungen suchen sie heim. Während des Festes zur Feier des ersten Hochzeitstages des jungen Paares bittet ein Fremder um Audienz. Es ist Prinz Midir aus dem Land der Schicksalsfeen, der Etain in ihrem Reich der Jugend und Herzenswünsche geliebt hat. Er will Etain in ihr Land und zu ihrem Volke zurückholen. Als der Fremde den Blick auf Etain richtet, wird mit einem Mal die Erinnerung an die Vergangenheit in ihr wach und tritt ihr überdeutlich vor Augen. Sie folgt ihm wie in Trance aus dem Palast, ohne die beschwörenden Worte des jungen Gemahls zu hören. Mit Etains Weggehen erstirbt jeder Lebenswunsch in Eochaid. Damit ist die Stunde Daluas gekommen: in göttlichem Erbarmen läßt er den jungen König tot am Fuße seines Thrones niedersinken.

● Die Oper wurde am 13. Oktober 1922 in London am Regent Theater aufgeführt und erntete stürmischen Beifall. Sie erreichte zweihundertsechzehn aufeinanderfolgende Aufführungen. MS

MADAME SANS-GÊNE
(Madame Sans-Gêne)

Oper in drei Akten von Umberto Giordano (1867–1948). Libretto von Renato Simoni (1875–1952) nach der gleichnamigen Komödie von Victorien Sardou und Emile Moreau. Uraufführung: New York, Metropolitan Opera House, 25. Januar 1915 (in italienischer Sprache). Solisten: Geraldine Farrar, Giovanni Martinelli, Pasquale Amato, P. Althouse. Dirigent: Arturo Toscanini.

PERSONEN. Cathérine Hubscher, genannt Madame Sans-Gêne, Wäscherin (Sopran), Toniette, Wäscherin (Sopran), Juliette, Wäscherin (Sopran), die Rothaarige, Wäscherin (Sopran), Lefebvre, Leutnant der Nationalgarde (Tenor), Fouché (Bariton), der Graf von Neipperg (Tenor), Vinaigre, der Tambourmajor (Tenor), Maturino, Junge aus dem Volk (Komparsenrolle), Königin Caroline (Sopran), Prinzessin Elise (Sopran), Cathérines Kammerzofe (Komparsenrolle), De Despreaux, Tanzmeister (Tenor), Gelsomin, Kammerdiener (Bariton), Leroy, Schneider (Bariton), De Brigode, Kammerherr bei Hofe (Bariton), Napoleon (Bariton), Frau von Bülow, Hofdame (Sopran), Roustan, Mameluckenführer (Bariton), Constant, Napoleons Kammerdiener (Komparsenrolle), Stimme der Kaiserin (Sopran). Chor und Komparsen: Bürger, Händler, Männer und Frauen aus dem einfachen Volk, Nationalgardisten, Hofdamen, Offiziere, Artillerieoffiziere, Diplomaten, Jäger, Bedienstete bei Hofe, zwei Mamelucken.

HANDLUNG. Erster Akt. Paris, 10. August 1792, Tag der Besetzung der Tuilerien. Auch in der Wäscherei der schönen, allgemein als Madame Sans-Gêne bekannten Cathérine Hubscher, einer resoluten jungen Elsässerin, geht es hoch her. Zu Madame Sans-Gênes Kunden zählt unter anderem der ehrgeizige Revolutionär Fouché. Sie ist diesem nicht wohlgesinnt. Viel sympathischer findet sie den schweigsamen jungen Offizier Napoleon Bonaparte aus der Nachbarschaft. Als Cathérine am Abend gerade ihre Wäscherei schließen will, schleppt sich ein verletzter österreichischer Offizier heran. Cathérine versteckt ihn vor seinen Verfolgern in ihrem Hause. Als später am Abend Sergeant Lefevbre, Cathérines Verlobter, kommt und die Haustür verschlossen findet, wird er mißtrauisch. Schnell hat er den österreichischen Offizier, den Grafen von Neipperg, entdeckt. Doch er zeigt Verständnis für Cathérines Handeln und verhilft dem Grafen nachts sogar zur Flucht. Zweiter Akt. September 1811. Auf Schloß Compiègne. Napoleon hat den Gipfel der Macht erklommen. Lefebvre, der sich in der Schlacht von Danzig ausgezeichnet hat und von Napoleon zum Marschall ernannt wurde, hat seine Madame Sans-Gêne geheiratet. Doch Cathérines unkonventionelles Benehmen erregt das Mißfallen des Hofes und schließlich auch des Kaisers höchstpersönlich.

Der erste Akt aus Umberto Giordanos «Madame Sans-Gêne» in der Aufführung an der Mailänder Scala 1966/67. Bühnenbild und Kostüme von Giulio Coltellacci. Regie von Franco Enriquez.

Er verlangt von Lefèvbre, sich von Cathérine scheiden zu lassen und eine seiner Position würdige Gattin zu nehmen. Das Ehepaar ist tief unglücklich über diesen Wunsch des Kaisers. Auch Graf von Neippberg hat sich die Gunst des Kaisers verspielt, da er in den Verdacht geraten ist, mit der Kaiserin Marie-Louise nicht nur politische Beziehungen zu unterhalten. Bei einem Empfang bei Hofe leistet sich Cathérine einen neuerlichen Fauxpas: als Napoleons Schwestern sie mit spitzen Bemerkungen über ihre niedere Herkunft reizen, legt sie los wie das Waschweib, das sie einst war. Kurz darauf wird sie von einem Majordomus zum Kaiser gerufen. Dritter Akt. Napoleon empfängt Cathérine mit strenger Kälte und befiehlt ihr förmlich, sich von Marschall Lefèvbre scheiden zu lassen und den Hof zu verlassen. Doch Cathérine gibt sich nicht geschlagen. Sie erinnert Napoleon an die Zeiten, da er, wie sie, arm und unbedeutend gewesen war. Plötzlich wird die Nachricht gebracht, der Graf von Neipperg sei in den Gemächern der Kaiserin überrascht worden. Napoleon ist außer sich. Er erkennt Neipperg die militärischen Ehren ab und ordnet seine unverzügliche Erschießung an. Da schaltet sich Madame Sans-Gêne ein und beweist dem Kaiser des Grafen Unschuld. Damit hat sie sich des Kaisers Gunst zurückgewonnen. Erleichtert, einen Skandal vermieden zu haben, und voll der Bewunderung für ihre Klugheit und Großherzigkeit, bietet ihr der Kaiser seinen Arm und führt sie unter den ungläubigen Blicken des Hofstaates zu einer gemeinsamen Jagd.

• Die Oper war anfangs sehr erfolgreich, wurde aber im Laufe der Zeit immer seltener aufgeführt. Der Komponist stellt in diesem Werk, wie schon im *André Chenier,* seine Begabung, historische Stoffe bühnenwirksam zu vertonen, unter Beweis.
MS

PHÄDRA (Fedra)

Tragische Oper in drei Akten von Ildebrando Pizetti (1882–1968). Libretto von Gabrielle d'Annunzio (1863–1938). Uraufführung: Mailand, Teatro alla Scala, 20. März 1915. Solisten: Salomea Kruceniski, Anita Fanny, Edoardo di Giovanni, Edmondo Grandini, Giulio Cirino. Dirigent: Gino Marinuzzi.

PERSONEN. Phädra (Mezzosopran), Hyppolytos (Tenor), Theseus (Bariton), Hätra (Alt), Heurytos von Ilakos, Wagenlenker (Bariton), Gorgos, Amme (Alt), die thebanische Sklavin (Sopran), der phönizische Pirat (Baß), die sieben Betenden (Soprane), die Mägde (Altstimmen), ein Ephebe (Alt). Chor.

HANDLUNG. Die Handlung spielt im antiken Griechenland. Im Königspalast zu Theben warten die Mütter der Helden, die für die Rettung der Stadt gekämpft haben, auf die Ankunft des Königs mit der Asche der Gefallenen. Da wird ein Gerücht bekannt, der König selbst sei tot. Phädra, des Königs Gattin, ist innerlich erfreut über die Meldung, denn sie liebt ihren Stiefsohn Hyppolitos und sieht mit des Gatten Tod neue Hoffnung, ihn für sich zu gewinnen. Doch Theseus kehrt aus dem Krieg zurück und bringt als Beute für Hyppolitos die schöne junge thebanische Sklavin Hyppanois mit. Phädra ist sofort eifersüchtig auf das junge Mädchen. Nach

Franz Theo Reuter als «Majordomus» im Prolog zu «Ariadne auf Naxos» von Richard Strauss in der Aufführung des Münchner Residenztheaters 1937. Bühnenbild und Kostüme von Ludwig Sievert. Regie von Rudolf Hartmann.

verschiedenen Versuchen, sie aus Hyppolitos' Blickfeld zu entfernen, erdolcht sie sie vor dem Jupitertempel. Als Hyppolitos den Grund des Todes der Sklavin zu erfahren sucht, hält ihn Phädra mit ausweichenden Antworten hin, bis er – ermüdet von einem langen Ritt – in Schlaf fällt. Von Leidenschaft überwältigt, beugt sich Phädra über den schlafenden Helden und küßt ihn auf den Mund. Hyppolitos erwacht und stößt sie mit Abscheu von sich. Phädra erträgt es nicht, so verschmäht zu werden und beschließt, sich selbst den Tod zu geben – jedoch nicht ohne sich an ihrem Stiefsohn, der sie so tief gekränkt hat, zu rächen. Als Theseus zurückkehrt, erzählt sie ihm, Hyppolitos habe versucht, ihr Gewalt anzutun. Theseus ruft voll Zorn Poseidon an, er möge den Stiefsohn strafen. Als er wenig später den Strand entlang reitet, sieht er plötzlich die Leiche des Sohnes vor sich liegen. Sein Pferd hat ihn abgeworfen und zu Tode getrampelt. Phädra hat unterdessen ihren Entschluß wahrgemacht und Gift genommen. Im Angesicht des Todes des geliebten Stiefsohnes bekennt sie sich schuldig an seinem Schicksal und bricht über seinem Leichnam zusammen.

● Die Oper entstand zwischen 1909 und 1912 und sollte zum römischen Karneval 1913 am Teatro Costanzi uraufgeführt werden. Der Intendant zog dann aber *Parisina* (ebenfalls nach einem d'Annunzio-Text) vor. Die Kritik beurteilte das Werk als ein bedeutendes Ereignis der Operngeschichte, was insofern zutrifft, als mindestens die italienischen Bühnen seit dem ausgehenden neunzehnten Jahrhundert völlig von der veristischen Oper beherrscht waren und *Phädra* mit der am antiken Stoff veranschaulichten Gewalt maßloser Leidenschaft, einen Einbruch in die sich erschöpfende naturalistische Tradition ohne historische Perspektive darstellt. MSM

DER ZAUBERER
(The Enchanter)

Oper mit Ballett in drei Akten von Joseph Holbrooke (1878–1958). Libretto vom Komponisten. Uraufführung: Chicago, Opera House, Frühjahr 1915.

DER HEXENMEISTER
(The Wizard)

Musikalische Komödie in zwei Akten von Joseph Holbrooke (1878–1958). Libretto vom Komponisten. Uraufführung: Chicago, Opera House, Frühjahr 1915.

DES BOOTSMANNS MAAT
(The Boatswain's Mate)

Oper von Ethel Mary Smith (1858–1944). Libretto von der Komponistin nach «Captains All» von W. W. Jacobs. Uraufführung: London, Shaftesbury Theatre, 28. Januar 1916.

HANDLUNG. Harry Benn, ein ehemaliger Maat, sitzt unter einem Baum vor dem Wirtshaus «Beehive» («Bienenkorb») und versucht die Wirtin, Mrs. Waters, davon zu überzeugen, daß sie dringend des männlichen Schutzes bedarf und ihn daher möglichst bald heiraten sollte. Um die Sache zu beschleunigen, beauftragt er Travers, einen seltsamen Fremden, sich nachts in ihr Haus zu schleichen und einen Überfall zu fingie-

Helen Vanni als «Ariadne» in Richard Strauss' «Ariadne auf Naxos» 1972 in Glyndebourne.

ren, so daß er, Harry, Gelegenheit bekommt, die bedrohte Wirtin in seine starken Arme zu schließen. Als die beiden aber nächtens unter großem Getöse in Mrs. Waters' Haus eindringen, ergreift diese kurzentschlossen ihre Flinte und verjagt die Diebe. Travers flüchtet sich in eine Kammer und sperrt sich ein. Nach einer turbulenten Nacht mit vielen Verwicklungen entdeckt die resolute Wirtin, daß der «Dieb» Travers genau der richtige Mann für sie ist, und beschließt, ihn zu heiraten.

● Diese Oper der ersten englischen Komponistin, die sich weltweiten Ruhm erobern konnte, ist nach dem Muster einer Ballade geschrieben. Dabei ist das Werk bühnengerechter als frühere Opern der Komponistin. Sie verwendet in diesem Werk oft und mit viel Geschick volkstümliche Motive und entfernt sich damit weiter von ihrem früheren, stark von Wagner beeinflußten Schaffen. RB

GOYESCAS

Oper in drei Akten von Enrique Granados (1867–1916). Libretto von Fernando Periquet y Zuaznabar. Uraufführung: New York, Metropolitan Opera House, 28. Januar 1916.

HANDLUNG. Die Handlung spielt in einem Vorort Madrids gegen Ende des achtzehnten Jahrhunderts. Pepa (Sopran) liebt den Torero Paquiro (Bariton). Doch dieser hofiert auch Rosario, eine Dame aus hohem Hause (Sopran). Damit löst er die Eifersucht des jungen Offiziers Fernando (Tenor) aus, der seinerseits in Rosario verliebt ist. Bei einem großen Ball kommt es zur Explosion der leidenschaftlichen Gefühle zwischen den beiden Paaren. Paquiro fordert Fernando zum Duell im nahegelegenen Wäldchen auf. Fernando sind unterdessen Zweifel an der Aufrichtigkeit der Liebe Rosarios zu ihm gekommen. Er stellt sie deswegen zur Rede, aber auch ihre Beteuerungen vermögen ihn nicht zu überzeugen. Im Duell mit Paquiro wird Fernando tödlich verletzt. Im Angesicht des Todes erkennt er Rosarios echte Liebe zu ihm. Aber es ist zu spät. In den Armen der Geliebten stirbt er.

• *Goyescas* ist Granados' letztes und berühmtestes Werk. Es ist eine Bühnenfassung der gleichnamigen Sammlung von Klavierstücken, die der Komponist nach Szenen auf Goya-Bildern geschrieben hatte. Granados war in erster Linie Pianist. Mit seinen Kompositionen für Klavier, insbesondere den beiden Bänden *Goyescas*, schuf er die entscheidenden Werke der modernen spanischen Klaviermusik. Die Uraufführung der Oper war in Paris vorgesehen gewesen, wegen des Ausbruchs des ersten Weltkrieges kam sie jedoch nicht zustande. Bei der späteren Uraufführung in New York feierte die Oper triumphale Erfolge. Granados wurde daraufhin sogar mit einer Einladung ins Weiße Haus geehrt. Auf der Rückfahrt von den Vereinigten Staaten wurde das Schiff Granados' von einem deutschen Unterseeboot torpediert, und der Komponist kam dabei ums Leben. CB

ARIADNE AUF NAXOS

Oper in einem Aufzug mit einem Vorspiel von Richard Strauss (1864–1949). Libretto von Hugo von Hofmannsthal (1874–1929). Uraufführung der ersten Fassung: Stuttgart, Kleines Haus des Hoftheaters, 25. Oktober 1912. Solisten: Maria Jeritza, Hermann Jadlowker, Margarethe Siems. Dirigent: Richard Strauss. Uraufführung der zweiten Fassung: Wien, Operntheater, 4. Oktober 1916. Solisten: Maria Jeritza, Selma Kurz, Lotte Lehmann. Dirigent: Franz Schalk.

PERSONEN. Vorspiel: Der Haushofmeister (Sprechrolle), der Musiklehrer (Bariton), der Komponist (Sopran), der Tenor, später Bacchus (Tenor), ein Offizier (Tenor), ein Tanzmeister (Tenor), Zerbinetta (Sopran), Primadonna, später Ariadne (Sopran), Oper: Ariadne (Sopran), Bacchus (Tenor), drei Nymphen: Najade, Dryade und Echo (Sopran, Alt, Sopran), Harlekin (Bariton), Scaramuccio (Tenor), Truffaldin (Baß), Brighella (Tenor).

HANDLUNG. Vorspiel. Ein als Theater eingerichteter Saal in einem reichen Wiener Hause des achtzehnten Jahrhunderts. Der mit der Leitung der bevorstehenden Aufführung der seriösen Oper «Ariadne auf Naxos» beauftragte Musiklehrer muß zu seinem Entsetzen vernehmen, daß nach dem ersten Werk seines jungen Schülers eine Farce in der Art der Commedia dell'arte zur Unterhaltung der Gäste gegeben werden soll. Der junge Komponist der «Opera seria» erscheint zur Probe, findet aber weder Orchester noch Sänger vor. Aus einer Garderoben tritt Zerbinetta, die Leiterin der Komödiantentruppe, in Begleitung eines Offiziers. Der Musiklehrer berichtet dem Komponisten von dem unpassenden Arrangement des Hausherrn. Der junge Komponist ist verärgert über die entwürdigende Behandlung seines Werkes. Auch die Primadonna, die schon fertig geschminkt und frisiert ist, ist empört. Unterdessen haben sich Hausherr und Gäste vom Mahl erhoben, und die Oper soll beginnen. Der Majordomus überbringt die Weisung des Hausherrn, die beiden Opern, die «seria» und die «buffa» sollten – um den Gästen noch Gelegenheit zu bieten, das geplante Feuerwerk mitzuerleben – jetzt gar gleichzeitig aufgeführt werden. Der Musiklehrer und sein Schüler sind außer sich über diese neue Zumutung. Doch dem Tanzmeister gelingt es, die beiden davon zu überzeugen, daß Zerbinetta – eine Meisterin der Improvisationskunst – die Buffooper geschickt in sein würdiges, ernstes Werk einzuflechten verstehen wird, wenn er sich nur zu ein paar Kürzungen bereitfinden kann. Der junge Komponist versucht daraufhin, Zerbinetta die Tiefe seines großen Werkes begreiflich zu machen, um es nicht ganz von der oberflächlichen Farce zerstören zu lassen. Aber Zerbinetta zeigt sich mitnichten beeindruckt von der bedeutungsschweren Größe seiner «Ariadne» und setzt ganz ungeniert die Waffen der Weiblichkeit gegen den unerfahrenen Künstler mit seinen hohen Idealen ein. Und dieser erliegt ihrem Zauber und geschickten Spiel und erklärt sich mit den Kürzungen seines Meisterwerkes einverstanden. Zerbinetta ruft daraufhin mit einem kessen Pfiff ihre Truppe zur Vorbereitung der Aufführung zusammen. In einer Grotte. Umgeben von Nymphen beklagt Ariadne ihr Schicksal: von Theseus verlassen, ist sie der Einsamkeit ausgeliefert. Sie begehrt nichts anderes mehr als den Tod und fleht Hermes, den Todesboten, an, sich ihrer zu erbarmen. Die Masken der «Opera buffa» treten auf und versuchen, die Klagende zu erheitern. Zerbinetta trägt in ihrer großen Arie *Großmächtige Prinzessin* die Quintessenz ihrer Liebeserfahrung vor: wohl schwört sie dem, der sie liebt, bedingungslose Treue, doch erwartet sie auch jede neue Liebe wie ein Geschenk des Himmels. Dann zeigt sie im leichten Spiel mit ihren vier Anbetern, wie aus oberflächlich scheinendem Geplänkel die Flamme der Leidenschaft aufflackern kann. Sie entfernt sich mit Harlekin, dem Auserwählten der Stunde. Die Nymphen kündigen Ariadne die Ankunft eines jungen Gottes an. Ariadne hält ihn für Hermes, den Todesboten, und empfängt ihn in williger Bereitschaft, ihm zu folgen. Der schöne Jüngling, der ihr gegenübertritt, ist jedoch Bacchus, der – soeben von der Insel der Circe zurückgekehrt – noch ganz unter deren Bann steht. Er glaubt daher in Ariadne die Zauberin wiederzuerkennen. Ariadne ist von der siegesgewissen Schönheit des Jünglings gefangen. Der, den sie als Geleit ins Totenreich gerufen hatte, erweist sich als der Gott der glückseligen Trunkenheit und zieht sie widerstandslos in den Rausch der neuen Liebe hinein.

• Für die erste Fassung der *Ariadne auf Naxos* bearbeitete Hofmannsthal Molières Komödie *Der Bürger als Edelmann* und Strauss unterlegte dem Text Szenenmusik. Das Stück war zur Huldigung des Theaterregisseurs Max Reinhardt gedacht gewesen. Ursprünglich sollte es statt des «Divertissements» nur den Schluß der Komödie *Ariadne* bilden, es wurde jedoch dreimal so lange wie vorgesehen. Das Orchester ist sehr klein gehalten, die einzelnen Instrumente werden fast wie Soloinstrumente behandelt. Die erste Fassung der *Ariadne*, die nach verschiedenen Versuchen schließlich im Kleinen Haus des Stuttgarter Hoftheaters aufgeführt wurde, erlitt völligen Schiffbruch. Sie scheiterte vor allem an der Länge der Aufführung. Auch die stilistische Heterogenität zwischen französischer Komödie und ernster deutscher Oper dürfte dem Werk in den Augen des Publikums geschadet haben. Der Kritiker Richard Specht sprach sich bereits damals für die Lösung aus, die Strauss und Hofmannsthal später wählten: *Ariadne* wurde von der Molièreschen Rahmenhandlung abgelöst und mit einem gesungenen Vorspiel versehen. Hofmannsthal stellte hohe Ansprüche an sein eigenes Libretto. Über die tiefere Bedeutung des Textes äußerte er sich in der Wiener «Neuen Freien Presse» vom Juli 1911 wie folgt: «Sie fragen mich, was es mit der Verwandlung auf sich hat, die Ariadne in Bacchus' Armen erfährt, denn Sie fühlen: hier ist der Lebenspunkt, nicht bloß für Ariadne und Bacchus, sondern für das Ganze... Verwandlung ist Leben des Lebens, ist das eigentliche Mysterium der schöpferischen Natur; Beharren ist Erstarren und Tod. Wer leben will, der muß über sich selbst hinwegkommen, muß sich verwandeln; er muß vergessen. Und dennoch ist ans Beharren, ans Nichtvergessen, an die Treue alle menschliche Würde geknüpft. Dies ist einer von den abgrundtiefen Widersprüchen, über denen das Dasein aufgebaut ist, wie der delphische Tempel über seinem bodenlosen Erdenspalt. . .». Strauss, der reale Personen und Gefühle vorzog, sah die Problematik des Stückes anders. Für ihn waren die Personen des Librettos lediglich Projektionen einer literarischen Idee. Daraus ergibt sich folgerichtig, daß für ihn Zerbinetta die vitalste und damit auch musikalisch profilierteste Gestalt sein mußte. Hofmannsthal fand diese Konzeption des Komponisten geradezu «vulgär». Die Oper ist somit nicht nur eine Satire auf gegensätzliche literarische bzw. ästhetische Konzeptionen, sondern kann auch als Allegorie auf die auch aus Widersprüchen und unterschiedlichem Verständnis gespeiste Zusammenarbeit zwischen Textautor und Komponist betrachtet werden. In der zweiten Fassung wurde *Ariadne* ein großer und dauerhafter Erfolg. Mehr als auf die unleugbaren musikalischen Qualitäten dürfte dieser auf die bühnenwirksame Idee des Theaters im Theater und den Gegensatz zwischen dem realistisch-dynamischen Vorspiel und der allegorischen Immobilität der großen Oper zurückzuführen sein.   RB

SAVITRI

Oper in einem Akt von Gustav Holst (1874-1934). Libretto vom Komponisten. Uraufführung: London, Wellington Hall, 5. Dezember 1916.

PERSONEN. Savitri (Sopran), der Tod (Baß), Satyavan (Tenor). Chor.

HANDLUNG. Die Handlung spielt im indischen Dschungel. Savitri sitzt vor ihrer Hütte und hängt trüben Gedanken nach. Im Traum empfing sie die Vorahnung eines schweren Unglücks. Nun sorgt sie sich um ihren geliebten Bräutigam Satyavan, der ausgezogen ist, einen großen Baum zu fällen. Doch Satyavan kehrt heil zurück und beruhigt seine Braut. Unterdessen hat sich der Tod der Hütte genähert, um den starken, jungen Satyavan zu holen. Als dieser den Tod erblickt, fällt er tot in die Arme Savitris. Savitris Vorahnung hat sich somit erfüllt. Unter Tränen der Verzweiflung schwört Savitri dem toten Geliebten Treue über seinen Tod hinaus. Da ertönen um sie herum engelsgleiche Stimmen, die ihr Mut und Trost zusprechen. Der Tod erklärt ihr, daß es die Stimmen all derer sind, denen sie mit ihrer reinen Liebe Kraft gespendet hat. Sogar der Tod ist gerührt von der Selbstlosigkeit und Tiefe ihres Gefühls. Er verspricht ihr, ihr einen Wunsch zu erfüllen. Das Mädchen erbittet sich daraufhin ein Leben der Freude und der Liebe – und ein solches gibt es für sie nur mit Satyavan. Der Tod kann dieser von unerschütterlicher Liebe und zugleich Klugheit zeugenden Bitte nicht widerstehen. Er erklärt sich besiegt durch die Kraft der Liebe des Mädchens und gibt ihr Satyavan zurück.

● Der Stoff zu dieser Oper geht auf eine Episode aus dem berühmten indischen Versepos *Mahàbhàrata* zurück. Holst, der sich sehr für die indische Kultur und insbesondere die Literatur des Sanskrit interessierte, komponierte die Oper bereits im Jahre 1908. Zur Uraufführung kam sie jedoch erst 1916. Später ging sie nach Amerika und hatte dort großen Erfolg. Heute wird sie – außer an einigen wenigen englischen Bühnen – nicht mehr gespielt.   GP

DIE SCHWALBE
(La rondine)

Oper in drei Akten von Giacomo Puccini (1858-1924). Libretto von Giuseppe Adami (1878-1946). Uraufführung: Monte Carlo, Théâtre du Casino, 27. März 1917. Solisten: Gilda dalla Rizza, Ines Ferraris, Tito Schipa. Dirigent: Dino Marinuzzi.

PERSONEN. Magda de Civry (Sopran), Lisette, ihre Dienerin (Sopran), Roger, junger Provinzler (Tenor), Prunier, Salondichter (Tenor), Rambauld, Bankier (Bariton).

HANDLUNG. Paris zur Zeit des zweiten Empire. Erster Akt. Fest in der eleganten Villa der schönen Magda de Civry, der Mätresse des Bankiers Rambauld. Einer der Gäste, der Poet und Salonphilosoph Prunier, stellt süffisant fest, daß die wieder einmal in Mode gekommene romantische Liebe in der feinen Gesellschaft wie eine Epidemie grassiere. Die Hausherrin Magda sieht sich durch diese Bemerkung veranlaßt, zu erzählen, wie ihr in der Tat erst kürzlich ein Student im «Chez Bullier» ganz ohne Umschweife seine glühende Liebe gestanden habe. Außer aufs Philosophieren versteht sich Prunier auch auf die Kunst des Handlesens. Er prophezeit Magda, sie werde schon bald wie die Schwalben ans Meer ziehen. Zu weiteren Erklärungen läßt er sich trotz Magdas Drängen nicht bewegen. Unterdessen ist ein neuer Gast eingetroffen: Roger Lastouc, ein junger Mann aus der Provinz, der Rambauld einen Besuch abstatten will. Magdas Kammermädchen Lisette rät dem Neuankömmling, abends unbedingt zu «Chez Bullier» zu gehen. Magda beschließt daraufhin, den Abend ebenfalls in dem Lokal, in dem sich ganz Paris ein Stelldichein gibt, zu beschließen. Zweiter Akt. Großer Ballsaal bei «Chez Bullier». Magda hat sich für den Abend Lisettes Kleider ausgeliehen. Sie wimmelt einige zudringliche junge Männer ab und rettet sich an den Tisch Rogers. Dieser erkennt sie in ihrer Verkleidung nicht wieder. Eine heftige Leidenschaft für den jungen, unerfahrenen Provinzler erwacht in ihr. Mit Wehmut erinnert sie sich ihrer Jugend, als sie zwar arm war, aber noch den Traum von der großen Liebe träumen konnte. Dritter Akt. Auf der Terrasse einer kleinen Villa am Meer. Magda hat ihr luxuriöses Leben in Paris aufgegeben und ist Roger an die Côte d'Azur gefolgt. Roger glaubt, seine große Liebe in ihr gefunden zu haben und will sie heiraten. Als er ihre Mutter brieflich um ihre Hand bitten will, hält sie ihn zurück. Sie hält sich aufgrund ihrer Vergangenheit nicht für würdig, seine Frau zu werden und beichtet ihm daher alles über ihr bisheriges Leben. Dann verläßt sie ihn und kehrt in ihren goldenen Käfig Paris zurück.

● Der Gedanke, Puccini mit der Komposition zu dieser sentimentalen Geschichte zu beauftragen, stammte von den Direktoren des Wiener Karl-Theaters Eibenschutz und Berté. Puccini war zunächst nicht an der Arbeit interessiert gewesen, unterzeichnete dann aber im Jahre 1914 den Vertrag doch, um auf diese Art und Weise dem Verleger Ricordi, mit dem er in Streit lag, zu beweisen, daß er nicht auf ihn angewiesen sei. Er ließ das von A.M. Willner und H. Reichert geschriebene Libretto von Giuseppe Adami umarbeiten. Trotzdem konnte er keine rechte Lust an der Sache finden und schloß die Komposition erst 1916 ab. Das Premierenpublikum bereitete der Oper einen triumphalen Erfolg, bei den weiteren Aufführungen ließ die Begeisterung jedoch schnell nach. Trotz ihrer unbestreitbaren formalen Eleganz ist *Die Schwalbe* Puccinis schwächstes Werk. Als abträglich hat sich vor allem der hybride Charakter der Oper erwiesen: Puccini

1917

ließ in ihr weder seiner Neigung zu ungehemmter Gefühlstiefe freien Lauf, noch schöpfte er die Möglichkeiten, Prunier und Lisette als brillante Figuren mit funkelnder Spritzigkeit zu zeichnen, voll aus. Neben die zahlreichen Walzer, mit denen die Atmosphäre im «Chez Bullier» charakterisiert wird, setzte Puccini unvermittelt moderne Rhythmen und Formen die Tangos, Slow-Fox- und One-Step-Tänze, die in merkwürdigem, nicht einleuchtendem Widerspruch zum gesellschaftlichen Milieu des zweiten Empire stehen. RB

LODOLETTA

Lyrisches Drama in drei Akten von Pietro Mascagni (1863–1945). Libretto vom Giovacchino Forzano (1884–1970). Uraufführung: Rom, Teatro Costanzi, 30. April 1917.

HANDLUNG. Die Handlung spielt in einem kleinen holländischen Dorf bzw. in Paris im Jahre 1853. Der französische Maler Flammen kommt auf der Flucht vor der Polizei, die ihn aus politischen Gründen sucht, in ein holländisches Dorf und trifft dort das Waisenmädchen Lodoletta. Er findet Gefallen an dem Mädchen und malt ein Porträt von ihr. Lodoletta verliebt sich ihrerseits in den Maler und vernachlässigt darüber ihren bisherigen Verehrer, den Dorfburschen Gianotto. Flammen verspricht Lodoletta, sie nie zu verlassen. Aber als er die Erlaubnis erhält, wieder in sein Vaterland zurückzukehren, hält es ihn nicht mehr in Holland, und er bricht nach Paris auf. Paris. Am Sylvesterabend. Flammen hat zur Feier des neuen Jahres Gäste zu sich geladen, ist aber merkwürdig gedrückter Stimmung. Die Erinnerung an das verlassene Waisenmädchen in dem holländischen Dorf plagt ihn. Lodoletta ist Flammen unterdessen nach Paris nachgereist. Jetzt beobachtet sie den Geliebten von der Straße aus. Als sie ihn anscheinend unbeschwert tanzen sieht, packt sie Verzweiflung. Mutlos läßt sie sich auf der kalten Straße in den Schnee sinken. Als Flammen später in der Nacht in den Garten hinaustritt, um etwas Stille zu finden, stolpert er über den steifgefrorenen Leichnam Lodolettas. Unter Tränen der Reue hebt er die leblose Gestalt auf und trägt sie ins Haus.

• Der Stoff dieser Oper entstammt dem Roman *Die Holzschuhe* von Ouida (Pseudonym für die englischsprachige Schriftstellerin Louise de la Ramée), der 1874 in Italien veröffentlicht worden war. Schon Puccini hatte zuerst Roberto Bracco, dann Giuseppe Adami mit der Abfassung eines Opernlibrettos auf der Grundlage dieses Romans beauftragt, den Plan dann jedoch wieder fallen gelassen. Die Oper leidet etwas unter einem Bruch zwischen den beiden ersten und dem dritten Akt. Weder vom Libretto her noch musikalisch gelingt der Übergang von der frischen, idyllischen Atmosphäre, die etwas an *Freund Fritz* erinnert, zur Dramatik und Tragik des Schlusses. AB

TURANDOT

Märchenoper in zwei Akten von Ferruccio Busoni (1866–1924). Libretto vom Komponisten nach dem gleichnamigen Märchenstück von Carlo Gozzi (1762). Uraufführung: Zürich, Stadttheater, 11. Mai 1917.

PERSONEN. Altoum, der Kaiser (Baß), Turandot, seine Tochter (Sopran), Adelma, ihre Vertraute (Mezzosopran), Kalaf (Tenor), Barach, sein Vertrauter (Baß), die Königinmutter von Samarkand, eine Mohrin (Sopran), Truffaldin, Vorsteher der Eunuchen (Tenor), Pantalon (Baß), Tartaglia (Bariton), acht Ärzte, eine Sängerin. Sklaven und Sklavinnen, Tänzerinnen, Klageweiber, Eunuchen, Soldaten, ein Priester.

HANDLUNG. Erster Akt. Erste Szene. Die Mauern von Peking. Prinz Kalaf trifft auf seinen Kampfgefährten Barach, mit dem er sich aus dem Krieg, in dem sein Vater den Thron verloren hat, retten konnte. Barach erzählt ihm, wie der Kaiserhof in Peking in Aufruhr ist, weil die stolze Prinzessin nicht bereit ist, einen Gatten zu nehmen. Turandot hat geschworen, sie werde nur dem ihre Hand geben, der drei von ihr gestellte Rätsel lösen könne. Jeder, der sein Glück vergeblich wagt, wird nach ihrem unerbittlichen Willen geköpft. Schon viele tapfere und kluge Prinzen haben um der Schönheit der Prinzessin willen ihr Glück versucht. Auch Kalaf ist von ihrem Zauber gefangengenommen, als er ein Bild von ihr sieht und beschließt, die Probe zu wagen. Zweite Szene. Thronsaal im kaiserlichen Palast zu Peking. Das Eunuchenoberhaupt Truffaldin bereitet wie üblich alles für die Probe des neuen Prätendenten vor. Der Kaiser und die höchsten Würdenträger des Reiches werden an der Zeremonie teilnehmen. Bei ihrem Eintreffen brechen sie in Klagen über das Unglück aus, das die Starrköpfigkeit der Prinzessin über den Hof gebracht hat. Dann stellt Altoum den neuen Bewerber Kalaf vor. Doch dieser gibt seinen Namen nicht preis. Turandot zuckt beim Anblick des schönen jungen Mannes leicht zusammen, fängt sich jedoch schnell wieder und gibt ihm kalt und gelassen ihre drei Rätsel. Kalaf löst eines nach dem anderen. Doch die Prinzessin will ihr Versprechen nun nicht einlösen. Lieber geht sie freiwillig in den Tod. Kalaf hält sie zurück und gibt ihr seinerseits ein Rätsel auf. Wenn Turandot seinen Namen und seine Abstammung errät, will er sie aus dem Versprechen, ihn zu heiraten, entlassen. Zweiter Akt. In Turandots Gemächern. Die Prinzessin ist unruhig und verwirrt. Sie glaubt, den Unbekannten, der sie besiegt und damit gedemütigt hat, zu hassen, fühlt sich aber auch auf unerklärliche Weise von ihm angezogen. Truffaldin hat die Aufgabe bekommen, den Namen des Unbekannten herauszufinden, doch es gelingt ihm nicht. Altoum hat in Erfahrung gebracht, daß der Unbekannte ein Prinz aus königlichem Geblüt ist, und drängt Turandot daher, ihn als Gatten anzunehmen. Da wendet sich Turandot um Rat an ihre Vertraute Adelma. diese war, ehe sie als Sklavin in Gefangenschaft geriet, eine Prinzessin gewesen und hatte Kalaf gekannt. Sie verlangt gegen die Preisgabe seines Namens ihre Freiheit zurück. Doch Turandot verweigert sie ihr. Bei Ablauf der gestellten Frist kann sie somit das Rätsel des Unbekannten nicht lösen. Kalaf ist enttäuscht, will die Prinzessin aber nicht gegen ihren Willen zu seiner Gattin machen. Großzügig verzichtet er auf sie und will sich zurückziehen. Die ihr fast unbegreifliche Großmut des Unbekannten bricht mit einem Male den Widerstand in Turandot. Er hat ihren Stolz geschont und ist damit der Mann, den sie ohne falschen Stolz lieben kann.

• Die Atmosphäre der Oper ist – ganz im Gegensatz zu Puccinis späterer leidenschaftlicher und tragisch gestimmter *Turandot* – durchaus märchenhaft und phantastisch. Busoni durchdringt alles, Ereignisse und Gefühle, mit einer spielerischen Ironie. Der ironische Ton wird besonders deutlich in den drei Masken der Commedia dell'arte: Truffaldin, Pantalon und Tartaglia. Die Musik der Oper ist deutlich an orientalischen – sowohl arabischen wie auch chinesischen – Weisen inspiriert. MS

«Arlecchino oder Die Fenster» von Ferruccio Busoni mit Bühnenbildern und Kostümen von Gino Severini. Venedig, 1940, Teatro La Fenice.

ARLECCHINO oder DIE FENSTER

Theatercapriccio in einem Akt von Ferruccio Busoni (1886–1924). Libretto vom Komponisten. Uraufführung: Zürich, Stadttheater, 11. Mai 1917.

HANDLUNG. Die Geschichte spielt in Bergamo, der Heimatstadt Arlecchinos. Auf einem kleinen Platz in Bergamo hofiert Arlecchino (Sprechrolle) Annunziata (stumme Rolle), die Gattin Ser Matteos (Bariton), eines Schneiders, der sich viel auf seine Klugheit einbildet und Tag und Nacht die «Göttliche Komödie» liest. Um den lästigen Gatten aus dem Weg zu schaffen, erzählt ihm Arlecchino zuerst, die Stadt sei von Barbaren überfallen worden, und verkleidet sich, als das nichts helfen will, als Leutnant und rekrutiert ihn für die Armee. Großzügig verspricht er dem genasführten Schneider, in seiner Abwesenheit ein Auge auf sein Haus und seine Gattin zu haben. Arlecchinos Frau Colombina (Mezzosopran), die stolz darauf ist, ihrem Gatten, der sie vernachlässigt und betrügt, trotz allem treu zu sein, kann diesmal dem Werben des jungen Ritters Leandro nicht widerstehen. Doch kaum hat sie ihm nachgegeben, besinnt sie sich auf ihre eheliche Treue und zieht ihm eins mit ihrem Holzschwert über. Dann läuft sie davon. Doch Leandro hat keinen großen Schaden genommen und beschließt, vor seiner Frau den Großmütigen zu spielen. Er gibt sie frei und lacht sich dabei ins Fäustchen, gewinnt er damit doch auch seine Freiheit zurück.

● Busoni nimmt in dieser Oper sein bevorzugtes Objekt, die festgefahrenen Formen der italienischen Oper, aufs Korn. Ein schönes Beispiel für des Komponisten feinsinnige Ironie ist die Gestalt des Leandro, des klassischen «jungen Liebhabers». Er kann seine Gefühle nur mit der Gitarre oder Laute zum Ausdruck bringen. Und so läßt Busoni Leandro seine Liebesserenade mitten im deutschen Text plötzlich auf Italienisch singen. Busoni war zwar Italiener, lebte aber zeit seines Lebens im Ausland. Die Gestalt des Arlecchino erfüllt eine Doppelfunktion: sie ist gleichzeitig Handelnder des Stückes und sein Kommentator. Bei der Uraufführung wurde sie von dem Schauspieler Alexander Moissi gespielt. MS

PALESTRINA

Oper in drei Akten von Hans Pfitzner (1869–1949). Libretto vom Komponisten. Uraufführung: München, Residenztheater, 12. Juni 1917. Titelrolle: Karl Erb. Dirigent: Bruno Walter.

PERSONEN. Papst Pius IV. (Baß), Giovanni Morone und Bernardo Novagerio, Kardinallegate des Papstes (Bariton und Tenor), Kardinal Christoph Madruscht, Fürstbischof von Trient (Baß), Carlo Borromeo, römischer Kardinal (Bariton), der Kardinal von Lothringen (Baß), Abdisu, Patriarch von Assyrien (Tenor), Anton Brus von Müglitz, Erzbischof von Prag (Baß), Graf Luna, Orator des Königs von Spanien (Bariton), der Bischof von Budoia (Tenor), Theophilus, Bischof von Imola (Tenor), Avosmediano, Bischof von Cadix (Baß-Bariton), Palestrina, Kapellmeister an der Kirche St. Maria Maggiore in Rom (Tenor), Ighino, sein fünfzehnjähriger Sohn (Sopran), Silla, sein Schüler, siebzehn Jahre alt (Mezzosopran), Bischof Ercole Severolus, Zeremonienmeister des Konzils von Trient (Baß-Bariton).

HANDLUNG. Erster Akt. Raum im Hause des Palestrina. Palestrinas Schüler Silla spielt auf der Geige eines Melodie der neuen Schule aus Florenz und spricht zu Palestrinas Sohn Ighino von seiner Begeisterung für diese neue Musik. Da tritt Kardinal Borromeo in Begleitung Palestrinas ein. Er ist empört über die neumodischen Klänge, die ihm sündhaft in den Ohren klingen, und macht Palestrina Vorwürfe, solche Musik zu lehren. Palestrina kann sich nur mühsam rechtfertigen und Silla in Schutz nehmen. Borromeo ist gekommen, um bei Palestrina eine Messe zum Abschluß des Konzils von Trient in Auftrag zu geben. Doch der Kapellmeister, der sich nach dem Verlust seiner geliebten Gattin alt und müde fühlt, lehnt den Auftrag ab. Borromeo entfernt sich zornig. Sobald Palestrina allein ist, überfallen ihn Mutlosigkeit und Verzweiflung: er ist mit seiner Schaffenskraft am Ende und des Lebens müde. Doch da erscheinen ihm plötzlich unter himmlischen Klängen all die großen Musiker früherer Zeiten, mit deren Werken er so gut vertraut ist, und fordern ihn auf, Mut zu fassen und sein Lebenswerk zu vollenden. Auch ein Chor von Engeln und schließlich die Erscheinung seiner geliebten Frau Lucrezia sprechen ihm Mut zu. Da setzt er sich hin und schreibt fieberhaft die ganze Nacht hindurch die neue Messe, die die Versöhnung zwischen der alten und der neuen Musik werden soll. Zweiter Akt. Palestrina ist nach seiner Verhaftung, mit der Kardinal Borromeo dem Musiker das gewünschte Werk abpressen wollte, wieder in seinem Hause. Er ist stark gealtert und sichtlich geschwächt. Sein Sohn Ighino erzählt ihm freudestrahlend, daß die Messe, die er vorgefunden und dann Borromeo übergeben hätte, um ihn, den Vater zu befreien, nun auf Befehl des Papstes aufgeführt würde. Da ertönen von der Straße auch schon die Jubelrufe der Bevölkerung herein, die der Aufführung in der Sixtinischen Kapelle beigewohnt hatte. Die neue Messe war ein triumphaler Erfolg. Papst Pius IV. selbst erweist Palestrina die Ehre und Kardinal Borromeo entschuldigt sich bei ihm. Palestrina ist gerührt, sieht aber auch ein, daß er nunmehr sein Lebenswerk geleistet hat und nichts Neues mehr schaffen wird. Sein Schüler Silla ist nach Florenz an die Schule der Barden gegangen, nur Ighino, sein Sohn, ist ihm geblieben. In dem Bewußtsein, alles Können und Wissen, alle Kraft, die ihm zu Gebote stand, weitergegeben zu haben, setzt er sich in ruhiger Gelassenheit an die Orgel und improvisiert seinen Dank an den Schöpfer.

• Die Oper ist deutlich von Wagner beeinflußt und fand daher große Bewunderung in den Reihen der konservativen Musikwelt, die sich gegen die neuen musikalischen Strömungen eines Schönberg oder Busoni wandte. Sie wurden von Pfitzner als Huldigung an den Komponisten Palestrina, der mit seiner *Missa papae Marcelli* im sechzehnten Jahrhundert die Kunst des Kontrapunkts in der Kirchenmusik gerettet haben soll, geschrieben. Einer der hervorragendsten Interpreten der Titelrolle in jüngerer Zeit war der österreichische Sänger Julius Patzak. MSM

DIE HEIRAT
(Zenitba)

Komische Oper (unvollendet) in zwei Akten von Modest Mussorgsky (1839–1881) nach einer Erzählung von Gogol. Uraufführung: St. Petersburg, Musikzlnaja Drama Teatr, 26. Oktober 1917.

• Mussorgsky hatte mit der Arbeit an dem Werk im Jahre 1864 begonnen, vier Jahre später dann jedoch den *Boris* in Angriff genommen und darüber die Arbeit an der *Heirat* aufgegeben. Rimskij-Korssakow vollendete das Nachlaßwerk Mussorgskys, und diese Fassung wurde am 26. Oktober 1917 in St. Petersburg uraufgeführt. Rimskij-Korssakow selbst hatte bereits im Jahre 1906 eine konzertante Aufführung besorgt, und am 1. April 1909 kam am Suvorin Teatr in St. Petersburg eine Aufführung mit Klavierbegleitung zustande.

1923 richtete Ravel in Paris eine Orchesterfassung ein. Die Handlung der Oper besteht nicht so sehr aus Ereignissen als vielmehr in der Beschreibung verschiedener Personen: da ist der schüchterne und unsichere Podkolessin, die unternehmungslustige Fiokla, eine Heiratsvermittlerin, die Verlobte und manche komische und pathetische Gestalt, die der Komponist streng nach den musikalischen Idealen der «Fünfergruppe» konsequent in differenziertester Tonsprache charakterisiert. SC

HERZOG BLAUBARTS BURG
(A Kékszakállu Herceg Vára)

Oper in einem Akt von Béla Bartók (1881–1945). Libretto von B. Balâzs. Uraufführung: Budapest, Királyi Operház, 24. Mai 1918. Solisten: Olga Haselbeck, Oszkar Kálmán. Dirigent: Egisto Tango.

PERSONEN. Herzog Blaubart (Baß), Judith (Mezzosopran), der Barde (Sprechrolle).

HANDLUNG. Die Handlung spielt zu nicht festgelegter Zeit in einem Phantasieschloß. Der Barde erklärt dem Publikum die Geschichte vom Ritter Blaubart und ihre symbolische Bedeutung. Dann treten im Innenhof des Schlosses Herzog Blaubart und seine neue Frau Judith auf. Der Hof liegt im Dunkeln und weist nur sieben Türen, aber keine Fenster auf. Blaubart fordert Judith auf, sich ihre Entscheidung, die Familie zu verlassen und sich ganz ihm, dem heimlichen Gatten, zu widmen, noch einmal gut zu überlegen. Aber Judith ist entschlossener denn je, bei ihm zu bleiben, und die beiden versinken daraufhin ganz in ihrer eigenen, heimlichen Welt. Sie verlangt jedoch nach mehr Licht und öffnet deswegen eine der Türen des Atriums. Was sie vorfindet, ist ein Raum voll von Richtblöcken, Klingen, Messern, Haken und sonstigen Folterwerkzeugen, alles blutverschmiert. Doch scheint sich das Mädchen davon nicht beeindrucken zu lassen, sondern verlangt den Schlüssel zur zweiten Tür. Auch der zweite Raum ist voller blutverschmierter Waffen; es ist Blaubarts Waffenkammer. Während der Innenhof sich allmählich erhellt, dringt Judith auch in den dritten Raum vor. Er ist voller Geschmeide und Juwelen, die jedoch auch alle mit Blut befleckt sind. Die vierte Tür öffnet sich auf einen Garten voll Rosen. Als Judith eine bricht, tropft Blut aus dem Stengel. Judith ist nun nicht mehr zu halten in ihrem Wissensdrang. Als sie die fünfte Tür öffnet, liegen vor ihr ausgebreitet die Besitztümer des Herzogs und über ihnen schwebt eine blutfarbene Wolke. Blaubart beschwört seine junge Gattin, innezuhalten und sich ihrer Liebe zu ihm hinzugeben. Aber Judith ist unersättlich. Die sechste Tür verbirgt einen See von blutigen Tränen. Wohl hat Judith mittlerweile begriffen, was all diese grausamen Entdeckungen zu bedeuten haben, aber wie magisch angezogen von der siebten und letzten Tür, öffnet sie auch diese. Es treten ihr drei gespenstergleiche Gestalten entgegen, die Schatten der drei früheren Frauen Blaubarts, die ebenso wie Judith das Geheimnis der sieben Türen erforschen wollten und entsprechend bestraft wurden. Blaubart erzählt Judith die Geschichte der drei Frauen: die erste traf er am Morgen, und der Morgen gehört ihr; die zweite traf er zu Mittag, und jeder Nachmittag gehört ihr; die dritte traf er am Abend, und alle Abende gehören ihr. Sie, Judith, begegnete ihm nachts, und ihrer werden die Nächte sein. Während Judith die Schwelle der siebten Tür überschreitet, schließen

Entwurf zu Giacomo Puccinis «Der Mantel» mit Anmerkungen des Komponisten.

sich die Türen der sechs anderen Räume und Blaubart bleibt allein im dunklen Innenhof seiner Burg zurück.

● Bartóks Oper gilt heute als das Meisterwerk des ungarischen Musiktheaters. Der Erfolg hatte sich allerdings nicht gleich eingestellt. Die ungarische Kommission der Schönen Künste hatte, als Bartók 1916 sein fertiges Werk vorlegte, seine Aufführung verboten. Bartók zog sich daraufhin aus dem öffentlichen Musikleben zurück und widmete sich ganz dem Studium der Volksmusik. 1918 holte der italienische Kapellmeister Egisto Tango, der den Wert des Werkes erkannt hatte, die Oper aus der Versenkung hervor. Doch nach der Niederlage des erste Weltkrieges und der darauffolgenden Wirtschaftskrise und politischen Umwälzung geriet sie wieder in Vergessenheit. Ihre ersten Erfolge errang die Oper in Deutschland. In der Übersetzung von W. Ziegler wurde sie 1922 in Frankfurt und 1929 in Berlin gespielt. In Italien kam sie zum ersten Mal beim Maggio Fiorentino 1938 in der Einrichtung der Budapester Oper auf die Bühne. Thematisch geht die Oper auf ein Märchen von Perrault (1628–1703) mit dem Titel *Barbebleu* zurück, verändert dessen Gehalt doch recht weitgehend durch die Einbeziehung des Moments der existentiellen Einsamkeit des Mannes als Grunddimension der Fabel. Musikalisch stellt *Herzog Blaubarts Burg* die Synthese der künstlerischen Erfahrung Bartóks bis zum Jahre 1911 dar. Er verbindet in diesem Werk in nie dagewesener Weise die ungarische Volksmusik mit der kultivierten Tonsprache der Kunstmusik. Allerdings hat er sich noch nicht ganz aus den Fesseln der traditionellen romantischen Kunstmusik gelöst, was stellenweise als Beeinträchtigung des vitalen Elans der folkloristischen Elemente empfunden werden kann. Manchmal spitzt sich diese Zweipoligkeit zu einem echten Gegensatz zwischen romantisch-impressionistischen Einflüssen und der Forderung nach einer neuen Tonsprache zu. Die Orchestrierung des Werkes ist von großer Vielfalt und Komplexität und äußerster klanglicher Ausdruckskraft. Die Oper wurde mit Debussys *Pelléas und Mélisande* verglichen (Kodály nennt sie den «ungarischen Pelléas»). An Parallelen zwischen den beiden Werken fehlt es in der Tat nicht.   GP

DAS TRIPTYCHON
(Il trittico)
DER MANTEL – SCHWESTER ANGELICA – GIANNI SCHICCHI
(Il tabarro – Suor Angelica – Gianni Schicchi)

Musikalische Dichtung in drei Teilen von Giacomo Puccini (1858–1924). Libretti von Giuseppe Adami und Giovacchino Forzano. Die drei Episoden sind unabhängig voneinander. Uraufführung: New York, Metropolitan Opera House, 14. Dezem-

ber 1918. Solisten: Claudia Muzio, Giulio Crimi, Luigi Montesanto («*Der Mantel*») – Geraldine Farrar, Flora Perini («*Schwester Angelica*») – Giuseppe De Luca, Florence Easton, Giulio Crimi («*Gianni Schicchi*»). Dirigent: Roberto Moranzoni.

DER MANTEL
Libretto von Giuseppe Adami (1878–1946) nach dem Einakter «La Houppelande» von Didier Gold.

PERSONEN. Marcel, fünfzig Jahre alt (Bariton), Henri, Löscher, zwanzig Jahre alt (Tenor), der «Stockfisch», Löscher, fünfunddreißig Jahre alt (Tenor), der «Maulwurf», Löscher, fünfundfünfzig Jahre alt (Baß), Georgette, Marcels Frau, fünfundzwanzig Jahre alt (Sopran), das «Frettchen», des «Maulwurfs» Frau, fünfzig Jahre alt (Mezzosopran).

HANDLUNG. Paris zu Beginn des zwanzigsten Jahrhunderts. In einer Ausbuchtung der Seine liegt Marcels Schleppkahn vor Anker. Georgette ist in der Kajüte beschätigt, während die Löscher die letzten Säcke vom Kahn tragen und Marcel, der Besitzer des Schleppkahns, am Steuer steht und in die untergehende Sonne starrt. Ein Drehorgelmann am Kai spielt einen Walzer. Marcel spricht mit seiner Frau über den jüngsten der Löscharbeiter, Henri, der arm wie eine Kirchenmaus ist. Aus der Ferne ist die Stimme eines Liederverkäufers zu hören. Da kommt das Frettchen, Maulwurfs Frau, mit der täglichen Ausbeute ihrer Lumpensammelaktion, um ihren Mann abzuholen. Henri, der ein heimliches Verhältnis mit Georgette unterhält, hat es satt, sich für einen Hungerlohn zu schinden und noch auf Heimlichkeiten achten zu müssen, und kündigt Marcel seinen Entschluß an, seinen Kahn zu verlassen, sobald sie in Rouen seien. Während Marcel unter Deck steigt, klagen die beiden Liebenden über das Unglück ihrer heimlichen Liebe und die Schuld, die sie damit auf sich laden, sehnen aber doch wenigsten noch ein kurzes Stündchen dieses heimlichen Glückes herbei. Georgette will ein Streichholz entzünden, wenn sie Henri empfangen kann. Nachdem sie dieses Signal vereinbart haben, entfernt sich Henri. Marcel steigt wieder an Deck hoch und erinnert seine Frau wehmütig an die schönen Zeiten, als er sie zärtlich in den Arm nahm und sie dabei in seinen weiten Mantel einzuhüllen pflegte. Traurig stellt er fest, daß er ihre Liebe verloren habe. Georgette reagiert ausweichend. Marcel brütet über die Gründe für Georgettes Veränderung ihm gegenüber nach und vermutet, sie habe einen Liebhaber. Aber die drei, die das Schiff mit ihnen teilen, kommen für ihn nicht in Frage: der Maulwurf ist zu alt, der Stockfisch säuft, und Henri kann nicht der Schuldige sein, da er ja gerade seine Absicht, den Kahn zu verlassen, bekundet hat. Nachdenklich und traurig zündet sich Marcel eine Pfeife an. Henri, der am Kai gewartet hat, hält die aufflackernde Flamme für Georgettes Signal und eilt an Bord. Marcel begreift endlich die Wahrheit, er zwingt Henri ein Geständnis ab und erwürgt ihn. Dann versteckt er seinen Leichnam unter seinem weiten Mantel. Georgette, die von all dem nichts weiß, steigt an Deck und will sich wieder in ihres Gatten Vertrauen einschmeicheln. Sie tut so, als bedaure sie ihre Kälte von vorher und bittet ihn, sie wie einst in seinen weiten Mantel zu hüllen. Da öffnet Marcel den Mantel und gibt den Blick auf das blaugewürgte Gesicht Henris frei.

● Die Oper stieß bei der Kritik zunächst auf heftige Ablehnung. Das Stück galt als geschmacklos. Ursprünglich kam in dem Libretto noch eine Nebenhandlung vor, die ebenfalls mit einem Mord endete und dem Schauercharakter des Stückes noch verstärkte. Puccini veranlaßte jedoch deren Streichung, um die Oper mehr auf sentimental-emotionale Momente zu konzentrieren. Obwohl *Der Mantel* ein Einakter ist, hat er einen sehr sauber gegliederten dramatischen Aufbau mit Einführung (Exposition), Hauptteil und Schluß, der der Oper eine gewisse Strenge und schöne Ausgewogenheit verleihen. Vor allem aber ist *Der Mantel* eine meisterhafte Milieustudie mit ungeheuer dichter Atmosphäre. Ihr besonderer Reiz liegt in der musikalischen Beschwörung des gleichmäßig dahinströmenden Flusses mit den aus ihm aufsteigenden Nebeln, in dem die ganze bedrückende Monotonie des Lebens der Schiffer eingefangen ist. In den Harmonien der Oper sind gewisse Tendenzen der neueren Musik zu Puccinis Zeiten erkennbar.

SCHWESTER ANGELICA
Libretto von Giovacchino Forzano (1884–1970).

PERSONEN. Schwester Angelica (Sopran), die Fürstin, Schwester Angelicas Muhme (Alt), Schwester Genoveva (Sopran), die Schwester Pflegerin (Mezzosopran), Schwester Osmina (Sopran), die Schwester Eifrerin (Mezzosopran), zwei Novizinnen (Soprane).

HANDLUNG. Die Handlung spielt in einem Nonnenkloster gegen Ende des siebzehnten Jahrhunderts. Seit sieben Jahren büßt Schwester Angelica ihre Schuld eines unerlaubten Liebesverhältnisses, aus dem ein Knabe hervorging, hinter den Mauern des Klosters ab. Nun verlangt eine ihrer fürstlichen Muhmen von ihr, ein Schriftstück zu unterzeichnen, mit dem sie formal jeden Anspruch auf das Familienvermögen abgibt. Anläßlich dieses Besuches teilt die Fürstin der verstoßenen Nichte auch beiläufig mit, daß ihr Söhnchen mittlerweile gestorben sei. In äußerster Verzweiflung nimmt Schwester Angelica Gift. Doch im Todeskampf überkommt sie die Reue und sie fleht die Jungfrau Maria um Gnade an. Ein Chor himmlischer Stimmen antwortet ihr. In überirdischem Leuchten erscheint ihr die Heilige Jungfrau und schiebt ihr sanft einen Knaben in die Arme.

● *Schwester Angelica* ist die schwächste der drei Opern des «Tryptichons». Ihre Schwäche liegt sicherlich in der allzu dünnen Handlung und dem fast völligen Fehlen (wenn man von der meisterhaften Szene zwischen Angelica und ihrer Muhme absieht) eines treibenden dramatischen Moments, das die Fähigkeiten des Komponisten freizusetzen vermocht hätte. Nur in der genannten Dialogszene kann Puccini sein dramatisches Talent entfalten. Die Rolle der Muhme ist die einzige größere Altpartie in Puccinis gesamtem Werk und gehört zu seinen originellsten Frauengestalten. In der Dialogszene vollzieht sich auch der Wandel von der unscheinbaren Schwester Angelica, die sich kaum aus der Menge der übrigen Schwestern heraushebt, zur konkreten Frau und Muttergestalt in ihrer leidenden Individualität. Am Schluß geht ihre Stimme symbolisch und tatsächlich wieder im Chor der Engelsstimmen unter. Die Szene der Wundererscheinung ist bühnenwirksam gemacht, weckt jedoch keine tieferen Emotionen.

GIANNI SCHICCHI
Libretto von Giovacchino Forzano nach einer Episode aus dem «Inferno» der «Göttlichen Komödie» von Dante.

Der erste Darsteller des «Gianni Schicchi», Giuseppe De Luca, in der Uraufführung am 14. Dezember 1918 an der Metropolitan Opera in New York.

PERSONEN. Gianni Schicchi, fünfzig Jahre alt (Baß), Lauretta, seine Tochter, einundzwanzig Jahre alt (Sopran), Zitta, genannt «die Alte», Cousine des Buoso Donati, sechzig Jahre alt (Mezzosopran), Rinuccio, Zittas Neffe, vierundzwanzig Jahre alt (Tenor), Simone, Buosis Cousin, siebzig Jahre alt (Baß), Betto di Signa (Baß), Ciesca (Mezzosopran), Nella (Sopran), ein Arzt (Baß), ein Notar (Baß).

HANDLUNG. Die Handlung spielt im Jahre 1299 in Florenz. Um das Bett des soeben verstorbenen Buoso Donati sind seine Verwandten versammelt. Die Nachricht, daß Buoso sein ganzes Vermögen zur Sühne seiner Missetaten den Brüdern von Signa vermacht habe, bringt die Trauergemeinde in beträchtlichen Aufruhr. Unter der Führung des alten Simone und der Cousine des Verstorbenen, Zitta, durchwühlen die Verwandten das Haus von oben bis unten nach einem Testament. Zittas Neffe Rinuccio findet das gesuchte Schriftstück. Aber ehe er es der Tante aushändigt, zwingt er ihr ihre Zustimmung zu seiner Heirat mit Lauretta, der Tochter Gianni Schicchis, der wegen seiner bäuerlichen Herkunft mißachtet wird, ab. Das Testament bestätigt die schlimmsten Befürchtungen der Sippschaft: Buoso hat all sein Hab und Gut einem Kloster vermacht. Rinuccio rät, Gianni Schicchi, der für seinen Verstand und Witz bekannt ist, zu konsultieren. Als dieser jedoch mit der Tochter Lauretta eintrifft, steht ihm die Familie in solcher Ablehnung gegenüber, daß Schicchi drauf und dran ist, wieder wegzugehen. Doch Lauretta umschmeichelt ihn so lange, bis er sich bereitfindet zu bleiben und der Familie Rinuccios zu helfen. Er unterbreitet der skeptischen Familie einen Plan: er wird sich als sterbende Buoso ausgeben und dem Notar ein neues Testament diktieren. Die Verwandten sind begeistert und jeder versucht, Schicchi zu bestechen, damit er ihn in dem Testament besonders gut bedenke. Schicchi verspricht allen alles, verkleidet sich als der auf dem Totenbett liegenden Buoso Donati und diktiert dem Notar ein Testament, in dem er den Löwenanteil des Erbes sich selbst vermacht. Die bestürzten Verwandten müssen sich das böse Spiel gefallen lassen, denn ein altes Florentiner Gesetz sieht auf Testamentsfälschung das Abschneiden einer Hand vor. Kaum hat der Notar das Sterbezimmer verlassen, jagt Schicchi die Verwandtschaft Buosis aus dem Haus, das ja nun ihm gehört, und Rinuccio und Lauretta sinken sich in die Arme. Schicchi aber wendet sich an das Publikum mit der Schlußbemerkung, daß man ihn für diesen Schelmenstreich in die Hölle gesteckt habe, daß er aber – da er doch alles zu einem guten Ende geführt habe und das Publikum sich hoffentlich gut amüsiert habe – mit der Erlaubnis des großen Dante um mildernde Umstände bitte.

● Moderne Komödie und altehrwürdige Tradition gehen in diesem Werk Puccinis eine innige Verbindung ein. Der Stoff ist dem dreißigsten Gesang des *Infernos* entnommen, wo Dante die Wortverdreher, Schwindler und Geldfälscher aufs Korn nimmt. Gianni Schicchi ist hier ein Bauer, der sich einen Maulesel durch Testamentsfälschung erschwindelt. Ob er diesen bei Dante als Lohn von den lachenden Erben bekommen oder ob er sich ihn selbst als Erbe ausgesetzt hat, ist eine Streitfrage der Dante-Interpretation. Puccini entschied sich jedenfalls für den schlauen Bauern, der sich gleich selbst hilft. Der Rückgriff auf eine Dante-Episode, die Huldigung an die Stadt Florenz, sowie eine Intrige im Stil des Commedia dell'arte machen den *Gianni Schicchi* zu Puccinis «italienischstem» Werk. Die Oper ist erklärtermaßen ein Stück zur Unterhaltung des Publikums, deswegen aber musikalisch durchaus nicht anspruchslos und harmlos. Auch in der Komödie erweist sich Puccini als Meister.

● Der Gedanke, drei Einakter für einen Opernabend zu schreiben, kam Puccini unmittelbar nach Abschluß der *Tosca*. Ursprünglich wollte er dabei Episoden aus den drei Teilen der *Göttlichen Komödie*, also dem *Fegefeuer (Purgatorio)*, der *Hölle (Inferno)* und dem *Paradies (Paradiso)* entnehmen. Von dieser Idee ist nur der *Gianni Schicchi* aus dem *Inferno* und die Grundkonzeption des Kontrastes zwischen den drei Opern geblieben. Die drei Stücke erlebten ein recht unterschiedliches Schicksal: nur der *Gianni Schicchi* hatte sofort und auch auf Dauer Erfolg. Die beiden anderen fanden kaum Beachtung, und erst viel später erkannte die Fachkritik den wahren Wert des Werkes *Der Mantel*. Puccini hatte sich anfangs auf die Zusammengehörigkeit der Stücke versteift und beklagte ihre «Zerstückelung», fand sich dann aber doch damit ab, daß sie meist getrennt aufgeführt wurden. RB

DER KESSEL VON ANWIJN
(The Cauldron of Anwijn)

Dramatische Trilogie von Joseph Holbrooke (1878–1958). Libretto vom Komponisten.

DIE DONKINDER
(The Children of Don)

Oper in drei Akten mit einem Vorspiel. Uraufführung: London, Royal Opera House, Covent Garden, 15. Juni 1919.

1919

«Schwester Angelica» von Giacomo Puccini 1962 an der Mailänder Scala. Bühnenbild und Kostüme von Ardengo Soffici.

HANDLUNG. Die Handlung inspiriert sich an einem alten Volksmärchen und spielt in einer mythischen Zauberwelt, in der die Kinder der Erdgöttin den Druiden einen Zauberkessel rauben und ihn für ein Jahrtausend in ihrer Macht behalten.

DYLAN, DER SOHN DER WELLE
(Dylan, the Son of the Wave)

Oper in drei Akten. Uraufführung: London, Drury Lane Theatre, 4. Juli 1914.

HANDLUNG. Die Handlung geht auf eine alte Volkssage zurück und erzählt die Geschichte des jungen Helden Dylan, der von einem verräterischen und grausamen Onkel umgebracht wird. Dieser findet als Strafe seiner Tat den Tod in den Wellen des Meeres, die seine Burg umschließen und ihn in den Abgrund ziehen.

BRONWEN

Oper in drei Akten. Uraufführung: London, Huddersfield, 1. Februar 1929.

HANDLUNG. Die Handlung erzählt die Geschichte der Bronwen und ihres Sohnes Dylan, der blond und schön wie Siegfried ist. Hauptteil und Schluß der Oper bildet die Schlacht zwischen den Göttern der Briten und der Iren, an dem auch die Menschen teilnehmen.

● Die Trilogie hatte, obwohl sie zu den reifsten Werken des Komponisten zählt, kaum Erfolg in Europa. Nach der englischen Uraufführung des gesamten Zyklus' kam es immerhin noch zu vereinzelten Aufführungen der verschiedenen Teile. So wurde zum Beispiel *Dylan* 1923 am Wiener Volkstheater gespielt (in deutscher Sprache). *Dylan* und *Bronwen* waren noch vor ihrer Londoner Uraufführung veröffentlicht worden (in den Jahren 1910 bzw. 1922). Inhaltlich geht die Trilogie auf uralte keltische Sagen zurück. Musikalisch ist der Einfluß Wagners und Strauss' nicht zu übersehen. Holbrooke wird heute von der Kritik zu den zweifelsohne wichtigsten spätromantischen Komponisten gezählt, auch wenn sein Werk beim Publikum kaum ankam.   FP

DIE FRAU OHNE SCHATTEN

Oper in drei Akten von Richard Strauss (1864–1949). Libretto von Hugo von Hofmannsthal (1874–1929). Uraufführung: Wien, Staatsoper, 10. Oktober 1919. Solisten: Maria Jeritza (Kaiserin), Lotte Lehmann (Färberin), Aagard Oestvig (Kaiser), Richard Mayr (Barak), Lucie Weidt. Dirigent: Franz Schalk.

PERSONEN. Der Kaiser (Tenor), die Kaiserin (Sopran), die Amme (Mezzosopran), der Geisterbote (Bariton), der Hüter der Schwelle des Tempels (Sopran oder Falsett), Erscheinung eines Jünglings (Tenor), die Stimme des Falken (Sopran), eine Stimme von oben (Alt), Barak, der Färber (Baß-Bariton), sein Weib (Sopran), der Einäugige, Baraks Bruder (Buffo-Baß), der Einarmige, Baraks Bruder (Baß), der Bucklige, Baraks Bruder (Tenor), sechs Kinderstimmen (je zwei Soprane, Alt- und Mezzosopranstimmen), die Stimmen der Wächter der Stadt (drei Bässe).

HANDLUNG. In den Gemächern des kaiserlichen Palastes. Ein Geisterbote kommt zur Amme der Kaiserin, die die Tochter des Geisterkönigs Keikobad ist, um zu fragen, ob diese nach fast einem Jahr der glücklichen Ehe mit dem Kaiser noch immer keinen Schatten werfe. Nach dem Gesetz des Geisterreiches muß ihr Gatte, der Kaiser, versteinern, wenn sich ihr Schoß in dieser Zeit nicht als fruchtbar erwiesen hat, und die Kaiserin selbst muß mit der Amme ins Geisterreich zurückkehren. Bei Anbruch des Tages begibt sich der Kaiser auf die Jagd, um seinen geliebten Falken wiederzufinden, der ihm einst die Gazelle geschlagen hatte, die sich dann vor seinen Augen in das schöne junge Weib, das nunmehr seine Gemahlin ist, verwandelt hatte. Die Kaiserin erwacht ebenfalls mit steigender Sonne und hört den klagenden Schrei des Falken: «Die Frau wirft keinen Schatten, der Kaiser muß versteinern.» Voller Angst bittet die Kaiserin die Amme, ihr zu einem Schatten zu verhelfen. Diese, die das Geisterreich wie die Menschenwelt gleichermaßen haßt, führt sie zu den Menschen, von denen sie weiß, daß sie zu einem solchen Handel fähig sind. – In der armseligen Hütte des Färbers Barak. Dieser lebt hier mit seinen drei nichtsnutzigen Brüdern und seinem Weib. Die Frau liebt ihren Mann, ist aber mit ihrem ärmlichen Leben und dem ewigen Ärger wegen der faulen Brüder unzufrieden und weigert sich, ihrem Manne Kinder zu gebären. Die Amme und die Kaiserin führen sich als dienstwillige, arme Menschen bei ihr ein. Die Amme versteht es sehr schnell, die Sehnsüchte der Färbersfrau geschickt auszunützen. Sie gaukelt ihr die verführerischsten Bilder von Luxus und Reichtum vor und verspricht ihr all diese Herrlichkeiten, wenn sie dafür ihren Schatten an die Kaiserin verkauft. Zum Zeichen ihrer Macht, alle Wünsche zu erfüllen, zaubert sie der Färbersfrau fünf Fische in die Pfanne. Doch diese hört im Zischen des Bratens die wehklagenden Stimmen ihrer ungeborenen Kinder und ist entsetzt über das, was sie getan hat. Als Barak zurückkommt, findet er das eheliche Lager getrennt. Zweiter Akt. Die Amme, die mit der Kaiserin in der Färbershütte geblieben ist, läßt der Färbersfrau einen schönen Jüngling, den diese einst begehrt hatte, erscheinen und fordert sie auf, ihren Mann mit ihm zu betrügen. Doch das bringt die Frau nicht über sich. Der Kaiser hat sich unterdessen auf die Suche nach seiner Gemahlin gemacht. Als er sie in die Färbershütte schlüpfen sieht, glaubt er sie bei einer Untreue zu ertappen und will sie töten. Doch liebt er sie zu sehr, um sie so hart zu bestrafen und stürzt verzweifelt davon. Die Amme hat in der Zwischenzeit dem heimgekehrten Barak einen Schlaftrunk gegeben und gaukelt der Färberin nun im Traum wieder ihren jugendlichen Verführer vor. Die Frau schreckt mit einem Schrei der Abwehr aus dem Schlafe hoch, so daß auch Barak erwacht. Verärgert über das Weib, das ihm ihre Liebe verweigert und ihn selbst in seinem Schmerz nicht ruhen läßt, weist er sie zurecht. Die Kaiserin ist bestürzt, zu sehen, wie sie mit ihrem Versuch, sich die Mutterschaft zu erkaufen, das Glück der beiden Menschen zerstört, und zweifelt mehr und mehr daran, ob sie das Recht hat, ihre Würde als Frau und Mutter auf der Zerstörung der Liebe zweier Sterblicher aufzubauen. Im Schlaf sieht sie in einem Alptraum den Kaiser an einen Felsen klopfen, der sich auftut, ihn einläßt und sich dann wieder hinter ihm schließt. Sie erahnt, daß dies das Todesurteil für den geliebten Gatten bedeutet. Bei dem Ruf nach dem «Wasser des Lebens» erwacht sie. Die drei Tage bis zum Ablauf der Jahresfrist sind fast vergangen. Über der Färbershütte braut sich drohende Finsternis zusammen. Die Frau schleudert ihrem Mann in einem hysterischen Anfall entgegen, sie habe sich einen Liebhaber genommen und ihre Fruchtbarkeit verkauft. Und in der Tat wirft sein Weib im Schein des von den Brüdern entzündeten Feuers keinen Schatten mehr. Der bis dahin so sanftmütige Barak entflammt mit einem Mal in Schmerz und Zorn und stürzt sich auf sein Weib, um es zu töten. Doch die Kaiserin wirft sich zwischen die beiden und erklärt, auf den Schatten verzichten zu wollen, wenn er nur durch Blutvergießen erkauft werden könne. Geläutert durch die edle Geste der Kaiserin erklärt sich die Färbersfrau bereit, trotzdem zu sterben, obwohl sie alles, was sie ihrem Manne gestanden hat, nicht wirklich getan, sondern nur gewünscht hat. Da öffnet sich die Erde und verschlingt das Färberspaar. Dritter Akt. Barak und sein Weib befinden sich in einer unterirdischen Höhle, voneinander durch eine dicke Wand getrennt. Sie wird von den Stimmen ihrer ungeborenen Kinder gequält, er ruft sie an und spricht ihr Mut zu. Eine Stimme von

Bühnenbildentwurf von Wakhewitsch zu Giacomo Puccinis «Gianni Schicchi», 1967 an der Pariser Opéra-Comique.

Viorica Ursuleac «die Kaiserin», Hildegarde Ranczak «Baraks Frau» und Elisabeth Höngen «die Amme» im ersten Akt der «Schweigsamen Frau» von Richard Strauss in der Aufführung des Münchner Nationaltheaters 1939. Bühnenbild und Kostüme von Ludwig Sievert, Regie von Rudolf Hartmann.

oben fordert die beiden auf, auf einer Treppe nach oben zu steigen. Als sie an der Erdoberfläche ankommen, finden sie sich dem Felsen, in dem im Traum der Kaiserin der Kaiser eingeschlossen wurde, gegenüber. Auf einer Barke kommen die Amme und die Kaiserin herangerudert. Die Amme versucht noch einmal, Barak und sein Weib in Streit auseinanderzubringen und die Kaiserin somit dem Urteil ihres Vaters Keikobad zu entziehen. Aber es gelingt ihr nicht und sie wird vom Geisterboten in die Welt der Menschen, die sie haßt, verbannt. In der Höhle, in der über die Kaiserin gerichtet werden soll, weigert sich diese, das Goldwasser zu trinken, das ihr den Schatten der Färberin doch noch erkaufen würde, und erklärt, endgültig dem Geschlecht der Menschen angehören zu wollen. In einer Nische der Höhle erblickt sie plötzlich den Kaiser, der bis auf ein Auge bereits völlig versteinert ist. Verzweifelt bemüht er sich, mit diesem einen Blick auf die geliebte Gemahlin zu werfen. Die Kaiserin aber verkündet, sie könne weder sich noch ihn retten, wenn sie damit zwei Menschen vernichten müsse. Mit dieser heroischen Selbstüberwindung hat sie die Probe Keikobads bestanden. Auf einmal zeichnet sich ein scharfer Schatten hinter ihr ab und der versteinerte Kaiser wird wieder lebendig. Auch Barak und sein Weib finden endgültig zueinander.

● *Die Frau ohne Schatten* ist das ehrgeizigste Werk, das Strauss und Hofmannsthal in gemeinsamer Arbeit schufen. Es ist das tiefsinnigste und – trotz mancher tatsächlicher oder angeblicher Schwächen wie zum Beispiel die symbolische Überladenheit oder das Auftreten einiger überflüssiger Gestalten – wohl auch das vollendetste. Von der Thematik her – die Vereinigung von Mann und Frau unter einem höheren Gesetz (Keikobad, Gott) und Beachtung der Bedürfnisse der Menschen – liegt ein Vergleich mit der *Zauberflöte* oder auch dem *Tristan* nahe. Die Kritik hat Strauss mitunter vorgeworfen, den sublimen Text Hofmannsthals nicht nuanciert genug zu erfassen, es muß jedoch gerechterweise festgestellt werden, daß der Komponist mit der konsequenten Handhabung seiner musikalischen Symbole das Werk für den Zuhörer gleichzeitig verständlicher und eindringlicher macht. Die grandiose Differenziertheit des Orchesterklangs, die meisterliche Beherrschung der sinfonischen Technik und die feine stimmliche Charakterisierung der einzelnen Gesangspartien erreichen in dieser Oper wie in kaum einem anderen seiner Werke bewundernswerte Höhen. Die Szene der Erwachens der Kaiserin im ersten Akt zum Beispiel, bringt eine der herrlichsten Orchesterpassagen, die Strauss je geschrieben hat, und die sich ohne weiteres mit den besten Stellen der *Salome* oder der Szene der Überreichung der silbernen Rose aus dem *Rosenkavalier* messen kann. Gesanglich besonders eindrucksvoll sind neben dem Part der Kaiserin die Rollen Baraks und seines Weibes. In der Färbersfau wird übrigens nicht zu Unrecht ein freies Abbild der Gattin des Komponisten, Pauline, gesehen. Die Oper wurde bei der Uraufführung mit Begeisterung aufgenommen, und war die erste, die den uneingeschränkten Beifall der Kritik fand. RB

DIE LEGENDE VOM HEILIGEN CHRISTOPHORUS
(Le Légende de Saint-Christophe)

Sakrales Drama in drei Akten von Vincent d'Indy (1851–1931). Libretto vom Komponisten. Uraufführung: Paris, Théâtre de l'Opéra, 9. Juni 1920.

HANDLUNG. Christophorus will sich nur in den Dienst der stärksten Macht dieser Welt begeben. Vom Hofe der Königin der Wollust ist er auf seiner Suche zum König des Goldes, der erstere unterworfen hat, und schließlich von dort zu Satan gekommen. Aber auch der Böse ist nicht allmächtig, er muß sich huldigend dem Höchsten beugen. Da verläßt Christophorus auch den Herrschaftsbereich des Bösen und macht sich auf den Weg nach Rom. Ein heiliger Eremit rät ihm, sich an dem nahegelegenen Fluß als Fährmann zu verdingen und das Erscheinen des Herrn zu erwarten. In einer stürmischen Nacht bittet ihn ein kleines Kind, es ans andere Ufer zu bringen. Trotz des Wütens des Sturms trägt Christophorus das Kind auf seinen Schultern durch den Fluß. Er droht unter der immer schwerer werdenden Last fast zusammenzubrechen. Als er es am anderen Ufer sicher abgesetzt hat, begreift er, daß er in der Gestalt des Kindes den Weltenherrscher getragen hat. Daraufhin beschließt er, zu dessen Künder zu werden. Aber er wird ins Gefängnis geworfen. Satan, der die Seele des Riesen will, schickt die Königin der Wollust zu ihm in den Kerker. Doch Christophorus bekehrt sie und als er von seinem Richter, der niemand anderes ist als der König des Goldes, zum Tode verurteilt wird, trägt sie seine Botschaft in die Welt hinaus.

● Der Stoff der Oper entstammt der *Legenda Aurea o Legenda Sanctorum* von Jacopo da Varazze (1228–1298). Die Oper ist als «Tryptichon» aufgebaut, in dem jeder Akt sich wiederum aus drei Episoden zusammensetzt. D'Indy komponierte das Werk während seiner Amtszeit als Orchesterleiter des Konservatoriums von Paris (1912–1922). AB

DER FLIEGER DRO
(L'aviatore Dro)

Tragisches Gedicht in drei Akten von Francesco Balilla Pratella (1880–1955). Libretto vom Komponisten. Uraufführung: Lugo di Romagna, Teatro Rossini, 4. November 1920.

DIE TOTE STADT

Oper in drei Akten von Erich Wolfgang Korngold (1897–1957). Libretto von Paul Schott. Uraufführung: Gleichzeitig im Stadttheater von Hamburg und im Stadttheater von Köln, 4. Dezember 1920. MSM

DER KLEINE MARAT
(Il piccolo Marat)

Lyrische Oper in drei Akten von Pietro Mascagni (1863–1945). Libretto von Giovacchino Forzano (1884–1970) und Giovanni Targioni-Tozzetti (1863–1934). Uraufführung: Rom, Teatro Costanzi, 2. Mai 1921. Solisten: H. Lazaro, G. Dalla Rizza, B. Franci, E. Bachini, L. Ferroni. Dirigent: Pietro Mascagni.

PERSONEN. Mariella (Sopran), der kleine Marat (Tenor), der Soldat (Bariton), der Zimmermann (Bariton), der Menschenfresser (Baß), die Prinzessin (Sopran), der Kapitän (Bariton), der Spion (Bariton), der Dieb (Bariton), der Gefangene (Bariton), der Tiger (Baß), der Befehlsüberbringer (Bariton). Husare, Gefangene, Volksmenge.

HANDLUNG. Die Handlung spielt in Paris während der französischen Revolution. Erster Akt. Mariella, die Nichte des «Menschenfresser» genannten Präsidenten des Revolutionskomitees, wird eines Tages, als sie dem Onkel Speise bringt, von der ausgehungerten Volksmenge angefallen und entgeht der Volkswut nur dank dem Eingreifen eines unbekannten jungen Mannes, der wenig später um seine Aufnahme in die Revolutionsgarde, die sogenannten «Marats» bittet. Der Unbekannte ist der Sohn der Fürstin von Fleury, einer Dame des Hochadels, die in Gefangenschaft geraten ist, und die er auf diese Weise zu retten gedenkt. Zweiter Akt. Mit Hilfe eines Zimmermanns, der von den Auswüchsen der Revolution enttäuscht ist, verschafft der Prinz von Fleury seiner Mutter eine Fluchtmöglichkeit. Mariella, der sich Fleury erklärt hat, und die unter der Grausamkeit ihres Onkels leidet, schließt sich den Fliehenden an. Dritter Akt. Mariella fesselt mit der Hilfe des Prinzen den schlafenden «Menschenfresser». Als dieser erwacht, zwingt ihn Fleury einen Befehl zur Freilassung der Fürstin von Fleury zu unterzeichnen. Mit einer freien Hand gelingt es ihm jedoch, seine Pistole zu ergreifen und einen Schuß auf Fleury abzugeben. Daraufhin schlägt der Zimmermann dem «Menschenfresser» einen Kerzenleuchter über den Kopf, lädt sich Fleury auf den Rücken und flieht mit Mariella.

● Die Zeit der französischen Revolution hatt schon, ehe der *André Chenier* von Giordano seinen Autor berühmt gemacht hatte, Mascagnis Interesse erweckt. Konkrete Pläne, eine Oper über die Ereignisse dieser Zeit zu schreiben, faßte er jedoch erst, als ihm Ferdinando Martini die Lektüre von *Les noyades de Nantes* von Lenôtre und *Sous la Terreur* von Victor Martin empfahl. Aus diesem letzteren Text machte Forzano das Opernlibretto. Später übergab Mascagni den Text Forzanis Targioni-Tozzetti zur Überarbeitung, was zu heftigem

Letzte Szene des zweites Akts aus «Die Frau ohne Schatten». 1939 Nationaltheater München.

1921

Streit zwischen den Betroffenen führte. Die Oper stellt eine Rückkehr des Komponisten zum Realismus von volkstümlich-sentimentalen Gesangsstil dar. Bei der Uraufführung errang sie großen Erfolg, wurde aber später kaum mehr gespielt.   AB

PRINZ FERELON
(Prince Ferelon)

Musikalisches Spiel in einem Akt von Nicholas Comyn Gatty (1874–1946). Libretto vom Komponisten. Uraufführung: London, Old Vic, 21. Mai 1921.

HANDLUNG. Die Handlung erzählt die Geschichte einer Prinzessin, die keinem ihrer Bewerber ihre Hand gewähren will. Bei der Ankündigung des Eintreffens dreier neuer Bewerber beschließt der König, der des Verhaltens der wählerischen Tochter überdrüssig ist, sie diesmal zu einer Entscheidung zu zwingen. Falls sie selbst sich nicht entscheiden sollte, wird der Hof einen von den drei Bewerbern auswählen. Am Tage der Wahl, als eine Hofdame letzte Hand an den Prunksaal, in dem die Zeremonie stattfinden soll, legt, erscheint ein Jüngling und vertraut der Hofdame an, daß er Prinz Ferelon sei und dreimal in verschiedenen Verkleidungen als Bewerber der Prinzessin auftreten werde. Auf diese Weise glaubt er ganz sicher zu sein, die Hand der Prinzessin zu erringen. De Hofstaat und schließlich die Prinzessin treffen ein. Sie ist schön und prächtig gekleidet, aber traurig, denn sie weiß, daß keiner ihrer zahlreichen Bewerber sie geliebt hat. Sie haben alle nur ihren Reichtum und ihre Position begehrt. Als erstes erscheint Prinz Ferelon als Minnesänger verkleidet mit einer Schar von Sängern und bietet ihr ein selbstgedichtetes Lied an. Die Prinzessin zeigt sich von dem Lied und der Geste beeindruckt, kann jedoch keine Liebe darin erkennen und weist ihn zurück. Als nächstes tritt Ferelon als kunstvoller Schneider auf, der der Prinzessin die herrlichsten Gewänder vorführt und anbietet. Doch auch dieser Bewerber wird unbarmherzig abgewiesen. Als letzter erscheint ein merkwürdig gekleideter Tanzkünstler – wiederum Prinz Ferelon – und führt vor der Prinzessin die kühnsten Kunststücke auf. Aber diese tut alles als Kindereien ab und will nichts von ihm wissen. Der König ordnet daraufhin zornig an, den Sieger auszulosen. Die Prinzessin ist verzweifelt, weil niemand sie zu verstehen scheint. Da tritt Prinz Ferelon in seiner wahren Gestalt auf und bekennt ihr seine Täuschung. Er zeigt sich beglückt, daß sie sich durch keine seiner weltlichen Gaukeleien habe beeindrucken lassen und bietet ihr sein Herz und seine Hand. Damit hat die Prinzessin endlich den Mann gefunden, auf den sie immer gewartet hat. Auch der König ist zufrieden, denn auch ihm ist zu Ohren gekommen, daß der Unbekannte Prinz Ferelon ist, und so steht der Hochzeit und einem glücklichen Ende nichts mehr im Wege.

• Die auch unter dem Titel *The Princess's Suitors (Die Bewerber der Prinzessin)* bekannte Oper erhielt 1922 den «Carnegie Award».   MS

MÖRDER, HOFFNUNG DER FRAUEN

Oper in einem Akt von Paul Hindemith (1895–1963). Libretto von Oskar Kokoschka. Uraufführung: Stuttgart, Landestheater, 4. Juni 1921.

HANDLUNG. Nachthimmel. Ein Turm. Ein bleichgesichtiger Mann im Panzerhemd mit verbundem Kopf. Hinter ihm ein Trupp Männer mit wilden Fratzengesichtern, die Köpfe mit grauen und roten Binden umwickelt, mit Schäften und Fackeln. Der Mann steht an ihrer Spitze, liegt aber gleichzeitig im Kampf mit ihnen. Von links schiebt sich eine Gruppe Frauen herein. Sie wird angeführt von der «Großen Frau», einem hochgewachsenen, kräftigen Weib in rosafarbenem Gewand und mit gelösten gelben Flechten. Zwischen den Frauen und den Männern kommt es zum Dialog über die jeweiligen Wünsche und Sehnsüchte jedes Geschlechtes. In den Augen der Frauen sind die Männer schreckliche und angsterregende Geschöpfe. Als die Männer sich auf die Frauen zubewegen, drängen sich diese angstvoll zusammen. Die große Frau nähert sich dem bleichen Mann mit Schlangenbewegungen und umschmeichelt ihn. Der Mann reißt ihr die Kleider vom Leib und brennt ihr seine Brandmarke ins Fleisch. Die Frau schlitzt ihm mit einem Messer die Seite auf. Männer und Frauen paaren sich in bestialischer Weise alle durcheinander auf dem Erdboden wälzend. Da wird eine Tragbahre vom Turm heruntergelassen. Der Mann, der sich nur mehr langsam bewegt, wird daraufgelegt und in den Turm gebracht. Die Frau folgt ihm. Langsam erwacht der Mann wieder zu seinen alten Kräften und erhebt sich. Die Frau fällt wie tot zu Boden. Männer und Frauen suchen dem Mann zu entkommen, doch er mäht sie wie Ungeziefer nieder und geht weg.

• Mit dieser Oper und den Werken *Sancta Susanna* (1922) und *Das Nusch-Nuschi* (1921) leistete der junge Hindemith seinen wesentlichsten Beitrag zu der teilweise sehr aggressiven Arbeit der künstlerischen Avantgarde der Zeit nach dem ersten Weltkrieg. Die Oper ist sowohl hinsichtlich des Textes als auch der Musik wegen, ein dezidiert expressionistisches Werk.   LB

DAS NUSCH-NUSCHI

Erotische Komödie «für birmanische Marionetten» von Paul Hindemith (1895–1963). Libretto von Franz Blei. Uraufführung: Stuttgart, Landestheater, 4. Juni 1921.

• Die Oper ist ausgesprochen polemisch antiromantisch und antiwagnerianisch. Einige berühmte Wagner-Themen werden bewußt provokatorisch eingesetzt, so zum Beispiel das Tristan-Thema während der Kastrationsszene.   LB

KÖNIG DAVID
(Le Roi David)

Oper (dramatischer Psalm) in zwei Teilen von Arthur Honegger (1892–1955). Libretto von René Morax. Uraufführung: Mezières, Théâtre Jorat, 11. Juni 1921.

• Die Dichtung zu dieser Oper stammt wie bei anderen Werken des Komponisten auch aus der Bibel, nämlich aus dem Leben Davids. Nach der französischsprachigen Uraufführung in Mezières wurde die Oper am 2. Dezember 1923 in Winterthur in deutscher Sprache gegeben. Als Bühnenstück wird das Werk kaum mehr gespielt, als dramatisches Oratorium dagegen noch relativ häufig.   GP

«Katja Kabanowa» von Leoš Janáček an der Berliner Komischen Oper. Bühnenbild von Rudolf Heinrich.

KATJA KABANOVÁ

Oper in drei Akten und sechs Bildern von Leoš Janáček (1854–1928). Libretto vom Komponisten nach V. Cervinkas Übersetzung von A. N. Ostrowskijs «Gewitter» (1823–1886). Uraufführung: Brünn, 23. November 1921.

PERSONEN. Dikoj (Baß), Boris (Tenor), Marfa (Alt), Tichon (Tenor), Katja (Sopran), Kudrjasch (Tenor), Barbara (Mezzosopran), Kuligin (Bariton), Glasa (Mezzosopran).

HANDLUNG. Die Handlung spielt in der zweiten Hälfte des neunzehnten Jahrhunderts in dem Städtchen Kalinoff am Ufer der Wolga. Erster Akt. Boris klagt seinem Freund Wanja sein Leid: er liebt Tichons Frau Katja und hat außerdem äußerst schlechte Beziehungen zu seinem Onkel Dikoj. Da kommen Katja und Tichon in Begleitung der Schwiegermutter Marfa zu Besuch. Marfa wirft Tichon vor, sie ständig der Gattin gegenüber hintanzusetzen. Auch Katja ist unglücklich. Sie fühlt sich im Hause Kabanow, wo ihre Schwiegermutter ein strenges Regiment führt, nicht wohl. Ihr Gatte ist kalt und lieblos zu ihr und schickt sich gerade zu einer langen Reise an, auf die er sie nicht mitnehmen will. Zweiter Akt. Nach langem Zögern hat Katja eingewilligt, sich mit Boris heimlich zu treffen. Tichons Schwester Barbara gibt ihr den Schlüssel zum Garten, wo das Stelldichein stattfinden soll. Katja und Boris treffen sich, während Barbara und Wanja Wache halten. Dritter Akt. Katja ist von Gewissensbissen geplagt. Ein heraufziehendes Gewitter deutet sie als Zeichen des Himmels und gesteht dem Gatten ihre Schuld. Dann nimmt sie ein letztes Mal Abschied von Boris und stürzt sich in die Wolga.

• Die Oper entstand zwischen 1919 und 1921 und stellt einen der Höhepunkte in Janáčeks Schaffen dar. Sie ist reich an hochdramatischen Momenten. Szenen eines an Rauheit grenzenden Realismus', der von scharfen Dialogen im Deklamationsstil getragen wird, wechseln ab mit Passagen großer atmosphärischer Dichte und typisch slawischem Lyrismus. Neben der Titelfigur Katja ist vor allem die Gestalt der Schwiegermutter Marfa eindrucksvoll. Sie verkörpert die Strenge der alten bäuerlichen Gesellschaft, die um jeden Preis die alten Traditionen wahren will. Katjas Kampf gegen die Starrheit der älteren Frau und der Gesellschaft führt schließlich zu der Verzweiflungstat des Selbstmordes, mit dem sie nicht nur ihre eigene Freiheit letztlich wahrt, sondern auch die unbarmherzige, sinnlose Strenge der Gesellschaft von damals anklagt. Max Brod war von der Oper so beeindruckt, daß er dem Komponisten seine Hochachtung vor seinen moralischen Grundsätzen aussprach, die ihn dazu gebracht hatten, «die Fragen des Lebens ohne Kompromisse anzupacken». AB

DIE LEGENDE VON SAKUNTALA
(La leggenda di Sakuntala)

Oper in drei Akten von Franco Alfano (1876–1954). Libretto vom Komponisten. Uraufführung: Bologna, Teatro Communale, 10. Dezember 1921. Solisten: A. Concato, N. Piccaluga. Dirigent: Tullio Serafin.

PERSONEN. Sakuntala (Sopran), Priyamvada (Mezzosopran), Anusuya (Sopran), der König (Tenor), Kanva (Baß), Durvasas (Baß), der Schildknappe (Bariton), Harita (Baß), der junge Einsiedler (Tenor), ein Fischer (Tenor), eine Wache (Baß).

HANDLUNG. Die Handlung spielt in Indien. Erster Akt. Einne fast licht- und geräuschlose Stelle im Urwald mit einer Einsiedlerhütte. Früher Morgen. Aus der Ferne ertönt Lärm und Geschrei der königlichen Jagdgesellschaft. Durvasas bittet den Bruder Einsiedler um Einlaß in seine Hütte. Als der König naht, gehen ihm die beiden entgegen, um ihn zu bitten, die heilige Gazelle, die er jagt, zu schonen. Der König hört auf ihre Bitte und erwirbt sich damit das Vertrauen der beiden heiligen Männer. Sie bitten ihn um seinen Schutz bis zur Rückkehr ihres Oberhauptes Kanva. Die Einsiedler wissen, – Kanva hat es vorausgesagt – daß der König sich in das schöne junge Mädchen Sakuntala verlieben wird, das Kanva aufgezogen und bei ihnen gelassen hat. Der König verliebt sich in der Tat auf den ersten Blick in das Mädchen und verkleidet sich alsbald als Eremit, um in die Einsiedelei eingelassen zu werden. Er entdeckt, daß Sakuntala aus königlichem Geblüt stammt. Nach einigem Zögern gibt Sakuntala dem leidenschaftlichen Werben des jungen Königs nach. Zweiter Akt. Pryamvada und Anusuya, zwei Freundinnen Sakuntalas, schmücken die Einsiedelei für eine religiöse Feier. Durvasas klopft an die Tür, aber niemand tut ihm auf, denn der Brauch will es, daß Sakuntala die Tür öffnet, und sie ist nicht da. Wütend verwünscht der Einsiedler das Mädchen: Der König soll vergessen, daß er sie je geliebt hat, bis sie ihm den Ring, den er ihr geschenkt hat, zeigt. Bei ihrer Rückkehr erfährt Sakuntala von dem Fluch Durvasas und ist bestürzt darüber, aber Kanva, der in der Zwischenzeit ebenfalls zurückgekehrt ist, beruhigt sie und schickt sie zu Hofe. Dritter Akt. Im Inneren des Königspalastes. Der König ist betrübt und läßt sich, auf seinem Ruhelager liegend, mit Tänzen und allerhand Schabernack unterhalten. Ein Schildknappe bringt die Nachricht, zwei Einsiedler mit einer verschleierten Frau seien eingetroffen. Der König erinnert sich in Erfüllung des Fluches Durvasas' an nichts mehr, und die Einsiedler müssen ihm den Grund ihres Kommens erklären. Sakuntala lüftet ihren Schleier, aber noch immer scheint der König sie nicht zu erkennen. Da will das Mädchen den Ring, das Unterpfand der Liebe des Königs, vorzeigen, findet ihn jedoch nicht. Angstvoll läuft Sakuntala weg. Unterdessen bringen die Wachen einen Fischer, der ein Kleinod beim Fischen im Fluß gefunden hat. Es ist der gesuchte Ring. Beim Anblick des Ringes erwacht die Erinnerung im König und er begehrt sofort, Sakuntala zu sehen. Doch diese hat sich in der Zwischenzeit aus Verzweiflung in den Nymphenteich gestürzt und wurde von einer Feuerwolke davongetragen. In blendendes Licht getaucht, bringen die beiden Einsiedler ein Neugeborenes und legen es dem König zu Füßen. Dieser erkennt in dem Kind seinen Erben und neigt sich mit seinem ganzen Hofstaat vor dem künftigen Herrscher.

● *Die Legende der Sakuntala* geht auf eines der Hauptwerke des berühmten indischen Dichters Kalidasa aus dem fünften Jahrhundert zurück. Die Oper brachte Alfano seinen ersten echten Erfolg ein und gilt allgemein als sein bestes Werk. Sie kam in zahlreichen italienischen und ausländischen Theatern zur Aufführung: in Buenes Aires und Montevideo wurde sie in italienischer Sprache gegeben, auf Deutsch fand sie ihre Erstaufführung 1924 in Düsseldorf und wurde dann an vielen anderen deutschen Bühnen gespielt. Die Bearbeitung des indischen Originals zu einem Opernlibretto stellte den Komponisten vor beträchtliche Schwierigkeiten. Während des Zweiten Weltkrieges ging die einzige vollständige Partitur verloren. Alfano schrieb die Oper daraufhin anhand eines unvollständigen Klavierauszuges neu und brachte diese Fassung unter dem Titel *Sakuntala* am 9. Januar 1952 in Rom am Teatro dell'Opera zur Aufführung. Die Oper zeichnet sich durch eine stark chromatische Tonsprache aus und zeugt mit ihrem Einsatz verschiedenster neuerer Kompositionstechniken von Alfanos Bemühen, neue Ausdrucksmittel und einen modernen sinfonischen Stil zu finden. In der Partitur von 1952 ist ein gewisser Einfluß Strauss' und auch noch Puccinis, dessen Schüler Alfano war und der «Turandot» zu Ende führte, nicht zu übersehen. FP

DIE LIEBE ZU DEN DREI ORANGEN
(Ljubov k triom apelsiman)

Oper in einem Vorspiel, vier Akten und zehn Bildern von Sergej Prokofieff (1891–1953). Libretto vom Komponisten nach einem Märchen von Carlo Goldoni. Uraufführung: Chicago, Opera House, 30. Dezember 1921. Solisten: Nina Koshetz, Hector Dufranne. Dirigent: Sergej Prokofieff.

PERSONEN. Der König Treff (Baß), der Prinz (Tenor), Prinzessin Clarisse (Alt), Leander (Bariton), Truffaldin (Tenor), Pantalon (Bariton), der Zauberer Tschelio (Baß), die Zauberin Fata Morgana (Sopran), Linette (Alt), die Köchin (Baß), Farfarello (Baß), Smeraldina (Mezzosopran), der Zeremonienmeister (Tenor), der Herold (Baß), der Trompeter. Chöre: die Lächerlichen, die Tragischen, die Komischen, die Lyrischen, die Hohlköpfe; die kleinen Teufel, die Ärzte, die Höflinge. Ballett: die Mißgeburten, die Fresser, die Säufer, die Wachen, die Diener, vier Soldaten.

HANDLUNG. Vorspiel. Auf dem Proszenium vor geschlossenem Vorhang. Zu beiden Seiten je ein Turm. Die Tragischen, die Komischen, die Lyrischen und die Hohlköpfe diskutieren darüber, welches die beste Form des Theaters ist. Zehn Lächerliche vertreiben sie mit überdimensional großen Pflöcken und kündigen dem Publikum an, es werde alsbald etwas gänzlich Neues vorgeführt bekommen. Der Herold kündigt den Beginn der Vorstellung an: Erster Akt. Saal im Königspalast. König Treff ist verzweifelt. Sein Sohn, der Prinz, leidet an Melancholie und kann nur gesunden, wenn es gelingt, ihn zum Lachen zu bringen. Truffaldin, ein Komödiant, verspricht erheiternde Theaterstücke. Der König beauftragt seinen Premierminister Leandro, das Unterhaltsprogramm zu arrangieren. Pantalon, des Königs Vertrauter, macht sich Sorgen, denn er weiß, daß Leandro dem Prinzen ans Leben will. Dunkel auf der Bühne. Im Hintergrund leuchtende kabbalistische Zeichen. Blitz und Donner. Der Zauberer Tschelio, der Beschützer des Königs, und die Zauberin Fata Morgana, die Beschützerin Leandros, erscheinen. Die Zauberin spielt mit dem Zauberer Karten und besiegt ihn. Raum im Königspalast. Leandro erklärt seiner Komplizin Clarisse seinen Plan, den Prinzen umzubringen: dem Prinzen sollen täglich die langweiligsten, endlosen Vorlesungen gehalten werden. Die beiden bemerken, daß die schwarze Sklavin Smeraldina gelauscht hat. Um sich vor einer Strafe zu bewahren, erzählt sie, daß bei dem Fest, das zur Unterhaltung des Prinzen gegeben werden soll, auch die Zauberin Fata Morgana anwesend sein wird, und daß daher niemand auch nur ein Lächeln wagen wird. Zweiter Akt. Zimmer des Prinzen. Truffaldin zwingt den Prinzen, sich für das Fest anzukleiden. Großer Hof des Königspalastes. Der Komödiant tut sein Bestes, um die Leute zum Lachen zu bringen, aber die Anwesenheit der als Bettlerin verkleideten Zauberin Fata Morgana läßt allen das Lächeln auf den Lippen ersterben. Truffaldin legt sich mit der Alten an und schieb sie heftig hinaus, daß sie ausrutscht und mit den Füßen in der Luft auf den Rücken fällt. Da bricht der Prinz in schallendes Gelächter aus. Aber die Zauberin rächt sich mit einem Fluch. Er muß in die Welt hinausziehen auf der Suche nach drei Orangen, in die er sich verlieben wird. Dritter Akt. Eine Wüste. Der Prinz und Truffaldin sind auf der Suche nach den drei Orangen, die im Schloß der Zauberin Creonta von der dicken Köchin gehütet werden. Tschelio hilft den beiden, indem er ihnen ein Band schenkt, mit dem sie sich die Gunst der Köchin erringen sollen. Im Schloß der Zauberin Creonta. Die Köchin bedroht die Eindringlinge schreiend mit dem Kochlöffel. Das Geschenk des Bandes besänftigt sie allerdings unverzüglich. Der Prinz nimmt die drei Orangen an sich. Nachts in der Wüste. Der Prinz schläft. Truffaldin, der Durst verspürt, öffnet zwei der mittlerweile riesig gewordenen Orangen. Es entsteigen ihnen zwei wunderschöne Mädchen, Linetta und Nicoletta, die ihrerseits fast verdursten. Aber Truffaldin kann ihnen nicht helfen und läuft verschreckt davon. Da erwacht der Prinz und öffnet die dritte Orange. Aus ihr steigt die liebreizende Prinzessin Ninetta. Dem Prinz gelingt es, deren unstillbaren Durst dank der unerwarteten Hilfe der Lächerlichen zu stillen. Dann kehrt er mit Ninetta als seiner Braut zu seinem Vater zurück. Als er geht, um seiner Braut königliche Kleider zu holen, kommt die Zauberin Fata Morgana und verwandelt Ninetta in eine Ratte. An ihrer Stelle erwartet die Mohrin Smeraldina den Prinzen und begehrt ihn zu heiraten. Vierter Akt. Vor dem mit kabbalistischen Zeichen bedeckten Vorhang streiten sich Tschelio und Fata Morgana. Die Lächerlichen fangen die Zauberin und sperren sie ein. Thronsaal. Zum allgemeinen Entsetzen sitzt auf dem Thron eine Ratte. Aber schnell verwandelt Tschelio sie zurück in die schöne Ninetta. Smeraldina, Leandro und Clarisse werden zum Tode verurteilt. Als sie zu fliehen versuchen, stürzen sie alle drei zusammen mit Fata Morgana in einen, sich vor ihnen auftuenden Erdspalt. Bei Hofe wird mit großem Gepränge und unter fröhlicher Ausgelassenheit die Hochzeit des Prinzen mit Ninetta gefeiert.

● Die Oper hatte bei ihrer Uraufführung in Französisch (Übersetzung von V. Janacopoulos) in Chicago unter der Leitung von Mary Garden kaum Erfolg. Auch Strawinsky fand sie nicht gut, was zu Zwistigkeiten zwischen den beiden Komponisten führte. Sechs Jahre später wurde sie zum ersten Mal in Rußland auf die Bühne gebracht. Auch hier waren die Reaktionen geteilt. Prokofieff schreibt dazu in seiner Biographie: «Einige Kritiker scheinen mindestens zu versuchen zu verstehen, wen ich auf den Arm nehmen will: das Publikum, Gozzi, die herkömmliche Form der Oper oder einfach alle, die nicht lachen können.» Ohne Zweifel war das Werk Prokofieffs nicht wirklich verstanden worden. Ihm kam es vor allem auf das Märchenhafte bei Gozzi an, und dies illustriert er vorzüglich durch seine einfallsreiche, farbenprächtige Musik. Ein wohlabgewogenes Sich-Abwechseln von Orchesterpartien, Gesangsoli und Chören gibt dem Werk eine klare Struktur. Die Chöre verkörpern Einstellungen oder psychische Zustände und werden geschickt zur psychologischen Charakterisierung bestimmter Situationen eingesetzt. Später schrieb Prokofieff nach der Oper eine Orchestersuite gleichen Titels, die mehr Glück als das Bühnenstück hatte. Sie erntete sofort und uneingeschränkten Beifall. Ohne die szenische Darstellung wirkte die Neuheit und Kühnheit mancher Bilder und Symbole wohl weniger hart. RB

JULIA UND ROMEO
(Giulietta e Romeo)

Tragödie in drei Akten von Ricciardo Zandonai (1883–1944). Libretto von Antonio Rossato (1882–1942) nach der Tragödie von Shakespeare und den älteren Erzählungen von Luigi Da Porto und Matteo Bandello. Uraufführung: Rom, Teatro Costanzi, 14. Februar 1922. Solisten: Gilda Dalla Rizza, Miguel Fleta, Carmelo Maugeri, L. Nardi. Dirigent: Riccardo Zandonai.

PERSONEN. Julia (Sopran), Romeo (Tenor), Isabella (Sopran), Thebald (Bariton), Gregorio (Tenor), Sänger (Tenor), Samson (Baß), Barnabas (Baß), ein Montague (Tenor), ein Familienangehöriger Romeos (Tenor), eine Frau (Sopran), ein Ausrufer (Baß).

HANDLUNG. Die Handlung spielt in Verona und in Mantua. Erster Akt. Die beiden Häuser Montague und Capulet liegen in Fehde miteinander. Um den Streit, der in Kampf auszuarten droht, beizulegen, schaltet sich ein unbekannter junger Mann mit Maske ein. Thebald aus dem Hause der

Bühnenbildentwurf von Gianni Ratto zu «Die Liebe zu den drei Orangen» von Sergei Prokofieff.

Capulets tritt ihm kampflustig gegenüber. Der Ausrufer verkündet das Nahen einer Wachtruppe. Da stieben die jungen Kampfhähne auseinander, und der Unbekannte versteckt sich. Nach einer Weile tritt Julia Capulet ans Fenster. Der Unbekannte, der der junge Romeo aus dem Hause der Montagues ist, tritt aus seinem Versteck hervor und gesteht ihr in glühenden Worten seine Liebe. Die beiden haben sich ewige Liebe geschworen, aber ihre Familien hassen sich und liegen in offenem Kampf miteinander. So können sie sich nur heimlich sehen. Julia läßt eine Seidenleiter vom Fenster herunter und Romeo erklimmt so ihre Kammer. Erst im Morgengrauen verläßt er die Geliebte wieder. Zweiter Akt. Julia ist mit ihren Schwestern dabei, einen Kranz zu flechten. Thebald macht ihr heftige Vorwürfe, da er ihr nächtliches Abenteuer entdeckt hat. Er erinnert sie an ihre Verpflichtung der Familie gegenüber. Der Vater hat einen anderen Mann für sie ausersehen. Julia will von den Plänen des Vaters nichts wissen. Da trifft Gregorio ein. Er ist verletzt und erzählt, daß es zu einem neuerlichen Zusammenstoß zwischen den beiden Häusern gekommen ist, bei dem Romeo erkannt worden sei. Dies ist jedoch nicht wahr. Romeo hält sich vielmehr im Garten vor Julias Haus versteckt. Thebald entdeckt ihn und fordert ihn zum Zweikampf auf. Romeo verwundet ihn tödlich und muß fliehen. Doch sein blutverschmiertes Schwert bleibt als Beweis seiner Schuld zurück. Dritter Akt. In Mantua. Romeo wartet in einer Schänke auf einen Diener, der ihm Nachricht aus Verona bringen soll. Ein Sänger betritt das Wirtshaus und singt ein Lied, mit dem er Lucias Tod beklagt. Romeo greift den Sänger an, er will von ihm hören, daß seine Geschichte nicht wahr ist. Aber der aus Verona zurückgekehrte Diener bestätigt ihm die tragische Nachricht. Julia ist am Tage vor ihrer bevorstehenden Hochzeit mit dem von ihrem Vater ausersehenen Grafen gestorben. Romeo kehrt nach Verona zurück. Vor der aufgebahrten Leiche der Geliebten nimmt er Gift. Aber Julia erwacht wieder zum Leben. Sie hatte nur ein starkes Betäubungsmittel genommen, um die Hochzeit mit dem Grafen zu vermeiden. Der Bote, den sie Romeo geschickt hatte, hat ihn nicht rechtzeitig erreicht. Über dem sterbenden Geliebten bricht Julia vor Schmerz leblos zusammen.

● In Zandonais *Julia und Romeo* ist noch stark der Einfluß des Verismus Puccinischer Prägung spürbar, auch wenn der Komponist versucht, sich davon zu lösen und vor allem für das Orchester neue Lösungen findet. Im allgemeinen gelten die Teile der Oper, in der sich das Drama vorbereitet, als stärker als die tragische Erfüllung der Ereignisse. Dies entspricht dem Temperament Zandonais, der sicher eher Lyriker als Dramatiker war.
EP

SANCTA SUSANNA

Oper in einem Akt von Paul Hindemith (1895–1963). Libretto vom Komponisten nach dem posthum veröffentlichen Schauspiel des expressionistischen Dichters August Stramm. Uraufführung: Frankfurt, Opernhaus, 26. März 1922.

HANDLUNG. Klosterkirche. Mainacht. Susanna und Klementia knien im Gebet vor einem Altar mit großem Kruzifix. Susanna verfällt von Zeit zu Zeit in religiöse Ekstase und zieht auch Klementia in diesen Zustand hinein. Plötzlich vernimmt die Heilige eine Frauenstimme und erblickt durch ein Fenster ein Mädchen, daß sich zunächst nur ängstlich nähert, dann aber frei bekennt, mit ihrem Liebsten unter der Glyzinie geschlafen zu haben. Da kommt der junge Mann und führt das Mädchen weg. Klementia erinnert sich in ihrem Wahn an ein Ereignis, das sie als junge Schwester erlebt hat: nachts überraschte sie in der Kirche eine Mitschwester, die sich nackt an den Leib des Gekreuzigten preßte. Zur Strafe wurde sie lebendig eingemauert. Susanna beginnt sich bei der schwärmerischen Erzählung Klementias auszuziehen, bis sie nackt ist, und schreitet so ebenfalls auf das Kruxifix zu. Klementia ruft ihr ihr Gelübde ins Gedächtnis, aber Susanna kann sich nicht aus ihrer Ekstase lösen. Da laufen schon die anderen Schwestern zusammen und brechen beim Anblick der hochaufgerichteten nackten Frauengestalt in einen ungeheuren Schrei aus: «Teufelin».

● Die Oper ist ein Jugendwerk Hindemiths und spiegelt dementsprechend seine ästhetische Konzeption dieser Zeit, die «Neue Sachlichkeit» der damaligen deutschen Avantgarde, wider. Mit ihrer deutlichen Auflehnung gegen das damals vorherrschende schwüle Pathos und die romantisierende Wagner-Verehrung liegt der Wert der Oper wohl mehr in ihrer Polemik als in ihren tatsächlichen musikalischen Qualitäten.
LB

AMADIS

Oper in vier Akten von Jules Massenet (1842–1912). Libretto von J. Claretie (1840–1913) nach dem Ritterroman «Amadis de Gaula» des Spaniers Garcia Ordónez de Montalvo (fünfzehntes Jahrhundert). Uraufführung (posthum): Monte Carlo, Théâtre du Casino, 1. April 1922.

HANDLUNG. Amadis, der uneheliche Sohn des Königs Perion mit Elisena wird von seiner Mutter bei seiner Geburt auf einem Boot in einer Meeresbucht ausgesetzt. Doch er entgeht dem Tod und wird als junger Mann von König Langrines an den Hof des Vaters zurückgebracht. Dort lernt er Oriana, die Tochter König Lisartes der Bretagne, kennen und verliebt sich in sie. Oriana erwidert seine Liebe und schwört ihm Treue bis zum Tod. Amadis vollbringt nun – ganz im Stil der Ritterromane des fünfzehnten Jahrhunderts – eine Reihe der unwahrscheinlichsten und edelsten Taten, um seiner Angebeteten damit zu huldigen. Nach zahlreichen Verwicklungen und Mißverständnissen finden die beiden wieder zusammen und werden Mann und Frau.

● Zwar zählt die Oper sicher nicht zu Massenets bedeutendsten Werken, doch eignet sich seine spätromantische Musik auch noch in ihren schwächeren Ausformungen für die besondere literarische Art des ins Phantastische gehenden Ritterromans, in dem die Liebe die Kraft hat, den Menschen der Wirklichkeit zu entheben und in ein Reich der Freiheit zu tragen, in dem er ohne Einschränkungen durch äußere Bedingungen handeln kann. Musikalisch ist die feine Abstimmung des Orchesters auf die Dynamik der Ereignisse, die die Gesangspartien besonders gut zur Geltung kommen läßt, bemerkenswert.
GPa

DORNRÖSCHEN
(La bella addormentata nel bosco)

Musikalisches Märchen in drei Akten von Ottorino Respighi (1879–1936). Libretto von Gian Bistolfi nach dem Märchen von Perrault. Uraufführung: Rom, Teatro Odescalchi, 13. April 1922.

HANDLUNG. Die Tiere des Waldes begrüßen mit großer Freude die Geburt der Prinzessin. Alle sind zum Fest auf das Schloß geladen, nur die böse Fee nicht. Sie rächt sich, indem sie einen Fluch über die neugeborene Prinzessin ausspricht: an einer Spindel wird sie sich stechen und sterben. Dann verschwindet die böse Fee. Ein Chor von Sternen bringt mit seinem Gesang wieder Ruhe in die erregten Gemüter. Aber die Prophezeiung erfüllt sich. Eines Tages sieht Dornröschen einen Gegenstand, den es noch nie vorher zu Gesicht bekommen hat: eine Spindel. Neugierig faßt sie sie an, sticht sich und fällt wie tot um. Gleichzeitig versinkt das ganze Schloß um sie herum in tiefen Schlaf. Die gute Fee hat den Fluch der bösen gemildert und aus dem Tod der Prinzessin einen hundertjährigen Schlaf gemacht. Nach Ablauf der hundert Jahre kommt der Prinz und küßt Dornröschen wach. Mit ihr erwacht auch das Schloß mit all seinen Bewohnern zu neuem Leben. Mit dem Segen der guten Fee nimmt Dornröschen den Prinzen zum Mann.

• Die bereits zwischen 1907 und 1909 komponierte Oper hatte bei ihrer Uraufführung ungeheuren Erfolg und trat bald ihren Siegeszug über fast alle Bühnen der Welt an. 1934 arbeitete Respighi die Oper für das Turiner Theater um, wobei er den «Tanz der Marionetten» durch den «Tanz der Kinder» ersetzte, im übrigen aber an der Besonderheit des Werkes – die Sänger befinden sich im Orchestergraben – nichts änderte. Auch diese Fassung fand stürmischen Beifall.

REINEKE
(Le Renard)

Gesungene und gespielte Burleske in einem Akt von Igor Strawinsky (1882–1971). Libretto vom Komponisten, ins Französische übersetzt von Charles Ferdinand Ramuz (1878–1947). Uraufführung: Paris, Opéra, 3. Juni 1922. Dirigent: Ernest Ansermet.

HANDLUNG. Der Hahn wartet auf den Fuchs, welcher als Nonne verkleidet kommt. Er fordert den Hahn auf, seine Sünden zu beichten, stößt damit aber auf taube Ohren. Da versucht der Fuchs es auf andere Weise: er will den Hahn rühren und erzählt in jammernden Tönen, daß er aus der Wüste komme und seine Kehle ganz ausgetrocknet sei. Aber auch mit diesem Trick kommt er nicht weiter. Da versucht es das schlaue Tier noch einmal mit der Beichte. Denn der Hahn, oh Schande! hat zu viele Weiber! Vierzig an der Zahl und mehr – und noch streitet er sich mit den anderen Hähnen des Hühnerhofes um sie. Da ist ein Nachlaß der Sünden bitter nötig. Schließlich gelingt es dem zudringlichen Fuchs, den Hahn, der sich verzweifelt wehrt, zu packen. Schon hat er gewaltig Federn lassen müssen, da locken seine Schreie die neugierige Katze und den Ziegenbock herbei. Die beiden jagen den Fuchs in die Flucht. Aber kaum sind die Retter weg, kommt dieser zurück und macht dem Hahn den Garaus. Als die Katze und der Ziegenbock, die ebenfalls noch einmal umgekehrt sind, das sehen, stürzen sie sich auf den Fuchs und würgen ihn. Die Oper geht mit einem Aufmarsch aller beteiligten Tiere zu Ende.

• Das gesungene Ballett wurde unter der Leitung Ernest Ansermets (1883–1969), dem damaligen musikalischen Leiter der Diaghilew-Truppe, uraufgeführt. Die Choreographie stammte von der Nisjinskaja, Inszenierung und Kostüme von M. Larionow. Das Werk gehört zur Gattung der «Kammeropern», d.h. sie arbeitet mit nur begrenzten stimmlichen und instrumentalen Mitteln. Sie ist ganz gegen die aufwendigen Opern des neunzehnten Jahrhunderts, insbesondere gegen alles Wagnerische gerichtet. Im Gegensatz zum «Gesamtkunstwerk» stehen die einzelnen Komponenten des Kunstwerks: Literatur, Musik, Choreographie selbständig und unverbunden nebeneinander. Die Einheit des Stückes besteht gerade im Paradox seiner Uneinheitlichkeit. RB

MAWRA (Mavra)

Komische Oper in einem Akt von Igor Strawinsky (1882–1971). Libretto von B. Kochno nach «Das Häuschen in Kolomna» von Puschkin (1799–1837). Uraufführung: Paris, Opéra, 3. Juni 1922. Solisten: O. Slobodskaja, Sadovène, Z. Rosowska, B. Skoupewski. Dirigent: Gregor Fitelberg.

PERSONEN. Parascha (Sopran), die Nachbarin (Mezzosopran), Paraschas Mutter (Alt), der Husar Wassilij, Paraschas Anbeter (Tenor).

HANDLUNG. Parascha unterhält sich vom Fenster aus mit ihrem Anbeter Wassilij. Die beiden beraten, wie sie sich ungestört sehen können. Als der junge Mann weg ist, betritt die Mutter Paraschas die Stube. Sie klagt über den Mangel einer tüchtigen Hilfe im Hause, seit die alte Dienerin tot ist. Parascha macht sich daher auf die Suche nach einem neuen Kammermädchen. Die Mutter bleibt zu Hause und bejammert weiter den Verlust der so überaus tüchtigen alten Magd. Bald kommt eine Nachbarin hinzu, mit der sie ihre Klagen von neuem beginnt. Parascha kommt mit einem neuen Dienstmädchen zurück. Es sieht gesund und robust aus und findet die Zustimmung der kritischen Mutter. Parascha und das neue Hausmädchen bleiben allein zu Hause, damit Parascha sie in ihre Arbeit einführen kann. Das kräftige Dienstmädchen ist natürlich niemand anderer als der kecke junge Husar. Die beiden sind überglücklich, einmal allein zu sein, aber schon bald kommt die Mutter zurück. Diese holt ihre Tochter zu einem Gang in die Stadt ab, gedenkt aber auf halbem Wege wieder umzukehren, um das neue Mädchen beobachten zu können, wenn es sich allein glaubt. Groß ist ihre Überraschung, als sie das angebliche Dienstmädchen dabei erwischt, wie es sich rasiert! Der Schrecken ist auf beiden Seiten groß. Die Mutter fällt in Ohnmacht, Wassilij macht sich durchs Fenster davon. Parascha ruft ihn vergebens vom Fenster aus wieder zurück.

• *Mawra* entstand in einer ganz besonderen Periode der Suche Strawinskys nach einem neuen Stil. Sie greift wie die kurz zuvor entstandene *Pulcinella*, in der der Komponist Pergolesis Motive verarbeitete, auf alte Meister zurück, vereint aber andererseits völlig heterogene Elemente wie Zigeuner- oder russische Volksmusik, ja sogar Jazzmotive und weicht damit völlig von den herkömmlichen Mustern ähnlicher Arbeiten, die eine reine Huldigung an die Oper des neunzehnten Jahrhunderts darstellen, ab. Das Orchester ist dementsprechend vor allem mit Blasinstrumenten besetzt (Tuba, Klarinette, Posaune und Trompete). Der Stoff ist typisch für die russische Erzählkunst. Der das tumultuöse Ende herbeiführende Schlußgag der angeblichen Dienstmagd, die sich das Kinn einseift, um sich zu rasieren, ist – wenn er auch bei Puschkin vorkommt – ein derber Scherz eindeutig volkstümlicher Herkunft. Auch die Musik ist von kräftiger, fast derber Munterkeit. Besonders bemerkenswert in dieser Hinsicht ist der geschickt provozierende Einsatz der Blech- und Holzbläser. Aber auch klassische Elemente der alteuropäischen Oper haben ihren Platz in dem Werk. Besonders bei den lyrischen Stellen ist deutlich die Anlehnung an den italienisierenden Stil eines Glinka zu erkennen. So enthält die Oper beispielsweise nur Arien und überhaupt keine Rezitative. Die Uraufführung war kein Erfolg, was wahrscheinlich an der Inszenierung und den ungeeigneten Ausgangsbedingungen an der Pariser Oper lag. *Mawra* wurde zusammen mit einem Diaghilew-Ballett aufgeführt. Larionows ausgezeichnete Inszenierung, sein Bühnenbild und seine Kostüme waren zu verschieden von der stark auf Effekt bedachten Tanzinszenierung Diaghilews. Außerdem verlor sich das mit wenig Handlung und nur vier Personen auskommende Werk, das eine gewisse Intimität der Aufführung erfordert hätte, in der Weite der riesigen Opernbühne, die für große Aufmärsche im Sinne der traditionellen Grand-Opéra, nicht aber für Kammeropern gedacht war. RB

DEBORAH UND JAEL
(Debora e Jaele)

Dramatische Oper in drei Akten von Ildebrando Pizzetti (1882–1968). Libretto vom Komponisten. Uraufführung: Mailand, Teatro alla Scala, 16. Dezember 1922. Solisten: Elvira Casazza, Giulio Tessi, Anna Gramegna, Umberto di Lelio, Giovanni Azzimonti. Dirigent: Arturo Toscanini.

PERSONEN. Deborah, israelitische Prophetin (Alt), Jael (Sopran), Mara (Mezzosopran), Hever (Baß), Nabi, Prinz von Nephtal (Baß), Bazak, Befehlshaber des israelitischen Heeres (Baß), Azriel (Tenor), Scillem (Tenor), Jeber, der Verrückte (Bariton), König Sisera (Tenor), Talmai (Baß), Adonisedek (Baß), Piram (Tenor), Jafia (Tenor), der Blinde von Kinnereth (Baß), ein Hirte (Bariton), ein Sklave (Tenor).

HANDLUNG. Die Handlung geht auf eine Begebenheit des Alten Testaments zurück. Erster Akt. Auf einem Platz in Kedesch ist die Bevölkerung versammelt und erwartet die Prophetin Deborah. Die Stadt liegt in Fehde mit dem grausamen König Sisera von Kanaan und hofft auf den Rat aus dem Munde der Prophetin. Deborah erklärt, daß ihr Volk siegen werde, wenn es den Feind in offener Feldschlacht angreife. Jael, die Gattin des Spions Hever, wird beschuldigt, sich dem feindlichen König hingegeben zu haben. Das Volk beschließt, sie auf die Probe zu stellen und beauftragt sie, den König dazu zu überreden, sich im Felde zum Kampf zu stellen. Zweiter Akt. Terrasse des königlichen Palastes. Sisera bestraft seinen Hauptmann Jafia für den Raub zweier Sklavenmädchen und verurteilt Hever wegen Landesverrats zum Tode. Kurz darauf erscheint eine verschleierte Frau. Es ist Jael, die Sisera seit langem liebt. Sie rät dem König, sein Heer auf den Berg Tabor zu führen, wo es auf nur wenige Soldaten der Israeliten stoßen werde. Doch ein Würdenträger des Königs entdeckt, daß Jael dem König eine Falle gestellt hat und übergibt sie diesem zur Aburteilung. Doch Sisera gesteht Jael seine Liebe und schont sie. Bestürzt läuft Jael in die Nacht hinaus. Dritter Akt. Die Israeliten gewinnen gemäß der Prophezeiung die Schlacht. Von den Feinden bleibt nur König Sisera am Leben, er rettet sich in Jaels Zelt. Die Prophetin Deborah befiehlt Jael, den feindlichen König ihrem Volke auszulie- fern, aber Jael zieht es vor, ihn selbst zu töten, als ihn der Justiz der Sieger auszuliefern.

● *Deborah und Jael* entstand zwischen 1915 und 1921 und gilt allgemein als Hauptwerk Pizzettis. Der Komponist versucht darin, zwischen den beiden großen Strömungen seiner Zeit, der veristischen Oper und der spätromantischen Oper ein eigenes Ideal zu entwickeln, das sich vor allem auf die enge Entsprechung zwischen Text und Musik stützt. MSM

BELFAGOR

Lyrische Komödie in einem Vorspiel, zwei Akten und einem Nachspiel von Ottorino Respighi (1879–1936). Libretto von Claudio Guastalla nach der gleichnamigen Komödie von E. L. Morselli, die ihrerseits auf die berühmte Novelle Machiavellis zurückgeht. Uraufführung: Mailand, Teatro alla Scala, 26. April 1923. Solisten: M. Stabile, M. Sheridan, F. Merli, G. Azzimonti, G. Azzolini, C. Ferrari, A. Gramegna. Dirigent: Antonio Guarnieri.

HANDLUNG. Vorspiel. Kleiner Platz eines toskanischen Dorfes mit dem Haus des Bürgermeisters und des Apothekers. Baldo (Tenor) kündigt seiner Braut Candida (Sopran) an, daß er sie bald für eine Weile verlassen müsse. Da kommt Candidas Vater Miroklet (Baß) dazu. Er beabsichtigt Candida Belfagor (Bariton) zur Frau zu geben. Belfagor ist niemand anderer als der Oberteufel selbst. Er hat sich unter die Menschen gemischt, um herauszufinden, ob es zutrifft, daß die Ehe die Menschen in ihr Verderben führt. Zu diesem Zweck überredet er den Apotheker Miroklet, ihm gegen hunderttausend Taler seine Tochter Candida zur Frau zu geben. Erster Akt. Candida und Baldo verbringen die ganze Nacht zusammen in des Apothekers Laden, bis sich der junge Mann im Morgengrauen verabschieden muß. Candidas Mutter Olympia (Mezzosopran) und ihre Schwestern Fidelia und Magdalena (Soprane) kommen aus ihren Schlafkammern herunter und begeben sich zur Messe. Dann erscheint auch Belfagor. Er stellt sich als reicher Kaufmann und Freund des Apothekers namens Ypsilon vor. Die Frauen gehen gemeinsam zur Messe, die beiden Schwestern aber machen sich heimlich aus dem Gottesdienst davon und laufen ins Haus zurück, um den reichen Fremden zu treffen. Der Vater überrascht sie, wie sie ihn umschmeicheln und küssen. Doch Ypsilon wählt Candida und erklärt ihr seine Liebe – sehr zur Enttäuschung der Schwestern und zum Entsetzen der Auserwählten selbst. Zweiter Akt. Ein Monat später. Die Hochzeit hat stattgefunden, aber Belfagor befindet sich in einer jämmerlichen Stuation: Candida erweist sich als unzugänglich, und da er sich ernsthaft in sie verliebt hat, schmerzt ihn das sehr. Eines Abends kehrt Baldo zurück und stellt Candidas Eltern wegen ihres gebrochenen Versprechens zur Rede. Candida, die von Baldos Rückkehr erfahren hat, läuft dem aufgezwungenen Gatten davon. Belfagor bleibt allein zurück und muß sich wieder zu seinen Teufeln gesellen. Diese reißen aus Rache trotz der heftigen Proteste des Apothekers sein Haus ein. Nachspiel. Baldo und Candida suchen beim Bürgermeister Hilfe. Belfagor hat sein Spiel noch nicht aufgegeben. Als Pilger verkleidet sitzt er auf den Stufen der Kirche. Als Baldo vorbeikommt, erzählt er, daß Ypsilon den Ort verlassen habe, da er bei Candida endlich erreicht hätte, was er hatte haben wollen, im übrigen aber nie die Absicht gehabt hätte, sein Leben mit der Tochter eines Apothekers zu verbringen. Baldo verjagt den Pilger wütend, kann aber nicht umhin, seinen

«Reineke» (Renard) von Igor Strawinsky am Théâtre de da Ville in Paris 1972.

Worten einen gewissen Glauben zu schenken. Candida ist verzweifelt. Sie wirft sich zu Boden und bittet den Himmel um ein Wunder, das Baldo ihre Unschuld und Liebe für ihn beweise. Und mit einem Mal beginnen die Glocken der kleinen Kirche zu läuten, ohne daß sie jemand in Bewegung gesetzt hätte. Baldo begreift. Und Belfagor muß sich geschlagen geben und geht in die Hölle zurück.

● Das Libretto war von Ercole Luigi Morselli angefangen und von Claudio Guastalla beendet worden. Respighi begann die Komposition im Mai 1921 und hatte sie ein Jahr später fertig. Das Motiv des Teufels, der die Ehe ausprobiert, war ein Stoff, an dem sich schon viele Autoren versucht hatten. Die Fassung, die Guastalla schließlich erarbeitete, war der Vielseitigkeit Respighis mit ihren unterschiedlichen Elementen – phantastische, realistische, sentimentale und komische Momente mischen sich – besonders angemessen. Das Klima der guten Zusammenarbeit mit dem Librettisten war dem Gelingen der Oper ebenfalls sehr zuträglich. Positiv mag sich auch Respighis Vorliebe für alle möglichen Geschichten über den Teufel, die er eifrig sammelte, ausgewirkt haben. RB

DER REINE TOR
(The perfect Fool)

Komische Oper in einem Akt von Gustav Holst (1874–1935). Libretto vom Komponisten. Uraufführung: London, Covent Garden, 14. Mai 1923. Dirigent: Eugène Goossens.

HANDLUNG. Die Handlung spielt in einem imaginären Land zu unbestimmter Zeit. Eine schöne Prinzessin verkündet, sie werde den zum Manne nehmen, der etwas tue, was andere Männer nicht fertigbrächten. Unter den vielen Bewerbern, die ihr Glück versuchen wollen, befindet sich auch ein Zauberer. Er hat einen Zaubertrank bereitet, der ihn vor den Augen der Prinzessin mit einem Schlage verjüngen soll.

Auch ein junger Mann einfältigen Gemütes, der reine Tor, bewirbt sich auf Betreiben seiner ehrgeizigen Mutter um die Hand der Prinzessin. Die Mutter vertauscht den Jungbrunnen des Zauberers mit gewöhnlichem Wasser und bringt so seine Pläne zum Scheitern. Dem reinen Toren war einst prophezeit worden, daß er «mit einem Blick die Braut gewinnen, mit einem Blick den Feind töten und mit einem Wort das tun werde, was vorher niemand zu erreichen im Stande war.» Noch ist die Reihe nicht an ihm, aber sein Blick hat die Prinzessin getroffen und sie hat ihn erwidert. Wie gebannt schreitet sie auf ihn zu. Um sich zu rächen und seine Macht zu beweisen, läßt der abgewiesene Zauberer einen Wald in Flammen aufgehen. Doch ein Blick des reinen Toren genügt, den Zauberer zurückweichen und die Flammen ersterben zu lassen. Die Prinzessin hat nur mehr Augen für den Toren und bietet sich ihm zur Frau an. Und da tut der Tor, was noch kein anderer Mann fertiggebracht hat: er sagt Nein zu dem Angebot, wendet sich auf die Seite und schläft ein.

● Der Stoff als solcher ist der Volksliteratur entnommen. Holst stülpt ihm allerdings eine Karikatur der großen Oper der italienischen, französischen und deutschen Schule über. So singen die Bewerber der Prinzessin zum Beispiel Auszüge aus *La Traviata*, ihr Streit untereinander wird mit Wagner-Zitaten ausgetragen, und zur Charakterisierung einiger sentimental-pompöser Gebärden erklingen Passagen aus dem Gounodschen *Faust*. Die Oper hatte bei ihrer Uraufführung beträchtlichen Erfolg, wird heute allerdings kaum mehr gespielt. GP

PADMÂVATÎ

Ballettoper in zwei Akten von Albert Roussel (1869–1937). Libretto von Louis Laloy nach einer Reihe orientalischer Dichtungen. Uraufführung: Paris, Opéra, 1. Juni 1923.

HANDLUNG. Ratan-Sen, der König von Tchitor, hat eine wunderschöne und tugendhafte Frau. Die Schönheit Padmâvatîs ist so groß, daß ein Brahmane sich in sie verliebt und sie zu verführen sucht. Doch vergeblich. Ihre Tugend ist nicht geringer als ihre Schönheit. Der Brahmane wird vom König verjagt. Aus Rache wendet er sich an den König von Delhi um Hilfe gegen Ratan-Sen. Er verschafft diesem Zugang zu Ratan-Sens Palast. Aber auch Alauddin verliebt sich sofort in die schöne Königin und begehrt sie als Unterpfand für den Pakt, den Ratan-Sen mit ihm schließen will. Doch darauf läßt dieser sich nicht ein, der Krieg zwischen Tchitor und Delhi ist damit unvermeidlich. Die Stadt wird belagert und der König tödlich verwundet. Tchitor scheint der Kapitulation nicht mehr entgehen zu können. Da läßt Padmâvatî den sterbenden Gatten durch einen erlösenden Dolchstoß töten und den Scheiterhaufen zu seiner Verbrennung anzünden. Dann folgt sie dem geliebten Gatten in den Tod und stürzt sich in die Flammen. Als Alauddin mit seinen Truppen anrückt, findet er von der begehrten schönen Königin nicht mehr als ein bläuliches Rauchwölkchen, das leicht zum Himmel steigt.

● Roussel brachte die Idee für diese Oper von seinen langen Reisen durch den Orient mit. Er verfiel jedoch nicht in den üblichen orientalisierenden Manierismus, sondern entwickelte ganz neue Harmonien jenseits des klassischen Tonartensystems. Außerdem greift er mit diesem Werk die alte Tradition des gesungenen Tanzspiels auf, in dem Tanz und Gesang gleichrangig behandelt werden. RB

ALKESTIS

Oper in zwei Akten von Ruthland Boughton (1878–1960). Text nach der englischen Übersetzung der Euripides-Tragödie von Gilbert Murray. Uraufführung: London, Saison 1923/24.

HANDLUNG. Im Palast des Admetos in Pherai in Thessalien. Der König und der ganze Hof fürchten um das Leben der jungen Königin Alkestis. Alkestis hat sich bereit erklärt, anstelle des Gatten zu sterben, um ihren Kindern den Vater und dem Volk einen gerechten Herrscher zu erhalten. Admetos war es, dessen Todesstunde gekommen war, aber der Gott Apollo, der zur Strafe für die Tötung der Zyklopen sieben Jahre im Dienste eines Menschenherrschers stehen mußte, hatte dem jungen König zum Dank für seine gute Herrschaft versprochen, ihn vor dem Tode zu retten, wenn ein Mitglied seiner Familie bereit sei, für ihn zu sterben. Nun, da die Zeit gekommen ist, und Alkestis' Tod bevorsteht, ist Admetos mehr und mehr von Zweifeln geplagt. Alkestis wird, bereits im Grabgewand, in den Palasthof getragen. Ihre Familie und das Gesinde umringen sie. Sie hat noch die Kraft, den Gatten zu bitten, keine Gemahlin mehr zu nehmen, um den Kindern keine Stiefmutter zu geben, dann verlöscht ihr Leben. Da erscheint ein Fremder. Es ist Herkules, der seinen Freund Admetos um Gastfreundschaft bittet. Admetos nimmt ihn der Sitte gemäß mit großen Ehren auf und verheimlicht ihm den Tod der Alkestis. Erst abends, als Herkules ruht, wird Alkestis zu Grabe getragen. Doch Herkules erfährt von einer Sklavin von dem traurigen Ereignis. Er beschließt, dem Freund das schwere Schicksal zu erleichtern und an Alkestis' Grabe dem Tod in den Weg zu treten, auf daß dieser die Seele der Verstorbenen nicht mit sich nehmen könne. Der König kehrt in untröstlichem Schmerz von der Bestattung der geliebten Gattin zurück. Niemand wagt sich ihm zu nähern. Da tritt Herkules auf und führt Alkestis, die er dem Tode entrissen hat, herein. MS

MEISTER PEDROS PUPPENSPIEL
(El retablo de Maese Pedro)

Oper in einem Akt von Manuel de Falla (1876–1946). Libretto vom Komponisten nach einer Episode aus «Don Quichote» von Miguel de Cervantes (Teil II, Kapitel 25–26). Erste konzertante Aufführung: Sevilla, Teatro S. Fernando, 23. März 1923. Uraufführung: Paris, Palais der Prinzessin de Polignac, 25. Juni 1923. Solisten: H. Dufranne, T. Salignac, M. Garcia, A. Periso. Dirigent: Wladimir Golschmann. Marionetten von H. Lanz. Am Cembalo: Wanda Landowska.

PERSONEN. Meister Pedro (Tenor), Trujaman, ein Junge (Mezzosopran), Don Quichote (Baß).

HANDLUNG. Don Quichote wohnt einem Puppenspiel in einem Wirtshaus bei. Meister Pedro bewegt die Puppen und die Stimme des Jungen Trujaman erzählt die Geschichte dazu: Im Palast Kaiser Karls des Großen sitzt Don Gafeiro gemütlich beim Kartenspiel und verschwendet kaum mehr einen Gedanken auf seine Gemahlin Melisendra, die in Saragossa von den Mauren gefangengenommen worden ist. Der Kaiser, der an der jungen Frau Vaterstelle vertritt, macht dem treulosen Gatten deswegen Vorwürfe und schickt ihn fort, seine Gemahlin zu befreien. Melisendra erwartet im Palast des Maurenkönigs Marsilio sehnsüchtig die Ankunft ihres Gatten. Marsilio behandelt sie gut. Einen seiner Minister, der die Lage der hilflosen Frau ausnutzen wollte, verurteilt er zu einer schweren Züchtigung. Als Gafeiro schließlich eintrifft, findet er Melisendra am Balkon sitzend vor. Die beiden nutzen die günstige Gelegenheit und fliehen. Doch bald wird die Flucht entdeckt und Marsilio macht sich an die Verfolgung der Flüchtigen. Don Quichote hat sich von Anfang an mit dem Spektakel identifiziert: Nachdem er sich lautstark über das Los der armen edlen Frau empört hat, zieht er nun das Schwert, um den Flüchtigen zu helfen. In seinem gerechten Zorn ist er nicht aufzuhalten, er schlägt solange auf die bösen Mauren ein, bis er das Puppenspiel des Meister Pedro zerstört hat. Vor den Trümmern des Puppenspiels erklärt er mit sichtlicher Genugtuung, die Pflicht eines jeden Ritters, den Schwachen zu helfen, erfüllt zu haben.

● Nach de Fallas ursprünglicher Absicht sollten auch die «Menschen» der Oper von Marionetten dargestellt werden. Einige wenige Male wurde die Oper auch so aufgeführt, meistens jedoch werden sie von Sängern und Schauspielern in Masken gespielt. Das Orchester ist ganz klein, das führende Instrument ist das Cembalo. MS

HOLOFERNES

Oper in drei Akten von Emil Nikolaus von Rezniček (1860–1945). Libretto vom Komponisten nach dem Schauspiel «Judith» von Friedrich Hebbel (1813–1863). Uraufführung: Berlin-Charlottenburg, Hoftheater, 27. Oktober 1923.

HANDLUNG. König Nebukadnezar, der große Sieger, entsendet seinen Feldherrn Holofernes zur Belagerung der Stadt Betulia. Die Bürger der Stadt sind dem Verhungern nahe und sehen keine Rettung mehr. Die schöne Witwe Judith fordert ihre Mitbürger auf, den Mut nicht so schnell sinken zu lassen und bis zum nächsten Tage mit der Kapitulation zu warten. Dann kleidet sie sich in ihre prächtigsten Gewänder und begibt sich in Begleitung ihrer Dienerin Abra ins Lager des Fein-

Raymond Ellis in «Der reine Tor» von Gustav Holst an Covent Garden in London.

des. Holofernes ist hingerissen von der Schönheit der verführerischen Frau. Um ihn zu provozieren, erklärt sie ihm rundheraus, ihn zu hassen. In Wahrheit jedoch ist auch sie von Holofernes beeindruckt und vertraut der Dienerin ihre Verwirrung an. Gemäß ihrem Plan begibt sie sich zu Holofernes ins Zelt und gibt sich ihm hin. Dann schneidet sie ihm im Schlafe den Kopf ab. Bei ihrer Rückkehr nach Betulia wird sie als die große Befreierin, die allein durch ihre Schönheit und List den Feind besiegt hat, gefeiert. Doch Judith teilt den allgemeinen Freudentaumel nicht. Lieber will sie sterben, als nach dieser grauenvollen Tat weiterzuleben und einen Sohn des Feindes gebären. Sie gibt sich selbst den Tod.

● Rezniček erreicht in dieser Oper ein Höchstmaß an dramatischer Intensität, wie sie sonst nur bei Strauss zu finden ist. Die Entsprechung von Text und Musik ist dank des Umstandes, daß der Komponist selbst das Libretto geschrieben hatte, fast vollkommen.   RB

NERO (Nerone)

Tragische Oper in vier Akten von Arrigo Boito (1842–1918). Libretto vom Komponisten. Posthume Uraufführung: Mailand, Teatro alla Scala, 1. Mai 1924. Solisten: Aureliano Pertile, Rosa Raisa, Luisa Bertana, Carlo Galeffi, Marcello Journet. Dirigent: Arturo Toscanini.

PERSONEN. Nero (Tenor), Simon Mago (Bariton), Fanuèl (Bariton), Asteria (Sopran), Rubria (Mezzosopran), Tigellino (Baß), Gobrias (Tenor), Dositèo (Bariton), Pèrside (Sopran), Cerinto (Alt), der Tempelhüter (Tenor), erster Pilger (Tenor), zweiter Pilger (Bariton), der Sklavenaufseher (Bariton). Sklaven, Volk, Senatoren, eine Dionysos-Truppe, germanische Kohorten, Priester des Simon-Mago-Tempels, Prätorianer, Christen, Aurigen, Pantomimen, Tänzerinnen.

HANDLUNG. Erster Akt. Ein Friedhof an der Via Appia. Nachts. Simon Mago und Tigellino heben ein Grab aus für die Urne der Kaiserin Agrippina, die Nero, ihr Sohn, umgebracht hat. Simon Mago hat dem von Gewissensqualen Geplagten eingeredet, seine Seele werde Ruhe finden, wenn er die Asche der Mutter an einem geweihten Orte bestatten lasse. Aber Nero fürchtet immer noch die Wut des Volkes. Da erscheint Asteria, eine gespenstisch aussehende Gestalt mit einer Fackel in der Hand und Schlangen um den Hals geschlungen. Sie liebt Nero und verfolgt ihn in dieser aufsehenerregenden Aufmachung. Simon Mago verspricht ihr, ihr zu Befriedigung ihrer Wünsche zu verhelfen, gedenkt jedoch in Wirklichkeit, ihren Wahnsinn für seine Zwecke auszunützen. Mago entdeckt die geheimen Gräber der Christen. Fanuèl, einer der Anführer der Christen, tritt ihm in den Weg, Rubria, ein weißgekleidetes junges Mädchen, läuft davon, um ihre Glaubensgenossen von der Entdeckung zu berichten. Zweiter Akt. Im Tempel des Simon Mago. Der Priester und seine Akkolyten bereiten alles für eine Zeremonie in Neros Anwesenheit vor, in der Asteria als eine Göttin der Toten auftreten soll. Simon Mago hofft mit diesem Zeremoniell den abergläubischen Nero ganz in seine Gewalt zu bringen. Doch der Kaiser bemerkt den Betrug und läßt den Tempel von den Prätorianern zerstören. Mago verurteilt er dazu, sich bei den nächsten Spielen vom Turm in die Arena zu stürzen und dem Volke zu zeigen, wie er fliegen kann. Der Priester gibt sich keine Blöße und nimmt den Befehl gelassen entgegen. Insgeheim schmiedet er aber schon an einem Komplott, um sich zu retten. Dritter Akt. Ein Gärtchen vor einem einsam stehenden Haus. Fanuèl spricht zu einer Gruppe gläubiger Christen. Im Halbdunkel tritt eine geheimnisvolle Gestalt nach vorne. Alle, außer Fanuèl und Rubria, fliehen. Es ist Asteria, verletzt und erschöpft, die die beiden auffordert, zu fliehen. Simon Mago ist ihnen auf der Spur und sinnt auf ihre Vernichtung. Doch es ist zu spät. Schon ist Mago eingetroffen und läßt Fanuèl festnehmen. Rubria kann entkommen und plant Fanuèls Befreiung. Vierter Akt. In der Arena. Großer Tumult vor der Vorstellung. Simon Mago hat alles für seine Flucht vorbereitet: ein großer Brand soll die Aufmerksamkeit des Volkes und des Kaisers von ihm ablenken. Asteria soll das

Feuer entzünden. Sie hat sich dazu bereitgefunden, weil sie hofft, damit das Leben vieler Christen, die bei den grausamen Spielen den Tod finden sollen, zu retten. Tigellino entdeckt Nero den Plan, aber dieser kümmert sich nicht weiter darum, sondern meint nur, wenn Rom in Flammen aufginge, falle ihm der Ruhm zu, es wieder aufzubauen. Rubria bittet den Kaiser, als Vestalin verkleidet, um Gnade für die Christen, aber sie wird dem gleichen Schicksal wie ihre Glaubensbrüder überantwortet. Dann kommt der Augenblick, wo Simon Mago vom Turm gestürzt werden soll. Rauchwolken und Schreckensgeschrei zeigen die beginnende Feuersbrunst an. Alles stürzt in wilder Angst davon. In den Kellern der Arena werden die toten Christen niedergelegt. Asteria und Fanuèl finden Simon Mago unter den Toten. Rubria ist nur verletzt. Sie gesteht Fanuèl ihre Schuld: Sie hat sich dem christlichen Glauben angeschlossen, ohne den Kult der Vesta, dem sie als Vestalin verpflichtet war, aufzugeben. Fanuèl verzeiht ihr. Doch über ihnen stürzt das Gewölbe der Arena ein und begräbt sie unter sich.

● Boito arbeitete ungeheuer lange an dieser Oper, ließ sie aber immer wieder für viele Jahre liegen. Der Gedanke zu *Nero* war ihm bereits während seiner Arbeit an *Mephistopheles* gekommen. Das Libretto war 1901 fertig und wurde gleich veröffentlicht. Die Komposition erschien erst posthum. Boito hatte das Werk nicht vollendet. Toscanini war es, der dann Tommasini und Smareglia beauftragte, die Oper fertig zu schreiben. Hier, wie bei *Mephistopheles,* ist die Qualität des Textes unvergleichlich besser als die Musik dazu, wenn Boito hier auch größere musikalische Intensität erreicht als in dem früheren Werk. Sein Thema ist wiederum die Antithese von Gut und Böse, die hier in den Gegensatz zwischen der heidnischen Welt und den Anfängen des Chrisentums gefaßt ist.

MS

ERWARTUNG

Monodrama für Sopran und Orchester von Arnold Schönberg (1874–1951). Texte von Marie Pappenheim. Uraufführung: Prag, Neues Deutsches Theater, 6. Juni 1924. Solisten: Marie Gutheil-Schoder. Dirigent: Alexander von Zemlinsky.

HANDLUNG. Erste Szene. Waldrand im Mondlicht. Eine Frau erwartet den Geliebten. Sie empfindet die unbewegte Nachtluft wie eine Drohung, überwindet sich aber und geht in den Wald hinein. Zweite Szene. Eine von hohen Bäumen gesäumte Straße. Dunkelheit. Die Frau hat den Eindruck, ein Weinen zu hören, sie fühlt die Präsenz merkwürdiger unsichtbarer Gestalten, die sie berühren und festhalten. Das Rauschen der Bäume und das nächtliche Gezwitscher der Vögel im Schlaf lassen sie zusammenzucken. Sie läuft davon und fällt über etwas, das sie für einen toten Körper hält, aber es ist nur ein Baumstumpf. Dritte Szene. Eine mondbeschienene Lichtung im Wald mit hohem Gras, Farnen und großen, giftgelben Pilzen. Die Frau schöpft Atem, versucht sich zu fassen, bleibt stehen, weil sie die Stimme des Geliebten zu hören glaubt. Nun bedauert sie, daß die Nacht so kurz ist. Doch sogleich überfällt sie die Angst von neuem. Ihr ist, als faßten hundert Hände nach ihr, als starrten sie riesige Augen

Entwurf von Nicola Benois zu der zweiten Szene von Manuel de Fallas «Meister Pedros Puppenspiel».

aus dem Dunkel an. Vierte Szene. Eine mondbeschienene Straße. Von der Straße führt ein Weg zum Haus der Rivalin. Die Frau ist erschöpft, am Ende ihrer Kräfte. Gesicht und Hände sind zerkratzt. Sie sucht nach einem Ort, wo sie sich ausruhen kann und geht auf die Bäume zu. Sie stößt mit dem Fuß gegen etwas. Es ist der Körper des Geliebten. Ermordet, noch blutend. Die Frau kann nicht fassen, was sie sieht. Dann bedeckt sie den toten Körper wie im Delirium mit Küssen. Sie wirft dem Geliebten seine Untreue vor. Zusammenhanglose Erinnerungen stürzen über sie herein. Der Morgen kommt, der die Liebenden trennt. Diesmal für immer.

● *Erwartung* ist Schönbergs erstes Bühnenwerk. Der Text, den er selbst bei der jungen Schriftstellerin Marie Pappenheim in Auftrag gegeben hatte, faszinierte ihn so sehr, daß er in knapp vierzehn Tagen mit der Partitur fertig war. Ein zeitgenössischer Kritiker schrieb anläßlich der Uraufführung, die Oper sei «die konzentrierteste Zusammenfassung alles dessen, was die Zeit nach Wagner hervorgebracht habe, sozusagen ein kritischer Essay nicht aus Worten, sondern aus Tönen, der mit der Kraft seiner Absicht, seiner schöpferischen Vision keinerlei rationalistische Erklärung mehr erlaubt.» Die Musik – die zu seiner atonalen Periode gehört – bildet einen gleichförmigen Fluß von Tönen, durchsetzt von aufzuckenden Klängen, die keine Fortführung finden. Lediglich an der Stelle, wo die Frau ihre schreckliche Entdeckung macht, tritt eine kurze Pause ein. Der Gesangspart besteht aus einem Rezitativ, das ab und an von einer ursprünglichen melodischen Explosion in Melodiefetzen unterbrochen wird. In dem Werk *Erwartung* wie in anderen Werken der expressionistischen Phase Schönbergs wird die «seismographische Aufzeichnung traumatischer Schocks zum Gesetz der musikalischen Form, die Sprache der Musik polarisiert sich auf die Extreme hin: Einerseits ruft sie Schockbewegungen hervor, Schauern ähnlich, die den Körper durchlaufen, andererseits . . .» (Theodor Adorno). RB

HUGH, DER VIEHTREIBER
(Hugh, the Drover or Love in the Stocks)

Balladenoper in zwei Akten von Ralph Vaughan Williams (1872–1958). Libretto von Harold Child (1869–1945). Uraufführung: London, Perry Memorial Theatre of the Royal College of Music, 4. Juli 1924. Erste öffentliche Aufführung: Her Majesty's Theatre, 14. Juli 1924 durch die British National Opera Company. Solisten: Tudor Davies und Mary Lewis.

HANDLUNG. Die Handlung spielt Anfang des neunzehnten Jahrhunderts in England. Marys Vater will sie mit dem reichen Metzger John verheiraten. Sie aber hat sich in den Viehhirten Hugh verliebt. Dieser liebt die Weite der Felder, die Tiere, das Leben an der freien Luft und wird deshalb von den Städtern verachtet. John, ein einfallsloser, selbstgefälliger Bürger, drängt Marys Vater, ihm die Tochter zur Frau zu geben. Er ist überzeugt, daß sie letztlich seinen Reichtum nicht ausschlagen wird. Aber Marys Vater läßt die beiden Rivalen einander im Faustkampf gegenübertreten. Hugh besiegt John. Doch nun wird er beschuldigt, ein Spion Napoleons zu sein, und soll verurteilt werden. Ein Offizier aber erkennt ihn und entlastet ihn. Der wahre Schuldige ist John. Mary und Hugh können endlich heiraten.

● Innerhalb der relativ differenzierten Oper ist die Gestalt des John von merkwürdig ungeformter Plumpheit und hat daher viel Kritik ausgelöst. Die Oper war ausgesprochen erfolglos, was möglicherweise daran lag, daß die Gestalt der Mary von großer Leidenschaftlichkeit ist und die Musik dies auch sehr deutlich macht. Die Oper enstand zwischen 1911 und 1914. EP

DIE GLÜCKLICHE HAND

Schauspiel mit Musik in vier Akten für Bariton, gemischten Chor und Orchester von Arnold Schönberg (1874–1951). Text vom Komponisten. Uraufführung: Wien, Volksoper, 14. Oktober 1924. Dirigent: Fritz Stiedry.

PERSONEN. Der Mann (Bariton), die Frau, der Herr, Arbeiter (stumme Rollen).

HANDLUNG. Erstes Bild. Ein Fabelwesen, ein Ungeheuer, sitzt dem Mann im Nacken. Der Chor (sechs Frauen und sechs Männer, deren grüne Gesichter in der Dunkelheit zu sehen sind) ermahnt den Mann, der Wirklichkeit zu glauben und nicht den Träumen, auf das Unerreichbare zu verzichten und den trügerischen Schmeicheleien des Gefühls nicht zu trauen. Das Ungeheuer verschwindet in der Finsternis. Der Mann springt hoch. Zweites Bild. Vor einer strahlenden Sonne lieben sich der Mann und die Frau. Der Mann will der Frau sein Glücksgefühl zum Ausdruck bringen und berührt leicht ihre Hand. Da tritt der Herr auf, das Symbol der kalten Realität der Welt. Die Frau folgt ihm. Der Mann aber bemerkt nicht, daß sie ihn verläßt und ruft triumphierend aus: «Jetzt besitze ich dich für immer!» Viertes Bild. Der Mann ist mit einem Schwert bewaffnet. Er steigt auf einen Felsen, in dem sich zwei Höhlen öffnen. In der einen sind Arbeiter am Werk. Ohne auf ihre drohende Haltung zu achten, läßt er mit einem einzigen Hammerschlag aus einem Stück Gold ein herrliches Geschmeide entstehen. Nachlässig wirft er es den Arbeitern hin. In der anderen Höhle fleht die Frau den Herrn an, ihr einen Stoffstreifen, den er aus ihrem Kleid gerissen hat, zurückzugeben. Als der Herr sich entfernt hat, versucht der Mann, die Frau zurückzuerobern, aber die Frau läuft davon. Mit ihrem Tritt löst sie einen Felsbrocken los. Er stürzt in die Tiefe und begräbt den Mann unter sich. Der Felsbrocken hat sich in das Ungeheuer verwandelt. Viertes Bild. Der Mann ist neuerdings Gefangener seiner Angst, die Zähne des Ungeheuers haben sich ihm tief in den Nacken gebohrt. Der Chor kommentiert seine qualvolle Suche ohne Frieden.

● Der kurze Text zu *Die glückliche Hand* geht auf das Jahr 1910 zurück, die Partitur war erst drei Jahre später fertig. Das Werk ist eine Allegorie auf die Isolierung des Menschen (des Künstlers), in der auf der Arbeitsteilung beruhenden Industriegesellschaft und gehört sowohl als Bühnenstück als auch als Komposition zu den wichtigsten Werken Schönbergs. Adorno stellt es in seiner Bedeutung im Schönbergschen Schaffen ganz an die Spitze. Musikalisch ist es eine «unersättliche Überlagerung» verschiedener Klangebenen, die ein ganz neues Timbre ergeben. Teilweise verblüffende Wirkung erzielt Schönberg mit dem Wechsel zwischen Sprechgesang und Gesang. Der Komponist wollte in diesem Werk wesentliche und notwendige Beziehungen zwischen allen Elementen eines Bühnenstücks (Wort, Geste, Farbe) herstellen und legte genau wie bei den Tönen Dauer, Umfang und Intensität bis ins letzte fest. Besonderen Wert legt er dabei auf den Farbsymbolismus (unter Anlehnung an Kandinskys Theorie) und seine Entsprechung mit der Musik. RB

1924

INTERMEZZO

Eine bürgerliche Komödie mit sinfonischen Zwischenspielen in zwei Aufzügen von Richard Strauss (1864–1949). Libretto vom Komponisten. Uraufführung: Dresden, Staatsoper, 4. November 1924. Solisten: Lotte Lehmann, Joseph Correk. Dirigent: Fritz Busch.

HANDLUNG. Erster Akt. Der Orchesterchef Robert Storch (Bariton) steht vor der Abreise nach Wien. Christine (Sopran) beklagt sich über das Schicksal, die Gattin eines berühmten Mannes zu sein. Später zeigt sie sich durchaus empfänglich für die Aufmerksamkeiten des jungen Barons Lummer (Tenor) und geht mit ihm zum Tanz. Aber bald merkt sie, daß es der Baron auf ihr Geld abgesehen hat. Da trifft ein Brief für Storch ein. Christine öffnet ihn und stellt fest, daß er von einer Frau kommt, die offensichtlich recht vertraut mit ihrem Mann ist. Wütend schickt sie dem Gatten ein Telegramm, in dem sie ihm mit Scheidung droht. Zweiter Akt. Storch erhält das Telegramm, als er gerade mit Freunden beim Skat sitzt. In der Gesellschaft befindet sich auch der Dirigent Stroh (Tenor). Wie sich herausstellt, ist er der Empfänger des Briefes. Stroh reist Storch voran, um Christine das Mißverständnis zu erklären, Christine empfängt ihren Mann trotzdem äußerst kühl. Auch wenn er diesmal unschuldig ist, wird es schon früher oder später dazu kommen, daß er sie betrügt. Da verliert Robert die Beherrschung und will seinerseits Christine verlassen. Erst jetzt wird sie sich klar darüber, was es bedeuten würde, wenn sie ohne ihn leben müßte, und sie versöhnen sich. «Ist das nicht eine glückliche Ehe?» – so Christines Schlußwort.

● *Intermezzo* ist bis in die Einzelheiten eine Wiedergabe eines Zerwürfnisses zwischen Strauss und seiner Frau Pauline. Nachdem er vergeblich versucht hatte, Hofmannsthal und dann Hermann Bahr für das Libretto zu gewinnen, entschloß er sich, ermutigt von Bahr, es selbst zu schreiben. Dank dieser Einheit von Erleben und künstlerischer – literarischer wie musikalischer – Verarbeitung in einer Person, erreicht *Intermezzo* einen Grad der psychologischen Nuanciertheit und musikalisch-differenzierten Entsprechung, der an Vollkommenheit grenzt. Die «Konversation in Musik» mit ihren außerordentlichen virtuosen Parlandi ist es, die die Handlung trägt und in ihrer Tragikomik entfaltet. In den Zwischenspielen werden die Psychologie der Personen vertieft und die wahren Gefühle freigelegt, die sie bewegen. RB

DAS SCHLAUE FÜCHSLEIN
(Príhody lišky bystroušky)

Oper in zwei Akten und neun Bildern von Leos Janáček (1854–1928). Libretto vom Komponisten nach einer Erzählung von R. Tesnohlídek. Uraufführung: Brünn, 6. November 1924.

HANDLUNG. Der Förster (Bariton) hat Schlaukopf, das Füchslein, gefangen und versucht es nun – vergeblich – für die Welt der Menschen zu erziehen. Es wütet im Hühnerstall, zerbeißt seine Leine und läuft wieder in die Freiheit des Waldes hinaus. Mit der Verbissenheit eines abgewiesenen Liebhabers bemüht sich der Förster, das Füchslein wieder einzufangen. In der Tat sieht er in dem Tier eine «schöne und wilde Kreatur» wie er sie einst unter den Menschen in dem Mädchen Terynka getroffen hatte. In seiner Jugend hatte er Terynka, der auch der Schulmeister (Tenor) vergeblich den Hof gemacht hatte, geliebt. Sie ist ihm Inbegriff der unverbildeten Natur und freien Liebe geblieben. Aber Terynka heiratet den Vagabunden Haraseta. Dieser tötet das Füchslein, um seinem Weib das Fell schenken zu können. Mit dem Tod des Füchsleins ist auch Terynkas ungebundene Lebenslust am Ende. So scheint sich der Kreis zu schließen. Aber im beginnenden Frühling begibt sich der Förster wieder in den Wald und entdeckt auf der Lichtung, wo er das Füchslein Schlaukopf gefangen hatte, die funkelnden Äuglein eines jungen Füchsleins, die ihn mit der gleichen Lebenslust wie einst die der Mutter fixieren.

● Die Oper gehört zu den bedeutendsten Werken des tschechischen Musiktheaters dieses Jahrhunderts. Die Musik lebt weitgehend aus tschechischen Volksweisen. Dabei entwickelt Janáček einen sehr charakteristischen Deklamationsstil. Die Oper gehört darüber hinaus zu seinen melodiösesten und lyrischsten Werken. AB

DIE RITTER VON EKEBU
(I cavalieri di Ekebu)

Lyrisches Drama in vier Akten von Riccardo Zandonai (1883–1944). Libretto von Arturo Rossato nach dem Roman «Gösta Berling» von Selma Lagerlöf (1858–1940). Uraufführung: Mailand, Teatro alla Scala, 7. März 1925. Solisten: Franco Lo Giudice, Elvira Casazza, M.L. Fanelli, F. Autori, B. Franci, C. Walter, A. Tedeschi, L. Laura. Dirigent: Arturo Toscanini.

PERSONEN. Gösta Berling (Tenor), die Majorin (Mezzosopran), Anna (Sopran), Sintram (Baß), Christian (Bariton), Samzelius (Baß), Liecron (Tenor), die Wirtin (Mezzosopran).

HANDLUNG. In Schweden, Ekebu. Der Priester Gösta Berling ist wegen Trunksucht seines Amtes enthoben worden. Das Mädchen das er liebt, Anna, überhäuft ihn mit Vorwürfen. Als er dann eines Tages auch noch aus einer Wirtschaft hinausgeworfen wird, verliert er jeden Lebensmut und will nur noch sterben. Die «Majorin», die Besitzerin der Eisenhütte und Herrin auf Schloß Ekebu, bietet ihm einen Posten unter ihren «Kavalieren», einer Bande ehemaliger Soldaten, halb Abenteurer, halb Bohemiens, die sie im Laufe der Zeit eingestellt hat, an. Gösta erklärt Anna bei einer Weihnachtsfeier vor aller Öffentlichkeit, daß er sie liebe. Die beiden küssen sich. Sintram gibt zu verstehen, daß die Majorin die Seelen der Kavaliere dem Teufel verkauft habe. Daraufhin verjagen sie die Kavaliere von ihrem Besitz. Nach einiger Zeit stellen die Kavaliere fest, daß sie der Majorin wohl Unrecht getan haben und beschließen, sie zurückzuholen. Als sie, schwer krank, wieder auf ihr Schloß kommt, weiß sie, daß sie nicht mehr lange zu leben hat. Vor ihrem Tode vermacht sie ihren gesamten Besitz Gösta und seiner Anna.

● Die Oper dürfte zu Zandonais interessantesten Arbeiten zählen. Sie hatte auch in Stockholm ungeheuren Erfolg. Die schwedische Erstaufführung im Jahre 1928 war zu Ehren des siebzigsten Geburtstages der Dichterin Selma Lagerlöf, von der der Stoff stammt, eingerichtet. EP

DAS ZAUBERWORT
(L'Enfant et les Sortilèges)

Lyrische Phantasie in zwei Akten von Maurice Ravel (1875–1937). Libretto von Colette (1873–1954). Uraufführung: Monte

Carlo, Théâtre du Casino, 21. März 1925. Solisten: Gauley, Orsoni, Dubois-Langer, Bilhon, Warnery, Mathilde, Baidarott. Dirigent: Victor de Sabata.

PERSONEN. Das Kind (Mezzosopran), die Mutter (Alt), der kleine Lehnstuhl (Sopran), der große Lehnstuhl (Baß), die Standuhr (Bariton), das Feuer (leichter Sopran), die Prinzessin (leichter Sopran), die Katze (Mezzosopran), die Arithmetik, der Baum, der Kater, das Eichhörnchen.

HANDLUNG. Erster Akt. In einem alten Haus in der Normandie. Niedrige Decke, gemütlich und anheimelnd. Ein Kind von sechs oder sieben Jahren müht sich verzweifelt mit seinen Hausaufgaben ab. In Gedanken hängt es verbotenen Wünschen nach: es möchte die Katze am Schwanz ziehen oder gar die Mutter bestrafen. Als die Mutter kommt, stellt sie fest, daß das Kind noch nicht einmal angefangen hat mit seinen Aufgaben. Zur Strafe bekommt es nur eine Tasse Tee ohne Zucker und ein Stück trockenes Brot. Sobald es wieder allein ist, läßt das Kind seine Wut an der Einrichtung aus. Es macht die Möbel kaputt, zerreißt die Tapete, zieht die Katze am Schwanz und quält das Eichhörnchen im Käfig. Schließlich fällt es erschöpft in einen Sessel. Und nun beginnt der Zauber: Der alte Lehnstuhl beginnt einen komplizierten Tanz mit dem zierlichen Louis-XV-Fauteuil, die übrigen Möbel äffen den alten Lehnstuhl nach und zeigen ihre Verachtung für ihn, die Standuhr beklagt sich über ihr verlorenes Gleichgewicht, kurz, ein jeder Gegenstand belebt sich. Das Kind bekommt es mit der Angst zu tun. Als es sich dem Kamin nähert, züngelt ihm das Feuer drohend entgegen, dann gerät es mit der Asche in Streit und geht schließlich aus, so daß das Zimmer im Dunkeln liegt. Aus der Tapete steigen Märchenfiguren: Hirten und Hirtinnen mit ihren Schafen und Ziegen. Sie tanzen zu süßen Klängen und klagen, daß sie nicht mehr zusammenkommen können. Das Kind weint. Aus den Seiten des halbzerrissenen Buches steigt eine Prinzessin und tröstet es. Plötzlich steht an Stelle der sanften Prinzessin ein wenig Vertrauen einflößender Alter mit einem griechischen «PI» auf dem Kopf und tausend unbeantworteten Fragen. Es ist die Arithmetik. Unterdessen ist der Mond aufgegangen und der Kater hat sich erhoben, um die Katze zu umschnurren. Er stimmt ein herzzerreißendes Liebesduett mit ihr an. Zweiter Akt. Nachts im Garten. Alle Tiere, die den Garten bevölkern, haben dem Kind etwas vorzuwerfen und umringen es drohend. Dann setzen sie zu einem wilden Tanz an, in dem das Eichhörnchen verletzt wird. Da nimmt sich das Kind des armen Tierchens an und verbindet und streichelt es. Die Tiere sind verblüfft über die unerwartete Sanftmut und Güte des Kindes. Vielleicht ist es doch nicht so böse. Schließlich führen sie es zum Haus zurück. Dort erwartet es die Mutter. Damit ist der Zauber vorbei und das Kind erwacht mit einem Schrei.

● Colette suchte schon geraume Zeit einen Komponisten für ihr Bühnenstück, als ihr ein gemeinsamer Freund riet, sich an Ravel zu wenden. Die Zusammenarbeit war mühsam, da Ravel zahllose Hindernisse und Schwierigkeiten in dem Text entdeckte und viele Änderungswünsche hatte. Ohne das entschiedene Eingreifen des damaligen Direktors des Theaters von Monte Carlo, Raoul Gunsbourg, der Ravel zum Abschluß der Komposition innerhalb einer bestimmten Zeit zwang, wäre das Werk, das ursprünglich *Ballet pour ma fille* heißen sollte, wohl nie vollendet worden. Die Uraufführung löste eine Welle heftiger Auseinandersetzungen unter den Kritikern aus. Auch bei ihrer Aufführung in Paris im Jahr 1926 rief sie noch sehr unterschiedliche Reaktionen hervor. Erst bei den späteren Aufführungen in New York, London und Brüssel fand sie die Anerkennung, die sie verdient. Seither hat sie sich überall durchgesetzt. Die Befürchtungen des Komponisten hinsichtlich der Möglichkeiten, das Stück überhaupt szenisch darzustellen, erwiesen sich allerdings als durchaus begründet. Die Rolle des Kindes kann nur von einem Erwachsenen gesungen werden, und Dinge wie die Seile, mit denen die riesenhaften Möbel wie Marionetten bewegt werden, tragen nicht gerade dazu bei, eine zauberische Atmosphäre zu schaffen. Musikalisch dagegen muß das Werk als gelungen gelten. Ravels Phantasie erweist sich als unerschöpflich und schafft eine originelle Opernmusik, die in ihrer Art einzigartig ist. Die Szenen folgen wie kleine Sketchs, die in sich bis ins Letzte ausgearbeitet sind, aufeinander. Mit geradezu rührender, liebevoller Aufmerksamkeit beschreibt Ravel das Leben innerhalb der vier Wände eines bürgerlichen Hauses. Das Ergebnis ist ein Werk von ans Herz gehender Natürlichkeit, aus dem des Komponisten Zuneigung zu den Phantasiegeschöpfen der Colette spricht. «Das Zauberwort» ist ein Miniatur-Meisterwerk aus Ravels musikalischem Schaffen. RB

DER TEUFEL IM GLOCKENTURM
(Il diavolo nel campanile)

Oper in einem Akt von Adriano Lualdi (1887–1971). Libretto vom Komponisten nach der gleichnamigen Erzählung von Edgar Allan Poe. Uraufführung: Mailand, Teatro alla Scala, 22. April 1925. Solisten: Elvira Casazza, Gaetano Arsolini, R. Rorri, A. Baracchi, der Schauspieler J. de Oliveira als Teufel, P. Menescaldi. Dirigent: Vittorio Gui.

PERSONEN. Eunomia (Sopran), Irene (Alt), Tallio (Tenor), Carpofonte (Baß), der Teufel (stumme Rolle), der Turmwächter.

HANDLUNG. Die Zeit der Handlung ist nicht bestimmt. Ort der Handlung ist eine imaginäre Stadt, die von den unerbittlichen Schlägen ihrer Uhren beherrscht wird. Die große Uhr des Glockenturm am Stadtplatz trägt in riesigen Lettern die Aufschrift: «Die Unfehlbare». Auch die Liebeshändel zwischen den Ehefrauen der Stadt und ihren jungen Liebhabern sind genau von den Schlägen dieser Uhr geregelt. Eines Tages jedoch kriecht der Teufel in den Uhrturm und bringt mit dem Uhrwerk zugleich die gesamte Stadt in Aufruhr und Unordnung. Nun, da die Zeit völlig durcheinandergeraten ist, entdecken die betrogenen Ehemänner, daß sich ihre Frauen mit jungen Liebhabern abgeben, es kommt zu Flucht und Verfolgungen, Streit und Schlägen. Schließlich hat der Teufel genügend Unruhe gestiftet und zieht sich wieder zurück. Die Uhren der Stadt gehen wieder regelmäßig, aber die Bürger der Stadt haben die Sicherheit der ungestörten Ordnung verloren.

● Adriano Lualdi legt mit seinem gesamten Schaffen eine deutliche Vorliebe für komische, ja parodistische Themen an den Tag und verwendet dabei – auch unter dem Einfluß Ermanno Wolf-Ferraris – Stil und Formen des italienischen Theaters des achtzehnten Jahrhunderts, die er jedoch mit einigen modernen Errungenschaften der Kompositionstechnik versetzt. Die launige Schärfe der Partitur zum *Teufel im Glockenturm* ist eines der charakteristischsten Beispiele für seine Musik. MSM

1925

DOKTOR FAUST

Oper in zwei Vorspielen, einem Zwischenspiel und drei Bildern von Ferruccio Busoni (1866–1924). Libretto vom Komponisten nach der Volkssage um die Gestalt des Doktor Faust und Christopher Marlowes «The tragical History of Doctor Faustus» (1588). Uraufführung: Dresden, Staatsoper, 21. Mai 1925. Dirigent: Fritz Busch.

PERSONEN. Doktor Faust (Bariton), Wagner (Baß), Mephistopheles als ein schwarzgekleideter Herr, der Hofkapellan, der Herold, der Bote, der Nachtwächter (Tenöre), der Herzog von Parma (Bariton), die Herzogin von Parma (Sopran), der Zeremonienmeister (zweite Stimme), ein Theologe (Baß), ein Soldat (Bariton), erster Student (Tenor), zweiter Student (Bariton), dritter Student (Bariton), vierter Student (Tenor), fünfter Student (Tenor), erste Stimme (Tenor), zweite und dritte Stimme (Baritone), vierte und fünfte Stimme (Tenöre), ein Offizier (Tenor), ein Jurist, erste Stimme (Gravis) (Bässe), der Schüchterne, eine dritte Stimme (Asmodeo) (Baritone), eine Sopranstimme, eine Altstimme, eine Mezzosopranstimme; Chor: Kirchgänger, Soldaten, Höflinge, Jäger, Landleute, katholische und lutheranische Studenten.

HANDLUNG. Die Handlung spielt in der ersten Hälfte des sechzehnten Jahrhunderts. Erstes Vorspiel. In Wittenberg, in Doktor Fausts Studierstube. Der Gelehrte empfängt drei unbekannte Studenten, die ihm ein Buch mit einem Schlüssel schenken, mit dem es ihm möglich sein soll, die Mächte der Hölle in seine Gewalt zu bringen. Zweites Vorspiel. Faust vollzieht die vorgeschriebenen Riten: Um Mitternacht löst er seinen Gürtel, breitet ihn in Form eines Kreises auf dem Boden aus, und stellt sich mit dem Buch und dem Schlüssel hinein. Dann befragt er die Geister der Hölle, die sich ihm als Feuerzungen zeigen, aber die ersten fünf enttäuschen ihn. Erst die sechste Stimme verspricht ihm all die Dinge, die er seit langer Zeit begehrt und nimmt vor seinen Augen deutlichere Gestalt an: es ist Mephistopheles. Er verspricht ihm Erfüllung all seiner Wünsche bis an sein Lebensende, nach seinem Tode wird Faust dafür sein ewiger Sklave sein. Faust will diesen Pakt nicht unterzeichnen, aber Mephistopheles erinnert ihn an all seine Untaten und Schuld: an das Mädchen, das er verführt hat, und dessen Bruder nun auf der Suche nach ihm ist, um ihn zu töten; an den Verdacht der Hexerei, unter dem er steht – und Faust unterzeichnet. Zwischenspiel. In einer Kathedrale. Margarethes Bruder, der geschworen hat, die Verführung der Schwester zu rächen, bittet Gott im Gebet, ihn den Verführer finden zu lassen. Mephistopheles täuscht mit einem Zauber die Soldaten vor der Kirche. Sie halten Margarethes Bruder auf diese Art und Weise für einen gesuchten Banditen und töten ihn. Erstes Bild. Ein Fest im Park des Herzogspalastes zu Parma. Faust, dem sein Ruf als Wundertäter vorausgeeilt ist, trifft bei Hofe ein. Er weiß die Höflinge mit seinen Zauberstücken zu beeindrucken. Die Herzogin verliebt sich in ihn. Der eifersüchtige Herzog versucht ihn daraufhin zu vergiften, aber Mephistopheles warnt ihn rechtzeitig. Faust flieht, die Herzogin folgt ihm wie in Trance. Zweites Bild. In einem Keller in Wittenberg. Faust diskutiert mit Studenten und erzählt dabei auch von seinem Abenteuer mit der Herzogin von Parma. Da tritt Mephistopheles dazwischen und verkündet höhnisch die Nachricht vom Tode der Herzogin. Gleichzeitig wirft er Faust die Leiche eines neugeborenen Kindes vor die Füße, verwandelt diese dann unversehens in ein Bündel Stroh und läßt es in Flammen aufgehen. Aus dem aufsteigenden Rauch erhebt sich die Gestalt einer herrlichen Frau: es ist die schöne Helena. Als

Titelblatt zu «Das Zauberwort» von Maurice Ravel.

Faust sich ihr zu nähern versucht, verschwindet die Erscheinung jedoch. Da kommen die unbekannten Studenten, die Faust einst das Buch und den Schlüssel geschenkt hatten. Sie fordern jetzt beides zurück. Aber Faust ist nicht mehr im Besitz dieser Gegenstände, er hat sie zerstört. Daraufhin kündigen die Studenten ihm seinen baldigen Tod an. Drittes Bild. Eine verschneite Straße in Wittenberg. Faust wandert ziellos in der Stadt umher. Da erblickt er einen ehemaligen Schüler, Wagner, der inzwischen zum Rector Magnificus der Universität zu Wittenberg ernannt wurde und von seinen Studenten hoch gefeiert wird. Dann kommt er an seinem alten Haus vorbei, daraus erklingen ihm Stimmen des jüngsten Gerichts entgegen. Faust sucht verzweifelt nach einer Gelegenheit, eine gute Tat zu vollbringen, auf daß ihm Rettung werde. Auf den Treppen zur Kirche findet er eine Bettlerin mit einem Säugling im Arm. Sie verwandelt sich unter Fausts Blicken in die Herzogin von Parma mit dem toten Neugeborenen. Wie in einem Alptraum erscheinen ihm gleichzeitig Margarethes toter Bruder, das Haupt des Gekreuzigten und die schöne Helena. Faust unternimmt einen letzten Versuch, wiedergutzumachen, was er zerstört hat. Er deckt seinen Manel über das tote Neugeborene, legt seinen Gürtel in einem Kreis um die kleine Leiche, stellt sich selbst hinein und spricht die Zauber-

«Das Zauberwort» von Maurice Ravel. Kostüme von Paul Colin für die «Arithmetik» und die «chinesische Tasse». Pariser Oper 1939. Rechts: Figurinen von François Geneau für die «Libellen». Pariser Oper 1958.

formel, die er aus dem Buch, das er einst bekommen hatte, gelernt hat. Dann bricht er tot zusammen. Aus seinem Mantel aber steht ein Knabe auf, der einen blühenden Zweig in der Hand hält und sich langsam entfernt.

● Busoni hatte das Werk nicht vollenden können. Philipp Jarnach ergänzte die fehlenden Teile nach seinem Tode. Das Libretto bezieht sich in keiner Weise auf den Goetheschen Faust, sondern auf das Volksstück für Marionetten und das Drama von Marlowe aus dem sechzehnten Jahrhundert. *Doktor Faust* ist Busonis letztes und auch reifstes Werk. Wie aus verschiedenen Quellen nachzuweisen ist, hatte er sich sein ganzes Leben mit dem Gedanken einer Faust-Oper befaßt.
MS

DIE ORPHEIS
(L'Orfeide)

Trilogie von Gian Francesco Malipiero (1882–1973). Libretto vom Komponisten. Jeder Teil der Trilogie ist ein selbständiges Werk: LE MORTE DELLE MASCHERE *(Der Tod der Masken), Vorspiel –* SETTE CANZONI *(Sieben Lieder), sieben dramatische Ausdrucksszenen –* ORFEO *(Orpheus) oder* L'OTTAVA CANZONE *(Das achte Lied), Nachspiel. Uraufführung: Düsseldorf, Stadttheater, 31. Oktober 1925. Solisten: H.O. Stuck, C. Waldmeier, H. Bouquoi, B. Backstein, H. Faber, C. Bara, K. Ludwik, J. Redensbeck, L. Hoffmann, P. Barleben, M.L. Schilp, W. Fassbaender, C. Ullrich, E. Senff-Thiess, J. Grahl, E. Thiess, J. Dobski, M. Bruggermann, J. Schoemmer, B. Putz, C. Nettesheim, W. Ries. Dirigent: E. Harthmann.*

PERSONEN. LA MORTE DELLE MASCHERE. Der Impresario, sieben Masken: Arlecchino (Tenor), Brighella (Bariton), Doktor Balanzon (Bariton), Hauptmann Spaventa di Valle Inferna (Baß), Pantalone (Bariton), Tartaglia (Tenor), Pulcinella (Tenor), Orfeo (Tenor).

SETTE CANZONI. *I vagabondi (Die Vagabunden):* Der Blinde, der Märchenerzähler (Bariton), eine junge Frau, einige Passanten. *A vespro (Am Abend):* eine Frau, ein Mönch, Stimmen hinter der Bühne. *Il ritorno (Die Rückkehr):* die alte Mutter (Sopran), der Sohn, Stimmen hinter der Bühne. *L'ubriaco (Der Betrunkene):* der Verliebte, eine Frau, der Betrunkene (Bariton), ein Alter. *La serenata (Die Serenade):* ein Mädchen, der Verliebte (Tenor), Stimmen hinter der Bühne. *Il campanaro (Der Glöckner):* der Glöckner (Bariton), Stimmen hinter der Bühne. *L'alba delle Ceneri (Aschermittwochmorgen):* der Laternenanzünder (Bariton), Beguinen, ein Leichenzug, Bajazzo, eine Maskierte.
ORFEO oder L'OTTAVA CANZONE. Im ersten Schaukasten: der König, die Königin, ihr Gefolge, ein Ritter (Tenor), eine Dame, ein Getränkeverkäufer (Tenor), das Publikum. Im linken Schaukasten: große Perücken und dazugehörige Damen. Im rechten Schaukasten: Kinder. Im Schaukasten in der Mitte: Nero (Bariton), sein Sklave, Agrippina (Sopran), der Scharfrichter, Orfeo (Tenor).

HANDLUNG. LA MORTE DELLE MASCHERE. Ein Impresario präsentiert dem Publikum die Masken der Commedia dell'arte in ihren typischen Haltungen. Plötzlich stürmt ein maskierter Mann herein, verjagt den Impresario und schließt alle Masken in einen Schrank. Er erklärt sie für lebensfern, tot und läßt neue Gestalten der Oper auftreten: lebendige Personen, die Geschichten mitten aus dem Leben singen. Nacheinander ziehen die Gestalten, die die nachfolgenden SETTE CANZONI verkörpern, über die Bühne. Sie alle werden von dem Maskierten, der Orpheus ist, vorgestellt: *I vagabondi:* Eine Frau führt einen Blinden herein, läßt sich von den Geschichten eines Märchenerzählers gefangennehmen und vergißt den blinden Gefährten. Als der Blinde dies bemerkt, macht er sich in stiller Verzweiflung, tastend davon. *A vespro:* Ein Mönch ist dabei, die Kirche für die Nacht zu schließen und entdeckt dabei eine Frau im Gebet. Ohne Rücksicht auf ihr Bedürfnis, im Gebet Trost zu finden, zwingt er sie, das Gotteshaus zu verlassen und verschließt das Portal.

1925

Il ritorno: Eine alte Frau beweint in wahnsinnigem Schmerz den Tod ihres Sohnes. Als der totgeglaubte Sohn zurückkehrt, erkennt ihn seine Mutter nicht, und der Sohn bleibt hilflos und seinerseits vor Schmerz zurück. *L'ubriaco:* Ein junger Mann, der aus dem Haus der Geliebten, wo er von deren Gatten entdeckt wurde, flieht, begegnet einem Betrunkenen und stößt ihn zu Boden. Der betrogene Gatte hält den Betrunkenen für den Geliebten seiner Frau und schlägt erbarmungslos auf ihn ein. *La serenata:* Eine junge Frau weint am Totenbett des Gatten, während ihr unter ihrem Fenster ein Ständchen gebracht wird. Der junge Anbeter der Frau bemerkt erst, als er Einlaß ins Haus bekommt, welche Tragödie sich während seiner Serenade abspielte. *Il campanaro:* Ein Glöckner läutet Sturm, um der Bevölkerung einen großen Brand mitzuteilen, und singt dabei, gänzlich unbesorgt um das, was an Schrecklichem passiert, ein munteres Lied. *L'alba delle ceneri:* Ein Totenkarren mit einem Zug reuiger Büßer, die die Bürger zu Gebet und Sühne aufrufen, zieht vorbei. Da taucht ein verspätetes Trüppchen Karnevalsmasken auf und führt einen Tanz vor, aber eine den Tod darstellende Gestalt jagt sie auseinander. Als der Totenzug verschwunden ist, kommen zwei weitere Masken und schließen sich der Gruppe an. ORFEO oder L'OTTAVA CANZONE. Das Nachspiel zeigt ein vollbesetztes Theater mit König und Königin in der Ehrenloge. Ein Schauspieler stellt die Grausamkeit Neros dar; eine Gruppe älterer Leute aus dem Publikum ist empört darüber; die Kinder lachen. Dann tritt Orpheus auf, der mit seinem süßen Gesang das Publikum einschläfert. Nur die Königin bleibt wach. Sie ist von dem Sänger wie verzaubert und entfernt sich mit ihm.

● Im ersten Teil dieser Trilogie stellt Malipieri die Forderung dar, die überholten Schemata des akademischen Theaters der Vergangenheit aufzugeben und sich der Wirklichkeit zuzuwenden. Die sieben Episoden, die den zweiten Teil ausmachen, schildern jeweils kurze Momente oder Ereignisse, wie sie im Leben vorkommen. Sie werden als *Canzoni* (Lieder oder Kanzonen) bezeichnet, weil die Darstellung der Szenen sich in einfachen Liedmelodien ohne musikalische Weiterführungen und ohne rezitative Teile erschöpft. Die Texte entstammen alten italienischen Liedern der Renaissance. Der dritte Teil der Trilogie stellt das Problem des Widerspruchs zwischen Theater und Wirklichkeit in den Vordergrund und illustriert ironisierend die Schwierigkeit, sich im Theater von traditionellen Mustern freizumachen. Auch Orpheus bedient sich – trotz aller Forderungen des ersten Teils nach Loslösung vom Traditionalismus – dieser traditionellen Muster, ohne sich davon beeindrucken zu lassen, daß das Publikum bei seinem sanft einlullenden Gesang einschläft. Die Oper löste fast überall, wo sie aufgeführt wurde, wegen ihres Bruches mit dem herkömmlichen Opernverständnis, großen Skandal aus und gab Anlaß zu endlosen Auseinandersetzungen über das Für und Wider eines solchen Neuerungsversuches. MSM

WOZZECK

Oper in drei Akten und fünfzehn Szenen von Alban Berg (1885–1935). Libretto vom Komponisten nach dem gleichnamigen Schauspiel von Georg Büchner (1813–1837). Uraufführung: Berlin, Staatsoper, 14. Dezember 1925. Solisten: Leo Schnitzendorf (Wozzeck), Siegrid Johannson (Marie), Fritz Soot (der Tambour-Major), Martin Abendroth (der Doktor), Gerhard Witting (Andres), Waldemar Henke (der Hauptmann). Dirigent: Erich Kleiber.

PERSONEN. Wozzeck (Bariton und Sprechrolle), der Tambour-Major (dramatischer Tenor), Andres, Wozzecks Kamerad (lyrischer Tenor), der Hauptmann (Spieltenor), der Doktor (Spielbaß), erster Handwerksbursche (tiefer Baß), zweiter Handwerksbursche (hoher Bariton, auch Tenor), der Narr (Tenor), Marie (Sopran), Margret (Alt), Maries Knabe (Sopran), Soldaten und Buben (ein Tenor Solo, zwei Tenöre, zwei Baritone, zwei Bässe), Mädchen und Dirnen (Soprane und Altstimmen), Kinder.

HANDLUNG. Die Handlung spielt in Deutschland um das Jahr 1836. Erster Akt. Erste Szene. Stube des Hauptmanns. Der Hauptmann läßt sich wie üblich von seinem Burschen Wozzeck rasieren. Er nutzt die Gelegenheit, ihn als unmoralisch auszuschelten, weil er mit Marie zusammenlebt, ohne mit ihr vor dem Gesetz verheiratet zu sein, und ein uneheliches Kind mit ihr hat. Wozzeck hört sich die Moralpredigt ein Weilchen gutmütig an, hält seinem Hauptmann aber schließlich doch mit Heftigkeit entgegen, daß er keine Zeit habe für Moral, da er jede Minute darauf verwenden müsse, wenigstens das Notwendigste zum Leben zusammenzuscharren. Zweite Szene. Offenes Feld, in der Ferne eine Stadt. Wozzeck schneidet mit seinem Kameraden Andres Stöcke für den Major. Da wird er plötzlich von Halluzinationen befallen, die friedliche Landschaft verwandelt sich ihm in Schreckensbilder und wird zum Schluß von einer Feuersbrunst verschlungen. Aus der Ferne ist der Zapfenstreich zu hören. Dritte Szene. Maries Kammer. Marie steht mit ihrem Knaben am Fenster und beobachtet die vorbeiziehende Militärkapelle mit dem stattlichen Tambour-Major. Ihre Nachbarin macht spitze Bemerkungen wegen ihres Zusammenlebens mit Wozzeck. Marie weist sie mit einer kurzen Bemerkung ab und singt dann ihren Buben in den Schlaf. Da kommt Wozzeck eilig vorbei. Er muß in die Kaserne zurück und erzählt ihr, noch ganz verstört von seiner Halluzination, wirres Zeug von Weltuntergang und bösen Omen. Dann rennt er davon. Vierte Szene. Bei einem Doktor. Wozzeck verdient sich bei einem Doktor ein paar Groschen zusätzlich, indem er diesem als Versuchskaninchen dient, d.h. an bestimmten Tagen nur ganz bestimmte Dinge essen darf. Auch dem Doktor erzählt er von seinem schrecklichen Erlebnis auf dem Feld, findet aber wenig Aufmerksamkeit. Fünfte Szene. Vor Maries Haus. Der Tambour-Major, der Marie seit geraumer Zeit den Hof macht, will endlich für seine Geduld belohnt werden. Nach kurzem Zögern zieht ihn Marie ins Haus. Zweiter Akt. Erste Szene. Maries Stube. Marie probiert vor dem Spiegel ein Paar neue Ohrringe an. Als Wozzeck eintritt und sie sieht, fragt er sie eifersüchtig, woher sie diese hätte. Marie antwortet, sie habe sie gefunden. Wozzeck beruhigt sich, händigt ihr seinen Sold aus und geht wieder weg. Marie singt alleingeblieben: «Ich bin doch ein schlecht Mensch». Zweite Szene. Auf der Straße. Wozzeck begegnet dem Doktor und dem Hauptmann. Sie spielen auf Maries Verhalten an. Wozzeck ist mehr und mehr davon überzeugt, daß sie ihn betrügt. Dritte Szene. Marie und Wozzeck streiten sich heftig wegen der Unterstellungen des Doktors und des Hauptmanns. Marie will nichts mehr von ihm wissen. Vierte Szene. Wirtshausgarten. Unter den tanzenden Soldaten mit ihren Mädchen entdeckt Wozzeck auch Marie mit dem Tambour-Major. Während zwei betrunkene Handwerksburschen und Andres Volkslieder zu grölen beginnen, steigt in Wozzeck der Wunsch auf, das ganze Pack umzubringen. Als ein Narr sich ihm nähert und ihm zuflüstert, er rieche Blut, antwortet er verwirrt «Blut, Blut» und bricht zusammen. Fünfte Szene. Wozzeck liegt auf seiner Pritsche. Er gesteht seinem Stubenkameraden seine

1925

Sven-Erik Vikström als «der Hauptmann», Anders Näslund als «Wozzeck» und Arne Tyren als «der Doktor» in «Wozzeck» von Alban Berg in einer Stockholmer Aufführung.

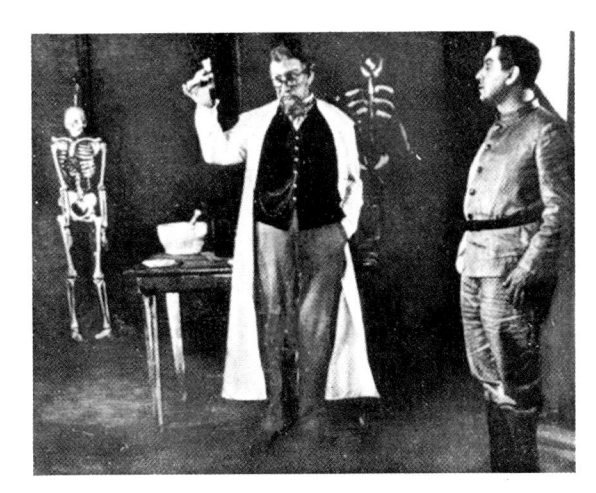

«Wozzeck» von Alban Berg in Covent Garden in London 1952.

Qualen. Da tritt der Major ein und reizt Wozzeck solange mit beleidigenden Bemerkungen, bis es zu einer Rauferei kommt. Wozzeck ist so schwach, daß er bald unterliegt. Dritter Akt. Erste Szene. Maries Stube. Marie hat ihr Kind zu Bett gebracht. Nun liest sie ein Stück aus der Bibel über Ehebruch, das ihr jedoch auch nicht weiterhilft. Zweite Szene. Marie und Wozzeck gehen in der Dämmerung auf einem Waldweg an einem Teich entlang. Marie will in die Stadt zurück, aber Wozzeck zieht sie weiter. Er küßt sie und stößt ihr dann plötzlich sein Messer in den Hals. Geräuschlos stürzt er davon. Dritte Szene. Im Wirtshaus macht Wozzeck der jungen Margret Anträge, doch als diese Blutflecken an ihm entdeckt, läuft sie unter Geschrei davon. Vierte Szene. Wozzeck hat den Verstand erloren. Er irrt im Wald und am Weiher umher, um das Messer, mit dem er Marie umgebracht hat, zu suchen. Als er es gefunden hat, wirft er es in den Weiher. Dann bildet er sich jedoch ein, er habe es nicht weit genug hinausgeschleudert und springt deshalb selbst ins Wasser, um es herauszufischen. Das Wasser um ihn herum erscheint ihm wie Blut, er ist wie gelähmt und versinkt. Der Doktor und der Hauptmann gehen vorbei und hören ein merkwürdiges Gurgeln. Erschreckt laufen sie weg. Fünfte Szene. Vor Maries Haus. Maries Knabe spielt mit einem Steckenpferd. Andere Kinder kommen aufgeregt herbeigelaufen und schreien: «Deine Mutter ist tot», aber der Knabe begreift nicht und spielt vergnügt weiter.

● Die Entstehung des *Wozzeck* darf zu Recht als langwierig und schwierig bezeichnet werden. Der Gedanke zu dieser Oper kam Berg im Mai 1914, als er Büchners *Woyzeck* sah und davon tief beeindruckt war. Zunächst kürzte er die urspünglichen fünfundzwanzig Szenen auf fünfzehn. Die Vertonung dieses Textes liegt 1921 vor. In diesem Jahr vollendet Berg auch die Orchestrierung. Zur Aufführung kommt es dann erst 1925. Mit dem Aufkommen des Nationalsozialismus wurde sie dann als dekadent verboten. Später kam sie an allen großen Bühnen der Welt wieder zu Ehren. Berg wendet sich mit dem Wozzeck ganz von der herkömmlichen Form der Oper, die mit Arien und Rezitativen usw. arbeitet, ab und erhebt die Formen der Instrumentalmusik zum Prinzip einer jeden Szene. Der Aufbau der Partitur ist streng architektonisch und weist folgende Struktur auf: *Erster Akt,* erste Szene: Suite; zweite Szene: Rhapsodie und Jagdlied; dritte Szene: Militärmarsch und Wiegenlied; vierte Szene: Passacaglia; fünfte Szene: Rondo; *Zweiter Akt,* erste Szene: Sonatensatz; zweite Szene: Phantasie und Fuge; dritte Szene: Largo; vierte Szene: Scherzo; martialisches Rondo (wobei der gesamte Akt die Form einer Sinfonie mit verschiedenen Sätzen hat): *Dritter Akt,* erste Szene: Invention über ein Thema; zweite Szene: Invention über eine Note; dritte Szene: Invention über einen Rhythmus; vierte Szene: Invention über einen Akkord, fünfte Szene: Invention über ein chromatisches Thema. Das Orchester wird nur ganz selten in seiner vollen Stärke eingesetzt, zum Beispiel in den sinfonischen Zwischenspielen bei geschlossenem Vorhang. Trotz diesem, zu höchster Vollendung getriebenen, Formprinzip entbehrt Bergs Musik nicht der Fähigkeit, die Entwicklung der Gestalten, insbesondere die des Wozzeck, vom Krankhaften bis zum Wahnsinn und Tod eindringlichst zu veranschaulichen. Berg selbst legte auch ausdrücklich Wert darauf, daß diese seine Oper nicht als formales Kunstwerk, sondern als tragische Geschichte einer «weit über das Einzelschicksal Wozzecks hinausgehenden Idee» gehört und erlebt werden müßte. FP

PAUL UND VIRGINIE

Unvollendete Oper von Erik Satie (1866–1925). Libretto von Raymond Radiguet (1902–1923) und von Jean Cocteau (1889–1963).

● Die Oper geht auf den zu Beginn des zwanzigsten Jahrhunderts so erfolgreichen und beliebten Roman von Bernardin de Saint-Pierre zurück. RB

1926

JUDITH

Biblisches Drama in drei Akten von Arthur Honegger (1892–1955). Libretto von René Morax. Uraufführung: Monte Carlo, Théâtre du Casino, 13. Februar 1926. Dirigent: Arthur Honegger.

HANDLUNG. Die Handlung geht auf die biblische Geschichte zurück. Angesichts der drohenden Übergabe ihrer Heimatstadt Betulia beschließt Judith, sich für ihre Heimat zu opfern. Sie begibt sich ins Lager des feindlichen Heeres und gewinnt dort Holofernes, den Oberbefehlshaber der Assyrer, für sich. In einer Liebesnacht schneidet sie diesem, der vom Wein und der Liebe erschöpft eingeschlafen ist, den Hals durch und stiehlt sich aus dem feindlichen Lager davon. Seines Befehlshabers beraubt, ist das assyrische Heer nicht mehr in der Lage, die Stadt einzunehmen. Es wird schließlich von Judiths Leuten besiegt.

• Die Bühnenbearbeitung des Literaten Morax ist eine von zahllosen anderen, zu denen die biblische Gestalt der Judith, die die Welt der Literatur und Musik seit dem Mittelalter immer wieder angeregt hat, wobei Textautor und Komponist in diesem Fall den biblischen Ereignissen und Eigentümlichkeiten der antiken Welt besonders große Aufmerksamkeit schenkten. Ursprünglich sollte *Judith* eine Komödie werden. Noch die erste Aufführung geht unter dieser Form auf die Bühne. Am 13. Juni 1925 wurde das Werk als Komödie mit szenischer Musik im Theater von Mézières in der Schweiz aufgeführt. Danach baute Honegger die Musikszenen aus und bearbeitete den Text im Hinblick auf seine Verwendung als gesungener Text. In dieser neuen, opernmäßigen Form hatte *Judith* bei seiner Uraufführung in Monte Carlo großen Erfolg. Das Libretto wurde schon bald in zahlreiche Sprachen übersetzt und die Oper setzte sich auf der ganzen Welt durch. Die erste italienische Aufführung fand im Jahre 1942 in Rom statt. GP

DREI GOLDONI-KOMÖDIEN
(Tre commedie Goldoniane)

Drei Einakter von Gian Francesco Malipiero (1882–1973). Libretti vom Komponisten nach drei Komödien von Carlo Goldoni (1707–1793). Uraufführung: Darmstadt, Hessisches Landestheater, 24. März 1926. Solisten: E. Stephanowa, M. Albrecht, M. Liebel, P. Kapper, G. Calloni, H. Holzin, R. Etzel, E. Wogt, R. Hoffmann, A. Röhrig, I. Lahn, H. Kuhn, G. Delarde, L. Barczinsky, J. Bischoff, W. Schumacher, S. Müller-Wischin. Dirigent: Joseph Rosenstock.

DAS KAFFEEHAUS
(La bottega del caffè)

PERSONEN. Don Marzio (Bariton), Eugenio (Tenor), Vittoria (stumme Rolle), der falsche Graf Leandro (Bariton), Placida (Mezzosopran), Lisaura (stumme Rolle), Pandolfo (Baß), Ridolfo (Tenor), drei Kaffeehauskellner (Tenöre), ein Barbier (Tenor), ein Kellner in einem Wirtshaus (Bariton), zwei weitere Bedienstete in dem Gasthaus; ein Polizist (Baß), zwei Schergen.

HANDLUNG. Die Handlung spielt in Venedig im achtzehnten Jahrhundert. Marzio, ein altes Lästermaul, sitzt an einem Tisch des von Ridolfo betriebenen Kaffeehauses. Aus einem gegenüberliegenden Spielhaus, das Pandolfo gehört, kommt Eugenio und borgt sich bei seinem Freund Ridolfo Geld, um seine Spielschulden bei dem falschen Grafen Leandro zu bezahlen. Inzwischen ist Placida, des falschen Grafen Frau, als Bettlerin in dem Ort eingetroffen, um ihrem Mann, den sie eines Liebesverhältnisses mit einer Tänzerin verdächtigt, nachzuspionieren. Der falsche Graf verläßt das Haus der Tänzerin Lisaura und fordert Eugenio auf, von ihm Geld zu nehmen, damit sie weiterspielen können. Eugenio läßt sich nach einigem Zögern dazu überreden. Pandolfo vertraut unterdessen Marzio an, daß er gezinkte Karten hat, mit denen er immer gewinnt. Da kommt Eugenio glückstrahlend zurück: endlich hat er einmal gewonnen. Und sogleich will er die ganze Gesellschaft zur Feier des Ereignisses zum Essen einladen. Der falsche Graf führt seine Tänzerin zu Tisch. Als Placida, seine Frau, das sieht, stürzt sie sich wütend auf ihn, wird aber brutal zurückgestoßen. Eugenio will Placida verteidigen, aber seine Frau Vittoria, die dem Lästermaul Marzio nur zu gerne ein offenes Ohr leiht, fährt auf ihn los und wirft Lisaura ihr leichtfertiges Leben vor. Marzio hat unterdessen die Polizei über das Spielhaus und die gezinkten Karten informiert. Nun ziehen die Wachen an und jagen die Gesellschaft auseinander. Die beiden Paare Leandro und Placida bzw. Eugenio und Vittoria versöhnen sich miteinander, Pandolfo aber, der Spielhausbesitzer, wird verhaftet. Don Marzio schließlich bekommt ebenfalls seine Strafe, denn er wird wegen übler Nachrede und Spionage abgeführt.

SIOR TODERO, DER NÖRGLER
(Sior Todero brontolon)

PERSONEN. Sior Todero (Bariton), Pellegrin, sein Sohn (Tenor), Marcolina (Sopran), Zanetta, Pellegrins und Marcolinas Sohn (Sopran), Meneghetto Ramponzoli, Desiderio (Baritone), Nicoletto, Desiderios Sohn (Bariton), Cecilia (Sopran), Gregorio, vier Gäste, Musikanten.

HANDLUNG. Die Handlung spielt in Venedig im achtzehnten Jahrhundert. In Toderos Schlafzimmer. Der stets mißmutige und geizige alte Gutsbesitzer Todero entdeckt Nicoletto, den Sohn seines Pächters Desiderio, bei einem Techtelmechtel mit der Kammerzofe Cecilia. Wütend jagt er das Mädchen und Nicoletto davon. Dann läßt er Desiderio, dessen Vater rufen und teilt ihm mit, daß er beabsichtigt, Nicoletto mit seiner Enkelin Zanetta zu verheiraten, weil er sich auf diese Weise eine große Mitgift ersparen kann. Als nächsten setzt er seinen Sohn, den unterwürfigen Pellegrin, von diesem seinem Plan in Kenntnis und erinnert ihn bei dieser Gelegenheit wieder einmal daran, daß er der Herr im Hause sei. Aber dessen Ehefrau, die kampflustige Marcolina, erwidert ihm dreist, daß ihre Tochter den heiraten wird, den sie selbst will, und nicht einen, den ihr der Großvater ausgesucht hat. Dann arrangiert Marcolina, die von Nicolettos Liebe zu Cecilia weiß, heimlich die Hochzeit zwischen den beiden. Zanetta dagegen heiratet den reichen Meneghetto, der gar keine Mitgift für seine Braut verlangt, sondern im Gegenteil dem alten Geizhals von Großvater noch einen Beutel Dukaten schenkt. Angesichts dieser Geste zeigt sich der alte Todero gerührt und findet sich mit der vollendeten Tatsache brummend ab.

KRACH IN CHIOGGIA
(Le baruffe chiozzote)

PERSONEN. Toni (Baß), Pasqua (Mezzosopran), Lucietta (Sopran), Fortunato (Baß), Libera (Mezzosopran), Checca und Orsetta (Soprane), Titta-Nane (Tenor), Beppe (Tenor), Toffolo, Marmottina (Murmeltier, Faultier) genannt (Tenor), Isidoro (Bariton), Canocchia (Sopran), Fischverkäufer (Bariton), Chor von Frauen.

HANDLUNG. Die Handlung spielt in Chioggia im achtzehnten Jahrhundert. Pasqua und Libera arbeiten mit ihren Töchtern Lucietta sowie Checca und Orsetta auf dem Platz vor ihren Häusern am Klöppelkissen. Da kommt Toffolo, Checcas Verlobter. Aber er schenkt seiner Braut kaum Beachtung und widmet sich vor allem Lucietta. Checca wird wütend und erinnert Lucietta an ihre Verlobung mit Titta-Nane. So geht der Streit hin und her, bis Checca droht, die Geschichte Titta-Nane und dessen Bruder Beppe, Orsettas Verlobtem, zu erzählen. Die beiden jungen Männer geraten, als sie von der Sache hören, ins Handgemenge. Toffolo trifft bei der Rauferei Luciettas Vater Toni mit einem Stein. Damit ist der Teufel los. Alle gehen aufeinander los, und der Aufruhr kommt erst zum Stillstand, als die Hüter der Gerechtigkeit eintreffen und drohen, die ganze Gesellschaft ins Gefängnis zu sperren. Als alle Mädchen in Tränen ausbrechen ob dieser schlimmen Aussicht, wird der Hauptmann der Wache, Isidoro, weich und verspricht Nachsicht. Erleichtert fallen die Mädchen den jeweiligen Verlobten um den Hals und laden Isidoro in Tonis Haus auf ein Glas Wein ein. Aber plötzlich geraten die Frauen wegen einer Nichtigkeit schon wieder in Streit. Schreiend und gestikulierend fallen sie übereinander her. Der Hüter des Gesetzes bringt sich in Sicherheit und beoachtet hilflos und resigniert das Wüten der Weiber.

● Mit dieser Trilogie und seinen Hauptfiguren Don Marzio, Todero und Isidora wollte Malipiero die typische Atmosphäre im Venedig des achtzehnten Jahrhunderts beschwören. Die drei Akte sind freie Bearbeitungen der gleichnamigen Goldoni-Komödien, wobei der Komponist auch auf andere Werke Goldonis zurückgriff und im dritten Akt ein Fragment eines venezianischen Gedichtes aus dem sechzehnten Jahrhundert als Kanzone des Toffolo hinzufügte. Die Dialoge sind zum Teil auf Hochitalienisch, zum Teil in venezianischem Dialekt abgefaßt. Die Musik zu den drei Akten weist eine sehr flexible sinfonische Struktur auf, aus der sich die Sprechszenen scharf herausheben. Malipieros Bemühen, eine bestimmte historisch-geographische Realität in dieser Oper zum Ausdruck zu bringen, verzichtet auf Lokalkolorit und sonstiges typisches Ambiente, er konzentriert sein Interesse ganz auf die Personen als konkrete Handlungsträger und Menschen und beleuchtet in ihnen verschiedene Bereiche des venezianischen Lebens der damaligen Zeit. FP

TURANDOT

Oper in drei Akten von Giacomo Puccini (1858–1924). Libretto von Giuseppe Adami (1878–1946) und Renato Simoni (1875–1952) nach dem gleichnamigen dramatischen Märchen von Carlo Gozzi (1762). Uraufführung: Mailand, Teatro alla Scala, 25. April 1926. Solisten: Rosa Raisa, Maria Zamboni, Michele Fleta. Dirigent: Arturo Toscanini.

PERSONEN. Prinzessin Turandot (Sopran), der unbekannte Prinz Kalaf (Tenor), Liù, eine junge Sklavin (Sopran), Timur, Kalafs Vater (Baß), Ping, Kanzler (Bariton), Pang, Marschalk (Tenor), Pong, Küchenmeister (Tenor), ein Mandarin (Bariton).

HANDLUNG. Die Handlung spielt zu einer märchenhaften Zeit in Peking. Erster Akt. Platz vor dem kaiserlichen Palast. Ein Mandarin verkündet einer großen Volksmenge das Todesurteil, das über einen persischen Prinzen, der die drei Rätsel der Kaisertochter Turandot nicht lösen konnte, verhängt wurde. Die stolze Prinzessin hat einen Schwur getan, daß sie nur den jungen Mann adligen Geblütes heiraten werde, der imstande ist, drei von ihr gegebene Rätsel zu lösen. Jeder, der sie nicht errät, wird geköpft. In der Menge befinden sich auch Timur, der gestürzte Tartarenkönig und die Sklavin Liù, die ihm eine treue Begleiterin ist. Die beiden stoßen im Gewühl der Menge auf Timurs Sohn Kalaf, der für tot galt. Dann wird der zum Tode verurteilte Prinz vorbeigeführt. Das Volk bittet um Gnade für ihn. Auch Kalaf ist entsetzt über die Grausamkeit der Prinzessin; als er sie jedoch zum ersten Mal sieht, wie sie auf den Balkon heraustritt und mit einer kleinen Geste bedeutet, daß das Haupt des persischen Prinzen fallen müsse, verliebt er sich unsterblich in sie und denkt nur noch daran, sie für sich zu gewinnen. Drei Höflinge, Ping, Pang und Pong, versuchen, ihn von seinem Vorhaben abzubringen. Auch Timur und Liù, die Kalaf heimlich liebt, beschwören ihn, sich dieser Gefahr nicht auszusetzen. Kalaf beruhigt Liù, zögert aber weiter keine Minute mehr, den großen Gong, mit dem jeder neue Bewerber seine Bereitschaft, sich der Probe zu stellen, bekunden muß, zu schlagen. Zweiter Akt, erste Szene. Ping, Pang und Pong beklagen den bejammernswerten Zustand, in den das Land aufgrund der todbringenden Laune der Prinzessin Turandot geraten ist. Sie träumen davon, sich aufs Land zurückzuziehen, weit weg von der grausamen Prinzessin, und wünschen nichts mehr, als daß sie endlich die wahre Liebe finden möchte. Zweiter Akt. Zweite Szene. Im Hof des kaiserlichen Palastes. Vor versammeltem Hofe und in Anwesenheit ihres Vaters, des Kaisers, erzählt Turandot, weshalb sie diesen grausamen Schwur getan hat: Vor vielen Jahrtausenden war ihre Vorfahrin Lo-u-ling von einem Barbarenkönig vergewaltigt und getötet worden. Die grausame Prüfung ihrer Bewerber ist die Rache für dieses uralte Verbrechen. Kalaf wird ein letztes Mal aufgefordert, von seinem Vorhaben abzulassen. Doch er lehnt dies ab, und so muß die Probe stattfinden. Kalaf löst ein Rätsel nach dem anderen und hat die Probe somit bestanden. Turandot aber fühlt sich gedemütigt, daß sie einem Unbekannten angehören soll, und bittet den Vater, sie aus ihrem Gelübde zu entlassen. Dieser aber kann und will die Heiligkeit eines Schwurs nicht brechen. Kalaf verspricht Turandot großzügig, sie ihres Versprechens zu entbinden, wenn sie bis zum Morgengrauen seinen Namen und seine Herkunft entdeckt. Dritter Akt. Erste Szene. Garten im kaiserlichen Palast. In der Stille der Nacht sind die Herolde des Kaisers zu hören: Niemand im Lande darf ruhen, solange der Name des unbekannten Prinzen nicht gefunden ist. Kalaf ist seines Sieges sicher und träumt schon von dem Kuß, mit dem er im Morgengrauen die stolze Prinzessin zur Liebe erwecken wird. Die drei Höflinge versuchen vergeblich, ihm das Geheimnis zu entreißen. Timur und Liu, die in des Prinzen Gesellschaft gesehen worden sind, werden unterdessen vor Turandot geführt. Liù erklärt, sie sei die einzige, die den Namen des Prinzen kenne. Aus Angst, ihn unter den Qualen der Folter, der sie ausgesetzt wird, doch zu verraten, erdolcht sie sich schließlich. Als Kalaf endlich mit Turandot allein ist, küßt er sie auf den Mund und die Prinzessin begreift plötzlich, daß sie Kalaf von Anfang an geliebt hat. Und erst jetzt verrät ihr der Prinz seinen Namen. Zweite Szene. Vor versammeltem Hofstaat verkündet die Prinzessin, den Namen des unbekannten Prinzen entdeckt zu haben: Liebe.

1926

● Als Puccini am 29. November 1924 starb, war er mit der Komposition der Oper nur bis zum Tode der Liù gekommen. Auf Toscaninis Rat wurde Franco Alfano (1876–1954), der sich bereits mit *Auferstehung* (1904) und *Die legende von Sakuntala* (1921) einen Namen gemacht hatte, beauftragt, die Oper zu vollenden. Bei der Uraufführung an der Mailänder Scala wurde das Werk aber als Hommage an Puccini nur bis zu Liùs Todesarie gespielt. An dieser Stelle drehte sich Toscanini zum Publikum um und sagte: «Hier ist die Oper zu Ende, denn an dieser Stelle ist der Meister gestorben.» Puccini wurde der Stoff von Renato Simoni, einem Kenner von Gozzis Werken, vorgeschlagen. Die Geschichte war durchaus nicht unbekannt und bereits 1917 war eine *Turandot* von Busoni aufgeführt worden. Während der Arbeiten an *Turandot* wuchs in Puccini mehr und mehr die Überzeugung, daß er mit dieser Oper «unbedingt ein ursprüngliches und vielleicht einzigartiges Werk» schaffen würde. Sechs Monate vor seinem Tode vertraute er seinem Freund Adami an: «Ich denke jede Stunde und jede Minute an die *Turandot* und mein ganzes bisheriges Schaffen scheint mir ein Scherz und will mir nicht mehr gefallen.» Sicherlich kann diese Oper als der Höhepunkt des Puccinischen Schaffens gelten, gleichzeitig stellt sie eine Art Synthese seiner schöpferischen Entwicklung dar, denn sie verschmilzt in harmonischster Weise die vier Grundelemente seiner Kunst miteinander: das lyrisch-sentimentale Element findet in der Gestalt der Sklavin Liù, der rührendsten und für den Komponisten typischsten Figur der Oper, seine Verkörperung; das heroische Element wird dargestellt im Paar Turandot-Kalaf, das komisch-groteske durch die drei Höflinge, die – in gewisser Weise an *Ariadne auf Naxos* erinnernd – die Verbindung zwischen ernstem Drama und Commedia dell'arte herstellen, und schließlich das exotische Element, das er durch Verwendung authentischer chinesischer Weisen bei gleichzeitiger völliger Loslösung aus einem bestimmten historischen Rahmen erzielt. Stärker als in anderen Werken arbeitet Puccini in der *Turandot* mit pentatonischen Motiven außereuropäischer Musikkulturen. Die Harmonik dieser Oper ist, verglichen mit seinen anderen Werken, reicher an Anklängen an zeitgenössische Musikströmungen und weist in stärkerem Maße Dissonanzen, polytonale Elemente und für das traditionell geschulte Ohr irritierende Effekte in Gesang und Orchestrierung auf. Vom Dramaturgischen her ist festzustellen, daß Puccinis starke Identifizierung mit der Gestalt der Liù die Handlung und die psychologische Entwicklung der Hauptfiguren in eine Sackgasse führt. Nach der tiefergreifenden Szene des Freitodes der Sklavin hängt das «gute Ende» etwas in der Luft. Puccini war sich des Problems, einen Zusammenhang zwischen der Aufopferung der Sklavin und dem Wandel Turandots zur Menschlichkeit herzustellen, wohl bewußt. Der Tod hinderte ihn jedoch daran, eine befriedigende Lösung dafür zu finden. RB

DIE PLAGEN DES ORPHEUS
(Les Malheurs d'Orphée)

Oper in drei Akten von Darius Milhaud (1892–1974). Libretto von Armand Lunel. Uraufführung: Brüssel, Théâtre de la Monnaie, 7. Mai 1926. Solisten: J. C. Thomas, L. Bianchini. Dirigent: M. C. de Thoran.

PERSONEN. Orpheus (Bariton), Eurydike (Sopran), Chor der drei Handwerker, Chor der Tiere, Chor der Zigeuner.

HANDLUNG. Die Handlung aktualisiert den Orpheus-Mythos in einer lyrisch-phantastischen Atmosphäre. Die Geschichte spielt in der Camargue. Orpheus ist ein Bauer, Eurydike ein Zigeunermädchen. Erster Akt. Orpheus ist ein guter, einfacher Mensch, der die wilde Natur seiner Heimat und die Tiere liebt. Seine Freunde, der Wagenbauer, der Korbmacher und der Schmied, machen sich Sorgen, weil er stets nur auf der Suche nach einem verlaufenen Tier ist oder ein krankes pflegt. Orpheus beruhigt die Freunde. Bald wird sich alles ändern. Er wird das Zigeunermädchen Eurydike heiraten, das seit kurzem mit seiner Sippe im Dorfe lebt. Da kommt Eurydike selbst. Sie ist von zu Hause weggelaufen, weil die Eltern nicht mit ihren Heiratsplänen einverstanden sind. Zweiter Akt. Eurydike ist an einem seltsamen Leiden erkrankt. Orpheus vesucht alle seine an den Tieren erprobte Heilkunst, kann sie jedoch nicht gesundmachen. Seine Freunde, der Fuchs, der Bär und das Wildschwein, stehen ihm zur Seite, aber alles ist umsonst. Eurydike stirbt und vertraut Orpheus seinen Tieren an. Die Tiere bilden einen Trauerzug und tragen die Leiche Eurydikes fort. Dritter Akt. Orpheus ist bei sich zu Hause. Da kommen Eurydikes Schwestern und fordern Rache für ihre Schwester. Eine ist mit einer Schere bewaffnet, die andere hat einen Stock und die dritte eine Peitsche mitgebracht. Orpheus setzt sich nicht zur Wehr. Er erleidet still die Schläge der Schwestern. Nur die Tiere scheinen zu verstehen, was in ihm vorgeht. Erst als Orpheus tot zusammenbricht, begreifen die Schwestern, daß er unschuldig war und beschließen ihr mörderisches Wüten mit der Erkenntnis: «Er hat sie zu sehr geliebt.»

● Dieses Werk, das für ein Orchester von nur fünfzehn Instrumenten geschrieben ist, gehört zu den sogenannten «opéras-minutes», den Kammeropern, die Milhaud so oft verfaßt hat. Sie ist der Pianistin und Organistin Prinzessin von Polignac gewidmet und trug ursprünglich den Titel *Orpheus, der Tierbezähmer* oder *Orpheus, der Heiler von Mensch und Tier*. Sie wurde an zahlreichen europäischen und amerikanischen Bühnen gespielt, zum Beispiel in New York (29. Januar 1927) und in London (8. Mai 1960). Die Oper gilt als ein Kleinod des lyrischen Schaffens Milhauds. SC

KING ROGER
(Król Roger)

Oper in drei Akten von Karol Szymanowski (1882–1937). Libretto vom Komponisten in Zusammenarbeit mit Jaroslaw Iwaskiewiecz. Uraufführung: Warschau, 19. Juni 1926.

HANDLUNG. In einer alten byzantinischen Kirche. Ein feierlicher Gottesdienst mit gregorianischen Chorälen und Gesängen östlicher Prägung findet statt. König Roger ist tief beeindruckt von der Bannkraft der religiösen Zeremonie und der dionysisch-mystischen Erscheinung des Popen und folgt ihm, als er die Kirche verläßt. Im Palast König Rogers. König Roger hat sich zur dionysischen Mystik, die er bei dem Gottesdienst kennengelernt hat, bekannt und befindet sich nun mit seiner Gefährtin Rosanna in ekstatischem Zustand. Beide sagen den irdischen Versuchungen und Verlockungen ab und verlassen den Palast in der Nachfolge des Popen. Schlußbild der Oper ist eine in Mondschein getauchte Szenerie, in der allein die Trümmer eines Tempels an eine einstige Wirklichkeit erinnern. In diesem, jenseits aller Realität liegenden, Rahmen werden Roger und Rosanna in die dionysischen Mysterien eingeweiht.

● Szymanowski, ein polnischer Komponist, schrieb die Oper zwischen 1920 und 1924. Das Libretto erarbeitete er zusammen mit seinem Vetter Iwaskiewicz. Es geht zurück auf die Geschichte des Königs Roger, wie sie in einem anonymen althochdeutschen Gedicht aus dem zwölften Jahrhundert überliefert ist. Der Komponist knüpft auch an mittelalterliche Melodien an. Besonders geglückt ist der erste Akt der Oper, die Szene in der Kirche. Insgesamt ist die Partitur ein Gemisch aus verschiedensten Elementen, die zu einer Hymne an das Mystisch-Irreale, Märchenhafte, Heidnisch-Religiöse verschmelzen. RB

CARDILLAC

Drama in vier Akten von Paul Hindemith (1895–1963). Libretto vom Komponisten nach der Erzählung «Das Fräulein von Scudéry» von E.T.A. Hoffmann. Uraufführung: Dresden, 9. November 1926 (unter dem Titel der Hoffmannschen Erzählung). Uraufführung der völlig umgearbeiteten Fassung: Zürich, Stadttheater, 20. Juni 1952. Solisten: H. Brauen, F. Lechleitner, M. Jungwirth, H. Hillenbrecht. Dirigent: Hans Zimmermann.

PERSONEN. Cardillac (Bariton), seine Tochter (Sopran), sein Lehrling (Tenor), die Primadonna der Oper (Sopran), der Offizier (Baß), der junge Kavalier (Tenor), Gestalten der Oper *Fetonte* von Lully: Fetonte (Tenor) und Apollo (Baß), der reiche Marquis (stumme Rolle). Chorsänger und Tänzer, Volk, Wachen, Theaterleute.

Die Sänger treten am Ende einer Vorstellung der «Turandot» von Giacomo Puccini am Bolschoi-Theater 1964 vor den Vorhang. Ganz links ist Birgit Nilsson zu erkennen.

HANDLUNG. Erster Akt. Erste Szene. Paris im letzten Jahrzehnt des siebzehnten Jahrhunderts. Nachts. Platz vor dem Laden des Goldschmieds Cardillac. Die Wachen laufen zusammen. Ein Mann ist getötet worden. Die Leute drängen sich aufgeregt und verängstigt um den Toten. Der geheimnisvolle Mörder, der die Stadt seit geraumer Zeit in Schrecken versetzt, hat wieder einmal zugeschlagen. Morgen. Der Goldschmied öffnet seinen Laden. Die Primadonna der Oper betritt ihn in Begleitung eines jungen Kavaliers, der ihr in leidenschaftlicher Weise den Hof macht. Doch die Sängerin zieht es vor, über die jüngsten Morde zu sprechen. Anscheinend hatten alle Opfer kostbare Juwelen getragen, die nie wiedergefunden worden sind. Auf das Drängen des jungen Mannes findet sich die Primadonna schließlich zu der Bemerkung bereit, sie werde ihr Herz dem schenken, der ihr wirklich einmal etwas ganz anderes als alle anderen bieten würde. Der junge Kavalier berät sich daraufhin mit Cardillac und bewundert seine Arbeiten. Vor allem ein wunderbares Diadem hat es ihm angetan. Er möchte es kaufen, doch Cardillac sagt, es sei unverkäuflich. Da ergreift es der junge Mann blitzschnell und entflieht. Zweite Szene. Zimmer der Primadonna. Sie verabschiedet gerade den Marquis. Der junge Mann stattet ihr einen Besuch ab und gewinnt ihr Herz mit dem herrlichen Juwel. Doch plötzlich schwingt sich ein maskierter Mann zum Fenster herein, tötet den jungen Mann und flüchtet mit dem Diadem. Zweiter Akt. Im Laden des Goldschmieds. Cardillacs Lehrling weiß, daß sein Meister der geheimnisvolle Mörder ist. Aber aus Liebe zu Cardillacs Tochter hat er der Polizei falsche Angaben gemacht. Nun wird er selbst als verdächtig festgenommen. Der Goldschmied bleibt mit seiner Tochter allein und gesteht ihr, daß er sie dem schlechten Burschen nicht zur Frau geben wollte. Im Geist erlebt Cardillac mit hereinbrechender Dunkelheit noch einmal die Szene im Zimmer der Primadonna. Er sieht den Raum bevölkert mit lauter Toten, die alle reiches Geschmeide tragen. Die Ankunft des Marquis, der Primadonna und einiger weiterer Theaterleute schreckt den Goldschmied aus seiner bösen Vision auf. Als die Frau das Diadem des Vorabends erblickt, fällt sie in Ohnmacht. Der Marquis kauft das Diadem und verläßt mit der wieder zu Bewußtsein gekommenen Sängerin den Laden. Da stürzt Cardillacs Lehrling herein. Er ist geflohen und will sich verstecken. Er droht, die ganze Geschichte mit dem Diadem zu verraten und fleht Cardillacs Tochter an, mit ihm zu fliehen. Aber der Goldschmied verjagt ihn und das Mädchen folgt ihm nicht. Dann wirft sich Cardillac einen dunklen Mantel um und macht sich auf die Suche nach dem Diadem. Dritter Akt. Bühne der Académie Royale. Seitlich eine Loge. Es wird Lullys Oper *Fetonte* aufgeführt. Während Téo auf der Bühne Fetonte ihre Liebe erklärt, erscheint in den Kulissen der Goldschmiedelehrling. Die Primadonna in der Rolle der Téo trägt Cardillacs Diadem. Der Lehrling warnt sie vor Cardillac, aber die Sängerin ist fasziniert von der spannungsgeladenen Situation. Im weiteren Verlauf der Oper kommen auch der Offizier und Cardillac. Als die Sängerin zum Schlußapplaus vor den Vorhang tritt, erblickt sie Cardillac. Sie begreift, was in ihm vorgeht, daß er von dem Werk, das er geschaffen hat, nicht lassen kann und reicht ihm das Diadem. Doch da stürzt sich der Offizier auf die beiden, reißt das Diadem an sich und verschwindet. Cardillac rennt ihm rasend vor Wut nach. Vierter Akt. Platz mit einem Gartencafé. Der Marquis und die Künstler verlassen das Theater. Am Rande der Szene sitzt der Lehrling und brütet darüber nach, wie er sich der Anklage entziehen könnte. Da kommt der Offizier mit dem Diadem, gefolgt von Cardillac, hereingestürmt. Es kommt zum Handgemenge zwischen den beiden. Der

Birgit Nilsson als «Turandot» von Giacomo Puccini 1964 an der Mailänder Scala.

Offizier wird verwundet, der Lehrling schaltet sich ein, Cardillac läuft davon und der Lehrling steht schließlich mit dem Diadem und einem Messer in der Hand da. Als Cardillac mit der Tochter zurückkommt, kennt der Lehrling kein Nachsehen mehr mit seinem Meister. Er beschuldigt ihn, der geheimnisvolle Mörder zu sein. Der Offizier schenkt seinem Bericht Glauben, und auch die Sängerin ist überzeugt von der Wahrheit der Geschichte. Sie schenkt das unglückselige Diadem Cardillacs Tochter, die endlich auch an des Lehrlings Unschuld und seine aufrichtige Liebe zu ihr glaubt. Doch der Goldschmied ist nicht bereit, auf das zu verzichten, was er als seinen Besitz betrachtet: die Tochter und das Diadem. Aber die unterdessen zusammengelaufene Menge bedrängt ihn so, daß er seine Taten schließlich gesteht. Da kennt die Wut des Volkes keine Grenzen mehr. Cardillac bricht unter den brutalen Schlägen der Menge zusammen. Die Primadonna aber, sowie Cardillacs Tochter und sein Lehrling brechen in erschütterte Tränen über das grausame Schicksal dieses in seiner krankhaften Liebe zum eigenen Werk keine Grenzen mehr kennenden Wahnsinnigen aus.

• Den Text zu dieser freien Fassung der Erzählung von E.T.A. Hoffmann hatte Hindemith im Jahre 1926 fertiggestellt. Im gleichen Jahr schloß er auch die Vertonung ab. Viel später, im Jahre 1952, griff er diese erste Fassung wieder auf und änderte sie grundlegend. Er fügte verschiedene Personen und neue Szenen hinzu, so daß die Oper schließlich die Länge für vier statt der ursprünglichen drei Akte erreichte. Auch der Auszug aus Lullys Oper *Fetonte* gehört zu den Neuerungen der zweiten Fassung. *Cardillac* ist eine Oper, in der die Musik nicht zum Ausdrucksträger des Wortes wird. Sie entwickelt sich gelöst vom Wort – mitunter in bewußter Absetzung vom Inhalt des hochdramatischen Textes – in einer unprätentiösen, klaren polyphonen Linie neoklassischer Prägung. Die Trennung der beiden Ebenen – der musikalischen als der dominierenden und der literarischen als der untergeordneten – kommt in dem eigens für diese Oper geschaffenen Begriff der «Musikoper» zum Ausdruck. Dieser Begriff ist entscheidend für Hindemiths damalige Schaffensperiode. Er war in erster Linie um Objektivität des Kunstwerkes bemüht, wollte es reinhalten von subjektiv vom Künstler hineingelegten Qualitäten. Trotzdem ist die Musik zu *Cardillac* wie auch anderer Werke aus dieser Zeit, alles andere als unpersönlich oder ausdruckslos. Die zweite Fassung der Oper brachte auch eine musikalische Revision aufgrund der neuen ästhetischen Konzeption des Komponisten.   LB

DIE SACHE MAKROPULOS
(Več Makropulos)

Oper in drei Akten von Leoš Janáček (1854–1928). Libretto vom Komponisten nach einer Komödie von Karel Čapek. Uraufführung: Brünn, 18. Dezember 1926.

HANDLUNG. Die Heldin der Oper, die Wiener Opernsängerin Emilia Marty (alias Eliane MacGregor, Elsa Müller, Jekaterina Myskin, Elina Makropulos) ist im Jahre 1566 geboren und hat von einem Alchimisten das Geheimnis eines unendlich langen Lebens geschenkt bekommen. Sie lebt von einer geheimnisvollen Aura umgeben an realen Orten: in der Kanzlei eines Anwalts, auf der Bühne eines Theaters, in einem Hotelzimmer. Die sterblichen Menschen, mit denen sie ständig zu tun hat, scheinen sich jedoch überhaupt nicht um das Merkwürdige ihrer Erscheinung zu kümmern, sondern behandeln sie fraglos wie jeden gewöhnlichen Sterblichen. Da ist die Sängerin nach dreihundertsechsundfünfzig Jahren Lebens auf dieser Erde des Treibens der Welt müde und stellt sich freiwillig dem Tod.

• Janáček bezeichnete *Die Sache Makropulos* als «moderne historische Oper». In erster Linie ist dieses Werk aber sicherlich der Kategorie des Phantastischen zuzurechnen. Janáček komponierte die Oper unmittelbar nach dem Ersten Weltkrieg, in einer Schaffensperiode, da sein Werk von Themen heftiger dramatischer Konflikgeladenheit geprägt war und teilweise deutlich expressionistische Züge aufwies.   AB

SCHWANDA DER DUDELSACKPFEIFER
(Švanda dudák)

Oper in zwei Akten von Jaromir Weinberger (1896–1967). Libretto von Miloš Kareš und Max Brod nach der Volkssage in der Fassung von J.K. Tyl (1808–1856). Uraufführung: Prag, 1927.

HANDLUNG. Babinsky (Heldentenor) überredet den Dudelsackpfeifer Schwanda (lyrischer Bariton), das Herz der Königin Eisherz (Mezzosopran oder Alt) zum Schmelzen zu bringen. Und die Königin verliebt sich in der Tat in Schwanda. Aber als sie erfährt, daß er verheiratet ist, verurteilt sie ihn zum Tode. Zwar weiß sich der Dudelsackpfeifer vor der Hinrichtung zu retten, indem er alle, auch den Scharfrichter, mit seinen Melodien verzaubert, aber zur Strafe für sein Geplänkel mit der Königin holt ihn der Teufel in die Hölle. Nun ist es an Babinsky, der Schwanda zu seinem Handeln verleitet hat, ihn wieder herauszuholen. Dies gelingt ihm, indem er den Teufel beim Kartenspiel besiegt. Schwanda darf somit unter die Lebenden zurückkehren.

• Neben Smetana ist Weinberger der einzige tschechische Komponist der Zeit zwischen den beiden Weltkriegen, der ins

Gewicht fällt. Die Kritik zu dieser Oper ist im allgemeinen recht positiv, insbesondere ihre Lebendigkeit fand großen Anklang, mitunter hat man ihr allerdings eine etwas zu sehr auf Effekte bedachte Technik vorgeworfen.   EP

HÁRY JÁNOS

Oper in zwei Akten von Zoltan Kodály (1882–1967). Libretto von B. Paulini und Z. Harsány nach einem Gedicht von J. Garay. Uraufführung: Budapest, Königliche Oper, Spielzeit 1926/27.

● *Háry János* ist Kodálys erste Oper. Es handelt sich dabei um eine Art Märchen, das zur Zeit der Napoleon-Kriege spielt. Held der Geschichte ist ein alter Soldat, der alle Feldzüge gegen Napoleon miterlebt hat. Kodály verwendete zahlreiche ungarische Volksweisen in dieser Oper. Sie hatte entsprechend großen Erfolg in Ungarn.   MSM

ANGÉLIQUE

Farce in einem Akt von Jacques Ibert (1890–1962). Libretto von Nino. Uraufführung: Paris, Opéra-Comique, Februar 1927. Solisten: Bériza, Ducruz, Warnery, Marvini.

PERSONEN. Bonifaz (Bariton), Charlot (Bariton), ein Italiener (Tenor), ein Engländer (Tenor), ein Neger (Baß), der Teufel (Tenor), Angélique (Sopran), zwei Gevatterinnen, Nachbarn und Nachbarinnen.

HANDLUNG. Die Handlung spielt in Frankreich zu einer nicht näher bestimmten Zeit. Angélique ist – ganz im Gegensatz zur Verheißung ihres Namens – ein herrschsüchtiges, rabiates Weib, das seinem Gatten, dem Porzellanhändler Bonifaz, der ein ruhiger Mann ist und immer nachgeben muß, das Leben zu Hölle macht. Schließlich befolgt der geplagte Ehemann den Rat seines Freundes Charlot und bietet seine Frau zum Verkauf an. Er hofft, ein Fremder, der ihr übles Wesen nicht kennt, werde sich von ihren äußeren Reizen verführen lassen. Angélique läßt sich mit der Aussicht auf eine brillante Zukunft das Geschäft gefallen. Auf seinen Aushang «Frau zu verkaufen» hin kommen gleich drei Bewerber: ein Italiener, ein Engländer und ein Neger. Aber alle drei begreifen nur zu schnell, daß sich hinter dem Liebreiz des Gesichtchens ein zänkisches Gemüt verbirgt. Der arme Bonifaz ist verzweifelt. Schließlich ruft er den Teufel an, er möge sein verdammtes Weib holen. Und siehe da, schon ist dieser zur Stelle und entführt Angélique. Glücklich und erleichtert feiert Bonifaz mit Charlot und anderen Freunden sowie den drei Bewerbern, die ihr Geld zurückhaben wollen, das langersehnte Ereignis. Aber da steht der Teufel selbst wieder mit Angélique da. Er will nichts mehr wissen von einem Weib, das ihm die Hölle «zur Hölle» gemacht und alle Unterteufel gegen ihn aufgebracht hat. Außer sich vor Verzweiflung will sich Bonifaz aufhängen, aber Angélique hindert ihn daran. Sie ist plötzlich zu einem sanften, liebevollen Weibe geworden. Bonifaz hat noch seine Zweifel, läßt sich aber schließlich von den schmeichelnden Versprechungen seiner lieben Frau überreden und schließt sie unter dem Beifall der gesamten Nachbarschaft wieder in seine Arme. Doch kaum ist der Schlußvorhang gefallen, tritt Bonifaz an die Rampe und verkündet resigniert, seine Frau stehe «wieder zum Verkauf».

«Turandot» von Giacomo Puccini. Aufführung aus dem Jahre 1969 in der Arena von Verona. Regie führte Luigi Squarzina, Bühnenbild von Pier Luigi Pizzi.

● *Angélique* war einer der größten und dauerhaftesten Erfolge der französischen leichten Oper der ersten Hälfte dieses Jahrhunderts. Das als Farce aufgezogene Thema läßt sich auf den im Mittelalter sehr verbreiteten Volksmythos von Belfagor, dem Bösen, zurückführen. Musikalisch knüpft der Komponist teilweise an die «Opera buffa» rossinischer Prägung an, verwendet allerdings auch durchaus eigenständige Stilmittel. Manche Kritiker betonen auch einen Einfluß Offenbachs, insbesondere bei bestimmten bühnenwirksamen Formen wie Strophenritornellen und Duetten, sowie Anklänge an die französische Operette im Stil Lecocqs. Der Erfolg der Oper bei der Uraufführung war ungeheuer, und das Libretto wurde sehr schnell in viele Sprachen übersetzt. Die Oper fand in aller Welt Aufführung, besonders erwähnt sei eine Inszenierung für den Florentiner Maggio musicale in der fünfziger Jahren. Dank ihrer unerschöpflich burlesken Wirkung steht sie auch heute noch auf vielen Spielplänen.   GP

JONNY SPIELT AUF

Jazz-Oper in zwei Akten von Ernst Křenek (1900). Libretto vom Komponisten. Uraufführung: Leipzig, Opernhaus, 10. Februar 1927.

PERSONEN. Max (Tenor), Anita (Sopran), der Impresario (Baß), Yvonne (Sopran), Daniello (Bariton), der Hoteldirektor (Tenor), Gletscherstimmen (Chor von Frauenstimmen), erster Polizist (Tenor), zweiter Polizist (Bariton), dritter Polizist (Baß), ein Eisenbahnangestellter (Tenor). Chor der Hotelgäste.

HANDLUNG. Erster Akt. Die Handlung spielt in der Gegenwart. Eine Hochebene mit einem Hotel. Im Hintergrund ein Gletscher. Max, ein introvertierter und schwieriger Mensch, von Beruf Komponist, lernt Anita, eine schöne Sängerin, die eine seiner Opernrollen gesungen hat, kennen. Die beiden verlieben sich und verbringen einige glückliche Tage zusammen. Dann muß Anita nach Paris zurück, wo sie in einem seiner Werke singen wird. Im gleichen Hotel, in dem Max und Anita abgstiegen sind, logiert auch ein faszinierender Geiger namens Daniello, der eine überaus kostbare Geige besitzt. Dieses Instrument stellt für Jonny, einen jungen Negermusiker aus dem Hotelorchester, eine ungeheure Versuchung dar. Als Anita aus Paris zurückkommt, versucht Jonny, sie zu verführen. Daniello, der Geiger, mischt sich jedoch ein und wimmelt Jonny mit tausend Franken ab. Beleidigt über diese Geste, stiehlt Jonny Daniellos Violine und versteckt sie bei Anita. Jonnys Verlobte Yvonne gerät mit dem Hotelbesitzer wegen seines unfeinen Benehmens in Streit und wird entlassen. Sie findet eine neue Stelle bei Anita, die sich nach einem kurzen Abenteuer mit Daniello wieder zum Aufbruch bereitet. Daniello hat unterdessen das Verschwinden seiner Geige festgestellt und läßt das ganze Hotel nach ihr durchsuchen. Um sich dafür zu rächen, daß er Anita nicht halten konnte, übergibt er Yvonne einen Ring, den er selbst von Anita bekommen hat, und beauftragt das Mädchen, ihn Max zu geben. Jonny, der die gestohlene Violine, die er in Anitas Gepäck versteckt hat, nicht verlieren will, muß den beiden Frauen nun folgen. Er bittet daher um seine Entlassung. Zweiter Akt. Max wartet bangen Herzens auf Anitas Rückkehr. Als sie schließlich mit großer Verspätung eintrifft, ist sie geistesabwesend und hat kaum ein Ohr für ihn. Yvonne händigt ihm später, als sie mit ihm allein ist, den Ring aus.

Max begreift mit einem Schlage und läuft davon. Da steigt Jonny auf der Suche nach der Violine zum Fenster herein. Da er unerwartet auf Yvonne stößt, muß er sich ihr erklären. Hin- und hergerissen zwischen den widerstreitendsten Gefühlen, erzählt Yvonne Anita schließlich die Geschichte mit dem Ring. Anita versteht, weshalb Max fluchtartig das Haus verlassen hat. Dieser ist unterdessen auf dem Weg zum Gletscher. Er will sich umbringen. Aber je höher er kommt, desto wankender wird er in seinem Entschluß. Plötzlich hört er Stimmen aus dem Gletscher, die ihm Mut und Vertrauen zum Leben zusprechen. Auch Anitas Stimme, die eines seiner Lieder singt, ertönt. Max ist plötzlich tief innerlich beruhigt und begibt sich gelassen ins Hotel zurück, um Anita wiederzufinden. Unterdessen ist Daniello ins Hotel zurückgekehrt und hört sofort, daß Jonny auf seiner Violine spielt. Er ruft die Polizei, Jonny flieht und es beginnt eine wilde Verfolgungsjagd. Auf dem Bahnhof, wo Jonny den Zug nach Amsterdam nehmen will, trifft er Anita und Max, die vor der Abreise nach Amerika stehen. Jonny deponiert den Violinkasten zwischen Max' Gepäck und rennt davon. Dort findet ihn die Polizei und will Max als den Dieb verhaften. Die einzige, die ihn entlasten könnte, Yvonne, ist nicht da. Als sie schließlich kommt und die Wahrheit berichten will, versucht Daniello sie daran zu hindern. Dabei fällt er auf die Gleise und kommt unter einen Zug. Endlich kommt aber doch Jonny und gesteht den Diebstahl. Max ist damit entlastet und kann Anita nach Amerika folgen. Der Aufbruch in die Neue Welt symbolisiert Maxens wiedergewonnenes Vertrauen in sich und die Welt. Jonny aber spielt auf der Geige Daniellos, die nunmehr keinen Besitzer mehr hat, auf.

● Mit dieser Oper errang Křenek internationalen Ruhm. «Die eingesetzten musikalischen Mittel liegen in der Mitte zwischen des Komponisten stürmisch vorwärtsdrängendem Jugendstil und der etwas fahlen Korrektheit der Opern von um 1930. Jazzelemente vermischen sich mit Reminiszenzen an Puccini zu einem eingängigen, pikanten Ganzen.» (Porena). Die Oper wurde in fünfzehn europäischen und amerikanischen Städten, darunter Moskau und New York mit großem Erfolg gegeben.   MSM

DES KÖNIGS KNAPPE
(The King's Henchman)

Oper in drei Akten von Deems Taylor (1885–1942). Libretto von Edna Saint Vincent Millay. Uraufführung: New York, Metropolitan Opera House, 17. Februar 1927.

HANDLUNG. Die Geschichte spielt in England im Hochmittelalter. König Edgar wünscht Prinzessin Aelfrida kennenzulernen, um sie zu heiraten. Als Brautwerber schickt er seinen Knappen Aethelvold zu ihr. Wenn sie schön sein sollte, soll dieser sogleich in des Königs Namen um ihre Hand bitten. Aethelvold begibt sich auf den Weg zur Prinzessin, findet sie bezaubernd schön, verliebt sich in sie und heiratet sie selbst. Dem König läßt er die Botschaft bringen, Aelfrida sei häßlich wie die Nacht und seiner königlichen Liebe nicht würdig. Als der König schließlich selbst eintrifft und entdeckt, daß sein Knappe gelogen hat, wählt dieser aus Scham über seine Tat den Freitod.

● Als Deems Taylor den Auftrag von der Metropolitan Opera für eine lyrische Oper bekam, brach er nach Paris auf, wo

Bühnenbildentwurf Caspar Nehers zu «Cardillac» von Paul Hindemith. Venedig, 1948.

er mit der Librettistin Saint Vincent Millay den Text ausarbeiten wollte. Er verbrachte das ganze Jahr 1926 in Paris und hatte am Ende die Oper fertig. Der Erfolg der Uraufführung war überwältigend, was dem Komponisten unverzüglich einen weiteren Auftrag der Met einbrachte *(Peter Ibbetson)*. Heute wird *Des Königs Knappe* so gut wie nicht mehr gespielt. GP

BASI E BOTE
(Basi e bote)

Oper in zwei Akten und drei Bildern von Riccardo Pick-Mangiagalli (1882–1949). Libretto von Arrigo Boito (1848–1918). Uraufführung: Rom, Teatro Argentina, 3. März 1927. Solisten: Mariano Stabile, Ada Sassone-Soster, Amalia Bertola, Alessio de Paolis, Fernando Autori.

HANDLUNG. Die Handlung spielt im Venedig mit den bekannten Commedia dell'arte-Figuren. Pantalone dei Bisognosi (Pantalone, der arme Schlucker) (Baß), will Rosaura (Mezzosopran) heiraten, um dank ihrer Mitgift ein sorgenloses Leben zu führen. Doch Rosaura liebt Florindo (Tenor), der ihre Zuneigung erwidert. Colombina (Sopran) und Arlecchino (Bariton), die in Rosauras bzw. Florindos Diensten stehen und selbst ineinander verliebt sind, helfen ihren Herren, der Wachsamkeit des alten Pantalone zu entgehen. Trotzdem werden sie entdeckt und es kommt zu einem großen Durcheinander, bei dem nur so die Fetzen fliegen. Die Rechnung dieser wilden Schlägerei bezahlt schließlich der arme Pierrot, Pantalones Diener (Sprechrolle), der wegen Diebstahls verhaftet wird. Pantalone hat ordentlich Schläge abbekommen und liegt von Schmerzen geplagt im Bett. Arlecchino hat es satt, nach dem soundsovielten Arzt zu rufen und begibt sich selbst als solcher verkleidet an des Alten Lager. Er verordnet ihm absolute Schonung seiner Sinne, nimmt ihm deswegen die Augengläser weg und stopft ihm die Ohren zu. So kann Pantalone nicht mehr feststellen, was um ihn herum vorgeht. Auf diese Weise außer Gefecht gesetzt, unterzeichnet er einen Heiratsvertrag, von dem er glaubt, es sei sein eigener, der in Wirklichkeit jedoch Rosaura und Florindo zusammengibt. Unter den gleichen Umständen schließen auch Colombina und Arlecchino die Ehe. Als der Alte endlich bemerkt, wie er übers Ohr gehauen wurde, tobt er vor Wut. Aber ein Beutel Dukaten aus Florindos Hand bringt ihn schnell wieder zur Raison. Um das allgemeine Glück vollkommen zu machen, trifft zum Schluß auch noch Pierrot ein, der sich als Straßenkehrer verkleidet aus dem Gefängnis wegstehlen konnte.

● Nach einigen Balletten schrieb Pick-Mangiagalli mit diesem Werk seine erste Oper. Der Komponist gehört zu den Musikern, die mit leichter, eleganter Hand die verschiedensten Einflüsse verarbeiteten. Technisch raffiniert, entbehrt die Musik Pick-Mangiagallis jedoch jeder persönlichen Prägung. MSM

KÖNIG OEDIPUS
(Oedipus rex)

Szenisches Oratorium in zwei Teilen von Igor Strawinsky (1882–1971). Text von Jean Cocteau (1889–1963) nach der von Jean Daniélou (1908–1974) ins Lateinische übersetzten Sophokles-Tragödie. Uraufführung: Paris, Théâtre Sarah Bernhardt, 30. Mai 1927. Dirigent: Igor Strawinsky.

PERSONEN. König Oedipus (Tenor), Jocaste, seine Mutter (Mezzosopran), Kreon, Oedipus' Schwager (Bariton), der Bote (Bariton), Tiresias, der Seher (Baß), ein Schäfer (Tenor).

HANDLUNG. Erster Teil. Die Bevölkerung von Theben ist von der Pest dezimiert. Oedipus, der über die Stadt herrscht, soll die schreckliche Plage besiegen. Da kehrt Kreon aus Delphi zurück. Er hat das das Orakel befragt und bringt die Botschaft, daß Theben gerettet würde, wenn der Tod des vor vielen Jahren ermordeten Königs Laios gerächt würde. Oedipus schwört, den Mörder zu finden und zum Tode zu verurteilen. Er ruft den Seher Tiresias, der ihm nach langem Zögern schließlich eröffnet, der Mörder Laios' sei ein Mitglied der königlichen Familie. Oedipus beschuldigt Kreon. Dieser will ihn daraufhin mit Hilfe des Sehers stürzen. Zweiter Teil. Jocaste, einstens Laios' Gattin, jetzt König Oedipus' Gemahlin, beruhigt das Volk. Sie erinnert daran, wie sich das Orakel schon einmal getäuscht hat: der alte König hätte dem Orakelspruch zufolge von der Hand des eigenen Sohnes fallen müssen, in Wirklichkeit war es ein fremder Wanderer gewesen, der ihn getötet hatte. Oedipus ist zutiefst erschrocken über Jocastes Worte, denn er erinnert sich, einen Alten auf seinem Wege durch das Land getötet zu haben. Ein Bote bringt die Nachricht, daß Oedipus' Vater Polybos gestorben sei. Doch ein alter Diener erzählt, daß Polybos gar nicht Oedipus' Vater gewesen sei, sondern ihn nur barmherzig aufgenommen habe, als er ihm als ausgesetztes Kind gebracht worden sei. In Wirklichkeit ist Laios Oedipus' Vater. Da muß der junge König die grausame Wahrheit begreifen: er war es, der Laios umgebracht hat, das Orakel hat sich erfüllt, Laios fand den Tod durch die Hand des eigenen Sohnes, und dieser hat seine eigene Mutter geheiratet. In maßlosem Schmerz über sein tragisches Schuldigwerden blendet sich Oedipus, um nie mehr wieder das Licht der Sonne zu sehen, und zieht von dannen.

● Strawinsky schreibt zu dem lateinischen Operntext von *Oedipus Rex,* daß es ihm eine Freude war, «Musik zu dieser Sprache zu schreiben, die so klar gebaut, fast wie ein Ritual festgelegt, von so hohem formalen Niveau ist, daß sie sich geradezu von selbst ergibt. Man fühlt sich nicht mehr vom Satz, vom Wort in seiner eigentlichen Bedeutung eingeengt.» Die Oper ist unzweifelhaft das Hauptwerk der Schaffensperiode Strawinskys, die man als neoklassisch bezeichnet und die an ihrem Ende zur Oper *Der Wüstling (The Rake's Progress)* führt. Schon im Oedipus Rex ist die Grundkonzeption der «geschlossenen Formen» vorherrschend. Auch die symmetrische formale Struktur, wie sie im achtzehnten und neunzehnten Jahrhundert entwickelt worden war, findet wieder Verwendung. Das Werk ist reich an intellektualistisch verarbeitetem symbolischem Gehalt. Die tragische Dimension der Gestalten des Oedipus-Mythos liegt in ihrem Ausgeliefertsein an die Unabänderlichkeit des Schicksals. Diese Thematik wird von der Partitur betont: sie weist eine rhythmische Organisation und stilistische Kontinuität auf, die die «Barbareien» früherer Werke Strawinskys völlig widerlegen. Der Zusammenklang der Instrumentalgruppen geht nie soweit, daß sich die Eigenständigkeit der einzenen Instrumentengattungen verlöre. Dadurch gelingt es Strawinsky, dem Werk weitgehend den Klangcharakter von «Kammermusik» zu geben. Die Lösungen, die der Komponist in diesem szenischen Oratorium für das «Problem» der zeitgenössischen Oper anbietet – weder wagt er kühne musikalische Experimente wie etwa Prokofieff, noch kann und will er sich messen mit Schönbergs Verstößen in Neuland –, sind relativ schwach. Adorno sprach nicht zu Unrecht von dem «Widerspruch zwischen dem Anspruch auf Größe und Erhabenheit einerseits und dem musikalischen Inhalt andererseits...» Die szenische deutsche Erstaufführung fand im Frühjahr 1928 an der Krolloper in Berlin unter Otto Klemperer statt, die von Publikum und Kritik sehr gut aufgenommen wurde. 1948 legte Strawinsky eine revidierte Fassung vor. RB

HIN UND ZURÜCK
Kurzoper in einem Akt von Paul Hindemith (1895–1963). Libretto von Marcellus Schiffer. Uraufführung: Baden-Baden, 15. Juli 1927.

HANDLUNG. Ein Wohnzimmer. Eine alte Frau, Emma, völlig taub, sitzt im Wohnzimmer und stickt. Da betritt Helene, ihre Nichte, den Raum, um ihr Frühstück einzunehmen. Kurz darauf trifft auch Robert, Helenes Gatte, ein. Er hat sich für kurze Zeit von seiner Arbeit freigemacht, um seiner Gattin zum Geburtstag zu gratulieren und ihr ein Geschenk zu überreichen. Da bringt das Dienstmädchen einen Brief für Helene. Diese ist etwas verlegen und erklärt dem Gatten, es sei eine Nachricht ihrer Schneiderin. Als sich Robert mißtrauisch zeigt, gibt sie schließlich zu, daß der Brief von einem Verehrer sei. Robert ist so empört darüber, daß er seine Pistole zieht und Helene tödlich verwundet. Ein Arzt wird gerufen und erklärt, daß er nichts mehr für die Frau tun könne. Robert stürzt sich aus Verzweiflung aus dem Fenster. Da tritt ein Weiser mit einem langen Bart auf und verkündet folgende Sentenz: «Von oben betrachtet ist es nicht wichtig, ob das Leben des Menschen von der Wiege zum Tode führt oder aber der Mensch erst stirbt und dann wiedergeboren wird. Kehren wir sein Schicksal also um. Ihr werdet sehen, daß diese Logik ebenso streng ist, und alles an seinen Platz zurückkehren wird wie früher.» Danach laufen die gleichen Ereignisse rückwärts ab. Robert steigt wieder zum Fenster herein, der Arzt erscheint auf der Bildfläche, Helene erhebt sich, der Dialog über den Brief verläuft umgekehrt, d.h. Helene behauptet erst, es sei ein Brief von einem Verehrer, und dann, es handele sich um eine Nachricht ihrer Schneiderin, und Robert gibt schließlich seiner Frau, die sich anschickt ihr Frühstück zu nehmen, sein Geschenk. Den Schluß der Oper bildet ein heftiges Niesen der alten Tante, die die ganze Zeit unbeteiligt dabeigesessen hat.

● Diese Kurzoper Hindemiths ist zwischen dem *Cardillac* und dem Werk *Neues vom Tage* anzusiedeln, in jener Phase der «neuen Sachlichkeit», die für eine Rückkehr zur «Gebrauchsmusik» eintritt und die gesamte expressionistische Problematik ablehnt. Das Libretto von Marcellus Schiffer, einem Varieté-Texter und Chansonnier, atmet ganz den sprühenden Geist der Ironie und Provokation, wie er sich in den Berliner Kabaretts der zwanziger Jahre herausgebildet hatte. Der Grundgedanke des Werkes ist überaus einfach: eine Kette von Ereignissen läuft in einer Richtung zu ihrem Höhepunkt ab, um dann in völliger Symmetrie in der entgegengesetzten Richtung auf die Ausgangsszene hin rückwärts zu laufen. Diese Technik erinnert ganz offenkundig an die Möglichkeit des Rückspulens von Filmen. Oberflächlich betrachtet, scheint es dabei nur um einen grotesken und parodistischen «Trick» zu gehen, der die Bedeutungsschwere des dramatischen Musiktheaters relativieren soll, allerdings zielt die Groteske doch weiter und tiefer. Hinter der formalen Spielerei wird die Anklage gegen die deutsche Gesellschaft nach dem Ersten Weltkrieg und ihre erstarrten Institutionen, insbesondere die bürgerliche Familie und Ehe, die Robert und Helene als Modellpaar verkörpern, spürbar. Die in sich gegenläufige Handlungsstruktur bot sich geradezu an für eine kontrapunktische musikalische Verarbeitung, die Hindemith denn auch mit großer Virtuosität durchführt. Das «Orchester» zu diesem «Sketch» ist kabarettgemäß: den Monolog des Weisen begleitet ein Harmonium hinter der Bühne, dazu kommen sechs Blasinstrumente (Trompete, Posaune, Altsa-

«Oedipus Rex» von Igor Strawinsky an der Mailänder Scala 1968/69. Lajos Kozma als «Oedipus» und Marylin Horne als «Jocaste». Bühnenbild und Kostüme von Pier Luigi Pizzi, Regie von Giorgio de Lullo.

xophon, Fagott, Klarinette und Flöte) sowie das klassische Kabarettinstrument Klavier (vierhändig zu spielen). Mit dieser Instrumentierung versteht es Hindemith hervorragend, den in den Gesangsstimmen eingefangenen Sarkasmus des Textes durch eine bewußt flüchtige, oft spröde Begleitung in seiner Wirkug zu steigern.   LB

DIE VERSUNKENE GLOCKE
(La campana sommersa)

Oper in vier Akten von Ottorino Respighi (1879–1936). Libretto von Claudio Guastalla nach Gerhart Hauptmann. Uraufführung: Hamburg, Stadttheater, 18. November 1927.

HANDLUNG. Die «Silberwiese», wo die gute Waldfee (Mezzosopran), die Elfe Rautendelein (Sopran), der Faun Ondino (Bariton) und die Nymphen und Zwerge leben, ist von den Menschen bedroht. Als die Menschen eine neugegossene Glocke auf einem Karren zum Turm fahren, läßt der Waldgeist ein Wagenrad zerbrechen, so daß die Glocke in den See stürzt. Der Schmied Heinrich (Tenor) versucht, die schwere Glocke wieder hochzuziehen, doch es gelingt ihm nicht, und er holt sich eine Verletzung bei dem Versuch. Rautendelein hat Mitleid mit ihm und verliebt sich in ihn. Heinrichs Frau Magda (Sopran) holt mit ihren beiden Söhnen Hilfe für den Verletzten. Aber Rautendelein hat Heinrich mit einem Kuß auf die Augen neue Welten aufgetan und schon für sich gewonnen. In einer Werkstatt in den Bergen arbeitet er nun mit ihr zusammen an einem gewaltigen Werk: einem Tempel für eine bessere Menschheit. Heinrichs Frau Magda hat sich inzwischen aus Kummer im See ertränkt, ihre beiden Kinder sind allein zurückgeblieben. Heinrich erfährt diese Nachricht vom Dorfpastor, der zu ihm in die Bergeinsamkeit hinaufgestiegen ist, um ihn zu den Menschen zurückzuholen. Es ist erschüttert über den Freitod seiner Frau und kehrt zu den Kindern zurück. Aber er kann nicht mehr ohne Rautendelein leben. Die Waldfee erbarmt sich seiner und verspricht ihm, ihn die Elfe noch einmal vor seinem Tode sehen zu lassen. So erscheint Rautendelein ein letztes Mal vor ihm. Sie ist betrübt, daß er sie verlassen hat, verzeiht ihm jedoch und küßt ihn noch einmal. Während Rautendelein die Sonne anruft, stirbt Heinrich.

● *Die versunkene Glocke* hatte überall in der Welt, wo sie aufgeführt wurde, großen Erfolg, obschon die musikalische Strenge der Oper nicht unbedingt im Einklang mit der phantastischen Unwirklichkeit des Themas steht. Ursprünglich sollte Respighi auf Verlangen des Verlegers, der mit Gerhart Hauptmann verhandelte, einen deutschen Operntext vertonen, da die Uraufführung in Deutschland stattfinden sollte. Dies tat er dann zwar nicht, die Premiere fand aber trotzdem in Hamburg statt.   RB

DER ARME MATROSE
(Le pauvre Matelot)

Oper in drei Akten von Darius Milhaud (1892–1974). Libretto von Jean Cocteau (1889–1963). Uraufführung: Paris, Opéra-Comique, 16. Dezember 1927.

PERSONEN. Der Matrose (Tenor), sein Weib (Sopran), sein Freund (Bariton), der Vater (Baß).

HANDLUNG. Die Handlung spielt in der Gegenwart. Erster Akt. Ein kleiner Küstenort. Vor fünfzehn Jahren ist der Matrose auf See gegangen. Seine Frau wartet immer noch getreulich auf ihn. Sie hat einen kleinen Ausschank in der Nähe der Taverne des Freundes des Matrosen. Dieser liebt die Frau und möchte sie heiraten. Doch sie wartet auf die Rückkehr ihres Mannes. Auch der alte Vater kann sie nicht überreden, den Antrag des Freundes anzunehmen. Eines Nachts kommt der Matrose zurück. Ehe er seine Frau aufsucht, geht er bei seinem Freund vorbei, um zu erfahren, ob sie auf ihn gewartet hat. Der Freund will sogleich zu der Frau laufen, um ihr die freudige Nachricht zu bringen, doch der Matrose will lieber die Nacht bei ihm verbringen und am nächsten Tag, ohne sich der Frau erkennen zu geben, ihre Liebe und Treue auf die Probe stellen. Zweiter Akt. Der Matrose erzählt der Frau, die ihn nicht erkannt hat, er habe Nachricht von ihrem Mann. Dieser sei auf dem Weg nach Hause, sei arm und völlig verschuldet und wüßte nicht, wie er die Schulden bezahlen solle, . . . vielleicht wird sie als Frau gewisse Wege finden müssen . . . usw. Doch die Frau ist zu glücklich, um auf seine Anspielungen einzugehen. Der Fremde erzählt weiter eine unwahrscheinliche Geschichte, wie sich die Königin von Amerika in den Matrosen verliebt habe, wie dieser aber standhaft der Versuchung widerstanden und seiner Frau die Treue gehalten habe. Da kommt der Freund vorbei und bringt einen Hammer, den er sich geliehen hatte, zurück. Er tut so, als kenne er den

Fremden nicht. Dritter Akt. Nachts. Die Frau steht leise auf und schleicht sich an den schlafenden Fremden. Sie packt den großen Hammer und schlägt zweimal damit auf ihn ein. Dann nimmt sie einen Strang dicker Perlen, den der Fremde bei sich hat, an sich. Damit wird sie die Schulden des endlich zurückkehrenden Mannes bezahlen. Dann weckt sie den alten Vater und zerrt den Leichnam, während sich draußen die Straße mit geschäftigem Treiben belebt, zu einem Brunnenschacht und wirft ihn hinein.

• Zwischen 1918 und 1920 bildete sich um Jean Cocteau und Erik Satie die sogenannte Gruppe der Sechs (Groupe des Six), zu der neben Louis Durey, Germaine Tailleferre, Georges Auric, Arthur Honegger und Francis Poulenc auch Darius Milhaud gehörte. *Der arme Matrose* entstand in Zusammenarbeit vor allem mit Cocteau. Programm der Gruppe war eine Erneuerung im Sinne einer Rückkehr zur reinen Musik, zu einer musikalischen Ausdrucksform, die avantgardistischen Strömungen gegenüber offen sein, sich jedoch ganz entschieden gegen den Wagnerianismus in der Musik mit all seinen philosophisch-literarischen Folgeerscheinungen sowie auch gegen den Impressionismus eines Debussy absetzen wollte. Die drei kurzen Akte der Oper inspirieren sich an Volksballaden über das Fischer- und Seefahrerleben und sind nach dem alten Muster der «complaintes» konstruiert. Die Oper gehört zu den lebendigsten und spontansten aus dem reichen Schaffen Milhauds und hatte viel Erfolg. SC

ANTIGONE

Oper in drei Akten von Arthur Honegger (1892–1955). Libretto von Jean Cocteau (1892–1963). Uraufführung: Brüssel, Théâtre de la Monnaie, 28. Dezember 1927.

HANDLUNG. Die Handlung erzählt die Geschichte der Antigone, der Tochter des Oedipus und der Jocaste, den Herrschern über Theben. Antigone, die Frucht der inzestuösen Liebe zwischen Oedipus und Jocaste begleitet ihren Vater, der sich zur Sühne für den Mord an seinem Vater und die Ehe mit der eigenen Mutter geblendet hat, nach Kolon, kehrt dann aber nach Theben zurück, um den Bruder, der nach seinem fehlgeschlagenen Versuch, den Tyrannen Kreon zu stürzen, auf dessen Befehl unbestattet vor den Toren der Stadt liegt, ein den Riten entsprechendes Begräbnis und damit seiner Seele die Ruhe zu geben. Kreon, der Tyrann, läßt sie als Strafe für ihre Unbotmäßigkeit in eine Höhle sperren. Dort gibt sich Antigone, gefolgt von Kreons Sohn, der sie liebt, den Freitod.

• Cocteaus Text hält sich weitgehend an die Sophokles-Tragödie. Er schrieb ihn im Jahre 1922. Noch im gleichen Jahr komponierte Honegger die szenische Musik dazu. Als Oper baute er sie jedoch erst 1927 aus. *Antigone* gehört zu den weniger bekannten Werken Honeggers und wird sehr selten gespielt.

DER ZAR LÄSST SICH FOTOGRAFIEREN

Opernsketch in einem Akt von Kurt Weill (1900–1950). Libretto von Georg Kaiser. Uraufführung: Leipzig, Neues Theater, 18. Februar 1928.

PERSONEN. Der Zar (Bariton), Angèle (Sopran), die falsche Angèle (Sopran).

HANDLUNG. Der Zar stattet Paris einen Besuch ab. Ein alter Anarchist will die Gelegenheit nutzen und ihn ermorden. Zu diesem Zweck lockt er ihn in das Studio einer bekannten Fofografin namens Angèle. Als der Zar zu der mit der Fotografin vereinbarten Sitzung kommt, wird er von der falschen Angèle, einer jungen Frau aus anarchistischen Kreisen, etwartet. Doch die Geschichte läuft im weiteren nicht nach Plan. Der Zar ist ein großer Verehrer der Frauenschönheit und macht der schönen falschen Angèle daher gleich den Hof. Ja, er will sie sogar malen lassen. So kommt es zu einer völligen Umkehrung der Situation, die die Anarchistin schließlich dazu zwingt, den Plan aufzugeben und sich Hals über Kopf aus dem Staub zu machen.

• Dieser satirische Sketch zielt mit seiner grotesk aufgezogenen Kritik sowohl auf die überholten Machtstrukturen der Zeit, wie sie etwa durch den Zaren verkörpert werden, als auch auf das Unwesen des Anarchismus. Er entspricht ganz den Regeln der «Zeitoper», erinnert aber mit seiner überzogenen Situationskomik auch sehr an den Stummfilm. Die Musik läßt trotz der eingängigen Melodien Weills politisches Sendungsbewußtsein durchscheinen. EP

DIE VERLASSENE ARIADNE
(L'abandon d'Ariane)

Opéra-minute (Kurz- oder Kammeroper) in fünf Szenen von Darius Milhaud (1892–1974). Text von Henry Hoppenot. Uraufführung: Wiesbaden, 20. April 1928.

PERSONEN. Ariadne (Sopran), Phaedra (Sopran), Theseus (Tenor), Dionysos (Bariton), Chor der Schiffbrüchigen. Chor der Bacchantinnen.

HANDLUNG. Die Handlung spielt auf der Insel Naxos. Die Oper stellt eine freie ironische Paraphrasierung des Ariadne-Mythos dar. Ariadne ist von Theseus auf der einsamen Insel Naxos alleingelassen worden. Über ihre Verlassenheit weinend, findet sie Dionysos, verliebt sich in sie und macht sie zu seiner Braut.

• Diese Kurzoper ist die mittlere in einem Zyklus von drei «Opéras-minutes», wie sie Milhaud besonders gern schrieb. Die erste trägt den Titel *Der Raub der Europa (L'enlèvement d'Europe)* und wurde 1927 in Baden-Baden aufgeführt, die dritte *Der befreite Theseus (La délivrance de Thésée)* (siebenundzwanzig Szenen) kam 1928 ebenfalls in Wiesbaden auf die Bühne. In diesen kurzen Opern, die alle ein Gemisch aus Lyrik und Ironie sind, verwendet Milhaud sehr konsequent die Bitonalität sowie Sprechchor und Schlagzeug als Stilmittel. SC

FRA GHERARDO

Dramatische Oper in drei Akten von Ildebrando Pizzetti (1882–1968). Libretto vom Komponisten. Uraufführung: Mailand, Teatro alla Scala, 16. Mai 1928. Solisten Antonin Trantoul, Florica Cristoforeanu, Aristide Baracchi, Edoardo Faticanti,

Salvatore Baccaloni, Giuseppe Nessi, Ines Minghini Catteneo. Dirigent: Arturo Toscanini.

PERSONEN. Gherardo (Tenor), Mariola (Sopran), Bruder Guido Putagio (Bariton), Bruder Simon (Tenor), ein Novize (Tenor), der Podestà (Bariton), ein Edelmann (Bariton), eine blonde Frau (Sopran), der Notar (Tenor), ein Schielender (Bariton), ein Blinder (Baß), eine Alte (Mezzosopran), ein Soldat (Bariton), ein zweiter Soldat (Baß), ein Mann (Bariton), eine Frau (Sopran), eine Mutter (Mezzosopran), ein Alter (Bariton), ein Ungläubiger (Tenor), der Rothaarige (Bariton), ein junger Mann (Bariton), eine Wache (Bariton), ein Knabe (Alt), eine Mädchenstimme (Alt), eine wütende Stimme (Mezzosopran), eine Frauenstimme (Sopran).

HANDLUNG. Die Handlung spielt im Parma des zwölften Jahrhunderts. Der reiche und gottesfürchtige Weber Gherardo, der sein Hab und Gut den Armen geschenkt hat, liebt das Waisenmädchen Mariola und kann schließlich der Versuchung nicht mehr widerstehen, eine Nacht mit ihr zu verbringen. Am nächsten Morgen verjagt er Mariola, weil er sie für einem gottesfürchtigen Leben nicht entsprechende Quelle der sündigen Lust hält, und verläßt selbst zur Sühne seiner Tat die Stadt. Neun Jahre später kehrt Gherardo, der mittlerweile Mönch geworden ist und im Ruf der Heiligkeit steht, in seine Heimatstadt zurück und fordert die Bevölkerung auf, gegen die korrupte Herrschaft anzukämpfen. Er begegnet auch Mariola wieder, die erschöpft und armselig gekleidet ist und ihm erzählt, daß sie ein Kind bekommen hatte, das aber noch in den Windeln gestorben sei. Sie liebt Gherardo immer noch. Von Gewissensbissen geplagt, bittet Gherardo sie um Verzeihung für alle Schmerzen, die er ihr zugefügt hat. Gherardo wird wenig später wegen seiner aufrührerischen Reden festgenommen und der Ketzerei angeklagt. Der Erzbischof und der Podestà wollen ihm mit dem Versprechen, sein Leben zu schonen, ein Geständnis abpressen. Mariola hat unterdessen mit dem Mut der Verzweiflung Gherardos Anhänger gesammelt und will ihn befreien. Auf dem großen Platz in Parma wimmelt es von Menschen. Der angeklagte Gherardo bekennt sich vor versammeltem Volke schuldig und schwört seiner Häresie ab. Doch mitten in seiner Selbstbeschuldigung kann er sein rebellierendes Gewissen nicht mehr unterdrücken und schreit stolz seine Verachtung für die Mächtigen der Stadt und dieser Welt heraus. Mariola, die sich die ganze Zeit still verhalten hatte und von des Geliebten Sinneswandel zutiefst betroffen war, kann ihre Freude über seine wiedergefundene Selbstachtung und Würde nicht unterdrücken und lenkt damit die Aufmerksamkeit auf sich. Der Podestà läßt sie festnehmen. Eine Frau, die vor Schmerz wie von Sinnen ist, weil ihr Kind im Gewühl der Menge zu Tode getrampelt worden ist, stößt Mariola einen Dolch in den Rücken. Als Gherardo sieht, daß das Wesen, das er geliebt hat und an dem er schuldig geworden ist, tot ist, läßt er sich widerstandslos auf den Scheiterhaufen binden.

● Das zwischen 1925 und 1927 geschriebene Werk stützt sich auf ein Geschehen aus der Chronik des Fra Salimbene von Parma (1221–1287) und ist typisch für Pizzettis hauptsächlich aus Rezitativen bestehende Opern. Die Seelenqualen des zwischen irdischer und göttlicher Liebe Hin- und Hergerissenen, der innere Zwist, die moralischen und religiösen Zweifel sind Themen, die Pizzetti mit diesem Stilmittel nuanciert zum Ausdruck bringt. Auch sein späteres Werk *Mord im Dom* (*L'assassinio nella Cattedrale*) behandelt ein ähnliches Thema. MSM

1928

DIE ÄGYPTISCHE HELENA

Oper in zwei Akten von Richard Strauss (1864–1949). Libretto von Hugo von Hofmannsthal (1874–1929). Uraufführung: Dresden, Staatsoper, 6. Juni 1928. Solisten: Elisabeth Rethberg, Maria Rajdl, Kurt Taucher. Dirigent: Fritz Busch.

HANDLUNG. Erster Akt. Menelas (Heldentenor) und Helena (Sopran), landen auf der Rückkehr aus dem trojanischen Krieg auf der Insel der ägyptischen Zauberin Aithra (Koloratursopran). Menelas ist entschlossen, die zurückgewonnene Helena, Ursache des zehnjährigen Krieges, als Sühneopfer zu töten. Aithra aber, die die schönste Frau der Welt retten will, lockt ihn mit Kriegsgerüchten wieder aufs hohe Meer hinaus. Helena behält sie bei sich. Als Menelas zurückkehrt, redet sie ihm ein, die Helena, die er aus Troja zurückgebracht habe, sei nur ein Phantom gewesen, die wirkliche Helena habe ihn hier auf ihrer Insel zehn Jahre lang getreulich erwartet. Für diese «wahre Helena», die treue, untadelige Ehefrau, interessiert sich Menelas jedoch mit einem Mal überhaupt nicht mehr, für ihn hat nur die Frau Bedeutung, die ihn verraten und die ihm Leid zugefügt hat. Zweiter Akt. Altair (Bariton), der Fürst der Berge, und Da-ud (Tenor), sein Sohn, fallen mit ihrem Gefolge in der Oase, in der Menelas und Helena nächtigen, ein. Die rauhen Männer sind wie geblendet von Helenas Schönheit. In Menelas erwacht sofort wieder die alte Eifersucht und er tötet Da-ud, in dem er den Rivalen fürchtet. Daraufhin gesteht Helena ihrem Gatten Aithras' Betrug. Menelas begreift schließlich, daß er in Helena mehr als nur seine Gattin, eine Frau, die ihm treu oder untreu ist, vor sich hat, sondern das Sinnbild der Frau und der weiblichen Verführung, der kein Mann zu widerstehen vermag. Trotzdem liebt er sie als *seine* Frau, und die beiden versöhnen sich.

● Die Oper behandelt ein Strauss sehr am Herzen liegendes Thema: die eheliche Treue mit all ihren Illusionen. Besondere Erwähnung verdient das Solo der Helena «Zweite Brautnacht! Zaubernacht, überlange» zu Beginn des zweiten Aktes. Strauss schrieb später eine zweite Fassung der Oper. Sie wurde am 14. August 1933 in Salzburg aufgeführt. RB

DIE DREIGROSCHENOPER

Stück mit Musik von Kurt Weill (1900–1950) in einem Vorspiel und drei Aufzügen. Text von Bertolt Brecht (1898–1956) nach dem Melodram aus dem achtzehnten Jahrhundert «The Beggar's Opera» («Die Bettleroper») von John Gay (Musik von Johann Christopher Pepusch). Uraufführung: Berlin, Theater am Schiffbauerdamm, 31. August 1928. Hauptrolle: Lotte Lenya.

PERSONEN. Macheath, genannt Mackie Messer (Tenor), Jonathan Jeremiah Peachum (Baß), seine Frau Celia Peachum (Sopran), Polly Peachum, deren Tochter (Sopran), Brown (Baß), die Spelunkenjenny (Mezzosopran), Lucy, Browns Tochter (Sopran).

HANDLUNG. London um 1900. Vorspiel. Auf dem Jahrmarkt von Soho, wo sich Bettler, Diebe, Dirnen und sonstiges Gesindel herumtreiben, singt ein Ausrufer die Moritat von Mackie Messer. Erster Akt. Der geschäftstüchtige «Bettlerkönig» Peachum geht seinem Geschäft nach: Er verkauft bzw. verleiht an andere Bettler Lumpen und Krücken, mit denen sie das Mitleid der Passanten erregen können. Seine Tochter Polly heiratet den Banditen Mackie Messer. Mit seiner Bande richtet er ihr eine Wohnung mit Diebesgut ein. Auf der Hochzeitsgesellschaft erscheint auch der Polizeichef Brown und schwelgt mit Mackie in Erinnerungen an gemeinsame Abenteuer. Als Pollys Eltern von der Heirat der Tochter erfahren, sind sie außer sich. Sie haben sich etwas Besseres für ihre Tochter gewünscht. Sie rechnen fest, Mackie in einem Bordell von Turnbridge zu finden, und wollen dies zum Anlaß nehmen, ihn der Polizei anzuzeigen. Zweiter Akt. Mackie Messer flieht vor der Verfolgung durch Peachum ins Moor von Highgate. Er sagt Polly, wie sie in seiner Abwesenheit die Bande befehligen soll und verabschiedet sich von ihr. Frau Peachum hat unterdessen die Dirnen von Turnbridge bestochen. Wenn sie Mackie bei der Polizei melden, sobald er zu einer von ihnen kommt, kriegen sie Geld. Die Spelunkenjenny ist es dann, die die Polizei ruft. Mackie wird verhaftet. Um keine Handschellen tragen zu müssen, zahlt er fünfzig Guineen. Im Old Bailey, wo Mackie einsitzt, begegnen sich Polly und Lucy, des Polizeichefs Brown Tochter, der Mackie die Ehe versprochen hatte. Es kommt zu einer großen Eifersuchtsszene zwischen den beiden Frauen. Mackie versucht sich aus der Affäre zu ziehen, indem er behauptet, Polly nie geheiratet zu haben. Diese wird von ihrer Mutter weggezerrt. Lucy verhilft Mackie zur Flucht. Als Peachum auf der Polizeistation vorspricht, um die Prämie für die Anzeige einzustreichen, muß er feststellen, daß der Vogel schon wieder ausgeflogen ist. Er gibt dem Polizeiinspektor die Schuld daran und droht ihm, einen riesigen Bettlerzug zu organisieren und den Krönungszug der Königin zu stören, wenn er nicht alles tut, um Mackie seiner Strafe zuzuführen. Dritter Akt. Die Spelunkenjenny verrät Mackie ein zweites Mal. Frau Peachum läuft zu Mackies Versteck bei der Dirne Suky Tawdry, der «Bettlerkönig» trommelt seine «Truppen» zusammen. Brown kommt, um alle zu verhaften, findet aber niemanden vor. Polly und Lucy Brown haben sich unterdessen in gemeinsamen Klagen über den schlimmen Mackie gefunden. Als Frau Peachum die Nachricht bringt, daß Mackie verurteilt werden soll, eilt Polly zu ihm, um ihm ein letztes Adieu zu sagen. Er versucht verzweifelt, noch irgendwie Geld zusammenzubekommen, um einen Polizisten zu bestechen und doch noch freizukommen, aber es gelingt ihm nicht. Da bittet er alle um Vergebung und macht sich auf den Weg zum Galgen. Im letzten Augenblick kommt ein königlicher Bote angeritten und bringt ihm die Begnadigung der Königin. Aus Anlaß ihrer Krönung erhebt sie ihn überdies in den Adelsstand, schenkt ihm ein Schloß und setzt ihm eine hohe Rente aus. Der Schlußchor zieht die Moral aus der Geschichte: «Verfolgt das Unrecht nicht zu sehr. In Bälde erfriert es schon von selbst, denn es ist kalt. Bedenkt das Dunkel und die Kälte in diesem Tale, das von Jammer schallt.»

● *Die Dreigroschenoper* ist wie *Mahagonny* ein politisch und sozial engagiertes Stück. Es wendet sich direkt ans Publikum und zwingt es, sich mit den Bedingungen der Gesellschaft seiner Zeit auseinanderzusetzen. Die Musik ist ein Gemisch aus Elementen des Kabaretts, des Melodrams, aus Jazz- und Volksmusik. Das Orchester ist – wenn auch mit einer Flöte und einem Cello besetzt – im wesentlichen ein Jazzorchester. Die Oper besteht aus zweiundzwanzig geschlossenen Nummern (und stellt insofern eine Verbindung zu alten Formen her). Im Grunde handelt es sich um ein Singspiel mit gesprochenem Text und gesungenen Einlagen wie Balladen, Liedern, Tänzen, zum Beispiel einem Foxtrott usw. Die Musik Weills wertet den Brechtschen Text, der nicht zu seinen besten gehört, beträchtlich auf. Die Oper erntete stürmischen Beifall, löste aber auch heftige Ablehnung aus.   EP

DIE LÄCHERLICHEN PREZIÖSEN
(Le preziose ridicole)

Oper in einem Akt von Felice Lattuada (1882–1962). Libretto von Arturo Rossato (1882–1942) nach der Komödie von Molière (1659). Uraufführung: Mailand, Teatro alla Scala, 9. Februar 1929. Solisten: Mafalda Favero, Ebe Stignani, Jan Kiepura, Salvatore Baccaloni, Faticanti. Dirigent: Gabriele Santini.

HANDLUNG. Die Handlung spielt in einem Vorort von Paris um 1650. La Grange (Tenor) und Croissy (Bariton), zwei junge Kavaliere, sind verliebt: der eine in Madelon (Sopran), die Tochter des Gorgibus (Baß), der andere in dessen Nichte Cathos (Mezzosopran). Allerdings sind sie allmählich sehr verärgert über die aufgesetzte spröde Haltung der beide Damen, die nichts von ihnen wissen wollen. Die beiden Mädchen sind nicht mehr als zwei eitle, dumme Gänschen, die nur ihre Schönheit und Kleider im Kopf haben. La Grange beschließt, sich an den beiden zu rächen. Er plant, ihnen seinen Diener Mascarille (Tenor), einen etwas verrückten Mann, auf den Hals zu schicken, der sie ordentlich auf den Arm nehmen und ihnen so eine Lehre erteilen soll. Gorgibus seinerseits sähe eine Verbindung zwischen den Mädchen und ihren Kavalieren recht gern und drängt die Mädchen, sich entgegenkommender zu zeigen. Anderenfalls werde er sie gleich ins Kloster stecken. Mascarille bereitet mittlerweile seinen Auftritt vor: er läßt sich bei den Damen als hoher Herr melden und in der Sänfte herbeitragen. Tief beeindruckt von soviel Anstand und der großen Dienerschaft wetteifern die beiden um die Gunst des Herrn. Bald darauf stellt sich ein weiterer feiner Kavalier ein: der Vicomte von Jodelet (Bariton), in Wirklichkeit Croissys Diener. Er gibt sich als großer Held aus. Die hoch hinauswollenden Mädchen sehen sich am Ziel ihrer Wünsche und stellen die jungen Männer der gesamten Nachbarschaft als ihre Verlobten vor. Doch da treten La Grange und Croissy dazwischen und geben die angeblichen hohen Herrn als ihre Diener zu erkennen. Tief beschämt, in ihrer ganzen Dummheit und Eitelkeit bloßgestellt worden zu sein, ziehen sich Madelon und Cathos in ihre Gemächer zurück. Die Dienerin der beiden, Marotte (Sopran), aber lacht vergnügt über diesen bösen Triumph der Wahrheit.

● Die Oper war in Italien recht erfolgreich. Alle Werke Lattuadas, auch diese Oper nach dem bekannten Komödienstoff Molières, bleiben innerhalb der romantisch-veristischen Operntradition der Zeit nach Verdi. Nur am Klangkolorit sind vereinzelt Hinweise auf moderne Entwicklungen zu entdecken.   MSM

DER VERLIEBTE SIR JOHN
(Sir John in Love)

Oper in vier Akten von Ralph Vaughan Williams (1872–1958). Libretto vom Komponisten nach einer Textauswahl aus Shakespeare's «Die lustigen Weiber von Windsor» (1600–1601). Uraufführung: London, Perry Memorial Theatre at the Royal College of Music, 21. März 1929. Dirigent: Malcolm Sargent.

● Die Oper stellt eine der zahlreichen Bearbeitungen des Falstaff-Stoffes dar. Sie hatte beträchtlichen Erfolg, gehört aber sicher nicht zu den besten Werken des Komponisten. Natürlich litt sie auch von vornherein unter dem Vergleich

Zeichnung Luciano Damianis zu «Der Zar läßt sich photographieren» von Kurt Weill. Mailand, Theatermuseum der Scala.

mit dem formvollendeten Verdischen *Falstaff*. In Williams Händen wurde sie mehr zu einer romantischen Komödie, in der Falstaff zu einem lyrischen Helden – ein bißchen Bruder Leichtsinn, ein bißchen vom Unglück verfolgter Heroe – hochstilisiert wird. Die Musik, der es an Verve und Tempo fehlt, tut ein übriges, um das, was bei Verdi umwerfende Komik mit manchmal beißender Schärfe war, zu mild-romantischer Sentimentalität zu verflachen.   EP

DER SPIELER
(Igrok)

Oper in vier Akten von Sergej Prokofieff (1891–1953). Libretto vom Komponisten nach der gleichnamigen Erzählung von Dostojewsky. Uraufführung: Brüssel, Théâtre de la Monnaie, 29. April 1929 (auf Französisch unter dem Titel «Le joueur»). Zweite Fassung der bereits 1915/16 komponierten Oper.

HANDLUNG. Fern von seiner Heimat muß Alexej Iwanowitsch (Tenor) einen Hauslehrerposten bei einem dummen und unfähigen General (Baß) einnehmen. Er verliebt sich in des Generals Schwägerin Pauline (Sopran). Diese schickt ihn eines Tages an ihrer Stelle ins Spielkasino. Damit ist Alexejs Schicksal entschieden: er gewinnt und ist von nun an dem Spielteufel verfallen. Sogleich versucht er sein Glück von neuem, verliert aber alles. Im Hause des Generals begegnet er zwei weiteren Spielern: Degrieux (Tenor) und Bianca (Alt). Sie warten auf eine große Erbschaft einer alten Tante namens Babulenka (Mezzosopran). Doch die Tante ist noch sehr lebendig und erscheint selbst, um den verruchten Spielern ins Gewissen zu reden. Stattdessen packt sie selbst die Spielleidenschaft, so daß von ihrem beträchtlichen Vermögen fast nichts mehr übrig bleibt. Bianca versteht es mit viel Geschick, Alexej ebenfalls wieder an den Roulettetisch zu bringen. Er wird zum professionellen Spieler und ist seinem völligen Ruin nahe. Pauline, die ihn liebt, versucht ihn zu retten. Doch vergebens. Er ist nicht mehr vom Spieltisch wegzubringen.

● Prokofieff komponierte die Oper in der kurzen Zeit von fünf Monaten zwischen Oktober 1915 und März 1916. Auch das Libretto verfaßte er selbst und versuchte dabei, möglichst nahe am Originaltext Dostojewskys zu bleiben. Die Partitur ist lebhaft, dynamisch und straff. Mitunter wird sie als futuristische Musik bezeichnet. Elf Jahre später fand Prokofieff, daß die Oper zu weitschweifig sei und kürzte sie beträchtlich. Diese zweite gekürzte Fassung wurde dann in Brüssel uraufgeführt.   RB

NEUES VOM TAGE

Komische Oper in zwei Akten und zehn Bildern von Paul Hindemith (1895–1963). Libretto von M. Schiffer. Uraufführung: Berlin, Kroll's Theater, 8. Juni 1929. Dirigent: Otto Klemperer. Uraufführung der zweiten Fassung (in zwei Akten): Neapel, Teatro San Carlo, 7. April 1954.

PERSONEN. Laura (Sopran), Eduard (Bariton), Baron von Houdoux, Präsident der Agentur «Universum» (Baß), Frau Pick, Chronistin der Agentur (Alt), Herr Hermann, Angestellter des Barons (Tenor), zwei unzufriedene Paare: Elli (Baß), ein Hoteldirektor (Baß), der Majordomus (Bariton), Zimmermädchen (Sopran), Standesbeamter, sechs Manager (zwei Tenöre, zwei Baritone, zwei Bässe), Chor.

HANDLUNG. Erster Akt. Salon im Hause Eduards und Lauras. Kurz nach ihrer Hochzeitsreise sind sich die jungen Eheleute wegen einer banalen Sache in die Haare geraten und beschließen, sich gleich wieder scheiden zu lassen. Auch

Frau Pick, die unerwartet vorbeikommt, ist mit dem Beschluß einverstanden. Auf dem Standesamt. Die Hindernisse der Bürokratie sind so groß, daß die beiden es zwei anderen Paaren, Elli und Ali bzw. Olli und Uli, nachmachen wollen und sich an die in solchen Fragen hilfreiche Agentur «Universum» wenden. In den Büroräumen der Agentur. Die Schreibmaschinendamen sind alle in den schönen Hermann verliebt. Er bekommt vom Eigentümer der Agentur, Baron Houdoux, den Fall Eduard und Laura übertragen. Museum. Saal mit Venusstatue. Laura und Hermann haben hier ein Rendezvous. Sie sollen eine Liebesszene fingieren, die die Scheidung erleichtern soll. Eduard, der sie beobachtet, findet, daß Hermann seine Sache etwas zu gut macht. Nur um ihn zu stören, wirft er die Venusstatue um. Badezimmer in einem Hotel. Als Laura, die jetzt von ihrem Mann getrennt im Hotel lebt, das Badezimmer betritt, findet sie Hermann darin vor. Sie ist geschockt. Frau Pick fotografiert die Szene als Beweismaterial für den Ehebruch. Laura bricht in Tränen aus. Dann kommt der Baron hinzu und entläßt den allzu eifrigen Hermann. Nachdem alle abgetreten sind, kann Laura in Ruhe ihr Bad nehmen. Zweiter Akt. Rechts: Lauras Hotelzimmer. Links: Gefängnis mit Eduard, der eine Strafe wegen Vandalismus absitzt. Beide bereuen den ganzen Unsinn mit der Scheidung, und schließlich geht Laura auf Eduard im Gefängnis zu und umarmt ihn. Der Baron gedenkt die Geschichte der beiden für ein Theaterstück zu verwerten. Die beiden sollen sich selbst spielen. Büro der Agentur «Universum». Hermann bekommt ein neues Paar Scheidungswilliger anvertraut. Sie alle gehen sich das Theaterstück ansehen. Garderobe Eduards und Lauras. Während die beiden sich schminken, kommt es fast zu einem neuen Streit. Auf der Bühne des Universum-Theaters spielen die beiden ihr eigenes Leben. Nach zahlreichen Aufführungen läuft ihr Vertrag endlich aus. Die beiden haben die Nase voll vom schauspielern. Der Baron muß sich eine neue Laura und einen neuen Eduard suchen. Im Hintergrund flammen Leuchtreklamen und Lichtschriften auf. Die Anwesenden lesen mit lauter Stimme «Neues vom Tage».

● Hindemith wollte – ähnlich wie Weill in der *Dreigroschenoper* oder Schönberg in *Von heute auf morgen* – das Alltagsleben der Zeit satirisch darstellen. Die Musik der Oper ist eine gelungene Mischung aus Jazz- und neoklassizistischen Elementen. Da Hindemith auch mit diesem Werk eine «Musikoper» d.h. ein bewußtes Auseinanderfallen von Text und Musik anstrebte, leiden sowohl Verständlichkeit als auch Homogenität des Werkes darunter. *Neues vom Tage* entstand kurz nach dem *Cardillac* und zeigt die gleichen Stilelemente wie dieses frühere Werk, wenn auch in nicht so prägnanter Form. Die Musik läuft oft gänzlich unverbunden neben dem Text her; besonders auffallend ist dies bei lyrischen Stellen. Hindemith will damit betonen, daß das Schöne schön ist, auch ohne die Zutat der Emotionen. Wo der Komponist dieses Bemühen der Musik der «neuen Sachlichkeit» nicht zu weit treibt, gelingen ihm intensive, ganz gegen seine Absicht doch wieder ergreifende Stellen. LB

DIE NASE
(Nos)

Oper in drei Akten von Dimitrij Schostakowitsch (1906–1975). Libretto von J. Preis nach der gleichnamigen Erzählung von Nicolaj Gogol. Uraufführung: Leningrad, Kleines Theater, 12. Januar 1930.

HANDLUNG. Der Beamte Kowalew erwacht eines Morgens und stellt zu seiner Überraschung und zu seinem Mißfallen fest, daß seine Nase weg ist. Während der Arme verzweifelt nach ihr sucht, findet sein Barbier sie beim Frühstück im Brot. Voller Angst, jemand könnte glauben, er habe die Nase einem Kunden abgeschnitten, wirft er sie in die Newa. Kowalew ist unterdessen weiter auf der Suche nach seiner Nase. Eines Tages trifft er sie als hohen Beamten gekleidet auf der Straße, verliert sie aber schon bald wieder aus den Augen. Allmählich interessiert sich auch die Polizei für den Fall der unbotmäßigen Nase. Es werden entsprechende Anzeigen in die Zeitungen gesetzt. Alles vergeblich. Eines Tages wird sie dann dem rechtmäßigen Besitzer zurückgebracht. Ein Chirurg wird eiligst gerufen, um sie wieder an ihrem alten Platz festzumachen. Aber die Operation mißlingt. Kowalew ist verzweifelt, muß sich aber wohl oder übel ohne Nase abfinden. So unerwartet, wie sie gegangen war, kommt die Nase aber auch wieder zurück. Eines Tages erwacht Kowalow mit der Nase im Gesicht, wie es sich für einen anständigen Menschen gehört.

● Gogols phantastisch-satirische Erzählung bringt schon eine Fülle von Episoden und farbigen Einzelszenen. Das Opernlibretto ist noch überfüllter mit abstrusen Figuren, die mehr oder weniger episodisch unverbunden nebeneinander auftreten (ca. siebzig Personen). Die musikalische Charakterisierung der Gestalten leidet darunter. *Die Nase* ist ein Jugendwerk Schostakowitschs, er schrieb es mit knapp einundzwanzig Jahren zwischen 1927 und 1928. RB

VON HEUTE AUF MORGEN

Oper in einem Akt von Arnold Schönberg (1874–1951). Libretto von Max Blonda (Pseudonym von Gertrud Kolisch-Schönberg). Uraufführung: Frankfurt am Main, Städtische Bühnen, 1. Februar 1930.

PERSONEN. Der Ehemann (Bariton), die Frau (Sopran), die Freundin (Sopran), der Sänger (Tenor), das Kind (Sprechrolle).

HANDLUNG. Der Mann und seine Frau kommen nachts von einem Fest zurück. Der Mann sieht noch die faszinierende Freundin seiner Frau vor sich und reagiert verärgert auf die Besorgtheit der Frau um das Kind und ihre Aufforderung an ihn, sich schlafen zu legen, da er doch am nächsten Tage zur Arbeit müsse. Er versteift sich darauf, über die Freundin zu sprechen: wie klug sie sei, wie faszinierend, wie modern usw. Innerlich vergleicht er die Nüchternheit der ehelichen Umarmungen mit der sündigen Trunkenheit, die ihm ein Kuß von den Lippen der Freundin bedeuten würde. Die Frau weist ebenfalls verärgert darauf hin, daß es leicht sei für eine Frau, ihre Faszination zu behalten, wenn sie sich nicht um Mann, Kinder, Haus und Küche kümmern müsse. Im übrigen dürfte sie selbst als Ehefrau und Mutter doch auch nicht so unbedeutend sein, da die Berühmtheit des Abends, der große Sänger, sich eine ganze Weile neben sie gesetzt und ihr funkelnde Blicke zugeworfen hätte. Und in der Unterhaltung habe er ihr mit galanten Worten bestätigt, daß sie Esprit habe. Sie wirft dem Gatten vor, er lasse sich von allem, was ein bißchen modisch daherkomme, blenden. Der Ehemann tut den Vergleich zwischen der Freundin – einer Frau von Welt! – und der Ehefrau, einer anständigen, braven Hausfrau als lächerlich ab. Die beiden steigern sich in gegenseitige Vorwürfe hinein. Ein jeder fühlt sich vom anderen unverstanden, in seinem Wert nicht richtig eingeschätzt, nicht genügend bestätigt und in die Fesseln der häuslichen Routine gezwängt. Die Frau zieht daraus ihre Schlüsse. Sie ändert ihre Frisur, schminkt sich und kauft sich neue Kleider. In dieser neuen Aufmachung, die sie abends geschickt durch ein verführerisches Negligé ersetzt, erscheint sie vor ihrem müden Ehemann. Und siehe da! Er entdeckt ihre Schönheit von neuem, findet sie charmant und faszinierend, macht ihr den Hof und zeigt sich eifersüchtig auf den Sänger. Aber jetzt schenkt ihm die Frau keine Aufmerksamkeit. Sie will sich vergnügen, das mondäne Leben genießen, sie spricht nur mehr von tollen Kleidern und ihren zahllosen Bewunderern. In ihrer (gespielten) Aufregung weckt sie das schlafende Kind auf, überläßt es aber ganz dem Mann, es wieder zur Ruhe zu bringen. Auch das Frühstück muß er für alle bereiten und die Gasrechnung muß ebenfalls er bezahlen, als der Gasmann klingelt. Dann läutet das Telefon: der Sänger ruft aus einem Nachtlokal, wo er sich mit der Freundin amüsiert, an und lädt die Frau ein. Der Mann platzt fast vor Wut und Eifersucht. Außerdem muß er ernsthaft befürchten, mit seiner Schwärmerei von der «Frau von heute» seine Frau für alle Tage verloren zu haben. Die Frau entfernt sich und kommt als die, sie immer war, zurück: als die tüchtige, ruhige Hausfrau. Als der Sänger und die Freundin vorbeikommen, stellt der Gatte fest, daß der mondäne Charme und Esprit der beiden «modernen Menschen» seine Faszination für ihn verloren hat. Die Geistreicheleien der beiden Leute von Welt prallen an dem neuen stillschweigenden Einverständnis der Ehegatten ab. Der Sänger und die Freundin zeigen sich enttäuscht, auch in ihnen kein wirklich freies, modernes Paar gefunden zu haben, und verabschieden sich. Sie werden von der Mode geleitet, so der Kommentar des Gatten, wir von der Liebe. Und das Kind fragt neugierig: «Mama, was heißt *moderne Menschen?*»

● Schönbergs Entscheidung, eine komische Oper zu schreiben (der Text stammt von seiner Frau), ist sicher auch auf den Einfluß der allgemeinen Atmosphäre in Berlin der zwanziger Jahre zurückzuführen. Aber abgesehen von diesem Umwelteinfluß fügt sich das Werk folgerichtig in Schönbergs Gesamtschaffen ein. Hinter dem mit liebenswürdiger Ironie abgehandelten vordergründigen Thema der Zweifelhaftigkeit des «Modernen» geht es in *Von heute auf morgen* um das tiefere, grundsätzlichere Verhältnis zwischen Außen- und Innenwelt, zwischen Schein oder Erscheinung und Substanz. Damit ist eines der Grundthemen Schönbergs angeschlagen, wie er sie in seinen größeren Werken, zum Beispiel in *Moses und Aaron* behandelt. Die vor Einfällen sprühende Partitur – sie bringt beispielsweise köstliche Karikaturen verschiedener gängiger musikalischer Formen wie des Walzers, der Jazzmusik usw. und brillante Wagnerzitate – ist ein reines Zwölftonstück. Obwohl Schönberg gerade mit diesem Werk den Publikumsbedürfnissen wohl stärker entgegenkam als mit vielen früheren, hatte die Oper kaum Erfolg und wird nur sehr selten gespielt. RB

AUFSTIEG UND FALL DER STADT MAHAGONNY

Oper in drei Akten von Kurt Weill (1900–1950). Text von Bertolt Brecht (1898–1956). Uraufführung: Leipzig, Neues Theater, 9. Mai 1930.

PERSONEN. Leokadia (Mezzosopran), Jim (Tenor), Jenny (Sopran), Trinity Moses (Bariton), Fatty (Tenor), Joe (Baß), Begbick (Bariton), Bill (Bariton), Jack (Tenor).

HANDLUNG. Erster Akt. Leokadia und Begbick, Fatty und Trinity Moses werden wegen betrügerischen Bankrotts und Kuppelei von der Polizei gesucht. Sie sind in einem Überlandbus auf dem Weg zur Goldküste, wo sie ihr Glück zu machen hoffen. Unterwegs bricht der Bus zusammen. Wie sollen sie nun weiterkommen? Leokadia schlägt vor, an Ort und Stelle eine neue Stadt zu erbauen. So entsteht das Paradies der Goldsucher, die Stadt Mahagonny. Jenny und weitere sechs Mädchen lassen sich in der Stadt nieder, um Geschäfte und Leben der Bürger zu beleben. Fatty und Trinity Moses sind mit der Propaganda beauftragt. Immer neue Menschen strömen in die Stadt, darunter auch vier Freunde: Bill, Jack, Jim und Joe, die sich in Alaska als Holzfäller Geld verdient haben. Leokadia bietet ihnen die neu eingetroffenen Mädchen an. Jim sucht sich Jenny aus. Aber das goldene Mahagonny ist in Gefahr. Fatty berichtet, daß die Polizei die Suche nach ihnen nicht aufgegeben hat und im Anmarsch auf die Stadt ist. Die Truppen sind bereits in Pensacola. Leokadia bleibt in der Stadt. Jim stellt mit großem Mißfallen fest, daß es in der Stadt entschieden zu viele Verbote gibt. Außerdem ist ein schrecklicher Tornado angekündigt. Es entsteht eine Panik. Jim nutzt die Gelegenheit, um seine eigenen neuen Gesetze durchzusetzen: alles ist erlaubt in der Stadt Mahagonny. Zweiter Akt. Die ganze Stadt harrt in gespannter Erregung des Hereinbrechens der Katastrophe. Da ist zu hören, daß der Tornado die Richtung geändert habe. Die Leute veranstalten ein ausgelassenes Freudenfest, bei dem keiner mehr Maß und Ziel kennt. Jack überfrißt sich derart, daß er stirbt. Es wird ein großer Boxkampf zwischen Trinity Moses und Joe veranstaltet. Jim setzt als einziger auf den Sieg des Freundes, aber dieser bleibt am Boden liegen. Somit hat Jim sein ganzes Gold verspielt. Er betrinkt sich daraufhin maßlos und wird, als er überdies noch nicht einmal seine Zeche bezahlen kann, ins Gefängnis geworfen. Jenny verläßt ihn. Dritter Akt. Der Prozeß gegen Jim findet statt. Richter ist Leokadia, sie ist durchaus bereit, sich bestechen zu lassen. Trinity Moses macht den Staatsanwalt, die Verteidigung wird von Fatty übernommen. Die Anklage besteht im schlimmsten Verbrechen, das man in Mahagonny begehen kann: Jim hat seine Rechnung nicht bezahlt. Dazu kommen noch eine Reihe erschwerender Umstände: er hat die Prostituierte Jenny verführt, hat die öffentliche Ruhe gestört und den Tod des Freundes Joe verursacht, dadurch, daß er ihn in den Boxkampf mit Trinity Moses gedrängt hat. Er wird zum Tode auf dem elektrischen Stuhl verurteilt. Bei seinem Abschied fordert er alle auf, über das, was in Mahagonny geschehen ist, nachzudenken. Da bricht ein riesiger Brand in der Stadt aus. Die Leute laufen in wahnsinniger Angst davon. Das Ende ist ihnen gewiß. Sie singen von Jims Tod. Und sein Tod ist auch der Tod der Stadt.

● Drei Jahre vor der Uraufführung der endgültigen Fassung war eine erste Fassung in Form eines Singspiels in Baden-Baden gespielt worden. Bald erwogen Brecht und Weill schon den Gedanken, die Sache auszubauen. Bei der Uraufführung in Leipzig kam es im Publikum fast zu einem Aufstand. Die anscheinend absolut subversive Moral der Geschichte löste gewaltige Empörung aus. Nicht umsonst war es schon bei den Proben zu ständigen Störungen durch Nationalsozialisten gekommen. Nach der Machtübernahme durch die Nationalsozialisten fiel die Oper unter Aufführungsverbot. Im

Jahre 1938 wurden dann auch die verschiedenen Partituren vernichtet, darunter auch eine in Wien aufbewahrte (diese gleich nach dem Anschluß Österreichs). Eine Kopie des Originals wurde nach dem Krieg wiedergefunden.   EP

WIR BAUEN EINE STADT
Oper für Kinder in einem Akt von Paul Hindemith (1895–1963). Text von Robert Seitz (1930).

HANDLUNG. Eine Kinderschar baut eine Stadt, die «die schönste von allen» sein soll. Voller Eifer gehen sie gemeinsam an die Arbeit, denn wenn alle mitarbeiten, wird die Stadt schneller fertig. Jeder trägt mit seiner Arbeit bei, seinem Werkzeug, bringt Steine und Sand. Aus allen Weltgegenden und mit allen möglichen Fortbewegungsmitteln kommen ihre künftigen Bewohner herbei: der Schmied, der Zahnarzt, Frau Mayer mit ihrem Papagei, Herr Frankl mit dem Hund, der Bäcker und andere, «von denen man nicht weiß, wie sie heißen». «Und was werdet ihr in der Stadt tun?» fragt der Lehrer. Und die Kinder beginnen, Kaufmann zu spielen, Schaffner, Besuch. Es wird Nacht, die Kinder schlafen, die Diebe stehlen. Doch der Polizist paßt auf und steckt sie ins Gefängnis. Die Stadt ist wohlgeordnet, der Schutzmann regelt aufmerksam den Verkehr. Auch der Bürgermeister und die Gemeinderäte sind Kinder, «denn die Erwachsenen haben nichts zu sagen».

● Diese kleine Oper für Kinder wurde von Hindemith im Geist der Gebrauchsmusik aufgefaßt, d.h. einer Musik für alle, auch für eine unmittelbare Beteiligung. Der Komponist schrieb eine Partitur, die frei ausgeführt und daher auch von Kindern benutzt werden konnte, die damit ein Stück musikalischer Erziehung erhielten. Je nach Notwendigkeit oder Möglichkeit können Gesangsstücke oder Instrumentalnummern oder Tänze hinzugenommen werden. Im Jahre 1930 entstanden, drückt das Werk auch die Ideale jener Jahre aus, die auf das heraufkommende Maschinenzeitalter als Grundlage einer neuen Welt der Vernunft und Technik bauten.   RM

AUS EINEM TOTENHAUS
(Z mrtvého domu)

Oper in drei Akten von Leoš Janáček (1854–1928). Libretto vom Komponisten nach dem gleichnamigen Roman von Fjodor M. Dostojewskij. Uraufführung: Brünn, 12. April 1930.

HANDLUNG. Erster Akt. In Sibirien. Im Gefängnishof am Fluß Irtisch. An einem bitterkalten Wintermorgen kommen die Gefangenen aus den Zellen. Ein politischer Gefangener, Alexander Petrowitsch Gorjantschikow (Bariton) trifft ein. Sein Aussehen und sein Betragen reizen den Kommandanten, der seine Bestrafung anordnet. Inzwischen treiben die Wachen die Gefangenen zur Arbeit; einige beschwören Ereignisse aus ihrem Leben und stimmen Volkslieder an. Gorjantschikow kommt zurück. Zur Flucht entschlossen, stellt er den Wachen eine Falle. Doch seine Flucht schlägt fehl, er wird verfolgt und gefangengenommen. Da er die letzte, verzweifelte Tat nicht wagt, läßt sich der Flüchtling abführen. Zweiter Akt. Die Gefangenen gehen ihrer Arbeit am Ufer des Irtisch nach. Gorjantschikow unterrichtet den jungen Tartaren Aljeja (Sopran oder Tenor), der ihm seine Familiengeschichte erzählt hat, im Lesen und Schreiben. Nach der Abeit spielen die Gefangenen Theater, sie führen die Komödie *Kedril und Don Juan* auf, eine Pantomime *Die schöne Müllerin* schließt sich an. Der Vorhang fällt, und das traurige Leben im Lager hebt wieder an. Man eilt dem von einem Gefangenen, der Streit mit ihm angefangen hat, verwundeten Aljeja zu Hilfe. Dritter Akt. In der Krankenstation des Gefängnisses. Während Gorjantschikow Aljeja besucht, erzählt einer der Gefangenen, Schapkin (Tenor oder Bariton), daß er durch Verrat in den Kerker gekommen sei und ein zweiter, Schischkow (Bariton), daß er in seiner Eifersucht seine Frau getötet hat; in einem gerade gestorbenen Leidensgefährten erkennt er seinen früheren Nebenbuhler. Danach empfängt der Kommandant Gorjantschikow und teilt ihm mit, er sei frei. Zärtlich verabschiedet er sich von Aljeja, während die Gefangenen einen im Lager lebenden Adler freilassen, als Symbol der unverletzlichen Freiheit des menschlichen Geistes.

● Ursprünglich enthielt das Libretto ein Sprachengemisch aus Tschechisch, Russisch und slawischen Dialekten. Dann wurde es von dem Regisseur O. Zitek vollständig ins Tschechische übertragen. Diese letzte Oper Janáčeks, die er 1927/28 komponierte, wurde erst nach seinem Tode aufgeführt. *Aus einem Totenhaus,* ein Werk, in dem die Menge die

Oben: Salle Montansier der Opéra in der Rue de Richelieu, der nach dem Attentat auf den Herzog von Berry auf Anordnung des Erzbischofs von Paris abgerissen und durch die Opéra in der Rue Le Peletier (unteres Bild) ersetzt wurde.

Die Pariser Oper heute.

eigentliche Hauptrolle spielt, stellt den Gipfel der Dramatik dar, die der Komponist, in seiner vehementen expressionistischen Tonsprache erreichte. AB

DER JASAGER

Lehroper in zwei Akten von Kurz Weill (1900–1950). Libretto von Bertolt Brecht (1898–1956) nach dem japanischen Noh-Spiel «Taniko» aus dem fünfzehnten Jahrhundert. Uraufführung: Berlin, 24. Juni 1930.

PERSONEN. Der Knabe, die verwitwete Mutter, der Lehrer, drei ältere Schüler.

HANDLUNG. «Das Allerwichtigste, das man lernen soll, ist das Einverständnis», heißt es zu Beginn. «Viele sagen ja, aber das heißt nichts. Viele werden nicht gefragt. Und viele sind mit Falschem einverstanden.» Erster Akt. Der Junge geht nicht zur Schule, und der Lehrer geht bei ihm zu Hause vorbei, um festzustellen, warum. Inzwischen bereitet sich eine Expedition darauf vor, die Bergkette zu überqueren, um zu einem Weisen zu gelangen. Der Lehrer kommt zum Haus des Jungen und erfährt dort, daß dieser die Schule nicht besucht, weil seine Mutter krank ist. Die Frau verspricht, sie werde auf sich achten, doch solle der Junge mit dem Lehrer gehen. Der Lehrer lehnt ab, weil der Weg gefährlich ist. Doch der Junge drängt in ihn: bei dem Weisen wird er ein Mittel für die Mutter finden. Zweiter Akt. Der Junge, der Lehrer und drei ältere Schüler sind auf dem Weg durch die Berge. Dem Jungen geht es nicht gut. Eine alte Tradition fordert ihr Recht: Wer die Reise nicht vollenden kann, muß ins Tal hinabgestoßen werden. Müssen alle umkehren oder wird der Junge sich in sein Schicksal fügen? Der Junge sagt ja, unter der Bedingung, daß der Lehrer die Medikamente für seine Mutter mit zurückbringe. So erfüllt er seine Verpflichtung gegenüber der Gemeinschaft.

● «Eine Oper für die Schulen darf nicht nur ein musikalisches, sie muß auch ein intellektuelles und moralisches Werk sein», so hatte Weill geschrieben. Und gerade die Moral aus dieser Geschichte, die ein Angriff auf die preußische Disziplin zu sein scheint, rief Kritiker und Publikum gegen diese Oper auf den Plan, um so mehr, als sie ein Lehrstück sein wollte. In einem neuen Finale sagt der Junge nein, doch wurde diese Variante nie vertont. Weill hatte für die Jugend bereits *Zaubernacht* (1921) und *Recordare* (1924) geschrieben sowie gemeinsam mit Hindemith die Kantate *Der Lindbergh-Flug* (1929). Die Oper sollte während des Baden-Badener Musikfestes gegeben werden, da es jedoch Meinungsverschiedenheiten zwischen Brecht und dem Organisationsausschuß gab, wurde sie zurückgezogen. Sie sollte einem dreifachen Zweck dienen: der Erziehung junger Komponisten, der Erziehung junger Interpreten, der Erziehung in der Schule. Zu jenen, die die Oper *Der Jasager* zu schätzen wußten, gehörte Albert Einstein. Die Nationalsozialisten dagegen griffen sie heftig an und störten die Vorstellungen. Die Premiere von *Der Jasager* fand an der Preußischen Akademie für Kirchen- und Schulmusik statt und wurde auf Weills ausdrücklichen Wunsch von dem Studenten Kurt Drabek geleitet.

EP

DIE SCHLAUE WITWE
(La vedova scaltra)

Lyrische Komödie in drei Akten von Ermanno Wolf-Ferrari (1876–1948). Libretto von Mario Ghisalberti (geb. 1902) nach Carlo Goldonis (1707–1793) gleichnamiger Komödie. Uraufführung: Rom, Teatro dell'Opera, 5. März 1931.

PERSONEN. Rosaura, die schlaue Witwe (Sopran), Mylord Rubenif (Baß), Monsieur Le Bleau (Tenor), Don Alvaro (Baß), der Graf von Bosconero (Tenor), Marionette (Sopran), Arlecchino (Bariton), Birif (Baß), Folletto (Tenor).

HANDLUNG. Sie spielt im Venedig des achtzehnten Jahrhunderts. In erster Linie geht es um die Beschreibung des Nationalcharakters der vier Edelleute, die sich die Liebe der schönen Witwe streitig machen. Rosaura läßt sich von ihren Freiern umwerben (während Arlecchino – um möglichst viel Gewinn hieraus zu ziehen – Ähnliches auf anderer Ebene tut), kann sich jedoch nicht entscheiden. Schließlich beschließt sie, jenem ihre Hand zu gewähren, der ihr die größte Beständigkeit erweisen wird. Sie denkt sich die Prüfung aus: sie verkleidet sich und zeigt sich einer raschen Eroberung sehr geneigt. Auf diese Weise empfängt sie «Liebespfänder» von dem französischen Kavalier, dem feurigen Spanier und sogar von dem gemessenen Mylord. Nur Graf Bosconero weist auf liebenswürdige Weise ihre Annäherungsversuche zurück: er liebt Rosaura und bleibt ihr treu. Jetzt kann die Witwe wählen: sie gibt die durch Täuschung erhaltenen Gaben zurück und reicht dem italienischen Grafen die Hand zum Bund der Ehe.

• Das reizvolle, leichtgewichtige Sujet kam Wolf-Ferraris Geist und seinem raffinierten Geschmack entgegen. Einige Nummern der geistvollen Musik werden oft auch separat aufgeführt. Die Oper wird in Deutschland mitunter auch unter dem Titel «Die schalkhafte Witwe» aufgeführt.

EP

NÄCHTLICHES TURNIER
(Torneo notturno)

Sechs Nachtstücke für die Bühne von Gian Francesco Malipiero (1882–1973). Libretto vom Komponisten. Uraufführung: München, Nationaltheater, 15. Mai 1931. Solisten: J. Bölzer, H. Rehkemper, A. Gerzer, J. Tornau, E. Feuge, W. Härtl, G. Langer, C. Sendel, H. Fichtmüller, A. Wagenpfeil, J. Betetto. Dirigent: Karl Elmendorff.

PERSONEN. Madonna Aurora (stumme Rolle), drei Verliebte (Tenor, Bariton und Baß), der Verzweifelte (Tenor), der Sorglose (Bariton), die Mutter (Mezzosopran), die Tochter (Sopran), zwei junge Frauen (stumme Rollen), der Wirt (Bariton), die Gäste, Männer und Frauen (stumme Rollen), eine Kurtisane (Sopran), eine weitere Kurtisane (stumme Rolle), die Schwester des Verzweifelten (stumme Rolle), der alte Schloßherr, die Schloßherrin, Diener und Wachen (stumme Rollen), der Spaßmacher (Bariton), der Trompeter, der Pfeifer, die Trommler, vier junge Leute, die singend vorübergehen (Tenöre), der Wächter (stumme Rolle), der Hinauswerfer (Sprechrolle).

HANDLUNG. Das Werk besteht aus sieben Szenen, die der Komponist als *Notturni*, also *Nachtstücke* bezeichnet hat, und die jeweils einen besonderen Titel tragen. Anhand dieser sieben kurzen Bilder sehen wir den ewigen Kampf zwischen dem Verzweifelten, dem traurigen Menschen, der zum Unterliegen bestimmt ist, und dem Sorglosen, dem Menschen, der die Freuden des Lebens im gleichen Augenblick, in dem sie sich ihm bieten, zu nehmen weiß. Im ersten Nachtstück mit dem Titel *Die Serenade* lauscht Aurora, ein wunderschönes Mädchen, dem lustigen Lied des Sorglosen und sinkt fasziniert in seine Arme. Plötzliche Reue läßt sie jedoch fliehen, der Sorglose hält sie zurück, und nach kurzem Kampf fällt sie leblos zu Boden. Der Verzweifelte, der vergeblich versucht hatte, das Mädchen zu verteidigen, wirft sich hilflos und bekümmert über ihren Leichnam. Im zweiten Nachtstück, *Der Sturm*, verführt der Sorglose während eines Unwetters ein naives Mädchen, das er dazu überredet hat, seine alte Mutter zu verlassen. Ohnmächtig wohnt der Verzweifelte dieser Untat bei. *Der Wald*. In einem Wald begegnet der Verzweifelte dem verführten Mädchen, doch er kann sie der Faszination durch den Sorglosen nicht entreißen, der sie beherrscht und mit sich fortreißt. *Die Taverne zur guten Zeit*. In einer Taverne versuchen zwei Kurtisanen den Verzweifelten zu trösten, doch der Sorglose kommt herein und fasziniert mit seinen einschmeichelnden Liedern die beiden Frauen. In einer Aufwallung von Rebellion stürzt sich der Verzweifelte auf ihn, doch zur allgemeinen Heiterkeit schleudert ihn sein Gegenspieler zu Boden. *Das erloschene Herdfeuer*. Als er sich in sein trostloses dunkles Haus flüchtet, stößt der Verzweifelte auf seine eigene Schwester, die von dem Sorglosen verführt worden ist und nun umsonst versucht, ihn zurückzuhalten: der Sorglose stößt sie von sich und geht, während er ihr einige Münzen hinwirft, fort. *Das Schloß der Langeweile*. Auf einem Schloß versuchen der Gaukler und der Spaßmacher erfolglos, den alten Schloßherrn und seine gleichfalls nicht mehr jugendliche Gattin zu unterhalten. Der Sorglose kommt hinzu, bringt gleich neues Leben, und erobert die Schloßherrin. Der Verzweifelte stürzt sich auf ihn, wird jedoch von den Dienern zurückgehalten und ins Gefängnis gebracht. *Das Gefängnis*. In dem Gefängnis, in dem der Verzweifelte gefangen ist, wird auch der Sorglose eingekerkert, der sich der Verführung der Schloßherrin schuldig gemacht hat. Im Schutz der Dunkelheit tötet ihn der Verzweifelte. Bald darauf erscheint die Schloßherrin in der Absicht, ihren Geliebten zu befreien, doch dank eines Tricks gelingt es dem Verzweifelten, sie in der Zelle einzuschließen und zu fliehen. Der Inspizient tritt vor das Publikum und verkündet, daß weder der Tod des Nebenbuhlers noch die wiedergewonnene Freiheit dem Gemüt des Verzweifelten den Frieden gebracht haben, da die Menschen von wüsten Leidenschaften beherrscht werden, die durch nichts beruhigt werden können.

• *Nächtliches Turnier* wird als Malipieros Meisterwerk angesehen. Auch in ihm hält er sich an die Linie der *Sette canzoni* (der zweite Teil der Trilogie *L'Orfeide*): fast völliger Verzicht auf das Rezitativ und Einführen von Canzonen. Die Oper stellt in ihrer unwiederholbaren Knappheit und Perfektion die Summa der Bestrebungen des Komponisten auf dem Theater dar.

MSM

«Aufstieg und Fall der Stadt Mahagonny» von Kurt Weill an der Hamburgischen Staatsoper. Aufführung aus dem Jahre 1962. Bühnenbild von Caspar Neher.

AMPHION

Melodram in einem Akt von Arthur Honegger (1892–1955). Text von Paul Valéry (1871–1945). Uraufführung: Paris, Opéra, 23. Juni 1931.

HANDLUNG. Sie ist ganz einfach und bewegt sich im Rahmen des griechischen Mythos. Amphion ist ein Liebling der Götter und besonders des Apollon, der ihm die Leier übergibt. Zum ersten Mal berührt der Mensch die göttlichen Saiten und entlockt ihnen eine Musik, bei deren Klang sich wie durch Zauberei die Steine von selbst bewegen und in Architekturformen zusammenfügen. Es geht um die sagenhafte Geburt der Architektur, die mit der der Musik verbunden ist.

● Der literarische Text ist ein Originalwerk des bekannten französischen Dichters, der 1932 in einem Vortrag erklärte, er habe ein Werk schaffen wollen, in dem Literatur und Musik sich unauflöslich miteinander verbänden, ohne daß sich Tänze, Pantomimen, Gesänge und sinfonische Stücke auf chaotische Weise hineinmischten und die dramatische Einheit einschränkten, und behauptete, er habe in Honegger hervorragende Unterstützung gefunden: Honeggers Musik paßt sich auch tatsächlich der klassischen Strenge des Textes vollkommen an und interpretiert ihn modern in einer Ausgewogenheit, die er nicht immer in seinen übrigen Opern erreichen sollte. Dennoch war der Erfolg der Oper bei ihrem Erscheinen mäßig und noch heute ist sie nicht allgemein als Repertoirestück anerkannt. GP

DER FAVORIT DES KÖNIGS
(Il favorito del re)

Burleske in drei Akten von Antonio Veretti (geb. 1900). Libretto von A. Rossato. Uraufführung: Mailand, Teatro alla Scala, 17. März 1932. Solisten: P. Tassinari, M. Falliani, Menescaldi, U. Di Lélio. Dirigent: Franco Ghione.

1932

PERSONEN. Argirolfo (Tenor), Lalla (Sopran), der König (Baß), die Königin (Mezzosopran), Gabriele (Sopran), Anastasia (Sopran), Geltrude (Mezzosopran), Dolly (Sopran), die Sprecherin (Mezzosopran), die Schneiderin (Sopran), der Metzger (Bariton), der Weinhändler (Baß), der Juwelier (Tenor), der Schatzminister (Tenor), der Unterrichtsminister (Bariton), ein Diener (Tenor), der Sprecher (Baß).

HANDLUNG. Sie spielt in irgendeinem Reich zu irgendeiner Zeit. Während Argirolfo, der Favorit des Königs, fröhlich tafelt, erscheinen nacheinander die Gläubiger. Die Gäste flüchten und da sie nicht bezahlt werden, nehmen die Gläubiger das halbe Haus mit. Der Favorit und seine Frau Lalla greifen zu einem Trick: einzeln werden sie das Mitleid des Königs bzw. der Königin erregen, indem sie den Tod ihrer «besseren Hälfte» ankündigen und um Geld für deren Begräbnis bitten. Hieraus ergibt sich Verwirrung, ein Streit zwischen dem König und der Königin. Am Schluß müssen Argirolfo und Lalla sich tatsächlich totstellen. Daraufhin verspricht der König tausend Goldstücke demjenigen, der ihm dieses Rätsel lösen und ihm erklären kann, wer von beiden zuerst gestorben ist. Argirolfo erlebt eine «wundersame Auferstehung» und erklärt die Täuschung. Ihm wird vergeben.

● Es handelt sich um die gleiche Vorlage aus «Tausend und einer Nacht», nach der schon Carl Maria von Webers *Abu Hassan* entstand. In dieser Burleske, einem Jugendwerk Verettis, ist noch Pizzettis Einfluß spürbar, neben der Neigung zu fortgeschrittener Modernität. EP

FRAU SCHLANGE
(La donna serpente)

Märchenoper in einem Prolog und drei Akten von Alfredo Casella (1883–1947). Libretto von Cesare Lodovici nach dem gleichnamigen Märchen von Carlo Gozzi (1762). Uraufführung: Rom, Teatro dell'Opera, 17. März 1932. Solisten: Laura Pasini, Antonio Melandri, Giovanni Inghilleri. Dirigent: Alfredo Casella.

PERSONEN. Altidòr, König von Tiflis (Tenor), Miranda, Fee, Königin von Eldorado, seine Gemahlin (Sopran), Armilla, Altidòrs Schwester, Kriegerin, Gemahlin Tògruls (Sopran), Farzana, Fee (Sopran), Alditrùf, Bogenschütze Altidòrs (Maske) (Tenor), Albrigòr, Diener Tògruls (Maske) (Bariton), Pantùl, Erzieher Altidòrs (Maske) (Bariton), Tartagil, niederer Minister Tògruls (Maske) (Tenor), Tògrul, treuer Minister (Baß), Demogorgòn, König der Feen (Bariton), die Chorführerin, eine Stimme in der Wüste, die Fee Smeraldina (Sopran), Badur, der verräterische Minister (Bariton), ein erster Bote (Tenor), ein zweiter Bote (Bariton), der Chorführer (Bariton), die Stimme des Zauberers Geònca (Baß). Chor, Feen, Kobolde, Gnome, Soldaten, Volk, Ammen.

HANDLUNG. Sie spielt im Kaukasus zur Feenzeit. Prolog. In den Gärten der Feen. Im Reich der Feen herrscht große Erregung, da die Fee Miranda, die Lieblingstochter des Königs Demogorgòn, darum gebeten hat, unter den Menschen wohnen zu dürfen, um den König Altidòr zu heiraten. Demogorgòn kann sie nicht hindern, da sie zwei mächtige Verbündete hat: den Nekromanten Geònca und den Großpriester Checsaia; dennoch stellt er Bedingungen: Miranda muß neun Jahre und einen Tag mit ihrem Gemahl leben, ohne ihm je zu enthüllen, wer sie ist. Nach dieser Zeit muß Altidòr schwören, daß er sie nie verfluchen werde, was auch immer geschehen möge. Miranda wird gezwungen sein, ihn mit entsetzlichen Taten zu provozieren und wenn Altidòr diese Prüfung besteht, wird Miranda zur Sterblichen und darf bei ihrem Gemahl bleiben. Besteht Altidòr die Prüfung nicht, so wird Miranda in eine Schlange verwandelt und muß in dieser Gestalt zweihundert Jahre verharren. Dann kehrt sie ins Feenreich zurück. Miranda nimmt diese Bedingungen an und geht zu den Menschen. Erster Akt. Wüste und Felsen. Nach neun Jahren und einem Tag glücklichen gemeinsamen Lebens und der Geburt zweier Kinder wird Altidòr von Miranda darüber unterrichtet, wer sie eigentlich ist. Mirandas Palast, sie selbst und die Kinder verschwinden. Verzweifelt sucht Altidòr sie in Begleitung seines alten Erziehers Pantùl in der Wüste. Alle drängen ihn, in sein Reich, nach Tiflis, das von den Tartaren bedroht wird, zurückzukehren. Man versucht auch, ihn glauben zu machen, seine Gemahlin sei in Wirklichkeit eine grausame Zauberin, doch umsonst. Müde schläft Pantùl ein. Plötzlich wird die Wüste zum Palastgarten. Miranda erscheint und kündigt Altidòr an, wenn er wieder glücklich mit ihr zusammenleben wolle, müsse er in der Wüste bleiben und die schwierigen Prüfungen, denen er unterworfen werde, ertragen, ohne ihr zu fluchen. Zweiter Akt. Erste Szene. Wüste und Felsen. Der treue Minister Tògrul besteht darauf, daß der König heimkehre. Einige Ammen bringen dem König Nachricht von den Kindern und Mirandas Bitte, er möge stark sein und nicht nachgeben. Unter Blitz und Donnerschlag erscheint Miranda auf der Spitze eines Felsens mit ihren Kindern. Die Soldaten halten Altidòr, der zu ihnen eilen will, zurück. Die Flammen eines Scheiterhaufens steigen empor, und Miranda befiehlt den Soldaten, die Kinder hineinzuwerfen. Altidòr und Tògrul wollen sich auf sie stürzen, bleiben jedoch wie versteinert stehen. Altidòr ist völlig verstört, flucht Miranda aber dennoch nicht. Zweite Szene. Ein Saal im königlichen Palast zu Tiflis. Altidòrs Schwester Armilla hat mit den Amazonen und Kriegern König Morgone zurückgeschlagen. Ein Bote bringt jedoch schlechte Kunde: Die Tartaren stehen schon fast vor den Toren der Stadt, die unter einer Hungersnot leidet. Minister Badur kommt mit den notwendigen Lebensmitteln nicht herbei. Das Schicksal des Landes scheint besiegelt. Altidòr trifft ein, bekümmert darüber, daß er sein Land im Augenblick der Gefahr alleingelassen hat, dann erscheint eilends Badur mit der letzten bösen Neuigkeit: Der Feind steht unter Mirandas Kommando. Nun widersteht Altidòr nicht länger und flucht seiner Gemahlin, die ihn dazu gebracht hat, seine Pflichten so zu vernachlässigen. Da erscheint Miranda und enthüllt ihm die Bedingungen des Feenreiches und ihre Verurteilung, die er vielleicht noch durch einige Beweise außerordentlichen Mutes rückgängig machen kann. Sie hat das Volk vor dem Verräter Badur gerettet, indem sie die von ihm vergifteten Lebensmittel nicht in die Stadt gelangen ließ. In eine Schlange verwandelt, kriecht Miranda davon. Dritter Akt. Erste Szene. Der Königspalast in Tiflis. Die siegreiche Rückkehr des Königs aus dem Krieg gegen die Tartaren wir gefeiert. Tiflis ist im Festtaumel, doch Altidòr ist traurig und kann nicht an der allgemeinen Freude teilnehmen. Es erscheint die Fee Farzana: von ihr erfährt Altidòr, daß Miranda sich auf dem Gipfel eines hohen Berges im Kaukasus befindet. Um sie zu befreien, muß er schwere Prüfungen überwinden. Altidòr will unverzüglich aufbrechen, während Volk und Minister sich dagegen wenden. Doch endlich folgen sie ihm alle. Zweite Szene. Zwischen den Klüften wird eine ebene Fläche mit einem Grabmal sichtbar. Die Fee Farzana, die ihn bis hierher geführt hat, gibt Altidòr ein Zeichen, er solle auf den Gong schlagen, der sich neben der Gruft befindet. Der König läßt den Gong ertönen, und nacheinander erscheinen drei Ungeheuer, die der König im Kampf besiegt. Miranda ruft ihn aus der Gruft, und Altidòr stürzt auf sie zu, doch hohe Flammen richten sich hindernd wie eine Feuermauer vor ihm auf. Ohne zu zögern stürzt sich der König in die Flammen. Er hat gewonnen. Die Gruft verschwindet und macht Mirandas Palast, ihr selbst und ihren Kindern Platz.

● «Indem er sich jeder veristischen Versuchung entzog und sich letzten Endes wenig um das Drama, jedoch um so mehr um die Musik bekümmerte, schuf Casella in dem Märchen *Frau Schlange* fast eine Anthologie seiner besten Weisen in der Rückbeziehung nicht nur auf die komische Tradition des *Falstaff,* sondern auch auf die Dekorationsoper des siebzehnten Jahrhunderts und alle seine bevorzugten italienischen Vorfahren in der Musik» (M. Mila). MS

DIE SPINNSTUBE
(Lebensbild aus Siebenbürgen)
(Székely-fonó)

Oper in einem Akt von Zoltán Kodály (1882–1967). Libretto von B. Szabolcsi. Uraufführung: Budapest, Ungarisches Operntheater, 24. April 1932.

PERSONEN. Die Hausherrin (Alt), der Freier (Bariton), eine Nachbarin (Alt), ein Jüngling (Tenor), ein junges Mädchen (Sopran), der langnasige Floh (Bariton). Zwei Gendarmen, eine Alte, ein Mädchen, Chor der spinnenden Mädchen, Chor der jungen Männer, Ballett.

HANDLUNG. An einem Winterabend in der Spinnstube eines siebenbürgischen Dorfes. Die Hausherrin, eine junge Witwe, nimmt schmerzlichen Abschied von ihrem Freier, der nach Schwierigkeiten mit der Obrigkeit ins Ausland gehen muß. Ein kleines Mädchen bringt dem jungen Mann die Nachricht, daß man nach ihm sucht, doch bevor die Gendarmen eintreffen, kann er sich in Sicherheit bringen. Nun kommt eine Gruppe von Mädchen herein, die versuchen, die Hausherrin zu trösten. Sie machen sich an die Arbeit und stimmen ein Volkslied an, während die Frau anschließend ein melancholisches Lied singt. Als das kleine Mädchen wiederkommt, heitert es die Herrin auf, und die Atmosphäre wird mit dem «Märchen vom Gackern» fröhlicher, bis dessen Erzählung von der geräuschvollen Ankunft der jungen Männer unterbrochen wird; einer von ihnen jagt den Mädchen scherzend Angst ein. Die Hausherrin schlägt nun ein anderes Spiel vor, das der «Ilona Görög», eine Art volkstümlicher Darstellung einer Liebesgeschichte, in der ein Jüngling, Ladislaus, vorgibt, für die schöne Ilona sterben zu wollen. In diesem Spiel übernimmt die Hausherrin die Rolle der Mutter Ilonas, während zwei Verliebte junge Leute (die unter den Anwesenden ausgewählt werden) die Hauptrollen spielen. Am Ende der Vorstellung tritt «der langnasige Floh», eine unsympathische, maskierte Gestalt herein, der alle Abscheu entgegenbringen, und die alle Anwesenden auf häßliche Weise verspottet und verhöhnt. Plötzlich ist die Stimme des Verlobten der Hausherrin zu hören: in Ketten kommt er durch die Tür. Eine alte Frau begleitet die Gendarmen, die die jungen Männer einer Prüfung unterziehen und schließlich den «Floh», dem sie die Maske abgenommen haben, fesseln und fortführen. Die Hausherrin bleibt allein zurück und überläßt sich ihrer Verzweiflung, doch unerwartet kommt ihr Verlobter zurück: endlich hat sich die Verwechslung aufgeklärt, er ist wieder frei. «Nach langer Pein» kehrt die Heiterkeit zurück, und die Hauptpersonen tauschen Liebesschwüre aus.

● Diese Oper, die als Versuch zu einem «epischen Theater» zu sehen ist, besteht ihrer Anlage nach aus einer Reihe von Chören, Liedern, Nationaltänzen: in ihr spielen dramatische Motive keine grundlegende Rolle. Das Geschehen wird als eine Art Canevas aufgefaßt, der sich aus den volkstümlichen Motiven der Lieder ergibt: zur Komposition gehören auch Bewegungen reiner Choreographie, und folkloristische Züge überwiegen vor dem Text des Librettos. AB

DIE ÄGYPTISCHE MARIA
(Maria egiziaca)

Mysterium in drei Episoden von Ottorino Respighi (1879–1936). Libretto von Claudio Guastalla. Uraufführung: Venedig, Teatro La Fenice, 10. August 1932.

HANDLUNG. Im Hafen von Alexandrien steht Maria (Sopran) am Ufer und sieht sinnend aufs Meer hinaus. Einen Matrosen (Tenor), der Lieder voller Heimweh singt, bittet Maria, sie mitzunehmen. Sie bittet auch einen Pilger (Bariton) – von dem sie erfahren hat, daß das Ziel der Reise das Heilige Land Soria ist – den Matrosen zu überreden, sie an Bord zu nehmen. Maria hat kein Geld für die Überfahrt, doch sie wird mit ihrer Liebe zahlen. Der Pilger ist empört, doch die Matrosen lassen die Frau an Bord kommen. Nach der Ankunft in Soria will Maria mit den übrigen den Tempel betreten, doch der Pilger widersetzt sich dem. Bevor Maria eintreten darf, muß sie ihren Körper von ihren allzuvielen Sünden reinigen. Der Frau, die sich gegen diesen Spruch auflehnen will, erscheint ein Engel: Maria bereut und wird von dem göttlichen Boten aufgefordert, sich in eine einsame Stätte in der Wüste zurückzuziehen. In der letzten Episode erblickt der Abt Zosimo (Bariton), der die Fastenzeit in der Einsamkeit der Wüste verbringt, eine von einem Löwen während der Nacht ausgescharrte Grube. In ihr sieht er ein Zeichen Gottes. Altgeworden, kommt Maria hinzu. Die Grube ist ihr bestimmt, eine letzte Prüfung. Und von Zosimo der göttlichen Liebe versichert, überantwortet sie sich mit einem letzten, vertrauensvollen Gebet der Jungfrau Maria.

● Die Inspiration zu dieser Oper entnahm Respighi der Prosa D. Cavalcas in seinem *Vite dei Santi Padri* (Leben der heiligen Väter), aus der sich zum Teil die Einfachheit der Handlung erklärt. Sie ist jedoch auch darauf zurückzuführen, daß Respighi dieses Werk nicht der Opernbühne, sondern dem Konzertsaal zugedacht hatte. Die Uraufführung fand auch konzertant statt und zwar am 16. März 1932 in der Carnegie Hall in New York, wo man auf Bühne und Ausstattung verzichtet hatte. RB

DAS MÄRCHEN VON ORPHEUS
(La favola d'Orfeo)

Kammeroper in einem Akt von Alfredo Casella (1883–1947). Libretto von Corrado Pavolini nach der Erzählung Polizianos (1480). Uraufführung: Venedig, Teatro Goldoni, 6. September 1932.

● Die Oper geht auf den Mythos des einsamen Sängers zurück, der auf der Suche nach seiner Frau in den Hades hinabsteigt. Sie ist ein ausgewogenes, harmonisches Beispiel eines typisch italienischen Vokalstils, der seinen Ursprung im siebzehnten Jahrhundert hat und «nie Klarheit, Maß, Zurückhaltung des Ausdrucks in Frage stellt» (M. Mila). In die Oper wurden auch Musikstücke Germis aufgenommen, die am 18. Juli 1472 am herzoglichen Hof in Mantua gespielt worden waren. MS

DIE SIEBEN TODSÜNDEN DER KLEINBÜRGER

Ballett mit Gesang in einem Prolog und sieben Bildern von Kurt Weill (1900–1950). Text von Bertolt Brecht (1898–1956). Uraufführung: Paris, Théâtre des Champs Elysées, 7. Juni 1933. Solisten: Lotte Lenya, Tilly Losch.

PERSONEN. Anna I (Sopran), Anna II (Tänzerin), die Familie (Tenor I, Tenor II, Bariton, Baß).

HANDLUNG. Prolog. Anna I, die Verkäuferin, und Anna II, die Ware, wollen so viel verdienen, daß sie ein Häuschen in Louisiana erwerben können. Sie verlassen die Familie und ziehen zu ihrer Unternehmung aus. Die sieben Bilder. Jedes der sieben Bilder stellt eine der Todsünden vor: Faulheit, Stolz, Zorn, Völlerei, Unzucht, Habsucht, Neid. In der bürgerlichen Gesellschaft verkehrt sich die Bedeutung der Todsünden in ihr Gegenteil. So hindert die Faulheit am gesellschaftlichen Aufstieg, der Stolz verbietet einer Frau sich auszuziehen, der Zorn zwingt den Menschen dazu, sich dem Unrecht zu widersetzen, was den eigenen Interessen schadet, die Unzucht läßt die Frau einen Mann wählen, der ihr gefällt, statt einen, der sie bezahlen kann, und so weiter. Anna I, das rationale Ich, fordert Anna II, das instinktive Ich, auf, sich diesem Gesetz zu unterwerfen. Nachdem sie alle moralischen Bedenken abgelegt und die Spielregeln der bürgerlichen Gesellschaft angenommen haben, gelingt es den beiden Mädchen, das Geld für ihren Plan zusammenzubringen und das Häuschen für ihre Familie in Louisiana zu bauen.

● Diese Bloßstellung der kleinbürgerlichen Moral in *Die sieben Todsünden* wurde das letzte gemeinsame Werk Kurt Weills und Bertolt Brechts und zählt zweifellos zu ihren gelungensten. Unter punktuellen Anklängen an frühere Werke schreitet das Ballett von heftigen zu melancholischen Songs fort. Die Musik läßt die grundlegenden Passagen hervortreten, so daß sie auch im Konzertsaal, ohne szenische Darstellung (allein mit den Sprechtexten der Anna II), interessant ist und Aufmerksamkeit verdient. EP

ARABELLA

Lyrische Komödie in drei Akten von Richard Strauss (1864–1949). Libretto von Hugo von Hofmannsthal (1874–1929). Uraufführung: Dresden, Staatsoper, 1. Juli 1933. Solisten: Viorica Ursuleac (Arabella), Alfred Jerger (Mandryka), Margit Bokor (Zdenka). Dirigent: Clemens Krauß.

HANDLUNG. Karneval 1860 in Wien. Graf Waldner (Baß), Rittmeister a.D., ist völlig verschuldet, lebt aber dennoch in einem eleganten Wiener Hotel mit Frau und zwei Töchtern,

1933

«Die Dreigroschenoper» von Kurt Weill. Links: Vanessa Redgrave in einer Londoner Aufführung unter der Regie von Tony Richardson aus dem Jahre 1972. Rechts: Domenico Modugno in einer italienischen Inszenierung von Giorgio Strehler aus dem Jahre 1973.

Arabella (Sopran) und Zdenka (Sopran). Seine einzige Hoffnung ist die, seine Töchter reich zu verheiraten, da jedoch das Geld nicht ausreicht, beide standesgemäß in die Gesellschaft einzuführen, wird Zdenka in Knabenkleider gesteckt und für einen Jungen ausgegeben. Arabella wird von vielen umworben, lebt jedoch in Erwartung der «wahren» Liebe und zeigt sich Matteo (Tenor) gegenüber abweisend. Ihn liebt Zdenka, die ihren Gefühlen in glühenden Liebesbriefen, die sie mit dem Namen der Schwester unterzeichnet, freien Lauf läßt. Von seinen Gläubigern bedrängt, schreibt Graf Waldner seinem steinreichen alten Regimentskameraden Mandryka und legt ein Bild Arabellas bei. Doch vor ihm erscheint nicht dieser, sondern dessen Neffe und Erbe, Herr unermeßlicher Güter, der sich unsterblich in die Abgebildete verliebt hat. Zweiter Akt. Arabella und Mandryka (Bariton) begegnen sich auf dem Fiakerball und entdecken, daß sie füreinander geschaffen sind. Arabella bittet Mandryka, sie allein zu lassen: zum letzten Mal will sie fröhlich den Ball genießen und mit ihren Verehrern tanzen. Mandryka bleibt allein zurück und wird Zeuge eines Gesprächs, während dem Zdenka (in Knabenkleidern) Matteo einen Brief und einen Schlüssel übergibt, den sie als den Zimmerschlüssel Arabellas bezeichnet. Inzwischen hat Arabella den Ball verlassen. Außer sich vor Zorn macht Mandryka Waldner eine entsetzliche Szene. Dritter Akt. Matteo kommt aus dem Zimmer, in dem er mit Zdenka, die er für Arabella hält, zusammengekommen ist. In der Halle des Hotels begegnen sich Matteo, Arabella, Mandryka und Waldner. Arabella weist ruhig und fest Mandrykas Verdächtigungen zurück. Dieser will sich mit Matteo duellieren. Als Zdenka endlich aufgelöst erscheint, löst sich die Verwirrung. Eine Doppelhochzeit wird folgen.

• Obwohl dramaturgisch gesehen von allzuvielen Verwirrungen und Zwischenfällen beschwert, erreicht *Arabella* doch die Höhen Strauss'scher Kunst in den Duetten Arabella/Zdenka, Arabella/Mandryka und in den Arien Arabellas und Mandrykas, die bis fast zum Unerträglichen von Vorahnungen der Wollust erfüllt sind. Es sind Personen, die keine andere Realität als die ihrer Körperlichkeit kennen, keine andere Gewißheit als die ihres Begehrens, in einer dem Niedergang und der Zerstörung geweihten Welt, doch gerade darum entdeckt die Musik von Richard Strauss in ihnen das Echte und Absolute. RB

DIE GESCHICHTE VOM VERTAUSCHTEN SOHN
(La favola del figlio cambiato)

Oper in drei Akten und fünf Bildern von Gian Francesco Malipiero (1882–1973). Text nach Luigi Pirandello (1867–1936). Uraufführung: Braunschweig, Landestheater, 13. Januar 1934. Solisten: Lotte Schrader, Gusta Hammer, Albert Weikenmeier. Dirigent: Hans Simon.

PERSONEN. Die Mutter (Sopran), Chor der Mütter (Soprane), der weise Mann (Tenor), innere Stimmen (gemischter Chor), Vanna Scoma (Alt), erster Bauer (Bariton), zweiter Bauer (Bariton), die Chanteuse (Mezzosopran), der Gast (Bariton), die Cafébesitzerin (Sopran), drei Hürchen (Soprane), die Königin und der Klavierspieler (stumme Rollen), Chor der Straßenjungen, Königssohn (Tenor), die kleinen Matrosen, der Prinz (Tenor), erster Minister (Bariton), zweiter Minister (Bariton), der Bürgermeister (Tenor), die Frauen (Soprane), die Menge.

HANDLUNG. In einem Dorf beweint eine Frau ihr tragisches Geschick: die Hexen haben ihr Söhnchen geraubt und es mit einem unförmigen kleinen Wesen vertauscht. Ihre Freundinnen trösten sie und bringen sie zu Vanna Scoma, einer weisen Frau, die ihr versichert, ihr Sohn befinde sich wohlbehalten in einem Königspalast, und ihr rät, nicht nach ihm zu forschen. Einige Jahre vergehen, und die Gäste in einem Café des Ortes bereden die Ankunft eines Prinzen, der hierher gekommen ist, um zu gesunden. In die Unterhaltung der Männer hinein betritt ein dumpfer, ungeschlachter junger Mann, genannt Königssohn, den Raum: er ist der Knabe, den die Hexen im Dorf zurückgelassen hatten. Zur allgemeinen Belustigung erklärt der junge Mann, er sei königlicher Abkunft, doch die Mutter kommt hinzu und erklärt, sie habe in dem gerade eingetroffenen Prinzen ihren eigenen Sohn erkannt. Die den Prinzen begleitenden Minister kommentieren betroffen die schlechten Nachrichten aus der Hauptstadt: der König ist erkrankt und das Volk im Aufruhr. Auch Vanna Scoma erscheint und erklärt, sie wisse, daß der König tot sei, der Prinz müsse sofort in sein Vaterland zurückreisen. Dieser hat bemerkt, daß die Frau ihn beobachtet und fragt nach ihrem Namen, sie antwortet ihm, daß sie einen Sohn gehabt habe, der ihm ähnlich sah, und daß dieser ihr später geraubt wurde. Königssohn kommt hinzu und stürzt sich auf den Prinzen, den er zu töten versucht, doch dieser kann sich seinem Stoß entziehen. Die Minister eilen herbei und drängen den Prinzen zur Heimkehr; die Frau nennt jedoch in dem ungestalten Jüngling den eigentlichen Thronerben, und da der Prinz das Hofleben satt hat, fordert er die Minister auf, Königssohn als ihren Herrscher zu akzeptieren: sobald das kleine Ungeheuer die Königskrone auf dem Kopf hat, wird er wie ein echter König aussehen. Er selbst wird arm, aber glücklich bei der Frau bleiben, die ihn für ihren Sohn hält.

● In Malipieros umfangreichem Bühnenschaffen kommt der *Geschichte vom vertauschten Sohn* ein ganz bestimmter Platz zu, da mit diesem Werk der Komponist einen Neubeginn setzt anhand der Neueinführung eines *recitar cantando*, das sich in seinen folgenden musiktheatralischen Arbeiten fortsetzen sollte. In der Partitur ergibt sich hieraus ein gedrängter, gleichzeitig arioser Stil. Singen und Klagen der Mutter sind die Seele der musikalischen Aktion, die so authentisch und intensiv ist, daß die statische Dramatik unbemerkt bleibt. MSM

LADY MACBETH DES MZENSKER KREISES oder KATHARINA ISMAILOWA
(Ledi Makbet Mcenskogo uedzda)

Oper in vier Akten von Dimitrij Schostakowitsch (1906–1975). Libretto vom Komponisten in Zusammenarbeit mit J. Preis nach einer Novelle von N.S. Ljesskow. Uraufführung: Leningrad, Kleines Theater, 22. Januar 1934.

PERSONEN. Katharina (Sopran), Sinowij (Tenor), Boris (Baß), Sergej (Tenor).

HANDLUNG. Die Oper spielt unter reichen Kaufleuten in der Provinz. Erster Akt. Sinowij Borissowitsch Ismailow, ein Sohn des reichen Händlers Boris, heiratet die junge, schöne Katharina, die keine Mitgift mitbringt. Katharina liebt ihren Mann nicht und leidet nach der Heirat unter dem einsamen, langweiligen Leben im Hause der Ismailows, wo sie auch den Vater Boris, einen engstirnigen Haustyrannen, ertragen muß. Ein neuer Verkäufer wird eingestellt, es ist der hübsche, unverschämte Sergej, dem der Ruf eines Herzensbrechers vorausgeht. Sinowij unternimmt eine Geschäftsreise: in seiner Abwesenheit wird Sergej Katharinas Geliebter. Zweiter Akt. Eines Morgens entdeckt der alte Boris das Pak auf seinen Befehl wird Sergej von seinen Arbeitskollegen ausgepeitscht. Um sich zu rächen, beseitigt ihn Katharina durch Gift. Nicht genug; um sich in den Besitz des Ismailowschen Vermögens zu bringen und den hübschen Sergej heiraten zu können, tötet sie bei seiner Rückkehr auch ihren Mann und versteckt seine Leiche mit Hilfe ihres Geliebten, der durch seine Beihilfe bei diesen Verbrechen immer enger an sie gekettet wird. Dritter Akt. Nichts steht den Liebenden mehr im Wege, doch während des Hochzeitsfestes wird die Leiche entdeckt und die Polizei benachrichtigt. Diese kommt überraschend ins Haus und verhaftet die beiden Verbrecher, die zur Zwangsarbeit in Sibirien verurteilt werden. Vierter Akt. Auf einer Straße in Sibirien. Sergej und Katharina folgen dem Zug der Deportierten. Doch der junge Mann beginnt der Liebe Katharinas, die sein Leben ruiniert hat, überdrüssig zu werden und wendet sich einer jungen Verurteilten, Sonetka, zu. Katharina, deren Liebe so stark wie zuvor ist, gerät vor Schmerz außer sich: sie stürzt ihre Rivalin in den Fluß und folgt ihr in den Tod. Unbewegt und ungerührt von der Tragödie, die sich gerade vor ihren Augen abgespielt hat, setzen die Deportierten ihren Erschöpfungsmarsch in die Arbeitslager fort.

● Die ersten Aufführungen der Oper riefen gegensätzliche Publikumsreaktionen hervor, dennoch wurde ihr künstlerischer Wert nie angezweifelt. Die Kritik war vor allem ideologischen und politischen Charakters. Schostakowitsch hatte Ljesskows Erzählung recht frei bearbeitet: während in dieser, Katharina ohne jede Rechtfertigung nur grausam ist, eine nach Reichtum und Rache dürstende Mörderin, versucht der Komponist, das Drama in seine Umwelt zu stellen, um es gesellschaftlich zu interpretieren. So schreibt er: «Katharina ist eine junge, schöne und intelligente Frau, die in der Welt der gewöhnlichen Händler erstickt ... Sie hat einen Mann, erlebt jedoch keinerlei Freude ... Die von ihr begangenen Morde sind eigentlich keine Verbrechen, sondern eine Revolte gegen ihre Umwelt, gegen die dumpfe, ekelerregende Atmosphäre, in der die verbürgerlichten Händler des neunzehnten Jahrhunderts leben...». Für den überzeugen Kommunisten Schostakowitsch war die Geschichte Katharinas ein Versuch, antibürgerliche Inhalte auszudrücken. Dennoch wurden seine Bemühungen nicht belohnt: der anfängliche Erfolg der Oper, die fast ein ganzes Jahr lang in Wiederholungsvorstellungen gegeben wurde, fand ein plötzliches Ende durch einen Artikel, der am 26. Januar 1936 in der *Prawda* erschien, und in dem es hieß, in *Lady Macbeth* sei jede einfache und konkrete Tonsprache aufgegeben worden, das Werk sei deshalb als «die Negation der Oper» zu betrachten. Ihre volle Rehabilitierung erlebte die Oper erst nach Stalins Tod und dem Verschwinden Sdanows von der politischen Bühne; der letztere war vermutlich der Verfasser des *Prawda*-Artikels, der nicht unterschrieben war. RB

DIE FLAMME
(La fiamma)

Melodram in drei Akten von Ottorino Respighi (1879–1936). Libretto von Claudio Guastalla nach dem Drama «The Witch» von Hans Wiers Jenssen. Uraufführung: Rom, Theatro dell'Opera, 23. Januar 1934. Solisten: Giuseppina Cobelli (Silvana), Aurora Beradia (Eudossia), Angelo Minghetti (Donatello), Carlo Tagliabue (Basilio), A. Martucci (die Mutter), A. Cravcenco (Agnese), L. Parini (Monica), M. Sassanelli (der Bischof), A. Prodi (der Exorzist). Dirigent: Ottorino Respighi.

HANDLUNG. Erster Akt. Villa des Exarchen Basilio in der Nähe Ravennas gegen Ende des siebten Jahrhunderts, zwichen dem Meeresgestade und dem Pinienhain gelegen. Eudossia (Mezzosopran), Mutter Basilios (Bariton) und Silvana (Sopran), seine zweite Gemahlin, arbeiten mit den Mägden: Silvana wird von ihrer Schwiegermutter unterdrückt und erträgt nur schwer das Leben bei Hof. In einem Gespäch mit einer Magd enthüllt sie ihren Wunsch, sich aus der Abgeschlossenheit des Palastes zu entfernen. Schreie und Rufe sind zu hören: Agnese (Mezzosopran), die von der aufgebrachten Menge verfolgte Hexe, bittet Silvana um Hilfe und erklärt sich für unschuldig, ihre Worte enthalten auch eine Andeutung auf Silvanas Mutter. Die Hexe wird versteckt, während die Mägde freudig die Rückkehr des Sohnes des Exarchen ankündigen. Der junge Donello (Tenor) erkennt in Silvana die Frau wieder, die ihm einmal Hilfe leistete und ihn ins Haus der gefürchteten Agnese brachte. Eudossia kommt zur Begrüßung ihres Enkels, während die Verfolger der Hexe hereinstürmen, an ihrer Spitze der Exorzist: Agnese wird gefunden und stirbt, alle verfluchend, auf dem Scheiterhaufen. Zweiter Akt. In den alten Mauern des Theoderich-Palastes in Ravenna. Donello spricht mit den Mägden, unter ihnen ist Monica (Sopran), die ihre Liebe zu ihm bekennt und fortgejagt wird. Basilio bleibt mit seiner Gemahlin allein und enthüllt ihr, daß er durch einen Akt der Hexerei ihrer Mutter zu ihr hingezogen wurde. Als ihr Gatte sich entfernt, bedient Silvana sich, wenn auch mit Abscheu, der mütterlichen Macht der Beschwörung und spricht den Namen Donellos aus. Er erscheint, und sie geben sich ihrer Liebe hin. Dritter Akt. Erste Szene. In Donellos Kammer überrascht Eudossia die Liebenden. Basilio kommt hinzu, ihm gesteht seine Gemahlin ihre Liebe zu Donello. Bei dieser Entdeckung stirbt der Exarch, und seine Mutter klagt Silvana der Hexerei an. Zweite Szene. In der Basilika von San Vitale erwartet das Volk erregt den Prozeß. Silvana verteidigt sich gegen die Anklage, und Donello unterstützt sie. Doch Eudossia gibt nicht auf, da bittet Donello die Geliebte auf das Kreuz zu schwören. Doch diese Bitte läßt Silvana begreifen, daß auch Donello nicht mehr an sie glaubt und weigert sich. Sie wird zum Tod durch das Feuer verurteilt.

● Die Oper entstand aus Respighis gegenüber dem Librettisten Guastalla geäußerten Wunsch, die Welt von Byzanz wieder zum Leben zu erwecken. Er riet ihm, in Diehls *Byzantinische Gestalten* nachzuschlagen. Doch das ursprüngliche Projekt des Librettisten, in dem es um die Figur der Kaiserin Theodora ging, schlug fehl und mußte durch diese in Ravenna beheimatete Geschichte ersetzt werden, in der die Kirche von San Vitale mit ihren Mosaiken an die Stelle der Hagia Sophia trat. Für die Komposition mußte besondere Mühe aufgewendet werden, da Respighi sich ausgesprochen anspruchsvoll gegen sich selbst zeigte, nie mit seiner Arbeit zufrieden war, ja, noch nach Beginn der Proben Korrekturen vornahm. Nach dem Zeugnis seiner Gattin Elsa arbeitete der Komponist voller Begeisterung an *Die Flamme*, beschäftigte sich mit allen Details und schlug Guastalla die Gliederung der Akte, der Szenen, die Worte des Chors, die zu verwendende Metrik vor. Diese Mühe brachte die erhofften Ergebnisse: die Oper zeichnet sich durch ihre dramatische Ausdruckskraft aus, ebenso wie durch die meisterliche Mischung menschlicher und emotionaler Elemente mit überirdischen Zeichen, metaphysischen Schauern und den dunklen Bedrohungen durch Hexerei. Bei der Premiere in Rom hatte die Oper augenblicklich uneingeschränkten Erfolg bei Presse und Publikum und wurde auf den Bühnen in aller Welt nachgespielt. Trotz des großen Erfolges der ersten Jahre, wird *Die Flamme* in der Gegenwart sehr selten aufgeführt. RB

CAECILIA
(Cecilia)

Mysterium in drei Episoden und vier Bildern von Don Licinio Refice (1883–1954). Libretto von Emilio Mucci. Uraufführung: Rom, Teatro dell'Opera, 15. Februar 1934.

HANDLUNG. Im Adelshause der Valerii werden fieberhaft Vorbereitungen zum Empfang Caecilias (Sopran), der Braut des Valerianus (Tenor), getroffen. Die Sklaven verbreiten das Gerücht, sie sei Christin. Tiburtius (Bariton), Valerianus' Bruder, trifft ein, und von der Menge freudig begrüßt, kommt auch der Bräutigam, bis sich schließlich Caecilias Brautzug nähert. Als die Brautleute allein bleiben, spricht Valerianus Caecilia von seiner Liebe und Sehnsucht nach ihr. Doch sie erwidert wohl seine Gefühle, empfindet jedoch in ihrem Herzen eine noch größere Liebe und weigert sich in deren Namen, sich Valerianus hinzugeben, der sie nicht verstehen kann. Ein Engel erscheint, um Caecilias Reinheit zu schützen, die jungen Leute begeben sich zur Katakombe. Eine Reihe Wunder beseitigen Valerianus' letzte Zweifel: dem Christentum gewonnen, sinkt er aufs Knie. Bischof Urbanus (Baß) tauft ihn, und das Glück der Vermählten ist nun mit Gottes Segen vollkommen. In der letzten Episode – Valerianus und Tiburtius sind getötet worden – wird Caecilia der Prozeß gemacht. Amachius (Bariton), Präfekt von Rom, versucht, sie dazu zu bringen, daß sie ihrem Glauben abschwöre, doch auch die Feuerprobe kann sie nicht bewegen, und ein Regen von Rosenblüten erfrischt sie. Schließlich wird sie brutal von einem Soldaten niedergemetzelt. Ihr Haus wird zur heiligen Stätte.

● Die Oper hat keine großen künstlerischen Verdienste, weder was den Text noch was die Musik anlangt. Besonders in der zweiten Episode ist die Partitur oft emphatisch und wirr, auch das Finale ist recht weitschweifig. Der Erfolg der *Caecilia* ist vor allem der hervorragenden Sängerin Clauda Muzio zu danken. Die Oper wurde dennoch auch im Ausland aufgeführt, und bei einer Aufführung, die er in Rio de Janeiro dirigierte, starb Refice.

DER DSCHIBUK
(Il dibuk)

Dramatische Legende in einem Prolog und drei Akten von Ludovico Rocca (geb. 1895). Libretto von Renato Simoni nach dem gleichnamigen Werk von Shalom An-ski. Uraufführung: Mailand, Teatro alla Scala, 24. März 1934. Solisten: A. Oltrabella, S. Costa Lo Giudice, L. Paci, V. Bettoni, A. Wesselowsky, V. Palombini. Dirigent: Franco Ghione.

HANDLUNG. Ende des neunzehnten Jahrhunderts in Polen. Im Prolog schließen der Jude Sender (Bariton) und sein Freund Nissen (Baß) einen seltsamen Pakt: Sollte der eine einen Sohn und der andere eine Tochter haben, so werden die jungen Leute heiraten. Nach vielen Jahren soll sich dies bewahrheiten: Hanan (Tenor), Nissens Sohn, und Leah (Sopran), Senders Tochter, lieben sich. Doch Sender ist gegen Hanan eingenommen und findet für seine Tochter einen anderen Ehemann. Der Jüngling stirbt an gebrochenem Herzen, und Leah kann ihn nicht vergessen. Am Hochzeitstag erzählt ein Bote unter der Menge die mystische Geschichte vom Dschibuk; die Seele dessen, der in Verzweiflung stirbt und in der anderen Welt keinen Frieden findet, geht in den

Körper der Geliebten ein. Als während des Hochzeitsmahls Leah unzusammenhängende Worte ruft und ihren Bräutigam fortweist, verkündet der Bote, der Dschibuk sei eingetreten: Hanans Seele habe von Leah Besitz ergriffen. Am nächsten Tag führt der Vater sie zum Rabbiner und bittet ihn, seine Tochter vom Dschibuk zu befreien. Dies mißlingt, erst als Sender Reue zeigt, verläßt der Geist Hanans den Körper der Geliebten. Dem ausruhenden, erschöpften Mädchen erscheint der Geist des toten Jünglings; die Arme nach ihm ausstreckend und seinen Namen rufend, stirbt Leah, während der Chor verkündet, daß die Liebenden auf immer vereinigt sind.

● *Der Dschibuk* wurde 1929/30 komponiert, kam aber erst im Jahre 1933 zum Erfolg, als die Oper sich bei einem Ausschreiben der Mailänder Scala gegen einhundertachtzig weitere eingesandte Werke durchsetzen konnte. Auch die Rassengesetze von 1938 konnten weitere Vorstellungen der Oper nicht verhindern. RB

PERSÉPHONE

Melodram in drei Teilen von Igor Strawinsky (1882–1971). Libretto von André Gide (1869–1951). Uraufführung: Paris, Opéra, 30. April 1934. Dirigent: Igor Strawinsky.

HANDLUNG. Eumolpos, Priester im Tempel von Eleusis, ruft Demeter an, während er sich vorbereitet, Perséphone, die Tochter der Göttin, auf der schmerzlichen Reise, die sie erwartet, zu begleiten. Perséphone hat die Gabe, ewigen Frühling um sich zu verbreiten, doch unter den um sie erblühenden Blumen hat der Priester eine Narzisse, das Symbol des Totenreiches, entdeckt und als sie sie betrachtete, hatte sie die plötzliche Vision des Jenseits. Die Nymphen bitten sie, diesen Anblick zu vergessen, doch Perséphone beschließt, in die Unterwelt hinabzusteigen: Hier versucht sie, die irrenden Schatten zu trösten. Diese erklären, daß ihr Leben nur Schein ist. Eumolpos spricht von der Unausweichlichkeit des Todes und fordert Perséphone auf, Königin des Totenreiches zu werden und auf ihre Rückkehr zur Erde zu verzichten. Auf ein solches Los nicht gefaßt, sehnt sich das Mädchen nach dem ewigen Frühling, den sie verlieren soll; doch der Priester erklärt, daß jetzt nach ihrem Fortgang auf der Erde winterliche Kälte herrsche. Die Erde kann nur durch die Arbeit der Menschen fruchtbar werden. Jedes Jahr wird Perséphone auf sie zurückkehren und den Frühling bringen, gleich dem Samen, der unter der Erde fortlebt, um dann zu keimen.

● Auf Bitte Ida Rubinsteins komponiert, wurde das Werk in der Choreographie von Kurt Joos und unter der Leitung von Igor Strawinsky selbst uraufgeführt. Gides Text geht auf Homers Ceres-Hymne zurück. *Perséphone* ist im wesentlichen ein profanes Oratorium mit choreographischen Einschüben. Vorherrschend ist das Accompagnatore-Rezitativ neben Gesangsnummern und pantomimischen Episoden. Die Rolle der Perséphone ist pantomimisch, gesprochen und getanzt. Die einzige Solistenrolle für einen Sänger ist die des Eumolpos, der die vom Chor kommentierte Handlung erläutert und in dessen Melodien vielleicht eher als aus den übrigen Teilen der Komposition Strawinskys Bemühen um die Erreichung einer neuen und modernen, dennoch traditionelle klassische Vorbilder nicht verleugnende, vollendete Form deutlich wird. RB

NERO (Nerone)

Oper in drei Akten und vier Bildern von Pietro Mascagni (1863–1945). Libretto von Giovanni Targioni-Tozzetti (1863–1934) nach der gleichnamigen Komödie von Pietro Cossa (1830–1881). Uraufführung: Mailand, Teatro alla Scala, 16. Januar 1935. Solisten: Lina Bruna Rasa, Margherita Carosio, Adriano Pertile. Dirigent: Pietro Mascagni.

PERSONEN. Acte (Mezzosopran), Aegloga (Sopran), Nero (Tenor), Menecrates (Baß).

HANDLUNG. In Rom im ersten Jahrhundert n. Chr. In einer Taverne der Suburra sprechen ihr Wirt Mucron und einige Gäste, Petronius, der Gladiator, Nevius, der Pantomime und Eulogius, ein Sklavenhändler, über die Tagesereignisse in der Hauptstadt: die Ausschweifungen des Kaisers und die sich ausbreitenden neue Sekte der Christen. Von Menecrates begleitet, kommt Nero selbst herein: verkleidet verfolgt er Aegloga, eine griechische Sklavin und Tänzerin, die sein Gefallen erregt hat und sich in der Taverne versteckt. Nero bleibt allein in der Taverne zurück und überläßt sich der Trunkenheit, unter den Vorwürfen der freien Römerin und kaiserlichen Konkubine Acte, die ihn hier findet und ihm seine Verschwendungssucht vorhält. Als sie, die ihn aufrichtig liebt, von seiner Leidenschaft für Aegloga erfährt, droht sie, sie werde die Sklavin ermorden. Da der Kaiser ihre Drohungen außer acht läßt, vergiftet sie während eines Gelages ihre Rivalin. Während Nero von Verzweiflung erfaßt wird, bricht in Rom die Erhebung gegen den Kaiser aus, der in Begleitung Actes und zweier Freier flieht. Einer von ihnen, Phaon, gewährt ihm Zuflucht in seiner Hütte. Hier findet die Geschichte ihren Abschluß: als der Zenturio Icaelus eintrifft, der Nero dem Senat ausliefern will, hilft Phaon ihm, sich zu erstechen: Acte ist Nero in den Tod vorausgegangen.

● Die Oper, die im Jahre 1935 auf die Bühne kam, nach vierzehn Jahren des Schweigens und Wartens, entstand in wenigen Monaten, obwohl Mascagni seit der Zeit des *Ratcliff*, also seit 1895, daran dachte, Cossas «Komödie» zu vertonen. Obwohl der Komponist behauptet hatte, er wolle sich treu an die Konzeption des Literaten halten, stellt sich in Targioni-Tozzettis Libretto die Gestalt des Nero doch recht anders dar als im Originalbühnenstück, das dessen künstlerische Talente und Bestrebungen hervorhebt, während der Librettist den zynischen inneren Charakter des Kaisers herausstreicht. Obwohl die Instrumentation etwas vernachlässigt gegenüber früheren Werken erscheint, enthält auch diese Oper einige, vor allem vokal bedeutende Stellen. AB

DIE ZAUBERGEIGE

Spieloper in drei Akten von Werner Egk (1901). Libretto von Ludwig Andersen nach Graf Pocci (1807–1876). Uraufführung: Frankfurt am Main, Oper, 22. Mai 1935.

HANDLUNG. Der etwas nichtsnutzige Knecht Kaspar (lyrischer Bariton) fühlt sich zu Höherem berufen. Mit den von seiner Gretl (lyrischer Sopran) ersparten drei Kreuzern verläßt er den Bauernhof und gibt das Geld einem vermeintlichen Bettler. Dieser jedoch ist ein Magier namens Cuperus (seriöser Baß), der ihm eine Zaubergeige gibt. Mit ihr kann sich Kaspar Ruhm und Reichtum erwerben, muß dafür aber künftig ohne Liebe leben. Einmal läßt er sich zu einem Kuß verführen, daraufhin bleibt die Geige stumm. Dieses Mal hilft Cuperus, beim nächsten Mal könnte er es aber nicht mehr. Nun gibt Kaspar das Zauberinstrument zurück in der Erkenntnis, daß menschliche Liebe in Einfachheit mehr bedeutet als äußerer Reichtum, Ruhm und Macht.

● *Die Zaubergeige* ist die meistaufgeführte Märchenoper eines zeitgenössischen Komponisten. Die Musik besticht durch ihre rhythmische, vitale Frische. Anläßlich des achtzigsten Geburtstages von Egk spielte das «Mainzer Bläser-Ensemble» eine vom Komponisten eingerichtete Fassung der Ouvertüre. Die ohnehin urwüchsige, bayerische Volksmusik mit parodierenden Dissonanzen gewinnt hier noch an Deftigkeit. Charakteristisch ist der sogenannte «Zwiefache», der Wechsel zwischen geradem und ungeradem Takt.

ORSÉOLO

Dramatische Oper in drei Akten von Ildebrando Pizzetti (1882–1968). Libretto vom Komponisten. Uraufführung: Florenz, Teatro Comunale, 4. Mai 1935. Solisten: Franca Somigli, Bergamini, Augusto Beuf, Luigi Fort, Giulietta Simionato. Dirigent: Tullio Serafin.

PERSONEN. Marco Orséolo, Staatsinquisitor, Haupt der Zehn (Baß), Contarina Orséolo (Sopran), Marino Orséolo (Tenor), Senator Michele Soranzo (Bariton), Rinieri Fusinér (Tenor), der Doge (Baß), Andrea Grimani (Bariton oder Baß), Alvise Fusinér (Bariton), Delfino Fusinér (Tenor), Luca (Bariton oder Baß), Lazaro und Nicolo (Tenöre), die Oberin (Mezzosopran), der Rote (Tenor), Toni (Bariton oder Baß), die levantinische Amme (Mezzosopran), ein Diener des Hauses Orséolo (Tenor oder Bariton), die Stimme eines Gondoliere (Tenor), ein maskierter Jüngling (Tenor), ein Mädchen (Mezzosopran oder Alt), eine zweite Alte (Mezzosopran oder Alt), ein Alter (Baß), eine Stimme in der Ferne (Tenor), ein Adliger (Tenor), eine junge Frau (Sopran oder Mezzosopran), die Levantinerin (Alt), ein alter Senator (Baß), eine alte Dame (Mezzosopran), einige Diener des Hauses Orséolo (Choristen), ein alter Fischer (Baß), ein altes Männchen (Bariton oder Baß). Chöre der Masken, Soldaten und des Volkes.

HANDLUNG. Schauplatz ist Venedig in der Mitte des siebzehnten Jahrhunderts. Marco Orséolo erfährt von einem Senator, daß sein Gegner Rinieri Fusinér ihn beschuldigt, seine Schwester Cecilia entführt zu haben. Empört weist er diese Anschuldigungen von sich, doch sein Sohn Marino gesteht, er habe das Mädchen entführt, das allerdings bei dem Versuch zu fliehen, ertrunken sei. Wütend befiehlt der Vater Marino, die Stadt sofort zu verlassen. Am gleichen Abend nimmt Orséolo mit seiner Tochter Contarina an einem Ball teil und wird von Rinieri öffentlich angegriffen und beleidigt. Fusinér flieht anschließend. Während des Festes entführen die Brüder Fusinér, ohne daß Rinieri dies wüßte, Contarina und bringen sie in eine Fischerhütte. Rinieri erfährt hiervon, eilt seinen Brüdern nach und befiehlt ihnen, das Mädchen sofort freizulassen. Auch Marco hat das Versteck gefunden und droht, er werde die Entführer verhaften lassen. Doch Rinieris edles Betragen beeindruckt, sagt Contarina ihrem Vater, daß sie, sollte dieser verhaftet werden, erklären werde, sie sei ihm aus freiem Willen gefolgt, da sie ihn liebe. Der Vater verstößt seine Tochter, die sich in ein Kloster zurückzieht. Rinieri gesteht Contarina seine Liebe, bevor er in den Krieg gegen die Türken zieht. Obwohl sie seine Liebe erwidert, erklärt das Mädchen jedoch, sie wolle ihr Leben dem Opfer und der Entsagung weihen. Nach einiger Zeit überbringt eine Abordnung Marco den Degen seines Sohnes Marino, der im Kampf gegen die Türken gefallen ist. Zu dieser Abordnung gehört auch Rinieri, der dem alten Orséolo einige persönliche Gegenstände übergeben möchte, die Marinos Eigentum waren. Würdevoll lehnt Orséolo dies ab: er kann sie nicht aus den Händen seines Feindes entgegennehmen. In diesem Augenblick zerbricht unerklärlicherweise der Degen: nach einer alten Legende ein Zeichen dafür, daß Gott Frieden fordert. Marco gibt alle Rachegelüste auf, und Rinieri bittet Contarina, die inzwischen wieder im väterlichen Hause aufgenommen wurde, seine Liebe anzunehmen, doch sie bleibt bei ihrem Entschluß, ein Leben in Entsagung und Buße zu führen.

● Mit *Vanna Lupa* und *Cagliostro* gehört *Orséolo* zu Pizettis sogenannten profanen Opern, in denen jedoch stets ein starker moralischer Anspruch vorherrscht. MSM

DIE SCHWEIGSAME FRAU

Komische Oper in drei Akten von Richard Strauss (1864–1949). Libretto von Stefan Zweig (1881–1942) nach der Komödie von Ben Jonson (1572–1637) «Epicoene». Uraufführung: Dresden, Staatsoper, 24. Juni 1935.

HANDLUNG. Der alte pensionierte Kapitän zur See, Sir Morosus (Baß), erträgt, seit er mit einer Pulverladung seines Schiffes in die Luft geflogen ist und nur auf wunderbare Weise mit dem Leben davonkam, keine Geräusche mehr. Sein Neffe und Universalerbe Henry (Tenor) läßt sich mit einer Operntruppe, seinen Freunden, in seinem Hause nieder und schafft damit große Unruhe. Morosus, der den Beruf des Sängers für ehrenrührig hält, verjagt die unerwünschten Gäste, enterbt seinen Neffen und beauftragt seinen Barbier (Bariton), ihm eine Frau zu suchen. Der Barbier wird jedoch von Henry auf seine Seite gezogen und stellt Morosus Timida vor, eine zurückhaltende, schweigsame Frau, die in Wirklichkeit die Sängerin Aminta (Sopran) und Ehegattin Henry ist. Nach einer Scheintrauung verwandelt Timida sich in eine entsetzliche Schwätzerin. Verzweifelt verlangt Morosus die Scheidung, doch das von der Operntruppe improvisierte Gericht bescheidet ihn ablehnend. Endlich gestehen Henry und Aminta diese Kette der Täuschungen, und Morosus findet nach einem Zornesausbruch in der Versöhnung mit den jungen Leuten seinen inneren Frieden.

● Unter den Strauss'schen Opern ist *Die schweigsame Frau* eine der musikalisch am üppigsten und formal am raffiniertesten ausgestattete. Rasche, brillante Dialoge, die an die Buffo-Oper des achtzehnten Jahrhunderts erinnern, gehen unmittelbar in Ensembleszenen über. Blechbläser und ein entfesseltes Schlagzeug geben effektsicher die quirlige häusliche Atmosphäre wieder, unter welcher Morosus leidet. *Die schweigsame Frau* erlebte bei der Uraufführung einen Triumph bei Publikum und Kritik. Nach der dritten Aufführung wurde sie von Hitler verboten, da der Verfasser des Librettos, Stefan Zweig, Jude war. RB

PORGY AND BESS

Oper in drei Akten von George Gershwin (1898–1937). Libretto von Du Bose Heyward und Ira Gershwin nach dem Roman «Porgy» von Du Bose und Dorothy Heyward (den die Autoren bereits

«Die Flamme» von Ottorino Respighi. Bühnenbild und Kostüme von Salvatore Fiume.

für die Schauspielbühne bearbeitet hatten). Uraufführung: Boston, 30. September 1935. Solisten: Anne Brown (Bess), Todd Duncan (Porgy), Warren Coleman (Crown), Eddie Matthews (Jake), Abbie Mitchell (Clara), J. Bubbles (Sporting Life).

PERSONEN. Porgy (Bariton), Bess (Sopran), Crown (Baß), Sporting Life (Tenor), die Bewohner von Catfish Row: Clara, Mingo Serena, Jake, Robbins, Jim, Peter, Lily, Paria, Annie. Ein Polizist, ein Agent, der Bestattungsunternehmer, der Rechtsanwalt, der Coroner, Verkäufer, Chor.

HANDLUNG. Schauplatz ist Catfish Row, das schwarze Viertel in Charleston, South Carolina, in der jüngsten Vergangenheit. Erster Akt. Während des Würfelspiels bricht Streit aus und Crown, ein starker, gewalttätiger Hafenarbeiter, tötet seinen Freund Robbins und muß fliehen. Seine Gefährtin Bess bleibt allein zurück und findet Zuflucht bei dem hinkenden Bettler Porgy, der von jeher in sie verliebt ist. In der Nacht betrauern die Einwohner von Catfish Robbins und sammeln Geld für sein Begräbnis. Zweiter Akt. Bess lebt mit Porgy zusammen, der glücklich ist. Eines Tages jedoch, als die Leute von Catfish zu einem Picknick auf die Insel Kittiwah gefahren sind, taucht Crown wieder auf und zwingt Bess, mit ihm zu gehen. Nach einiger Zeit kommt Bess krank und eingeschüchtert zu Porgy zurück; er nimmt sie wieder auf, pflegt sie und verspricht, sie zu beschützen. Ein entsetzlicher Sturm bricht aus, und die Frauen beten für ihre Männer, die zum Fischfang auf dem Meer sind. Dritter Akt. Die Frauen beweinen in der Nacht ihre Toten. Crown erscheint, geht zu Porgys Haus und ruft Bess, doch Porgy tötet ihn durch einen Messerstich ins Herz. Dann schreit er die Freude eines armen, so oft gekränkten und verlachten Krüppels hinaus. Porgy wird verhaftet und muß viele Tage im Gefängnis verbringen, doch er legt kein Geständnis ab und wird schließlich mangels Beweisen entlassen. Während dieser Zeit ist Bess allein, und ein kleiner Drogenhändler, Sporting Life, profitiert von dieser Situation. Unter der Vorspiegelung eines besseren Lebens überredet er sie, mit ihm nach New York zu gehen. Als Porgy nach Hause kommt, sagen ihm die Nachbarn was geschehen ist; er läßt sich nicht von Verzweiflung übermannen, sondern spannt eine Ziege vor den Karren, auf dem er sich fortbewegt und zieht auf der Suche nach Bess nach New York aus.

● Das Schauspiel nach dem Buch von Du Bose und Dorothy Heyward wurde im Jahre 1927 am Guilt Theatre in New York aufgeführt, wo es alle früheren Rekorde mit dreihundertsiebenundsechzig Vorstellungen schlug. Gershwin beschloß, eine Oper aus dieser Vorlage zu machen, um sich aus der Welt des Schlagers zu lösen. Nach der Bostoner Premiere wurde die Oper ab Oktober 1935 in New York aufgeführt. Sie stieß bei den ersten Hörern auf Verblüffung, wurde aber dann sehr gut aufgenommen und auch in anderen Ländern erfolgreich gegeben: so beispielsweise in der Sowjetunion, wo *Porgy and Bess* am 26. Dezember 1955 in Leningrad von der ersten amerikanischen Theatergruppe, die – noch mitten im Kalten Krieg – in die UdSSR kam, aufgeführt wurde. Gershwin verwendet ein traditionelles Orchester, dem er einige typische nationale und Volksinstrumente hinzufügt. Bemerkenswert ist der Einsatz des Schlagzeugs und des Banjos. Das Werk wurde für farbige Sänger geschrieben und enthält in dramatischer Funktion volkstümliche Rhythmen und Melodien, insbesondere Negro Spirituals. *Porgy and Bess* ist eine von europäischen Vorbildern deutlich abgegrenzte Oper und wird zur Recht als die amerikanische Oper par excellence betrachtet.

MS

CYRANO DE BERGERAC

Oper in vier Akten und fünf Bildern von Franco Alfano (1876–1954). Text von Henry Cain (1859–1937) nach Rostands Schauspiel. Uraufführung: Rom, Teatro dell'Opera, 26. Januar 1936. Solisten: Maria Caniglia, J. Luccioni, A. De Paolis.

HANDLUNG. Paris, Ende 1640. Cyrano, ein edler, jedoch verarmter Gascogner ist heimlich in seine Cousine Rossane verliebt. Als er erfährt, daß sie seinen Waffengefährten Christian liebt, und dieser nicht den Mut hat, sich ihr zu erklären, opfert er sich für ihr Glück und bittet im Schutz der Dunkelheit, Christians Stimme nachahmend, Rossane um einen Kuß. Als Rossane hierzu bereit ist, tritt Christian an die Stelle Cyranos. Bald darauf heiraten Christian und Rossane. Nach einiger Zeit ziehen Christian und Cyrano in den Krieg und Cyrano verfaßt Christians Liebesbriefe an Rossane, die von der großen Leidenschaft, die aus diesen Zeilen spricht, bewegt, in das Feldlager kommt, um ihren so in sie verliebten Ehemann zu umarmen. Doch Christian wird tödlich verwundet und bittet den Freund mit seinem letzten Atemzug, Rossane zu sagen, wer wirklich der Verfasser der Briefe ist. Der Held will jedoch die Liebe einer Frau zu ihrem gefallenen Mann nicht enttäuschen. Fünfzehn Jahre später wird Cyrano tödlich verwundet in dem Kloster aufgenommen, in das Rossane sich nach Christians Tod zurückgezogen hat und richtet so glühende und leidenschaftliche Worte der Liebe an sie, daß sie die Wahrheit erkennt und begreift, daß sie in Christian stets nur den Geist Cyranos geliebt hat. Doch es ist zu spät, in ihren Armen stirbt Cyrano an seinen tödlichen Verletzungen.

● Die Oper gehört in die Spätzeit des Schaffens Alfanos und entstand nach dem *Letzten Lord,* jedoch vor der Neubearbeitung von *Don Giovannis Schatten.* Bei der Uraufführung in Rom wurde C. Meanos und F. Brusas italienische Übertragung des Librettos von Cain zugrunde gelegt, während die französische Erstaufführung an der Opéra-Comique in Paris

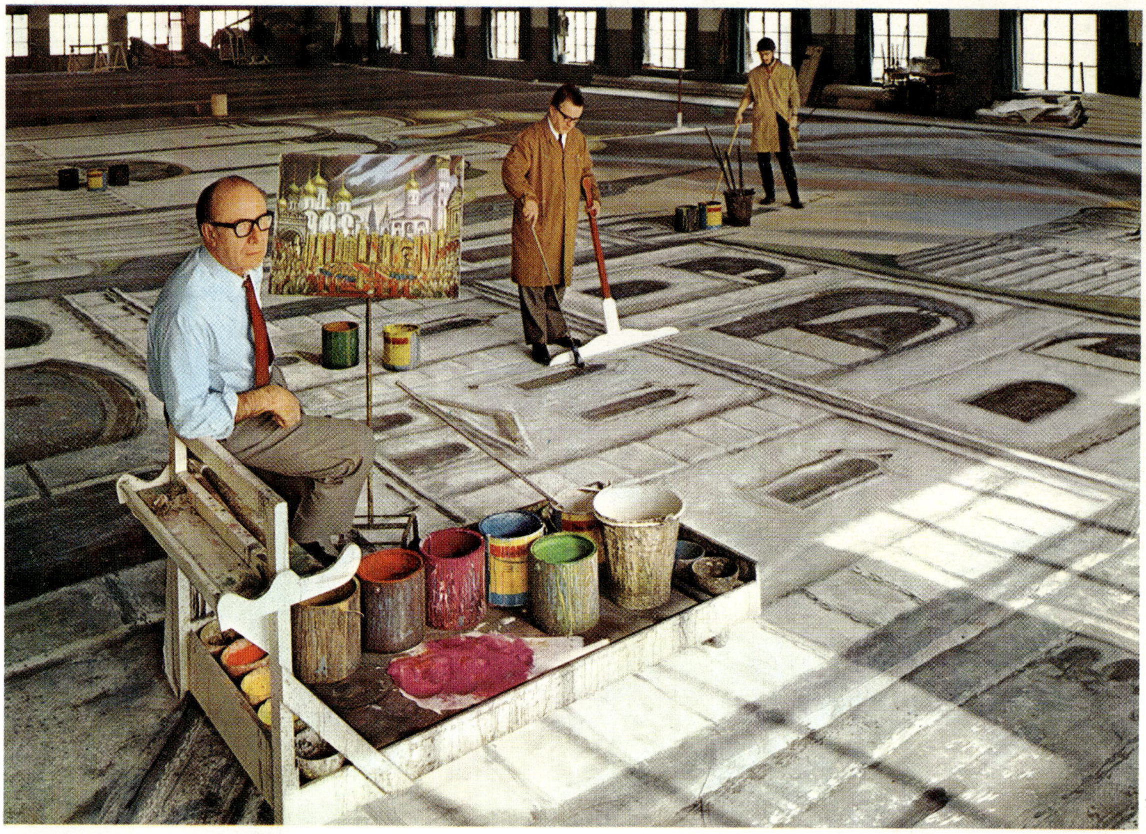

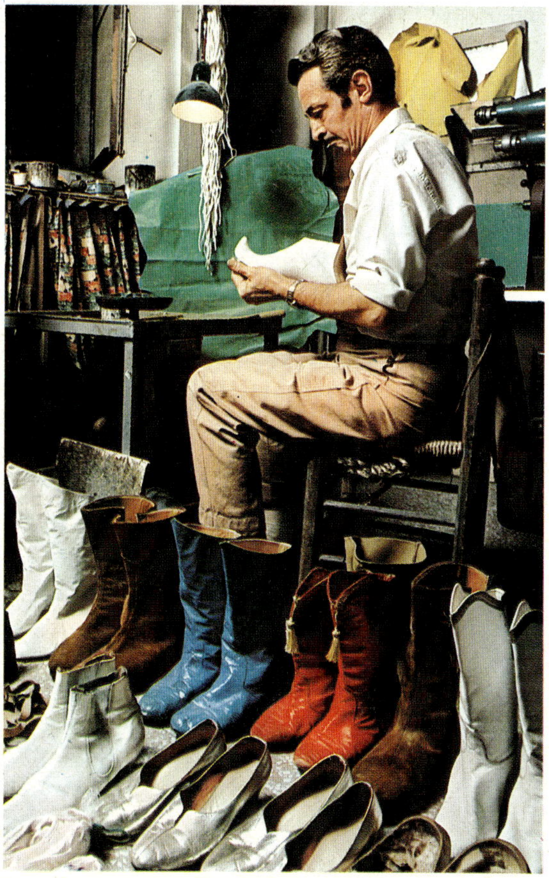

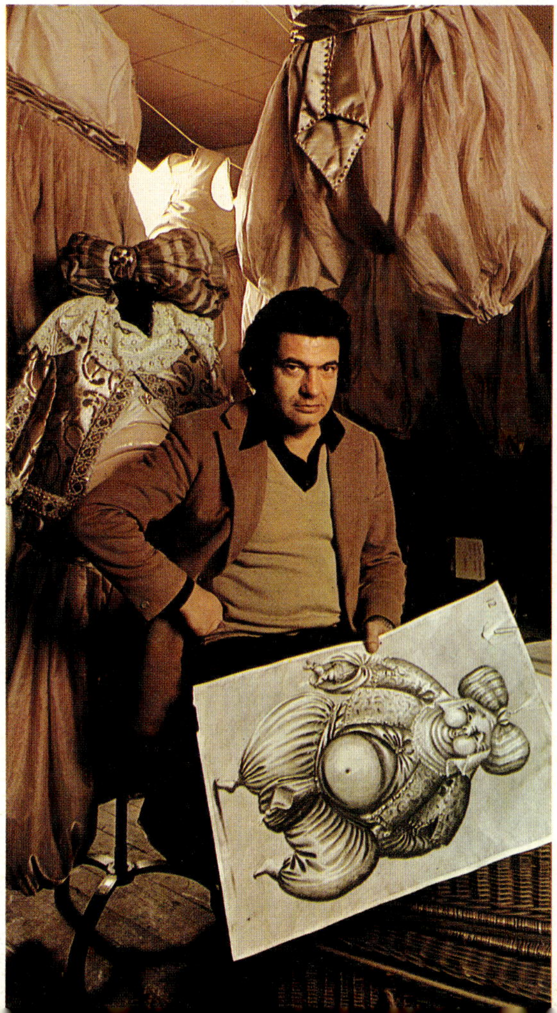

Das verborgene Innenleben der «Mailänder Scala»: auf der nebenstehenden Seite der große Malersaal für die Bühnenbilder, ein Teil der Schuhmacherabteilung und der Schneiderei; auf dieser Seite eine Teilansicht der Riesenbühne (sie ist siebenundzwanzig Meter hoch, fünfunddreißig Meter tief und dreißig Meter breit), Einblick in die Schaltzentrale und schließlich Blick auf den Zuschauerraum und die Bühne aus der ehemaligen königlichen Loge.

am 29. Mai des gleichen Jahres stattfand. Beide Aufführungen hatten Erfolg, doch wurde die Oper nicht Bestandteil des Repertoires. In ihr versuchte der Komponist, dem man vorgeworfen hatte, die italienische Oper zu sehr zu «französisieren», einen Ausgleich, indem er einen typischen italienischen Stil wählte, jedoch weiterhin der Instrumentation große Aufmerksamkeit widmete. GP

JULIUS CAESAR
(Giulio Cesare)

Oper in drei Akten und vier Bildern von Gian Francesco Malipiero (1882–1973). Libretto vom Komponisten nach der Tragödie Shakespeares. Uraufführung: Genua, Teatro Carlo Felice, 8. Februar 1936. Solisten: Alessandro Dolci, Giovanni Inghilleri, Ettore Parmeggiani, Apollo Granforte, Gino Vanelli, Sara Scuderi, Maria Pedrini. Dirigent: Angelo Questa.

PERSONEN. Ein Tribun (Bariton), erster Bürger (Bariton), Caesar (Bariton), Calpurnia (Sopran), Marcus Antonius (Tenor), Brutus (Bariton), Cassius (Bariton), Casca (Tenor), Decius (Baß), Cinna, der Verschwörer (Tenor), Cinna der Dichter (Tenor), der Seher (Bariton), Lucius, Diener des Brutus (Tenor), Porzia, Gemahlin des Brutus (Sopran), Ligarius (Tenor), ein Diener Caesars (Bariton), Metellus Cimbrus (Bariton), erster Bürger (Bariton), zweiter Bürger (Bariton), dritter Bürger (Tenor), Oktavianus (Tenor), der Bote (Bariton), Pindarus (Tenor), Volunius (Bariton), Straton (Baß). Bürger, Volk und Soldaten (Chöre hinter der Bühne).

HANDLUNG. Erster Akt. Auf einer Straße in Rom. Von einem Zug gefolgt, begibt Caesar sich zur Feier der Lupercalien. Ein Seher tritt auf ihn zu und warnt ihn vor den Iden des März. Brutus, Cassius und Casca besprechen die Zurufe der Menge und äußern die Befürchtung, daß Caesar die Kaiserkrone angeboten werden könne. Während der Nacht kommen sie mit anderen Verschwörern im Garten des Brutus zusammen und reden von ihrer Furcht vor der Gefahr, die durch Caesars Volkstümlichkeit für die Sicherheit der Republik gegeben sei. Porzia, die Frau des Brutus, bittet ihren Mann, ihr nicht zu verbergen, was vor sich geht. Zweiter Akt. Erste Szene. Im Palast Caesars wird seine Gattin Calpurnia im Traum von Vorahnungen gequält, die sie sehr beunruhigen. Sie beschwört ihren Mann, nicht aus dem Hause zu gehen, da auch die Auguren aus dem Opfer kein günstiges Vorzeichen lesen konnten. Caesar beschließt, zu Hause zu bleiben, doch als Brutus, Cassius und die übrigen Verschwörer sich zu ihm begeben, fürchtet er, man könne ihn der Feigheit anklagen und geht mit ihnen. Zweite Szene. Im Senatssaal auf dem Kapitol haben die Verschwörer beschlossen, daß Casca als erster Caesar mit dem Dolch treffen solle. Metellus

Uraufführung der Oper «Porgy und Bess» von George Gershwin in Boston am 30. September 1935. Solisten: Anne Brown als «Bess» und Todd Duncan als «Porgy». Bühnenbild und Kostüme von Serge Soudeikine, Regie von Rouben Mamoulian.

«Porgy und Bess» von George Gershwin 1942 am Broadway.

Szene aus der Uraufführung von «Porgy und Bess» 1935.

Cimbrus wirft sich vor Caesar nieder und bittet ihn um Gnade für seinen in der Verbannung lebenden Bruder. Caesar zeigt sich unbewegt, und Casca versetzt ihm den ersten Dolchstoß in den Hals: auch die Mitverschwörer stürzen sich auf ihn. Den letzten Dolchstoß empfängt Caesar von Brutus; er fällt zu Füßen der Statue des Pompeius nieder. Auch Antonius ist bereit, von der Hand der Verschwörer zu fallen, doch sie erklären, daß sie ihn verschonen wollen. Er drückt ihnen die Hand und bittet dann den Geist Caesars um Verzeihung, daß er sich mit seinen Mördern einlassen mußte. Brutus bittet er um die Erlaubnis, Caesar ein würdiges Begräbnis geben und zum Volk sprechen zu dürfen. Dritter Akt. Erste Szene. Im Forum findet Caesars Begräbnis statt. Brutus ergreift als erster das Wort und erklärt dem Volk, weshalb er Caesar habe töten müssen. Als Antonius an der Reihe ist, das Wort zu ergreifen, weiß er die Gefühle des Volkes geschickt zu dirigieren und als er Caesars Testament verkündet, mit dem dieser all sein Gut dem Volk zugesprochen hat, bricht dieses in Verwünschungen gegen die Verschwörer aus. Inzwischen sind auf der Straße einige Bürger dem Dichter Cinna begegnet und verfolgen ihn, um ihn zu töten, da sie ihn für den gleichnamigen Verschwörer halten. Zweite Szene. Auf dem Schlachtfeld stehen sich die feindlichen Truppen angriffsbereit gegenüber: zur einen Seite Oktavianus und Antonius, zu anderen Brutus und Cassius. Der Kampf beginnt. Gefolgt von Pindarus erscheint Cassius: er bittet diesen, auf den Hügel zu steigen, um das Schlachtfeld von dort zu überblicken und ihm Nachricht zu geben. Als Pindarus aus der Höhe Brutus umringt sieht, nimmt er an, er sei zum Gefangenen gemacht worden. Cassius kann den Gedanken der Niederlage nicht ertragen und tötet sich, das gleiche tut auch Brutus. Die siegreichen Truppen des Antonius und des Oktavianus stimmen einen Hymnus auf die Größe Roms an.

● Mit *Julius Caesar* entdeckte Malipiero die Notwendigkeit neuer musikalischer Formen, fern den Kompositionen «à panneaux», um eine fortlaufende, veränderliche und in ihrem ununterbrochenen Fließen doch logische Komposition zu gliedern. Diese Zeit nennt Malipiero selbst ein «lyrisches Zwischenspiel». Sie reicht von 1935 bis 1941 und da sie mit der Zeit kulturellen Obskurantismus in Italien zusammenfällt, kann wohl angenommen werden, daß der Komponist sich möglichst wenig polemischen Angriffen aussetzen wollte.

MSM

IL CAMPIELLO

Musikalische Komödie in drei Akten von Ermanno Wolf-Ferrari (1876–1948). Libretto von Mario Ghisalberti nach Carlo Goldonis Komödie (1707–1793). Uraufführung: Mailand, Teatro alla Scala, 12. Februar 1936. Solisten: Mafalda Favero (Gasparina), Ines Adami Corradetti (Lucieta), L. Nardi (Donna Cate Panciana), Giuseppe Nessi (Donna Pasqua Polegana), Margherita Carosio (Gnese), G. Tess (Orsola), Luigi Fort (Zorzeto), F. Antori (Anzoleto), Salvatore Baccaloni (der Kavalier Astolfi), F. Zaccarini (Fabrizio). Dirigent: Gino Marinuzzi.

PERSONEN. Gasparina (Sopran), Astolfi (Bariton), Fabrizio (Baß), Lucieta (Sopran), Anzoleto (Baß), Gnese (Sopran), Zorzeto (Tenor), Cate (Mezzosopran), Pasqua (Tenor), Orsola (Mezzosopran).

HANDLUNG. In Venedig in der Mitte des achtzehnten Jahrhunderts. Erster Akt. Ein *campiello* (kleiner Platz, mit Häusern und einem Gasthaus). Der elegante, jedoch an Geldmitteln knappe neapolitanische Kavalier Astolfi macht der anmutigen Gasparina den Hof, gleichzeitig hat er jedoch auch ein Auge auf Lucieta geworfen, die in Anzoleto, einen ambulanten Händler, verliebt ist, und auf Gnese, in deren Herz Zorzeto herrscht. In dieses Verwirrspiel der Liebe greifen die älteren Herrschaften des Plätzchens ein: Orsola, Zorzetos Mutter, Pasqua und Cate. Astolfi möchte Lucieta einen

Ring schenken, den diese, um ihr Wort gegenüber Anzoleto nicht zu brechen, ablehnt; doch von ihrer Mutter, Donna Cate, wird er akzeptiert. Nun beginnt der unbeständige Neapolitaner Gasparina mit Aufmerksamkeiten zu überhäufen. Zweiter Akt. Astolfi lädt die ganze Gesellschaft zum Abendessen. Allein Gasparina, die sich nicht auf «die Ebene des gemeinen Volkes» herablassen will, nimmt nicht teil. Sie bleibt zu Hause bei ihrem Onke Fabrizio, der über den ständigen Lärm, die unaufhörlichen Streitereien auf dem Platz sehr verärgert ist. Fabrizio leistet Astolfis Werbung Vorschub: er ist selbst Neapolitaner; dabei ist es ihm gleichgültig, daß er es mit einem Habenichts zu tun hat: er möchte seine Nichte möglichst schnell verheiraten. Inzwischen bricht ein neuer Streit aus, der allerdings glücklicherweise mit einem großen Tanz endet, an dem die Hauptpersonen teilnehmen. Dritter Akt. Fabrizio hat endgültig genug von dem lärmenden Treiben auf dem Platz und beschließt aus- und umzuziehen. Über eine Reihe von Mißverständnissen geraten Zorzeto und Anzoleto in einen fürchterlichen Streit. Frieden stiftet ausgerechnet Astolfi, der – wie könnte es anders sein – alle zu einem guten Mahl in das Gasthaus einlädt. Bei dieser Gelegenheit kündet er seine baldige Heirat mit Gasparina an. Die junge Braut nimmt gerührt in einem Lied Abschied von dem Platz und von ihrer geliebten Stadt Venedig, die sie verlassen wird, um ihrem Gatten in das ferne Neapel zu folgen.

• Zur Komposition seiner Oper *Il campiello* zog Wolf-Ferrari sich in ein Haus am äußersten Stadtrand Roms zurück, wo ihn nicht einmal seine engsten Freunde fanden. Der römische Frühling regte ihn an, auch beflügelte ihn der Umstand, daß er endlich für ein Theater Italiens, die Mailänder Scala, ein Werk schaffen konnte. Aus diesen besonderen Umständen erwuchs der aus Melancholie und Lebhaftigkeit gewobene Reiz dieser Oper, die zu Wolf-Ferraris gelungensten Werken zählt. Der Komponist selbst erinnert sich an diese Zeit als an eine der glücklichsten und reichsten an Schaffenskraft: «Siebenundzwanzig Jahre war ich alt», so schreibt er, «und wurde für *Die neugierigen Frauen* zum Kind. So wie jetzt mit Sechzig für *Il campiello*. Ja, zum Kind: So war ich, so bin ich, so werde ich sein». Und aus der Offenheit des Kindes heraus läßt der Komponist in bemerkenswerter Textverwirklichung den bunten, lärmenden Trubel vor uns erstehen, der diese Komödie Goldonis auszeichnet, deren recht einfache, gradlinige Handlung vor allem durch die plötzlich ausbrechenden Streitigkeiten und ihre rasche Verwandlung in einen prekären Frieden belebt wird. EP

ROMANTISCHES NACHTSTÜCK
(Notturno romantico)

Oper in einem Akt und zwei Bildern von Riccardo Pick-Mangiagalli (1882–1949). Libretto von Arturo Rossato (1882–1942). Uraufführung: Rom, Teatro dell'Opera, 25. April 1936. Solisten: Aurelio Marcato, Pia Tassinari, Nini Giani, Giuseppe Monacchini, Saturno Meletti. Dirigent: Tullio Serafin.

PERSONEN. Graf Aurelio Fadda (Tenor), die junge Gräfin Elisa (Sopran), Donna Clotilde (Mezzosopran), Graf Zeno (Bariton), der Majordomus (Bariton), Damen und Herren.

HANDLUNG. Eine Villa am Comer See im Jahre 1825. Im Hause der Gräfin Clotilde findet ein großes Fest statt. Ihre Nichte Elisa und ihr früherer Liebhaber, der Patriot Aurelio Fadda, lieben sich. Graf Zeno hat von diesem Idyll erfahren und unterrichtet Clotilde, die von Eifersucht überwältigt, beschließt, sich zu rächen. Auf dem Fest erscheint, unbemerkt von den übrigen Gästen, auch Aurelio, der Elisa als Unterpfand seiner Liebe ein Medaillon mit dem Bild seiner Mutter überreicht. Ihr herzbewegendes Gespräch wird durch den Eintritt Clotildes unterbrochen, die Elisa hinausschickt und Aurelio vorwirft, er habe sie betrogen; sie gibt vor, seine Gründe, mit denen er sich rechtfertigt, zu akzeptieren und nachdem sie ihm versprochen hat, ihm bei der Flucht zu helfen, gibt sie Zeno Nachricht von seiner Anwesenheit. Vergebens versucht Elisa, die Verdacht geschöpft hat, Zeno umzustimmen und von seinem Plan abzubringen: der Graf wird Aurelio außerhalb des Gartens der Villa auf dem Platz erwarten und aus dem Hinterhalt auf ihn schießen. Als sie den Gewehrschuß hört, stürzt Elisa ohnmächtig zu Boden.

• 1936, im Uraufführungsjahr dieser Oper, übernahm Riccardo Pick-Mangiagalli die Leitung des Mailänder Konservatoriums, ein Amt, das er bis zu seinem Tode ausfüllte. Er wahr böhmischer Herkunft, hatte die italienische Staatsangehörigkeit angenommen und zunächst als Pianist große Erfolge errungen. Dennoch widmete er sich danach fast ausschließlich dem Lehramt und der Komposition. MSM

DER VERGIFTETE KUSS
(The Poisoned Kiss or The Empress and the Necromancer)

«Romantic extravaganza» in drei Akten von Ralph Vaughan Williams (1872–1958). Libretto von Evelyn Sharp, nach der Erzählung «The Poison Maid» aus der Sammlung «The Twilight of the Gods» von Richard Garnett. Uraufführung: Cambridge, 12. Mai 1936.

HANDLUNG. Es handelt sich um eine moderne Version der Legende von der jungen, im Giftmischen erfahrenen Frau, die durch einen Kuß ihren Verehrer töten kann. Kaiserin und Hexe sind Rivalinnen. Doch am Ende triumphiert die Liebe über den Haß und der Sohn der Kaiserin Amaryllus kann Tormentilla, die Tochter der Hexe, heimführen.

• Trotz der wirkungssicheren *lyrical songs* und Ensembles war der Oper kein Erfolg beschieden. Vermutlich deshalb, weil sie als ein Zwitter zwischen musikalischer Komödie und Operette stand, ohne die Vorzüge beider Gattungen zu besitzen. EP

DAS DUMME MÄDCHEN
(La dama boba)

Lyrische Komödie in drei Akten von Ermanno Wolf-Ferrari (1876–1948). Libretto von Mario Ghisalberti nach der gleichnamigen Komödie von Lope de Vega (1562–1635). Uraufführung: Mainz, 1937.

PERSONEN. Finea (Sopran), Nise (Sopran), Ottavio (Bariton), Lorenzo (Tenor), Liseo (Baß), Duardo (Baß), Clara (Sopran), Celia (Sopran), Pedro (Bariton), Turin (Tenor), der Maestro (Tenor), Miseno (Baß), der Arzt (Baß).

HANDLUNG. In Ottavios Palast in Madrid, in der ersten Hälfte des siebzehnten Jahrhunderts. Ottavia hat zwei Töchter im heiratsfähigen Alter, Nise und Finea. Nise ist sehr gebildet, Finea ist «boba», das heißt töricht: im Alter von zwanzig Jahren kann sie noch nicht einmal lesen. Der junge Liseo möchte sie heiraten, als er jedoch von ihrer Unwissenheit erfährt, wendet er sich Nise zu, in die allerdings Lorenzo verliebt ist. Lorenzo entdeckt, daß Fineas Mitgift umfangreicher ist und wirbt nun um sie. Fineas Interesse wird durch die Liebe geweckt, und sie beginnt, etwas für ihre Bildung zu tun. Von neuem wendet Liseo sich ihr zu; doch jetzt weiß Finea ihn in Schach zu halten: sie stellt sich töricht wie zuvor. Am Ende stehen mehrere Hochzeiten, da auch die Dienerschaft dem Beispiel ihrer Herrschaften folgt.

● Die italienische Uraufführung der Oper fand in der Saison 1938/39 unter der Leitung Umberto Berrettonis an der Mailänder Scala statt. EP

LUCREZIA

Oper in einem Akt und drei Bildern von Ottorino Respighi (1879–1936). Libretto von Claudio Guastalla. Uraufführung: Mailand, Teatro alla Scala, 24. Februar 1937. Solisten: Maria Caniglia, Ebe Stignani, Ettore Parmeggiani. Dirigent: Gino Marinuzzi.

HANDLUNG. Im Jahre 509 v. Chr. Ein römisches Feldlager vor den Mauern Ardeas, einer kleinen Stadt in der Nähe Roms. Einige Patrizier unterhalten sich über die Tugend ihrer Gemahlinnen. Jede hält die eigene Gattin für die tugendhafteste. Collatinus (Tenor) schlägt eine Wette vor: Alle sollen sich unerwartet nach Hause begeben und die Wahrheit feststellen, gewiß werde er selbst als Sieger aus dieser Wette hervorgehen. Tatsächlich ist Collatinus zunächst der lachende Sieger, doch, wie von einem Erzähler berichtet wird, führt dieser Sieg zu einem entsetzlichen Nachspiel. Beim Anblick der Gattin des Collatinus, Lucrezia (Sopran), wird Sextus Tarquinius (Bariton) von heftiger Liebe zu ihr erfaßt. Am folgenden Abend begibt er sich in Collatinus' Haus und bittet als sein Freund um Gastfreundschaft. Unter einem Vorwand betritt er in der Nacht das Schlafgemach Lucrezias und gesteht ihr, er liebe sie; trotz ihres verzweifelten Widerstandes vergewaltigt er sie. Lucrezia berichtet diese Untat ihrem Gatten im Beisein ihres Vaters und beider Freund Brutus (Tenor) und tötet sich, da sie diese Schande nicht überleben will, um Rache bittend. Brutus zieht den Dolch aus ihrem Leib und schwört mit allen Anwesenden mit dieser gleichen Waffe Sextus Tarquinius zu töten. Dann wenden sie sich ab nach Rom, um das Volk gegen das Haus der Tarquinier zu erheben und sie zu vernichten.

● Diese Oper Respighis, der mit ihrer Komposition ein Jahr vor seinem Tod begann, blieb unvollendet. Seine Frau Elsa fügte die einzelnen Teile zusammen und ergänzte die Partitur. Eine Wertung des Werkes ist angesichts dieser Umstände schwierig. RB

AMELIA GEHT ZUM BALL
(Amelia goes to the ball)

Komische Oper in einem Akt von Gian-Carlo Menotti (geb. 1911). Libretto vom Komponisten. Voraufführung: Philadelphia, Academy of Music, 3. März 1937. Uraufführung: New York, Metropolitan Opera House, 1. April 1937. Solisten: Muriel Dickson, John Brownlee.

PERSONEN. Amelia (Sopran), der Ehemann (Bariton), der Liebhaber (Tenor), die Freundin (Alt), der Polizeikommissar (Baß), erste Zofe (Mezzosopran), zweite Zofe (Mezzosopran), Polizisten.

Bühnenbildentwurf von Mario Vellani-Marchi zu «Der Campiello» von Ermanno Wolf-Ferrari, 1949.

HANDLUNG. Die Oper beginnt mit einem brillanten Vorspiel, die den Humor und die subtile Ironie des Werkes ankündigen. Die Handlung spielt in Amelias Schlafzimmer. Der Vorhang geht über fieberhaften Vorkehrungen auf: von zwei Zofen unterstützt, bereitet Amelia sich auf den Ball vor. Das Durcheinander wird noch vergrößert durch die Ungeduld einer Freundin, die darauf wartet, mit Amelia an den Ball zu gehen, bis sie endlich schon vorauseilt. Gerade ist auch Amelia fertig und will schon das Haus verlassen, als wütend ihr Mann hereinkommt. Er hat einen Brief gefunden, der jeden Zweifel unmöglich macht: Amelia hat einen Liebhaber. Sie leugnet nur schwach und fast zerstreut, da sie nur daran denkt, möglichst rasch fort und auf den Ball zu kommen. Um der Diskussion ein Ende zu machen, erklärt sie schließlich, nachdem sie das Versprechen ihres Mannes hat, daß sie dann auf den Ball gehen könne, wer sich hinter der Unterschrift verbirgt: es ist Bubi, der schnurrbärtige Bewohner auf dem dritten Stock. Amelia glaubt, sie könne jetzt endlich auf den Ball gehen, doch ihr Gatte ist nicht der gleichen Meinung und stürzt die Treppe hinauf. Nachdem sie einen Augenblick verärgert verharrt, denkt Amelia doch daran, ihren Liebhaber zu warnen, der kurz darauf sich an einem Seil herabläßt und in Amelias Schlafzimmer tritt. Er umarmt sie, doch Amelia hat keine Zeit für seine Liebesbezeugungen: er schlägt ihr die gemeinsame Flucht vor, doch an diesem Abend kann Amelia nicht... Das Gespräch wird von dem zurückkehrenden Ehemann unterbrochen, der jetzt noch wütender ist, da er seinen Rivalen nicht gefunden hat. Dieser verbirgt sich im Alkoven, wird jedoch bald von dem Ehemann gefunden, der versucht, auf ihn zu schießen, doch die Pistole geht nicht los. Aus dem Streit der beiden Männer entwickelt sich ein Austausch von Erklärungen und schließlich freundschaftlicher Vertraulichkeiten über die wahnsinnige Liebe des Liebhabers und die verlorene des Ehemannes. Amelia wird immer zorniger, weil so viel Zeit vergeht und ergreift in ihrer Ungeduld endlich eine Vase, die sie auf dem Kopf ihres Mannes zerschlägt, der besinnungslos zusammenbricht. Amelias Schreie lassen die Nachbarn zusammenlaufen, auch die Polizei kommt unter der Führung eines Kommissars, der die Anwesenden verhört. Amelia gibt der Polizei eine ganz unwahrscheinliche Darstellung des Vorgefallenen: ihren Liebhaber bezeichnet sie als einen Unbekannten, der mit Diebstahlsabsichten in ihre Wohnung eingedrungen sei und auf ihren Mann eingeschlagen habe, als dieser ihn entdeckte. Völlig verstört versucht Bubi sich zu verteidigen, doch natürlich glaubt ihm niemand, und er wird mit Gewalt abgeführt: der Verletzte wird ins Hospital gebracht, und Amelia kann endlich auf den Ball gehen, nachdem sie glücklich das Angebot des Kommissars, sie zu begleiten, akzeptiert hat.

• *Amelia geht zum Ball* ist Menottis erste erfolgreiche Oper. In ihr zeigen sich die wesentlichen Züge seiner künstlerischen Persönlichkeit: seine ausgeprägte Begabung für die Oper, eine Tonsprache, in der amerikanische Erfahrungen und moderne, jedoch nicht avantgardistische Musik intelligent verwertet werden. Er verwendet neben bewährten Vorbildern traditioneller Art aus dem siebzehnten und achtzehnten Jahrhundert ein gutgebautes Libretto, das Gelegenheit zu effektischerer Vertonung bietet und eine sehr geschickte «mise en scène». Das Werk hatte augenblicklich einen überwältigenden Erfolg und machte den jungen Komponisten international bekannt. Die Kritik war geteilter Meinung. *Amelia geht zum Ball* ist Menottis bisher einzige in italienischer Sprache geschriebene Oper.   SC

DER ZWEITE HURRIKAN
(The second Hurricane)

Oper für Kinder von Aaron Copland (geb. 1900). Libretto von E. Denby. Uraufführung: New York, Henry Street Music School, 21. April 1937.

• Es handelt sich um eine unterhaltsame Oper, die zur Aufführung an Musikschulen gedacht ist.   MS

DIE VERSUCHTE WÜSTE
(Il derserti tentato)

Mysterium in einem Akt von Alfredo Casella (1883–1947). Text von Corrado Pavolini. Uraufführung: Florenz, Teatro Vittorio Emanuele, 8. Mai 1937. Solisten: Maria Meloni, Gabriella Gatti, Carmelo Maugeri. Dirigent: Antonio Guarnieri.

HANDLUNG. Figuren und Stimmen aus der Luftfahrt: Flieger, eine Flugzeugformation, die Erde Afrikas, Amben, Euphorbien, Krieger, männliche und weibliche Eingeborene.

• Es geht um einen symbolischen Kampf zwischen den Fliegern, den reinen Helden, und den eingeborenen Kriegern, den Barbaren. Die Oper war eine triumphalistische Verherrlichung des italienischen Kolonialabenteuers in Äthiopien.   MS

DER MANN OHNE VATERLAND
(The Man without a Country)

Oper in zwei Akten von Walter Damrosch (1862–1950). Libretto von Arthur Guiterman nach einer Erzählung von Edward Everet Hale (1863). Uraufführung: New York, Metropolitan Opera House, 12. Mai 1937. Solisten: Traubel und Carron. Dirigent: Walter Damrosch.

HANDLUNG. Philip Nolan ist ein junger Offizier des Heeres der Vereinigten Staaten aus New Orleans. Er ist in ein Verfahren gegen einen Separatisten verwickelt, würde jedoch freigesprochen, wenn er am Ende eines langen, zermürbenden Verhörs nicht in den unvorsichtigen Ausruf ausbräche: «Zum Teufel mit den Vereinigten Staaten von Amerika! Ich wollte, ich hörte nie mehr von ihnen reden!» Das Gericht verurteilt ihn «zur sofortigen Erfüllung seines Wunsches». Nolan wird an Bord eines Kriegsschiffes gebracht, das auf eine lange Fahrt geht. Niemand darf mit ihm über die Vereinigten Staaten sprechen oder auch nur dieses Wort in seiner Gegenwart nennen, kein Buch, keine Zeitung, in der ein Hinweis auf dieses Land enthalten ist, darf ihm ausgehändigt werden. So geht über fünfzig Jahre lang «der Mann ohne Vaterland» von Bord eines Schiffes auf das nächste, ohne je in die Nähe Amerikas zu gelangen. Diese schmerzliche Strafe verwandelt den «Mann ohne Verland» schließlich in den glühendsten Patrioten. Während einer Schlacht übernimmt er die Stelle des verwundeten Kommandanten einer Batterie und erringt mutig den Sieg, als jede Hoffnung bereits verloren schien. Er wird rehabilitiert, doch der Befehl, ihn freizulassen, trifft nie ein. Nolan stirbt, die Fahne der Vereinigten Staaten an sich gepreßt, während ein mitleidiger Offizier ihm die Geschichte Amerikas jenes halben Jahrhunderts (1810–1860), eine ereignisreiche Zeit in dem gerade geschaffenen Staat, erzählt.

• Dies ist die vierte der fünf Opern des Komponisten, der in Amerika viele europäische Musiker von Brahms und Tschaikowsky bis Sibelius bekanntmachte. MS

LULU

Oper in einem Prolog und drei Akten von Alban Berg (1885–1935). Libretto vom Komponisten nach den Dramen «Der Erdgeist» und «Die Büchse der Pandora» von Frank Wedekind (1864–1918). Uraufführung: Zürich, Stadttheater, 2. Juni 1937. Solistin: Nuri Hadzič. Dirigent: Robert F. Denzler.

PERSONEN. Lulu (Sopran), Gräfin Geschwitz (dramatischer Mezzosopran), Theatergarderobiere (Alt), ein Gymnasiast (Alt), der Medizinalrat (Bariton), der Maler (Tenor), Dr. Schön, Chefredakteur (Bariton), Alwa, sein Sohn, Schriftsteller (Tenor), ein Tierbändiger (Baß-Buffo), Rodrigo, ein Athlet (Baß-Buffo), Schigolch, ein Greis (Baß), der Prinz, Afrikareisender (Tenor), der Theaterdirektor (Baß-Buffo).

HANDLUNG. Um 1930. Prolog. Ein Tierbändiger im roten Frack, weißen Hosen, die Peitsche in der Hand, kündigt vor dem geschlossenen Vorhang dem Publikum die Vorstellung an. Die schönste und gefährlichste Nummer ist «Lulu, das wahre schöne, wilde Tier». Erster Akt. Erste Szene. Im Atelier des Malers. Lulu steht dem Maler Modell zu einem Porträt, auch Dr. Schön und sein Sohn Alwa sind anwesend. Lulu ist die Geliebte Dr. Schöns, der sie von der Straße aufgelesen hat. Auf seine Veranlassung hat sie den alten Medizinalrat Goll geheiratet. Als Schön und Alwa das Atelier verlassen, wirft der Maler sich zu Lulus Füßen nieder und umarmt sie, von ihren Reizen überwältigt. Lulus Gatte, der alte Dr. Goll, kommt in eben diesem Augenblick herein und stirbt vor Aufregung am Herzschlag. Während der Maler eilt, einen Arzt zu suchen, wird Lulu sich ihrer neuen Situation bewußt: sie ist frei und reich. Zweite Szene. In Lulus Haus. Lulu hat den Maler geheiratet. Sie ist über einen Brief Dr. Schöns verärgert: ihr früherer Geliebter will ein Mädchen aus der Gesellschaft heiraten. Sie empfängt über eine Hintertreppe den skurrilen Tagedieb Schigolch, ihren angeblichen Vater, den sie mit Geld versorgt. Dieser verschwindet, als Dr. Schön kommt, der endgültig sein Verhältnis mit Lulu beenden will. Doch diese reagiert heftig, und ihr Streit wird erst durch die Ankunft des Malers unterbrochen. Um Lulu loszuwerden, klärt der Chefredakteur ihn über ihre Vorgeschichte, ihr ausschweifendes Leben und über den Umstand auf, daß alle Bilder, die er in den letzten Jahren verkauft hat, von ihm, Schön, erworben wurden, um Lulu ein Leben im Luxus zu ermöglichen. Der Maler entfernt sich, doch kurz darauf ist ein dumpfer Fall zu hören: voll Verzweiflung hat er sich im Bad mit dem Rasiermesser die Kehle durchgeschnitten. Dritte Szene. Eine Garderobe im Theater. Lulu ist nun eine bewunderte Tänzerin, in ihrer Garderobe bereitet sie sich auf ihren Auftritt vor, als Alwa und der Prinz hereinkommen, die beide gleichermaßen in sie verliebt sind. Lulu geht auf die Bühne, kehrt jedoch kurz darauf, nachdem sie einen Schwächeanfall vorgetäuscht hat, zurück. Von der Bühne aus hat sie Schöns Verlobte entdeckt und will nicht sie tanzen und singen. Der alte Schön kommt in die Garderobe, entdeckt seine alte Liebe zu ihr wieder und schreibt, als Lulu droht, sie werde mit dem Prinzen fliehen, seiner Braut den Abschiedsbrief. Zweiter Akt. Erste Szene. Ein großer Salon im Hause Schöns. Lulu ist die Gattin Schöns geworden, umgibt sich jedoch weiterhin mit ihren Freunden und Verehrern, so daß Dr. Schön beständig unter Eifersucht leidet. Es erscheinen Schigolch, der Athlet Rodrigo, ein Gymnasiast und die Gräfin Geschwitz, die alle rasend in Lulu verliebt sind. Als Alwa zu Besuch kommt, verstecken sie sich. Dieser glaubt sich mit seiner Stiefmutter allein und wirft sich zu ihren Füßen nieder. Ungesehen wird Schön Zeuge dieser Szene; verzweifelt darüber, daß sie nun auch seinen Sohn betört, tritt er ihr mit der Pistole in der Hand gegenüber. Lulu wirft ihm vor, sie habe mit ihm ihre Jugend verloren, und nach einem großen Ausbruch Schöns, der ihr die Pistole in die Hand drückt, richtet sie diese nicht etwa gegen sich selbst, sondern auf ihn. Zwischenspiel. In einem Film werden Lulus Prozeß und ihre Verurteilung als Mörderin ihres dritten Gatten dargestellt. Dann sieht man sie, an der Cholera erkrankt, in einem Lazarett, aus dem sie mit Hilfe der Gräfin Geschwitz entflieht. Zweite Szene. Wieder im Hause Schöns. Inzwischen sind einige Jahre vergangen. Lulu kommt in Begleitung ihrer Freunde Alwa, Schigolch, des Gymnasiasten und Rodrigos herein. Unter einem Vorwand entfernen sich bald alle mit Ausnahme Alwas, der ihr von neuem seine Liebe erklärt, während sie auf einem Diwan sitzend zynisch erklärt: «Es ist noch der gleiche Diwan, auf dem dein Vater verblutete.» Dritter Akt. Erste Szene. (Da Berg starb, ist dieser Akt nur zu einem kleinen Teil in der Partitur enthalten.) Paris, in einer verbotenen Spielhölle. Lulu ist eine Prostituierte des Marquis Casti-Piani, der sie an einen Ägypter verkaufen will. Um sich diesem Schicksal zu entziehen, flieht sie verkleidet mit Alwa, der Gräfin Geschwitz und Schigolch nach London. Zweite Szene (die vom Komponisten ausgeführt wurde). Eine elende Dachkammer in London. Lulu geht dem Dirnengewerbe nach, um sich und ihre Freunde zu ernähren. Am Weihnachtsabend, während Alwa im Sterben liegt, empfängt Lulu einen Kunden, es ist der Lustmörder Jack, the Ripper. Aus der Kammer dringt ein Schrei. Der Mörder kommt von Lulus Blut bedeckt heraus und tötet auch die Gräfin Geschwitz, die sich sterbend zu Lulus Leiche schleppt.

• *Lulu* beschäftigte Alban Berg von 1928 bis zu seinem Tode im Jahre 1935; außer an der Partitur der Oper schrieb er in diesen Jahren nur die Konzertarie *Der Wein* (1929) und kurz vor seinem Tode das *Konzert für Violine und Orchester*. Dennoch wurde die Oper nicht zu Ende komponiert. 1934 stellte Berg aus der Oper eine *Suite* von fünf Orchesterstücken zusammen, die den Namen *Lulu-Symphonie* trägt. Diese Bearbeitung der Themen aus der Oper erfolgte in sehr kurzer Zeit: nach einer Voraufführung in Berlin fand am 11. Dezember 1935, nur wenige Tage vor Bergs Tod am Weihnachtsabend, die Uraufführung in Wien statt. Thema der Oper ist *Lulu* als die Personifizierung des Bösen, das in der Welt durch die höllische, wilde Kraft des Geschlechtlichen wirkt. Während jedoch in Wedekinds Dramen allein entsetzliche, hoffnungslose Bilder herrschen, erscheint in Bergs Oper doch hin und wieder das Thema des Lebens und des Optimismus. Auch die Musik entwickelt diese Gegenüberstellung: aus ihrem bitteren, halluzinatorischen Ton erheben sich zu Zeiten äußerst lyrische Momente, insbesondere Lulus, fast als sollte diese tragische und diabolische Gestalt ein anderes Licht erhalten. Musikalisch gesehen, steht *Lulu* in enger Korrelation mit dem *Wozzeck*, ja, sie könnte fast als dessen Vertiefung gesehen werden. Ihre Hauptcharakteristika sind die direkt auf den *Wozzeck* verweisenden Instrumentalformen, das in reichen Klangschattierungen eingesetzte Orchester, die Tonsprache, die sich hier der Zwölftontechnik konsequenter bedient. Bergs Zwölftonmusik enthält stets lyrische und melodiöse

Elemente und unterscheidet sich hierin von der strengeren Auffassung Arnold Schönbergs. Eine spielbare Fassung des dritten Aktes stellte der Wiener Komponist Friedrich Cerha (geb. 1926) anhand des Materials von Berg her. Zur Uraufführung der so vervollständigten Oper kam es am 24. Februar 1979 in Paris, wo sie gerade in diesem letzten Teil große musikalische Wirkung erzielten. GP

CARMINA BURANA

Weltliche Gesänge in drei Teilen von Carl Orff (geb. 1895), eine szenische Kantate mit dem Untertitel «Cantiones profanae cantoribus et choris cantandae» auf mittelalterliche Texte (erste Hälfte des dreizehnten Jahrhunderts) aus der Benediktbeurer Handschrift (Codex Latinus 4660 aus Beuren). Uraufführung: Frankfurt, Staatsoper, 8. Juni 1937.

PERSONEN. Ein Bariton, ein Sopran, ein großer und ein kleiner Chor.

HANDLUNG. Den Beginn bildet der Prolog mit einem Chor auf die Glücksgöttin Fortuna, deren Hände das Geschick der Menschen halten und die Glück wie Unglück so gleichgültig verteilt wie die Mondphasen aufeinander folgen. Der Chor beklagt jene, die Verletzungen davontragen und warnt jene, die heute auf dem Thron sitzen, da der Wechsel alles Irdischen auch ihnen bestimmt ist. Es folgt der erste Teil, *Veris laeta facies* (Das holde Antlitz des Frühlings), in dem der Chor diese Jahreszeit, sein Kommen und seine Gaben besingt. Der Bariton lädt seine Gefährtin zu Liebe und Treue ein und preist den Genuß, zu dem Frühling und Jugend aufrufen. Dieser Teil endet mit einem Tanz und Chören, in denen das Liebesspiel der jungen Leute besungen wird. Im zweiten Teil, *In taberna* (In der Schenke), stellt der Bariton bittere Überlegungen zum irdischen Geschick des Menschen, der so schwach wie ein Blatt ist, an: der Mensch liebt das Spiel, ergibt sich nur allzu gern den Liebesmühen und verliert sich in seinen Lastern. Hier setzt der Chor ein und beschreibt, wie in der Schenke alle spielen und nur nach dem Unglücklichen Ausschau halten, dem sie sein Geld abnehmen können. Der dritte Teil, *Amor volat undique* (Amor flattert überall) wird vom Sopran eröffnet; besungen wird das Wesen der Liebe: ein Mädchen weint, wenn es allein ist und kennt keine Freude, ebenso wie der Jüngling, dem der Kuß der Geliebten fehlt. Wie anders, wenn sie sich allein in der Kammer finden! Die Geliebte gibt sich dem Liebenden hin, auch wenn die Scham sie zunächst zögern läßt. Das Werk schließt mit einem Preislied des Chors auf Venus *(Ave formosissima)* und einer Wiederkehr zum Anfangschor auf Fortuna.

● Die Kantate enthält auch tänzerische und pantomimische Partien. Mit dieser Komposition setzte Orff den Beginn einer neuen Phase in seinem Schaffen, eine Wende, die ihn seine früheren Werke vernichten oder wenigstens beiseite legen ließ. Die *Carmina burana* wurden später zu der Trilogie *I Trionfi* hinzugenommen, die auch die *Catulli Carmina* und *Il trionfo di Afrodite* umfaßten. ABe

MARIA VON ALEXANDRIEN
(Maria d'Alessandria)

Oper in drei Akten und vier Bildern von Giorgio Federico Ghedini (1892–1965). Libretto von Cesare Meano. Uraufführung: Bergamo, Teatro della Novità (Donizetti), 9. September 1937.

Solisten: Serafina di Leo (Maria), Antenore Reali (der Vater), Nino Bertelli (der Sohn), Andrea Mongelli (Dimo), A. Baracchi (Wächter des Feuers und vierter Hirte), E. Coda (Bebro), A. Pozzoli (Euno und der dritte Hirte), A. Mercuriali (Nemesio, der Diakon Silveri und Mahart), M. Arbuffo (Misuride und erster Hirte). Dirigent: Giuseppe Del Campo.

HANDLUNG. Die Oper spielt im vierten Jahrhundert. Von Alexandrien läuft eine Rudergaleere aus, die Pilger nach Palästina bringen soll. Heimlich geht auch Maria, eine bekannte Kurtisane der Hafenstadt, an Bord. Sie hofft auf ein besseres Los in einem anderen Land. Unter den Pilgern befinden sich Misuride, eine bekehrte Kurtisane, deren Vater und ihr Sohn. Als der Sohn aufblickt, sieht er Maria im Licht des Leuchtturms und ist von ihr wie geblendet. Einige Zeit nach der Ausfahrt hört die Fahrt des Schiffes auf: eine große Zahl der Pilger und die Besatzung vergnügen sich im Bauch des Schiffes mit Maria. Der Sohn leidet, und der Vater will sich auf die Sünderin stürzen, er wird jedoch aufgehalten und im Laderaum eingeschlossen. Maria befiehlt, daß das Schiff die Fahrt wieder aufnehme, den Bug richtet sie auf die reiche Stadt Byzanz. Ein heftiger Sturm ist ausgebrochen: der Vater, der sich aus dem Laderaum befreit hat, hat einen Bogen ergriffen und zielt auf Maria, doch als der Pfeil von der Sehne schnellt, wirft sich der Sohn dazwischen und wird an ihrer Stelle getroffen. Maria ist verstört und bewegt; sie kniet nieder, nimmt den Sohn in die Arme und ruft Gott an. In einem steinigen wüsten Land sprechen die Hirten von dem Sturm, der in der Nacht ein Schiff vor der Küste zum Scheitern gebracht hat. Zwischen den Felsen erscheint Maria, sie schleppt einen leblosen Körper mit sich: es ist der Leichnam von Mirsuride, der sie vom sicheren Tode gerettet hat und dem sie ein würdiges Begräbnis geben will. Sie ruft ihren Retter und kann keinen Frieden finden. Aus der Höhe ruft sie eine Stimme, die des jungen Mannes, und verspricht ihr, daß sie gerettet und zu seinem Erlöser kommen werde. Er fordert sie auf, in die Wüste zu gehen und bußfertig ihrer Stunde zu harren. Voller Hoffnung entfernt sich Maria.

● *Maria von Alexandrien* ist Ghedinis erstes Werk für die Opernbühne (nach dem nicht aufgeführten *Gringoire*) und zeigt neben Wagnerschen und Pizzettianischen Einflüssen eine eigene dramatische und poetische Konzeption, die sich in den folgenden Opern, aus denen die genannten Einflüsse verschwinden, verstärkt. MS

RITT AM MEER
(Riders to the Sea)

Oper in einem Akt von Ralph Vaughan Williams (1872–1958). Text von J. M. Synge. Uraufführung: London, Royal College of Music, 30. November 1937.

HANDLUNG. Die alte Maurya kämpft gegen ein hartes Schicksal und das Meer, das gegen die Westküste Irlands anbrandet. Dieses Meer hat ihr sechs Söhne entrissen, doch Maurya ist noch immer zur Liebe fähig, weiß in ihrem Schmerz noch immer Würde und Haltung zu wahren. Die feindliche Natur kann ihr alles nehmen, außer ihrer Persönlichkeit.

● *Ritt am Meer* wird als die beste Oper des englischen Komponisten angesehen, in die er viele Volkslieder aufnahm. Ihre

«Lulu» von Alban Berg in einer Aufführung des «Festival dei due Mondi» in Spoleto, 1974. Regie von Roman Polanski.

Stimmung und Unmittelbarkeit geben dem Werk Farbe, ohne es in seiner dramatischen Spannung und Einheit zu beeinträchtigen. In dieser Tragödie des Leidens setzt Vaughan Williams den a cappella-Frauenchor meisterhaft ein und beschränkt das Orchester auf die wesentlichsten Elemente. EP

MARGHERITA VON CORTONA
(Margherita da Cortona)

Legende in einem Prolog und drei Akten von Don Licinio Refice (1883–1954). Libretto von Emidio Mucci. Uraufführung: Mailand, Teatro alla Scala, 1. Januar 1938. Solisten: Augusta Oltrabella, Giovanni Voyer, Tancredi Pasero, Tatiana Menotti. Dirigent: Franco Capuana.

HANDLUNG. Margherita (Sopran), ein ebenso schönes wie armes Mädchen, verläßt das väterliche Haus, in dem sie von ihrer Stiefmutter mißhandelt wird. Sie wird von Arsenio (Bariton), einem reichen Adligen, aufgenommen und zu seiner Geliebten gemacht. Doch auf der Jagd wird Arsenio getötet: die Schuld fällt auf die beiden Brüder Chiarellas (Sopran), eine Hirtin, die von Arsenio verführt und um Margheritas willen verlassen wurde. Margherita ist wieder allein und kehrt zu ihrem Vater zurück, doch wird ihr auf Betreiben ihrer Stiefmutter von allen die Tür gewiesen. Allein der Adlige Uberto (Tenor) bietet ihr Hilfe an. Er bringt sie nach Cortona, wo sie ein neues Leben der Buße und Entsagung führt, so daß sich bald der Ruf ihrer Heiligkeit verbreitet. Doch eines Tages macht Margherita eine furchtbare Entdeckung: Uberto war es, der Arsenio tötete. Während der Zug vorbeikommt, der Chiarella und ihren Bruder zum Schafott geleitet, wendet Margherita sich gegen die Vollstreckung des Urteils und bietet ihr Leben gegen das ihre. Als Uberto sie für wahnsinnig ausgeben will, gibt der Richter (Baß) als Antwort den Verurteilten die Freiheit. Das Volk preist jubelnd die Heilige. Der Adel schart sich um Uberto, schon scheint der Bürgerkrieg unvermeidlich. Der Friede kehrt zurück, als Margherita verwandelt und ein großes Kreuz tragend, aus der Kirche tritt. Die Heilige erlangt die Vergebung ihres Vaters und zieht sich zu einem Leben in Einsamkeit und Gebet zurück. Chiarella wird dem Volk mit Beistand und Hilfe zur Seite stehen.

● *Margherita von Cortona* ist zweifellos die beste Oper Refices: Leider kommt das stark von D'Annunzio geprägt Drama über eine gewisse Weitschweifigkeit und schwülstige Ästhetizismen nicht hinaus. Trotz seiner Vorzüge ragt das Werk über die übliche italienische Kultur der Zeit nicht hinaus. RB

MATHIS DER MALER

Oper in sieben Bildern von Paul Hindemith (1895–1963). Libretto vom Komponisten. Uraufführung: Zürich, Stadttheater, 28. April 1938. Solisten: A. Stig, J. Hellvig, L. Funk, P. Baxevanos. E. Mosbacher. Dirigent: Robert F. Denzler.

PERSONEN. Albrecht von Brandenburg, Kardinal-Erzbischof von Mainz (Tenor), Mathis, Maler in seinen Diensten

(Bariton), Lorenz von Pommersfelden, Domdechant von Mainz (Baß), Wolfgang Capito, Rat des Kardinals (Tenor), Riedinger, reicher Mainzer Bürger (Baß), Hans Schwalb, Führer der aufständischen Bauern (Tenor), Truchseß von Waldburg, Befehlshaber des Bundesheeres (Baß), Sylvester von Schaumberg, Offizier (Tenor), der Graf von Helfenstein (Tenor), der Pfeifer des Grafen (Tenor), Ursula, Riedingers Tochter (Sopran), Regina, Schwalbs Tochter (Sopran), Gräfin Helfenstein (Alt), Antoniusbrüder, katholische und evangelische Bürger, Studenten, Bauern, Erscheinungen.

HANDLUNG. Erstes Bild. Zur Zeit des Bauernkrieges 1524/25. Im Kloster der Antoniter am Main. Mathis malt im Klosterhof die Wände des Kreuzganges aus und fragt sich, ob er mit seinen Fresken wirklich den Willen Gottes erfülle, als durch das Tor plötzlich der Führer der aufständischen Bauern, Hans Schwalb, verwundet hereinstürzt. Bei Schwalb ist seine Tochter Regina. Er wird verfolgt und bittet um Hilfe; er wundert sich, wie man sich in einer von Kämpfen und Ungerechtigkeiten erschütterten Welt im Stillen der Kunst widmen könne. Mathis, der jede Gewalt ablehnt, erklärt er, daß die Bauern sich zu Recht gegen Übergriffe und Unterdrückung auflehnen. Mathis will dem Bauernführer und seiner Tochter helfen und leiht ihnen sein Pferd. Als kurz darauf Sylvester von Schaumberg mit einigen Reitern auf der Suche nach dem Aufrührer erscheint, gesteht Mathis freimütig, er habe ihm die Flucht ermöglicht und werde, da er unter dem Schutz des Kardinal-Erzbischofs von Mainz stehe, sich dorthin begeben, um sich dem Urteil des Kardinals zu stellen. Zweites Bild. In der Martinsburg in Mainz. Kardinal Albrecht beschwichtigt die Glaubensauseinandersetzungen der teils päpstlichen, teils protestantischen Bürger. Zu den katholischen zählen Lorenz von Pommersfelden und Wolfgang Capito, zu den lutherischen ein reicher Mainzer Bürger, Riedinger, mit seiner Tochter Ursula. Mathis tritt herein und Ursula, die ihn liebt, wirft ihm seine lange Abwesenheit vor. Als von Schaumberg hinzukommt, erkennt er Mathis und klagt ihn öffentlich an, er habe Schwalb zur Flucht verholfen. Pommersfelden will Mathis, der erklärt, er fühle sich auf Seiten der Unterdrückten stehend, festsetzen lassen, doch der Kardinal läßt ihn frei. Drittes Bild. Im Hause Riedingers. Wolfgang Capito, der Rat des Kardinals, der zu Riedinger gekommen ist, um lutherische Schriften zu beschlagnahmen, beruhigt den reichen Bürger und liest ihm einen Brief Luthers vor, in dem dieser den Kardinal auffordert, eine Gattin zu nehmen und das Bistum in ein Fürstentum zu verwandeln. Capito sähe eine Heirat Albrechts mit Ursula nicht ungern, und Riedinger bittet daraufhin seine Tochter, sich mit dem ihr vorgeschlagenen Gatten einverstanden zu erklären. Doch Ursula zögert und als Mathis kommt, enthüllt sie dem Maler, daß sie ihn liebt. Doch obwohl Mathis ihre Liebe erwidert, zieht er sich zurück: in so bedrängten Zeiten müsse er auf Liebe und Kunst verzichten. Auf der Seite der Bedrängten will er in den Krieg ziehen. Viertes Bild. In Königshofen. Die aufständischen Bauern haben die Stadt erobert und plündern sie. Graf und Gräfin Helfenstein sind ihre Gefangenen. Der Graf wird auf der Stelle hingerichtet, während die Gräfin sich in eine Kapelle vor das Bild der Mutter Gottes flüchtet. Die Bauern zerstören das Bildwerk und zerren die Gräfin aus der Kapelle; Mathis versucht sie zu schützen und wird niedergeschlagen. Schwalb und Regina stürmen herbei und werfen den Bauern vor, unnütze Gewalttaten zu verüben, während das Bundesheer im Anmarsch ist. Die Bauern bereiten sich zum Kampf: sie unterliegen. Schwalb fällt. Der Truchseß von Waldburg, Befehlshaber des Bundesheeres und einer seiner Offiziere, Sylvester von Schaumberg, wollen Mathis zu ihrem Gefangenen machen, doch die Gräfin tritt für ihn ein. Der Maler bleibt mit der den Tod ihres Vaters betrauernden Regina allein. Viertes Bild. Auf der Martinsburg in Mainz versucht Capito den Kardinal zu überzeugen, zu den Lutherischen überzutreten und sich mit Ursula zu vermählen. Albrecht will Ursula sehen. Er fragt sie, weshalb sie zu dieser Vermählung bereit sei. Ursula wirbt für ihren Glauben, der Kardinal versteht, daß nicht Liebe sie bewegt und beschließt, seinem Glauben und Gelübde in stiller Klause treu zu bleiben. Auch Ursula will allein für Gott leben. Sechstes Bild. Im nächtlichen Odenwald. Mathis tröstet die verwaiste, noch immer über den Tod ihres Vaters tiefbetrübte Regina, die gewiß ist, daß sie noch immer verfolgt werden. Als das Mädchen einschläft, hat Mathis eine Vision: er sieht sich selbst in der Gestalt des Heiligen Antonius, der von Reichtum, Macht, Wollust, Wissenschaft und Gewalt versucht wird. Dann macht diese Vision der des Heiligen Paulus Platz, der die Züge Kardinal Albrechts trägt und ihn auffordert, zu seiner Kunst zurückzukehren: in seiner Malerei wird er Gott dienen und seine Berufung erfüllen. Siebentes Bild. Mathis' Malerwerkstatt in Mainz. Mathis hat die Arbeit am Altar vollendet, doch er ist erschöpft. An Reginas Sterbelager wacht Ursula. Sie weckt den Maler und gemeinsam beugen sie sich über das sterbende Mädchen. Es ist Morgen. Albrecht tritt ein und bietet Mathis sein eigenes Haus und seine Freundesnähe, doch der Maler lehnt ab. Sein Werk ist vollendet, nun ist er endgültig allein mit der Erinnerung an seine Kunst und sein Schaffen.

● *Mathis der Maler* ist vermutlich Hindemiths größte Oper; in ihr wollte er das Leben des mystischen, genialen Malers Mathias Grünewald nachbilden und seinem Meisterwerk, dem Isenheimer Altar in dem elsässischen Städtchen Colmar, ein Denkmal setzen. Vor dem Hintergrund des Bauernkrieges bewegen die Personen der Oper sich wirr und erregt, doch stets allein zwischen aufflammenden Feuern und dräuenden Schlachten. Mathis ist der einsamste von allen, der Künstler, in dessen geordnetes Leben in der Stille die äußere Welt hereinbricht, der das Schöne sieht, doch nicht mehr weiß, ob er es abbilden kann und darf. Dies ist der symbolische Kern der ersten Szenen, in der, dem den Kreuzgang ausmalenden Künstler, Wirklichkeit und Krieg in der Gestalt Schwalbs gegenübertreten, dem kaum begreiflich ist, daß jemand noch Zeit findet zu malen. Dieser Gegenüberstellung von Kunst und Welt entspricht die musikalische Struktur aus motivischen Bausteinen in ihrer kontrapunktischen Flexibilität und ihrer prägnanten Ausdruckskraft. Hindemith hat sich hier von seinen expressionistischen Anfängen entfernt und auch die Phase der Neuen Sachlichkeit überwunden und kehrt zu einer von Bach herrührenden kontrapunktischen Thematik zurück. In seiner harmonischen und melodischen Wiederaufnahme der tonalen Kompositionsweise errichtet Hindemith, gewiß der gewichtigste Gegner der Dodekaphonie, ein ebenso eisern determiniertes System. Für ihn ist die Musik nun wie ein Planetensystem, das eine unendliche Reihe von Tönen in sich birgt. «Der Sphäre, die uns geschaffen, können wir uns nicht entziehen, auf jedem Wege gehen wir in ihr»: diese von Mathis und dem Kardinal am Ende des sechsten Bildes geäußerten Worte sind emblematisch. Sie zeigen, daß für Hindemith die Musik Abbild jener Harmonie der Welt ist, die den Menschen mit dem Kosmos verbindet; ihre Aufgabe ist es, wie in Keplers Harmonie der Welt (1957 wurde in München Hindemiths Oper in fünf Akten *Die Harmonie der Welt* uraufgeführt), himmlischen, geometrischen Wegen in ihren Rhythmen zu folgen. *Mathis der Maler* errang 1938 in

Zürich einen triumphalen Erfolg und wurde als ein kultureller und politischer Protest gegen den Nationalsozialismus verstanden, der Hindemith gezwungen hatte, ins Ausland zu gehen. LB

JOHANNA AUF DEM SCHEITERHAUFEN
(Jeanne d'Arc au Bûcher)

Dramatisches Oratorium in einem Prolog und elf Szenen von Arthur Honegger (1892–1955). Libretto von Paul Claudel (1868–1955). Uraufführung: Basel, Baseler Kammerorchester, 12. Mai 1938. Szenische Uraufführung: Zürich, Stadttheater, 13. Juni 1942. Solisten, Ida Rubinstein, J. Perier, S. Sandoz.

PERSONEN. Sprechrollen: Jeanne d'Arc (Johanna), Bruder Dominik, der dritte Herold, Asinus, Bedford, Johann von Luxemburg, Mühlenwind, ein Bauer, der Gerichtsbote, Regnault de Chartres, Wilhelm von Flavy, ein Priester, Mutter Weinfaß. Gesangsrollen: die Heilige Jungfrau (Sopran), die heilige Margarete (Sopran), die heilige Katharina (Alt), eine Stimme (Tenor), Porcus (Tenor), erster Herold (Tenor), ein Meßdiener (Tenor), eine Stimme (Baß), zweiter Herold (Baß), eine Baritonstimme, eine Kinderstimme, gemischter Chor, Kinderchor.

HANDLUNG. In Frankreich zur Zeit des Hundertjährigen Krieges. Prolog. Ein Chor beklagt die traurige Lage Frankreichs in Händen eines Fremden und eine Stimme verkündet, eine Jungfrau werde kommen und das Land befreien. Einakter. Johanna ist auf dem Scheiterhaufen zu sehen. Bruder Dominik steigt vom Himmel herab und zeigt dem Mädchen ein Buch, in dem Engel die Anklagen der Menschen gegen sie eingetragen haben und bringt ihr Tröstung. Johanna durchlebt noch einmal den Prozeß: Die Richter tragen Tiermasken, der Präsident ist Porcus, das Schwein, ein Esel, Asinus, übernimmt die Rolle des Protokollführers, und die Schafe die der beisitzenden Richter. Die Jungfrau wird als Hexe und Häretikerin zum Tode auf dem Scheiterhaufen verdammt. Dominik sagt ihr, daß sie alle vom Teufe besessen sind, und daß sie das Opfer eines närrischen Spiels ist. Nun erscheinen (Pantomime) die Könige von Frankreich, Burgund und England und spielen, unterstützt von ihren Gemahlinnen, der Torheit, dem Hochmut, dem Geiz und der Wollust und ihren Buben, Karten mit dem Tod. Die Buben entscheiden das Spiel, teilen sich das gewonnene Geld und übergeben Johanna dem Herzog von Bedford. Der Klang der Sterbeglocken ist zu hören, und Johanna vernimmt noch einmal die Stimmen der heiligen Margarete und der heiligen Katharina, während das Volk (Chor) die Hochzeit des Riesen Mühlenwind (das gute Brot Frankreichs) mit Mutter Weinfaß (der gute Wein Frankreichs) feiert und dann auszieht, um als jubelnde Menge den König von Frankreich zu sehen, der sich zur Krönung nach Reims begibt. Johanna erinnert sich ihrer Kindheit, als die «Stimmen» sie aufforderten, ihrem Vaterland zu Hilfe zu eilen; allein mit der Macht der Liebe gewappnet, vollbrachte sie das Unterfangen, das den König seinen Thron wiedergewinnen ließ. Johanna fürchtet sich vor dem Feuer, doch die Heilige Jungfrau tröstet sie. Sie widersteht der Pein der Flammen, selbst Flamme Frankreichs. Ihre Ketten zerbrechend, steigt sie zum Himmel empor, während das Volk sich von ihrer Unschuld überzeugt.

● Claudels poetischer Text zeigt eine mittelalterliche Weltsicht, in der mystische und magische Züge der Atmosphäre, in der Johanna lebt, hervortreten: der Allegorie wird ein besonderer Stellenwert eingeräumt, während ein magisches Element sich gerade daraus ergibt, daß Johanna von Anfang an auf dem Scheiterhaufen erscheint und von hier aus noch einmal ihre Kindheit, ihren Kampf gegen die Engländer, ihren Prozeß und die Verurteilung erlebt. Nach dem Urteil der Kritik legte Honegger in diesem Werk eine echte Synthese seiner bisherigen musikalischen Erfahrungen vor und gab in meisterlicher Weise den mystischen, poetischen und dramatischen Aspekten der literarischen Vorlage ihre musikalische Entsprechung. Es ist auch darauf hinzuweisen, daß es sich hier nicht um eine ausgesprochene Oper im traditionellen Wortsinn handelt; neben gesungenen Teilen stehen reine Sprechrollen (unter anderem die der Titelfigur), wobei ganz allgemein nur die himmlischen, mysteriösen und allegorischen Personen Gesangsrollen sind, und fast niemals die eigentlichen menschlichen Gestalten. GP

FRIEDENSTAG

Oper in einem Akt von Richard Strauss (1864–1949). Libretto von Joseph Gregor (1888–1960). Uraufführung: München, Nationaltheater, 24. Juli 1938. Solisten: Viorica Ursuleac (Maria), Hans Hotter (Kommandant), Ludwig Weber (Holsteiner). Dirigent: Clemens Krauß.

HANDLUNG. Die Oper spielt in einer vom Feind eingeschlossenen, befestigten Stadt am 24. Oktober 1648 (der Tag des «Westfälischen Friedens»). Die erschöpfte Bevölkerung bittet darum, die Stadt dem Feind zu übergeben, doch der Befehl des Kaisers läßt keinen Ausweg, sollte die Stadt fallen, so ist sie auszulöschen. Der Kommandant beschließt, sie in die Luft gehen zu lassen und mit ihr zu sterben. Seine Gattin Maria weigert sich, ihn zu verlassen. Schon ist die Lunte, mit der das Pulver in Brand gesteckt werden soll, entzündet, als drei Kanonenschüsse zu hören sind. Auf dieses Signal folgt ungeheures Glockenläuten: der Dreißigjährige Krieg ist zu Ende. Der Kommandant der Stadt fürchtet eine Kriegslist und empfängt den Befehlshaber des feindlichen Heeres mit dem Schwert in der Hand. Marias Dazwischentreten verhindert die Tragödie.

● In der abstrakten Darstellung der möglichen Reaktionen des Menschen angesichts des Krieges leidet der *Friedenstag* unter dem mittelmäßigen Libretto, das auch durch Stefan Zweig, der die Hauptszene umschrieb, nicht gerettet wurde. Auch steht das Sujet dem Geist des Komponisten fern, so daß die Partitur ihm zu einer der weniger vitalen und konventionelleren geriet. Die Oper wurde von der deutschen Presse freundlich aufgenommen und später nur noch selten aufgeführt. RB

DAPHNE

Oper in einem Akt von Richard Strauss (1864–1949). Libretto von Joseph Gregor (1888–1960). Uraufführung: Dresden, Staatsoper, 15. Oktober 1938. Solisten: Margarethe Teschemacher (Daphne), Torsten Rolf (Apollon), Martin Kremer (Leukippos). Dirigent: Karl Böhm.

HANDLUNG. Während man im Dorf zum Fest der blühenden Weinrebe (dem Fest des Dionysos) rüstet, ist die junge

Daphne (Sopran), die Tochter Gaeas (Alt) und des Peneios (Baß), in den Anblick der Natur versunken und bittet die untergehende Sonne ihren Lauf anzuhalten, damit sie noch immer Bäume, Blumen, die sprudelnde Quelle sehen könne. Kein Verständnis hat sie für den sie liebenden Hirten Leukippos (Tenor), sie stößt ihn zurück und zieht die Vorwürfe ihrer Mutter Gaea auf sich. In menschlicher Gestalt erscheint Apollon (Tenor) und Daphne, die von ihrem Vater den Auftrag erhalten hat, dem Gast zu dienen, nennt ihn – sein edles Aussehen bewundernd – Bruder und sinkt an seine Brust. Apollon, der für sie den Sonnenwagen angehalten hat, küßt sie. Verstört flieht Daphne. Die Hirten kommen zum Fest zusammen, in Mädchenkleidern bietet Leukippos der arglosen Daphne den dionysischen Festwein und fordert sie zum Tanz auf. Apollon jedoch wird von Eifersucht übermannt, enthüllt die Täuschung und zeigt sich seiner Göttlichkeit. Den ihn verwünschenden Leukippos tötet er mit einem Pfeilschuß. Angesichts der Verzweiflung Daphnes, die sich am Tode des Jünglings schuldig glaubt, erkennt Apollon, daß er sich die Rechte seines Bruders Dionysos angemaßt hat und bittet ihn, Leukippos in die Schar seiner Jünger aufzunehmen. Von Zeus erfleht er Daphnes Verwandlung in einen Lorbeerbaum.

● Die nur selten aufgeführte bukolische Tragödie *Daphne* gehört in die Spätzeit des Komponisten, deren Werken ein gewisser olympischer Charakter eignet, der sie außerhalb von Zeit und Raum stellt. Ihre schönsten Seiten sind das sinfonische Zwischenspiel zur Kuß-Szene Daphne/Apollon und Daphnes Schlußgesang, während sie sich in einen Lorbeerbaum verwandelt. RB

KÖNIG HASSAN
(Re Hassan)

Oper in drei Akten und vier Bilder von Giorgio Federico Ghedini (1892–1965). Libretto von Tullio Pinelli. Uraufführung: Venedig, Teatro La Fenice, 26. Januar 1939. Solisten: Tancredi Pasero (König Hassan), Cloe Elmo (Moraima), Giovanni Voyer (Hussein), Irene Minghini Cattaneo (Thoreya). Dirigent: Fernando Previtali.

PERSONEN. König Hassan (Baß), Hussein (Tenor), Moraima (Mezzosopran), Jarifa (Mezzosopran oder Alt), Thoreya (Sopran), Graf Fernan Gonzales (Tenor), Zachir (Bariton), eine Stimme (Tenor), der Alkalde der Alhambra (Tenor), Don Alvaro (Bariton), Krieger, Höflinge, arabische und christliche Ritter, Offiziere König Hassans, Offiziere Husseins, Soldaten. Chor der Gefangenen.

HANDLUNG. Spanien im fünfzehnten Jahrhundert. Im königlichen Palast der Alhambra in Granada erklärt Hussein seinem Vater, er sei zu alt, um mit der erforderlichen Festigkeit sein Volk in einer so schwierigen Lage führen zu können. Hassan glaubt, sein Sohn sei von Machtgier erfaßt und strebe nach dem Thron. Hussein fühlt sich geistig seinem Vater entfremdet: dieser habe ihn, wie er sagt, nie geliebt. Seine vom König verstoßene Mutter Jarife hat ihn stets gedrängt, sich Macht und Thron zu nehmen. Durch seinen Botschafter, den Grafen Fernan Gonzales, erinnert das christliche Spanien König Hassan an seine Verpflichtung, dem König von Spanien Tribut zu leisten: nur wenn diese Tributzahlung wieder aufgenommen wird, kann König Ferdinand die Übergriffe der Araber vergessen. Entrüstet antwortet Hassan, daß er niemals zahlen werde. Das bedeutet Krieg. Den ersten Krieg gegen die Christen nach zweihundert Jahren Frieden. Vor Hassans Palast sammelt sich eine erregte Menge: das Volk will keine Schlachten, keine Gewalt, kein Blutbad mehr. Verwundet wird der Alkalde der Alhambra herbeigebracht. Die Stadt ist gefallen, unter den Gefangenen sind auch Hussein, Moraima, seine geliebte Gemahlin und Jarifa. Hassan klagt den Alkalden des Verrats an und verurteilt ihn zum Tode. Im Palast König Ferdinands wird Hussein inzwischen von Don Alvaro ein Angebot des katholischen Herrschers überbracht. Ihm wird die Freiheit gewährt, unter der Bedingung, daß er gegen König Hassan in den Kampf ziehe. Männer und Waffen soll er erhalten, um das Reich zurückzuerobern; allein Granada müsse er Spanien überlassen. Zum Unterpfand für seine Treue fordert der König Husseins Sohn. Hussein weigert sich zunächst, da er sich nicht von seinem Kind trennen will, doch seine Mutter weiß geschickt seinen Ehrgeiz zu schüren, so daß er schließlich König Ferdinands Bedingungen annimmt. Auf einer kahlen Ebene erscheint König Hassan mit seinem Gefolge: alle seine treuesten Waffengefährten sind gefallen, und er hat beschlossen, seinen Sohn rufen zu lassen. Als dieser staubbedeckt erscheint, erklärt er, zu seinen Gunsten abdanken zu wollen. Doch Hussein bewegt bei dieser Nachricht keine Freude: Moraima, seine Gemahlin, ist aus Kummer über die Trennung von ihrem Sohn gestorben. Ein Offizier verkündet die Ankunft König Ferdinands.

● Die Oper wurde in einer neuen Fassung am 20. Mai 1961 am Teatro San Carlo in Neapel aufgeführt. MS

DER MOND
Ein kleines Welttheater von Carl Orff (geb. 1895). Libretto vom Komponisten nach einem Märchen der Brüder Grimm. Uraufführung: München, Nationaltheater, 5. Februar 1939. Dirigent: Clemens Krauß. Eine Neufassung des Werkes wurde vom gleichen Theater im Jahre 1950 gebracht.

HANDLUNG. Zwei Länder: In dem einen herrscht zur Nachtzeit völlige Finsternis, in dem anderen ist der Mond als Laterne an einem Baum aufgehängt. Zwei Spielebenen, Himmel und Hölle. Vier Burschen stehlen die Mondlaterne und bringen sie in ihre Heimat. Jeder von ihnen nimmt einen Viertelmond mit ins Grab. In der Hölle – wo anders könnten sie nach ihrem Tode landen – setzen sie den gestohlenen Beleuchtungskörper wieder zusammen. Die Toten erwachen und veranstalten einen deftigen Reigen. Petrus, vom Himmel gestiegen um nach dem Rechten zu sehen, tanzt und zecht mit. Schließlich wird es zu toll. Petrus nimmt den Mond und hängt ihn am Himmel auf. Ein Kind entdeckt das Nachtgestirn und ruft: Da hängt ja der Mond!

● Märchenstimmung, Ironie und Humor vereinigen sich in dieser Märchenoper zu einem einheitlichen Ganzen. Das große Orchester fällt durch seine ungewöhnliche Schlagwerkbesetzung auf.

DER GOLDENE FLOH
(La pulce d'oro)

Oper in einem Akt und drei Bildern von Giorgio Federico Ghedini (1892–1965). Libretto von Tullio Pinelli. Uraufführung: Ge-

nua, Teatro Carlo Fenice, 15. Februar 1940. Solisten: Iris Adami-Corradetti, Irma Colasanti, Alessandro Grande, Afro Poli, Mattia Sassanelli, Ubaldo Toffanetti. Dirigent: Franco Capuana.

PERSONEN. Lucilla (Sopran), Fortuna (Alt), Lupo Fiorino (Tenor), Olimpio (Bariton), Daghe (Tenor), Mirtillo (Baß), Verna (Baß).

HANDLUNG. In einer ländlichen Herberge taucht ein redegewaltiger, selbstsicherer junger Landfahrer auf. Die Aufmerksamkeit aller Anwesenden, des Wirtspaares Olimpio und Fortuna, ihrer Tochter Lucilla und der wenigen Gäste, wird auf einen winzigen goldenen Käfig gelenkt, den der junge Mann ihnen zeigt. Lupo Fiorino, so heißt der Neuankömmling, behauptet, in dem kleinen Käfig sitze ein goldener Floh, der aus einem geheimnisvollen fernen Lande komme und die Gabe habe, alles, was er beiße, in Gold zu verwandeln, außer Speisen. Der alte Verna erklärt, er könne hieran überhaupt nicht glauben, während die übrigen fasziniert sind. Um den Beweis zu liefern, öffnet Lupo Fiorino den Käfig: der Floh entweicht und nach kurzer Zeit schreit Lucilla auf, da sie gebissen worden ist. Nach längerem Verhandeln wird beschlossen, daß Lupo Fiorino über das Mädchen wachen darf, während es in einen Sack eingebunden schläft. Olimpio bezieht Wache vor der Tür, um aufzupassen, daß Lucilla nichts zustößt und damit der junge Mann sich nicht mit seinem kostbaren Floh aus dem Staub mache. In der Nacht machen alle seltsame Pläne, da sie die Möglichkeit sehen, mit Hilfe des wundersamen Flohs reich zu werden. Lupo Fiorino steigt im Dunkeln die Treppe hinab und will aus dem Haus gehen; doch Olimpio versetzt ihm einen Schlag auf den Kopf und er fällt zu Boden. Da man ihn für tot hält, tragen ihn Olimpio und die übrigen aus dem Hause auf die Straße. Der alte Verna will dieses Verbrechen der Polizei melden, er wird jedoch von Olimpio an einem Tisch festgebunden. In diesem Augenblick kommt wankend und blutüberströmt Lupo Fiorino wieder herein: er glaubt, man habe ihm einen Schlag versetzt, weil er das Mädchen verführt hat und erklärt, er wolle es heiraten. Auch Lucilla ist glücklich über diesen Vorschlag: gemeinsam gehen beide fort. Die Geschichte des Flohs bleibt geheimnisvoll: eine wahre Geschichte oder nur eine Erfindung Lupos, um in Lucillas Nähe zu gelangen?

MS

ROMEO UND JULIA

Oper in zwei Akten und sechs Bildern von Heinrich Sutermeister (geb. 1910). Libretto vom Komponisten nach Shakespeares Tragödie (in der Übersetzung von Schlegel). Uraufführung: Dresden, Staatsoper, 13. April 1940. Dirigent: Karl Böhm.

● Das Werk war das Debüt des Schweizer Komponisten auf dem Operntheater; es zeigt in einigen Teilen noch Einflüsse des späten Verdi.

RB

NACHTFLUG
(Volo di notte)

Oper in einem Akt von Luigi Dallapiccola (1904–1975). Libretto vom Komponisten nach dem Roman Vol de Nuit (1932) von Antoine de Saint-Exupéry. Uraufführung: Florenz, Teatro della Pergola zum Maggio musicale, 18. Mai 1940. Solisten: Maria Fiorenza (Frau Fabien), Francesco Valentino (Rivière), Antonio Melandri (Funker), P. Pauli (Pellerin), V. Baldini (Leroux), Vincenzo Guicciardi (Robineau). Dirigent: Fernando Previtali.

PERSONEN. Rivière, Direktor einer südamerikanischen Fluggesellschaft (Baß-Bariton), Robineau, Inspektor (Baß), Pellerin, Pilot (Tenor), der Funker (Tenor), Leroux, der alte Abteilungschef (Baß), Frau Fabien (Sopran), eine Stimme aus der Ferne (Sopran), vier Angestellte (zwei Tenöre, ein Bariton, ein Baß). Chor der Arbeiter, Vorarbeiter, etc.

HANDLUNG. Ort der Handlung ist das Büro einer Fluggesellschaft im Flughafen von Buenos Aires um 1930. Der Direktor Rivière, Erfinder der gefährlichen Nachtflüge, wartet auf die Rückkehr dreier Flugzeuge. In der Zwischenzeit unterhält er sich mit einem alten Abteilungschef, Leroux, dem er erzählt, daß er um die neuen Transportmittel durchzusetzen, auf die Freuden des Lebens verzichtet habe. Das Flugzeug aus Chile landet glücklich, nachdem es einem Wirbelsturm entronnen ist. Schlechte Nachrichten kommen dagegen von der aus Patagonien erwarteten Kuriermaschine. Der Funker berichtet, daß die Maschine durch schlechtes Wetter in Schwierigkeiten geraten ist, und der Pilot Fabien teilt mit, er habe nur noch für eine halbe Stunde Treibstoff. Die Frau des Piloten, Simone Fabien, kommt herein, voller Sorge ob der Verspätung ihres Mannes. Ihr Gespräch mit Rivière nimmt dramatische Züge an. Kurz darauf kann der Funker noch einmal mit Fabien Kontakt aufnehmen: er fängt seine verzweifelten Botschaften bis zu dem Augenblick, in dem das Flugzeug schließlich ins Meer stürzt, auf. Aus Paraguay trifft die dritte Maschine ein, während sich auf dem Flugplatz die Nachricht von Fabiens Absturz und Tod verbreitet. Betroffen rebellieren die Arbeiter des FLughafens gegen diese gefährlichen Flüge und fordern nachdrücklich ihre Abschaffung. In Rivières Büro drängt sich die Menge. Ruhig und kühl ordnet der Direktor den Start des Kurierflugzeuges nach Europa an. Wegen eines auch noch so schmerzlichen Unfalls, kann der Flugplan nicht einfach ausgesetzt werden: die Zukunft aller weiteren Flüge steht auf dem Spiel. Von Rivières

«Friedenstag» von Richard Strauss 1938 am Nationaltheater in München. Bühnenbild und Kostüme von Ludwig Sievert, Regie von Rudolf Hartmann.

1940

starkem Willen bezwungen, weichen die Männer, respektvoll seinen Namen nennend, zurück. Rivière hat seine, viel Bitterkeit mit sich bringende Schlacht gewonnen und kehrt zu seiner gewohnten Arbeit zurück.

● *Nachtflug* ist Dallapiccolas erstes musikdramatisches Werk. Es geht in ihm um die dramatische Situation des Menschen, der mit Technik und Fortschritt konfrontiert wird. In der Partitur sind zwar expressionistische Einflüsse Schönbergs zu spüren, doch bewahrt sie den Zusammenhang mit Dallapiccolas früherem polyphonen und monodischen Kompositionen. Sozusagen als vorbereitende Studie waren 1936/1937 die *Tre laudi* entstanden. In diesem Werk zieht zum ersten Mal die Dodekaphonie (Zwölftontechnik) in eine italienische Oper ein. MS

SEMJON KOTKOW

Oper in fünf Akten von Sergei Prokofieff (1891–1953). Libretto vom Komponisten in Zusammenarbeit mit W. Katajew, nach einer Erzählung des letzteren. Uraufführung: Moskau, Opernji Teatr Stanislawskij, 30. Juni 1940.

HANDLUNG. Am Ende des ersten Weltkrieges kehrt der junge Bauer Semjon Kotkow in sein Heimatdorf im Süden der Ukraine zurück. Nach den Kriegswirren hat sich die Lage verändert: die Sowjets haben die Macht und bringen nach den Grundsätzen der Revolution Ordnung ins Land. Die beiden Hauptverantwortlichen der Sowjets, Remenjuk und Tsariow nehmen die gerechte Verteilung des Bodens und des Viehs an die Bauern vor. Auch Semjon erhält seinen Anteil. Dank seines neuen Wohlstandes bittet er den reichen Grundbesitzer Tatschenkow um die Hand seiner Tochter Sonja, die er seit langem liebt. Ihr Vater hat für sie eine bessere Partie erhofft und stimmt nur widerwillig zu. Eine deutsche Abteilung überfällt das Dorf in einer Strafexpedition: Tsariow wird erhängt und auf Betreiben Tatschenkows, der hofft, den jungen Mann auf diese Weise loszuwerden, wird Semjons Haus angezündet. Doch er kann entkommen und organisiert gemeinsam mit Remenjuk eine Gruppe von Partisanen, um das Dorf zu befreien. Gerade rechtzeitig kommt er zurück, um die Hochzeit Sonjas mit dem ihr vom Vater aufgezwungenen reichen Klembowski zu verhindern.

● Besonderes Interesse erlangt die Oper durch den starken Kontrast zwischen dem ruhigen, idyllischen Leben in dem unbekannten Dorf in der Ukraine und den grausamen Geschehnissen, die sich in brutaler Folge überstürzen, ein Kontrast, den Prokofieff in der Partitur eindrucksvoll darzustellen wußte. Mit *Semjon Kotkow* begannen jene Schwierigkeiten, die auf sein Leben als Künstler so nachhaltig einwirken sollten. Wie Schostakowitschs *Lady Macbeth des Mzensker Kreises* wurde auch diese Oper des Formalismus bezichtigt. RB

DON GIOVANNIS SCHATTEN
(L'ombra di Don Giovanni)

Oper in drei Akten und vier Bildern von Franco Alfano (1876–1954). Libretto von E. Moschino. Uraufführung: Mailand, Teatro alla Scala, 2. April 1914. In einer Neubearbeitung Aufführung in Florenz, Maggio musicale, 28. Mai 1941, mit dem Titel Don Juan de Mañara.

● Mit dieser Oper wendet sich Alfano nach einer Zeit intensiven sinfonischen Schaffens wieder dem Musiktheater zu. Charakteristisch ist seine Behandlung des Chors, der zu Zeiten die Hauptrolle in der Dramaturgie des Werkes spielt. GP

DIE FANTASIEN DES CALLOT
(I Capricci di Callot)

Oper in einem Prolog und drei Akten von Gian Francesco Malipiero (1882–1973), Libretto vom Komponisten. Uraufführung: Rom, Teatro dell'Opera, 24. Oktober 1942.

PERSONEN. Giacinta (Sopran), Giglio (Tenor).

HANDLUNG. Vier maskierte Paare kündigen tanzend den Karneval an. Die Näherin Giacinta schneidert sich ein wunderschönes Kleid, mit dem sie am Karneval teilnehmen und ihren jungen Verlobten Giglio, einen armen Schauspieler, überraschen will. Auf dem Corso in Rom ist der Karneval in vollem Gange. Unter den Masken vergnügen sich auch der kleine Alte und der Scharlatan, die zuerst dem verliebten Paar einen Streich spielen und am Ende an einer reich gedeckten Tafel ihre Hochzeit feiern.

● In dieser Oper ist Malipieros Sinn für das Irreale und Phantastische eine glückliche Verbindung mit E.T.A. Hoffmanns *Prinzessin Brambilla* und den vierundzwanzig Stichen der *Balli di Sfessania* von J. Callot, in denen er die Typen der Commedia dell'arte abbildete, eingegangen. «Die Musik ist eine unwiderstehliche, unaufhörliche Melodie, die von den Stimmen zu den Instrumenten wandert, wieder zu den Sängern zurückkehrt, wieder ins Orchester springt, noch eine gewisse Verwandtschaft mit den «panneaux» der Frühzeit aufweist, jedoch in einem enggeführten Kontrapunkt von Musik und Handlung steht, die sich gegenseitig unter Wahrung ihrer Unabhängigkeit bedingen» (Domenico De Paoli). Die Musik dient häufig der Verdeutlichung der Handlung und vor allem der Charakterzeichnung der Personen. MSM

CAPRICCIO

Musikalische Konversation in einem Akt von Richard Strauss (1864–1949). Libretto von Clemens Krauß (1893–1954). Uraufführung: München, Nationaltheater, 28. Oktober 1942. Solisten: Viorica Ursuleac (Madeleine), Horst Taubmann (Flamand), Hans Hotter (Olivier), Georg Hann (La Roche), Walter Höfermeyer (Graf), Hildegard Ranczak (Clairon). Dirigent: Clemens Krauß.

HANDLUNG. Ein Schloß in der Nähe der Stadt Paris. Gräfin Madeleine (Sopran) lauscht im Salon einem Streichsextett (das auch als Ouvertüre zur Oper dient), das ihr von ihrem Schützling, dem Komponisten Flamand (Tenor), gewidmet worden ist. Durch ein Fenster beobachten Flamand und sein Rivale um die Gunst der Gräfin, der tragische Dichter Olivier (Bariton), ihre Gefühlsregungen beim Anhören der Musik. Nicht weit entfernt schlummert in einem Sessel der Schauspieldirektor La Roche (Baß) vor sich hin, der zum Geburts-

«Die Fantasie des Callot» von Gian Francesco Malipiero an der Römischen Oper, 1942.

tag der Gräfin im Schloßtheater Oliviers Tragödie aufführen soll. Zwischen Musiker und Dichter entsteht ein höfliches Streitgespräch, in dem jeder, angeregt durch ein Werk des Abate Casti *(Prima la musica, poi le parole),* den Vorrang seiner eigenen Kunst behauptet. La Roche greift ein und vertritt die Ansprüche des Schauspiels. Der Graf (Bariton), ein Bruder der Gräfin, spielt in der aufzuführenden Tragödie eine Rolle und probt die Hauptszene mit der berühmten Schauspielerin Clairon (Mezzosopran), zu der ihn eine sinnliche Neigung zieht (die vom Grafen in seiner Rolle vorgetragene Liebeserklärung ist die Übersetzung eines berühmten Sonetts von Ronsard: «Je ne sçaurois aimer autre que vous»). Dies inspiriert Flamand zur Vertonung des Sonetts: Olivier nimmt die Gelegenheit wahr und erklärt Madeleine, er liebe sie. Flamand kommt zurück, singt das Sonett, sich selbst am Cembalo begleitend, und macht, kaum daß Olivier zu den Proben enteilt ist, seinerseits der Gräfin eine Liebeserklärung. Die Gräfin bleibt nicht gleichgültig, entzieht sich jedoch seinem Drängen. Durch den Auftritt einer Tänzerin bietet sich Gelegenheit zur neuerlichen Erörterung der Priorität im Bereich der Künste. Der Schauspieldirektor führt zwei italienische Sänger ein, die ein Duett nach Worten Metastasios vortragen. Die Konversation wird fortgesetzt. La Roches Andeutungen zu der in Vorbereitung befindlichen Theateraufführung amüsieren die Anwesenden (das Lachoktett). Der Schauspieldirektor fordert die Künstler auf, neue Werke zu schreiben, die nicht von bleichen Gespenstern, sondern von lebenden Wesen aus Fleisch und Blut bevölkert sind. Flamand und Olivier schlägt der Graf vor, eine Oper zu erdenken, in der die Konflikte behandelt werden, die die Anwesenden gemeinsam erlebt haben und deren Personen die gerade im Raum Befindlichen sein sollen. Dies ist ein großer, bewegender Augenblick: die Grenzen zwischen dem wirklichen Leben und dem Theater sind aufgehoben. Alle Gäste reisen nach Paris ab. In den leeren Raum tritt, von einem intensiven Orchesterzwischenspiel begleitet, Madeleine im Abendkleid. Für den kommenden Morgen hat sie Flamand und Olivier zur gleichen Stunde und am gleichen Ort zu einem Stelldichein gebeten, doch ist sie sich über ihre Antwort noch nicht klar geworden: «Wählt man den einen, verliert man den anderen. Kann man gewinnen, ohne zu verlieren?».

● Den Grundgedanken zu *Capriccio,* Richard Strauss' letzter Oper, lieferte ihm Stefan Zweig, der ihn im Januar 1934 auf das merkwürdige Libretto Castis *(Prima la musica, poi le parole)* (Erst die Musik, dann die Worte) zu einer Oper Salieris hingewiesen hatte. Diese Idee griff Strauss auf, ohne sie jedoch wirklich zu gestalten. Erst in der Zusammenarbeit mit dem Dirigenten Clemens Krauß entstand das Werk sozusagen zum privaten Vergnügen seiner Urheber. Ein bemerkenswertes Charakteristikum der Oper ist ihre große Textverständlichkeit. Strauss hatte selbst Teile des Librettos verfaßt und auf diese Verständlichkeit des gesungenen Wortes – ein Problem, mit dem er sich jahrelang herumschlug – größten Wert gelegt. Mittelpunkt des Werkes ist die Gräfin, Personifizierung der Oper, in der Eingebung und Synthese von Dichtung und Musik verschmelzend. Madeleines Dilemma ist hier das des Komponisten und Textdichters, der ihr zu Ehren Fragmente aus den Opern, die er am meisten liebte, versammelte. RB

1943

DIE KLUGE
– Die Geschichte von dem König und der klugen Frau –

Bühnenwerk von Carl Orff (geb. 1895). Dichtung vom Komponisten nach einem Märchen der Brüder Grimm. Uraufführung: Frankfurt/Main, Oper, 20. Februar 1943.

HANDLUNG. Es geht um eine Bauerntochter mit geradezu salomonischer Klugheit. Ihr Vater hat auf dem Felde einen goldenen Mörser gefunden und liefert ihn pflichtgetreu dem König ab. Dieser meint, der Bauer habe den Stößel für sich behalten und wirft ihn ins Gefängnis. Der Bauer behauptet, eine sehr kluge Tochter zu haben. Sie löst drei schwierige Rätsel und wird Königin. Bei einem offensichtlich falschen Urteil hilft die Kluge dem Benachteiligten mit einem Gleichnis zu seinem Recht. Der König ist gekränkt und weist seine Gemahlin außer Landes, gewährt ihr aber die Gnade, das Liebste mitzunehmen. Mit Hilfe eines Schlaftrunkes entführt sie den König. Nun ist er versöhnt: Wie klug sie ist! Sie aber schiebt Verstellung vor: Klug sein *und* lieben kann kein Mensch auf dieser Welt.

● Dichtung, Dramaturgie und Musik finden in der *Klugen* eine besonders harmonische Verbindung, die dieses Werk zu einer wirklichen Volksoper werden ließ.

CATULLI CARMINA

Szenische Kantate in drei Akten von Carl Orff (geb. 1895). Text nach den Liedern des lateinischen Dichters Gajus Valerius Catullus (87–54 v. Chr.). Uraufführung: Leipzig, Stadttheater, 6. November 1943.

HANDLUNG. Drei Personengruppen unterhalten sich. Es sind Mädchen und Jünglinge, die einander ewige Treue schwören. Die Älteren mißbilligen diese Reden der Jugend, da sie so unveränderlichen Gefühlen skeptisch gegenüberstehen. So fordern sie die Jugend auf, über ihre Gefühle nachzudenken, während sie den Carmini des Catull lauschen. An dieser Stelle beginnt die szenische Aktion. Im ersten Akt besingen Catull und Lesbia die Freuden des Leben und der Libe. Catull legt das Haupt in Lesbias Schoß und schläft ein. Bald erscheinen die Liebenden. Lesbia erhebt sich, entfernt sich von Catull und tanzt mit ihnen. Der Dichter erwacht und verzweifelt über Lesbias Verrat, nachdem sie ihm gerade erst geschworen hatte, daß sie ihn niemals verlassen werde. Mit seinem Freund Caelus geht Catull ab. Im zweiten Akt schläft Catull nahe Lesbias Haus. Er träumt von Lesbias Umarmungen und erinnert sich ihrer Liebesschwüre, hoffend, sie möchten sich nicht als falsche Versprechungen erweisen. Während er noch hierüber nachdenkt, sieht er, wie Lesbia mit Caelus Liebesbezeugungen austauscht. Wieder ist Catull enttäuscht und verflucht die Unbeständigkeit Lesbias wie die aller Frauen. Im dritten Akt begegnet Catull Ipsitilla und bittet sie, ihn zu sich zu laden. Dann erscheint Ammiana, die von dem Dichter zehntausend Sesterzen für die Liebesstunde fordert. Er jagt sie fort und sucht von neuem nach Lesbia inmitten der Galane und Kupplerinnen. Lesbia wird seiner gewahr und ruft ihn, doch der Dichter zwingt sich, ihr kein Gehör zu schenken und ihr nicht zu folgen; schließlich weist er sie von sich, obwohl er sie noch immer liebt. Nie wird er sich von ihr lösen können, trotz all ihrer Fehler, doch ihr Verhalten macht es ihm unmöglich, sich mit ihr zu verbinden.

Verstört sucht Lesbia in ihrem Hause Zuflucht. Hiermit endet die szenische Aktion. Mädchen und Jünglinge schwören sich noch immer ewige Liebe und Treue: schon lange schenken sie der Bühnenhandlung keine Aufmerksamkeit mehr. Die Alten führen entmutigt Klage.

● Diese szenische Kantate stellt neben *Carmina Burana* (1937) und *Trionfo di Afrodite* (1953) den zweiten Teil des Triptychons *I trionfi* dar.

ABe

DER SPIELER (Igrok)

Oper von Dimitrij Schostakowitsch (1906–1975). Libretto nach Dostojewskij.

● Das Werk entstand im Jahre 1943, blieb jedoch unvollendet und wurde niemals aufgeführt. Dies ist vermutlich auf die tiefe Entmutigung des Komponisten zurückzuführen, nachdem seiner *Lady Macbeth* so herbe Kritik zuteil geworden war.

RB

PETER GRIMES

Oper in einem Prolog und drei Akten von Benjamin Britten (1913–1976). Libretto von Montagu Slater nach Georg Crabbes Dichtung «Der Weiler» (1810), insbesondere nach dem XXII. Brief. Uraufführung: London, Sadler's Wells Theatre, 7. Juni 1945. Solisten: Peter Pears, Edith Coates, Joan Cross. Dirigent: Reginald Goodall.

PERSONEN. Peter Grimes, Fischer (Tenor), John, sein Lehrling (stumme Rolle), Ellen Orford, Witwe und Lehrerin (Sopran), Balstrode, ehemaliger Kapitän (Bariton), Auntie (Tantjen), Wirtin des Krugs «Zum Wildschwein» (Alt), erste und zweite Nichte (Sopran), Bob Boles, Fischer und Methodist (Tenor), Swallow, Richter und Bürgermeister (Baß), Mrs. Sedley, reiche Witwe (Mezzosopran), Pastor Horace Adams (Tenor), Ned Keene, Apotheker (Bariton), Doktor Thorp, Arzt (stumme Rolle), Hobson, Fuhrmann (Baß). Chor der Stadtleute und Fischer.

HANDLUNG. Der Ort der Handlung ist The Borough, ein Fischerstädtchen an der englischen Ostküste um 1830. Prolog. In einem Saal des Rathauses. Am Ende der kronamtlichen Untersuchung über den Tod eines Schiffsjungen, der unter Peter Grimes' Aufsicht arbeitete, läßt der Richter Swallow einen Spruch ergehen, nach dem der Tod des Jungen auf einen Unfall zurückzuführen ist. Dennoch rät er Peter, keine Lehrlinge mehr zu beschäftigen. Der Fischer fühlt sich durch diesen Urteilsspruch belastet, weil man ihn nach wie vor in der öffentlichen Meinung für den Tod des Schiffsjungen verantwortlich macht. Doch ohne ihm zu antworten, verlassen alle den Saal, bis auf die verwitwete Lehrerin, die ihm Zuversicht zuspricht. Erster Akt, erste Szene. Strand und Straße im Städtchen. Peter Grimes leistet die harte Arbeit auf dem Fischerboot nun allein. Der Apotheker Ned Keene berichtet, er habe im Waisenhaus einen neuen Lehrling für ihn gefunden. Ellen erklärt sich bereit, ihn mit dem Fuhrmann Hobson abzuholen. Ein ausbrechender Sturm läßt alle Fischer zur Bergung von Booten und Netzen eilen. Zweite Szene. In Aunties Krug «Zum Wildschwein», gegen Abend. Noch immer tobt der Sturm, die Fischer haben sich im Krug versammelt. Es heißt, die Straße an der Küste sei überspült und unter Grimes' Hütte weggebrochen. Peter Grimes kommt mitgenommen und erschüttert herein, doch die anderen halten ihn für betrunken. Der frömmelnde Fischer Boles hetzt gegen ihn und nennt ihn einen Kindermörder. Ellen trifft mit dem Waisenjungen ein, der von nun an Peter Grimes zur Hand gehen soll. Ohne ihm Zeit zu lassen, sich aufzuwärmen, zieht der Sonderling Grimes ihn mit sich fort, hinaus in den Sturm, um ihn in eine Hütte, sein Heim zu führen. Zweiter Akt, zweite Szene. Einige Wochen später, am Strand. Ellen und der Junge sitzen am Strand, während in der Kirche der Gottesdienst stattfindet. Die Kleider des Jungen sind zerrissen, und Ellen entdeckt auch Wunden und blaue Flecken. Peter Grimes kommt hinzu, er hat erfahren, daß sich ein Fischschwarm nähert und will den Jungen zur Ausfahrt abholen. Ellen bittet ihn, er möge seinen Lehrling doch wenigstens am Sonntag ausruhen lassen. Es bricht ein Streit zwischen ihnen aus, dessen Zeuge die aus der Kirche strömende Menge wird. Schnell spricht sich der Wortwechsel im Städtchen herum, es gibt Gerede und Proteste, und am Ende beschließt die Menge, zu Peter Grimes' Hütte zu ziehen. Zweite Szene. Im Innern der aus einem alten, kieloben aufgestellten Boot errichteten Behausung Peter Grimes. Dieser trifft mit dem weinenden Jungen ein. Ungeschickt versucht er ihn zu trösten. Dann hört er die herannahende Menge und eilt mit dem Jungen in Seemannskleidung und seiner ganzen Ausrüstung zur Hintertür, unter der steil die Küste abfällt, hinaus. Auf diesem gefährlichen Pfad stürzt der verängstigte, Geräte tragende Junge über die Klippen ab und findet den Tod. Die Leute aus dem Städtchen finden die Hütte leer, ordentlich und sauber vor. Dritter Akt. Strand und Straße des Städtchens. Ein nächtliches Fest mit Tanz findet im Rathaus statt. Seit vielen Tagen hat niemand Peter Grimes und seinen Lehrjungen gesehen. Alle glauben, sie seien noch auf Fischfang auf See. Doch die reiche Witwe Sedley, eine der größten Klatschbasen des Städtchens, die sich rühmt, jeden Skandal zu erspüren, hat gehört, wie Ellen dem alten Kapitän Balstrode sagte, daß der von ihr für den Jungen gestrickte Seemannspullover auf dem Strand angeschwemmt gefunden worden ist. Nun behauptet die Witwe Sedley, Grimes sei auch am Tod dieses Jungen schuldig. Sie überredet sogar den Richter Swallow, die Suche nach Peter Grimes zu organisieren. Am Morgen taumelt Peter Grimes durchnäßt, todmüde, erschöpft, halb wahnsinnig durch den Nebel. So finden ihn Ellen und Balstrode. Der alte Kapitän gibt ihm den Rat, auszufahren, das Boot zu versenken und mit ihm unterzugehen. Er hilft ihm, das Boot in die Wellen zu schieben, dann führt er Ellen fort. Der Morgen dämmert, das Städtchen erwacht, die Lichter in den Fenstern entzünden sich. Jeder geht seiner Arbeit nach. Swallow bemerkt draußen auf der See ein sinkendes Boot, doch bevor die Nachricht ernstgenommen wird, ist es schon verschwunden.

● Mit dieser Oper wurde Britten berühmt: sie bezeugte seine außerordentlichen kompositorischen Gaben. *Peter Grimes* hatte im Nachkriegs-London, 1945, in dem man sich endlich wieder dem so lange vernachlässigten Kulturleben widmen konnte, einen durchschlagenden Erfolg und gilt auch heute noch für eine der besten Opern des Komponisten. Sie entstand im Auftrag der *Koussevitzky Music Foundation* und brachte der englischen Musik wieder Weltgeltung ein. Die Vokalpartien haben das Übergewicht und in der Partitur werden Elemente unterschiedlicher Herkunft auf meisterhafte Weise miteinander verschmolzen. Präludien und Intermezzi wurden in der Suite *Vier Meeres-Intermezzi aus Peter Peter Grimes* zusammengestellt. MS

Carl Seydel als «Monsieur Taupe» in «Capriccio» von Richard Strauss am Nationaltheater in München, Oktober 1942. Bühnenbild und Kostüme von Rochus Gliese, Regie von Rudolf Hartmann.

IWAN DER SCHRECKLICHE
(Ivan le terrible ou Ivan IV)

Oper in fünf Akten von Alexandre César Léopold Bizet, der sich Georges nannte (1838–1875). Libretto von A. Leroy und M. Trianon. Uraufführung: Schloß Mühringen (Deutschland), 1946.

HANDLUNG. Ihr Inhalt ist die Geschichte des berühmt-berüchtigten Zaren.

● Das Libretto war ursprünglich für Gounod geschrieben worden, der es jedoch nur teilweise vertonte. Bizet griff es auf und komponierte eine neue Oper, deren fünfter Akt ebenfalls unvollendet blieb. Das Werk, dessen von Bizet erhoffte Uraufführung in Baden-Baden ebensowenig wie an der Pariser Opéra zustande kam, der er es auch angeboten hatte, ging posthum in Szene. MS

KRIEG UND FRIEDEN
(Woyna i mir)

Oper in fünf Akten und dreizehn Bildern von Sergei Prokofieff (1891–1953). Libretto vom Komponisten und Mira Mendelson,

1946

nach Leo Tolstojs gleichnamigem Roman. Uraufführung: Leningrad, Kleines Theater, 12. Mai 1946.

HANDLUNG. Zu Beginn des neunzehnten Jahrhunderts in Rußland. In Natascha, die schöne Tochter des Grafen Rostow, verlieben sich viele Männer ihrer Umgebung. Einer von ihnen ist Fürst Andrej Bolkonskij, der sich seiner Gefühle für die junge Frau während eines Balls bewußt wird. Doch der Rangunterschied läßt ihren Vater, den Grafen, kühl und herablassend behandeln. Ihre anderen Verehrer sind: Pierre Besuchow, der sie heimlich liebt, und der Bruder seiner Frau, Anatol, dessen Heiratsantrag Natascha in Unruhe stürzt. Pierre allerdings deckt auf, daß dieser Anwärter bereits verheiratet ist und vertreibt ihn aus Moskau. Inzwischen trifft in Moskau die Nachricht vom Ausbruch des Krieges mit den Franzosen ein. Andrej und Pierre, die beide sofort eingerückt sind, um ihre Liebe zu Natascha zu vergessen, sind in Borodinow unter den ersten, die die Schlacht mit den Franzosen suchen. General Kutusow jedoch zieht sich, in kluger Einsicht der Lage, zurück und gibt den Befehl, Moskau in Brand zu stecken. Andrej wird verwundet und gesteht der ihn liebenden Natascha, daß er sie noch immer liebe, wenig später stirbt er. Endlich treten die Franzosen den Rückzug an, und die russischen Gefangenen, unter ihnen Pierre, erhalten ihre Freiheit zurück. Er erfährt, daß der Fürst und seine eigene Frau tot sind. Voller Hoffnung begibt er sich auf den Weg nach Moskau, wohin, wie er weiß, Natascha zurückgekehrt ist. Jubelnd feiert das Volk den Sieg.

• Das Werk wurde konzertant im Club der Autoren in Moskau, am 16. Oktober 1944, aufgeführt. Die szenische Uraufführung 1946 brachte zunächst nur die ersten sieben Bilder. Die endgültige Fassung von *Krieg und Frieden,* an der ihr Schöpfer lange arbeitete, kam erst nach dem Tod des Komponisten 1955 auf die Bühne. In dieser Oper wird in einem großen Spannungsbogen, Tolstojs Bemühen um Darstellung des Kampfes des russischen Volkes gegen den eingefallenen Feind und gleichzeitig der intimen Regungen der Hauptpersonen, auch musikalisch gerafft, verwirklicht. RB

DER RAUB DER LUKRETIA
(The Rape of Lucretia)

Oper in vier Akten von Benjamin Britten (1913–1976). Libretto von Ronald Duncan nach André Obeys «Le viol de Lucrèce» (1931) sowie Anregungen, die aus Werken des Livius, Shakespeares, Nathaniel Lees, Thomas Heywoods und F. Ponsards übernommen wurden. Uraufführung: Glyndebourne, 12. Juli 1946.

HANDLUNG. Während der Belagerung der Stadt Ardea feiern die römischen und etruskischen Generale der Stadt im Zelt ein Trinkgelage. Sie erzählen von ihrem nächtlichen Ritt nach Rom, dem überraschenden Besuch bei ihren Frauen, von denen allein Lukretia, die Gattin des Collatinus, sich als tugendhaft und keusch erwiesen hat. Tarquinius reizt die Vorstellung, Lukretias Standhaftigkeit auf die Probe zu stellen, er verläßt heimlich das Zelt und reitet nach Rom. Hier trifft er Lukretia mit ihren Frauen beim Spinnen an. Unter einem Vorwand begehrt er Gastfreundschaft in Lukretias Haus. In der Nacht betritt Tarquinius Lukretias Gemach und nimmt die sich heftig Wehrende mit Gewalt. Am Morgen läßt Lukretia nach Collatinus senden. Nachdem sie ihrem Gatten die Geschichte ihres Vergewaltigung berichtet hat, gibt Lukretia sich selbst den Tod mit dem Dolch. Im Namen aller Römer schwört General Junius den Etruskern Rache.

• *Der Raub der Lukretia* hatte großen Erfolg, schon im Oktober 1946 waren achtzig Vorstellungen gegeben worden. In dieser Oper nimmt Britten zum ersten Mal eine drastische Einschränkung der Zahl der Sänger auf acht Solisten wie des Orchesterapparates auf fünfzehn Spieler vor. Auf diese Weise beabsichtigt er Schwierigkeiten und Inszenierungsprobleme zu groß besetzter und kostspieliger Opern zu lösen. MS

DIE HOCHZEIT IM KLOSTER
(Obrutschenie v monastyre)

Oper in vier Akten von Sergei Prokofieff (1891–1953). Libretto vom Komponisten in Zusammenarbeit mit Mira Mendelson (Verse) nach Sheridans «The Duenna». Uraufführung: Leningrad, Kirow-Theater, 30. November 1946.

HANDLUNG. Der reiche, alte Don Gerolamo hat zwei Kinder: Luisa und Ferdinando. Mit dem alten Mendoza einigt er sich auf einen Handel mit Fisch und verspricht ihm, um das Geschäft zu besiegeln, seine Tochter zur Frau. Doch diese liebt Antonio, einen hübschen, wenn auch armen jungen Mann, während ihre Gouvernante Margherita sich für Mendoza interessiert. Ferdinando erwidert seinerseits die Liebe einer gewissen Clara. Aus diesen Gefühlskonstellationen ergibt sich der Handlungsverlauf der Oper. Die Frauen machen alles untereinander aus und unter einem Vorwand gelingt es Luisa, das Haus zu verlassen. Sie begibt sich zu Mendoza, dem sie sich als Clara vorstellt, so daß er sie nicht erkennt und bittet ihn Antonio zu rufen. Der alte Kaufmann kommt mit dem Jüngling zurück, nachdem er bei Don Gerolamos Haus vorbeigegangen ist, wo er der Gouvernante begegnet, die er für Luisa hält. Rasch folgen Verwicklungen und Täuschungen aufeinander: schließlich erscheinen alle Betei-

Zwei Kostümentwürfe zur Uraufführung von Benjamin Brittens «Peter Grimes» im Jahre 1945 am Sadler's Wells Theatre in London.

Erster Akt, erste Szene aus «Krieg und Frieden» von Sergei Prokofieff in der Inszenierung des Bolschoi-Theaters von 1964. Bühnenbild von Vadim Ryndin, Regie von Pokrowskij.

ligten im Kloster und können gerade noch ein Duell zwischen Antonio und Ferdinando verhindern, die ebenfalls getäuscht worden sind. Am Abend klärt sich alles in Don Gerolamos Haus auf. Durch ihre List ist es den jungen Leuten gelungen, sich mit ihren Auserwählten zu verheiraten, und auch der alte Vater segnet am Ende die Doppelhochzeit seiner Kinder.

● *Die Hochzeit im Kloster* ist eine der besten Opern Prokofieffs, in der er seine lyrische und humoristische Begabung glänzend spielen läßt. Mira Mendelson, die am Libretto mitgearbeitet hatte, wurde nach des Komponisten Scheidung von Lina Ljubera seine Frau. RB

DAS GOLD
(L'oro)

Oper in drei Akten von Ildebrando Pizzetti (1882–1968). Libretto vom Komponisten. Uraufführung: Mailand, Teatro alla Scala, 2. Januar 1947. Solisten: Antonio Annaloro, Mercedes Fortunati, Cesare Siepi, Eraldo Coda. Dirigent: Ildebrando Pizzetti.

PERSONEN. Giovanni dei Neri (Tenor), Cristina (Sopran), der Großvater Innocenzo (Baß), Giovannis und Cristinas vier- bis fünfjähriger Sohn (stumme Rolle), Martino (Baß oder Bariton), Morello (Tenor), der Müller Lazzaro (Baß), Silvestro Riccio (Bariton), Antonio di Albinea (Baß), Pietro, der Ehrenhafte (Baß), der Doktor, erster Fremder (Bariton), der «Kahle», zweiter Fremder (Tenor), zwei Goldsucher (Tenor und Baß).

HANDLUNG. Die Oper spielt in einer von der unseren nicht zu weit entfernten, jedoch unbestimmten Zeit. Giovanni dei Neri, reicher Besitzer eines landwirtschaftlichen Gutes, hat die Arbeitsmethoden revolutioniert und damit die Unzufriedenheit der Bauern hervorgerufen. Eine Gruppe der Unzufriedensten unter ihnen begibt sich zu Giovanni, der sie jedoch beruhigt, indem er ihnen erklärt, er handele zum Besten aller. Wenig später kommt ein Diener, Martino, herein und berichtet, man habe in der Nähe des Landgutes Spuren von Gold gefunden. Rasch verbreitet sich diese Neuigkeit, und die Bauern fordern Giovannis Hilfe, um die Goldsuche aufzunehmen. Cristina jedoch, Giovannis Frau, die er im Ausland geheiratet hat, wird von düsteren Ahnungen beunruhigt und bittet ihren Mann das Land zu verlassen. Unter den Bauern breiten sich Mißtrauen und Unzufriedenheit aus; sie beargwöhnen einander und haben vor allem kein Vertrauen mehr in die loyale Zusammenarbeit mit dem Gutsherrn. Cristina beschwört Giovanni, auf das Trugbild leicht erworbenen Reichtums zu verzichten, doch er vertraut ihr an, daß er eine Unmengen Goldes bergende Höhle gefunden habe. Allerdings fehlt ihm der Mut, die Sprengladung allein zu zünden, da er fürchtet, von dem Gestein begraben zu werden. Die Bauern bedrängen Martino, um von ihm zu erfahren, ob der Herr das Gold gefunden habe. Giovanni eilt ihm zu Hilfe, doch eine heftige Explosion läßt alle erstarren: Cristina hat die Höhle zum Einsturz gebracht, um zu verhindern, daß das Goldfieber blutige Kämpfe in der Bevölkerung auslöse. Verzweifelt beschließt Giovanni das Land zu verlassen, als einige Bauern Cristina im Sterben liegend, nachdem sie sie unter den Gesteinstrümmern hervorgezogen haben, hereintragen. Durch den Anblick seiner sterbenden Mutter wird ihr stummer kleiner Sohn so heftig erschüttert, daß er plötzlich sprechen kann. Cristina stirbt versöhnt, da ihr Opfer den Bauern Frieden und Eintracht gebracht hat. Sie werden weiter sich der Feldarbeit widmen.

1947

● An der Komposition dieser Oper arbeitete Pizzetti von 1939 bis 1942. Ihre Neuheit liegt in der Darstellung eines sozialen Dramas, das in der heutigen Zeit spielt, dessen geistige Züge jedoch viel stärker den in der Vergangenheit angesiedelten Opern verwandt sind, als man auf den ersten Blick annehmen mag. Der Keim zur Oper ist bereits in *Lena* (1905) zu finden, in der es ebenfalls um ein bäuerliches Thema geht.

MSM

DAS MEDIUM

Oper in zwei Akten, Text und Musik von Gian-Carlo Menotti (geb. 1911). Uraufführung: New York, Barrymore Theatre, 8. Mai 1946 (private Aufführung). Seit dem 18. Februar 1947 wird das Werk gemeinsam mit «Das Telefon» aufgeführt.

PERSONEN. Madame Flora, genannt Baba (Alt), Monica, ihre Tochter (Sopran), Toby, ein stummer Junge, Mister Gobineau (Bariton), Madama Gobineau (Sopran), Madame Nolan (Mezzosopran).

HANDLUNG. Mit Hilfe ihrer Tochter Monica und Toby lebt Madame Flora davon, daß sie arme Leute dank ihrer vorgeblichen medialen Fähigkeiten betrügt. Eine spiritistische Sitzung findet statt: Flora täuscht eine Trance vor, während Monica von weißen Schleiern umflattert, in bläulichem Licht vor Madame Nolan erscheint, die eine Tochter verloren hat. Dann ahmt Monica hinter einem Vorhang verborgen, das Lachen eines Kindes nach, von dem die Eheleute Gobineau glauben, es sei das ihres verstorbenen Töchterchens. Die Séance findet recht abrupt ihr Ende, als Flora sich plötzlich mit einem Schrei erhebt: eine eiskalte Hand habe sie am Halse gefaßt. Nachdem ihre Kunden gegangen sind, beschuldigt Flora Toby, er habe ihr einen grausamen Streich gespielt. Später glaubt sie allerdings wieder Kinderlachen und -rufen zu hören. Monica beruhigt sie und singt ihr ein Wiegenlied. Im zweiten Akt spielen zunächst Monica und Toby fröhlich miteinander: doch die betrunkene Flora fällt über sie her, überhäuft Toby von neuem mit Beschuldigungen und züchtigt ihn hart. Wieder erscheinen ihre Kunden, Flora jedoch erklärt, alles sei Schwindel und jagt sie fort. Sie möchte auch Toby aus dem Hause jagen, den Monica verteidigt. Flora trinkt von neuem und verfällt in eine Art Delirium. Als sie einen Vorhang wehen sieht, greift sie zur Pistole und drückt ab: ein roter Blutfleck breitet sich auf dem Vorhang aus, und Toby fällt tot zu Boden. Entsetzt flieht Monica, während Flora im Wahn der Trunksucht glaubt, einen Geist getötet zu haben.

● Die als Auftragswerk der Alice M. Ditson Foundation der Columbia University entstandene Oper war ein Riesenerfolg und wurde unter Mitarbeit des Komponisten selbst, auch verfilmt.

SC

DAS TELEFON oder DIE LIEBE ZU DRITT
(The Telephone or L'amour à trois)

Opera buffa in einem Akt von Gian-Carlo Menotti (geb. 1911). Libretto vom Komponisten. Uraufführung: New York, Hecksher Theatre, 18. Februar 1947.

PERSONEN. Lucy (Sopran), Ben (Bariton).

HANDLUNG. In Lucys Wohnung. Ben muß in Kürze abreisen, begibt sich jedoch vorher noch zu Lucy. Als Geschenk bringt er ihr eine abstrakte Skulptur mit, die von der oberflächlichen, banalen Lucy mit den Worten «Genau das, was ich wollte» in Empfang genommen wird. Ben will ihr etwas sehr Wichtiges sagen, doch als er gerade ansetzt, läutet das Telefon: Lucy läßt sich auf ein nicht endenwollendes Gespräch mit einer Freundin ein. Endlich glaubt Ben, nun zu Wort kommen zu können: erneutes Läuten des Apparates unterbricht ihn. Jemand hat sich in der Nummer verwählt. Ben zeigt sich nervös, da die Stunde seiner Abreise immer näher rückt. Um ihn zu beruhigen, fällt Lucy nichts Besseres ein, als von neuem zum Telefon zu greifen und die genaue Uhrzeit zu erfragen. Wieder versucht Ben, sein Anliegen vorzubringen, doch schon wieder wird er durch das Telefon unterbrochen: George ruft an, um sich bei Lucy über eine abfällige Bemerkung zu beschweren. Weinend geht Lucy aus dem Zimmer, um sich ein Taschentuch zu holen. Schon will Ben in seiner Erregung die Schnur durchschneiden, doch als wolle es um Hilfe rufen, läutet das Telefon wieder und Lucy eilt herbei. Mit ihrer Freundin Pamela ergeht sie sich in langen Reden über Georges' Benehmen und bemerkt erst am Ende des Gesprächs, daß Ben inzwischen die Wohnung verlassen hat. Noch einmal läutet das Telefon: dieses Mal ist es Ben, der, wenn er seinen Heiratsantrag vorbringen will, sich des verhaßten Telefons bedienen muß. «Schreib dir meine Nummer auf und rufe mich jeden Tag an», ist Lucys Schlußbemerkung.

● *Das Telefon* wurde nach dem alten Brauch, einem Drama eine Opera buffa beizugeben, mit *Das Medium* an einem Abend aufgeführt. Beide Opern waren sehr erfolgreich, was sich an zweihundertelf Vorstellungen in nur sieben Monaten ab Mai des gleichen Jahres am Barrymore-Theatre am Broadway ablesen läßt.

SC

DIE BRÜSTE DES TEIRESIAS
(Le mammelles de Tirésias)

Opera buffa in einem Prolog und zwei Akten von Francis Poulenc (1899–1963). Libretto von Guillaume Apollinaire (1903). Uraufführung: Paris, Opéra-Comique, 3. Juni 1947. Solisten: Denise Duval, Paul Sayen, Emile Rousseau, Robert Jeanbeat. Dirigent: M. Erté.

PERSONEN. Teiresias (Sopran), Lacouf (Tenor), der Ehemann (Bariton), Presto (Bariton), die Zeitungshändlerin (Mezzosopran), der Direktor (Bariton), die Wache (Bariton), der Sohn (Bariton), Monsieur Barbotto (Baß), der Journalist (Tenor).

HANDLUNG. Der Schauspieldirektor erklärt dem Publikum, daß der Autor sich vorgenommen habe, mit diesem Stück die modernen Familiensitten zu ändern und die Frau wieder zu ihren sakrosankten Pflichten der Unterwürfigkeit und der Fruchtbarkeit zurückzuführen. Die eigentliche Handlung spielt in Sansibar. Teresa klagt bei ihrem Ehemann über das Leben, das sie führen muß: immer muß sie sich um Haus und Kinder kümmern, außerdem muß sie auch noch immer weiter Kinder in die Welt setzen, so daß ihre Aufgabe nie enden wird. Wichtigeres will sie tun: General oder Minister werden. Entschlossen verzichtet sie auf ihre Weiblichkeit, indem sie ihre Bluse öffnet, aus der zwei Luftballons, die ihre Brüste symbolisieren, davonfliegen. Dann legt sie einen falschen Bart an, tritt wie ein Mann auf und vertauscht ihren

● Aus diesem surrealistischen Drama, das Apollinaire 1903 schrieb (und das außer in Paris 1947, nur noch in Mailand 1963 aufgeführt wurde), machte Poulenc eine echte, ausgeprägt französische Opera buffa, in der dem einfallsreichen Text (der reich an doppelten Deutungen und Jargonausdrücken ist) eine raffiniert sensuelle, auf einer sehr wirkungsvollen Harmoniesprache beruhende Musik, entspricht. MSM

ALBERT HERRING

Oper in drei Akten von Benjamin Britten (1913–1976). Libretto von Eric Crozier nach Guy de Maupassants Erzählung «Le rosier de Madame Husson» (1888). Uraufführung: Glyndebourne, 20. Juni 1947. Solisten: Joan Cross, Peter Pears, Frederick Sharp, Nancy Evans, Betsy de la Porte. Dirigent: Benjamin Britten.

PERSONEN. Lady Billows (Sopran), Florence Pike, Haushälterin (Alt), Mr. Gegde, Pfarrer (Bariton), Mr. Budd, Polizeichef (Baß), Mr. Upfold, Bürgermeister (Tenor), Miß Wordsworth, Schulvorsteherin (Alt), Albert Herring (Tenor), Emmie, Cis, Harry, Schulkinder (zwei Soprane und ein «treble»).

HANDLUNG. Die Oper spielt in dem kleinen Städtchen Loxford in Suffolk, im Frühjahr des Jahres 1900. Erster Akt. Erste Szene. Im Hause der strengen, tugendhaften Lady Billows, der selbst ernannten Tugendwächterin über ihre Mitbürger. Die Respektspersonen des Städtchens sind zusammengekommen, um die «Maienkönigin» zu bestimmen. Es geht um einen von Lady Billow gestifteten Preis, durch den dem moralischen Niedergang der Bürger Einhalt geboten werden soll. Doch auch nach langen sorgfältigen Nachforschungen läßt sich kein Mädchen finden, das dieser Ehre wert wäre. Nun verfällt man auf die Idee, einen «Maienkönig» zu erwählen und einigt sich auf den jungen Albert Herring, einen «reinen Jüngling wie das frischgeschnittene Heu», der von seiner Mutter, einer Gemüsehändlerin, sozusagen unter strenger «Fuchtel» erzogen worden ist. Zweite Szene. In Mrs. Herrings Gemüseladen. Das Wahlkomitee erscheint und teilt die getroffene Entscheidung mit. Kaum hat es den Laden wieder verlassen, tut die Mutter jubelnd ihre Freude kund. Albert möchte den Tugendpreis ablehnen, muß jedoch der Mutter gehorchen und wird für seine anfängliche Unbotsamkeit in die Kammer geschickt. Zweiter Akt. Erste Szene. Im Pfarrhausgarten. Eine Festtafel ist für den krönenden Schmaus zur Feier des «Maienkönigs» gedeckt. Alberts Freund Sid ist zu Streichen aufgelegt und gießt ihm mehrmals Rum in die Limonade. Es folgen Preisreden und endlich die Verleihung des Preises in Gestalt von fünfundzwanzig Pfund an Albert. Zweite Szene. In Mrs. Herrings Laden. Etwas angeheitert kommt Albert singend zurück. Er belauscht ein Gespräch zwischen Nancy und Sid, denen er leid tut, weil er von seiner Mutter so gegängelt wird. Daraufhin beschließt er, mit den Goldstücken des Tugendpreises nun all das zu erleben, was ihm bisher verboten war. Dritter Akt. Im Laden der Gemüsehändlerin. Am Nachmittag des nächsten Tages reden alle über Alberts Verschwinden. Überall sucht man nach ihm. Auf einer Straße außerhalb Loxfords wird sein Maienkranz aus Orangenblüten zertreten und beschmutzt aufgefunden. Schon hält man ihn für tot, als Albert zerzaust und übernächtigt hereinkommt. Drei Pfund hat er für Bier, Whisky, Rum und Gin ausgegeben. Man überhäuft ihn mit Vorwürfen,

Titelblatt zu der Partitur von Gian-Carlo Menottis «Das Telefon» nach einer Zeichnung Saul Steinbergs.

Namen gegen den männlichen Teiresias. Ihr Mann ist gezwungen, Frauenkleidung anzulegen, und Teiresias führt ihn so unter die Menge, die zusammengelaufen ist, um dem Streit zweier Betrunkener zuzusehen, die sich schließlich gegenseitig fast umbringen. Das arrogante Benehmen seiner Frau bringt den Mann bald auf, er verliert die Geduld, reißt sich die weiblichen Kleider vom Leibe und erklärt, wenn seine Frau keine Kinder mehr bekommen wolle, dann werde er dank einer eigenen Methode in der Lage sein, so viele wie er nur wolle, zu gebären. Groß ist das Erstaunen der Menge und sogar die beiden Betrunkenen werden wieder nüchtern, um diesem staunenswerten Ereignis beiwohnen zu können. In kürzester Zeit bringt der Mann vierzigtausend Kinder zur Welt, von denen einige sogar schon groß sind und somit Geld verdienen können. Ein Gendarm zeigt sich sehr beunruhigt durch dieses Ereignis, denn sollte es ihm nicht gelingen, die magischen Künste dieses Mannes anzuhalten, so wird es bald zu viele Mäuler zu stopfen geben und Sansibars Wirtschaft zusammenbrechen. Vor versammelter Menge sucht er Rat bei einer Wahrsagerin und Kartenlegerin, die ihm dunkle, unergründliche Antworten erteilt, die den Gendarm nur in immer größere Wut geraten lassen, so daß er versucht, die Frau zu erwürgen. Sie wird aus seinen Händen durch den Mann Teiresias' gerettet und als ihre Schleier fallen, kommt Teresa zum Vorschein, die Reue über die von ihr verursachten Wirrungen zeigt und ihren Mann um Verzeihung bittet, während einige verliebte Paare daran erinnern, daß es zum Wohle aller erforderlich ist, zu lieben, geliebt zu werden und viele Kinder zu bekommen.

Jean Giraudeau, Reine Auphan und Michel Roux in «Die Brüste des Teiresias» von Francis Poulenc in einer Aufführung der Pariser Opéra-Comique 1972. Bühnenbild und Kostüme von Jean-Denis Macles, Regie von Louis Ducreux.

doch er antwortet, an allem sei nur die ihn erstickende Erziehung durch seine Mutter schuld. Die Jugend feiert den neuen Albert Herring, während das Wahlkomitee und die Honoratioren empört abziehen und seine Mutter sich einem hysterischen Anfall überläßt.

• Maupassants Erzählung spielt in der Normandie und verliert vielleicht etwas von ihrer ursprünglichen Verve bei der Übertragung in das viktorianische Suffolk, in dem die Oper spielt, dennoch ist sie sehr geschickt in Buchstaben und Geist in dieses Libretto verwandelt worden. Wie in anderen Opern begnügt Britten sich in Albert Herring mit einem kleinen Ensemble von nur zwölf Instrumenten, da das Werk für die «English Opera Group», eine von Britten selbst gemeinsam mit Crozier gegründete, künstlerisch hochkarätige Wanderoper bestimmt war. Mit ihr wollte man organisatorische und finanzielle Probleme der Inszenierung neuer und klassischer Werke des Opernthearters umschiffen. Mit dieser bei Publikum und Kritik sehr erfolgreichen Oper gab Britten eine neue Probe seines Talents als Opernkomponist mit der intelligenten Charakterzeichnung der einzelnen Personen, deren Wesen und Temperament durch die verschiedenen Instrumente hervorgehoben werden. Auch im Ausland und nicht allein in der englischen Version erlebte *Albert Herring* zahlreiche Aufführungen.

MS

DANTONS TOD

Oper in zwei Teilen von Gottfried von Einem (geb. 1918). Libretto vom Komponisten und von Boris Blacher nach Georg Büchners gleichnamigem Drama (1835). Uraufführung: Salzburger Festspiele, 6. August 1947. Solisten: Paul Schöffler, Joseph Witt, Maria Cebotari, Julius Patzak. Dirigent: Ferenc Fricsay.

PERSONEN. Georges Danton, Abgeordneter (Bariton), Camille Desmoulins, Abgeordneter (Tenor), Hérault de Séchelles, Abgeordneter (Tenor), Robespierre, Mitglied des Komitees für das öffentliche Gesundheitswesen (Tenor), St. Just, Mitglied des Komitees für das öffentliche Gesundheitswesen (Baß), Hermann, Präsident des Revolutionsgerichtshofes (Bariton), Simon, Souffleur (Baß-Buffo), ein Jüngling (Tenor), erster Henker (Tenor), zweiter Henker (Baß), Julia, Dantons Gattin (Mezzosopran), Lucilla, Desmoulins Gattin (Sopran), eine Frau, Simons Gattin (Alt).

HANDLUNG. Die Oper spielt im Jahre 1794 in Paris. Erster Teil. Im Hause Hérault de Séchelles. Der Abgeordnete spielt mit einigen Damen Karten. Auch Danton mit seiner Gattin und der Abgeordnete Desmoulins sind anwesend. Die drei Politiker sind über die schwierige Lage des Landes besorgt: Tod und Zerstörung müssen ein Ende finden, der Aufbau der Republik muß beginnen. Danton hat den Auftrag, sich der Mehrheit im Konvent entgegenzustellen, die die Revolution verewigen will. Allerdings macht Danton sich keine Illusionen über die tatsächlichen Möglichkeiten, den jetzigen Lauf der Ereignisse wirklich zu ändern. Auf der Straße führt ein privater Streit zwischen Simon und seiner Frau zu einer Demonstration gegen die Bürgerlichen und Intellektuellen. Ein Jüngling kommt vorbei, der fast erhängt wurde, allein deshalb, weil er ein Taschentuch benutzt und einen Mann aus dem Volk mit «Herr» angeredet hat. Robespierre hält eine demagogische Rede an die Menge über die Macht des Volkes. Danton, der unter seinen Zuhörern ist, fordert anschließend von ihm eine realistischere Einstellung. Robespierre wird klar, daß er sich von idealistischen Mitarbeitern wie Danton befreien muß. Auch Desmoulins wird auf die Liste der zu Beseitigenden gesetzt. Beide Männer werden verhaftet. Zweiter Teil. Platz vor dem Gefängnis der Conciergerie. Das Volk ist zusammengelaufen und beredet erregt die neuen Ereignisse, man ist teils für, teils gegen die Verhafteten. Camille Desmoulins schreit, er wolle nicht sterben und ruft nach seiner Frau Lucille. Sie tritt an das Gitter, doch ihre Rede ist verwirrt: der Schrecken hat sie wahnsinnig werden lassen. Prozeß vor dem Tribunal. Danton und seine Gefährten werden von Hermann des Verrats angeklagt. Die Angeklagten fordern einen Sonderausschuß. Das Publikum äußert unterschiedliche Auffassungen. Danton weist das Tribunal auf die drohende Gefahr der heraufziehenden Diktatur hin. Der Konvent verurteilt sie wegen des versuchten Umsturzes der geltenden Gesetze. Auf dem «Platz der Revolution» erwartet die Menge die Ankunft der Verurteilten. Danton und seine Gefährten erscheinen, die Marseillaise singend, doch ihre Stimmen werden vom Lärmen und Schreien der Menge überdeckt. Nach der Hinrichtung liegt der Platz verlassen da, als Lucille herbeikommt und sich weinend auf den Stufen der Guillotine niederläßt. Die Machthaber herausfordernd, ruft sie: «Es lebe der König!».

• Die Oper hatte bei diesen Salzburger Festspielen großen Erfolg, wohl auch dank des besonderen Zeitpunktes, zu dem sie erschien, kurz nachdem die Diktatur des Hitlerreichs ein Ende gefunden hatte. Gottfried von Einem wurde dank ihrer zum Mitglied des Direktoriums der Festspiele ernannt. Büchners Bühnenstück, das neunundzwanzig Szenen enthält, wurde in der Oper, ohne daß der Geist des Originals verfälscht wurde, auf sechs Szenen zusammengezogen. Gottfried von Einem begann die Arbeit an *Dantons Tod* bereits 1944 in Dresden, wo er Hauskomponist und Fachberater der Staatsoper war. Im Jahre 1950 erarbeitete der Komponist eine Neufassung des Werks.

MS

«Albert Herring» von Benjamin Britten. Aufführung aus dem Jahre 1962 in Aldeburgh.

DIE BACCHANTINNEN
(Le baccanti)

Oper in einem Prolog, drei Akten und fünf Bildern von Giorgio Federico Ghedini (1892–1965). Libretto von Tullio Pinelli, nach der gleichnamigen Tragödie des Euripides. Uraufführung: Mailand, Teatro alla Scala, 21. Februar 1948. Solisten: Augusta Oltrabella (Agave), Piero Guelfi (Dionysos), Antonio Annaloro (Pentheus), Nino Carboni (Kadmos). Dirigent: Fernando Previtali.

PERSONEN. Dionysos (Bariton), Pentheus (Tenor), Agave (Sopran), Kadmos (Baß), Teiresias (Baß), ein Priester (Baß), ein Thebaner (Tenor), der Koryphäos des Bacchantenchors (Tenor), erster Jüngling (Tenor), zweiter Jüngling (Tenor), dritter Jüngling (Baß), vierter Jüngling (Sprechrolle), der Grobian (Baß), Chorführerin der Mänaden (Mezzosopran).

HANDLUNG. Theben ist von dem orgiastischen Geist des neuen Dionysoskultes ergriffen. Auch der Seher Teiresias hat sich der neuen Religion verschrieben. Mit ihren Töchtern und Mägden ist auch die Königin Agave, die ihren Königsmantel abgelegt hat, zu einer Anhängerin des Dionysos geworden und folgt Bacchantinnen und Mänaden auf ihrem Zug durch die Stadt. Einige schließen sich an, andere fliehen. Agaves Sohn Pentheus kehrt zurück, empört läßt er sich vor Dionysos führen und reißt ihm die Krone aus Weinlaub und Trauben von der Stirn. Der alte König Kadmos fordert ihn zur Mäßigung auf. Dionysos schwört Rache; er läßt den Königspalast in Flammen aufgehen und tritt selbst lachend aus seinen Mauern. Pentheus will das Heer gegen die alles verwüstenden Mänaden zusammenrufen. Doch Dionysos bittet ihn, kein Blut zu vergießen: er selbst werde ihn auf den Berg Kithairon führen, wo die Mänaden bekämpft werden sollen. Als sie dort eintreffen, fordert Dionysos die Mänaden auf, sich an dem Beleidiger ihrer Gottheit zu rächen. Dritter Akt. Auf einem Platz in Theben verkündet Kadmos, der sich auf seine alten Gefährten stützen muß, daß es ihm nur mit Mühe gelungen sei, den Körper seines von den Mänaden zerrissenen Sohnes wieder zusammenzustückeln. Auf dem Platz erscheinen Bacchantinnen und Mänaden, an ihrer Spitze Agave, die auf einem Stab das Haupt des Pentheus vor sich her trägt. Ein Schrei des Königs Kadmos läßt den Triumphtanz stocken. Er befiehlt Agave zu sich zu kommen und sich des Geschehenen bewußt zu werden. Langsam kehrt die Königin in die Realität zurück und verliert vor Entsetzen das Bewußtsein. Dionysos erscheint: noch immer ist seinem Rachedurst nicht Genüge getan. Er verdammt Agave dazu, bis ans Ende ihrer Tage durch die Welt zu schweifen, während er Kadmos in einen Drachen verwandelt. Umsonst bitten die Thebaner den Gott um Erbarmen.

● *Die Bacchantinnen* entstand in der vollen Reife des Komponisten zwischen 1941 und 1943. In dieser Oper «lebt der Geist der Tragödie des Euripides in der Magie von Klang und Stimme, wird der dionysische Rausch aus Ghedinis musikalischem Dämon selbst, aus seiner timbrischen Raserei geboren» (Piero Santi).

MS

DRUNTEN IM TAL
(Down in the valley)

Folk-Oper von Kurz Weill (1900–1950). Libretto von A. Sundgaard. Uraufführung: Bloomington, Indiana University, 15. Juli 1948.

DIE GESCHICHTE EINES WAHREN MENSCHEN
(Povest'o nastojaschtschem tscheloweke)

Oper in vier Akten von Sergei Prokofieff (1891–1953). Libretto von Mira Mendelson, nach B. Polevoj. Uraufführung: Leningrad, Kirow-Theater, 3. Dezember 1948.

● Eine der weniger bekannten Opern des Komponisten.

DER CORDOBANER
(Il Cordovano)

Oper in einem Akt von Goffredo Petrassi (geb. 1904). Libretto nach Miguel de Cervantes in der Übersetzung Eugenio Montales. Uraufführung: Mailand, Teatro alla Scala, 12. Mai 1949. Solisten: Emma Tegani, Dora Gatta, Jolanda Gardino, Franco Corena. Dirigent: Nino Sanzogno.

PERSONEN. Donna Lorenza (lyrischer Sopran), Cristina, ihre Nichte (Koloratursopran), Hortigosa, Nachbarin und Kupplerin (Alt), Cannizares, Lorenzas Gatte (Baß), ein Gevatter (Tenor), ein Jüngling (stumme Rolle), der Wächter (Bariton), ein Musikant (Tenor).

HANDLUNG. Cannizares' hübsche junge Frau Lorenza beklagt sich in ihrem Hause bei ihrer Nichte Cristina und der Nachbarin Hortigosa über die entsetzliche Eifersucht ihres Ehemannes. Die beiden Frauen überreden Lorenza, ihre letzten Skrupel fahren zu lassen und sich einen Liebhaber zu nehmen. Hortigosa verspricht, sie werde selbst alles in die Hand nehmen und will auch an Cristina denken. In einen großen Teppich (eine Cordobaner Teppich) eingerollt, bringt nun Hortigosa einen jungen Mann ins Haus. Während Cannizares den Teppich betrachtet, schlüpft der junge Mann in Lorenzas Zimmer, wo er ihren Wünschen nach einem Liebesabenteuer nachkommt. Aus dem Zimmer ist Lorenzas Stimme zu hören, die ihr Glück kundtut und auch die Talente des Jünglings lobt. Cannizares denkt zunächst an einen lustigen Streich, schöpft aber doch Verdacht und dringt in Lorenzas Zimmer ein. Hier wirft seine Frau ihm ein Wasserbecken ins Gesicht, während dem Jüngling die Flucht gelingt. Auf den Lärm hin eilt ein Wächter herbei, auch Musikanten und Tänzer erscheinen, um angeblich die Versöhnung der Eheleute, in Wirklichkeit aber die neue, auf Zeit angelegte, pikante Verbindung zu feiern. Heimlich bedauert Cristina, daß Hortigosa nicht auch ihr gegenüber ihr Versprechen wahrgemacht hat.

● Die Oper hält sich treu an Cervantes' Intermezzo *Der eifersüchtige Alte* (1615), das auf eine der *Exemplarischen Novellen* des spanischen Dichter, *Der Eifersüchtige von Estremadura*, zurückgeht. Petrassi schrieb hier eines seiner komplexesten, an Anspielungen und psychologischen Intuitionen, wie sie nur in der Musik ausgedrückt werden können, reichsten Werke. MSM

MACHEN WIR EINE OPER
(Let's make an opera!)

Divertimento für Kinder in zwei Teilen von Benjamin Britten (1913–1976). Libretto von Eric Crozier. Uraufführung: Aldeburgh, 14. Juli 1949.

● Thema der Oper ist die Inszenierung eines Bühnenstückes durch Erwachsene und Kinder. Der Fortgang der Arbeiten wird erörtert, die Rollen werden geprobt: auch das Publikum soll seine erproben. MS

DER KLEINE SCHORNSTEINFEGER
(The Little Sweep)

In das Divertimento für Kinder «Machen wir eine Oper!» eingefügte Oper von Benjamin Britten (1913–1976). Libretto von Eric Crozier.

HANDLUNG. Die Geschichte spielt im Jahre 1810. Es geht um die Begegnung Sams mit einer Gruppe von Kindern, die in Iken Hale in Suffolk leben, als Sam, ein achtjähriger Schornsteinfegerlehrling, gerade einen Schornstein putzt. Den Kindern gelingt es, ihn von seinem Schornsteinfegermeister Black Bob zu befreien.

● Trotz der augenscheinlichen Fröhlichkeit drücken sich in dieser Oper Gefühle des Mitleids und der Empörung über den Stand des unglücklichen kleinen Schornsteinfegers aus, der wegen der Armut seiner Eltern in einer Art Sklaverei leben muß. In England war am Ende des vergangenen Jahrhunderts die Praxis, Kinder zum Putzen der engsten und gefährlichsten Schornsteine einzusetzen, noch weit verbreitet. Insgesamt wirken sieben Kinder und sechs Erwachsene mit, die teils Professionelle, teils Amateure sind. Britten und Crozier hatten die ebenso kühne wie glänzende Idee, die Zahl der Amateure dadurch zu erhöhen, daß sie alle Zuschauer in das Spiel miteinbezogen. Im Lauf der Oper haben sie vier Nummern zu singen. *The Sweep's Song* als Ouvertüre, *Sammy's Bath* und *The Night Song* als Zwischenspiel, das die einzelnen Szenen verbindet, und schließlich im Finale *The coaching Song*. Doch hierzu benötigt man Proben mit dem Publikum, die im ersten Teil der Abendunterhaltung stattfinden. Crozier hat später diesen ersten Teil überarbeitet und in zwei Akte gegliedert, um ganz deutlich zu zeigen, wie eine Oper entsteht: der Einfall, das Schreiben und die Komposition. Obwohl das Ganze wie ein Spiel angelegt ist, enthält es doch eine ganze Reihe musikalischer Nummern. Wie auch in anderen Werken Brittens ist das Instrumentenensemble hier außerordentlich geschrumpft, so daß wir es hier allein mit einem Streichquartett, dem Klavier und dem Schlagzeug (ein Spieler) zu tun haben. MS

ANTIGONAE

Trauerspiel in einem Akt von Carl Orff (geb. 1895). Libretto nach der Tragödie des Sophokles (497–406 v. Chr.) in der Übersetzung Friedrich Hölderlins. Uraufführung: Salzburg, Felsenreitschule, 9. August 1949. Solisten: Res Fischer, Hermann Uhde, Maria von Ilosvay, Lorenz Fehenberger, Ernst Haeflinger, Helmut Krebs, Joseph Greindl, Benno Kusche. Dirigent: Ferenc Fricsay.

HANDLUNG. Kreon (Bariton), König von Theben, hat den Versuch, dem Polyneikes, Sohn des Ödipus, der versucht hatte, die Stadt zu besetzen, ein Begräbnis zu geben, mit der Todesstrafe belegt. Im Kampf um Theben haben Polyneikes und sein Bruder Eteokles sich gegenseitig getötet. Gebeugt beweinen ihre Schwestern Antigonae (Sopran) und Ismene (Mezzosopran) diese tragischen Ereignisse und verzweifeln ob des Verbots, den zum Aufrührer gewordenen Bruder begraben zu können. Antigonae beschließt, dem Befehl Kreons zuwider zu handeln und begräbt Polyneikes. Sie wird jedoch von einem Wächter (Tenor) überrascht und vor den König gebracht. Sie hält Kreon entgegen, daß kein menschliches Gesetz über dem Gesetz des Erbarmens und der Liebe stehen könne und ist überzeugt von ihrem Recht. Kreon verurteilt Antigonae zum Tode, obwohl sein mit ihr verlobter Sohn Hämon (Tenor) und Ismene versuchen, ihn von seiner grausamen Entscheidung abzubringen. Kreons Absicht ist unerschütterlich, bis der Seher Tiresias (Tenor) ihm kommendes Unglück für sein Haus kündet, falls der Leichnam des Polyneikes weiterhin so geschändet werde. Erst jetzt will er Antigonae die Freiheit zurückgeben. Doch seine Entscheidung kommt zu spät: ein Bote (Baß) bringt den Thebanern die traurige Nachricht. Kreon fand seinen Sohn Hämon, Antigonae, die sich aus Verzweiflung erhängt hat, tot im Arm haltend. Schon setzt sich die tragische Verkettung fort: Hämon folgt Antigonae in den Tod und als Kreon mit dem Leichnam seines Sohnes, an dessen Selbstmord er sich schuldig fühlt, aus Antigonaes Kerker kommt, kündet ein Bote, daß auch seine Gattin Eurydike sich den Tod gegeben hat.

● Charakteristikum der Oper ist ihr von dunklen Instrumentalfarben beherrschter Ton: mit Ausnahme des Kontrabasses fehlen im Orchester die Streicher, während das Schlagzeug reich bestückt ist und den düsteren Ton angibt. Die Gesangslinien sind dem Versmaß entsprechend behandelt. ABe

BILLY BUDD

Oper in einem Akt von Giorgio Federico Ghedini (1892–1965). Libretto von Salvatore Quasimodo (1901–1968) nach Melvilles gleichnamigem Roman (1891). Uraufführung: Venedig, Teatro La Fenice, 8. September 1949 zum XII. Internationalen Festival für zeitgenössische Musik.

HANDLUNG. Die Oper spielt an Bord des Kriegsschiffes «Indomita» im Sommer 1977. Dies war das Jahr der berühmtesten Meutereien wie der auf der «Spithead» und der «Nore», als die Mannschaften auf den britischen Kriegsschiffen unter besonders schweren Bedingungen litten. Der aufgestaute Groll der Männer war durchaus gerechtfertigt. Da die Regierung weitere Auswirkungen der französischen Revolution fürchtete, konzentrierte sie alle Kräfte auf den Krieg mit Frankreich. Die «Indomita» ist auf dem Weg ins Mittelmeer, um sich dort der englischen Flotte anzuschließen. Wie so oft, ist die Mannschaft unterbesetzt und als man einem Handelsschiff begegnet (das den bezeichnenden Namen «Die Menschenrechte» trägt), wird eine Abordnung an Bord gesandt, um Männer mehr oder weniger freiwillig für die englische Kriegsmarine anzuwerben. Zu ihnen gehört Billy Budd, ein naiver, allen sympathischer junger Mann, den allein der Zeugmeister John Claggart nicht ausstehen kann. Dieser beginnt ihn voller Haß und unversöhnlicher Mißgunst zu verfolgen. Claggart ist pervers und setzt alles daran, Billy Budd zu korrumpieren und ins Unglück zu stürzen; er versucht, ihn zur Meuterei anzustiften und verklagt ihn vor dem Kapitän Vere, einem ehrlichen, von seinen Offizieren und der Schiffsmannschaft geachteten Mann. Er ahnt die Wahrheit und läßt beide Männer zu einem Gespräch in seine Kajüte kommen. Hier stottert Billy ungeschickt, da er verlegen ist und sich in eine Falle gelockt fühlt; schließlich kann er sich nicht mehr beherrschen und streckt Claggart mit einem Faustschlag nieder, von dem dieser sich nicht mehr erhebt. Der Kapitän weiß, daß Billy Budd nicht eigentlich schuldig ist, doch nach dem geltenden Kriegsrecht muß er das Standgericht einberufen und Billy wird zum Tode verurteilt. Bei Sonnenuntergang wird das Urteil durch Erhängen vollstreckt.

● Dieser Vorwurf nach Melvilles letztem Roman wurde im Jahre 1951 auch von Benjamin Britten vertont. Ghedini hatte sein Werk als «szenisches Oratorium» konzipiert; aufgeführt wurde es schließlich als Oper in einem Akt.   MS

DIE OLYMPIER
(The Olympians)

Oper in drei Akten von Arthur Bliss (1891–1975). Libretto von J. B. Priestley. Uraufführung: London, Covent Garden, 29. September 1949. Solisten: M. Grandi, E. Coates, J. Johnston, Glynne, Franklin. Dirigent: Karl Rankl.

HANDLUNG. Es geht um die Geschichte der Götter des Olymp, die verkannt als elende Wandermusikanten umherziehen. Nur für eine Nacht eines jeden Jahres erleben sie ihre ruhmreiche Vergangenheit von neuem.   MS

DER KONSUL
(The Consul)

Musikalisches Drama in drei Akten von Gian-Carlo Menotti (geb. 1911). Libretto vom Komponisten. Uraufführung: Philadelphia, Shubert Theatre, 1. März 1950. Solisten: P. Neway, M. Powers, G. Lane, M. Marlo, C. Mac Neil, L. Lishner und M. McKinley. Dirigent: Lehman Engel.

PERSONEN. John Sorel (Bariton), Magda Sorel (Sopran), die Mutter (Alt), Agent der Geheimpolizei (Baß), der erste Mann in Zivil (stumme Rolle), der zweite Mann in Zivil (stumme Rolle), die Sekretärin (Mezzosopran), Herr Kofner (Baß-Bariton), die Fremde (Mezzosopran), Anna Gomez (Sopran), Vera Boronel (Alt), der Illusionist Nika Magadoff (Tenor), Stimme der Schallplatte (Sopran).

HANDLUNG. Erster Akt. John Sorel ist ein Patriot, der für die Befreiung seines Landes von einem polizeistaatlichen Regime kämpft. Als die Polizei überraschend in eine heimliche Versammlung eindringt, wird er verletzt, dennoch gelingt es ihm zu fliehen, bevor die Polizei ihn verhaften kann. Er beschließt auszuwandern: seine Frau soll auf dem Konsulat des Landes, in dem sie Zuflucht suchen wollen, die Pässe für sich selbst, ihr Kind und die Mutter beantragen. Wenn John ihr etwas mitzuteilen hat, wird er über seinen Freund Assan, den Fensterscheibenhändler, Nachricht geben. Magda ist auf dem Konsulat: Viele Menschen warten darauf, mit dem Konsul sprechen zu können, doch obwohl es sich um dringende, dramatische Notfälle handelt, errichtet eine kühle, unbewegte Sekretärin immer neue bürokratische Hemmnisse und Papierberge zwischen dem Konsul und diesen armen Menschen. Unter der Menge befindet sich ein Illusionist, der nach und nach alle in seine Kunststücke einbezieht: es entsteht eine surreale Atmosphäre. Zweiter Akt. Ein Monat ist vergangen, noch immer hat Magda keine Nachricht von ihrem Mann und trotz ihrer zahllosen Versuche ist es ihr nicht gelungen, bis zum Konsul vorzudringen. Ihre Spannung und Nervosität steigt unaufhörlich, als plötzlich ein Stein eine Fensterscheibe einschlägt: es ist das vereinbarte Zeichen! Sofort läßt Magda den Scheibenhändler Assan rufen, mit dem zugleich die ihn voller Mißtrauen musternde Polizei erscheint. Als sie allein sind, informiert Assan die beiden Frauen davon, daß John sich in den Bergen aufhält; bevor er jedoch die Grenze überschreitet, will er sicher sein, daß die Familie ihm mit Hilfe der Pässe in das fremde Land folgen kann. Im Hause herrschen Kummer und Leid, die sich noch steigern, als das Kind, während die Großmutter ihm ein Schlaflied singt, stirbt. Ohne eine Träne, schmückt Magda den Kleinen mit Seide und weißen Blüten, um dann neben seiner Wiege zusammenzubrechen. Einige Tage später ist Magda wieder auf dem Konsulat: ihr bietet sich ein Bild der Verzweiflung. Der Illusionist hat die Anwesenden hypnotisiert; sie beginnen wie Puppen zu tanzen und beschwören damit den Zorn der Sekretärin herauf. Schließlich ist Magda an der Reihe, doch wieder fordert die Sekretärin neue Papiere von ihr. Außer sich, bricht Magda in verzweifelte Verwünschungen gegen die Bürokratie aus, die dazu führt, daß die Menschen wegen absurder Hindernisse leiden und sterben. Die Sekretärin ist von diesem Ausbruch angerührt und verspricht ihr, sie dürfe den Konsul sehen, sobald der zur Zeit bei ihm weilende wichtige Besucher ihn verlasse. Dieser ist der Agent der Geheimpolizei; bei seinem Anblick wird Magda ohnmächtig. Dritter Akt. Magda ist auf dem Konsulat. Assan kommt und sagt ihr, John habe vom Tod des Kindes und seiner im Sterben liegenden Mutter erfahren und wolle zurückkommen, um sie nicht allein zu lassen. Magda gibt ihm eine schriftliche Nachricht für John, in der sie ihn beschwört, nicht zu kommen, da er gewiß verhaftet würde. Assan geht, und kurz darauf folgt ihm Magda. Inzwischen kommt John, der nach seiner Frau sucht,

1950

Entwurf von Giulio Coltelacci zur Uraufführung von Goffredo Petrassis «Der Cordobaner», 1949 an der Mailänder Scala.

doch er wird verfolgt und trotz des Protestes der Sekretärin gegen diese Verletzung des Konsulats, von der Polizei verhaftet. Magda ist nach Hause zurückgekehrt und entschlossen, sich zu töten, um zu verhindern, daß John sich ihretwegen der Gefahr aussetze. Sie schließt Türen und Fenster und öffnet den Gashahn. Während entsetzliche Bilder ihren Geist und die Bühne erfüllen, läutet zu spät das Telefon, über das ihr Johns Verhaftung angekündigt werden soll, durch die ihre Tat zwecklos geworden ist.

● Die Oper hatte den größten Erfolg. Sie stand acht Monate lang auf dem Spielplan des Uraufführungstheaters, gewann den «Pulitzerpreis» und den «Drama Critic Award», wurde in zwölf Sprachen übersetzt und in zwanzig Ländern aufgeführt.   SC

EINE LUSTIGE GESELLSCHAFT
(L'allegra brigata)

Sechs Novellen in einer Oper in drei Akten von Gian Francesco Malipiero (1882–1973). Libretto vom Komponisten. Uraufführung: Mailand, Teatro alla Scala, 4. Mai 1950. Solisten: Tatiana Menotti, Emma Tegani, Gino Penno, Renato Capecchi. Dirigent: Nino Sanzogno.

PERSONEN. Die lustige Gesellschaft: Dioneo (Tenor), Beltramo (Bariton), Filemio und Tivaldo (Tänzer), Violante (Sopran), Lauretta (Sopran), Oretta (Mezzosopran), Saturnina und Pampinea (Tänzerinnen), zwei Burschen, zwei Soldaten. Erste Novelle: Panfilia (Sopran), der junge Kavalier (Tenor), der Vater, die Mutter, zwei Mägde. Zweite Novelle: der junge Maler (Tenor), die Frau, die Mönche. Dritte Novelle: Messer Alfonso aus Toledo (Tenor), der Kavalier (Bariton), Laura und die alte Dienerin, die Käufer und die Dienerschaft Messer Alfonsos. Vierte Novelle: Ferrantino degli Argenti (Bariton), Caterina (Mezzosopran), Messer Francesco (Bariton). Fünfte Novelle: Die adlige Dame (Sopran), der junge Freier (Tenor), der Irre, die Dienerschaft. Sechste Novelle: Eleonora (Sopran), Pompeo (Tenor), der Ehegatte (Bariton), Madonna Barbara (Mezzosopran), die vier Kavaliere, Freunde Pompeos.

HANDLUNG. Das Geschehen läuft auf zwei Ebenen ab. In einem kleinen Theater im Park tauschen Dioneo und Violante Liebesbezeugungen aus. Sie werden von ihren Freunden, der lustigen Gesellschaft, überrascht. Unter ihnen befindet sich ein früherer Liebhaber Violantes, Beltramo, der – eifersüchtig auf Dioneo – nach einem Vorwand sucht, um einen Streit vom Zaun zu brechen. Doch die Freunde dämpfen sein aufbrausendes Temperament und um die Stimmung zu heben, schlägt Lauretta vor, jeder solle reihum eine Novelle zum Besten geben. Violante macht den Anfang und erzählt die Geschichte Panfilias, die in einen braven jungen Mann verliebt ist, doch von ihrem Vater gezwungen wird, einen anderen zu heiraten. Sie erkrankt aus Trauer auf den Tod. Auf der Bühne des kleinen Theaters erscheint Panfilia auf ihrem Sterbebett, ihr junger Geliebter kommt, um sie zum letzten Mal zu sehen, doch als er bemerkt, daß sie bereits tot ist, sinkt er entseelt neben ihr nieder. Hier endet die Novelle und alle weinen vor Rührung. Nun beginnt Oretta die zweite Novelle. Ein junger Maler, der in einem Kloster beherbergt wird, empfängt in seiner Zelle eine Dame. Als er sich für einen Augenblick entfernt, bleibt sie im Dunkeln zurück, da er die Kerze mitnimmt; plötzlich hört er lautes Lärmen und eilt in die Zelle. Hier sieht er die Frau vor sich, die gegen eine Staffelei gestoßen ist, von der ein paar Farbtiegel sich über sie ergossen haben, so daß sie vom Kopf bis zu den Füßen mit Farbe beschmutzt ist. Er erkennt sie nicht und ruft um Hilfe, da er sie für den Teufel hält. Auf sein Schreien eilen die frommen Brüder herbei, und die Frau muß durch das Fenster flüchten. Der junge Maler sinkt in Ohnmacht und der Vorhang schließt sich ein zweites Mal. Nun erzählt Dioneo die Geschichte eines Edelmannes, Alfonso von Toledo, der in Avignon eine wunderschöne Dame mit Namen Laura kennengelernt hat, die sich, nachdem er ihr sein gesamtes Geld, nämlich tausend Gulden, gegeben hat, bereit erklärt, ihn zu empfangen. Nun hat er keinen Pfennig mehr und muß seine Kleidung und seine Waffen verkaufen. Durch sein Betragen neugierig geworden, tritt ein Unbekannter auf ihn zu und fragt ihn, wie er in eine solche Lage habe kommen können. Ihm, der kein anderer als Lauras Gatte ist, erzählt Alfonso sein Abenteuer. Der Gatte geht ins Haus, zwingt seine Frau das Geld zurückzugeben, und tötet sie dann. Simplicio erzählt das Abenteuer Ferrantinos degli Argenti aus Spoleto. Von einem Unwetter überrascht, sucht dieser Zuflucht im Hause des Kanonikus Francesco da Todi. Als Francesco eintrifft, findet er ihn in der Küche mit dem schönen jungen Kammermädchen Caterina. Er will ihn fortjagen, doch Ferrantino will sich nicht vertreiben lassen und greift zum Schwert. Francesco geht aus dem Hause, um den jungen Mann bei der Signoria zu verklagen. Ferrantino versperrt hinter ihm die Tür, läßt sich von Caterina auftischen und verschwindet dann mit ihr in der Schlafkammer. Als Gäste Francescos eintreffen, ruft er hinaus, sie hätten sich im Haus geirrt. Draußen vor der Tür klopft Francesco vergeblich an: niemand öffnet ihm. Während dieser Erzählung hat Beltramo sich gelangweilt entfernt. Er nähert sich Violante, und wirft ihr ihre Kälte vor. Simplicio sieht, was vor sich geht, ruft ihn zur Seite und beruhigt ihn; dann bittet er Lauretta, eine lustige Geschichte zum Besten zu geben. Sie erzählt von einer wunderschönen verheirateten Dame von Adel. Diese hat einen etwas seltsamen Bruder, der des Nachts umherwandert und mit seinem Schatten ficht. Während der Gatte der Dame abwesend ist, beschließt ihr junger Geliebter, sie nachts aufzusuchen. Um keinen Verdacht zu erregen, verkleidet er sich als ihr Bruder. Während ihres heimlichen Treffens kommt jedoch auch der wahre Irre herein, der den Jüngling für seinen Schatten hält und mit seinem Degen auf ihn losgeht. Die Dienerschaft eilt herbei und ist höchst erstaunt, an Stelle des Schattens einen Menschen aus Fleisch und Blut vorzufinden, doch während der Irre durch sein Lachen die Diener unsicher macht, gelingt es dem jungen Liebhaber zu fliehen. Nach dieser Novelle Laurettas spielen die Freunde Blindekuh. Dann soll Beltramo eine Geschichte erzählen. Er zögert, läßt sich aber endlich überreden und erzählt von Eleonora, einer schönen Frau, der es Vergnügen bereitet, mit den Gefühlen anderer zu spielen. Eines Tages sucht sie Pompeo, ein junger Verehrer, auf. Als Eleonora die Stimme ihres heimkehrenden Gatten hört, versteckt sie Pompeo in einer Truhe unter einem Haufen Kleider. Der Mann zeigt seiner Frau einen gerade erworbenen eleganten und scharfen Degen. Eleonora bewundert ihn und fordert ihn auf, den Degen zu erproben, indem er mit einem Streich die Kleider, die sich in der Truhe befinden, zerschneide. Schon will der Gatte dieser Aufforderung folgen, als es Eleonora im letzten Augenblick gelingt, ihn zurückzuhalten. Als er den Raum verläßt, öffnet Eleonora die Truhe, der Pompeo vor Schrecken mehr tot als lebendig entsteigt. Er beschließt, sich zu rächen und läßt verbreiten, er liege im Sterben. Auf der kleinen Bühne wechselt die Szene: Pompeo ist im Bett liegend zu sehen; Schwester Barbara begleitet Eleonora zu dem angeblich Todkranken. Kaum ist Pompeo mit ihr allein, wirft er die Decken von sich und stürzt sich auf Eleonora, ihr den Mantel wegreißend. Fast unverhüllt versucht sie, sich zu verteidigen, doch Pompeo zwingt sie, sich neben ihm niederzulegen, dann ruft er Barbara, die einige Personen ins Gemach führt. Ihnen erzählt Pompeo, er habe eine wunderkräftige Arznei zu sich genommen, die ihn auf einen Schlag geheilt habe. Umsonst versucht Eleonora sich zu verstecken: obwohl sie das Gesicht in den Kissen verbirgt, sehen und erkennen sie alle Anwesenden. Rasch breitet sich das Gerücht aus und auch Eleonoras Gatte kommt hinzu. Er tötet Pompeo. Kaum ist der Vorhang über diesem Drama gefallen, hat Dioneo Worte des Vorwurfs für den eifersüchtigen Gatten, doch Beltramo stürzt sich auf ihn und tötet ihn, wie Pompeo getötet wurde. Das Theater auf dem Theater ist zu Ende und Bestürzung hat alle erfaßt.

● Diese 1943 komponierte und in ihrer völlig freien Form in Polemik zur Oper des neunzehnten Jahrhunderts stehende Oper beruht ganz auf dem Gegensatz zwischen der leidenschaftslosen Darstellung der Novellen auf dem Theater und dem sich im Vordergrund abspielenden eigentlichen Drama.

BOLIVAR

Oper in drei Akten von Darius Milhaud (1892–1974). Nach dem gleichnamigen Drama von Jules Supervielle (1884–1960). Uraufführung: Paris, Théâtre de l'Opéra, 10. Mai 1950. Solisten: Janine Micheau, André Bourdin, Hélène Bouvier, Marcelle Croisier. Dirigent: André Cluytens.

PERSONEN. Manuela (Sopran), Précipitation (Alt), Maria Teresa (Sopran), Missia (Alt), Bianca (Mezzosopran), eine Frau aus dem Volk (Sopran), Bolivar (Bariton), Bovès (Baß), der Blinde (Baß), Nicanor (Tenor), der Mönch (Bariton), der Bischof (Baß), der Delegierte (Bariton), der Besucher (Tenor), der Bürgermeister (Bariton), ein Verschworener (Bariton), Dominguez (Tenor), drei Bauern (Tenor, Bariton, Baß), drei Offiziere (Tenor, Bariton), ein Musiker (Tenor), ein Mann aus dem Volk (Tenor).

HANDLUNG. Die Ereignisse spielen sich in verschiedenen Gegenden Venezuelas, Perus und Kolumbiens in den dreißiger Jahren des neunzehnten Jahrhunderts ab. Bolivar lebt in Venezuela in San Mateo mit seiner jungen Frau Maria Teresa und seinen Dienern Nicanor und Précipitation. Während eines Ausritts wird Maria Teresa von einem Unwohlsein befallen und stirbt. Verzweifelt schwört Bolivar, nie wieder heiraten zu wollen, und schenkt, um das Gedächtnis seiner Frau zu ehren, seinen beiden Dienern die Freiheit. Eine Gruppe von Siedlern trifft ein, die über gewalttätige Übergriffe der spanischen Oberherrschaft klagen. Bolivar versucht, sie vor dem Gouverneur zu vertreten, da sich jedoch jede friedliche Lösung als unmöglich erweist, wird er zum Anführer ihrer Erhebung. In Caracas. Nach einem Erdbeben ist die Stadt in Verzweiflung versunken. Ein Mönch sucht die vor Entsetzen gelähmte Bevölkerung wieder für die Sache Spaniens zu gewinnen. Bolivar verjagt ihn, bringt den Verletzten Hilfe und ermutigt die Überlebenden zum Wiederaufbau der zerstörten Häuser. Unter der Menge befindet sich Manuela, die Bolivars Mut und selbstlosen Einsatz bewundert. Rathaus der Stadt. Die Nachricht trifft ein, daß unter Bolivars Führung die Freiheitskämpfer die Spanier in Taguanés geschlagen haben und ihre Ankunft kurz bevorsteht. Die Bevölkerung empfängt sie jubelnd. Bolivars Triumphwagen wird von Manuela und anderen Mädchen geleitet. Manuelas Anmut fasziniert Bolivar. Zweiter Akt. Die Schlacht von La Puerta verlief zu ungunsten Bolivars, der sich nun auf die Verteidigung der Hauptstadt vorbereitet. Manuela will ihm folgen, doch Bolivar lehnt dies ab und bittet Nicanor, sie zu beschützen. General Bovès, der Sieger von La Puerta, trifft ein, verhört Manuela und zwingt sie ebenso wie die Frauen der Freiheitskämpfer an einem Ball teilzunehmen. Spanische Offiziere in Galauniform und die in Trauergewänder gehüllten Frauen lassen einen makabren Gegensatz entstehen. Von draußen ist zu hören, wie die Gefangenen erschossen werden. Demütigung und Verzweiflung über die ihnen angetane Gewalt lassen die Frauen in Tränen ausbrechen und ihre Toten beklagen. Bovès läßt sie hinausjagen, die Frauen fliehen. Bolivar schickt sich an, die Anden zu überschreiten: seine Soldaten sind erschöpft und entmutigt. Manuela stößt zu ihnen. Auf dem Gipfel des Gebirges werden alle angesichts der Ebene, die sich zu ihren Füßen dehnt, von Begeisterung und Vertrauen auf die künftigen Sieg erfaßt. Bolivar hat seinen Traum der Befreiung ganz Südamerikas von der spanischen Oberherrschaft wahrgemacht. In Lima wird er von den höchsten Persönlichkeiten des Landes feierlich geehrt. Ein Teil Perus wird ihm zu Ehren den Namen «Republik Bolivar» tragen, ja selbst die Krone Großkolumbiens wird dem Helden angetragen, der sie jedoch eingedenk seiner demokratischen Ideen ablehnt. Doch es fehlt nicht an Widersachern, die sich gegen ihn verschwören und ihn zu Unrecht der Diktatur anklagen. Einem der vielen Attentate, dem Bolivar mit Mühe entgeht, fällt sein Getreuer Nicanor zum Opfer. Müde geworden und krank, zieht Bolivar sich zurück und schreibt sein politisches Testament, in dem er eine Föderation aller befreiten Staaten erhofft. Das Bild seiner geliebten Maria Teresa vor Augen, stirbt er getröstet.

• Die 1943 komponierte Oper ist dem südamerikanischen Befreiungshelden Simon Bolivar gewidmet und gleichzeitig ein Akt des Glaubens an die Freiheit, insbesondere die in Europa, die sich gerade mühsam aus den Ruinen des Krieges zu erheben begann. Milhaud hatte sich in den Jahren 1917–1918 in Brasilien aufgehalten und Studien der Volksmusik betrieben, die er in einem persönlichen Stil verschmolzen, in viele seiner Werke übernahm. *Bolivar* ist die dritte Oper einer Trilogie (*Christophorus Columbus*, 1930, *Maximilian*, 1932), die Gestalten aus der Geschichte Lateinamerikas gewidmet ist. Sie ist das umfangreichste Werk aus der in den Vereinigten Staaten verbrachten Zeit (1940–1947) des Komponisten, dennoch erzielte *Bolivar* in Paris nur einen Achtungserfolg. Am 25. April 1953 wurde die Oper am Teatro San Carlo in Neapel in der Besetzung der Uraufführung herausgebracht.
SC

DER SPRINGENDE FROSCH AUS DER GRAFSCHAFT CALAVERAS
(The jumping Frog of Calaveras County)

Oper in einem Akt von Lucas Foss (geb. 1922). Libretto von Jean Karsavina, nach einer Erzählung von Mark Twain. Uraufführung: Bloomington, Universität von Indiana, 18. Mai 1950.

HANDLUNG. Ein Fremder mit einem großen Schnurrbart (Baß) fordert Smileys (Tenor) springenden Frosch, genannt Daniel Webster, heraus. Während die Jungen Wetten abschließen, füllt der Fremde Kieselsteine in Daniels Kropf. Auf dem Platz macht er Lulu (Mezzosopran) den Hof und beschwört die Eifersucht der einheimischen Jugend herauf. Natürlich verliert Daniel den Wettlauf und erst nachdem der Fremde mit dem ganzen Geld fort ist, wird der Betrug entdeckt. Der Frosch wird von dem Gewicht befreit, während man hinter dem Fremden herjagt und ihn zurückbringt. Er muß das Geld zurückgeben und wird unter Anklage gestellt. Jetzt gilt Lulus Lächeln wieder Smiley.

• Mit dieser seiner ersten Oper wurde das brillante Talent des Komponisten Lucas Foss entdeckt.
MS

DER GEFANGENE
(Il prigioniero)

Oper in einem Prolog, einem Akt und vier Bildern von Luigi Dallapiccola (1904–1975). Libretto vom Komponisten nach «La Légende d'Ulenspiegel et de Lamme Goedzak» von Charles de Coster und einer der «Contes cruels» von Philippe Auguste Villiers de l'Isle-Adam («Latorture de l'espérance»). Konzertante Uraufführung: R.A.I., 1. Dezember 1949. Uraufführung: Florenz, Teatro Comunale, zum XIII. Maggio musicale fiorentino, 20. Mai 1950. Solisten: Magda Laszlò (die Mutter), Scipio Colombo (der Gefangene), Mario Binci (Kerkermeister und Großinquisitor), Mariano Caruso (ein Priester), Gian Giacomo Guelfi (ein zweiter Priester), Luciano Vela (Bruder Erlöser). Dirigent: Hermann Scherchen.

PERSONEN. Die Mutter (dramatischer Sopran), der Gefangene (Baß-Bariton), der Kerkermeister und der Großinquisitor (Tenor), zwei Priester (Tenor und Bariton), Bruder Erlöser (stumme Rolle).

HANDLUNG. Die Begebenheit spielt um 1570 in Saragossa. Prolog. Aus einem schwarzen Feld sticht nur das von Scheinwerfern angestrahlte totenbleiche Gesicht der Mutter hervor. Sie spricht von ihren düsteren Ahnungen und erzählt einen Traum, der sie jede Nacht quält: der Geist Philipps II. schreitet auf sie zu und verwandelt sich allmählich in das Symbol des Todes. Erste Szene des Einakters. Eine entsetzliche Zelle in den Gewölben der Inquisition in Saragossa. Es ist Abend. Der Gefangene ist auf seinem Lager hingestreckt, neben ihm seine Mutter. Er erzählt von der erlittenen Folter und daß er Hoffnung und Glauben wiedererlangt habe, als ihn der Kerkermeister eines Abends «Bruder» genannt habe. Der Kerkermeister tritt ein und die Mutter entfernt sich. Zweite Szene. Der Kerkermeister nennt den Gefangenen wieder «Bruder» und erzählt von der Erhebung in Flandern und den Taten des Heeres der Zerlumpten (der flandrischen Aufständischen). Durch seinen immer glühenderen Bericht rüttelt er den Gefangenen aus seiner Versunkenheit auf, bis er in Tränen ausbricht und gerührt ruft: «Ich danke dir Bruder, du hast mich wieder hoffen lassen!». Als der Kerkermeister hinausgegangen ist, bemerkt der Gefangene die nur angelehnte Tür. Hinter ihr öffnet sich ein langer Gang, schwankend geht der Gefangene hinaus. Dritte Szene. In den unterirdischen Gewölben der Inquisition. Mühsam, stets fürchtend, daß man ihn entdecke, quält sich der Gefangene voran. Bruder Erlöser und zwei Priester, die über theologische Fragen streiten, kommen an ihm vorüber, doch sie scheinen ihn nicht zu bemerken. Er kommt in einen Garten unter dem gestirnten Himmel. Eine große Zeder steht in seiner Mitte: voller Freude sich im Freien zu befinden, umarmt der Gefangene den Baum, doch zwei starke Arme lösen sich vom Stamm und erwidern die Umarmung. Es ist der Großinquisitor, der auch sein Kerkermeister war, und der ihm mit sanfter Stimme vorwirft, er habe sich der gerechten Strafe entziehen sollen. Der Gefangene begreift, daß er nun auch die letzte Folter erlitten

Erste Szene aus «Der Gefangene» von Luigi Dallapiccola. Bühnenbilder und Kostüme von Ita Maximowna, Regie von Günter Rennert.

hat: die Illusion der Freiheit. Wie ein Wahnsinniger lachend und immer wieder das Wort «Freiheit» vor sich hin sagend, läßt er sich zum Scheiterhaufen führen.

● Der Gedanke, eine Oper über das Thema der Freiheit zu schreiben, entstand in Dallapiccola bereit im Jahre 1939, als die faschistischen Gesetze der rassischen Diskriminierung in Kraft traten. Im Vorjahr hatte er begonnen, an den *Canti di prigionia* (Gesänge aus der Gefangenschaft) als einer «realisierbaren Form des Protests» gegen die rassistischen Maßnahmen zu arbeiten. Doch die Komposition des *Gefangenen* konnte er erst 1944, im Jahr der Befreiung der Stadt Florenz, beginnen. Obwohl die Oper im historischen Rahmen des Befreiungskrieges in Flandern steht, ist sie dem Widerstand gegen den Nazismus und der Absage an jede Art von Diktatur gewidmet. Die Partitur enthält neben den vier szenischen Bildern zwei Gesangsintermezzi und ein sinfonisches Zwischenspiel. Im zweiten Vokalintermezzo schreibt der Komponist die Zuhilfenahme mechanischer Mittel zur Klangverstärkung wie Lautsprecher etc. vor, um eine «überwältigende Lautstärke» zu erreichen. Bei der Uraufführung hatte die Oper in Florenz einen Publikumserfolg, während die italienische Presse eher negativ reagierte, woraus sich eine heftige Polemik ergab. Sie bezog sich nicht nur auf musikalische Aspekte des Werkes, in dem Dallapiccola sich der Zwölftontechnik bediente, sondern auch auf die ideologischen Implikationen des Librettos. Im Ausland dagegen setzte sich die Oper sehr viel rascher und auf breiterer Basis durch und wurde bald als ein Meisterwerk anerkannt. Die erste Aufführung außerhalb Italiens erlebte *Der Gefangene* 1957 im März am Julliard Theatre in New York. MS

TOD DER LUFT
(Morte dell'aria)

Tragische Oper in einem Akt von Goffredo Petrassi (geb. 1904). Libretto von T. Scialoja. Uraufführung: Rom, Teatro Eliseo, 24. Oktober 1950. Dirigent: Ferdinando Previtali.

PERSONEN. Der Erfinder (Tenor), der Beobachter des Erfinderkollegiums (Bariton), der Fotograf (Tenor). Chor und Statisten.

HANDLUNG. Trotz des ungläubigen Staunens und der Skepsis aller will der Erfinder sich von einem eisernen Turmgerüst hinabstürzen, um den Nachweis für das Funktionieren einer von ihm erfundenen Kleidung zu erbringen, die wie ein Fallschirm wirken soll. Doch im Augenblick des Sprunges zögert er und entdeckt den Zuschauern, daß er begriffen habe daß der Flug nicht gelingen könne. Dennoch will er nicht auf das Experiment verzichten: er ist entschlossen zu sterben, da er «an die einzige, auf die Luft gesetzte Hoffnung glaube». Dann stürzt er sich ins Leere und zerschellt am Boden. Fotograf und Presseleute eilen, die Nachricht der Welt zu übermitteln. Aus der Höhe wirft der Beobachter Blumen auf das Opfer. Der Chor singt einen mitleidsvollen Abschiedsgesang.

● Die Oper geht auf einen Vorfall zurück, der sich zu Anfang des Jahrhunderts tatsächlich in Paris ereignete und durch einige alte dokumentarische Aufnahmen belegt ist. Die aus der auffälligen Verwandtschaft mit dem Mythos von Ikaros entwickelte Handlung, findet in Petrassis Musik eine der erstaunlichsten und sublimsten Entsprechungen im Musiktheater des zwanzigsten Jahrhunderts. MSM

DIE VERURTEILUNG DES LUKULLUS

Oper in zwei Teilen und zwölf Szenen von Paul Dessau (geb. 1894). Libretto von Bertolt Brecht (1898–1956). Uraufführung: Berlin, Staatsoper, 17. März 1951. Dirigent: Hermann Scherchen.

HANDLUNG. Es geht um einen Prozeß, in dem der römische General sich nach seinem Tode zu verteidigen hat. Nicht Richtern steht er gegenüber, sondern den Schatten eines Bäkkers, einer Prostituierten, eines Schulmeisters, einer Fischhändlerin, alles arme Leute, deren Leben während ihres irdischen Daseins durch die Kriege des Lukullus einen unguten Verlauf nahm. Alle Verdienste, die der General anführen kann, erweisen sich als nicht ausreichend, um die von ihm begangenen Verbrechen abzugelten oder zu rechtfertigen. Lukullus wird deshalb dazu verurteilt, ins Nichts zu versinken.

● Dies erste von Paul Dessau aufgeführte Oper enthält zahlreiche gesprochene Teile. Ihr Text ist stets verständlich. Ursprünglich lautete ihr Titel *Das Verhör des Lukullus* und wurde erst später in *Die Verurteilung des Lukullus* abgeändert. Ihre Aufführung war aus politischen Gründen im Zusammenhang mit dem sich entwickelnden kalten Krieg ziemlich umstritten. MS

DIE PILGERREISE
(The Pilgrim's Progress)

Morality in einem Prolog und einzelnen Episoden von Ralph Vaughan Williams (1872–1958). Libretto vom Komponisten

1951

«Der Konsul» von Gian-Carlo Menotti in einer Aufführung des «Festival dei due Mondi» in Spoleto, 1972.

nach John Bunyans (1628–1688) gleichnamiger Allegorie. Uraufführung: London, Covent Garden, 26. April 1951.

HANDLUNG. Erzählt wird in einzelnen Episoden die Reise der Seele (des «Pilgers») von der Stadt der Verdammnis (der irdischen Welt) zur himmlischen Stadt (dem Jenseits). Bunyan war von Karl II. verfolgt worden, da er ohne die vorgeschriebene Erlaubnis als puritanischer Prediger auftrat.

● Die Musik begleitet die eher lose zusammenhängenden Szenen bald heiter, bald drohend oder mit ironischen oder machtvollen Akzenten. Eine Episode *Die Hirten des verzauberten Berges,* war bereits am 11. Juni 1922 in London aufgeführt worden. Der Komponist nahm sie in seine, der gesamten Erzählung des puritanischen Schriftstellers, gewidmete Oper auf. EP

KOMÖDIE AUF DER BRÜCKE
(Weslohra na mostě)

Rundfunkoper in einem Akt von Bohuslav Martinu (1890–1959). Libretto vom Komponisten nach J. Klitschpera. Uraufführung: Prager Rundfunk, 1937. Szenische Uraufführung: New York, 29. Mai 1951.

HANDLUNG. Die Geschichte ereignet sich auf einer Grenzbrücke zwischen zwei miteinander im Krieg liegenden Dörfern. Aus dem feindlichen Gebiet kehrt die junge Popelka zurück, nachdem sie ihren in der Schlacht gefallenen Bruder bestattet hat; auf der Brücke wird sie von einer Wache angehalten und daran gehindert, in ihr Dorf zu gelangen. Voller Verzweiflung denkt sie an ihren Verlobten Sykos und ihre Mutter, die nach ihr suchen. Auch Bedron, der Hopfensammler, der von einem geheimen Auftrag zurückkommt, wird angehalten. Er macht dem Mädchen den Hof und küßt sie gerade in dem Augenblick, in dem Sykos hinzukommt, der nun Popelka ihre Leichtfertigkeit vorwirft. In das Terzett fällt auch Bedrons Frau Eva ein, die von Sykos informiert, eifersüchtig ihren Mann beschimpft. Schließlich trifft der Schulmeister des Ortes ein, der ganz mit der Lösung eines Rätsels beschäftigt ist. Da der Waffenstillstand zu Ende zu gehen scheint, vertrauen die fünf einander ihre Geheimnisse an, als plötzlich der Sieg der eigenen Waffen verkündet wird: Bedron wird für die Ausführung seines Auftrags belobigt, Popelka entdeckt, daß sie den Leichnam eines Unbekannten bestattet hat und ihr Bruder am Leben ist, und das Rätsel des Schulmeisters findet seine Lösung.

● Dieser brillante Einakter wurde, nachdem er 1949 den «Prix Italia» erhielt und 1950 vom italienischen Rundfunk ausgestrahlt wurde, in Italien zum ersten Mal am 19. September 1952 am Teatro La Fenice in Venedig aufgeführt. In ihm verbinden sich Motive unterschiedlichster Herkunft des achtzehnten Jahrhunderts mit melodischen und rhythmischen Elemente der tschechischen Volksmusik. AB

DER WÜSTLING
(The Rake's Progress)

Oper in drei Akten von Igor Strawinsky (1882–1971). Libretto von Wystan Hugh Auden (1907–1973) und Chester Kallmann. Uraufführung: Venedig, Teatro La Fenice, 11. September 1951. Solisten: E. Schwarzkopf, O. Kraus, R. Arié, J. Tourel, H. Cuénod. Dirigent: Igor Strawinsky.

PERSONEN. Trulove, Anns Vater (Baß), Ann, Verlobte Tom Rakewells (Sopran), Tom Rakewell, der Wüstling (Bariton), Nick Shadow, in Toms Diensten stehend (Bariton), Mutter Goose, Bordellbesitzerin (Mezzosopran), Baba, genannt die Türkenbab (Mezzosopran), Sellem, Auktionar (Tenor), Wächter des Irrenhauses (Baß). Huren und Tagediebe Diener, Bürger, Irre.

HANDLUNG. Erster Akt. England, achtzehntes Jahrhundert. Im Garten des Landhauses von Trulove. Ein seltsamer Mensch mit Namen Nick Shadow kündet dem jungen Tom Rakewell an, daß er ein großes Vermögen geerbt hat. Nachdem er seine Verlobte Ann seiner Liebe versichert und sich von ihr verabschiedet hat, reist Tom glücklich nach London ab. Er wird von dem seltsamen Nick begleitet, der sich in seine Dienste gestellt hat, ohne Lohn zu verlangen. Die beiden einigen sich, daß sie ihre Rechnung nach Ablauf eines Jahres und eines Tages begleichen werden. Im Bordell Mutter Gooses stürzt sich Tom in der Gesellschaft von Huren und Tagedieben in ein zügelloses, wüstes Wohlleben. Garten im Hause Trulove. Ann hat nichts mehr von ihrem Verlobten gehört und reist ohne Wissen ihres Vaters auf der Suche nach Tom, dem sie helfen will, nach London. Zweiter Akt. London, in Toms Haus. Tom langweilt sich, er eilt von einem galanten Abenteuer zum anderen, verschleudert sein Erbe, doch er fühlt sich nicht glücklich. Um allen zu beweisen, wie frei er ist und außerhalb jeder Moral stehend, läßt er sich von Nick Shadow überreden, die Türkin Baba zu heiraten. Sie ist eine schwerreiche, aber monströse Frau, mit einem langen Bart, die in einer Schaustellerbude auftritt. Vor Toms Haus. Der Jüngling hat Baba geheiratet und kommt mit ihr in einer Sänfte vorbei. Erschüttert wird Ann Zeuge, wie tief ihr Tom gesunken ist: die Worte des Mädchens bewegen den Wüstling zutiefst, obwohl er sich ungerührt zeigt. Ann läuft davon, während Baba der Sänfte entsteigt und dem beifallspendenden Volk ihren Bart zeigt. Im Toms Haus. Schon bald wird der Jüngling Babas überdrüssig. Er will sich dem Geschäftsleben widmen. Nick Shadow liefert ihm eine seltsame Maschine, die Steine in Brot verwandeln soll. Kopfüber stürzt Tom sich in dieses neue tolle Abenteuer. Dritter Akt. Toms Haus. Wie vorherzusehen, hat der junge Wüstling sein ganzes Vermögen verschleudert. Er verschwindet und sein Haus wird versteigert. Der Händler Sellem verkauft sein gesamtes Hab und Gut. Baba gebietet ihm Einhalt: der zurückgekehrten Ann vertraut die Türkin an, daß Tom sie noch immer liebe und daß sie allein ihn aus dem unwürdigen Leben, das er führe, retten könne. Unter dem Beifall der Menge kehrt Baba in den Zirkus zurück. In der Nähe eines Grabes auf dem Friedhof. Es ist Nacht. Tom erfährt die entsetzliche Wahrheit: sein Diener ist der Teufel selbst, der nun seine Seele zum Lohn fordert. Der Wüstling überredet ihn, mit ihm um seine Seele Karten zu spielen und gewinnt schließlich die seltsame Partie. Dank wundersamer Kombinationen und der Erinnerung an seine Verlobte, gelingt es ihm tatsächlich, drei gezogene Karten zu erraten. Wütend raubt Nick Shadow ihm den Verstand und stößt ihn in das offene Grab. Als Tom aufwacht, hält er sich für Adonis und ruft nach Venus. Er ist wahnsinnig geworden. Im Irrenhaus. Die treue Ann pflegt Tom. Sie gibt seinem Wahn nach und läßt sich Venus nennen. Mit einem zärtlichen Lied singt sie ihn in Schlaf. Dann entfernt sie sich mit ihrem Vater. Tom erwacht und in Erinnerung der sanften, liebevollen Venus, die ihn in Schlaf gewiegt und ihm vergeben hat. Er ruft nach ihr, ruft nach Orpheus, bevor er sich auf sein Lager zurücksinken läßt und stirbt. Die Moral der Geschichte wird zum Schluß von allen auf der Bühne sich versammelnden Personen vorgetragen.

● Die Uraufführung fand in Venedig durch die Mailänder Scala zur Biennale während des XIV. internationalen Festivals für zeitgenössische Musik statt. Die erste Eingebung zur Oper erhielt Strawinsky durch Hogarths Stiche, auf denen dieser Künstler des achtzehnten Jahrhunderts das Leben eines Wüstlings in einer Weise graphisch darstellte, die dem damaligen Formkult des Komponisten geistesverwandt war. Mit Hilfe des theatererfahrenen Kallmann, sezte Auden diese Bilder in einen raffinierten Text um, in dem sich getreu ihre Atmosphäre wiederfand, dank der Verwendung gut verschleierter archaischer Wendungen. Strawinsky nannte es «eines der schönsten Librettos, die je geschrieben wurden». Die Nachahmung gewisser Vorbilder wie Mozarts *Don Giovanni* wird bewußt als solche deklariert. Doch während Da Pontes Wüstling großartige, dämonische Züge trägt, ist Tom Rakewell eine passive Gestalt, die nicht etwa ihren Diener mit fortreißt, sondern sich von diesem verführen läßt, und diese Charakterisierung entspricht gewiß Strawinskys fast lehrhaften Absichten in dieser geschlossenen moralischen Welt. Allein die Gestalt der Ann ist aktiv gesehen; der Wüstling kann nur Absichten äußern: *I wish I had money* (erster Akt), *I wish I were happy* (zweiter Akt), *I wish it were true* (dritter Akt). Auch durch das Lautmaterial des äußerst gemessenen englischen Textes angeregt, wollte der Komponist in diesem Werk Klangverhältnisse und die Suggestion, vor allem des achtzehnten Jahrhunderts wieder erstehen lassen. Auden selbst spricht von der «Klangdimension, in der die Oper von Anfang an vorzustellen war: ein kleines Orchester, wenige Personen, ein kleiner Chor. Kurz, «Kammermusik» wie – um ein Beispiel zu nennen – Così fan tutte». Hieraus ergibt sich die Verwendung bestimmter Techniken wie des Seccorezitativs und der Arie, die von dem kleinen Orchester und einem Soloinstrument, in direkter Abkunft von Bach, begleitet wird (zum Beispiel die Arie der Anna in der dritten Szene des ersten Aktes, die von der Melodie des Fagotts getragen wird). Es mag sogar überraschen, daß der Komponist *Petruschkas* und des *Sacre du Printemps* in dieser Oper das Schlagzeug nur äußerst sparsam verwendet: er beschränkt es tatsächlich auf die ganz klassisch behandelten Pauken. Doch bereits 1935 schrieb Strawinsky in *Chroniques de ma vie:* «Ich habe den ganz deutlichen Eindruck, daß ich mich in meinen während der letzten fünfzehn Jahre geschriebenen Kompositionen von der großen Masse meiner Zuhörer eher entfernt habe. Sie erwarteten etwas anderes von mir . . . gewohnt an die Sprache dieser Werke *(Feuervogel, Les Noces,* neben den bereits genannten) . . . können oder wollen sie mir auf dem Weg meines musikalischen Denkens nicht folgen». Es verblüfft gewiß, daß der Komponist, der in den ersten Jahren mit jedem Werk Stil und Normen des vorangegangenen umzustoßen pflegte, bereits am 1919, als er das Ballett *Pulcinella* auf Themen Pergolesis schrieb, sich immer stärker in neoklassischen Bahnen bewegte, obwohl es gerade ihm mit der Polytonalität des *Sacre* gelungen war, in Paris und der gesamten europäischen Presse dank der kühnen Rhythmen und der Klanggewalt einen unvergessenen Skandal zu erregen. Während er sich gegen jene wandte, die er «die Zopfträger der Avantgarde» zu nennen beliebte, wollte oder konnte er die Neuheit und fast Unausweichlichkeit der Schönbergschen Tonsprache nicht sehen und näherte sich erst in den fünfziger Jahren, nach dem *Wüstling,* der atonalen, seriellen Technik der Wiener Schule. Dem Geist dieser Oper entspricht jedoch die Kristallisierung des Strawinskyschen Stils durchaus in der Spannung, die eigenen schöpferischen Kräften im ständigen Vergleich mit der gesamten Tradition der Oper zu messen.

RB

Entwurf von Fernand Léger zu «Bolivar» von Darius Milhaud, 1950. Paris, Bibliothèque de l'Opéra.

DIE GESCHICHTE EINER MUTTER
(La storia di una mamma)

Musikalische Erzählung in einem Akt von Roman Vlad (geb. 1919). Libretto von Gastone da Venezia nach der gleichnamigen Novelle von Hans Christian Andersen (1805–1875). Uraufführung: Venedig, 7. Oktober 1951.

1951

PERSONEN. Die Mutter (Sopran), ein Erzähler, Mimen und Tänzer.

HANDLUNG. Die Mutter versucht ihr Kind dem Tod, der es geraubt hat, zu entreißen. Sie nimmt alle Opfer auf sich, muß sich aber am Ende doch in Gottes Willen fügen. Der Tod führt das Kind in das unbekannte Land und der Mutter bleibt nur das Gebet.

● Als Rundfunkoper konzipiert, erhielt das Werk auch eine konzertante Fassung und eine für Stimme und Klavier.   EP

BILLY BUDD

Oper in einem Prolog und vier Akten von Benjamin Britten (1913–1976). Libretto von Edward Morgan Forster und Eric Crozier nach dem gleichnamigen Roman von Herman Melville (1891). Uraufführung: London, Covent Garden, 1. Dezember 1951. Solisten: P. Pears, Th. Uppmann, F. Dalberg. Dirigent: Benjamin Britten.

HANDLUNG. An Bord des Kriegsschiffs «Indomita» im Sommer 1797. Es war das Jahr der berühmten Meutereien, wie der auf der «Spithead» und der «Nore», als die Mannschaften auf den britischen Kriegsschiffen unter besonders schweren Bedingungen litten. Der aufgestaute Groll der Männer war durchaus gerechtfertigt. Da die Regierung weitere Auswirkungen der französischen Revolution fürchtete, konzentrierte sie alle Kräfte auf den Krieg gegen Frankreich. Die «Indomita» ist auf dem Weg ins Mittelmeer, um sich dort der englischen Flotte anzuschließen. Wie so oft ist die Mannschaft unterbesetzt und als man ein Handelsschiff kreuzt (das den bezeichnenden Namen «Die Menschenrechte» trägt) wird eine Abordnung an Bord gesandt, um Männer mehr oder weniger freiwillig für die englische Kriegsmarine anzuwerben. Zu ihnen gehört Billy Budd, ein naiver, allen sympathischer junger Mann, den allein der Zeugmeister John Claggart nicht ausstehen kann. Voller Haß und unversöhnlicher Mißgunst beginnt er ihn zu verfolgen. Claggart ist pervers und setzt alles daran, Billy Budd zu korrumpieren und ins Unglück zu stürzen, endlich versucht er, ihn zur Meuterei anzustiften und verklagt ihn vor Kapitän Vere, einem redlichen, von seinen Offizieren und der Schiffsmannschaft geachteten Mann. Dieser ahnt die Wahrheit und läßt beide Männer zu einem Gespräch in seine Kajüte kommen. Hier stottert Billy ungeschickt, da er verlegen ist und sich in eine Falle gelockt und auf unrühmliche Weise betrogen fühlt; schließlich kann er sich nicht länger beherrschen und streckt Claggart mit einem Faustschlag nieder, von dem dieser sich nicht mehr erhebt. Der Kapitän weiß, daß Billy Budd nicht eigentlich schuldig ist, doch nach geltendem Kriegsrecht muß er das Standgericht einberufen, das Billy zum Tode verurteilt. Bei Sonnenuntergang wird das Urteil durch Erhängen vollstreckt.

● Diese Oper weist eine in der Operngeschichte vermutlich einzigartige Besonderheit auf: es gibt in ihr keine weiblichen Partien. Sie wurde Britten vom British Art Council in Auftrag gegeben. Am 9. Januar 1964 wurde an Covent Garden auch eine spätere Fassung in zwei Akten aufgeführt. 1948 vertonte bereits Ghedini diesen letzten, 1924 posthum veröffentlichen Roman Melvilles.   MS

BOULEVARD SOLITUDE

Lyrisches Drama in sieben Bildern von Hans Werner Henze (geb. 1926). Libretto von Grete Weil nach «Histoire de chevalier Des Grieux et de Manon Lescaut» von A.F. Prévost (1697–1763). Uraufführung: Hannover, Landestheater, 17. Februar 1952. Solisten: Sigfrid Claus, Walter Buckow, Theo Zilliker. Dirigent: Johannes Schüler.

PERSONEN. Manon Lescaut (hoher Sopran), Armand Des Grieux, Student (lyrischer Tenor), Lescaut, Manons Bruder (Spielbariton), Francis, Armands Freund (Bariton), Lilaque Vater, ein reicher Herr (hoher Buffotenor), Lilaque Sohn (Bariton), eine übelbeleumdete Frau (Tänzerin), Diener Lilaques Sohn (Pantomime), zwei Kokainsüchtige (Tänzer), ein Zigarettenverkäufer (Tänzer), ein Blumenmädchen (Tänzerin).

HANDLUNG. Erstes Bild. In einer Bahnhofshalle. Gegenwart. Zwei Studenten, Armand und Francis, sitzen an einem Kaffeehaustischchen. In der Nähe sitzt Manon mit ihrem Bruder Lescaut, der sich erhebt, um an die Theke zu gehen. Manon und Armand fangen ein Gespräch an; das Mädchen wird von ihrem Bruder in ein Pensionat nach Lausanne begleitet, doch sie fühlt sich allein und will nicht abreisen. Auch Armand fühlt sich allein und Manon beschließt, ihm nach Paris zu folgen. Lescaut greift nicht ein, um die Schwester zurückzuhalten. Zweites Bild. Eine Mansarde in Paris. Armand und Manon sind in wirtschaftlichen Schwierigkeiten, da der Vater des Studenten ihm kein Geld mehr schickt, und Armand bittet seine junge Freundin, bei Francis Geld zu leihen. Während Armand sich anzieht, tritt Lescaut ein. Er hat einen älteren, aber reichen Herrn gefunden, der für Manon sorgen könnte: sie braucht nur ans Fenster zu treten und ihm ein Zeichen zu machen. Armand kommt wieder herein und verabschiedet sich für kurze Zeit von Manon. Unter dem

«Die Verurteilung des Lukullus» von Paul Dessau in einer Inszenierung der Deutschen Staatsoper in Berlin, 1966.

Druck ihres Bruders nimmt Manon seinen Vorschlag an. Drittes Bild. Salon im Hause Lilaque Vater. Manon schreibt einen Brief an Armand, in dem sie erklärt, sie wolle ihn wiedersehen. Lescaut kommt herein, zerreißt den Brief und fordert Geld. Da Manon keines hat, bricht er den Tresor auf und leert ihn. Lilaque kommt herein, schöpft Verdacht, entdeckt den Diebstahl und jagt die beiden jungen Leute fort. Viertes Bild. Universitätsbibliothek. Francis erzählt Armand, er habe Manon mit einem anderen Mann gesehen; sie und ihr Bruder seien aus Lilaques Haus hinausgeworfen worden. Armand, der glaubt, Manon sei Opfer Lilaques, verteidigt sie gegenüber Francis. Während sie Catulls Verse über Lesbias Untreue rezitieren, kommt Manon und setzt sich neben Armand. Fünftes Bild. Eine übelbeleumdete Bar. Armand ist süchtig. Lescaut kommt mit Lilaque Sohn auf der Suche nach Manon herein. Der junge Lilaque ist in sie verliebt und ihr Bruder versichert ihm, daß sie ihn nicht zurückweisen werde. Während Armand im Drogenrausch sich für Orpheus hält, der seine Eurydike befreien muß, entfernt sich Manon, die inzwischen in die Bar getreten ist, mit Lilaque. Eine Karte für Armand sagt ihm, daß Manon ihn am nächsten Tag in Abwesenheit Lilaques in dessen Haus erwartet. Sechstes Bild. Zimmer im Hause Lilaque Sohn. Armand muß gehen, da Lilaque Sohn von einem Augenblick auf den anderen zurückkommen kann, und nimmt traurig von Manon Abschied. Lescaut, der Armand zum Aufbruch drängt, sucht nach Wertvollem und nimmt ein modernes Bild aus dem Rahmen. Doch Lilaque Vater kommt hinzu, Armand und Lescaut verbergen sich im Schlafzimmer, während Manon sich liebenswürdig zeigt und Lilaque Vater bittet, sie wieder liebevoll zu behandeln. Lilaque ist durchaus willig und will unbedingt mit ihr ins Schlafzimmer. Trotz Manons Widerstand betritt er es und entdeckt dort nicht nur den Diebstahl, sondern auch Armand und Lescaut. Nun läßt er durch den Diener die Polizei rufen und versucht, die drei an der Flucht zu hindern. Lescaut drückt seiner Schwester eine Pistole in die Hand, Manon schießt und tötet Lilaque Vater, während Lescaut mit dem Bild flüchtet. Lilaque Sohn kommt herein und findet seinen Vater tot, und Manon mit Armand verstört vor. Siebentes Bild. Vor einem Gefängnis. Armand wartet auf Manon, die in ein anderes Gefängnis verlegt werden soll. Für sie gibt es keine Hoffnung auf Rettung mehr. Von den Wachen begleitet, sieht Manon an Armand vorbei, der allein auf dem Platz zurückbleibt.

● Henzes musikalischer Eklektizismus, der in *König Hirsch* noch ausgesprochener werden sollte, ist auf schöpferisch erneuernde Weise bereits in *Boulevard Solitude,* der im Paris der fünfziger Jahre spielenden Geschichte Manon Lescauts, vorhanden. Es trifft wohl zu, daß es Henze mit dieser Partitur gelungen ist, die Zwölftonmusik einem breiteren Publikum zugänglich zu machen und nachzuweisen, daß sie nicht allein eine reine intellektualistische Spekulation ist, gleichzeitig muß aber auch gesagt werden, daß die musikalische Atmosphäre, die subtilen Tonalitäten, die geschickte Verwendung der Harmonie und der Einsatz der stimmlichen Mittel (vom gesprochenen Wort bis zu einem Wiederaufgreifen der Arien Puccinis) diese Oper mit Phantasie und Schönheit erfüllen. Von 1950 bis 1951 in Paris komponiert, gibt *Boulevard Solitude* Atmosphäre und kulturelles Umfeld jener Jahre wieder. Die Erzählung, die niemals moralistisch gesehen ist, räumt der Musik die Aufgabe des Kommentars und der Beschreibung ein; ihr Ergebnis resultiert aus einer Mischung heterogenster Elemente aus Oper und Ballett. Der bei ihrem Erscheinen begeistert aufgenommenen Oper gelingt es

«Der Wüstling» von Igor Strawinsky. Aufnahme aus der Uraufführung am Teatro La Fenice in Venedig aus dem Jahre 1951.

mit ihren Dissonanzen und sanften Klängen die Kluft zu zeigen, die zwischen Armand und der Welt sich aufgetan hat, und in Manon ein Beispiel dafür zu erbringen, wie schwierig es ist, in einer von Geld, Gier und Unverständnis beherrschten Welt zu lieben und zu leben.   LB

AMAHL UND DIE NÄCHTLICHEN BESUCHER
(Amahl and the Night Visitors)

Religiös-märchenhafte Oper in einem Akt von Gian-Carlo Menotti (geb. 1911). Libretto vom Komponisten nach der berühmten «Anbetung der heiligen drei Könige» von Hieronymus Bosch. Komponiert im Auftrag der National Broadcasting Company in New York, Erstsendung am 24. Dezember 1951. Szenische Uraufführung: Universität Indiana, 21. Februar 1952. Solisten: Chet Allen, Rosemary Kuhlman. Dirigent: Thomas Schippers.

PERSONEN. Amahl, ein hinkender Junge von etwa zwölf Jahren (Knabenstimme), seine Mutter (Sopran), Kaspar, etwas schwerhörig (Tenor), Melchior (Bariton), Balthasar (Baß), ein Page (Baß).

HANDLUNG. Es ist Abend. Auf der Schwelle der Hütte ruft die Mutter Amahl, der Dudelsack spielt. Das Kind kommt herbei und erzählt, es habe einen Kometen mit einem flammenden Schweif gesehen, doch seine Mutter ist traurig und achtet nicht auf die «phantastischen» Ideen ihres Sohnes. Sie gehen schlafen, doch es klopft an die Tür. Amahl geht die Tür öffnen, wagt aber nicht zu sagen, wer Einlaß begehrt. Nun tritt die Mutter auf die Schwelle und sieht sich den prächtig gewandeten und geschmückten Heiligen drei Königen gegenüber. Sie sprechen von ihrer Reise, auf der sie der Komet auf der Suche nach einem Knaben, der geboren werden soll, geleitet hat. Einige Hirten kommen hinzu und alle feiern die Gäste. Während der Nacht versucht die Mutter etwas Gold zu stehlen. Als sie ertappt wird, gesteht die arme Frau, daß sie diesem Impuls nachgegeben habe, um ihrem unglücklichen

Sohn ein Geschenk machen zu können. Die Könige haben Verständnis für sie und überlassen ihr das Gold, da das Knäblein, dessen Geburt erwartet wird, sein Reich auf die Liebe und nicht auf Reichtümer gründen wird. Während die Hirten einen improvisierten *pas de deux* tanzen, schenkt Amahl dem künftigen König seinen einzigen Besitz, seine Krücken. Im selben Augenblick gewahrt er, daß er sie nicht mehr braucht: wie durch ein Wunder ist er geheilt! Alle nehmen an seinem Glück teil und Amahl folgt den drei Weisen auf dem Weg zu Jesus.

● Die Oper, der ein verdienter Erfolg zuteil wurde, wurde dreizehn Jahre lang am Weihnachtsabend aufgeführt. Die italienische Erstaufführung fand in Florenz am 9. April 1953 während des *Maggio musicale fiorentino* unter Leopold Stokowskys Leitung mit den Solisten Alvaro Cordova und Giulietta Simionato statt. SC

PROSERPINA UND DER FREMDE
(Proserpina y el extranjero)

Oper in drei Akten von Juan José Castro (1895–1968). Libretto von Omar del Carlo. Uraufführung: Mailand, Teatro alla Scala, 13. März 1952. Solisten: Elisabetta Barbato, Giangiacomo Guelfi, Giulietta Simionato, Cloe Elmo, Rosanna Carteri, Mirto Picchi, Giacinto Prandelli. Dirigent: Juan José Castro.

PERSONEN. Proserpina, Demetria, Marfa, Cora Fuentes, Rita, Flora, der Fremde, Porfirio Sosa, Marcial Quiroga, Rosendo, der Polizeiagent Pablo Marcelo, die Bewegung (Chor und Tenor solo), eine Gruppe Nachbarn.

HANDLUNG. In einem übelbeleumdeten Viertel von Buenos Aires wird Proserpina wieder einmal brutal von ihrem Geliebten Porfirio Sosa, der sie aus der Obhut ihrer Mutter, die auf einer Hazienda in den Pampas lebt, gerissen und hierher gebracht hat, mißhandelt. Porfirio wird daraufhin verhaftet, außerdem wirft man ihm noch andere Straftaten vor. Marcial Quiroga, ein undurchsichtiger Bursche aus der Nachbarschaft, hat ein Auge auf die alleingebliebene Proserpina geworfen: er möchte sie zu seiner Geliebten machen und sie als Verdienstquelle ausbeuten. Doch durch die Ankunft eines Fremden, der im Hause Wohnung nimmt, wird er hieran gehindert. Proserpina kehrt in die Pampas zurück, nachdem ihre Mutter gekommen ist, um sie aus Buenos Aires fortzuholen. Die Mutter möchte sie mit einem respektierlichen Mann verheiraten, doch Proserpina ist von der Erinnerung an den Fremden besessen und flieht, um nach Buenos Aires zurückzukehren und sich in seine Arme zu erfen. Plötzlich stößt der Fremde, dem eine Erinnerung aufsteigt, sie zurück, während der Schatten seiner toten Frau erscheint. Der Fremde kommt aus einer fernen Welt, die niemand begreift. Er hat sehr viel, vielleicht zu viel gelitten. Porfirio kommt aus dem Gefängnis zurück, von Rachedurst besessen, da er von Marcial von Proserpinas Verrat erfahren hat. Porfirio und Marcial töten den Fremden. Proserpina nimmt die wenigen Dinge, die dem Fremden gehörten, an sich und geht mit ihnen fort, während Porfirio vergebens versucht, sie zurückzuhalten.

● Mit *Proserpina und der Fremde* gewann der Komponist im Jahre 1952 den von der Mailänder Scala zum fünfzigsten Todestag Giuseppe Verdis ausgeschriebenen Preis. MS

*«Billy Budd» von Benjamin Britten.
London, Dezember 1964.*

LEONORE 40/45

Opera semiseria in einem Prolog und zwei Akten von Rolf Liebermann (geb. 1910). Libretto von Heinrich Strobel. Uraufführung: Basel, Stadttheater, 25. März 1952. Solisten: E. Schemionek, J. de Vries, D. Olsen. Dirigent: A. Krannhals.

PERSONEN. Huguette (Sopran), Germaine, ihre Mutter (Alt), Alfred (Tenor), Hermann, sein Vater (Baß-Bariton), Lejeune (Baß-Buffo), Monsieur Emile (Bariton), ein alter Melomane (Bariton), eine weißhaarige Melomanin (Alt), ein gebildeter Herr (Bariton), eine junge Massenet-Begeisterte (Sopran), ein Soldat (Tenor), ein Kunde (Bariton), die Patronne (Sopran), ein Kellner (Tenor), ein Ausrufer (Tenor), der erste Gerichtspräsident (Tenor), der zweite Gerichtspräsident (Baß), ein Richter (Tenor).

HANDLUNG. Die Oper spielt in der Zeit zwischen 1939 und 1947 in Frankreich und Deutschland. Während des Prologs erzählt Emil, ein auf der Erde weilender Schutzengel, daß eine Liebesgeschichte dargestellt werde, in die er nur eingreifen werde, wenn die Hauptfiguren dies notwendig haben. 1939 hört Alfred, ein mit seinem Vater an der Grenze zu Frankreich lebender Deutscher, wie im Rundfunk plötzlich die Übertragung von Beethovens «Fidelio» abgebrochen und die Mobilmachung für den Krieg angekündigt wird; auch er muß an die Front. Im Hause gegenüber erbittet eine Französin, Germaine, von ihrer Tochter Huguette Auskunft über die politische Situation. Sie, deren Mann im ersten Weltkrieg umgekommen ist, behauptet, allein der Friede und der gute Wille der Menschen seien imstande, Gegensätze zu lösen, während Huguette davon überzeugt ist, daß Frankreich das Recht auf seiner Seite hat und von Erregung über die Ereignisse erfaßt wird. Zwei Jahre später begegnen sich im von den Deutschen besetzten Paris, Huguette und Alfred während eines Konzerts. Ihre Bekanntschaft verwandelt sich in Liebe. Doch im August 1944 muß Alfred Paris mit den deutschen Truppen auf dem Rückzug verlassen. Huguette will ihn bei sich verstecken, doch Alfred weigert sich, sie in eine solche Gefahr zu bringen. Während das französische Volk die Befreiung feiert, nehmen sie Abschied voneinander. Jetzt erscheint Emil und verkündet, er müsse eingreifen, damit die Geschichte ein glückliches Ende finde. Der Krieg ist zu Ende und Huguette, die jede Spur ihres Verlobten verloren hat, ist verzweifelt auf der Suche nach ihm. Sie begegnet Emil, der ihre Liebe auf die Probe stellen will und ihr sagt, Alfred müsse bestraft werden, da er an den von den Deutschen begangenen Gewalttaten beteiligt gewesen sei. Huguette verteidigt ihn, und der Engel führt sie schließlich zu Alfred. Huguette findet in der gleichen Fabrik wie ihr Verlobter Arbeit. Nach einiger Zeit beschließen Huguette nd Alfred zu heiraten; sie erscheinen vor einem Gericht, das symbolisch die Maschinerie der Bürokratie darstellt. Die Richter behaupten, es sei für zwei Menschen, die feindlichen Völkern angehören, absolut unmöglich, einander zu heiraten. Wieder erscheint der Schutzengel: während «Fidelio» erklingt, erklärt Emil, daß Huguette wie die Heldin der Beethovenschen Oper sich ihre Liebe durch ihre Treue errungen habe und verbindet dann selbst die beiden jungen Leute miteinander.

● Bei ihrem Erscheinen fand die Oper geteilte Aufnahme bei Publikum und Presse. In ihr verwirklicht Liebermann seine Vorliebe für eine auf zwei Ebenen, einer realistischen und einer symbolischen, sich abspielende dramatische Struktur. Es geht einerseits um die Verdammung des Krieges und der Tyrannei, andererseits um eine Verherrlichung der Neuen Musik als eines Symbols einer neuen freien Menschheit.
MSM

DIE LIEBE DER DANAE

Oper in drei Akten von Richard Strauss (1864–1949). Libretto von Joseph Gregor (1888–1960). Die Partitur wurde 1940 abgeschlossen. Uraufführung: Salzburger Festspiele, 14. August 1952. Solisten: Annelies Kupper, Paul Schöffler, Josef Gnostic. Dirigent: Clemens Krauß.

HANDLUNG. Erster Akt. Pollux, König von Eos, ist hochverschuldet und möchte seine Tochter Danae mit König Midas von Lydien verheiraten. Nach Lydien reisen deshalb die vier Enkel des Pollux, die mit Semele, Europa, Alkmene und Leda, vier schönen, von Zeus geliebten Frauen verheiratet sind. Im Traum wird Danae von Zeus besucht, der in Gestalt eines Goldregens erscheint und schwört, sie werde allein demjenigen angehören, der ihr außer Gold auch die Freuden der Liebe zu gewähren imstande sei. Im Gewand des Boten Chrysopher kündigt Midas Danae die Ankunft des Prätendenten an und begleitet sie zu seinem Empfang an den Hafen. Vom Schiff steigt Zeus herab. Danae wird, von seinem Glanz geblendet, ohnmächtig. Zweiter Akt. Zeus entdeckt, daß Midas Danae liebt und verflucht ihn. Midas umarmt voller Liebesglut Danae und verwandelt sie damit in eine goldene Statue. Zeus erscheint wieder und Midas schlägt ihm vor, der Statue die Wahl zwischen dem Herrn der Götter und dem armen Maultiertreiber, der er in Wirklichkeit ist, zu überlassen. Danae wählt den irdischen Menschen, und sogleich beginnt wieder Blut durch ihre Adern zu fließen. Dritter Akt. Midas, der nun keine Macht mehr besitzt, enthüllt Danae seinen Pakt mit Zeus. Sie segnet die Armut, die sie mit dem geliebten Mann verbunden hat. Zeus möchte Danae wieder für sich gewinnen und sucht sie in Gestalt eines Vagabunden auf. Danae jedoch läßt sich nicht umstimmen und stürzt sich, als Midas nach Hause zurückkehrt, in seine Arme.

● Virtuosität der Partitur und orchestraler Glanz können in *Die Liebe der Danae* Längen und Unausgewogenheiten des Werkes, das sich im Opernrepertoire niemals durchgesetzt hat, nicht ausgleichen. Dennoch ist besonders die unvergleichliche Schönheit einer Szene im Vorspiel zum dritten Akt zu nennen, in der Zeus zum letzten Mal versucht, Danae zurückzugewinnen. Hier geht die Musik auf ein Zitat des Marschallinnenthemas im *Rosenkavalier* zurück und drückt gewissermaßen den melancholischen Verzicht des Komponisten auf jene Süße des Lebens aus, die allein die Jugend zu geben vermag. Der bereits achtzigjährige Komponist wohnte noch einer für ihn gegebenen Aufführung der Oper 1944 in Salzburg bei.
RB

TRIONFO DI AFRODITE

Szenisches Konzert von Carl Orff (geb. 1895). Libretto vom Komponisten nach Texten von Catull, Sappho und Euripides. Uraufführung: Mailand, Teatro alla Scala, 13. Februar 1953. Solisten: Nicolai Gedda, Elisabeth Schwarzkopf. Dirigent: Herbert von Karajan.

HANDLUNG. Immer wiederkehrendes Thema der dem Werk zugrundeliegenden Dichtungen ist die Liebe, stets von neuem werden von den Hauptfiguren der Gott der Ehe, Hymen, und die Göttin der Liebe und Schönheit, Venus, angerufen. Auf der Bühne folgen die Darstellungen der lateinischen und griechischen Dichtungen aufeinander. Zu Beginn scherzen während einer Hochzeitsfeier Jungen und Mädchen in einem Frage- und Antwortspiel miteinander. Der Chor fordert die Jungfrau auf, sich ihrem Mann und der Kraft der Liebe nicht zu verweigern, diese Aufforderung wird im Verlauf des Werkes immer von neuem wiederholt. Dann wird die auf die Hochzeit folgende Glückseligkeit besungen, der Ablauf der Feierlichkeiten dargestellt und der Dialog zwischen den Brautleuten. Die Liebe stürzt die von ihr Getroffenen in einen Wirbel und der Chor ruft die Musen und Venus an, mit vollen Händen Freuden über die Liebenden auszustreuen. Der Chor fordert, daß Mann und Frau sich freiwillig einander verbinden müssen, denn nur aus einer solchen Verbindung könnten Kinder geboren werden, die eine gesunde Gesellschaft entstehen lassen. Es folgt wieder ein Loblied auf die Braut, der gegenüber der Bräutigam sich aufmerksam erweisen soll; sie hingegen solle ihm das, was er von ihr verlange, nicht verweigern, da er es sich sonst bei anderen suchen würde. Das Werk schließt mit einem letzten Gesang auf die Jungvermählten.

● *Trionfo di Afrodite* gehört neben den szenischen Kantaten *Carmina burana* (Frankfurt 1937) und *Catulli Carmina* (Leipzig 1943) zu der Trilogie *I Trionfi*. Von den vertonten Texten sind zwei berühmte Dichtungen Sapphos zu nennen: eine, in der die Braut mit dem die ganze Erde überglänzenden Mond verglichen wird, und die zweite, in der Kraft und Fähigkeiten des Bräutigams besungen werden.
ABe

GLORIANA

Oper in drei Akten von Benjamin Britten (1913–1976). Libretto von William Plomer nach Lytton Stracheys Biographie in Romanform «Elisabeth und der Graf von Essex» (1928). Uraufführung: London, Covent Garden, 8. Juni 1953. Solisten: Joan Cross und Peter Pears. Dirigent: John Pritchard.

HANDLUNG. Erster Akt. Der Graf von Essex (Tenor) wartet nervös auf- und abgehend auf die Nachricht, ob sein Rivale Mountjoy (Bariton) geschlagen worden ist oder nicht. Doch dieser tritt triumphierend mit der Siegesfahne herein. Essex beleidigt ihn mit den Worten «Jeder Dummkopf hat seinen Beschützer», und es kommt zu einem Duell. Königin Elisabeth (Sopran) tritt mit dem Hof ein. Sie tadel die beiden Streithähne und fordert sie auf, sich zu versöhnen. In ihren Gemächern erklärt die Königin im Gespräch mit Lord Cecil, sie betrachte sich als mit ihrem Reich verheiratet. Anschließend trägt Essex der Königin ein Lied vor und begleitet sich selbst dazu auf der Laute (der Zeitmode entsprechend ist es ein elisabethanisches Lied). Dann bittet er Elisabeth, ihn zum Kommandanten der Expedition zu ernennen, die in Irland gegen Tyrone kämpft. Am Ende des Aktes versenkt die Königin sich ins Gebet. Zweiter Akt. Die Königin ist auf einer Reise. Die Bürger von Norwich erfreuen Elisabeth mit einer Tanzdarbietung. Die nächste Szene spielt in einem Garten, in dem sich Mountjoy, nun ein gefährlicher Freund Essex', befindet. Mountjoy und Lady Rich (Sopran) bereiten einen Staatsstreich vor. Es folgt ein Hofball in Whitehall. Lady Essex fürchtet durch ihre Eleganz den Zorn der Königin heraufzubeschwören. Als Elisabeth eintrifft, wird die Atmosphäre eiskalt. Die Damen ziehen sich zurück um sich umzukleiden, und die Königin legt das gerade von Lady Essex getragene Kleid an. Damit demütigt sie sie öffentlich und verschwindet anschließend. Als sie zurückkommt, befiehlt sie Essex vor sich und ernennt ihn zum Befehlshaber der militärischen Expedition in Irland. Dritter Akt. Essex kommt aus Irland zurück und eilt überstürzt in das Schlafgemach der Königin, wo diese sich ohne Perücke aufhält. Sie macht ihm eher kummervolle als zornige Vorwürfe, ruft dann jedoch Lord Cecil und läßt Essex zum Rebell erklären. Essex' Freunde und Gefolgsleute versuchen umsonst, die gleichgültige Bevölkerung zu einer Reaktion zu bringen.

● Diese Oper ist ein Auftragswerk des britischen Art Council zu den Krönungsfeierlichkeiten für Elisabeth II. und wurde an einem Galaabend in Anwesenheit der Königin an Covent Garden uraufgeführt. Sie ist gewissermaßen Brittens offizielle Anerkennung als erster Komponist Englands. MS

DER PROZESS

Oper in zwei Teilen und neun Bildern von Gottfried von Einem (geb. 1918). Libretto von Boris Blacher und Heinz von Cramer nach dem Roman von Franz Kafka. Uraufführung: Salzburger Festspiele, 20. August 1953. Solisten: Antonio Annaloro, Elena Rizzieri, Fernando Piccinni. Dirigent: Artur Rodzinski.

PERSONEN. Josef K. (Tenor), der Student (Tenor), Titorelli (Tenor), der Untersuchungsrichter (Bariton), der Inspektor (Bariton), der Priester (Bariton), Albert K. (Baß), Willem (Baß), Franz (Baß), der Schläger (Baß), der Pförtner (Baß), der Fabrikant (Bariton), der stellvertretende Direktor (Tenor), der Kanzleidirektor (Baß), ein Passant (Bariton), ein Junge (Tenor), drei Jünglinge (Tenor, Baß, Bariton), drei Herren (Tenor, Bariton, Baß), erster Herr (Sprechrolle), Fräulein Bürstner (Sopran), die Frau des Pförtners (Sopran), Leni (Sopran), Frau Grubach (Mezzosopran), ein buckliges Mädchen (Sopran). Publikum, Soldaten, Mädchen und andere.

HANDLUNG. Erster Teil. Im Jahre 1919. Josef K. schläft in seinem Zimmer. Er erwacht und läutet: zu seinem Erstaunen erscheinen zwei Herren, die ihm mitteilen, er sei verhaftet. Allerdings erklären sie ihm weder welcher Straftat man ihn beschuldigt, noch wer sie gesandt hat. Kurz darauf teilt der Inspektor Josef K. mit, daß er verhaftet sei, aber dennoch seiner Arbeit in der Bank nachgehen könne. Im Zimmer von Fräulein Bürstner spricht Josef K. zunächst mit der Pensionswirtin und entschuldigt sich bei ihr für die morgendliche Störung, die durch die Ankunft der beiden Herren verursacht wurde, dann erzählt er dem Fräulein den Vorfall. Sie bietet ihm ihre Hilfe für den Prozeß an, da sie gerade eine Stelle bei einem Rechtsanwalt antreten wird. Auf seinem nächtlichen Heimweg hat Josef seltsame Begegnungen und den Eindruck, er werde von allen verfolgt. Der Prozeß verläuft in einer absurden Atmosphäre: Fragen, Antworten, anwesende Personen erscheinen irreal. Im Hauseingang befindet sich eine Abstellkammer: in dieser warten Willem und Franz, die auf Anordnung des Gerichts von einem Mann Schläge erhalten sollen. Josef versucht umsonst, dies zu verhindern. Ein Passant auf der Treppe sagt ihm, er habe sich sofort in der Gerichtskanzlei einzustellen und weist ihn darauf hin, daß es besser sei, dieser Aufforderung nachzukommen, wenn er seine Lage nicht verschlechtern wolle. Josef K.'s Onkel will ihm einen Rechtsanwalt vorstellen, der ihm helfen kann. Doch der Anwalt sagt, er könne nicht viel tun, da Josef sich vor dem Gericht nicht korrekt verhalten habe. Leni, die Sekretärin des Anwalts, versucht Josef K. auf sich aufmerksam zu machen und bietet ihm ebenfalls ihre Hilfe an. Josef K. macht sich Sorgen wegen seines Prozesses und kann in der Bank nur schlecht arbeiten. Ein Industrieller, der von seinem Fall gehört hat, gibt ihm eine Empfehlung für den Maler Titorelli, der Bildnisse für die Richter des Tribunals anfertigt; er könnte der Richtige sein und Josef K. helfen. Titorelli erklärt ihm, sein Eingreifen würde nur zu einem vorgeblichen Freispruch führen, da niemand je einen wahren Freispruch erlange. Und angesichts eines falschen Freispruchs könne der Prozeß jederzeit wieder aufgenommen werden. Es sei ebensogut, eine Vertagung zu beantragen, so werde man niemals verurteilt: «aber auch nicht freigesprochen» ist Josef K.'s Antwort, bevor er geht. In einer Kathedrale wartet er auf jemanden, wird jedoch vom Gefängniskaplan gerufen: dieser warnt ihn: sein Prozeß werde schlecht ausgehen. In der Kirche wird es dunkel, Josef K. findet den Ausgang nicht. Zwei Herren treten neben ihn und geleiten ihn zwischen sich auf dem Weg, den er wie ein Automat zurücklegt. Der eine der Herren zieht einen Dolch hervor, der andere nimmt ihm die Jacke ab und öffnet sein Hemd. Das alles geschieht schweigend und im Dunkeln.

● Bei den Salzburger Festspielen wurde die Oper freundlich aufgenommen und von der Kritik gelobt, doch bei der Erstaufführung im Herbst 1953 in den Vereinigten Staaten war die Reaktion eher kühl. Kafkas Vorlage ist für die Darstellung auf dem Musiktheater tatsächlich auch nicht recht geeignet; jedenfalls entsprach nach Auffassung der Kritik von Einems Vertonung nicht dem literarischen Text. MS

BOXKAMPF
(Partita a pugni)

Konzertdrama in einer Einführung und drei Runden von Vieri Tosatti (geb. 1920). Libretto vom Komponisten. Uraufführung:

Venedig, Teatro la Fenice, 8. September 1953. Solisten: Rolando Panerai, Agostino Lazzari. Dirigent: Nino Sanzogno.

HANDLUNG. Das Werk spielt in einer Sporthalle am Stadtrand zur heutigen Zeit. Ein wichtiger Boxkampf soll beginnen. Palletta (Bariton), der seines Körperumfangs wegen diesen Namen trägt, ist der Favorit der Zuschauer. Die beiden Boxer steigen in den Ring: Palletta siegesgewiß, der Gegner (Tenor) tölpisch und eingeschüchtert. Der Schiedsrichter läßt anfangen, zunächst ist Palletta im Vorteil und greift an. Die Zuschauer feuern ihn an, er solle seinen Gegner nicht schonen, der sich in die Ecke gedrängt sieht und sich immer mühsamer gegen die Schläge wehrt. In der dritten Runde verhalten sich beide Boxer unkorrekt und werden getrennt; doch plötzlich nutzt Pallettas Gegner einen unbewachten Augenblick und läßt ihn durch einen schweren Hieb auf den Boden gehen. Unter den Pfiffen der wütenden Menge erklärt der Schiedsrichter (Sprechrolle) Palletta für besiegt.

• Der *Boxkampf* geht auf L. Conoscianis gleichnamiges Drama zurück. In diesem Werk gab der Komponist seinem lebhaften Geist und seinem zum Satirischen und Paradoxen neigenden Talent, die ihn immerhin nicht ausschließlich im Bereich des traditionellen Musiktheater verharren lassen, freien Raum. Es ist zweifellos Tosattis dauerhaftester Erfolg auf dem Theater. Als Komponist versuchte Tosatti stets über die gewisse Isolierung, in der sich die Musik befand, hinauszugelangen, indem er sie mit anderen Ausdrucksformen (wie dem Wort) verband. Abgesehen von dem ungewöhnlichen Thema erscheint das Werk als eine knappe, logisch ablaufende bittere Farce. FP

DAVID

Oper in fünf Akten und zwölf Bildern von Darius Milhaud (1892–1974). Libretto von Armand Lunel, nach dem ersten und zweiten «Buch Samuel» und dem «Buch der Könige». Uraufführung: Mailand, Teatro alla Scala, 2. Januar 1954. Solisten: Anselmo Colzani, Italo Tajo, Carlo Badioli, Maria Amadini, Marcella Pobbe, Nicola Rossi Lemeni, Jolanda Gardino. Dirigent: Nino Sanzogno.

PERSONEN. Samuel (Baß), Jesse (Bariton), Jesses Frau (Alt), die sieben Schwestern Davids, Davids Brüder: Eliab (Bariton), Abinadab (Bariton), Shamma (Tenor), David (Bariton), Abner (Baß), Saul (Bariton), Goliath (Baß), Jonathan (Tenor), Michol (Sopran), Abissai (Tenor), der Priester Abiathar (Bariton), Abigail (Mezzosopran), die Dienerin Abinoam (Mezzosopran), die Seherin von Ednor (Alt), der Amalezither, Bote (Tenor), vier Wächter des Davidsthrones (Sprechrollen), Joab (Bariton), die sechs Frauen Davids, jede mit einem Kind (stumme Rollen), die Heerführer Benajah (Tenor), Isoboam (Tenor), Eleazar (Bariton), der Ausguck, Solist des Chores (Bariton), Bethsaba (dramatischer Sopran), Nathan (Bariton), der Hohepriester Zadok (Baß), Ahimaaz, erster Läufer (Tenor), der Äthiopier, zweiter Läufer (Bariton), Simmei (Tenor), die Scharen von Ghibborim (Stumme), Abisag (hoher Sopran), Salomon (Knabe, Alt), Chor der Israeliten, israelitische Kinder. Die königliche Wache, die hebräischen Soldaten, die philistäischen Soldaten, die Bäuerinnen, das Volk von Jerusalem, Sänger und Mädchen um die Lade, die Frauen des Hauses David. Chor hinter der Bühne: die Wächter von Assalon, Davids Favoritinnen, die Gefolgsleute Adonjahs.

HANDLUNG. Erster Akt. Der Herr befiehlt dem Propheten Samuel, unter den Söhnen Jesses den Nachfolger Sauls auszuwählen. Die Wahl fällt auf den Dichter und Krieger David: Samuel salbt ihn mit dem geweihten Öl. Im Königszelt: Saul ist traurig, und David soll ihn durch seinen Gesang aufheitern. Aus dem Lager der Philister ist Waffenlärm zu hören und die Stimme Goliaths, der jeden, der Mut hat, auffordert, sich mit ihm zu messen. Saul verspricht seine Tochter Michol demjenigen zur Frau, der die Herausforderung annimmt. Mit der Schleuder bewaffnet, tritt David dem Riesen gegenüber und tötet ihn. Saul freut sich über den Sieg, doch in seinem Herzen entsteht Eifersucht auf David; während der Feierlichkeiten versucht er, den Helden zu töten. Michol veranlaßt David zur Flucht. David lagert am Waldrand; während der Nacht dringt er ins Lager Sauls ein und nimmt dessen Speer und Keule an sich. Der alte König muß Davids Großherzigkeit anerkennen, denn dieser hätte ihn leicht im Schlaf töten können. Er bittet ihn um Vergebung und hält ihn von neuem in seiner Nähe. Inzwischen ist Samuel gestorben; sein Schatten erscheint Saul und warnt ihn vor dem Zorn Gottes, der ihn verlassen und die Krone Israels auf David habe übergehen lassen. Kurz darauf kommen Saul und sein Sohn Jonathan auf dem Schlachtfeld ums Leben. Dritter Akt. David sitzt umgeben von seinen sechs Frauen und deren Söhnen auf dem Thron Israels. Weinend und den Tod von Vater und Bruder beklagend, nähert sich Michol. Ihr, die David stets geliebt hat, spricht er nun Trost zu und macht sie zur Königin. Es ist Gottes Wille, daß Davids Reich immer mächtiger werde. Nun ist die Zeit gekommen, eine ihm gemäße Hauptstadt zu errichten: David wählt die Zitadelle Jebus als den Ort, an dem Jerusalem, die Stadt des Friedens, entstehen wird. Vierter Akt. In der Zitadelle von Zion wird in feierlichem Zug die Lade zum Tabernakel geleitet. Barfuß und in ärmlichen Kleidern tanzt David vor dem Tabernakel. Michol sieht voll hochmütiger Ablehnung zu, und Gott straft sie mit Kinderlosigkeit. Inzwischen hat David Bethsaba, das Weib des Urias, zu sich genommen, für diese Tat straft Gott ihn durch den Tod ihres Erstgeborenen. Doch es wird ein zweiter Sohn geboren: es ist Salomon, der zum Lieblingssohn seines Vaters wird. Ein Anderer Sohn Davids, Absalom, will ihn verdrängen und erhebt die Stämme Israels gegen ihn. David schlägt die Erhebung nieder. Absalom, dessen Haar sich in den Zweigen des Waldes verfangen hat, stirbt. Fünfter Akt. David ist alt geworden, die junge Sklavin Abisag ist ihm Trost und Augenweide. Es ist der Augenblick gekommen, in dem die Prophezeiung sich erfüllen und Salomon ihm auf den Thron Israel folgen wird. Während David sich umgeben von seinen wehklagenden Frauen darauf vorbereitet, aus diesem irdischen Leben zu gehen, wird an der Quelle Gibon die heilige Salbung vorgenommen, während das Volk dem Kind Salomon, König von Israel, zujubelt und David als den Gründer Jerusalems preist.

• Das Werk wurde zum «King David Festival» komponiert und am 1. Juni 1954 in Jerusalem uraufgeführt. In dieser Oper des französischen Komponisten, die zu seinen bedeutendsten Werken zählt, sind Seiten unvergleichlichen lyrischen und dramatischen Reichtums enthalten. Um die Aktualität der Bibel im Zusammenhang mit den tragischen Geschehnissen unserer Zeit zu betonen, stellte Milhaud neben den Chor der Israeliten, die das Bühnengeschehen komentieren, einen «Chor der Israelis 1954», der die Analogie heutiger Situationen zu jenen der Vergangenheit darstellt. SC

1954

Bühnenbildentwurf von Fenneker zur Uraufführung des «Trionfo di Afrodite» von Carl Orff, 1953.

DAS ZÄRTLICHE LAND
(The tender Land)

Oper in drei Akten und drei Bildern von Aaron Copland (geb. 1900). Libretto von Horace Everett. Uraufführung: New York, City Opera, 1. April 1954.

HANDLUNG. Die Oper spielt um das Jahr 1930 im Monat Juli. Die bis dahin von ihrer Mutter (Alt) und dem Großvater (Baß) vor allen Unbilden behütete Laurie Moss (lyrischer Sopran) ist dabei, ihr Abschlußexamen an der Oberschule abzulegen, als zwei wandernde Landarbeiter von zweifelhafter Moral, Martin (Tenor) und Top (Bariton) sich auf dem Gutshof verdingen. Laurie verliebt sich Hals über Kopf in Martin. Die Liebenden beschließen, am Morgen der Verteilung des Abschlußzeugnises, der ein Fest zu Ehren von Laurie im Hause Moss folgen soll, zu fliehen. Doch Top überzeugt Martin, daß ihr Wanderleben nichts für Laurie ist und mit einer Ehe nicht zusammenpassen würde. Die beiden jungen Männer machen sich so vor Tagesanbruch aus dem Staub. Enttäuscht und gekränkt verläßt Laurie dennoch das Haus, um sich der Obhut der Mutter zu entziehen und sich selbst ein Leben aufzubauen. Die Mutter ergießt nun ihre besitzergreifende Fürsorge über Lauries jüngere Schwester, so daß der Kreislauf von vorn beginnt.

● Diese Oper war ein Auftrag von Rodgers und Hammerstein zum dreißigsten Jahrestag der Gründung der *League of Composers*. Copland erreichte im Ausland nicht die gleiche Beliebtheit wie in seiner Heimat, den Vereinigten Staaten, wobei dies um so merkwürdiger erscheint, als er auch dank seines Einbezogenseins in die Krise der Musik unseres Jahrhunderts für einen der repräsentativsten Komponisten Amerikas gilt.   MS

CHRISTOPHORUS COLUMBUS
(Christophe Colomb)

Oper in zwei Teilen und siebenundzwanzig Bildern von Darius Milhaud (1892–1974). Libretto von Paul Claudel (1868–1955). Uraufführung: Berlin, Staatsoper, 5. Mai 1930 (deutscher Text von R.S. Hoffmann).

PERSONEN. Christophorus Columbus (Bariton), der Erzähler (Sprechrolle), Christophorus Columbus II (Bariton), der Schatten des Christophorus Columbus (Baß), Isabella (Sopran), der König von Spanien (Baß), die Frau des Columbus (Sopran), die Mutter des Columbus (Mezzosopran), der Majordomus (Tenor), der Zeremonienmeister (Tenor), der Koch (Tenor), der Bote (Bariton), der Kommandant (Baß), ein Offizier (Bariton), der Abgesandte der Matrosen (Tenor), der Ankläger (Tenor), die Verteidiger (Bariton, Tenor, Baß), der empfangende Offizier (Bariton), der Anwerber (Tenor), der Henker (Bariton), eine Stimme vom Mast (Tenor), die drei Gitarristen (Tenor, Bariton, Baß), die drei Gläubiger (Tenor, Bariton, Baß), die drei Weisen (Tenor, Bariton, Baß), einer der Wissenden (Bariton), der Besitzer der Herberge (Baß), der Bursche der Herberge (Tenor), vier Dämonen (Baß, Baß, Tenor, Bariton), drei Gottheiten (Tenor, Bariton, Baß), die Herzogin von Medina Sidonia (Sopran), der Sultan Mirandolin (Tenor), Chor.

HANDLUNG. Die Oper spielt von der Mitte des fünfzehnten bis in die ersten Jahre des sechzehnten Jahrhunderts. Erster Teil. Der Erzähler beginnt aus dem Leben Christophorus Columbus' vorzulesen. Gleichzeitig kommentiert der Chor. Auf einer Leinwand erscheint die Herberge von Valladolid, in der Columbus alt und krank auf seinem Maultier ankommt. Auf der Bühne nimmt eine Art Prozeß der Ereignisse, die zur Entdeckung Amerikas führten, seinen Anfang. Ankläger und Verteidiger führen ihre Gründe an; vier Damen, die Neid, Unwissenheit, Eitelkeit und Geiz darstellen, führen vier Quadrillen von Tänzern an, bis ein Schwarm Tauben sie zerstreuen. Auf der Leinwand erscheint nun Isabella von Kastilien als kleines Mädchen in ihrem Garten und von ihren Damen umgeben; der Sultan Mirandolin schenkt ihr eine Taube, Isabella streift ihren Ring über das Füßchen und läßt sie frei. Columbus befindet sich jetzt in Genua, er ist jung und träumt von den Entdeckungen Marco Polos, doch eine Stimme fordert ihn auf, den Blick aufs Meer zu lenken. Der Erzähler setzt seinen Vortrag fort: Columbus ist zu den Azoren gelangt. Auf der Leinwand erscheint Columbus in Lissabon: er ist verheiratet, führt Geschäfte, hat aber noch nicht auf seinen Traum verzichtet. Dem König legt er seinen Plan dar; ein Weiser und ein Wissenschaftler bestreiten seine Behauptungen: die Erde sei nicht rund, und man könne den Osten nicht im Westen suchen. Isabella befindet sich in ihrem Beetsaal, auf der Leinwand laufen die glorreichen Ereignisse ihres Reiches ab. Die Königin empfängt Kolumbus. Im Hafen on Cadix wird fieberhaft daran gearbeitet, die Schiffe «La Pinta», «La Nina», und die «Santa Maria» für die große Fahrt auszurüsten. Der Erzähler beschreibt die Dämonen des präkolumbianischen Amerikas, die alle Gewalten entfesseln, um das baldige Ende ihrer Herrschaft zu verhindern. Columbus ist auf dem Seeweg nach Amerika, die Mannschaft meutert, und der Kommandant fordert noch einmal drei Tage um nach Westen zu segeln; eine Taube erscheint und der Ausguck sieht Land. Zweiter Teil. Der Erzähler fährt fort: In Spanien wird Columbus im Triumph empfangen, doch der König und seine Berater betrachten ihn voller Argwohn; sie fordern Rat von drei Weisen: «macht ein Diener mehr von sich

Sylvia Fisher in Benjamin Brittens «Gloriana» am Sadler's Wells Theatre in London, Oktober 1966.

reden als sein Herr, wird es Zeit, ihn zu beseitigen». Im Laderaum eines Schiffes: Columbus ist an den Fuß des Großmastes gefesselt, der Sturm tobt, und der Kapitän bittet ihn um Hilfe. Columbus besänftigt die Elemente durch seine Worte, hat damit aber die Gottheit versucht. Die Bühne verdunkelt sich: Columbus ist inmitten seines eigenen Gewissens. Auf der Leinwand folgen Scharen hingemordeter Indios, aneinandergeketteter schwarzer Sklaven, Matrosen und Seeleute, die für ihr Leben Rechnung fordern, aufeinander, ebenso wie Frau und Mutter des Columbus, die er verlassen hat und sein «zweites Ich», das ihm vorwirft, er habe die ihm von der Gottheit anvertraute Aufgabe nicht zu Ende geführt. Der Erzähler fährt fort: Columbus ist von neuem in Spanien; ein Bote berichtet ihm, Isabella sei gesundet; sie wünsche, er solle die vergangenen Leiden vergessen und endlich seinen Lohn empfangen; das Leichenbegängnis der Königin zieht über die Bühne. Auf der Leinwand erscheint wie zu Anfang der Garten, mit Isabella als Kind, den Damen, dem Sultan Mirandolin, alles leuchtet in einem silbernen Licht. Isabella erinnert sich der Taube, die sie freiließ und die nicht mehr zurückkehrte; sie denkt an ihren Freund Columbus und läßt nach ihm suchen. Columbus ist weder in den Palästen noch in den Wohnungen der Mächtigen zu finden, sondern in der elenden Herberge in Valladolid und sendet der Königin sein altes Maultier zum Geschenk. Auf dem mit glänzenden Draperien behangenen Tier zieht die Königin über einen Amerika darstellenden Teppich ins Himmelreich ein. Im Hintergrund ist die Erde zu sehen, aus der eine Taube emporsteigt.

● Diese Oper ist die erste der südamerikanischen Trilogie zu der auch *Maximilian* (1932) und *Bolivar* (1950) gehören. Es geht um eine religiöse Allegorie, die durch eine außerhalb von Zeit und Raum stehende Szenenabfolge und eine sozusagen auf unterschiedlichen tonalen Ebenen geschriebene Musik, durch die sich die Gleichzeitigkeit der Ereignisse ausdrückt, dargestellt wird. Als szenische Hilfsmittel griff der Komponist zum gleichzeitigen Einsatz von Erzähler, Filmprojektion und kommentierendem Chor. Sie ist gewiß die reifste seiner Choropern. «In *Christophorus Columbus*», so schreibt Paul Collaer, «haben wir den ganzen Milhaud. Diese Oper ist die Synthese seiner vorangegangenen Arbeiten und seiner ganzen, in andere Dramen geflossenen Sensibilität. *Christophorus Columbus* ist eine musikalische Summa.» SC

EINE EINLADUNG ZUM ESSEN
(A Dinner Engagement)

Komische Oper in einem Akt von Lennox Berkeley (geb. 1903). Libretto von Paul Dehn. Uraufführung: Aldeburgh, 17. Juni 1954.

● Diese Oper erzählt in modern empfundener Komik die Machenschaften einer verarmten Familie, um die Heirat der Tochter mit einem Prinzen herbeizuführen. Diese Heirat kommt schließlich auch zustande, allerdings auf ganz andere Weise als ursprünglich geplant. GP

PENELOPE

«Opera semiseria» in zwei Akten von Rolf Liebermann (geb. 1910). Libretto von Heinrich Strobel. Uraufführung: Salzburg, Festspielhaus, 17. August 1954. Dirigent: Georg Szell.

● Es handelt sich um eine moderne Adaptierung der antiken Sage von Odysseus und Penelope. Die Oper spielt auf zwei Ebenen: der griechische Mythos greift mit seinen Gestalten direkt in die Erzählung einer Begebenheit aus dem letzten Krieg ein: eine Frau glaubt, ihren Mann verloren zu haben und verheiratet sich wieder. Doch bald erfährt sie, daß ihr Mann noch lebt. Während beide einander entgegeneilen, stirbt der Mann tatsächlich. Die Frau kehrt zu ihrem zweiten Mann zurück, doch als sie ins Haus tritt, hat er sich das Leben genommen. Die Musik enthält erschütternde und bewegende Momente, wie in der Szene zwischen Odysseus und Penelope. MSM

DIE SÜNDIGEN ENGEL
(The Turn of the Screw)

Oper in einem Prolog und zwei Akten von Benjamin Britten (1919–1976). Libretto von Myfanwy Piper, nach einer Kurzgeschichte von Henry James (1898). Uraufführung: Venedig, Teatro La Fenice, 14. September 1954. Solisten: David Hemmings, Olive Dyer, Arda Mandikian, Peter Pears. Dirigent: Benjamin Britten.

PERSONEN. Der Erzähler (Tenor), die Erzieherin (Sopran), Miles und Flora, die ihr anvertrauten Kinder (Kinderstimmen Sopran), Frau Grose, Hausangestellte (Sopran), Peter Quint, Diener der vergangenen Zeit (Tenor), Fräulein Jessel, die frühere Erzieherin (Sopran).

HANDLUNG. Prolog. Vom Klavier begleitet berichtet der Erzähler die Vorgeschichte. Sie wurde auf einem vergilbten Stück Papier von einer Erzieherin zweier verwaister Kinder, die diesen Auftrag in London von deren Vormund übernommen hatte, aufgezeichnet. Der Vormund war ein durch Geschäfte, Reisen, Gesellschaftsleben sehr in Anspruch genommener Mann, der es zur Bedingung gemacht hatte, sich nie um die Kinder und ihre Probleme kümmern zu müssen: alles was sie betraf, sollte in den Händen der Erzieherin liegen. Erster Akt. Die Geschichte spielt in Bly in Ostengland in einem Landhaus gegen Mitte des letzten Jahrhunderts. In Bly wird die Erzieherin von Mrs. Grose, der Haushälterin, und den Kindern Miles und Flora, die ihr Haus und Garten zeigen, in Empfang genommen. Einige Abende später sieht die Neuangekommene im Park einen Unbekannten. Nach ihrer Beschreibung erkennt die Haushälterin in ihm Peter Quint, einen alten Diener des Hauses, der einen diabolischen Einfluß auf die Kinder und die frühere Erzieherin, Miss Jessel, hatte. Beide sind tot, doch die Erzieherin und die Haushälterin erkennen bald, daß die Kinder noch immer von ihnen beherrscht werden. Von den Geisterstimmen gerufen, gehen die Kinder nachts widerstandslos in den Garten, und nur dem Eingreifen der Erzieherin gelingt es, ihre Verbindung zu den bösen Geistern zu unterbrechen. Zweiter Akt. Quint und Miss Jessel schließen einen Pakt, um die beiden Kinder moralisch zu zerstören. Es folgt eine Reihe von Episoden, in denen sich immer deutlicher der wachsende Einfluß der beiden Gespenster auf die Kinder zeigt. Flora und Miles werden immer widerspenstiger, während die beiden Frauen, in deren Obhut sie sich befinden, darum kämpfen, sie dem sie bedrohenden bösen Einfluß zu entreißen. Verzweifelt schreibt die Erzieherin an den Vormund. «Das Schweigeversprechen habe ich nicht vergessen, doch es gibt Dinge, die Ihr wissen müßt.» Von Quint getrieben, stiehlt Miles den Brief aus dem Schreibtisch. Nachdem Flora eine Nacht mit entsetzlichen Alpträumen verbracht hat, reist Mrs. Grose mit ihr ab, um sie von dieser Quälerei zu befreien und zu ihrem Vormund zurückzubringen. Die Erzieherin bleibt mit Miles in Bly und versucht, ihn von seiner Besessenheit zu befreien. Die Oper endet mit dem Sieg der Erzieherin über den Geist, der den Jungen belästigt: der kleine Miles gibt endlich zu, daß er den Brief gestohlen hat und enthüllt in einem letzten Schrei den Namen seines Peinigers, doch die Anstrengung ist zu groß, und er stirbt in den Armen der Erzieherin.

● In zwei wichtigen Punkten weicht das Libretto von der Erzählung Henry James' ab: zentrale Gestalt ist nicht mehr die Erzieherin, sondern die Kinder rücken in den Mittelpunkt, und die Geister werden materialisiert, während sie bei James nur erscheinen und nicht sprechen. Die Oper enthält sechzehn knappe, aber wirkungsvolle Szenen. Die ganze Handlung ist in der Struktur eines Themas mit fünfzehn Variationen enthalten: die einzelnen Variationen leiten als Prolog jeweils in die folgende Szene über. Diese Technik geht auf die Instrumentalpraxis der englischen Renaissancemusik zurück, ebenso wie die meisterhafte Chaconne in der Schlußszene. Der englische Titel der Oper hat doppelte Bedeutung. Einmal die, daß die Anwesenheit eines Kindes bei Vorfällen dieser Art stets eine Verschärfung, ein «Anziehen der Schraube» (turn of the screw) mit sich bringt, im Sinne des sich steigernden Schreckens. Zum anderen hängt der Titel mit dem Thema zusammen, das sich durch die fünfzehn Variationen der einzelnen, die Szenen miteinander verbindenden Interludien «windet». Auch in dieser, wie in vielen anderen Opern Brittens, die ab einem gewissen Datum entstanden, ist das Orchester auf nur dreizehn Instrumente beschränkt, die dennoch außerordentliche Vielfalt des Ausdrucks erzielen. Auch der Personenkreis ist auf sieben reduziert. Die Uraufführung war überaus erfolgreich und auch in allen späteren Aufführungen wurde die Oper überall begeistert aufgenommen.

MS

«David» von Darius Milhaud, 1954 an der Mailänder Scala. Bühnenbild und Kostüme von Nicola Benois, Regie von Margherita Wallmann.

TROILUS UND CRESSIDA

Oper in drei Akten von William Turner Walton (geb. 1902). Libretto von Christopher Hassall nach «Troylus and Cryseyde» von Geoffrey Chaucer (ca. 1340–1400). Uraufführung: London, Covent Garden, 3. Dezember 1954.

PERSONEN. Calchas (Tenor), Antenor (Bariton), Troilus (Tenor), Pandarus (komischer Tenor), Cressida (Sopran), Evadne (Mezzosopran), Horaste (Bariton), Diomedes (Bariton).

HANDLUNG. In Troja, im zwölften Jahrhundert v. Chr., während des trojanischen Krieges. Der junge Trojaner Troilus verliebt sich in die Witwe Cressida, Tochter des Sehers Calchas. Der Grieche Diomedes macht den Trojanern einen Vorschlag: im Austausch gegen Cressida, zu der er in Liebe entflammt ist, will er einen Gefangenen, den tapferen Antenor, zurückgeben. Troilus weiß, daß er die Geliebte verlieren wird, doch die Realität des Krieges und die Notwendigkeit, die Stadt zu verteidigen, sind stärker: er stimmt dem Austausch zu. Cressida liebt den Diomedes nicht, dieser versucht deshalb, sie mit Gewalt zu nehmen. Doch Troilus greift ein, fordert Diomedes heraus und greift ihn an. Heimtückisch sticht Calchas Troilus hinterrücks nieder. Cressida gibt sich verzweifelnd den Tod.

● In Waltons Oper ist Cressida nicht, wie bei Chaucer, die Geliebte des Troilus, aber dennoch jedem Liebesabenteuer geneigt. Hier ist sie treu bis zum Opfertod. Hassalls Libretto gibt eine intelligent gezeichnete Gestalt und ist insgesamt von

Ironie und einem Anflug von Trauer durchzogen. Mit seinen wiederkehrenden Themen erscheint *Troilus und Cressida* als ein Musikdrama, das in seiner Sensibilität Schubert näher als Wagner steht. Die von bald traurigen, bald sanften Tönen durchzogene Lyrik ist charakteristisch für Waltons Schaffen.

EP

DIE TOCHTER JORIOS
(La figlia di Jorio)

Pastorale Tragödie in drei Akten von Ildebrando Pizzetti (1880– 1968). Libretto vom Komponisten nach Gabriele D'Annunzios gleichnamiger Tragödie. Uraufführung: Neapel, Teatro San Carlo, 4. Dezember 1954. Solisten: Clara Petrella, Mirto Picchi, Gian Giacomo Guelfi, Maria Luisa Malagrina, Maria Teresa Mandalari, Anna Maria Canali, Saturno Meletti, Gerardo Gaudiosi, Plinio Clabassi. Dirigent: Gianandrea Gavazzeni.

PERSONEN. Mila di Codro (Sopran), Candia della Leonessa (Mezzosopran), Ornella (Sopran), Favetta (Sopran oder Mezzosopran), Vienda di Giave (pantomimische Rolle), Aligi (Tenor), Lazaro di Roio (Bariton), Teodula di Cinzio (Mezzosopran), das alte Kräuterweib (Alt), Jona di Midia (Bariton), Cosma, der Bergheilige (Baß), ein Mäher (Bariton). Chor der Verwandten, der Klageweiber, der Mäher.

HANDLUNG. Die Oper spielt in den Abruzzen. Im Hause Lazaro di Roios werden Vorbereitungen zur Hochzeit seines Sohnes Aligi mit Vienda di Giave getroffen. Aligi ist nach einem langen Schlaf noch wie betäubt, und seltsame Ahnungen verstören ihn; Vienda fiel das von ihrer Schwiegermutter gebrochene Brot aus der Hand: auch dies ein böses Vorzeichen. Plötzlich stürzt mitten in den Kreis der Gäste Mila, die Tochter des alten Hexenmeisters Jorio, und bittet um Schutz vor einigen Mähern, die, da sie ihren Ruf als leichtes Mädchen kennen, sie besitzen wollen. Aligi will sie schon hinausweisen, als er hinter ihr einen Engel erblickt, der sie zu schützen scheint, daraufhin hält er ein Kreuz hoch und jagt die sich erstaunt zurückziehenden Mäher fort. In diesem Handgemenge ist Lazaro di Roio verwundet worden und sinkt vor dem Haus in die Knie. Aligi verliebt sich in Mila und folgt ihr in eine Höhle, in der er in völliger Keuschheit mit ihr lebt. Nun trifft Ornella, Aligis Schwester, ein und bittet ihren Bruder, nach Hause zurückzukehren. Mila begreift, daß sie um seines Glückes willen auf ihn verzichten muß. Bei Mila, die allein zurückbleibt, erscheint auch Lazaro di Roio, der versucht, sie zu vergewaltigen. Aligi eilt ihr zu Hilfe, doch Lazaro befiehlt, von Leidenschaft übermannt, zwei Bauern, die ihn begleitet hatten, ihn zu fesseln und fortzuschleppen; dann stürzt er sich auf Mila, doch als sie ihm schon fast erlegen ist, kommt Aligi zurück, den seine Schwester Ornella befreit hat. Er greift seinen Vater an und verletzt ihn tödlich. Am Tage darauf weinen in Lazaros Haus die Klageweiber an der Bahre des Toten. Aligi ist für sein Verbrechen zu einer entsetzlichen Folter verurteilt worden. Die Mutter gibt ihm einen betäubenden Trank, damit er dem Tod mit weniger Entsetzen ins Auge sehen kann. Inzwischen trifft Mila ein und erklärt sich als die allein Schuldige an dem Verbrechen. Dank ihrer Zauberkünste habe sie Aligi davon überzeugt, daß er seinen eigenen Vater getötet habe, während in Wirklichkeit sie allein die Tat begangen habe. Von dem Trank seiner Mutter betäubt, glaubt Aligi ihr und verflucht sie. Die Menge fordert Aligis Freilassung und häuft den Scheiterhaufen für Mila auf; heiteren Mutes, da sie ihrem geliebten Aligi das Leben gerettet hat, besteigt sie ihn. Nur Ornella begreift ihr Opfer und weint um sie.

• Dies ist eine der gelungensten Opern Pizzettis. Auch in ihr finden wir jene besondere Verschmelzung von Wort und Musik, durch die sich die geglücktesten Werke des Komponisten auszeichnen. Eine wichtige Rolle spielt der Chor, der der Oper den Charakter eines «Madrigaldramas» verleiht. MSM

DIE HEILIGE VON BLEECKER STREET
(The Saint of Bleecker Street)

Musikalisches Drama in drei Akten und fünf Bildern von Gian-Carlo Menotti (geb. 1911). Libretto vom Komponisten. Uraufführung: New York, Broadway Theatre, 27. Dezember 1954.

HANDLUNG. Im Italienerviertel New Yorks lebt in einem ärmlichen Haus in der Bleecker Street die junge, mit Heilkräften begabte und als Heilige betrachtete Annina mit ihrem Bruder, der sie von ihren Heilungen, die er für eine Art abergläubische Exaltation hält, abbringen möchte. Annina wird von einem Priester, Don Marco, und dem ganzen Viertel, das täglich das Haus des Mädchens in Erwartung eines Wunders füllt, unterstützt. Während eines Hochzeitsfestes machen Annina und Don Marco Desideria, der Geliebten Micheles, Vorwürfe wegen ihres unmoralischen Lebenswandels. Michele beschuldigt sie bigotter Auffassungen, und in ihrem Zorn sagt Desideria, daß Michele sie nicht heiraten wolle, da er in seine eigene Schwester Annina verliebt sei. Michele tötet sie und flieht. Einige Monate später treffen sich Annina und Michele: Michele fleht sie an, die Stadt mit ihm zu verlassen, doch Annina will im Gegenteil, daß Michele sich der Polizei stellt. Nach einigen Tagen bittet Annina Don Marco, sie zur Nonne zu weihen. Während der religiösen Handlung kommt Michele hinzu, der noch immer hofft, seine Schwester beeinflussen zu können. Doch Annina liegt im Sterben. Die Weihe wird fortgesetzt und bevor Don Marco ihr den geweihten Ring auf den Finger streifen kann, stirbt Annina.

• Ebenso wie in *Der Konsul* und *Das Medium* liegen auch die Wurzeln dieser Oper Menottis in der alltäglichen Realität – der eng umgrenzten, besonderen Realität einer Kolonie italienischer Einwanderer, durchwoben von menschlichen, auch düsteren Leidenschaften und einer fanatischen, abergläubischen Religiosität. In dieser Oper jedoch erreichen Realismus und die Darstellung des Alltäglichen nicht immer die Höhe des Dramas, sondern werden in einer Art, heftiger, farbiger Chronik aufgelöst. Dennoch gewann die Oper die Gunst des Publikums, das hundert Abende nacheinander das Theater füllte.

SC

DIE MITTSOMMERHOCHZEIT
(The Midsummer Marriage)

Oper in drei Akten von Michael Tippett (geb. 1905). Libretto vom Komponisten. Uraufführung: London, Covent Garden, 27. Januar 1955. Solisten: Joan Sutherland, Leigh, Dominguez, Lewis, Laningan. Dirigent: John Pritchard.

• Es ist Tippetts erste Oper. Sie wurde durch Mozarts *Zauberflöte* inspiriert und handelt mit großem Symbolreichtum das Thema der Wahrheitssuche ab.

GB

1955

DER FLORENTINER STROHHUT
(Il cappello di paglia di Firenze)

Musikalische Farce in zwei Akten und fünf Bildern von Nino Rota (geb. 1911). Libretto vom Komponisten und dessen Mutter Ernesta, nach Labiches Komödie «Le chapeau de paille d'Italie». Komponiert 1946. Uraufführung: Palermo, Teatro Massimo, April 1955.

«Die sündigen Engel» von Benjamin Britten, 1969, an der Mailänder Scala. Bühnenbild von Virginio Puecher und Ugo Mulas.

HANDLUNG. Im Hause Fadinards (Tenor), eines reichen jungen Mannes, werden fieberhafte Vorbereitungen zu seiner Hochzeit mit Elena (Sopran), einer Tochter des Landwirts Nonancourt (Baß) getroffen. Leider hat Fadinards Pferd auf dem Nachhauseritt den Strohhut Anaides (Sopran), die sich auf einem Spaziergang mit Leutnant Emilio, ihrem Geliebten (Bariton) befand, aufgefressen. Die beiden verfolgen nun Fadinard: wenn er den, durch sein Pferd angerichteten Schaden nicht wieder repariert, wird Anaide große Schwierigkeiten mit ihrem eifersüchtigen Gatten bekommen. Der Hut war aus hervorragendem Stroh gefertigt, so daß es schwierig ist, ein entsprechendes Exemplar zu finden, da das Modell nur in geringer Zahl gehandelt wird. Daraus ergibt sich ein Reigen von Abenteuern und Mißverständnissen von der Hutboutique zum Hause des Gatten Anaides, der seinen Verdacht bestätigt sieht, bis zur Hochzeit Fadinards, die verschoben werden muß. Ein alter, tauber Onkel, Vézinet (Tenor) bringt schließlich ungewollt den Ausweg aus dieser verworrenen Situation: er schenkt Elena einen Strohhut, der jenem täuschend ähnlich sieht. Nachdem sie ihren Strohhut endlich wieder hat, kann Anaide ihren eifersüchtigen Mann getrost verspotten, während Fadinard von seinem Schwiegervater erneut die Zustimmung zur Hochzeit erhält und der Hochzeitszug sich endlich in Bewegung setzen kann.

● Die Oper wurde in Italien und im Ausland an vielen Theatern aufgeführt, so in Mailand, an der Piccola Scala, wo sie dank des großen Erfolges zwei Spielzeiten hindurch auf dem Spielplan stand. Charakteristisch für dieses *divertissement*, das schon René Clair verfilmt hatte, ist sein perfekter Handlungsmechanismus, aus dem sich unaufhörlich neue Überraschungseffekte und Zwischenfälle ergeben. Die gefällige Musik unterstützt auf wirkungsvolle Weise die aufregenden Ereignisse des Textbuches.
RB

IRISCHE LEGENDE

Oper in fünf Szenen von Werner Egk (geb. 1911). Text vom Komponisten, nach W.B. Yeats Drama «Countess Cathleen» (1882). Uraufführung: Salzburg, Festspielhaus, 17. August 1955. Solisten: Inge Borkh, Margarethe Klose, Max Lorenz, Kurt Böhme, Gottlob Frick. Dirigent: Georg Szell.

DER FEURIGE ENGEL
(Ogenennyi Angel)

Oper in fünf Akten und sieben Bildern von Sergei Prokofieff (1891–1953). Libretto vom Komponisten nach dem gleichnamigen Roman von W. Brijusow. Uraufführung: Venedig, Teatro La Fenice, 14. September 1955. Solisten: D. Dow, R. Panerai, M. Boriello, A. Annaloro, E. Campi, G. Carturan. Dirigent: Nino Sanzogno.

PERSONEN. Renata (Sopran), Ronald (Baß), die Oberin (Mezzosopran), die Wahrsagerin (Mezzosopran), Mephistopheles (Tenor), Faust (Baß), Agrippa (Tenor), Jakob Glock (Tenor), die Wirtin (Mezzosopran), der Wirt (Bariton), Mathias (Bariton), ein Bursche (Bariton), ein Arzt (Tenor), Graf Heinrich und ein Bursche, stumme Rollen. Chor der Nonnen.

HANDLUNG. Erster Akt. Im Deutschland des sechzehnten Jahrhunderts. Zimmer in einer ärmlichen Herberge. Ronald ist von langen Reisen aus Amerika zurückgekehrt, hört aus einem angrenzenden Zimmer eine Frauenstimme um Hilfe rufen, dringt dort ein und findet Renata, eine junge Frau, die sich von einer unsichtbaren Gefahr bedroht fühlt. Ruhiger geworden erzählt sie ihre Geschichte: schon als Kind wurde sie von einem Engel namens Madiel besucht. Als sie erwachsen wurde, erwachte ihre menschliche Liebe zu ihm, doch der Engel verschwand, nicht ohne ihr zu versprechen, daß er im Gewand eines Sterblichen wiederkehren werde. Renata glaubte ihn in Graf Heinrich, dessen Geliebte sie wurde, wiederzuerkennen. Dieser hat sie nun verlassen, und sie wird von entsetzlichen Visionen gequält. Ronald beschließt, ihr bei der Suche nach Graf Heinrich zu helfen. Eine Wahrsagerin sieht in ihrem zukünftigen Leben eine Bluttat. Zweiter Akt. Ein Raum im Hause Renatas und Ronalds. Mit Hilfe Ronalds bedient Renata sich der Magie, um ihren Geliebten wiederzufinden. Der Jude Jakob Glock, der ihr okkulte Bücher gibt, schlägt vor, sich an einen Magier zu wenden. Im Laboratorium des Magiers Agrippa. Agrippa wehrt Ronalds Bitten ab: er ist nur ein Gelehrter. Dritter Akt. Vor Heinrichs Haus. Renata hat ihren Geliebten wiedergefunden, wird jedoch von ihm abgewiesen. Sie treibt Ronald dazu, den Grafen zu provozieren, damit er ihn töte. Einem Engel gleich, erscheint Heinrich, sein Anblick läßt in Renata einen Sinneswandel eintreten, doch der Graf hat die Herausforderung bereits angenommen. Am Ufer des Rheins. Ronald ist im Zweikampf mit dem Grafen verwundet worden. Sein Freund Mathias bringt ihm Hilfe. Renata schwört ihm ihre Liebe, doch der junge Mann verfällt in ein schweres Fieber. Ein Arzt verspricht ihn zu retten. *Vierter Akt. Ein Platz in Köln.* Renata verläßt Ronald: sie glaubt, ihre Liebe zu ihm sei Sünde und sucht in einem Kloster Zuflucht. Ronald findet Aufnahme in einer Herberge, in der Mephistopheles und Faust in der Wirtsstube sitzen. Der Teufel macht sich in einer makabren, grotesken Szene über den Wirt lustig, dann bittet er Ronald, ihn durch die Stadt zu führen, zögernd erklärt sich der junge Mann bereit. *Fünfter Akt.* In den unterirdischen Gewölben eines Klosters. Seit Renata im Kloster als Novizin aufgenommen wurde, ist der klösterliche Frieden dahin. Die Oberin und der Inquisitor befragen sie zu ihren Visionen: nach und nach werden alle Nonnen von einer teuflischen Angst erfaßt, brechen in Wehklagen und Stöhnen aus und werden durch Krämpfe erschüttert. Nach wilden, hysterischen Szenen wird Renata als Hexe zum Tode auf dem Scheiterhaufen verurteilt.

● Nach dem Mißerfolg seiner Oper *Die Liebe zu den drei Orangen* widmete Prokofieff sich mit leidenschaftlichem Eifer diesem neuen Werk, Obwohl wirtschaftliche Schwierigkeiten ihn bedrängten, lebte der Komponist achtzehn Monate in der Einsamkeit eines kleinen bayerischen Dorfes nur mit dem *Feurigen Engel* beschäftigt, unter Vernachlässigung jeder anderen Arbeit. Die Komposition der Oper erstreckte sich von 1922 bis 1925. Wirklich einzigartig ist der Gegensatz zwischen all dieser aufgewendeten Mühe und dem vollständigen Vergessen, dem die Oper anheimfiel. Es kam nur zu einer konzertanten Aufführung des zweiten Akts im Jahre 1928. Dann ging die Partitur verloren und wurde erst sehr viel später durch einen Zufall in den Archiven eines Pariser Verlages wieder aufgefunden. Obwohl in diesem Jahr (1952) Prokofieff noch lebte, erfolgte die Uraufführung posthum. Im übrigen hatte der Komponist selbst sich niemals für eine Aufführung eingesetzt, und ein einzelner Versuch der Städtischen Oper in Berlin verlief aus unerfindlichen Gründen im Sande. *Der feurige Engel* kam im Rahmen des venezianischen Musikfestivals auf die Bühne, nachdem ihre konzertante Uraufführung am 25. November des Vorjahres 1954 aus dem Théâtre des Champs-Elysées in Paris vom Fernsehen ausgestrahlt worden war. Heute gilt sie allgemein für eines der Meisterwerke Prokofieffs, in dem es ihm, eigentlich im Widerspruch zu seinem Charakter, gelang, einen komplexen, verwickelten Vorwurf zu gestalten. RB

DER KRIEG
(La guerra)

Musikalisches Drama in einem Akt von Renzo Rossellini (geb. 1908). Libretto vom Komponisten. Uraufführung: Neapel, Teatro San Carlo, 25. Februar 1956. Solisten: M. Olivero, M. Poboe, M.G. Gueli, P. Di Palma, S. Meletti, P. Clabassi. Dirigent: Oliviero De Fabritiis.

HANDLUNG. In moderner Zeit. Eine Stadt in einem von einer ausländischen Regierung beherrschten Land. Eine gelähmte alte Frau, Martha (Mezzosopran), lebt mit ihrer Tochter Maria (Sopran) in einem Kellergeschoß halb unter der Erde. In angstvoller Unruhe warten die Frauen auf die Rückkehr ihres Sohnes und jüngeren Bruders Marco (Sprechrolle), der drei Jahre zuvor sich durch die Flucht vor dem Heer der Invasoren in Sicherheit gebracht hatte. Der Briefträger (Baß), ein Nachbar, bringt Martha Nachrichten über den Rückzug der Truppen der Besatzungsmacht vor dem Angriff der Befreiungsarmee und warnt sie vor der großen Gefahr, in der ihre Tochter schwebt, wenn die Invasoren vertrieben werden. Ihr Verhältnis mit Erik (Tenor), einem Offizier des gegnerischen Heeres, ist allgemein bekannt. Am Abend als Martha schläft, komm Erik heimlich ins Haus und bittet Maria, mit ihm zu fliehen; die junge Frau erwartet ein Kind und weiß nicht, wie sie sich entscheiden soll. Erik muß sie verlassen, um sich um seine Truppe zu kümmern. Martha hat ihr Gespräch gehört und bittet Maria, sie nicht zu verlassen. Fliegeralarm unterbricht den Dialog der beiden Frauen, während der Keller sich mit Schutzsuchenden füllt. Das Drama endet mit der Rückkehr Marcos, der erblindet ist, und dem Tod der Mutter, die ihm entgegeneilen will und durch diese Anstrengung getötet wird. Maria verschwindet und schließt sich Erik an. Die Menge jubelt der wiedergewonnenen Freiheit entgegen.

● Renzo Rossellini, Komponist zahlreicher Filmmusiken, kam erst spät zum Operntheater. Mit diesem nach Inhalt und Gestaltung sehr aktuellen Drama beweist der Bruder des bekannten Filmregisseurs Roberto Rossellini, daß diese Themen nicht nur mit Hilfe der Filmkamera, sondern auch mit den Mitteln der Oper dargestellt werden können. RB

Marie Collier in «Troilus und Cressida» von William Walton. April 1963.

DER GLÜCKLICHE HEUCHLER
(L'ipocrita felice)

Oper in einem Akt von Giorgio Federico Ghedini (1892–1965). Libretto von F. Antonicelli nach der Novelle «The happy Hypocrite» von M. Beerbohm. Uraufführung: Mailand, Piccola Scala,

10. März 1956. Solisten: Tito Gobbi, Giuseppina Arnaldi, Anna Maria Canali, Graziella Sciutti. Dirigent: Antonino Votto.

PERSONEN. Lord Hölle und Lord Paradies (Bariton), Jenny Mere (Sopran), die Gambogi (Mezzosopran), der Zwerg Garble (Sopran), der Märchenerzähler (Tenor), Mister Aeneas, der Blumenverkäufer, der Chorführer.

HANDLUNG. London im achtzehnten Jahrhundert. Müde und traurig erbittet die Menschheit von dem Erzähler ein Märchen. Er erzählt die Geschichte von Lord Hölle. In einem Londoner Garten findet eine Freilichtaufführung statt. Von seiner Geliebten, der Gambogi, begleitet, sieht Lord Hölle zu. Auf der Bühne erscheint Cupido als Zwerg und Gaukler. Dann tritt die wunderschöne Heldin der Komödie, Jenny Mere, auf. Der Zwerg schießt seine Pfeile ab und flieht lachend. Lord Hölle wird von einem Pfeil Cupidos getroffen und verliebt sich hoffnungslos in Jenny, die ihn jedoch abweist, da sie nur einen Mann mit dem Antlitz eines Heiligen heiraten will. Lord Hölles Gesicht dagegen trägt die Spuren seines den Eitelkeiten dieser Welt geweihten Lebens. Bei einem Maskenhersteller, Aeneas, besorgt der Lord sich ein zweites Gesicht, um sein eigenes, so häßliches, zu verstecken. Damit verwandelt er sich in Lord Paradies. Die beiden jungen Leute heiraten und leben glücklich miteinander. Doch in ihrer Eifersucht reißt die Gambogi ihrem früheren Geliebten die Maske herunter. Er gesteht Jenny, daß er sie getäuscht hat und bittet sie um Verzeihung, doch dank des Wunders der Liebe erscheint ihr nun sein wahres Gesicht, schöner denn je zuvor. Die Gambogi hat verloren. Die Oper endet mit der Aufforderung, an die Liebe zu glauben, die der einzige Hoffnungsschimmer im Leben sei. MS

DER STURM

Oper in drei Akten und neun Bildern von Frank Martin (1890–1974). Nach Shakespeares gleichnamiger Tragödie. Uraufführung: Wien, Staatsoper, 9. Juni 1956.

HANDLUNG. Das Schiff, das Antonio, den Herzog von Mailand, Alonso, den König von Neapel und seinen Sohn Ferdinando an Bord hat, strandet während eines heftigen Sturmes an der Küste einer Insel. Das Unwetter ist durch die magischen Künste Prosperos entfesselt worden. Er, der Bruder Antonios, ist von diesem seiner Macht beraubt und mit seiner Tochter Miranda vor zwölf Jahren vertrieben worden und hat sich auf diese Insel gerettet, auf die auch die Hexe Sicorace verbannt wurde. Prospero hat zahlreiche, von der Hexe eingefangene Geister befreit und sich untertänig gemacht. Zu ihnen zählen Ariel und der Sohn der Hexe, Caliban, ein Geschöpf, das einem Ungeheuer gleicht. Ferdinando, von dem sein Vater glaubt, daß er im Sturm untergegangen sei, begegnet Miranda und verliebt sich in sie. Prospero gewährt ihm ihre Hand. Auf seinen Befehl versetzt Ariel Antonio und Alonso, der sein Komplize bei Prosperos Vertreibung war, in immer neue Schrecken, bis beide ihre Untaten bereuen. Schließlich erhält Alonso seinen Sohn zurück, und Prospero bereitet sich, nachdem er sich mit seinem Bruder Antonio ausgesöhnt und alle magischen Künste aufgegeben hat, auf die Abreise mit den übrigen vor. Die Herrschaft über die Insel überläßt er Caliban.

● In der Oper, die sich eng an die Schlegelsche Übersetzung der Tragödie von Shakespeare anlehnt, wechseln – wie im Singspiel üblich – gesungene mit gesprochenen Teilen ab; neben dramatischen Szenen stehen solche, komischen und elegischen Charakters. Ariels Auftritte werden von einem Chor kommentiert, während er von einem Tänzer dargestellt wird. AB

KÖNIG HIRSCH (Il Re Cervo) oder DIE IRRFAHRTEN DER WAHRHEIT

Oper in drei Akten von Hans Werner Henze (geb. 1926). Libretto von Heinz von Cramer nach Carlo Gozzis Märchen «Il Re Cervo» (1762). Uraufführung: Berlin, Staatsoper, 25. September 1956. Solisten: Helga Pilarczyk, Sandor Konya, T. Neralis, N. Jungwirt, Helmut Krebs. Dirigent: Hermann Scherchen.

PERSONEN. Der König (Tenor), das Mädchen (Sopran), der Statthalter (Baß-Bariton), Scollatella (Sopran), Scollatella II (Soubrette), Scollatella III (Mezzosopran), Scollatella IV (Alt), Checco, ein verträumter Musikant (Buffo-Tenor), eine Frau in Schwarz (Alt), Coltellino, ein schüchterner Mörder (Buffo-Tenor), die Erfinder (Clowns), der Hirsch (stumme Rolle), der Papagei (Tänzerin), die beiden Statuen (Soprane: Knaben- oder Frauenstimmen), die Frauen (Chor). Stimmen des Waldes (Sopran, Mezzosopran, Alt, Tenor und Baß), der Windgeist (Tänzer), Stimmen der Menschen, Höflinge (Chor).

HANDLUNG. Erster Akt. In einem Reich im Süden versucht der Statthalter dem noch kindlichen König die Macht zu entreißen und läßt ihn im Walde aussetzen. Der König wächst unter den Tieren des Waldes auf und kehrt nach einigen Jahren unter die Menschen und auf seinen Thron zurück. Zwei Statuen der Wahrheit und der Weisheit, die die Gabe des Sprechens haben, stehen ihm bei. Der König soll nun eine Frau wählen, und die Statuen enthüllen ihm Tugenden und Fehler der zur Brautschau an ihm vorüberziehenden Mädchen. Als der König eine Neigung zu einem Mädchen faßt, fürchtet er, die Ratschläge der Statuen könnten seine Liebe beeinflussen und er zerschlägt sie. Dem Stattthalter gelingt es jedoch, das junge Mädchen der Mordabsichten auf den König zu beschuldigen und ihr Todesurteil zu erreichen. Doch der König begreift, daß es seine Pflicht ist, sie zu retten; er begnadigt sie und verzichtet auf sein Reich, um in den Wald auf der Suche nach Frieden in der Natur zurückzukehren. Ein Papagei begleitet ihn und verschafft ihm Zugang zur Welt der Natur. Zweiter Akt. In der Hoffnung, eine Gelegenheit zur Ermordung des Königs zu finden, veranstaltet der Statthalter eine Jagd. Der Papagei und die Natur schützen den König, der in einen Hirsch verwandelt wird. Doch eine Botschaft des Papageis an den König, die dem träumerischen Musikanten Checco entlockt wird, verrät König Hirsch, und die Jagd auf ihn wird wieder aufgenommen. Der ganze Wald verteidigt und schützt ihn, und die Jäger werden vertrieben. Die Verwandlung des Königs ist jedoch nur äußerlich, und nach einiger Zeit wird die Sehnsucht nach der Welt der Menschen immer stärker in ihm, so daß er keinen inneren Frieden mehr finden kann. König Hirsch begreift, daß er seiner menschlichen Bestimmung nicht entrinnen kann und verläßt den Wald, um in die Stadt unter die Menschen zurückzukehren und die Liebe einer Frau zu finden. Dritter Akt. Inzwischen ist es dem Statthalter gelungen, König zu werden, doch die Furcht vor der Rückkehr des wahren Herrschers läßt ihn nicht zur Ruhe kommen. Als König Hirsch in die Stadt kommt, stürzt er sich auf ihn, um ihn zu ermorden, wird aber

«Der feurige Engel» von Sergei Prokofieff an der Pariser Oper, 1965.

durch den von ihm selbst gedungenen Mörder getötet, der ihn anstelle des in Hirschgestalt erscheinenden Königs erschießt. Mit der Gerechtigkeit kehrt auch die Glückseligkeit ein: der König nimmt wieder seine menschliche Gestalt an und wählt das geliebte Mädchen zu seiner Gattin.

● *König Hirsch* wurde von Henze in Italien komponiert und ist diesem Land und seinen Menschen gewidmet ebenso wie der «Stadt des Südens», dem in den Worten des Komponisten «so wunderschönen und liebenswerten Neapel mit seinen rätselhaften Geschöpfen, die man wohl niemals wird ergründen können.» Henze wurde zwar durch die Experimente der Zwölftonavantgarde von Schönberg bis Webern beeinflußt, bewahrte sich jedoch stets einen gewissen Abstand zu den extremsten Positionen ihrer Jünger und zog es vor, in seine eigene Musik die Avantgarde als eine musikalische Konzeption einzubeziehen, die sich auf Berg wie auf Strawinsky zurückführen läßt und zu Zeiten volkstümliche oder Jazzelemente und -farben nicht verschmäht. In der Partitur des *König Hirsch* scheint dieses musikalische Programm sozusagen zusammengefaßt: die Musik erweist sich als grundlegend modern strukturiert, sei es anhand serieller oder anderer Techniken und räumt auch einer nicht nur der Oper zuzurechnenden Musiksprache, wie der der volkstümlichen und traditionellen italienischen Kanzonen und Arien einen gewissen Einfluß ein. Die Oper geht das Risiko ein, weder dem traditionsgläubigen, noch dem der Avantgarde verschworenen Zuhörer zu gefallen, dennoch fand sie große Zustimmung, obwohl sich bei der Uraufführung Beifall und Widerspruch über eine halbe Stunde die Waage hielten. LB

DIE GESPRÄCHE DER KARMELITERINNEN
(Les Dialogues des Carmélites)

Oper in drei Akten und zwölf Bildern von Francis Poulenc (1899–1963). Libretto von Emmet Lavery nach dem Bühnenstück von Georges Bernanos. Uraufführung: Mailand, Teatro alla Scala, 26. Januar 1957. Solisten: Virginia Zeani, Gianna Pederzini, Scipio Colombo, Nicola Filacuridi. Dirigent: Nino Sanzogno.

PERSONEN. Blanche de la Force (Sopran), die Priorin (Alt), der Marquis de la Force (Bariton), der Chevalier de la Force (Tenor), die neue Priorin (Sopran), Mutter Marie, Vizepriorin (Sopran), Schwester Constance (Sopran), Mutter Jeanne (Alt), Schwester Mathilde (Mezzosopran), der Kapellan (Tenor), erster Kommissar (Baß), zweiter Kommissar (Bariton), Javelinot, Arzt (Bariton). Die Menge.

HANDLUNG. Die Oper spielt in Paris im Jahre 1789. Der Marquis de la Force wartet in einem Saal seines Palais' auf seine Tochter Blanche und versucht, seinen Sohn zu beruhigen, der fürchtet, die Unruhen der Volksmenge könnten das empfindliche Gemüt seiner Schwester allzusehr erschüttern. Blanche tritt herein, sie ist aufgewühlt und sehr erregt und kündigt ihre Absicht an, in ein Kloster zu gehen, um dort Seelenfrieden und Ruhe zu finden. Nach einiger Zeit trifft in dem Kloster der Karmeliterinnen, in das Blanche sich zurückgezogen und dort den Schleier genommen hat, das Echo der Ereignisse in abgeschwächter Form ein. Blanche schließt Freundschaft mit Constance, obwohl sie ihr ein allzu unbeschwertes Wesen vorwirft. Eines Tages enthüllt Constance jedoch Blanche, daß sie dank einer wundersamen Eingebung weiß, daß sie gemeinsam den Tod finden werden. Blanche ist über diese Mitteilung sehr erregt und verbietet Constance, vom Tod zu sprechen. Die schwerkranke Oberin liegt im Sterben, ist jedoch nicht imstande, dem Tod gefaßt entgegenzusehen und beichtet den Nonnen ihre Todesangst. Verstört sieht Blanche im Kampf der Oberin ihr eigenes Drama, während Schwester Constance behauptet, daß man nicht in seinen eigenen Egoismus verstrickt sterben dürfe. Einige Tage später stürmt die aufrührerische Menge das Kloster, die Nonnen beschließen, nicht zu fliehen, sondern das Martyrium zu akzeptieren. Nur Blanche, die zunächst opferbereit schien, flieht und kehrt nach Hause zurück. Die Nonnen werden verhaftet und zum Tode verurteilt: als sie zur Richtstätte geführt werden, besteigen sie, das *Salve, Regina* singend, todesmutig das Schafott. Als die Reihe an Constance kommt, tritt Blanche plötzlich aus der Menge, die der Hinrichtung beiwohnt, hervor und schreitet auf die Guillotine zu. Von einer geheimnisvollen Freude verwandelt, hat sie jede Angst verloren und wird, einen Lobgesang auf Gott anstimmend, zur Märtyrerin.

● Die Idee zu dieser Oper erhielt Poulenc 1953 durch den Verleger Ricordi, dem er im Juni 1956 die Partitur übergab. In ihr gestaltete der Komponist vor allem die eigentlich weiblichen Züge des Dramas von Bernanos und verzichtete darauf, sich auf die verschlungenen philosophischen Argumentationen einzulassen, von denen es durchdrungen ist. Der Vorwurf geht auf Gertrud von Le Forts Roman *Die Letzte am Schafott* (1931) zurück, der seinerseits durch ein historisch belegtes Ereignis inspiriert wurde: nämlich die Hinrichtung der sechzehn Karmeliterinnen von Compiègne, die am 17. Juli 1794 in Paris unter dem Fallbeil starben. MSM

MOSES UND ARON

Oper in drei Akten von Arnold Schönberg (1874–1951). Libretto vom Komponisten. Uraufführung (posthum): Zürich, Stadttheater, 6. Juni 1957. Solisten: Helmut Melchert in der Rolle des Aron. Dirigent: Hans Rosbaud.

PERSONEN. Moses (Sprechrolle), Aron (Tenor), ein Mädchen, eine Kranke, ein junger Mann, der nackte Jüngling, ein anderer Mann, Ephraimit, ein Priester.

HANDLUNG. Erster Akt. Moses betet vor dem brennenden Dornbusch, aus dem ihm die Stimme des Herrn (sechs Solisten und Sprechchor) antwortet und ihn auffordert, das Volk von Israel zu erleuchten, es aus der Sklaverei in Ägypten zu befreien und in das Gelobte Land zu führen. Moses wird von Furcht erfaßt und glaubt der ihm übertragenen Aufgabe nicht gewachsen zu sein: «Meine Zunge ist schwer», sagt er, «ich kann nur denken, aber nicht reden». Doch die Stimme befiehlt ihm, in die Wüste hinabzusteigen, wo er seinem Bruder Aron begegnen wird, dieser wird das Wort des Herrn sein, wie Moses sein Gedanke ist. Moses gehorcht und begegnet Aron in der Wüste. Dort enthüllt dieser ihm die Aufgabe, zu der sie beide berufen worden sind. Aron unterwirft sich dem Willen Gottes, zweifelt jedoch daran, daß das Volk einen unsichtbaren, nicht im Bilde vorstellbaren Gott lieben könne. Unter dem Volk herrscht Erregung. Ein Mädchen berichtet, es habe Aron vom Geist erfüllt in die Wüste schreiten sehen. Ein junger Mann erzählt, er habe ihn in einer leuchtenden Wolke erblickt. Ein Mann behauptet, er habe erfahren, daß ein Gott Aron befohlen hat, Moses entgegenzugehen. Alle stellen Vermutungen über den neuen Gott an. Das Volk schwankt zwischen Mißtrauen, Hoffnung, Skepsis. Die Erregung wächst, bis endlich Moses und Aron erscheinen. Der erstere erzählt die unbegreiflichen Eigenschaften Gottes auf, während der zweite den Stolz und den Erlösungswillen des Volkes beschwört. Doch kann man an die Rettung durch einen ewig unsichtbaren Gott glauben? Die Zweifel der Zuhörer werden zur Drohung. Moses ist erschöpft und entmutigt. Doch Aron entreißt den Händen seines Bruders den Stab und wirft ihn auf den Boden. Hier verwandelt der starre Stab (das Gesetz) sich in eine Schlange (die Gewandtheit). Die Priester beginnen, den neuen Gott zu fürchten, doch noch mehr fürchten sie den Pharao. Aron wirft dem Volk vor, es sei krank und zeigt dem entsetzten Volk die von Aussatz befallene Hand Moses'. Doch sogleich verschwindet der Aussatz und die Hand gesundet. Ein Gott, der den Aussatz heilt, kann auch über Pharao triumphieren. Das Volk jubelt: «Alles für die Freiheit . . . in die Wüste!» Doch noch einmal wird die Menge von einem Priester zurückgehalten: «Wie werdet ihr euch in der Wüste nähren können?» Aron antwortet mit einem weiteren Wunderzeichen: das Wasser eines Kruges verwandelt sich in Blut (das Blut des hebräischen Volkes, das wie das Nilwasser das Land nährt) und schon wird das Blut von neuem zu Wasser, zum Wasser des Nils, das dem Pharao zum Verderben gereichen wird. Im Namen des Herrn verspricht Aron, sein Volk in das Land, in dem Milch und Honig fließen, zu führen. Von Arons Redekraft und Wunderzeichen überzeugt, kniet das Volk nieder und überantwortet sich dem neuen Gott. Zweiter Akt. Erste Szene. In einem gesprochenen und gesungenen Chor fragt sich das Volk voller Unruhe, wo sich Moses befindet, der sich schon vor langer Zeit von seinem Volk entfernt hat. Zweite Szene. Seit vierzig Tagen wartet das Volk am Fuß des Berges Sinai, von dem Moses mit den Gesetzestafeln herabsteigen soll. Aus der Unsicherheit entsteht Unordnung und Aufruhr. Gewalt herrscht zwischen den Stämmen. Die versammelten siebzig Ältesten und der Priester erklären einmütig, man könne nicht länger warten. Aron versucht sie zu beruhigen und versichert, daß, wenn Moses vom Berg herabkomme, sein Mund ihnen Recht und Gesetz künden werde. Doch das Volk ist in Aufruhr: es fordert den Tod Moses', es will den Allgegenwärtigen sehen, zu den alten Göttern zurückkehren. Die Ältesten drängen Aron einzugreifen und Aron gibt nach: «Lasset dem Ewigen die Ferne!» sagt er, «Euch entsprechen gegenwärtige, alltägliche Götter! Schafft selbst deren Substanz herbei . . . bringt das Gold!» Vor dem Goldenen Kalb, das im Triumph auf die Bühne gebracht wird, erklärt sich Aron: «. . . in allem was ist, lebt ein Gott. Unwandelbar wie ein Prinzip ist das Gold, nur äußerlich ist die Form, die ich ihm gegeben habe. Verehrt in diesem Standbild euch selbst!». Auch das Blutopfer wird bereitet. Die Tiere werden bekränzt und zum Altar geführt. Es beginnt der Tanz der Schlächter, die die Tiere töten und die Fleischstücke unter die Menge werfen. Eine Kranke, die vor die Goldene Kalb gebracht wird, erhebt sich geheilt von der Bahre. Bettler opfern dem Goldenen Kalb ihre armseligen Lumpen, zwei Alte geben dem Götzenbild ihre letzten Minuten . . . Dann erscheinen zu Pferde die Fürsten der Stämme unter Führung des Ephraimiten, der sich würdig vor dem Götzenbild beugt und den jungen Warner tötet, der sich gegen das unreine Bild gewandt hat und die «erhabenen Vorstellungen» beschwören wolle, die sein Volk verleugnet hat. Das Volk überläßt sich einer hemmungslosen Orgie, die in der Opferung von vier Jungfrauen endet, die vor dem Altar von den Priestern mit langen Messern getötet werden. Selbstmorde und Verwüstungen folgen. Als dieses Fieber der Sinnenlust sich erschöpft, sieht ein Mann Moses vom Berg herabsteigen. Sein Zorn ist fürchterlich. Die Gewalt seines Blickes läßt das Goldene Kalb in sich zusammenstürzen. Die beiden Brüder stehen einander allein gegenüber. Aron hält der unnachgiebigen Auffassung Moses' («Das Volk muß den Gedanken erfassen, aus ihm allein lebt es») entgegen, daß auch das von Moses vollbrachte Wunder des Verschwindens des Goldenen Kalbes, die Gesetzestafeln selbst, nur ein Bild sind, durch das der Gedanke zugänglich wird. Von Zweifeln überwältigt, zerbricht Moses die Gesetzestafeln und während am Horizont eine Feuersäule erscheint (wiederum ein Bild), die den Weg ins Gelobte Land weist, stürzt er mit dritter Ruf: «Oh Wort, Wort, das du mir fehlst!» zu Boden. Dritter Akt (nicht vertont). Moses hat den Glauben an seine Sendung wiedergewonnen. Aron wird in Ketten vor ihn gebracht. Moses klagt ihn an, er habe das Volk daran gehindert, sich zum Ewigen zu erheben und es an sich gefesselt. Er bestätigt noch einmal seinen Glauben an einen allmächtigen Gott, der ein Erwähltes Volk führe, das dazu bestimmt sei, sich nicht mit den anderen Völkern der Erde zu vermischen, die Sklaven hohler Wünsche und vergänglicher Freuden sind. Den Kriegern, die fragen, ob sie Aron töten sollen, antwortet er: «Gebt ihn frei, und wenn er es vermag, so lebe er!». Aron sinkt im gleichen Augenblick, in dem seine Fesseln abgenommen werden, tot zu Boden.

● Als eines der erhabensten Werke der Musik des zwanzigsten Jahrhunderts und Krönung der künstlerischen und geistigen Entwicklung Schönbergs, wurde diese unvollendet gebliebene Oper *Moses und Aron* erst nach dem Tode des Komponisten aufgeführt. Bereits 1926 hatte Schönberg begonnen, an ihrem Text zu arbeiten. Das zunächst als Kantate angelegte Werk wurde schließlich eine Oratoriumsoper in drei Akten. Die Partitur der ersten beiden Akte entstand zwischen 1930 und 1932. Der dritte Akt wurde nie vertont. Äußerer Anlaß dieser Unterbrechung der Komposition war die Machtübernahme der Nationalsozialisten und die Emigration Schönbergs in die Vereinigten Staaten. Doch liegt der tiefere Grund wohl in dem Widerspruch zwischen der unerbittlichen Strenge des mosaischen Denkens, mit dem Schönberg sich identifizierte und der zeitgenössischen Wirklichkeit oder, auf einer

Viertes Bild aus dem dritten Akt der «Gespräche der Karmeliterinnen» von Francis Poulenc an der Mailänder Scala, 1957.

anderen Ebene, zwischen der Notwendigkeit sich mitzuteilen und der Verweigerung jeder fixierten Sprache, die als solche nur ein Verrat am Gedanken, eine Lüge sein kann. Die ständige, gespannte Hinwendung zum Geistigen, das sich nicht ausdrücken läßt, ist in den Worten Moses' enthalten, mit denen, keineswegs zufällig, das Werk endet: «Alles, was ich dachte, kann und darf ich nicht sagen. Oh Wort, Wort, das du mir fehlst!». Schönberg faßte selbst im Jahre 1950 die Möglichkeit ins Auge, die Oper aufzuführen und zwar einmal, indem nur die beiden ersten Akte inszeniert würden (wobei der dritte vollständig wegfallen oder nur in gesprochener Form vorgetragen werden sollte) oder auch durch Beschränkung der Darstellung auf den «Tanz um das Goldene Kalb». Der «Tanz» wurde auch am 29. Juni 1951 in Darmstadt uraufgeführt und fand begeisterte Zustimmung. Die Partitur ist eine der vielfältigsten, die Schönberg je schrieb. Sie beruht auf einer einzigen Zwölftonreihe, ist für großes Orchester gesetzt, erfordert einen sehr umfangreichen Chor, eine Gruppe von sechs Solostimmen im Orchester und zahlreiche Solisten. Neben dem Gesang wird auch Sprechgesang über weite Strecken verwendet. Besondere Bedeutung kommt der stimmlich-gesanglichen Charakterisierung der Hauptpersonen zu. Moses, der nur denken aber nicht reden kann, und der in der Bibel ein Stotterer ist, «spricht» während der ganzen Oper in der Art des Sprechgesangs und wird hierbei vom Orchester begleitet. Aron, sein Sprecher, sein «Mund», «singt» in einer «konventionellen» Ausdrucksweise, die endlich die Gefahr enthält, die geistige Höhe des Gedankens zu verfälschen. RB

DIE HARMONIE DER WELT

Oper in fünf Akten von Paul Hindemith (1895–1963). Libretto vom Komponisten. Uraufführung: München, Prinzregententheater, 11. August 1957.

HANDLUNG. Kerngestalt der Oper ist der Astronom Johannes Kepler. Sein Ziel ist es, die Einheit von Wissenschaft und Religion wiederzufinden. Eine gewissermaßen ergänzende Einstellung hat Wallenstein, der an die Sterne und ihren Einfluß auf die Menschen glaubt. Die in vierzehn Bilder gegliederte Oper beruht auf der Suche der beiden Hauptpersonen nach der kosmischen Harmonie, während um sie der Dreißigjährige Krieg tobt. Kepler vertritt den kontemplativen Menschen: die Ordnung der Welt sucht er in den Gesetzen, nach denen unaufhörlich die Bewegung der Planeten erfolgt. Wallenstein ist hingegen der aktive Mensch. Er sucht nach der irdischen Harmonie, einem Reich, in dem ganz Europa vereint werde. Im Stil des späten Hindemith schließt die Oper mit einem großartigen Schlußbild im barocken Geschmack, einer Himmelsapotheose, in der alle, nun in Sinnbilder verwandelten Personen am Firmament erstrahlen. Kepler ist die Erde, Kaiser Rudolph II. die Sonne, Wallenstein wird Mars, Susanna, Keplers Gattin, Venus und seine Mutter der Mond.

● Die musikalische Anlage ist äußerst komplex, obwohl ihr von einigen Kritikern eine Art Rückentwicklung zum Akademismus vorgeworfen wird. Zutreffend ist, daß Hindemith in seinen letzten Lebensjahren die jüngste musikalische Moderne ablehnte, die längst anerkannte Dodekaphonie (Zwölftonmusik) inbegriffen, und ein überzeugter Anhänger der traditionellen Tonarten blieb. In dieser Allegorie drückte der Komponist seine Anschauung von einer universellen Ordnung, die sich auch in der Harmonie der Musik spiegelt, mit großem sprachlichem und musikalischem Nachdruck aus. LB

MORD IN DER KATHEDRALE
(Assassinio nella cattedrale)

Tragische Oper in zwei Akten und einem Zwischenspiel von Ildebrando Pizzetti (1880–1968). Libretto vom Komponisten nach

T.S. Eliots gleichnamigem Bühnenstück (1888–1965). Uraufführung: Mailand, Teatro alla Scala, 1. März 1958. Solisten: Nicola Rossi-Lemeni, Aldo Bertocci, Mario Ortica, Dino Dondi, Adolfo Cormanni, Rinaldo Pelizzoni, Antonio Cassinelli, Nicola Zaccharia, Lino Puglisi, Leyla Gencer, Gabriella Carturan, Enrico Campi, Silvio Maionica, Marco Stefanoni. Dirigent: Gianandrea Gavazzeni.

PERSONEN. Der Erzbischof Thomas Becket (Baß), drei Priester der Kathedrale (Tenor, Bariton, Baß), ein Herold (Tenor), vier Ritter des Königs (Tenöre und Bässe), vier Versucher (Tenöre und Bässe), zwei Chorführer (Sopran und Mezzosopran).

HANDLUNG. Erster Akt. Die Oper spielt in Canterbury im Dezember 1170. Thomas Becket, Erzbischof der Kathedrale und Wächter über die Unabhängigkeit der Kirche vom Staat, ist soeben nach Canterbury zurückgekehrt, nachdem er aufgrund seiner Auseinandersetzung mit dem König sieben Jahre im Exil in Frankreich verbracht hat. Obwohl er von den Gläubigen freudig erwartet und empfangen wird, fürchten sie doch, daß seine Rückkehr neue Kämpfe und Unannehmlichkeiten für das einfache Volk mit sich bringen könnte. In seiner Studierstube wird Thomas von vier Versuchern besucht: der erste lädt ihn ein, zu dem unbeschwerten Leben als Gefährte des Königs bei dessen Vergnügungen zurückzukehren; der zweite fordert ihn auf, wieder politische Macht an sich zu ziehen; der dritte schlägt ihm vor, sich an die Spitze einer Volkserhebung zu stellen und die Monarchie zu stürzen, der vierte ist der Hinterlistigste und Schlaueste und läßt ihn die Versuchung des Märtyrertums erblicken. Thomas bittet Gott, diese Versuchungen von ihm fernzuhalten und ist nach diesem Gebet ruhiger und heiterer. Zwischenspiel. In der Predigt während der Weihnachtsmesse sagt Becket seinen Gläubigen, die wahre Glückseligkeit liege in der vollständigen Unterwerfung unter Gott; er sei bereit, aus seinen Händen alles, auch den Märtyrertod, anzunehmen. Zweiter Akt. Vier Ritter treffen ein, sie verlangen, den Erzbischof zu sehen und beschuldigen ihn des Hochverrats am König. Er verteidigt sich und die vier kehren um. Zur Stunde der Vesper lastet die Bedrückung einer drohenden Katastrophe auf Priestern und Gläubigen, die die Kirchenpforten verschließen möchten. Doch Becket verweigert es ihnen, da das Gotteshaus stets allen offen stehen müsse. Wieder erscheinen die vier Ritter und fordern den Erzbischof auf, sich dem König zu unterwerfen. Als er sich weigert, durchbohren sie ihn mit ihren Schwertern und erklären dem entsetzt der Ermordung des Erzbischofs Zeuge gewordenen Volk, nur auf diese Weise habe man den Gegensatz von Kirche und Monarchie lösen können. Ein Chor der Gläubigen stimmt einen Hymnus auf den «Seligen Thomas» an.

● Es handelt sich hier um eine der letzten Opern Pizzettis, die eine logische Fortführung des mit *Phaedra* und *Die Tochter Jorios* beschrittenen Weges ist. Eine Eigenschaft verbindet wohl diese Werke: sie sind von einem großen Atem belebt und gehen auf weitgespannte, häufig von einer intensiven religiösen Empfinden geprägten Visionen zurück. MSM

MARIA GOLOVIN

Oper in drei Akten von Gian-Carlo Menotti (1911). Libretto vom Komponisten. Uraufführung: Brüssel, Théâtre de l'Exposition Internationale, 20. August 1958. Solisten: Franca Duval, Patricia Neway, Herbert Handt. Dirigent: Peter Herman Adler.

PERSONEN. Donatus (Baß-Bariton), seine Mutter (Alt), Agathe, ihre Dienerin (Mezzosopran), Maria Golovin (Sopran), Trottolò, ihr Sohn von etwa sechs Jahrem, Doktor Zuckertanz, Trottolòs Erzieher (Tenor), ein Gefangener (Bariton).

HANDLUNG. Die Oper spielt in einem Grenzstädtchen, etwa ein Jahr nach dem Ende des zweiten Weltkrieges. Maria Golovin erwartet die Rückkehr ihres Mannes aus einem Kriegsgefangenenlager und kommt in die Villa Donatos, der hier mit seiner Mutter und einer Hausangestellten lebt, um dort den Sommer zu verbringen. Donato fühlt sich sogleich zu Maria, durch deren Worte er sich dem Leben wiedergeschenkt fühlt, hingezogen. In ihrer Einsamkeit und vom Unglück des jungen Mannes angerührt, wird Maria seine Geliebte. Doch Donatos Eifersucht und Alleinanspruch auf Maria lassen sie nicht glücklich werden. Als nach einiger Zeit Marias Mann heimkehrt, hat Donato den Eindruck, daß er mit der Geliebten alles verliert, was ihn mit dem Leben verbindet. In seinem Wahn bittet er seine Mutter, ihm die Hand zu führen und schießt mit der Absicht, sie zu töten, auf Maria.

● *Maria Golovin* ist ein gefühlsintensives Drama, in dem Leidenschaften und Emotionen sich in ihrer ganzen Ambivalenz und Irrationalität entwickeln. Die Musik ist «die sparsamste, die Menotti je geschrieben hat, gereinigt von allen überbordenden Ergüssen, sanft moduliert, von bewußt ziselierender Instrumentation bereichert.» (Abbiati), dennoch stieß die Partitur zunächst auch auf Kritik. Noch im gleichen Jahr folgte eine Aufführung an der Mailänder Scala in italienischer Sprache, in der Übersetzung von Aleardo Ghigi. SC

DIE MENSCHLICHE STIMME
(La Voix humaine)

Lyrische Tragödie in einem Akt von Francis Poulenc (1899–1963). Libretto von Jean Cocteau (1889–1963). Uraufführung: Paris, Opéra-Comique, 6. Februar 1959.

HANDLUNG. Ein Mann und eine Frau lieben sich, wollen sich jedoch doch für immer trennen. Am Telefon sprechen sie zum letzten Mal miteinander. Nur die Stimme der Frau ist zu hören, auf Augenblicke großer Zärtlichkeit folgen solche leidenschaftlichen oder heftigen Ausdrucks; der Mann, der Gesprächspartner, bleibt unsichtbar, seine Anwesenheit wird nur in den Pausen zwischen den Worten der Frau vernehmbar. Hin und wieder bricht das erregte Gespräch ab, doch keiner von beiden hat den Mut diese letzte verzweifelte Aussprache zu beenden. Unsicherheiten, Zweifel, Protest, Beteuerungen, der Tonfall falscher Gleichgültigkeit, flehentliche Bitten, düstere Verzweiflung werden laut. Schließlich läßt sich die Frau erschöpft auf das Bett fallen, das Telefon ist ihre letzte, schwache Verbindung zu dem Geliebten. An ihm hängend, beschwört sie den Mann aufzuhängen, und das Drama endet mit unterdrückten Schreien und Worten, während der Hörer zu Boden fällt.

● Der Gedanke zu dieser Oper stammte von Poulencs Freund und Verleger Hervé Dugardin, dem Leiter des Verlages Ricordi in Paris. Bei der Komposition beschränkte Poulenc sich vermutlich darauf, Cocteaus Text zu interpretieren, ohne in der Partitur jene Spannung zu schaffen, die sich aus den poetischen und dramatischen Akzenten der Vorlage erga-

«Moses und Aron» von Arnold Schönberg an der Pariser Oper, 1973. Bühnenbild von Günther Schneider-Siemssen, Kostüme von Hill Reihs-Gromes, Regie von R. Gérôme.

ben. Obwohl hier die Musik dem Wort untergeordnet erscheint, gelingt es dem Komponisten, in *Die menschliche Stimme* die Darstellung der weiblichen Psychologie, wie er sie in *Die Gespräche der Karmeliterinnen* begonnen hatte, zu vertiefen. Da nur eine einzige Figur, die Frau, auftritt, kann Poulenc diese Analyse mit äußerster Strenge durchführen.   RB

EINE BRIDGEHAND
(A Hand of Bridge)

Oper in einem Akt von Samuel Barber (geb. 1910). Libretto von Gian-Carlo Menotti (1911). Uraufführung: Spoleto, Teatro Caio Melisso, 17. Juni 1959. Solisten: Patricia Neway, Ellen Miville, William Lewis, René Miville. Dirigent: Robert Feist.

HANDLUNG. Vier Personen, Geraldine, Sally, Bill und David sind um einen grünen Tisch versammelt und scheinen viel stärker mit ihren Problemen als mit dem Bridge-Spiel beschäftigt zu sein. Die Spielerklärungen wechseln mit Monologen und kurzen Zwiegesprächen ab, die oberflächlich, tiefinnerlich oder sentimental ausfallen. Am Ende des Spiels fällt der Vorhang.

● Die in Spoleto beim Festival dei due Mondi uraufgeführte Oper läßt das von leichter, romantischer Ironie geprägte Talent des amerikanischen Komponisten hervortreten.

DIE NACHT EINES NEURASTHENIKERS
(La notte di un nevrastenico)

Buffo-Oper in einem Akt von Nino Rota (1911). Text von Riccardo Bacchelli (geb. 1891). Uraufführung: Mailand, Piccola Scala, 8. Februar 1960. Dirigent: Nino Sanzogno.

HANDLUNG. Der von dem Bedürfnis nach Stille besessene Neurastheniker (Baß) beginnt «seine» Nacht im Hotel. Um sich Ruhe zu sichern, hat er außer dem eigenen, die beiden angrenzenden Zimmer Nr. 80 und 82 gemietet. Während er an die ersehnte Ruhe dieser Nacht denkt, wird hinter seinem Rücken bereits dafür gesorgt, daß er nicht zu ihr kommen wird. Da es Messezeit ist, vermietet der Portier (Baß) ohne Zögern das Zimmer Nr. 80 einem Geschäftsmann (Tenor) und das Zimmer Nr. 82 an ein heimliches Liebespaar (Tenor und Sopran). Dem Geschäftsmann fällt ein Schuh zu Boden: das Geräusch wird durch das Stahlbetonskelett vervielfacht. Aus dem Zimmer des Paares sind die ekstatischen Stimmen der Liebenden zu hören. Läuten ertönt, das Personal eilt herbei: der Neurastheniker verteidigt seine gerechten Ansprüche und die unrechtmäßig logierenden Gäste werden auf die Straße gesetzt. Doch als endlich Ruhe und Schlaf wieder einzukehren scheinen, sind sie aufs neue und unwiderringlich verloren: seinem Auftrag treu erscheint unerbittlich der Kellner (Tenor) um sechs Uhr morgens und weckt den Neurastheniker mit einer Tasse heißen Kaffees.

● Das Gleichgewicht von theatergerechtem Textbuch und klanglicher Entsprechung brachte dem Werk den internationalen Prix Italia 1959 des Italienischen Rundfunks R.A.I. für musikdramatische Werke ein. Die zu diesem Anlaß komponierte *Nacht eines Neurasthenikers* wurde erst später szenisch uraufgeführt. In diesem Werk tritt die Komik dank des schon erwähnten Gleichgewichts und einer seiner Grundtugenden, der Einfachheit, hervor.   RB

DER GLÄSERNE DOKTOR
(Il dottore di vetro)

Rundfunkoper in einem Akt von Roman Vlad (geb. 1919). Libretto von M.L. Spaziani (geb. 1924). Uraufführung im dritten Programm des Italienischen Rundfunks (R.A.I.): 26. Februar 1960. Solisten: Franco Calabrese, Mario Borriello, Agostino Lazzari, Teodoro Rovetta, Jolanda Giadrino, Elena Rizzieri. Dirigent: Ettore Gracis.

PERSONEN. Panfilo (Baß), der gläserne Doktor (Bariton), Tersandro (Tenor), Rugantino (Baß), Marina (Mezzosopran), Isabella (Sopran).

HANDLUNG. Panfilos Tochter Isabella ist einem alten, reichen Dottore versprochen worden. Doch sie liebt Tersandro. Der junge Mann nimmt eine Stellung bei dem Alten an, um ihn von der Heirat abzubringen. Um sein Ziel zu erreichen, redet er ihm ein, die Liebe habe ihn zerbrechlich gemacht und in Glas verwandelt. Der Dottore trifft in einem großen, mit Stroh ausgepolsterten Korb bei Panfilo ein. Der Hausherr umarmt ihn, und da der Dottore fürchtet, dank seiner Zerbrechlichkeit in Stücke zu zerspringen, wird er ohnmächtig. Isabella ist von Tersandro instruiert worden und zeigt sich besorgt und aufmerksam. Der Dottore kommt wieder zu sich, hält sich jedoch für tot und glaubt sich von Teufeln umgeben. Panfilo überzeugt sich allmählich, daß er als Gatte Isabellas nicht der Richtige ist, sondern daß er sie vielleicht besser Tersandro gegeben hätte. Sofort gibt der Assistent des Dottore sich zu erkennen und bald wird geheiratet.

● Die Oper *Der gläserne Doktor* wurde für den Prix Italia 1959 geschrieben und später auch für die Bühne bearbeitet. In dieser Fassung wurde sie am 4. Oktober 1965 bei den Berliner Festwochen aufgeführt. EP

EIN SOMMERNACHTSTRAUM
(A Midsummer Night's Dream)

Oper in drei Akten von Benjamin Britten (1913–1976). Libretto vom Komponisten und Peter Pears, nach Shakespeares Komödie. Uraufführung: Aldeburgh, 11. Juni 1960. Dirigent: Benjamin Britten. MS

DAS LANGE WEIHNACHTSMAHL
(The long Christmas Dinner)

Oper in einem Akt von Paul Hindemith (1895–1963). Libretto vom Komponisten nach Thornton Wilders gleichnamigem Einakter (geb. 1897). Uraufführung: Mannheim, 17. Dezember 1961.

HANDLUNG. Eßzimmer der Familie Bayard. Ein langer, festlich gedeckter Tisch für das Weihnachtsmahl. Um Leben und Tod anzuzeigen, öffnen sich rechts und links je eine Tür, die eine ist mit Blüten und Früchten geschmückt, um die andere ist schwarzer Samt drapiert. Im Lauf der Oper vergehen neunzig Jahre: neunzig Weihnachtsabende. Das Haus ist neu. Bei Tisch sitzen die kranke Mutter Bayard, ihr Sohn Roderick, seine Frau Lucy. Die alte Frau erinnert sich vergangener Zeiten, das Gespräch ist liebenswürdig und konventionell. Vetter Brandon tritt herein, fünf Jahre sind vergangen. Während die Konversation fortgesetzt wird, setzt sich der Rollstuhl mit Mutter Bayard in Bewegung; er gleitet langsam auf die schwarze Tür zu, durch die er verschwindet. Die Gespräche gleichen denen vor fünf Jahren. Eine Amme kommt mit einem Kinderwagen herein: Charles, das Söhnchen des jungen Paares. Bald folgt sein Schwesterchen Geneviève. Die Jahre vergehen und Roderick erkrankt: an seine Stelle als Haupt der Familie tritt der junge Charles, der sich mit Leonora Banning verheiratet. Der Vater ist gestorben. Dem jungen Paar wird ein Knabe geboren, doch nur kurz ist sein Weg von der Tür des Lebens zu der schwarzen des Todes. Dann verschwinden auch Brandon und Lucy. Geneviève ist von Trauer überwältigt. Zwillinge werden geboren; dann wieder ein Knabe. Die Cousine Ermengarda zieht zu der Familie. Nach weiteren fröhlichen und traurigen Begebenheiten ist sie es, die alleingeblieben den Bau eines neuen Hauses für die neue Generation ankündigt.

● *Das lange Weihnachtsmahl* ist das letzte Werk Hindemiths für das Musiktheater. Bereits in *Harmonie der Welt* bahnte sich die Entwicklung des Komponisten zu einer immer stärkeren akademischen Starre und nachlassenden musikalischen Frische an. LB

DON PERLIMPLIN oder DER TRIUMPH DER LIEBE UND DER PHANTASIE
(Don Perlimplin ovvero Il trionfo dell'amore e dell'immaginazione)

Rundfunkoper in einem Akt von Bruno Maderna (1920–1973). Libretto vom Komponisten nach Federico Garcia Lorcas Bühnenstück. Uraufführung: R.A.I. 1961. Soloflöte: Severino Gazzelloni. Dirigent: Bruno Maderna.

HANDLUNG. In diesem Märchen in Dialogform wird die Geschichte von Don Perlimplin, dem betagten Gatten Belisas, erzählt, der den jungen Kavalier im roten Mantel tötet, dessen Liebe Belisa erwidert. Doch der Kavalier im roten Mantel ist kein anderer als der sanfte Don Perlimplin, der sich selbst tötet, oder vielleicht den schlechtesten Teil seiner selbst, damit Belisa eine Seele gewinne.

● Mit diesem Werk nähert Bruno Maderna sich zum ersten Mal über den Rundfunk dem Theater. Hier handelt es sich um eine musikalische Komödie, in der die Personen (Belisa, die Gouvernante Marcolfa, die Schwiegermutter, zwei Kobolde und der Sprecher) von Schauspielern dargestellt werden. Nur Belisa singt ausnahmsweise zwei Stücke. Die Hauptfigur, Don Perlimplin, wird dagegen vom Klang einer Flöte dargestellt, die mit den anderen Schauspielern «spricht» und an Stelle der Worte musikalische Phrasierungen und Entwürfe setzt. Das Orchester besteht aus zwei Violinen, Viola, Violoncello, zwei Kontrabässen, fünf Saxophonen, Trompeten, Schlagzeug, Vibraphon, Mandoline, elektrische Gitarre, Harfe, Klavier, Soloflöte, elektronisches Band. Belisas dreistimmige Kanzone ergibt sich aus der dreifachen elektronischen Überlagerung einer Stimme auf Band. Die Partitur umfaßt drei Blues, deren letzter *(Dark rapture crawl)* bereits Teil des *Divertimento* war, das Maderna 1957 gemeinsam mit Luciano Berio komponierte.

INTOLLERANZA 1960

Szenische Aktion in zwei Akten von Luigi Nono (geb. 1924). Die Idee zu diesem Vorwurf empfing der Komponist von Angelo Maria Ripellino (geb. 1923), er verwendet Texte von A. M. Ripellino, J. Fučik, J.P. Sartre, P. Eluard, V. Majakowskij, B. Brecht. Uraufführung: Venedig, Festival Internationale della Musica Contemporanea, 1961. Regie: V. Käslik. Bühnenbild: E. Vedova.

HANDLUNG. Ein ausgewanderter Bergarbeiter wird von Heimweh nach seinem Land erfaßt und flieht. Hierdurch wird er von der geliebten Frau getrennt, die dieses Gefühl nicht verstehen kann und ihn nun ablehnt. Allein und allen unbekannt, gerät er zufällig in eine politische Demonstration, wird verhaftet und gefoltert, einer Gehirnwäsche unterzogen und in ein Zwangsarbeitslager gebracht. Nach all dieser behördlichen Brutalität, diesem absurden Leiden, entdeckt der Bergarbeiter bei seinen gefangenen Mitgefährten Solidarität und Liebe, jene Gefühle, die «das System» versucht hatte, im Herzen der Menschen auszulöschen. Am Ende wird die Erde

«Mord in der Kathedrale» von Ildebrando Pizzetti. Eine Aufführung vom Juli 1969 in der Mailänder Basilika des Heiligen Ambrosius.

von den Wassern einer reinigenden Flut überschwemmt, die alle und alles mitreißt; die «Handlung» schließt mit Brechts Chor «An die Nachgeborenen». Es entsteht ein Gefühl des Vertrauens auf etwas Neues, durch das das Verhältnis der Menschen zueinander erneuert und dem Leben von neuem Sinn gegeben werde.

● Diese Arnold Schönberg gewidmete Oper wurde mehrfach umgearbeitet und trägt zur Zeit den Titel *Intolleranza 1971*. Bei der Uraufführung sowie bei einer späteren Aufführung in Köln entfesselte sie heftigste Polemiken sowohl wegen ihres entschieden politischen Inhalts, als auch wegen der ausgeprägt avantgardistischen, komplexen Tonsprache. Die Partitur erfordert zu ihrer Verwirklichung achtzig Instrumente, einen großen gemischten Chor, fünfzig Gesangssolisten und mehrere Erzähler (Sprechrollen). Instrumental- und Vokalmusik werden auch vom Magnetband übertragen. Auf der Bühne sind gleichzeitig projizierte, teils übereinandergelagerte, teils nebeneinandergestellte, in Bewegung gehaltene Bilder zu sehen. Mit diesem Werk wollte Nono ein Globalwerk verwirklichen, das in seinen Vorstellungen an das expressionistische Theater der zwanziger Jahre (Ernst Toller und Friedrich Wolf) ebenso wie an das zeitgenössische amerikanische Theater (Arthur Miller und Eugene O'Neill) anschließt. Aussage des Werkes ist in den Worten des Komponisten «das Erwachen des Bewußtseins in einem Menschen, der als Auswanderer-Bergarbeiter gegen den Zwang der Bedürftigkeit rebelliert, eine Existenzberechtigung, eine menschliche Begründung des Lebens sucht. Nachdem er einige Prüfungen der Intoleranz und der Unterdrückung erlitten hat, findet er zu einem menschlichen Verhältnis zu den anderen und wird von einer Überschwemmung fortgerissen. Es bleibt die Gewißheit «der Stunde, in der dem Menschen der Mensch Helfer sei».

SC

KÖNIG PRIAMOS
(King Priam)

Oper in drei Akten von Michael Tippett (geb. 1905). Libretto vom Komponisten. Uraufführung: Coventry, Coventry Theatre, 29. Mai 1962. Solisten: M. Collier, J. Veasey, R. Lewis, M. Elkins, F. Robinson. Dirigent: John Pritchard.

● Die Handlung geht auf die Geschehnisse um den letzten König von Troja und seinen Tod beim Brand der Stadt zurück. Der Komponist selbst schrieb, Thema seiner Oper sei «die geheimnisvolle Natur des Menschen und seiner Entscheidungen». Das Werk zählt zu den gelungensten Kompositionen des Engländers Tippett und war recht erfolgreich.

GP

ATLANTIS
(Atlántida)

Szenische Kantate in einem Prolog und drei Teilen von Manuel de Falla (1876–1946). Libretto vom Komponisten nach der Dichtung Jacinto Verdaguer y Santalò (1845–1902). Das Werk wurde von Ernst Halffter zu Ende geführt. Konzertante Uraufführung: Mailand, Teatro alla Scala, 18. Juni 1962.

HANDLUNG. Prolog. Der Knabe Christophorus Columbus strandet schiffbrüchig an einer Insel. Hier stößt er auf einen alten Mann, der ihm die märchenhafte Geschichte der Ozeane und des versunkenen Atlantis, dem Reich der Titanen, erzählt. Von diesem Kontinent ist als letzter Überrest allein Spanien, in dem sich die Schätze des untergegangenen Reiches befinden, erhalten geblieben. Erster Teil. *Der Brand der Pyrenäen.* In den Bergen Spaniens findet Herakles die sterbende Königin Pyrenae, die von dem Ungeheuer Geryon aus ihrem Reich vertrieben wurde. Geryon hat die Wälder entzündet und sich dann nach Cadiz gewandt. Als die Königin stirbt, geht auch Herakles nach Cadiz, um sie zu rächen. Zweiter Teil. *Herakles und der dreiköpfige Geryon.* Geschickt überredet Geryon Herakles, nach Atlantis vorzudringen. *Der Garten der Hesperiden.* Im Innern des Kontinents liegt der Garten der Hesperiden mit dem Baum der goldenen Früchte. Sein Wächter ist der Drache, doch auch die sieben Töchter des Atlas befinden sich dort. *Herakles und der Drache.* Herakles tötet das Ungeheuer, doch mit ihm sterben auch die Hesperiden, die sich ihres Schicksals schon bei des Herakles' Anblick bewußt werden. Die Götter verwandeln sie in die Pleiaden, das Siebengestirn. *Die Atlantiden im Tempel Neptuns.* Die Titanen erheben sich wider den Gott. *Alkeides und die Atlantiden.* Herakles kämpft sich den Weg aus dem Titanenland frei und kehrt nach Cadiz zurück, um mit Geryon zu kämpfen. *Fretum Herculeum. Calpe.* Herakles steht am heutigen Gibraltar und denkt darüber nach, wie er den Titanen entgegentreten kann. *Die Stimme Gottes.* Gott verdammt die Atlantiden, die sich gegen ihn erhoben haben. *Der Untergang.* Atlantis ist zerstört; die Titanen versuchen mit Hilfe eines ungeheuer hohen Turmes den Himmel zu ersteigen, doch der Erzengel mit dem feurigen Schwert läßt ihn zusammenstürzen. *Nicht über diese Schranke.* Nachdem die Titanen verschwunden sind, setzt Herakles die steinernen Säulen als unüberwindliche Schranke vor den Ozean. Dritter Teil. *Der Pilger.* Von der Höhe des Felsenriffs betrachtet Columbus den Atlantischen Ozean und die Säulen des Herakles. *Isabellas Traum.* Der Königin erscheint im Traum eine Taube, die ihren Trauring ins Meer fallen läßt: aus dem Wasser steigen blühende Inseln auf. Aus ihnen windet die Taube einen Kranz, den sie auf Isabellas Haupt sinken läßt. Die Königin hilft Columbus Schiffe für die Fahrt ins Unbekannte auszurüsten. *Die Karavellen.* Die Segel vom Wind gebläht, fliegen die Karavellen über den Atlantik. *Das Salve Regina.* Im Schweigen des unerforschten Ozeans ist der Lobgesang der Matrosen auf die Heilige Jungfrau zu hören. *Die höchste Nacht.* Alle schlafen, nur Columbus beobachtet die Sterne. Finale. Das ersehnte Land taucht auf, die «hispanische Kathedrale».

● De Falla hatte bereits 1928 mit der Arbeit an diesem Werk begonnen, es dann jedoch mehrmals beiseite gelegt und wieder aufgenommen. Die Kantate blieb unvollendet und wurde von seinem Schüler Ernst Halffter ergänzt. Für die Inszenierung ergeben sich beträchtliche Schwierigkeiten auch aus der großen Zahl der Personen, die sowohl Sänger als auch Pantomimen erfordern. Große Bedeutung hat der Chor, der sich in einen «handelnden Chor» und eine «erzählenden Chor» teilt.
MS

PASSAGE
(Passaggio)

«Inszenierung» für Orchester, achtundzwanzig Solisten und zwei Chöre von Luciano Berio (geb. 1925). Text von Edoardo Sanguineti (geb. 1930), komponiert 1962.

HANDLUNG. Dieses Werk von Berio gründet nicht auf einer eigentlichen Handlung, sondern nur auf einer allegorischen szenischen Aktion als Träger der Botschaft der Autoren. Diese Botschaft verdeutlicht sich in der Abfolge dramatischer Kurzszenen, die für eine existentielle Ursituation stehen. Es geht um die «Passage», das «Hindurchgehen» der Hauptfigur (Sopran) durch tragische Augenblicke des heutigen Lebens; die Autoren sprechen von einer «profanen Passion» wie um einen «weltlichen Kreuzweg» anzudeuten.

● *Passage* ist, wenn auch im weitesten Sinne, eines der ersten Theaterwerke von Luciano Berio; bei seinem Erscheinen stellte es eine wahre Provokation des Publikums dar. Im übrigen lag dies in den Absichten der Autoren, die nicht etwa eine eingängige Oper trostreichen Charakters, sondern eine echte, unsentimentale Problematik vorlegen wollten. Es ging darum, hier, wie später in *Laborintus II,* ein offenes Werk zu schaffen. Tatsächlich sind die szenischen Situationen, in denen sich die Hauptgestalt von *Passage* sieht, so ungewiß und von so verschwommenen Konturen, daß das Publikum sie mit Sinn und Inhalten erfüllen muß. Angesichts dieser Anlage ist *Passage* als eine neue, revolutionäre Konzeption des musikalischen Theaters zu sehen, die noch heute gültig und von entschiedener kultureller Aktualität ist.
GPa

ORESTIADE

Oper in drei Teilen von Darius Milhaud (1892–1974). Nach der Trilogie des Aischylos (525–456 v. Chr.), in der Übersetzung und Bearbeitung von Paul Claudel (1869–1955) aus den Jahren 1913–1922. Die Trilogie besteht aus den Tragödien: «Agamemnon», komponiert 1913, «Die Choephoren», komponiert 1915, «Die Eumeniden», komponiert 1927. Uraufführung des vollständigen Werkes: Berlin, April 1963.

HANDLUNG. Getreu dem klassischen Mythos wird in *Agamemnon* die Rache Klytämnestras an ihrem Gatten Agamemnon, der seine Tochter Iphigenie seinem Ehrgeiz geopfert hatte, dargestellt: siegreich kehrt Agamemnon, umgeben von seinen Soldaten, auf den Schiffen Gefangene und reiche Kriegsbeute mit sich führend, aus dem trojanischen Krieg zurück. Freude heuchelnd, empfängt ihn Klytämnestra, tötet ihn jedoch in der Stille des Königspalastes und kündet selbst diesen Mord dem Chor. *Die Choephoren* ist das Drama des Orestes, den das Schicksal treibt, den Tod seines Vaters an seiner Mutter und ihrem Geliebten Aeghistos zu rächen. Doch die Erinnyen, die «Hündinnen des Zorns der Mutter», verfolgen den, dessen Hände das Blut des eigenen Stammes befleckt. In *Die Eumeniden* bringen Athenae und Apollon die Sache des Orestes vor die Götter. Auch sie lösen die Widersprüche des Schicksals nicht, doch ermöglichen sie deren Überwindung in einer neuen religiösen und sozialen Ordnung. Das Erbarmen tritt an die Stelle der Rache; Orestes gegenüber, der ein Opfer des Schicksals ist, verwandeln sich die Erinnyen in die ihm gewogenen, gütlichen Gottheiten der Eumeniden.

● Obwohl ihre Komposition sich über viele Jahre hinzog, zeigt sich in diesen drei Partituren doch eine im Grunde einheitliche Inspiration und eine gemeinsame hohe Spiritualität. In *Die Choephoren* führt der Komponist zum ersten Mal die gesprochene Deklamation ein, die mit Fragmenten anderer Stimmen durchsetzte Sologesangslinie, den skandierten

Schlußszene aus «Atlantis» von Manuel de Falla an der Mailänder Scala, 1962.

Chor. Die von fünfzehn Schlaginstrumenten wahrgenommene Begleitung erzielt hochdramatische Wirkungen. SC

HERR VON POURCEAUGNAC
(Monsieur de Pourceaugnac)

Musikalische Komödie von Frank Martin (1890–1974) nach Molière. Uraufführung: Genf, Grand Théâtre, 23. April 1963.

HANDLUNG. Die Oper spielt im Paris des siebzehnten Jahrhunderts. Julie liebt Éraste, doch ihr Vater hat sie einem Edelmann aus Limoges, Monsieur de Pourceaugnac, einem törichten, lächerlichen Menschen mit übertriebenen Adelsansprüchen, versprochen. Sobald er in Paris eintrifft, wird er das einfältige Opfer der grausamsten Scherze Érastes, der ihn als verrückt hinstellt, falsche Gläubiger erfindet, ihm falsche Mätressen und falsche Gattinnen andichtet. Dem Ärmsten gelingt schließlich nach einer Verhaftung die Flucht vor der Anklage, Julie entführt zu haben. Éraste tritt als Julies Retter auf und ihr Vater Oronthe gewährt ihm ihre Hand.

● In dieser Oper verbindet sich die Vorliebe des Komponisten für die Modelle des französischen Impressionismus auf elegante Weise mit neueren Elementen der zeitgenössischen Musik. AB

DER LETZTE WILDE
(Le dernier Sauvage)

Komische Oper in drei Akten von Gian-Carlo Menotti (geb. 1911). Uraufführung: Paris, Opéra-Comique, 21. Oktober 1963.

HANDLUNG. Die Handlung spielt teils in Chicago, teils in Indien. Hauptfigur ist eine junge Frau, die anthropologische Studien treibt und sich in Begleitung ihrer Eltern nach Indien begibt. In diesem Land kommen sie mit einer Realität in Berührung, deren Verständnis ihnen schwerfällt. Sie erliegen immer wieder Mißverständnissen, verwechseln das Falsche mit dem Authentischen und werden Anlaß zu komischen Situationen. Unter anderem begegnen sie einem Prinzen und einem armen, unwissenden Hindu-Bauern. Dieser, der letzte Wilde, erobert das Herz des reichen, kapriziösen Mädchens.

● Diese für das Fernsehen geschriebene Oper ist eine vergnügliche Satire auf eine bestimmte Schicht der amerikanischen Gesellschaft. Die Musik ist einfallsreich, brillant und von unmittelbarem Verständnis. Ihr Zuschnitt ist traditionell, entsprechend der Erklärung des Komponisten: «In meinen anderen Werken ist deutlich feststellbar, daß ich mir der Richtungen der zeitgenössischen Musik bewußt bin. Mit *Der letzte Wilde* beschloß ich, mich völlig aus ihr zu lösen.» SC

LABORINTUS II

Bühnenwerk von Luciano Berio (geb. 1925) für Kammerorchester, elektronische Musik, Altstimme, zwei Sopranstimmen. Gesprochene Texte aus Dante Alighieris «Vita Nova», dem «Convivio», der «Göttlichen Komödie» sowie Schriften von T.S. Eliot, E. Pound, E. Sanguineti, Bibeltexten etc. Das Werk entstand zwischen 1963 und 1965 für die ORTF zum siebenhundertsten Jahrestag der Geburt Dantes. Solisten: C. Legrand und J. Bancomont (Soprane), C. Meunier (Alt), E. Sanguineti (Sprecher). Ensemble Musique Vivante. Dirigent: Luciano Berio.

● In dieser Oper (im weitesten Sinne des Wortes verstanden) kommt der Komponist nicht nur ohne die traditionellen

«Sprachen» aus, die gemeinhin in einer Oper verwendet werden (also Gesang, Musik, Bühnenhandlung, Tanz), sondern lehnt auch die traditionelle Strukturierung des Textes und seine Bestimmung ab, wie schon, wenn auch auf andere Weise, in *Passage*. Berio selbst schreibt hierzu: «*Laborintus II* ist ein szenisches Werk und kann wie eine *rappresentazione* (eine szenische Darstellung), eine Geschichte, eine Allegorie, ein Dokument, ein Tanz etc. etc. . . . behandelt werden. Es kann also in der Schule, auf dem Theater, im Fernsehen, im Freien, wo immer man will, aufgeführt werden.» Es handelt sich mithin um ein «offenes Werk» *(opera aperta)*, dessen Fruition (Wahrnehmung, Genuß) nicht objektiv und vom Autor vorherbestimmt ist, sondern außerordentlich subjektiv und ebensogut vom Zuschauer wie vom Dirigenten und dem Regisseur ausgeht. Umberto Eco schrieb in «Opera Aperta»: «Jede Fruition ist mithin eine Interpretation und eine Ausführung, denn in jeder Fruition lebt das Werk in einer originären Perspektive neu». Seiner Struktur nach ist *Laborintus II* – der Titel geht auf eine Gedichtsammlung Edoardo Sanguinetis des gleichen Namens zurück – eine Montage verschiedener Klangmaterialien, die diskontinuierlich, in Abrissen, in drastischen Brüchen der Gattung Musiktheater eigenen Kodifizierung überlagert sind und ein globales Infragestellen der Formstrukturen erzeugen. Auch ideologisch ist dieser Protest global, da er sich nicht gegen Einzelaspekte des heutigen Lebens wendet, wie beispielsweise den Schlager oder die politische Rede, sondern auf die Ablehnung sowohl der Wort- wie der Musiksprache hinausläuft. In diesem Zusammenhang erinnern wir daran, daß in Berios Text durch die Literaturzitate unterschiedliche linguistische Kodes vorliegen, die vom archaischen Italienischen zur modernen Umgangssprache, vom Lateinischen zum Englischen reichen und oft eher um ihrer semantischen Eigenschaften, denn um ihrer rein klanglichen willen verwendet werden. Die Auswahl der Literaturtexte ist dennoch keineswegs zufällig, sondern enthüllt, indem sie sie hervorhebt, die raffinierte Preziosität der Musik. Zu den interessantesten und gegensätzlichsten musikalischen «Collagen» zählen wir die Einfügung einer *jamsession* als einer entfesselten Jazzimprovisation mit Schlagzeug, Kontrabaß und Klarinette und einen ganzen Abschnitt elektronischer Musik, der in der Ökonomie des Werkes Lösungsfunktion hat, nachdem die Orchestermusik plötzlich fast vollständig verschwindet und den herrlichen Worten des *Convivio* Raum gibt: «Die Musik ist ganz relativ . . . sie zieht die Geister der Menschen an sich, die fast hauptsächlich Ausdünstungen des Herzens sind, so daß sie fast jede Handlung unterlassen.» Gegen Ende des Werkes schließlich «vermischt» der Sprechchor wie in einem linguistischen Cocktail die Worte aus einem Text von Sanguineti und löst sie in verschiedene Elemente auf bis hin zum Flüsterton: in einem fast nicht mehr hörbaren diffusen Schlagen endet *Laborintus*.

Außenansicht des ersten Hauses der Metropolitan Opera in New York.

Außenansicht der neuen Metropolitan Opera House im Lincoln Center New York.

BILÓRA

Dramatische Oper in zwei Akten von Renato de Grandis (geb. 1927). Libretto vom Komponisten nach einem Dialog Angelo Beolco Ruzzante (1502–1542). Die Oper entstand 1966/67. Konzertante Uraufführung einiger Teile: Rom, Italienischer Rundfunk (R.A.I.), 12. Mai 1966. Die szenische Uraufführung der gesamten Oper steht noch aus.

HANDLUNG. Die Handlung ist sehr einfach. Bilòra ist ein menschliches Wrack, gewalttätig und feige, der nach langer

Innenansicht der neuen Metropolitan Opera. Oben der Zuschauerraum (im Vordergrund der Direktor des Hauses, Rudolf Bing). Nebenstehende Seite, unten: Aufbau eines Bühnenbildes.

Abwesenheit nach Hause zurückkehrt und feststellt, daß seine Frau in den «Dienst» eines reichen alten Kaufherrn getreten ist.

● *Bilóra* ist eine hochdramatische, psychologische Oper, durch die eine Form des Neoverismus in der Neuen Musik verwirklicht wird. Kern- und Höhepunkte der Oper sind vor allem die Monologe, in denen die Personen ihren Reaktionen auf die jeweilige Situation Ausdruck geben.

DIE BASSARIDEN
(The Bassarids)

Opera seria in einem Akt mit Intermezzo von Hans Werner Henze (geb. 1926). Libretto von W.H. Auden und C. Kallman nach den «Bakchen» des Euripides. Uraufführung: Salzburger Festspiele, 6. August 1966.

PERSONEN. Dionysos, eine Stimme und der Fremde (Tenor), Pentheus, König von Theben (Bariton), Kadmos, sein Großvater, Gründer Thebens (Baß), Teiresias, alter blinder Seher (Tenor), Hauptmann der königlichen Wache (Bariton), Agaue, Tochter des Kadmos, Mutter des Pentheus (Mezzosopran), Autonoe, ihre Schwester (Sopran), Beroe, Amme der Semele und des Pentheus (Mezzosopran), eine junge Sklavin im Hause Agaues und ihre Tochter (Stumme), Bassariden (Mänaden und Bacchanten), Bürger Thebens, Wachen, Diener. Personen des Intermezzos «Das Urteil der Kalliope»: Venus (Agaue), Proserpina (Autonoe), Kalliope (Teiresias), Adonis (der Hauptmann).

HANDLUNG. Die Oper spielt in Theben und auf dem Berg Kytheron. Der Chor berichtet, daß Kadmos zugunsten des Pentheus abgedankt hat und wünscht dem neuen König Glück. Von draußen verkündet eine Stimme, daß der Gott Dionysos nach Böotien gekommen ist. Teiresias, Agaue und Beroe äußern unterschiedliche Meinungen über den Dionysoskult. Teiresias geht und schließt sich jenen an, die auf dem berg Kytheron Dionysos verehren. Der Hauptmann eilt in den Palast und kehrt mit einer Anordnung des Königs, die er vor dem Volk verliest, zurück: Pentheus verbietet den Kult der Göttin Semele, die Zeus Dionysos gebar. Nun betritt König Pentheus die Bühne und löscht die Flamme auf dem Altar der Semele; jedem, der sie wieder anzuzünden wagt, droht die Todesstrafe. Das gleiche Los erwartet den, der auf jede andere Weise Dionysos verehrt. Er sendet den Hauptmann auf den Berg Kytheron, um alle dort Versammelten festzunehmen. Seiner alten Amme enthüllt der König, daß er nicht mehr an die Götter des Olymp glaube, sondern an einen einzigen, universellen Gott, das mit der Vernunft erreichbare Gute. Als die Gefangenen eintreffen, befinden sich unter ihnen Teiresias, Autonoe, Agaue und ein Fremder: vergeblich versucht Pentheus seine Mutter daran zu erinnern, wer sie ist, wer ihr Gatte war. Der König befragt auch den Fremden (ohne zu wissen, daß es sich Dionysos handelt), doch erhält er nur rätselhafte Antworten. Die Bühne verdunkelt sich: ein Erdbeben erschüttert die Mauern der Stadt, während die Gefangenen auf den Berg Kytheron fliehen. Der Fremde erscheint vor König Pentheus und verspricht, ihm im Spiegel seiner Mutter zu zeigen, worin der Dionysoskult besteht, dem seine Mutter und andere Bürger anhängen. Abgestoßen und gleichzeitig fasziniert blickt Pentheus in den Spiegel. Intermezzo. Die Szene zeigt seine eigenen verdrängten Phantasien: eine sinnenbetörte, vergehende Welt. Alle Personen entstammen der Mythologie, sie streiten um den Jüngling Adonis. Die Muse Kalliope entscheidet den Streit, doch mit Hilfe eines Zaubergürtels gelingt es Venus, Adonis ganz an sich zu fesseln. Eifersüchtig tötet ihr Gatte Mars den Nebenbuhler. Nun entschließt Pentheus sich, auf den Kytheron zu gehen und selbst den Dionysoskult zu sehen. Nacht auf dem Kytheron. Plötzlich wird der König von den Mänaden umringt, unter denen sich auch seine Mutter Agaue befindet. Umsonst fleht er sie an, er wird überwältigt und getötet. Wieder in Theben. Noch in Trance fragt Agaue Kadmos nach ihrem Sohn. Der alte Mann enthüllt ihr, daß sie ihn unter dem Einfluß des Dionysos stehend, getötet hat. Agaue ruft den Tod herbei. Der Fremde tritt auf und erklärt, er sei Dionysos und verbannt Kadmos mit seinen Töchtern auf ewig aus dem brennenden Theben. Agaues letzte Worte an den Gott sind eine Warnung: er solle sich des Geschicks von Uranos und Chronos erinnern. Der Tartaros erwarte ihn. Die Oper endet mit der Anbetung durch die Bassariden vor dem Bild des Dionysos und der zur Gottheit erhobenen Mutter Semele, die nun den Namen Thyone trägt.

● Henze hat die Tragödie des Euripides in das moderne Denken übertragen. Im mythischen Symbolismus der Tragödie sah der deutsche Musiker, der zur historischen Avantgarde der Musik von heute zählt, zu Recht die Möglichkeit seine dramatische und lyrische Ästhetik zu entwickeln. Das Ergebnis ist ein weitgespanntes Werk, dessen vom Libretto gegebene philosophische Spannweite zwischen Rationalem und Irrationalem (der Konflikt, in dem sich Pentheus und Dionysos gegenüberstehen) sich in der Musik, unterstrichen von harten klanglichen Kontrasten, voll wiederfindet. Bei der Uraufführung in Salzburg erzielte die Oper einen lebhaften Erfolg.

ANTONIUS UND KLEOPATRA
(Antony and Cleopatra)

Oper in drei Akten von Samuel Barber (1910). Nach William Shakespeare in der Bearbeitung Franco Zeffirellis. Uraufführung: New York, Metropolitan Opera, 16. September 1966. Solisten: Leontyne Price (Kleopatra), Justino Diaz (Antonius), Rosalind Elias (Charmian), Belén Amparàn (Iras), Jess Thomas (Caesar Oktavianus), Mary Allen Pracht (Oktavia), Ezio Flagello (Enobarbus), John Macurdy (Agrippa). Dirigent: Thomas Schippers.

HANDLUNG. Erster Akt, erste Szene. Der Vorhang hebt sich vor einer vielgestaltigen Szene mit der Bezeichnung: Das Imperium. Römer, Griechen, Hebräer, Perser und Afrikaner flehen Antonius an, den ägyptischen Müßiggang aufzugeben und nach Rom zurückzukehren. Zweite Szene. Kleopatras Palast in Alexandrien. Antonius vertraut seinem Freund Enobarbus seine Absicht an, seine Bindung zu Kleopatra zu lösen. Der Königin teilt er mit, daß er entschlossen sei, nach Rom zu reisen und sie wünscht, daß diese Abreise ihres Geliebten sofort erfolge. Dritte Szene. Der Senat in Rom. Die römische Oligarchie übt Druck auf Antonius aus, er solle seine Treue unter Beweis stellen und Oktavia, die Schwester des Oktavianus, zur Frau nehmen. Vierte Szene. Kleopatras Palast in Alexandrien. Die sich nach ihrem fernen Geliebten sehnende Königin verlangt nach Alraune, um schlafen zu können. Fünfte Szene. Oktavianus' Palast in Rom. Antonius ne. Enobarbus trifft Vorbereitungen, um sich den Tod zu geben. Achte Szene. Im Zelt des Antonius. Da er Kleopatra bereits tot glaubt, bittet Antonius den Bannerträger Eros, ihn zu töten. Doch dieser weigert sich und wendet das Schwert gegen sich selbst. Nun tötet Antonius sich mit eigener Hand. Sterbend wird er zum Grab getragen. Dritter Akt. Am Grabe. Antonius stirbt in Kleopatras Armen. Oktavianus kommt hinzu, er will die Königin als Kriegsbeute nach Rom führen und versucht, sie vom Selbstmord zurückzuhalten. Doch Kleopatra will nicht einmal durch den Tod von dem Geliebten getrennt werden. Sie läßt sich die Viper bringen, bietet ihren Leib dem Biß der Schlange und stirbt an ihrem Gift.

● Die Oper wurde zur Eröffnung der Neuen Metropolitan Opera in New York in der Inszenierung Franco Zeffirellis uraufgeführt. Zeffirelli hatte auch die Bühnenbilder entworfen. Die Choreographie stammte von Alvin Ailey.

«Die Bassariden» von Hans Werner Henze bei den Salzburger Festspielen, 6. August 1956. Bühnenbild von Filippo Sanjust.

nimmt Oktavia zur Frau, doch seine militärischen Aufgaben werden ihn oft von ihr fortführen. Sechste Szene. Bestürzt empfängt Königin Kleopatra in ihrem Palast in Alexandria die Nachricht von der Vermählung des Antonius. Siebente Szene. An Bord einer römischen Galeere befinden sich außer Antonius auch Oktavianus, Lepidus und Enobarbus. Als Antonius einschlummert, verrät Enobarbus, daß der General die Absicht hat, zu seiner ägyptischen Geliebten zurückzukehren, während der Chor seine erste Begegnung mit Kleopatra besingt. Als Antonius erwacht, entschlüpft ihm ein Freudenruf: «Ich kehre nach Ägypten zurück». Zweiter Akt, erste Szene. Im Palast des Oktavianus in Rom erfährt Oktavia von der Untreue ihres Gatten. Caesar beschließt gegen den doppelt Abtrünnigen, der seine Gattin und Rom verraten hat, Krieg zu führen. Zweite Szene. Während im Garten des ägyptischen Königspalastes ein Seher die Zukunft vorhersagt, meldet Enobarbus das Nahen der römischen Legionen. Kleopatra erklärt, sie wolle mit ihrem Heer das Los des Geliebten teilen. Dritte Szene. Im Feldlager des Antonius. Düstere Zeichen lassen die Soldaten annehmen, der von Antonius verehrte Halbgott Herkules habe ihn verlassen. Vierte Szene. Auf dem Schlachtfeld. Antonius ist geschlagen. Die Überlebenden umringen ihn, und er fordert sie auf, Oktavianus' Vergebung zu erbitten. Fünfte Szene. Als Oktavianus erscheint, zeigt er sich erbarmungslos gegen den Rivalen. Sechste Szene. Antonius hat sich in Kleopatras Palast geflüchtet. Nach einem heftigen Streit mit ihm entfernt sich Kleopatra, um ihr Grab aufzusuchen. Durch einen Boten läßt sie Antonius wissen, daß ihr letzter Gedanke ihm gegolten habe. Siebente Sze-

ODYSSEUS
(Ulisse)

Oper in einem Prolog und zwei Akten von Luigi Dallapiccola (1904–1975). Libretto vom Komponisten, inspiriert durch Homers «Odyssee». Uraufführung: Berlin, Deutsche Oper, 29. September 1968. Solisten: E. Soeden, C. Gayes, V. van Halem, J. Maderra. Dirigent: Lorin Maazel.

HANDLUNG. Prolog. Erste Szene. Odysseus (Bariton) sticht in See, nachdem er die ewige Jugend, die Kalypso (Sopran) ihm bietet, abgelehnt hat. Zweite Szene. In einem sinfonischen Zwischenspiel wird Poseidons Zorn dargestellt. Dritte Szene. Schiffbruch an der Insel der Phäaken. Odysseus wird von Nausikaa (hoher Sopran) gefunden und zum Palast ihres Vaters Alkinoos (Baß-Bariton) geleitet. Erster Akt. Erste Szene. In einem Saal des Königspalastes besingt Demodokos (Tenor) die Heimkehr der Griechen aus Troja und berichtet von dem verschollenen Odysseus: im gleichen Augenblick betritt der Held den Saal. Es gelingt ihm nicht, die Tränen zurückzuhalten. Er gibt sich zu erkennen und beginnt mit der Erzählung seiner Abenteuer nach dem Falle Trojas. Zweite Szene. Mit seinen Gefährten landet Odysseus im Lande der Lotusesser. Durch die Macht der verführerischen Stimmen bezwungen, verlassen viele Griechen die Schiffe, essen die Blüte des Vergessens und kehren nie wieder. Dritte Szene. Ein ganzes Jahr bleibt Odysseus bei der Zauberin Kirke (Mezzosopran). Als er sie verläßt, um seine Reise fortzusetzen, sagt Kirke ihm voraus, daß er niemals Frieden finden werde. Vierte Szene. Der Held begegnet seiner Mutter Antikleia (dramatischer Sopran) im Hades und erfährt von dem Seher Teiresias (Tenor), daß seine Heimkehr nach Ithaka zu einem Blutbad führen wird. Fünfte Szene. Am Ende seiner Erzählung erbietet sich Alkinoos, Odysseus nach Ithaka geleiten zu lassen. Zweiter Akt. Erste Szene. In Ithaka ist ein Hinterhalt der Freier auf den Sohn des Odysseus, Telemachos (Tenor), fehlgeschlagen. Ein Unbekannter kommt auf die Insel und bittet den Hirten Eumaios (Tenor) ihn aufzunehmen. Ohne sich erkennen zu geben, befragt der Unbekannte lange den jungen Telemachos. Zweite Szene. Odysseus lauscht bewegt Penelopes (Sopran) Gesang. Dritte Szene. Antinoos (Bariton) läßt die Magd Melantho (Mezzosopran) einen Tanz mit dem Bogen Odysseus' aufführen. Telemachos, den die Proker tot glaubten, tritt herein; er wird von einem Unbekannten begleitet, der zu aller Erstaunen und Schrecken den Bogen ergreift und spannt: damit gibt er sich als Odysseus zu erkennen, der als einziger diese Waffe zu meistern versteht. Vierte Szene. Sinfonisches Zwischenspiel. Fünfte Szene. Wie es ihm die Weissagung vorherbestimmte, segelt Odysseus von neuem über das Meer und muß voller Bitterkeit erkennen, daß er all seinen Irrfahrten nie fand, was er suchte. Von einer plötzlichen mystischen Erkenntnis erleuchtet, bricht er in den Ruf aus: «Herr! Nicht mehr allein sind mein Herz und das Meer!».

● Aus den antiken und modernen literarischen Vorlagen Homers, Dantes und Pascolis gestaltete Dallapiccola in einer persönlichen Interpretation den griechischen Helden und die Geschichte seines ewigen Suchens, das Frieden und Erfüllung allein in der Empfindung des Göttlichen findet.   MS

DER BESUCH DER ALTEN DAME
(La visita della vecchia signora)

Oper in drei Akten von Gottfried von Einem (geb. 1918). Libretto nach Friedrich Dürrenmatts (geb. 1921) gleichnamigem Bühnenstück. Uraufführung: Wien, Staatsoper, 23. Mai 1971. Solisten: Christa Ludwig, Eberhard Wächter.

HANDLUNG. In der Schweizer Kleinstadt Güllen sind unter Führung des Bürgermeisters alle Bewohner auf dem Bahnhof versammelt und erwarten hier die Ankunft ihrer unglaublich reichen Mitbürgerin Claire Zachanassian (Mezzosopran), die ihren Geburtsort vor vierzig Jahren verlassen hat. Ihr außerordentlicher Reichtum könnte dem von einer Krise erschütterten Gemeinwesen neuen Aufschwung bringen. Viel Hoffnung setzt man vor allem auf den Einfluß ihres Jugendgespielen Alfred III (Bariton), mit dem, wie allen bekannt ist, die unerfahrene Tochter unbekannter Eltern eine Liebelei hatte. Endlich trifft die Erwartete ein: sie ist unglaublich gealtert, stark geschminkt, mit Juwelen überhäuft und führt ihren achten Ehemann, unzählige Gepäckstücke und einen Sarg mit sich. Ihr zu Ehren wird ein Bankett gegeben. Und nun erfährt die Bürgerschaft, daß die alte Dame zwar bereit ist, dem Städtchen eine ungeheure Geldsumme zu stiften, jedoch nur unter der Bedingung, daß ihr der Leichnam ihres früheren Verführers Alfred III übergeben wird, der sie geschwängert hatte und sich weigerte, das Kind als das seine anzuerkennen, nachdem ein gefälliger Richter das Zeugnis zweier bestochener Trunkenbolde anerkannt hatte. Das verlassene Mädchen landete im Bordell. Heute ist der ehemalige Richter Majordomus der alten Dame und die beiden falschen Zeugen gehören – geblendet und kastriert – ebenfalls zu ihrem Gefolge. Nach langem Zögern beschließt die geldgierige Einwohnerschaft durch Abstimmung im Gemeinderat den Tod des Verführers und übergibt ihr seinen Leichnam. Befriedigt reist Claire Zachanassian mit ihrem seltsamen Gefolge ab. Auch den Sarg mit seinem makabren Inhalt führt sie mit sich: in ihrem Garten wird sie Alfreds sterbliche Überreste begraben. Nachdem sie das Geld erhalten haben und die alte Dame entschwunden ist, geben die Einwohner Güllens lautstark ihrer Befriedigung Ausdruck.

● Als ein Drama der Heuchelei in unserer modernen Welt, in der ein Verbrechen aus Habgier als ein Akt später Gerechtigkeit ausgegeben wird, stützt *Der Besuch der alten Dame* sich auf eine an Klangfülle reiche Partitur von komplexer kontrapunktischer Textur und streng tonaler Anlage. Groteske und ironische Anklänge werden durch mechanische Rhythmen à la Strawinsky oder die in Puccinis Manier gehaltenen Melodien der alten Dame oder auch das chromatische Stottern der beiden Kastrierten hervorgebracht. «Aus all diesen Faktoren ergibt sich, daß unsere Aufmerksamkeit sich stärker der, als unabhängige Schöpfung gesehen und nicht so sehr der Textillustrierung dienenden, Partitur zuwendet, ebenso daß diese Aufmerksamkeit sich dorthin richtet, wo das musikalische Leben am intensivsten ist, nämlich auf das Orchester» (Paolo Isotta).

TREEMONISHA

Oper in drei Akten von Scott Joplin (1868–1917). Libretto vom Komponisten. Entstanden im Jahre 1908. Uraufführung einiger Teile: Atlanta, Morehouse College, Januar 1972, durch Atlanta Symphony. Dirigent: Robert Shaw. Spätere Bearbeitung und Orchestrierung von Günther Schuller für die Houston Grand Opera. Tänze von Louis Johnson. Solisten dieser Fassung: Carmen Balthrop, Betty Allen, Curtis Rayam, Williard White.

PERSONEN. Treemonisha (Alt), Monisha (Sopran), Remus (Tenor), Ned (Bariton), Zodzetrick (Tenor), Lucy (Sopran), Andy (Tenor), Luddud (Bariton), Cephus (Tenor), Simon (Baß), Parson Alltalk (Baß).

HANDLUNG. Eine von Wald umgebene Plantage in Arkansas, nur wenige Meilen vom Red River entfernt. Erster Akt.

Justino Diaz als «Antonius» in der Uraufführung von Samuel Barbers «Antonius und Kleopatra» am 16. September 1966, dem Eröffnungsabend der neuen Metropolitan Opera in New York. Regie führte Franco Zeffirelli. Die musikalische Leitung hatte Thomas Schippers.

An einem Septembermorgen des Jahres 1884. Der Zauberer und Scharlatan Zodzetrick versucht Monisha eine wunderkräftige Kaninchenpfote zu verkaufen, doch ihr Mann Ned greift ein und hindert sie an ihrem Kauf, da die Pfote zu teuer sei. Treemonisha verjagt den Scharlatan: schon zuviel Schaden hat er dadurch angerichtet, daß er den Aberglauben unter den einfachen Menschen der Umgebung geschürt hat. Zodzetrick versucht, den Gefallen des Mädchen zu gewinnen, doch der gerade hinzukommende Remus erklärt ihm, daß ihm das bei ihr nicht gelingen werde: sie ist die einzige ihrer Rasse in weitem Umkreis, die schon mehrere siegreiche Schlachten gegen den Aberglauben geschlagen hat. Der Zauberer entfernt sich rachedrohend. Auch Remus geht, während eine Schar von Kornsammlern herbeikommt. Mit ihnen beginnt Treemonisha unter Andys Führung einen ländlichen Reigen. Dann schlägt sie vor, man solle Zweige sammeln und zu Kränzen flechten, doch Monisha greift ein: die Zweige dieses besonderen Baumes dürfen nicht gebrochen werden, er ist heilig. Unter ihm wurde Treemonisha im Alter von etwa drei Jahren gefunden. Das junge Mädchen ist ebenso überrascht wie alle anderen Anwesenden: alle glaubten, sie sei die Tochter Monishas und Neds. Nachdem sie der Frau gedankt hat, die ihr eine so liebevolle Mutter gewesen ist, geht Treemonisha mit ihrer Freundin Lucy in den nahen Wald, um dort die Zweige zu sammeln. Auf dem Hof kommt nun Parson Alltalk an, der den Versammelten, die im Chor antworten, eine Stegreifpredigt hält. Aufgelöst stürzt Lucy herbei: Zodzetrick und sein Gefährte Luddud haben Treemonisha fortgeschleppt. Ned schwört Rache, alle jungen Männer nehmen die Verfolgung auf. Auch Remus eilt, nachdem er versprochen hat, mit dem Mädchen zurückzukommen, in den Wald. Zweiter Akt. Im Wald. Nachmittag. Zodzetrick und Luddud treffen mit Treemonisha an ihrem Zufluchtsort ein, wo Simon anderen Scharlatanen und Zauberern einen Vortrag hält. Sie klagen das Mädchen an: wenn sie in ihrem Kampf gegen den Aberglauben siegreich ist, wie sollen sie dann leben? Sie wollen sie bestrafen, Cephus widersetzt sich ihnen, wird jedoch überstimmt. Treemonisha erwartet ihren Urteilsspruch, indessen kommen acht Bären herbei, die sie jedoch nicht belästigen, sondern zu spielen beginnen. Die falschen Zauberer verjagen sie. Jetzt haben sie sich auf die Strafe geeinigt: das Mädchen soll in ein großes Wespennest gestoßen werden. Schon wollen sie diesen Spruch ausführen, als sie durch eine fürchterliche Gestalt, die sich ihnen rasch nähert, in Angst und Schrecken versetzt werden und fliehen. Es ist Remus, der sich über ihren eigenen Aberglauben lustig macht und sich als Teufel mit der Maske einer Vogelscheuche verkleidet hat. Treemonisha und Remus fallen sich in die Arme. Auf dem Weg nach Hause begegnen sie den glücklich singenden Baumwollpflanzern. Dritter Akt. Am Abend in Neds und Monishas Hütte. Man wartet auf Nachricht von Treemonisha. Die Frau ist verzweifelt, ihr Mann versucht, sie zu beruhigen, als endlich Remus und Treemonisha erscheinen. Während alle sich freuen, daß die Gefahr vorüber ist, kommen die Kornsammler zurück, die Zodzetrick und Luddud zu ihren Gefangenen gemacht haben. Alle wollen ihnen eine gehörige Lektion erteilen, doch Treemonisha bittet, man möge es bei einer ordentlichen Strafpredigt belassen und sie dann laufen lassen. Nachdem sie ihnen die Hand geschüttelt hat, erklärt sie, daß für die Gemeinschaft auf der Pflanzung eine Person nötig ist, unter deren Leitung ihre Bewohner von Aberglauben und Unwissenheit befreit werden. Diese Aufgabe will man ihr übertragen, doch das Mädchen will sie nicht übernehmen: zwar würden die Frauen ihr folgen, doch die Männer mißtrauisch bleiben. Erst als auch diese laut fordern,

Erster Akt, zweite Szene aus «Odysseus» von Luigi Dallapiccola an der Mailänder Scala, 1969. Bühnenbild und Kostüme von F. Farulli, Regie von Gustav Rudolf Sellner.

daß sie annehmen solle, gibt Treemonisha ihre erste Anordnung: alle sollen sich zum Tanz vereinen.

● Zu Recht als «Dornröschen der amerikanischen Musik» bezeichnet, blieb *Treemonisha* über sechzig Jahre nur ein Name: der Name einer Oper – so hieß es – die ein Großer des *ragtime*, ein Vater des Jazz, Scott Joplin, aus «Größenwahn» hatte komponieren wollen, ohne daß es ihm gelungen war, sie zu veröffentlichen. In Wirklichkeit sah alles etwas anders aus: Joplin hatte *Treemonisha* 1911 in Harlem selbst verlegt, bevor er in Syphilis erkrankte. Die Krankheit, an der er 1917 starb, machte es ihm unmöglich, sich ernsthaft um seine Oper zu kümmern und sie zur Aufführung zu bringen. Sie blieb sie nur eine Erinnerung. 1970 wurde sie von Vera Brodsky Lawrence wiederentdeckt, als sie nach Manuskripten für die Gesamtausgabe der Werke des Komponisten forschte, und im folgenden Jahr von der New York Public Library gedruckt. Das Werk ist eine suggestive Mischung aus Stücken im perfekten Ragtime-Stil (der Reigen, der Gesang der Pflanzer und der Schlußtanz), Einschüben, die unmittelbar auf das Ballett drängen (das Spiel der Bären), einer zentralen Textur, in der das Vorbild der Oper Europas – von der in den Vereinigten Staaten zu Beginn des Jahrhunderts hochgeschätzten italienischen Oper zur Händelschen Chorbehandlung und der märchenhaften Unmittelbarkeit Carl Maria von Webers – aufgegriffen und neu belebt wird. Und so erwachte *Treemonisha* aus ihren langen Schlaf, um zu einem nie dagewesenen Erfolg in der Geschichte der afroamerikanischen Scene zu werden. EP

LORENZACCIO

Romantisches Melodram in fünf Akten, dreiundzwanzig Szenen und zwei Zugaben von Sylvano Bussotti (geb. 1931). Text vom

Komponisten, inspiriert durch Alfred de Mussets gleichnamiges Bühnenstück (1834). Uraufführung: Venedig, Teatro La Fenice, 7. September 1972. Solisten: D. Forster-Durlich, I. Jacobeit, U. Kenklies, G. Genersch, G. Hering, H. Stuckmann. Dirigent: Gianpiero Taverna.

PERSONEN. Cirilli, Page, Raufbold, Maler, dann Eros; Remo, florentinischer Jüngling; Palle, der Andalusier, liederlicher junger Mann; George Sand, dann Caterina Ginori, genannt Rara, Tante Lorenzos; Staat und Kirche; Alfred de Musset; Giomo, der Deutsche; Uliva, dann Luisa Strozzi, dann der Tod; Maffeo Salviati, ein Bürgerlicher, dann Höfling; der Ungar; der Favolaccino; Agnolo; Ascanio; Maria Soderini, genannt Mara, die Mutter Lorenzos; Lorenzaccio; der legendäre Lorenzo. Motorradfahrer, Pagen, Fahnenträger, Capitano, Bewaffnete, Edelfräulein und das Volk von Florenz.

HANDLUNG. Erster Akt. Florenz. Es ist Mitternacht, einige liederliche junge Männer, die sich eines verderbten, ausschweifenden Lebens befleißigen, bereiten die Entführung Ulivas, der Schwester des Bürgerlichen Maffio, im Auftrag des Herzogs Alessandro de'Medici, vor. Die Entführung Ulivas läßt ihren Bruder das Schicksal und die Verbrecher verfluchen, doch er bemerkt, daß er den Herzog vor sich hat, der ihn verächtlich verspottet und ihm eine wohlgefüllte Geldbörse hinwirft. Während des Karnevals wird am Hof des Herzogs eine Schachpartie mit lebenden Figuren gespielt, auch Maffio ist anwesend. Der Gewinner soll die Macht über Florenz erhalten. Maffio ist es gelungen, einen Volksaufstand gegen die Medici anzuzetteln; während die Schachfiguren zerbrechen, erhebt sich das Volk, die Herrschaft der Palleschi ausrufend. Zweiter Akt. Alfred de Musset, George Sand und einige Höflinge führen ein Streitgespräch über Kunst, als plötzlich ein Duell zwischen Cirilli und Lorenzo «ausbricht». Lorenzos Mutter Mara hat ihren Auftritt, während Luisa Strozzi zum Tanz der Mundschenken den Gifttod stirbt. Pietro Strozzi beschließt, in Florenz zu verweilen, um sich an den Medici zu rächen. Die Person Staat und Kirche beschließt inzwischen, nachdem sie sich in Herzog und Bischof verwandelt hat, angesichts des Aufruhrs in der Stadt, den Tod Lorenzos zu fordern, dem sie in einem Traum erscheint, der ihm die Vorahnung seines traurigen Endes durch die Hand Cirillis bringt. Dritter Akt. Der Herzog steht zu einem Porträt Modell, während Lieder gesungen werden und Musset Gedichte vorträgt. Der verwundete Maffio kommt hinzu und klagt Pietro Strozzi an, doch er wird sogleich verhaftet. Staat und Kirche tauschen zum Zeichen ihrer völligen Identität Gewänder und Attribute, während Musset in Lorenzos Rolle das Verbrechen, das er begehen wird, rechtfertigt. Lorenzo kommt zurück, tötet in einer düsteren rauschhaften Atmosphäre den Herzog und flieht mit Cirilli. Vierter Akt. Der Vorhang ähnelt dem der Pariser Oper. George Sand zieht mit den übrigen Personen, die wir im Verlauf der Geschichte haben sterben sehen, vorüber. Von Mara und einer Pantomimencompagnie wird das Leben des Lorenzo zelebriert. Giomo, der eine engelgleiche Metamorphose durchgemacht hat, spielt eine Gitarre und ein Cello. Schließlich ist die Stimme Lorenzaccios zu hören, der sich für schuldlos erklärt. Fünfter Akt. Einige Jünglinge tragen einen Nachruf auf Lorenzo vor. Der Vorhang hebt sich, und es erscheinen die Ruinen des Kolosseums. Alle Personen ziehen vorbei: Cirilli ist zu Eros geworden, Mara zur Majestät und Uliva tritt als der Tod auf, der tanzend unter traurigen Litaneien alle zum Grab geleitet.

● Diese Oper, die Sylvano Bussotti zwischen 1968 und 1972 komponierte und die 1972 im Rahmen des XXXV. Internationalen Festivals für zeitgenössische Musik in Venedig aufgeführt wurde, stellt eines der interessantesten Ergebnisse des Musikers aus Florenz dar. In ihr kommen alle Mittel des Musiktheaters zusammen und erzeugen durch die phantastische Poetik des Autors gefiltert, ein grandioses Werk von äußerst origineller stilistischer Anlage. Zu dem in ihm verwendeten literarischen Material zitieren wir G. Lanza Tomasi: «Keiner der Romantiker empfand wie Musset das Leiden am Klassischen und keiner der Zeitgenossen lebt die Geschichte der Künste wie Bussotti, der sie im Trauma der Sinne von neuem durchläuft». Im übrigen nimmt Bussotti innerhalb der Avantgarde einen besonderen Platz ein, nachdem er sich wohl von der Aleatorik im Sinne Cages als auch von der Darmstädter Schule gelöst und eine überaus persönliche Klangpoetik entwickelt hat, die sich in diesem Werk signifikant bestätigt.
GPa

RECITAL I (For Cathy)

Oper von Luciano Berio (geb. 1925) für Singstimme, Orchester, Cembalo und Klavier. Text vom Komponisten mit Verweisen auf Texte von A. Mosetti und E. Sanguineti (Übersetzung von C. Berberian). Uraufführung: Lissabon, im Jahre 1972. Solisten: Cathy Berberian (Sopran), H. Lester (Klavier und Cembalo). Dirigent: Luciano Berio.

HANDLUNG. Zu Beginn des Bühnengeschehens singt die Hauptdarstellerin die Arie Monteverdis *La lettera amorosa* vor sich hin, begleitet zunächst von einem unsichtbaren Cembalo, dann vom Orchester. Monteverdis Musik wird nach und nach verzerrt, und es beginnt ein gesprochener Monolog der Sängerin, dann folgen Einschübe aus dem klassischen Repertoire der Sängerin, die jetzt von einer Sologeige begleitet wird. Dies ist der Zeitpunkt, in dem die musikalische Atmosphäre zu der eines Nachtklubs degeneriert, während der Geiger Zitate aus Tschaikowskys Violinkonzert bruchstückhaft vorträgt. Endlich hat der Pianist seinen Auftritt, und die Sängerin geht allmählich vom Gesang zum Sprechen über. Sie stellt pantomimisch eine Konferenz dar, in der behauptet wird, daß das Ritual die einzige Form ist, die Klang und Geste im Musiktheater Sinn und Bedeutung gibt. In den Kostümen der Commedia dell'arte betreten fünf Musiker die Bühne und vertauschen, während sie Zitate von Bach und anderen Komponisten spielen, in einem außergewöhnlichen «Rollenspiel» Masken und Instrumente untereinander. Im Schlußteil von *Recital I* verkörpert die Sängerin und Hauptfigur entschieden die klassische, lyrisch-tragische Rolle des Musiktheaters.

● Es handelt sich um ein im Formalen außergewöhnlich durchgearbeitetes Werk. *Recital I* ist auf verschiedenen Ebenen strukturell artikuliert und «umspielt» diese sozusagen: von einem normalen Gesangsvortragsabend mit Klavierbegleitung zu den komplexen Interventionen des Kammerorchesters. Das interessanteste Kennzeichen von *Recital I* ist die Unmöglichkeit, das Werk in eine traditionelle musikalische Gattung einordnen zu können (obwohl es sich dennoch um Musiktheater handelt); diese Unmöglichkeit erweist sich musikalisch als außerordentlich fruchtbar und bestätigt das Gewicht des Komponisten in der internationalen musikalischen Avantgarde.
GPa

SATYRICON

Oper in einem Akt von Bruno Maderna (1920–1973). Libretto nach Petronius Arbitrus. Uraufführung: Amsterdam, Nederlandse Operastichting, 16. März 1973. Dirigent: Bruno Maderna.

HANDLUNG. Die gesamte szenische Aktion dreht sich um das Gastmahl des Trimalchion, eines reichen, vulgären römischen Schlemmers. Die Oper beginnt mit einer prahlerischen Rede Fortunatas, der Gattin Trimalchions, die sich der Reichtümer ihres Mannes rühmt und sie zur Schau stellt. Trimalchion macht seinerseits eine Art mündliches Testament, in dem er fordert, daß auf seinem Grab eine großartige Statue zu seinem Andenken errichtet werde. Am Ende dieser Rede läßt er eine Reihe sehr geräuschvoller Winde fahren. Abinna, die das Geld symbolisiert, singt ein Loblied auf den Reichtum und erzählt die Geschichte einer Matrone in Ephesos, die ihrem Mann stets treu gewesen war, ihn jedoch nach seinem Tode in der Nähe des Grabes betrogen und dann seinen Leichnam geschändet hatte. Nun versucht Fortunata vergeblich, den Philosophen Eumolpus zu verführen. Beleidigt wirft Trimalchion vor aller Welt seiner Frau vor, er habe sie von der Straße aufgelesen und zu einer anständigen Frau gemacht, den Tag an dem er sie geheiratet und einer reichen Erbin vorgezogen habe, könne er nur beweinen. Dieses letzte Argument liefert Trimalchion den Vorwand, sich nun in eine Selbstbeweihräucherung zu stürzen, wobei er zwar erklärt, er wolle nicht prahlen, in Wirklichkeit aber nichts anderes tut als unaufhörlich seinen Reichtum ostentaviv darzustellen. Die Oper endet mit der Warnung der Criseide, sich des Schicksals, der unvorhersehbaren Herrin über das Leben der Menschen, zu erinnern.

● Dieses *Satyrikon* Bruno Madernas, einem der wichtigsten Vertreter der Neuen Musik, bestätigt die Bedeutung der wiederholten Versuche der musikalischen Avantgarde auf dem Theater. In dieser vielgestaltigen musikalischen Gattung erproben die modernen Komponisten mit Erfolg die unendlichen Möglichkeiten und die Fruchtbarkeit eines neuen Verhältnisses von Musik und Literatur, die Vermischung vieler musikalischer Kodes. In *Satyrikon* finden wir beispielsweise in der Szene, in der Fortunata auftritt, musikalische Elemente, die von kabarettistischen Zügen à la Weill zur Folkmusic reichen. Wir erinnern in diesem Zusammenhang auch an viele echte Zitate (Wagner, Bizet, Verdi), die durch die Musik dazu beitragen, die Atmosphäre des burlesken *pastiche* zu erzeugen, die das strukturelle Hauptcharakteristikum der Satire des Petronius war. GPa

TOD IN VENEDIG
(Death in Venice)

Oper von Benjamin Britten (1913–1976). Libretto nach Thomas Manns gleichnamiger Erzählung (1913). Uraufführung: Aldeburgh-Festival, 17. Juni 1973.

● Britten hielt sich eng an Thomas Manns Vorlage, gab allerdings dem Drama des Protagonisten eine fast mythische Dimension. Hauptfigur ist Aschenbach, den das Geschick zu einem mehrdeutigen Tod und einer fruchtlosen Suche nach dem Schönen, der Jugend, der Illusion einer vollkommenen Liebe führt. Thomas Manns Roman ging so auch in die Oper ein, nachdem er mit der Musik Gustav Mahlers bereits durch Luchino Visconti in dessen gleichnamigem Werk in die Welt des Films vorgedrungen war. MS

IM GROSSEN LICHT DER SONNE VOLLER LIEBE
(Al gran sole carico d'amore)

Szenische Aktion in zwei Teilen von Luigi Nono (geb. 1924). Nach vom Komponisten ausgewählten Texten von A. Rimbaud, M. Gorkij, B. Brecht, C. Pavese, L. Michel, Tania Bunke, C. Sanchez, Haydée Santamaria, Guerillakämpfer in Südvietnam, Marx, Lenin, A. Gramsci, Dimitrow, Che Guevara. Uraufführung: Mailänder Scala, Teatro Lirico, April 1975. Dirigent: Claudio Abbado.

HANDLUNG. Kern- und Angelpunkt der szenischen Aktion sind einige revolutionäre Frauengestalten, die emblematisch in der Person der Mutter zusammengeführt sind, die in einer idealen Projizierung ihre Schicksale in Liebe und Kampf in sich vereint. Das Bühnengeschehen folgt dem Rhythmus eines großen «murale», seine Konstruktion bedient sich der Nebeneinanderstellung unterschiedlicher Dokumente und Zeugnisse, deren Gravitationszentrum das Leitthema der Pariser Commune ist: dieses Thema wird in Bezug gesetzt zu Gestalten, Augenblicken, Episoden, die mit dieser Erfahrung (in anderen Zeiten und an anderen Orten bis zur dramatischen Unmittelbarkeit von heute) revolutionäre Kraft und Spannung gemeinsam haben: die russischen Revolutionen von 1905 und 1917, die Arbeiteraufstände, die Befreiungskämpfe in Lateinamerika und der Vietnamkrieg.

● Mit dieser (ausdrücklich als solche konzipierten und bezeichneten) Oper wollten Nono und seine Mitarbeiter (Ljubimow, Borovskij, Jakobson, Abbado und Pestalozzi) praktisch realisieren, was als kritische Vorstellung bereits theoretisch formuliert worden war: die Notwendigkeit eines neuen Musiktheaters (der Untertitel des Librettos lautet folgerichtig «Für ein neues Musiktheater»). Die Oper stellt sich mithin als ein sehr ehrgeiziger Versuch dar, und nur die Zeit wird uns sagen können, inwieweit er gelungen ist. Formal ist *Im großen Licht* ein äußerst durchgearbeitetes Werk; wie schon der Titel geht auch die gesamte szenisch-musikalische Ausstattung entschieden ins Großartige, Gewaltige, wird stark auf die Interaktion von Bühne und Orchester gesetzt. Zur stilistischen Frage und zur Tonsprache ist zu bemerken, daß Nono seinen früheren Positionen treu geblieben ist: Ablehnung der pseudowissenschaftlichen Objektivität gewisser Resultate des postwebernschen Strukturalismus, aber auch der verschiedenen Mystizismen und Irrationalismen neodadaistischer Herkunft, und zwar kritische Ablehnung derselben, dadurch, daß die immanente Geschichtlichkeit der Musiksprache entschieden behauptet wird. Die Musik verwendet sehr vielfältige Mittel, vom Sologesang zum Chor, dem Orchester, den elektronischen Möglichkeiten. Sie wurde von Nono von Anfang an als Moment einer dramatischen Sprache aufgefaßt, die in der optischen Dimension der Bühnenbilder und Kostüme, der Choreographien und der allgemeinen Gliederung des Bühnenraums ihre natürliche Ergänzung findet. GPa

KABALE UND LIEBE

Oper in zwei Akten von Gottfried von Einem (geb. 1918). Libretto von Lotte Ingrisch nach Friedrich von Schillers gleichnami-

1977

«Satyricon» von Bruno Maderna an der Piccola Scala in Mailand. Bühnenbild und Kostüme von Ulisse Santicchi, Regie von Giulio Chazalettes.

gem Drama. Uraufführung: Wien, Staatsoper, 25. Februar 1977. Solisten: Anja Silja, Brigitte Faßbaender, Walter Berry. Dirigent: Christoph von Dohnanyi.

● Die nach Schillers Drama, das bereits Verdis *Luisa Miller* zur Vorlage diente, von der Frau des Komponisten verfaßte Libretto, ist gegenüber dem Original knapper und gedrängter gehalten. Das Orchester ist auf eine verhältnismäßig geringe Zahl von Instrumenten beschränkt. In dieser Oper ohne Chor charakterisieren die Instrumente die Personen: das Cello und das Horn sind Ferdinand beigegeben, die Oboe der Lady Milford, die Trompete dem Präsidenten. Anläßlich der Aufführung dieser Oper erkannte die Kritik den großen Theaterinstinkt ihres Komponisten und die vollkommene Synthese von Bühne und Musik an.

OPERA

Spiel («rappresentazione») in drei Akten von Luciano Berio (geb. 1925). Libretto vom Komponisten. Uraufführung: Santa Fé in Kalifornien, Opera House, Sommer 1970. Neue textlich und in der Orchestrierung veränderte Fassung: Florenz, Teatro della Pergola, Mai 1977, während des Maggio musicale.

HANDLUNG. Sie spielt auf drei alternierenden Ebenen. In die Erzählung vom Untergang der «Titanic», des Transatlantikliners, der während seiner Jungfernfahrt nach der Kollision mit einem Eisberg am 12. April 1912 sank, schieben sich die Bilder aus dem Terminal eines Krankenhauses und solche aus dem Orpheus-Mythos. Diese drei Momente verstricken sich, verwirren und erläutern sich gegenseitig, verlängern sich jeweils ineinander, verschwinden, tauchen wieder auf. In ihrer Gesamtheit erscheinen sie wie eine Meditation, ein Traum oder eine «moralità» auf das Thema des Endes und auf die Bestimmung des Menschen, der ungerechter Gewalt ausgesetzt ist.

● Die drei Fixpunkte, um die die *Opera* kreist, sind durch eine große Vielzahl musikalischer Verfahren gekennzeichnet. Der Orpheus-Mythos, der durch die englische Version der Verse Alessandro Striggios erscheint, ist als gesungener Text zu Beginn der ersten beiden Akte präsent; eine Sängerin (Sopran) lernt an dieser Stelle zu Klavierbegleitung eine Arie, die sie mit dem Orchester zu Beginn des dritten Aktes singt. Titanic und Terminal hingegen werden durch unterschiedliche vokale Verhaltensweisen charakterisiert. Häufig werden musikalische Verweise auf Stücke Berios oder anderer Komponisten aufgenommen. Berio schreibt: «*Opera* ist oft auch ein Kaleidoskop, eine Parodie durchaus wiederzuerkennender musikalischer Gattungen. Die Anhäufung so vieler unterschiedlicher musikalischer, vokaler und szenischer Verhaltensweisen – d.h. unterschiedlicher Arbeitsweisen des Theaters – ist der Grund für den Titel, der nicht unbedingt auf eine Parodie des Melodrams hindeutet, sondern eher der Plural von *opus* ist».

«Tod in Venedig» von Benjamin Britten an Covent Garden in London, 1973.

Zweiter Akt aus der Uraufführung der Oper «Im großen Licht der Sonne voller Liebe» von Luigi Nono am Teatro Lirico in Mailand, April 1975. Bühnenbild von David Borovskij, Regie von Juri Ljubimow.

NAPOLI MILIONARIA

Oper in drei Akten von Nino Rota (geb. 1911). Libretto von Eduardo De Filippo (geb. 1900). Uraufführung: Spoleto, Teatro Caio Melisso, 22. Juni 1977, anläßlich des XX. Festival dei Due Mondi.

HANDLUNG. In leicht abgewandelter Form wurde Eduardo De Filippos 1945 erschienene Komödie vertont, in der die dramatische Realität einer neapolitanischen Familie gegen Ende des zweiten Weltkrieges in der von den Alliierten besetzten Stadt geschildert wird.

● Das Werk des Mailänder Komponisten, das von der Kritik geteilt aufgenommen wurde, genießt den Vorzug einer Musik von hoher handwerklicher Qualität. Sie enthält Anklänge an berühmte Lieder (Funiculi funicolà), der der Oper Lokalkolorit verleihen und an den Jazz, sozusagen zur Charakterisierung der amerikanischen Besatzer.

DIE FÜNF MINUTEN DES ISAAK BABEL

Szenisches Requiem in zwölf Bildern von Volker David Kirchner (geb. 1942). Libretto von Harald Weirich (geb. 1942). Erstaufführung: Wiesbaden, Hessisches Staatstheater, 25. April 1980. Solisten: Wilfried Grimpe (Babel I), Eike Wim Schulte (Babel II). Dirigent: Siegfried Köhler.

HANDLUNG. Ideale, Leben und Leiden des 1894 in Odessa geborenen Schriftstellers Isaak Babel, dessen berühmtestes Werk die Novellensammlung «Budjonnys Reiterarmee» ist, werden in zwölf Bildern – ausgehend von der Gefängniszelle, kurz vor seiner Hinrichtung im Jahre 1941 – szenisch dargestellt.

● Den *Fünf Minuten des Isaak Babel* ging das 1977 und 1979 uraufgeführte *Babel-Requiem* voraus. Der Komponist lernte Geige, später Bratsche, studierte am Mainzer Konservatorium und ist seit 1966 Bratscher im Symphonieorchester des Hessischen Rundfunks. Über seine Musik sagt Kirchner: «Es gibt keinen Grund, weshalb man keinen schönen Klang schreiben soll. Ich halte von der Müllhaufen-Ästhetik wenig. Und die Beschimpfung «Traditionalist» ist nicht die schlimmste, die einem passieren kann. Für mich ist ja auch die Tradition ein Kapital: vierhundert Jahre Musik: verwertbar, aber längst nicht ausgeschöpft». Die Erstaufführung und die Aufführung vierzehn Tage später im Rahmen der Wiesbadener Maifestspiele 1980 waren ein großer Erfolg bei Publikum und Kritik.

AL

Register

Komponisten

Adam, Adolphe
    Der Postillon von Lonjumeau 184
    König für einen Tag 224
Agostini, Pietro Simeone
    Der Raub der Sabinerinnen 21
Albert, Eugen d'
    Tiefland 341 f.
Alfano, Franco
    Auferstehung 346 f.
    Cyrano de Bergerac 429 f.
    Die Legende von Sakuntala 385 f.
    Don Giovannis Schatten 444
Arne, Sir Thomas Augustine
    Artaxerxes 61
Auber, Daniel
    Der schwarze Domino 186
    Der verlorene Sohn 221
    Die Braut 156
    Die Krondiamanten 192
    Die Stumme von Portici 154 f.
    Fra Diavolo oder Das Gasthaus
    zu Terracina 160 f.

Bach, Johann Christian
    Artaxerxes 60 f.
    Orion oder Die gerächte Diana 62
Balfe, Michael William
    Die Zigeunerin 202
Banchieri, Adriano
    Alterstorheit 8
Barber, Samuel
    Antonius und Kleopatra 486 f.
Bartók, Béla
    Herzog Blaubarts Burg 376 f.
Beethoven, Ludwig van
    Fidelio oder Die eheliche Liebe 117 ff.
Bellini, Vincenzo
    Adelson und Salvini 146 f.
    Beatrice von Tenda 172 f.
    Bianca und Fernando 148 f.
    Der Pirat 152 f.
    Die Capulets und die Montagues 162 ff.
    Die Nachtwandlerin 164 f.
    Die Puritaner 176 f.
    La Straniera 158
    La Zaira 159
    Norma 167 ff.
Berg, Alban
    Lulu 437 f.
    Wozzeck 400 f.
Berio, Luciano
    Laborintus II 483 f.
    Opera 492
    Passage 482
    Recital I 490
Berkeley, Lennox
    Eine Einladung zum Essen 469
Berlioz, Hector
    Béatrice und Bénédict 238 f.
    Benvenuto Cellini 188 f.
    Die Trojaner 242 ff.
    Fausts Verdammung 208 ff.
Bishop, Henry Rowley
    Aladin 148

Bizet, Georges
    Carmen 266 ff.
    Das schöne Mädchen von Perth 254 f.
    Die Perlenfischer 241 f.
    Djamileh 261 f.
    Don Procopio 349
    Iwan der Schreckliche 447
Bliss, Arthur
    Die Olympier 455
Bloch, Ernest
    Macbeth 355 f.
Boïldieu, François Adrien
    Der Kalif von Bagdad 116
    Die weiße Dame 145 f.
Boito, Arrigo
    Mephistopheles 255 f.
    Nero 393 f.
Borodin, Alexander
    Fürst Igor 304 f.
Boughton, Ruthland
    Alkestis 392
    Die unsterbliche Stunde 368 f.
Britten, Benjamin
    Albert Herring 451 f.
    Billy Budd 462
    Der kleine Schornsteinfeger 454
    Der Raub der Lukretia 448
    Die sündigen Engel 469 f.
    Ein Sommernachtstraum 480
    Gloriana 465 f.
    Machen wir eine Oper 454
    Peter Grimes 446 f.
    Tod in Venedig 491
Bruch, Max
    Die Loreley 241
Busoni, Ferruccio
    Arlecchino oder Die Fenster 375
    Die Brautwahl 363
    Doktor Faust 398 f.
    Turandot 374
Bussotti, Sylvano
    Lorenzaccio 489 f.

Caccini, Giulio
    Euridice 9
Caldara, Antonio
    Achilleus auf Skyros 45
Campra, André
    Achilleus und Deidamia 44
    Das galante Europa 26
    Der Karneval von Venedig 27
Casella, Alfredo
    Das Märchen von Orpheus 423
    Die versuchte Wüste 436
    Frau Schlange 421 f.
Castro, Juan José
    Proserpina und der Fremde 464
Catalani, Alfredo
    Die Geierwally 307 f.
    Loreley 301 f.
Cavalli, Francesco
    Der verliebte Herkules 16 f.
    Dido 13
    Die Hochzeit des Peleus und

    der Thetis 13
    Egisto 14 f.
    Ipermestra 16
    Jason 16
    Xerxes 15
Cesti, Marc'Antonio
    Der goldene Apfel 17 f.
    Semiramis 18
Chabrier, Emmanuel
    Eine mangelhafte Erziehung 363 f.
    Gwendolin 297
    König wider Willen 299
Charpentier, Gustave
    Julien 365
    Louise 331 f.
Charpentier, Marc-Antoine
    Akis und Galatea 20
    Kirke 19
    Medea 25
Chausson, Ernest
    König Artus 342
Cherubini, Luigi
    Anakreon 117
    Demophoon 97
    Der Wasserträger 116
    Die portugiesische Herberge 113 ff.
    Iphigenie in Aulis 96
    Lodoïska 102
    Medea 112 f.
    Pygmalion 122 f.
Cilea, Francesco
    Adrienne Lecouvreur 339 f.
    Das Mädchen von Arles 325 f.
Cimarosa, Domenico
    Der Theaterdirektor in
    Schwierigkeiten 93
    Die heimliche Ehe 106 ff.
    Die Horatier und die Curiatier 111
    Giannina und Bernardone 82
    Kleopatra 99
    Olympiade 87
    Weiberlist 110
Copland, Aaron
    Das zärtliche Land 468
    Der zweite Hurrikan 436
Cornelius, Peter
    Der Barbier von Bagdad 234 f.
Cui, César Antonovic
    Angelo 268 f.
    Die Tochter des Hauptmanns 359
    William Ratcliff 259

Dalayrac, Nicolas
    Der Korsar 84
Dallapiccola, Luigi
    Der Gefangene 458 f.
    Nachtflug 443 f.
    Odysseus 487 f.
Damrosch, Walter
    Der Mann ohne Vaterland 436 f.
Dargomischski, Alexander
    Der steinerne Gast 261
    Esmeralda 214
    Rusalka 230

Debussy, Claude
   Das Martyrium des heiligen
   Sebastian 361 f.
   Pélleas und Mélisande 338 f.
Delibes, Léo
   Lakmé 288 f.
   Le Roi l'a dit 262
Delius, Frederick
   Koanga 346
   Romeo und Julia auf dem Dorfe 351 f.
Dessau, Paul
   Die Verurteilung des Lukullus 459
Donizetti, Gaetano
   Anne Boleyn 164
   Belsazar 180 f.
   Der Erzieher in Schwierigkeiten 144
   Der Graf von Chalais 201 f.
   Der Liebestrank 170 f.
   Der Verrückte auf San Domingo 171 f.
   Die Favoritin 192
   Die Märtyrer 214 f.
   Die Nachtglocke 183
   Die Regimentstochter 190
   Don Pasquale 199 ff.
   Elisabeth auf Schloß Kenilworth 158
   Linda von Chamounix 194 f.
   Lucia von Lammermoor 179 f.
   Lucrezia Borgia 174 f.
   Maria Stuart 176
   Marino Faliero 178 f.
   Parisina 173
   Pia von Tolomei 185
   Robert Devereux, Graf von Essex 185 f.
   Torquato Tasso 174
   Viva la mamma oder Die Freuden und Leiden des Theaterlebens 153 f.
   Zwei Männer und eine Frau 238
Dukas, Paul
   Ariadne und Blaubart 352
Dvořák, Antonin
   Der Jakobiner 300
   Rusalka 334

Egk, Werner
   Die Zaubergeige 427 f.
   Irische Legende 472
Einem, Gottfried von
   Dantons Tod 452
   Der Besuch der alten Dame 488
   Der Prozeß 466
   Kabale und Liebe 491 f.

Falla, Manuel de
   Atlantis 481 f.
   Das kurze Leben 364
   Ines 338
   Meister Pedros Puppenspiel 392
Fauré, Gabriel
   Penelope 364
   Prometheus 332
Fioravanti, Valentino
   Die Sängerinnen auf dem Dorfe 111 f.
Flotow, Friedrich von
   Alessandro Stradella 204
   Martha oder Der Markt zu Richmond 212
Foss, Lucas
   Der springende Frosch aus der Grafschaft Calaveras 458
Franchetti, Alberto
   Christopher Columbus 311
   Germania 336 f.
Fux, Johann Joseph
   Angelica, Bezwingerin Alcinas 30

Galuppi, Baldassarre
   Alexander in Indien 48

   Der Liebhaber Aller 60
   Der Philosoph auf dem Lande 57 f.
Gatty, Nicholas Comyn
   Greysteel 348 f.
   Prinz Ferelon 384
Gershwin, George
   Porgy and Bess 428 f.
Ghedini, Giorgio Federico
   Billy Budd 455
   Der glückliche Heuchler 473 f.
   Der goldene Floh 442 f.
   Die Bacchantinnen 453
   König Hassan 442
   Maria von Alexandrien 438
Giordano, Umberto
   André Chénier 321 ff.
   Fedora 326 f.
   Madame Sans-Gêne 369 f.
   Siberia 342 f.
Glinka, Michail
   Ein Leben für den Zaren 184 f.
   Ruslan und Ludmilla 196 ff.
Gluck, Christoph Willibald
   Aetius 57
   Alexander in Indien 52
   Alkestis 64 f.
   Armida 78
   Artaxerxes 49
   Demetrius 50
   Demophoon 50
   Der bekehrte Trunkenbold 60
   Die erkannte Semiramis 56
   Hypsipyle 57
   Il re pastore 58
   Iphigenie auf Tauris 79 f.
   Iphigenie in Aulis 73 f.
   Orpheus und Eurydike 61 f.
   Sophonisbe 52
   Telemachos oder Kirkes Zauberinsel 63 f.
Goldmark, Carl
   Die Königin von Saba 268
Gomes, Antonio Carlos
   Il Guarany 259 f.
Gounod, Charles
   Der Arzt wider Willen 232 f.
   Margarethe 236 ff.
   Mireille 244
   Polyeucte 281 f.
   Romeo und Julia 253 f.
   Sappho 223
Granados, Enrique
   Goyescas 371 f.
Grandis, Renato de
   Bilóra 484 ff.
Grétry, André-Modest
   Amphytrion 96 f.
   Andromache 81
   Der Hurone 66 f.
   Kephalos und Prokris oder Die eheliche Liebe 73
   Richard Löwenherz 87 f.
   Wilhelm Tell 101 f.

Halévy, Jacques Fromental Elie
   Das Tal von Andorra 214
   Der ewige Jude 224
   Der Sturm 219 f.
   Die Jüdin 177 f.
   Pique Dame 221
Händel, Georg Friedrich
   Aetius 40
   Amadis von Gallien 30
   Arminius 45 f.
   Herakles 52 f.
   Il pastor fido 28 f.
   Julius Caesar in Ägypten 32 f.

   Rhadamisthos 31 f.
   Rinaldo 28
   Tamerlan 33
   Xerxes 48 f.
Hasse, Johann Adolph
   Antigonos 50 ff.
   Arminius 36
   Artaxerxes 35 f.
   Attilius Regulus 56
   Caton in Utica 36
   Demetrius 39
   Demophoon 54 ff.
   Egeria 63
Haydn, Franz Joseph
   Armida 87
   Der Apotheker 67 f.
   Die unbewohnte Insel 80
   Die Welt auf dem Monde 77 f.
   La Cantarina 64
   Untreue lohnt nicht 72 f.
Henze, Hans Werner
   Boulevard Solitude 462 f.
   Die Bassariden 486
   König Hirsch oder Die Irrfahrten der Wahrheit 474 f.
Hérold, Ferdinand
   Zampa oder Die Marmorbraut 165 f.
Hindemith, Paul
   Cardillac 405 f.
   Das lange Weihnachtsmahl 480
   Das Nusch-Nuschi 384
   Die Harmonie der Welt 477
   Hin und Zurück 410 f.
   Mathis der Maler 439 ff.
   Mörder, Hoffnung der Frauen 384
   Neues vom Tage 415 f.
   Sancta Susanna 388
   Wir bauen eine Stadt 418
Hoffmann, Ernst Theodor Amadeus
   Scherz, List und Rache 117
   Undine 131 f.
Holbrooke, Joseph
   Der Fremde 354
   Der Hexenmeister 371
   Der Kessel von Anwijn 379 f.
   Der Zauberer 371
   Pierrot und Pierrette 354
Holst, Gustav
   Der reine Tor 391
   Savitri 373
Honegger, Arthur
   Amphion 421
   Antigone 412
   Johanna auf dem Scheiterhaufen 441
   Judith 402
   König David 384
Humperdinck, Engelbert
   Hänsel und Gretel 315 f.
   Königskinder 357 f.

Ibert, Jacques
   Angélique 407 f.
Indy, Vincent d'
   Der Fremde 340
   Die Legende vom heiligen Christophorus 382
   Fervaal 324

Janáček, Leóš
   Aus einem Totenhaus 418 f.
   Das schlaue Füchslein 396
   Die Sache Makropulos 406
   Jenufa 343 f.
   Katja Kabanová 385
Jommelli, Niccolò
   Achilleus auf Skyros 56

Aetius 49
Artaxerxes 56
Demophoon 50
Der erkannte Cyrus 52
Die erkannte Semiramis 49 f.
Die verlassene Armida 69
Die verlassene Dido 53 f.
Phaethon 65 f.
Joplin, Scott
    Treemonisha 488 f.

Kienzl, Wilhelm
    Der Evangelimann 319
Kirchner, Volker David
    Die fünf Minuten des Isaak Babel 494
Kodály, Zoltan
    Die Spinnstube 422 f.
    Háry János 407
Korngold, Erich Wolfgang
    Die tote Stadt 383
Křenek, Ernst
    Jonny spielt auf 408

Lalò, Eduard
    Der König von Ys 299 f.
Lattuada, Felice
    Die lächerlichen Preziösen 414
Legrenzi, Giovanni
    Achilleus auf Skyros 17
    Die Teilung der Welt 19 f.
    Germanicus am Rhein 20
Leo, Leonardo
    Demophoon 44
    Die Olympiade 48
Leoncavallo, Ruggiero
    Der Bajazzo 309 ff.
    La Bohème 324 f.
    Zazà 333 f.
Lesueur, Jean-François
    Paul und Virginie 110
    Telemachos 112
Liebermann, Rolf
    Leonore 40/45 464 f.
    Penelope 469
Linley, Thomas
    Die Gouvernante 76
Liszt, Franz
    Don Sancho oder Das Liebesschloß 145
Lortzing, Albert
    Zar und Zimmermann 186 ff.
    Undine 205 f.
Lotti, Antonio
    Theophanes 30 f.
Lualdi, Adriano
    Der Teufel im Glockenturm 397
Lully, Jean Baptiste
    Akis und Galatea 23
    Alkestis 18 f.
    Amadis von Gaula 21 f.
    Armida 23
    Cadmus und Hermione 18
    Die Feste Amors und Bacchus' 18
    Phaethon 21
    Proserpina 21
    Psyche 20
    Roland 22

Maderna, Bruno
    Don Perlimplin oder Der Triumph der Liebe und der Phantasie 480
    Satyricon 491
Malipiero, Gian Francesco
    Die Fantasien des Callot 444
    Die Geschichte vom vertauschten Sohn 424 f.
    Die Orpheis 399 f.
    Drei Goldoni-Komödien 402 f.
    Eine lustige Gesellschaft 456 f.
    Julius Caesar 432 f.
    Nächtliches Turnier 420
Mancinelli, Luigi
    Hero und Leander 324
Marcello, Benedetto
    Arianna 33 f.
Marchetti, Filippo
    Ruy Blas 259
Marschner, Heinrich August
    Der Vampir 155 f.
    Hans Heiling 173 f.
Martin, Frank
    Der Sturm 474
    Herr von Pourceaugnac 483
Martinu, Bohuslav
    Komödie auf der Brücke 460
Mascagni, Pietro
    Amica 347
    Cavalleria Rusticana 302 ff.
    Der kleine Marat 383 f.
    Die Rantzaus 312
    Freund Fritz 306 f.
    Iris 328
    Isabeau 362
    Lodoletta 374
    Masken 334
    Nero 427
    Parisina 365
    Silvano 318
    William Ratcliff 317 f.
    Zanetto 321
Massé, Victor
    Eine Nacht mit Kleopatra 293 f.
Massenet, Jules
    Amadis 388
    Ariadne 350
    Aschenbrödel 328 f.
    Der Cid 294
    Der Gaukler unsrer lieben Frau 335 f.
    Der König von Lahore 279 f.
    Don Quichote 355
    Esclarmonde 301
    Griseldis 335
    Hérodiade 285
    Manon 289 f.
    Thaïs 316
    Werther 308 f.
Mayr, Giovanni Simone
    Genoveva von Schottland 116 f.
    Lodoïska 119
Méhul, Etienne Nicholas
    Joseph in Ägypten 121
Menotti, Gian-Carlo
    Amahl und die nächtlichen Besucher 463 f.
    Amelia geht zum Ball 435 f.
    Das Medium 450
    Das Telefon oder Die Liebe zu dritt 450
    Der Konsul 455 f.
    Der letzte Wilde 483
    Die Heilige von Bleecker Street 471
    Maria Golovin 478
Mercadante, Saverio
    Der Schwur 185
    Die Apotheose des Herkules 136
    Die Räuber 182 f.
    Il Bravo 189
Messager, André
    Madame Chrysanthème 312
Meyerbeer, Giacomo (Jakob)
    Der Nordstern 228
    Der Prophet 217 f.
    Die Afrikanerin 245 ff.
    Die Hugenotten 181 f.
    Dinorah oder Die Wallfahrt nach Ploërmel 238
    Robert der Teufel 166 f.
Milhaud, Darius
    Bolivar 457 f.
    Christophorus Columbus 468 f.
    David 467
    Der arme Matrose 411 f.
    Die Plagen des Orpheus 404
    Die verlassene Ariadne 412
    Orestiade 482 f.
Montemezzi, Italo
    Die Liebe der drei Könige 364 f.
Monteverdi, Claudio
    Arianna 11
    Combattimento di Tancredi e Clorinda 12
    Die Heimkehr des Odysseus 13
    Die Krönung der Poppea 13 f.
    Il ballo delle ingrate 11 f.
    Orfeo 9 f.
Mozart, Wolfgang Amadeus
    Apoll und Hyazinth 64
    Ascanius in Alba 70
    Bastien und Bastienne 68
    Cosi fan tutte ossia La scuola degli amanti 99 ff.
    Der enttäuschte Bräutigam oder Rivalität dreier Frauen um einen einzigen Liebhaber 86
    Der Schauspieldirektor 90
    Die Entführung aus dem Serail 82 ff.
    Die Gans von Kairo 84 ff.
    Die Gärtnerin aus Liebe 74
    Die Hochzeit des Figaro 90 ff.
    Die verstellte Einfalt 68 f.
    Die Zauberflöte 104 ff.
    Don Giovanni 94 ff.
    Idomeneo, König von Kreta 81 f.
    Il re pastore 76
    Lucio Silla 72
    Mithridates, König von Pontos 69 f.
    Scipios Traum 70 ff.
    Thamos, König in Ägypten 73
    Titus 102 f.
    Zaïde 80 f.
Mussorgskij, Modest P.
    Boris Godunow 264 ff.
    Der Jahrmarkt von Sorotschinski 264
    Die Chowanschtschina (Die Fürsten Chowansky) 295 ff.
    Die Heirat 376

Neßler, Viktor
    Der Trompeter von Säckingen 292
Nicolai, Otto
    Die lustigen Weiber von Windsor 216 f.
Nono, Luigi
    Im großen Licht der Sonne voller Liebe 491
    Intolleranza 1960 480 f.

Offenbach, Jacques
    Die schöne Helena 244 f.
    Hoffmanns Erzählungen 283 f.
    Orpheus in der Unterwelt 234
Orff, Carl
    Antigonae 454
    Carmina Burana 438
    Catulli Carmina 446
    Der Mond 442
    Die Kluge 446
    Trionfo di Afrodite 465

Pacini, Giovanni
    Medea 202 f.

Sappho 191
Paër, Ferdinando
   Der Kapellmeister 139 f.
Paisiello, Giovanni
   Der Barbier von Sevilla 108 ff.
   Der vermeintliche Sokrates 76
   Die Magd als Herrin 82
   Die schöne Müllerin 97
   Nina 97 f.
Pasquini, Bernardo
   Arianna 22
Pedrotti, Carlo
   Tutti in Maschera 230
Pepusch, John Christopher
   Die Bettleroper 34 f.
   Polly 76 f.
Pergolesi, Giovanni Battista
   Die Dienerin als Herrin 40 f.
   Die Heiratslustigen von Neapel 40
   Hadrian in Syrien 44
   Livietta und Tracollo 42
   Olympiade 44
   Sallustia 36
Peri, Jacopo
   Dafne 7
   Euridice 8 f.
Petrassi, Goffredo
   Der Cordobaner 453 f.
   Tod der Luft 459
Petrella, Errico
   Ione oder Die letzten Tage von Pompeji 233 f.
Pfitzner, Hans
   Palestrina 375 f.
Piccinni, Niccolò
   Alexander in Indien 58
   Cecchina oder Das gute Töchterlein 58
   Dido 87
   Iphigenie auf Tauris 82
   Zenobia 58
Pick-Mangiagalli, Riccardo
   Basi e Bote 409
   Romantisches Nachtstück 434
Pierné, Gabriel
   Der Zauberbecher 319
Pizzetti, Ildebrando
   Das Gold 449 f.
   Deborah und Jael 390
   Die Tochter Jorios 471
   Fra Gherardo 412 f.
   Mord in der Kathedrale 477 f.
   Orséolo 428
   Phädra 370 f.
Ponchielli, Amilcare
   Der verlorene Sohn 282 f.
   Die Verlobten 262
   La Gioconda 269
   Marion Delorme 294 f.
Porpora, Nicola
   Die erkannte Semiramis 33
   Polyphemos 44
   Semiramis, Königin von Assyrien 33
Poulenc, Francis
   Die Brüste des Teiresias 450 f.
   Die Gespräche der Karmeliterinnen 475
   Die menschliche Stimme 478 f.
Pratella, Francesco Balilla
   Der Flieger Dro 382
Prokofieff, Sergej
   Der feurige Engel 472 f.
   Der Spieler 415
   Die Geschichte eines wahren Menschen 453
   Die Hochzeit im Kloster 448 f.
   Die Liebe zu den drei Orangen 386 f.
   Krieg und Frieden 447 f.
   Semjon Kotkow 444
Puccini, Giacomo
   Das Mädchen aus dem goldenen Westen 356 f.
   Das Triptychon 377 ff.
   Die Schwalbe 373 f.
   Die Wilis 292 f.
   Edgar 300 f.
   La Bohème 319 ff.
   Madame Butterfly 344 ff.
   Manon Lescaut 312 f.
   Tosca 330 f.
   Turandot 403 f.
Pugnani, Gaetano
   Adonis und Venus 88
Purcell, Henry
   Der Sturm 25
   Dido und Aeneas 23 f.
   Die Feenkönigin 25
   Die Indianerkönigin 25 f.
   Die Prophetin oder Die Geschichte Diokletians 24 f.
   König Arthur oder Der englische Adel 25

Rabaud, Henry
   Maruf, der Schuster von Kairo 366 f.
Rameau, Jean Philippe
   Castor und Pollux 46 ff.
   Dardanus 49
   Das galante Indien 45
   Die Prinzessin von Navarra 53
   Hippolyth und Aricia 41
   Plathea 53
Ravel, Maurice
   Das Zauberwort 396 f.
   Die spanische Stunde 359 ff.
Refice, Don Licino
   Caecilia 426
   Margherita von Cortona 439
Respighi, Ottorino
   Belfagor 390 f.
   Die ägyptische Maria 423
   Die Flamme 425 f.
   Die versunkene Glocke 411
   Dornröschen 388 f.
   Lucrezia 435
Reznicek, Emil Nikolaus von
   Donna Diana 317
   Holofernes 392 f.
Ricci, Federico und Luigi
   Krispin und die Gevatterin 218 f.
Rimsky-Korssakow, Nicolai
   Das Märchen vom Zaren Saltan 332 f.
   Der goldene Hahn 354
   Die Sage von der unsichtbaren Stadt Kitesch und der Jungfrau Fewronia 351
   Die Zarenbraut 329 f.
   Iwan der Schreckliche 262
   Mozart und Salieri 328
   Sadko von Nowgorod 326
   Schneeflöckchen 285 f.
Rocca, Ludovico
   Der Dschibuk 426 f.
Rota, Nino
   Der Florentiner Strohhut 472
   Die Nacht eines Neurasthenikers 479
   Napoli milionaria 494
Rossellini, Renzo
   Der Krieg 473
Rossi, Luigi
   Orfeo 15 f.
Rossini, Gioacchino
   Cenerentola 133 ff.
   Cyrus in Babylonien 125
   Der Barbier von Sevilla 129 ff.
   Der glückliche Betrug 125
   Der Heiratswechsel 124
   Der Türke in Italien 128 f.
   Die Belagerung von Korinth 149 f.
   Die diebische Elster 135
   Die Frau vom See 136
   Die Italienerin in Algier 127 f.
   Die Liebesprobe 125 f.
   Die seidene Leiter 125
   Graf Ory 156
   Il signor Bruschino 126
   Moses in Ägypten (Mosè in Egitto)
   Moïse et Pharaon ou Le Passage de la mer rouge 150 ff.
   Othello oder Der Mohr von Venedig 133
   Semiramis 142
   Tancred 126 f.
   Wilhelm Tell 159 f.
   Zelmira 141
Rousseau, Jean-Jacques
   Der Dorfwahrsager 57
Roussel, Albert
   Padmâvatî 391 f.
Rubinstein, Anton G.
   Der Dämon 266
   Der Kaufmann Kalaschnikow 282
   Feramors 240

Sacchini, Antonio Maria
   Aetius 70
   Alexander in Indien 68
   Die erkannte Semiramis 63
   Ödipus auf Kolonis 89 f.
   Rinaldo 86 f.
Saint-Saëns, Camille
   Deianeira 359
   Heinrich VIII. 288
   Samson und Dalila 280 f.
Salieri, Antonio
   Die Danaïden 87
   Die erkannte Europa 78 f.
   Die Höhle des Trophonius 88 f.
   Erst die Musik, dann die Worte 90
   Tarare 93
Sarti, Giuseppe
   Wenn zwei sich streiten, freut sich der Dritte 84
Satie, Erik
   Paul und Virginie 401
Scarlatti, Alessandro
   Arminius 27 f.
   Der Triumph der Ehre 30
   Griselda 32
   Mithridates Eupator 28
   Tigrane 29
Scarlatti, Domenico
   Hamlet 29
   Iphigenie auf Aulis 29
Schönberg, Arnold
   Die glückliche Hand 395
   Erwartung 394 f.
   Moses und Aron 475 f.
   Von Heute auf Morgen 416 f.
Schostakowitsch, Dimitrij
   Der Spieler 446
   Die Nase 416
   Lady Macbeth des Mzensker Kreises oder Katharina Ismailowa 425
Schubert, Franz
   Alfonso und Estrella 228 f.
   Die Verschworenen oder Der häusliche Krieg 144
   Die Zauberharfe 139
   Die Zwillingsbrüder 137
Schumann, Robert
   Genoveva 220

Schütz, Heinrich
    Dafne 12 f.
Sibelius, Jean
    Die Jungfrau im Turm 324
Sinding, Christian
    Der heilige Berg 366
Smareglia, Antonio
    Oceana 341
Smetana, Friedrich
    Dalibor 257
    Das Geheimnis 281
    Der Kuß 278 f.
    Die verkaufte Braut 249 f.
    Libussa 285
Smyth, Ethel Mary
    Des Bootsmanns Maat 371
    Strandrecht 350 f.
Spohr, Ludwig
    Faust 132
    Jessonda 142 f.
Spontini, Gaspare
    Agnes von Hohenstaufen 152
    Die Vestalin 119 f.
    Fernando Cortez 121 f.
    Nurmahal oder Das Rosenfest von Kaschmir 139
    Olympia 136 f.
Stanford, Charles Villiers
    Die Pilger von Canterbury 291 f.
Stradella, Alessandro
    Der Vormund 20
    Die Macht väterlicher Liebe 20
Strauss, Richard
    Arabella 423 f.
    Ariadne auf Naxos 372 f.
    Capriccio 444 f.
    Daphne 441 f.
    Der Rosenkavalier 358 f.
    Die ägyptische Helena 413
    Die Frau ohne Schatten 380 ff.
    Die Liebe der Danae 465
    Die schweigsame Frau 428
    Elektra 352 f.
    Feuersnot 335
    Friedenstag 441
    Guntram 316 f.
    Intermezzo 396
    Salome 347 f.
Strawinsky, Igor
    Der Wüstling 460 f.
    Die Nachtigall 367 f.
    König Oedipus 409 f.
    Mawra 389 f.
    Perséphone 427
    Reineke 389
Sutermeister, Heinrich
    Romeo und Julia 443
Szymanowski, Karol
    King Roger 404 f.

Taylor, Deems
    Des Königs Knappe 408 f.
Thomas, Ambroise
    Der Graf von Caramagnola 193
    Francesca da Rimini 286
    Hamlet 256 f.
    Mignon 250 f.
Tippett, Michael
    Die Mittsommerhochzeit 471
    König Priamos 481
Tommasini, Vincenzi
    Medea 350
Tosatti, Vieri
    Boxkampf 466 f.
Traetta, Tommaso
    Antigone 72
    Armida 60
    Iphigenie auf Tauris 62 f.
    Sophonisbe 61
Tschaikowsky, Peter Iljitsch
    Die Jungfrau von Orleans 284
    Eugen Onegin 284 f.
    Mazeppa 290 f.
    Pique Dame 305 f.
    Wakula der Schmied 268
    Yolanthe 312

Vaccai, Nicola
    Romeo und Julia 145
Vaughan Williams, Ralph
    Der vergiftete Kuß 434
    Der verliebte Sir John 414 f.
    Die Pilgerreise 459 f.
    Hugh, der Viehtreiber 395
    Ritt am Meer 438 f.
Vecchi, Orazio
    L'Amphiparnaso o Li Disperati Contenti 8
Verdi, Giuseppe
    Aida 260
    Alzira 206
    Aroldo 232
    Attila 208
    Der Korsar 214
    Der Troubadour 224 ff.
    Die beiden Foscari 204
    Die Jungfrau von Orleans 204 f.
    Die Lombarden (beim ersten Kreuzzug) 201
    Die Macht des Schicksals 239 f.
    Die Räuber 211 f.
    Die Schlacht von Legnano 216
    Die sizilianische Vesper 229 f.
    Don Carlos 251 ff.
    Ein Maskenball 235 f.
    Ernani 203 f.
    Falstaff 313 f.
    König für einen Tag oder Der falsche Stanislaus 190 f.
    La Traviata 226 ff.
    Luise Miller 218
    Macbeth 210 f.
    Nabucco 193 f.
    Oberto, Graf von San Bonifacio 190
    Othello 297 ff.
    Rigoletto 221 f.
    Simone Boccanegra 230 ff.
    Stiffelio 221

Veretti, Antonio
    Der Favorit des Königs 421
Vivaldi, Antonio
    Caton in Utica 46
    Die Olympiade 41 f.
    Die treue Nymphe 36 ff.
    Tamerlan 44
Vlad, Roman
    Der gläserne Doktor 479 f.
    Die Geschichte einer Mutter 461 f.

Wagner, Richard
    Das Liebesverbot oder Die Novize von Palermo 182
    Der fliegende Holländer 198 f.
    Der Ring des Nibelungen 269 ff.
    Die Feen 300
    Die Meistersinger von Nürnberg 257 ff.
    Lohengrin 220 f.
    Parsifal 286 ff.
    Rienzi, der Letzte der Tribunen 195 f.
    Tannhäuser und der Sängerkrieg auf der Wartburg 206 ff.
    Tristan und Isolde 247 ff.
Walton, William Turner
    Troilus and Cressida 470 f.
Weber, Carl Maria von
    Der Freischütz 140 f.
    Euryanthe 143 f.
    Oberon, König der Elfen 147 f.
    Preciosa 137 ff.
    Silvana 123 f.
Weill, Kurt
    Aufstieg und Fall der Stadt Mahagonny 417 f.
    Der Jasager 419 f.
    Der Zar läßt sich fotografieren 412
    Die Dreigroschenoper 413 f.
    Die sieben Todsünden der Kleinbürger 423
    Drunten im Tal 453
Weinberger, Jaromir
    Schwanda der Dudelsackpfeifer 406 f.
Wolf, Hugo
    Der Corregidor 323 f.
Wolf-Ferrari, Ermanno
    Das dumme Mädchen 434 f.
    Der Schmuck der Madonna 363
    Die neugierigen Frauen 342
    Die schlaue Witwe 420
    Die vier Grobiane 349 f.
    Il Campiello 433 f.
    Susannes Geheimnis 354 f.

Zandonai, Riccardo
    Conchita 362 f.
    Die Ritter von Ekebu 396
    Francesca da Rimini 365 f.
    Julia und Romeo 387 f.
Zingarelli, Nicola Antonio
    Alzira 110
    Romeo und Julia 112

Opern-Titel

Abandon d'Ariane, L' 412
Achille e deidamia 44
Achilleus auf Skyros (Caldara) 45
Achilleus auf Skyros (Jommelli) 56
Achilleus auf Skyros (Legrenzi) 17
Achilleus und Deidamia 44
Acis et Galatée (Charpentier) 20
Acis et Galatée (Lully) 23
Adelson und Salvini 146 f.
Adonis und Venus 88
Adriana Lecouvreur 339 f.
Adriano in Siria 44
Adrienne Lecouvreur 339 f.
Aeghist 14 f.
Aetius (Händel) 40
Aetius (Jommelli) 49
Aetius (Sacchini) 70
Afrikanerin, Die 245 ff.
Agnes von Hohenstaufen 152
Ägyptische Helena, Die 413
Ägyptische Maria, Die 423
A Hand of Bridge 479
Aida 260
Ajo nell' ambarazzo, L' 144
A Kékszakállú Herceg Vára 376 f.
Akis und Galatea (Charpentier) 20
Akis und Galatea (Lully) 23
Aladin 148
Albert Herring 451 f.
Alceste 64 f.
Alessandro Stradella 204
Alexander in Indien (Galuppi) 48
Alexander in Indien (Gluck) 52
Alexander in Indien (Piccinni) 58
Alexander in Indien (Sacchini) 68
Alfonso und Estrella 228 f.
Al gran sole carico d'amore 491
Alkestis (Boughton) 392
Alkestis (Gluck) 64 f.
Alkestis (Lully) 18 f.
Allegra brigata, L' 456 f.
Alle in Masken 230
Alterstorheit 8
Alzira (Verdi) 206
Alzira (Zingarelli) 110
Amadis 388
Amadis von Gallien 30
Amadis von Gaula 21 f.
Amahl und die nächtlichen Besucher 463 f.
Amante di tutte, L' 60
Amelia geht zum Ball 435 f.
Amica 347
Amico Fritz, L' 306 f.
A Midsummer Night's Dream 480
Amleto 29
Amore dei tre Re, L' 364 f.
Amphiparnass oder Die verzweifelten Zufriedenen, Der 8
Amphion 421
Amphiparnaso o Li Disperati Contenti, L' 8
Amphytrion 96 f.
Anakreon 117

André Chénier 321 ff.
Andromache 81
Angelica, Bezwingerin Alcinas 30
Angélique 407 f.
Angelo 268 f.
Anne Boleyn 164
Antigonae (Orff) 454
Antigone (Honegger) 412
Antigone (Traetta) 72
Antigonos 50 ff.
Antonius und Kleopatra 486 f.
Apoll und Hyazinth 64
Apotheker, Der 67 f.
Apotheose des Herkules, Die 136
Arabella 423 f.
Ariadne (Marcello) 33 f.
Ariadne (Massenet) 350
Ariadne (Monteverdi) 11
Ariadne (Pasquini) 22
Ariadne auf Naxos 372 f.
Ariadne und Blaubart 352
Ariadne et Barbe-Bleu 352
Arlecchino oder Die Fenster 375
Arlesiana, L' 325 f.
Arme Matrose, Der 411 f.
Armida (Gluck) 78
Armida (Haydn) 87
Armida (Lully) 23
Armida (Traetta) 60
Armida abbandonata 69
Arminius (Händel) 45 f.
Arminius (Hasse) 36
Arminius (Scarlatti) 27 f.
Aroldo 232
Artaxerxes (Arne) 61
Artaxerxes (Bach) 60 f.
Artaxerxes (Gluck) 49
Artaxerxes (Hasse) 35 f.
Artaxerxes (Jommelli) 56
Arzt wider Willen, Der 232 f.
Ascanius in Alba 70
Aschenbrödel (Massenet) 328 f.
Aschenbrödel (Rossini) 133 ff.
Assassinio nella cattedrale 477 f.
Astuzie femminili, Le 110
Atlantis 481 f.
Attila 208
Attilius Regulus 56
Aufstieg und Fall der Stadt Mahagonny 417 f.
Auferstehung 346 f.
Aus einem Totenhaus 418 f.
Aviatore Dro, L' 382

Bacchantinnen, Die 453
Bajazzo, Der 309 ff.
Ballo delle Ingrate, Il 11 f.
Ballo in maschera, Un 235 f.
Barbier von Bagdad, Der 234 f.
Barbier von Sevilla, Der (Paisiello) 108 ff.
Barbier von Sevilla, Der (Rossini) 129 ff.
Basi e Bote 409
Bassariden, Die 486

Bastien und Bastienne 68
Battaglia di Legnano, La 216
Béatrice und Bénédict 238 f.
Beatrice von Tenda 172 f.
Beggar's Opera, The 34 f.
Beiden Foscari, Die 204
Bekehrte Trunkenbold, Der 60
Belagerung von Korinth, Die 149 f.
Belfagor 390 f.
Belisario 180 f.
Bella addormentata nel bosco, La 388 f.
Belle Hélène, La 244 f.
Belsazar 180 f.
Benvenuto Cellini 188 f.
Besuch der alten Dame, Der 488
Bettleroper, Die 34 f.
Bianca und Fernando 148 f.
Billy Budd (Britten) 462
Billy Budd (Ghedini) 455
Bilóra 484 ff.
Boatswain's Mate, The 371
Bohème, La (Leoncavallo) 324 f.
Bohème, La (Puccini) 319 ff.
Bohemian Girl, The 202
Bolivar 457 f.
Bootsmanns Maat, Des 371
Boris Godunow 264 ff.
Boulevard Solitude 462 f.
Boxkampf 466 f.
Braut, Die 156
Brautwahl, Die 363
Bravo, Il 189
Briganti, I 182 f.
Brüste des Teiresias, Die 450 f.

Cadmus und Hermione 18
Caecilia 426
Calife de Bagdad, Le 116
Cambiale di matrimonio, La 124
Campana sommersa, La 411
Campanello dello speziale o Il campanello di notte, Il 183
Campiello, Il 433 f.
Cantarina, La 64
Cantatrici villane, Le 111 f.
Canterbury Pilgrims, The 291 f.
Cappello di paglia di Firenze, Il 472
Capricci di Callot, I 444
Capriccio 444 f.
Capulets und die Montagues, Die 162 ff.
Cardillac 405 f.
Carmen 266 ff.
Carmina Burana 438
Carnaval de Venise, Le 27
Castor und Pollux 46 ff.
Caton in Utica (Hasse) 36
Caton in Utica (Vivaldi) 46
Catulli Carmina 446
Cauldron of Anwijn, The 379 f.
Cavalieri di Ekebu, I 396
Cavalleria Rusticana 302 ff.
Cecchina oder Das gute Töchterlein 58
Cecilia 426

Cendrillon 328 f.
Cenerentola 133 ff.
Céphale et Procris, ou L'Amour conjugal 73
Chowanschtschina, Die 295 ff.
Christopher Columbus 311
Christophorus Columbus 468 f.
Cid, Der 294
Circé 19
Ciro in Babilonia 125
Ciro riconosciuto 52
Clemenza di Tito, La 102 f.
Cleopatra 99
Combattimento di Tancredi e Clorinda 12
Comte de Caramagnola, Le 193
Comte Ory, Le 156
Conchita 362 f.
Consul, The 455 f.
Contes d'Hoffmann, Les 283 f.
Cordobaner, Der 453 f.
Corregidor, Der 323 f.
Cosi fan tutte ossia La scuola degli amanti 99 ff.
Coupe enchantée, La 319
Cyrano de Bergerac 429 ff.
Cyrus in Babylonien 125

Dafne 7
Dalibor 257
Dama boba, La 434 f.
Dame blanche, La 145 f.
Dame de Pique, La 221
Damnation de Faust, La 208 ff.
Dämon, Der 266
Danaïden, Die 87
Dantons Tod 452
Daphne (Peri) 7
Daphne (Schütz) 12 f.
Daphne (Strauss) 441 f.
Dardanus 49
David 467
Death in Venice 491
Deborah und Jael 390
Deianeira 359
Déjanire 359
Demetrius (Gluck) 50
Demetrius (Hasse) 39
Demon 266
Demophoon (Cherubini) 97
Demophoon (Gluck) 50
Demophoon (Hasse) 54 ff.
Demophoon (Leo) 44
Dernier Sauvage, Le 483
Derserti tentato, Il 436
Des Königs Knappe 408 f.
Deux Journées ou Le Porteur d'Eau, Les 116
Devin du Village, Le 57
Dialogues des Carmélites, Les 475
Diamants de la Couronne, Les 192
Diavolo nel campanile, Il 397
Dibuk, Il 426 f.
Dido (Cavalli) 13
Dido (Piccinni) 87
Didone abbandonata 53 f.
Dido und Aeneas 23 f.
Diebische Elster, Die 135
Dienerin als Herrin, Die 40 f.
Dinner Engagement, A 469
Dinorah oder Die Wallfahrt nach Ploërmel 238
Divisione del mondo, La 19 f.
Djamileh 261 f.
Doktor Faust 398 f.
Domino noir, Le 186
Don Carlos 251 ff.
Don Giovanni 94 ff.
Don Giovannis Schatten 444
Donna del lago, La 136

Donna Diana 317
Donna Serpente, La 421 f.
Donne curiose, Le 342
Don Pasquale 199 f.
Don Perlimplin oder Der Triumph der Liebe und der Phantasie 480
Don Procopio 349
Don Quichote 355
Don Sancho oder Das Liebesschloß 145
Dorfwahrsager, Der 57
Dornröschen 388 f.
Dottore di vetro, Il 479 f.
Down in the valley 453
Drei Goldoni-Komödien 402 f.
Dreigroschenoper, Die 413 f.
Drunten im Tal 453
Dschibuk, Der 426 f.
Due Foscari, I 204
Duenna or The Double Elopement, The 76
Dumme Mädchen, Das 434 f.

Edgar 300 f.
Éducation manquée, Une 363 f.
Egeria 63
Egisto 14 f.
Eine Bridgehand 479
Eine Einladung zum Essen 469
Eine lustige Gesellschaft 456 f.
Eine mangelhafte Erziehung 363 f.
Eine Nacht mit Kleopatra 293 f.
Ein Maskenball 235 f.
Ein Sommernachtstraum 480
Elektra 352 f.
Elisabeth auf Schloß Kenilworth 158
Elisir d'amore, L' 170 f.
Enchanter, The 371
Enfant et les Sortilèges, L' 396 f.
Enfant prodigue, L' 221
Entführung aus dem Serail, Die 82 ff.
Enttäuschte Bräutigam oder Rivalität dreier Frauen um einen einzigen Liebhaber, Der 86
Ercole amante 16 f.
Erkannte Cyrus, Der 52
Erkannte Europa, Die 78 f.
Erkannte Semiramis, Die (Gluck) 56
Erkannte Semiramis, Die (Jommelli) 49 f.
Erkannte Semiramis, Die (Porpora) 33
Erkannte Semiramis, Die (Sacchini) 63
Ernani 203 f.
Ero e Leandro 324
Erst die Musik, dann die Worte 90
Erwartung 394 f.
Erzieher in Schwierigkeiten, Der 144
Esclarmonde 301
Esmeralda 214
Étoile du Nord, L' 228
Étranger, L' 340
Eugen Onegin 284 f.
Euridice 9
Europa riconosciuta 78 f.
Europe Galante, L' 26
Euryanthe 143 f.
Eurydike 8 f.
Evangelimann, Der 319
Evgheni Oneghin 284 f.
Ewige Jude, Der 224
Ezio (Händel) 40
Ezio (Jommelli) 49
Ezio (Sacchini) 70

Fairy Queen, The 25
Falstaff 313 f.
Fanciulla del West, La 356 f.
Fantasien des Callot, Die 444
Faust 132

Fausts Verdammung 208 ff.
Favola del figlio cambiato, La 424 f.
Favola d'Orfeo, La 423
Favorit des Königs, Der 421
Favoritin, Die 192
Fedora 326 f.
Fedra 370 f.
Feen, Die 300
Feenkönigin, Die 25
Feramors 240
Fernando Cortez 121 f.
Fervaal 340
Feste Amors und Bacchus', Die 18
Fêtes de l'Amour et de Bacchus, Les 18
Fetonte (Jommelli) 65 f.
Feuersnot 335
Feurige Engel, Der 472 f.
Fiamma, La 425 f.
Fiancée, La 156
Fida ninfa, La 36 ff.
Fidelio oder Die eheliche Liebe 117 ff.
Figlia di Jorio, La 471
Figliuol prodigo, Il 282 f.
Fille du Régiment, La 190
Filosofo di campagna, Il 57 f.
Finta giardiniera, La 74
Finta semplice, La 68 f.
Flamme, Die 425 f.
Flauto magico, Il 104 ff.
Fliegende Holländer, Der 198 f.
Flieger Dro, Der 382
Florentiner Strohhut, Der 472
For Cathy 490
Forza del destino, La 239 f.
Forza di amor paterno, La 20
Fra Diavolo oder Das Gasthaus zu Terracina 160 f.
Fra Gherardo 412 f.
Fra i due litiganti il terzo gode 84
Francesca da Rimini (Thomas) 286
Francesca da Rimini (Zandonai) 365 f.
Frate 'nnamorato, Lo 40
Frau ohne Schatten, Die 380 ff.
Frau Schlange 421 f.
Frau vom See, Die 136
Freischütz, Der 140 f.
Fremde, Der (Holbrooke) 354
Fremde, Der (Indy) 340
Fremde, Die 158
Freund Fritz 306 f.
Friedenstag 441
Fünf Minuten des Isaak Babel, Die 494
Furioso all'isola di San Domingo, Il 171 f.
Fürst Igor 304 f.

Galante Europa, Das 26
Galante Indien, Das 45
Gans von Kairo, Die 84 ff.
Gärtnerin aus Liebe, Die 74
Gaukler unsrer lieben Frau, Der 335 f.
Gazza ladra, La 135
Gefangene, Der 458 f.
Geheimnis, Das 281
Geierwally, Die 307 f.
Genoveva 220
Genoveva von Schottland 116 f.
Germania 336 f.
Germanicus am Rhein 20
Geschichte einer Mutter, Die 461 f.
Geschichte eines wahren Menschen, Die 453
Geschichte vom vertauschten Sohn, Die 424 f.
Gespräche der Karmeliterinnen, Die 475
Gianni Schicchi 378 f.
Giannina und Bernardone 82
Giasone 16

Ginevra di Scozia 116 f.
Gioconda, La 269
Gioilli della Madonna, I 363
Giovanna d'Arco 204 f.
Giulietta e Romeo (Zandonai) 387 f.
Giulietta e Romeo (Zingarelli) 112
Giulio Cesare 432 f.
Giulio Cesare in Egitto 32 f.
Giuramento, Il 185
Gläserne Doktor, Der 479 f.
Gloriana 465 f.
Glückliche Betrug, Der 125
Glückliche Hand, Die 395
Glückliche Heuchler, Der 473 f.
Gold, Das 449 f.
Goldene Apfel, Der 17 f.
Goldene Floh, Der 442 f.
Goldene Hahn, Der 354
Götterdämmerung 276 ff.
Gouvernante, Die 76
Goyescas 371 f.
Graf Ory 156
Graf von Caramagnola, Der 193
Graf von Chalais, Der 201 f.
Greysteel 348 f.
Griselda, La 32
Griseldis 335
Grotta di Trofonio, La 88 f.
Guarany, Il 259 f.
Guerra, La 473
Guglielmo Ratcliff 317 f.
Guillaume Tell (Grétry) 101 f.
Guillaume Tell (Rossini) 159 f.
Guntram 316 f.
Gwendolin 297

Hadrian in Syrien 44
Hamlet (Scarlatti) 29
Hamlet (Thomas) 256 f.
Hänsel und Gretel 315 f.
Hans Heiling 173 f.
Harmonie der Welt, Die 477
Háry János 407
Heilige Berg, Der 366
Heilige von Bleecker Street, Die 471
Heimkehr des Odysseus, Die 13
Heimliche Ehe, Die 106 ff.
Heinrich VIII. 288
Heirat, Die 376
Heiratslustigen von Neapel, Die 40
Heiratswechsel, Der 124
Henry VIII. 288
Herakles 52 f.
Hérodiade 285
Hero und Leander 324
Herr von Pourceaugnac 483
Herzog Blaubarts Burg 376 f.
Heure Espagnole, L' 359 ff.
Hexenmeister, Der 371
Hin und Zurück 410 f.
Hippolyth und Aricia 41
Hochzeit des Figaro, Die 90 ff.
Hochzeit des Peleus und der Thetis, Die 13
Hochzeit im Kloster, Die 448 f.
Hoffmanns Erzählungen 283 f.
Höhle des Trophonius, Die 88 f.
Holofernes 392 f.
Horatier und die Curiatier, Die 111
Hôtellerie portugaise, L' 113 ff.
Hubitschka 278 f.
Hugenotten, Die 181 f.
Hugh, der Viehtreiber 395
Hurone, Der 66 f.
Hypermestra 16
Hypsipyle 57

Idomeneo, König von Kreta 81 f.
Ifigenia in Aulide (Cherubini) 96
Ifigenia in Aulide (Scarlatti) 29
Ifigenia in Tauride (Piccinni) 82
Ifigenia in Tauride (Traetta) 62 f.
Igrok (Prokofieff) 415
Igrok (Schostakowitsch) 446
Im großen Licht der Sonne voller Liebe 491
Immortal Hour, The 368 f.
Impresario in angustie, L' 93
Incorozione di Poppea, L' 13 f.
Indes galantes, Les 45
Indianerkönigin, Die 25 f.
Ines 338
Infedeltà delusa, L' 72 f.
Inganno felice, L' 125
Intermezzo 396
Intolleranza 1960 480 f.
Iolanta 312
Ione oder Die letzten Tage von Pompeji 233 f.
Ipermestra 16
Iphigenie auf Tauris (Gluck) 79 f.
Iphigenie auf Tauris (Piccinni) 82
Iphigenia auf Tauris (Traetta) 62 f.
Iphigenie in Aulis (Cherubini) 96
Iphigenie in Aulis (Gluck) 73 f.
Iphigenie in Aulis (Scarlatti) 29
Ipocrita felice, L' 473 f.
Iris 328
Irische Legende 472
Isabeau 362
Isola disabitata, L' 80
Issipile 57
Italienerin in Algier, Die 127 f.
Ivan le terrible ou Ivan IV. 447
Ivrogne corrigé ou Le Mariage du Diable, L' 60
Iwan der Schreckliche (Bizet) 447
Iwan der Schreckliche (Rimsky-Korssakow) 262
Iwan Sussanin 184 f.

Jahrmarkt von Sorotschinski, Der 264
Jakobiner, Der 300
Jasager, Der 419 f.
Jason 16
Jeanne d'Arc au Bûcher 441
Jenufa 343 f.
Jessonda 142 f.
Johanna auf dem Scheiterhaufen 441
Jolie Fille de Perth, La 254 f.
Jongleur de Notre-Dame, Le 335 f.
Jonny spielt auf 408
Joseph in Ägypten 121
Jüdin, Die 177 f.
Judith 402
Juif errant, Le 224
Juive, La 177 f.
Julia und Romeo 387 f.
Julien 365
Julius Caesar 432 f.
Julius Caesar in Ägypten 32 f.
Jumping Frog of Calaveras County, The 458
Jungfrau im Turm, Die 324
Jungfrau von Orleans, Die (Tschaikowsky) 284
Jungfrau von Orleans, Die (Verdi) 204 f.
Jungfrun i tornet 324

Kabale und Liebe 491 f.
Kalif von Bagdad, Der 116
Kamennyi gost 261
Kampf Tankreds und Clorindas 12
Kapellmeister, Der 139 f.

Kapitanskaja doka 359
Karneval von Venedig, Der 27
Katja Kabanová 385
Kaufmann Kalaschnikow, Der 282
Kephalos und Prokris oder Die eheliche Liebe 73
Kessel von Anwijn, Der 379 f.
Khovanščina 295 ff.
King Arthur, or The British Worthy 25
King Priam 481
King Roger 404 f.
Kirke 19
Kleine Marat, Der 383 f.
Kleine Schornsteinfeger, Der 454
Kleopatra 99
Kluge, Die 446
Knjaz Igor 304 f.
Koanga 346
Komödie auf der Brücke 460
König Arthur oder Der englische Adel 25
König Artus 342
König David 384
König für einen Tag 224
König für einen Tag oder Der falsche Stanislaus 190 f.
König Hassan 442
König Hirsch oder Die Irrfahrten der Wahrheit 474 f.
König Oedipus 409 f.
König Priamos 481
König von Lahore, Der 279 f.
König von Ys, Der 299 f.
König wider Willen 299
Königin von Saba, Die 268
Königskinder 357 f.
Konsul, Der 455 f.
Korsar, Der (Dalayrac) 84
Korsar, Der (Verdi) 214
Krieg, Der 473
Krieg und Frieden 447 f.
Krispin und die Gevattern 218 f.
Król Roger 404 f.
Krondiamanten, Die 192
Krönung der Poppea, Die 13 f.
Kupetsch Kalaschnikow 282
Kurze Leben, Das 364
Kusnetz Wakula 268
Kuß, Der 278 f.

Laborintus II 483 f.
Lächerlichen Preziösen, Die 414
Lady Macbeth des Mzensker Kreises oder Katharina Ismailowa 425
Lakmé 288 f.
Lalla Rookh 139
Lange Weihnachtsmahl, Das 480
Leben für den Zaren, Ein 184 f.
Legende vom Heiligen Christophorus, Die 382
Legende von Sakuntala, Die 385 f.
Leggenda di Sakuntala, La 385 f.
Leonore 40/45 464 f.
Let's make an opera! 454
Letzte Wilde, Der 483
Libussa 285
Liebe der Danae, Die 465
Liebe der drei Könige, Die 364 f.
Liebesprobe, Die 125 f.
Liebestrank, Der 170 f.
Liebesverbot oder Die Novize von Palermo, Das 182
Liebe zu den drei Orangen, Die 386 f.
Liebhaber Aller, Der 60
Linda von Chamounix 194 f.
Little Sweep, The 454
Livietta und Tracollo 42

Ljubov k triom apelsiman 386 f.
Lodoïska (Cherubini) 102
Lodoïska (Mayr) 119
Lodoletta 374
Lohengrin 220 f.
Lombarden (beim ersten Kreuzzug), Die 201
Long Christmas Dinner, The 480
Loreley, Die (Bruch) 241
Loreley, Die (Catalani) 301 f.
Lorenzaccio 489 f.
Los amores da la Ines 338
Louise 331 f.
Lucia von Lammermoor 179 f.
Lucio Silla 72
Lucrezia 435
Lucrezia Borgia 174 f.
Luise Miller 218
Lulu 437 f.
Lustigen Weiber von Windsor, Die 216 f.

Macbeth (Bloch) 355 f.
Macbeth (Verdi) 210 f.
Machen wir eine Oper 454
Macht des Schicksals, Die 239 f.
Macht väterlicher Liebe, Die 20
Madame Butterfly 344 ff.
Madame Chrysanthème 312
Madame Sans-Gêne 369 f.
Mädchen aus dem goldenen Westen, Das 356 f.
Mädchen von Arles, Das 325 f.
Magd als Herrin, Die 82
Maître de chapelle, Le 139 f.
Malheurs d'Orphée, Les 404
Mammelles de Tirésias, Le 450 f.
Mann ohne Vaterland, Der 436 f.
Manon 289 f.
Manon Lescaut (Puccini) 312 f.
Mantel, Der 378
Man without a Country, The 436 f.
Märchen vom Zaren Saltan, Das 332 f.
Märchen von Orpheus, Das 423
Margarethe 236 ff.
Margherita von Cortona 439
Maria di Rohan o Il Conte di Chalais 201 f.
Maria Golovin 478
Maria Stuart 176
Maria von Alexandrien 438
Marino Faliero 178 f.
Marion Delorme 294 f.
Martha oder Der Markt zu Richmond 212
Märtyrer, Die 214 f.
Martyrium des Heiligen Sebastian, Das 361 f.
Maruf, der Schuster von Kairo 366 f.
Maschere, Le 334
Masepa 290 f.
Masken 334
Masnadieri, I 211 f.
Mathis der Maler 439 ff.
Matrimonio segreto, Il 106 ff.
Mawra 389 f.
Mazeppa 290 f.
Medea (Charpentier) 25
Medea (Cherubini) 112 f.
Medea (Pacini) 202 f.
Medea (Tommasini) 350
Médecin malgré lui, Le 232 f.
Medium, Das 450
Mefistofele 255 f.
Meister Pedros Puppenspiel 392
Meistersinger von Nürnberg, Die 257 ff.
Menschliche Stimme, Die 478 f.
Mephistopheles 255 f.
Midsummer Marriage, The 471
Mignon 250 f.
Mireille 244

Mithridates Eupator 28
Mithridates, König von Pontos 69 f.
Mittsommerhochzeit, Die 471
Molinara ossia L'amour contrastato, La 97
Mond, Der 442
Mondo della Luna, Il 77 f.
Monsieur de Purceaugnac 483
Mörder, Hoffnung der Frauen 384
Mord in der Kathedrale 477 f.
Morte dell'aria 459
Moses in Ägypten (Mosè in Egitto), Moïse et Pharaon ou Le passage de la mer rouge 150 f.
Moses und Aron 475 ff.
Mozart und Salieri 328
Muette de Portici, La 154 f.

Nabucco 193 f.
Nacht eines Neurasthenikers, Die 479
Nachtflug 443 f.
Nachtglocke, Die 183
Nachtigall, Die 367 f.
Nächtliches Turnier 420
Nachtwandlerin, Die 164 f.
Napoli Milionaria 494
Nase, Die 416
Nebukadnezar 193 f.
Nero (Boito) 393 f.
Nero (Mascagni) 427
Neues vom Tage 415 f.
Neugierigen Frauen, Die 342
Nina 97 f.
Nordstern, Der 228
Norma 167 ff.
Nos 416
Notte di un nevrastenico 479
Notturno romantico 434
Nozze di Figaro, Le 90 ff.
Nozze di Peleo e Teti, Le 13
Nuit de Cléopâtre, Une 293 f.
Nurmahal oder Das Rosenfest von Kaschmir 139
Nusch-Nuschi, Das 384

Oberon, König der Elfen 147 f.
Oberto, Graf von San Bonifacio 190
Obrutschenie v monastyre 448 f.
Oca del Cairo, L' 84 ff.
Oceana 341
Ödipus auf Kolonos 89 f.
Oedipus rex 409 f.
Ogenenny i Angel 472 f.
Olympia 136 f.
Olympiade (Cimarosa) 87
Olympiade (Pergolesi) 44
Olympiade, Die (Leo) 48
Olympiade, Die (Vivaldi) 41 f.
Olympier, Die 455
Ombra di Don Giovanni, L' 444
Opera 492
Orphée aux Enfers 234
Orazi e i Curiazi, Gli 111
Orestiade 482 f.
Orfeo (Monteverdi) 9 f.
Orfeo (Rossi) 15 f.
Orion oder Die gerächte Diana 62
Orleanskaja deva 284
Oro, L' 449 f.
Orpheis, Die 399 f.
Orpheus in der Unterwelt 234
Orpheus und Eurydike 61 f.
Orséolo 428
Othello (Verdi) 297 ff.
Othello oder Der Mohr von Venedig (Rossini) 133

Padmâvatî 391 f.
Pagliacci, I 309 ff.
Palestrina 375 f.
Parisina (Donizetti) 173
Parisina (Mascagni) 365
Parsifal 286 ff.
Partia a pugni 466 f.
Passage 482
Pastor Fido, Il 28 f.
Paul und Virginie (Lesueur) 110
Paul und Virginie (Satie) 401
Pauvre Matelot, Le 411 f.
Pazzia senile, La 8
Pêcheurs de Perles, Les 241 f.
Pélleas und Mélisande 338 f.
Penelope (Fauré) 364
Penelope (Liebermann) 469
Perfect Fool, The 391
Perlenfischer, Die 241 f.
Perséphone 427
Peter Grimes 446 f.
Phädra 370 f.
Phaethon (Jommelli) 65 f.
Phaethon (Lully) 21
Philosoph auf dem Lande, Der 57 f.
Pia von Tolomei 185
Piccolo Marat, Il 383 f.
Pierrot und Pierrette 354
Pietra di Paragone, La 125 f.
Pikowaja Dama 305 f.
Pilgerreise, Die 459 f.
Pilger von Canterbury, Die 291 f.
Pimmalione 122 f.
Pique Dame (Halévy) 221
Pique Dame (Tschaikowsky) 305 f.
Pirat, Der 152 f.
Plagen des Orpheus, Die 404
Plathea 53
Poisoned Kiss or The Empress and the Necromancer, The 434
Poliuto 214 f.
Polly 76 f.
Polyeucte 281 f.
Polyphemos 44
Pomo d'oro, Il 17 f.
Porgy and Bess 428 f.
Portugiesische Herberge, Die 113 ff.
Postillon von Lonjumeau, Der 184
Povest'o nastojaschtschem tscheloweke 453
Preciosa 137 ff.
Preziose ridicole, Le 414
Prigioniero, Il 458 f.
Príhody lišky bystroušky 396
Prima la musica, poi le parole 90
Prinzessin von Navarra, Die 53
Prinz Ferelon 384
Prodaná nevěsta 249 f.
Promessi sposi, I 262
Prometheus 332
Prophet, Der 217 f.
Prophetin oder Die Geschichte Diokletians, Die 24 f.
Proserpina (Lully) 21
Proserpina und der Fremde (Castro) 464
Prozeß, Der 466
Pskowitianka 262
Psyche 20
Pulce d'oro, La 442 f.
Puritaner, Die 176 f.
Pygmalion 122 f.

Quatro rusteghi, I 349 f.

Radamisto 31 f.
Rake's Progress, The 460 f.
Rantzaus, Die 312

Ratto dal Serraglio, Il 82 ff.
Raub der Lukretia, Der 448
Raub der Sabinerinnen, Der 21
Räuber, Die (Mercadante) 182 f.
Räuber, Die (Verdi) 211 f.
Re Cervo, Il 474 f.
Recital I 490
Regimentstochter, Die 190
Re Hassan 442
Reine Tor, Der 391
Reineke 389
Renard, Le 389
Renaud 86 f.
Re pastore, Il (Gluck) 58
Re pastore, Il (Mozart) 76
Retablo de Maese Pedro, El 392
Rhadamisthos 31 f.
Rheingold, Das 271 f.
Richard Löwenherz 87 f.
Riders to the Sea 438 f.
Rienzi, der Letzte der Tribunen 195 f.
Rigoletto 221 f.
Rinaldo (Händel) 28
Rinaldo (Sacchini) 86 f.
Ring des Nibelungen, Der 269 ff.
Risurrezione 346 f.
Rita ou Le Mari battu 238
Ritorno di Ulisse in Patria, Il 13
Ritt am Meer 438 f.
Ritter von Ekebu, Die 396
Robert, der Teufel 166 f.
Robert Devereux, Graf von Essex 185 ff.
Roi Arthus, Le 342
Roi David, Le 384
Roi de Lahore, Le 279 f.
Roi d'Ys 299 f.
Roi l'a dit, Le 262
Roi malgré lui, Le 299
Roland 22
Romantisches Nachtstück 434
Romeo und Julia (Gounod) 253 f.
Romeo und Julia (Sutermeister) 443
Romeo und Julia (Vaccai) 145
Romeo und Julia (Zingarelli) 112
Romeo und Julia auf dem Dorfe 351 f.
Rondine, La 373 f.
Rosenkavalier, Der 358 f.
Rossignol, Le 367 f.
Rusalka (Dargomischski) 230
Rusalka (Dvořák) 334
Ruslan und Ludmilla 196 ff.
Ruy Blas 259

Sache Makropulos, Die 406
Sadko von Nowgorod 326
Sage von der unsichtbaren Stadt Kitesch und der Jungfrau Fewronia, Die 351
Saint of Bleecker Street, The 471
Sallustia 36
Salome 347 f.
Samson und Dalila 280 f.
Sancta Susanna 388
Sängerinnen auf dem Dorfe, Die 111 f.
Sappho (Gounod) 223
Sappho (Pacini) 191
Satyricon 491
Savitri 373
Scala di seta, La 125
Schäferkönig, Der (Gluck) 58
Schäferkönig, Der (Mozart) 76
Schauspieldirektor, Der 90
Scherz, List und Rache 117
Schlacht von Legnano, Die 216
Schlaue Füchslein, Das 396
Schlaue Witwe, Die 420
Schmuck der Madonna, Der 363

Schneeflöckchen 285 f.
Schöne Helena, Die 244 f.
Schöne Mädchen von Perth, Das 254 f.
Schöne Müllerin, Die 97
Schwalbe, Die 373 f.
Schwanda der Dudelsackpfeifer 406 f.
Schwarze Domino, Der 186
Schweigsame Frau, Die 428
Schwester Angelica 378
Schwur, Der 185
Scipios Traum 70 ff.
Second Hurricane, The 436
Segreto di Susanna, Il 354 f.
Seidene Leiter, Die 125
Semiramide riconosciuta (Gluck) 56
Semiramide riconosciuta (Jommelli) 49 f.
Semiramide riconosciuta (Porpora) 33
Semiramide riconosciuta (Sacchini) 63
Semiramis (Cesti) 18
Semiramis (Rossini) 142
Semiramis, Königin von Assyrien (Porpora) 33
Semjon Kotkow 444
Serva padrona, La (Paisiello) 82
Serva padrona, La (Pergolesi) 40 f.
Siberia 342 f.
Sieben Todsünden der Kleinbürger, Die 423
Siège de Corinthe, Le 149 f.
Siegfried 274 ff.
Signor Bruschino, Il 126
Si j'étais Roi! 224
Silvana 123 f.
Silvano 318
Simone Boccanegra 230 ff.
Sir John in Love 414 f.
Sizilianische Vesper, Die 229 f.
Skazanie o nevidiom 351
Skazka otzare Saltane 332 f.
Socrate immaginario, Il 76
Sogno di Scipione, Il 70 ff.
So machen's alle 99 ff.
Sonnambula, La 164 f.
Sophonisbe (Gluck) 52
Sophonisbe (Traetta) 61
Soročinskaja Jamárka 264
Spanische Stunde, Die 359 ff.
Speziale, Lo 67 f.
Spieler, Der (Prokofieff) 415
Spieler, Der (Schostakowitsch) 446
Spinnstube, Die 422 f.
Sposo deluso, ossia Le Rivalità di tre donne per un solo amante, Lo 86
Springende Frosch aus der Grafschaft Calaveras, Der 458
Steinerne Gast, Der 261
Stiffelio 221
Storia di una mamma, La 461 f.
Strandrecht 350 f.
Stranger, The 354
Straniera, La 158
Stumme von Portici, Die 154 f.
Sturm, Der (Halévy) 219 f.
Sturm, Der (Martin) 474
Sturm, Der (Purcell) 25
Sündigen Engel, Die 469 f.
Susannes Geheimnis 354 f.
Székely-fonó 422 f.

Tajemství 281
Tal von Andorra, Das 214
Tamerlan (Händel) 33
Tamerlan (Vivaldi) 44
Tancred 126 f.
Tannhäuser und der Sängerkrieg auf der Wartburg 206 ff.

Tanz der Spröden 11 f.
Tarare 93
Teilung der Welt, Die 19 f.
Telefon oder Die Liebe zu dritt, Das 450
Telemachos oder Kirkes Zauberinsel (Gluck) 63 f.
Telemachos (Lesueur) 112
Tempest or The Enchanted Island, The 25
Tempête, La 219 f.
Tender Land, The 468
Teofane 30 f.
Teufel im Glockenturm, Der 397
Thaïs 316
Thamos, König in Ägypten 73
Theaterdirektor in Schwierigkeiten, Der 93
The King's Henchman 408 f.
Theophanes 30 f.
Tiefland 341 f.
Tigrane ovvero L'egual impegno d'amore e die fede, Il 29
Titus 102 f.
Tochter des Hauptmanns, Die 359
Tochter Jorios, Die 471
Tod der Luft 459
Tod in Venedig 491
Torneo notturno 420
Torquato Tasso 174
Tosca 330 f.
Tote Stadt, Die 383
Traviata, La 226 ff.
Tre commedie Goldoniane 402 f.
Treemonisha 488 f.
Trespolo tutore, Il 20
Treue Hirte, Der 28 f.
Treue Nymphe, Die 36 ff.
Trionfo dell'onore, Il 30
Trionfo di Afrodite 465
Triptychon, Das – Der Mantel – – Schwester Angelica – – Gianni Schicchi – 377 ff.
Tristan und Isolde 247 ff.
Trittico, Il – Il tabarro – Suor Angelica – Gianni Schicchi – 377 ff.
Triumph der Ehre, Der 30
Troilus und Cressida 470 f.
Trojaner, Die 242 ff.
Trompeter von Säckingen, Der 292
Troubadour, Der 224 ff.
Trovatore, Il 224 ff.
Tsarskaya nevyesta 329 f.
Turandot (Busoni) 374
Turandot (Puccini) 403 f.
Türke in Italien, Der 128 f.
Turn of Screw, The 469 f.
Tutti in Maschera 230

Ulisse 487 f.
Unbewohnte Insel, Die 80 f.
Undine (E.T.A. Hoffmann) 131 f.
Undine (Lortzing) 205 f.
Un giorno di regno ossia Il finto Stanislao 190 f.
Unsterbliche Stunde, Die 368 f.
Untreue lohnt nicht 72 f.

Val d'Andorre, Le 214
Vampir, Der 155 f.
Věc Makropulos 406
Vedova Scaltra, La 420
Vêpres Siciliennes, Les 229 f.
Vergiftete Kuß, Der 434
Verkaufte Braut, Die 249 f.
Verlassene Ariadne, Die 412
Verlassene Armida, Die 69
Verlassene Dido, Die 53 f.
Verliebte Herkules, Der 16 f.

507

Verliebte Sir John, Der 414 f.
Verlobten, Die 262
Verlorene Sohn, Der (Auber) 221
Verlorene Sohn, Der (Ponchielli) 282 f.
Vermeintliche Sokrates, Der 76
Verrückte auf San Domingo, Der 171 f.
Verschworenen oder Der häusliche Krieg, Die 144
Verstellte Einfalt, Die 68 f.
Versuchte Wüste, Die 436
Versunkene Glocke, Die 411
Verurteilung des Lukullus, Die 459
Vestalin, Die 119 f.
Vida breve, La 364
Vier Grobiane, Die 349 f.
Villi, Le 292 f.
Visita della vecchia signora, La 488
Viva la mamma oder Die Freuden und Leiden des Theaterlebens 153 f.
Voix humaine, La 478 f.
Volo di notte 443 f.
Vormund, Der 20
Von Heute auf Morgen 416 f.

Wakula der Schmied 268

Walküre, Die 272 ff.
Wally, La 307 f.
Wasserträger, Der 116
Weiberlist 110
Weiße Dame, Die 145 f.
Welt auf dem Monde, Die 77 f.
Wenn zwei sich streiten freut sich der Dritte 84
Werther 308 f.
Wie es der König befahl 262
Wilhelm Tell (Grétry) 101 f.
Wilhelm Tell (Rossini) 159 f.
Wilis, Die 292 f.
William Ratcliff (Cui) 259
William Ratcliff (Mascagni) 317 f.
Wir bauen eine Stadt 418
Wizard, The 371
Woyna i mir 447 f.
Wozzeck 400 f.
Wreckers, The 350 f.
Wüstling, Der 460 f.

Xerxes (Cavalli) 15
Xerxes (Händel) 48 f.

Yolanthe 312

Zaira, La 159
Zampa oder Die Marmorbraut 165 f.
Zanetto 321
Zarenbraut, Die 329 f.
Zar läßt sich fotografieren, Der 412
Zar und Zimmermann 186 ff.
Zauberbecher, Der 319
Zauberer, Der 371
Zauberflöte, Die 104 ff.
Zaubergeige, Die 427 f.
Zauberharfe, Die 139
Zauberwort, Das 396 f.
Zazá 333 f.
Zelmira 141
Zenitba 376
Zenobia 58
Zigeunerin, Die 202
Z mrtvého domu 418 f.
Zolotoj Petusok 354
Zwei Männer und eine Frau 238
Zweite Hurrikan, Der 436
Zwillingsbrüder, Die 137

Bibliotheken – Sammlungen – Institute – Museen – Theater

Bayreuther Festspiele Bildarchiv: 193, 197, 198, 199, 208, 209, 219, 245, 252, 272, 273a, 274, 275, 276, 287, 290, 291. Civica Raccolta Stampe Bertarelli, Mailand: 24, 122, 129, 136, 152, 157, 164, 167, 183, 217, 223, 244, 293a, 310, 352. Biblioteca Nazionale, Florenz: 6, 9. Bibliothèque Nationale, Paris: 18, 73, 109. Bibliothèque de l'Opéra, Paris: 19, 22, 26d, 49, 59, 64, 66, 74, 111, 115, 123, 139, 145, 161, 162, 166, 175, 176, 177, 178, 186, 235, 238, 241b, 243b, 247, 249, 267, 277, 292, 326, 332, 336, 353, 360, 361, 363, 364, 398, 418, 461, 479. Bildarchiv der Öst. Nationalbibliothek, Wien: 30, 309a. Bundesdenkmalamt, Wien: 88. Covent Garden, London: 266b. Deutsche Bücherei, Leipzig: 189, 224. Ente Autonomo Teatro Scala: 159, 321a, 429, 459, 462. Fairfax Murray Collect., London: 20. Germanisches Nationalmuseum, Nürnberg: 154, 174. Hamburgische Staatsoper: 421. Kunstsammlung, Weimar: 137. Metropolitan Opera House, New York: 98, 181, 253, 270, 301, 314. Musée Carnavalet, Paris: 138. Musée de l'Opéra, Paris: 51, 246. Museo Civico, Turin: 38. Museo San Martino, Neapel: 71, 94. Museo Teatrale della Scala, Mailand: 26s, 47, 54, 71, 79, 85, 91, 97, 103, 104, 107a, 108, 127, 134, 163a, 167, 170, 179, 207, 215, 222, 243a, 271b, 303, 309b, 315, 325as, 340, 346, 365, 377, 387, 394, 399cd, 415, 435, 489. Museum Bedricha Smetany, Prag: 248s, 334. Musiksammlung der Öst. Nationalbibliothek, Wien: 27. Nationalgalerie, Berlin: 135, 153. Nationalmuseum, Stockholm: 15 (Tessin-Harleman), 34, 83. National Portrait Gallery, London: 42/43, 55. Opéra-Comique, Paris: 381. Salzburger Festspiele: 487. Schubert Museum, Wien: 143. Teatro La Fenice, Venedig: 341. Teatro dell'Opera, Rom: 89. Theater Collection, Cambridge: 35as. Theater Museum, München: 16, 23, 75, 106, 107. Victoria & Albert Museum, Einsthoven Theatre Collection, London: 148, 149, 150, 202, 203. Villa Verdi, S. Agata di Busseto: 233.

Foto-Agenturen und Fotografen

Ansa: 355. Arborio Mella: 11, 21, 31, 63, 185, 335. Auerbach, London: 361. Bernard: 368, 391, 452. Beth Bergman: 105. Blauel: 23, 75, 106. Cegani: 237. Giancarlo Costa: 14, 46, 70, 86, 115, 146, 147, 155, 166, 195, 205, 319, 341, 353, 360, 361, 364, 381, 399s, 409. Culver Pictures: 356as, 433s. Carlo Dani: 108, 136, 271bd. Ludovico De Cesare: 80, 401d. De Gregorio (Ricciarini): 419. Deutsche Fotothek, Dresden: 12, 17, 32, 33, 37. Di Biasi: 188, 256. Zoë Dominic, London: 242, 453, 464, 469, 473. Dufoto: 212. Frank Durand: 98, 181, 270. Enar Merkel Rydberg: 401s. Lionello Fabbri: 95, 337, 439, 460. Farabola: 348, 375, 445. Freeman R. John, London: 173. Gay Garnett: 371. Greth Geiger: 120. Giacomelli, Venedig: 39, 131, 463. Giraudon, Paris: 99, 138, 185. M.L. Keep: 248d. Erich Lessing (Magnum): 187, 227, 263, 318, 484b, 485. Giorgio Lotti: 405, 407, 430, 431. Raymond Mander & Joe Mitchenson: 35b, 100, 393. Marchiori: 316. Marzari: 26s, 163a, 207. Louis Melançon: 229, 253, 314, 484c. Novosti: 194, 196, 261, 262, 265, 281, 283, 286, 293b, 294, 295, 296, 297, 305, 306, 308, 323, 324, 349. Paris Match: 210a, 475. Petazzi: 321b. Erio Piccagliani: 78, 81, 121, 130, 151, 168, 171, 191, 211, 226b, 231, 239, 254, 302, 307, 329, 367, 369, 380, 406, 411, 449, 456, 468, 470, 472, 477, 481, 483, 492, 493b. G.B. Pinaider: 9. Publifoto: 488. Mauro Pucciarelli: 266a. Rampazzi: 38. Rastellini: 424d. Ricordi: 325ad, 333, 357. Houston Rogers: 327. Bruno Salmi: 54, 71a, 79, 91, 103, 127, 143, 167, 170, 179, 243a, 309b, 325ad, 333, 365, 394, 415, 435, 489. Scala: 6. Vernon Smith: 240. Sohlmans Musiklexikon: 93, 200, 343, 385. Syndacation International: 493a. Studio Giovetti, Mantua: 10. Tomsich (Ricciarini): 8, 71b. Unifix: 424s. Vausamm Studio, New York: 433d. Roger Viollet: 180. Archivio fotografico Mondadori: 7, 39, 62, 67, 69, 77, 78, 101, 102, 113, 114, 118, 119, 120, 128, 132, 133, 142, 158, 162, 163b, 168, 169, 172, 184, 188, 210, 212, 213, 216, 225, 226a, 236, 237, 241a, 348d, 251, 255, 256, 271a, 273b, 279, 298, 299, 311, 313, 316, 320, 321b, 322b, 339, 344, 345, 347, 352, 356, 357, 370, 379, 382, 383, 387, 399, 405, 407, 424, 430, 431, 432, 433d, 443, 447, 451, 484a.

All rights reserved by SIAE Rome, SPADEM and ADAGP Paris for works of their members.

Als Verfasser der einzelnen Titel arbeiteten mit:
Antonio Bertelé (ABe), Rossella Bertolazzi (RB), Lorenzo Bianchi (LB)
Antonio Bossi (AB), Simonetta Columbu (SC), Renata Leydi (RL)
Riccardo Mezzanotte (RM), Giovanni Palmieri (GPa),
Fabio Parazzini (FP), Edgardo Pellegrini (EP), Guido Peregalli (GP),
Matilde Segre (MS), Maria Simone Mongiardino (MSM).

Chefredakteur: Riccardo Mezzanotte
Redaktion: Francesca Agostini, Franco Paone
Bildmaterial: Adriana Savorani

Deutsche Ausgabe:
Übersetzung aus dem Italienischen: Brigitte de Grandis Großmann, Sigrid Oswald
Redaktion: Agathe Lessing
Schutzumschlag: Klaus Neumann
Satz: B. Felsing, Wiesbaden

Alle Rechte, auch des auszugsweisen Nachdrucks,
der fotomechanischen Wiedergabe, der Verbreitung durch Film, Funk, Fernsehen,
Tonträger jeder Art vorbehalten.

Originaltitel: Opera
© 1977, Arnoldo Mondadori Editore S.p.A., Milano

© 1981, Drei Lilien Verlag, Wiesbaden
ISBN 3 - 922383 - 01 - 7
Printed in Italy by Officine Grafiche di Arnoldo Mondadori, Editore, Verona